高塩 博 著

江戸幕府法の基礎的研究

《論考篇》

汲古書院

序　言

本書は、「公事方御定書」を中心として「公事訴訟取捌」「律令要略」などの江戸幕府法を考察した書である。「公事方御定書」上下巻は幕府の基本法として著名であり、これまでに数々の研究書と研究論文とが公表されてきた。したがって、「公事方御定書」については、ほとんど研究され尽くしたものと考えていた。ところが研究に取りかかってみると、意外にも解明されるべき基礎的な事柄が残されていることに気づいた。それらは、⑴編纂の過程と制定後の増補修正の過程、⑵上下巻で構成される理由や「例書」「御書付留」を追加法とする法体系、⑶写本として巷間におびただしく伝わる伝本、⑷「御定書百箇条」という俗称、⑸「公事方御定書」編纂期に成立した幕府法律書などについてである。本書は、これらの問題に光をあてて考察を加えている。書名を『江戸幕府法の基礎的研究』とした所以である。以下、本書の概要を述べて序言に換えよう。

「公事方御定書」の制定に至る立法過程については、「科条類典」（『徳川禁令考』後集第一〜第四所収）を通じてたどることが出来る。しかしながら、「科条類典」を通じて知ることの出来るのは、個々の法文の立法過程についてであって、第一次草案である「元文三午年御帳」、第二次草案である「元文四未年御帳」、編纂過程の前段を締めくくる元文五年草案など、各草案の全体像についてはこれを把握するのが困難である。草案の全体像を知るには、草案の姿を伝える伝本によらなければならない。幸いなことに、「元文三午年御帳」および元文五年草案の内容を伝える伝本に巡り会えた。前者は「公規矩之書」と題する写本（一冊）、後者は「寛保律」（一冊）収載の「公事方御定書幷伺之上被仰渡候書付」上下である。これらを翻刻するとともに、その内容を分析することによって編纂過程の前段についてはおおよそが判明した（史料篇六・七、論考篇第三部第一・第二章）。

「公事方御定書」は寛保二年（一七四二）に制定の後、翌年より四年連続で増補修正がなされ、宝暦四年（一七五四）の増補修正にいたって法文が固まった。つまり、五回にわたって増補修正を被ったわけである。各回の増修についても「科条類典」を丹念に読むことによって跡づけることができるのだが、この場合も法文ごとの確認であるから、増補修正を被った法典の全体像を把握するためにはやはり伝本に頼らなければならない。第四次の延享三年増修本と第五次の宝暦四年増修本とは、きわめて多数の伝本が今日に残存するから問題ないが、第一次の寛保三年増修本、第二次の延享元年増修本、第三次の延享二年増修本については伝本が知られていなかった。しかし研究を進めるにつれ、寛保三年増修本と延享元年増修本の内容を伝える伝本を見出すことができた。前者は「公裁秘録」上下と題する写本（二冊）、後者は「御当家律」と題する写本（一冊）である。両者を翻刻して検討した結果、五次にわたる増補修正の全容をほぼ解明することができた（史料篇八・九、論考篇第三部第三・第四章）。

「公事方御定書」は上下巻に分かれている。その理由を問い詰めた専論はこれまで公表されていない。上巻に収載する八一通の法令は、触書、町触、書付、高札などであり、人々に命令し、禁止する内容が多い。片や下巻一〇三箇条は、犯罪と刑罰を定めた刑法規定が中心となっており、上巻の命令禁止に違反する行為を処罰する規定を多く含んでいる。ところで、律令法は、命令禁止の法文を多く収載する「教令法」としての令法典と、それに違反した者を処罰する「制裁法（懲罰法）」としての律法典とで構成される。律令法のこのような考え方が、「公事方御定書」に反映して上下巻の構成になったというのが筆者の見解である。また、下巻の各条文を子細にながめると、明律の規定に示唆を得て立法した法文を少なからず見いだすことが出来る。

「公事方御定書」の規定を改正する場合、また法の欠缺を補う追加法を定める場合、幕府は「例書」をいう別途の法典を編纂してここに改正法と追加法とをおさめた。「公事方御定書」の規定を書き改めたり、「公事方御定書」本体に追加法の法文を追記したりはしない。この手法もまた「明律」とその追加改正法である「問刑条例」との関係に示唆を得たものである。改正を被った規定は依然として効力を持ち続けたのであって、効力の優先順位を改正法に譲ったに過ぎない。個々の事案に照らし、改正前の法を適用した方が具体的妥当性を実現できると判断されれば、改正前の法を適用するのである。このような原則も律令法のそれを採用したものである（論考篇第四部第一章）。

享保年間（一七一六〜一七三五）、明律を中心として日中の律令法制に関する研究が盛んになされた。このことはよく知られた事実であり、和歌山藩の高瀬喜朴（号学山）、幕府の荻生観（号北渓）、下田師古、民間の学者である荻生徂來、壷井義知、荷田春満などがこれに従事した。書物奉行にして和学御用を勤めた下田師古および下田を介して仕事をした壷井義知、荷田春満は、主として日本の古代律令に関する本文校訂や注釈を行なった。儒学者である高瀬喜朴、荻生徂來・観兄弟は唐律疏議や明律など、中国律の本文校訂や注釈を行なった。これら諸学者の行なった仕事は、すべて将軍徳川吉宗の指揮によるものである（論考篇第一部第一・第二章）。つまり、享保年間における律令法制の研究は、為政者がその治世に応用するための営為なのである。「公事方御定書」とその法体系は、その応用の成果である。論考篇第一部「享保年間の律令研究」の副題を「「公事方御定書」編纂前史」としたのは、そのためである。いうまでもなく、「律令要略」という私撰の幕府法律書が「公事方御定書」編纂期に成立するのも、享保期の律令研究があったからこそであろう。

「公事方御定書」は、下巻のみが独立して書写されて夥しい数の写本が伝わっている。これらの写本はすべて宝暦四年の増補修正を被った伝本である、という説が長い間唱えられてきた。しかしながら、少し注意して伝本をながめてみると、延享三年増修本もまたきわめて多くの写本が伝存していることに気づくはずである。本書においてはいくつもの延享三年増修本を紹介し、かつ御定書掛寺社奉行大岡忠相の所持した幕府正本ともいうべき延享三年増修本の存在も指摘し、従来の見解の誤りであることを実証した。延享三年増修本は、現行法として八年間の効力を持ったから、書写される機会が多かった。今日それらの転写本が多数伝わっているのである（論考篇第四部第二章）。

「御定書百箇条」という呼称は、「公事方御定書」下巻の俗称あるいは別称として人口に膾炙している。しかも、この呼称が江戸時代より流布していたかの印象を与えている。しかしながら、「公事方御定書」は特定の幕府首脳のみに交付された秘密法であり、高度に機密性の高い幕府法である。したがって、書写者は内密裡に筆写し、各人が各様に表題をつけたのであり、実に多様な呼称が残された。つまり、江戸時代において一つの表題が一般的となることはなかったのである。「御定書百箇条」という呼称が今日のように用いられるようになる契機は、内藤耻叟校訂『御定書百箇条』（明治二十二年、松野勇雄発行）という単行本に存する。「御定書百箇条」が「公事方御定書」下巻を指す呼称としてゆるぎない地位を得たのは、戦後の昭和二十年代以降のことである（論考篇第四部第二章）。

ところで、「公事訴訟取捌」という法律書は「公事方御定書」下巻と同等、あるいはそれ以上といってよいほどに数多くの写本が伝わる。多くの研究者は、法文の内容からして、それが幕府法であることは諒解していた。しかしながら、どのような経緯で成立し、幕府法としてどのような位置づけがなされるべきか、未詳であった。要するに、「公事訴訟取捌」は正体不明の幕府法律書であったのである。このたび「公事訴訟取捌」に検討を加えた結果、次のような驚くべき事実が判明した。すなわち、「公事訴訟取捌」は寛保二年（一七四二）四月、「公事方御定書」と同時に施行された幕府の制定法なのである。「公事訴訟取捌」は、民事紛争を裁くための実体法と、刑事事案に対処するための法文との両者を備えた法典である。すなわち出入筋と吟味筋との両方に対処出来るように編纂されているのである。この法典の制定に先立つ元文二年（一七三七）、「評定所御定書」なるものが成立し、これは将軍吉宗のもとに提出された。吉宗の修正意見を得、増補修正したのが「公事訴訟取捌」である。「公事訴訟取捌」の成立過程を明確にするため、「評定所御定書」を含め、成立に至る各段階の伝本も翻刻紹介した（論考篇第二部第一章、史料篇一～四）。

従来、出入筋（原告被告双方を審問して判決を出す訴訟手続）を裁くためのまとまりのある成文法規は存在しないと考えられてきた。そのため、出入筋に関しては次のように言われてきた。民事紛争を解決するためには当事者間の合意を求める「内済」が推奨され、それでも合意に至らない場合に、幕府の裁判役所が判決を出すのだが、判断基準となるべき実体私法が未発達なので事案ごとに具体的妥当性を判断した。いうなれば、今日の民事訴訟にほぼ該当する出入筋という訴訟手続きにおいて、幕府は場当たり式に判決を出していたというのである。それ故、江戸時代においては人々の「権利」意識が薄く、「法」観念の発達が妨げられた、と解釈されてきた。民事実体法を含む「公事訴訟取捌」という幕府制定法の存在を知った今、出入筋をめぐるこのような見解は再検討されるべきであろう。

徳川吉宗が「公事方御定書」の編纂に熱心であったことは先学も指摘するところである。この点に関し、本書を通じて次のようなことが言えよう。すなわち、「公事方御定書」編纂の準備段階というべき享保年間の日中律令法の研究、元文二年（一七三七）に始まる編纂の各過程、寛保二年（一七四二）成立の後、翌年より延享二年（一七四五）までの三回にわたる増補修正の過程、この全過程が吉宗の指揮のもとに物事が進んだ。これは将軍職の全期間に及んでいる。吉宗は延享二年九月二十五日に西の丸に引退するが、その前月の二十日、十八箇条にわたる修正意見を御定書掛三奉行に提示し、九月に入ってからは四日、八日、十六日と矢継ぎ早に三度の決済を出している。このようにして引退間際まで増補修正の作業を主導し、「公事方御定書」の完成に執念を燃やしたのである。「公事方御定書」の編纂は、将軍徳川吉宗にとって畢生の大事業であったと言えよう。

本書は、幕府法の基礎的な事柄について検討を重ねた結果、「公事方御定書」の理解に関していくつかの新しい事実を指摘することができた。しかしながら、まったく言及できなかった課題も残している。たとえば、「寛政刑典」がそれである。「公事方御定書」下巻とほぼ同じ内容を持ちながら、明らかに別書である。「寛政刑典」は人々に幕府法とみなされたため、「公事方御定書」下巻と同様に多数の写本が作成されて今日に伝存する。本書については服藤弘司氏の遺著『「公事方御定書」研究序説――『寛政刑典』と『棠蔭秘鑑』収録『公事方御定書』――』（平成二十二年、創文社）に考察が加えられているが、成立の経緯についてはなお検討の余地を残しているように思う。今後の課題である。

江戸幕府法の基礎的研究　目　次

《論考篇》

《史料篇》

江戸幕府法の基礎的研究《論考篇》

第一部　享保年間の律令研究——「公事方御定書」編纂前史——

第一章　荷田春満の律令研究

はじめに

荷田春満は、一般には「国学の祖」と称されることが多いが、時に「近世律令学の祖」と呼ばれることもある。(1) それは律令学が隆盛になる以前の江戸時代において、彼が「令問答」「偽類聚三代格考」「令解（一名、令集解考）」「令義解箚記」「令集解箚記」など、律令法制に関する著書や講義録を今日に伝え、日本律の名例律・賊盗律への訓点、唐律疏議の校訂と訓読などの仕事もおこなったからである（しかし、後述するように「令義解」「令集解」の講義録は荷田在満講義の筆録である）。

春満は、「積年、律令の考究を重ねていた」とされるが、(2)その本格的研究の端緒は、春満五十五歳の享保八年（一七二三）に求めるべきであろう。(3)すなわち、春満は五回目の江戸滞在中、享保八年三月九日より五月十五日にかけて、幕府将軍徳川吉宗の質問に応えたのである。これが律令研究を本格的に開始した契機である。質疑応答の場所は高家中条大和守信実の邸、間を取り次いだのは吉宗の御側御用有馬兵庫頭氏倫である。春満に直接に面と向かって応対したのは、和学御用下田幸太夫師古と奥小納戸大島雲平の二人である。このときの「公方様上意」とは、「有職古実之儀」と「古実書籍之不審共」であり、さらには「御書物之義ニ付御用之義被為仰」たのである。これがため、春満は三月中に帰京の予定が五月中旬まで延びてしまったのである。(4)

京都伏見に戻った春満は、これ以降は下田師古を窓口として、幕府からかなり頻繁に寄せられる質疑と依嘱に応じることになる。下田の和学御用としての要請と、将軍吉宗の発する「奥向」の御用とである。したがって、江戸と京都伏見との連絡は伏見奉行を通じて行われ、江戸では御側御用有馬氏倫がこれをとりついだ。(5)

下田は享保八年十二月二十七日、「和学御用」兼務のまま書物奉行に栄進した。時に三十二歳である。しかし享保十三年（一七二八）四月九日、三十七歳の若さで死去したため、二人のやりとりはそれまでとなった。(6)古相正美氏の研究によると、その五年間に相互に貸借した書籍は、三十三種を数え、なかでも歴史・法制に属するものが各七種と多く、それ以外は官職、公事、装束、有職、その他に属する書であるという。(7)これらの書籍のなかには「万葉集」をはじめとする和歌の書は含まれていないし、そもそも文学に分類されるべき書物は一冊も存しない。又五年間におけるニ人のやりとりを精査してみても、春満に向けた質疑と依嘱には文学に該当する事柄を見出すことができない。(8)つまり、春満の学問の本領というべき分野について、幕府は一顧だにしなかったのである。まずはこのことに注意しておかねばならない。

本章は、幕府からの質疑と依嘱に応えた仕事のうち、律令法制に関するものを対象とし、とりわけ「律」を校訂し訓点を施す仕事、「令義解」「令集解」の本文校訂と注釈とに関する業績を中心として検討する。しかし、「令集解」に関する主立った事柄は宮部香織氏解題（「「令集解箚記」について」『新編 荷田春満全集』第九巻律令（平成十九年、おうふう）所収）が扱うので、本章においては必要に応じて言及するにとどめる。

一　「律」の校訂と訓読

日本律への訓点

荷田春満は、日本律へ訓点を施す仕事を幕府より依嘱された。このことは、下田師古宛の春満書状によって判明する。すなわち、享保十年十月二十九日付書状には、

　本朝名例賊盗律二律之訓点、漸付畢而、此度致返進候、

と見え、二箇月後の十二月二十八日付書状には、二律が下田のもとに届いたことを確認して次のように記す。[9]

　本朝名例賊盗律僻案訓点相加、先便御本返進仕候処、御請取被遊、御念入候、御紙上拝見仕候、

春満が訓点を施した日本律は、幕府御文庫の紅葉山文庫に蔵する名例律と賊盗律とである。紅葉山文庫にはその当時、金沢文庫本を忠実に模写した巻子本の名例律と賊盗律とを蔵していた。今日これを紅葉山本「律」と称している。享保九年二月十日、書物奉行下田師古は御文庫から名例律一冊、賊盗律一冊を借り出し、二箇月後の四月十日にこれを返却している。[10]借り出した「律」は紅葉山本の転写本と思われるが、下田は二箇月の間にこれを書写して春満の元

に送付したものであろう。つまり、春満が紅葉山本「律」への訓点を依嘱されたのは、享保九年中のことであり、その「律」を手にしてから一年餘を経て訓点を「漸付畢」ったと考えられるのである。

春満がどのような訓点を施したのか、今や知る由もない。春満提出の訓点本「律」は、幕府紅葉山文庫の蔵本を継承した国立公文書館内閣文庫に、現在、所蔵されていないのである。また、春満の訓点本が他の所蔵機関に伝来するのを寡聞にして知らない。しかしながら、春満訓点の片鱗は、東丸神社所蔵の「賊盗律」（一冊、A―一―二―一七四）によって窺うことが出来るように思う。本書は、紅葉山本の「賊盗律」をかなり忠実に筆写したものである。紅葉山本に存するヲコト点、音読符、訓読符、句点、読点、注点、傍訓、返り点等の多数を転記し、一行の文字配りに関しては紅葉山本とまったく同じである。本書には、朱筆頭注による文字校訂が四箇所、墨筆頭注による文字校訂が多数施されている。本書の後補表紙には後人の手になる附箋が存し、そこには「賊盗律第七／在満加筆」と記される。因て推測するに、墨筆頭注が在満の筆跡であり、朱筆頭注は春満の筆跡のように思われる。注目すべきは、本文第一丁表の第一条（謀反条）冒頭部分である。この箇所にのみ詳細な訓点が施されており、これこそが春満の打った訓点であろうと思われるのである。

なお、本書は書物の周囲が焼け焦げている。とりわけ左下の角が大きく欠損するが、本文の判読にさして障りはない。

「故唐律疏議」の校訂と訓読

荷田春満は、日本律のみならず唐律疏議の訓読、本文校訂についても、幕府からの依嘱を受けた。底本の「故唐律疏議」は春満が何処からか借覧し、自ら書写したものである。このことにつき、享保九年三月十三日付の書状にて、下田師古に次のように伝えている[11]。

故唐律疏議先書中上候通、持主事之外秘蔵いたし借用申候とても一冊宛ならでは見せ不申候故、いまた全部熟読不仕候、（中略）初巻より一巻つゝ借用いたし、写かゝり候へとも、不明の老眼自筆にて写候事故、はか取不申候、漸名例律之巻は遂書功候、全部三十巻書写いたし候はゝ、律書の御考なとには御用にも立可申候書と奉存候、

春満は秘蔵する持ち主から一冊ずつ借り出し、このときまでに「故唐律疏議」三十巻中、巻第一から巻第六までの名例律六冊をようやく写し取ったのである。名例律は唐律十二編の冒頭に配され、総則編というべき一編である。「故唐律疏議」の書名はその後、翌十年三月四日付の下田宛書状に、「故唐律疏義（ママ）巻第三第四辟案之訓迄出来仕候間、今度進し候」と見え、それより四箇月近く後の七月二十七日付の下田宛書状には、「故唐律疏議第五第六、右二冊今度差出候」と登場する[12]。

ところが、「故唐律疏議」に関する仕事は、巻第七以下を借覧書写せぬうちに中止となった。その事情を同年十月二十九日付の下田宛の春満書状は次のように伝える[13]。

故唐律疏議は、全部外ゟ上り申候間、此方より仮字等附候て差出候疏議は、御差上に不及候間、差出候事無用に可仕候旨、被仰下奉畏候、

この文面は、「故唐律疏議」全巻がほかより幕府に提出されたので、もはや校定訓読本の提出は無用である旨が春満に伝えられた事実を語っている。春満書状は言葉を継いで、さらに、

前に差出候疏議御返却可被遊候へとも、貴様御一覧被成度思召候に付、被留置候由致承知候、此末々も写候はゝ、貴様御借被成度旨被仰下、奉得其意候、急々には全部懸御目かたく、追々写候て可懸御目候、

と記す。提出済みの「故唐律疏議」は返却されるとのことだが、下田が個人的に閲覧したいとのことなので、そちら

に留め置くことを了解する。巻第七以下も書写したならば、借覧したいとのことですが、早急に全部をお見せするのは難しいので追々にお目に掛けましょうと返答している。

かくして下田のもとに留め置かれた「故唐律疏議」は、二年後の享保十二年十月になって春満に返却された。春満は、同月二十日付の下田宛書状において、「故唐律疏議」をたしかに受け取ったことを返答するとともに、次のように記している。(14)

故唐律疏議自一至六六冊御返却被下落手仕候、此次写置候はヽ、いつにても可懸御目之由被仰下致承知候、先年右疏外ゟも全部出申候故、御用に無之由被仰下候に付、私書写は相止申し、外に学友へうつさせ置候故、何時も写候事自由御座候間、追々相残候間、書写取候て可懸御目候、今度先うつさせ置候巻第二十三、第二十四二冊懸御目候、緩々御留置御覧可被遊候、

この文面によると、訓読作業無用の報に接した後も、春満は自らが書写することこそ止めたが、巻第七以下の書写を「学友」の手で継続させたのであった。閲読を希望する下田には書写の済んでいる巻第二十三、巻第二十四の二冊（闘訟律の後半）を送ると結んでいる。

今日、東丸神社には、返却された「故唐律疏議」六冊のうち、巻第三から巻第六までの四冊が伝えられている。本書は本邦初の校訂と訓読とが施された「故唐律疏議」であり、律令研究史上、記念碑的意味を持つ伝本と言えよう。またそれだけに、春満の営為が名例律六冊のみで中止となったのは残念なことである。

ところで、幕府がこれ以上の校訂と訓読は無用であると春満に伝えたのには、次のような理由がある。実は同じ頃、江戸において幕府儒者荻生観（一六六九―一七五四、通称惣七郎、号北渓、徂來の弟にして荻生家を継ぐ）が、春満と同じ仕事を命じられていたのである。北渓は、享保十年十二月中には「故唐律疏議」の校訂と訓読を施す作業を完了し、

その報告書である「唐律疏義訂正上書」を幕府に提出した。同月二十七日、北渓はその功により白銀十五枚を賜っている。

北渓が校訂した「故唐律疏議」は、松平伊賀守忠周（老中、信濃国上田藩主）が献上した鈔本である。[15] 本書は、柳貫、劉有慶の序、唐律釈文を伴い、また中国のどの版本にも見られない「議刊唐律疏議官職名氏」を有し、元の泰定本の由緒正しい系統に属するものと言われる。[16]

幕府は、享保九年三月頃の段階では「故唐律疏議」を所持していない。[17] 幕府がこの鈔本を入手するのは、おそらく享保十年を迎えてからであろう。[18] 徳川吉宗は同年二月十六日、「故唐律疏議」を御文庫に蔵するや否やを書物方に照会している。これは松平忠周から献納を受けた後、幕府伝来のものの有無をあらためて確認したのではなかろうか。

「故唐律疏議」の献上者松平忠周は、享保二年九月より同九年十二月まで京都所司代を勤めたのち、老中に昇進した。献上時期について、大庭脩氏は京都所司代在任中、「あるいは九年十二月、老中に転ずるのに近い時期であったかも知れぬ」とされる。[19] おおむね当を得た見解であろう。したがって、荻生北渓に「故唐律疏議」の校訂を命じた時期もこの辺にあるとみてよく、北渓は一年程の期間でその仕事を終えたことになる。その後北渓は、水戸藩から出現した良質の鈔本すなわち「水府善本」を得て、さらに校訂を進め、享保十二年二月をもって終了した。荻生北渓校訂本は、今日、宮内庁書陵部にその原本が伝存し（故唐律疏議三十巻唐律釈文一巻十六冊、架号四〇二—一七）、国立公文書館内閣文庫にはその転写本が所蔵される（十六冊、架号史一〇〇—二）。

二 「令義解」の注釈

「戸令俗解評」「田令俗解評」

東丸神社には、「戸令俗解」と題する僅か七丁の写本が伝えられる（一冊、A―一―二―一八八）。内容を見ると、本書は「戸令俗解」そのものではなく、「戸令俗解」中の解釈の誤りを指摘し正した書である（後述するように「戸令俗解評」と称すべきであろう）。まずは戸令の規定とそれを解釈した注釈を「俗解云」として掲げ、それに対する自説を「僻案」として展開する。この「僻案」こそが荷田春満の説なのである。

それでは「戸令俗解」は誰の著作かというに、それは下田師古である。上中下の三巻からなる。下田は「田令俗解」も著している（一巻）。これらは養老令の「戸令」「田令」を注釈した書であり、徳川吉宗の命によって著されたから、「下田考」の表題を付して「名家叢書」に収載された（第二十三・二十五・二十六・二十七冊）。周知のように、「名家叢書」は吉宗の質問に応えた学者の報告書集であり、全七十八冊から成る（国立公文書館内閣文庫蔵）。吉宗の問いに答えた学者は下田以下十四人で、多くが幕臣であるは当然であるが、和歌山藩の高瀬喜朴（号学山）や陪臣というべき荻生雙松（号徂來）や荷田在満なども含まれている。報告書の大部分は各人の自筆と考えられている。しかも将軍に提出するものであるから、きわめて丁寧な筆運びの楷書をもちいている[20]。

その「名家叢書」のなかに、東丸神社蔵「戸令俗解」と同内容のものが収載されているのである。それは「戸令俗解評」の表題をもち[21]、「国忌考」「陵墓考」「社稷考略」「式内馬品考」という下田の報告書に合綴されて一緒に収められている（第二十八冊）。しかも、その筆跡がまさしく荷田春満その人なのである。同じく「名家叢書」の第二十三・

二十四冊として「田令俗解」が収録されるが、第二十四冊の方は「田令俗解」と題されてはいるけれども、「田令俗解評」と称すべき内容をもち、やはり荷田春満の自筆である。「名家叢書」の「下田考」全八冊のうち、春満の「田令俗解評」のみが書型の小さな半紙本であり、表紙も他と異なっている。

下田は自分の「戸令俗解」「田令俗解」を春満のもとに送って批評を求め、春満がそれに応じたのである。その時期は、春満が帰京して数箇月後のころから翌九年にかけてのことと思われる。三宅清氏は「戸令俗解批考」という書を紹介されるが、(22) おそらく「戸令俗解評」と異名同書であろう。「戸令俗解批考」には、「右一本京師人荷田宿禰春満所批評東都内史大江朝臣師古所作戸令俗解者也　享保癸卯冬十月」という奥書が記されているという。(23) この推定が当を得ているならば、春満は享保癸卯すなわち享保八年十月に「戸令俗解評」を著したということになる。東丸神社蔵の「戸令俗解評」は、春満自筆の草稿本であり、加筆修正の筆が入っている。

春満は引き続き、遅くとも翌九年五月頃までには「田令俗解評」を著し、これを下田のもとに送り届けたとみてよい。それは、享保九年六月二十二日付の春満宛の書状に、下田が「田令の和御批判之一冊いまた返信不仕候、追而可致返信候」と記しているからである。(24)

「戸令俗解評」は、「俗解」のわずか五箇所についての批正であるが、それに比べて「田令俗解評」の批正は二十五項目におよぶ。「俗解」の解釈を批判するときは、対象とする文を掲示した後、「愚案」として自説を述べ、「俗解」の足らざるを補うときは直ちに自説を展開しあるいは依拠すべき史料を示す。下田の注釈は、関係令文、「令義解」、「令集解」、「法曹至要抄」などに依拠するが、春満は「延喜式」をしばしば用いて足らざるを補い、誤りを正している。(25) 下田は吉宗の命に応ずるにあたり、自分の「俗解」に春満の「俗解評」を添付して提出したと云うわけである。(26)

「令義解」の注釈

「令義解」注釈の仕事もまた、――享保十二年正月二十八日付の下田宛春満書状に「先年義解の和解の事蒙仰候」と記すように[27]――、幕府の依嘱による。春満は養子在満の学問のためにこの仕事を彼にさせることにし、自分はその手助けをすることで幕府の了解を取り付けていたのだが、注釈は遅々として進まなかった。進捗しない理由を春満は二通の書状で下田に次のように説明している[28]。第一の書状は、右の享保十二年正月二十八日付である。在満の年老いた養母は学問に対する理解に乏しく、その上在満が生活の面倒をみており、わずかの時間をぬすんで勤学している状況なので捗らず、草稿執筆にとりかかったものの「一両年来は大学廃学の様に罷成候」と述べている。「大学」とは、荷田在満のことである。自分自身についても、「去春已来私病身之上重病相加り、臥床之程には無之候へとも、于今全快不仕候へは、年来素願の義も私学問もこれまてと存、明め候外なく候」と、弱気な心情をもらしている。幕府の要請は、考課令の注釈を第一として取りかかれということであったのか、「考課令一篇之草稿」は出来ていると報告している。

幕府はこの書状に接し、「令義解」注釈の作業は断念したのかどうかを報告せよと返信してきた。これに返答したのが第二の書状である。先便からちょうど二箇月あとの、三月二十八日の日付をもつ。ここでも先便同様の言い訳として、在満の事情と自分の多病とを述べ、「令義解」全編の注釈がたやすくないことを「廃学同事にて容易には首尾仕間敷候」と記している。

右の二通の春満書状から推測するに、「令義解の和解」の依嘱の時期は享保十年の頃と思われる。後述するように、享保十年八月、壺井義知に委嘱した「令義解」注釈が「神祇令」までで、これ以上望めないこととなった。下田は「令問答」や「戸令俗解評」「田令俗解評」を通じ、春満が養老令についても造詣の深いことを認めていたから、春満こそが壺井に代わって注釈を施す適任者であることを吉宗に進言したのではなかろうか。

かくして、春満は享保十年秋、「令義解」「令集解」の講読会を連日開催した。この時の委嘱は、「令義解」については「和解」、「令集解」については文字校訂であった。後述するように、徳川吉宗は享保六年、幕府儒者に「令集解」の文字校訂を命じたが、見るべき成果が挙がらなかったようである。享保十年九月二十九日付の春満宛の芝崎宮内少輔好高書状は、「当時令義解集解之会毎日被成被下候間御太儀成御義ニ候、御影故主税令をも承別而忝大悦候」と伝えている(29)。差出人芝崎好高は、江戸に於ける春満の弟子の一人で、神田明神の神職である。この時、子息の芝崎主税好寛は京都伏見の春満のもとに遊学中であり、令の講読会に参加していたのである(30)。したがって、「考課令一篇之草稿」はこの頃出来たと考えられ、この講読会は春満と在満の身辺事情によってまもなく中断したのであろう。

第二の書状からやや時間をおいた享保十二年五月十一日、下田師古より注釈の進み具合を問い合わせてきた(31)。

令義解の和解、大学殿為御学問被成候由、先年被仰聞候付、貴様も御手伝被成可然之旨申進候キ、右和解今程少々も出来申候哉、いまた一篇も御草稿出来不申候哉承度存候、

しかしこの時、注釈は一歩も進んでいなかった。「令義解の和解」のための講読会をいまだ再開していなかったからである。

再開後の「令義解」講読会

享保十二年七月二十七日、春満は「令義解の和解」を作成するための講読会を再開した。「令集解」講読会も同時に再開し、両講読会をおよそ交互に行った。いずれも講義の担当者は在満である。この時期、春満の健康状態が比較的良好であったのか、また在満の勉学環境も整ったのか、その辺の事情は定かでない。しかし、幕府よりの催促に

接し、決意を新たにしての再開であったことは確かであろう。(32)

この講読会に参加した荷田信名（春満の末弟で弟子の一人）が講義筆記の「令義解劄記案」を遺しており（五冊、東丸神社蔵、A―一―二―一七八―一八二）、それにより講読会に関するいくつかの具体的事実が判明する。その第一は、この度の講読会が「官位令第一」に始まり、それから順を追って「公式令第廿二」の第二十一条（諸司会式条）にまで進んだことである。ただし、「選叙令第十二」については講読がなされなかったらしく、講義筆記がみられない。養老令三十編のうち約三分の二の講読がなされた訳である。

第二は、この度の講読会は再開直後こそ頻繁に催されて猛烈な勢いで読み進んだが、翌年に入ると開催されない月もあり、その結果進み具合も鈍っているということである。荷田信名は、「官位令第一」から「考課令第十四」の第五十四条（国郡司条）までの講読については、各回の開催日を注記している。それによると、享保十二年七月二十七日より翌年五月七日まで三十一回の開催日が確かめられる。ただこの間、信名は十二年八月二十七日から三十日までの間に開催の職員令講読、同年十月下旬もしくは十一月上旬開催の戸令講読、同年十一月下旬もしくは十二月上旬開催の賦役令講読を各一回欠席していると思われ、講義録に欠落部分が存する。三回の欠席のうち、戸令講読の開催日は、後掲する杉浦朋理筆記の講義録「令義解記事簿」により、十一月二日であることが判明する。すなわち、再開より翌年の五月七日までの九箇月餘の間に都合三十四回の講読会が持たれたことになる。

これを月別にながめると十二年七月に一回、八月に十回、九月に七回、十月に三回、十一月に六回ないしは七回、十二月に二回ないしは三回を開催してこの年は「賦役令第十」まで進んだ。翌年正月は開催せず、二月二十八日にこの年の「初会」を開いて「学令第十一」「継嗣令第十三」を済ませるが、二月はこの一回のみ。三月もまた開催せず、四月に二回、五月は七日までで一回である。(33) 十二年十二月以降に回数が減った事情は定かでない。これ以降に何回の講読会が持たれたか不明であるが考課令の残りの十一箇条、「祿令第十五」（十五箇条）、「宮衛令第十六」（二十八箇条）、「軍防令第十七」（七十六箇条）、「儀制令第十八」（二十六箇条）、「衣服令第十九」（十四箇条）、「営繕令第廿」（十七箇条）、「公式令第廿一」（第二十一条まで）と読み進み、ここまでで講読は廃絶となったのである。廃絶の正確な時期と理由とについては未詳であるが、幕府御用の窓口をつとめる書物奉行下田師古が享保十三年四月に死去したことがおおいに関係しているであろうし、中心人物の荷田在満が同年九月に江戸へ出府したのに伴って、講読会はまったく開かれなくなったと考えられる。

「令義解箚記案」によって判明する第三は、講読会の参加者についてである。荷田信名は、日付とともに参加者についてもしばしば注記する。すなわち、「無不参」「五人」「七人」あるいは「為倆不参」「為倆正森不参」「盛倆不参」などと記すのである。欠席者の注記のうち、「盛」はこの講読会の講義筆記を遺した稲荷大社家の大西親盛であろう。「為倆」はおなじく社家の松本為倆（のちの為寛）であろう。「正森」が一人を指すか二人指すかは不明である。もしも後者とするならば、「森」は社家の森家の人物と推測される。以上三人もしくは四人以外の参加者は、主催者荷田春満、講義担当の荷田在満、「令義解箚記案」の筆記者荷田信名、およびその子息で「令義解箚記」の筆記者信章である。八人または九人の参加者となるが、春満のもとで修学する芝崎主税もまた、享保十年の講読会に引き続いて参加したかも知れぬ。後述するように、同じく春満のもとに遊学する杉浦朋理は享保十三年二月からの講読会より加わった。享保十二年当時の参加者の年齢構成は、荷田春満五十九歳、在満二十三歳、信名四十三歳、信章二十一歳、大西親盛二十五歳、松本為倆二十二歳、芝崎主税二十八歳、杉浦朋理は十八歳というものである。末弟の信名を除き、参会者はすべて春満の子の世代である。

かくして「令義解の和解」の仕事は完結せず、春満は幕府の依嘱に応えることができなかったのである。しかし、この仕事の成果として、左の春満自身の講義手控えと弟子達の講義筆記が遺された。ここでは、「令集解」の文字校訂に関する春満の業績もあわせて紹介する。

一　荷田春満自筆「令解（一名、令集解考）」一冊（天理大学附属天理図書館蔵）

本書は、「令集解考」の名で目録に登載される[34]。本書の大部分が「令集解」の注釈で占められるけれども「令義解」の注釈も若干含むので、「令解」という題簽の表題が内容を正確に現しているように思う。題簽は別筆である。「椎本文庫」の蔵書印が捺されており、国学者橘守部の旧蔵書である[35]。内容は、①「令集解巻第一考」一五丁、②「令集解巻第二」四二丁、③「令義解巻第二」五丁、④「令義解劄記」二丁、⑤「令義解劄記」一丁の五つの部分から成る。②③の冒頭に「荷田宿禰春満考」と自署する。①は「令集解」の官位令の、②は職員令中の神祇官条および太政官条の左大臣までの注釈である。③④⑤は「令義解」の神祇令第六、学令第十一、継嗣令第十三の注釈である。本書はかつて、石尾芳久氏により翻刻されたことがある[36]。

「令集解」に関する①②は、注釈の大部分が文字の校訂に費やされている。誤字、脱字、衍字、顚倒などについて、諸本との校合、他の文献との照合、あるいは前後の文意や内容から判断している。校合にあたっては、春満所持の「家本」を底本とし「数家の本」を用いる。「数家の本」のなかには江戸の門人松平権之助信富、遠州浜松の門人森民部少輔暉昌[37]から借用した本[38]があり、その他に「古本」「流布の本」を用いる。他の文献として、「古本の義解」や「印本の令義解」すなわち慶安三年（一六五〇）に立野春節の刊行した「令義解」を参照し、「類聚三代格」「弘仁式」「拾芥抄」なども用いる。ただ、漢籍の利用は認められない。右の諸方法によっても埒が明かないときは、「正本を得て猶校合すへし」「正本を得て決すへし」などとして、結論を急がない。きわめて学問的態度である。ただ、春満の校勘がすぐれているとしても、石尾氏の「誤脱の多い原本を、国史大系本と同一の水準にまでたかめている」との言(39)は誇張に過ぎる。

本書の校合と注釈はおおむね当を得ているが、今日の学問水準からみて、訂正を要する点が皆無とは言えない。たとえばその第一は「令集解」の諸注釈の一である跡説の「跡云」を「疏云」と校合する点である。これは、松平権之助本、森暉昌本が共に「跡云」とあるにもかかわらず、「家本」の文字に従ったのである。この点は、石尾氏の指摘するところである。第二は、「令集解」に見える「本令」の解釈である。今日では、「もとづく令」という意味で、日本令の基づいた唐令と解釈している。春満は「古令」と同じと解して、「本令とは大宝の令をいふなるへし」とする。一方、卓見も存する。それは日本律令と唐律令との関係について、「故唐律疏議」の名例律のみをかろうじて披見しえたに過ぎない当時にあって、「本邦の律令ハ悉唐律令を以て元として、往々文字を換易したるもの」と看破したことである。

本書の①②は、享保十年秋に始まった「令集解」講読会の成果であろう。この講読会は、幕府の委嘱による「集解」の文字校訂が眼目であり、春満自らが担当した。本書には、「集解会学生」として荷田信名、平房迩の名が見えるが、前述した如く、伏見遊学中の芝崎好寛もまた学生であった。

③④⑤の注釈はそれぞれ零細なものである。「印本令義解」を底本とし、こちらも本文校訂を主として注釈を進めるが、その注釈は簡略である。享保十年秋開始の講読会のための講義控えか、もしくはその成果であろう。

二　荷田信章筆記「令義解箚記」五冊（東丸神社蔵、A―一―二―一八九・一九〇）

官位令より公式令第八条（奏弾式条）までの講義筆録。ただし途中の選叙令を欠く。本書は、『荷田全集』第六巻

（昭和六年、官幣大社稲荷神社編刊）に翻刻掲載されている。本書の官位令、職員令の部分についての草稿本も伝存する（荷田信章筆記「令義解箚記」一冊、東丸神社蔵、A—一—二—一八七）。荷田信章は享保十二年十一月二日の講読会を欠席したらしく、その日の講義分、すなわち戸令第十八条（造計帳条）から戸令二十二条（戸籍条）までの筆録を欠く。

三　荷田信名筆記「令義解箚記案」五冊（東丸神社蔵、A—一—二—一七八—一八二）

官位令より公式令第二十一条（諸司会式条）までの講義筆録。表題は、第一冊より第三冊の共紙表紙に打付け書にて「令義解箚記案　一　暗万」「令義解箚記　二　暗万」「令義解箚記案　三　暗万」、第四冊は「令義解箚記　祿令」、第五冊は「第六巻儀制令　令義解箚記草案　暗丸」とそれぞれ墨書される。「案」字と貼紙による「一」「二」「三」は追記である。五冊とも後補の厚紙表紙を有す。第一冊（本文四二丁）は官位令から職員令五十八条（弾正臺条）まで、第二冊（本文二六丁）は職員令六十八条（摂津職条）から僧尼令八条（有事可論条）まで、第三冊（本文四七丁）は僧尼令九条（作音楽条）から考課令五十四条（国郡司条）まで、第四冊（本文二二丁）は祿令、宮衛令、軍防令、第五冊（本文三三丁）は儀制令、衣服令、営繕令および公式令の第二十一条までを筆録する。前半は丁寧かつ密に記録するが、後半に至って回をかさねるほどに大雑把な筆録となる。第一冊冒頭に「享保十二年歳次丁未初秋発起」、第三冊中には「享保十三申年二月廿八日初会」とあり、各年の開始日を注記する。第一冊より第三冊までは、開催日と出欠についての注記が見られること、前述のとおりである。

四　大西親盛筆記「令義解聞記」二冊（東丸神社蔵、A—一—二—一九五）

第一冊の表題に「令義解聞記自官位令至家令職員令終　壱」とあり、官位令より家令職員令まで、第二冊の表題に「令義解聞記自神祇令至戸令終弐」とあり、神祇令より戸令までを筆録。田令以下公式令に至る筆録は知られない。講義は慶安三年刊の「令義解」を台本とし、台本の本文校訂にも言及する。「師云」として春満の節を引用することが二度、「信名云」が一度、「親盛案」として自説を述べることが三度ほど見られる。細密な筆録であり、行間や餘白への書入も少なくない。荷田信名筆録の「令義解笥記」と併せ読むことで、荷田在満の講義の全容を知ることができる。

大西親盛は安田親夏の三男に生まれ、稲荷大社正神主家の西大西家の親友の養子となった。春満への弟子入りは享保十年、二十二歳のときである。親盛には、慶安三年刊の「令義解」への書入本が伝えられ、ここには師春満の注記も見られる（稲荷大社蔵、春満手沢本とされるが、書入の大部分は大西親盛であり、「信盛案」とする春満の注記は稀である。『荷田全集』第六巻解題ならびに口絵参照）。

五　杉浦朋理筆記「令義解記事簿」一冊、同「令義解笥記」一冊（浜松市立賀茂真淵記念館蔵）

筆録者杉浦朋理は、遠江国浜松の諏訪神社の神職にして、国学者杉浦国頭を父にもつ。父国頭は春満の門人であり、春満の姪真崎を妻に迎えている。長子の朋理は、享保十三年中には春満のもとに出かけて修学しており、(40) 本書はその節の講義筆記である。

前者は、表紙に「令義解記事簿」という表題とともに戸令・田令・賦役令・学令・継嗣令・考課令という令の編目が記される。つまり、本書はこれらの編目についての講義筆記なのである。しかし、本書は、おそらく他人の講義筆記を借用転記したものであろう。その注釈はきわめて簡潔でありかつ楷書を用いており、講義をその場で筆記したというよりも、要点を整理して清書したことをうかがわせる。表紙の編目中、戸令、田令、賦役令については圏点が施されているが、圏点の三編は、杉浦朋理が講読会に出席しなかったことを意味するであろう。戸令の冒頭に「十一月二日夜」、田令の冒頭に「十一月十六日」、賦役令の冒頭に「十二月廿四日」という注記が存し、この三編の講読会が享保十二年中に催されたことを示している。杉浦朋理の伏見滞在が享保十三年からだとする右の所伝が正しいならば、この三編の講読会への参加は不可能である。

後者は、表紙に「令義解劄記　自継嗣令至」という表題とともに継嗣令・考課令・祿令・宮衛令・軍防令という令の編目が記されている。また表紙裏には、「藤原朝臣鯆（花押）」の名が記される。こちらは筆運びが迅速であり、細筆で餘白へ多数の書き込みを行っているなど、講義に臨んでの筆記という感を抱かせる。最後の軍防令の講義録は、第十一条（衛士上下条）で終了している。

両書ともに、「岡部氏記」「遠江国岡部賀茂社蔵書」という蔵書印が捺されている。

三　律令格式に関する質疑と応答

「令問答」

荷田春満が幕府御用に応じた最初の成果が「令問答」であろう。冒頭に、「享保八年春三月九日、臣下田幸太夫師古、会閑人羽倉斎春満于中条大和守康貞第、問対如左」と記される。本書は「令義解」中のおもに語句の意味についての質疑とそれに対する応答である。質疑者は幕府の和学御用下田師古である。質疑の範囲は、養老令三十編中、官位令、職員令、神祇令、僧尼令、戸令、田令、賦役令、選叙令、公式令、雑令の十編、都合四十四項目に及ぶ。質疑応答の様子は、以下の通りである。すなわち、まずは質問対象の養老令の語句もしくは義解の語句を掲げ、ついで「師古曰」として質問の趣旨を述べ、これに続けて「春満曰」とし、回答を記すという形態である。この時期、下田は吉宗の下命により、養老令の「俗解」に取り組んでおり、その過程で生じた疑問を春満に質したのが本書として結実したものであろう。

江戸の中条大和守邸における質疑応答の後、京都伏見に戻ってからも、春満は古代法制、有職などに関して数々の質疑と依嘱を受けることになるが、その端緒が「令問答」にあったと見てよいであろう。春満を後援する松平権之助は、下田とも接触があり、それ故、春満に対する幕府御用が頻繁なことを承知しており、享保十年四月二十九日付の春満宛書状にては、「頃日下田幸太（ママ）へ見廻暫申談御噂申候、不絶御用有之珍重存候」と書き送り、翌十一年十二月十四日付書状にても、

今以下田氏よりも御用筋御使役又奥向ニても不絶有之様承伝候、

と記している(41)。右の「御用筋御使役」とは和学御用としての下田からの依嘱であり、「奥向」とは将軍吉宗が下田を介して発する質疑や依嘱のことであろう。二種類の幕府御用が春満に寄せられたのであるが、和学御用の中身は吉宗の指示で決められたものであるから、結局、春満への質疑と依嘱はすべて吉宗に端を発するといってよい。

「令問答」は、今日、東丸神社に伝えられていない。本書に収載するにあたっては、原本にもっとも忠実な書写と思われる九州大学法学部法制史資料室蔵本を底本とした。伝本は、宮内庁書陵部ならびに無窮会神習文庫の叢書「玉篚」に存し、いずれも「荷田下田令問答」という表題が与えられている(42)。

「偽類聚三代格考」

本書は、享保七年一月、吉宗の発した逸書採訪令によって出現した「類聚三代格」十二巻十二冊について、それが偽書であることを考証した書である。「東丸遺稿」所収の春満書状断簡(43)によると、春満は江戸滞在中、紅葉山文庫に

蔵する闕巻の「類聚三代格」六冊（巻二・四・六・九・十・十一）を鑑定したところ、文体・編纂法ともに本来の「類聚三代格」と異なっていたが、このたび六冊（巻一・三・五・七・八・十・十二）が出現したので、[44]「類聚三代格」そのものでなくとも、なんらかの参考となる書であるか否かを考証するようにと、十二巻十二冊を京都に送ってきたというのである。

荷田春満に鑑定させよという指示が下田師古に伝達されたのは、享保九年三月二十七日のことである。[45]徳川吉宗の指示による。[46]春満は、「延喜式」や「六国史」と比較しながら、これが偽書であることを逐一考証し、「偽類聚三代格考」十二巻十二冊として幕府に提出し、役に立たぬ書であるという結論を出したのである。その結果、偽書の「類聚三代格」十二巻十二冊は紅葉山文庫の蔵書には入れないこととし、「偽類聚三代格考」とともに下田に預けられた。同年八月二十五日のことである。[47]

この提出本は、下田師古の没後、春満に返却された可能性がある。今日、東丸神社は荷田春満自筆の清書本と草稿本との両者を蔵するのである。清書本（一冊、A―一―二―一七二）が幕府提出本だと思われるが、この本は巻第五、巻第六を欠落する。[48]一方、草稿本（一冊、A―一―二―一七七）は巻第九、巻第十、巻第十二のみの端本である。清書本、草稿本ともにその書型は、「故唐律疏議」に同じく美濃判である。

なお、東丸神社は、稲荷大社社家の大西親寓が享和元年（一八〇一）に筆写した「偽類聚三代格考」も伝えるが、この伝本も巻第五、巻第六を欠く（二冊、A―一―二―一九〇・一九一）。このように荷田家でははやくから巻第五、巻第六を欠いていたらしい。したがって巷間に写し伝える伝本もこの両巻を欠く。両巻を欠落する伝本として確認しえたものに、松平定信旧蔵本（五冊、国立公文書館内閣文庫蔵）、屋代弘賢旧蔵本（五冊、国立国会図書館蔵）、信濃国須坂藩主堀直格旧蔵本（二冊、国立公文書館内閣文庫蔵）がある。静嘉堂文庫蔵本もその目録に「残缺一〇巻」とあるから、[49]

やはり巻第五、巻第六の両巻を欠くのだろう。また、『国書総目録』（二巻五七六頁）によると、鈴鹿文庫所蔵本（現、大和文華館所蔵）も同様に巻第五、巻第六を欠くという。

養老令に関する質疑と応答

「養老令」の儀制令第七条（太陽虧条）に「国忌日……皇帝皆不視事一日」という規定があって、先帝の命日に天皇は一日政務を廃す定めであった。このことに関して、幕府は「古代国忌の日の礼儀御法事等は、如何様の執行品にや、寺又は陵へ天皇行幸、皇太子行啓なとの事も有之や、若は御名代被仰付候事も有之や」などと尋ねてきた。これに対し、春満は享保九年三月十三日付の書状にて次のように回答した。すなわち、第一に、国忌日における朝廷の礼儀については所見がないこと、第二に、国忌は治部省の職掌にあたること、第三に、諸司の庶務として、寺において功徳を修すること、寺に勅使を発遣することは国史に数多くの例が見られ、東寺・西寺に布施の事が見えること。また、国忌の日に山陵などに天皇行幸、皇太子行啓の例は所見がないこと、即位、元服などを山陵に告げるための勅使差遣の例は多数の所見があること等を回答した[50]。

荷田はまた「容止」という語の訓についての質問を受け、享保十年七月二十七日付の書状にて「日本紀の古訓フルマヒにて候、進止の二字と同古訓にて御座候、文字出所は孝経と覚申候」と返答している[51]。「容止」は、賊盗律、僧尼令、捕亡令などに出てくる律令用語で、「犯罪人の滞在を容認すること」といった意味である[52]。

下田は享保十二年二月二日付の書状にて、律令官人の墓制について次のように問うた。すなわち、「養老令」の喪葬令第十条（三位以上条）を引用した上で、「営墓」の意味、四位以下の者の「営墓」はどのようにするのか、また「大蔵」はどのような意味かという質問である[53]。

これに対し、春満は同年三月二十八日付書状をもって、「病中故及延引候、依之先大学へ申付、大学愚考今度備賢覧候、…旧臘已来多病不快、何事も不任所存候」と返答し、質問事項の回答としては在満の草した「愚考三件」を提出した(54)。

ついで享保十二年九月九日、度量衡のうち、土地を測る「歩」という単位について、次のように問い合わせてきた。「養老令」の雑令には「凡度地五尺為歩、三百歩為里」とあり、「延喜式」の雑式には「凡度量権衡云々、其度以六尺為歩、以外如令」とあるが、何故に令と式で相違があるのか、格を出して改正したのか。そうだとすれば、「町段里数租税等之事もちかひ可申候、此事御考有之候ハ、委細御書付可被下候」というのである(55)。

春満は、同年十月二十日付の書状にて次のように回答している。和銅六年二月十九日の格をもって「其度地以六尺為歩」と改正したのであるが、これは計測の基準を高麗尺(大尺)から唐尺(小尺)へ変更したことであって、「延喜式」もこれを踏襲しており、「令に五尺と云と、和銅の格に六尺と云は、名異なれとも長さは同事也」と返答した。この答えは、田令第一条(田長条)の集解所引の古記の解釈に従ったのであり、「此集解の古記の説の如くならは、町段租税等一つとして替る事なし」と結論づけている(56)。

「延喜式」に関する質疑

荷田春満は「延喜式」についても幕府からの質疑を受けている。春満は、下田より次の文面を含む書状(57)を受け取った。六月二十九日の日付であるが、享保十年の事であろう。

一民部主計主税式之内、不審之条々御受取被成候、相知候分段々可被仰下候由之事、

民部、主計、主税のうち、主税に関する質疑についてのみ、東丸神社所蔵史料に手がかりが存する。それは、「主

税式内問」と題する小冊子である（表紙を含めて五丁、A―一―二―一九四）。本書は、きわめて丁寧な楷書で書かれており、送り仮名、音読符、訓読符まで付されている。よくよくみると、その筆跡は質疑者の下田師古本人である。ここには、「延喜式」巻二十六主税式上の「諸国出挙正税公廨雑稲」についての質疑が載せられている。質問はおおきく二つである。重要なのは第一である。すなわち、雑稲とは毎年百姓に貸し付ける「本稲」の数なのか、もしくは「利稲」の数なのか。また「利稲」を「本稲」に組み入れることがあるか。組み入れるならば、「正税ノ本稲」が年々増えることになるが、主税式に「出挙ノ正税等ノ定数」を定めるから、この定数を超えた分は出挙すべからずという意味なのかという質問である。第二は、山城国以下十三箇条にわたってそれぞれの収益の用途などを問うものである。「主税式内問」への回答は、目下みあたらない。また、民部式、主計式に関する質疑、及びそれに対する応答も未詳である。

次に春満は、「延喜式祝詞」についての依頼を受けている。すなわち、下田は享保十年十月三日付の書状において、

一延喜式祝詞の巻之文義ニ通しかたく候、いつニても御心向候時分、社家中え成とも被仰付、和ケ御調させ被下候ハヽ、可忝候、御面当ニ御坐候ハヽ、必御無用被成可被下候、

と書き送り、「延喜式祝詞」の注釈をしてくれるよう、遠慮気味に頼んだのである(58)。

春満はこの要請に対し、翌年正月二十八日書状において、「先年又被仰聞候延喜式之内、祝詞之巻之釈、是も草稿は出来仕候へとも、私添削病気故致延引、何とぞ両草稿とも添削いたし春中には懸御目可蒙賢評候」と返答した(59)。「延喜式祝詞」解釈の草稿は、弟子在満に作らせていたようである。その後、同年秋頃までには下書きもようやく出来たらしい。下田は八月九日付の春満宛書状に、

日外御無心申入候延喜式祝詞巻和解、御下書大概致出来候由忝存候、御清書ハいつニても御調させ可被下候、

と記している。[60]前掲した十月三日付書状に「御面当ニ御坐候ハ、必御無用被成可被下候」とある文面、また八月九日付書状に「御無心申入候」とある文面から考えるに、この御用は吉宗の意向によるものではない。また、和学御用という下田の職務上の要請でもなかろう。下田の個人的な依頼と見るべきではなかろうか。[61]

この「延喜式祝詞」の注釈は未完に終わっている。注釈を施したのは「六月晦日大祓」までであり、祝詞式全体の半分にすぎない。「六月晦日大祓」までを含む伝本は、土佐山内家宝物資料館の山内家文庫に唯一伝えられている（「祝詞式和解」四冊）。本書は、土佐の国学者谷垣守が延享四・五年（一七四七・一七四八）に、江戸において荷田在満から借りて書写したものである。[62]西岡和彦氏の見解によれば、「祝詞式和解」四冊は、春満と在満の「共同制作」であり、第一冊と第二冊については春満の添削が充実しているという。[63]

なお、東丸神社には「延喜式」の講義筆記が所蔵される。春満の甥荷田信章の筆録になり、「延喜式箚記」という（一冊、墨附四十六丁、A―一―二―一九三）。表紙にはこの表題の下に二行割りで「自神祇式至太政官式訖」と記され、本書の内容を示している。語句の解説を主体とする注釈で、「延喜式序」に始まって巻第十一太政官を終え、さらに巻第十二中務省のごく前半部分に及んでいる。その一方、巻第八祝詞、巻第九神名帳上、巻第十神名帳下については注釈を欠いている。神名帳は、延喜式内社の一覧表であるから、その注釈を省略したのはさもありなんと思われる。巻第九祝詞が欠落するのは、下田の依頼による「祝詞式和解」を別途に進めていたからである。「延喜式」の講読会開催は、「祝詞式和解」の作成と関係するであろう。若き在満が、春満の指導のもとに巻第九祝詞と「延喜式」全体の和解に身を粉にして努力したのだろう。その時期は、享保十年冬から十一年にかけての頃と推定される。これは、在満は養母の面倒を見ていて「廃学の様に」なり、春満自身も体調不十分と、「令義解の和解」の遅延を下田に言い訳をした時期にほぼ一致する。

すなわち、「延喜式」に取りかかっている間、「令義解の和解」はまったく中断していたのである。それ故、「令義解の和解」を催促する書状が届くに至ったのである。「延喜式」の注釈を全五十巻のうちの五分の一ほどで打ち切ったのには、このような理由が存するのではなかろうか。「祝詞式和解」は下田の個人的依頼であり、しかも「御面当ニ御坐候ハ、必御無用」にしてよいという仕事であった。一方、「令義解の和解」は幕府御用であり、これを優先すべしということではなかったろうか。

四　徳川吉宗と律令研究

幕府第八代将軍徳川吉宗は、当代きっての法律家である。しかしそれは研究者としての法律学ではない。最高権力を手中にする為政者としてのそれである。吉宗の法律好きは当時から有名であったらしく、そのことは「御弱年より常に大明律御数寄被成、朝暮御覧被成候」とか[64]、「その潜邸の時（将軍に就く前の和歌山藩主の時）よりはなはだ法律の学を好みしこと、海内の諸侯の共に知る所なり、しこうして世儒なる者は、能くその書を読むものなし（原漢文）」[65]「明律などをも。常に好てよませ給へり。和歌。詩賦のごときはあへて好ませ給はず」[66]、「法律の書は紀伊家にまし〳〵けるほどより好ませ給ひ。御位につき給ひて後も。ます〳〵御覧ありしが。荻生惣七郎観。深見久太夫有隣。成島道筑信遍。高瀬喜朴某等に命ぜられて。考へたてまつりし事も少からず」[67]などと伝えられる。

和歌山藩の「大明律例諺解」

吉宗の父、和歌山藩主光貞は儒臣榊原玄輔（号篁洲）に命じて、「大明律例諺解」をつくらせた。本書は、中国明朝の刑法典「明律例」（以下、明律という）を注釈した書で、元禄七年（一六九四）十一月に成立したわが国最初の明律注釈書である（目録一巻・本文三十巻）。その注釈法は、明律の原文である条文・条例に返り点、送り仮名、音読符、訓読符を施してこれを冒頭に掲げ、ついで注釈すべき語句を抽出して四角の枠で囲んでこれに解釈を与えるという手法で、語釈を中心とする。注釈に際しては、「大明会典」「大明令」といった中国の法典や、「律条疏議」「読律瑣言」「大明律集解」等の中国でできた明律注釈書を引用することもしばしば見られ、明律関連の参考書目だけでも三十三をかぞえる。

榊原篁洲没後の正徳三年（一七一三）十一月、和歌山藩第五代藩主徳川頼方（後の吉宗）は、「大明律例諺解」の補訂を篁洲の子榊原武卿（号霞洲）、鳥井春沢、高瀬喜朴（号学山）に命じた。この補訂は、引用書目の原典に当たり直して異同を正す校合訂正を主眼とした。もちろん、解釈の不十分な箇所や誤りの箇所の補訂も行い、それらをまとめて「訂正」一巻を作成した。榊原篁洲の最初の「大明律例諺解」を原撰本と称し、正徳三年に補訂を施したのを参訂本と称している。

しかし藩主頼方はこの参訂本に満足せず、正徳五年、再びの補訂を榊原霞洲と高瀬学山に命じた。この時の補訂を考正と称するが、参訂の結果を再検討して、是なるものを「諺解」の本文中に採り入れたのである。このように二度の補訂を加えて、和歌山藩の明律注釈書「大明律例諺解」が完成したのである。その完成までには、光貞・頼方の父子二代、篁洲・霞洲の父子二代が関わり、高瀬学山も二度の補訂に参加した。榊原篁洲は元禄三年（一六九〇）九月に「諺解」作成の稿を起こしているから、考正本の完成までに二十五年の歳月が流れたのである。[68] 原撰本成立の元禄七年は吉宗十一歳、参訂を命じた年は三十歳、考正本の成立した年は三十二歳で将軍就任の前年に当たる。父光貞の頃から明律を学んだとすれば、「御弱年より常に大明律御数寄被成」という言が事実を伝えていることになるし、少なくとも「法律の書は紀伊家にましく〵けるほどより好ませ給ひ」という記事は事実を描写している。

幕府における唐明律研究

将軍に就いた吉宗は、享保五年、和歌山藩儒高瀬学山に命じて明律の逐条和訳の書を執筆させた。高瀬は命を受けてから一年足らずの同年十二月、本文十二巻・首巻末巻各一巻から成る「大明律例譯義」を奉呈した。条文・条例を平易明快な文章をもって逐条に和訳し、これに加え、各条冒頭にその条文の趣旨を示し、難解な語句については細字双行をもって注解を施すことによって理解を助けている。また首巻には「律大意」と題して刑政の要諦三十九箇条を収め、刑政の指針を与えている。それ故、明律の何たるかを知るにはきわめて便利な書である。今、吉宗への奉呈本は国立公文書館内閣文庫に襲蔵されている[69]。本書は筆写本で伝えられ、その後の幕府や諸藩における法の生成とその運用に与えた影響は少なくない。たとえば熊本藩、会津藩では藩刑法典の起草資料として用いられ、さらにはその運用にあたっての補充法としての役割も果たした[70]。

「大明律例譯義」には明律の原文を載せていなかったから、吉宗は幕府儒者荻生観（号北渓）に命じて、明律の原文である条文・条例の文字を校訂し、これに返り点と送り仮名、それに音読符、訓読符を施して刊行させた。明律の原文を校訂し、返り点等を施すという作業内容は「大明律例諺解」のときに行ったのと同じである[71]。吉宗の命は、享保八年二月と三月に、『官准刊行明律』の表題で京と江戸の書肆から相次いで刊行されることにより結実した（律本文六冊、条例三冊）。「官准刊行」の文字通りの意味は幕府が出版を許可したということであるが、その実態は吉宗が刊行を指示したというものである[72]。吉宗の意図は、本書を刊行して明律を全国に流布させることであった。それ故、京と江戸という東西の書肆をして刊行させたのである。吉宗の意図はみごと的中し、本書は明治時代に入っても刊行され続けた。つまり、『官准刊行明律』は百五十年ものロングセラーの書なのであり、幕府や諸藩における法学、立法とその運用、さらには明治初年の「新律綱領」施行下の刑法運用および法学教育に果たした役割は少なくない[73]。

荻生北渓は明律研究会を組織し、明律についての研鑽を積んだ。研究会には兄徂來を始めとして蘐園学派の学者のみならず、幕府高官も参加した[74]。この研究会が『官准刊行明律』刊行の原動力となったことは言うまでもなかろう[75]。

吉宗は、明律についてその逐条和訳を和歌山藩の儒者に、本文校訂と訓読を幕府儒者に命じたばかりでなく、自らの明律研究を将軍就任後も怠らず、幕府儒者の成島道筑に毎日のごとく明律を講義させた[76]。したがって、「法律の書は……御位につき給ひて後も。ます〱御覧ありし」という前掲の記述は、事実を伝えているとみなしてよい。

「公事方御定書」上下巻は、将軍職晩年の吉宗が情熱を降り注ぎ、法文の具体的文面を自ら示しながら編纂を主導して作り上げた。その下巻の刑事法の分野には明律に示唆を得た規定や刑罰が少なからず盛り込まれている[77]。しかし、法文を一見しただけでは明律との関係を見抜くことはできない。あたかも江戸時代の慣習法や判例法を成文化したように見える。このような巧妙な立法の仕方は、吉宗の明律に対する深い造詣のなせる業であり、立法に対する吉宗の姿勢がここに現れている。諸学者に法律に関する事柄を命じて「考へたてまつりし事も少からず」の一例である。

明律の和訳と訓読とが出来上がって間もなく、荷田春満が京都伏見より「故唐律疏議」の存在を知らせてきたのである。明律のもとをたどると唐律に行き着く。その唐律が出現したのだから、吉宗にしてみれば、その正しい法文と訓読を求めるのは至極当然である。春満の見出した「故唐律疏議」は、おそらく京都の公家あるいは寺社に伝来したものであろうが、春満の力をもってしては一冊ずつの借覧が精々であった。春満が名例律六巻に訓読を施している頃、松平忠周は京都所司代という立場を利用して「故唐律疏議」全三十巻の書写に成功したのではなかろうか。

この推定の是非はともかくとして、松平忠周を通じて「故唐律疏議」全編を入手した吉宗は、これを荻生北渓に示して、本文校訂及び訓読を命じたのである。[78]北渓はすでに明律の本文校訂と訓読を成し遂げているのであり、その点春満よりも一日の長があった。春満の場合、比較検討すべき参考文献を持たなかったから、法文そのものを読み込んで文字を校訂するより他なく、その故に文字錯雑の箇所などはしばしば校訂と訓読とを放棄している。一方の北渓は、唐六典、明律、日本律（紅葉山本の名例律、賊盗律）をはじめ、十三経註疏、史記、前漢書、通典、文苑栄華、文献通考など都合十四の書籍（日本律を除いてすべて漢籍）を参考文献とし、誤字三千百四十二字、脱字四百九十六字、衍字百七十一字、顛倒七十九字、錯簡二箇所を正したという。[79]しかも、この仕事を一年足らずのうちに成し遂げている。経験といい、漢籍駆使の力量といい、それを容易に披見できる境遇といい、この仕事に関し、北渓は春満よりも断然有利な立場にあったと言ってよい。

この仕事の報告書を「唐律疏義訂正上書」というが、「唐律和律明律異同」という表題で伝わる場合も有るように、北渓は唐律、和律、明律の三律を比較しつつ作業を進めたのである。その際、紅葉山本の「名例律」、「賊盗律」についても「故唐律疏議」をもって校訂したようである。今日、国立公文書館内閣文庫に所蔵する「律」二冊（楓　特二六―一四）が荻生北渓の校訂本であろう。本書は、朱点による読点を施すのみで返り点、送り仮名はない。朱筆による校合が上覧の餘白に施され、多くは唐律との比較の上で校合を行っている。以上を要するに、律に関する仕事は、日本律、唐律ともに荻生北渓のものが採用されたのである。

「令義解」「令集解」の閲読と下命

さて、徳川吉宗は春満に依嘱する以前から、「令義解」「令集解」には多大の関心を持ち、それらの本文校訂や注解をもくろんでいた。享保三年五月十一日、鎰付きの箱に入った「律」二巻、「令義解」七巻、「令集解」十巻を御文庫より取り寄せ、同月十七日に返却した[80]。この律令は金沢文庫旧蔵本の臨模本で、いずれも巻子本である。前述したように、今日これらを紅葉山本と呼んでいる。吉宗は、この時はじめて紅葉山本「律令」の存在を確認したのであろう。翌四年四月三十日にも箱入りのこの三者を「類聚国史」「類聚三代格」「帝王編年記」などと共に取り寄せている[81]。

同四年五月二十四日、今度は冊子本の「令義解」（四冊）を文庫より取り寄せ、これを翌年の七月二十一日に返却している。つまり、一年二箇月の長期にわたって手元に留めた訳で、吉宗の関心のほどが知れる。四冊本「令義解」については、二年後の享保七年三月二十六日、それが端本であるか否かを紅葉山本「令義解」七巻と突き合わせて確かめることを書物奉行に命じた。完本という報告を受けると再び借り出して五月三十一日まで手元に置いた[82]。

さかのぼって享保五年二月七日、吉宗は「日本之律書」を調べて明日差し出すように書物奉行に命じたところ、翌日に紅葉山本「律令」全十九巻、賊盗律一冊、名例律一冊を差出して来た。それらを翌六年三月十二日まで、すなわち一年以上もの間、手元に留めた[83]。また吉宗は、享保六年二月七日、「令義解」十一冊を御文庫より借り出し、これは返却せずに座右に置くことを書物方に通知した[84]。この十一冊本は、立野春節が慶安三年（一六五〇）に刊行した『令義解』であろう。いわゆる京本または青本と呼ばれるものである[85]。「令集解」についても、紅葉山本のそれを享保六年に一度、同七年に二度借り出している[86]。

以上のように、吉宗は享保三年五月に紅葉山本「律令」の存在を確認してから、同七年半ば頃までに、「令義解」「令集解」を何度も披見している。そのさなか吉宗は三人の幕臣に「令義解」「令集解」への加点、文字校訂を命じ、和学御用下田師古には「令義解」の注解を指令したのであった。幕府儒者室鳩巣が金沢藩士青地兼山に宛てた享保六年十月二十四日の書状に、

先頃より（中略）人見又兵衛、林又右衛門、人見七郎右衛門三人へは令義解令集解令義解は板有之候、集解板に無之候、定て板行可被仰付被思召、点被仰付と奉存候、

加点を被仰付候、是もいまだ出来不仕由に候、と見える。(87)林又右衛門信如の家譜に依ると、同年七月二十四日のこととして「おおせをうけて令の集解の文字を訂正す」とあるから、(88)人見又兵衛・七郎右衛門親子への下命もその頃であったろう。しかしながら、下命後三箇月を経過しても功を終えなかったのである。「令義解」「令集解」に関する三人の業績の痕跡を突き止めることができないから、その後中途にてこの仕事を放棄したのだろう。

下田への下命も同じ時期と思われるが、前述したように、こちらは「戸令俗解」「田令俗解」として結実した。二つの「俗解」については荷田春満の批正を仰いだ後に吉宗へ提出したから、その時期は享保九年のころであろう。「令義解」注解も、本来は全編の注解を予定したであろうから、こちらも中途にて断念したというべきであろう。

下田の「令義解」注解が思うように捗らなかったためか、幕府は京都の国学者壺井義知に「令義解」の注釈を依嘱した。壺井は幕府御用を勤めるため、享保十年八月三日に江戸に参着すると、春満のときと同様、下田を通じて質疑をうけた。江戸滞在中に、「官職秘抄」「禁秘抄」「公事根源」「装束要領抄」「江次第」など官職や装束に関わる和書九種を校合している。壺井は江戸下向に際し、「令義解」の注釈を携えてきた。「令義解愚註草稿」十二冊である。その注釈は、官位令一冊、職員令六冊、神祇令一冊、それに太政官符、令義解詔書、上令義解表、令義解序に対する注釈各一冊から成る。これを見ると、壺井は江戸下向よりもかなり前に注釈を依嘱されていたようである。壺井はこの十二冊を幕府に提出するとともに、以下の編を注釈するには他事を止めて専念しなければ出来ないと申し出たため、幕府はここまでの注釈を嘉納して以下を求めないことにしたのである。(89)壺井はこのとき齢六十九に達していた。

「令義解」の注釈、「令集解」の本文校訂といった仕事が荷田春満に依嘱されるまでには、このような背景と経緯があったのである。したがって、春満への依嘱の時期は、享保十年八九月の交であったと思われる。それ故、春満は同年九月のころは「令義解」「令集解」に意気込んで取り組み、講読会を毎日のように開いていたのである。

徳川吉宗の学問

ところで、吉宗は長崎貿易により、地誌類を中心とした漢籍を大量に輸入した[90]。「有徳院殿御実紀附録」は、吉宗の漢籍輸入の態度について次のような興味深い記事を載せる[91]。

さきに本邦の古書は。令を下されて求めさせ給ひ。また唐商等もたらし来る類も。まづ書目を御覧ありて。就中有用の書をえらばる。それも詩賦。文章の類は。あながちもとめたまはず。政道をたすけ。治具にも備ふべきの書を。専らにつのられける云々

「政道をたすけ。治具にも備ふべきの書」を収集したというのである。和書のみならず漢籍を含めて、吉宗がいかに多くの書物に目を通していたかは、『幕府書物方日記』を繙けば一目瞭然である。大庭脩氏の言を借りれば、吉宗が収集した書籍は、「いわば形而上的な経書、集類の書よりも、むしろ史部の詔令奏議類、地理類、職官類、政書類、子部の農家類、医家類、天文算法類の書に集中した点に特色がある」と言う。大庭脩氏はまた、「史部に属する書を以て政治制度の大綱に資し、子部に属する書によって殖産興業をはか」り、そのいずれもが実学であると言われる[92]。傾聴すべき見解である。

「有徳院殿御実紀附録」はまた吉宗の読書の態度につき、「御継統の後はいよ〱まつりごちたまふたすけとなるべき書のみ常に御覧あり」とも記す[93]。将軍就任後はますます治世に役立つ書物を見ているというわけである。自らが明律を研究し、諸学者にさまざまに学問的な仕事を命じるのも、学問そのものが目的ではなく、為政の実際に役立たせるための営為なのである。その際、正しい原文に依拠した正しい理解が重要である。吉宗が法律書をはじめとする諸

典籍を研究し利用するにあたっては、本文校訂を第一義としている。この姿勢は、和歌山藩主時代に「大明律例諺解」の「参訂」「考正」を通じて培われたのであろうか。ともかくも吉宗の学問への関心は、それを為政の実際に応用することに存するのであって、日中の法律書の校定および注釈の作成もこの大目的に添っているのである。ただ、古代の律令法制や異国の法律制度を現実の治世に応用することは、言うは易く行うは難しであって、よほど深い洞察力が必要である。

春満への質疑や依嘱の場合も、為政の参考に資すためという姿勢で貫かれている。二三の事例をながめてみよう。下田は「京職職掌考」と題する調査書を吉宗に提出している（『名家叢書』第二十一冊）。京職は都を管轄する律令時代の役所であり、この報告書はその職掌を調査したものである。享保九年三月、下田が春満に「左右京職之囚獄」に関する質疑として、新出の「故唐律疏議」のなかに京職の役人が罪人に判決を下し処断する記事が見られないか、ということを照会している（註17参照）。これは、「京職職掌考」を作成するための照会である。「京職職掌考」の上部欄外には、町奉行所の職掌との異同が朱筆にて注記されている。秋元信英氏が、この報告書の「特色は現実の行政実務に役立てようとしている点であろう」と指摘されるように(94)、吉宗は町奉行所の機構や職掌を考える手だての一つとして、律令時代の左右京職についての調査を指示したのである。

享保十年五月、春満は「乱箱」の訓について下田に回答した。下田はかねて元服儀礼についての調査を命じられており、この仕事を遂行する過程で生じた疑問を春満に投げかけたのである。来るべき家重の元服に備え、吉宗は下田から元服儀礼の情報を得ていたとする吉岡孝氏の指摘は正鵠を射ていよう(95)。

下田が吉宗に報告した調査書に、「国忌考」「陵墓考」「社稷考略」がある（『名家叢書』第二十八冊）。下田はこれらの調査書を作成するにあたっても、やはり春満の教示を乞うている。前述したように、国忌は儀制令、陵墓は喪葬令に関連する質問である。また、三宅清氏の紹介によると、春満は社稷の祭その他氏神に関する質問に答えていることが「東丸遺稿」に見えるという(96)。社稷といえば国家そのものを指すこともあるが、本来の意味は土地の神と五穀の神のことである。これに氏神についての質問が併せてあるということである。

享保十三年四月十三日、吉宗は日光社参に出立した。右の三種の調査書はこの日光社参に関係しているかも知れない。四月十六日が家康の命日である。歴代将軍の命日を幕府政治の上でどう位置づけるか、あるいは歴代将軍の墓や廟、将軍家の氏神をどう捉えるか。これらについて考えをめぐらせたのかも知れない。

とにかく、荷田春満に向けられた質疑と依嘱の源は徳川吉宗に存するのであるから、詩歌や物語など文学に類する分野の要請はおよそあり得ないのである。

むすび

享保八年六月、帰京した春満より幕府御用の有様をきいた荷田信名は、「古今未曾有の手柄比類なく、大慶ありがたき次第、親族の歓躍何事かこれに過ぐべけんや、暫時感涙止め難し、ありがたき事ども也（原漢文）」と手放しの喜びようである(97)。幕府との関係を結ぶことは年来の望みであるから、春満自身もおおいに喜んだのではある。しかし念願のすべてが叶ったという訳でもないのである。江戸における門人西東中務少輔直定（芝神明宮神主）は、幕府御用が済んで江戸を出立する春満に別離の挨拶状を認めた（五月二十一日付）。その中の一節に「此度は何角と御本望成御事ニ而御同意ニ目出度不浅大悦」と祝意を述べながら、一方では「先達而之一義之義調兼、これのミ気の毒と奉存候」とも述べている。かなえられなかった「先達而之一義」とははたして何であろうか。これは、松平権之助が春満に宛てた享保十年四月二十九日付の書状の左の文面によって明らかとなる。

御所見之歌道伝授願候御事候、追而頃日下田幸太《ママ》へ見廻暫申談御噂申候、不絶御用有之珍重存候、乍去御心遣共察申候、学文之咄抔も出申候（中略）根本願之義も貴様思召之通具申達呑込被申候、

春満の「一義」とは、幕府に「歌道伝授」すること、それによって幕府に仕官することであり、それが「根本願」なのである。松平権之助はこの「根本願之義」を下田と面談して直に説明したので、下田も了解しているというのである(98)。

帰京後も幕府御用が絶えず寄せられるが、歌道に関する御用は一切ない。質疑と依嘱の仕事は律令、古代法制、国史、有職故実という方面ばかりであった。さすがの春満も、幕府の関心が歌道とは別な方向を向いているということを悟るのである。前述したように、春満は享保十二年正月二十八日付書状(99)において、「令義解」注解の遅延の言い訳として在満の身辺事情と自身の体調不良を報じるのだが、その中で「年来素願の義も私学問もこれまてと存、明め候外なく候」と下田に吐露している。「年来素願の義」とは、歌道伝授をもって幕府に仕官することであり、「私学問」とは、自らの学問の本領すなわち「歌道」の学を言い表したものであろう。つまり、春満はすでに幕府への仕官を断念しているのである(100)。

しかしながら、荷田一門としての幕府仕官はあきらめなかったようである。右の書状は冒頭に、「令義解之和解大学為学問申付候儀、先年申進候」と記す。この際、在満に律令学を修得させ、その学問をもって在満に仕官の望みを託そうとしたのではなかろうか。春満自身は律令学を本格的に研究しようという気持ちを持ちあわせていない。なぜなら、本領の学問を豊かにする補助学として律令学を位置づけるからである。春満は右の書状に続く同年三月二十七日書状に、

最早此儀（「令義解の和解」のこと——引用者注）得御意候通、大学為学問又は門生諸学の助にて候様にと存、起筆
草稿も取かゝらせ候得とも云々

と記している。[101]荷田在満については「律令」をもって一家をたてさせようとの意気込みであるが、春満本人およびその若き弟子達にとって、「令義解の和解」は「諸学」を助ける補助学に過ぎないのである。かくして、享保十二年七月以降に再開した「令義解」「令集解」の講読会は、在満が講義を担当したのである。勿論、講読会には春満も参加し、指導怠りなかったと思われる。講義録に見える「師云」は講読会に加わっている春満の説であるから、講義そのものは春満以外の人物が担当しているのである。

荷田春満は六十二歳の享保十五年一月に中風を発症するが、京都伏見に戻った享保八年六月以降このときまでの六年半、「盛んに各所に歌会を催し、進んで自らこれに出席しておる」という。[102]本領とする分野には精力をおしまなかった訳で、春満の面目躍如といったところである。

律令学における荷田春満の功績は、第一に、わが国に伝来する「故唐律疏議」を発見したことであろう。春満の校訂訓読こそ採用されなかったが、これを契機に幕府儒者荻生北渓が校訂訓読を施した。「故唐律疏議」は中国でも珍しいということなので、清商沈燮庵に北渓校訂本を本国に持ち帰らせたところ、沈燮庵は刑部尚書（日本の法務大臣に相当）励廷儀の「故唐律疏議序」を携えて再来日した。幕府はその後の文化二年（一八〇五）、北渓校訂本を底本としたかあるいは十分に参照して再び校訂し、「故唐律疏議」を官板として刊行し、[103]巻頭に励廷儀の序を据えた。この官板が民国に入り、これを祖本として万有文庫、国学基本叢書、人人文庫の各叢書に収められた。享保年間に基礎を置く成果が日本のみならず、中国に逆輸入されて大きく貢献したのである。大庭脩氏はこれを評して「江戸時代日中文化交流の金字塔」と言われる。[104]その端緒をもたらしたのが荷田春満なのである。

「令解」を翻刻し解説をされた石尾芳久氏は、「令義解」「令集解」における校合を検証するとともに、「すへて何の書にても、本文に誤字欠字脱落の文等の有無を見わけぬ才なくして、正義は得られぬこと也」という「伊勢物語童子問」の文言を引用し、「春満の実証主義的精神が、近世律令学の基礎を決した」と評価される。[105] 利光三津夫氏はこの説を承けつつ、「律令学を有職故実学から独立させ、実証的な研究方法を確立したという点において」「律令学の祖」という名にふさわしい功績をあげたと高く評価される。[106] 両氏の見解は、春満の律令研究の経緯と実態が解明されぬ段階における評価である。本章において、春満の律令研究が徳川吉宗の意向に添う形で進められたこと、[107] 春満が律令学を本領の学問を充実させるための補助学と心得ていたこと、享保十二年秋以降の「令義解」「令集解」の講読会は在満が講義を担当し、「令義解箚記」「令集解箚記」「令義解聞記」などは在満の講義録であること等が判明した。このような新知見をふまえ、荷田春満の律令学をあらためて評価しなおす必要があろう。

最後に、律令に関わる史料の伝存情況に触れて擱筆しよう。今日、東丸神社に伝存する史料のうち、次のような欠落が存する。それは「故唐律疏議」全六巻のうち巻第一・巻第二を欠き、日本律は「名例律」と「賊盗律」の両者が伝存すべきなのに「賊盗律」のみが伝わり、「偽類聚三代格考」は全十二巻のうち巻第五・巻第六の両巻を欠く。前述したように、「偽類聚三代格考」は享和元年（一八〇一）の時点で、巻第五・巻第六の両巻を欠いていたらしい。紅葉山本の「名例律」「賊盗律」の写本が幕府御文庫の外に出たのは、校訂訓読のために荷田春満のもとに届けられたのがおそらく最初であろう。しかし、春満は「賊盗律」のみを在満や浜松の門人達に伝えた形跡がある。東丸神社蔵の「賊盗律」は周囲が焼け焦げた状態で伝えられた。焼け焦げと伝存情況との間になんらかの関係ありやいなや、興味つきない処である。

註

（1）石尾芳久「荷田春満の令集解考証」関西大学『法学論集』一二巻六号五二頁、昭和三十八年。

（2）菟田俊彦「羽倉斎荷田東麻呂（春満）による和書考定について」『神道古典研究会報』六号一一七頁、昭和五十九年。

（3）利光三津夫氏も同様の見解を示しておられる（「江戸期における律令学」『律令制の研究』一八五・一九八頁、昭和五十六年、慶應通信）。

（4）「荷田信名家記」菟田俊彦校注『神道大系 論説編二三 復古神道（一）荷田春満』所収五五二・五五三頁、昭和五十八年、神道大系編纂会編刊。

荷田春満がこのように幕府からの質疑や依嘱を受けるようになったのは、高家中条大和守信実の仲介によるものである。これについては江戸における春満の弟子松平権之助信充（信富）が尽力したのであるが、享保八年当時、持筒頭の任にある旗本松平信充は、その嫡男信辰が中条信実の娘を妻に娶っているという縁故を用いたのである（石岡康子「享保七年春満の江戸出府と門人たち」『國學院雑誌』一〇七巻一一号、平成十八年）。

また、中条大和守が幕府との間を取り持ったことに関する逸話を、菟田俊彦氏が註（2）所引の前掲論文に紹介しておられる（前掲書一一〇・一一一頁）。

（5）羽倉敬尚「荷田東丸の学統」鈴木淳編『近世学芸論考――羽倉敬尚論文集――』二九頁、平成四年、明治書院参照。

（6）下田師古の履歴や業績については、秋元信英「書物奉行下田師古の事蹟」（『國學院雑誌』七二巻一〇号、昭和四十六年）参照。

（7）古相正美「和学御用下田師古と壺井義知・荷田春満との交渉」『近世文芸』四五号、昭和六十一年。なお、菟田俊彦「羽倉斎荷田東麻呂（春満）による和書考定について」によると、「春満帰京後四年間に書物奉行下田幸太夫との間に往還した和書は七十九部である」という（前掲書一一三頁）。

（8）吉宗は、源氏物語の注釈書「河海抄」の借覧を春満に要望したが、春満はこれを所持せず提出できなかった（享保十二年三月二十八日付の下田師古宛春満書状、佐伯有義編『宝永四年日記竝書翰集』四九頁、昭和十二年、荷田春満大人二百年記念会編刊）。これとても、文学上の問題関心から閲読を希望したとは考えがたい。

（9）「羽倉斎往復記」佐伯有義編『宝永四年日記竝書翰集』三二・三五頁。

（10）『幕府書物方日記』（東京大学史料編纂所編『大日本近世史料』）五、一二頁。

（11）「荷田春満大人書翰集」佐伯有義編『宝永四年日記竝書翰集』六五頁。

（12）「羽倉斎往復記」佐伯有義編『宝永四年日記竝書翰集』一四・二五頁。

（13）「羽倉斎往復記」佐伯有義編『宝永四年日記竝書翰集』三二頁。

（14）「羽倉斎往復記」佐伯有義編『宝永四年日記竝書翰集』五七頁。

（15）高塩博「荻生北渓と「唐律疏義訂正上書」」『日本律の基礎的研究』三二五頁、昭和六十二年、汲古書院。

（16）八重津洋平「日本伝存唐律疏議鈔本の研究（一）」関西学院大学『法と政治』二八巻二号、昭和五十二年。

（17）このことは享保九年三月十三日付の下田宛春満書状に、次の記述の見られることによって判明する（「荷田春満大人書翰集」佐伯有義編『宝永四年日記竝書翰集』六四頁）。

　故唐律疏議の内にても、京職に相当候官人の罪人を決断いたし候文言等有之候は丶、書抜可懸御目之由承知仕候、

幕府が「故唐律疏議」を所持しているならば、京都の春満に調査を依頼する必要はない。

（18）『幕府書物方日記』五、一七〇頁。

（19）大庭脩編著『享保時代の日中関係資料　三〈荻生北渓集〉』三〇頁、関西大学東西学術研究所資料集刊九―四、平成七年、関西大学出版部。

（20）「名家叢書」は『関西大学東西学術研究所資料集刊』十二（昭和五十六・五十七年、関西大学出版部）の上中下の三冊本として影印刊行されている（大庭脩氏解題）。

（21）「名家叢書」の現在の表紙は後補のもので、「浅井考」「青木考」「喜朴考」「深見考」などと報告者の姓もしくは名が記されている。しかし、第二十八冊の「下田考」については後補表紙の裏に原表紙が貼り付けられていて、「戸令俗解評」という文字が判読できるのである（前註の大庭脩氏解題参照）。

（22）三宅清『荷田春満の古典学』第一巻四八丁、昭和五十五年、著者刊。
（23）「戸令俗解批考」という名の書は静嘉堂文庫に所蔵されている。「狩谷棭斎雑録」の第十五冊がそれに該当し、ここでは著者を荷田在満とする（『静嘉堂文庫国書分類目録』二三六頁、昭和四年、同文庫編刊）。
（24）荷田春満宛下田師古書状（東丸神社蔵、石岡康子氏解読）。読点および年次推定は引用者。以下も同じ。
（25）「戸令俗解」「田令俗解」がともに、「内容自体は、頗る平凡」と酷評されるのは（秋元信英「書物奉行下田師古の事蹟」前掲誌四六頁）、この辺にも理由がありそうである。
（26）『荷田全集』第七巻（昭和六年、官幣大社稲荷神社編刊）は、荷田在満の著作として四種の「田令俗解」を掲載する。いずれも田令の注解であるが、本来の表題は、第一種が「田令句解」、第二種が「田令俗解」、第三・第四種は無外題であるという（同書凡例五頁）。このうち第二種の「田令俗解」は、荷田春満著作の「田令俗解評」である。
（27）「羽倉斎往復記」佐伯有義編『宝永四年日記竝書翰集』四六頁。
（28）「羽倉斎往復記」佐伯有義編『宝永四年日記竝書翰集』四五〜四九頁。
（29）『近世国学の展開と荷田春満の史料的研究』二五頁、科学研究費研究成果報告書、研究代表者根岸茂夫、平成十九年。
（30）荷田春満と芝崎好高との関係は、羽倉敬尚「荷田東丸と神田明神」（鈴木淳編『近世学芸論考――羽倉敬尚論文集――』所収）参照。
（31）荷田春満宛下田師古書状（東丸神社所蔵、石岡康子氏解読）。
（32）「日本三代実録」の講義が享保十二年七月五日まで開催されており（菟田俊彦校注『神道大系　論説編二三　復古神道（一）荷田春満』所収六五〇頁）、このことは「令義解」講読会の再開遅延の理由の一つと言えよう。
（33）令の編目別に講読会の回数をながめると、官位令一回、職員令八回、後宮職員令・東宮職員令一回、神祇令二回半、僧尼令五回、戸令三回半、田令二回、賦役令四回、学令・継嗣令一回、考課令が第五十四条（国郡司条）までで三回である。かたや「令集解」講読会は、享保十二年八月中の再会がみとめられ、翌年四月二十九日までに十九回の開催が確認される（宮部香織「「令集解」について」『新編 荷田春満全集』第九巻律令所収解題）。

(34)『天理図書館稀書目録』和漢書之部第三、一八八頁（昭和三十八年、同図書館編）。同目録は「令集解考」を荷田春満自筆として著録し、『天理図書館近世名家自筆本』（昭和五十五年、同図書館編）もまた本書を自筆本として紹介する。「令集解考」の筆跡をあらためて東丸神社蔵の自筆史料と見較べてみても、春満自筆と認められる。

(35) 荷田在満の著作として伝えられる田令に関する四種の注解（静嘉堂文庫蔵）が『荷田全集』第七巻に掲載されている。これらの田令注解は国学者色川三中（一八〇一―五五）の旧蔵書であり、色川は師橘守部の蔵本を書写した。このことを奥書に「右度制略考（制度略考か――引用者注）幷四種之田令和解、江戸浅草弁天山橘守部ぬしの本を借得て、令人書写畢／天保十四年十一月廿二日　三中」と記す（同書二二二頁）。橘守部（一七八一―一八四九）が「令解」をはじめ、荷田家の律令に関する資料を所持するに至った経緯は未詳である。なお、註（26）参照。

(36) 石尾芳久「荷田春満の令集解考証」関西大学『法学論集』一二巻六号。

(37) 森暉昌は、浜松の五社神主で、二十歳の宝永元年（一七〇四）四月に春満に入門した。春満逝去（元文元年七月）の際、伏見に居合わせて最期に遭っている（小山正『賀茂真淵伝』一〇六頁、昭和十三年、春秋社）。

(38) 松平権之助は、徳川吉宗の古書採訪令に応じて「令集解」を提出した（享保七年正月十四日付、荷田春満宛の松平権之助書状『近世国学の展開と荷田春満の史料的研究』七頁）。春満が校合に用いた「松平権之助源信富の本」とは、その転写本であろう。

(39) 石尾芳久「荷田春満の令集解考証」関西大学『法学論集』一二巻六号五五頁。

(40) 杉浦比隈麿「古学始祖略年譜」『静岡県史』資料編一四　近世六所収一二九頁、平成元年、静岡県編刊。

(41)『近世国学の展開と荷田春満の史料的研究』一八・四〇頁。

(42)「令問答」には「令内略問」という名称も存するという（利光三津夫「江戸期における律令学」『律令制の研究』一九八頁）。「令問答」の伝本は、以上の他に彰考館文庫蔵本（二部）、阿波国文庫蔵本（二部）が存し、内容に相違はないという（三宅清『荷田春満の古典学』第一巻、三九丁、昭和五十五年、著者刊）。

(43) 三宅清『荷田春満の古典学』第一巻、三九・四〇丁。

(44) この六巻六冊は、京都所司代の松平伊賀守忠周が献上したものである（『幕府書物方日記』五、二二頁）。
(45) 『幕府書物方日記』五、二八頁。
(46) 「元治増補 御書籍目録」に「三月二十七日、幸太夫御庫ノ類聚三代格ヲ京師ノ祠官羽倉斎宮ヘオクリテ考定セシム、蓋シ上意ニ出ルトコロナリ」と記される（第四十三冊始末記、国立公文書館内閣文庫蔵）。
(47) 『幕府書物方日記』五、一一八頁。「偽類聚三代格考」については、菟田俊彦「羽倉斎荷田東麻呂（春満）による和書考定について」（前掲書一一三・一一四頁）も参照されたい。
(48) 三宅清『荷田春満の古典学』に本書の紹介がある（第二巻一三一～一三三丁、昭和五十九年、著者刊）。
(49) 『静嘉堂文庫国書分類目録』九八〇頁、昭和四年、同文庫編刊。
(50) 「荷田春満大人書翰集」佐伯有義編『宝永四年日記竝書翰集』六五頁。
(51) 「羽倉斎往復記」佐伯有義編『宝永四年日記竝書翰集』二五頁。
(52) 荻生徂來は、「容止」の語を解釈して「容止とは、宿をすることなり。容の字の意は、おくまじきものをゆるして置意なり」とする（内田智雄・日原利國校訂『律例対照定本明律国字解』六〇七頁、昭和四十一年、創文社）。これは、幕府が「公事方御定書」を編纂するにあたり、その下巻に博奕犯罪を処罰する条文「三笠附博奕打取退無尽御仕置之事」に博奕宿を罰する規定をおくのに参考となる解釈である。徳川吉宗は、そうしたことを念頭において荷田春満に質問したのかもしれない。
(53) 荷田春満宛下田師古書状（東丸神社蔵、石岡康子氏解読）。
(54) 「羽倉斎往復記」佐伯有義編『宝永四年日記竝書翰集』四八～五四頁。
(55) 荷田春満宛下田師古書状（東丸神社蔵、石岡康子氏解読）。
(56) 「羽倉斎往復記」佐伯有義編『宝永四年日記竝書翰集』五七・五八頁。
(57) 荷田春満宛下田師古書状（東丸神社蔵、石岡康子氏解読）。
(58) 荷田春満宛下田師古書状（東丸神社蔵、石岡康子氏解読）。
(59) 「羽倉斎往復記」佐伯有義編『宝永四年日記竝書翰集』四六頁。

(60) 荷田春満宛下田師古書状（東丸神社蔵、石岡康子氏解読）。

(61) 下田師古が和学御用という職掌柄ないしは個人的な間柄として荷田春満に依頼した仕事は、「延喜祝詞式」和解の他に「日本書紀」の訓み、「古事記」の文字校訂がある。春満は江戸滞在中に下田と応酬した際、「日本書紀」の第九巻神功皇后元年までについて下田に訓みを指導したが、下田はそれ以降三十巻までについても春満の指導を受けるべく、次のような書状を出して頼んでいる。

日本紀自第九巻至三十巻合十一冊差越候、乍御六ヶ鋪文字の誤仮名違等御改、朱にて御書入被成可被下候、第九巻迄ハ御在府中読習申候故、任御約束御無心申進候、尤いつニても不苦候、貴様御障り無之候ハ、御門人之内なり共被仰達、御改被下候様頼入存候、以上、

この書状は八月九日の日付を有するが、おそらく享保八年のことであろう。下田はまた享保九年冬、「古事記」の文字校訂を春満に依頼している。享保十年正月五日付の春満宛書状に、「去冬、私ニ御頼申進候古事記三巻之内二巻、文字御改正賢案御加筆被下忝と存候」と記すから、こちらは下田の個人的依頼と見るべきであろうか。なお、同書状には「日本紀仮名付等之儀ニ付而、御返答之趣具承知忝存候」とも記すので、一昨年の享保八年八月に申し入れた「日本書紀」の訓みと校訂がこの時ようやく仕上がったのである（荷田春満宛下田師古書状、東丸神社蔵、石岡康子氏解読）。

(62) 「祝詞式和解」四冊は、『新編荷田春満全集』第二巻日本書紀・祝詞（平成十六年、おうふう）に翻刻掲載されており、この箇所の記述は、西岡和彦氏の解題による。

(63) 西岡和彦「解題『祝詞式和解』『祝詞式聞記』」前掲書四五四頁。

(64) 幕府儒者室鳩巣に宛てた金沢藩士青地礼幹の享保七年八月二十六日付の書状（「兼山秘策」第六冊、瀧本誠一編『日本経済叢書』第二巻五四七頁、大正十二年改訂版、大鐙閣）。

(65) 「徂徠集拾遺」下に所収の香国禅師宛の荻生徂來書状。原文は「自其潜邸時、太好法律之学、海内諸侯所共知也、而世儒者莫能読其書」である（平石直昭編『近世儒家文集集成』第三巻徂徠集四三一頁、昭和六十年、ぺりかん社）。なお、本書状の年次は、享保八年か（平石直昭『荻生徂徠年譜考』一四一頁、昭和五十九年、平凡社参照）。

(66)「有徳院殿御実紀附録」巻十、新訂増補国史大系『徳川実紀』第九編二三五頁。

(67)同右、二四三頁。

(68)和歌山藩の「大明律例諺解」については、松下忠『紀州の藩学』(昭和四十九年、鳳出版)、大庭脩『江戸時代における中国文化受容の研究』二三一～二三三頁(昭和五十九年、同朋舎出版)、高塩博「和歌山藩『大明律例諺解』の成立」(『日本律の基礎的研究』昭和六十二年、汲古書院)参照。

(69)高塩博「高瀬喜朴著『大明律例譯義』について」『日本律の基礎的研究』。

(70)小林宏「熊本藩と『大明律例譯義』」(『日本における立法と法解釈の史的研究』第二巻近世、平成二十一年、汲古書院、初発表は平成元年)、高塩博「会津藩における『大明律例訳義』の参酌」(池田温編『日中律令制の諸相』所収、平成十四年、東方書店)。

(71)享保三年当時、吉宗は、榊原霞洲が正徳三年に幕府に献上した参訂本「大明律例諺解」(三十一冊、外仮とじ一冊)を座右に備えていた(高塩博「和歌山藩『大明律例諺解』の成立」前掲書三七六頁)。荻生北渓はこの作業を進める際、和歌山藩の「大明律例諺解」を参照したかも知れない。

(72)徳川吉宗が明律の刊行を命じたこと、荻生北渓が律に造詣が深かったことについて、「蘐園雑話」は「徳廟(吉宗のこと)、律のこと御すきにて、明律なども叔達(北渓のこと)に仰付けられ官刻あり、……叔達は外の事より律のことはよかりし」と伝える(『続日本随筆大成』四、九八頁、昭和五十四年、吉川弘文館)。

(73)高塩博「江戸時代享保期の明律研究とその影響」池田温・劉俊文編『日中文化交流史叢書』第二巻法律制度、平成九年、大修館書店、(本書第一部第二章)。

(74)明律研究会の会員は少なくとも二十一人はおり、徂來の高弟の服部南郭、安藤東野、三浦竹渓、幕府高官としては松平左近将監乗邑(享保八年老中)、黒田豊前守直邦(享保八年奏者番兼寺社奉行)、本多伊予守忠統(享保九年奏者番兼寺社奉行)の名が知られている(高塩博「江戸時代享保期の明律研究とその影響」前掲書一九一頁〔本書六二頁〕参照)。

(75)兄徂來は明律の語釈である「明律国字解」を著している。本書は弟北渓を盟主とする研究会を進める過程で作成されたが、『官准刊行明律』の完成とともにその執筆を止めたので未定稿のまま遺された。未定稿の自筆本は高弟服部南郭に伝えられ(現、天理図書館蔵）、太宰春臺はこれを清書して所持した（現、個人蔵）。「明律国字解」は、その後徂來の名声があがる程に写本が数多く作られ、版本も二度出ている。天保年間の拙修斎叢書本と明治に入ってからの四文楼本で、いずれも木活字本である。したがって、本書もまた、熊本藩をはじめ諸藩の刑法編纂とその運用に少なからぬ役割を演じているのである（高塩博「江戸時代享保期の明律研究とその影響」〔本書第一部第二章〕参照）。

(76)「有徳院殿御実紀附録」巻十一に、「成島道筑信遍は……文学にこゝろざしあつきよし聞召れ。常に御休息所のすのこに召れ。礼記。明律などを講ぜしめらる、こと日ごとにして。盛暑酷寒といへども。さらに怠りなく聞せ給ひければ。礼記は半年のほどによみをはれり。それより帝範臣軌。貞観政要などを。つぎつぎ講じ進らせけり。」と伝える（『徳川実紀』第九編二五七頁）。

(77) 小林宏「徳川幕府法に及ぼせる中国法の影響――吉宗の明律受容をめぐって――」（『日本における立法と法解釈の史的研究』第二巻近世、平成二十一年、汲古書院、初発表は平成元年）、高塩博「江戸幕府法における敲と入墨の刑罰」（小林宏編『律令論纂』平成十五年、汲古書院）等。

(78) 徳川吉宗が唐律疏議の校訂と訓点を荻生北渓に命じたことは、「有徳院殿御実紀附録」巻十に、「荻生惣右衛門茂卿にもしばしば御垂問ありて。そのころ御文庫にありし唐律疏議を示させ給ひ。これが訓訳してまいらせよと仰下されし云々」と記される（『徳川実紀』第九編二四三頁）。

(79) 高塩博「荻生北渓と「唐律疏義訂正上書」」『日本律の基礎的研究』三三五頁。

(80)『幕府書物方日記』二、二四五・二四八頁。

(81)『幕府書物方日記』二、三〇五頁。

(82)『幕府書物方日記』四、一九・三二・九一頁。吉宗が借り出した四冊本の「令義解」は、今日、国立公文書館内閣文庫に所蔵する「令義解」四冊（楓　特二六―二）がそれに該当するであろう。

(83)『幕府書物方日記』三、六・一一六頁。

(84)『幕府書物方日記』三、一三四・一七七頁、『同日記』四、一九・二〇・六一・六九頁。

(85) この十一冊本「令義解」は、今日、国立公文書館内閣文庫に所蔵する「令義解」四冊（楓 特二六―三）がそれに該当するであろう。
(86)『幕府書物方日記』三、一一三・一一六頁。
(87)「兼山秘策」第五冊（瀧本誠一編『日本経済叢書』第二巻四七二頁。また「有徳院殿実紀附録」巻十にも、「人見又兵衛美在。同七郎右衛門浩林。（林）又右衛門信如には。令義解の校正……を命ぜられたり」と見えている（『徳川徳紀』第九編二四四頁）。林又右衛門信如は、このとき儒者の地位にあり、人見又兵衛美在とその子七郎右衛門浩林は、後にそれぞれ遺跡を継ぎ、儒者に列した。
(88)『新訂 寛政重修諸家譜』第十二、四〇四頁、昭和四十年、続群書類従完成会。
(89) 古相正美「和学御用下田師古と壺井義知・荷田春満との交渉」『近世文芸』四五号。壺井の提出した「令義解愚註草稿」十二冊は、国立公文書館内閣文庫に現存する（楓 特九五―二）。なお、神祇令の部分のみは、翻刻されている（『神道大系古典編九 律・令』島善高翻刻解題、昭和六十二年、同編纂会刊）。
(90) 徳川吉宗の漢籍輸入については、大庭脩「漢籍輸入の研究」（『江戸時代における中国文化受容の研究』昭和五十九年、同朋舎出版）、川勝守「徳川吉宗御用漢籍の研究」（『日本近世と東アジア世界』平成十二年、吉川弘文館）参照。
(91)「有徳院殿御実紀附録」巻十、『徳川実紀』第九編二四三頁。
(92) 大庭脩「漢籍輸入の研究」『江戸時代における中国文化受容の研究』二二八頁。
(93)「有徳院殿御実紀附録」巻十、『徳川実紀』第九編二三五頁。
(94) 秋元信英「書物奉行下田師古の事蹟」『國學院雑誌』七二巻一〇号四二頁。
(95) 吉岡孝「享保期和学御用の再検討」『國學院雑誌』一〇七巻一一号三五六・三五七頁、平成十八年。
(96) 三宅清『荷田春満の古典学』第一巻五九丁。
(97)「荷田信名家記」菟田俊彦校注『神道大系 論説編二三 復古神道（一）荷田春満』所収五五三頁。書下し文は、羽倉敬尚「荷田東丸の学統」（鈴木淳編『近世学芸論考――羽倉敬尚論文集――』二八頁）を参照した。

(98) 石岡康子氏は、荷田春満宛の書状を読み解くことにより、春満の「本願」が幕府の歌道伝授となることにあったということを突き止められた（「享保七年春満の江戸出府と門人たち」『國學院雑誌』一〇七巻一一号二六九～二七一頁）。

(99) 「羽倉斎往復記」佐伯有義編『宝永四年日記竝書翰集』四五～四七頁。

(100) 江戸の門人たちは荷田春満に再出府を促すが、これに応じようとはしなかった（石岡康子「享保七年春満の江戸出府と門人たち」前掲誌三七二～三七三頁）。これは幕府への仕官を最早あきらめていたからであろう。

(101) 「羽倉斎往復記」佐伯有義編『宝永四年日記竝書翰集』四九頁。

(102) 羽倉敬尚「荷田の落ち穂」鈴木淳編『近世学芸論考――羽倉敬尚論文集――』所収一〇八頁。荷田春満は享保十年から同十一年にかけて、門弟を相手に古今伝授も行なっている（鈴木淳「荷田春満と古今和歌集」『新編 荷田春満全集』第六巻古今和歌集所収解題四六五頁、平成十八年、おうふう）。

(103) 八重津洋平「官板唐律疏議について」関西学院大学『法と政治』一四巻二号、昭和三十八年。

(104) 大庭脩「漢籍輸入の研究」『江戸時代における中国文化受容の研究』二五八～二六一頁。

(105) 石尾芳久「荷田春満の令集解考証」関西大学『法学論集』一二巻六号五七頁。

(106) 利光三津夫「江戸期における律令学」『律令制の研究』一九九頁。

(107) 荷田春満が中風症に罹ったとき、徳川吉宗は三度にわたって治療薬「烏犀円」を支給した（大貫真浦『荷田東麿翁』一二五頁、明治四十四年、会通社）。なお、「東万呂文草」（菟田俊彦校注『神道大系 論説編二三 復古神道（一） 荷田春満』七五八・七五九頁）参照。幕臣にあらざる者に対し将軍が直々に薬を与えるというのは、異例中の異例といってよいであろう。このことは、春満の仕事が吉宗の意向にかなうものであったことの証左と考えられる。ちなみに、享保十三年、民間の学者として吉宗の要請に応えた荻生徂來が病状を悪化させたとき、この折も吉宗は治療薬を支給した（「蘐園雑話」『続日本随筆大成』四、七八頁、昭和五十四年、吉川弘文館）。

第二章　江戸時代享保期の明律研究とその影響

はじめに

享保年間（一七一五―三六）は、江戸時代を通じて中国法研究がもっとも盛んな時期であった。隆盛に導いたのは、ほかならぬ幕府の八代将軍徳川吉宗である。吉宗は幕府や和歌山藩に仕える儒者に中国法制に関する調査や研究を命じたが、自らも明律等の中国法に造詣が深かった。幕府の正史である『徳川実紀』を見ると、吉宗の法律好きについて、「法律の書は紀伊家にましく〱けるほどより好ませ給ひ、御位につき給ひて後もますく〱御覧あり」とか「明律なども常に好みてよませ給へり」と伝えている（有徳院実紀附録巻十）。

吉宗がもっぱら趣味のために法律書を読んだとは考えられない。『徳川実紀』はまた、吉宗が「荻生惣七郎観、深見久太夫有隣、成島道筑信遍、高瀬喜朴某等に命ぜられて、考へたてまつりし事も少からず」と伝えている（有徳院実紀附録巻十）。当時、享保の改革を推し進めていた吉宗は、政策立案を常に念頭において自らも法律書を読んだのであり、また配下の学者に日中の法律、とりわけ刑事法に関する調査研究をさせたのである。

本章は、吉宗の指示によって荻生《おぎゅう》惣七郎 観《たすくる》、高瀬《たかせ》喜朴《きぼく》某らのかかわった明律研究を中心にながめてみようと思う。

一　『大明律例譯義』の著述

享保年間の代表的な明律研究として、次の三種類の注釈書をあげることが出来る。第一は高瀬喜朴著『大明律例譯義』、第二は荻生観訓点『官准刊行明律』、第三は荻生徂來著『明律国字解』である。この三種類の注釈書は、内容がすぐれていること、与えた影響が大きかったことという点において、江戸時代の明律注釈書中、屈指のものである（「徂來」については六四頁の註参照）。

吉宗の将軍就任後の中国法に関する最初の成果は、『大明律例譯義』一四巻（本文一二巻、首巻末巻各一巻）である。略称して『明律譯義』とも言う。この書は中国明代の刑法典である「大明律例」を逐条和訳したもので、和歌山藩の御抱え医師で儒学者の高瀬喜朴が将軍吉宗の命によって著述した。高瀬喜朴（一六六八―一七四九）は、名を忠敦、敦といい、通称を忠兵衛、後に作右衛門と改めた。学山《がくざん》または松菴《しょうあん》と号し、喜朴はその字である。時に希朴、希樸と自署することがある。喜朴は和歌山藩の医官高瀬素庵の惣領に生まれ、貞享二年（一六八五）、十八歳にして跡目を継いだ。喜朴は江戸において林鳳岡《はやしほうこう》の門に入り程朱の学をまなんだが、彼の学問の本領は中国法制の分野にあった。『明律譯義』はその精華といえる。

『明律譯義』の成立は、享保五年（一七二〇）十二月のことである。首巻には律大意、譯義凡例、目録を、末巻には罪名、贖法、本宗九族五服を収載する。本文一二巻は、「大明律例」（以下明律と略称する）の基本条文である「律」四六〇条と、律の規定を修正・補充・細目化する性質の追加法である「条例」とを平易な日本語に翻訳したものである。翻訳の対象となった明律は、洪武三十年（一三九七）頒行の律であるが、その底本が何であったのかいまだ突き止められていない。

『明律譯義』がどのような書であるのか、短い条文で一例を示そう。本書は明律の刑律・闘殴・殴受業師条の「凡殴受業師者加凡人二等、死者斬（オヨソ受業ノ師ヲ殴ツ者ハ、凡人ニ二等ヲ加ウ、死スレバ斬ス）」という条文を次のように和訳している。

殴《ツ》受業《ノ》師《ヲ》　儒業をうけ習ふ師匠を殴ツ罪をいふ。

凡弟子になりて、其業をうけ習ふ師匠を殴ツ者ハ、つねの人殴《ノ》たる罪に二等加へて坐す。若《モシ》その師死すれバ、斬罪に行ふ。独り儒者のミにあらず。凡藝能を習ふ者、其師を殴時は、此律によつて行ふべし。

本書のすぐれた特色の一つは、難解な明律やその条例の全文を、誰にでも理解できるように平易明快に通釈していることである。訳文は簡潔を心がけ、原文の意に忠実である。はじめに条文の表題をかかげ、次に条文の大意を二行細字で注記し、その上で条文の日本語訳を示すという形式で和訳を進めている。右の和訳の最後に置かれている二行細字の文は、翻訳者の喜朴が加えた注釈である。このように、喜朴は重要な事項や難解な語句に対しては割注をもっ

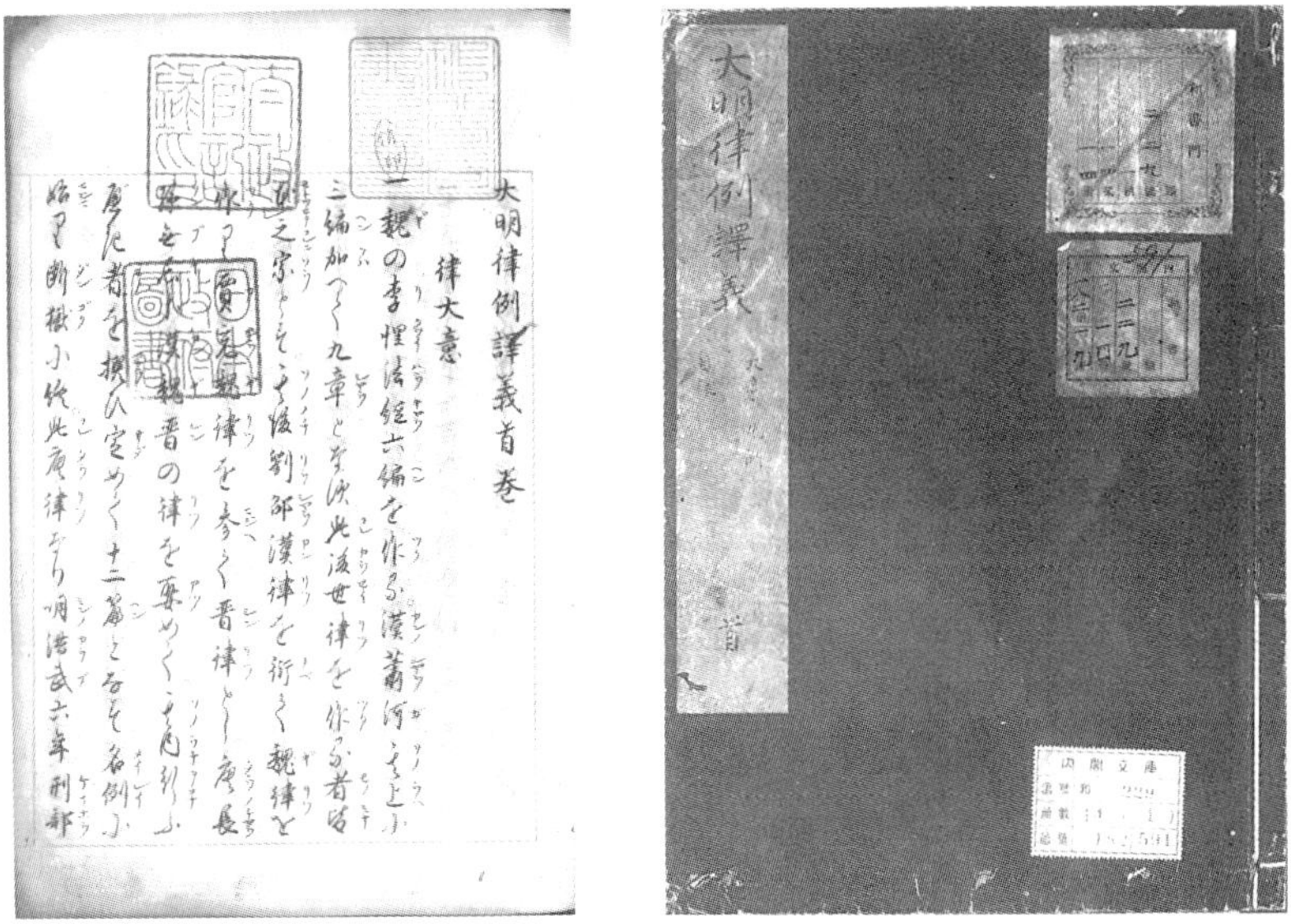

図１　『大明律譯例譯義』の表紙と「律大意」冒頭（国立公文書館内閣文庫蔵）

て解釈を施しているのである。喜朴は明律の「籍」を「人別帳」と訳し、「入官」を「闕所」、「弓兵」を「足軽同心の類」と訳すなど、原語を当時の社会で通用している言葉に置き換えている。やや乱暴な翻訳もなくはないが、とにかく平明を心がけている。「審録」を注釈して、「刑部より五年に一度思召をうけ、官人を遣し、国々の罪囚《トガニン》を吟味し、無失の者あれバ、免すやうにす」とするなどは、きわめて丁寧な注釈である（刑律・詐偽・偽造印信暦日等条の条例）。同様に、「凌遅処死」を注釈して、「凌遅ハそろ〳〵ところすを云。たとへバまづ足手をきり、後に首を刎《ハヌ》る類なり。其者に苦痛さするやうにす。日本の鋸引にするとおなじ」とする（刑律・賊盗・謀反大逆条）。

明律の「因闘互相殴傷者、各験其傷之軽重定罪（闘ニ因テ互ニ相殴傷スル者ハ、各ソノ傷ノ軽重ヲ験テ罪ヲ定ム）」という規定（刑律・闘殴・闘殴条）を和訳して、「つかミあひ、相互《アヒタガヒ》に殴《ウチ》あひて、両方共に疵付たる時は、其傷の軽重を吟味して罪に行ふ」とするが、これに注釈を加えた文がとりわけ面白い。

たとへバ弥太と平太と殴ツ時、弥太先手《マツ》を下して平太の一目を打つぶす時、平太も弥太が両眼を打つぶす。其時ハ弥太をば、人の一目を瞎するの律によつて、杖一百徒三年の罪に行ひ、平太は人の両目を打つぶしたる律によつて、杖一百流三千里の罪に行ひ、平太が家財半分取上て、弥太に給る類なり。

右の注釈は、殴り合う二人を弥太・平太と命名し、具体的事案に譬えて説明しているので、とても解りやすくかつ興味深く読ませている。『明律譯義』の注釈がすべてこのように面白いわけではないが、とにかく明律の全条文を平易に翻訳し、所々に注釈を施した書であるから、明律という刑法典を理解するには最も都合のよい注釈書であったと思われる。

『明律譯義』の中でも特に注目すべきは、首巻に収める「律大意」である。これは喜朴が中国の諸典籍の中から刑政の要諦ともいえる文を抄出して和訳したもので、三九項目から成る。その内容は、明律制定に至るまでの中国歴代法制の沿革、明律制定の意義、法の公示、肉刑の弊害、死刑執行に関する慎重な手続、拷問濫用の禁止、誤判の回避、牢獄内の衛生、女囚・病囚に対する処遇の改善、被疑者に対する尋問の方法、証拠調べの要領、獄吏の規律、君主の徳治と行刑の関係等々、多岐にわたっている。つまり、そこには儒教的な人道主義、恤刑《じゅつけい》主義が繰返し謳《うた》われており、喜朴が開明的な法思想の持ち主であったことがよくわかるのである。

『明律譯義』一四巻は、活字に翻刻するとA五判で約七〇〇頁にも達する大部な書である。それにもかかわらず、喜朴は享保五年二月に筆を起こして、同年十二月中旬には執筆を終えた。その間十箇月強、驚くべき早さである。喜朴がこのように短期間で執筆を終えることができたのには訳がある。喜朴は若い頃から唐律や明律に関心をよせていたが、四十五歳の正徳二年（一七一二）、師の林鳳岡より朝鮮刊本『大明律直解《だいみんりつちょっかい》』四冊を与えられ、これに訓点を施した。又、正徳三年と五年には『大明律例諺解《だいみんりつれいげんかい》』という明律注釈書を校訂する作業に携わっている。喜朴はこれらの仕事を通じて明律を深く理解していたのである。

元禄七年（一六九四）、和歌山藩では木下順庵《きのしたじゅんあん》門下の榊原篁洲《さかきばらこうしゅう》（一六五六―一七〇六）が二代藩主徳川光貞の命によって、『大明律例諺解』三一巻という大部な注釈書を著していた。本書は、江戸時代に初めてできた明律注釈書であると見られており、目録一巻、本文三〇巻から成る。注釈部分は片仮名混じり文で、語釈を中心とする。まず本文・条例の原文を示してこれに返り点と送り仮名を施し、ついで注釈すべき語句を抽出して四角の枠で囲み、これに中国の諸書を引用して解釈を与える。そこには「大明会典《だいみんかいてん》」「大明令《だいみんれい》」といった中国の法典とともに、「律条疏議《りつじようそぎ》」「読律瑣言《どくりつさげん》」「大明律集解《だいみんりつしゆうかい》」等の中国でできた明律注釈書を引用することもしばしば見られる。榊原篁洲が利用した書籍は、明律関連の参考書目だけでも三三を数える。

正徳三年（一七一三）、光貞の子で和歌山五代藩主の頼方（のちの吉宗）は、『大明律例諺解』をより正確な注釈書とするため、篁洲の子榊原霞洲《かしゆう》に「参訂」と称する作業を命じた。この作業には高瀬喜朴も加わっている。「参訂」は引用文を原典に当り直して校合することが主たる仕事であり、時には解釈の改訂増補もおこなった。大小一八七箇所を改訂した「参訂」作業は、同年十一月、その結果を「訂正一巻」という書冊に作って終了した。しかし、吉宗はこの仕事にあきたらず、二年後の正徳五年七月、「考正」と称する作業を命じた。この時は高瀬喜朴が責任者となり、榊原霞洲はこれを補助している。「考正」の仕事は、「訂正一巻」を再検討してその是非を決定し、是なるものを『大明律例諺解』の本文中に採り入れることであった。このようにして和歌山藩の『大明律例諺解』三一巻は完成したのである。将軍吉宗が喜朴に『明律譯義』の著述を命じたのには、このような背景があったのである。

二　『訓点本明律』の刊行

『明律譯義』には明律の原文を載せていなかったから、吉宗は幕府儒官の荻生観に命じて、明律の原文を校訂し、これに返り点と送り仮名を施して刊行させた。『官准刊行明律』九冊である。題簽の「官准刊行」という文字の意味は、幕府が刊行を許可したということであろう。幕府は、法律書の刊行を許可しないという方針をとっていたから、このような表現を用いたものと思われる。以下、本書を『訓点本明律』と言う。

『訓点本明律』には、「享保八年発卯二月吉旦」の日付で「御書物所松会三四郎開刻、洛陽書林栂井藤兵衛同刻」の刊記をもつ板本が存する（後掲の図3参照）。つまり、『訓点本明律』は江戸と京都で同時に発売されたのである。律文四六〇箇条を三〇巻に分かち、条例三八二条を不分巻にて末尾に一括りとしている（律文六冊、条例三冊）。第一冊巻頭に、洪武三十年（一三九七）の「御製大明律序」と洪武七年（一三七四）の刑部尚書劉惟謙の「進大明律表」を掲げている。試みに一箇条を例示してみよう。第五冊の刑律・人命・殺一家三人条は次のようである。

殺㆓一家《ノ》三人《ヲ》㆒

凡殺《コト》㆔一家《ノ》非《ルヲ》㆓死罪《ニ》㆒三人及支㆓解《スル》人《ヲ》㆒者《ハ》凌遅《シテ》処《決ス》㆑死財《ニ》産《ハ》断㆓付《ス》死者《ノ》之家《ニ》㆒妻子《ハ》流二千里為㆑従者《ハ》斬《ス》　子字就男説女不在流限　不問加功不加功

この条文に対する二箇条の条例が第九冊に存するが、そのうちの一箇条を示すと次のようである。

殺《トイフ》㆓一家《ノ》三人《ヲ》㆒條附

一殺《シ》㆘一家《ノ》非㆓死罪《ニ》㆒三人《ヲ》㆖及支㆓解《スルカ》人《ヲ》㆒為《テ》㆑首監《ト》故《スル》者《ハ》将㆓財産《ヲ》㆒断㆓付《シ》被《ノ》㆑殺之家《ニ》㆒妻子《ハ》流二千里仍《テ》剉㆓碎《シ》死屍《ヲ》㆒梟首《シテ》示《セ》㆑衆《ニ》

右に例示した条文にも見えているように、『訓点本明律』にはかんたんな傍注が施されているのであるが、その大部分は、明の萬暦二十八年（一六〇〇）刊の「祥刑氷鑑《しょうけいひょうかん》」三〇巻（明の董裕序）から採録したものである。『訓点本明律』の跋文は、「東都講官」の肩書で荻生観が記している。その跋文は「不佞《わたくし》明律を取りて二三の兄弟と訳して以て刊し、海内をしてその故を知らしむるのみ（原漢文、傍点引用者）」という文言で結ばれている。吉宗の意図は、本書を刊行して明律を全国に広く流布させることであったことがわかる。それ故、京都と江戸の東西の書肆から公刊させたのである。（1）

荻生《おぎゅう》　観《たくする》（一六六九—一七五四）は、蘐園《けんえん》学派を率いた荻生徂來の弟で、字を叔達、通称は惣七郎、北渓《ほっけい》と号した。観は名である。本姓が物部氏であるところから、物観とも称した。姓名を二字や三字に縮めて中国人風の名前としたもので、これを修姓という。この頃の儒学者は修姓で名乗ることも多く、兄の徂來は物茂卿と修した。物観は宝永元年（一七〇四）、五代将軍綱吉のとき、幕府奥医師の父方庵《ほうあん》が隠居すると、川越藩主柳沢吉保《やなぎさわよしやす》に仕える兄徂來にかわって家督を相続した。将隼吉宗には寄合儒者として仕えて数々の諮問に応じている。

徂來の書簡（「徂徠集拾遺」復香国禅師書）は、『訓点本明律』の刊行について、次のように伝えている。

> 方今　朝廷（幕府）綱を振ひ紀を飭《ただ》し、庶政一新す。その潜邸の時（吉宗が将軍の地位につく前の紀州藩主の時）より、太《はなは》だ法律の学を好みしこと、海内の諸侯の共に知る所なり。しかうして世儒なる者は、能くその書を読むものなし。故に家弟叔達その句読を定め、官に告げて刊行せしむ。一両月の間、必ずまさに成を告ぐべし。成れば則ち広く海内に布せん。
>
> （『荻生徂徠』日本思想大系36、岩波書店より、傍点引用者）

同じ書簡は、次のようにも伝えている。荻生観は吉宗から和歌山藩儒者の明律注釈書——おそらく高瀬喜朴の『明律譯義』——を示されたので、逐一その誤りを指摘した。吉宗はそれがために荻生観の才学に感服したという。この

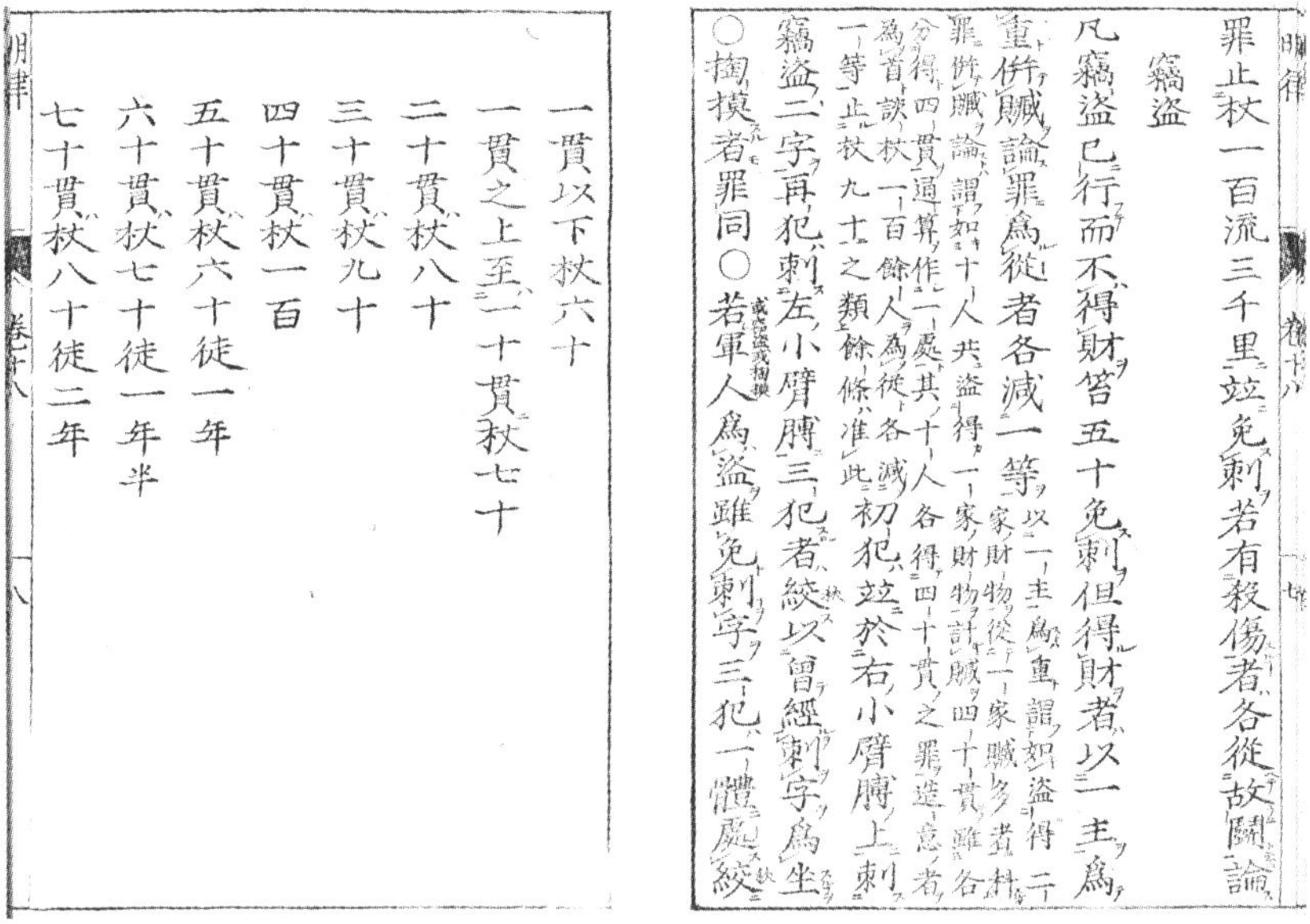

罪止杖一百流三千里並免刺若有殺傷者各從故鬪論
竊盜
凡竊盜已行而不得財笞五十免刺但得財者以一主為重併贓論罪為從者各減一等以一主為重謂如盜得二家財物從一家贓多者科罪併贓論謂如十人共盜得一家財物計贓四十貫雖各分得四貫通算作一處其十人各得四十貫之罪造意者為首該杖一百餘人為從各減一等止杖九十之類餘條准此初犯並於右小臂膊上刺竊盜二字再犯刺左小臂膊三犯者絞以曾經刺字為坐
○掏摸者罪同○或云掏摸若軍人為盜雖免刺字三犯一體處絞

一貫以下杖六十
一貫之上至一十貫杖七十
二十貫杖八十
三十貫杖九十
四十貫杖一百
五十貫杖六十徒一年
六十貫杖七十徒一年半
七十貫杖八十徒二年

図２　『訓点本明律』刑律・賊盗・窃盗条（著者蔵）

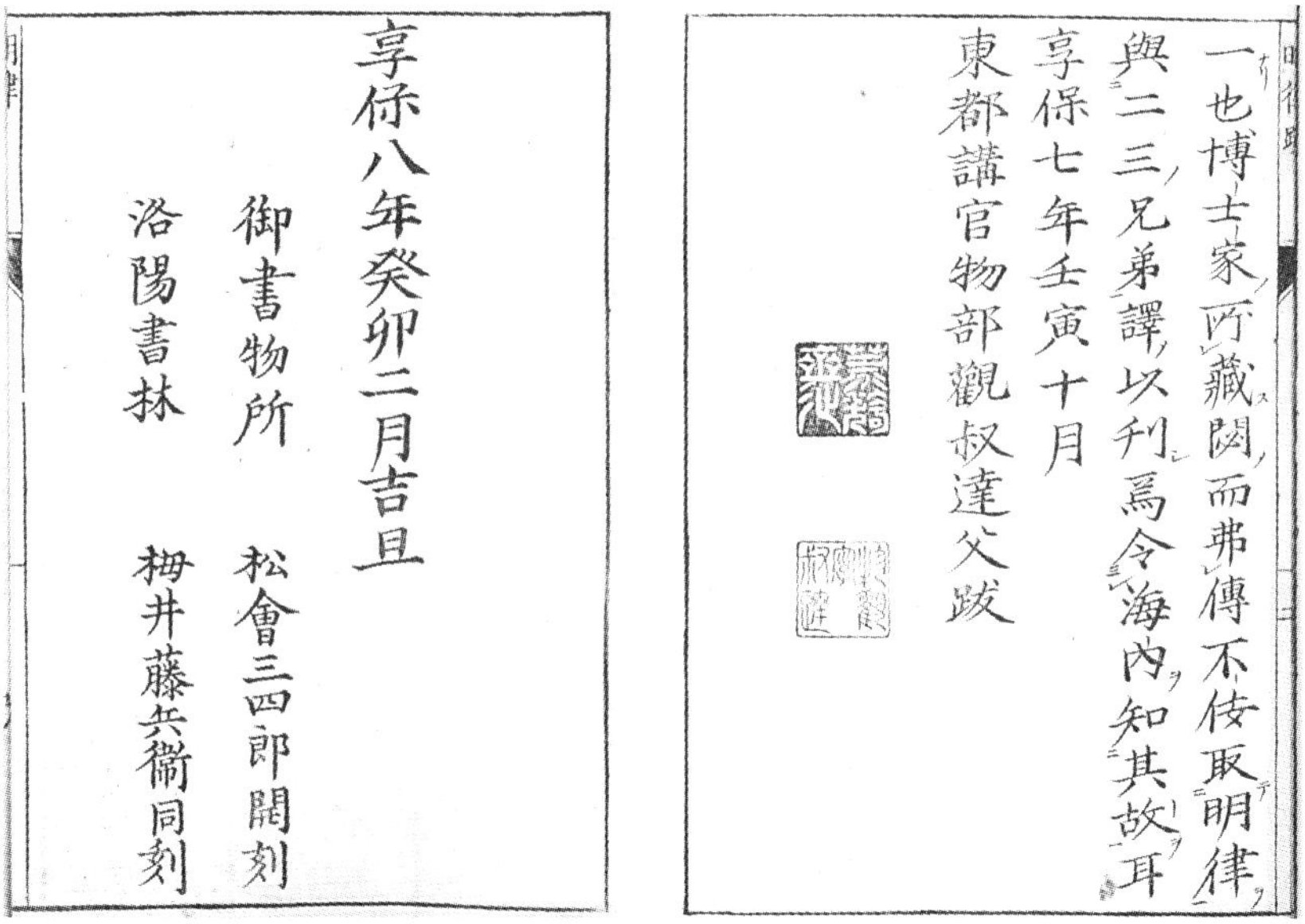

一也博士家所藏閟而弗傳不佞取明律與二三兄弟譯以刋爲令海內知其故耳
享保七年壬寅十月
東都講官物部觀叔達父跋

享保八年癸卯二月吉旦
御書物所　松會三四郎開刻
洛陽書林　梅井藤兵衛同刻

図３　『訓点本明律』の跋文末尾の刊記（著者蔵）

ように、明律の学問は蘐園と並ぶところはないのだと徂來は豪語するのである。この書簡には蘐園の明律研究の水準の高さを強調するための誇張が含まれているが、それはさておき、この書簡は荻生観が将軍吉宗の明律御用を勤めていたことを証拠だてるものである。

荻生観は跋文に「東都講官物部観叔達」と署名していて、北渓という号を用いていない。これは、明律に対する訓点とその刊行の事業が荻生観の公的な仕事であったことを物語っている。今、幕府書庫の紅葉山文庫の書物を承け継いでいる国立公文書館内閣文庫は、『訓点本明律』の特製本を所蔵している。松会三四郎《まつえさんしろう》の刊記をもつもので、大型の上質紙に印刷されており、おそらく幕府への献上本であろう。幕府献上本の存在は、『訓点本明律』の刊行が将軍吉宗の意にかなった仕事であったことの傍証となるものである。

『訓点本明律』の刊行は、徂來が吉宗の命を受けて行った仕事であるとする説が一部で行われているが、[2] これは明らかに誤りである。[3] 徂來はこの仕事の協力者である。「二三の兄弟と訳して以て刊し」と跋文に記されていたように、複数の協力者がいたのである。そこに兄徂來が含まれていたことは言うまでもないだろう。徂來やその門下達の逸事を輯録した『蘐園雑話』（著書未詳、続日本随筆大成4所収、吉川弘文館）によると、荻生観は本書刊行に先立って明律研究会を主催しており、ここには少なくとも二一人の会員が参加していた。会員の中には服部南郭《はっとりなんかく》、安藤東野《あんどうとうや》、三浦竹渓《みうらちくけい》など徂來の高弟が居り、また注目すべきは、松平左近将監乗邑《のりさと》（享保八年老中）、黒田豊前守直邦《なおくに》（享保八年奏者番兼寺社奉行）、本多伊予守忠統《ただむね》（享保九年奏者番兼寺社奉行）などというやがて幕閣の首脳に連なる大名が参加したと推測されていることである。荻生観は、研究会の参加者から次のような三箇条の誓約書を提出させていた。

条　約

一律は人命の繫る所なり。君大夫問ふあらば、当に文を引いて対ふべし。慎んで意を以て増減し、その旨に阿り

　及びその強記を恃んで之を軽忽にする勿れ。
一律は異代異国の制なり。慎んで輒く之を当世に用ひ、以て成憲を壊ることなかれ。
一律の書は文簡にして義深し。輒く解し難き故を以て、古に法家ありて別に一家の学を為す。慎んで妄りに之を鹵莽の学者に伝ふる勿れ。害を貽すこと浅からず。

第一条は、律というものは人の命を左右する法であるから、主君等の諮問に対しては、阿《おもね》らずに律文を忠実に引用して答申せよと述べ、第二条は、律は異なった時代の異国の法制であるから、これを乱用して現時の法体制を混乱させてはならぬと戒め、第三条では、律は文章が簡潔であって意味深長であるから、粗忽《そこつ》の学者にむやみに伝授してはならないと訓誡している。安藤東野の没年（享保四年六月）から考えて、この研究会は享保四年（一七一九）の頃にはすでに発足していた。兄の徂來もまたこの研究会に加わって弟とならんで指導的役割を果たしていたと考えられる。なぜなら、「明律《みんりつ》口伝《くでん》」という明律注釈書の冒頭に、右の条約を「徂來先生条約」として掲載しているからである。「明律口伝」は『訓点本明律』の語句を注釈したもので、宝暦二年（一七五二）、明律研究会の会員で明律に詳しいと評される三浦竹渓（一六九八—一七五六、名は義質、通称平太夫）が、三河国吉田藩士の奥村保之に口述した書である。

明律研究会は幕府儒官の荻生観が盟主であって、そこに幕府高官が参加していたとすれば、将軍吉宗の意向によって研究会が結成されたと考えてもよい。『訓点本明律』はこうした研究会を通じて実を結んだのである(4)。

三　『明律国字解』の成立

荻生《おぎゅう》徂來《そらい》（一六六六—一七二八）の『明律国字解』もまた、この研究会を通じて著わされたと考えてよいであろう。

徂來は荻生方庵の二男で、名を雙松《なべまつ》、字を茂卿《しげのり》、物右衛門と称した。徂來という号は「詩経」魯頌の「徂徠之松」にちなむ。はじめ川越藩主柳沢吉保に仕えたが、宝永六年（一七〇九）柳沢邸を出て江戸茅場町に私宅を構えた。これを蘐園《けんえん》と称し、以後、民間の学者として活動することになる。

註　徂來の号は、一般には「徂徠」が通用している。しかし、本人の署名をはじめとして、彼の印譜や原稿用紙にも「徂來」の文字が用いられているという辻達也氏の説（岩波文庫版『政談』解説、昭和六十二年）に従い、本書では「徂來」とした。ちなみに、高弟太宰春臺が筆写した『明律国字解』の奥書にも「徂來先生」と見えている（後掲の図4参照）。

『明律国字解』は語句の解釈を中心とする注釈書で、漢字片仮名混り文である。国字解というのは、漢籍を国語でわかりやすく解釈することであり、十八世紀に入ると「国字解」の語を用いた注釈書がふえてきた。今、『明律国字解』の内容を刑律・闘殴・殴受業師条によって例示するならば、次の通りである。

受業師トハ、儒学ノ師ニ限ラス、諸細工人ノ師モコモルナリ、皆其藝能ヲ学テワカ家業トシ、身ヲ立ルユヘナリ、但僧道ノ師ハ伯叔父ニ准ズトアレハ、此律ヲハ用ヒヌナリ、伯叔父ヲ殴ト云律ヲ用ルナリ、

『訓点本明律』に同じく、本文を三〇巻とし、条例を不分巻として巻末に一括している。条例の名例・吏・戸・礼・兵・刑・工の各律をそれぞれ一巻として全体を三七巻と数えることがある。

『明律国字解』は、未定稿の徂来自筆本（一一冊）が、現在、奈良県の天理大学附属天理図書館に所蔵されている。宝暦三年（一七五三）春、服部南郭（一六八三―一七五九）が作成した徂来の著作目録である「物夫子《ぶつふうし》著述書目記《ちよじゆつしよもくき》」には、本書について次のように記している。

明律国字解　三十七巻

右は晩年の作、ただ律の語は多く読み難きために解を作り、以て家に蔵するのみ、既にして夫子曰く、「法律の

政は、先王の徳礼を以てするの本《もと》にあらず、今天下は封建の制に依れば、則ち三代の道を直して行うゆえんのものに同じきなり、若《も》しこれに依って律は解し易しとなし、人輙《たちま》ちこれを用いれば、即ち其の政に害あり、まさに秘して視せざるのみ、」乃ち盟者八人と特に睹《み》るを得るのみ、餘は同社と雖も、輙《たやす》くは視るを許さず、

（関儀一郎編『日本名家四書註釋全書』学庸部所収、原漢文）

この文によると、徂來は本書について次のように述べている。人々が『明律国字解』を読むと、明律をたやすく理解できるから、それを契機に明律を利用するならば、政治の害悪となる。南郭の言によれば、『明律国字解』は家に秘蔵してあって、見ることを許されたのは盟約を交した八人のみであったと伝えている。

天理図書館に現存する徂來の自筆本には全冊にわたって書き入れや訂正が施されている。したがって序文もなければ跋文もついていない。まさに未完成の著作なのである。この自筆草稿本はやがて服部南郭に伝えられた。南郭の旧蔵書であったことを示す「元喬」「芙蕖館」「服氏元喬」「南郭子」等の朱印が捺されているのである。

一方、『明律国字解』は徂來のもう一人の高弟太宰春臺《だざいしゅんだい》（一六八〇―一七四七）にも伝えられた。春臺は経学についての徂來の後継者とみられ、文事の後継者と目される南郭とならんで徂來門下の双璧と称される人物である。その春臺が、右の徂來自筆草稿本を筆写した本が伝わっている（佐藤邦憲氏蔵）。題簽にある書名は「律解」、内題は「明律巻一国字解」「問刑条例名例国字解」というようになっている。五冊本で第四・第五冊が問刑条例の国字解にあてられている。第五冊には春臺の次のような奥書がある（図4参照）。

徂來先生明律条例国字解若干巻

以　先生手稿謄焉

享保九年五月十一日

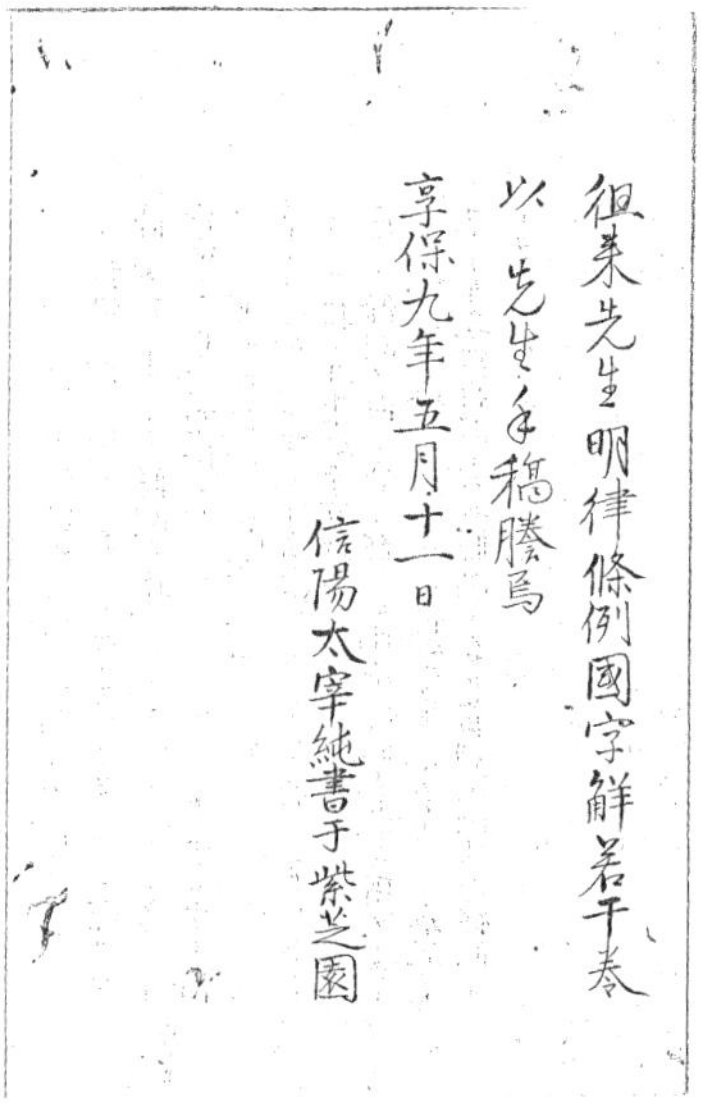

図4　太宰春臺筆写『明律国字解』（律解）の奥書

　　信陽太宰純書于紫芝園

純は春臺の名、信陽は春臺が信濃国飯田藩士の家に生まれたところから冠した語である。享保九年（一七二四）五月、春臺は紫芝園と名づけた江戸小石川の自邸において、徂來手稿本を筆写したのである。春臺の謹厳実直な人柄をあらわすかのように、一字一画を丁寧に筆写しており、春臺はまた、愛用の青墨を用いて何箇所かに書き込みを施している。

『明律国字解』は、徂來の自筆草稿本がおそらく徂來の死後に服部南郭に伝えられ、太宰春臺は徂來の生前にその書写を許されたのである。こうした事実から考えると、徂來は『明律国字解』という注釈書を完全には仕上げることなく、未定稿のままで筆を置いたと見るべきであろう。『訓点本明律』が享保八年に刊行されたことによって、将軍吉宗の要請による明律研究に終止符が打たれた。つまり、幕府儒官の荻生観を盟主とする蘐園学派の明律研究会は、荻生観が『訓点本明律』の跋文を書いた享保七年（一七二二）十月の時点で、その目的を達成し活動を終えたのである。『明律国字解』は『訓点本明律』の刊行事業の副次的著作物であったから、自筆草稿本は享保七年末頃までには出来ており、それだからこそ未定稿のままで擱筆したのだと私は考えている。

　徂來は将軍吉宗の下命によって『明律国字解』を著したのだとする説があるが、(5)これはまったくの誤解である。明律に関する下命は、あくまでも幕府儒官の荻生観に下ったのである。徂来がその弟を援助し、また協力をもした結果として、『明律国字解』が生まれたと理解すべきではなかろうか。少なくとも、徂來が将軍吉宗に捧呈したという

『明律国字解』の伝本は、現在のところ確認されていない。

「不佞《わたくし》、国字解若干巻を作る、いまだ嘗てその書を学ばざる者といえども一見してすなはち朗《あきら》かなり（原漢文）」（「徂徠集拾遺」復香国禅師書）と徂來みずからが述べるように、『明律国字解』は明律を理解するのにたしかに便利な書であった。しかし、本書は未定稿のまま秘蔵されたから、成立後しばらくの間はさして流布しなかったと考えられる。その書名が公になったのでさえ、宝暦三年の「物夫子著述書目記」が初めてであったと思われるのである。

なお、本書を特に見ることを許された八人については知る由もないが、少なくとも弟の荻生観、門下の双璧服部南郭、太宰春臺の三人が含まれていたことは間違いあるまい(6)。

四　幕府刑法の整備と明律研究

徳川吉宗が幕府の八代将軍に就任して行った享保の改革は、江戸幕府の三大改革の最初のものである。この改革は勘定所の組織改正を中心とする行政機構の改革、財政再建のための年貢増徴や新田開発等、米価の安値安定とそのうらはらな諸物価上昇という新しい事態に対処するための物価政策や通貨政策、巨大な人口をかかえる都市に発生するさまざまな問題を解決するための社会政策――たとえば防火体制の整備、私娼の取締り、救貧対策――など、広い範囲にわたっていた。

そうした改革の中にあって、法制の整備とそれにともなう法典の編纂もまた享保改革の大きな柱であった。寛保二年（一七四二）三月、一応の成立をみた『公事方御定書』上下巻は、幕府の裁判事務の準拠法としてまとめられたものであり、享保初年にはじまった法制の整備、とりわけ刑法改革の完成であったと見られる。上巻は警察行政、行刑等に関する重要な指令・法令・高札の類八一通を原文のままに収録した法令集である。下巻は、民事法や刑事訴訟法に相当する規定を含んでいるが、主として犯罪とそれに対する刑罰を定めている。一〇三箇条から成る。上巻と切り離されて下巻のみが流布した。したがってこれを江戸幕府の刑法典として捉えることができる。御定書下巻は、大部分の規定が先例や判例を条文化したものであり、享保年間の決定にもとづく規定が多い。『公事方御定書』は、制定以後、幕府の基本法として機能し、諸藩の法典編纂や法制改革に影響するところが少なくなかった。

『御触書集成』『撰要類集』という二種類の幕府法令集もこの時期に編纂されている。前者は寺社、町、勘定の三奉行が主任となって、江戸時代初頭の元和元年（一六一五）より寛保三年（一七四三）までの幕府法令三五〇〇点餘を分類編集したものである。目録一巻、本文五〇巻の大部な書である。延享元年（一七四四）の成立で、幕府法令集としては最も信頼がおけるとの評価を得ている。後者は江戸の南町奉行大岡忠相が部下の与力上坂《うえさか》安左衛門に命じて編纂させた法令集で、享保元年（一七一六）より元文元年（一七三六）までの諸法令をその立法過程を含めて収載している。七巻九冊本と七巻一〇冊本の二種が伝わっている。

さきに見た『明律譯義』『訓点本明律』『明律国字解』という三種類の明律注釈書は、いずれも享保八年（一七二三）までに著述され、あるいは刊行された。吉宗が高瀬喜朴に命じて明律を和訳させ、一方では荻生観に命じて明律の原文に訓点を施させたのは、明律を全国に普及させようという意図とともに、これらを幕府刑法の改革に役立たせようという目的をもっていたからである。

吉宗は享保年間に「過料《かりよう》」「敲《たたき》」「入墨《いれずみ》」という三つの新しい刑罰を採用した。いずれもその後、御定書下巻に定められ、江戸時代を通じて用いられた刑罰である。吉宗は、これら三種の刑罰を創設するにあたって、明律の刑罰から多くを学んでいる。

過料刑は、享保三年（一七一八）四月、はじめてこれを適用した。いわゆる罰金刑である。御定書下巻には次のように定められている（第百三条御仕置仕形之事）。

享保三年極
一過　料　三貫文
　　　　　五貫文

但、重キハ拾貫文、又ハ弐拾両、三拾両、其者之身上に順ひ、或村高に応し、員数相定、三日之内為納候、

尤至て軽キ身上ニて過料差出かたきものハ、手鎖、

過料は博奕をはじめとして比較的軽い犯罪に対して科す刑罰である。右の規定によると、過料には三貫文または五貫文の軽過料、十貫文の重過料、二十両、三十両などその者の資産に応じて納めさせる応分過料、あるいは村の生産高に応じて数量を定める村過料などがあった。

吉宗は過科刑採用後の享保四年八月、金沢藩主前田《まえだ》綱紀《つなのり》に対し、大学頭《だいがくのかみ》林信篤《はやしのぶあつ》（鳳岡）を介して刑罰に関する質問を発している。すなわち、幕府では死刑、流刑、追放等のみを用いており、これでは刑罰の種類が少なくて軽重を分けるのが難しい。そこで軽い刑罰として、鞭打、入墨、耳鼻などを削る肉刑、罰金刑としての過銭について、金沢藩ではどのように実施しているのか、またこれらの刑罰の採用の是非について質問しているのである。その際、吉宗と綱紀は互いに明律をひきあいに出しながら質義応答している。前田綱紀は各種の明律注釈書を蒐集するとともに、その作業の記録である『大明律諸書私考』『明律資講引用書目』という著書を残しており（尊経閣文庫蔵）、明律研究に関しては吉宗の先輩格にあたる。時に綱紀は七十七歳の喜寿である。

過銭についての綱紀の返答はこうである。金沢藩では軽い犯罪に対してのみ過銭を用いており、過銭を適用する犯罪と過銭の額とに関してはあらかじめ定めてある。徴収した過銭は、道路、河川、橋梁等の改修、つまり公共事業の

ために支出する。また、実刑をまぬがれるための換刑として過銭を適用することはないと答えている（近藤磐雄編輯『松雲公御夜話』明治三十八年）。

ところで、明律には贖銅銭を収めて実刑をまぬがれる贖銅という換刑の制度があった。和歌山藩の儒者榊原篁洲は、その著『大明律例諺解』の中で、こうした贖法は受刑者の貧富の差によって不公平が生じるし、また流刑や死刑のような重罪に贖法を適用するのは、――応報的、懲戒的効果が薄いので――良法ではないと主張している。享保五年十月、吉宗は榊原篁洲のこの説を引用し、高瀬喜朴に贖法の是非を問うた。喜朴は篁洲の説を批判して、贖法は国家財政を補うだけでなく、民の生命を救うことによって仁恵を施すことになる。したがって、五刑のすべてにわたって贖法を適用することが「仁政」の一端であり、それ故、明律に倣って贖法を採用すべしと応答したのである。

明律の贖銅は換刑である。官品を帯るなどの特別な地位をもつ人の刑法上の特典として、また老人・幼年者・身体障害者の犯罪、過失殺傷罪等の場合に、笞杖徒流死の実刑に代えて贖銅銭を納めさせるのである。これに対し、御定書下巻の過料は比較的軽微な犯罪に対する刑罰であり、あくまでも基本刑である。しかも、受刑者の資産に応じた過料銭の徴収法も加味している。これは篁洲の指摘に学んだ結果であると考えられる。

吉宗は享保三年四月に過料刑を実施したが、その後も前田綱紀や高瀬喜朴に意見を徴したわけである。過料刑は明律の贖銅に示唆をうけながら創設された刑罰ではあるが、刑罰の性質は明律と異なる幕府独特のものとなった。

享保五年二月、江戸の北町奉行所は江戸橋の橋杭の巻鉄物をはずした長崎町の平兵衛に対し、腕に入墨を施した上、追放に処した。この時の判例がもととなって、やがて御定書下巻に入墨の刑罰が次のように定められた（「第百三条御仕置仕形之事」）。

一入墨　享保五年極　於牢屋敷腕に廻し、幅三分宛二筋、

但、入墨之跡愈候て出牢、

入墨刑は主として盗犯に適用し、左腕の肘よりやや下の位置に施すことになっていた。幕府の遠国奉行所でもやはり左腕に入墨を施したが、それぞれに形と位置を違えることによって、どこで入墨されたかを判別できるようにしている。

入墨刑の採用にあたっても、明律からの示唆があった。明律に定める入墨は刺字という。窃盗犯には「窃盗」、役所の銭貨を盗んだ者には「盗官銭」、役所の食糧を盗んだ者には「盗官糧」というように、盗犯の態様によって文字を腕に彫り入れたのである。その大きさは字ごとに方一寸、字の一画は一分五厘、右腕の肘より下、うで首よりは上のところに施した。明律の刺字は盗犯に対する刑罰であるが、杖刑、徒刑、流刑に併せ科す附加刑であった。吉宗はこうした明律の刺字を参考としながらも、入墨刑を盗犯に対する基本刑と位置づけ、入墨の形態も簡素なものとしたのである。

なお、盗犯の累犯について、明律では初犯は右腕に刺字を入れ、再犯は左腕に刺字を入れ、三犯に至ると絞、すなわち死刑となる。御定書下巻では、第五十六条に「享保五年極 一軽キ盗いたし候もの　敲」として盗犯の初犯を敲刑とし、これの再犯について御定書下巻同条に「従前々之例 一一旦敲ニ成候上、軽盗いたし候もの　入墨」と定めた。そして三犯は第八十五条に「享保六年極 一入墨ニ成候以後、又候盗いたし候もの　死罪」と定めている。盗犯の三犯を死刑とするという累犯加重の考え方は、まさに明律に倣ったものと言えよう。

敲《たたき》という刑罰をはじめて実施したのは、享保五年（一七二〇）四月のことである。三笠附《みかさづけ》という博奕をした者を、牢屋門前で五十敲に処し、追放を申し付けた。御定書下巻を見ると、敲刑は次のように定められている（第百三条御仕置仕形之事）。

図5　敲の図（『法規分類大全』治罪門所収「徳隣厳秘録」より）

一敲　享保五年極　　数五十敲
　　　　　　　　　　重キハ百敲
　牢屋門前にて科人之肩背尻を掛ケ、背骨を除、絶入不仕
　様検使役人遣、牢屋同心ニ為敲候事、
　但、町人ニ候得は其家主名主、在方ハ名主組頭呼寄、
　敲候を見せ候て引渡遣、無宿ものハ牢屋門前にて払
　遣、

敲刑はかつての大宝・養老律令の笞杖刑の復活とも言えるが、より直接的には明律の笞杖刑に触発されて採用にふみきった刑罰であると見るべきであろう。受刑者の着衣を脱がせて裸とした上で、肩から尻へかけて背骨を除き、気絶しないように打つのである。牢屋門前を執行場所とし、そこに身元引受人の家主や名主らを呼び出して見物させるのである。つまり公開処刑である。こうした執行法は敲刑の威嚇的効果をねらうと共に、受刑者に苦痛と恥しめを与えて懲戒的効果をも併せて期待したものである。中国の笞刑には、「笞は恥なり」と言って受刑者に恥辱を味あわせるという意味が含まれている。敲刑の執行場所を一般人も通行する小伝馬町牢屋敷の門前とし、なおかつ受刑者を裸にして打つというやり方は、「笞は恥なり」の思想を具体化したものである。敲刑の採用もまた明律から示唆を与えられたと云ってよいであろう。ちなみに、『明律譯義』は笞刑を注釈して「笞は恥也。人を恥かしめ、こらすために設たる者なり」と記している（名例・五刑条）。

吉宗は、明律に定める徒刑に関してもその実施を検討した。徒刑は犯罪人を収容施設に拘禁して労働を強制する刑罰である。享保年間、吉宗は荻生観、深見《ふかみ》有隣《ありちか》を通じて、長崎滞在中の清人朱佩章に清朝の刑事司法の諸相について質問しており、その中で清朝における徒刑の実施方法について問い質している。同じく享保五年、吉宗は荻生観に徒刑制度の創設について諮問した。これに対し荻生観は「徒罪逃ル、考」と題する答申書を提出し、徒刑創設に否定的な見解を次のように語っている（『国立公文書館内閣文庫蔵名家叢書』下所収、関西大学東西学術研究所資料集刊十二―三、昭和五十七年）。すなわち、徒刑は日本でも律令・延喜式に諸制度の規定が詳密に整っていたから、かつてはこれを実施していた。しかしながら、現在は戦国時代の餘風をうけ、かつ政務多端にして国家の諸制度が整備されていないので、とても実施できる状態ではない。たとえ実施しても徒刑囚のことごとくが逃走してしまう恐れが大きいとしている。兄徂徠もまた、その著『政談』の中で似た趣旨を述べている。徒刑制度は実施するのが望ましいが、実施の前提となる戸籍制度が整っていないというのである（巻之四、刑罰之事）。これらの見解を採用してのことか否かはわからないが、吉宗は徒刑を実施しなかった。

　御定書下巻は、刑を幾等か加え、また減じるときの計算方法を定めている（第百三条御仕置仕形之事）。それによると、本罪より一等重くする場合は、本罪が重追放のときは入墨又は敲の上に重追放、中追放のときは重追放、軽追放のときは中追放、所払のときは江戸払に加重するとしている。一方、一等を軽くする場合は本罪が死罪のときは遠島または重追放に、遠島のときは中追放にすると定めている。刑を加重する場合は重・中・軽追放を各々一等と計算し、刑を加重することによって死刑や遠島とすることがない。減軽する場合は死を免《ゆる》して遠島または重追放となし、遠島からは一挙に中追放に減じることにした。

　このような刑罰の加重減軽の方法は、おそらく明律の名例律・加減罪例条の規定から学んだものであろう。同条の規定によると、刑を減ずるときは絞・斬の二死を一等と数え、二千里杖一百・二千五百里杖一百・三千里杖一百の三流もまたこれを一等と数える。つまり、絞・斬のいずれから一等を減じても流三千里杖一百とし、三流のいずれから一等を減じても徒三年杖一百とするのである。これを二死三流一減の法という。一方、刑を加えるときは三流を各一等と数える。つまり、流二千里杖一百より一等を加えれば、流二千五百里杖一百となり、流二千五百里杖一百より一等を加えれば流三千里杖一百となる。しかし、流三千里杖一百より一等を加えても絞にはならない。加重する場合の最高刑を流三千里杖一百にとどめているからである。御定書の加重減軽の規定は、徳川吉宗の指示による立法であって延享二年（一七四五）に決定をみたものだが（『徳川禁令考』後集第四、二五四頁、昭和三十五年、創文社）、明律の右の規定を参考にしているのは疑いのないところであろう。

以上に見てきたように、御定書下巻に定める「過料」「入墨」「敲」の各刑罰、盗犯の三犯を死刑とすること、刑の加重減軽法は明律を参酌して制定したものである。しかしながら、いずれの場合も明律の規定を換骨奪胎して幕府刑法にふさわしい内容に改めているのであって、一見しただけでは明律の影響を看てとるのは困難である。吉宗は高瀬喜朴や荻生観に明律注釈書を著述させたのみならず、彼らにはこれらの刑罰の創設に関連して質問をも発していたのである。かくて幕府は、享保三・五の両年に、比較的軽微な犯罪に対処する三種類の刑罰を備えることができた。明律の研究は、こうした幕府刑法の改革とおおいに関連をもっているのである。

幕府の刑法改革と明律研究とは密接な関連があったことを示す注目すべき事実が、もう一つある。それは『明律譯義』の「律大意」が「律令要略」という法律書の序文に利用されているという事実である。「律令要略」は幕府判決の要旨を類集した法律書であり、『公事方御定書』編纂過程の中で成立した。本書は御定書成立の前年の寛保元年に、氏長なる人物――おそらく御定書編纂に参与した人物――が編纂したと伝えられる私撰の法律書であり、形式、内容ともに御定書下巻に類似する。本書は「律大意」を抜萃し、あるいは要約してこれを序文となし、もって刑事司法や行刑の基本精神としているのである〔本書第二部第三章参照〕。「律令要略」はその後相当広い範囲に流布し、実務者の間で刑事裁判の準拠法として用いられることもあった。それ故、高瀬喜朴の開明的な刑法思想は、本書を通じてより多くの階層に伝わったと考えられる。

五　熊本藩「刑法草書」と享保期の明律注釈書

享保期の明律研究の成果をもっとも早く摂取して藩の刑法に活用したのは熊本藩であろう。熊本藩では、細川重賢《しげかた》が藤孝《ふじたか》（幽斎）から数えて第八代の藩主に就任すると、用人の堀平太左衛門という人物を大奉行という地位に抜擢して藩政改革を断行した。これを宝暦の改革という。大奉行は諸奉行を統轄する職である。平太左衛門はその後家老にまで昇進し、四一年の長期間にわたって藩政の中枢にあり、改革を仕上げていった。

この改革のもっとも大きな成果の一つが「刑法草書」という刑法典の編纂である。「刑法草書」は江戸時代の諸藩の刑法典の中でも白眉とみられる優れた内容をもち、一段階の編纂過程を経て、宝暦十一年（一七六一）末頃に八編九五条目一四二条という体系的な法典として完成した。「刑法」の語を用いた我が国最初の刑法典である。特筆すべきは、当時、刑罰の主流であった追放刑に対し、この刑罰の矛盾と弊害を説いてこれを廃したことである。代って「徒刑」という名の近代的な要素を備えた自由刑を我が国ではじめて採用した画期的な刑法であった。ここに言う自由刑というのは、犯罪者を収容施設に拘禁して社会生活の自由を奪う刑罰のことで、またこれによって社会を犯罪から守る役割をも果たしていた。今日で言えば、懲役がそれに当たる。それに近代的という形容詞を冠したのは、熊本藩の徒刑が、犯罪人を教化改善して社会復帰させるという目的をもっていたからである。強制労働に対して賃金を支給し、それを積み立てさせて釈放の時の生業資金に充当させるとか、釈放後に保護観察を実施するとか、入墨を施された者でも釈放後五年間、善良な社会生活を送ったならば入墨を抜いてやるという除墨の制度を設けるとか、熊本藩の徒刑は社会復帰のための様々な施策を盛り込んでいた。「近代的自由刑は熊本藩に誕生した」という栄誉をになう所以である。

堀平太左衛門らが「刑法草書」を編纂するにあたって、幕府刑法や熊本藩の従来からのやり方を考慮したことは言うまでもないが、最も多くを明律を中心とする中国法に学んだのである。「刑法草書」は、形式内容ともにその大綱を明律から採っていると言ってもよい程である。刑法典全体に通じる原則的規定をあつめて名例律という編を設け、これを刑法典のはじめに配し、以下には犯罪類型によって各条文を盗賊・詐偽・奔亡・犯姦・闘殴・人命・雑犯の七編に分類編成している。刑法典のこうした形式は明律に倣ったものである。「刑法草書」の笞刑・徒刑という刑名はいうまでもなく、徒刑にはかならず笞刑を併せ科すという科刑方法についても明律から学んだのである。

「刑法草書」はまた、個々の条文についても明律を参照して起草した場合がたいへん多い。たとえば、「刑法草書」の盗賊編夜中無故他人之家に入条は、

一夜中故無して潜に他人之家内に入候者ハ、笞四十、主家即時に致打擲候ハ、構無し、因て死ニ至候ハヽ、笞八十、若既に捕得、旨趣相分り候後、擅に殺候ハヽ、各其本条に就て論之、（下略）

という条文だが、これは明律の刑律・賊盗・夜無故入人家条に、

凡夜無レ故入二人家内一者、笞八十、主家登時殺死者、勿レ論、其已就二拘執一而擅殺傷者、減二闘殺傷罪二等一、至レ死者、杖一百徒三年、

とある条文を手本として起草したものである。明律の「登時」は即座にという意味、「已就拘執」はすでに捕縛されてという意味である。規定の内容は両者ほぼ同一、刑罰は「刑法草書」の方が格段に軽い。

熊本藩が明律を参照するにあたって、『訓点本明律』を利用したことは言うまでもない。前述したように、本書は普及を目的として東西の書肆より公刊されたのだから、入手することはたやすかったであろう。熊本藩は「刑法草書」を起草するについて、高瀬喜朴の『明律譯義』もまた参照していた。堀平太左衛門は「刑法草書」の草案を起草した際、条文中にあらわれる「廃疾」「篤疾」という語の意味をはっきりさせるため、『明律譯義』の名例・老小廃疾収贖条から両語についての喜朴の解釈を引用している。このように、熊本藩が『明律譯義』を所持していたことは確実である。その入手経路について、熊本藩には林家の門人で、藩校時習館の初代教授をつとめる秋山儀右衛門（玉山《ぎょくざん》）という人物がいて、宝暦改革に参画していたが、その秋山玉山が林家門下の先輩にあたる高瀬喜朴から直接に伝えられた可能性を指摘する研究者もある。

つぎに『明律国字解』についてであるが、熊本藩は遅くとも宝暦六年（一七五六）の頃には本書を入手していたと思われる。同年に調査した時習館の蔵書目録に「明律国字解　拾六冊」と記されているのである（「時習館書目」熊本大学附属図書館寄託永青文庫蔵）。前に述べたように、『明律国字解』はいわば門外不出の書であった。しかしながら、熊本藩主細川重賢は江戸在府中、服部南郭や同じく蘐園学派の高野《たかの》蘭亭《らんてい》などを招いて詩会を主催することがあったから、あるいはこうした関係で熊本藩が『明律国字解』を筆写することができたのかも知れない[7]。

藩校時習館では、宝暦五年開校当時から明律を学習していた形跡がある。初代教授秋山玉山は明律の学習について、「今ヤ明律ヲ学フニ華音ニ通セサレハ義理ノミヲ以テ推スヘカラサルモノアリ」と述べている（「時習館学規科条大意」永青文庫蔵）。つまり、明律を学ぶには中国語の発音に通じていなければ、正確な理解が困難であるという見解である。明律は華音で読むべきだという考えは、徂來の持論でもある。熊本藩は享保期の三種類の明律注釈書をすべて手に入れ、その上で「刑法草書」を編纂したようである。

『明律譯義』の「律大意」に示された刑法思想は、熊本藩の徒刑制度や死刑執行制度の成立に大きな影響を与えたと言われている。すなわち、「律大意」は刑罰の執行よりも人々の生活の安定を優先させよという考え方を展開するが、これは犯罪者を教化改善して授産更生をめざす徒刑制度と基調を同じくする。「律大意」は死刑についての意見を三項にわたって表明しており、その中で、死刑はできるだけ避けること、死者は再生しないからその執行はもっとも慎重であるべきことを要請する。熊本藩ではこの考え方を実践した制度として、死刑覆審と死刑日慎みの制を設けた。死刑覆審の制とは次のようなものである。すなわち、刑法方役所が下した死刑判決は大奉行がその是非を審査し、続いて家老中老が覆審し、それでもなお死刑が妥当であると認定した場合に藩主の裁可を仰ぐという手続きをとることである。熊本藩は、このように死刑執行に対してはきわめて慎重な態度で臨んでいた。

熊本藩の死刑には、判決後ただちに執行するものと、秋分以降立春までの間に執行するものとの二種があった。放火犯、主人や祖父母父母を殺害するいわゆる逆罪、強盗殺人罪、他国のスパイなど、約二〇種類の重悪犯罪に対しては判決後ただちに死刑を執行した。これを即決と言う。その他の死刑は秋後決といって秋分後立春までの間の一日を選んで死刑囚をまとめて処刑した。この季節は太陽の日差しが弱くなって万物の生命力が萎縮する時である。こうした自然の摂理にかなった死刑執行なのであった。死刑判決とその執行との間に時間を設けることによって、次のような実益もあった。死刑執行までの間に恩赦に遇って死を減じられる幸運にめぐまれる場合もあり、時には、新事実、真犯人の出現等、真実の発見によって冤罪が晴れる場合もありえたのである。このような秋殺制度もまた中国法から学んだものである。

死刑日慎みの制というのは、秋後決を執行する当日、月番家老、大奉行、刑法方分職奉行が役所に出勤せず、終日家の門を閉じ、死刑囚を出したことについて為政者自らがその治政に対して襟を正し、反省をする制度である。この日は藩主もまた歌舞音曲をやめて謹慎したのである。

このような次第であるから、明律のみならず清律を含めた中国律は、「刑法草書」のその後の運用においても様々な役割を果たした。あるときは法の欠缺が生じた場合の補充法として、ある時はある犯罪に対してどれほどの刑罰を科すかという問題が生じた場合の刑の量定の尺度として、またある時は、従来の法規を改正しあるいは新しく立法を試みるとき、その改正や立法を正当化するための論拠として利用されたのである。明律がこのような役割を演じるとき、三種類の明律註釈書のうち、とりわけ『明律譯義』と『訓点本明律』が利用されたと思われる。

なお、熊本藩は天保十年（一八三九）、明律の問刑条例に相当する「例」という追加法を編纂し、これを「刑法草書」に追録して「御刑法草書附例」という刑法典をつくった。明清の中国律に倣った法の整備の方法である。

むすび

我が国の明律研究は、和歌山藩の徳川光貞・吉宗親子によって先鞭がつけられ、将軍に就任した吉宗がそれを継承発展させたのである。『大明律例諺解』という成果が和歌山藩の政治の実際に反映した形跡はあまり感じられない。しかし、すでに見たように将軍吉宗は明律研究を幕府の刑事政策の上に活用していた。旧幕臣の勝海舟が享保期の明律研究と『公事方御定書』との関係を論じて、「是に於てか学理と実際と始めて応用するを見る」と述べているが、まさに至言である（『追賛一話』明治二十三年）。

吉宗は、医薬の欠乏に悩む人々を救うために、幕府医官の林良適《はやしりようてき》、丹羽正伯《にわせいはく》に命じて『官刻普救類方《ふきゆうるいほう》』という医書を編纂させ、享保十四年（一七二九）十一月、これを官刻して広く全国に販売させた[8]（七巻一二冊）。『官刻普救類方』

という書名からも類推できるように、本書は頭痛、下痢、湿疹などの各症状および傷病に罹っている身体の部位ごとに、それに効果があるとされる全国の民間療法を数多く集めた書である。つまり、人々を普く救うために、処方を類集した書なのである。人々は類集された中からその地域で実施できる療法を選べばよい訳である。このように物事を項目ごとに類集する方法は『御触書集成』や『撰要類集』のような法令集に見られる手法である。はなはだ不徹底であるが、御定書下巻もこの手法を用いている。幕府の実務家は、法典編纂を通じて中国の明律や「六諭衍義《りくゆえんぎ》」あるいは日本古代の「延喜式」「類聚国史」などの書からこの手法を学んだと思われる。

幕府の実務家がこうした手法を学んだ最初は、おそらく「享保度法律類寄《きょうほうどほうりつるいよせ》」であろう。享保九年にできた「享保度法律類寄」は刑事裁判上いかなる罪がいかなる刑に当たるかを記した簡単な刑罰法規集で、『公事方御定書』の立法的試案として極めて重要な法律書と見られている。本書は、逆罪、火附、盗賊、人殺、密通など一四の項目について、それに該当する犯罪と刑罰を類集すなわち類寄《るいよせ》にするという形式をとっている。吉宗は本書の編纂を命じるにあたって、「六諭衍義」の体裁にならって編集することを指示した。「六諭衍義」とは、中国清朝の順治九年（一六五二）に世祖が頒布した民衆教化のための勅諭を、会稽の范鋐《はんこう》という人が解説敷衍した書である。本書は、孝順父母、尊敬長上、和睦郷里、教訓子弟、各安生理、毋作非為の六項目の道徳に対する衍義で、各項に明律の条文を引用し、また適当の例話を挿入し、各項の末尾に詩を附したものである。「六諭衍義」は我が国の庶民教育にも役立つものであったから、吉宗は幕臣の室鳩巣に命じて和訳させ、仮名混じりのやさしい文にして刊行した。享保七年刊行の『官刻六諭衍義大意』がそれである。これを手習いの手本として使用させたのである。

「六諭衍義」の項目だてはきわめて単純であるが、吉宗はそれをもって項目ごとの類集という手法を幕府の実務家に学ばせたのである。「六諭衍義」にくらべると、明律の項目だてと類集は複雑であり、かつ精緻であり体系的である。明律の形態は名例・吏・戸・礼・兵・刑・工の七律で編成され、法典全体に通じる原則的規定を集めて名例律とし、吏律以下を二九の編目に分けて犯罪類型ごとに各則の条文を類集するというものである。法令集や法典の編纂にたずさわった幕府の実務家は、将軍吉宗の指導のもと、「六諭衍義」や明律を通じて、項目ごとに記事や法令等を類集するという方式を学んだのであろう。

さて、享保期の明律研究は、江戸時代の刑事司法と行刑の実際に多大な影響を及ぼした。三百諸侯とよばれる諸藩のうち、累積した判例を整備するなどして刑法典を備えたのは、現在知られているのは二〇藩に満たない程だが、その中で左記の六藩の刑法典や刑罰法規集は、明律を参酌したことが顕著な事例である。

1	熊本藩	御刑法草書	58条附録1条	宝暦五年（一七五五）
	〃	刑法草書	8編95条目142条	宝暦十一年（一七六一）
	〃	御刑法草書附例	8編96条目153条	天保十年（一八三九）
2	新発田藩	新律	10編234条	天明四年（一七八四）
3	会津藩	刑則	71条	寛政二年（一七九〇）
4	弘前藩	御刑法牒	11編99条目	寛政九年（一七九七）
5	和歌山藩	国律	18編390条	享和以降（一八〇一～）
6	土佐藩	海南律例	18編109条	文久元年（一八六一）

久留米藩でも幕末の慶応二年（一八六六）に、明律を参酌した「刑法下案」という刑法草案を編纂している(9)（18編218条）。

熊本藩の法典編纂がもっとも早いが、編纂にあたって享保期の三種類の明律注釈書をすべて備えていたことは、前に述べた通りである。その他の藩がどの明律注釈書を備えていたかは不明であるが、少なくとも『訓点本明律』は備えていたのではあるまいか。享保八年に公刊された『訓点本明律』は、その後『享保刊行明律』と題していくたびも版を重ねたから、江戸時代にあっても全国的に普及したと考えられる。今日でも各地の図書館で本書を見ることができる。明律を参酌するにつき、「律解辨疑」「読律瑣言」「大明律集解」などといった、中国で作られたこれらの注釈書が唯一の資料であったということは、ほとんど考えがたい。新発田藩以下の諸藩が刑法典をつくるに際し、これら中国の注釈書を併せて参照することが仮にあったとしても、それはあくまでも付随的な参照にとどまったであろう。諸藩における明律の理解は、おもに享保期の明律研究をよりどころとした可能性が大きいと思う。新発田藩では「新律」の編纂に『明律国字解』を利用した形跡があるという。(10)

明律を参酌して刑法典をつくった諸藩では、その刑法典を運用するにあたっても、享保期の明律注釈書を利用した。前述したように、熊本藩では明律が、

(1)法規に明文のない場合、あるいは判例に異同が生じた場合にそれを補充、修正するための法源
(2)その行為をどれほどに罰したらよいかという問題が生じた場合、その刑罰の軽重をはかるための基準
(3)従来の法規を改正する場合や新しく立法を試みる場合、その改正や立法を正当化するための論拠

としての役割を果たすことがあった。その際に、『明律譯義』が明律の注釈書としてよりも明律そのものとして使用されることがあったことは注目される。会津藩の場合はさらに進んで、高瀬喜朴の注釈文を明律として利用した。これは、文化元年（一八〇四）の判決文において、男女同罪を導くための論拠として、『明律譯義』の注釈部分の文が明律として引用されたものである。(11)興味深い事実である。『明律譯義』は将軍の下命による著述である。そのために高い権威をもったのであろう。

その他、四国の宇和島藩では延享二年（一七四五）制定の「刑罰掟」という法規集中、天保二年（一八三一）追加の規定において「律令要略」と唐律・明律とを補充法に用いることを明記した。つまり、宇和島藩は藩刑法の欠缺を補うために、幕府法の「律令要略」と中国法の唐明律とを採用したのである[12]。

ともあれ、中国の明律を江戸時代の刑事司法および行刑の実際に応用することができたのは、将軍吉宗の指導した享保期の明律研究が原動力となったことは間違いのないところである。

なお、日本は明治時代に入ってから、中国の清律をおおいに受容した「新律綱領」（五巻一三編一九二条）という刑法典を施行し[13]、これを明治十四年（一八八一）まで用いた。明律と清律はほぼ同じ内容であったから、江戸時代以来の明律注釈書がこの時期も依然として活用された。『訓点本明律』が明治三年（一八七〇）に補刻されたが[14]、とりわけ『明律国字解』は、四文楼活版と称する木活字の小型本が、明治二・三年の頃に刊行されたので[15]頻繁に参照されている。中央政府の多くの役所は本書を所持していた（四文楼活版本には八冊本とそれを合冊した四冊本とがある）。それ故、『明律国字解』が実務にもっとも利用されたのは、明治時代に入ってからのことと思われる。

主要参考文献

内田智雄・日原利國校訂『律例対照定本明律國字解』昭和四十一年、創文社
『国立公文書館内閣文庫蔵名家叢書』上中下、関西大学東西学術研究所資料集刊十二―一〜三、昭和五十六〜七年、関西大学出版部
小林宏・高塩博編『高瀬喜朴著大明律例譯義』平成元年、創文社
大庭脩編著『享保時代の日中関係資料三〈荻生北溪集〉――近世日中交渉史料集四――』関西大学東西学術研究所資料集刊九―四、平成七年、関西大学出版部
小林宏・高塩博編『熊本藩法制史料集』平成八年、創文社

小早川欣吾「明律令の我近世法に及ぼせる影響」『東亜人文学報』四巻二号、昭和二十年
今中寛司『徂徠学の基礎的研究』昭和四十一年、吉川弘文館
大庭脩『江戸時代における中国文化受容の研究』昭和五十九年、同朋舎出版
平石直昭『荻生徂徠年譜考』昭和五十九年、平凡社
高塩博『日本律の基礎的研究』昭和六十二年、汲古書院
小林宏「熊本藩における中国法の機能——法的決定の「理由づけ」に寄せて——」『國學院法學』二六巻一号、昭和六十三年
小林宏「徳川幕府法に及ぼせる中国法の影響——吉宗の明律受容をめぐって——」『國學院大學日本文化研究所紀要』六四輯、平成元年〔補〕右二本の小林論文は、同氏著書（『日本における立法と法解釈の史的研究』第二巻近世、平成二十一年、汲古書院）に収載された。

〔補註〕

（1）「訓点本明律」は、その後も版を重ね、後述するように明治時代に入ってからも刊行された（長澤規矩也編『和刻本漢籍分類目録』増補訂正版八九頁、平成十八年、汲古書院）。

（2）宮崎市定「『明律国字解索引』序」『独歩吟』二二八頁、昭和六十一年、岩波書店（初発表は昭和四十二年）。

（3）同様の指摘は、大庭脩氏も行っている（「象と法と」『象と法と』三五六頁、平成九年、大庭脩古稀記念祝賀会発行、初発表は平成八年）。

（4）大庭脩氏は『訓点本明律』の刊行につき、次のように述べる。すなわち、将軍吉宗は享保六年閏七月の頃からお側儒者たちに課題を与えてその結果を見定めようとしたらしく、「この時荻生北渓に何が命じられたのかは明らかでないが、私は恐らく明律に訓点を加えることであったと考えている。そしてその結果が吉宗の意に敵ったのでその出版が命じられ」たのだと（「荻生北渓・徂徠と楽書校閲」『象と法と』四五四頁、平成九年、初発表は平成八年）。

（5）たとえば、赤堀又次郎「近衛本、大唐六典、物徂徠の明律国字解」『書物展望』一一巻一号六頁、昭和十六年、『日本近世

自筆集』第二集善本写真集二九（昭和四十二年、天理図書館）、辻達也「荻生徂徠の生涯と時代」『墨美』二八四号六〇頁、昭和五十三年、今中寛司『徂徠学の史的研究』二三六頁、平成四年、思文閣出版など。

（6）大庭脩氏は、享保期の明律研究につき、次のような解説を加えておられる（『享保時代の日中関係資料　三〈荻生北渓〉――近世日中交渉史料集　四――』二五頁、関西大学東西学術研究所資料集刊九―四、平成七年）。

江戸時代の明律研究の中で、最も早くできた榊原篁洲の『大明律例諺解』も、それを修正する作業から始めてやがて独自に作つた高瀬学山の『大明律例譯義』も、共に句読訓点の読み下し作業と、語釈と、和訳とが一つになつている。江戸時代の明律研究にはこの三つの作業があつた。ところが蘐園においては、訓点加点の作業は荻生北渓が、語釈は明律国字解及び明律考を徂徠が、そして通釈を北渓が明律譯で果していると考えることができる。いわば蘐園の明律研究は共同作業というか、分業によつて成果をあげたといえる。

（7）宝暦六年以前、「刑法草書」を起草した堀平太左衛門は、その起草にあたって、『明律譯義』『訓点本明律』のみならず、『明律国字解』をも参照したと考えられる。宝暦四年五月、起草した「御刑法草書」とともに捧呈文を藩主に提出したが、その捧呈文中には、『明律国字解』を参照して作った文言が存するのである（小林宏「熊本藩「刑法草書」私考」『日本における立法と法解釈の史的研究』第二巻二六六頁、平成二十一年、汲古書院、初発表は平成六年）。

（8）福井保『江戸幕府刊行物』八四頁、昭和六十年、雄松堂出版。

（9）高塩博「久留米藩の「刑法下案」とその附属法」『國學院大學日本文化研究所紀要』七七輯、平成八年。

（10）藤井重雄「唐明律と藩法の関係について――新発田藩における――」『新潟大学教育学部紀要』七巻一号六三頁、昭和四十一年。

（11）高塩博「会津藩「刑則」の制定をめぐって」『國學院大學日本文化研究所紀要』七一輯一五七～一六〇頁、平成五年。また、同「会津藩における『大明律例譯義』の参酌」『日中律令制の諸相』（平成十四年、東方書店）参照。

（12）井上和夫『諸藩の刑罰』二三頁、昭和四十年、人物往来社。なお、山本寛巳「宇和島藩刑法史の一考察」（一）～（五）『伊豫史談』二〇七・二〇八合併号～二一四・二一五合併号、昭和四十八年～四十九年参照。

（13）中山勝「新律綱領の編纂の典拠について――新律綱領に与えた清律例の影響を中心として――」『明治初期刑事法の研究』平成二年、慶應通信、初発表は昭和五十六年。

（14）内田智雄「『律例対照定本明律國字解』解題」三頁、昭和四十一年、創文社。なお、長澤規矩也編『和刻本漢籍分類目録』増補訂正版八九頁（平成十八年、汲古書院）参照。

（15）内田智雄氏の右の解題は、「四文楼本には刊年を記していないが、幕末のころ江戸で出版された」と記す（二一頁）。

第二部　「公事訴訟取捌」と「律令要略」

——「公事方御定書」編纂期の幕府法律書——

第一章　「公事訴訟取捌」の成立

――「公事方御定書」に並ぶもう一つの幕府制定法――

はじめに

「公事方御定書」の編纂下命は、元文二年（一七三七）閏十一月九日のことである。この日、その御用掛として寺社奉行牧野越中守（貞通）、町奉行松波筑後守（正春）、勘定奉行杉岡佐渡守（能連）が任命された[1]。その前月、左の奥書[2]を持つ法律書が成立した。

右三百七拾余箇条は、元文二年巳十一月、従三奉行窺之上、評定所之御定書也、

以下、この法律書を「評定所御定書」と呼ぶこととする(3)。

また、「公事方御定書」の成立は寛保二年（一七四二）三月のことであるが、その編纂と併行して「公事訴訟取捌」という法律書も成立している。これの写本は実に夥しい数が今日に伝存している。後述するように、「公事訴訟取捌」は「評定所御定書」を増補整備した法律書であり、巻末に「寛保二戌年四月」という日付が記され、続いて左の記事を載せている(4)（括弧は引用者）。

時服七　寺社奉行 牧野越中守（貞通）

同　四　町奉行 石河土佐守（政朝）

同　四　御勘定奉行 水野対馬守（忠伸）

右は御定書御用相勤候ニ付、於御座之間　御目見、且又拝領物有之、

戌四月六日

金壱枚　御勘定評定所留役 浅井半左衛門（豫充）

同　断　同断 鵜飼左十郎（実道）

銀五枚　支配勘定評定所書物方 岩佐郷蔵（茂矩）

右は御勘定御用相勤候ニ付、於躑躅之間被下之旨、松平左近将監殿被仰渡之、

同断

同断　倉橋武右衛門（景平）

戌四月八日

これらの人々は御定書御用掛を勤めた三奉行と御勘定御用を勤めた実務役人であり、それらの仕事に対して褒賞が与えられたことを示す記事である[5]。右の日付がなにを意味するのか、また右の褒賞記事がなにを意図して巻末に書き付けられたのか、ともに興味深くかつ重要な問題である。

本章は、「評定所御定書」ならびに「公事訴訟取捌」を翻刻すると共に、その成立過程を跡づけて、これらの法律書が幕府法上どのような位置づけが与えられるべきかを考察するものである。大方の御示教が得られるならば幸いである。

一　「評定所御定書」と「公事訴訟取捌」とに関する研究史

「評定所御定書」に言及したのは、石井良助氏と茎田佳寿子氏である。石井氏は、「元文弐年巳十一月、三奉行伺之上、評定所之御定書也」という奥書の存する法律書を初めて紹介された。その法律書は「庁政談」という表題をもつ写本であり、同氏編『近世法制史料叢書』第三（昭和十六年、弘文堂書房、昭和三十四年に創文社より復刊訂正版）に国立公文書館内閣文庫蔵本を底本として翻刻紹介された。石井氏は同書の序のなかで解題を記し、奥書が正しければ「幕府官撰の定書であるが、果して、「三奉行伺之上、評定所之御定書」なりや否や疑問の餘地があり、或は私撰の法律書ではないかとも察せられる」と指摘された。石井氏はまた、「公事方御定書制定前の法制を徴すべき貴重史料であ

る事は疑なく」とも述べておられる。本書を翻刻紹介された所以であろう。しかし、「内閣文庫本は誤脱甚だしく、意味不明の箇所も少なくない」という。「庁政談」の名で伝わる写本は少ないが、「類本は多く存する」とも述べておられる。(6)

その後、茎田佳寿子氏はご自身の勤務される明治大学刑事博物館(現在は明治大学博物館刑事部門)の所蔵本を中心として「評定所御定書」の類本二四部を調査され、おもに法文数と項目立ての相違に依拠して類本を三群に分類し、その知見に基づいて編纂に従事した人々や本書の性格などにも言及しておられる。(7)

その研究によると、第一群は、「二七〇箇条前後で、元文二年二月、古例、先例を中心とした」伝本である。項目については、イ、「公事訴訟取捌」「奉公人出入」の項目を欠き、ロ、「質田畑論」「借金家質出入」の二項を合わせて「質田地論借金」の項目となっており、ハ、「裁許破掟背」「御仕置者」の項目が独立しているという。その伝本として、「当時御法式」上下巻一冊(明治大学博物館蔵黒川真頼旧蔵本)を翻刻する。上巻部分がその伝本に該当し、二七二箇条から成る。

第二群は、三七〇条前後の箇条立てで、第一群を原本として、イ、「公事訴訟取捌」の項目が立ち、ロ、「質田地論借金」の箇条が倍増し、ハ、「裁許破掟背」「御仕置者」の箇条を増補し、増補分を「裁許破掟背」「御仕置者」のいずれの後段に置くかによって系統が分かれるという。その伝本として、「御当代式目」一冊(明治大学博物館蔵伊勢国度会郡田曾浦文書)を翻刻する。この写本は、三七一条からなり、元文二年十一月の「原形に一番近い」伝本であるという。したがって、「評定所御定書」は「元文二年十一月に新たに成立したものではない」と指摘する。(8)

第三群は、三八〇条から四一五条前後の箇条立てで、イ、「質田畑論」「借金家質出入」が分離して項目が立てられ、ロ、「奉公人出入」の項目が独立し、ハ、「裁許破掟背」「御仕置者」の二項を合わせて「裁許破掟背其外御仕置者大概」となる。茎田氏はまた、第二群と第三群との間に「種々の類本がある」と指摘する。(9)「評定所御定書」の編纂に関し、茎田氏は「公的な編纂ではないにしても、また……吉宗の手に受納されたものではないにしても、勘定奉行支配——評定所留役以下の属吏によって、……編纂が試みられ流布され、地方書に影響を与えたことだけはたしかである」と説く。また、その法律書としての性格については、

> 「御仕置書」というより、「公事訴訟」の先例集である。箇条書のほかに追加法令、地方覚書、勘定奉行所関係の諸法令を合集し、代官、手代を通じて安直な実務地方書として、一般に流布していったようである。そのため「庁政談」系統本は、「律令要略」「公事方御定書」が流布されるようになってもなお、地方にかかる「先例集」の性格を持続したのである。

と述べる。(10) 茎田氏はまた、「評定所御定書」の内容的特徴について、

> 「古法」「古例」「旧例」「通例」「任先規」「任例」「例多シ」「例有之」「例無之」の用語が随所にみられる。後段に「裁許破掟背」「御仕置者」の項があるが、中心は「国郡境論」「山野入会村境論」「魚猟海川境論」に始まる、地方にかかる諸慣例、先例の集成である。

と解説する。(11) 茎田氏の研究において重要なことは、

> 「当時御法式」「公事方御掟法書」「御当代式目」といった法式、掟法、式目から、「公事訴訟取捌」の項目が増補されると、冒頭の題名をとった名称が一般的になる。

と記すことである。(12) これは要するに、「公事訴訟取捌」は「評定所御定書」の第一群の類本を増補した法律書であることを語っているのである。

茎田氏の後、林紀昭、橋本久、藪利和の三氏によって「公事訴訟取捌」の翻刻がなされた。林氏は、福山市立福山

城博物館付属鏡櫓文書館収蔵浜本文庫の「御定書写」を翻刻紹介された[13]。この「御定書写」は備後国福山藩（譜代大名阿部氏一〇万石）の城代家老佐原作右衛門義昶が安永二年（一七七三）に書写したもので、その内容は「公事訴訟取捌」である。この翻刻は、「庁政談」（『近世法制史料叢書』三所収）、「公事訴訟取捌御定書」（茎田『江戸幕府法の研究』所収）、「律令要略」（『近世法制史料叢書』二所収）の法文と同一または類似するものについての注記を施すので、おおいに有用である。

橋本氏は、二種類の「公事訴訟取捌」を翻刻しておられる。第一は、弘前大学附属図書館蔵の弘前藩士菊池形左衛門の書写本である[14]（書写年不明）。第二は、京都大学法学部蔵本であり（書写年不明）、弘前大学本と対比する目的で、「やや異なる内容をもつ」伝本を翻刻されたのである[15]。橋本氏は本書の解題において、「公事方御定書の制定過程にかかわって、まとめられたらしい」、「内容が刑事のみならず民事紛争処理の公的基準を示すものでもあることから、広く写し伝えられるものとなったようである」と指摘された。この指摘は、本書を考察するにあたり留意すべき事項である。なお、橋本氏は「公撰か私撰かは明らかでなく、後者の可能性が濃い」とも述べておられる[16]。橋本氏は、これらの翻刻を進めるにあたって、第二群にあたる写本四、第三群にあたる写本一七、都合二一の伝本を調査し、「『公事訴訟取捌』小考」と題する論考を公表された[17]。

その後やや時間をおいて、藪利和氏は東京大学法学部法制史資料室蔵の「公事訴訟取捌」を翻刻紹介された[18]（書写年不明）。しかし残念なことに、この翻刻には解題が施されていない。京都大学法学部本と比較するに、法文の出入がごく少しながら見られ、配列についてもわずかな差異が存するにすぎない。

以上が管見に入った「評定所御定書」および「公事訴訟取捌」についての先行研究である。これらの研究に導かれながら、両書がいかなる法律書なのかについてあらためて考察を加えよう。

二　「評定所御定書」とそれに先立つ「評定所法規集（仮称）」

奥書に「右三百七拾余ヶ条は、元文二年巳十一月、従三奉行窺之上」という文言のある写本の中には、「評定所御定書」あるいは「御評定所御定書」という表題をもつ伝本が存する（註（3）参照）。これらの表題が本書の内容と成立経緯とにもっとも即応していると思われる。

「評定所御定書」の写本は各地に少なからず伝存していると推測されるが、本章を草するにあたって調査できた比較的良質な伝本は、

(1)「御評定所御定書」（名古屋大学法学図書室蔵奥野彦六旧蔵本、架号三二一・一九―G五五）
(2)「評定所御定書」（国立公文書館内閣文庫蔵「雑留」第十四冊所載、架号一八一―三九）
(3)「御評定所御定書」（実践女子大学図書館奥村藤嗣文庫蔵、架号三二一・一五―H九九）
(4)「公裁一件」（明治大学図書館蔵、架号三二一・一―二八）
(5)「評定所御定書」（著者蔵）

などである。これらの伝本のうち、(1)の名古屋大学本がもっとも良質と思われるので、本書を底本として翻刻する。しかしながら、転写の際に生じたと覚しき法文の欠落が若干ながら存し[19]、誤字脱字もまた散見されるので、校合本としては(2)(3)(4)を主として用い[20]、(5)も参考とした。

校合の結果明らかとなったのは、「評定所御定書」は本来、三八一箇条の法文数で構成されているということである。この法文数は奥書にいう「三百七拾余ヶ条」と大略一致する。本文中、五つの項目が立てられている。すなわち、

跡式家督養子等之事并夫妻離縁先住遺跡之事（三九条）、離旦寺社（一八条）、質田畑（二〇条）、借金家質（二一条）、裁許破掟背（一七八条）である。[21] 法文数は、冒頭から跡式家督養子等之事并夫妻離縁先住遺跡之事に至る間に一〇四条を数える。この一〇四条に関し、論述の都合上、〔　〕をもって項目名をつけて分類すると、その内訳は〔公事訴訟取捌〕（一二条）、〔国郡境論〕（七条）、〔山野入会村境論〕（一五条）、〔魚猟海川境論〕（一八条）、〔田畑埜論〕（一四条）、〔堤堰用水論〕（一二条）、〔証拠証跡用不用〕（九条）、〔馬継河岸場市場論〕（一七条）である。

ところで、「評定所御定書」とほとんど同じ法文で構成されるが、法文数がおよそ一〇〇箇条少ない伝本が存する。茎田氏が第一群に属する伝本として翻刻された、

(1)「当時御法式」（明治大学博物館蔵、茎田佳寿子『江戸幕府法の研究』四八四〜五三七頁所載）

がそれである。このほかに、

(2)「公裁録」第三冊収載の「公裁之御条目」（明治大学図書館蔵三浦周行旧蔵本、架号三二一・一五—一六）

(3)「公裁書并御定法」[22]（著者蔵、宝暦十三年〈一七六三〉書写）

(4)「御評定所御定書」[23]（著者蔵）の前段部分

がそれに該当する。いま仮に、四本に共通する内容を「評定所法規集（仮称）」と称することとする。四本共に、法文の脱落や誤字脱字が見られるが、この度は、(4)「御評定所御定書」を底本として「評定所法規集（仮称）」を翻刻し、(1)(2)(3)の三本[24]と校合することにより、「御評定所法規集（仮称）」の本来の姿に近づけようと思う。その結果、「評定所法規集（仮称）」という法律書には一一の項目が立てられており、一八〇条の法文が一二に分類配列されていることが判明した。同時に、翻刻の底本である(4)には、法文の脱落が一〇箇条存し、誤字脱字も少なくないことが明らかとなった。

誤字脱字が多いにもかかわらず、(4)「評定所御定書」を底本とした理由は、前段部分の「評定所法規集（仮称）」を理解するには後段部分も重要だと考えるからである。後段部分には、二三項目にわたって触書や評定所評議、評定所留役の照会などが採録されており、その内容はほとんどが質地に関する事柄で占められる。幕府は土地政策に関し、享保七年（一七二二）、質地を流地とすることを禁止して寛永の田畑永代売買禁止の旧に復した。しかしそのために混乱が生じ、早くも翌八年には再び流地を認めるように質地の扱いを戻した。後段部分は、質地をめぐる紛争処理という実務上の必要のため、幕府土地法の沿革、評定所評議、評定所留役の照会とその回答などを掲載するのである。また、六の覚の前には「伺書其外留書之写、三奉行内寄合取計評議、附、留役吟味之仕様」とあり、ここに「留役吟味之仕様」と見えることに留意する必要がある。このような内容や文言からするに、本書の後段部分は、実務に携わる評定所留役の手によって編纂されたと考えられるのである。[25]そこで再び前段部分を眺めると、冒頭には「覚」とあり、末尾を「右之通常〻役人は心掛可申事也」で締めくくる。[26]ここに言う「役人」とは評定所留役をはじめとする実務役人のことであろう。つまり、(4)「御評定所御定書」は前段後段とも、評定所留役などの実務役人が、業務遂行の必要上、自分たちでまとめた法規集であったと考えるべきであろう。

「評定所法規集（仮称）」の内容は次のようである。全一八〇条を一二に分類する。冒頭の七箇条は後に国郡境論という項目となる部分で、この段階では項目名を設けていない。第八条目以降に一一の項目が存するのである。すなわち、山野入会村境論（一四条）、魚猟海川境論（一八条）、田畑埜論川附寄（一二条）、堤堰用水論（九条）、証拠証跡用不用（五条）、馬継河岸場市場論（一七条）、跡式養子離別後住論幷引取人（四一条）、離旦（一八条）、質田畑論借金（二一条）、裁許破掟背（五二条）、御仕置者（六五条）である。前述したように、底本においては冒頭に「覚」の文字を冠し、末尾に「右之通常々役人は心掛可申事也」という文言が置かれている。本書は、主として出入筋を裁く指針として、法慣習や判例などを条文体の法文に直して、その法文を大雑把ながら、いくつかの項目に類集したものである。「評定所法規集（仮称）」二八〇条と「評定所御定書」三八一条とを比較すると、後者に継承しなかった法文は、跡式養子離別後住論幷引取人に一箇条、離旦に一箇条、質田畑論借金に一箇条、裁許破掟背に一一箇条の合計一四箇条にすぎない（翻刻において波線を施した法文）。増補法文は一一六箇条に達する（翻刻において傍線を施した法文）。増補法文は、冒頭の〔公事訴訟取捌〕に一箇条、〔山野入会村境論〕に一箇条、〔田畑埜論〕に二箇条、〔堤堰用水論〕に二箇条、〔証拠証跡用不用〕に四箇条、離旦寺社に二箇条、質田畑に九箇条、借金家質に一二箇条、裁許破掟背に七二箇条である（〔　〕を付した項目名は説明の便宜上、仮に与えたものである）。また、若干の法文については、規定を追補している。すなわち、田畑埜論、離旦寺社に各一条、質田畑に二箇条、裁許破掟背に三箇条である（追補規定にも傍線を施した）。

「評定所御定書」は一一六箇条を増補し、一四箇条を継承しなかった。それ故、法文数は一〇二箇条増えたことになる。しかしながら「評定所御定書」は、「評定所法規集（仮称）」の連続する二箇条を一箇条にまとめたのが一箇所に存するので（跡式家督養子等之事幷夫妻離縁先住遺跡之事第三十条）、法文数の増加は一〇一箇条である。また「評定所御定書」は、山野入会村境論から馬継河岸場市場論までの六つの項目立てを取りやめとし、それ以下の項目については次のような改変を施した。すなわち、跡式養子離別後住論幷引取人を跡式家督養子等之事幷夫妻離縁先住遺跡之事、離旦を離旦寺社とそれぞれ改めて、内容をより精確に表示した。質田畑論借金に関しては法文を大幅に増補して、その法文を質田畑と家質借金との二項目に分けて配置した。また、御仕置者という項目を廃し、その法文を裁許破掟背の増補法文の後ろに配置した。要するに、元文二年十一月成立の「評定所御定書」は、「評定所法規集（仮称）」なるものが既に存在していて、それに法文を大幅に増補するとともに項目立てや法文配列に若干の手を加えたものなのである（茎田氏が「評定所御定書」は「元文二年十一月に新たに成立したものではない」と述べるのは、このことを指すのであろう）。

右に述べた「評定所御定書」の成立過程が正鵠を射ているならば、奥書の解釈をめぐっての官撰、私撰の問題は次のように理解すべきではなかろうか。すなわち、「評定所御定書」は、将軍ないしは老中よりの編纂下命があって出来たのではない。したがって、官撰と呼ぶのは適当ではない。それでは私撰とみなすべきかというに、これも実情にそぐわない。本書は、実務遂行の要請から評定所留役などが役所内において編纂していた「評定所法規集（仮称）」がすでに存在していて、これに法文を増補するなどした上で、評定所一座の三奉行が老中に申請して幕府法の認定を受けたものであった。つまり、幕府公認の法律書と呼ぶのが成立過程の実態に即した見方ではなかろうか（補記参照）。

増補法文は裁許破掟背に七二箇条を数えて圧倒的多数を占める。重要なことは、冒頭に裁判管轄と訴訟手続等に関する一二箇条を置いたことである。たとえばその第六条に「一御料所之百姓出入、其所支配人添状無之ハ、不取上之」という法文を置き、第八条に「私領之百姓、地頭ぇ願候時、久敷不取上云々」という規定を置いたように、この増補は、全国にまたがる幕府直轄領や旗本領における訴訟をも視野におさめているのである。「評定所御定書」が幕府法としての地位を有していたことは、(1)の「御評定所御定書」（名古屋大学法学図書室蔵）に見える左の奥書がこれを如実に語っている。すなわち、

右之通御評定、
大御所様御代御当代御定書三百七拾余ヶ条は、元文二年巳十一月、三奉行窺之上記之、
京・大坂・奈良・堺・伏見・長崎・佐渡・駿河・日光、諸御代官所迄申達候御定書巻六冊之写、
寛延元年

というものである。[27]この奥書を信じるならば、「評定所御定書」は京・大坂の町奉行所をはじめとして奈良以下の遠国奉行所、および全国各地の直轄地を治める諸代官の役所に伝達されたのである。

なお、「評定所御定書」はその奥書に「元文二年巳十一月三奉行窺之上」という文言を記すけれども、伝本の多くが元文三年二月の日付をもつ質地に関する触書を、借金家質出入の項の末尾に掲載する。これは元文二年十一月成立の後における追記と見るべきであろう。[28]

三　「公事訴訟取捌」の成立

「公事訴訟取捌」は、茎田氏が「評定所御定書」の類本の第三群とした諸本がこれに該当する。前述したとおり、四種類の伝本が翻刻されている。本書は「評定所法規集（仮称）」「評定所御定書」に比してはるかに多くの写本が伝存している。調査不足もあって、脱落法文が皆無にしてかつ誤字脱字の少ない善本にいまだ遭遇していない。そこでこの度は、比較的良質と思われ、しかも来歴の明瞭な左記の伝本(1)を底本としてあらためて翻刻した。

(1)「公事取捌記」（国立公文書館内閣文庫蔵、架号一八一―四一）

校合本としては、左記の(2)(3)を用いた。

(2)「公事訴訟取捌」（明治大学図書館蔵公爵毛利家文庫本、架号三二・一―一四）

(3)「公事訴訟取捌」（明治大学博物館蔵、架号〇〇―一四九）

その他、橋本氏翻刻の京都大学法学部本、藪氏翻刻の東京大学法制史資料室本などをも参考とした。

底本とした(1)「公事取捌記」には、「大淀文庫蔵書記」という蔵書印（陰刻）が捺されている。すなわち本書は、山城国淀藩（譜代、一〇万二〇〇〇石）の第七代藩主稲葉丹後守正諶《まさのぶ》の旧蔵本なのである。[29] 稲葉正諶は奏者番（天明元年〜同七年）、寺社奉行（天明七年〜同八年）、大坂城代（享和二年〜同四年）、京都所司代（享和四年〜文化三年）などの幕府要職を歴任し、その任務を遂行するために数々の記録を書き遺した。[30] 本書もその中の一冊である。おそらくは右筆が筆写したと思われるが、執務の必要から書写させて所持した伝本であることに間違いないであろう。本書は、前段六一丁と後段二四丁とをもって構成される。前段がすなわち「公事訴訟取捌」であり、その冒頭には目次として「公事捌目録」を置く。管見によるに、冒頭の目次は本書特有であり、他の伝本には見られない。

「追加」で始まる後段は、二二項目の記事を収載する。その内容は、触書および触書とすべしと指示する老中書付など（一・四・五・七・八・十二〜十八）を主とし、評定所留役への照会と回答（二・九）、「公事方御定書」の編纂途上の法文（十一）、評定所一座の申合（二十）などである。後段記事のうち注目すべきは、「御仕置之部」と題して「公事方御定書」の編纂途上の法文を収載する点である。その意味するところは後述する。後段の記事中、十八の「安永未年」が最下限の年号である。したがって、後段の成立は安永四年（一七七五）以降であり、前段を含めて書写したのもやはり安永四年以降ということになる。

「公事取捌記」は譜代藩の藩主自らが所持した「公事訴訟取捌」である。前に紹介したように、林氏が翻刻された「御定書写」は、譜代大名阿部氏の福山藩において城代家老の地位にある佐原作右衛門が書写した「公事訴訟取捌」である。安永二年（一七七三）の筆写である。[31]

対校本の(2)「公事訴訟取捌」（明治大学図書館蔵）もまた大名家の所持した伝本である。本書は明治大学図書館が所蔵する公爵毛利家文庫本のなかの一冊である[32]（美濃本、墨付五一丁）。四箇条の脱落法文を存し（裁許破掟背其外御仕置大概の項の第二十四、第四十九、第百七十六、第百八十の各条）、誤字脱字等も少なからず見られるが丁寧な筆致であり、ふりがなを多数施した良質な伝本である。その原表紙には「柳営」の二字が大書されている。外様大名毛利氏の長州藩においても、「公事訴訟取捌」を幕府法と認識し、これを所持していたのである。[33] 前述したように、外様大名津軽氏の弘前藩においては、藩儒菊池形左衛門が本書を書写した。[34]

幕府の代官もまた「公事訴訟取捌」を備えていた。明治大学博物館蔵の越後国蒲原郡大面《おおも》村文書（現、新潟県三条市）の「御定書」という表題を持つ伝本がそのことを語っている。本書には、左記の奥書が存する。[35]

此一冊、岡方組庄屋新田見曾左衛門殿組方に出入有之、宝暦三酉年、江戸ぇ罷登候節、御代官内藤十右衛門様より写取候由、借請写置、

宝暦四甲戌年四月

この奥書によるに、岡方組の庄屋新田見曾左衛門は、訴訟のため江戸に滞在した際、幕府代官内藤十右衛門[36]から「公事訴訟取捌」を書写させてもらったのである。それは宝暦三年（一七五三）のことであり、本書はその翌年の転写本である。

右にながめた諸事実から考えるに、「公事訴訟取捌」が幕府法であることに疑念をさしはさむ余地はない。

次に、「公事訴訟取捌」の内容を確認しよう。諸本と校合のうえ翻刻した結果、次の点が明確となった。第一は本書が四二一条から成ること。第二は、「公事訴訟取捌」は「評定所御定書」の法文をすべて継承していること。第三は、「評定所御定書」において一箇条であったのを二箇条に分離した場合が三箇所に存すること（公事訴訟取捌第十一・十二条、跡式養子離別後住幷引取人第三十・三十一条、裁許破掟背其外御仕置者大概第三十三・三十四条）。したがって、本書は「評定所御定書」よりも法文数としては四〇箇条多いが、実質は三七箇条の増補である（翻刻において傍線および二重傍線を施した法文）。「公事訴訟取捌」は、全四二一条を一四の項目に配分している。すなわち、公事訴訟取捌（一三条）、

国郡境論（七条）、山野入会村境論（一六条、うち増補一条）、魚猟海川境論（一八条）、田畑埜論（一四条）、堤井堰用水論（一三条、うち増補一条）、証拠証跡用不用（九条）、馬継河岸場市場論（一八条、うち増補一条）、跡式養子離別後住并引取人（四〇条）、寺社并離旦出入（二一条、うち増補二条）、質田畑論（二六条、うち増補六条）、借金家質出入（二四条、うち増補三条）、奉公人出入（一〇条）、裁許破掟背其外御仕置者大概（一九二条、うち増補一三条）である。これらの内容を概括的に述べれば、第一項の公事訴訟取捌は訴訟手続に関する法文、第二項の国郡堺論から第十三項の奉公人出入までは出入筋を裁くための法文、第十四項の裁許破掟背其外御仕置者大概は吟味筋を裁くための法文ということになろう。

本書の表題は冒頭の項目名を採用したものである。(37)項目名の多くは「評定所法規集（仮称）」のそれを採用している。新たに設けた項目は、公事訴訟取捌、国郡境論、奉公人出入であり、項目名にわずかな変更を加えたのは田畑埜論、堤井堰用水論、跡式養子離別後住并引取人、寺社并離旦出入である。第十三項奉公人出入の一〇箇条は、「評定所御定書」の裁許破掟背に配置されていたのを抜き出してここに独立させたのである。第十四項の裁許破掟背其外御仕置者大概においては、一二三箇条の法文を増補し、法文の配列を大きく変更している。前述したように、「評定所御定書」は、「評定所法規集（仮称）」に基づいて法文を大幅に増補したものであったが、一四箇条の法文についてはこれを継承しなかった。ところが、「公事訴訟取捌」はこのうち一〇箇条を復活させている（寺社并離旦出入一条、裁許破掟背其外御仕置者大概九条、翻刻において二重傍線を施した法文）。また、「評定所御定書」の跡式家督養子等之事并夫妻離縁先住遺跡之事第三十条の法文について、「評定所法規集（仮称）」の旧に復してこれを二箇条に分離させている。したがって、「公事訴訟取捌」は、「評定所法規集（仮称）」の旧に復した側面も併せもっているのである。

以上を要するに、「公事訴訟取捌」は、「評定所御定書」に若干の法文を追加すると共に項目立てをおこない、さらに法文の配列を整備して出来上がったものである。ごくわずかではあるが、法文に修正を加えた場合も見られる（翻刻においてはこの部分にも傍線を施した）。増補整備の際、本書の出発点となった「評定所法規集（仮称）」をも参照したのである。

「公事訴訟取捌」は、「評定所御定書」の奥書を省き、これに替えて前掲の褒賞記事を載せた。すなわち、寛保二年四月六日には御定書御用掛の三奉行に時服を、同月八日には評定所留役と評定所書物方に金銀を与えたとする記事である。三奉行に対する褒美は、「公事方御定書」編纂の労をねぎらったものと解するのが一般的であり、この解釈に異論をさしはさむ餘地はないであろう。一方、浅井半左衛門以下の四人の実務役人に対しては、「御勘定御用」をねぎらっての褒美である。評定所留役らの役人たちが「公事方御定書」のみならず、「公事訴訟取捌」の編纂にも従事したためであろう(38)。

御定書掛三奉行もまた実務役人と同様に、「公事方御定書」編纂のみならず、「評定所御定書」の増補整備にも関与した。その徴証は左の記事から看取される。

右ハ元文五庚申年七月、於　公儀、寺社御奉行牧野越中守殿、御町奉行石川土佐守殿、御勘定奉行水野対馬守殿被仰付評定所式目之分、御改被　仰付出来之御書付之由、崎国屋喜右衛門取出、同閏七月下旬写持参、本紙校合畢、

この記事は、前掲した「公裁録」（全三冊、明治大学図書館所蔵）の第三冊中に収載する「公裁之御条目」の奥書である(39)。「公裁之御条目」の内容は、「評定所法規集（仮称）」である。しかしながら、この奥書は「評定所御定書」の改訂増補について記したものと解さなければ意味が通じない。すなわち、ここに「評定所式目」と記すのが「評定所御定書」を指すと解さねば意味が通じない。これの「御改」が寺社奉行牧野越中守以下の御定書掛三奉行に命じられ、

その作業が元文五年（一七四〇）七月に功成り、その「公事訴訟取捌」（実は「評定所法規集（仮称）」）を崎国屋喜右衛門なる人物（おそらく公事宿の主人であろう）が早速に持ち出して同年閏七月にその写しを持参したと言うのである。

御定書掛三奉行を褒賞したという記事を「公事訴訟取捌」の末尾に書き付けたこと、および右の「公裁録」奥書の記事を併せ考えるならば、「公事訴訟取捌」の編纂には御定書掛三奉行もこれに携わったと見るべきであろう。

今日に伝存する「公事訴訟取捌」の多くには、巻末に「寛保二戌年四月」の日付が存する。後述するように、この日付は「公事訴訟取捌」の施行期日を示すと考えられる。したがって、「公事訴訟取捌」の成立は、これと同時か、あるいはそれ以前ということになるが、成立期日を明確にすることはできない(40)。

ところで、「公事訴訟取捌」の末尾に褒賞記事を掲載したのは、どのような意図によるのだろうか。その意図を次のように推測してみた。すなわち、「公事訴訟取捌」は「評定所御定書」の場合と同様、遠国奉行所や代官役所にも通達し、それらの裁判役所において用いるものである。それ故、この記事を書き付けることはそれが幕府の制定法であることを明示し、幕府法としての権威を付与することであった。つまり、この褒賞記事を書き付けたことにより、幕府公認の「評定所御定書」から、御定書掛が編纂した幕府制定法としての「公事訴訟取捌」へと脱皮したのである。

なお、「評定所法規集（仮称）」「評定所御定書」「公事訴訟取捌」の三者を比較対照するために、項目名と法文数を一覧表として掲示しておく（〔　〕で囲んだ項目名は、比較対照の便宜のために筆写が補ったものである）。

「評定所法規集（仮称）」　11項280条	
（国郡境論）	7条
山野入会村境論	14条
魚猟海川境論	18条
田畑埜論川附寄	12条
堤堰用水論	10条
証拠証跡用不用	5条
馬継河岸場市場論	17条
跡式養子離別後住論幷引取人	41条
離旦	18条
質田畑論借金	21条
裁許破掟背	52条
御仕置者	65条

「評定所御定書」　5項381条（増補116条）	
（公事訴訟取捌）	12条（増12条）
（国郡境論）	7条
（山野入会村境論）	15条（増1条）
（魚猟海川境論）	18条
（田畑埜論）	14条（増2条）
（堤堰用水論）	12条（増2条）
（証拠証跡用不用）	9条（増4条）
（馬継河岸場市場論）	17条
跡式家督養子等之事幷夫妻離縁	
先住遺跡之事	39条
離旦寺社	19条（増2条）
質田畑	20条（増9条）
借金家質	21条（増12条）
裁許破掟背	178条（増72条）

「公事訴訟取捌」　14項421条（増補421条）	
公事訴訟取捌	13条
国郡境論	7条
山野入会村境論	16条（増1条）
魚猟海川境論	18条
田畑埜論	14条
堤井堰用水論	13条（増1条）
証拠証跡用不用	9条
馬継河岸場市場論	18条（増1条）
跡式養子離別後住幷引取人	40条
寺社幷離旦出入	21条（増2条）
質田畑論	26条（増6条）
借金家質出入	24条（増3条）
奉公人出入	10条
裁許破掟背其外御仕置者大概	192条（増23条）

四　「評定所御定書」および「公事訴訟取捌」の編纂途次の伝本

「評定所御定書」および「公事訴訟取捌」がこれだけ重要な幕府法であるにかかわらず、それらについての研究はほとんど進まなかった。前述したように、研究に取り組んだのは茎田佳寿子氏と橋本久氏の両人にすぎない。それは研究を阻害する要因が複合的に横たわっているからだと思われる。その第一は、「評定所法規集（仮称）」「評定所御定書」「公事訴訟取捌」の三種類の伝本が巷間に伝存していることである。伝本の数としては「公事訴訟取捌」が多数を占め、総体としても厖大な分量に達する。三種類の伝本は、内容が近似しているにもかかわらず、法文数に大きな差異が見られ、法文の配列についても相違する箇所が存する。そもそも成立過程が判明していないので、何をもって正本とするかも皆目つかめないのである。

研究を困難ならしめている第二の要因は、表題の多様さにある。これらの伝本は、表題を「評定所御定書」「公事訴訟取捌」とするばかりでなく、石井良助氏の翻刻した「庁政談」をはじめとして、様々な表題がつけられている。その表題を茎田氏の調査された二四本で見るならば、「当時御法式」「公事方御掟法書」「御当代式目」「掟裁要鑑」「公裁要鑑」「昇平規則」「知書記」「律令政要録」「律令用集」「聞書秘訣」などの書名が存し(41)、また橋本氏の調査された二一本について見るならば、「政要録」「公裁秘格」「秘書」「公政秘談録」「公儀目安」などの書名が存し(42)、著者蔵本のなかにも「公事方大概」「公裁大概」「上裁大意」「評定律令」「公事秘録」「定例」「御公儀新規御定法」「評定所公裁定書」などの表題が見られる。実に多種多様の表題が与えられているのである(43)。

研究を阻害する第三の要因は、各伝本とも、転写の間に生じた誤写が著しいことである。誤字脱字はまだしも、法文自体を脱落させることが多い。加えて、隣り合う法文の配列に前後が生じたり、改行すべき次条を追い込んで書写したりする場合も少なくない(44)。

　こうした状況にあって、法文数と項目立てを目安として、伝本を三群に分類された茎田氏の考証は、「評定所御定書」「公事訴訟取捌」を考察するための契機を築いた研究として顕彰されるべきであろう。

　研究の困難に拍車をかけているのは、編纂途次の姿を示す写本もまた民間に流出して書写されていることである。この伝本は少数であるにしても、その存在が研究の障害となっていることは否めない。したがって、研究阻害の第四の要因として解説を加える必要がある。最初に、「評定所法規集（仮称）」と「評定所御定書」との間に位置付けるべき伝本を紹介しよう。茎田氏が「評定所御定書」の「原形に一番近い(45)」として翻刻された「御当代式目」（明治大学博物館蔵）がそれである（「茎田著書」五一五～五三七頁）。「御当代式目」と今回翻刻した「評定所御定書」とを比較してみると、次のような目立つ差異を発見できるであろう。第一は、山野入会村境論、魚猟海川境論をはじめとする「評定所法規集（仮称）」の項目立てをそのまま残していることである。たとえば、質田（畑）地論借金の項目をいまだ存し、これを質田畑と借金家質に分割しておらず、末尾を裁許破掟背と御仕置者との二項目としているのである。

　差異の第二は、「評定所御定書」が裁許破掟背の項の次に増補法文を配置するのに対し、本書はその法文を御仕置者の項ののち、つまり最末尾に増補法文を置く点である。第三は、「評定所御定書」が継承しなかった一四箇条を、「御当代式目」がすべて継承していることである(46)（離旦一箇条、質田地論借金一箇条、跡式養子離別後住并引取人一箇条、裁許破掟背一一箇条）。このように、本書は「評定所法規集（仮称）」を基としてこれに法文を増補してはいるものの(47)、「評定所法規集（仮称）」の旧の姿も残している。これらの異同から考えるに、「御当代式目」は「評定所法規集（仮称）」から「評定所御定書」に移行する過渡期の姿、すなわち編纂途次の状態を示しているのである(48)。したがって、「評定所御定書」は「御当代式目」の形を経て、これをさらに整備したものなのである。[49]
「御当代式目」は、冒頭に裁判管轄と訴訟手続等に関する法文を増補しており、この点は「評定所御定書」に同じである。[50] ただ、これに公事掛りという項目名を与えている点が特徴であり、この項目名が「評定所御定書」の編纂途次の伝本を見分ける第一の手掛かりである。[51]

次に、「評定所御定書」から「公事訴訟取捌」に移行する途中の過渡的状態を示す伝本を紹介しよう。その第一は、茎田佳寿子氏の翻刻する「公事訴訟取捌御定書」（明治大学博物館蔵）である（「茎田著書」五三八～五六四頁）。本書は、「評定所御定書」の法文を備えているが、一四の項目を設けており、法文も三一箇条増えている。一四の項目名は、国郡境論、山野入会村境論、魚猟海川境論、田畑境論、堤堰用水論、証拠証跡用不用、馬継河岸場市場論、跡式養子離別後住論并引取人、離旦、質田地論借金、借金家質、裁許破掟背、御仕置者である。「評定所法規集（仮称）」の項目名を多く採用している。本書冒頭の公事訴訟取捌の項目が立てられておらず、また、奉公人出入の項目も存しない。増補三一箇条のうちの一四箇条が、「公事訴訟取捌」にも見えず、したがって「評定所御定書」にも存しない法文であり、[52] 五箇条は「評定所御定書」が「評定所法規集（仮称）」から継承しなかった法文のうちより復活させたものである。[53] したがって、残りの一二箇条が純粋の増補法文である。その他、本書には「附紙曰」が二箇所に存し、そこには論所についての注記と三箇条の法文が記される。以上から推察するに、本書は「公事訴訟取捌」に移行する初期段階の伝本である。

本書には奥書が存する。「右御定法書、元文六酉年正月改ル也／右朱書之分、久敬君之本以改之」というものである。この奥書によれば、本書は元文六年正月（二月に寛保改元）の時点の姿を示している。しかしながら、これに「久敬君之本」をもって改めた箇所が存するのであり、その改めた箇所が何処なのかは不明である。[54] ともかくも、「評定所御定書」を基として、これに手を加えた伝本であることは確かである。

「評定所御定書」から「公事訴訟取捌」に移行する途中の過渡的状態を示す第二の伝本として、「評定所裁許之写」という表題をもつ伝本（著者蔵）を紹介しよう。(55)奥書に、

此書、何方へ参候ても、山家村山口三右衛門方へ早速御返可被下候、已上、
安永四乙未年七月朔日迄写之、
江府浅草御蔵前旅籠町代地
伊勢屋清右衛門旅宿ニて書

と記される。山口三右衛門は、出羽国村山郡山家《やんべ》村（幕府領、現山形県天童市山元）の庄屋であり、山口家六代目の松次郎友昌にあたる。(56)この奥書によると、本書は、江戸滞在中の山口三右衛門が安永四年（一七七五）七月、浅草御蔵前旅籠町代地の伊勢屋清右衛門旅宿にて書写したものである。(57)

「評定所裁許之写」は「評定所御定書」を土台としつつ、一三箇条の法文を増補している。その大部分にあたる一八箇条を巻末にまとめて配置する。それらは、質田畑論の項に置かれるべき六箇条、借金家質の項に置かれるべき二箇条、裁許破掟背の項に置かれるべき二〇箇条である。ただし、増補法文のうち、山野入会村境論の一箇条、堤堰用水論の一箇条、馬継河岸場市場論の一箇条、離壇幷寺社之出入の二箇条は、各項のなかに配置される。また、増補にあたっては「評定所法規集（仮称）」を参照しており、「評定所御定書」が継承しなかった一四箇条中、九箇条を復活させている。

裁許破掟背其外御仕置者大概の項の法文配列は、「評定所御定書」のままである。奉公人出入の項目は立てられておらず、この項に入るべき一〇箇条は「評定所御定書」に同じく裁許破掟背御仕置者大概の項に存する。また、元文

三年二月の質地に関する触書が、「評定所御定書」の場合に同じく借金家質出入の項の末尾に存する。このように、「評定所裁許之写」という伝本は法文の増補が大方はなされているものの、「評定所御定書」の旧の姿もまた留めている。

項目名に着目すると、「評定所裁許之写」には国郡境論、山野入会村境論、田畑埜論、堤堰用水論、証拠証跡用不用、馬継河岸場市場論の項目名が設けられていない。これは、「評定所御定書」の姿を残しているからと考えられる。一方、公事訴訟取捌という項目名を設けたことに注目すべきである。また、海川魚猟の項目名が立ち、離旦寺社の項目名が離壇幷寺社之出入に、同様に質田畑が質田地之論に、借金家質が借金家質入出入に、裁許破掟背が裁許破掟背御仕置者大概にそれぞれ変化している。これらは、増補修正の結果であろう。

「評定所裁許之写」が「評定所御定書」から「公事訴訟取捌」へと移行する途中の状態を示す書であることは、本書に次の注記の施されていることからも窺い知れる。その第一は、「奉公人出入」という語句の存在である。前述したように、「公事訴訟取捌」は「評定所御定書」の裁許破掟背の項目に存する一〇箇条を抽出して奉公人出入の項目を設けた。本書は、奉公人出入の第一条に該当する法文の冒頭に、「奉公人出入」の語句を注記している（裁許破掟背其外御仕置者大概の第六十九条）。奉公人出入の項目が、やがて独立するであろう徴候がここに看てとれる。第二は、「是より又一ヶ条なり」という注記である。これまた前述したように、「公事訴訟取捌」は「評定所御定書」跡式家督養子等之事幷夫妻離縁先住遺跡之事の第三十条の法文を、前段と後段とに分割して各一箇条とした。本書は、後段の法文冒頭に、「是より又一ヶ条なり」という注記を置くことにより、独立条文として書写したことが誤写でないことの注意を喚起しているのである。このように、「評定所裁許之写」には、編纂途上にあることを示す箇所が見いだせるのである。[58]

「評定所裁許之写」と前述の「公事訴訟取捌御定書」とを比較すると、増補の方法に著しい差異がみられる。「公事訴訟取捌御定書」の方は「久敬君之本」をもって改められているのであり、これに起因した差異とも考えられる。とにかく、両本とも「評定所御定書」を基として、これを増補しているのである。茎田氏は第二群と第三群との間に「種々の類本がある」と指摘するが、(59)「公事訴訟取捌御定書」「評定所裁許之写」の両本は、それに該当する。

縷々述べたように、「評定所御定書」および「公事訴訟取捌」の理解を妨げる要因が複雑にからみあって存在しているのである。

五　「公事訴訟取捌」と「公事方御定書」との関係

「評定所御定書」が元文二年（一七三七）十一月に幕府法として認定されると、その直後の閏十一月九日、「公事方御定書」編纂の下命があり、御定書掛三奉行が任命された。「公事方御定書」はそれから四年半近くの歳月を費やして編纂事業を終え、寛保二年（一七四二）三月二十七日をもって成立した。翌四月、「奉行中之外不可有他見者也」との秘密文言を奥書に加えてこれを施行に移した。(60)一方、「評定所御定書」もまた、この間に法文を増補すると共に若干の修正と法文配列を整えて「公事訴訟取捌」として成立した。巻末には「寛保二戌年四月」の日付が存する。これは、「公事方御定書」に併せて施行に移した日付と考えられるのである。また、「公事訴訟取捌」は右の日付に続いて御定書掛に対する褒賞記事を掲載する。

これらの事柄から、「公事訴訟取捌」の編纂と「公事方御定書」の編纂とは、両者が密接に関連していることが容易に推察できるであろう。あらためて言うまでもないのだが、次のことに着目する必要がある。それは「公事方御定書」には出入筋を裁くための規定がほとんど定められていないことである。国郡村の境界、入会、漁業、用水、馬継場や市場、相続、養子、離婚、寺社、質地、借金、奉公人などをめぐる民事的紛争を解決するための法規、これら「公事訴訟取捌」に定める出入筋に関わる規定の大部分を「公事方御定書」に見出すことができない(61)。この事実は、「公事方御定書」編纂を開始する際、出入筋を裁く法規については「評定所御定書」に委ねるという方針が採られたからだと考えられる。換言すれば、出入筋に対応できる「評定所御定書」の存在を前提とし、「公事方御定書」の方は主として吟味筋を裁くための法典としてこれを編纂したのである。それが証拠に、幕府首脳は「公事方御定書」という法典を「御仕置之御定」すなわち刑事法規と捉えている(62)。この文言は、「公事方御定書」を施行に移すにあたり、奉行以外は他見を禁じる旨を通達した書付に見られるものである。左のとおりである(63)。

寛保二戌年四月十二日、松平左近将監殿御渡候御書付

此度御定書相極メ、御仕置之御定ニて大切成事ニ候間、奉行中心得ニいたし、猥ニ他見無之様ニ可被相心得候、

戌四月　　　（傍線引用者、以下同じ）

「公事方御定書」の編纂は、当初、御定書掛三奉行のうち勘定奉行の杉岡佐渡守能連がもっぱらこれを担当した。「公事方御定書出来仕候節之書物取調之儀伺書」に、

公事方御定書之儀ハ、有徳院様思召ニて、最初杉岡佐渡守ヘ被仰付、当時之例帳之様ニ出来仕候処云々

と記されるように、徳川吉宗は「公事方御定書」編纂を開始する際、その仕事を杉岡能連に命じたのである(64)。杉岡は、二十一歳の元禄二年（一六八九）に勘定として出仕して以来、勘定奉行所の役人としての一生を送った。元禄九年（一六九六）に勘定組頭、四十三歳の正徳二年（一七一二）に勘定吟味役と歩を進め、そして六十三歳の享保十六年（一七三一）には勘定奉行に栄進している。それから七年後の元文三年（一七三八）七月、現職のまま七十歳の生涯を閉じた(65)。「公事方御定書」編纂に従事している最中の逝去である。

杉岡は勘定吟味役、勘定奉行の地位にあったのだから、「評定所法規集（仮称）」および「評定所御定書」について、その内容を熟知していたに違いない。「評定所御定書」については、勘定奉行としてその取りまとめに指揮をふるい、幕府法としての公認を取り付けたのも彼の功績であったと推測される(66)。杉岡に「公事方御定書」の編纂を担当させたのは、このような背景があったからである。こうした点からも、「公事訴訟取捌」と「公事方御定書」とは、密接に関連する幕府法であったことが了解できるであろう。つまり、幕府法は出入筋の判断基準を備えた「公事訴訟取捌」と、主として吟味筋を裁く裁判規範である「公事方御定書」との二本立てとして、寛保二年四月からその運用が始まったのである。

ところで、「公事訴訟取捌」は出入筋を裁くための法典、片や「公事方御定書」は吟味筋を裁くための法典として両者の関係を捉えた場合、ひとつの疑問がわき起こる。それは、「公事訴訟取捌」が第十四項に裁許破掟背其外御仕置者大概の項目を設け、ここに吟味筋に関する一九二箇条の法文を置いていることである。「評定所法規集（仮称）」を土台として「評定所御定書」を編纂し、さらにこれを増補整備して「公事訴訟取捌」とするについては、――前掲した一覧表でも確認できるように――第十四項に属する法文を多数増補し、その結果第十四項は一九二箇条の多きに達したのである。このことをどのように理解したらよいかということである。

いうまでもなく、「公事方御定書」は訴訟の判断基準として評定所一座が所持すべき法典であった。次に示す法文がそれを如実に語っている。

一三奉行所ぇ不訴出、直ニ評定所ぇ訴訟ニ罷出候ものハ、其筋之奉行所ぇ罷出候様ニ申渡、其筋之奉行所にて吟味之上、落着之儀は、一座相談之上可申付事、（「公事方御定書」下巻第四条無取上願再訴幷筋違願之事の第四項）

一公事吟味之儀、式日立合ぇ差出、即日不相済儀は、懸り之奉行宅ニて日数不掛様ニ吟味を詰、一座評議之上、

裁許可申付候、

（「公事方御定書」下巻第七条公事吟味銘々宅ニて仕候事）

右の法文が末尾を「一座相談之上可申付事」「一座評議之上、裁許可申付候」という文言で締めくくっていることから判明するように、これらの法文は評定所一座に指示する形式をとっている。したがって、左の法文に、

一公事扱願出候節、日数二十日に可限、但、遠国え懸り合候出入ハ、往来日数を考、其節々之日限相極可申付事、

（「公事方御定書」下巻第十五条出入扱願不取上品并扱日限之事の第二項）

一酒狂にて人を殺候もの　　下手人

但、被殺候もの之主人并親類等、下手人御免願申出候共、取上間敷事、

（「公事方御定書」下巻第七十七条酒狂人御仕置之事の第一項）

とあって、「相極可申付事」「取上間敷事」と指示する場合も、評定所一座に向けた指示と見なしてよいであろう。つまり、「公事方御定書」は評定所一座の指針としてこれが編纂されたのである(67)。前掲の他見禁止を通達した書付に「奉行中心得ニいたし、猥ニ他見無之様」と記すのは、評定所一座を構成する三奉行が主として用いるための法典として「公事方御定書」が編纂されたことを意味する。それ故、「公事方御定書」を下付されたのは、評定所および評定所一座を構成する三奉行、御定書掛の部局、京都所司代、大坂城代など、ごく限られた幕府首脳のみである(68)。

そうなると、評定所留役、寺社奉行所に出役する吟味物調役、町奉行所の吟味方与力、勘定奉行所の支配勘定など訴訟を担当する実務役人は評定所備え付け本や各奉行の所持本を通じて見ることはできたとしても、代官役所や遠国奉行所などの裁判役所は、「公事方御定書」を直接手にとって見ることができないのである。これらの実務役人および裁判役所が処理する案件は、出入筋ばかりではなく吟味筋の事案も存するのであり、吟味筋を裁くための指針もまた必要なのである。「評定所御定書」以来、刑事法規を大幅に増補し、「公事訴訟取捌」に至っては裁許破掟背御仕置

者大概という項目を設けて、ここに吟味筋に関わる一九二箇条の法文を収載したのはそのためである。

なお、次のことを付言する必要があろう。それは、「評定所法規集（仮称）」「評定所御定書」「公事訴訟取捌」の写本のなかに、編纂途上にある「公事方御定書」下巻の法文を併せ掲載する伝本が存するという事実である。すでに紹介したように、「当時御法式」という表題をもつ「評定所法規集（仮称）」、「裁許破掟背」「元文秘録」という表題をもつ「評定所御定書」、および「御定書（仮称）」「台政評定訣」という表題をもつ「公事訴訟取捌」がそれである。「当時御法式」は寛保元年九月二十二日下知の八箇条の法文、「裁許破掟背」は寛保二年二月二十九日下知の三〇箇条の法文、「元文秘録」は寛保元年九月二十二日下知、寛保二年二月二十九日下知の両者の法文を収載する。また、「台政評定訣」は元文五年閏七月に始まって寛保二年二月二十九日に至る十一回分の下知の法文五三箇条を収載する(69)。

その後、次の写本もまた「公事方御定書」の編纂途上の法文を附載することを知ることができた。それは、「評定所御定書」の伝本中の「御評定所御定書」（実践女子大学図書館蔵）、「公裁一件」（明治大学図書館蔵）である。両本ともこのたびの「評定所御定書」翻刻にあたって対校本として用いた比較的良質な伝本であり、この両本は質地に関する触書などと共に、寛保二年二月二十九日下知の法文を収載する。また、「公事訴訟取捌」翻刻の底本に採用した「公事取捌記」は、触書や評定所留役への照会などと共に、寛保元年九月二十二日下知の法文七箇条を収載する。このように「公事方御定書」の編纂途上にある法文を附載するのは、吟味筋の案件にも対応できるように刑事法規を補充したためと考えられる(70)。

以上に述べたところから、「公事方御定書」上下巻は、評定所一座の準拠法として編纂制定された幕府法であり、片や「公事訴訟取捌」は評定所留役などの実務役人をはじめとして、遠国奉行所や代官役所などの実務役人の準拠法として編纂制定された幕府法であったと言えよう。「公事訴訟取捌」の方は秘密法ではなかったから、実務役人は各自に書写して所持していたと考えられる。(71) それらを公事宿がいち早く入手し、名主や庄屋の階層は代官およびその下僚を通じて借写し、あるいは宿泊先の公事宿より提供を受けて転写したと思われる。このようにして、「評定所御定書」や「公事訴訟取捌」は各地の村役人にまで流布したのである。流布の様相は「公事方御定書」下巻に類似する。

むすび

民事実体法を収載する「公事訴訟取捌」という法律書が、写本として多数伝存することは知られており、それが幕府法であるらしいことは察していた。しかし、それ以上のことはほとんど解明されておらず、正体不明の法律書であったといっても過言ではない。本章はその「公事訴訟取捌」が「公事方御定書」と同時に施行された幕府制定法であることを実証しようとしたものである。その成立過程を跡づけるとともに、各段階を示す伝本を翻刻し、校合を施した法文を提示した。この考察が正鵠を射ているならば、さまざまな角度からあらためて幕府法を検討する必要が生じることとなる。大方の御示教を願う次第である。

〔補記〕「科条類典」によると、元文二年に将軍吉宗に提出した「御定書」を意味する「巳年差上候御定書」という表記が見られる（『徳川禁令考』後集第一、一八一頁）。この「巳年差上候御定書」の提出をうけた吉宗が、これに対して修正指示を出した。その指示は、「科条類典」によると四箇所存し、元文三年の「御好御書付」によってなされたことが知られる。この吉宗の修正指示を反映した「巳年差上候御定書」こそが、本章で考察した「評定所御定書」である。したがって、「評定所御定書」は、老中のみならず、将軍吉宗の承認をうけた幕府法典であり、吉宗の修正指示を盛り込んで成立したのは元文三年中のことであったといえよう。「巳年差上候御定書」と「評定所御定書」との関係については、拙文「「公事方御定書」の元文三年草案について」（本書第三部第一章）の〔補記1〕を参照されたい。

註

（1）　大岡家文書刊行会編『大岡越前守忠相日記』上巻一六七頁、昭和四十七年、三一書房。
（2）　「評定所御定書」、国立公文書館内閣文庫蔵「雑書」（架号一八一―三九）の第十四冊所収。
（3）　「評定所御定書」と題する写本として国立公文書館内閣文庫所蔵本（浅草文庫旧蔵、書写年不明）、著者所蔵本（寛保三年書写本の転写本）、「御評定所御定書」と題する写本として名古屋大学法学図書室所蔵の寛延元年奥書本（奥野彦六氏旧蔵）、同法学図書室所蔵の安政六年筆写本、実践女子大学図書館奥村藤嗣文庫蔵の宝暦四年書写本の転写本とを確認した。また、「御評定所定書」という内題を持つ伝本が翻刻されている（名古屋控訴院管内『司法資料』一九号所収、昭和十年、名古屋控訴院）。名古屋大学法学図書室所蔵本の閲覧に関しては、同大学大学院法学研究科教授神保文夫氏のご高配に与った。
（4）　「公事訴訟取捌」明治大学図書館蔵公爵毛利家文庫本（架号三二一・一―一四）。
ちなみに、御定書掛三奉行が褒賞にあずかったことにつき、寺社奉行大岡忠相は、その日記の寛保二年四月六日条に次のように記している（『大岡越前守忠相日記』上巻五五七頁）。
一　越中守（寺社奉行牧野貞通―引用者注）義、御定書御用相勤候ニ付て、御前ェ被召出上意有之、時服七ツ拝領之由、相御用懸り石河土佐守、水野対馬守も右同前時服四ツ宛拝領之由、越中守九半時寄合ニ被参被申聞悦申達候、
（5）　「公事訴訟取捌」の奥書は、浅井半左衛門以下の四人の褒賞理由について、「御定書御用相勤候ニ付」あるいは「御評定御用相勤候ニ付」とする写本も存する（註（38）参照）。
なお、この四人は、寛保二年（一七四二）六月十二日に始まる「公事方御定書」の増補修正作業にも従事している（高塩

博「寛保三年増修の「公事方御定書」下巻について」『國學院大學日本文化研究所紀要』九五輯一一～一三頁、平成十七年（本書論考篇三〇八～三〇九頁）。

（6）石井良助氏は「庁政談」という表題を持つ写本として、内閣文庫本のほかに東京帝国大学法学部所蔵本の存在を指摘しておられる。この他、九州大学法制史資料室（架号ｋｊ一八―C―三〇）、および東北大学附属図書館（架号巳A―三―一四）にも所蔵されているが未見である。東京大学本については、後掲の橋本久論文がこれを簡略に紹介している。

（7）茎田佳寿子『江戸幕府法の研究』八九～一〇七、二九七～二九九、四八四～五六四頁、昭和五十五年、巖南堂書店（以下、本書を「茎田著書」と称する場合もある）。

（8）茎田佳寿子『江戸幕府法の研究』一〇一頁。

（9）茎田佳寿子『江戸幕府法の研究』九八頁。

（10）茎田佳寿子『江戸幕府法の研究』一〇一～一〇二頁。

（11）茎田佳寿子『江戸幕府法の研究』一〇三～一〇四頁。

（12）茎田佳寿子『江戸幕府法の研究』九九頁。

（13）林紀昭「鏡檜文書館蔵『御定書写』――「御定書系藩刑法典の一考察」参考史料（Ⅱ）――」関西学院大学『法と政治』三三巻二号、昭和五十七年。

（14）橋本久「弘前藩の刑法典㈦――寛政律――」大阪経済法科大学『法学論集』一五号、昭和六十二年。

（15）橋本久「『公事訴訟取捌』（京都大学法学部所蔵）」大阪経済法科大学『法学研究所紀要』八号、昭和六十二年。

（16）同右九八頁。

（17）橋本久「『公事訴訟取捌』小考」高井悌三郎先生喜寿記念『歴史学と考古学』所収、同記念事業会編、昭和六十三年、真陽社。

（18）藪利和「〈資料〉公事訴訟取捌」『札幌学院法学』一二巻二号、平成八年。

（19）翻刻の底本とした「御評定所御定書」（名古屋大学法学図書室蔵）には、左の五箇条の法文が欠落している。すなわち、

〔公事訴訟取捌〕の第六条、質田地の第十一条・第二十条、裁許破掟背の第五十一条・第百十六条である。その他に、三箇所で語句を大きく脱落させている。すなわち、馬継河岸場市場論の第五条から第六条にかけて、同じく第十条から第十一条にかけて、跡式家督養子等之事幷夫妻離縁先住遺跡之事の第十七条から第十八条にかけてである。

(20) 校合に用いた(2)「評定所御定書」（国立公文書館内閣文庫蔵「雑留」第十四冊所載）は、横丁で墨附三七丁である。紐の綴じ直しの際に生じたと覚しき一〇丁分の錯簡と一丁分の落丁とが存し、法文の脱落や誤字脱字も少なくない。しかしながら、それでもなお比較的良質な伝本と思われる。対校本に採用した所以である。

(3)「御評定所御定書」（実践女子大学図書館蔵）は、半紙本で墨附七二丁である。法文の脱落、改行すべき次条を追い込んで書写する箇所、あるいは誤字脱字などにおいて、底本と共通する箇所が多々見られる。本書は「評定所御定書」の本文（四九丁）のほかに、「公事方御定書」の編纂途上の法文や質地に関する記事など（一三丁）を附載する。

(4)「公裁一件」（明治大学図書館蔵）は、題簽に「公裁録　全」と記される。「公裁一件」という表題は内題による。半紙本で墨附八九丁である。脱落法文や、誤字脱字等から見て、底本や(3)「御評定所御定書」と系統を異にする伝本である。本書もまた、「評定所御定書」の本文（五六丁）のほかに「公事方御定書」の編纂途上の法文や質地、借金銀などに関する記事（三三丁）を附載する。

(21) 内閣文庫本「評定所御定書」は、借金家質の末尾に評定所一座の申合せである八箇条の覚を掲載する。名古屋大学本、著者蔵本も同様である。覚の日付は元文三年二月二十五日であるから、これらの伝本は元文二年十一月成立以後の加筆が施されているのである。

(22)「公裁書幷御定法」という表題は、表紙への打付書である。奥書は最初に「右は公裁懐鏡、他ぇ開書可禁之、宝暦六年子十一月、墨付三拾五枚」とあり、続いて「宝暦十三未年八月日、甲府ニて写之、小淵沢村之内高野組、久保田又右衛門㊞　六十七歳書之」とある。

(23)「御評定所御定書」という表題は、題簽に記された書名である（史料篇一口絵参照）。「寛永」を「寛政」と誤写する箇所が存するので、その書写年は寛政年間（一七八九～一八〇〇）以降のことである。

(24) この三本中、「公裁之御条目」がもっとも誤字脱字の少ない写本である。脱落法文は、山野入会村境論の第五条、跡式養子離別後住論幷引取人の第三十五条の二箇条をかぞえるにすぎない。

(25) 「御評定所御定書」の後段部分の成立は、元文二年（一七三七）二月以降のことである。それは、後段の最末尾に「元文二巳年二月御触」として質地之儀ニ付触書を掲載するからである。なお、この触書は「公事方御定書」が上巻第五十七条として採録するものである。

(26) 「覚」「右之通常ミ役人は心掛可申事也」という文言は、「当時御法式」「公裁書幷御定法」には見られない。

(27) この奥書に「御定書巻六冊」と見えるのは、名古屋大学本の祖本が六冊本であったことを伝える記事であろう。名古屋大学本は一冊本であるが、法文を六巻に分けている。

(28) 調査できた五本中、(4)「公裁一件」（明治大学図書館蔵）のみは、元文三年午二月の触書を載せない。

(29) 『増補改訂 内閣文庫蔵書印譜』六三頁、昭和五十六年、国立公文書館編刊。

(30) 前註の『内閣文庫蔵書印譜』によると、国立公文書館内閣文庫には、「正諶手沢の法令集、留書等二十余部」が所蔵されており、「大淀文庫蔵書記」「稲葉氏簿録」「淀」印の捺してあるのは、稲葉正諶が「要職に在ったとき執務上の参考に供したものと思われる記録類ばかりである」という。

(31) 林紀昭「鏡櫓文書館蔵『御定書写』――「御定書系藩刑法典の一考察」参考史料（Ⅱ）――」関西学院大学『法と政治』三三巻二号三九四頁。

又、譜代大名奥平氏の中津藩においても、その家臣が「公事訴訟取捌」を書写している。梅田弥節が文化八年（一八一一）二月に書写した「公事訴訟取捌」（架号九二―三二六・〇二）と、福田璃兵衛明親が書写した年代不明の「公事訴訟取捌」（架号五〇九―八―五）とがそれである。

(32) 明治大学図書館は、昭和二十七年、文学部教授渡辺世祐氏の斡旋にて、毛利家史編纂所蔵書のほとんどの六九〇〇冊を購入した（飯澤文夫「「明治大学図書館の収書に関する基本方針」に基づく特色ある資料群」『図書の譜 明治大学図書館紀要』一二号八二頁、平成十年、『明治大学図書館史 年譜編』四一頁、平成二十年）。

(33) 明治大学図書館の公爵毛利家文庫本中には、「公事訴訟取捌」がもう一部存する(架号〇九九―一一七)。本書は(2)「公事訴訟取捌」を忠実に転写した副本であり、その旨を奥書に「天保三壬辰之年謄写」と記している。表紙に記された表題には「幕府公事訴訟取捌 柳営」と見えている。
(34) 橋本久「弘前藩の刑法典(七)――寛政律――」大阪経済法科大学『法学論集』一五号一三一～一三二頁。
(35) 茎田佳寿子『江戸幕府法の研究』九五頁。
(36) 内藤十右衛門は、諱忠尚、支配勘定から元文三年(一七三八)五月に勘定に進み、寛保三年(一七四三)十二月に五畿内代官となった。延享三年(一七四六)三月より寛延二年(一七四九)まで、越後国水原陣屋の代官を務めている。大面村の庄屋新田見曾左衛門が江戸に滞在した宝暦三年(一七五三)は、越前国本保陣屋の代官に就いていた(村上直・和泉清司・佐藤孝之・西沢敦男編『徳川幕府全代官人名辞典』三二八頁、平成二十七年、東京堂出版)。
(37) 「公事訴訟取捌」について、編纂や施行などに関する幕府の記録は今日知られていない。「評定所御定書」についても同様である。したがって、「公事訴訟取捌」「評定所御定書」というのが、幕府の正式な呼称であるとの確認をとることができない。後述するように、これらの伝本は様々な表題をもつが、「公事訴訟取捌」「評定所御定書」というのが他の表題よりも数多く見られ、内容や成立経緯にも沿っているので、おそらくは幕府でもこれらの表題を用いていたと推察される。
(38) 浅井半左衛門以下の実務役人の褒賞理由について、明治大学図書館公爵毛利家文庫本、橋本氏翻刻の京都大学法学部本をはじめとして「御勘定御用」とするのが多いが、伝本中には「御定書御用」と記す場合(藪氏翻刻の東京大学法制史資料室本、明治大学博物館本(架号〇〇―一四九)、著者蔵の「公裁大概」「公儀御定書」など)、あるいは「御評定御用」と記す場合(橋本氏翻刻の弘前大学附属図書館本)も見られる。
(39) 茎田佳寿子『江戸幕府法の研究』九七頁。
(40) かつて「律令要略」という法律書を考察した際、「「公事訴訟取捌」の成立は、元文二年十一月以降寛保元年頃の間に求められる」と述べたことがある(「「律令要略」について――「公事方御定書」編纂期における私撰の幕府法律書――」『國學院法學』五二巻三号五四頁、平成二十六年〔本書論考篇一九五頁〕)。

(41) 茎田佳寿子『江戸幕府法の研究』八九〜九六頁。

(42) 橋本久「『公事訴訟取捌』小考」『歴史学と考古学』所収六四七〜六四八頁。

(43) 言うまでもなく、表題に「公」「公裁」「公儀」と記す伝本は、筆写者がこれを幕府法と認識していたことを示す。また、表題に「律令」の語が見られるのは、「評定所御定書」「公事訴訟取捌」が出入筋と吟味筋との両者を裁く法文を含んでいるからである。

(44) たとえば、「庁政談」には次のような大きな脱文を指摘することができる。裁許破掟背の項の第二七五条と第二七六条との間に、第二七五条の後段部分「其請人分限ニより並ゟ多過料」および次条「一軽キ者養娘致、遊女奉公等ニ出し候儀云々」の法文より「一酒狂乱気ニて人を殺候共、下手人、但シ云々」に至るまでの九箇条に関して脱落が存する。その他、法文配列の転倒、誤字脱字などは列挙に困難なほどに多数である。石井良助氏が解説文中、「誤脱甚だしく、意味不明の箇所も少なくない」と言われる所以である（同氏編『近世法制史料叢書』第三序、三頁、昭和三十四年、復刊訂正第一刷、創文社）。

(45) 茎田佳寿子『江戸幕府法の研究』九二・二九八頁。

(46) 「御当代式目」には、跡式養子離別後住論并引取人の一箇条（一夫の極置跡式を、夫死後、後家心儘ニ外ヱ可譲分ケ筋無之、）が見えない。しかしながら、同じ内容をもつ「公事三百餘状捌方」（著者蔵）という伝本にはこの法文が存する。脱文とみるべきであろう。

(47) 「御当代式目」の法文数は三七七条である。しかし、脱落法文を少なくとも一一箇条を認めることが出来るので、三八八条以上の法文が存したことになる。つまり、「御当代式目」は、「評定所法規集（仮称）」を基として、これに一〇九箇条ほどを増加したのである。

(48) 著者蔵本中、「公事三百餘状捌方 全」と題する写本（奥書が無く、筆写年代や伝来の経緯等は不明）もまた「御当代式目」と同じ内容を有する。

(49) 茎田氏はこの点につき、前掲したように、第二群の類本は「第一群を原本として」増補するが、「増補分を「裁許破掟背」のあとに置くか、「御仕置者」のあとに置くかによって二系統に分かれる」と説く（「茎田著書」九三・九九頁）。伝本が二系統に分かれたのではなく、編纂途次の写本が民間に流出して筆写された結果として、「増補分を……「御仕置者」のあとに置く」伝本が出現したのである。

(50)「御当代式目」における裁判管轄と訴訟手続等に関する法文は、九箇条の一つ書きで構成される。「評定所御定書」と比較すると、第一条の末尾の「大岡越前守支配之分ハ、越前守初判ぇ出之」の規定を欠き、第二条を第一条に追い込んで書写している。又、第六条が見えず、第十二、第十三の両条を第十一条に追い込んで書写している（『茎田著書』五一五～五一六頁参照）。

(51) 橋本氏の紹介された「公事訴訟取捌」の伝本中、「公事訴訟掛り」（一三項三三一条、ハーバード大学法学部蔵）という表題のものが存する（「『公事訴訟取捌』小考」前掲書六四六頁）。「御当代式目」と内容を同じくするかも知れない。記して後考を俟つ。

(52)「公事訴訟取捌御定書」の法文中、「評定所御定書」「公事訴訟取捌」の両者に見えない一四箇条は、左の通りである（読点引用者）。

一公事出入扱不申付事、
　一火附　一盗賊　一人殺　一人勾引　逆罪者　一名主等私曲非分　一博奕　一三笠附　一取退無尽　一隠遊女
　一巧事
右之外、公義へ懸り候義願出候共、扱セ申間鋪候、
一公事扱出候節、日数廿日ニ可限、但、遠国へ懸り合出入ハ、往来日数を考、其節々日限可申付事、
（以上、「公事訴訟取捌」の項）
一質地之年季ハ弥十ヶ年ニ限り、其余之永年季ハ無取上、
一流地に可致旨之証文、年季明二ヶ月まてハ取上之、済方申付ル、夫過候ハ、無取上、
一私領百姓　公儀御仕置ニ成、田畑家財共に闕所候節ハ、地頭へ取上ヶ可申旨申渡事、但、年貢滞有之ハ取上候上ニて、質入之分ハ証文吟味之上於紛無は、払代金之内を以、質取主へ元金相渡候歟、金高不足ニ候ハ、地面ニて相渡候様ニ可申含、
（以上、質田地論借金の項）

一取上田地之内質地証文宜分ハ、払代之内元金金主へ返、払代不足ニ候へハ其田地渡之、但、書入借金ニ准シ、質地ニ不立分ハ不及沙汰、（借金家質の項）
一百姓之子共諸親類共ニ侍奉公ニ出、在所へ帰居、又は先主より少々合力等受候共、刀指候義停止之、
一浦方山方稼候事ハ格別、在々有来物之外、新規之諸商売停止之、
一盗之類、死罪より一等軽キハ入墨申付、其上にて盗等悪事致候へハ、死罪、（以上、裁許破掟背の項）
一町方之者共証人無之、相対を以一判之譲状ハ、不用古法ニ候、
一子共無之町人ハ、存生之内致吟味書置認、町年寄方へ相渡候、百姓ハ庄屋年寄加印之譲状、家督之者へ相渡置、無左候ては紛敷書置ハ曽て取上無之候、
一高拾石地面壱町、此定より少分候事停止、残高も是より少ク不可残、高弐拾石地面弐丁ゟ少キ田地持ハ子共諸親類ニも不可致配分、
一在々新規ニ少キほこら或は仏像建候事停止、
一寛永八年末迄起立之寺院、古跡也、翌申年より起立候分、新地也、但、元禄申年古跡ニ御免候寺院百ヶ寺余有之、（以上、御仕置者の項）

(53)「評定所法規集（仮称）」から復活させた五箇条は、左の通りである。

一夫之極置跡式を、夫死後、後家心儘ニ外へ可譲分筋無之、（跡式養子離別後住論并引取人の項）
一前菩提所より之挨拶も不承届、於剃髪は逼塞、（離旦之事の項）
一取上田畑御払之時、双方無証拠ニ付て取上之類ハ、其年之作付之分ハ作付候者方へ収納之、尤年貢諸役勤之、（質田畑論借金之事の項）
一不埒之義申出、相手大勢於呼出ハ、過料、
一子方之内悪党者たりといへ共、殺害之仕方不埒においてハ、戸〆、右之詫言も可仕筈候者、其場へ出合候処、於無其儀ハ、所払、（以上、裁許破掟背の項）

(54) なお、「公事訴訟取捌御定書」については、茎田佳寿子氏の解説も参照されたい（「茎田著書」九二、二九八～二九九頁）。

(55) 「評定所裁許之写」は、その表紙に文部省学術課の蔵書票が貼付されており、八四三の番号が与えられている。『出羽国村山郡山家村山口家文書目録』（史料館所蔵資料目録　第七集、昭和三十三年）を見ると、一頁の法令の項に本書が著録されている。したがって、本書は本来、国文学研究資料館が所蔵する「山口家文書」中の一冊である。しかしながら、いつしか館外に流失したらしい。筆者は近年、古書肆を通じて本書を入手した。

(56) 『出羽国村山郡山家村山口家文書目録（その二）』史料目録八二集、一〇～一二頁、平成十八年、国文学研究資料館編刊。

(57) 山家村庄屋の山口三右衛門が江戸に滞在したのは、恐らく訴訟のためであり、伊勢屋清右衛門は公事宿を兼ねた旅宿であったと推測される。

(58) 「評定所裁許之写」は巻末に褒賞記事を載せ、その御定書掛三奉行の覧には大岡越前守の名も記されている。本書は「評定所御定書」の増補途中の伝本であるから、本来は褒賞記事が存しない筈である。追記と見るべきであろう。

「評定所裁許之写」には興味深い特徴がある。それは「～におへては（～におゐては）」「科重ぎハ（科重きハ）」「取上なぎ（取上なき）」「へだゞり（隔たり）」「かへとり候（買取候）」など、御国なまりと覚しき表記が見られることである。この表記で統一されている訳ではなく、時々出てくるところからすると、筆を進めるにつれて無意識のうちに訛りが出てしまったというべきであろう。

(59) 茎田佳寿子『江戸幕府法の研究』九八頁。

(60) 「公事方御定書」下巻には、御定書掛三奉行の連名にて「右御定書之条々、元文五庚申年五月、松平左近将監を以被　仰出之、前々被　仰出之趣、并先例其外評議之上追々伺之、今般相定之者也、寛保二壬戌年三月二十七日」という奥書が存し、これに続いて、老中松平左近将監（乗邑）の名をもって秘密の旨が、「右之趣、達　上聞、相極候、奉行中之外不可有他見者也、寛保二壬戌年四月」と書き付けられ、これにより「公事方御定書」が施行となった。「公事方御定書」の施行については、藪利和「「公事方御定書下巻」の原テキストについて」（大竹秀男・服藤弘司編『高柳真三先生頌寿記念　幕藩国家の法と支配』所収、昭和五十九年、有斐閣）参照。

(61)「公事方御定書」はいわゆる民事紛争を解決する指針となるべき実体法を含んでいない。わずかに質地・小作、利足、家質などに関する規定を持つにすぎない（下巻第三十一条質地小作取捌之事、第三十二条質地滞米金日限定、第三十三条借金銀取捌之事、第三十四条借金銀取捌定日之事、第三十五条借金銀分散申付方之事、第三十六条家質幷船床髪結床書入証文取捌之事など）。

(62)「公事方御定書」の法典としての性格について、服藤弘司氏は、「公事方定書は徳川幕府の民事裁判法典としての側面をも具有して」おり、「民刑両事件を取捌く徳川幕府の総合的裁判法典であったと性格づけねばならない」と述べておられる（「公事方定書の性格――主としてその編纂事由に着目して――」『社会科学の方法』一〇巻九号一〇頁、昭和五十二年）。民事事件を裁くための実体法を多数含む「公事訴訟取捌」が、幕府制定法として「公事方御定書」と並んで施行に移された、という本章の考察が的を射ているならば、「民刑両事件を取捌く徳川幕府の総合的裁判法典」であるという見解は、再検討を要するであろう。

(63)石井良助編『享保撰要類集』第一、三七頁（被仰出御書附之部、御定書猥ニ他見有之間敷旨御書付之事）、昭和十九年、弘文堂書房。

(64)「御定書出来候節之書物取調候趣」『徳川禁令考』後集第一、提要二九頁。なお、茎田佳寿子『江戸幕府法の研究』三八・二三四頁、高塩博「「公事方御定書」の編纂過程と「元文五年草案」について」『國學院法學』四八巻四号二六頁参照（本書論考篇二六六頁）。

(65)『新訂 寛政重修諸家譜』第十九、二一一～二一二頁、（昭和四十一年、続群書類従完成会）、『柳営補任』巻之六の四二・五八頁、巻之十八の二四〇頁（東京大学史料編纂所編『大日本近世史料』昭和三十八年、東京大学出版会）。

(66)「評定所御定書」と勘定奉行杉岡能連との関係をうかがわせる史料が存する。それは、「右心得書杉岡佐渡守殿御勘定御奉行之節、平山明府之書也、延享二丑年臘月」という奥書を持つ「評定所御定書」伝本の存在である（國學院大學図書館梧陰文庫蔵の「三奉行手箱鑑」、著者蔵の「御公儀新規御定法」。なお、著者蔵本には「延享二丑年臘月」という日付を欠く）。この記事が事実を伝えているとの確認はとれないが、杉岡が勘定奉行として「評定所御定書」の成立に関わりがあったからこそ生じた記述であろう。

(67)「公事方御定書」の性格について、石井良助氏も「一般的には、御定書は評定所一座の評議のための基準といってよい」と述べておられる（「公事方御定書の制定のこと」『第五江戸時代漫筆　将軍の生活その他』一六六頁、昭和四十二年、自治日報社）。

一方、平松義郎氏は、「公事方御定書」の性格を別な視点からながめて、これを「行政内規集」と捉えておられる。すなわち、平松氏は「御定書は上・下巻一体として本来秘密たるべき行政（裁判をも含む）の内規集と解したいのである。……現代的評価にあっては、御定書は、法規、先例、判例、通達・訓令等渾然一体となった法曹法であり、いわば行政内規集と見るほかはない」と述べておられる（「「徳川禁令考」・「公事方御定書」小考」（一）、『創文』一八六号一九頁、昭和五十四年）。

(68)「公事方御定書」は、将軍座右用の「御前帳」、老中執務室の御用部屋用の「御次帳」、評定所備え付け用の写本が各一部作成された外、評定所一座を構成する三奉行に各一部、御定書掛の部局に一部、地方では京都所司代と大坂城代に各一部が作成されて下付されたにすぎない（平松義郎『近世刑事訴訟法の研究』五四六～五四七頁、昭和三十五年、創文社）。

(69)髙塩博「「公事方御定書」の編纂途上の法文を載せる法律書」『國學院法學』五二巻一号、平成二十六年（本書論考篇第二部第二章）。

(70)「公事取捌記」は、「公事方御定書」下巻における寛保元年九月二十二日下知の法文中、第三十九条倍金幷白紙手形ニて金銀貸借いたし候もの御仕置之事を収載しない。その理由は、白紙手形による借金銀を処罰する法文が、「公事取捌記」の借金家質出入第十条に存するからである。

(71)司法省に引き継がれた幕府評定所記録のなかに、「公事方御定書」は著録されるが、「公事訴訟取捌」は見られない（法務省法務図書館蔵「旧幕府書類明細目録」、東北大学附属図書館蔵「徳川幕府評定所記録目録」）。この事実は、「公事訴訟取捌」という法典は、評定所に備え付けるべき性質の法典ではなく、実務役人が各自手元に備えるべきものであったからとも考えられる。

附記するに、御定書掛寺社奉行として増補修正の事業を指揮した大岡忠相の旧蔵書のなかにも、「公事方御定書」は含まれるが、「公事訴訟取捌」は存しない（大石慎三郎「『大岡越前守忠相日記』解題」同書上巻一頁、昭和四十七年、三一書房）。

補論　「地方大意抄」所載記事の解釈をめぐって

——著者と著作年次を手がかりに——

はじめに

「地方大意抄」という史料に、

　公事訴訟取計方之儀は、前々ゟ官府之公裁明白に御掟相立有之、右掟を以取捌く事に候間差て銘々の働は入不申、右　公裁之御掟を委しく覚候事肝要

に御座候、

という記事が存する。この記事は、平松義郎氏が見出したもので、これを解説して「代官の裁判は「御定書」・先例の自動的適用に過ぎないと教えている」と述べ、判例集や先例に依拠しない裁判をした「近世初頭の名奉行譚はやがて牧歌的な過去となり（『世事見聞録』）、先例による裁判が支配するようになる」と指摘しておられる。(1)この指摘はまことにもっともである。しかしながら、平松氏は右の記事がいつ頃のものであるかを記しておられないので、「先例による裁判が支配するようになる」時期については漠としている。

そこで、小野武夫編『近世地方経済史料』第七巻（昭和三十三年、吉川弘文館、一三三～一五二頁）に収載される「地方大意抄」をみると、その解題に「著者の氏名を逸す、其の記する所に拠るに、著者は幕府地方官（代官か）某の次男にして」とあり、成立年代については「年次亦詳ならず」と見えている。本書の内容については簡潔に次のように記している。

或人の問に対し其の父兄より聞ける事実に、自己の意見を加へ答弁したるものとす、即ち其の事項は農民の取扱、定免の吟味、検見取箇、土地村方の善悪、新田の開発、并起返普請所の取計、年貢の取立方、公事訴訟等の大意なり、

「序」はまた、「地方大意抄」の原本は柳田国男氏が帝国農会に寄贈したものである、とも記している。

この小稿は、本書の著者と著作年次を明らかとすることによって、右の記事の解釈を再検討することを目的とする。

一　著作の経緯

「地方大意抄」には「序」がついていて、著作の経緯が判明する。その次第はこうである。ある人が著者に「地方取計之大意修練之品」を教えてくれるようにと懇請したのである。その理由は、著者が「年久敷県官之御役」を勤めて「地方巧者之令名」のある家に生まれ、その「老父之側にて」成長して多くのことを知っているからだというのである。著者はこれに対して、

年来老父より聞伝へたる品々、且予若年より好て地方に心を委ねたる事も候得は、足下不審之次第も候はヽ端を改一々ヶ条を立問給べし、予か覚たる品々は簡見無残申述べし、

と応じたのである（同書一三三頁）。箇条書による質問は左の九項目であり、前掲記事は第九項公事訴訟取捌之大意の冒頭に記された文言である（同書一四九頁）。

第一　民を取扱候大意
第二　検見御取箇附之大意
第三　定免に中付候節之心配大意
第四　土地村方之善悪考合候大意
第五　新田開発之事幷起返等之大意
第六　御普請所取計之大意
第七　取立方之大意
第八　百姓之急難有之節取計大意
第九　公事訴訟取計之大意

二　著者

著者は、その記述にしばしば「老父」を登場させる。その内、著者の手掛かりを与える記事は、「先年老父西国支配之内、豊後国友田村と申場所云々（第一項）」、「老父義、享保十九寅年西国御代官所へ場所替被仰付云々（第三項）」「老父儀、西国支配所相勤候内、種々勘弁之上、寛保元酉年より百姓助合穀と申儀年々巨細に心を砕き世話仕候（第八項）」というものである。これらの記事により、著者の父は、享保十九年（一七三四）に西国筋代官に任じられ、寛保元年（一七四一）にも引き続き在職していたことが知られる。著者は本書に兄も登場させ、「老父年来取計之次第幷兄取計候趣平生及見聞、理に的当仕候品々、猶亦私之存寄を相加申述候（第九項）」あるいは「兄九郎左衛門も勿論にて候（第九項）」と記す。

そこで、九郎左衛門の称をもつ幕臣を『寛政重修諸家譜』（以下、『諸家譜』という）のなかに捜すと、岡田俊惟《としただ》、その長男俊博がともに九郎左衛門の称をもち、親子そろって代官を勤めている。(2) さらに、近年著しく進展した代官研究の成果を網羅すると共に新しい情報を加えて編集された『江戸幕府全代官人名辞典』（以下、『代官人名辞典』という）を繙くと、次のことが判明する。すなわち、享保十九年八月十九日に豊後国日田へ場所替となったのは、親の岡田九郎左衛門俊惟である。(3) つまり、「老父」とは岡田俊惟、「兄九郎左衛門」とは岡田俊博のことである。『諸家譜』によると、俊博には三人の弟がいる。すぐ下の弟は揖斐喜左衛門政方の養子となった政俊、二番目の弟は兄俊博の養子となって岡田の家督を継いだ俊澄《としすみ》、三番目の弟は櫻井七右衛門政徳の養子となった政朋である。(4) したがって、「地方大意抄」の著者は、これら弟のうちの一人である。

再び『代官人名辞典』をひらくと、岡田俊惟の長男俊博は父の跡を継いで、宝暦四年（一七五四）三月二十一日に豊後国日田の代官に任命されている。陸奥国桑折陣屋の代官からの転任である。次男揖斐政俊は、実兄俊博が西国筋代官より勘定吟味役に転じた跡を襲い、宝暦八年（一七五八）正月二十一日に西国筋代官に任命され、その後の明和四年（一七六七）七月十一日、西国筋郡代に昇格した。(5)

『諸家譜』によるに、三男俊澄は兄俊博の養子となり、宝暦八年九月三日に家督を継ぎ小普請入した。翌九年四月よりは小姓組の一員として西の丸、本城に勤務し、代官に任命されることはなかった。四男政朋は小姓組の櫻井政徳の養子となるも、養父にさきだって死去している。(6)

これら三人の経歴からすると、次男の揖斐政俊が「地方大意抄」の著者としてもっともふさわしいように思われる。(7)

三　著作年代

「地方大意抄」の著作年代もまた、その記事を検討することにより判明する。老父岡田俊惟は六十歳前後までは健康に恵まれて精力的に仕事をこなしたが、その頃病気に罹った。このことが次の記事に、

老父病気不差起已前は取計方急成御用有之砌、或は公事訴訟吟味事抔有之節は三十日も四十日も昼夜一向不臥同然之事も不絶有之候得共、六十歳前後迄は随分丈夫にて取続候、

と記される（第九項）。『諸家譜』および『代官人名辞典』によると、岡田俊惟は西国筋代官を二十年余り勤めあげ、宝暦四年（一七五四）閏二月二十八日に勘定吟味役にすすんだ。ところが、昇進後一年あまりの同五年四月二十六日に病により職を辞し、その翌六年十一月十九日に逝去してしまう。(8)満六十歳である。本書は老父存命中の著作である

から、宝暦五年四月以降、翌六年十一月ごろまでの成立である。

著者が揖斐政俊であるとすると、成立年次の幅をさらに狭めることができる。次男政俊が揖斐家の養子となるのは、宝暦五年十二月二十日のことである。本書を記述したのは養子に出る前のことと考えられるから、著作時期は宝暦五年の四月から十二月の間に求められる。いずれにしても、本書の著作年代は宝暦五年、もしくはそれから同六年にかけてのことである。

四　所載記事の再検討

『国書総目録』によるに、「地方大意抄」は『近世地方経済史料』第七巻に翻刻されたものが唯一である。柳田国男氏寄贈の原本をはじめ、その他の伝本も知られない。活字として後世に残した小野武夫氏の功績大と言うべきである。この度、「地方大意抄」の著者と著作年代とが明らかとなったことにより、その記事を活用しやすくなった。[9]
前述したように、平松氏は前掲記事の「右掟を以取捌く事に候間差て銘々の働は入不申」の部分を「「御定書」・先例の自動的適用に過ぎない」と解説された。すなわち「右掟」を「「御定書」・先例」と解釈されたのである。「右掟」とは、「前々ゟ官府之公裁明白に御掟相立有之」の「御掟」であり、「公裁之御掟を委しく覚候事肝要に御座候」の「公裁之御掟」のことでもある。筆者は「公裁之御掟」を「「御定書」・先例」と解するよりも、具体的な幕府制定法すなわち「公事訴訟取捌」と解するほうが当時の実情にふさわしく、かつ記事の書きざまにも合致すると考える。
周知のように、幕府は寛保二年（一七四二）四月、「公事方御定書」を制定した。近事、幕府は「公事方御定書」と同時に、「公事訴訟取捌」という法典を制定したことが判明した。[10]「公事訴訟取捌」は、吟味筋（今日の刑事訴訟にほぼ相当）のみならず出入筋（今日の民事訴訟にほぼ相当）を裁く実体法規を多数含み、一四項目四二一条で構成される。「公事訴訟取捌」は出入筋を裁く法文二一六箇条を、国郡境論、山野入会村境論、魚猟海川境論、田畑埜論、堤井堰用水論、証拠証跡用不用、馬継河岸場市場論、跡式養子離別後住幷引取人、寺社幷離壇出入、質田畑論、借金家質出入、奉公人出入の一二項目に分類して収載する。吟味筋にかかわる法文は、最終項目の裁許破掟背其外御仕置者大概に一九二箇条を定め、訴訟手続に関する法文一三箇条を冒頭の公事訴訟取捌という項目に配している。したがって、「公事訴訟取捌」には、訴訟手続をはじめとして、出入筋、吟味筋に対応するための大方の法規が整っているのである。「地方大意抄」の著者は、これらの法規を「委しく覚候事肝要」だと言っているのであろう。

「公事訴訟取捌」は、三八一条の法文をもつ「評定所御定書」という幕府法を増補整備したものである。「評定所御定書」は、公事方勘定奉行が責任者となって評定所留役などの実務家が取りまとめたと考えられ、元文二年（一七三七）十月に幕府法として公認されるとともに、京、大坂の町奉行所をはじめとして奈良以下の遠国奉行所、および全国各地を治める代官の役所に通達された。「公事訴訟取捌」もまた遠国奉行は言うまでもなく、郡代・代官にまでも広く周知されたと考えられる。「公事方御定書」が三奉行限りの秘密法とされたのとは、おおいに異なっているのである。(11)

「地方大意抄」の成立を宝暦五年ないし六年とするならば、「公事訴訟取捌」の制定からは十二年ないし十三年後である。「評定所御定書」が幕府法として公認された時点から数えるならば、およそ十七年ないし十八年が経過している。前掲記事が「前々ゟ……御掟相立有之」と記すに十分な年数である。また、「官府之公裁明白に御掟相立」と記すのは、これを「公事訴訟取捌」という具体的な制定法を念頭に置いた表現と解して違和感を覚えない。

むすび

右の解釈が的を射ているならば、「先例による裁判が支配するようになる」という平松氏の指摘は、これを「制定法による裁判が支配するようになる」と読み替えてもよさそうである。そして、「制定法による裁判が支配するようになる」のは、「評定所御定書」の公認および「公事訴訟取捌」の制定が契機となったと言うべきであろう。「地方大意抄」の著者と著作年次とが明らかとなったことにともない、その記事に関して新たな解釈が可能となった。大方の御批正を仰ぐものである。

註

(1) 平松義郎「近世法」『江戸の罪と罰』六〇頁、昭和六十三年、平凡社（平凡社選書一一八、初発表は、昭和五十一年）。
(2) 『新訂 寛政重修諸家譜』第十九、二五六〜二五七頁、昭和四十一年、続群書類従完成会。
(3) 村上直・和泉清司・佐藤孝之・西沢敦男編『徳川幕府全代官人名辞典』一一三〜一一五頁、平成二十七年、東京堂出版。
(4) 『新訂 寛政重修諸家譜』第十九、二五七頁。
(5) 『徳川幕府全代官人名辞典』六六・一一五頁。
(6) 『新訂 寛政重修諸家譜』第十九、二五七頁、同第十五、一六九頁。
(7) 親子兄弟三代にわたる岡田俊惟、岡田俊博、揖斐政俊の、西国筋代官、同郡代としての動静は、『日田市史』（日田市編刊、平成二年）に詳しい（同書二四〇〜二五九頁）。
(8) 『新訂 寛政重修諸家譜』第十九、二五六頁、『徳川幕府全代官人名辞典』一一四頁。

（9）「地方大意抄」は、二十年餘の長期にわたって西国筋代官を勤めた老父、すなわち岡田俊惟の治績を随所に記す。『日田市史』の記述を増補する史料として貴重である。本書はまた――左に数例を示すように――牧民官の考え方や姿勢を率直に語っており、代官研究の史料として興味深い。

・都て百姓は十人之内八九人迄は愚痴成者に候得は云々、（第一項）、
・取立方之儀は無油断可成たけ一日も早く取立儀宜候、（第七項）
・百姓と申者は全体覚悟薄く思慮分別無之ものに候故、先つ十人之内七八人迄は餘り物を貯不申候、（第八項）
・御掟を委敷存候得は如何様之悪事をなし候得ば、どの様の科に逢ひ候と申義、百姓共高を括り候ものにて候、依之聖人の教にも民にはしらしむべからずと有之候（第九項）

（10）高塩博「「評定所御定書」と「公事訴訟取捌」――「公事方御定書」に並ぶもう一つの幕府法――論考篇」『國學院法學』五三巻四号、平成二十八年〔本書論考篇第二部第一章〕。以下の記述は本章に基づく。

（11）代官が「公事訴訟取捌」を所持した事例は、右の拙文六四頁〔本書論考篇一〇二頁〕参照。

第二章　「公事方御定書」の編纂途上の法文を載せる法律書

はじめに

ここに紹介する「当時御法式」「公事方大成」「裁許破掟背」「元文秘録」「台政評定訣」などと題する写本は、編纂途上にある「公事方御定書」の草案段階の法文を収載する法律書である。これらの写本に共通するのは、「評定所御定書」という法律書[1]と組み合わせて一書に編成されていることである。本章は、これらの写本に収載する法文を通じて、「公事方御定書」の編纂過程の一端を明らかにするとともに、このような法律書が作成された理由について若干の考察を加える。あわせて「評定所御定書」の性格についても考えをめぐらそうと思う。

一　「公事方御定書」編纂過程の概略

最初に、「公事方御定書」上下巻の編纂過程について、その概略を述べておこう(2)。編纂開始の下命は、元文二年（一七三七）閏十一月九日のことで、その御用掛に寺社奉行牧野越中守（貞通）、町奉行松波筑後守（正春）、勘定奉行杉岡佐渡守（能連）が任命された。「公事方御定書」上下巻の法文が定まるのは、寛保二年（一七四二）三月二十七日のことであるから、その編纂には四年半近くの時間を要したことになる。編纂の開始から元文五年（一七四〇）五月までの二年五箇月ほどを編纂過程の前段として、それから完成までのおよそ一年十一箇月を後段として考えると編纂の経緯を理解しやすい。

前段の過程は次のようである。編纂の下命から程なくして、御定書御用掛三奉行は「元文三午年御帳」すなわち元文三年草案を提出した。この草案の実質的な担当者は勘定奉行杉岡佐渡守である。草案は「当時之例帳之様」な内容であり、「御仕置附モ有之候得共、多分ハ御書付御触書等書載」せたものであった(3)。

元文三年三月十四日、将軍徳川吉宗はこの草案を増補してさらなる草案を編纂することを命じた。しかしながら、この編纂作業ははかばかしくは進まず、主力の杉岡佐渡守が同年七月二日に逝去してしまう。そこで同年九月九日、新しい御定書掛三奉行である牧野越中守、町奉行石河土佐守（政朝）、勘定奉行水野対馬守（忠伸）に対して、「公事方定書之事、畢竟大意計之儀候間、附札之趣ニ所々直之、其外ニも右附札ニ准シ、可改分ハ改之、下番ニて可被差出候」と下命した。その結果できたのが、「元文四未年御帳」すなわち元文四年草案である。元文四年三月の提出であり、草案はこの時から上下巻に分かれた。吉宗はこの草案に緑筆をもって修正意見を認め、翌元文五年五月十日、これを下付した。この「緑色御書入御好之趣有之帳面」を受け取った御定書掛三奉行は、緑筆の修正意見に関する本格的な検討を後回しとして、吉宗の承認を得た法文についての帳面を作成した。これが元文五年草案である[4]。ここまでが編纂過程の前段である。

編纂過程の後段は、「公事方御定書」奥書にいう「前々被仰出之趣并先例其外」を「評議之上追々」に伺う過程である。元文五年・寛保元年の両年中の伺はもっぱら下巻の法文を決定するための伺であって、上巻についての伺は第一条、第二条、第五十六条の三箇条にすぎない。御定書掛三奉行は、元文五年草案の諸法文について時には二度三度の検討を加え、さらなる改訂案を将軍吉宗に提示するとともに、「前々被仰出之趣并先例其外」を審議してこれを法文に仕立て、こちらも吉宗に提案する。吉宗は、これらの法文に対して逐一目を通し、あるいは是とし、あるいは修正意見をのべて御定書掛三奉行に検討を命じた。御定書掛三奉行は吉宗修正案を審議してあらためて法文を報告した。このようなやりとりを経て法文を次々と確定していった。つまり編纂過程の後段は、主として犯罪と刑罰に関する法文すなわち刑法規定を確定したのである。

「緑色御書入御好之趣有之帳面」が下げ渡された元文五年五月から「公事方御定書」上下巻の法文が定まる寛保二年三月までのおよそ一年十一箇月の間に、御定書掛三奉行がおこなった「追々」の伺と、これに応答した吉宗の下知は、「科条類典」によって確認すると、左の通りである。まず、元文五年中に七回、翌寛保元年中には五回の応酬があった（日にち不記載の場合は、□日と表記した）。

①元文五年閏七月十六日伺（下巻五箇条[5]）　→　同年同月□日下知

②元文五年八月□日伺（上巻二箇条・下巻四箇条）[6]　→　同年八月二十八日下知
③元文五年九月五日伺（上巻二箇条）[7]　→　同年同月十一日下知
④元文五年九月□日伺（上巻二箇条・下巻二箇条）[8]　→　同年十月五日下知
⑤元文五年十月□日伺（下巻六箇条）[9]　→　同年十一月七日下知
⑥元文五年十一月十日伺（下巻一箇条）[10]　→　同年十一月十九日下知
⑦元文五年十二月□日伺（下巻五箇条）[11]　→　寛保元年四月十四日下知
⑧寛保元年三月二十三日伺（下巻三箇条）[12]　→　同年四月二日下知
⑨寛保元年四月□日伺（下巻一箇条）[13]　→　同年四月九日下知
⑩寛保元年六月□日伺（下巻九箇条）[14]　→　同年九月二十二日下知
⑪寛保元年十一月□日伺（下巻三四箇条）[15]　→　寛保二年二月二十九日下知
⑫寛保元年十二月□日伺（下巻三七箇条）[16]　→　寛保二年三月二十二日下知

寛保二年に入ると、制定直前の三月になってから下巻四箇条についての伺がなされた。これに対する下知は、前年十二月伺に対する下知と併せて、三月二十二日になされている。

⑬寛保二年三月□日伺（下巻四箇条）[17]　→　同年三月二十二日下知

この下知を最後として、「公事方御定書」下巻各条の法文がようやく固まったのである。[18]

次節以下に紹介する諸写本は、編纂過程後段において確定した刑法規定の法文を収載するのである。

二　「公事方大成」および「当時御法式」

この二書は、茎田佳寿子氏がその著『江戸幕府法の研究』の中で紹介された幕府法律書である。「公事方大成」(19)（一冊）は、「御定書取計帳書抜」と「公事訴訟取捌御定書」との二つの部分から成る。本書の末尾には書写に関する奥書が存し、そこに「寛延元辰年月日、右他借之本を以書写置也」と記される。茎田氏によると、「公事訴訟取捌御定書」の「記載形式はいたって不備であって、資料的価値は低いといわねばならない。しかし比較的書体はしっかりした写本であるから、一応寛延元年の写とみてよさそうである」という（同書三五頁）。前半部分の「御定書取計帳書抜」は、「公事方御定書」の編纂途上の法文を収載する。内表紙に「寛保元酉年当六月相伺候処、九月御下知相済候分御定書取計帳書抜　牧野越中守　石河土佐守　水野対馬守」という文言が記される。ついで「目録」が存し、「公事方御定書」の条文名八箇条が列記される。左の通りである（括弧内の「公事方御定書」下巻の条文番号は引用者注記、以下同じ）。

一　対地頭ぇ強訴其上致徒党逃散之百姓御仕置之事（第二十八条）
一　倍金并白紙手形ニて金銀貸借致シ候者御仕置之事（第三十九条）
一　密通御仕置之事（第四十八条）
一　隠鉄炮有之村方咎之事（第二十一条）
一　盗人御仕置之事（第五十六条）
一　人殺御仕置之事（第七十一条）

一　怪我ニて相果候者相手御仕置之事（第七十三条）

一　十五歳以下之者御仕置之事（第七十九条）

本書は続いてこれらの法文を記す。「科条類典」によるに、これらは御定書掛三奉行が寛保元年六月に提出した伺に対して、同年九月二十二日付けで下知となった法文である。すなわち、前掲した伺・下知一覧表⑩に該当する。これらの法文が終了した後、次の記事が存する（括弧は引用者）。

御定書取計帳之内、当六月相伺、去月御下知相済箇条帳一冊相廻し候、御順達留リ之御方ゟ越中守殿ぇ御返し可被成候、以上、

十月二日

水野対馬守
石河土佐守
牧野越中守

本多紀伊守様（正珍、寺社奉行）
大岡越前守様（忠相、寺社奉行）
山名因幡守様（豊就、寺社奉行）
嶋　長門守様（祥正、町奉行）
神谷志摩守様（久敬、勘定奉行）
河野豊前守様（通喬、勘定奉行）
神尾若狭守様（春央、勘定奉行）
木下伊賀守様（信名、勘定奉行）

「当六月」とは寛保元年六月のことであり、「去月」とは同年九月二十二日のことである。言うまでもなく、牧野、石河、水野の三人は御定書掛三奉行、本多紀伊守より木下伊賀守までの八人は評定所一座を構成する寺社・町・勘定奉行の人々である。つまり右の記事は、評定所寄合の式日である十月二日、御定書掛三奉行が「御下知相済箇条帳一冊」すなわち将軍の裁可を得た法文を評定所一座の面々に提示してこれを回覧に供したことを示している。茎田氏は、「公事方大成」の巻頭から右の記事までを翻刻しておられる（前掲書五六五～五七〇頁）。

現在、本書の原本を披見することができないが、茎田氏の解説によると、後半部分の「公事訴訟取捌御定書」は「評定所御定書」の類本であり、四〇六箇条からなる。巻末に御定書掛に対する褒賞記事が存し、次の奥書が記される（前掲書九四頁）。

右之通御評定　大御所様御代　御当代御定書三百七拾余ヶ条は、元文二巳年十一年《ママ月》三奉行被窺上記之、

寛延元辰年月日

本書の成立に関して、茎田氏は、「「御定書取計帳書抜」が筆写された寛延元年は、（中略）まだ「公事方御定書」は流布されておらず、また他見を許さなかった法典であるだけに、直接御定書編纂にかかわりのなかった筆写者が、任意に断片的な二資料を集録して「公事方大成」と名附けたのであろう」と述べておられる（前掲書三六頁）。

「当時御法式」[20]（上下巻、一冊）もまた、「評定所御定書」の類本と「公事方御定書」の編纂途上の法文などで構成される。上巻が「評定所御定書」の類本であり、二七二箇条から成る。第一条は、「一国郡境に川附寄之例ハ不用之」という法文であり、最終条は「一死罪ニ可成者致欠落、其身方ゟ奉行所ぇ於訴出ハ、一等を宥め遠島」という法文である。

「公事方御定書」の編纂途上の法文は、下巻に収載されている。下巻冒頭は、元文二年二月御触の質地証文五箇条

より酒狂致刀脇差ニて人疵付候者之事まで、触書、書付など一一通の法令類を集録する。続いて「寛保年中被仰出」として「公事方御定書」の法文八箇条を収載する。なお、上巻と下巻の間に「磔獄門之御仕置」と題して四枚の図（獄門捨札、磔捨札・幟、磔柱、獄門臺の寸法と書式）を掲載する。「公事方御定書」の法文八箇条は、左の通りである。

地頭ぇ対強訴其上徒党致逃散之百姓御仕置（第二十八条）

倍金幷白紙手形ニて金銀貸借いたし候者御仕置之事（第三十九条）

密通御仕置之事（第四十八条）

隠鉄炮有之村方咎之事（第二十一条）

盗人御仕置之事（第五十六条）

人殺御仕置之事（第七十一条）

怪我ニて相果者相手御仕置之事（第七十四条）

十五歳以下之者御仕置之事（第七十九条）

これらの法文は、「公事方大成」の「御定書取計帳書抜」に収載するのと同じである。すなわち、寛保元年六月伺に対して、同年九月二十二日下知となった法文である。配列もまた、「御定書取計帳書抜」に同様である。以上のことから、寛保元年九月二十二日に下知となった法文は、右の八箇条が右の配列にて「御下知相済箇条帳」に記載されていた、ということが判明する。ただ、次の点が不明である。「御定書取計帳書抜」「当時御法式」の両書とも、伺・下知一覧表⑩の九箇条のうち、中掛いたし候者御仕置之事（第六十五条）の法文が見えないことである。

三　「裁許破掟背」および「御定書（仮称）」

この二書もまた明治大学博物館所蔵の写本である。両書とも、「評定所御定書」の類本と編纂途上の「公事方御定書」法文とで構成される。「裁許破掟背」[21]（一冊）は、「評定所御定書」最後部の「裁許破掟背御仕置者大概」を巻頭に配置換えし、その見出しを「裁許破掟背」としている。本書は、この見出しを書名に採用したものである。表紙の題簽、内表紙とも、この表題が記される。本書は、奥書に「明和六己丑年五月十日写之、直親七十一歳」と記されるので、明和六年（一七六九）書写の写本であると思われる。本書の前半部分に「評定所御定書」の伝本が収載され、それは三九八箇条から成る（茎田氏は四〇一条とかぞえる）。本来の第一条は、「一関八州ゟ申出公事、御料私領共御勘定奉行初判、関八州之外は御料之分ハ、右同断、大岡越前守支配之分ハ、越前守初判出之」というもので、本来の最終条は「一子共無之町人ハ、存生之中致吟味、書置認、町年寄方へ可相渡候、百姓は、庄屋年寄加印之譲状、家督之者ぇ相渡置、無左候てハ紛敷、書置曾て取上無之候」という法文である。この法文の次に「元文六酉正月」と年月が記されており、これが奥書に相当する。

後半部分は、前半部分と区別することなく連続して書き継がれている。後半部分の「公事方御定書」[再]の法文は、寛保元年十一月伺、翌二年二月二十九日下知のもので、借金銀取捌之事に始まって遠島者人犯御仕置之事に至る三〇箇条である。[22] 左の通りである。

(1)借金銀取捌之事（第三十三条）
(2)盗人御仕置之事（第五十六条）

(3)人殺御仕置之事（第七十一条）
(4)密通御仕置之事（第四十八条）
(5)奉公人請人御仕置之事（第四十二条）
(6)盗物質ニ取又ハ買取候者御仕置之事（第五十七条）
(7)火附御仕置之事（第七十条）
(8)乱気ニて人殺之事（第七十八条）
(9)科人欠落尋之事（第二十九条）
(10)人別帳ニも不加他之者差置御仕置之事（第二十五条）
(11)譲屋敷取捌之事（第四十一条）
(12)縁談極候娘と致不義候を切殺候者之事（第四十九条）
(13)三鳥派不受不施御仕置之事（第五十二条）
(14)人勾引御仕置之事（第六十一条）
(15)謀書謀判御仕置之事（第六十二条）
(16)火札張札致候者御仕置之事（第六十三条）
(17)二重質二重書入二重売御仕置之事（第三十七条）
(18)欠落者之儀ニ付御仕置之事（第四十二条）
(19)あはれもの御仕置之事（第七十六条）
(20)婚礼之節石打候者御仕置之事（第七十六条）

(21)倒死幷捨者手負病人等有之を不訴出者御仕置之事（第五十九条）
(22)廻船荷物出売出買幷舟荷物押領致候(者)御仕置之事（第三十八条）
(23)辻番人御仕置之事（第八十六条）
(24)変死之者内証ニて葬候寺院御仕置之事（第五十四条）
(25)毒薬幷似せ薬(売)御仕置之事（第六十六条）
(26)似せ金銀拵候者御仕置之事（第六十七条）
(27)似せ秤似せ舛(枡)拵候もの御仕置之事（第六十八条）
(28)裁許幷裏判不請者御仕置之事（第十九条）
(29)御留場ニて鳥殺生致候者御仕置之事（第二十二条）
(30)遠島者人(再)犯御仕置之事（第八十四条）

右の法文は、前掲の伺・下知一覧表⑪に該当する。「科条類典」によると、寛保元年十一月伺、翌二年二月二十九日下知の法文は三四箇条を数える。理由は不明であるが、本書はそのうちの裁許絵図裏書加印之事（第二条）、人相書を以御尋ニ可成者之事（第八十一条）、新規之神事仏事幷奇怪異説之御仕置之事（第五十三条）、捨子之儀ニ付御仕置之事（第四十五条）の四箇条を欠く。また本書収載の三〇箇条の法文の内、冒頭の(1)借金銀取捌之事から(7)火附御仕置之事までは題号（条文名）が記されていない。一方、(8)乱気ニて人殺之事から最後の(30)遠島者人(再)犯御仕置之事までは題号が記載されている。

「御定書[23]（仮称）」（一冊）は、白表紙であって書名を示す文字は無い。「御定書」は所蔵機関が与えた仮の表題である。文化二年（一八〇五）十二月書写の旨の奥書が存する。墨附第一丁の冒頭は、「一関八州ゟ申出ル公事、御料私領共ニ御勘定奉行初判、関八州之外も御料所之方ハ、右同断、大岡越前守支配之分ハ、越前守初判也」というもので、いきなり「評定所御定書」の本文が始まる。本文は三九三箇条の法文から成る。最終条は、「一御仕置物有（ママ）之四五日前、御ためし御用ニ付町奉行ェ為知、前日首切同心之事達ル」というものである。

編纂途上の「公事方御定書」法文は、改丁もせずに右に続けて始まるが、冒頭に「御下知相済候御定書」という見出しを設けている。その法文は、寛保元年十一月伺、翌二年二月二十九日下知の法文、すなわち前掲の伺・下知一覧表⑪にあたる。この時下知のあった三四箇条のうちの三〇箇条である。法文の配列、および裁許絵図裏書加印之事（第二条）以下の四箇条を欠くことは、「裁許破掟背」と同様である。題号を省略し、法文のみを羅列する（ただし、最後の法文にのみ「遠島者幷（再）犯御仕置之事」という題号が存する）。三〇箇条の法文の終わった後、御定書掛三奉行の名が「寛保二戌年三月、改懸り牧野越中守　石川（河）土佐守　水野対馬守」と記される。

四　「元文秘録」

次に紹介する「元文秘録」（一冊）は、神宮文庫所蔵の写本である。[24] 書名は題簽および巻末に記されたものであり、内題は存しない。前半部分が「公事方御定書」の編纂途上の法文、後半部分が「評定所御定書」の伝本である。奥書が存しないので、書写年代は不明である。しかしながら、文政十一年（一八二八）書写の奥書を存する「公刑秘録」という写本[25]と同筆であり、書型、表紙、題簽など装訂も同じくするから、本書も文政十一年頃の書写と推定される。「公刑秘録」もまた内藤耻叟の旧蔵本で、その内容は「公事方御定書」下巻である。「元文秘録」は丁寧に筆写されてはいるが、収載の「公事方御定書」法文には脱落や誤写が少なからず見受けられ、良質の写本とは言い難い。

「元文秘録」は、前半部分も後半部分も共に目録や見出しなどは無く、すぐさま本文を記す。前半部分は、地頭ぇ対し強訴其上致徒党逃散之百姓御仕置之事で始まる。以下、十五歳以下之者御仕置之事までの八箇条の法文を収載する。これらは、寛保元年六月伺、同年九月二十二日下知の法文であり、「公事方大成」「当時御法式」収載の法文に内容、配列とも同じである。すなわち、前掲の伺・下知一覧表⑩に該当する。八箇条目の法文の後に、「寛保元酉八月

御窺相済　牧野越中守　石川土《（河）》佐守　水野対馬守」という記事が存する。

続いて借金銀取捌之事に始まり、遠島者再犯御仕置之事に至る三〇箇条の法文が収載される。言うまでもなく、これは寛保元年十一月伺、翌二年二月二十九日下知の法文であり、伺・下知一覧表⑪に該当する。「裁許破掟背」「御定書（仮称）」に収載する法文に同じであり、四箇条が欠落するのも同様である。ただし、配列が一箇所相違する。それは、人別帳ニも不加他之者差置御仕置之事と譲屋敷取捌之事の順序が逆転していることである。前述の「御定書（仮称）」と同様、これらの法文には題号が存しない（ただし、二十九番目の法文にのみ、御留場之内鳥殺生致候者御仕置之事という題号が存する）。また、法文の最後に、御定書掛三奉行の名が「寛保二壬戌年三月、改懸り牧野越中守　石川土《（河）》佐守　水野対馬守」と記される。この点も「御定書（仮称）」に同じである。要するに、本書はその前半部分に寛保元年六月伺、同年九月二十二日下知の八箇条、および寛保元年十一月伺、翌二年二月二十九日下知の三〇箇条の法文を収載するのである。

本書の後半部分である「評定所御定書」もまた、何らの表題もなく、いきなり本文が書き出される。その第一条は、「一関八州ゟ申出候公事、御料私料《（領）》共御勘定奉行初判出之、外《（ママ）》関八州之外も御料之分は同断、大岡越前守支配之分は、越前守初判出之」であり、最終条の第三七〇条は「一火付盗賊抔と申掛候出家は、脱衣追放之事」とある。その後に、

右三百七拾弐ヶ条、元文弐巳年従　御奉行所窺之上所定之御定書也、

という奥書が記される。なお、この奥書の次に少し余白を設けて「卅八品下職之分」という記事を附載しており、「壱番長吏」より「卅八番傾城長者」までの下職を列挙している。

五　「台政評定訣」

本書は、香川大学附属図書館神原文庫蔵の写本（一冊）である。(26)「台政評定訣」という書名は表紙の題簽に記されたもので、本文と共紙の内表紙には「公儀御仕置定之写」という表題が存する。本章では、外題の「台政評定訣」を用いることとする。題簽の文字は本文と別筆である。内容を的確に現すため、装訂の際にこの外題が与えられたと推測される。

本書の前半部分は、「公事方御定書」の草案段階の法文をもって構成され、後半部分は、「評定所御定書」の類本と見るべき法律書である。終始同一人の筆であり、丁寧かつ達意の筆使いである。しかしながら、誤字や脱字が少なからず存し、ときには脱文も見受けられる。これらの過誤の多くは、筆写者が幕府法に通じていないが故に生じたと思われる。それが親本由来なのか、親本を転写する際に生じたのかは不明である。

奥書に「宝暦十四申年三月写之畢　役所」とあり、本文第一丁に「知恩院役所蔵本」「神原家図書記」という二つの蔵書印が捺されている（ともに墨印、史料篇五口絵写真参照）。旧蔵者の神原甚造《かんばらじんぞう》氏は、京都帝国大学卒業後、京都地方裁判所判事に任じられ、大正十年（一九二一）頃から京都を主に古書収集を開始したという。(27)奥書の「役所」とは知恩院役所、すなわち浄土宗総本山の華頂山大谷寺知恩教院（現、京都市東山区所在）の寺務役所を指すと考えられる。そうだとすると、本書は宝暦十四年（一七六四）書写以来、知恩院役所に伝えられた写本である。

「公事方御定書」の草案段階の法文を収載する前半部分は、元文五年（一七四〇）閏七月十六日の伺、同月下知の法文に始まり、寛保元年十一月伺、同二年二月二十九日下知の法文に至る。左の通りである。①〜⑪は、前掲の伺・下知一覧表に該当の番号である。

①元文五年（一七四〇）閏七月十六日伺、同月下知の法文（五箇条）
②元文五年八月伺、同月二十八日下知の法文（二箇条）
④元文五年九月伺、同年十月五日下知の法文（三箇条）
⑤元文五年十月伺、同年十一月七日下知の法文（六箇条）
⑦元文五年十二月伺、寛保元年（一七四一）四月十四日下知の法文（五箇条）
⑧寛保元年三月二十三日伺、同年四月二日下知の法文（三箇条）
⑨寛保元年四月伺、同月九日下知の法文（一箇条）
⑩寛保元年六月伺、同年九月二十二日下知の法文（七箇条）
⑪寛保元年十一月伺、寛保二年二月二十九日下知の法文（三四箇条）

本書に収載の法文は、五三箇条に達する（同一条文につき、複数回の伺・下知のなされる場合があるので、括弧内の総数は六六である）。したがって、「台政評定訣」は「公事方御定書」の編纂過程の後段において決定した大多数の法文を収載していることになる。五三箇条の法文のうち、「公事方御定書」上巻の法文が二箇条存する。第四十九条死罪遠島重キ追放之外不及伺事、第五十六条知行所ぇ用金申付候義ニ付御触書がそれである。

前掲の伺・下知一覧表のうち、右に見えないのは③⑥⑫⑬である。このうち③⑥は、その法文を意図的に収載しなかったと思われる。③の法文は、評定所始之事（上巻第一条）、看板之面（上巻第二条）である。本書は②においても、評定所始り并看板（上巻第一条）、古看板当時御文言（上巻第二条）、公事吟味銘々宅ニて仕候義伺之事（第七条）という法文を収載せず、④においても評定所古来之事（上巻第一条）を収録しない。いずれも評定所に関する規定である。知恩院役所としてはこれらの規定を必要としないのである。③の法文を収載しないのも同じ理由からであろう。⑥は、追放の刑罰に適用する御構場所（立入禁止区域）を定めた法文である。この法文は、江戸から追放する場合の御構場所を定めている。[28]本書が江戸以外の地で用いるための法律書だとすれば、この法文は必要ないのである。⑫⑬の存しないのは、本書を編む時点でこれらの法文が入手できていなかったためと考えられないだろうか。

　前掲の伺・下知一覧表⑩の法文は「科条類典」によって九箇条を確認できるのだが、本書⑩の法文は七箇条である。それは、隠鉄炮有之村方之事（第二十一条）および申掛いたし候者御仕置之事（第六十五条）の両条が見られないからである。後者の欠落は「公事方大成」所収の「御定書取計帳書抜」以下「元文秘録」に至るまで同様であり、その理由は不明である。前者の欠落は、おそらく転写の際の脱落であろう。右の一覧表⑪は三四箇条を数える。これは、「裁許破掟背」「御定書（仮称）」において欠落する四箇条を、本書はこれを欠落させずに収載するからである。

　次に、本書の後半部分をながめてみよう。本書収載の「評定所御定書」の類本には表題、奥書がともに存しない。冒頭には目録が記されてあり、「壱　寺社一件」に始まり、「拾四　裁許破掟背其外御仕置物《(者)》大概」に至る。それに続いて本文が書写され、四一二箇条を数える。第一条は、「一御朱印地境内ニ、数年百姓開来田畑并家居等可為有来通、年貢ハ任畑《(旧)》例、越石等ハ其寺社領ぇ収納、夫より越石之地頭へ収之」という法文であり、最終条は「一新規ニ祭りを仕立候《(ママ)》村ゝぇ送り遣におゐてハ、頭取并其村ゝ名主組頭、追放之古例、」という法文である。この法文に続いて「寛保二戌年四月六日」という日付が記され、改丁の後、御定書掛三奉行ならびに評定所留役等に対する褒賞記事を掲載して後半部分が締め括られる。褒賞記事は左の通りである。

時服七　　牧野越中守（貞通、寺社奉行）
同　四　　石川土（河）佐守（政朝、北町奉行）
同　四　　水野対馬守（忠伸、勘定奉行）
右は御定書御用相勤候ニ付、於御座之間　御目見、且又拝領物有之候、
金一枚　　御勘定評定留役　浅井半左衛門（豫充）
同　断　　鵜飼左十郎（実道、御勘定評定留役）
銀拾枚　　湯浅（岩佐）郷蔵（茂矩、支配勘定）
同　断　　倉橋武右衛門（景平、支配勘定）
右御定書御用相務候ニ付、躑躅之間ニて被下之旨、松平左近将監殿被仰渡候、以上、
戌四月六日

本書収録の「評定所御定書」には、ある加工が施されている。冒頭に「寺社一件」という項目を新設し、本文全体の中から寺社に関わる法文を抽出してここに集めているのである。「寺社一件」に集められた法文は三八箇条に達する。「離旦之寺社」という項目中の法文もここに含ませている。したがって、本書にはこの項目名が見られない（「評定所御定書」は、ほとんどの類本が「離旦之寺社」あるいは「寺社并離旦出入」などという項目を設けて寺社関連の法文を一七箇条から二〇箇条ほどをここに集めている）。この変更は、知恩院が所持する伝本ならではの組み替えと言うべきであろう。また、「拾四　裁許破掟背其外御仕置物（者）大概」にも大きな変更が加えられている。法文の配列が組み替えられており、法文数が五八箇条と大幅に少ない。法文配列は、第十四項の各所に散らばる法文を酒狂、密通、盗み、博奕など、犯罪類型ごとに寄せ集めたことにより、本来の配列からは大きな異同が生じている。又、法文数の少ない理由は、この

項目中の法文が他の項目に配置換えとなっているからである。「六　田畑禁論〔埜〕」の末尾に一箇条、「十　跡式養子離別後并引取人」の末尾に一〇箇条、「十一　質田畑論」の末尾に四箇条、「十二　借金家質出入」の末尾に一箇条、「十三　奉公人出入」の末尾に四箇条が移動しているのが確認できる。

六　幕府法律書の一形態

「公事方大成」から「台政評定訣」まで、「公事方御定書」の編纂途上の法文を収載する法律書六本を紹介したのであるが、そのすべてが「評定所御定書」の類本と組み合わせたものであった。このような編成の法律書は、伝本が他に幾つも残存しているに違いない。

「評定所御定書」の類本は夥しい数が伝えられ、様々な書名をもって書写されている。その流布の模様は「公事方御定書」下巻の場合と同様であり、農村の名主階級にまで及んでいる(29)。これらの写本には法文の出入が存し、その配列にも異同が見られる。こうした差異の存しない伝本を見つけることの方がむしろ困難である。本章に紹介した六書においてもまた、法文の出入、配列の差異は枚挙にいとまがない。しかしながら、概括的に見ればすべてが「評定所御定書」である。

茎田氏は、「評定所御定書」の類本を次のように整理される。「二七〇箇条前後から四〇〇余箇条までで幅が大きく、本書の「原形を求めるのは困難」である。書名も多様である。一般には法式、掟法、式目という用語を含み、公事訴訟取捌の項目が増補されるとその項目名をもって書名とすることが一般的となり、「公事方御定書」「律令要略」の影響を受けて御定書、律令あるいは御裁許などの用語を含む場合もある。要するに、筆写者の任意による種々の書名が見られるのである。これら多数の類本は、二七〇箇条前後の第一群、奥書の三七〇箇条に準じる第二群、三八〇箇条から四〇〇余箇条を存する第三群に分類することができる(30)。

第三群の伝本は、たいていは法文が一四項目に整理されている。それは、一公事訴訟取捌、二国郡境論、三山野入会村境論、四魚猟海川境論、五田畑野論、六堤井堰用水論、七証拠証跡用不用、八馬継河岸場市場論、九跡式養子離別後住并引取人、一〇寺社并離旦出入、一一質田畑論、一二借金家質出入、一三奉公人出入、一四裁許破掟背其外御仕置者大概というものである。第一群は、法文数が少ないのみならず、分類整理の不徹底の様子が見られる。すなわち、公事訴訟取捌と奉公人出入の項目とその法文を欠いており、質田畑論と借金家質出入とが未分離であり、逆に裁許破掟背其外御仕置者大概が裁許破掟背と御仕置者とに分かれている。第二群は、「第一群を原本として、「公事訴訟取捌」(「公事掛」)「質田地論借金」「奉公人出入」「裁許破掟背」「御仕置者」の項を増補し、古例、先例集から「公事訴訟取捌」規則へ形式がととのってくる」。三八〇箇条から四〇〇余箇条からなる第三群は、「「裁許破掟背」と「御仕置者」が合項して、「裁許破掟背其外御仕置者大概」とな」る。第三群は「増補分を「裁許破掟背」のあとに置くか、「御仕置者」のあとに置くかによって二系統に分かれる」。増補部分は「公事方御定書」編纂過程を反映しており、「諸本の多くが元文五、六年段階のものである」という(31)。

「公事方大成」以下の六書に収載された「評定所御定書」は、「当時御法式」が第一群、「裁許破掟背」「元文秘録」が第二群、「御定書(仮称)」「台政評定訣」が第三群に属する。「公事方大成」収載の「公事訴訟取捌御定書」は、第二群と第三群の間に位置する(補記参照)。

次に、「公事方大成」以下の六書が「評定所御定書」を収載する理由について考えてみよう。すでに見たように、「公事方大成」「台政評定訣」においては、その奥書に御定書掛の三奉行および御勘定評定留役・支配勘定を褒賞する記事を置いている。「評定所御定書」の増補版というべき「公事訴訟取捌」の京都大学法学部本ならびに東京大学法制史資料室本においても、奥書としてこの褒賞記事を置く(32)。このように、「評定所御定書」の類本には御定書掛を褒賞する記事を奥書とする写本にしばしば出くわす。また、村の名主階級までが「評定所御定書」を書写してこれを所持したことも前述した。これらの事実は、「評定所御定書」が幕府法律書であると、人々が認識していたことを物語る。

こうした認識は、おそらく次の事実に由来しているであろう。それは、元文二年（一七三七）十一月に三奉行もしくは奉行所が伺った上で、評定所において定めたという奥書をもつ写本の存在である。「評定所御定書」の類本の一つである「庁政談」には、「右三百七拾ヶ条は、元文弐年巳十一月、三奉行伺之上、評定所之御定書也、此書物他見不成者也」という奥書が存する。これと同様の奥書を管見の範囲内で掲げるならば、

・右之通御評定　大御所様御代　御当代御定書三百七拾余ヶ条は、元文二巳年十一月三奉行被窺上記之、　寛延元辰年月日

（「公事方大成」　茎田佳寿子『江戸幕府法の研究』九四頁所引）

・右三百七拾弐ヶ条、元文弐巳年、従　御奉行所窺之上、所定之御定書也、

（「元文秘録」神宮文庫所蔵写本）

・右三百七拾余ヶ条は、元文二年己(ママ巳)十一月、縦奉行所窺之上、評定所之御定書也、

（名古屋控訴院管内『司法資料』一九号所収「御評定所定書記」、昭和十年、名古屋控訴院）

・右三百七拾余ヶ条は、元文二年巳十一月、従　三奉行窺之上、評定所之御定書也、　寛保三年亥五月

（「評定所御定書」著者蔵写本）

などと見える。これらの奥書は、本書が評定所の定めた幕府法であることを語っている。右の奥書には「三奉行窺」と「（御）奉行所窺」との二通りの表記が存する。

「評定所御定書」はこのように認識されていたのだが、これに編纂途上にある「公事方御定書」の草案段階の法文

を組み合わせた法律書が登場したのはなぜであろう。「評定所御定書」は、第十四項の「裁許破掟背其外御仕置者大概」の法文を除くと、「公事訴訟取捌」のための基準、すなわち地方に発生する様々な民事紛争を解決するための法文で構成されている。それらの紛争とは、国郡の境界線争い、村の境界争い、入会に関する争い、漁撈・狩猟をめぐる海川の論争、田畑など耕作地をめぐる論争、堤井堰など利水問題、相続・養子・離婚のもめごと、および質地・家質や借金をめぐる紛争などである。また一方、刑事規定を集めた裁許破掟背其外御仕置者大概の項目には、殺人、放火、盗み、密通、誘拐、文書偽造、毒薬販売、秤枡の贋作など、刑法犯罪についての基本的な法文が欠落している。民事法を主な内容とする「評定所御定書」に、右のような刑法規定を付加すれば、幕府法律書としての内容を充実させることになる。いままさに編纂中の「公事方御定書」が右のような基本的な刑法規定を定めつつあったから、それを充てたのである。その法文は、草案段階にあるとは言え、将軍の裁可を経たものであるから、幕府法としての権威を有するものであった。「公事方大成」以下の六書は、収載する「公事方御定書」の法文数が多かったり少なかったり一律ではない。すでに見たように、「公事方大成」「当時御法式」は寛保元年九月二十二日下知の八箇条を掲載し、「裁許破掟背」「御定書（仮題）」は寛保二年二月二十二日下知の三〇箇条を掲載し、「元文秘録」は両者の法文三八箇条を採録する。「台政評定訣」の場合は、元文五年閏七月下知の五箇条に始まって寛保二年二月二十九日下知の三四箇条に至る、実に五三箇条の法文を収載する。このように収載する法文数に差異の見られるのは、入手し得た法文に差異があったという単純な理由によると思われる。ともかくも、それらは編纂作業中の法文なのであるから、その入手方はたやすくはなかったと思われる(33)。要するに、「評定所御定書」に欠如するところの刑法規定をつけ加え、民事紛争のみならず刑事事案にも対応できる幕府法律書を編成しようと意図したのであろう。

むすび

「公事方大成」以下の六書に収載された「公事方御定書」の法文を通じ、「公事方御定書」の編纂過程に関し、いくつかの新知見を得ることができる。その第一は、条文の配列についてである。寛保元年十一月伺、同二年二月二十九日下知となった法文は三四箇条を数え、それらはいずれも「公事方御定書」下巻に属する。「台政評定訣」収載の法文によって、その配列をながめてみよう。科人欠落尋之儀より盗物質ニ取又ハ買取候者御仕置之事までの二七箇条についての配列を「公事方御定書」下巻の条文番号によって示すならば、次のようになっている。すなわち、科人欠落尋之儀(事)の第八十二条に始まって第二条→八十一条→二十五条→四十一条→四十九条→五十二条→五十三条→六十一条→六十二条→六十三条→三十七条→四十五条→四十四条→七十六条→七十五条→五十九条→三十八条→八十六条→五十四条→六十六条→六十七条→六十八条→十九条→二十二条→八十四条と続き、盗物質ニ取又ハ買取候者御仕置之事の第五十七条に至るのである。したがって、「公事方御定書」下巻の条文配列は、寛保二年二月二十九日下知の時点では確定していなかったのである。その後、下巻三七箇条についての下知が同年三月二十二日になされるので、配列の確定はこの時を待たねばならなかったと思われる。

「科条類典」は「公事方御定書」の各条文、各規定の立法過程をたどることができるように編集した大部な書である。その全体の分量からすれば微々たるものであるが、編集上の不備が生じている(34)。その不備を、編纂途上の「公事方御定書」の法文により、二箇所ばかり補正することができる。その第一は、「公事方御定書」上巻第四十九条の死罪遠島重キ追放之外不及伺之儀ニ付御書付についてである。これに関する法文は「台政評定訣」の第九番目に配置さ

れており、

　　死罪遠島重キ追放之外不及伺事
　死罪・遠島・重キ追放可申付もの、義ハ、前〻之通可被相伺候、右之外之御仕置之分は、伺ニ不及候、然共死罪・
　遠島・重キ追放(もの)、一件之内ニ有之候ハ、、軽き御仕置ニても相伺可申事、
　　但シ軽き御仕置之者ニても、奉行中ニて難決儀は可被相伺候、

というものである。この前後の第八番目、第十番目の法文も元文五年九月伺、同年十月五日下知であるから、右の法文もまた同じ時の伺、下知である。老中差図を要する刑罰について、右の法文は「重キ追放」以上と定める。ところが、元文四年草案の時点では「追放」以上であった。つまり、右の法文によって「追放」以上を「重キ追放」以上に修正したのである。寛保二年成立の「公事方御定書」の法文もやはり「重キ追放」以上である。したがって「科条類典」中に右の法文が記載されているべきであるが、これを見出すことができない(35)。おそらく「科条類典」における脱落であろう。

　第二は、「公事方御定書」下巻第三十三条の借金銀取捌之事についてである。「元文秘録」「台政評定訣」の両者においては、寛保元年十一月伺、同二年二月二十九日下知の法文として、「一仕入金　是は只今迄三十日切ニ済方申付候」という規定を採録する。寛保二年成立の「公事方御定書」においても、仕入金を借金銀取捌の対象とする。ところが、「科条類典」の該当箇所に仕入金に関する記事を見出すことができない(36)。この点も「科条類典」の脱落というべきであろう(37)。

　次に、「評定所御定書」の法律書としての性格について考えてみよう。茎田氏は、「「御仕置書」というより、「公事訴訟」の先例集である」と捉え、「「享保度法律類寄」のように、吉宗の手に受納されたものではないにしても、勘定

奉行支配――評定所留役以下の属吏の手によって……編纂が試みられ」たとされる。(38) 編纂の担当部署が勘定奉行所配下の評定所留役等であったとする点は、大いに肯首できる。しかし、本書の性格を「先例集」とする点については、なお一考を要するように思う。「評定所御定書」の法文には、「古例」という文言がしばしば登場する。「庁政談」によってその事例をいくつか挙げるならば、

一大坂荷物ニ京都之荷物を入為下、京都之飛脚屋難儀之由ニて、理不尽ニ押切ほとき候者は、古例獄門也、

一当人相果、借金在之、跡式親戚内ニて望無之は、借金方ぇ家財分散すへき古例也、

一夫を嫌ひ、髪を切候て成共、暇取度由、女房申立、又は夫へ申懸致類は、比丘尼ニ成、縁を切せる古例也、

という類である(39)(傍線引用者)。その他、「追放古例也」「戸〆古例」「牢舎古例」「不及沙汰古例也」等々と見られる。したがって、これらの法文が先例にもとづいて出来上がっているのは間違いない。しかしながら、「先例集」という場合、先例とすべき個々の具体的事例を集めたものであって、参考のために参照する事例集という意味合いのものを連想する。しかし、「評定所御定書」は、先例とすべき個々の具体的事例を基礎としつつも、これを一般化・抽象化して法文を作成したものであって、不充分ながらも一応の体系をもつ法典というべきであろう。

「評定所御定書」には、たとえば左のような禁止規定が存する。(40)

一人馬継之場所ぇ寄セ人馬出之トいへとも、私ニ人馬継禁之、但馬継場と相対は格別、

一商人ぇ売渡候荷物、手馬ニて馬継を附通し候事禁之、

一廻船ニ植木庭石其外遊ひ道具之類廻(ママ積)し候事停止、

一品川湊内廻船(舟)懸り之内(小)舟に乗出、売買(出)出(売)停止、

また、「裁許破掟背」の項においては「一難立儀及強訴ニおいては、閉門、戸〆、田畑取上所払、或ハ所払(ママ)、或は

追放、遠島」というように、刑罰規定が集められている[41]。このように、「評定所御定書」は法としての強制力を要請しているのである。つまり、編纂者は民事紛争を裁定する規準としてのみならず、強制力をも伴う法典として「評定所御定書」を編んだのである。民事規定の多くは、評定所ならびに勘定奉行所において裁定を下した多数の個別具体的な事案に基づいて、それを一般化・抽象化して法文を作成したものと思われる。

ここで問題となるのが、「評定所御定書」の奥書である。前掲したようにその奥書は、元文二年（一七三七）十一月に三奉行あるいは（御）奉行所が伺った上で制定した評定所の「御定書」であると記す。「評定所御定書」の類本の一つである「庁政談」を翻刻紹介した石井良助氏は、「果して、「三奉行伺之上、評定所之御定書」なりや否や疑問の餘地があり、或は私撰の法律書ではないかとも察せられる」と述べて[42]、奥書の内容を額面通りには受け取っていない。目下のところ、元文二年十一月に「評定所御定書」を選定したという記事を他の史料によって確認することができないからである[43]。しかし、奥書が捏造されたということもまた考えにくい。茎田氏は、「吉宗の手に受納されたものではない」と指摘されるが、この点についての当否を確認する術も持たない。「評定所御定書」はこのように解明すべき諸点を残す謎多き法律書なのである〔これらの問題点について、本書第二部第一章を参照されたい〕。

しかしともかくも、「評定所御定書」を利用する人々がこれを幕府法律書と見なしていたということは確かである。周知のように、「公事方御定書」上下巻が成立したのち、下巻のみが独立して書写され、それは名主階級にまで流布するようになる。しかし、そこには民事紛争解決の指針とすべき法文は限られているから、「評定所御定書」が依然として必要とされ、こちらも実に夥しい写本が作成された[44]。「公事方御定書」下巻と「評定所御定書」とを組み合わせて一書とする法律書が存在するのも、両書が共に必要とされたことを物語る[45]。

〔補記〕「評定所御定書」の類本について、本章公表後、「「公事訴訟取捌」の成立――「公事方御定書」に並ぶもう一つの幕府制定法――」（本書論考篇第二部第一章）を執筆したことにより次のことが判明したので、本章の不備を補っておく。すなわち、茎田佳寿子氏が分類された「評定所御定書」の類本中、その第一群は(1)「評定所法規集（仮称）」一一項二八〇条、その第二群は(2)「評定所御定書」五項三八一条、その第三群は(3)「公事訴訟取捌」一四項四二一条にほぼ該当するということが判明したのである。

(1)は評定所留役などの実務役人が執務の必要から編纂した法律書であり、役所内で用いていたと考えられ、その成立は享保年間に求められる。(2)は(1)を土台としてこれに法文を大幅に増補し、巻頭には訴訟手続に関する法文を新設している。これを元文二年（一七三七）十一月、幕府法としての公認を取り付け、遠国奉行所をはじめ、全国各地の直轄地を治める代官役所にも通達した。(3)は、(2)をさらに増補整備したもので、寛保二年（一七四二）四月、「公事方御定書」と同時に施行に移した幕府制定法である。

右の新知見によるならば、本章に紹介した「公事方大成」以下の六書に収載する「評定所御定書」の類本は、次のように分類される。すなわち、「当時御法式」に収載する類本は、(1)「評定所法規集（仮称）」の伝本である。「裁許破掟背」「元文秘録」に収載する類本は、(2)「評定所御定書」の伝本であり、「御定書（仮称）」「台政評定訣」に収載する類本は、(3)「公事訴訟取捌」の伝本である。また、「公事方大成」に収載する「公事訴訟取捌御定書」は、(2)から(3)に移行する過渡的状態にある伝本である。

また本章においては、「台政評定訣」が三つの内容から成り立っているとした。その三つとは、「公事方御定書」の編纂途上の法文で構成される部分、「評定所御定書」の類本とみるべき部分、幕府の刑事法規五八箇条から成る部分である。しかしながら、この理解は誤りであった。第二、第三の部分は両者を併せて、その内容は「公事訴訟取捌」である。本書に収載するについては、この理解に沿って改稿した。

註

（1）本章は、「庁政談」系統の法律書を「評定所御定書」と呼ぶこととする。「庁政談」は、石井良助氏が翻刻紹介された法律書であり、三六〇箇条の幕府法を収載する（同氏編『近世法制史料叢書』第三所収、昭和三十四年、復刊訂正第一刷、創文社）。その奥書に、
　右三百七拾ヶ条は元文弐年巳十一月三奉行伺之上、評定所之御定書也、此書物他見不成者也、
とあることが注目される。『近世法制史料叢書』第三の序において石井氏も述べるように、「庁政談」の名において伝わるものは稀である。一方、「評定所御定書」の書名を持つ伝本が存する。この書名は奥書に基づくと考えられるので、本章はこの書名を用いることとする。茎田佳寿子氏は「評定所定書」という呼称をもって、「庁政談」系統の類本を解説する（『江戸幕府法の研究』八九〜九八頁、昭和五十五年、巖南堂書店）。また、橋本久氏は、「庁政談」系統本の「当初の本を「評定所御定」と称した可能性はある」と指摘しておられる（「『公事訴訟取捌』小考」高井悌三郎先生喜寿記念『歴史と考古学』六四九頁、昭和六十三年、真陽社）。

（2）「公事方御定書」の編纂過程を考察した研究に、左記が存する。
・茎田佳寿子『江戸幕府法の研究』昭和五十五年、巖南堂書店
・平松義郎「「徳川禁令考」・「公事方御定書」小考」（一）〜（四）『創文』一八六〜一九〇号、昭和五十四年
・関西学院大学日本法史研究会「「元文三年之御帳」の一史料（一）（二）――『公事方御定書并伺之上被仰渡書付』――」関西学院大学『法と政治』三六巻二・三号、昭和六十年（執筆者は林紀昭氏）
・高塩博「「公事方御定書」の編纂過程と「元文五年草案」について」『國學院法學』四八巻四号、平成二十三年（本書論考篇第三部第二章および史料篇七）

（3）元文三年草案の伝本は、拙稿「「公事方御定書」の元文三年草案について――「元文三年御帳」の伝本紹介――」（『國學

院法學』五一巻二号、平成二十五年〔本書論考篇第三部第一章および史料篇六〕）がこれを翻刻して紹介している。

（4）元文五年草案の伝本は、拙稿「「公事方御定書」の編纂過程と「元文五年草案」について」（前掲誌）がこれを翻刻し紹介している。

（5）司法省蔵版・法制史学会編、石井良助校訂『徳川禁令考』（平成二年第五刷、創文社）後集第三、二八三・三九二頁、同後集第四、五九・一一〇・二三九頁。

（6）『徳川禁令考』後集第一、三・一四・三〇四・三一七・三四九・三六九頁。

（7）『徳川禁令考』後集第一、三・一四頁。

（8）『徳川禁令考』後集第一、四・一九六頁、同後集第二、八九・四〇四頁。

（9）『徳川禁令考』後集第一、三一八頁、同後集第二、四一・九〇頁、同後集第三、二六五頁、同後集第四、六〇・八一頁。

（10）『徳川禁令考』後集第四、二四〇頁。

（11）『徳川禁令考』後集第二、一四七・一九九・三四七・四一一・四五九頁。

（12）『徳川禁令考』後集第二、一五一・四一六・四六二頁。

（13）『徳川禁令考』後集第二、一五二頁。

（14）『徳川禁令考』後集第二、四二・九七・三九七頁、同後集第三、五一・一八九・三四九・四二一頁、同後集第四、一一・七一頁。

（15）『徳川禁令考』後集第一、二五八頁。
同後集第二、一三・五〇・六八・二〇三・三七一・三八〇・四〇八・四一七・四八二・四八八頁。

同後集第三、五四・八四・一〇五・一一九・一三三・一九六・二六六・二八五・二九八・三〇六・三一六・三五九・三六三・三六八・三九三・四三一頁。

同後集第四、三〇・三四・六〇・八八・一〇一・一一六・一五七頁。

（16）『徳川禁令考』後集第一、二五一・二八三・二八九・二九八・三〇七・三六三・四一一・四一九・四二一・四二四・四二七頁。

同後集第二、二五・六一・九三・一二〇・一二三・一九五・三五〇・三五二・四九四頁。

同後集第三、二・八七・九五・一四〇・二九三・三二一・三四六・三六九・三七四頁。

同後集第四、一・五・四八・一二五・一六三・一六五・一六七・二三四頁。

(17)『徳川禁令考』後集第二、二〇一・三四五・三五四頁、同後集第四、一〇三頁。

(18)元文五年、寛保元年、同二年中の伺と下知についての一覧表は、拙稿「「公事方御定書」の編纂過程と元文五年草案について」においてもこれを掲げてある(本書論考篇二七二～二七三頁)。

(19)「公事方大成」という写本は、『明治大学刑事博物館目録』一号(昭和二十七年)に未整理の書として著録される(四〇頁)。茎田氏によると、本書は「刑事博物館が第二次大戦前に収蔵したもので、出所も明らかではない」という(『江戸幕府法の研究』三四頁)。茎田氏は、本書の前半部分の「御定書取計帳書抜」を翻刻し、奥書を紹介しておられる(同書三四～三六・二九九・五六五～五七〇頁)。後半部分を含めた全体を確認すべく、刑事博物館の後身である明治大学博物館の刑事部門に閲覧を申請したが、現在、本書の所在を確認することができないとのことであった。

(20)明治大学博物館蔵、黒川真頼旧蔵本(架号、D一五〇)。佐藤邦憲「黒川家旧蔵武家法――中世・近世――関係図書について」(『明治大学刑事博物館年報』一五号六四頁、昭和五十九年)参照。茎田氏は「当時御法式」の全文を翻刻し、若干の解説を加えておられる(『江戸幕府法の研究』八九～九〇・二九七～二九八・四八四～五一四頁)。

(21)明治大学博物館蔵、黒川真頼旧蔵本(架号、D二六八)。佐藤邦憲「黒川家旧蔵武家法――中世・近世――関係図書について」(前掲誌六四頁)参照。茎田氏は「評定所御定書」の一本として、本書を紹介する(『江戸幕府法の研究』九三～九四頁)。

(22)茎田氏は、「裁許破掟背」に収載する寛保元年十一月伺、翌二年二月二十九日下知の法文について、これを二三箇条とするが、おそらく数え間違いであって三〇箇条が正しいであろう。

(23)明治大学博物館蔵(架号、F一五)。『明治大学刑事博物館目録』五三号(三六頁、昭和六十三年)参照。茎田氏は「評定所御定書」の一本として、本書を紹介する(『江戸幕府法の研究』九四頁)。

(24) 神宮文庫蔵（架号、七門五六二号）。「内藤耻叟」「古事類苑編纂事務所」の印文を確認できるので、「元文秘録」は内藤耻叟（文政十年〔一八二七〕～明治三十六年〔一九〇三〕）の旧蔵書であり、後に古事類苑編纂事務所の有に帰したことがわかる。ちなみに内藤は、明治二十三年（一八九〇）、古事類苑編纂委員に就いている。

(25) 神宮文庫蔵（架号、七門五六八号）。

(26) 神原文庫は、香川大学初代学長神原甚造氏（明治十七年〔一八八四〕～昭和二十九年〔一九五四〕）が収集した、和漢洋の典籍やさまざまな資史料約一万一五〇〇点からなる文庫である。神原氏は香川県下の仲多度郡多度津町に生まれ、京都帝国大学法学部卒業後、京都地方裁判所を皮切りに大阪地裁、神戸地裁、東京控訴院、大審院の判事を歴任し、昭和二十年八月に大審院部長に補された。香川大学学長就任は昭和二十五年のことである。『神原文庫分類目録』（昭和三十九年、風間書房）、『神原文庫分類目録（続）』（平成六年、香川大学附属図書館）が刊行されている。神原文庫とその旧蔵者については、高野真澄「香川大学附属図書館『神原文庫』と神原甚造先生」（『香川法学』一〇巻三・四号、平成三年）参照。

(27) 神原氏没後五十年を記念した「『神原文庫』名品展」（平成十六年十月）の解説文による。

(28) 『徳川禁令考』後集第四、二四〇頁。

(29) 茎田氏の紹介した「評定所御定書」の類本二十四点（『江戸幕府法の研究』八九～九八頁）のうち、名主階級が所持したと覚しき写本として、次の八点を指摘することができる。

・「御評定所裁許状写」一冊、上野国山田郡只上村文書、文政四辛巳七月、上州草津温泉場ニて写シ取ル、此主　岡田平蔵祀昌
・「捉裁要鑑」一冊、市田村加藤家文書
・「公事訴訟取捌」一冊、上野国山田郡只上村文書、天保十五年、上州館林領只上村久保田氏写
・「裁鑑」一冊、上総国長柄郡箕輪村平野久太郎写
・「知書記」一冊、出羽国村山郡入生田村文書
・「御定書」一冊、越後国蒲原郡大面村文書、岡方組庄屋新田見曾左衞門殿組方へ出入有之、宝暦三酉年江戸ぇ罷上候節、御

代官内藤十右衛門様より写取候由借請写置、宝暦四年甲戌四月

・「大御公儀御裁許状写シ」一冊、嘉永七寅年五月、関村森谷氏写

・「公事訴訟取捌」一冊、天保十五年辰二月、横脇村棚沢桂助写、本主佐久郡八満村柳沢七蔵吉満

また、『幕府時代の掟及古文書数種』（名古屋控訴院管内『司法資料』一九号、昭和十年）に翻刻された左記も名主階級の所持本であろう。

・「御評定所御定書記」戊明和五子八月八日ヨリ写之、持主　石津山崎村　古川市右衛門

拙蔵本のうち、「公裁書并御定法」（一冊）も名主階級の人物が筆写して所持した伝本であろう。奥書に「宝暦十三未年八月日、甲府ニて写之、小淵沢村之内高野組、久保田又右衛門（墨印）、六十七歳書之」とある。

(30) 茎田佳寿子『江戸幕府法の研究』九九～一〇〇頁。

(31) 茎田佳寿子『江戸幕府法の研究』九〇～九三・九九～一〇〇頁。

(32) 橋本久「『公事訴訟取捌』（京都大学法学部所蔵）」大阪経済法科大学『法学研究所紀要』八号九四頁、昭和六十三年、藪利和「〈資料〉公事訴訟取捌」『札幌学院法学』一二巻二号二八三頁、平成八年。なお、京都大学本は岩佐郷蔵、倉橋武右衛門両名の肩書を支配勘定評定所書物方とする。

(33) 編纂途上にある「公事方御定書」法文をじかに見ることのできる人々は限られている。それは御定書御用掛として編纂に従事する三奉行、評定所留役、支配勘定である、および評定所一座を構成する三奉行がこれを見ることができた。それは将軍裁可のなされた法文を認めた「御下知相済箇条帳」を三奉行に回覧したからである（茎田佳寿子『江戸幕府法の研究』三五～三六頁参照）。これらの人々を通じて「御下知相済箇条帳」が外部に漏れ出たのであろう。

(34) 「科条類典」に存する不備の諸相については、藪利和氏が夙に指摘されたところである（「「公事方御定書」の原テキストについて」大竹秀男・服藤弘司編『幕藩国家の法と支配』所収九六～九七頁、昭和五十九年、有斐閣）。

(35) 『徳川禁令考』後集第一、一九〇～一九一頁。

(36) 『徳川禁令考』後集第二、二〇三～二〇四頁。

(37)　「科条類典」の借金銀取捌之事には、錯簡も存するように思われる。それは、寛保二年三月伺・同月二十二日下知の記事が前に置かれ、寛保元年十一月伺・同二年二月下知の記事が後に置かれていることから推察される（『徳川禁令考』後集第二、二〇一～二〇四頁）。

(38)　茎田佳寿子『江戸幕府法の研究』一〇一～一〇二頁。

(39)　「庁政談」九三・一〇七・一三一条（石井良助編『近世法制史料叢書』第三、二六一～二六三頁）。

(40)　「庁政談」八六・八九・二五九・二六一条（石井良助編『近世法制史料叢書』第三、二六一・二七〇頁）。

(41)　「庁政談」二〇二条（石井良助編『近世法制史料叢書』第三、二六七頁）。

(42)　石井良助「『近世法制史料叢書』第三序」二頁、昭和三十四年、創文社。

(43)　寺社奉行として評定所一座を構成する大岡忠相も、その日記に、「評定所御定書」に関して何ら記していない（大岡家文書刊行会編『大岡越前守忠相日記』上巻一五四～一六三頁、昭和四十七年、三一書房）。

(44)　茎田氏は「評定所御定書」の流布について、「代官、手代を通じて安直な実務地方書として、一般に流布していったようである」と述べておられる（『江戸幕府法の研究』一〇一頁）。

(45)　たとえば、明治大学博物館所蔵の黒川真頼旧蔵「公裁要鑑」上下巻（架号、D一四二）は、上巻が「公事方御定書」下巻、下巻が「評定所御定書」である。

第三章　「律令要略」について
——「公事方御定書」編纂期における私撰の幕府法律書——

はじめに——研究史——

「律令要略」は幕府法に関する私撰の法律書である。その序に、「寛保元酉年初夏　氏長」とあるので、寛保元年（一七四一）四月の成立と見られている（後述するように、実は翌二年二月二十二日以後まもなくの成立）。寛保元年は「公事方御定書」成立の前年である。編者の「氏長」については、いまだその人物が特定されていない。本書は、序、公事吟味之心得、目録、本文で構成される。後述の「近世法制史料叢書本」によると、本文は公事訴訟罪科之者取捌大概から十五歳以下御仕置までの六四項目に八二一箇条の法文が類集されている。本書はかなり流布したらしく、数多くの写本が伝えられており、これを幕府法とみなして利用した藩も少なからず存在したようである。

本書は昭和十四年（一九三九）、『近世法制史料叢書』第二（弘文堂書房）の中に石井良助氏の校訂によって翻刻され、さらにその二十年後の昭和三十四年、創文社より復刊訂正版として刊行されたので、今日その法文は容易に見ることができる。石井氏の解題は、本書の内容と価値について左のように簡潔に記している。(1)

律令要略は、その序文に明示せる如く、氏長なる者が寛保元年に編述した法律書である。恐らく、本叢書第一に収めた元禄御法式と同じく、幕府の判決の要旨を類集したものであらうと思はれ、それだけでも貴重な史料であるが、殊に、公事方御定書編纂の直前に編述された点に特別の価値を有するのである。多くは一巻一冊より成るが、二冊本、三冊本・五冊本（一〇巻に分る）等もある。

「律令要略」はその後、序および公事吟味之心得の部分のみが『牧民心鑑・素書・律令要略序等』（『司法資料』別冊一六号、昭和十八年、司法省秘書課）に収載され、編者の岡塚郎氏が左の解題を記した。(2)

律令要略は、桜町天皇の寛保元年（皇紀二四〇一年・八代将軍徳川吉宗の治世で御定書編纂のあつた年の前年に当る）、氏長の著はしたもので、公事訴訟罪科之者取捌大概以下拾五歳御仕置に至る迄約六十有餘の項目に亙つて、幕府の裁判の要旨を蒐録したものである。本書に収めた公事吟味之心得は、その序文の次に記されてあるものであつて、吟味の仕方公事の取扱方等についての心得や毎日の覚悟などについて、簡明に記述したものである。その序文にも、吟味の心得を詳述してあるので、これをも併せて収載した。いづれも編者所蔵本を本とし、石井良助氏の近世法制史料叢書本に拠つて校勘を加へた。

氏長といふ人の姓氏や身分については、遽かに治定する資料もないのであるが律令要略の内容から推しても、司法の方面には相当深い関係のあつた人であることだけは窺はれる、記して後人の教を待つ次第である。

石井氏の解題によるに、本書は「幕府の判決の要旨を類集したもの」と思われ、「公事方御定書編纂の直前に編述された点に特別の価値を有する」法律書である。つまり石井氏は、本書を近世法制史上の重要史料の一つとみなし、これを翻刻されたのである。「公事方御定書」制定以前の幕府法制を知る重要な法律書に「庁政談」が存する。石井氏は「庁政談」を翻刻刊行した際、その解題の中で、「律令要略」と「庁政談」との関係について、「内容の類似して居る所より見て或は律令要略は庁政談を増訂したものではないかとも考へられる」と述べておられる[3]。

石井氏の翻刻から今日に至るまで、「律令要略」を考察する専論は現れなかった。しかし、行論の過程で本書に言及する論考はいくつか存し、とりわけ中田薫氏の言及には、法律書としての本質にかかわる重要な指摘が存する。すなわち、左のごとくである[4]。

元禄乃至寛保間の法源を通じて看取される、三つの中世法と異なる重要な法律観の変化を指摘しておきたい。（中略）その二は「律令」概念の復活である。前掲私撰法規集の中特に異彩を放つものは、已説の「大法」と「道理」との軽重を説いた律令要略である。著者氏長は此書に集録した「大法」を「律令」と称してゐる。元来徳川法は中世武家法を継受したものであるから、これを王朝の法体系に倣つて律令と称することは、一見時代錯誤の感なきを得ないが、「大明律令《ママ》」の影響を受けた著者が法規の中にはおのずから刑罰を主としたものと指導的規範（所謂教令法）を主としたものとの二つがあることを反省自覚した法意識の発現であろう（序文参照）。これが当時における法曹家の新見解を代表するものか、著者の創見であるかは別問題として、確かに中世的法律観に比し数歩を進めたものと云えよう。然らば律令要略において律と云い令と云うものは、具体的に如何なる規定を指ざしたものであるか。一読して分るように此書の内容は主として過去の判例を六十三節八百二十条に分集したものであるが、その大部分は刑事法に関し僅かに三節至二十節二百九十四条だけ民事に関するものである（徳川時代の裁判に民事刑事の区別を当てはめることは無理であるが、便宜上此語を使用す）。著者が令と称したものは恐らく此民事的判例（尤も此中にも刑罰的法例が交つてゐる）であろうが具体的には指示されてゐない。

ついで、茎田佳寿子氏が「公事方御定書」を研究する過程において本書に言及するところがあり、傾聴すべきいくつかの指摘が存する。第一は、「寛保元年初夏になったという「律令要略」が、寛保元年六月伺、九月極以降の法文を含んでいる」と述べて、編纂途上にある「公事方御定書」の法文を含むことを指摘されたことである。第二は、編纂者に関して、「庁政談」「律令要略」の二つの法律書は勘定奉行配下評定所属吏のもとで編纂されたとの指摘である。第三は、「律令要略」が刑法規定を含むが故に「公事方御定書」に代わる幕府法として定着したことにつき、「庁政談」と「律令要略」を比較すると、「律令要略」各諸本は名称、内容ともほぼ一定しているが、「庁政談」系統本は、異同が多い。「律令要略」は私撰であるが、「庁政談」は私撰・公撰について議論がある。両者の決定的な差異は、「律令要略」が「公事方御定書」に準じているのに対して「庁政談」系統本はいずれも、「御仕置」の中心である「逆罪」「人殺」「下手人」「重キ科人」等の条文を欠く。このことによって「律令要略」は私撰でありながら、後年「公事方御定書」に代るものとして定着した。たとえば平戸藩では、幕府評定所留役江坂孫三郎へ内々で「律令要略」の訂正加筆を依頼し、留役自身これに応じている（石井良助編『近世法制史料叢書』第二「解説」）。宇和島藩では天保二年七月「刑罰掟」で、明文のないときの準拠法に、「律令要略」を採用している（井上和夫『諸藩の刑罰』）。

と記すことである。(5)

茎田氏に次いで「律令要略」に言及したのは、服藤弘司氏である。服藤氏は、本書が「公事方御定書」に代わる幕府法律書として広く流布し、諸藩の裁判法に与えた影響は「公事方御定書」に劣らないと推測し、次のように記しておられる(6)。

「律令要略」が、諸藩刑事法をはじめ裁判法に与えた影響は、並大抵のものではなく、それは決して御定書に劣らないものではなかったかと推測される。有力大名家に残存する史料のなかには、必ずといってよいほど「御当家令条」などとともに「律令要略」が所蔵されており、「律令要略」は、おそらく御定書に代る幕府法律書として、大名間は勿論世間一般に広く流布したのであろう。

その後拙文において、本書の序が「大明律例譯義」の「律大意」を抜萃要約してこれを作文したものであることを指摘したことがある。左の通りである(7)。

『律令要略』が『大明律例譯義』の「律大意」を抜萃及び要約してこれを序となし、刑事訴訟幷びに行刑の基本方針としていることは、『御定書』編纂の時期において、『譯義』が幕府司法に関与する人々の間で参考とされていたことを示すものではなかろうか。

「大明律例譯義」は中国の「明律例」の逐条注釈書である。和歌山藩の儒医高瀬喜朴（号は学山）が将軍徳川吉宗の命によって著述した。一四巻一四冊（首末各一巻、本文一二巻）から成り、享保五年（一七二〇）の成立である(8)。

本書の重要性が認識された故か、『国史大辞典』は「律令要略」の項目を設けた。茎田佳寿子氏が執筆を担当し、次のように記している（第十四巻五七八頁、平成五年、吉川弘文館）。

江戸幕府の先例・法例を箇条書条文体にした法律書。著者は氏長または北条氏長。多くは一巻一冊であるが、二冊本・三冊本・五冊本などもあり、寛保元年（一七四一）初夏成立。序文は『大明律』の大意の要約と、公事吟味の心得を述べている。本文は「公事訴訟罪科之者取捌大概」以下六十四項目に分類し、冒頭に評定所看板の大意以下八百二十数条余を集録している。『公事方御定書』編纂過程で生まれた法律書の一つであるが、『庁政談』が項目分類だてに成功していないのに対して、『律令要略』はより完成したものになっている。幕府の編纂方針が百三箇条に集約されたのに対して、律令に習（ママ）って幅広い古例や慣習を網羅しようとした意図がある。私撰ではあるが、江戸時代後期には実務のレベルで効力をもつようになった。写本も多く、類本には『律例要略』『通律秘訣』などもあり、序文は異なるが本文はほぼ同じである。石井良助編『近世法制史料叢書』二に所収。

見落としがあるかも知れないが、以上が管見に入った研究史である。本章は、「律令要略」の「律令」の意味を確認するとともに、編纂の依拠資料を検証することによって成立の背景と編纂意図を考察しようとするものである。大方のご教示を乞う次第である。

一　序と公事吟味之心得

本書は本文に先立って、「序」および「公事吟味之心得」という文章を置いている。その内容は、いずれも裁判役人の心得である。序は主として吟味筋の審理にあたって肝要な事柄を説き、公事吟味之心得は出入筋の審理に必要な心得を九箇条にわたって述べている。

序は「大明律之大意に曰、律令は天下を治むる法なり、令は前方に教へて善ニ至らしめ、律は後ニ懲し、善ニす、め云々」で始まり、「天下その政を楽み、其徳ニ帰服して、仰き尊ふ事父母のことく、従て思ひつく事流水のことし」で終わる。その後、「右文編は私の作意ニあらす、大明律令（ママ）序文之内、聖主の思召を略して爰ニ記して序文と成す而已」という注記を置き、「寛保元酉年初夏日　氏長」という日付と編者の名が記される。[9] 右に「大明律之大意」というのは、すでに指摘したように、「大明律例譯義」の「律大意」のことである。律大意は、中国の諸書とりわけ「大学衍義補」「律例箋釈」の両書を中心として、それらから刑政の要諦を書き抜いて三九箇条にまとめたものである(10)。編者高瀬喜朴はこれを同書首巻の冒頭に置いている。本書はこの律大意から、律令法の趣旨、犯罪容疑者取り調べの要点をはじめとして、吟味筋（刑事手続）の要領を適宜抜き出して序を作成したのである。

序はその冒頭、律令法の何たるかを述べる。この文章は、律大意第二・三・六条からそれぞれ一部分を抽出して作文したものである。前掲したように、序の冒頭は、「律令は天下を治むる法なり、令は前方に教へて善ニ至らしめ、律は後ニ懲し、善ニすゝめ、」というものである。この文言は、律大意第二条に、

一明太祖曰、律令者天下を治る法なり。其内令ハ前方に教へて善に至らしめ、律ハ後に懲して善にすゝむ。古昔ハ律令至て簡約なり。後世に至て箇条多なりて、何事をいふやらん、其義に通する事もならぬ程になり来れり。（以下略）大学衍義補　（傍線は引用者、以下同じ）

とある文章(11)から傍線部を採用したものである。右の文は、編者高瀬喜朴が「大学衍義補」巻一〇三慎刑憲（定律令之制下）から抄録しており、「善に至らしめ」「善にすゝむ」の部分のみは、高瀬が付加した文言である。

序は続いて、

①罪を犯す事なき様ニとの意ニして、罪を犯して以後、其者をのかさす罪ニ行ハんとの意ニてハなし、②天下の民の無知ニして法を犯し、罪ニ逢は、たとへは赤子の物をしらす、井戸の内へ入るかことし、③然るニ今時仕官するもの律を知らす、民を治る官ニなりても、又律に心を入す、下役手代まかせにして、罪をさはく事をす、④法を立、令を設る心は、民の避やすく、犯しかたき様ニあれかしとの儀也。然るに役人手前ニ隠し置時は、其役人さへ委敷知らさる事ありて、時ニのそんて過多し、⑤前方より民を教ゆる事もせす、咎ニ行ふ時あやまりなく

とも、孟子の、常に教へす、何をも知せすして置て、罪を犯したるとき、誅伐するは虐也といへるものニて、好とはせす、

（番号は引用者、以下同じ）

と述べる(12)。この記述は、律大意第三条および第六条の中から適宜に文言を抜き出して作文したものである。すなわち律大意第三条には、

一古へ太祖高皇帝、毎度大臣に勅して、唐律を更め定め、五六度迄編直させ、其上上意に不叶処、震（ママ宸）翰を以て改め直し、定て明律とし、律の内に講読律令の箇条を立て、百司官吏等、第一に律の文を読おぼえ、律の意を合点し、とくと会得せしむ。（中略）其思召ハ必竟（ママ）罪を犯さぬ前に、何とぞ諸人に①罪を犯す事なきやうにとの意にて、罪を犯して以後、其者をのがさず罪に行ハんとの意にてハなき也。③然るに今時仕官する者、右の思召を合点せず、書生にて学問する時には、律を知ず、すでに召出されて、民を治る官になりても、又律に心を入ず、たゞ下役手代まかせにして、罪をさばく事をし、又左もなき者は、我が在所より訟師公事たくミする者。此方のもがりと言者なり。罷吏手代の罪あつて、やめられたる者なり。をつれ来りて役所に至り、夫と相談し、夫まかせに諸事をさばくにより、（中略）千百人の命を、草の菅などのごとく思ふて、我が一官を荘厳する者、其罪幾多ぞや。②天下の民の無知にして、法を犯し罪に逢ハ、たとへバ赤子の物をしらず、井土の内へ入がごとし。然ば上の思召を酌はかり、そのごとくすべき所、⑤まへかたより民を教る事もせず、たとへ犯して以後、咎に行ふ時あやまりなくとも、孟子の常に教へず、何をも知せずして置て、罪を犯したる時に誅伐するハ、虐なりといへる者にて、好とハせず。いはんや罪にいひ付る時に、我が心まかせにして、罪に入たく思へバ、よきかげんに律を引、ゆるすべきと思へバ、大罪の者なりとも、むりにゆるすべき方の律を引やうにし、法を枉、ミだりなる事をする事多き者をや。（以下略）律例箋釈自序

とあり(13)、同じく第六条には、

一丘瓊山曰、周礼の法を象魏門にかくる意は、惟民のしらず、ふと犯して、罪にかゝらん事をおそれてなり。④法を立、令を設る心ハ、民の避やすく、犯しがたきやうにあれかしとの儀なり。然るに役人手前に蔵し置時ハ、其役人さへ委くしらざる事あり。いはんや無知の細民をや。いやしき閭閻の下より朝廷の法度を望む事ハ、九地の下より九天の上を見るがごとし。上の思召をはかりしる事なし。（以下略）大学衍義補

とある。[14] 前掲の序は、これらの文章の傍線部分を番号順につなぎあわせたものである。右に続く序の記述は、

囚の罪を断するニは其事肝要なる所をもとめ、能々ねらし、何とそ生すへき道も有哉と求む、

というもので、[15] この文は左に示す律大意第八条から傍線部分を摘録したものである。[16]

一康誥曰、囚の罪を断するには、其事の干要なる所をもとめ、よく〱考る事、五六日より十日ほどもねらし、何とぞ生すべき道もありやと求め尋ね、弥殺すべきにきはまりたる時に、罪に行ふべし、書経

序と律大意とをこれ以上は比較対照しないが、序のこれ以降の文面は、律大意の第二十九、三十条の全文を引用し、および第十二、第十四、第二十一、第二十五、第三十一、第三十二の各条から右に見たのと同じ仕方によって必要な部分を抜き出している。本書の編者氏長は右に見たように、「大明律例譯義」の律大意三九箇条の中から肝要な文言を抽出して吟味筋（刑事手続）に携わる役人の心得るべき事項を記述し、これを以て序としたのである。

本書は、序の次に九箇条にわたる公事吟味之心得を置き、末尾に「右ニ記す所は私の作意ニあらす、古人の智言なり」とことわる。文字通りに「古人の智言」を集録したのか、あるいは何らかの依拠資料が存在するのかについては未詳である。たとえば、その第二条は、

一双方より証拠と指所の書物文談之意味、又は其中所ニ就て、寝食を忘れ、心力を労して実否を考ふれは、不審起るへし、其不審の事を推て尋ねは、不審晴るゝ事有へし、

という記述であり、第五条は、

一正理を知る事かたし、彼に問、是に求め、双方ニ尋て、自然と本理を知るへし、唯邪を鎮めて、正理に和睦し、内証ニて済す事を専とせんか、

という記述である。これらは、出入筋（原告被告双方を審問して判決を出す訴訟手続）の取り調べについての要領を説く。また、第七条は左に記すような文言である。

一山賤野夫はこひへつろふの才もなく、令色慎もなき故、理の拠り所ニしてハ他方を忘れ、無礼過言も有へし、聞人ハ中央ニ居てわける故、人の非も見へへし、無礼過言を咎め、怒り罵る事努々あるへからす、猶面色言葉を和ヶ申さとすへし、怒を起して大音に叱り咎れは、恐れて言語たゝしからさるなり、唯容儀の整と巧言の美ニ迷ふへからす、

これは、地方から江戸に出て争う原告被告を審問する際の心得を説いた文言である。最終の第九条は、取り調べを担当する役人の間柄について左のように説いている。

一相役と和合して、生得之智恵を以て、是非を論して、何事も自己の理を立す、幾度も熟談して正邪を可決、唯短慮を大病とす、棟々然として工夫すへし、相役の非分ありとも、即時ニ咎る事なかれ、席を去り、或は日久しふして改へき也、

これらの記述から見るに、公事吟味之心得は勘定奉行所や評定所など、中央の裁判役所における実務役人すなわち勘定、支配勘定あるいは評定所留役などに向けての心得を説いていると見てよいであろう。要するに、序は吟味筋の心得、公事吟味之心得は出入筋の心得を説いた文章なのである。これは、「律令要略」が吟味筋、出入筋の双方の内容をもつ法律書として編まれていることを意味する。本書が「公事訴訟罪科之者取捌大概」をもって第一項とするのは、この[17]

ことを如実に物語っている。

二　本書の編纂資料――「公事訴訟取捌」――

本書は八二一箇条の法文から成り、これを六四項目に類集した法律書である。先に紹介したように、石井良助氏は、「内容の類似して居る所より見て或は律令要略は庁政談を増訂したものではないかとも考へられる」と指摘される。「庁政談」という法律書は、「評定所御定書」の類本の一つである。[18]石井氏の翻刻された「庁政談」は三六〇箇条の法文を有し、第一三八条以下が離旦之寺社（第一三八条～第一五六条）、質田畑（第一五七条～第一七六条）、借金家質（第一七七条～第二〇〇条）、裁許破掟背（第二〇一条～第三六〇条）の四項に分かれており、

右三百七拾ヶ条は元文弐年巳十一月三奉行伺之上、評定所之御定書也、此書物他見不成者也、

という奥書が存する。石井氏は、この奥書の記事が「正しとすれば、元文二年に編纂された徳川幕府官撰の定書であるが、果して、「三奉行伺之上、評定所之御定書」なりや否や疑問の餘地があり、或は私撰の法律書ではないかとも察せられる」と述べておられる。[19]

官撰私撰の議論はさておくとして、「庁政談」に収載する三六〇箇条の法文が幕府法であることには異論がない。[20]そこで、「庁政談」の各条と本書の各条とを逐一比較してみると、本書が「庁政談」の全三六〇箇条中、およそ一六〇箇条以上を継承していることが確認できた。つまり、本書は「庁政談」の全体を継承し、それに増補修正を加えたというわけではない。したがって、「増訂」という表現は当を得ない。[21]

ところで、「庁政談」を増補した法律書に「公事訴訟取捌」と題する伝本が存する。この法律書は、公事訴訟取捌

より裁許破掟背御仕置者大概までの一四の項目を立てて四〇〇条餘りの法文を収めている。「庁政談」の法文を一四項目に分類整備するとともに法文数を増補した書である。こんにち、先学の努力によっていくつかの伝本が翻刻されているので、活字によって本書を見ることができる。(22) 以下、本章が引用する「公事訴訟取捌」は、橋本久氏の翻刻された京都大学法学部所蔵本（以下、京大本と称す）を用いることとする。

「公事訴訟取捌」は、第十項寺社幷離旦出入に第一六二条として、

一前菩提所ゟ之挨拶も不承届、剃髪於為は其寺院逼塞、

という法文を置いている。この法文は「庁政談」には存しない。ところが「律令要略」を見ると、第二十項寺社後住離旦の第三五九条に、

一檀那寺より挨拶も不承届、剃髪為致候寺院は逼塞、

という法文を見出すことができる。したがって、「律令要略」が編纂資料として参照したのは、「庁政談」ではなく、それを増補した「公事訴訟取捌」である。つまり、本書は「公事訴訟取捌」四〇〇箇条餘を参照し、その中より一六〇箇条餘を採録したのである。

本書が「公事訴訟取捌」の法文をどのように採録するかを眺めてみよう。「公事訴訟取捌」の法文は概して短文である。それ故、法文に変更を加えずにそのまま採り入れる場合が多い。しかし、修正する場合も存する。一例をあげて見よう。

一離別之証拠無之、女房親元ぇ参り居、相果といへとも、諸道具持参田畑不及返、（夫之）可為心次第也、

（「公事訴訟取捌」第一三〇条(23)）

一女房親元ぇ参居相果候共、離別之証拠於無之は、諸道具持参金田畑共ニ不及返之、夫之心次第たり、

（「律令要略」第三二六条(24)）

右の修正は、語句の順序を入れ替えて法文の意味する処を明瞭ならしめたのである。次に、但書を設けて法文を整備する場合が散見されるので、その一例を紹介しよう。

一取逃引負欠落もの、主人見合ニ本人を召連来ルおゐてハ、取逃之ものは前条有之通申付、右欠落之者当宿有之店請人取置候ハヽ、不憰成ものぇ店借シ立候品ヲ以過料、若当宿店借も取立ニおゐてハ尤当宿過料可申付、若取逃致引負候もの御仕置申付ル、

（「公事訴訟取捌」第二一六条(25)）

一取逃引負之欠落もの、主人見合ニ本人を召連れ来ルニおゐてハ、取逃者は前条ニ有之通申付、
但、右欠落もの、当宿ニ有之店請人取置候ハヽ、不憰成者之店請ニ立候品を以過料、若当店請も於不取置は、
尤当宿過料、

（「律令要略」第二九七条(26)）

また、「公事訴訟取捌」の法文中、長文のものについては複数の法文に分割することにより、法文の意味を明瞭ならしめることがある。その一例として四箇条に分割した事例を示そう。

一男女申合於相果は、死骸不及伺(弔)取捨、一方存命に候ハ、下手人、双方存命ニ候ハヽ、三日晒、非人之手下ニ申付ル、主人と下人と申合相果、主人存命ニ候ハヽ、不及下手人、非人手下申付ル、

（「公事訴訟取捌」第三〇九条(27)）

一男女申合、相果候もの、　死骸弔候事停止、取捨、
一一方於存命は、　下手人、夫有之者ハ死罪、
一双方於存命は、　日本橋ニて三日さらし、非人之手下、
一主人と下人申合、下人相果、主人於存命は、　不及下手人ニ、非人之手下、

（「律令要略」第四三九～四四二条(28)）

要するに、「律令要略」は「公事訴訟取捌」その半数近くの法文を取り込んだのであるが、その際、法意をより明

瞭にするために修正を加える場合が存するのである。

本書の各項目中、法文の多くを「公事訴訟取捌」から継承するのは、以下の通りである。五馬次、川岸、市場においては一二箇条のうちの九箇条、六田畑においては一〇箇条のうちの八箇条、八村境においては七箇条のうちの六箇条、九国郡境においては五箇条のすべて、一九跡式、養子縁組、後家においては四一箇条のうちの二六箇条、三四密通においては二九箇条のうちの一一箇条を「公事訴訟取捌」から採用している。

三　本書の編纂資料――編纂途上の「公事方御定書」――

本書は、「公事方御定書」の法文を多数収載している。その幾例かを紹介しよう。本書五三火附并火札の第六四九条は、左のような法文である[29]。

一火罪之者引廻之事、物取ニて火を附候もの不及晒、
　日本橋　両国橋　四ッ谷御門外　赤坂御門外　昌平橋外
右之分引廻し候時、人数不依多少、科書之捨札建置之、尤火を附候所其者居候所町中引廻し之上火罪、但捨
　札三十日建之、
一物取ニ無之火附は、さらし并不及捨札、火を附候処居所町中引廻之上火罪、

この法文は、「公事方御定書」下巻第七十条火附御仕置之事の第三・四項に同文である[30]。また、本書四五科人を為立退候類の第五九四・五九五・五九六条は、左のような法文である[31]。

一火附又は盗賊之上、人を殺し候もの、

一致徒党、人家ぇ押込或は追剥之類、

　右之類、科人同類ニは無之候共、其者ニ被頼、住所を隠、或は為立退候者、死罪、

一喧嘩口論当座之儀ニて人を殺候もの、

　右科人之同類ニは無之候共、義理を以被頼、住所隠、或は為立退候ものハ、急度叱、

この法文は、「公事方御定書」下巻第八十条科人為立退幷住所を隠候者之事の第一・二項に同文である。続いて本書一七奉公人請状の第二七八・二七九条は、次のような法文である。(32)

一自分之名を替、奉公人之請ニ立候者　江戸十里四方　追放、

　但、奉公人と馴合、判賃之外ニ給金之内をも配分取、為致欠落候ハヽ、死罪、

一人之仕業と相見候寄子之変死を、不存分ニいたし候者　所払、

　但、人之仕業と不相見、致変死候を不訴出分ハ、叱り、

この法文は、「公事方御定書」下巻第四十二条奉公人請人御仕置之事の第十四・十五項に同文である。

本書五五盗人の最初の一〇箇条は、第六七九条の「一人を殺、致盗候もの　引廻之上　獄門」で始まり、第六八八条の、

一手元ニ有之品を不斗盗取候類　金子は拾両より以上、雑物は代金ニ積り拾両位より以上　死罪、
金子は拾両より以下、雑物は代金ニ積り拾両位より以下　入墨之上敲、

に至る。(33)これらの法文は、「公事方御定書」下巻第五十六条盗人御仕置之事の第二項から第十一項までと同文であり、配列にも差異はない。

本書三五狼藉あはれ者の第五一六・五一七条は、

一御城内ニて口論之上、拾人以上敲合、摑合候もの　　双方当人　重追放、
同致荷担候もの　敲之上江戸払、
敲之上　所払、
一あはれ候て町所をさわかし候もの
　但、所々ニてあはれ候ニおゐてハ、敲之上中追放、

という法文であり[34]、これらは「公事方御定書」下巻第七十六条あはれもの御仕置之事の第一・二項に同文である。このように本書は「公事方御定書」の法文を採録するのであるが、右に示したのはその一部分に過ぎない。又、次に示す九項は「公事方御定書」の法文のみで構成される。一一借金、分散、一六欠落奉公人、盗人も准之、三五狼藉あはれ者、四六人相書を以尋、四八怪我ニて相果候もの之相手、五一辻番御仕置之事、五六廻船荷物、五八似せ事、毒薬、六四十五歳以下御仕置がそれである。すなわちこれらの項目は、「公事方御定書」の法文を採録するために設けられたのである（註（41）の一覧表参照）。

　ここで注意すべきは、「律令要略」は寛保二年三月成立の「公事方御定書」を参照した訳ではないということである。本書の序は、氏長なる人物が「寛保元酉年初夏」に記した。この時をもって本書の成立と捉えるならば、翌二年三月の「公事方御定書」を参照することはあり得ない。それ以前の、編纂作業のさなかにある「公事方御定書」の法文を参照しているのである。右に引用した火附并火札の第六四九条は、元文五年閏七月伺、同年同月下知となった法文である[35]。同様に、科人を為立退候類の第五九四～五九六条は元文五年十月伺、同年十一月七日下知[36]、奉公人請状の第二七八・二七九条は寛保元年三月二十三日伺、同年四月二日下知[37]、盗人の第六七九～第六八八条は寛保元年六月伺、同年九月二十二日下知[38]、狼藉あはれ者の第五一六・五一七条は寛保元年十一月伺、同二年二月二十九日下知[39]の法文である。

「公事方御定書」下巻の法文すなわち犯罪と刑罰との対応関係を定める刑法規定を決定するについては、御定書掛三奉行による法文案の提示と、それに対する徳川吉宗の承認ないし修正意見の表明とが幾度となく繰り返された。下巻の法文に限って言えば、元文五年閏七月十六日の三奉行伺、同月某日の下知に始まって、寛保三年三月伺、同月二十二日下知に至るまで、伺と下知は少なくとも十二回くり返された(40)。「律令要略」は右に見たように、寛保元年十一月伺、翌二年二月二十九日下知の法文までを収載する。本書の一八〇箇条餘が「公事方御定書」に基づく法文である(41)。

その後、寛保元年十二月に下巻三七箇条、翌二年三月に下巻四箇条についての伺がなされ、これらの法文案については寛保二年三月二十二日に下知があった。これを最終の下知として、五日後の三月二十七日をもって「公事方御定書」が成立するのである。本書は、この最終下知の法文を採録していない。このことは、本書に左のような法文が存することによっても裏付けられる。本書三〇隠売女幷相対死の第四三三条は、

一隠売女致商売ものを店ニ差置候者は　屋敷家財家蔵共ニ取上、
　但、地主は外ニ罷在、家主計差置候共、同断、

という法文である(42)。これに該当する「公事方御定書」の法文は、

一隠売女いたし候もの、幷踊子を抱置、為致売女候もの　家財取上、百日手鎖にて所預ケ、隔日封印改、

というものであり、こちらは寛保元年十二月伺、同二年三月二十二日下知の法文である(43)。また、本書五九関所破、人勾引の第七三六・七三七条は関所破りに関する法文であり、左の通りである(44)。

一関所脇道を越候もの、於其所　死罪、
一女を勾引、関所脇道忍越候頭取、於其所　磔、

一方、「公事方御定書」における関所破りの規定は、下巻第二十条関所を除山越いたし候もの幷関所を忍通候御仕

置之事に、

一関所難通類、山越等いたし候もの　　於其所　磔

　但、男に被誘引、山越いたし候女ハ奴、

一同案内いたし候もの　　於其所　磔

一同忍通り候もの　　重キ追放

　但、女ハ奴、

と定められており、「律令要略」の法文とは異なる。「公事方御定書」の右の法文は、寛保元年十二月伺、同二年三月二十二日下知によって定まったものである(45)。このように、本書は寛保二年三月二十二日下知の法文については、これを採録しないのである。

なお、本書には「公事方御定書」の元文五年草案と同意あるいは近似する法文を見出すことができる。本書四七理不尽、麁忽、怪我ニて人殺 手追餘病死の第六二二条は、

一手疵負候もの、元より死ニ及候疵ニて無之処、平癒之内餘病差発死候ハヽ、弥遂吟味、餘病ニて死候ニ於無紛は、相手不及下手人、

という法文であり(46)、これは元文五年草案の下四十疵被附候者外之病ニて相果疵付候者御仕置之事(47)に同文である。続く第六二三・六二四条もまた、元文五年草案の下四十二鉄炮あた落幷怪我ニて相果候者相手御仕置之事(48)に同文である。その他、元文五年草案に全くの同文ではないにしてもきわめて近似し、あるいは法意を同じくしかつ法文も類似する場合が存する。たとえば、本書一二借金、売懸金銀の第一七一条は、

一白紙手形ニて借金銀、手形は破捨、重キ過料、

という法文であり[49]、これは、元文五年草案の上五十三白紙手形ニて金子借之者(之)事の、

白紙手形ニて借シ金等仕候者有之候節、証文ハ破捨、重キ過料可申付事、

という本文と同意でかつ文面も近似する[50]。同様に、本書五二科人拷問幷訴人、旧悪の第六四五条は、

一旧悪之儀、重キ盗賊或は人を殺し候品抔は、たとひ相止候共、さかひも無之事故、御仕置ニ可被成候、為渡世

一旦致悪事、其後不宜事と存、相止候段於分明は、其品を立、過料等当分之咎申付、

という法文であり[51]、一方の元文五年草案の下四十三の旧悪御仕置之事は、左のような法文である[52]。両者は同趣旨であり、法文もさして変わりはない。

旧悪之儀、御法度を背候事(ニ)候間、御仕置可成候得共、重盗いたし或は人を殺候品なとハ、たとへ相止候と申候ても、さかひも無之事(に)候、渡世ノ為悪事一旦いたし候へ共、其後不宜事と(存)相止候段分明ニ付てハ、其品ヲ(被)取立、過料又ハ相当之咎可有之事、

これらの他にも法文の意味するところが同じであり、あるいは法文そのものが近似する事例が存する。すなわち、本書一公事訴訟罪科之者取捌大概の第三一・三二条は、元文五年草案の下二十九溜預ヶ之事・下二十八養生所ぇ遣候病人之事に同趣旨である。加えて本書一四家質、道具出入の第二一四条は、その法文が元文五年草案の上五十二家質済方之事に近似する。元文五年草案に依拠したであろうと思われる法文は、気づいた限りでは十四箇条に達する。本書が「公事訴訟取捌」の法文を採録する際、法意を明確にするための修正を加えたのと同様、元文五年草案の法文を採録するについても、法意を明瞭簡潔にするための修正を施している。

四　編纂の意図と編者氏長

第二・第三節において検証したように、「律令要略」はその全八二一箇条中、一八〇箇条以上を「公事訴訟取捌」から採録し、一九〇箇条餘を目下編纂中の「公事方御定書」から採録した。つまり、本書の半数近くの法文については、依拠資料が明らかになったわけである。さらに若干の法文については、依拠資料を指摘することが出来る。本書四七理不尽、麁忽、怪我ニて人殺手負餘病死の第六一八～第六二一条は、左のような法文である。[53]

一下人不届者ニ付、強く致折檻候故、相果候主人之妻　百日手鎖、

一鉄炮あた落ニて人ニ中り相果、相手存命之内下手人御免相願候付　追放、

一弟子を強折檻之上、食もあたへす候ゆえ、相果候を押隠候師匠　遠島、

一子供両人遊ひ候上、怪我ニて壱人を殺し、被殺候親下手人御免願候ニ付、百日押込置　不及下手人、

右四箇条の法文は、いずれも具体的な判例にもとづき、それを法文体に直したものである。その判例は左のA～Dである。

A　享保十三申年二月　召仕ヲ折鑑（檻）ニて敲候もの事

増上寺領巣鴨村善左衛門地借
才兵衛店請酒屋市郎兵衛女房
なつ

右なつ義、召仕権八と申十四歳ニ成候者、酒代幷見せニ置候売物盗ニ付、致折檻候処、当所急処之痛券（痛募）候哉翌朝

相果候、権八義常々不届者と相聞候間、折檻仕間敷儀ニも無之候得共、夫留守之義、其若輩者ニ候へとも、仕形も可有之処、折檻甚敷候故相果候、不埒之仕方ニ付、なつ儀手鎖を懸ヶ、夫市郎兵衛ぇ百日預候、

B

鉄炮あた落ニて人殺之事

後藤庄左衛門御代官所
武州秩父郡上吉田村　百姓
万右衛門

右猪狩ニ罷出、畑へ猪追懸候後、万右衛門持候鉄炮あた落致、近所之岩ニ中り、玉それ候て三之允と申者へ中り、其疵ニて三之允相果候由、右之通ニ候へハ、万右衛門下手人可為候得共、三之允存命之内、万右衛門義、親類其上ニ常ミ意趣等無之、不慮之怪我ニ候間、相果候共、下手人之御仕置御免被成下候様ニと相願、三之丞(ママ)親兄弟迄も同様ニ願候、三之允幷親兄弟、右(之)通相願候条、御構有之間敷候得共、鉄炮を打ニ出候上ハ、筒先等心を付、入念可取扱義、極りたる事ニ候処、畢竟麁末ゟあた落もいたし候、依之追放申付候、

右之通可被申渡候、

六月

C

享保十七年子十月
弟子を致折鑑(檻)相果候を隠置候者御仕置之例

小石川下紺差(ママ屋)町
知恩院末　源覚寺懐園　六十才

右懐園義、円宿(岩)・円達と申弟子共方へ相廻り候所、芝居見物いたし候由ニて夜ニ入帰り候旨、両人ともニ致折鑑(檻)候上、裸ニ致シ食をも不与、土蔵へ入置候へハ、翌日円達相果候処、密下人へ申付、死骸為埋、欠落分ニ致依科、

遠島申付候、

右之通、伺之上相済候、以上、

D　子供怪我ニて相果下手人ニ不及事

伊奈半左衛門御代官所
武州東葛西領下鎌田村百姓
市郎左衛門子半助
巳十三才

右半助義、同村百姓藤左衛門子十三才ニ相成候与助と申者と、狂い遊ひ候所(上)、いさかい抔ニも無之、半助持候小刀ニ与助当り、怪我ニて疵負相果候、親藤左(右)衛門も下手人御免之義願出候、依之下手人ニ不及、親一(市)郎右衛門方ニて百日押込置候様、伺之上申渡候事、

享保十年巳五月

A～Dはいずれも、「公事方御定書」の元文五年草案に見える判例である[54]。ただし、これらの判例は吉宗の指示によって採用を却下されたものである。それぞれの判例には却下の理由が、A「此ヶ条、例ニ難成ニ付、准御好除申候」、B「御好ニ付、本文之通大意計ニ成」、C「此ヶ条、例ニ難成義ニ付、准　御好除申候」、D「此ヶ条、前ミヶ条へ書加へ候ニ付、相除申候」と記されている。すなわち、本書は元文五年段階で不採用となった判例からも法文を採録したのである。ACは寺社領住民および僧侶についての事案であるから、寺社奉行所における判決と見るべきであろう。一方、BDは代官所管下の百姓についての事案であるから、勘定奉行所の判決であろう。

本書の半数ほどの法文については、具体的な依拠資料を明確にできないが、「幕府の判決の要旨を類集したもので

あろう」と述べる石井氏の見解(55)が当を得ているように思う。その判決の多くは、おそらく勘定奉行所のそれであろう。なお一部には、慣習法を成文法化した場合もあった。たとえば、

一木陰伐は、双方立合伐之事通例たり、（六田畑、第一一六条）

一女子も父之宗旨ニ成候儀通例也、（二〇寺社後住、離旦、第三五四条）

一惣て密通之儀、密会之所を押候か、或は艶書等其外慥成証拠等有之、密通と議定致す通例也、（三四密通、第四八七条）

というように(56)、「通例也」という文言で法文を締めくくる場合がそれに該当するであろう。また、左に示すのは「御定也」で法文を締めくくる(57)。これらの法文もまた慣習法か、あるいは判例法として定着していたのを成文法化したものと考えられる。

一諸人一同之御救ニは、米穀能出来候儀と、人々分限を守り、費不致様之御仕置を専要ニ申付、此外諸人ぇ不行渡儀は不申付御定也、（一公事訴訟罪科之者取捌大概、第五二条）

一奉公人之請ニ立候儀、口入慥ニ候共、其もの、出所元宿等承届、下請人入念取候御定也、（一八奉公人、欠落、取逃、引負、第二八六条）

一壇越之輩雖何寺たりと、可任其意、猥ニ僧侶之方より不可相争御定也、（二〇寺社後住、離旦、第三四二条）

一壇方建立由緒有之寺院住職之儀は、為其旦那計之条、本寺より遂相談、可任其意御定也、（同右、第三四三条）

一金銀を以後住之契約致へからさる御定也、（同右、第三四四条）

本書は、「公事訴訟取捌」、「公事方御定書」の編纂さなかの法文、おそらくはこれらに加えて勘定奉行所の判例などを主要な依拠資料として編集した法律書である。その内容は、人々の実生活にかかわる民事規定、犯罪と刑罰にか

かわる刑事規定との両者を包含している。

本書の書名に「律令」というのは、序の冒頭に、

> 律令は天下を治むる法なり、令は前方に教へて善ニ至らしめ、律は後ニ懲し、善ニすゝめ、罪を犯す事なき様ニとの意ニして、罪を犯して以後、其者をのかさす罪ニ行ハんとの意ニてハなし、

と述べる記述に基づくと思われる。(58) すなわち律令とは天下を統治するための法である。そのうち令は、「前方に教へて善ニ至らしめ」る教令法である。したがって、法の内容を人々に周知させるのである。それに対し、律は教令法である令に違犯した者を「後ニ懲」らすための懲罰法である。しかしながら、懲罰そのものが目的ではなく、人々を「善ニすゝめ、罪を犯す事なき様ニと」することが法の趣旨であると説く。「律令要略」という書名には、このような律令法の趣旨に基づく法律書であるという意味が込められているのであろう。民事規定が令の法文に、刑事規定が律の法文にそれぞれ該当する。(59)

「公事方御定書」編纂の開始直前である元文二年（一七三七）十一月、三七〇餘箇条から成る「評定所御定書」という法律書が成立した。(60) この法律書は、主として出入筋を裁くための法文で構成されている。その増補版というべき「公事訴訟取捌」は刑事規定を多く増補したものの、法文の半数以上が民事規定で占められる。一方、今まさに編纂中の「公事方御定書」上下巻は、吟味筋を裁くための刑事規定を中心として編纂されようとしていた。そこには、国郡や村の境界争い、入会に関する争い、漁撈・狩猟をめぐる海川山の論争、田畑など耕作地をめぐる論争、堤井堰など利水治水問題、相続・養子・離婚のもめごと、および質入や借金をめぐる紛争、寺社後住や離旦等々を裁く規定、すなわち出入筋を裁くための実体法はほとんど含まれていない。(61) 編者氏長は、こうした状況を承知していて、出入筋および吟味筋の双方に対応可能な法律書として本書を編纂したのではなかろうか。それ故に本書冒頭に序を置いて吟

味筋の心得を説き、ついで公事訴訟取捌之心得を配して出入筋の心得を説くのであろう。

本書の序には「寛保元酉年初夏日」という年月が記されるが、これはあくまでも氏長が序を記した年月であって、本書成立の年月ではない。すでに考察したように、氏長は寛保二年二月二十九日に下知となった「公事方御定書」の法文を採録する一方、翌三月二十二日下知の法文を採録していない。したがって、本書の成立は寛保二年二月二十二日以後まもなくのことである(62)。

氏長は、人物がいまだ特定されていない。氏長は、「評定所御定書」を増補した「公事訴訟取捌」を利用している。したがって「公事訴訟取捌」の成立は、元文二年十一月以降寛保元年頃の間に求められる。これらの法律書の成立には、勘定奉行所に所属する勘定あるいは支配勘定、または評定所留役などが関与していると推測されるが、本書の編者は「公事訴訟取捌」をいち早く利用できる立場にあった人物である。氏長は、編纂が進行中の「公事方御定書」の法文をも参照できた。周知のように、「公事方御定書」は三奉行以外には他見を許さない秘密法として成立した。そのように機密性の高い法文を見ることが出来たのである。加えて、「大明律例譯義」をも参照している。「大明律例譯義」は享保五年（一七二〇）十二月、和歌山藩の儒医高瀬喜朴が将軍吉宗の命によって著述し、将軍に捧呈した書である。したがってこちらもまた、たやすく見ることの出来る書物ではない。氏長が参照した寛保元年（一七四一）の頃は、捧呈ののち約二十年の歳月が経過しているとはいえ、その写本が巷間に流布している筈もない。この書を参照することが出来るのは、特定の部署に所属する幕府役人に限られるであろう(63)。

これらの依拠資料をもっとも容易に利用できる人物は、「公事方御定書」編纂を担当する実務役人であろう。寛保二年四月六日、「公事方御定書」編纂の功績により、四人の実務役人が御定書御用掛三奉行とともに褒賞された。その四人とは、勘定で評定所留役の任にある浅井半左衛門、鵜飼左十郎、支配勘定の岩佐郷蔵、倉橋武右衛門である(64)。

浅井は元文二年六月に勘定に昇格するとともに評定所留役に就いた。三十八歳の時である。鵜飼は三十歳の元文五年五月、勘定に昇格して評定所留役に就任した。岩佐、倉橋の両人は支配勘定として「公事方御定書」の編纂に従事するが、その就任年は不明である。寛保二年の時点で、岩佐、倉橋共に三十八歳である。(65) 岩佐は寛保二年十二月に勘定に昇格して評定所留役に就き、翌三年七月頃までには浅井の後任の御定書掛となった。(66)

前述したように、公事吟味之心得の内容をみると、本書は評定所や勘定奉行所など中央の裁判役所の実務役人が用いるために編述されている。本書をめぐる以上に述べた状況からするならば、本書の編者としては、この四人のいずれかがふさわしいと思う。そこで着目すべきは、序の末尾に「寛保元酉年初夏日　御勘定奉行公事方／杉岡佐渡守／氏長」という文言をもつ伝本の存在である。(67) この記事は、勘定奉行杉岡佐渡守能連を本書の編者に仮託しているのである。杉岡佐渡守は「公事方御定書」編纂の当初、御定書御用掛三奉行の一人として主力となって作業を推進する。ところが、第二次草案である「元文四未年御帳」の編纂に着手して三箇月半ほど経った元文三年（一七三八）七月二日、現職のままで逝去してしまう。つまり、寛保元年（一七四一）四月には生存していないのである。杉岡佐渡守に仮託した理由は、彼に縁の人物が本書を編纂したからではなかろうか。右の四人の内、杉岡佐渡守のもとで評定所留役の任にあったのは浅井半左衛門である。編者としては浅井半左衛門が最有力であろう。(68)「氏長」というのは、あるいは架空の名かも知れない。機密に属する資料を利用したために、実名を避けたということも考えられる。しかしながら、具体的な史料によって編者氏長を特定できたわけではない。なお後考に期待したい。

編者を浅井半左衛門に想定したとしても、腑に落ちないことがある。それは、本書が寛保二年三月二十二日下知の「公事方御定書」法文を採録しないことである。本書がこの直前に成立したとしても、その後、浅井がそれを補充するのは容易なことである。最終下知の法文を採録しなかったという意味において、「律令要略」は未完の法律書と言うべきであろうか。又、序の日付が本文成立の年月より十箇月ほど前であることも不可解である。序が先に出来て本文成立が遅れたという単純なことなのか、あるいは特別な理由が存することなのか不明である。

ともかくも、「律令要略」は「公事方御定書」の編纂がまもなく終了しようする時に成立したとみなされる。本書と同様、「公事方御定書」の編纂が進められている最中に成立した法律書が他にも存する。それは「評定所御定書」や「公事訴訟取捌」、および編纂途上にある「公事方御定書」の法文とを組み合わせて一書とした法律書である。後者は「公事方大成」「当時御法式」「裁許破掟背」「元文秘録」「台政評定訣」などと題する写本として伝えられている。「公事方大成」と「当時御法式」の両書は、寛保元年六月伺、同年九月二十二日下知の法文が組み合わさっている。「裁許破掟背」は寛保元年十一月伺、翌二年二月二十九日下知の法文が組み合わさっている。「元文秘録」は、寛保元年六月伺、同年九月二十二日下知の法文および寛保元年十一月伺、翌二年二月二十九日下知の法文を収載している。「台政評定訣」は、元文五年閏七月十六日伺、同月下知の法文に始まって、寛保元年十一月伺、同二年二月二十九日下知の法文に至る、実に五三箇条を収載している。[69] したがってこれらの法律書の成立は、寛保元年九月二十二日下知以降、寛保二年二月二十九日下知の直後までの間に求められる。編者として想定されるのは、やはり御定書御用掛を

むすび

勤める評定所留役、支配勘定あるいは彼らの同僚などであろう。「律令要略」成立の背景には、これらの法律書の存在があったということである。

以上に見た事実からすると、寛保元年九月以降、「公事方御定書」の編纂途上の法文と「評定所御定書」あるいは「公事訴訟取捌」とを組み合わせた法律書の幾種類かが作られ、「律令要略」はこれらの成果を採り入れ、法文をより洗練させるとともに、項目を立てて法文を類集して法律書としての体裁を整えたのであった(70)。

前述したように中田薫氏は、本書には「「律令」概念の復活」が見られ、これを「中世法と異なる法律観の変化」と捉えておられる(71)。重要な指摘である。「律令要略」は、律令法の考え方を念頭に置いて編纂された私撰の法律書なのである。律令法概念の芽生えは、享保年間における日中律令に関する研究がこれをもたらした。それらの研究はすべて将軍吉宗が主導したと言ってよい。高瀬喜朴著述の「大明律例譯義」はその先駆けをなす仕事である(72)。

註

(1) 石井良助「『近世法制史料叢書』第二序」三頁、昭和三十四年、創文社。
(2) 岡琢郎「『牧民心鑑・素書・律令要略序等』解説」三～四頁、『司法資料』別冊一六号、昭和十八年、司法省秘書課。
(3) 石井良助「『近世法制史料叢書』第三序」二頁。
(4) 中田薫「古法雑観」『法制史論集』第四巻五四頁、昭和三十九年、岩波書店、(初発表は昭和二十六年)。
(5) 茎田佳寿子『江戸幕府法の研究』九九～一〇一頁、昭和五十五年、巌南堂書店。
(6) 服藤弘司『刑事法と民事法』幕藩体制国家の法と権力Ⅳ、一七五頁、昭和五十八年、創文社。
(7) 高塩博「『大明律例譯義』について」小林宏・高塩博編『高瀬喜朴著 大明律例譯義』所収七三〇頁、平成元年、創文社。
(8) 大庭脩『江戸時代における中国文化受容の研究』二三二頁、昭和五十九年、同朋舎出版、高塩博「『大明律例譯義』について」前掲書七二四～七二五頁。

(9) 石井良助編『近世法制史料叢書』第二、二九七～二九九頁。

(10) 高塩博「『大明律例譯義』について」前掲書七二〇～七二二頁。

(11) 小林宏・高塩博編『高瀬喜朴著 大明律例譯義』六頁。

(12) 石井良助編『近世法制史料叢書』第二、二九七頁。

(13) 小林宏・高塩博編『高瀬喜朴著 大明律例譯義』六～七頁。

(14) 小林宏・高塩博編『高瀬喜朴著 大明律例譯義』八頁。

(15) 石井良助編『近世法制史料叢書』第二、二九七頁。

(16) 小林宏・高塩博編『高瀬喜朴著 大明律例譯義』九頁。

(17) 石井良助編『近世法制史料叢書』第二、二九九・三〇〇頁。

(18) 「庁政談」は、「右三百七拾ヶ条は、元文弐年巳十一月、三奉行伺之上、評定所之御定書也」という奥書を有し、ここに「評定所之御定書」と見えている。「庁政談」系統の写本は夥しい数が今日に伝存するが、「庁政談」の書名をもつ伝本はごく少数である。右の奥書に基づいて書名を「評定所御定書」とするのが、本書の性格をより的確に表現するように思う。『幕府時代の掟及古文書数種』は、「御評定所定書」と題する写本を翻刻して収載する（『名古屋控訴院管内司法資料』一九号四五～七四頁、昭和十年、名古屋控訴院）。「庁政談」が三六〇条であるのに対してこの書は三五五条で、条文数がやや少ないがその内容は「庁政談」に同じである。その奥書は「右三百七十余ヶ条は元文二年己（ママ巳）十一月、縦奉行所窺之上、評定所之御定書也」というものである。著者所蔵本中にも「評定所御定書」と題する写本が存し、「右三百七拾余ヶ条は元文二年巳十一月、従三奉行窺之上評定所之御定書也」という奥書が存する。本書は三七六条を存し、若干の異同が見られるが、その法文の配列と内容は「庁政談」に同じである。茎田氏も「庁政談」系統本二四本を紹介するについては、「評定所定書」という項目をたてて説明している（『江戸幕府法の研究』八九～九八頁）。したがって、本章では奥書を尊重して「評定所御定書」という書名を用いることにする。

なお、橋本久氏は、「庁政談」系統本を調査された際、その表題について次のように述べておられる。「元来定まった名ももたぬまま流布した本と推定し、かりに冒頭の項目名を採用して「公事訴訟取捌」の名を用いておきたい。当初の本を「評定所御定」と称した可能性はある」（「『公事訴訟取捌』小考」高井悌三郎先生喜寿記念『歴史と考古学』六四九頁、昭和六十三年、真陽社）。

茎田氏の研究によると、「評定所御定書」は類本が多く、それらは条文数の上から三群に分けて考えることができるという。すなわち、二七〇箇条前後の第一群、奥書の三七〇箇条に準じる第二群、三八〇箇条から四〇〇餘箇条の第三群である。第一群は「元文二年二月、古例、先例を中心としたもの」であり、第二群は、「第一群を原本として、「公事訴訟取捌」（「公事掛」）「質田地論借金」「奉公人出入」「裁許破掟背」「御仕置者」の項を増補し、古例、先例集から「公事訴訟取捌」規則へ形式がととのってくる。しかし一条Ⅱ項に大岡越前守支配の特例を規定していない。また元例の御書付をそのまま載録するなど、増補の大半が法令そのままを箇条書にした長文となる」という。第三群は、「一条Ⅱ項に「元文三午年御帳」の下ヶ札による、大岡越前守支配の特例が載録され、下限は寛保元年四月までで、「公事方御定書」編纂過程を反映する」という（『江戸幕府法の研究』九九〜一〇〇頁）。

(19)　石井良助「『近世法制史料叢書』第三序」二頁。

(20)　「庁政談」の奥書には「三百七拾ヶ条」とあり、編者石井氏が番号を与えた法文数は三六〇箇条である。「庁政談」は第二七五条と第二七六条との間に八箇条を脱落させている。後述する「公事訴訟取捌」（京大本）の第二八九条から第二九六条に該当する法文である。したがって、「庁政談」に収載する法文数は本来、奥書に記すとおり三七〇箇条であったと思われる。しかし茎田佳寿子氏によると、「評定所御定書」の条文数は、元文二年十一月時点においては三七〇箇条よりはるかに少ないという（『江戸幕府法の研究』九八〜九九頁）。法文数の検証は、後考に俟ちたい〔本書第二部第一章一〇六頁参照〕。

(21)　茎田佳寿子氏は、「律令要略」と「庁政談」とを比較して、左のように述べておられる（『江戸幕府法の研究』一〇一頁）。

「律令要略」各諸本は名称・内容ともほぼ一定しているが、「庁政談」系統本は、異同が多い。「律令要略」は私撰であるが、「庁政談」は私撰・公撰について議論がある。両者の決定的な差異は、「律令要略」が「公事方御定書」に準じているのに対して「庁政談」系統本はいずれも、「御仕置」の中心である「逆罪」「人殺」「下手人」「重キ科人」等の条文を欠く。

(22)「庁政談」系統の類本については、荎田佳寿子『江戸幕府法の研究』八九～一〇四頁参照。

「公事訴訟取捌」と題する法律書は、橋本氏によって京都大学法学部所蔵本が、藪氏によって東京大学法学部法制史資料室所蔵本がそれぞれ翻刻されている。左のごとくである。

橋本久「『公事訴訟取捌』（京都大学法学部所蔵）」大阪経済法科大学『法学研究所紀要』八号、昭和六十二年

藪利和「〈資料〉公事訴訟取捌」『札幌学院法学』一二巻二号、平成八年

京大本は四〇七箇条、東大本は四一一箇条である（藪氏の翻刻は条文番号を与えていないので、筆写が数えた）。両者の間には、ごく少しながら法文の出入が見られ、配列についてもきわめてわずかの差異が存する。しかしながら、両書は同じ法律書とみてよい。

備後国福山藩が所蔵した「御定書写」と題する幕府法律書もまた、「公事訴訟取捌」と同じ内容を持ち、四〇六箇条から成る（条文数は筆者が数えた）。この写本は、左記に翻刻紹介されている。

林紀昭「鏡櫓文書館蔵『御定書写』――「御定書系藩刑法典の一考察」参考史料（Ⅱ）――」関西学院大学『法と政治』三三巻二号、昭和五十七年

橋本氏はまた、弘前藩士菊池形左衛門の筆写した「公事訴訟取捌」をも翻刻しておられる（「弘前藩の刑法典(七)――寛政律――」大阪経済法科大学『法学論集』一五号、昭和六十二年）。本書は、四〇四箇条から成り、条文配列においては京大本、東大本との異同が見られる。

(23) 橋本久「『公事訴訟取捌』（京都大学法学部所蔵）」前掲誌七三頁。

(24) 石井良助編『近世法制史料叢書』第二、三二六頁。

(25) 橋本久「『公事訴訟取捌』（京都大学法学部所蔵）」前掲誌八〇頁。

(26) 石井良助編『近世法制史料叢書』第二、三二四頁。

(27) 橋本久「『公事訴訟取捌』(京都大学法学部所蔵)」前掲誌八六頁。
(28) 石井良助編『近世法制史料叢書』第二、三三四頁。
(29) 石井良助編『近世法制史料叢書』第二、三四七頁。
(30) ここで比較対照する「公事方御定書」下巻の法文は、寛保二年三月成立時の法文である。この時の法文については、茎田佳寿子『江戸幕府法の研究』五七一〜六〇八頁、藪利和「「公事方御定書下巻」の原テキストについて」『幕藩国家の法と支配』高柳真三先生頌寿記念七九〜一三八頁、昭和五十九年、有斐閣)参照。
(31) 石井良助編『近世法制史料叢書』第二、三四三頁。
(32) 石井良助編『近世法制史料叢書』第二、三二二頁。
(33) 石井良助編『近世法制史料叢書』第二、三五〇頁。
(34) 石井良助編『近世法制史料叢書』第二、三三八頁。
(35) 司法省蔵版・法制史学会編、石井良助校訂『徳川禁令考』(平成二年第五刷、創文社)後集第三、三九二〜三九三頁。
(36)『徳川禁令考』後集第四、八一〜八二頁。
(37)『徳川禁令考』後集第二、四一六〜四一七頁。
(38)『徳川禁令考』後集第三、一八九〜一九一頁。
(39)『徳川禁令考』後集第四、三四〜三五頁。
(40) 元文五年閏七月の三奉行伺から徳川吉宗による寛保二年三月二十二日下知にいたる「公事方御定書」の編纂過程については、高塩博「「公事方御定書」の編纂途上の法文を載せる法律書」(『國學院法學』五二巻一号六五〜六六頁、平成二十六年〔本書第二部第二章一四一〜一四二頁〕)参照。
(41)「律令要略」に収載する編纂途上の「公事方御定書」の法文を一覧すると、左のようである。
★元文五年閏七月十六日伺、同年同月下知の法文(下巻五箇条)の内、左記の二箇条。
・「律令要略」五二科人拷問并訴人、旧悪の第六四三条……「公事方御定書」下巻第八十三条拷問可申付品之事

・同五三火附幷火札の第六四九条……同第七十条火附御仕置之事の第三・四項

★元文五年八月伺、同年八月二十八日下知（上巻二箇条・下巻四箇条）の法文の内、左記の二箇条。

・同一公事訴訟罪科之者取捌大概の第三九・四〇条……同第十一条論所見分幷地改遣候事の第一・二項

・同三公事出入証拠不用の第七五条……同第十三条裁許可取用証拠書物之事

★元文五年九月伺、同年十月五日下知の法文（上巻二箇条・下巻二箇条）の内、左記の一箇条。

・同一二借金、売懸金銀の第一六九・一七〇条……同第四十条偽之証文を以金銀貸借いたし候者御仕置之事

★元文五年十月伺、同年十一月七日下知の法文（下巻六箇条）の内、左記の二箇条。

・同四五科人を為立退候類の第五九四～五九六条……同第八十条科人為立退幷住所を隠候者之事の第一・二項

・同五四盗賊幷携候類の六七〇～六七二条……同第五十七条盗物質ニ取又ハ買取候もの御仕置之事の第一～三項

★元文五年十二月伺、寛保元年四月十四日下知の法文（下巻五箇条）の内、左記の五箇条。

・同一〇借金銀の第一六〇～一六四条……同第三十三条借金銀取捌之事の第一～五項

・同一一借金、分散の第一六五条……同第三十五条借金銀分散申付方之事

・同十五田畑永代売買、質田畑、小作滞取捌、二重質、二重書入、二重売の第二二五・二二六・二三一～二四四条……同第三十一条質地小作取捌之事の第一・四・六～十七項

・同一六欠落奉公人、盗人も准之の第二五九～二六四条……同第四十三条欠落奉公人御仕置之事の第二～七項

・同一七奉公人請状の第二六五～二七七条……同第四十二条奉公人請人御仕置之事の第一～三・五～十三項

★寛保元年三月二十三日伺、同年四月二日下知の法文（下巻三箇条）の内、左記の二箇条。

・同一六欠落奉公人、盗人も准之の第二五八条……同第四十三条欠落奉公人御仕置之事の第一項

・同一七奉公人請状の第二七八～二七九条……同第四十二条奉公人請人御仕置之事の第十四・十五項

★寛保元年六月伺、同年九月二十二日下知の法文（下巻九箇条）の内、左記の八箇条。

・同一一借金、分散の第一六六条……同第三十九条倍金幷白紙手形ニて金銀貸借いたし候もの御仕置之事

・同二九地頭ぇ強訴、其上致徒党逃散之百姓の第四三〇条……同第二十八条地頭ぇ対し強訴其上致徒党逃散之百姓御仕置之事
・同三一隠鉄炮打、鳥殺生人、同訴人の第四五一～四五七条……同第二十一条隠鉄炮有之村方咎之事の第一～八項
・同四三申掛偽の第五八六条……同第六十五条申掛いたし候者御仕置之事の第五項
・同四八怪我ニて相果候もの之相手の第六二五～六二七条……同第七十四条怪我にて相果候者相手御仕置之事の第一～三項
・同五五盗人の第六七九～七〇〇条……同第五十六条盗人御仕置之事の第一～十一項・十六～二十六項
・同六三人殺の第七七二～八〇三条……同第七十一条人殺并疵附等御仕置之事の第一～六・十一～十八・二十一・二十二・二十五・二十七・二十八・三十～四十・四十二・四十三項
・同六四十五歳以下御仕置の第八一九～八二一条……同第七十九条拾五歳以下之者御仕置之事の第一～三項
★寛保元年十一月伺、寛保二年二月二十九日下知（下巻三四箇条）の法文の内、左記の二三箇条。
・同一一借金、分散の第一六七条……同第三十三条借金銀取捌之事の第七項
・同一五田畑永代売買、質田畑、小作滞取捌、二重質、二重書入、二重売の第二五五～二五七条……同第三十七条二重質二重書入二重売御仕置之事の第一～三項
・同一七奉公人請状の第二八二～二八四条……同第四十二条奉公人請人御仕置之事の第十六項および寛保二年三月までに削除の二項
・同二七軽罪の第四〇五・四〇六条……同第八十四条遠島者再犯御仕置之事の第一・二項
・同三五狼藉あはれ者の第五一六・五一七条……同第七十六条あはれもの御仕置之事の第一・二項
・同三五狼藉あはれ者の第五一八条……同第七十五条婚礼之節石を打候もの御仕置之事
・同三八御法度之宗旨、新規之神事仏事奇怪異説の第五三五～五四〇条……同第五十二条三鳥派不受不施御仕置之事の第一～六項
・同三八御法度之宗旨、新規之神事仏事奇怪異説の第五四一・五四二条……同第五十三条新規之神事仏事并奇怪異説御仕置之事の第一・二項

・同四四科人欠落尋の第五八七～五八九条……同第八十二条科人欠落尋之事の第一・二項
・同四六人相書を以尋の第六〇一～六〇三条……同第八十一条人相書を以御尋に可成もの之事
・同五〇可訴出儀を押隠候類の第六三六・六三七条……同第五十九条倒死幷捨物手負病人等有之を不訴出もの御仕置之事の第一・二項
・同五一辻番人御仕置の第六三九～六四二条……同第八十六条辻番人御仕置之事の第一～四項
・同五三火附幷火札の第六五四・六五五条……同第七十条火附御仕置之事の第一・二項
・同五四盗賊幷携候類の第六七六～六七八条……同第五十七条盗物質ニ取又ハ買取候もの御仕置之事の第四～六項
・同五五盗人の第七〇一～七〇四条……同第五十六条盗人御仕置之事の第十二～十五項
・同五六廻船荷物の第七〇五・七〇六条……同第三十八条廻船荷物出売出買幷船荷物押領いたし候もの御仕置之事の第一・二項
・同五七謀書、謀判、巧偽、火札捨文捨子の第七二五・七二六条……同第六十二条謀書謀判いたし候もの御仕置之事の第一・二項
・同五七謀書、謀判、巧偽、火札捨文捨子の第七二七・七二八条……同第六十三条火札張札捨文いたし候もの御仕置之事の第一・二項
・同五七謀書、謀判、巧偽、火札捨文捨子の第七二九・七三〇条……同第四十五条捨子之儀ニ付御仕置之事の第一・二項
・同五八似セ事、毒薬の第七三一・七三二条……同第六十六条毒薬幷似せ薬種売御仕置之事の第一・二項
・同五八似セ事、毒薬の第七三三条……同第六十七条似せ金銀拵候もの御仕置之事
・同五八似セ事、毒薬の第七三四・七三五条……同第六十八条似せ秤似せ枡似せ朱墨拵候者御仕置之事の第一・二項
・同六三人殺の第八〇四～八一八条……同七十一条人殺幷疵附等御仕置之事の第七～十・十七・十九・二十・二十三・二十四・二十六・二十九項

この一覧表からも分かるように、「律令要略」は下知の済んだ「公事方御定書」の法文を漏れなく採録したわけではない。採

録にあたっては何らかの基準にしたがって取捨選択がなされたのであろう。

(42) 石井良助編『近世法制史料叢書』第二、三三三頁。
(43) 『徳川禁令考』後集第三、二頁。
(44) 石井良助編『近世法制史料叢書』第二、三五三頁。
(45) 『徳川禁令考』後集第二、二六頁。
(46) 石井良助編『近世法制史料叢書』第二、三四五頁。
(47) 高塩博「「公事方御定書」の編纂過程と「元文五年草案」について」『國學院法學』四八巻四号一一八頁、平成二十三年〔本書史料篇三九二頁〕。
(48) 同右一一九頁〔本書史料篇三九三頁〕。
(49) 石井良助編『近世法制史料叢書』第二、三一四頁。
(50) 高塩博「「公事方御定書」の編纂過程と「元文五年草案」について」前掲誌一〇三頁〔本書史料篇三七五頁〕。
(51) 石井良助編『近世法制史料叢書』第二、三四七頁。
(52) 高塩博「「公事方御定書」の編纂過程と「元文五年草案」について」前掲誌一一九頁〔本書史料篇三九四頁〕。
(53) 石井良助編『近世法制史料叢書』第二、三四五頁。
(54) 高塩博「「公事方御定書」の編纂過程と「元文五年草案」について」前掲誌一一一・一一二・一一九頁〔本書史料篇三八四〜三八六・三九三頁〕。
(55) 石井良助「『近世法制史料叢書　第二』序」三頁。
(56) 石井良助編『近世法制史料叢書』第二、三一〇・三一八・三三七頁。
(57) 石井良助編『近世法制史料叢書』第二、三〇六・三二三・三二七頁。
(58) 石井良助編『近世法制史料叢書』第二、二九七頁。
(59) 前掲した中田薫氏の指摘が、「律令要略において律と云い令と云うものは、具体的に如何なる規定を指ざしたものであるか」

として、刑事法にあたる法文を律と捉え、「著者が令と称したものは恐らく此民事的判例であろう」と述べるのは、当を得ていよう。

（60）石井良助『近世法制史料叢書』第三「序」二頁参照。

（61）「公事方御定書」の中に民法規定が少ないことにつき、笠谷和比古氏は、

同書（『公事方御定書』——引用者）においては民事訴訟法関係の条項は少なからず存在するのであるが、民法関係の条項が僅少であることが、しばしば指摘される。しかしながらこれは『公事方御定書』では民法関係の事項を除外したというのではなく、実体私法一般が徳川時代の幕府制定法の中で発達しなかったという事情に由来しているのであろう。

と述べておられる（「習俗の法制化」『岩波講座日本通史』第一三巻近世三、一五二頁、平成六年）。「公事方御定書」に「民法関係の条項が僅少であること」は事実である。しかしこの事実は、「実体私法一般が徳川時代の幕府制定法の中で発達しなかったという事情に由来」するのではないと考える。なぜなら、民法の実体法については、「評定所御定書」乃至「公事訴訟取捌」に委ねるという「公事方御定書」の編纂方針に由来すると考えるからである。

ちなみに、笠谷氏は右論文を『徳川吉宗』（ちくま新書、平成七年）に再録するが、右の一説を削除しておられる（同書一四三頁）。

（62）「律令要略」は一公事訴訟罪科之者取捌大概の第六十六条として、諸宗寺院に関わる公事訴訟の取扱いについての触書を載せるが、その日付は寛保元年十一月十八日である。「寛保元酉年初夏日」は、やはり序を記した日付と解すべきであろう。

（63）幕府評定所が所持していた「大明律例譯義」が、今日、国立公文書館内閣文庫に伝えられている（架号一八二—五八二、高塩博「『大明律例譯義』について」前掲書七二九・七三二頁）。評定所は「公事方御定書」の編纂当時において、すでにこの書を所持していて利用に供していたと考えられる。

（64）御定書御用掛を褒賞する記事は、「公事訴訟取捌」の写本の巻末にしばしば見られる。左のような記事である（括弧内は引用者）。

寺社奉行　牧野越中守（貞通）

時服七

同 四 町奉行 石河土佐守（政朝）
同 四 御勘定奉行 水野対馬守（忠伸）
右は御定書御用相勤候ニ付、於御座之間 御目見、且又拝領物有之、
戌四月六日
金一枚 御勘定評定所留役 浅井半左衛門（豫充）
同 断 同 断 鵜飼左十郎（実道）
銀五枚 支配勘定評定所書物方 岩佐郷蔵（茂矩）
同 断 同 断 倉橋武右衛門（景平）
右御定書御用相勤候ニ付、躑躅之間ニて被下之旨、松平左近将監殿被仰渡、
戌四月八日

(65) 『新訂 寛政重修諸家譜』第二十、九・一五五頁、同第二十一、一二六・一九五頁、昭和四十一年、続群書類従完成会。
(66) 大岡忠相日記の寛保三年七月十二日条に、「留役御用懸り」として鵜飼左十郎と岩佐郷蔵の名が記される（大岡家文書刊行会編『大岡越前守忠相日記』中巻一〇〇頁、昭和四十七年、三一書房）。
(67) 著者所蔵本、ならびに古書目録（『福地書店和本書画目録』平成十七年七月号）所載の伝本。後者は名古屋大学教授神保文夫氏のご教示による。
(68) 茎田佳寿子氏もまた、「律令要略」は「勘定奉行所配下評定所属吏のもとで」編纂がなされたと指摘しておられる（『江戸幕府法の研究』一〇一頁）。
(69) 高塩博「「公事方御定書」の編纂途上の法文を載せる法律書」『國學院法學』五二巻一号〔本書第二部第二章〕。
(70) なお、「律令要略」と同じ本文をもつ法律書に、「通律秘訣」と題する写本が存する。「通律秘訣」は、本文の前に次の記事を存する。それは⑴御製大明律序、進大明律表、⑵本朝五罪并異国五刑、本朝八虐并異国十悪、本朝六議并異国八議、異国例分八字之義、⑶律意、⑷公裁得趣、⑸御評定所掛札、⑹通例律、⑺律目である。このうち⑶律意と⑷公裁得趣とは、「律令要

略」の序と公事訴訟之心得とにそれぞれ同じである。また(7)律目は目録のことである。共に表現を変えただけで、内容は「律令要略」に同じである。したがって「通律秘訣」による増補は、(1)(2)(5)(6)である。(6)通例律は、通則規定を六九箇条にまとめたものである。その第二十三条に「一御三家御三卿老若三位以上ハ、応議ニ准シ、伺ノ上決断スヘシ」とあって、ここに「御三卿」と見える。御三卿の清水家は宝暦九年（一七五九）の創立であるから、「通律秘訣」の編述は同年以降のことである。本書の伝本は、東京都立中央図書館所蔵本（架号六二三―四〇）、酒田市立光丘文庫所蔵本（架号三六五七）を確認できたに過ぎない。さほど普及しなかったようである。

(71)　中田薫「古法雑観」前掲書五四頁。

(72)　吉宗の主導した享保年間の日中律令法の研究とその成果については、大庭脩『江戸時代における中国文化受容の研究』（昭和五十九年、同朋舎出版）、高塩博「江戸時代享保期の明律研究とその影響」（池田温・劉俊文編『日中文化交流史叢書』第二巻法律制度所収、平成九年、大修館書店、〔本書第一部第二章〕）、同「荷田春満の律令研究」（『新編荷田春満全集』第九巻律令所収解説、平成十九年、おうふう、〔本書第一部第一章〕）等参照。

第三部　「公事方御定書」の成立

――編纂と増補修正の過程――

第一章　「公事方御定書」の元文三年草案について

――「元文三午年御帳」の伝本紹介――

はじめに

最近（平成二十五年四月）、古書肆を通じて「公規矩之書」と題する江戸時代の写本（一冊）を入手した。中を披くと、書付、触書、覚書などの幕府法令が二十六部に分類されて多数収載されている。注目すべきは、墨附第一丁の表に、

公事方
　御定書并窺之上被　仰渡候書付
　　弥此通定置、追て被　仰出等此帳ニ可記儀ハ書記可申候、
　　　其節ゝ其趣書付可差出旨、被仰聞承知仕候、
　　　　午三月十四日　　　　　　　　評定所一座

と記されていることである（本書史料篇六口絵参照）。本書は、どうやら幕府「公事方御定書」の元文三年（一七三八）時点における草案（「元文三午年御帳」）の伝本であるらしい。

本章は、以下の考証によってこの事を確かめ、もって「公事方御定書」の編纂過程をより明瞭ならしめることを目的とする。また、本書の出現により、前稿の考証に誤りの存することが判明したので、これを補正することとしたい。[1]

「公事方御定書」編纂の過程において、御定書御用掛三奉行（以下、御定書掛三奉行と言う）がまとまりある草案として将軍徳川吉宗に提出したのは、元文三年、同四年、寛保二年の三回である。「御定書出来候節之書物取調候趣」に「元文三午、同四未、寛保二戌、三ヶ度上り候御帳」と記されるのがそれである。[2]本章は、これらを「元文三午年御帳」「元文四未年御帳」「寛保二戌年上り帳」と称する。それぞれの提出時期は「元文三午年御帳」が同年三月十四日以前、「元文四未年御帳」が同年三月二十二日、「寛保二戌年上り帳」が同年中の三月十日以前、「元文四未年御帳」が同年三月のことである。このうち、「元文三午年御帳」の法令を収載する伝本については、今日までに紹介されたことがある。それは、茎田佳寿子氏発見の、

「評定一座大概之記」一巻二冊、明治大学博物館所蔵

と、林紀昭氏発見の、

「公事方御定書并伺之上被仰渡書付」上下二冊、関西学院大学基礎法学研究室収集古文書

とである[3]。両書の詳細ならびに「公規矩之書」と両書との比較は後述するとして、「公規矩之書」の正体を解明するについては、両氏の研究とりわけ林氏の研究に大きな示唆を得ている。はじめにこの事を述べて、先学の学恩に感謝する次第である。

一　元文二年の「巳年差上候御定書」

「公規矩之書」の内容を検討するのに先立ち、「公事方御定書」の編纂過程について、前稿を補っておく。前稿においては、享保五年（一七二〇）から元文二年（一七三七）までを「公事方御定書」編纂の準備段階と捉え、この間の事柄については何ら言及しなかった。しかし、元文三年草案である「元文三午年御帳」を考察する本章においては、元文二年の「巳年差上候御定書」について述べる必要がある。「巳年差上候御定書」については、平松義郎氏がすでに重要な指摘をしておられるので紹介しよう[4]。

元文三・四（一七三八・九）年両度の御帳が御定書の稿本としてよく知られているが、科条類典を検すると、実はこれに先立つ元文二年に「御定書」と称するものが将軍に上呈されている。「去る巳年差上候御定書」と呼ばれたもので、この章句は文脈上誤記ではありえず、実在した御定書の一稿本というほかはない。恐らく評定所で作られたものであろうが、その成立、原形ははなはだ判然としない。公事方御定書関係のかつこれとは別系統の「庁政談」、「律令要略」（近世法制史料叢書第二・三）系の夥しい写本群があり、あるいはこれらの原本に想定しうるのではないかとひそかに推測している。いわゆる「庁政談」の現刊本奥書には「元文二年巳十一月三奉行伺之上評定所之御定書」云々とあり、現刊本は元文二年より下る時期のものであるが、科条類典にいう「元文二巳年御定書」は、あるいは庁政談の原本たりうるのではないか、と臆測を廻らすのである。

平松氏はまた、「巳年差上候御定書」の性格に関して、

御定書が上・下巻に分れたのは「元文四未年之御帳」からで、それ以前の「享保度法律類寄」が町奉行系の刑罰法規中心のもの、元文二年の「巳年差上候御定書」および「元文三午年之御帳」が勘定奉行・評定所系の御書付中心の草案であり、そしてこの二系の素材が元文四（一七三九）年一体化すると同時に上・下巻に整理されたのではないかと思うのである。

と述べておられる(5)。

管見では、「巳年差上候御定書」という用語が「科条類典(6)」に登場するのは、一回限りである。それは、「公事方御定書」上巻第四十条重科人之悴親類等御仕置之儀ニ付御書付という条文中、寛保元年七月になされた御定書掛三奉行の伺である(7)（傍線は引用者）。

寛保元酉年七月牧野越中守石河土佐守水野対馬守伺

一町人百姓其外軽キもの、主殺親殺又ハ格別重キ科之もの之子は、其節相伺可申旨認、差上候儀ニ付、享保九辰年御書付を写可差上旨被仰聞候処、享保六丑年被仰出候御書付を写差上候故、右丑年御書付ぇ御引合被遊候得は、御文言相違ニ付、其節之御書付写御見せ被遊候、先達て差上候御定書ニ見合候処、御文言相違仕候訳ハ、去ル巳年差上候御定書之内ぇ、如左之認伺候処、黄紙ニ相認候通、四之御案文御別紙御渡被成、右之通相改可申旨被仰渡候ニ付、翌午年書改差上申候、

傍線部に「去ル巳年差上候御定書」と見える。つまり、「元文三午年三月十四日弥此通定置」いた、いわゆる「元文三午年御帳」よりも前、元文二年中に将軍徳川吉宗に提出した草案が存在したのである。平松氏が「実在した御定

書の一稿本というほかはない」といわれる所以である。平松氏が「その成立、原形ははなはだ判然としない」と言われる如く、この草案の提出時期が元文二年の何月なのかは不明であり、その内容もまた明らかでない。ただ、「巳年差上候御定書」に収載の法文の若干を知ることはできる。右の記事に「去ル巳年差上候御定書之内ぇ、如左之認伺候」とあるように、三奉行伺は右に続けて左記の法文を掲出する。

享保六丑年御書付

重科人之悴親類等御仕置之事

主殺親殺又ハ格別重キ科之もの之子共ハ、至其節可伺候、死罪一通り之もの之子共ハ、構無之候、此外獄門磔ニ成候もの之子共ニても、構無之候、

右は、町人百姓其外軽キもの共之事候、向後此通可被相心得候、以上、

丑四月

これが「巳年差上候御定書」の法文なのである。しかし吉宗はこの法文に対し、「四之御案文御別紙」をもって修正を指示し、修正した法文を提示した。前掲記事（傍線部）が「黄紙ニ相認候通、四之御案文御別紙御渡被成、右之通相改可申旨被仰渡候ニ付、翌午年書改差上候」と記すように、御定書掛三奉行は、「翌午年」すなわち「元文三午年御帳」においては、吉宗提示の修正法文を黄紙掛紙に記して提出したのである。その修正法文は次の通りである。(8)

一主殺親殺之科人之子共ハ、伺之上可申付、親類ハ構無之候得共、所ぇ預置、本人落着之上、右悪事之企不存ニ相決候ハヽ、可差免之、此外火罪磔ニ成候者之子共、構無之事、

右ハ、町人百姓其外軽キもの共之事ニ候、

丑四月

吉宗が「四之御案文」と別紙とを御定書掛三奉行に提示したのは、元文三年に入ってからのことである。すなわち、「科条類典」は、「兊　元文三午年御好御書付之内」として吉宗の「四之御案文」とその別紙を採録するのである。[9]「科条類典」を検するに、「巳年差上候御定書」に対する修正指示は四箇所に存する。「壱之御案文」から「四之御案文」までがそれである。[10]「壱之御案文」は、

是ハ問答之文言入交、紛敷候、畢竟口上之覚書之留ニて候間、別紙之趣書改、奉行共ぇ可相渡候、総て此類数多有之間、何れも当時取扱候趣ニ応候様ニ、文言宣相改、下書いたし差出候様ニ奉行共ぇ可申聞事、

というもので、法文作成の要領を示している。これは「公事方御定書」下巻第六条諸役人非分私曲有之旨訴幷裁許仕置直等之事および第八条重キ御役人評定所一座領知出入取計之事に存する。[11]「二之御案文」は、「御（ママ）文言改へし、別紙あり」というもので、同下巻第七十八条乱気ニて人殺之事に存する。[12]「三之御案文」もまた「此文言改へし、別紙あり」というもので、それは同下巻第五十八条悪党者訴人之事に存する。[13]この三箇所について、「科条類典」は「巳年差上候御定書」の法文を掲げていない。しかしながら、右の諸条文の元となる法文が、「巳年差上候御定書」に収載されていたことは明らかなのである。このように、元文二年中に吉宗に提出された草案すなわち「巳年差上候御定書」が確かに存在したのである。

ところで、前稿で紹介した「元文五年草案」には、

公事方／御定書幷窺之上被　仰渡候書付　上

弥此通定置、追て被仰出等、此条ニ可記義ハ書記可申候、其節ゝ其趣書付可差出旨被仰聞承知仕候、

午三月十四日　評定一座

という文言がその巻頭に記されている。「元文五年草案」であるにもかかわらず、元文三年三月十四日付の評定所一

座請書を記録するのである。この事実は、「公事方御定書」編纂が「元文三午年御帳」を起点とすることを語るものであろう。「科条類典」が「公事方御定書」の各規定の立法の沿革をたどるのに、「元文三午年御帳」の記事から始めるのは、その故であろう。「御定書出来候節之書物取調候趣」は、「科条類典」の編纂法について、左のように記す。すなわち、「科条類典」は「公事方御定書」上巻について、

一箇条限元文三午・同四未・寛保二戌三ヶ度上り候御帳之御文段を細字ニ認、題号之上ニ元⃝と記シ、右御文段之内出所有之分ハ兊⃝と記し、其以前之御書付又ハ御仕置之例抔相認ル、

という編纂法を採用し、同下巻について、

同下巻は、前書元文三午年御帳之内、并前々より之例、或ハ評議之越（ママ趣）、元文五申年より寛保二戌年迄度々ニ伺有之、右戌年御定書下巻出来、其後延享年中追加書載候、依之今般御本文を相認、一箇条限又ハ箇条多ハ二三段ニも仕訳、度々之伺を細字ニ認、題号ニ伺⃝と記し、右御本文一打之上年号并伺書之朱書掛紙等を見合元⃝と記し、元例并其以前之御書付等を相認ル、

という編纂の仕方をしたのである。[14] ここには「巳年差上候御定書」は登場しない。元文三年以前の関連史料は、上巻においては兊⃝として掲載し、下巻においては元⃝としてこれを掲載するのである。

前述したように、「巳年差上候御定書」という草案が存在したのは確かなのだが、「科条類典」は吉宗の修正指示のある四箇所の記事を載せるばかりで、その他の法文については言及しない。なぜであろうか。その理由を考えてみよう。それは、「巳年差上候御定書」が御定書掛三奉行の仕事ではなく、杉岡佐渡守（能連）を中心とする勘定奉行所の草案であったからではなかろうか。御定書掛三奉行が初めて任命されるのは、元文二年閏十一月九日のことである。[15]「巳年差上候御定書」が吉宗に提出された日付は、目下知られていない。

元文元年（一七三六）、評定所は焼失判決録の副本を作成し、これを基礎とした判例集を作成することとした(16)。また前掲した平松氏の指摘にあるように、「庁政談」という法律書は「元文二年巳十一月三奉行伺之上評定所之御定書」という奥書を持つ。この時期、幕府では法律書の編纂を進めていたのである(17)。「巳年差上候御定書」もまた、これに前後する頃に成立したのではなかろうか。吉宗は、「巳年差上候御定書」の提出を受けたことにより、「公事方御定書」編纂の成算を得たのであろう。それ故に、御定書掛三奉行を任命するとともに、法文作成の要領ならびに法文修正の仕方について具体例を示して三奉行に指示したのだと思う。

「元文三午年御帳」について、「御定書出来候節之書物取調候趣」は「此御帳ハ御仕置附も有之候得共、多分ハ御書付御触書等書載、御勘定奉行杉岡佐渡守ぇ被仰付、出来之御帳と相見、其頃佐渡守一名ニて一座ぇ相談書扣有之候」、あるいは「公事方御定書之儀ハ、有徳院様思召ニて、最初杉岡佐渡守ぇ被仰付、当時之例帳之様ニ出来仕候」と説明する(18)。すなわち、勘定奉行杉岡能連がもっぱら「元文三午年御帳」の起草を担当したのである。しかし、今度は御定書御用掛としての仕事である。「公事方御定書」編纂が「元文三午年御帳」を起点とする理由は、ここに存したと思うのである。

「巳年差上候御定書」と「元文三午年御帳」とは、内容上、根本的な差異が存したとは思われない。大幅な変更を施すには、時間的な余裕もなかった。右に見たように、「巳年差上候御定書」に対する吉宗の修正指示は、翌三年に入ってからのことである。その後、「元文三午年御帳」が吉宗から評定所一座に下げ渡されるのは同年三月十四日である。修正指示から「元文三午年御帳」の下げ渡しまで、その時間を最大限に見積もっても二箇月半である。この間に、「巳年差上候御定書」を改訂し、これを元文三年草案として提出したのである。このような短い時間で、「巳年差上候御定書」を大幅に改訂するのは、やや無理があるように思う。「壱之御案文」の指示にしたがって法文の表現を改め、あるいは伺や書付などの法令を幾分か増補し、あるいは法令の排列を整える程度であったのではなかろうか。つまり、「巳年差上候御定書」と「元文三午年御帳」の両者は、内容上はかなり近似した草案であったと推測されるのである。[19] 以上の解釈は、推測に基づくところが大である。正確な事実の解明のためには、「巳年差上候御定書」の伝本の発見や新史料の出現に期待したい。〔本節に関し、補記1参照〕

二　「公規矩之書」（著書所蔵）について（その一）

「公規矩之書」という書名は、表紙へ打付書されたものであり、その筆跡は本文に同じと思われる。体裁は、四つ目綴線装、柿渋の茶表紙である。書型は、縦二三・八糎、横一七・〇糎の半紙本である。墨附は一一〇丁（内題一丁、目録九丁、本文一〇〇丁）であり、半丁に一一行を基本として書写する。首尾とも同一人の手になる端正な文字であり、丁寧な書写ぶりであるが（本書史料篇六口絵参照）、書写年代は不明である。参考までに古書肆の見立てを紹介すると、販売目録は本書を「江戸中期写本」とする。裏表紙の見返しに楷書で「下村」と記される。本書を筆写し、所持した人物であろうか。

目録によると、本書は、「い　評定所法式并公事訴訟等之取捌之部」から「の　巧事かたり事御仕置之部」まで、二六部一〇六項目にわたる幕府法令を収載する。なお、分類記号としての「いろは」の文字は本文にも存し、共に朱筆である。目録では一〇六項目となっているが、本文収載の幕府法令は一四四を数え、それらは書付、触書、伺書、評定所一座の申合、覚書、判例などから成る。しかし本書は、「る　科有之者欠落者尋之部」中に、本来収載されているはずの第八十条親類主人等ぇ尋申付方之事を脱落させているので、[20] 実際には一四三の法令が存する。

「公規矩之書」に収載される法令の大多数は、「科条類典」が、

元文三午年三月十四日弥此通定置、追て被仰出等此帳ニ可記儀ハ書記可申候、其節々其趣書付可差出旨、評定所一座ぇ被仰聞候帳面之内、

として引用する法令、すなわち「元文三午年御帳」収載の法令に同一である。その事例を二三紹介しよう。「公規矩之書」は、「な　科人之悴親類等御仕置之部」に左の法令を収録する（ゴチックの漢数字は引用者が与えた条文番号、以下同じ）。

百二十一　重科人之悴親類等御仕置之事

一主殺親殺之科人之子共ハ、伺之上可申付、親類ハ構無之候得共、所ぇ預ヶ置、本人落着之上、右悪事之企不存ニ相決候ハヽ、可差免之、此外火罪磔ニ成候者之子共、構無之事、

右は、町人百姓其外軽キ者共之事、

丑七月[四]

この法令は、「科条類典」が「元文三午年三月十四日弥此通定置云々」として引用する「元文三午年御帳」の法令に同文である（「公事方御定書」上巻の第四十条重科人之悴親類等御仕置之儀ニ付御書付[21]）。前述したように、この法令は「巳年差上候御定書」においては、

享保六丑年御書付

重科人之悴親類等御仕置之事

主殺親殺又ハ格別重キ科之もの之子共ハ、至其節可伺候、死罪一通り之もの之子共ハ、構無之候、此外獄門磔ニ成候もの之子共ニても、構無之候、

右は、町人百姓其外軽キもの共之事候、向後此通可被相心得候、以上、

丑四月

とあったが、吉宗が指示を出して（四之御案文）、第百二十一条のように法文を修正したのである。すなわち、「公規矩之書」は修正後の法文を収載するのである。「公規矩之書」は「壱之御案文」「二之御案文」「三之御案文」による修正も反映している。(22) このことにより、「公規矩之書」は「巳年差上候御定書」とは異なる法文を収載していることが判明するのである。

次に「公規矩之書」が「を　欠所并過料等之部」に収録する左の法令を紹介しよう。

享保三年戌三月伺

八十四　私領百姓　公儀御仕置ニ成候筈(節)田畑欠所之事

覚

今度八王子千人組同心之内、追放ニ罷成候者共、田地不残欠所ニ上り候、右田地之内、私領方之地致所持候者御座候、只今迄は私領之百姓、　公儀御仕置ニ罷成候得は、家財ハ公義欠所ニ成、田畑ハ地頭方ニて欠所ニ申付候、御仕置者之田地、地頭方欠所申付候儀、両様ニて如何ニ候、向後私領之百姓、公儀御仕置ニ成候ものハ、田畑も家財同前ニ欠所ニ仕、売払代金取上、田地買取候者方ゟ、有来通年貢相納候得は、地頭方相滞儀も無御座候、此度八王子同心欠所地之内、私領之分も御代官方ニて売払い、代銀ハ欠所ニ取上、田畑買候ものより地頭ぇ年貢納候様ニ可仕候、

右之通、伺之上相極候事、

この法令もまた、「科条類典」が「元文三午年三月十四日弥此通定置云々」として引用する「元文三午年御帳」の

法令に同文である（「公事方御定書」下巻第二十七条、御仕置ニ成候者闕所之事(23)）。この法令はその後修正が施され、「元文四未年御帳」においては左のような簡潔な法文となった(24)。

私領百姓公儀御仕置ニ成候節田畑闕所之事

一私領之百姓、公儀御仕置ニ成候ものハ、田畑も家財と一所ニ闕所申付、売払代金取上、田畑買取候ものより、
有来通り年貢ハ地頭ぇ納させ可申事、

すなわち、「公規矩之書」の第八十四条は「元文四未年御帳」とは法文の異なることが確認されるのである。

第三に、「公規矩之書」が「つ　死罪幷下手人不及下手人之部」に収録する左の法令を紹介しよう。

百十五　被疵付候者外之痛（病）ニて相果疵付候者御仕置之事

覚

手疵被為負候者、吟味之内、其疵段〻癒より、又ハ癒不申内ニても、其もの余病ニて相果、疵故相果候にてハ無之段分明ニ候ハヽ、(尤)疵為負(候)相手下手人ニ不及候得共、元来疵故余病発り、或ハ相手理不尽之仕方、其外訳有之て之事ニ候ハヽ、其者相当之御仕置可申付事、

第百十五条もまた、「科条類典」が「元文三午年三月十四日弥此通定置云々」として引用する「元文三午年御帳」の法令に同文である（「公事方御定書」下巻第七十三条、疵被附候者外之病ニて相果疵附候もの御仕置之事(25)）。「元文三午年御帳」のこの法令については、吉宗の修正指示が存する。それは「本文之文言悪敷候、此通りニ可改」というもので、吉宗自らが法文を修正して提示した。左の通りである。

一手疵負候もの、元より死ニ及候疵ニて無之処、平癒之内餘病差発り、死候ハヽ、弥遂吟味を、餘病ニて死候ニ
紛無之ニおゐてハ、相手不及下手人事、

それ故、「元文四未年御帳」においては、「此箇条、御好之通文言相改申候」という注記をもって、この修正法文が懸紙をもって添付された。(26) しかし、「公規矩之書」は修正前の法文をもつ。「公規矩之書」は吉宗の修正指示を反映していないのである。「科条類典」中の「元文三午年三月十四日弥此通定置云々」の欄をみてゆくと、「元文三午年御帳」に対する吉宗の修正意見を、少なくとも一三箇所に見出すことができる。吉宗の指示は「御好御書付」「御附札」「御附紙」という注記をもって記されており、「元文四未年御帳」はその指示をすべて採用している。(27) 一方「公規矩之書」は、一三箇所の修正をすべて反映していないのである。

なお、御定書掛三奉行は黄紙懸紙をもって、「元文三午年御帳」の二箇所について修正を施した。それは誤証文取問敷旨之御書付、(28) および乱気ニて人殺之事の但書についてであるが、(29)「公規矩之書」はその修正もまたこれを採用していない。

前述したように、「公規矩之書」は一四四の法令を二六の部に分類している。「科条類典」中の「元文三午年三月十四日弥此通定置云々」の欄をみてゆくと、「□□□之部」という表記のもとに「元文三午年御帳」の法令を引用する場合に出くわす。それは、

①鉄炮打幷捕候もの訴人等之部
　鉄炮御改之儀ニ付御書付（『徳川禁令考』後集第一、一五五頁）
②男女申合相果候もの隠遊女差置候もの之部
　享保七寅年御書付　男女申合相果候もの之事（『徳川禁令考』後集第三、八八頁）
③博奕御仕置幷訴人等之部
　享保十巳年伺　諸博奕頭取金元宿句拾等幷訴人之事（『徳川禁令考』後集第三、一四六頁）

④乱気ニて人殺理不尽もの御仕置之部

享保六丑年御書付　乱気ニて人殺之事（『徳川禁令考』後集第四、六一頁）

⑤無宿幷奴女片付之部

享保六丑年　軽科之無宿領主ぇ引渡之儀御書付（『徳川禁令考』後集第四、一六九頁）

というものである。「公規矩之書」はこれら五つの部をすべて備えている。①は「よ」、②は「た」、③は「む」、④は「ぬ」、⑤は「ち」に該当し、それぞれの法令は各部の冒頭に配されている。つまり、「科条類典」は、部の名称から連続して法令を引用したのである。

以上に述べたところを要約すると、次のようになる。

(1)「公規矩之書」収載の法令は、その法文が「巳年差上候御定書」のそれとは異なる。

(2)「公規矩之書」は、吉宗が「巳年差上候御定書」に施した修正指示（壱～四之御案文）を盛り込んでいる。

(3)「公規矩之書」は、「科条類典」が「元文三午年三月十四日弥此通定置云々」として引用する法文に同文である。又、「科条類典」引用の「□□□之部」とそれに続く法令についても、部の名称と法令の排列が一致する。

(4)「公規矩之書」は、吉宗が「元文三午年御帳」に施した修正指示（一三箇所）を盛り込んでいない。同様に、御定書掛三奉行が黄紙懸紙によって施した修正（二箇所）もこれを盛り込んでいない。

(5)「公規矩之書」収載の法令は、その法文が「元文四未年御帳」のそれとは異なる。

ここまでの検討からすると、「公規矩之書」は「元文三午年御帳」の法令を収載する伝本であるという結果が導き出される。本章冒頭に引用したように、本書は墨附第一丁に元文三年三月十四日付の評定所一座の「承附」を載せるけれども、吉宗の修正指示である附紙、附札の文言を筆写していない。すなわち、「公規矩之書」は御定書掛三奉行が元文三年草案として吉宗に提出したときの姿を伝える写本であると考えられる。

三　「公規矩之書」（著者所蔵）について（その二）

右の結論を確定させるには、次の疑問を解消する必要がある。疑問の第一は、本書が元文三年三月十四日よりも後の日付を持つ法令を収載することである。疑問の第二は、本書が「科条類典」の「元文三午年三月十四日弥此通定置云々」の欄に見出すことのできない法令を少なからず収載することである。

まずは第一の疑問から検討しよう。本書は、「ろ　論所取捌之部」の第三十条諸役人非分私曲有之裁許・重キ御役人領地（知）出入取計・裁許仕置等之事という法令の末尾に、「重キ御役人知行所之趣相伺候儀ニ付申上候書付」という法令を載せる。表題の肩書に「未八月十四日、中務大輔殿ぇ進達」とあるように、この法令は元文四年八月十四日のものである。しかしながら、この法令は本書の原本成立後に追記されたものとみなされる。それはこの法令の冒頭に注記が施され、そこに「是ハ下ヶ札如此有之候得共、此所ニ記」と記されるからである。

元文三年三月よりも後の日付を持つ法令は、もう一つ存する。それは、「わ　変死病人片付幷溜預ヶ等之部」に収載される左の法令で、元文三年五月十二日の日付をもつ。

元文三午年五月十二日中務大輔殿被仰渡候

九十二　一ヶ年切御仕置もの等向後可書出旨一座ぇ被　仰聞候覚書

惣て年中御仕置ニ成候者之人数高書付、幷牢舎之者翌年ぇ越候儀、何故ニ年を越候訳、一ヶ年切ニ可書上旨被仰渡候事、

午五月十二日

この法令は、次章で紹介する「元文五年草案」に収載され（下の第三十条(30)）、「寛保二戌年三月上り候帳面」においても登載され(31)、「公事方御定書」上巻の第四十三条年中御仕置幷在牢人数書付可差出事となったものである。この法令もまた本書の原本成立後に追記された可能性が大きい。

次に疑問の第二を検討しよう。本書は、「科条類典」の「元文三午年三月十四日弥此通定置云々」の欄に見出すことのできない法令を二三収載する。本書に収載されているにかかわらず、「科条類典」に引用されない理由は、幾通りか考えられる。周知のごとく、「科条類典」は、「公事方御定書」が増補修正を終了した宝暦四年（一七五四）時の法文、すなわち上巻八一条、下巻一〇三条として確定した各法文について、その立法の経過をたどれるように編集した書である。その編集方針からすると、次の二つの理由が考えられる。

(1)「元文午三年御帳」に始まって「公事方御定書」が寛保二年三月に成立するまでの編纂過程の各段階において削除された法文について、「科条類典」はこれを掲載しないのである。

(2)また「公事方御定書」は、寛保二年（一七四二）成立以後、翌寛保三年から延享三年（一七四六）までの各年、および宝暦四年、都合五回の増補修正を被った。五回の増修においては、増補のみならず、条文を削除した場合も存する。「科条類典」は削除条文についての記事を載せないのである。

(1)の場合をさらに三通りにわけて説明する。その第一は「元文三午年御帳」に存したが、「元文四未年御帳」において削除した可能性のある左の六箇条である。したがって、この六箇条は、「元文五年草案」にもこれを見出すことができない。

①第四十二条　享保八卯年御書付　質地裁判之事

②第四十八条　享保十四酉年御書付　借金銀利分之事
③第五十七条　享保七寅年伺　主人ゟ暇出候処屋敷之内不立去もの咎之事
④第百七条　享保十七子年御書付　奉行所ニて法外いたし候者之事
⑤第百九条　享保廿卯年御書付　死罪ニ可伺者之事
⑥第百十四条　享保十九寅年十二月　科無之趣ニ候処推量ニて御仕置伺之儀ニ付被仰渡

(1)の第二は、吉宗が削除を指示した法文である。吉宗は、「元文四未年御帳」を受け取ると、これに緑色の墨をもって修正意見を認め、御定書掛三奉行に返却した。その際、一一の法文について削除を指示した。[32]そのうち左の七箇条は、関連規定も立法されることがなかった。それ故、「科条類典」に引用が見られないのである。

①第七十二条　享保十三申年伺書　奴女牢内ニ差置候儀書付
②第百四条　享保七寅年御書付　追放赦免之事
③第百十条　享保十三申年　御扶持人死罪遠島ニ成候一件之内町人百姓有之節、科無之候共品ニより咎メ可有之旨被仰渡候事
④第百十一条　享保廿卯年御書付　死罪可成者遠島ニ成候事
⑤第百十二条　享保十三申二月　召仕を折檻ニて殺候者之事
⑥第百十三条　享保十七年子十月　弟子を致折鑑《檻》相果(候)を隠置候者御仕置之例
⑦第百十六条　口論ニて摑合候上相手相果候得共頓死と相見疵無之ニ付不及下手人ニ事

(1)の第三は、左の三箇条である。これらは「元文五年草案」には登載されるが、[33]寛保二年成立時の「公事方御定書」には存しない。元文五年以降、寛保二年三月までの間に削除されたと考えられる。

①第十九条　享保五子年　浦賀え湊替被　仰付候節之御書付
②第八十三条　享保七寅年伺書　取上田畑之事
③第九十五条　享保七寅年　猪鹿おどし鉄炮願之儀ニ付御書付

(2)の場合は、左の一箇条である。

①第八十八条　元文元辰年御書付　過料申付方之事

この条文は寛保二年成立の「公事方御定書」下巻に存し、(34) 延享元年の第二次増修までは確実に存したが、(35) 延享三年の第四次増修の「公事方御定書」においては存しない。すなわち、延享二年の第三次増修もしくは延享三年の第四次増修のいずれかにおいて削除されたのである。「科条類典」がこの法文を引用しないのは、その故である。

「科条類典」に見出すことのできない法令二三のうち、一七については右のような説明が可能である。残るは左の六箇条である。これらは、「科条類典」の編纂上の不備が原因で、引用されなかったと考えられる。(36)

①第九条　享保四亥年書付　評定所古来之事
②第四十四条　質地出入一座申合覚
③第八十二条　享保十八丑年申合書付　欠所田畑家屋敷家財之事
④第八十五条　宝永三戌年　妻持参田地之事
⑤第百一条　享保十四酉年　寺社門前ニ隠遊女差置候儀ニ付伺書
⑥第百三条　出家追放申付候節触頭奥印為致候伺書

③は、「公事方御定書」下巻第二十七条御仕置ニ成候者闕所之事の第一項のもととなった法令である。「科条類典」の該当箇所を参照すると、「本文極候節之伺書扣、不相見」という注記が存し、本来存在すべき「元文三午年三月十

四日弥此通定置云々」の欄と「元文四未年三月差上、翌申五月十日緑色御書入御好之趣有之帳面之内」の欄とが設けられていない。[37]これが原因で引用がみられないのである。

④もまた同じく第二十七条御仕置ニ成候者闕所之事であり、その第五項のもととなった法令である。「科条類典」はここでも「元文三午年三月十四日弥此通定置云々」の欄を設けていない。しかし、「元文四未年三月差上、翌申五月十日緑色御書入御好之趣有之帳面之内」の欄は存し、ここに④の法令を掲載する。そして、この法令は掛紙による修正が施されている。[38]「元文四未年御帳」は、「元文三午年御帳」収載の法令を敷き写した上で、修正が必要な場合には掛紙をもって行うという編纂法を採っている。したがって、掛紙修正の存する法令は「元文三午年御帳」以来のものということになる。

②⑤⑥は、「科条類典」が元文三年の欄にこれらの法令を引用するのを怠ったと考えられるものである。②は同下巻第三十一条質地小作取捌之事の第五項但書および第八項のもととなった評定所一座の覚書、⑤は同下巻第四十七条隠売女御仕置之事の第十一項のもととなった伺書、⑥は同下巻第十四条寺社方訴訟人取捌之事の第四項のもととなった伺書である。これら各条の「科条類典」の該当箇所を参照すると、元文三年の欄は存するもののこれらの法令を掲載していない。元文四年の欄にのみ掲載し、しかも何れの法令についても、掛紙をもって修正を加えている（もっとも、⑤に関する懸紙は空白であり文字が記されていない）。[39]つまり②⑤⑥はいずれも「元文三午年御帳」以来の法令であり、「科条類典」は何らかの理由でこれらを引用しなかったのである。[40]①もまた元文四年の欄にのみ引用される。[41]「科条類典」の不備と断定する徴証を欠くが、②〜⑥の事例から考えるにその可能性は少なくないと思われる。[42]

本節においては、元文三年三月十四日より後の日付をもつ法令二、および「科条類典」に引用のみられない法令二三について検討を加えた。その考証が的を射ているならば、「公規矩之書」という写本は「元文三午年御帳」の姿を

つたえる伝本であると言うことができよう。(43)〔本節に関し、補記2参照〕

四　「公事方御定書幷同之上被仰渡書付」(関西学院大学基礎法学研究室収集古文書)について

林紀昭氏が翻刻紹介された「公事方御定書幷同之上被仰渡書付」(以下、関学本と言う)は、上下の二冊本であり(上六五丁、下八〇丁)、目録と本文とから成る。林論文によると、関学本は以下のような内容である。表題は表紙中央に貼った紙に「公事方御定書幷同之上被仰渡書付　上(下)」と記される。また、内表紙裏には、

弥此通定置、追て被　仰出等此帳ニ可記儀ハ書記可申候、
其節々其趣書付可差出旨、被仰聞承知仕候、
元文三午三月十四日　　評定所一座

という文言を記した貼紙が存し、関学本が「元文三午年御帳」と関連する内容をもつ写本であることを語っている。関学本は上に四七条、下に七九条(内一条脱落と推測)の法令を収載する。これらの法令の内、一七箇条を除くすべては「元文三午年御帳」と同じ法令である。一方、「科条類典」から判明する「元文三午年御帳」の法令数は一二五条に達し、そのうち一九条は関学本に見出されない。その他、関学本には「元文三午年御帳」に記入の「青紙附札」等を一部掲げること、「元文三午年御帳」に存した「黄紙懸紙」「御附札」が関学本に存しないこと、「元文四未年御帳」に記載の「懸紙」の記入がまったく存しないことなどを確認した上、「関学本は元文四年帳の影響をうけない、元文三年帳と緊密な関係にある法令集」であるとの結論を導き出している。また、法令数の少ないことから、次の三通り

の可能性を指摘しておられる。⑴本来三冊本であり、中冊が欠けている。⑵「完成した元文三年帳ではなく、それ以前の編纂状況を反映した書と考えることも出来よう」。⑶「単に元文三年帳から何らかの理由で必要な法令を摘出しただけかもしれない」(44)。

次に、「公規矩之書」と関学本とを比較してみよう。「公規矩之書」は、関学本に収載の法令をすべて含んでいる。転写の際に生じた脱文、脱字、誤字などを除き、両者の法令は同文である。「公規矩之書」は関学本よりも数多くの法令を収載しており(45)、関学本は左の二一の法令を収載していない。そのうち、「評定所法式并公事訴訟取捌之部」の法令が一六の多数を占める。

い 評定所法式并公事訴訟取捌之部

第一条 評定所始り并看板之面

第二条 日本橋 浅草橋 常盤橋 芝車町 筋違橋 麹町 高札

第三条 此高札ハ十月ゟ三月迄日本橋ぇ相建候 火附訴人之事高札

第四条 此御高札ハ日本橋計ぇ相建候 諸国新田取立高札之事

第五条 此高札ハ日本橋計ニ相建候 博奕之儀ニ付高札

第十六条 享保十一午十一月御書付 新規之神事仏事執行異説等之事

第十七条 諸国浦高札

第十八条 浦〻添高札

第十九条 享保五子年 浦賀ぇ湊替被 仰付候節之御書付

第二十条 享保五年子十二月 唐船持渡之諸色抜荷買取 御制禁之御書付

第二十一条　出売出買之儀触書

第二十二条　正徳五未年　公事訴訟人ゟ音物贈り候儀ニ付御書付

第二十四条　享保六丑年　評定所前訴状箱ニ有之文言

第二十五条　評定所（前）箱之際建札

第二十八条　享保六丑年御書付　公事出入訴下役所等ニて滞セ候事

第二十九条　享保六丑年（伺書）　公事吟味銘〻宅ニて仕候儀伺之事

を　闕所幷過料等之部

第八十六条　享保七寅年一座申合　身代限り申付方之事

わ　変死病人片付幷溜預ヶ等之部

第九十一条　享保七寅年被　仰渡　溜預ヶ之事

第九十二条　元文三午年五月十二日中務大輔殿被仰渡候　一ヶ年切御仕置もの等向後可書出旨一座ぇ被　仰聞候覚書

た　男女申合相果候者隠遊女差置候者之部

第九十九条　享保七寅年御書付　男女申合相果候者之事

の　巧事かたり事御仕置之部

第百四十四条　享保六丑年御書付　重科人死骸塩詰之覚

「公規矩之書」は一四四の法令を二六部に部類分けする。関学本も同様に部類分けするが二一部を存するに過ぎず（「い　評定所法式幷公事訴訟取捌之部」「ろ　論所取捌之部」「に　借金銀家質地代滞等之部」「ぬ　乱気ニて人殺理不尽者御仕置之部」「た　男女申合相果候者隠遊女差置候者之部」を欠く）、部類分けそのものが不徹底である。不徹底の一部をあげるならば、「追放御仕置之部」

が重複しており、したがってそこに分類される「追放御仕置之事」という法令を重複収載すること（下二十三・下七十三）、「無宿并奴女片付之部」を設けながら、奴女に関する法令（下五・下六）をここに配置していないこと、「酒狂人御仕置之部」を設けながら酒狂に関する法令（下七・下八）をここに配置していないこと、「欠落者尋之部」を設けながら「欠落もの尋之事」という法令（下十）をここに配置していないことなどである。とりわけ上冊、下冊とも冒頭部分が整備されていない。「公規矩之書」と比較すると、上下冊の冒頭部分は共に部類分けの表題をもたず、上冊冒頭においては多数の法令を収載しておらず、下冊冒頭は様々に分類されるべき法令を混在させている。また、関学本と「公規矩之書」とは収載する法令自体は同じであるが、配列が大きく異なっている。

このような未整備な様相や配列の差異から推察するに、――元文三年三月十四日付の評定所一座の請書が存するけれど――関学本は「元文三午年御帳」起草過程のある段階の姿を示す伝本と言えるのではなかろうか。すくなくとも、関学本が「公規矩之書」よりも時間的に前の段階にあるのは間違いないであろう。「関学本は元文四年帳の影響をうけない、元文三年帳と緊密な関係にある法令集」であるという林論文の結論には疑問の餘地はなく、三通りの可能性のうち、⑵の「完成した元文三年帳ではなく、それ以前の編纂状況を反映した書」というのが的を射ているように思う。

五　「評定一座大概之記」（明治大学博物館所蔵）について

茎田佳寿子氏の紹介された「評定一座大概之記」（以下、明大本と言う）は、巻之一、巻之二の二冊本であり、明治大学博物館所蔵である（架号F五八）。打付書の外題に「評定一座大概」、内題に「評定一座大概之記」とある。巻之一は四二丁、巻之二は七一丁、半丁に一一行で書写する。巻之二の奥書に、「文久二壬戌閏八月朔日発筆、同廿日写了」とあり、書写年代は幕末である。なお、明大本には、「弥此通定置、追て被　仰出等此帳ニ可記儀ハ書記可申候、其節ゝ其趣書付可差出旨、被仰聞承知仕候」という評定所一座の請書が見当たらない。

茎田著書の述べるところを要約すると、次のごとくである。明大本は二九部にわけて法令を収録しており、そのうち「男女申合相果候もの隠遊女差置候もの之部」「乱気ニて人殺理不尽もの御仕置之部」「無宿并奴女片付之部」が「科条類典」に引用する部類別の名称と一致し、「町方取計之部」「死罪除日并御仕置者書上之部」を除く二七部の法令は、何らかの形で「元文三午年御帳」に載録されている。また、明大本は「科条類典」に引用されていない法令を多数含んでいるが、「科条類典」は一〇三条本を基準に編集した書であるから、「科条類典」に見えない法令が明大本に載録されていてもさしつかえない。

明大本は、「寺院什物建具等質入借金停止之御触書」「妻持参田畑之事」「寺社門前ニ隠遊女差置候義ニ付伺書」「出家追放申付候節触頭奥印為致候伺書」など、「元文四未年御帳」によって新規に載録された法令を収載しており、一方題号（法令の表題）が「元文三午年御帳」に一致し、「元文四未年御帳」とは異なる場合が存する。その結果、明大本は「厳密な意味では「元文四未年御帳」ではない。しかし少なくとも「元文三午年御帳」を底本とした「元文四未年御帳」成立直前のものといえる」、「「元文四未年御帳」書上直前の法令集であると理解して誤りはない」という結論に達したのである[46]。茎田著書はまた、明大本の目録部分と奥書とを翻刻紹介し、その解題として「元文三・四年帳の痕跡を残した法令集である」、「なお見極めえないが、「元文四年御帳」にもっとも近い法令集であると考えられる」とも記す[47]。

片や林論文は、関学本と明大本とを詳細に比較した上で[48]、明大本について次のような見解を表明している。「三年帳を……底本としたことは認められても、三年帳に存する附札など（『科条類典』上四〇・下一・六・五八・七八など）が一切記入されていないことは、三年帳成立への公的な最終段階の編纂活動には直接には関与していない者の所持していた元文三年帳関係史料が底本となったことが推測される」と指摘し、明大本は「元文三年帳の一史料ではあるが、その後の追補の内容に元文四年帳の公的な作成過程が反映されているか疑問であり、三年帳の編纂過程から派生した一本と評価するのが穏当であろう」と結論づけた。また、「成立時期の不確定や独自な二部を含むこと…などを考えると、明大本の構成をもって直ちに元文三年帳のそれと同一視するにはいまだ史料不足であり、構成原理を見出そうとする試みも慎重さが要求されよう」とも述べる(49)。

明大本の理解について、茎田著書と林論文との間には少なからぬ相違が存する。そこで、「公規矩之書」と明大本とを比較することにより、明大本をどのように理解すべきなのか、改めて検討しよう。明大本の法令数は、二九部一八三条である(50)。一方、「公規矩之書」の法令数は二六部一四四条である(51)。明大本は「公規矩之書」の法令をすべて収載し(52)、かつ「公規矩之書」に存しない法令を三九収載する。明大本の部類立てとその配列、ならびに部類立ての中の法令の配列は、「公規矩之書」のそれと基本的に同じである。但し、次の三点が「公規矩之書」と相違する。その第一は、第五番目の「町方取計之部」および第二十九番目「死罪除日幷御仕置物書上之部」が、「公規矩之書」に存しないこと。第二は、明大本は、「旧悪御仕置之事」という法令を「旧悪御仕置之部」を立ててここに収めるが、「公規矩之書」はこの法令を「怪我ニて人を殺候者御仕置之部」の末尾に置き、「旧悪御仕置之部」を立てていないこと。第三は、法令の配列の異同が、冒頭の「評定所法式幷公事訴訟取捌之部」においてのみ認められること。すなわち、「公規矩之書」の第二条〜第五条が、明大本の第十三条と第十四条の間に入り込んでいるのである。その他、明大本独自の法令については、それが各部の途中に入り込んでいる場合がある。

明大本と「公規矩之書」とが一致する一四三の法令は、とりもなおさず「元文三午年御帳」の法令であるということである。勿論、転写の際に生じた誤字脱字や脱文を原因とする差異は枚挙に遑がない。しかし、両者の法文には注意すべき差異が一点存する。「元文三午年御帳」には、「誤証文取間敷旨之御書付」、および「乱気ニて人殺之事」の但書の二箇所に御定書掛三奉行の施した黄紙懸紙による修正が存する。(53) 明大本はこの修正を盛り込んでいるのである。「乱気ニて人殺之事」の但書を例にあげれば、この法文は、「公規矩之書」の第七十八条に、

　但、主殺親殺或ハ火附等たり(と)いふとも、乱気ニ候ハヽ、死罪一通りニ可被相心得候、
右之通ニ候間、致自滅候ハヽ、死骸不及塩詰、取捨ニ可仕候、乱心ニて火を附候時、もへ立不申、外ニ子細も無之、乱心ニ紛無之候ハヽ、遠島ニも可相伺候、

とあり、この但書は明大本の第九十八条には左のごとく記され、火附に関しての修正が施されている。

　但、主殺親類(殺)たりといふ共、乱心ニ紛無之候ハヽ、死罪一ト通ニ可被相心得候、
右之通ニ候間、致自害(滅)候ハヽ、死骸不及塩詰、取捨ニ可仕候、火を附候節(時)、乱気之証拠不分明ニ候ハヽ、死罪たるへし、乱気ニ紛無之ニおゐては、(常之)乱心之通可申付候、

右に見る法文の差異は、明大本が黄紙懸紙による修正を採り入れたために生じたのである。なお、吉宗は「元文三午年御帳」の一三箇所について修正の指示を出した。「公規矩之書」にこれが反映されていないことは前述したが、明大本も同様である。

次に、明大本独自の法令三九についてながめてみよう。その法令は、「町方取計之部」に五箇条、「死罪除日并御仕置書上之部」に九箇条が存し、残りの二五箇条は各部に散在する。これらの法令の大部分は享保年間における書付、町触、申合事項などであり、年号を明記する法令中もっとも新しいのは、元文三年四月の「京大坂町奉行ニて公事訴

訟裁許之事」および「寺院什物建具等質入借金停止之御触書」である。三九の法令は、一部の例外を除いて、「元文三午年御帳」をはじめ、「元文四未年御帳」および寛保二年成立の「公事方御定書」に見出すことができない。このことは林論文の「関学本・明大本・類典中元文三年帳等対照表」にも明示されている。一部の例外とは、「借金銀家質地代滞之部」の末尾に置かれた「寺院什物建具等質入借金停止之御触書」と「追放御仕置之部」の末尾に置かれた「重中軽追放之事」、および「評定所法式并公事訴訟取捌之部」に収載された「御家人評定所箱ぇ書附入候義ニ付御書付」である。前二者は「元文四未年御帳」にて新規に採用された法令であり、[54] 後者は「寛保二戌年上り帳」に登載され、「公事方御定書」上巻第十一条として定着した法令である。[55]

右に確認した事実から、明大本を次のように位置づけることが出来よう。明大本は基本的には「元文三午年御帳」そのものであるが、それに享保・元文年間の書付、触書、申合事項などから関連法令を追補した法令集である。御定書掛三奉行による黄紙懸紙の修正を盛り込んでいるので、その成立時期は「公規矩之書」よりも後、少なくとも元文三年四月からさほど時間をおかない頃と思われる。明大本の作成者は、「元文三午年御帳」を披見することが可能であり、かつ右の幕府法令を採録しえる部署に配属された幕府役人であったと考えられる。

なお、「口論所取捌之部」という明大本の二番目の部類立ての名称に関連して一言しておこう。この部名冒頭の「口」字は、そもそもは片仮名の「ロ」であろう。前述したように、「公規矩之書」は各部に朱字の「いろは」を冠して分類記号としており、「論所取捌之部」には「ろ」が冠されている。それ故、明大本のもととなった写本もまた、「公規矩之書」に同じく、「いろは」もしくは「イロハ」の文字を各部に冠していたと推定されるのである。

〔本節に関し、補記3参照〕

むすび

「公事方御定書」編纂の下命は、元文二年（一七三七）閏十一月九日のことであり、そのことが「大岡忠相日記」の同日条に、

一今日評定所臨時之寄合ニ付て四時出宅、評定所ぇ罷出、前ゝゟ被仰出又は伺之上相極候御仕置申付候御定書共帳面仕立上候様ニ被仰出、依之今日寄合申候、右御用懸り牧野越中守、松波筑後守、杉岡佐渡守ぇ左近殿ゟ被仰渡候、

と記されている(56)。御定書掛三奉行も同時に任命された。編纂すべき内容は、「前ゝゟ被仰出」および「伺之上相極候御仕置申付候御定書」であり、これらを帳面に仕立てることである。その結果出来上がったのが「元文三午年御帳」である。「御定書出来候節之書物取調候趣」が朱書として載せる記事は、「元文三午年御帳」を左のように説明する(57)。

此御帳ハ御仕置附モ有之候得共、多分ハ御書付御触書等書載、御勘定奉行杉岡佐渡守ぇ被仰付、出来之御帳と相見、其頃佐渡守一名ニて一座ぇ之相談書扣有之候、

つまり「元文三午年御帳」は、「御仕置附」も載せるが多くは書付、触書等を採録した書なのである。「元文三午年御帳」に関するこれらの説明を、「公規矩之書」にあてはめても何ら齟齬しない。「御仕置附」というのは、ここではおそらく判例を指すのであろう。「公規矩之書」は具体的事案を示した九箇条の判例を収載する。第五十七条、第六十七条、第百七条、第百十一条、第百十二条、第百十三条、第百十六条、第百十八条、第百十九条の各条である。これらの判例の多くは、「大岡忠相日記」にいう「伺之上相極候御仕置」である。残る大多数の条文が、書付、触書、

伺書、覚書などの法令つまり「大岡忠相日記」にいう「前〻ゟ被仰出」で構成される。すでに考証したように、「公規矩之書」収載の個々の法令についても、その法文は――追記と見られる二つの法令を除くならば――「科条類典」が「元文三午年三月十四日弥此通定置云々」の欄に引用するのに一致する。こうしたことから、「公規矩之書」は「元文三午年御帳」の伝本であると考えるのである。

寛保二年三月成立時の「公事方御定書」は、上巻に七八通の法令を収め、下巻の条文数は九〇箇条であった。「公規矩之書」は、それらの条文の原案となった法文（書付、触書、伺書、評定所一座の申合、覚書、判例などから成る）を多数収載するのだが、その数は上巻に関しては四七箇条、下巻に関しては五〇箇条[58]に達する。すなわち「元文三午年御帳」は、「公事方御定書」上下巻の条文数の六割弱について、原案となった法文を収載するのである。「元文三午年御帳」は同時に、寛保二年二月までに削除された法文も収載しており、その数は一六箇条である。

「公規矩之書」は一冊本である。これに対し、関学本は上下の二冊、明大本は巻之一・巻之二の二冊に分かれている。「元文三午年御帳」は果たして二分冊であったのだろうか。関学本を観察すると、「元文三午年御帳」の編纂を進める過程においては二分冊とした時期があったという可能性を考えるべきなのかも知れない。一方の明大本は、上下ではなく、巻之一・巻之二に分冊するから、紙数の関係で便宜的に分冊したと考えられる。後掲する「御定書出来候節之書物取調候趣」の記事によると、「公事方御定書」草案が上下に分かれたのは、「元文四未年御帳」からである。「御定書出来候節之書物取調候趣」の記事の多くは、草案の実物を手に取ることのできる御定書御用を勤める評定所留役あるいは支配勘定等が記したであろうから、その記事はもっとも信を置くべき史料である。その記事に依拠した先学の解釈を是とすべきであろう。しかもそれを裏付けるかのように、上下に分かたない「元文三午年御帳」の伝本が出現したのである。次章において、「公事方御定書」草案が上下に分かれたのは「元文三午年御帳」の当初からであると述べたが、[59] ここに訂正する。

御定書掛三奉行は「元文三午年御帳」に基づきつつ、さらに編纂を進めて翌元文四年（一七三九）三月二十二日、草案を吉宗に提出した。これが「元文四未年御帳」である。「御定書出来候節之書物取調候趣」は、「元文四未年御帳」について、

> 御仕置相定り候分ハ、下巻ニ書載、評定所始之事巻頭ニて、都て被仰出候御書付御触書等上巻ニ認、同四未年三月廿二日御帳案差上、御好有之、同五申年五月十日御下ヶ被成、

と記し、朱書はこの記事を説明して、

> 此未年之御帳は、一座掛りニて出来と相見へ、申五月十日寺社奉行牧野越中守、町奉行石河土佐守、御勘定奉行水野対馬守掛り被仰付候趣、書留有之候、

と記す。[60]「元文三午年御帳」起草を担った勘定奉行杉岡佐渡守は、元文三年七月二日、在職のまま逝去する。そのため、吉宗は同年九月九日、新しい御定書掛三奉行（寺社奉行牧野越中守、町奉行石河土佐守、勘定奉行水野対馬守）に対し、改めて「公事方御定書」編纂を命じた。この時の吉宗の指示は、「公事方定書之事、畢竟大意計之儀候間、附札之趣ニ所々直之、其外ニも右附札ニ准シ、可改分ハ改之、下番ニて可被差出候」というものである。[61] その後、半年ばかりの日時を要して提出したのが「元文四未年御帳」である。それ故、この草案は、「一座掛りニて出来」したのであり、上下巻に分かれていた。上巻に「評定所始之事巻頭ニて、都て被仰出候御書付御触書等」、下巻に「御仕置相定り候分」を収載したのである。御定書掛三奉行が総掛りで編纂を担当したこと、草案を上下巻に編成したことは、「元文三午年御帳」と異なるところである。したがって、部類分けもおそらくこれを廃し、条文の配列にも異同が生じたことと思われる。条文配列は、伝本を通じてはじめて判明するのであり、伝本の出現が鶴首されるところである。[62]

前述したように、吉宗は「元文三午年御帳」に対して一三箇所に修正指示を出している。「公規矩之書」はこの修正を反映しておらず、明大本も同様である。一方、御定書掛三奉行の「黄紙懸紙」による修正は、明大本のみがこれを反映している。吉宗の修正指示が御定書掛三奉行の修正よりも後であったと考えるならば、「元文三午年御帳」が御定書掛三奉行に下げ渡された元文三年三月十四日の時点においては、吉宗の修正指示が存しなかったということになる[63]。この点も史料の発掘によって解明すべき問題である。

ともかくも、編纂の起点となった「元文三午年御帳」の伝本が出現したのであるから、編纂過程をはじめとして「公事方御定書」を考察するための大きな手懸りを得たことになる。

〔補記1〕「巳年差上候御定書」と「評定所御定書」との関係について

「庁政談」と「巳年差上候御定書」との関係について、本章註（19）において、

「庁政談」は、「重科人之悴親類等御仕置之事」、および「悪党者訴人之事」に関する法文を収載するが（第二百九十一・二百九十九条）、それは「元文三午年御帳」に同じ法文である（第百二十一・第百三十七条）。つまり、「元文二巳年御定書」の法文に対する吉宗の修正を採用しているのである。「庁政談」は一方、「乱気ニて人殺之事」に関わる法文を収載していない。この事実をもって、「庁政談」と「巳年差上候御定書」との関係をどのように捉えるべきか、考えあぐねているところである。

と記した。その後、「庁政談」の法文を再検討したところ、『近世法制史料叢書』第三（昭和三十四年、創文社）に収載する「庁政談」には、誤字脱字のみならず、少なからず脱文が存し、「乱気ニて人殺之事」に関わる法文もまた、但書を除く本文部分が脱落していることが判明した（本書第二部第一章註（44））。したがって「庁政談」は、

吉宗が修正指示を出した「壱之御案文」から「四之御案文」に関わる法文のすべてを、本来備えているのである。それらの法文は、修正指示をすべて反映している。それ故、「庁政談」という法律書は基本的には「巳年差上候御定書」と同一の書である。しかしまったく同一というわけではなく、吉宗の修正指示を取り入れているのである。拙文「「公事訴訟取捌」の成立──「公事方御定書」に並ぶもう一つの幕府制定法──」（本書第二部第一章）において考察したように、「庁政談」は「評定所御定書」の諸伝本のなかの一つである。したがって、「評定所御定書」という書は、「巳年差上候御定書」に対する吉宗の修正指示を採用した幕府法であるということができる。

「巳年差上候御定書」は──おそらく元文二年十一月──将軍吉宗のもとに提出されたのだが、こんにち「科条類典」を通じて知られる限りでは、吉宗はその四箇所に修正指示を出した。「科条類典」が「元文三午年御好御書付之内」として「四之御案文」を引用するから（『徳川禁令考』後集第一、一八〇頁）、吉宗の指示は翌元文三年に入ってからのことである。その指示を反映したのが「評定所御定書」である。したがって、「評定所御定書」の最終的な成立も元文三年中のことであろう。本書史料篇に翻刻した「評定所御定書」によって吉宗指示の該当箇所を示しておこう。「壱之御案文」は、〔公事訴訟取捌〕第九・十条、「二之御案文」は裁許破掟背の第八十六条、「三之御案文」は同第百十四条、「四之御案文」は同一〇四条に関する指示である。

ここに判明した事実から、次の事柄を指摘することができよう。第一は、「評定所御定書」は将軍吉宗のもとに提出され、その修正意見をうけて成立した法典であるということである。すなわち、吉宗が目を通し、その承認を得た幕府法典なのである。第二は次のようなことである。本章第二節で考証したように、元文三年草案である「元文三午年御帳」は、「壱～四之御案文」によって修正を施した法文を収載している。この点から見ても「評定所御定書」成立と「公事方御定書」編纂とは密接に関連しているのである。したがって第三には、次のようなことが言える。「巳年差上候御定書」を「公事方御定書」の一草案と位置づける従来の見解は訂正を要するということである。拙文「「公事訴訟取捌」の成立」（本書第二部第一章）において考察したように、両者は編纂経緯や編纂趣旨を異にする。「巳年差上候御定書」と「公事方御定書」とは、密接な関連をもつものの、それぞれ独立した別個の法典と捉えるべきであろう。

以上に述べたことが正しいならば、本章第一節「元文二年の「巳年差上候御定書」」は大幅に書き直す必要がある。しかし今、その餘裕がないので公表時のままとする。読者におかれてはこの点を斟酌してお読みいただきたく、お願いする次第である。

〔補記2〕「元文三午年御帳」の伝本について

本章を公表したのち、「公規矩之書」の他にも「元文三午年御帳」の内容をもつ写本が、著者所蔵本中に存在することに気付いた。「公規矩之書」よりもはるか以前に入手していながら、その正体を突き止めることが出来ずに書架の奥に入れたままとなっていたのである。

しかしながら、本書は完全な写本ではない。後半部分のみの端本である。すなわち、全体の半分の量の「へ　諸願訴訟無取上之部」から「の　巧事かたり御仕置之部」までを存し、「い　評定所法式幷公事訴訟取捌之部」以下「ほ　諸奉公人出入取捌之部」までの五九箇条の法文を欠落させている。二冊本として作成されたが、前半の一冊を失ってしまったのであろう。第六十条以下の法文は、「公規矩之書」に同一であり、配列もまたおなじである。したがって、本書は「元文三午年御帳」の伝本であると言ってよい。

本書は、題簽が欠損しており内題も存しない。したがって、その表題も不明である。書型は縦二三・三糎、横一六・三糎であり、墨附八一丁で、半丁に八行を基本として書写する。旧蔵者印は存しないが、裏表紙に「清水金蔵求之」という記名が存する。本文とは明らかに異なる筆跡である。本文は、終始同一人の筆跡である。

本書冒頭に後半部分についての目録が存し、「〇〇之部」という部名と法文の題号（表題）が列記される。目録の題号は、本文の題号を正確に記す場合が多い。この点は「公規矩之書」と異なる。また「公規矩之書」に見られる「いろは」の分類記号が、本書には存しない。部名は目録のみに存し、本文中においては部名が記されない。この点も、「公規矩之書」と相違する。

本書もまた例にもれず、転写の間に生じた脱文や誤字脱字が見られる。脱文の主なものを列記する。

(1)法文の欠落
・第百四十二条 重巧之事（目録には題号あり）

(2)目録中における題号の欠落
・第六十八条 無宿幷入墨敲ニ相成候者之事
・第百十条 御扶持人死罪遠島ニ成候一件之内町人百姓有之節、科無之候共品ニより咎メ可有之旨被仰渡候事

(3)本文中における題号の欠落
・第七十二条 奴女牢内ニ差置候儀御書付
・第百十条御扶持人死罪遠島ニ成候一件之内町人百姓有之節、科無之候共品ニより咎メ可有之旨被仰渡候事

(4)本文中における但書の欠落
・第八十三条 取上田畑之事
・九十一条 溜預ヶ之事

また、「右之通、一座相談之上相極」（第六十一条）、「右之通、御代官所村〻ぇ相触候事」（第六十二条）、「右之通、

伺之上相極候事」（第六十六条）、「右之通、可被相心得候、以上」（第七十六条）など、法令の末尾の文言を欠く場合が散見される。これが転写の際の脱落なのか、それとも意図的に削除したのか、判断に迷うところである。これらの末尾文言は、「元文四未年御帳」においては、これを削除しているからである。もし意図的な削除であるならば、「公規矩之書」にみる「元文三午年御帳」よりも法文が整備された状態を示していると言える。

「公規矩之書」は、元文三年三月十四日よりも後の日付を持つ法令を収載しており、それは「元文三午年御帳」成立後の追記である可能性を指摘した（本章第三節）。その法令は、第九十二条の「一ヶ年切御仕置もの等向後可書出旨一座ぇ被　仰聞候覚書」という題号で、肩書に「元文三午年五月十二日中務大輔被仰渡候」とあるものである。本書はこの法令を収載しない。追記の可能性がますます大きくなったと言えよう。

本書は後半部分の端本ではあるが、若干の知見をもたらしてくれる。

〔補記3〕「評定一座大概之記」について

本章公表後、「評定一座大概之記」の伝本を見出すことができた。左記の二本である。

・「評定一座大概之記」一冊、岐阜市立中央図書館蔵（架号三二一―一四）

・「公裁秘録　全」一冊、国立国会図書館蔵（架号一三七―八四）

岐阜市図書館本は、共表紙に打付書にて「評一大法記」とあり、「評定一座大概之記」は内題として記される。内題に続いて目録が存し、「評定所法式幷公事訴訟等取捌之部」以下、「町方取計之部」まで一八部と各部の法文名が記されている。奥書が存せず、書写者や書写年は不明である。①

国会図書館本は、題簽および内題ともに「公裁秘録」と称する。しかしながら、本書には目録が存し、「評定一座大概之記」の名のもと、「評定所法式幷公事訴訟等取捌之部」に始まって、「町方取計之部」までの各部とその条文数が記され、「総計二十八部　百五十二ヶ条」と目録を締めくくる。本書は、江戸時代後期の蔵書家にして、公事宿も営んだ青柳文蔵の旧蔵本である。青柳文蔵は文政十三年（一八三〇）、その蔵書を仙台藩に献納した。本書は献納本中の一冊であるから、その書写年は文政十三年以前のことである[2]。

右の両本は目録の体裁が異なるものの、本文の内容が全く同一である。また、この両本と明治大学博物館蔵の「評定一座大概之記」とを比較すると、その内容は基本的に同じであるが、左記に示すように、わずかな差異が存する。

(1)「町方取計之部」の配置……明大本は「借金銀家質地代滞之部」の次、すなわち第五番目に配置するが、岐阜市図書館本および国会図書館本はこれを巻末に配置する。

(2)「旧悪御仕置之事」の扱い……明大本は、「怪我ニて人を殺候者御仕置之部」の次に「旧悪御仕置之部」を立て、ここに「旧悪御仕置之事」を置くが、岐阜市図書館本および国会図書館本は「怪我ニて人を殺候者御仕置之部」の末尾に「旧悪御仕置之事」を置き、「旧悪御仕置之部」を立てていない。

(3)冒頭の「評定所法式并公事訴訟等取捌之部」に収載する法令の配列……明大本は、「公規矩之書」によって示した「元文三午年御帳」の第二から第五の法令を第十三の法令の次に配列している。しかしながら、岐阜市図書館本および国会図書館本における法令の配列は、「元文三午年御帳」に同じである。

(4)「出火之部」と「鉄炮打并捕候者訴人等之部」の順序……岐阜市図書館本および国会図書館本はこの順序であるが、明大本はこれが逆転している。

(5)「変死病人片付并溜預等之部」における「懐胎出入取扱之事」という法令の有無……明大本にはこれが存するが、岐阜市図書館本および国会図書館本には無い。

この五つの差異を「元文三午年御帳」と比較すると、岐阜市図書館本および国会図書館本はすべてについて「元文三午年御帳」と一致する。この事実をふまえるならば、岐阜市図書館本および国会図書館本の両本は、「元文三午年御帳」二六部一四四条を底本として、これに「死罪除日幷御仕置者書上之部」「町方取計之部」の二部一四条、および二四の法令を追加して二八部一八二条となった書とみなしてよい。したがって、明大本は、岐阜市図書館本および国会図書館本の成立の後、これに若干の修正を施したものと位置付けられよう。

「評定一座大概之記」は、「元文三午年御帳」に対する吉宗の修正意見（一三箇所）を反映していないので、修正意見が提示される以前の成立である。一方、御定書掛の黄紙懸紙による修正（二箇所）を採用している。このことから、「評定一座大概之記」を次のように理解すべきであろう。徳川吉宗は、「元文三午年三月十四日弥此通定置云々」として「元文三午年御帳」を御定書掛三奉行に下げ渡し、その際、「追て被仰出等此帳ニ可記儀ハ書記可申候」という指示を出した。御定書掛はこの指示に従って、享保年間から元文三年四月に至る間の書付、町触、触書、申合事項など関連法令を追補した。これが「評定一座大概之記」である。本書をもっとも的確に位置付けたのは、

厳密な意味では「元文四未年御帳」ではない。しかし少なくとも「元文三午年御帳」を底本とした「元文四未年御帳」成立直前のものといえる。

という茎田氏の指摘であろう（茎田著書二三九頁）。「元文四未年御帳」はしかし、「評定一座大概之記」に追補した法令の大部分を採用しなかった。「元文四未年御帳」と「評定一座大概之記」との関係をどのように考えるべきか、今後の課題である。

①「評定一座大概之記」（岐阜市立中央図書館蔵）は、その表紙に「楠堂所蔵」の印記が見られ、本書が楠堂文庫の中の一冊であることが判明する。「楠堂」とは、岐阜県不破郡赤坂村（現、大垣市）出身の実業家矢橋亮吉（慶応三年〔一八六七〕～昭和二一年〔一九四六〕）が運営した書生薫陶のための道場名に由来する。現在、岐阜市立中央図書館には楠堂文庫約一千点が所蔵される。これらの蔵書は、銀行経営とともに東洋一と称される大理石業を営むかたわら、若者の育英事業に意を用いた矢橋のもとに集積した図書である。楠堂文庫の和本については、『和本目録』（昭和四十七年、岐阜市図書館編刊）参照。本書のそれ以前の来歴については、不明である。

矢橋亮吉の伝は、『矢橋南圃翁伝』（昭和四十五年、〔岐阜県赤坂町〕矢橋大理石商店発行）参照。本資料の調査にあたっては、岐阜市立中央図書館情報支援係杉崎氏のご教示を得た。記して謝意を表する次第である。

②「公裁秘録」（国立国会図書館蔵）は、青柳文蔵（宝暦十年〔一七六一〕～天保十年〔一八三九〕）の旧蔵書である。本書第一丁には「青柳館文庫」「市井臣文蔵献仙臺府書」「勿折角勿巻脳勿以墨汚勿令鼠齩勿唾幅掲」という蔵書印が捺されている。すなわち本書は、文化十三年（一八三〇）、青柳文蔵が仙台藩に献納した約一万冊の書籍のなかの一冊なのである。文蔵は、口入屋（人材斡旋業）、質屋、貸金業を営んで蓄財し、その富をもって万巻の書を購入した。文蔵はまた公事宿も経営したというから、本書はその職業柄からこれを入手したと推察される。青柳文蔵の伝とその蔵書については、早坂信子『公共図書館の祖青柳文庫と青柳文蔵』（国宝大崎八幡宮　仙台・江戸学叢書50、平成二十五年、〔仙台〕大崎八幡宮発行）に詳細である。

註

（1）高塩博「「公事方御定書」の編纂過程と「元文五年草案」について」『國學院法學』四八巻四号、平成二十三年（以下、前稿と言う〔本書論考篇第三部第二章〕）。

（2）「御定書出来候節之書物取調候趣」『徳川禁令考』後集第一、提要三三頁。

（3）茎田佳寿子『江戸幕府法の研究』二三六～二四三、二九七、四七六～四八三頁、昭和五十五年、巌南堂書店（以下、茎田著書と言う)。

関西学院大学日本法史研究会「「元文三午年之御帳」の一史料(一)(二)――『公事方御定書幷伺之上被仰渡書付』――」関西学院大学『法と政治』三六巻二・三号、昭和六十年(執筆者は林紀昭氏。以下、林論文と言う)。

(4)平松義郎「「徳川禁令考」・「公事方御定書」小考」(二)『創文』一八七号、二三頁、昭和五十四年(以下、平松論文と言う)。

(5)平松論文(一)『創文』一八六号、一九頁。

(6)本章が利用する「科条類典」は、『徳川禁令考』後集(司法省蔵版・法制史学会編、石井良助校訂、平成二年第五刷、創文社刊)に収録のそれである。

(7)『徳川禁令考』後集第一、一八一頁。

(8)『徳川禁令考』後集第一、一八二頁。

(9)『徳川禁令考』後集第一、一八〇頁。

(10)前稿においては、「壱之御案文」から「四之御案文」までが「巳年差上候御定書」(元文二年草案)に対する修正指示であることを明確に認識できなかった。その故に、「御定書掛三奉行が「元文三午年御帳」の原案を吉宗に提出した日付は、目下知られていない。吉宗は「元文三午年御帳」原案の提出される以前、四つの法文について修正案を提示した」という記述となった(二六頁〈本書論考篇第三部第二章二六六頁〉)。より正確な表現とするため、この記述の「「元文三午年御帳」原案の提出される以前、四つの法文」の部分を、「「元文三午年御帳」原案の提出される以前すなわち「巳年差上候御定書」(元文二年草案)の四つの法文」と訂正する。

(11)『徳川禁令考』後集第一、三〇〇～三〇一・三〇八～三〇九頁。

(12)『徳川禁令考』後集第四、六一～六二頁。

(13)『徳川禁令考』後集第三、二八四頁。

(14)『徳川禁令考』後集第一、提要二八～三四頁。

(15)大岡家文書刊行会編『大岡越前守忠相日記』上巻一六七頁、昭和四十七年、三一書房。

(16)　神保文夫「宝永期における幕府判例集編纂の一斑——「旧憲類書」について——」名古屋大学『法政論集』一四七号四九九頁、平成五年。

(17)　評定所におけるこれら法律書の作成について、神保氏は、「「公事方御定書」編纂のための前提ないし補助作業の一つであったと位置づけることができよう」と指摘された（「宝永期における幕府判例集編纂の一斑」前掲誌五〇〇頁）。

(18)　『徳川禁令考』後集第一、提要二八・二九頁。

(19)　平松氏の「元文二年の「巳年差上候御定書」および「元文三午年之御帳」が勘定奉行・評定所系の御書付中心の草案であり」という指摘は、当を得ていると思う。平松氏は一方、「元文二巳年御定書」について、「その成立、原形ははなはだ判然としない」としつつも、「あるいは庁政談の原本たりうるのではないか、と臆測を廻らすのである」と述べておられる（平松論文（一）一九頁、同（二）二三頁）。このような臆測をしたくなるのは、「庁政談」という法律書が、「元文二年巳十一月三奉行伺之上評定所之御定書」だからである。「元文二巳年御定書」が吉宗に提出される頃、評定所では「庁政談」を編纂していたのである。「庁政談」は、「重科人之悴親類等御仕置之事」、および「悪党者訴人之事」に関する法文を収載するが（第二百九十一・二百九十九条）、それは「元文三午年御帳」（第百二十一・百三十七条）に同じ法文である。つまり、「元文二巳年御定書」の法文に対する吉宗の修正を採用しているのである。「庁政談」は一方、「乱気ニて人殺之事」に関わる法文を収載していない。この事実をもって、「庁政談」と「巳年差上候御定書」との関係をどのように捉えるべきか、考えあぐねているところである。

(20)　この脱落が、本書書写の際の写し落としなのか、親本がすでに脱落させていたのかは不明である。
本書には、これ以外にも転写の際の脱文がいくつか存する。しかし、この場合も、親本においてすでに脱落していたのか、本書書写の際の脱落なのかは、これを判別することができない。

(21)　『徳川禁令考』後集第一、一八〇頁。「公事方御定書」上巻第四十条は、「元文三午年御帳」において本文が定まり、条文の表題（題号）は「寛保二戌年三月上り候帳面」において定まった（同書一八〇頁）。

(22)　「公規矩之書」第三十条　享保廿一辰年御書付　諸役人非分私曲有之裁許・重キ御役人領（知）地出入取計・裁許仕置等之事、同

第七十八条　享保六丑年御書付　乱気ニて人殺之事、同第百三十七条　火附并盗賊等訴人之事。
(23)『徳川禁令考』後集第二、九二頁。
(24)同右。
(25)『徳川禁令考』後集第四、五頁。
(26)『徳川禁令考』後集第四、五〜六頁。
(27)前稿二七〜二八、五一〜五二頁（本書論考篇第三部第二章二六七〜二六八、二九一頁）。
(28)「公事方御定書」下巻第十六条（『徳川禁令考』後集第一、四二五頁）。
(29)「公事方御定書」下巻第七十八条（『徳川禁令考』後集第四、六二頁）。
(30)前稿一一五頁（本書史料篇七、三八八頁）。
(31)『徳川禁令考』後集第一、一八七頁。「科条類典」は、「寛保二戌年上り帳」が年中御仕置并在牢人数書付可差出事という法令をはじめて登載したように記す。しかし実際は、「元文五年草案」にすでに収載されているのであるから、「科条類典」に不備が存するかもしれない。
(32)前稿四二頁（本書論考篇第三部第二章二八一頁）。
(33)「公規矩之書」の①第十九条　享保五子年　浦賀ヘ湊替被　仰付候節之御書付は、「元文五年草案」上二十一の「浦賀ヘ湊替之事」に、②第八十三条　享保七寅年伺書　取上田畑之事は「元文五年草案」下二十二の「取上田畑之事」に、③第九十五条享保七寅年　猪鹿おどし鉄炮願之儀ニ付御書付は「元文五年草案」上二十四の「享保七寅年　猪鹿おとし鉄炮願之事」にそれぞれ同文である。
(34)「過料申付方之事」という法文は、寛保二年成立の「公事方御定書」には、下巻第二十九条に置かれている（茎田著書五七九頁、藪利和「「公事方御定書」の原テキストについて」大竹秀男・服藤弘司編『幕藩国家の法と支配』八五・一〇六頁、昭和五十九年、有斐閣）。
(35)「過料申付方之事」は、寛保三年、延享元年の「公事方御定書」においても、下巻第二十九条に置かれている（高塩博「寛

保三年増修の「公事方御定書」下巻について」『國學院大學日本文化研究所紀要』九五輯五五頁、平成十七年、〔本書史料篇八、四三八頁〕同「延享元年増修の「公事方御定書」下巻について――史料編――」同誌九七輯二三六頁、平成十八年〔本書史料篇九、四九六頁〕）。

（36）　藪利和氏は、「科条類典」が「決して完璧なものではなく、その編纂当時（明和四〈一七六七〉年）すでに重要な史料が失われているか、もしくはその旨を記述した箇所がある」ことを夙に指摘し、それらの箇所を列挙しておられる（「「公事方御定書」の原テキストについて」前掲書九六～九七頁）。

（37）　この点につき、藪氏の前掲論文がすでに指摘する（九六頁）。『徳川禁令考』後集第二、八五頁。

（38）　『徳川禁令考』後集第二、九三頁。

（39）　②は『徳川禁令考』後集第二、一五七～一六〇頁、⑤は同書第三、九～一一頁、⑥は同書第一、四一一～四一三頁を参照。なお、⑤の伺書は、元文四年の修正を経て「元文五年草案」下の第三十三条隠し遊女差置候者御仕置之事の第三項となっている（前稿一一六頁〔本書史料篇七、三九〇頁〕参照）。それによれば、元文四年の懸紙修正は、伺書の内容を変更せずに、簡潔な法文に改めることであった。

（40）　⑤の同下巻第四十七条隠売女御仕置之事に関しては、藪氏の前掲論文が同条第一項、第四項についての改正に関する史料が「科条類典」に欠落することを指摘する（九七頁）。

（41）　『徳川禁令考』後集第一、二頁。

（42）　茎田著書は④⑤⑥について、「元文四未年御帳」がこれらを新規に載録したと解釈するが（二三八頁）、林論文は③を除く五つの法令について、「科条類典」がこれらを脱落させた可能性をすでに指摘している（林論文（一）、一七三頁）。なお、「公規矩之書」と、「元文三午年三月十四日弥此通定置云々」として引用する「科条類典」の法文とを比較すると、「公規矩之書」の法令には「科条類典」に見えない文言を含む場合がある。以下の通りである。

①第十条　享保十八丑年　目安裏書初判之儀書付の第一項但書「但、関八州之外も御料之分、御勘定奉行ぇ願出、初判仕候、」が「科条類典」に見えない（『徳川禁令考』後集第一、二五三頁）。

②第十三条　正徳六申年御書付　評定一座可相心得条々の第二項但書「但、享保二年辰年伺之上　両日借金公事承候筈ニ相極り候、　毎月　四日　廿一日」が「科条類典」に見えない（『徳川禁令考』後集第一、四一頁）。

③第五十三条　（享保四亥年）諸奉公人出入之儀ニ付町触の第二項「是ハ享保十一年改り、当時ハ下請人ヱ懸り願出候得は、下請人ヱ三十日切ニ申付候」が「科条類典」に見えない（『徳川禁令考』後集第一、二二六頁、同第二、四二五頁）。

④第六十二条　享保四亥年　御代官ヱ不相届訴訟ニ出候者之儀ニ付御書付の末尾「右之通、御代官所村々ヱ相触候事、」が「科条類典」に見えない（『徳川禁令考』後集第一、一六三頁）。

⑤第六十八条　無宿并入墨敲ニ成候者之事の第二項の傍線部「行倒又ハ紛者ニて科無之類ハ、在所ニても科無之分ハ」が「科条類典」に見えない（『徳川禁令考』後集第四、一七〇頁）。

「公事方御定書」と「元文三午年御帳」とで法文に差異のない場合、「科条類典」は「右同文言」と注記することで、法文の引用を省略することがある。②③④はまさにそれに該当し、法文の引用が省略されている。しかし、「元文三午年御帳」は本来、右の文言を備えていたと思われるのである。「厳密な語句の比較を行なわずに同文」とする危険性のあることは、林論文がつとに指摘するところでもある（林論文（一）、一五六頁）。

①⑤は、「科条類典」が法文を引用する際、あるいは「科条類典」を転写する際などに脱落させたものであろう。その傍証として、「元文三午年御帳」の法令を収載する「公事方御定書并同之上被仰渡書付」（後述の関学本）にもこれらの文言が存することを指摘しておこう（林論文（一）、一七八頁、同（二）、二〇二頁参照）。又、⑤の傍線部は、「元文四未年三月差上云々」の欄に引用する同条にもこれを存する（『徳川禁令考』後集第四、一七一頁）。

（43）前述したように、本書は丁寧に書写された写本ではあるが、幾分かの脱文と脱字とが存する。以下に主なものを列挙する。

①第六条　享保五子年御書付　式日老中出座之事の第四項

一公事出入等難決類、入組候品ハ、向後式日老中出座之節、差出候様ニ可仕事、

②第二十二条　正徳五未年　公事訴訟人ゟ音物贈り候儀ニ付御書付の末尾

右今度如此被仰出旨、よろしく可相心得候、以上、

③第四十四条　質地出入一座申合覚の第三項
享保十一年午七月
一評定所一座其外重キ御役人知行所等出入之儀ハ、伺之上裁許申付候得共、質地出入ハ裁許之筋兼て相極り有之事ニ
候間、右之衆中知行百姓等ニても、不及伺可致裁許事、
④第八十条　享保十一午年御書付　親類主人等ぇ尋申付方之事の本文および八十一条、欠落もの尋之事の表題
科有之、逐電、欠落いたし候もの尋申付候儀、主人を家来ニ、親を子ニ、且又兄を弟ニ、伯父を甥に尋候様ニ申付候事
ハ有之間敷儀ニ候間、向後其心得ニて可有作略候、以上
午十一月
享保五子年
欠落もの尋之事
⑤第八十七条　享保八年卯九月被　仰渡候　二重ニ御仕置申付候事の第二項
一入墨之上敲、或ハ追放等ニも、其品ニより可申付事、
⑥第百一条　享保十四酉年　寺社門前ニ隠遊女差置候儀ニ付伺書の第一項傍線部
百姓同前ニ地頭之寺社ぇ(は)年貢寺役等相勤申候、隠遊女差置候ハ、屋敷主之町人不届ニ御座候間、通例之町方之通、
家屋敷不残取上、
⑦第百十三条　享保十七年子十月　弟子を致折鑑(檻)相果(候)を隠置候者御仕置之例の末尾
右之通、伺之上相済候、以上
⑧第百十四条　享保十九寅年十二月　科無之趣ニ候処推量ニて御仕置伺之儀ニ付被仰渡の第一項から二項にかけての傍線部
一稲子村源助相果候儀ニ付、御勘定奉行懸りニて吟味候得とも、難決ニ付、一座ぇ吟味被　仰付候処、殺候者無之、源
左衛門と与四兵衛に(儀も)科無之趣ニ候間、吟味一件之者共出牢申付、差免可申候、
一御勘定奉行吟味決不申候付、一座ぇも吟味被　仰付候処、源左衛門・与四兵衛儀も科無之趣ニ候処、云々

⑨第百十八条　享保十七子年御書付　鉄炮あた落ニて人殺之事の傍線部
三之丞と申者ゑ中り、其疵ニて三之丞相果候由、右之通ニ候得は、万右衛門下手人たるへく候得共、三之丞存命之内、万右衛門親類、其上常ミ意趣等無之、不慮之怪我ニ候間、相果候共、下手人之御仕置御免被下候様ニと相願、三之丞親兄弟迄も同様ニ願候、三之丞親兄弟右之通相願候条、云々
⑩第百三十三条　盗ニ逢其盗人を捕召連来候者之事の末尾
右之通、伺之上相極候、以上、
その他、第五十三条、第九十六条、第百二十一条、第百二十七条、第百四十三条の各条においては、法文の年号肩書を脱落させている。転写を重ねるごとに生じたのであろうが、誤写は写本の宿命である。翻刻にあたっては丸括弧をもって補った。その他の誤字、脱字、衍字の類は、「科条類典」および後述の「公事方御定書幷伺之上被仰渡書付」「評定一座大概之記」等と校合し、これまた丸括弧で示した。

(44)　林論文（一）、一五七〜一五八、一七二〜一七四頁。

(45)　収載の法令数は、「公規矩之書」が一四四（内、追記一箇条）、関学本一二六である。しかし、両者には法令の数え方に差異がある。「公規矩之書」の第四十四条を関学本は上二十二〜上二十六の五箇条と数え、「公規矩之書」第四十五・六十八・七十四条の法令について、関学本はこれに番号を与えていない。「公規矩之書」第四十五条は関学本においては上二十六の次、同第六十八条は関学本においては下六十五の次、同第七十四条は関学本においては六十六の次にそれぞれ配置されている。
関学本は上下各冊の法令に番号を付している。しかし、下冊の三十四が目録、本文共に欠番であり、林論文はこの一箇条が脱落であると推定した。この欠番は「死罪幷下手人不及下手人之部」中に存する。「公規矩之書」と比較するに、関学本は「公規矩之書」の「死罪幷下手人不及下手人之部」中の法令すべてを収載する。このことから考えるに、欠番は法令を脱落させたのではなく、書写者の不注意によって番号を抜かしたという可能性が大きい。

(46)　茎田著書二三六〜二三九頁。

(47)　茎田著書二九七頁。

(48) 林論文は、「関学本・明大本・類典中元文三年帳等対照表」を作成し、明大本の法令が関学本のどこに配置されているのか、その法令が「公事方御定書」のどの条文の草案なのか、またその法令が「科条類典」中の「元文三午年御帳」「元文四未年御帳」のどこに見出されるのかを注記する（林論文（一）、一五九～一七二頁）。明大本を理解する上にきわめて有益な対照表である。

(49) 林論文（一）、一五七～一五八頁。

(50) 明大本の法令数一八三は、次のように数えた。すなわち、諸国浦高札之事と浦々添高札を併せて一箇条と数え、過怠鷹番之事と野廻引替之覚とを併せて一箇条と数えた。

(51) 「公規矩之書」の法令数一四四は、次のように数えた。すなわち、諸国浦高札之事と浦々添高札を各一箇条と数え、評定所始并看板之事と当時御文言とを併せて一箇条と数えた。

(52) ただし、明大本は「公規矩之書」の法令中、追記とみなされる法令すなわち第三十条諸役人非分私曲有之裁許重キ御役人領(知)地出入取計裁許仕置等之事の末尾に附載された重キ御役人知行所之趣相伺候儀ニ付、申上候書付を載せていない。追記と見なすべきもう一つの第九十二条一ヶ年切御仕置もの等向後可書出旨一座え被　仰聞候覚書は、明大本が第百十二条に御仕置并牢舎人数書上之事という条文名で収載する。

(53) 『徳川禁令考』後集第一、四二五頁、同後集第四、六二頁。

(54) 『徳川禁令考』後集第一、一七九頁。同後集第四、二六四頁。

(55) 『徳川禁令考』後集第一、七六頁。

(56) 大岡家文書刊行会編『大岡越前守忠相日記』上巻一六七頁、昭和四十七年、三一書房。

(57) 『徳川禁令考』後集第一、提要二八頁。

(58) 五〇箇条のなかには、寛保二年成立時において独立条文であった三箇条（二重御仕置申付候事、妻持参金田畑家屋敷闕所之事、過料申付方之事）の原案（第八十五、八十七、八十八条）を含んでいる。

(59) 前稿四四～四五頁〔本書論考篇第三部第二章二八四～二八五頁〕。

(60)『徳川禁令考』後集第一、提要三二一・三三二頁。

(61) 石井良助編『享保撰要類集』第一、被仰出御書附之部、御定書直シ可申御書付之事、三三頁、昭和十九年、弘文堂書房。

(62) 前稿において「元文五年草案」の法文一覧を作成した際、寺附之品ぇ書入之義ニ付触書（上五十四）、追放御構之場所之事（下三十六）の二箇条について、それが「元文三午年御帳」以来の法文なのか、あるいは「元文四未年御帳」において起案されたのか不明であるとした（五九・六六・七三頁）。しかし、このたびの「公規矩之書」の出現により、この二箇条が「元文四未年御帳」起案の法文であることが判明した。したがって「科条類典」のこの両条についての記事の正確であることが証明されるのである。〔この知見に基づき、本書史料篇七収載の「法文一覧」を訂正した〕

(63) 元文三年三月十四日、吉宗は「元文三午年御帳」を御定書掛三奉行に下げ渡すのだが、このことにつき、「大岡忠相日記」の同日条は、

左近将監殿、我等筑後守佐渡守ぇ被仰聞候ハ、先日上候御仕置御定書帳面之通ニて、弥能可相極候承書仕上可申候、此已後被仰出候御書付、此帳面之末ぇ段ミ書加可然候、左候ハ、御書付出候度ミ左近殿ぇも上ヶ可申候旨被仰聞、帳面御扣御渡云々

と記す（上巻二二九頁）。この記事によるに、「元文三午年御帳」を提出したのは「先日」なのであり、この通りに編纂を進めるようにとの指示をもって返却された。提出日は三月十四日とさほど時をへだてていないかのような書きぶりである。この時点において吉宗は、一三箇所の修正指示をまだ出していなかったのかも知れない。

第二章　「公事方御定書」の編纂過程と元文五年草案について

はじめに

江戸幕府の「公事方御定書」上下巻は、寛保二年（一七四二）三月をもって法文が定まった。この時の「公事方御定書」は、上巻に書付、触書、町触、高札など七八通の法令類を収め、下巻には九〇箇条の法文が収載されていた。編纂を担当した御定書掛三奉行すなわち寺社奉行牧野越中守（貞通）、町奉行石河土佐守（政朝）、勘定奉行水野対馬守（忠伸）が連名にて、下巻の末尾に左の奥書を認めている。

右御定書之条〻、元文五庚申年五月左近将監を以被仰出之、前〻被仰出之趣幷先例其外評議之上追〻伺之、今般相定之者也、

寛保二壬戌年三月二十七日

牧野越中守
石河土佐守
水野対馬守

この奥書は次のことを語っている。第一は、寛保二年三月に法文が定まるについては、元文五年（一七四〇）五月に老中の松平左近将監乗邑を通じて示された「被仰出」が存したということである。第二は「前〻被仰出之趣幷先例其外」について評議して伺いをたて、順次に法文を決定していったということである。

こうして法文が定まると、これを将軍徳川吉宗に奉呈して承認を得、松平乗邑が左の奥書を書き加えた。

右之趣、達
上聞、相極候、奉行中之外不可有他見者也、

寛保二壬戌年四月　松平左近将監

「公事方御定書」は、徳川吉宗がこれを承認した寛保二年四月が制定の年紀であり[1]、この時をもって施行に移したと見られる[2]。

本章は、前掲奥書にいう元文五年五月の「被仰出」に基づく法文を収載する伝本を見出したのでそれを紹介し、「公事方御定書」の成立過程の一端を明らかにしようというものである。大方の御批正が得られるならば倖いである。

「公事方御定書」を対象とした論考は数多く発表されているが、寛保二年の成立に至る編纂過程を考察した研究は

限られている。その中にあって、編纂過程の全体を追求した研究に、

・茎田佳寿子氏『江戸幕府法の研究』昭和五十五年、巌南堂書店（以下、茎田著書と言う）

が存する。また、

・平松義郎氏「「徳川禁令考」・「公事方御定書」小考」（一）～（四）『創文』一八六～一九〇号、昭和五十四年（以下、平松論文と言う）

も編纂過程に言及している。平松論文は、同氏が『徳川禁令考』の第三次改訂版の刊行に携わったことから、これを機として「御定書に関してこれまで考え、感じてきたことを二三書いておきたい」（（一）一八頁）として出版社の広報誌に発表されたものである。それ故平松論文は、根拠となる史料を示して実証するというのではなくて、自らの考えを簡潔に記述するという体裁をとっている。編纂過程に関するその他の論考として、

・関西学院大学日本法史研究会「「元文三午年之御帳」の一史料（一）（二）――『公事方御定書并伺之上被仰渡書付――』」関西学院大学『法と政治』三六巻二・三号、昭和六十年（執筆者は林紀昭氏。以下、林論文と言う）

を挙げておこう。林論文は、「元文三年帳」（後述）と密接な関係にある法令集を紹介した論考である。

茎田著書は「科条類典」[3]を基礎とし、これに加えて寺社奉行大岡忠相の日記（以下、「大岡忠相日記」と称する）[4]を併用し、且つ勤務先の明治大学刑事博物館（現在は明治大学博物館）の所蔵する史料を活用して多くの知見を表明している。一方、平松論文は主として『徳川禁令考』後集に収載する「科条類典」に依拠して考察を加えたものである。しかし両氏の研究をもってしても、寛保二年の成立に至る編纂過程の全容は十分に解明されたとは言い難く、その理解のすべてが正鵠を射ているとも言い難い。このような研究状況が生じている主たる原因は、二つある。第一は「科条類典」が難解であるという点である。これを正しく読み解くには少なからぬ熟練を要する。第二は、編纂の各過程における草

案そのものが知られていないことである。草案の原本はもちろんであるが、その転写本すらも未確認なのである。そこで本章は、編纂途上における一草案を紹介することをもって、編纂過程のより精確な理解を得ようとするものである。(5)

一　「公事方御定書」上下巻の編纂過程

まず、編纂過程の概略を史料に則して眺めておこう。寛保二年三月に法文が定まるについては、二つの過程を踏んでいる。すなわち、前段は老中松平乗邑を通じて「被仰出」が示され、その「被仰出」に基づいて「元文五年草案」(後述)を作り上げるまでをいう。後段はその後「前ゝ被仰出之趣并先例其外」について評議して法文案を練り、これを順次伺って法文を決定してゆき、やがて寛保二年三月に上巻七八条、下巻九〇条の法文が確定するまでをいう。

前段はこれをさらに第一段階と第二段階とにわけて考えると理解しやすい。その第一段階は、元文二年(一七三七)閏十一月九日に始まる。この日の「大岡忠相日記」に、

> 一今日評定所臨時之寄合ニ付て四時出宅、評定所ぇ罷越、前ゝゟ被仰出又は伺之上相極候御仕置申付候御定書共帳面仕立上候様ニ被仰出、依之今日寄合申候、右御用懸り牧野越中守、松波筑後守、杉岡佐渡守ぇ左近殿ゟ被仰渡候、

という記事が見える。(6) 大岡忠相が評定所に出勤したところ、老中松平左近将監(乗邑)を通じて次の指令が伝えられたのである。「前ゝゟ被仰出又は伺之上相極候御仕置申付候御定書共帳面」を「仕立上」るようにという指令である。すなわち、「公事方御定書」編纂の命が下ったのである。編纂担当の御用掛として任命されたのが、寺社奉行牧野越中守(貞通)、町奉行松波筑後守(正春)、勘定奉行杉岡佐渡守(能連)である。いわゆる御定書御用掛三奉行(以下、御定

書掛三奉行と称す）である。

元文二年十二月十四日、評定所において「御定書」の編纂会議の開かれたことが、「大岡忠相日記」同日条に「今日、御定書并竹千代様御誕生御祝義之赦之のもの、帳面吟味ニ付て寄合申候、八時相済何も退散」と記されている。(7)

編纂下命からおよそ四箇月後の元文三年（一七三八）三月十四日、徳川吉宗から評定所一座に一つの帳面が下げ渡された。これは「科条類典」の各所に、

元文三午年三月十四日弥此通定置、追て被仰出等此帳ニ可記儀ハ書記可申候、其節々其趣書付可差出旨、評定所一座ぇ被仰聞候帳面、

とみえる帳面のことである。(8) この帳面に関する記事は、「大岡忠相日記」の同日条にも左のように記されている。(9)

左近将監殿、我等筑後守、佐渡守ぇ被仰聞候ハ、先日上候御仕置御定書帳面之通ニて、弥能可相極候、承書仕上可申候、此已後被仰出候御書付、此帳面之末ぇ段ゝ書加可然候、左候ハ、御書付出候度ゝ左近殿ぇも上ヶ可申候旨被仰聞、帳面御扣御渡し承書銘ゝ袋之上共ニ可仕之由被仰聞候、扨又此通御定書二通り五月迄ニ相調上ヶ可申候、京大坂ぇ可被遣之由被仰聞候、右帳面承書佐渡守相調同人方ゟ返上申候、

ここに「先日上候御仕置御定書帳面之通ニて、弥能可相極候、承書仕上可申候、此已後被仰出候御書付、此帳面之末ぇ段ゝ書加可然候、」と記すように、大岡忠相はこの帳面を「御仕置御定書帳面」と呼んでいる。この帳面を「元文三午年御帳」と呼ぶこととする。右に登場する「筑後守、佐渡守」とは、すなわち御定書掛三奉行をつとめる町奉行松波筑後守と勘定奉行杉岡佐渡守とであり、この二人は今後発令される「書付」を、その都度この帳面の末に書き加えることが指示されたのである。

御定書掛三奉行のうち、編纂の任にもっぱら当たったのは勘定奉行の杉岡佐渡守であった。『徳川禁令考』後集第

一の「提要」に収載する「御定書出来候節之書物取調候趣」は、「元文三午年御帳」の編纂について朱書をもって左のように説明している。[10]

此御帳ハ御仕置附モ有之候得共、多分ハ御書付御触書等書載、御勘定奉行杉岡佐渡守ぇ被仰付、出来之御帳と相見、其頃佐渡守一名ニて一座ぇ相談書扣有之候、

右の「此御帳」とは、すなわち「元文三午年御帳」のことである。この記事は、「元文三午年御帳」の編纂を杉岡佐渡守に命じ、佐渡守一人がその任に当たったことを伝える。「御定書出来候節之書物取調候趣」はまた、宝暦二年（一七五二）四月付の「公事方御定書出来仕候節之書物取調之儀伺書」という書面を載せ、その中でも杉岡佐渡守の役割について、

公事方御定書之儀ハ、有徳院様思召ニて、最初杉岡佐渡守ぇ被仰付、当時之例帳之様ニ出来仕候処云々

と述べている。[11]これらの記事から見ると、徳川吉宗は「公事方御定書」編纂を開始する際、その仕事の実質的担当を勘定奉行杉岡佐渡守（能連）に命じたのであり、その結果できたのが「元文三午年御帳」である。この帳面の末に「此已後被仰出候御書付」を「段々書加可然」と指示して、評定所一座に下げ渡したのは元文三年三月十四日のことであった。[12]ところが、杉岡佐渡守は、それからわずか三箇月半後の同年七月二日に逝去してしまう。[13]この時点までを編纂過程中、前段の第一段階と捉えるのである。

御定書掛三奉行が「元文三午年御帳」の原案を吉宗に提出した日付は、目下知られていない。吉宗は「元文三午年御帳」原案の提出される以前、四つの法文について修正案を提示した（本書第三部第一章の註（10）参照。後に判明したことだが、四箇所の修正意見は「巳年差上候御定書」収載の法文に対するものである）。その冒頭、吉宗は、

壱 是ハ問答之文言入交、紛敷候、畢竟口上之覚之留ニて候間、別紙之趣書改、奉行共ぇ可相渡候、総て此類数多

有之間、何れも当時取扱候趣ニ応候様ニ、文言宜相改、下書いたし差出候様ニ奉行共ぇ可申聞事、

と述べている。(14) 法文作成の要領について指示しているのである。御定書掛三奉行は、「青紙附札」をもって吉宗の修正案に応え、「元文三午年御帳」原案にその修正を反映させている。(15)

元文三年三月十四日、「元文三午年御帳」が下付されるが、その後編纂作業はほとんど進捗しなかった。杉岡佐渡守の死去が編纂作業の頓挫を決定的なものとしたのだろう。こうした状況を打開すべく、同年九月九日、吉宗は老中松平左近将監を通じ、新陣容の御定書掛三奉行に左の指示を発した。(16)

元文三午年九月九日、松平左近将監殿御渡候御書付

牧野越中守　石河土佐守　水野対馬守

公事方定書之事、畢竟大意計之儀候間、附札之趣ニ所々直之、其外ニも右附札ニ准シ、可改分ハ改之、下番ニて可被差出候、

午九月九日

この時点の御定書掛三奉行は、――寺社奉行は引き続いて牧野越中守（貞通）であるが――町奉行が石河土佐守（政朝）に、勘定奉行が水野対馬守（忠伸）にそれぞれ交替している。(17) 編纂過程中、前段の第二段階はここに始まる。吉宗は、「元文三午年御帳」に対し、一三箇所に修正意見を添付した。「科条類典」が、「御好御書付」「御附札」「御附紙」などと注記して載せるのがこれである。(18) 右の書付に「附札之趣ニ所々直之」というのは、この一三箇所の修正意見を指している。その修正意見の趣旨にしたがって、他の法文についても修正を加えよとも指示している。

一三の修正意見のうち、二例だけを紹介しよう。「公事方御定書」下巻第三十条田畑永代売買幷隠地いたし候もの御仕置之事には、吉宗の修正意見が附札をもって左のように記されている。(19)

過怠牢之事、只今は相止候、此通計ニて差置候てハ過怠牢只今も申付候様ニ相聞候間、近年は過怠牢ハ相止候との事、脇付ニ可仕事、

過怠牢廃止のことを注記せよとの指示である。また、同下巻第八十五条牢抜手鎖外シ御構之地ェ立帰候もの御仕置之事には、次の附札が貼付され、法文の文章の手直しと削除とを指示している。(20)

牢屋焼失之節欠落之事

是は、牢屋欠落いたし、又小盗ニても致候事にも無之候哉、左候ハヽ、死罪ニハ及間敷候、惣て此一件文言悪敷候間、可除、

これらの修正指示に対する御定書掛三奉行の検討結果は、一年後の「元文四未年御帳」（後述）に懸紙を貼付してこれを記す。前者においては、「此箇条、御好之通過怠牢と申儀相除、当時取捌之趣ニ相改申候」と注記して修正法文を提案している。後者においてもまた「此箇条、御好ニ付、文言相改申候」と注記して修正した法文を提示している。その他、御定書掛三奉行は「此箇条、御好之通相除、題号も御好ニ准、相改申候(21)」あるいは「此ヶ条、御好ニ付、文言作略仕候(22)」などという注記をもって修正法文を掲げている（修正法文は墨書、注記は朱書である）。

「大意計之儀」にせよという吉宗の指示に従い、御定書掛三奉行はこれら以外の法文についても修正案を作文し懸紙をもって貼付する。懸紙修正は多数にのぼるが、数え間違いをおそれずに言えば、「科条類典」に三三の懸紙修正を見いだすことができる。これが、新任の御定書掛三奉行が行なった作業である。これらの修正法文の内、「公事方御定書」下巻第七十四条怪我にて相果候もの相手御仕置之事には、「次ニ有之箇条之大意計、此所ェ書加申候」という朱書の注記が存し、(23)同下巻第七十七条酒狂人御仕置之事には、「此箇条、御好之通相改、大意計認申候」という朱書の注記が存する。(24)これらの朱書は、まさに吉宗の「大意計之儀」という指示に由来する注記である。

要するに、御定書掛三奉行は、一三箇所の修正意見に対する検討結果を懸紙に認めて「元文三午年御帳」に貼付し、その他三三の法文についても懸紙をもって修正案を提示したのである。[25] このような編纂作業をおこなった御定書掛三奉行は、編纂指令から半年後の元文四年三月二十二日、この帳面を吉宗に提出した。以下、この帳面を「元文四未年御帳」と称することにする。

「元文四未年御帳」を受け取った吉宗は、この帳面に緑色の墨をもって修正意見を認め、三奉行に返却した。元文五年五月十日のことである。提出より一年二箇月の時間が経過している。「科条類典」の各所に、

　元文四未年三月差上、翌申五月十日緑色御書入御好之趣有之帳面

と見えるのがこれである。[26] 一方、「御定書出来候節之書物取調候趣」はこのことを、

　御仕置相定り候分ハ下巻ニ書載、評定所始之事巻頭ニて、都て被仰出候御書付御触書等上巻ニ認、同四未年三月廿二日御帳案差上、御好有之、同五申年五月十日御下ケ被成、

と伝える。[27] 右にいう「緑色御書入御好之趣有之帳面」こそが、前掲の「公事方御定書」奥書に言う「左近将監を以被仰出之」の帳面のことである。この帳面を「元文五年緑色書入帳面」と呼ぶこととする。[28]「科条類典」を検索すると、「緑色御書入」を一〇箇所に見いだすことが出来る。[29]

今、「元文四未年三月差上、翌申五月十日緑色御書入御好之趣有之帳面之内」の箇所に存する「緑色御書入」を二例だけ紹介しよう。「公事方御定書」下巻第十条用水悪水幷新田新堤川除等出入之事には、左のような「緑色御書入」が見られる。[30]

懸紙

双方相対之上新田新堤取立候事

（朱書）「此印緑色」
享保六丑年

御料幷一地頭地頭違之出入之事と有之所之文言ニ、此文言も籠り可申儀ニ候、然は此文言ハ除可然哉、右緑色

私領ニて新田新堤取立候双方地頭相対之儀候間、取上申間敷候、若子細有之、地頭ニて難済儀ハ、奉行所ニて可致吟味事、

この懸紙は、「元文四未年御帳」に見られるもので、御定書掛三奉行の手に成る。すなわち、御定書掛三奉行は「元文三午年御帳」の法文を修正し、その修正法を懸紙に認めて提出したのである。その修正法文に接した吉宗は、緑筆をもって自分の見解をこの懸紙に書き込んだのである。「享保六丑年」以下「除可然哉」までが吉宗の「緑色御書入」である。

又、「公事方御定書」下巻第十六条誤証文押て取問敷事には、左のような「緑色御書入」が見られる。(31)

懸紙

（朱書）「緑色」
誤証文取問敷旨之事

向後相手不致得心ニ、押て誤証文　此趣ニ可相改哉、

向後誤証文取申間敷候、たとへ誤証文差出候とも、
其証文ニかゝわらす、理非次第ニ裁許可仕事、
〔朱書〕「此箇條、御好之通、文言相改申候、」

この懸紙もまた御定書掛三奉行が「元文四未年御帳」に貼付したものである。吉宗は、御定書掛の示した修正法文に対する見解を、ここでも緑筆をもって懸紙に書き込んでいる。この懸紙には、「此箇条、御好之通、文言相改申候」という朱書による御定書掛の注記が存する。このように御定書掛の懸紙には朱書による注記がしばしば存するので、これとの混同を避けるために緑色の墨を使用したのである。

このような「元文五年緑色書入帳面」を受け取った御定書掛三奉行は、「緑色御書入」の本格的な検討を後回しとし[32]、吉宗の承認を得た法文についての帳面を作成した（後述）。この帳面を「元文五年草案」と呼ぶこととする。本章は、ここまでを編纂過程の第二段階と捉える。

編纂過程の後段はすでに述べたように、「元文五年草案」ができた後、「公事方御定書」奥書にいう「前ゝ被仰出之趣幷先例其外」を「評議之上追々」に伺う過程である。後掲するように、元文五年（一七四〇）・寛保元年（一七四一）の両年中の伺はもっぱら下巻の法文を決定するための伺であって、上巻についての伺は第一条、第二条、第五十六条の三箇条にすぎない。御定書掛三奉行は、「元文五年草案」の諸法文に二度三度の検討を加え、さらなる改訂案を将軍吉宗に提示するとともに、「前ゝ被仰出之趣幷先例其外」を審議してこれを法文に仕立て、こちらも吉宗に提案するのである。これらの法文すべてに対して、吉宗はいちいち目を通し、あるいは是とし、あるいは修正意見をのべて御定書掛三奉行に検討を命じた。御定書掛三奉行は吉宗修正案を審議してあらためて法文を報告した。このようなやりとりを経て次々と法文を確定していったのである。この間の事情を「御定書出来候節之書物取調候趣」は、

一同（公事方御定書のこと——筆者註）下巻は、前書元文三年御帳之内、并前々より之例、或ハ評議之越（趣）、元文五申
年より寛保二戌年迄度々ニ伺有之、右戌年御定書下巻出来、

と伝える[33]。

「元文五年緑色書入帳面」が吉宗より下げ渡された元文五年五月十日以降、「公事方御定書」上下巻の法文が定まる寛保二年三月まで、その期間はおよそ一年一一箇月である。この間、御定書掛三奉行がおこなった「度々」の伺と、これに応答した吉宗の下知は、「科条類典」によって確認すると、左の通りである。まず、元文五年中に、七回の応酬があった（日にち不記載の場合は、□日と表記した）。

①元文五年閏七月□日伺（下巻五箇条）[34]　→　同年同月□日下知
②元文五年八月□日伺（上巻二箇条・下巻四箇条）[35]　→　同年八月二十八日下知
③元文五年九月五日伺（上巻二箇条）[36]　→　同年同月十一日下知
④元文五年九月□日伺（上巻二箇条・下巻二箇条）[37]　→　同年十月五日下知
⑤元文五年十月□日伺（下巻六箇条）[38]　→　同年十一月七日下知
⑥元文五年十一月十日伺（下巻一箇条）[39]　→　同年十一月十九日下知
⑦元文五年十二月□日伺（下巻五箇条）[40]　→　寛保元年四月十四日下知

次に、翌年の寛保元年中の伺と下知については、左の通りである。

①寛保元年三月二十三日伺（下巻三箇条）[41]　→　同年四月二日下知
②寛保元年四月□日伺（下巻一箇条）[42]　→　同年四月九日下知
③寛保元年六月□日伺（下巻九箇条）[43]　→　同年九月二十二日下知

④寛保元年十一月□日伺（下巻三四箇条）(44)　→　寛保二年二月二十九日下知

⑤寛保元年十二月□日伺（下巻三七箇条）(45)　→　寛保二年三月二十二日下知

翌年の寛保二年に入ると、制定直前の三月になってから下巻四箇条についての伺がなされた。これに対する下知は、前年十二月伺に対する下知と併せて、三月二十二日になされている。

①寛保二年三月□日伺（下巻四箇条）(46)　→　同年三月二十二日下知

この下知を最後として、「公事方御定書」下巻各条の法文がようやく固まったというべきであろう。

なお「公事方御定書」上巻に関しても、同年三月に最終草案を提出している。「科条類典」は、「寛保二戌年三月上り候帳面之内」として「公事方御定書」上巻の各条を引用する。この「寛保二戌年三月上り候帳面」が上巻の最終草案にあたる。本章は、これを「寛保二戌年上り帳」と称することにする。この帳面に七八箇条の法令等を収載したの(47)だが、そのうち二七箇条が、「寛保二戌年上り帳」において新しく起案した法令類である(48)。

右に見た一年一箇月ほどが編纂過程の後段であり、編纂作業のもっとも白熱した時期である。前述したように、三月二十七日の日付をもって御定書掛三奉行の奥書が加えられ、この日をもって法文が定まったが、それは最終下知の五日後のことである。以上が、寛保二年三月に「公事方御定書」が成立するまでの編纂過程の概要である(49)(50)。

ところで、「元文三午年御帳」は「科条類典」を検索することにより、その法文の大部分を知ることができる。それは「科条類典」が「元文三午年御帳」の法文を、

　元文三午年三月十四日弥此通定置、追て被仰出等此帳ニ可記儀ハ書記可申候、其節々其趣書付可差出旨、評定所一座ぇ被仰聞候帳面之内、

として引用するからである。「元文四未年御帳」の法文もまた、「科条類典」はこれを、

元文四未年三月差上、翌申五月十日緑色御書入御好之趣有之帳面之内

として引用する。「元文三午年御帳」に対する御定書掛三奉行の懸紙による修正法文、および「元文四未年御帳」に対する吉宗の修正意見である「緑色御書入」も、「科条類典」はそれらをこの箇所に引用している。したがって、「元文三午年御帳」の内容のみならず、「元文四未年御帳」およびこれに対する吉宗の見解についても、「科条類典」を通じて大方の内容を知ることは可能である。

しかしながら、「科条類典」をもってしては知り得ない事柄も存する。その第一は、法文の配列である。「科条類典」は、「公事方御定書」の各条文について、その条文がどのような変遷をたどって宝暦四年（一七五四）の最終の法文となったかを明らかにすることを目的の一つとしている。そのために、草案段階の法文は、「公事方御定書」の宝暦四年の条文配列に沿って引用されている。したがって、「科条類典」所引の法文から、各草案の法文配列を確認することはできない。

知り得ない第二は、「公事方御定書」の条文として成立しなかった法文についてである。「科条類典」は「公事方御定書」の宝暦四年の条文についての資料集である。「公事方御定書」は、寛保二年の成立から宝暦四年に至る一二年間に五次にわたる増補修正がなされたが、その途上において削除された条文について、「科条類典」は黙して語らない[51]。それ故、寛保二年以降において削除されてしまった条文については、何らの知見をもたらさない。同様に、寛保二年成立に至る段階において採用とならなかった法文についても、「科条類典」を通じてはこれを知ることができない。

第三に、編纂上の不手際や、編纂に供すべき原資料の不備などにより、「科条類典」に脱文が存するような場合には、これまた草案段階の法文を知り得ないことになる[52]。

こうした限界を克服するためには、各草案の原本もしくはその転写本の出現が望まれるのである。そのため、茎田氏や林氏はそれらの発見に努め、草案の伝本ではないにしても、草案と関連をもつ史料を発見されたのである。茎田氏の紹介された史料は、「評定一座大概」（二巻二冊、明治大学博物館蔵）という写本である。本書は「元文三・四年御帳の痕跡を残した法令集」であり、「元文四年御帳」にもっとも近い法令集であると考えられる」という（茎田著書二九七頁、その他同書二三六～二四二、四七六～四八三頁参照）。一方、林氏の紹介された史料は、「公事方御定書幷伺之上被仰渡書附」（上下二冊、関西学院大学法学部基礎法学研究室蔵）という史料であり、これは「元文三年帳と密接な関係にある法令集である」という（林論文（一）一七四頁）。これらの史料が紹介されたことにより、草案の具体像が垣間見られるようになったのは大なる進歩である。とはいうものの、草案そのものの伝本ではないだけに隔靴掻痒の感がある。

二　原胤昭旧蔵の「寛保律」

原胤昭（嘉永六年〈一八五三〉～昭和十七年〈一九四二〉）は、監獄教誨や出獄人保護に尽力した社会事業家として同時代の人々に知られた人物である。江戸の南町奉行所与力の家に生まれ、十四歳の慶応二年（一八六六）、与力として人足寄場見廻役に就いている。そうした経歴故、晩年の原は、江戸の町奉行所の事蹟を記録にとどめておくことに力を注ぎ、そのために多くの資料を収集した[53]。ここに紹介する「寛保律」もその収集資料のひとつであり、現在は千代田区立四番町歴史民俗資料館の所蔵となっている[54]（その後、同館が閉館となったため、現在は千代田区教育委員会の所蔵）。「寛保律」を紹介するのは、本書が「公事方御定書」の編纂過程をうかがい知ることのできる内容を含んでいるからである。すなわち、「寛保律」は、編纂過程の前段中、その最終の姿を示す「元文五年草案」と見なすべき伝本を収載しているのである。

「寛保律」は、縦二三・六、横一六・五糎の袋綴の写本である。「寛保律」という表題は表紙に打付書されており、小口にも記されている。内題は存しない。墨附第一丁の右下に「原氏蔵書」という蔵書印が捺されており、本書が原胤昭の旧蔵書であることを語っている。本書は二種類の内容から成る。前半部七五丁は「公事方御定書」下巻である。後半部六〇丁は「公事方御定書并窺之上被　仰渡候書付」という表題をもつもので、これが「元文五年草案」に相当する内容を有するのである。そのほか前半部と後半部の間に、わずか墨附半丁の「諸国入墨之覚」がはさまれており、ここには入墨図一五が列挙されている。

「寛保律」前半部の「公事方御定書」下巻に関しては、書写についての奥書が、

右一帖は京師公事方従藤田軍治郎借用、寛政五癸丑六月、朽木家臣本庄隼太於京師屋敷写取有之、

文化乙丑年二月写終　　早藤万次郎

と記されている。「寛保律」後半部はさらに上下に分かれており、その表題が上の第一丁表に、

公事方
御定書并窺之上被　仰渡候書付　上

弥此通り定置、追て被仰出等、此帳ニ可記義ハ書記可申候、其節之（ミ）其趣書付可差出旨被仰聞承知仕候、

午三月十四日　　評定一座

御定書　　上

と記されている。後半部の下の第一丁表にも同様の表題が存し、右に「上」とある箇所が「下」と記されている。

「寛保律」後半部の「公事方御定書并窺之上被　仰渡候書付」に関しても書写についての奥書が存し、左のように記されている。

享和二壬戌年、東武勤番之節写之、

朽木御内本庄隼太

文化元甲子年八月　写之、

早藤博明

「寛保律」は前半部も後半部も同一人の筆跡である。それ故、書写者は早藤万次郎博明であろうと思われる。早藤は、前半部を文化二年（一八〇五）二月に、後半部を文化元年八月に書写している。前半部後半部とも朽木家の家臣本庄隼太より借りて書写したのである。本庄隼太は前半部の「公事方御定書」下巻については、京都において同地の公事方の職務に就いている藤田軍治郎から借りて書写した。寛政五年（一七九三）六月のことである。本庄は、その九年後の享和二年（一八〇二）、江戸勤番の際に後半部の「公事方御定書并窺之上被　仰渡候書付」を書写している。

朽木家は、丹波国福知山藩三万二千石の譜代大名朽木氏と、旗本の朽木氏とがある。本庄隼太は少なくとも福知山藩主朽木氏の家臣ではない。福知山藩の分限帳に本庄姓を見いだせないのである(55)。本庄隼太はおそらく、旗本朽木氏の家臣なのであろう。同様に、早藤姓もまた福知山藩家臣中に見いだすことができない。結局、奥書に登場する京師公事方の藤田軍治郎、朽木家臣本庄隼太、早藤万次郎博明の三名について、その素性を明らかにすることができなかった。識者の御示教を乞うものである。

前半部の「公事方御定書」下巻は、良質な写本とはいい難い。脱落条文の多いのが特徴である。脱落条文は一一箇条を数える（第八・十二・十九・二十・三十一・三十二・三十四・三十八・五十八・八十三・九十六の各条）。書写の後、脱落に気づいたのだろう、巻末に脱落条文中の五箇条を追記している（第八・十二・十九・二十・三十八の各条）。また、第七十三条は脱落条文でもないのに、これを巻末に追記している。そのほか、題号（条文名）を書き落としたり（第四十七・百三条）、題号を前条の但書と間違えたりもしている（第百一条）。脱落をはじめとする様々な間違いがどの段階で生じたのか不明だが、ともかくも脱漏の多い乱雑な写本であるといわざるを得ない。

一方、後半部の「公事方御定書幷窺之上被　仰渡候書付」上下もまた、転写の際に生じた誤字脱字が少なくない。しかし、前半の「公事方御定書」下巻ほどに杜撰な写本ではないように思う(56)。

三　「公事方御定書幷窺之上被　仰渡候書付」の内容

本書は、上に六〇、下に六四の法文を収載する。このほかに、「此ヶ条　御好ニ付、文言作異仕候」「此ヶ条　御好ニ付、相除申候」などという注記のもと、やや細字をもって記した法文が上に五、下に一三存する。本書上下の各法文の表題を一覧表にして史料篇に掲げておいた（法文番号を意味する漢数字・算用数字は筆者が与えたものである）。また備考として、「公事方御定書」の該当条文と「科条類典」（『徳川禁令考』後集収載）の該当箇所その他を注記しておく。

すでに見たように、本書の表題には、

弥此通り定置、追て被仰出等、此帳ニ可記義ハ書記可申候、其節之《（ゝ）》其趣書付可差出旨被仰聞承知仕候、

午三月十四日　　評定一座

という注記が見られる。「科条類典」が「元文三年帳」の法文を引用する際は、

元文三午三月十四日弥此通定置、追て被仰出等此帳ニ可記儀ハ書記可申候、其節々其趣書付可差出旨、評定所一

座ぇ被仰聞候帳面之内、

と記す。この両者はほぼ同文である。つまり、本書の「午三月十四日」は元文三年の三月十四日のことである。「公事方御定書幷窺之上被　仰渡候書付」という表題と右の注記とをもって考えるならば、本書の内容は「元文三午年御帳」そのものと見なすべきであろう。事実、「元文三午年御帳」に同文の法文を多数収載する（一覧表の☆印の法文）。しかし、本書は元文五年段階の草案とみるべきである。それは、「元文四未年御帳」における懸紙修正の法文もまた多数収載するからである（一覧表の★印の法文）。さらに、元文五年八月伺の法文をも含んでいる（一覧表の●印の法文）。

前述したように、吉宗は「元文三午年御帳」に一三の修正意見を表明した。御定書掛三奉行は、この意見を勘案して修正法文を作成し、懸紙をもって「元文四未年御帳」に貼付した。本書はこのうち一一の法文を収載している（★印の法文のうち）。その一例を紹介しよう。「科条類典」は、「公事方御定書」下巻第三十九条倍金幷白紙手形ニて金銀貸借いたし候もの御仕置之事の「元文三年帳」の法文を、「元文三年三月十四日弥此通定置云々」の箇所に、

享保三年戌閏十月
白紙手形ニて金子借候者之儀ニ付被仰出之書付

白紙手形ニて借シ金等仕候もの有之候節、証文ハ破り捨、過料三拾両、又ハ弐拾両出させ可申候、尤右之員数ニ不限、其者之身上ニ応し、過料多少可有之事、

と引用する。この法文に対し、吉宗は「御好御附札」をもって「三拾両又ハ弐拾両出させ、此文言(不)宜候／証文ハ破り捨、重ク過料可申付事／ヶ様ニ直シ可然候」という修正意見を表明した。御定書掛三奉行は、この修正意見に基づいて改正法文を作成し、「元文四未年御帳」に懸紙を貼付して提案するのである。「科条類典」はその改正法文を、「元文四未年三月差上、翌申五月十日緑色御書入御好之趣有之帳面之内」の箇所に次のように引用する。(57)

白紙手形ニて金子借候者之事

　白紙手形にて借シ金等仕候もの有之節、証文ハ破り捨、重キ過料可申付事、

本書は、この改正法文を上五十三に収載している。

御定書掛三奉行はまた、「大意計之儀候間、附札之趣ニ所々直之、其外ニも右附札ニ准シ、可改分ハ改之」という吉宗の指令に従い、「元文三午年御帳」の他の法文についても改正案を提示した。こちらも「元文四未年御帳」に懸紙を貼付しての修正である。前述したように、その懸紙修正は「科条類典」に三三を見出すことができる。本書はそのうち三一の法文を収載している（★印の法文のうち）。

「元文四未年御帳」における懸紙修正の事例を眺めてみよう。「科条類典」は、「公事方御定書」下巻第三十三条借金銀取捌之事の「元文四未年御帳」における懸紙修正の法文を、「元文四未年三月差上、翌申五月十日緑色御書入御好之趣有之帳面之内」の箇所に左のように引用する。(58)

　　借金銀裁許之事

一享保十四酉年以来之借金ハ、取上、裁許可致旨被仰出候事、

一右借金銀三十日限済方申付、日限之度々切金ニ為差出、済方不埒ニ候得ハ、百姓町人ハ手鎖懸置、猶又滞候得ハ、身躰限ニ可申付事、

一借金并書入金利足之儀、高利之分ハ、壱割半之利足ニ改、済方可申付事、

右は、「元文三午年御帳」の法文「借金銀裁許申合之事」を、簡潔な条文体に改めたものである。本書は、この法文を上五十一に収載している。

また、「公事方御定書」下巻第七十七条酒狂人御仕置之事の「元文四未年御帳」における懸紙修正の法文は、左のようなものであり、(59) 本書はこの法文を下十六に収載する。

酒狂人主人ぇ引渡之事

一酒狂ニてあはれ、相手も無之、自分ニ疵付候ニ相決、公儀御仕置ニ可成筋之ものハ格別、左も無之ものハ、主人其外可相渡方有之候ハヽ、其身計疵付候分ハ、不及養生、早速引渡、尤主人方ニても重く申付候ニハ不及旨可相達事、

以上に見たように、本書は「元文四未年御帳」における懸紙修正の法文を収載するのである。

なお、本書は元文五年八月伺の法文をたった一つ収載する。それは本書の上三十九の、

用水出入取捌之事

一御料私領共ニ、用水出入訴出候節、御料ハ御代官手代、私領ハ地頭家来呼出、用水不滞様ニ申談可相済旨申聞、訴状相渡、其上不相済段双方役人申出候ハヽ、其子細承糺、取上可致吟味候事、

という法文である。これは、「科条類典」が「公事方御定書」下巻第十条用水悪水并新田新堤川除等出入之事の「元文五申年八月牧野越中守石河土佐守水野対馬守伺之内」の箇所に引用する法文である[60]。

しかしその一方、本書は「元文三午年御帳」の法文も多数収載する。すでに述べた通りである。それは次の理由による。「元文四未年御帳」が「元文三午年御帳」の法文をそのまま引き継ぎ、その法文を吉宗が「元文五年緑色書入帳面」において了承したためである。その数は七四に達する（☆印の法文）。

本書はこれらの法文のほかに、「元文四未年御帳」において新たに起案した法文を四つ載せている（▲印の法文[61]）。また九箇条の法文については、「科条類典」に記事を見いだすことが出来ない（＊印の法文[62]）。

前述したように、本書は通常の法文と区別するために、細字をもって記した法文を一八収載している。このうち、一一は「元文五年緑色書入帳面」において削除の指示のあった法文である。これらの法文には、削除した旨の注記が

「准　御好相除候」「御好ニ付除申候」などと記されている。すなわち、これらの法文は、吉宗の指示にしたがって削除の措置がとられたのである。削除注記の存する一一の法文中、8 9 11 12 14は判決文である。「元文三午年御帳」は判決文そのものを法文として採録したのである。これらのうち、法文8には「此ヶ条、例ニ難成義ニ付、准　御好除申候」という注記が施されている。判決文は、そのままの文章では法文とは成りがたい。又、法文16は「享保七寅年筋違之者拷問申付候義御書付」と題し、こちらは判決文に基づく書付である。この書付も地名や人名などの固有名詞の登場する判決文を土台とする法令であるから、やはり法文としては採用しがたいのである。

なお、削除法文1は、「公事方御定書」上巻第二十四条の法文であるが、ここには「此ヶ条、奉行心得違之《（ママ迄）》義ニ付、准　御好相除候」という注記がある。「科条類典」同条の「元文四未年三月差上、翌申五月十日緑色御書入御好之趣有之帳面之内」には懸紙欄があり、そこに「此文言は、奉行諸役人別て可相心得品ニ候条、張紙取退可申事」と記されている[63]。これは「緑色御書入」による吉宗の意見であり、法文削除を指示したものである[64]。

また、六つの法文については「此ヶ条、御好ニ付、大意認申候」「御好ニ付文意作異、本文之通ニ成候」などと、吉宗の修正意見に従って法文を整えた旨の注記を添え、修正前の法文を載せている。そのうちの3 15 17 18の四つの法文は、判決文もしくは判決文を下敷とした法令である。左に示す法文15は判決文であり、ここには「御好ニ付、本文之通大意計ニ成」という注記が存する。

鉄炮あた落ニて人殺之事

後藤庄左衛門御代官所
武州秩父郡上吉田村　百姓
万右衛門

右猪狩ニ罷出、畑へ猪追懸候処、万右衛門持候鉄炮あた落致、近所之岩ニ中り、玉それ候て三之允と申者へ中り、其疵ニて三之允相果候由、右之通ニ候へハ、万右衛門下手人可為候得共、三之允存命之内、万右衛門義、親類其上ニ常ミ意趣等無之、不慮之怪我ニ候間、相果候共、下手人之御仕置御免被成下候様ニと相願、三之丞親兄弟迄も同様ニ願候、三之丞幷親兄弟、右(之)通相願候条、御構有之間敷候得共、鉄炮を打ニ出候上ハ、筒先等心を付、入念可取扱義、極りたる事ニ候処、畢竟麁末ゟあた落もいたし候、依之追放申付候、

右之通可被申渡候、

六月

この判決文の法文を、吉宗の意向に添って「大意計」に修正した法文が本書の下四十二である。次の通りである。

鉄炮あた落幷怪我ニて相果候者相手御仕置之事

一鉄炮あた落いたし、玉それ人に当、相果候もの、存命之内親兄弟一同(ニ)下手人御免相願、吟味之上相違於無之ハ、不及下手人、相当之御仕置可伺事、

一意趣無之怪我ニて疵被付候者、其疵ニて相果、疵付候者、吟味之上、怪我ニ無紛ニおゐてハ不及下手人、相当之御仕置相伺可申付事、

両者を見くらべると、個別具体的な事柄を記した前者の文章（判例体）を、後者はこれを一般化・抽象化して法律の文章（法文体）へと衣替えさせていることが判明する。本書は修正前の法文中、その一部分だけを収載するのだが、その理由は「大意計」の法文、あるいは「作異」を施した法文をこしらえる見本とするためではなかろうか。

以上を要するに、本書は――一部の例外は存するものの――「元文五年緑色書入帳面」において吉宗の承認した法文を採録した帳面なのである。この帳面は、編纂過程の前段の最終の姿を示している。それ故、本書を「元文五年草

案」と称するのである。

四　「公事方御定書幷窺之上被　仰渡候書付」と「公事方御定書」

「公事方御定書」が寛保二年に成立した時点での条文数は、上巻が七八箇条、下巻が九〇箇条であった。そのうち上巻五一箇条、下巻五一箇条に関して、草案としての法文が「公事方御定書幷窺之上被　仰渡候書付」に存する。つまり、「元文五年草案」たる「公事方御定書幷窺之上被　仰渡候書付」は、「公事方御定書」上下巻全一六八箇条のうち、一〇二条に関する法文を収載しているのである。これは、「公事方御定書」の全条文中、六割の法文を収載していたことになる。

もっとも、「公事方御定書」上巻の諸条文のもととなる法文が「元文五年草案」上に、同下巻の諸条文のもととなる法文が同下に収載されていたかといえば、決してそうではない。「元文五年草案」上は、「公事方御定書」下巻のもととなる法文を多数含んでいるし、同様に、「元文五年草案」下は「公事方御定書」上巻のもととなる法文を少なからず収載する（史料篇七の「法文一覧」参照）。「公事方御定書」の編纂にあたっては、「元文三午年御帳」の当初より上下の二分冊として作業を進めている。「元文四未年御帳」は「元文三午年御帳」を台本として修正法文を懸紙によって貼付したから、上下の分類は「元文三午年御帳」と同じである。「元文五年緑色書入帳面」もまた、吉宗の修正意見である「緑色御書入」を「元文四未年御帳」の懸紙に書き入れたにすぎないから、上下の形式と法文の配列は「元文三午年御帳」以来のものである。「元文五年草案」たる「公事方御定書幷窺之上被　仰渡候書付」は、吉宗の承認を得た法文について、これを帳面に仕立てたものである。それ故、法文の上下への配属と配列とは「元文三午年御帳」

以来のものである〔補記参照〕。したがって、法文の上下への配属とそこにおける配列は、寛保二年次の上下巻とは大きく異なっていたのである。すなわち、寛保二年次の「公事方御定書」と比較するに、「元文五年草案」はかなり未完成な段階にあったといえる。しかし、この草案が土台となって本格的な編纂作業に突入したのであって、編纂過程の画期をなす重要な草案として位置づけることができよう。

すでに見たように、元文五年七月以降寛保二年三月にいたる間、御定書掛三奉行による伺と吉宗の下知との応酬が重ねられたから、その過程において新規の法文が起案されるとともに[65]、諸法文の上下巻への配属と配列とが整えられたのである。

本書は、表題中に「弥此通り定置、追て被仰出等、此帳ニ可記義ハ書記可申候、其節〻其趣書付可差出旨被仰聞承知仕候」という文言があり、その日付と編者名が「午三月十四日　評定一座」となっている。あたかも「元文三午年御帳」そのものであるかのような表記である。これは次の理由によるであろう。前に述べたように、「元文四未年御帳」は、「元文三午年御帳」に対する吉宗の修正意見一三についての検討結果と、御定書掛三奉行の手になる三三の修正法文とを懸紙にて貼付した帳面である。つまり、「元文四未年御帳」は「元文三午年御帳」を台帳として、これに修正法文を記した懸紙を貼り付けたのである。吉宗はその「元文四未年御帳」の懸紙欄に緑筆をもって修正意見を書き加えた。これが「元文五年緑色書入帳面」である。したがって、「元文三午年御帳」の表題が「元文五年緑色書入帳面」にそのまま残ったのである。その「元文五年緑色書入帳面」をうけとった御定書掛三奉行は、やはり元の表題のままであらたな帳面を仕立てた。これが「元文五年草案」である。このことは、「公事方御定書」編纂の起点が「元文三午年御帳」たる「公事方御定書并窺之上被　仰渡候書付」に存することを物語っている。

吉宗より下げ渡された「元文五年緑色書入帳面」は、「公事方御定書」編纂過程の前段を締括る重要な草案であった。このことは、御定書掛寺社奉行の大岡忠相がその日記の寛保三年（一七四三）八月十九日条に、左のように記していることからも裏付けられる(66)。

一 元文四未年上り候御定書二冊、段〻御好有之見とり色ニて御書付有之、翌申年五月下ヶ候、右帳面之義、牧野備後殿ゟ去年引渡有之、只今迄手前ニさし置候得共、今日土州対州対談之上評定所ニさし置可然旨ニ付、今日寄合之席ニて鵜飼左十郎ぇ相渡、評定所ぇ納置可申由申渡候、

大岡忠相は前任者の牧野貞通より「元文五年緑色書入帳面」二冊を引き継ぎ、御定書掛の責任者として手元に置いていたのである。しかしながら、寛保三年の増補修正を終えるに際し、御定書掛三奉行が相談の上、今後は評定所において保管することに決したのである。すなわち、「元文五年緑色書入帳面」は「公事方御定書」の編纂終了ののちも、廃棄されることなく大切に保管され続けたのである。

ところで、「公事方御定書」下巻は、「元文五年草案」の二つ以上の法文を採り込んで一つの条文を構成する場合が少なくない。左にその事例を列挙しよう。

①「公事方御定書」下巻の第四条無取上願再訴幷筋違願之事は、「元文五年草案」の下一、下二を採り込む。
②同下巻の第十条用水悪水幷新田新堤川除等出入之事は、「元文五年草案」の上三十八、上三十九、上四十の三つの法文を採り込む。
③同下巻の第二十一条隠鉄炮有之村方咎之事は、「元文五年草案」の上二十三、上二十五、上二十六の三つの法文を採り込む。
④同下巻の第二十七条御仕置ニ成候者闕所之事は、「元文五年草案」の下二十三、下二十五を採り込む。
⑤同下巻の第三十九条倍金幷白紙手形ニて金銀貸借いたし候もの御仕置之事は、「元文五年草案」の上四十六、上

五十三を採り込む。
⑥同下巻の第四十二条奉公人請人御仕置之事は、「元文五年草案」の上五十六、上五十八、下十四の三つの法文を採り込む。
⑦同下巻の第四十三条欠落奉公人御仕置之事は、「元文五年草案」の上五十七、上五十九、下五十二の三つの法文を採り込む。
⑧同下巻の第五十五条三笠附博奕打取退無尽御仕置之事は、「元文五年草案」の下四十七、下四十九、下五十の三つの法文を採り込む。
⑨同下巻の第五十六条盗人御仕置之事は、「元文五年草案」の下五十一から五十四までの四つの法文を採り込む。
⑩同下巻の第六十四条巧事かたり事重キねたり事いたし候もの御仕置之事は、「元文五年草案」の下五十九、下六十、下六十一の三つの法文を採り込む。
⑪同下巻の第七十七条酒狂人御仕置之事は、「元文五年草案」の下十四、下十五、下十六の三つの法文を採り込む。
⑫同下巻の第八十九条無宿片付之事は、「元文五年草案」の下九、下十を採り込む。
右とは逆に、「公事方御定書」下巻は、「元文五年草案」の一つの法文を二箇条に分割した場合が存する。それは、「元文五年草案」の上三十七の法文を、「公事方御定書」下巻の第六条と第八条とに分けた事例である。

むすび

「元文三午年御帳」と「元文四未年御帳」との関係について、茎田氏は次のように捉えておられる。すなわち、「元文三午年御帳」は、「御仕置附箇条立てではなく書附、触書などを載録した例帳＝法令集」であり（茎田著書二三四頁）、「元文四未年御帳」は「元文三午年御帳」と「変りがなく、わずかに上下巻各一箇条分の追加及び分条と、二、三の法令を追加しただけである。しかし（中略）始めて上下巻、法令集と御仕置附とを分冊したのであろう」というのである（茎田著書四一頁）。片や平松氏の理解は、次のようである。すなわち、「元文三午年御帳」は勘定奉行・評定所系の御書附中心の草案であり、一方、それ以前の「享保度法律類寄」という町奉行所系の刑罰法規中心のものがあって、「元文四未年御帳」において「この二系の素材」が「一体化すると同時に上・下巻に整理された」というのである（平松論文（二）一九頁）。「元文三午年御帳」と「元文四未年御帳」との内容上の差異について、平松氏の理解は的をはずしていると言わざるをえない。また、「元文四未年御帳」は「元文三午年御帳」の内容と「変りがなく、わずかに上下巻各一箇条分の追加及び分条と、二、三の法令を追加しただけである」という茎田氏の見解は、「科条類典」をおもな拠り所として分析した結果としては、事実にかなり肉薄した理解といえよう。

「元文四未年御帳」編纂の趣意の第一は、「元文三午年御帳」に対する吉宗の修正意見を検討して新たな法文を提示すること、その第二は、右の修正意見に準拠し、他の法文についても「大意計之儀」に書き改めることに存したといえよう。「元文三午年御帳」は勘定奉行杉岡佐渡守が中心となって編纂した草案であるから、編纂資料として勘定奉行所の判例、勘定奉行所の扱った事案が契機となった書付などの法令を用いている。これらの資料を法文として採用する際、判決文の文章のままで法文とした場合が存する。すでに見た通りである。同様に、判例に基づいた法令をそのままの文章で法文に採録した場合も存する。その結果、それらの法文には人名や地名などの固有名詞が記されており、「公事方御定書」という法典の法文としてははなはだ似つかわしくない。そこで御定書掛三奉行は、個別具体的事案を処理する法文から法意を汲みとり、法文を一般化、抽象化する作業を行なったのである。「元文三午年御帳」

の他の法文に関しても作業を行なったことは言うまでもない。吉宗の言う「大意計之儀」の大きな眼目は、このことに存したのである。

たびたび紹介したように、本書の表題は「公事方御定書并窺之上被　仰渡候書付」というもので、これは「元文三午年御帳」以来の表題であり、ここには「公事方御定書」という成語が見えている。また、元文三年九月九日、吉宗が新陣容の御定書掛三奉行に与えた指示のなかでも「公事方定書之事」と表現されている。[67] こうしたことから、「公事方御定書」という名称は、編纂開始の元文三年より用いられていたのである。[68]

「元文五年草案」である本書と「科条類典」とを併用することにより、「元文四未年御帳」のおおよそを復原することが可能である。さかのぼって「元文三午年御帳」についてもある程度復原することができる。その際、「科条類典」における編纂上の不備については、おおいに注意を払うべきである。[69]

ともかくも、「元文五年草案」たる「公事方御定書并窺之上被　仰渡候書付」の出現は、「公事方御定書」編纂過程の解明に多くの知見をもたらすのである。本書にもとづいて検討すべき事柄はなお多く存するが、それは後日を期したいと思う。

〔補記〕　法文を上下に分けるのは「元文三午年御帳」以来であるとの指摘は、誤りであった。本書第三部第一章二四一～二四二頁の訂正を参照願いたい。

註

（1）　小林宏「前近代法典編纂試論」『日本における立法と法解釈の史的研究』第三巻二八四頁、平成二十一年、汲古書院、初発表は平成十五年。

（2）寛保二年制定の「公事方御定書」は、同年中に運用が開始された（藪利和「「公事方御定書」の原テキストについて」大竹秀男・服藤弘司編『高柳真三先生頌寿記念 幕藩国家の法と支配』所収八二〜八三頁、昭和五十九年、有斐閣）。

（3）「科条類典」は、「公事方御定書」編纂に関する諸記録文書類を一書にまとめたものであって、御定書掛三奉行が主宰して十三年の歳月をかけて明和四年（一七六七）五月に完成した。上下二巻附録一冊から成る。本書は、「公事方御定書」上下巻の条文ごとに当該規定の来源を徴すべき史料を配列してあるから、各条文ならびに各規定の立法過程を確認するために必須の書である（石井良助「徳川禁令考後集 解題」参照）。本章は『徳川禁令考』後集（司法省蔵版・法制史学会編、石井良助校訂、平成二年第五刷、創文社刊）に収録の「科条類典」を利用した。

（4）大岡家文書刊行会編『大岡越前守忠相日記』上中下巻、昭和四十七〜五十年、三一書房。

（5）小出義雄氏の「御定書百箇条編纂の事情について」（『史潮』第四年三号、昭和九年）もまた、「公事方御定書」の性格とその編纂過程を考察するためにおおいに参考となる。

（6）『大岡越前守忠相日記』上巻一六七頁。

（7）『大岡越前守忠相日記』上巻一八一頁。

（8）『徳川禁令考』後集第一、一・一三・三七・四一・四五（中略）二五八・二八四・二八七・三〇〇・三〇五・三〇八頁など。

（9）『大岡越前守忠相日記』上巻二二九頁。

（10）『徳川禁令考』後集第一、提要二八頁。

（11）『徳川禁令考』後集第一、提要二九頁。

（12）編纂過程の第一段階の理解に関して、茎田氏の見解と本章との間に大異はない。茎田氏は、御定書掛三奉行の任命をもって「公事方御定書」編纂の開始ととらえ、「御仕置御定書帳面（元文三午年御帳）」を「公事方御定書」の第一次草（起）案と位置付けておられる（茎田著書二三四頁）。

（13）『寛政重修諸家譜』第十九、二一二頁（昭和四十一年、続群書類従完成会）、『柳営補任』二（巻之六）、四二頁（東京大学史料編纂所編『大日本近世史料』、昭和三十八年、東京大学出版会)。
(14)『徳川禁令考』後集第一、三〇一・三〇九頁。
(15)「御附札」「御附紙」による徳川吉宗の修正意見は「壱之御案文」から「四之御案文」まで存し、御定書掛三奉行は「青紙附札」をもってそれに応答した。その所在は、左記の通りである。
①「公事方御定書」上巻第四十条重科人之悴親類等御仕置之儀ニ付御書付（『徳川禁令考』後集第一、一八〇頁）
②同下巻第六条諸役人非分私曲有之旨并裁許仕置直等之事、第八条重キ御役人評定所一座領知出入取計之事（同後集第一、三〇〇～三〇一・三〇八～三〇九頁）
③同下巻第五十八条悪党者訴人之事（同後集第三、二八四頁）
④同下巻第七十八条乱気ニて人殺之事（同後集第四、六一～六二頁）
(16)石井良助編『享保撰要類集』第一、被仰出御書附之部、御定書直シ可申御書付之事、三三頁、昭和十九年、弘文堂書房。
(17)石河土佐守の町奉行就任は元文三年二月二十八日、水野対馬守の勘定奉行就任は元文三年八月二十三日のことである。松波筑後守の町奉行退任は元文四年九月一日である。
(18)「元文三年御帳」において吉宗が施した修正意見一三箇所の所在は、以下の通りである。
①「公事方御定書」上巻第二十一条御仕置筋取計専用之儀ニ付御書付（『徳川禁令考』後集第一、一三六頁）
②同上巻第四十二条御仕置伺書ニ入牢之月日可認旨之儀ニ付御書付（同後集第一、一八六頁）
③同下巻第十二条論所見分伺書絵図等ニ書載候品之事（同後集第一、三六四頁）
④同下巻第十六条誤証文押て取問敷事（同後集第一、四二五頁）
⑤同下巻第三十条田畑永代売買并隠地いたし候もの御仕置之事（同後集第二、一三〇頁）
⑥同下巻第三十九条倍金并白紙手形ニて金銀貸借いたし候もの御仕置之事（同後集第二、三九八頁）
⑦同下巻第四十二条奉公人請人御仕置之事（同後集第二、四二七頁）
⑧同下巻第四十三条欠落奉公人御仕置之事（同後集第二、四六九頁）

⑨同下巻第五十六条盗人御仕置之事、第五十七条盗物質ニ取又ハ買取候者御仕置之事（同後集第三、二〇五・二六七頁）
⑩同下巻第六十条拾ひ物取計之事（同後集第三、二九四頁）
⑪同下巻六十四条巧事かたり事重キねたり事いたし候もの御仕置之事（同後集第三、三二九頁）
⑫同下巻七十三条疵被附候者外之病ニて相果候疵附候もの之事（同後集第四、五頁）
⑬同下巻八十五条牢抜手鎖外シ御構之地ぇ立帰候もの御仕置之事（同後集第四、一三五頁）

(19)『徳川禁令考』後集第二、一三〇頁。
(20)『徳川禁令考』後集第四、一三五頁。
(21)『徳川禁令考』後集第一、一八六頁。
(22)『徳川禁令考』後集第二、四七〇頁。
(23)『徳川禁令考』後集第四、一七頁。
(24)『徳川禁令考』後集第四、五四頁。
(25)茎田氏は、「元文四未年御帳」は、「「元文三午年御帳」と変りがなく、わずかに上下巻各一箇条分の追加及び分条と、二、三の法令を追加しただけである」と指摘される（茎田著書四一頁）。
(26)『徳川禁令考』後集第一、二・一三・三七・四一・四五（中略）二六三・二八五・二八七・三〇一・三〇六・（中略）三〇九頁など。
(27)『徳川禁令考』後集第一、提要三二頁。
(28)「元文五年緑色書入帳面」について、茎田氏は次のように捉えておられる。すなわち、茎田氏は「元文五年緑色書入帳面」のことを「元文四未年御帳」と呼び、「公事方御定書」編纂の準備段階はこの帳面をもって終了し、「これを編纂の底本としながら、各条審議に移る」とされるのである（茎田著書四一頁）。
(29)「元文四未年御帳」に対する吉宗の修正意見である「緑色御書入」一〇箇所の所在は、次の通りである。
①「公事方御定書」上巻第二十五条用水論其外無筋出入之儀ニ付御触書（『徳川禁令考』後集第一、一五三頁）

②同下巻第六条諸役人非分私曲有之旨訴并裁許仕直等之事、同第八条重キ御役人評定所一座領知出入取計之事（同後集第一、三〇二・三一〇頁）
③同下巻第七条公事吟味物銘々宅ニて仕候事（同後集第一、三〇七頁）
④同下巻第十条用水悪水并新田新堤川除等出入之事（同後集第一、三一九頁）
⑤同下巻第十一条論所見分并地改遣候事（同後集第一、三五〇頁）
⑥同下巻第十三条裁許可取用証拠書物之事（同後集第一、三七一頁）
⑦同下巻第十六条誤証文押て取間敷事（同後集第一、四一六頁）
⑧同下巻第三十一条質地小作取捌之事（同後集第二、一五八頁）
⑨同下巻第三十六条家質并船床髪結床書入証文取捌之事（同後集第二、三五八頁）
⑩同下巻第八十条科人為立退并住所を隠候者之事（同後集第四、八三頁）
以上は、『徳川禁令考』収載の「科条類典」に「緑色」と明記してあるものを列挙したのであるが、後述するように明記されていない場合も存する（註（64）参照）。

（30）『徳川禁令考』後集第一、三一九頁。
（31）『徳川禁令考』後集第一、四一六頁。
（32）御定書掛三奉行は、吉宗の施した「緑色御書入」による法文修正の指示について、元文五年八月以降、寛保元年十二月にかけて伺をたて、裁可を乞うている（『徳川禁令考』後集第一、二九九・三〇四・三四九・三六九・四二四頁、同後集第二、一四九・三五二頁、同後集第四、八二頁）。
（33）『徳川禁令考』後集第一、提要三三頁。
（34）『徳川禁令考』後集第三、二八三・三九二頁、同後集第四、五九・一一〇・二三九頁。
（35）『徳川禁令考』後集第一、三一四・三〇四・三一七・三四九・三六九頁。
（36）『徳川禁令考』後集第一、三・一四頁。

(37)『徳川禁令考』後集第一、四・一九六頁、同後集第二、八九・四〇四頁。
(38)『徳川禁令考』後集第一、三一八頁、同後集第二、四一・九〇頁、同後集第三、二六五頁、同後集第四、六〇・八一頁。
(39)『徳川禁令考』後集第四、二四〇頁。
(40)『徳川禁令考』後集第二、一四七・一九九・三四七・四一一・四五九頁。
(41)『徳川禁令考』後集第二、一五一・四一六・四六二頁。
(42)『徳川禁令考』後集第二、一五二頁。
(43)『徳川禁令考』後集第二、四二・九七・三九七頁、同後集第三、五一・一八九・三四九・四二二頁、同後集第四、一一・七一頁。
(44)『徳川禁令考』後集第一、二五八頁。
同後集第二、一三・五〇・六八・二〇三・三七一・三八〇・四〇八・四一七・四八二・四八八頁。

同後集第三、五四・八四・一〇五・一一九・一三三・一九六・二六六・二八五・二九八・三〇六・三一六・三五九・三六三・三六八・三九三・四三一頁。

同後集第四、三〇・三四・六〇・八八・一〇一・一一六・一五七頁。
(45)『徳川禁令考』後集第一、二五一・二八三・二八九・二九八・三〇七・三六三・四一一・四一九・四二一・四二四・四二七頁。
同後集第二、二五・六一・九三・一二〇・一二三・一九五・三五〇・三五二・四九四頁。

同後集第三、二・八七・九五・一四〇・二九三・三二一・三四六・三六九・三七四頁。

同後集第四、一・五・四八・一二五・一六三・一六五・一六七・一二三四頁。
(46)『徳川禁令考』後集第二、二〇一・三四五・三五四頁、同後集第四、一〇三頁。
(47)『徳川禁令考』後集収載の「科条類典」は、第七十八条科無之無宿非人之外病人養生所ぇ遣候儀ニ付御書付については、「寛保二戌年三月上り候帳面之内」という記事を欠く（『徳川禁令考』後集第一、二四〇頁）。また第七十二条奉公人年季之儀ニ付御書付については、「寛保二戌年三月上り候帳面之内」という文言を脱落させている（『徳川禁令考』後集第一、一二四頁）。

（48）「公事方御定書」上巻の全七八箇条のうち、「寛保二戌年上り帳」起案の二七箇条は、――註（47）の二箇条のほか――第十一・二十六・二十七・三十・三十二・三十三・三十四・三十五・三十六・三十八・四十一・四十三・四十四・五十一・五十三・五十五・五十九・六十一・六十六・六十九・七十・七十五・七十六・七十七・七十九・八十一の各条である。また、第三十九条は「元文四未年御帳」起案である。これら以外の五〇箇条はすべて「元文三午年御帳」における起案である。なお蛇足ながら、上巻第四十五・四十六・四十七の三箇条は宝暦四年次の増補修正における追加の条文であることを付記しておく。

〔補記〕　その後、次の点が判明したので付記しておく。

「科条類典」によると、上巻第五十一条赦之者書出候儀ニ付御書付もまた、これを「寛保二戌年上候帳面」起案の法文として掲載する。しかしながら、「元文五年草案」に収載されており（上三十六）、一方「元文三午年御帳」には存しないから、「元文四未年御帳」起案の法文と見なすべきであろう。

（49）小出義雄氏の引用する「江坂孫三郎の私記」は、「公事方御定書」編纂の経緯を簡潔に次のように記している（「御定書百箇条編纂の事情について」『史潮』第四年三号一二八頁）。

御定書は（中略）元文年中に至り、杉岡佐渡守ぇ被仰付、取調差上、佐渡守病死後、評定所一座ぇ御渡被極御好も有之、其通認差上候処、牧野越中守・石河土佐守・水野対馬守懸り被仰付、再応之御調ニて寛保二戌年上巻下巻共出来、（読点は高塩）

江坂孫三郎（正恭、享保五年〈一七二〇〉～天明四年〈一七八四〉）は、評定所留役勘定組頭として「科条類典」の編纂に携わった人物である。明和四年（一七六七）、その功により黄金二枚をたまわり、安永六年（一七七七）には勘定吟味役に進んだ（「柳営補任」「寛政重修諸家譜」）。「江坂孫三郎の私記」は今日その所在がわからない。

（50）「公事方御定書」編纂の起点を享保五年（一七二〇）一月十六日の法典編纂の下命（「御仕置者軽重ニ寄可申付候御定ニ相違之事訴出候共、取上申間敷旨被仰渡候上、御前ぇ被為召上意之事」石井良助編『享保撰要類集』第一、都て御仕置筋之部、六一頁、昭和十九年、弘文堂書房）に求める考え方も存するが、同年より元文二年（一七三七）までを「公事方御定書」編纂の準備段階と捉え、本章では言及しないこととした。

(51)「過料申付方之事」という条文がかつて存し、「身躰限申付方之事」の次条として配列されていたが、延享二年次もしくは延享三年次の増補修正の際に削除された。

(52)「科条類典」の不備については、藪利和氏論文（「『公事方御定書下巻』の原テキストについて」大竹秀男・服藤弘司編『高柳真三先生頌寿記念　幕藩国家の法と支配』所収、九六～九八頁、昭和五十九年、有斐閣）参照。

(53)加藤貴「原胤昭旧蔵資料について」、滝口正哉「南北会の動向とその意義」『原胤昭旧蔵資料調査報告書（1）――江戸町奉行所与力・同心関係史料――』平成二十年、千代田区立四番町歴史民俗資料館編刊。

なお、原胤昭について詳しく知るには、安形静男氏の「原胤昭（釧路集治監教誨師）とその著作」、「原胤昭に関する文献目録」（『標茶町郷土館報告』一〇・一二号、平成八・十二年、〔北海道〕標茶町郷土館編刊）が手引きとなる。

(54)「原胤昭旧蔵資料目録」一〇九番、『原胤昭旧蔵資料調査報告書（1）――江戸町奉行所与力・同心関係史料――』一四頁。「寛保律」には、「原氏蔵書」という蔵書印が捺されている。原氏が古書店等を通じて入手した資料中の一点であると思われる。

(55)安永五年（一七七六）十一月の「御家中御宅名前覚」（福知山市郷土資料館蔵）。福知山藩家臣団の調査にあたっては、同市役所企画政策部の西村正芳氏のご教示をえた。

(56)「公事方御定書并窺之上被　仰渡候書付」に存する脱漏については、註（68）参照。

(57)『徳川禁令考』後集第二、三九九頁。

(58)『徳川禁令考』後集第二、二〇六頁。

(59)『徳川禁令考』後集第四、五四頁。

(60)『徳川禁令考』後集第一、三一七頁。

御定書掛三奉行は、元文五年八月、五つの法文について伺っている。それは「公事方御定書」上巻第二条、同下巻第七・第十・第十一・第十三条に関する法文である（『徳川禁令考』後集第一、一四・三〇四・三一七・三四九・三六九頁）。「公事方御定書并窺之上被　仰渡候書付」は、そのうちの下巻第十条に関する法文のみを載せるのだが、この法文のみを載せる理由は未詳である。

（61）「元文四未年御帳」において起案した四箇条は、左の通りである。

・上三十六　赦之者書出候節生死之不及吟味事
・上五十四　寺附之品へ書入之義ニ付触書
・下三十六　追放之御構之場所之事
・下六十二　破戒之僧御仕置之事

〔「公規矩之書」という「元文三午年御帳」の伝本が出現したことにより、この四箇条が「元文四未年御帳」において起案された法文であることが明確となった。〕

（62）「科条類典」に記事の見えない九つの法文のうち、少なくとも上三十六（「公事方御定書」上巻第五十一条）・下二十一（同下巻第二十七条）・下二十二（同下巻第二十七条）・下三十（同上巻第四十三条）・下六十二（同下巻第五十一条）の五箇条については、何らかの理由により「科条類典」がその記事を脱落させたものと思われる。

（63）『徳川禁令考』後集第一、一五二頁。

（64）「公事方御定書」上巻第二十四条の「科条類典」においては、懸紙欄の記述が「緑色御書入」である旨を注記していない。それは、『徳川禁令考』の編纂方針により、その旨の注記を省略したからである。前条の上巻第二十三条にも懸紙欄に同文の記述があり、その記述が「緑色御書入」であることを、『徳川禁令考』の編者は左のように注記している（『徳川禁令考』後集第一、一四九頁）。

按ニ、此ニ云々スルモノハ、此回奉行中ヨリ本章へ懸紙ヲ為シ、删除ノ儀ヲ稟議セシニ、尚ホ如此指令アルモノトス、則チ云フ所緑色御書入ナリ、後如此モノ皆倣之、

「科条類典」によるに、「緑色御書入」の指示によって削除した法文はもう一つ存する。それは、享保十八年九月の「論所吟味評議等入念可申旨之儀ニ付御書付」である。「公事方御定書」上巻第二十三条の元となった法文である（『徳川禁令考』

後集第一、一四九頁）。「元文五年草案」たる「公事方御定書并窺之上被　仰渡候書付」は、この法文に関する記事を書き漏らしているように思う。

なお、「公事方御定書」上巻第二十三条と第二十四条はともに元文五年の「緑色御書入」の指示により削除された。しかしながら、これらの法文は「寛保二戌年上り帳」によって復活した。

(65) 元文五年七月以降、寛保二年三月に至る間、新規に起案された法文は、上巻については二七箇条、下巻については三九箇条である。上巻の二七箇条が寛保二年三月の「寛保二戌年上り帳」において起案されたことは、すでに述べたとおりである。下巻の三九箇条に関していえば、寛保元年十一月伺においてもっとも多くの法文が新規に起案され、その数は二四箇条にのぼる。その二四箇条は、第二・十九・二十二・二十五・三十七・三十八・四十四・四十五・四十九・五十二・五十三・五十四・五十九・六十一・六十二・六十三・六十六・六十七・六十八・七十五・七十六・八十一・八十四・八十六の各条である。

(66) 『大岡越前守忠相日記』中巻一一七頁。

(67) 石井良助編『享保撰要類集』第一、被仰出御書附之部、御定書直シ可申御書付之事、三三頁、昭和十九年、弘文堂書房。

(68) 林紀昭氏の紹介された史料も同じく「公事方御定書并窺之上被　仰渡候書付」という表題をもつ。この史料は「元文三午年御帳」そのものではないが、「元文三午年御帳」と緊密な関係にある法令集であるという（林論文一七四頁）。この法令集もまた、元文三年には「公事方御定書」という名称が用いられていたことの証左に数えることが出来る。

なお、平松義郎氏はかつて、「遅くともこの帳面（「元文四未年御帳」のこと、引用者註）から「公事方御定書」と呼ばれるようになる」と指摘された（平松論文（二）一二三頁）。

(69) 「元文五年草案」たる「公事方御定書并窺之上被　仰渡候書付」を通して考えるに、「科条類典」には左の条文に関して脱落が存すると思われる。

①「公事方御定書」上巻第五十一条赦之者書出候儀ニ付御書付に、「元文四未年三月差上、翌申五月十日緑色御書入御好之趣有之帳面之内云々」の記事が存しないこと（『徳川禁令考』後集第一、一九二頁）。

②「公事方御定書」下巻第一条目安裏書初判之事に「元文四未年三月差上、翌申五月十日緑色御書入御好之趣有之帳面之

内云々」の記事が存しないこと（『徳川禁令考』後集第一、一二五四頁）。

③「公事方御定書」下巻第二十七条御仕置ニ成候者闕所之事に、「元文三未年三月十四日弥此通定置云々」および「元文四未年三月差上、翌申五月十日緑色御書入御好之趣有之帳面之内云々」の記事がともに存しないこと（『徳川禁令考』後集第二、八五頁）。

④右同条において、「元文三未年三月十四日弥此通定置云々」の記事中、本書の下二十三「私領百姓　公儀御仕置(ニ)成候節田畑闕所之事」に関する記事が欠けること（『徳川禁令考』後集第二、九二頁）。

⑤「公事方御定書」下巻第四十二条奉公請人御仕置之事において、「元文四未年三月差上、翌申五月十日緑色御書入御好之趣有之帳面之内云々」の記事中に、本書の上六十「奉公人之請人出入有之家主引請幷店立候事」に関する記事が欠けること（『徳川禁令考』後集第二、四三二頁）。

⑥「公事方御定書」下巻第五十一条女犯之僧御仕置之事に、「元文四未年三月差上、翌申五月十日緑色御書入御好之趣有之帳面之内云々」の記事が存しないこと（『徳川禁令考』後集第三、九六頁）。

⑦「公事方御定書」下巻第百三条御仕置仕形之事において、「元文三午年三月十四日弥此通定置云々」の記事中に、「元文三午年御帳」の法文である「入墨之事」が欠けること（『徳川禁令考』後集第四、一二六四頁）。

第三章　「公事方御定書」の寛保三年増修とその伝本

はじめに

数年前〔平成十三年六月〕、「公裁秘録」と題する上下二冊の写本を古書肆を通じて入手した。内容は幕府の「公事方御定書」下巻である。ところが、本書は一般に知られる一〇三箇条の「公事方御定書」下巻と異なって、本文が九〇箇条で構成されている。[1]「棠蔭秘鑑」所収の「公事方御定書」下巻の一〇三箇条と比べると、本書には第九条重キ御役人之家来御仕置ニ成候節其主人差扣伺之事、および第九十条不縁之妻を理不尽に奪取候もの御仕置之事から第百二条僉議事有之時同類又ハ加判人之内より早速及白状候もの之事までの十三箇条、都合十四箇条が見られない。逆に、本書には「棠蔭秘鑑」には存しない「過料申付方之事」という一箇条が、第二十九番目の条文として配されている。また各条文を逐一比較すると、ここにも数多くの差異が見出される。

周知のように、「公事方御定書」下巻は、寛保二年（一七四二）三月に成立した後も増補修正がくり返され、宝暦四年（一七五四）四月に最終の増補修正がなされた。(2)「公裁秘録」上下は、寛保二年三月以降、宝暦四年四月迄のある時点の「公事方御定書」下巻の姿を示しているように思う。本章は「公裁秘録」の正体を追究し、もって「公事方御定書」下巻の増補過程の一端を明らかにしようとするものである。大方の御批正を乞う次第である。

一　「公裁秘録」の体裁とその来歴

「公裁秘録」という書名は内題に基づく。題簽が失なわれているので、外題は不明である。体裁は四つ目綴線装、藍表紙にて、それには紗綾形模様に花をあしらった空押しが施されている。大きさは縦二四・七糎、横一六・三糎である。墨附は上冊が五八丁（うち目録五丁）、下冊が五七丁（うち目録三丁）である。半丁に八行を基本とし、法文の態様により行数は増減する。全体を通じ、書写はきわめて丁寧である。親本に忠実に転写したらしく、判読不能の箇所は不明の文字数分を空画として朱色の不審紙をもって注意を喚起する。また、判読はしたものの、不確かと考えた文字についても不審紙を貼ってある。そのような周到な筆写本ではあるが――親本がすでにそうであったのか――誤字・脱字も間々見られる。

上冊には第一条の「目安裏書初判之事」から第五十一条の「女犯之僧御仕置之事」までを、下冊には第五十二条の

「三鳥派不受不施御仕置之事」から第九十条の「御仕置仕形之事」までを収載する。江戸時代の書写と見做して差支えないが、奥書、識語の類が存しないので、具体的な書写年は不明である。

本書の伝来は、旧蔵者の蔵書印によって判明する。すなわち、各冊の首末の遊び紙に「熊野田村／田中氏／所蔵印」（一・五糎方印、陽刻）という蔵書印が捺されているのである。熊野田村は出羽国飽海郡熊野田村のことであって、江戸時代は庄内藩領平田郷に属した（現、山形県酒田市熊野田。庄内平野の中央部にして最上川右岸に位置する）[3]。

熊野田村の田中家は、延宝六年（一六七八）から明治初年まで、その地の肝煎役（名主・庄屋に相当）および大堰守を代々勤めてきた家柄である。つまり、「公裁秘録」は、庄内藩熊野田村の肝煎役田中家旧蔵の伝本なのである[4]。

二　「公事方御定書」の増補修正と「公裁秘録」

「公裁秘録」には「追加」という注記が散見され、その法文が増補であることを明示している（本書史料篇八口絵参照）。すなわち、「公裁秘録」の名のもとに筆写された「公事方御定書」下巻は、寛保二年（一七四二）三月成立時のそれにあらずして、その後に増補修正の筆が加えられたものなのである。

「公事方御定書」下巻は成立の後、すぐさま増補修正が施されて多くの法文が改訂された。このことは周知の事実であり、『徳川禁令考』後集に収載された「科条類典」を通覧することにより増補修正の様子を知ることができる。「科条類典」は「公事方御定書」をいつどのように改訂したかを各条文ごとにほぼ漏れなく記録しているから[5]、各法文の変遷をたどることは比較的容易である[6]。しかしながら、「科条類典」を通じ、増補修正の施されたある時点の「公事方御定書」下巻の全体の姿を認識することは極めて困難である。

そもそも「公事方御定書」下巻は、寛保二年三月以降、逐次の改訂に従ってそのたびに法文を追加し且つ書き改めたものなのか、あるいはある時期にまとめて法文を増補修正したものなのか、いまだ充分な検討がなされていなかった。こうした状況の中、茎田佳寿子氏は、「公事方御定書」が改訂のたびに法文をさみだれ式に書き改めたのではないという事実を突きとめ、「科条類典」ならびに御定書掛寺社奉行在任中の大岡忠相の日記(7)を精査することにより、寛保二年三月より宝暦四年四月に至る十二年間における増補修正の過程を左のように整理された(8)。

1　寛保二年三月御定書御用掛寺社奉行牧野越中守貞通、町奉行石河土佐守政朝、勘定奉行水野対馬守忠伸の手による、上巻七八箇条、下巻九〇箇条および、四月奥書末書案成立。

2　延享元年八月寺社奉行大岡越前守忠相、町奉行石河政朝、勘定奉行水野忠伸による修正および一〇箇条追加、計一〇〇箇条の成立。

3　延享二年九月寺社奉行大岡忠相、町奉行島長門守正祥(ママ祥正)、勘定奉行木下伊賀守信名による修正と追加二箇条。いわゆる一〇二箇条の成立。

4　延享三年四月寺社奉行大岡忠相、町奉行島正祥(ママ祥正)、勘定奉行神谷志摩守久敬による四箇条修正。

5　宝暦四年四月寺社奉行青山因幡守忠朝、町奉行依田和泉守政次、勘定奉行曲淵越前守英允の手による五箇条の修正と追加一箇条計一〇三箇条と跋書成立。さらに上巻三箇条追加成立。

右は同氏著書『江戸幕府法の研究』の第一部第一章「公事方御定書の編纂過程」における考証を基礎とした整理である。しかし、茎田氏は第一章中に「第二期　寛保二年六月―寛保三年八月」という項を設け、寛保三年八月、寺社奉行大岡忠相、町奉行石河政朝、勘定奉行水野忠伸の手により、三〇箇条餘の修正と二箇条追加、ならびに三箇条の移動吸収による八九箇条の「公事方御定書」下巻の成立。

という趣旨を記している（『茎田著書』四三〜四七頁）。前掲の整理に寛保三年八月の増補修正を加えなかった理由は定かではないが、この年次も加えるべきであろう。この年次も数えるならば、寛保二年三月以降、五回の増補修正がなされたことになる。すなわち、寛保三年（一七四三）八月の第一次増修、延享元年（一七四四）八月の第二次増修、延享二年（一七四五）九月の第三次増修、延享三年（一七四六）四月の第四次増修、宝暦四年（一七五四）四月の第五次増修である。第四次増修までは改訂作業が各年で実施され、その後八年を経て最終の増修がなされ、これによって「公事方御定書」の法文が、上巻八一条、下巻一〇三条に確定するのである。その増補修正の過程をながめると、上巻についでは宝暦四年四月のみの増補であった（なお、延享元年八月の第二次増修について、本章註（54）参照）。

第五次増修後の「公事方御定書」上下巻については、「棠蔭秘鑑」収載のそれにより、信頼のおける法文が学界の共有財産となって久しい。また、第四次増修の「御定書」についてもその法文を確定することは可能である。それは第五次増修を元に戻せばよいからである。すなわち、上巻については三箇条の追加（第四十五条、第四十六条、第四十七条）を除外し、下巻については一箇条の追加（第九条）を除外すると共に五箇条六箇所の修正（第五十六条、第七十条、第七十七条、第八十二条、第百三条）を修正前の法文に戻せばよい訳である。また、寛保二年三月時点の「御定書」下巻についても、茎田氏が紹介翻刻された「秘宝政用集」巻下[9]、ならびに藪利和氏が「秘宝政用集」を参考としつつ、「科条類典」を通して復原された法文[10]により、その原文がほぼ確定したと言ってよい。本文は全九〇箇条である。従って、今日知られていない「公事方御定書」下巻は、寛保三年の第一次増修、延享元年の第二次増修、延享二年の第三次増修のそれである。

ここに紹介する「公裁秘録」は九〇箇条の本文を有するので、その正体は第一次増修の施された「公事方御定書」下巻であろうと推察される。以下にそのことを検証しよう。

「公裁秘録」下の末尾には、御定書掛三奉行の連署する左の奥書が存する（括弧は引用者の補った文字）。

右御定書之条〻、元文五庚申年五月、松平左近将監を以被　仰出之、前〻被　仰出之趣幷先例、其外評議之上追〻伺之、今般相定之者也、

寛保二壬戌年三月廿七日

牧（野）越中守
越中守御役替ニ付、寛保二戌年六月代り被　仰付
大岡越前守
石川（河）土佐守
水野対馬守

この奥書に続き、奉行以外は披見を禁じる旨の、いわゆる秘密文言が、

右之趣達
上聞相極候、奉行中之外不可有他見者也、

寛保二壬戌年四月　松平左近将監

と記される。右の連署の四名中、寺社奉行大岡忠相が御定書掛の役に就くのは、寛保二年六月七日のことである(11)。一方、町奉行石河政朝が大目付に転じて御定書掛を退くのは、延享元年（一七四四）六月一日のことである(12)。引き続いて勘定奉行水野忠伸もまた大目付に栄進して同年十二月十五日をもって御定書掛を退任した(13)。御定書掛三奉行の在任期間から「公裁秘録」の成立年を考えるならば、それは寛保二年六月七日以降、延享元年五月末日までの二年間に存するると言えよう。

次に九〇箇条の本文を検討することにより、成立年次をさぐってみよう。後述するように、「公裁秘録」は寛保二

年三月以降に増補した法文に対して「追加」という注記を施す。この注記は、一八箇条にわたって二六箇所に達する（校合により二箇増加）。その内訳は、本文に対して二箇所（第二十三条、第二十五条）、条項に対して二二箇所、但書に対して二箇所である。「科条類典」を検するに、これら増補の法文は、寛保二年十一月に御定書掛三奉行が伺を提出し、翌三年五月三日の下知によって決定をみたものが多数を占める。また、法文決定の日付としては、寛保三年八月の御定書掛三奉行届書によるものが最も遅い(14)。

「公裁秘録」はまた、法文の肩に小字をもって「従前ゝ之例」「享保六年極」「寛保元年極」などという注記を施す。この注記はその法文を成文化するにあたって根拠とした判例の年次、あるいは法文決定の年次を示す。「従前ゝ之例」は、徳川吉宗の将軍就任以前の幕府判例等に基づいた法文であることを注記したものである。この注記の年次の下限は寛保三年であり、「寛保三年極」の注記は第二十三条村方出入ニ付江戸宿雑用等割合之事の第一項、第二項をはじめとして少なからず見出せる。つまり、寛保三年が「公裁秘録」における増補修正の最終年次なのである。

以上のことから、「公裁秘録」上下は、寛保三年八月の第一次の増補修正の施された「公事方御定書」下巻の法文をもつ伝本であるとの結論に達した。

三　寛保三年次増補修正の経過

「公事方御定書」下巻の第一次増修の作業は、寛保二年六月七日に寺社奉行大岡忠相が御定書掛に任命されて以降、翌三年八月にかけての約十四箇月の時間をかけて進められた。その経過の概略は、茎田佳寿子氏がすでに記述したところであるが(15)、『徳川禁令考』後集収載の「科条類典」と「大岡忠相日記」とを突き合わせながら更めて概観しておく。

1　大岡忠相の御定書掛就任と「御定書御用寄合」

寛保二年六月七日、寺社奉行大岡忠相は牧野越中守貞通の後任として御定書掛に就任した。すると五日後の六月十二日、早速に第一回目の「御定書御用寄合」を開催した。寛保三年次の増補修正作業がここに始まったのである。大岡忠相はこの時の会議の模様を、「初日」という注記のもと、日記に左のように記している(16)。

一　今日御定書御用寄合、石河土佐守・水野対馬守四時ゟ被参候、土佐守ハ御用有之登城、九時前被参候、留役浅井半左衛門・鵜飼左十郎、御勘定倉橋武右衛門罷越、

一　公事方御定書上下二冊、段〻只今迄上り候帳面十四冊壱袋〻ニ入、右之袋之内銘〻入候有之書付五十通、右は扣之由、留役差出ニ付請取之、

一　今日寄合、御好有之候御定書ケ条〻ニ出所之訳、ケ条之片(肩)付、相談吟味之上書付之、寄合六時前相済、何も被帰候、

「御定書御用寄合」は、寺社奉行の役宅において、午前十時より午後六時頃までを費して審議することを常とした。寄合には御定書掛三奉行と、そのもとで実務を担当する御定書御用の評定所留役ならびに支配勘定とが出席した。寛保三年次増修に関する会議は、都合十五回開催された。第二回以降の会議日は以下の通りである。

第二回―寛保二年六月十七日、第三回―六月二十四日、第四回―七月十日、第五回―月十月十四日、
第六回―十一月三日、第七回―十一月二十二日、第八回―十二月七日、第九回―寛保三年一月九日、
第十回―二月九日、第十一回―閏四月七日、第十二回―五月十二日、第十三回―六月十日、
第十四回―六月二十八日、第十五回―八月十九日、

この間、御定書掛寺社奉行大岡越前守忠相、町奉行石河土佐守政朝、勘定奉行水野対馬守忠伸に交替はなく、この

三人が寛保三年の第一次増修をもっぱら担当した。

「大岡忠相日記」に登場する御定書御用の評定所留役は浅井半左衛門、鵜飼左十郎、岩佐郷蔵（浅井の後任）の三人、支配勘定は倉橋武右衛門、柴田善兵衛の二人である。柴田を除く四人は、寛保二年三月の「公事方御定書」上下巻の編纂にも従事した練達の事務方である(17)。

2　御定書掛三奉行の増補修正案と吉宗の修正意見

「公事方御定書」下巻を増補修正する作業は、各規定の成立の根拠となった判例等の年次を肩書として記入することから始まった。第一回の御定書寄合の前掲記事には、「御好有之候御定書ケ条〻ニ出所之訳、ケ条之片(肩)付相談吟味之上書付之」とあり、六月十七日の第二回寄合の記事にも「去十二日相残り候御定書出所之義、ケ条〻ニ片書致候、少〻相残り候」と見えている(18)。次節に述べるように、七月に入ると箇条肩書の記載方法をめぐり、御定書掛三奉行と将軍吉宗との間に意見の応酬があった。

御定書掛三奉行は箇条肩書の検討と併行して、各法文に対する増補、修正あるいは削除等についても審議を重ね、第六回寄合の十一月三日、御定書掛の増修案を将軍吉宗に提出した。「大岡忠相日記」の十二月十一日条に、「先月三日上候御定書伺帳」とあるのがそれである（上巻六七二頁）。「科条類典」を通覧するならば、「寛保二戌年十一月大岡越前守石河土佐守水野対馬守伺之内」という書出しのもと、寛保二年三月の法文に対する増補修正の記事が多数存することに気付く筈である。その実例を、第四十九条縁談極候娘と不義いたし候もの之事に見てみよう(19)。

寛保二戌年十一月大岡越前守石河土佐守水野対馬守伺之内、

極　一縁談極候娘と不義いたし候男　　軽追放

但、女ハ髪を剃、親元ゑ相渡、

〔朱書〕「是ハ、此度評議之上相認申候、御下知相済次第、縁談極候娘と不義いたし候を切殺候もの箇条之内ゑ書加可申候、」

右、寛保三亥年五月三日伺之通御下知、本文極、

これは、「御定書伺帳」に載せた規定増補の提案がそのままに承認された事例である。法文の決定は寛保三年五月三日付である。後掲の「公裁秘録」の録文で確認できるように、右の法文には「追加」という注記が施され、「寛保三年極」の肩書が存する。

寛保二年三月の法文を修正する場合、しばしば「懸紙」をもって提案すること左の通りである。[20]

寛保二戌年十一月大岡越前守石河土佐守水野対馬守伺之内、

無取上願再訴幷筋違願箇条之内

諸願申出候もの、一通り吟味之上、難成願ニ候ハヽ、難立趣申聞、重て願出候ハヽ、咎可申付書付相渡、猶又願出候ハヽ、過料可申付事、

但、奉行所ゑ願出、無取上儀ニ付、過料申付候処、遮て□御老中若年寄中ゑ△訴訟ニ罷出候ハヽ、奉行所ニて猶又遂吟味、弥於難立願ハ、再過料可申付事、

懸紙

□箱訴幷老中若年寄中ゑ△訴訟ニ罷出候ハヽ、奉行所ゑ呼出、猶又遂吟味、弥於難立願ハ、再過料

極

可申付事、

是ハ先達て伺相済候得共、猶又評議仕候処、箱訴いたし候ものハ、不憚仕形ニ御座候間、書加可然奉存候ニ付、掛紙之通相認申候、

右、寛保三亥年五月三日伺之通御下知、但書極ル、

法文修正の場合、まずは寛保二年三月の法文を提示し、懸紙にて修正の内容を記すのである。このようにして「御定書伺帳」に載せて提案した増補修正は、一九箇条にわたる。後述するように、寛保三年の第一次増俸は全体で三二箇条に及ぶので、寛保二年十一月三日の「御定書伺帳」は第一次増修の中核をなすものと言ってよい。

とは言うものの、一九箇条にわたる増補修正案の全部がそのままに承認された訳ではない。「御定書伺帳」に接した徳川吉宗は、一九箇条の増修案のうち八箇条についての修正意見を御定書掛三奉行に伝えた。十二月十一日のことである。大岡忠相は同日条の日記に、

一　水野対馬守ゟ手紙、先月三日上候御定書伺帳、左近殿御別紙御添御渡、右之趣評儀仕、懸ケ紙仕、猶又申上候様ニと被仰聞候、右御別紙之写来（以下略）

と記している（上巻六七二頁）。御定書掛は修正意見を早速に検討し、同月二十日、吉宗に返答した。「大岡忠相日記」同日条には、

一　左近殿ぇ自分土佐守対馬守懸御目、去ル十一日被仰聞候御定書伺之儀御好之儀共評儀仕伺書一通、去十一日御渡候御好之品御書付壱通、伺帳一冊相添上之、

と見えている（上巻六七五～六頁）。このやりとりを仲介する「左近殿」とは、いうまでもなく老中松平左近将監乗邑のことであり、「公事方御定書」下巻に秘密の旨を奥書した人物である。

吉宗が表明した八箇条の修正意見は、左の各条についてである。

第十一条　論所見分伺書絵図等ニ書載候品之事（『徳川禁令考』後集第一、三六四頁）

第二十三条　村方出入ニ付江戸宿雑用幷村方割合之事（同後集第一、六五～六六頁）

第四十八条　密通御仕置之事（同後集第三、五六～五八頁）
第六十九条　出火ニ付て之咎之事（同後集第三、三七八～三七九頁）
第七十一条　人殺并疵附等御仕置之事（同後集第三、四三四～四三五頁）
第七十六条　あばれもの御仕置之事（同後集第四、四二～四三頁）
第八十一条　人相書を以御尋ニ可成者之事（同後集第四、九〇頁）
第八十五条　牢抜手鎖外シ御構之地ぇ立帰候もの御仕置之事（同後集第四、一二九～一三〇頁）

右のうち、第十一条のみを紹介しておく。

寛保二戌年十二月御好御書付之内、
一絵面計ニて不相分儀ハ、其傍ニ断書を加へ可申、但、字数多ク候ハヽ、絵図ニハ番附之文字計記、別紙伺書ニ番附之合紋付、可差出事、
〔朱書〕「右之通、可相改哉、」

吉宗は御定書掛三奉行の示した増補の法文に対し、これを全面的に書き改めることを提案し、改訂の法文を提示している。御定書掛は吉宗の修正案を受け入れて、その旨を朱書を以て返答したのである。御定書掛は吉宗の示した八箇条すべての修正案を承認した。

3　徳川吉宗の増補修正案ならびに質義

寛保三年に入ると、今度は将軍吉宗自らが御定書掛三奉行に向けて増補修正案を提示し、あるいは疑義を問い質した。例えば、「科条類典」の第十七条旧悪御仕置之事に、

寛保三亥年二月御好御書付之内、

旧悪御仕置之内、

一人殺

〔朱書〕「如此有之候得とも、左之通可相改哉、

一邪曲ニて人を殺候もの」

とある記事、(21) あるいは第四十七条隠売女御仕置之事に、

寛保三亥年二月御書付之内、

隠売女御仕置之内

一地主　外ニ罷在候共、家蔵地面共ニ取上、

但、五ケ年之内明地ニいたし置、六ケ年目ニ元地主願候ハヽ、為買取可申候、

〔朱書〕「此儀、明地ニいたし置候儀、無益之事ニ候半哉、地代五ケ年之内役所ぇ取上候とも、外ニ仕方ハ有之間敷哉、」

とある記事(22)がそれである。朱書部分が吉宗の見解である。「享保三亥年二月御好御書付」は、二月四日、老中松平乗邑を通じて御定書掛三奉行に渡された。「大岡忠相日記」は同月六日条にこのことを、

一　水野対州ゟ手紙、（中略）一昨日御下知之御書付、左近殿御渡候間、猶又少々伺之趣も違候得共、先留役書出し候ニ付被為見候由、扣等も被差越目六相添来ニ付、返答ニ是ハ近々とかく評儀可然之由申遣、

と記している（中巻一八頁）。「一昨日御下知之御書付」が「御好御書付」に当たる。吉宗の増修案と質疑は、右の二箇所を含めて「科条類典」中に九箇条を見出せる。左の通りである。

(1)第十七条　旧悪御仕置之事（『徳川禁令考』後集第二、二一〜三頁）

(2)第三十一条　質地小作取捌之事（同後集第二、一五二頁）
(3)第四十二条　奉公人請人御仕置之事（同後集第二、四二〇頁）
(4)第四十七条　隠売女御仕置之事（同後集第三、三頁）
(5)第四十八条　密通御仕置之事（同後集第三、五八頁）
(6)第五十三条　新規之神事仏事并奇怪異説御仕置之事（同後集第三、一二〇〜一二一頁）
(7)第五十六条　盗人御仕置之事（同後集第三、一九八頁）
(8)第六十四条　巧事かたり事重キねたり事いたし候もの御仕置之事（同後集第三、三二三〜三二四頁）
(9)第七十九条　拾五歳以下之者御仕置之事（同後集第四、七二〜七三頁）

九箇条にわたる吉宗の見解は、寛保二年三月の「公事方御定書」の法文に対する質義であり増補修正案である。そのうち(2)は疑義についての質問、(4)は前掲した通り、規定とは異なる別の方策を御定書掛三奉行に諮問したものである。他の七箇条は吉宗の増修案である。

御定書掛三奉行は同月九日、早速に御定書寄合（第十回目）を開いて右を審議し、同月十二日、老中松平乗邑を介して返答に及んだ。このことが「大岡忠相日記」同日条に、

一　左近殿ぇ自分、土佐守ハ御用有之付、対馬守と両人ニて、此間寄合ニて評儀有之御定書之義ニ付、①去月廿三日御渡候先達て伺相済候御定書帳面之内文言書改候分并洩候義伺書一冊、②去月廿三日御渡候御別紙御書付一通、③先達て御好之義ニ付差上候書付ニ御付紙被成、去月廿三日御渡候書付一通、④当月四日御渡被成候御書付弐通、⑤当月四日御渡候御定書之内御好之儀ニ付申上候書付一通、⑥御定書之内御好之義ニ付申上候書付帳一冊、右之通目録相添書付帳面上之候、

と見えている（中巻二〇頁、①～⑥は引用者が与えた番号）。吉宗の二月四日の提案に関わる書面は④⑤⑥であろう。

御定書掛三奉行は吉宗の見解に対し、「御附紙之趣、御尤ニ奉存候」「御好之趣奉承知、御尤ニ奉存候」あるいは「御好之趣奉承知、評議仕候処云々」として意見を表明するなどして大方は賛同した。ただし、(5)についてだけは同意せず、元の法文のままで決定した。また、「明地」にしておくのは「無益」ではなかろうかという、前掲(4)の見解に対する御定書掛の返答は、

右御尋之趣奉承知候、建家其儘差置候てハ、又々其屋敷之内ニ売女差置候間、縦当時外商売之もの地借り罷在候共、同屋敷之内にて見逃しニ致置、不届ニ御座候間、都て家作取上御払ニ仕、五ケ年之内明地ニ致置可然旨、享保十四酉年伺之上相極り申候、無益之様ニハ御座候得共、為見懲、只今迄之通明地ニいたし置候方可然哉奉存候、

というもので、「為見懲、只今迄之通明地ニいたし置候方可然哉」と反論したのである。この返答に接した吉宗は、付札をもって「只今迄之通にて可差置候」と指示した(23)。同様に、(2)についても御定書掛の説明に従って、法文に変更を加えなかった。つまり御定書掛三奉行は、将軍の見解であるからと言って決して盲従せず、主張すべきは主張したのであり、その主張が理に適っていれば吉宗はそれを承認したのである。それはそれとして、吉宗の提言の多くは寛保三年増修に反映したと言ってよい。

寛保三年四月二十六日、吉宗は三箇条についての見解を御定書掛に提示した。「大岡忠相日記」同日条にこのことが、

一　左近殿、自分土佐守対馬守ぇ被仰聞候ハ、当二月相伺候御定書之義、又ゝ御好有之御付札ニて三ケ所被成、当二月十二日上候伺帳面一冊、書付五通、帳面二冊、目録壱通御渡し候、右帳面共書付五通ともニ対馬守ぇ相渡、近日寄合可申由申談候、

と見えている（中巻五四頁）。三ケ所の付札とは、同年二月に吉宗の提示した九箇条のうちの(2)第三十一条質地小作取

捌之事（『徳川禁令考』後集第二、一五三頁参照）、⑸第四十八条密通御仕置之事（同後集第三、五九頁参照）、⑻第六十四条巧事かたり事重キねたり事いたし候もの御仕置之事（同後集第三、三二五頁参照）の三箇条に関するものである。

この件につき、御定書掛は閏四月七日に十一回目の御定書寄合を開いて審議し、翌八日、審議の結果を加納遠江守久通（御側御用取次）に説明し、かつ書面にて松平乗邑に提出した。「大岡忠相日記」閏四月八日条より、その記事を掲げておく（中巻六一頁）。

一　御同人（加納久通―引用者）ぇ昨日御定書之義ニ付て寄合、此間左近殿御渡候御好之義共評議仕候所、外之義ハ成ほと御尤奉存候、其内蜜《ママ密》（夫）仕置之義ニ付、今一応伺上度趣有之、書付左近殿ぇ後刻上可申由、蜜夫御仕置之義委細難致訳とも御物語申、且質地之義殊之外近年六ケ敷罷成候、是ハ永代売御法度付如此御座候、上方ニてハ永代売御構無之由承知仕候、其上質流地罷成候得ハ永代売ニ罷成候実之無之義ニ付、永代売之義御構無之旨伺可申と、昨日評議仕候旨御物語申候所、成ほと尤ニ候伺可然之由御申ニ付、一座ぇも相談仕候上、相伺可申由申上候、

一　左近殿ぇ自分土佐守対馬守懸御目、昨日寄合ニて評議之上、去月廿六日御渡候帳面ニ付紙仕壱冊、并蜜夫男女御仕置之義ニ付伺書一通、御定書此已後加入之分は別帳ニ仕立可申哉との伺書一通上之候、但、廿六日一所ニ御渡候元之伺帳ハ、今日上候帳面之伺済候て其節承書致し上可申と、昨日申合ニ付、今日ハ一帳斗上候、

右の記事中、「外之義ハ成ほと御尤奉存候」というのは、第六十四条中の規定の配列に関する吉宗の見解を諒承したという意味である。第三十一条、第四十八条については、結局、御定書掛三奉行の主張が容れられ、吉宗の見解は採られなかった。

4　御定書掛三奉行の奥書連署

以上のような経過をたどった増補修正の作業は、寛保三年五月三日をもって一段落を遂げた。「科条類典」に「右、寛保三亥年五月三日伺之通御下知、本文極」「右、寛保三亥年五月三日伺之通御下知、但書極」と見えるように、この度の増修案は五月三日の将軍下知によって法文が定まったのである。「大岡忠相日記」同日条は左のように伝える（中巻七〇頁）。

一　左近殿ぇ自分土佐守懸御目、先月二十九日被仰聞候帳面書付とも承書銘〻致し、并御好有之帳面此度之承書ニて不残済候ニ付、是又承書致し、此度相改日六相認メ一袋ニ入上之候、

法文の確定したことを承け、御定書掛三奉行は五月十二日、「公事方御定書」下巻の末に記す御定書掛の連署に大岡忠相の名も加えて四名とすることについて伺いを立て、その諒解を得た(24)。翌月の六月二十九日になって三奉行は、大岡忠相の名の記入箇所について伺ったところ(25)、翌日早速に返答があった。この返答に関し、「大岡忠相日記」六月晦日条は、

一　左近殿、自分土佐守対馬守ぇ被仰聞候ハ、昨日伺さし出候御定書末書名前之義、丸印被成候所ぇ越前守名認肩書ハ伺之通可認旨被仰聞、昨日末書之内牧野越中守名之次ぇ丸印被成御渡候、承書致し可上之由ニ付、□□(虫)承書相認メ、対馬守ゟ返上申候、

と記す（中巻九二頁）。「牧野越中守名之次ぇ丸印」を施した「御定書末書名前」の書面は次のようなものである(26)。

御定書奥書名前書付

丸印之所ぇ越前守名前相認、御書伺之通可仕旨被仰聞、承知仕候、

亥六月晦日

右御定書之条〻、元文五庚申年五月、松平左近将監を以被仰出之、前〻被仰出之趣、并先例其外評議之上追〻伺之、今般相定之者也、

寛保二壬戌年三月廿七日

牧野越中守
○石河土佐守
水野対馬守
越中守御役替ニ付、寛保二戌年六月代り被仰付、
大岡越前守

かくして御定書掛三奉行は、これまでの増補修正を採り込んだ「公事方御定書」を清書し、これを徳川吉宗ならびに老中松平乗邑に提出した。七月五日のことである。「大岡忠相日記」同日条はこのことを、

一　左近殿ゑ自分土佐守対馬守三人ニて、御定書出来候ニ付、箱入二冊、左近殿御扣二冊（中略）上之候所御請、評定所ニ差置候御定書ハ未出来不申哉と御尋ニ付、是も段〻出来申候旨御挨拶致し候処、評定所ニ被差置候御定書ニ左近殿奥書可被成之由被仰聞候、

と記している（中巻九六頁）。七月五日の時点では、将軍座右用と松平乗邑の副本のみの清書ができたのであり、これらには松平乗邑の秘密文言が記入されていなかったが、吉宗はこれから清書のできあがる評定所備付け本には秘密文言を記入すべきことを指示した。評定所備え付け用の「御定書」は、七月十三日になって松平乗邑に提出された。乗邑は即刻に秘密文言を記入してその日のうちに返却し、あわせて京・大坂に交付すべき「御定書」を準備すべきことを三奉行に命じた(27)。八月十日に至り、御定書掛三奉行は京都所司代・大坂城代に交付する「御定書」をそれぞれ箱に納めて松平乗邑に提出した。その際、秘密文言の奥書は松平乗邑本人が記入すべく、御定書掛の側では書き入れなかっ

た。(28)

5　寛保三年次増修の仕上げ

七月五日に将軍座右用ならびに老中松平乗邑所用の副本を提出し、引き続いて評定所、京都所司代、大坂城代用の本を清書して提出したのであるから、これをもって増修の作業が完了したのかと思いきや、吉宗は御定書掛三奉行になおも注文を出した。「大岡忠相日記」八月十一日条に次のような記事が見えるのである（中巻一一四頁）。

一　今朝評定所ニて土佐被申聞候ハ、昨日我等退出已後、土佐対馬え左近殿被仰聞候ハ、先日上候御定書御渡、ケ条〻ニ御見出しのため合印致上ケ可申候、如此合印可致之由ニて御扣帳御渡候、是ハ上ニて御合印被成候由手本ニ被遣之旨、合印出来上候時は御合印被遊候此帳面も相添上可申由被仰聞、帳面とも御返し候（以下略）

吉宗は「御定書」の各条文に見出しのための合印を付けるようにと、自らの手本を示した「御扣帳」の「御定書」と、七月五日提出の座右本とを御定書掛に下げ渡してきたのであった。

この指令をうけ、御定書掛は十五回目の寄合を同月十九日に開き、見出しの合印を作成する作業を行なった。「大岡忠相日記」同日条は、この寄合につき、

一　四時過ゟ土州対州并留役御勘定罷越寄合申候、去十日被仰聞候御定書ヶ条〻合印之義、今日吟味之上相仕立、
其外御定書之義相談有之、暮六ッ時相済いつれも被帰候、

と記している（中巻一一七頁）。翌二十日、指示通りに見出しと丁付けを施した座右用の「御定書帳面」二冊、ならびに手本として下げ渡された扣帳の「御定書帳面」二冊を吉宗に返却し、松平乗邑の手元に置く「御扣之御定書帳面」二冊についても同様の作業を行なってこれを同人に戻した。(29)「丁付」とは、いわゆるページ番号を書き入れることで

ある。では「見出」とはどのようなものであろうか。「ケ条〻ニ御見出しのため合印」を施せとの吉宗の指示であり、御定書掛は「ケ条〻合印之義」を検討したのである。要は、目指す条文を即座に抜くことができるための仕掛けなのである。その仕掛けとは――今日でも各種書類を分類整理して綴じる時などに行なっていることであり――おそらく次のようなものであろう。すなわちそれは、条文名から内容を端的に表す短い語句を選び、その語句を記した紙片を写本の左袖に舌状に貼付することなのではなかろうか[30]。御定書掛寺社奉行大岡忠相の所持した「公事方御定書」二冊（国文学研究資料館寄託大岡家文書）もまた、そのような体裁となっている。

ところで、法文の増補修正は八月に入ってからも実施されている。「科条類典」によると、「寛保三亥年八月大岡越前守石河土佐守水野対馬守御届（書）之内」という書出しのもと、八箇条にわたって条文名（「題号」）を修正しており、同じく九箇条については法文を増補しあるいは修正を加えている。後者の事例を二つほど紹介しよう。第四十七条隠売女御仕置之事においては、

寛保三亥年八月大岡越前守石河土佐守水野対馬守御届之内、

一隠売女御仕置之事

此箇条之末ぇ、踊子呼寄、売女為致候茶屋等一件御仕置之儀、当閏四月於町奉行所伺相済、御定書ぇも相載候様ニ被仰渡候趣を以、此度書載申候、

と見え[31]、第四十七条の末尾に四項の規定を追加したことを記す。また、第五十四条変死のものを内証にて葬候寺院御仕置之事においては、

寛保三亥年八月大岡越前守石河土佐守水野対馬守御届之内、

一極変死之ものを内証ニて葬候寺院御仕置之事

此箇条本文之儀、去戌三月差上候帳面ニハ、通例之死と不相見変死之ものを内証ニて葬候寺院、と認候得共、
文言紛敷候間、通例之死と不相見と申儀相除、此度ハ変死之ものを内証ニて葬候寺院と計相認申候、

と見え、(32) 法文上の表現に修正を施したことを伝えている。

御定書掛三奉行の寛保三年八月届書による法文の修正は、右のほか次の七箇条に存する。

第三十一条　質地小作取捌之事（『徳川禁令考』後集第二、一五三頁）
第三十二条　質地滞米金日限定（同後集第二、一九六頁）
第四十三条　欠落奉公人御仕置之事（同後集第二、四六二頁）
第四十八条　密通御仕置之事（同後集第三、五九頁）
第六十五条　申掛いたし候もの御仕置之事（同後集第三、三四七頁）
第六十六条　毒薬并似せ薬種売御仕置之事（同後集第三、三五九頁）
第九十条　御仕置仕形之事（同後集第四、二四四～五頁）

この七箇条のうち四箇条までは、「不用之文字有之紛敷候間（第三十一条）」「文言不足ニ候間（第三十二条）」「……之文字無之候ハ紛敷候間（第四十八条）」「……と無之候てハ紛敷候間（第六十六条）」という理由をもって法文を改めた。前掲の第五十四条の事例に同じく、規定の趣旨を明確にするために法文の文面に手を加えたのである。条文名の修正についても後述するが、これまた条文の内容をより的確に表すための用語の修正にすぎない。

こうして見ると、寛保三年八月届書による増補修正は、規定内容に関わる本格的な改訂ではなく、前月以来の「公事方御定書」清書の過程で気付いた、法文の表現上の不備を是正することに主眼が置かれていたと言ってよい。寛保三年八月届書は、おそらく同月十九日の十五回目の御定書寄合で議論されたのであって、前掲「大岡忠相日記」に

「其外御定書之義相談有之」と記すのがそれであったと考えられる。従って、先に清書した将軍座右本、老中松平乗邑所用本をはじめとして評定所、京都所司代、大坂城代使用本は、寛保三年八月届書に基づいて書き改められたと思われる。本章に紹介する「公裁秘録」が寛保三年八月届書による修正を採り入れていることは既に述べた。要するに、寛保三年の第一次増修を経た「公事方御定書」は、寛保三年八月届書による増補修正までを採り込んでいると言えよう。

以上、本節では寛保三年次増修の過程をながめてきたが、この事業は将軍吉宗の主導のもと、寺社奉行大岡忠相を首班とする御定書掛三奉行が中心となって作業を進めたというのが実態である。将軍と御定書掛との間を仲介する老中松平乗邑がこの事業にどのような貢献をなしたかの考察は、今後の課題である。

附言するに、老中や評定所一座の見解が寛保三年次増修に若干ながら反映している。老中土岐丹後守頼稔は、第六十四条巧事かたり事重きねたり事いたし候もの御仕置之事の第三項の追加に関与した(33)。また評定所一座は、第九十条御仕置仕形之事の追放刑の立入禁止区域につき、寛保二年十月から十二月にかけて五通の書付・届書を提出している(34)。

四　寛保三年次増補修正の内容

ここでは「公裁秘録」を通じ、寛保三年の第一次増補修正がどのような内容であったのかを眺めてみよう。その際、寛保二年の「公事方御定書」については、原則として藪利和氏の復原する法文(35)に依拠することとする。

1　「箇条肩書」の付与

藪氏復原の寛保二年「御定書」と、後掲の寛保三年増修「御定書」すなわち「公裁秘録」とを比べて一目でわかる相違は、寛保三年増修には各法文の冒頭に「従前ゝ之例」「享保六年極」「寛保二年極」などという肩書の付いていることである。この肩書の意味については、次のように理解している。すなわちそれは、「従前ゝ之例」とは吉宗の将軍就任以前の幕府判例等に基づいてその法文を成文化したことを示し、享保・元文・寛保の年号肩書は、その年の判例や評定所評議等に依拠して成文化したことを示すということである(36)。

寛保二年七月中、徳川吉宗と御定書掛三奉行との間に、肩書の記載方法について意見の応酬のあったことが、「大岡忠相日記」に見えている。当初、御定書掛は「ケ条ニ肩書之内文言入組御覧難被分も」あるので、肩書を墨書で認めた見本と朱書で認めた見本との両様を提出した（七月十三日・十四日条）。これに対して吉宗は、墨書で認めるべきこと、さらに記載方法は年号ばかりとすべきことを指示した。この返答に接した大岡忠相は、吉宗の指示する記載法が――「殊之外無造作」であるので――年号ばかりでなく月も載せなければ、法文決定の経緯を確認する際、その年の一年分の記録の全部を検索しなければならず不便であるとの主張を展開したが、しかし結局は、吉宗の意向によって、「ケ条肩書」は墨書にて年号のみ記載することになった（七月二十九日条）(37)。

2　条文名の修正

寛保三年「御定書」は、条文名を八箇条にわたって修正した。以下の通りである（括弧内は寛保二年の条文名）。

第三条　御料一地頭地頭違出入幷跡式出入取捌之事（御料幷一地頭地頭違之出入之事）

第十条　論所見分幷地改遣候事（御料私領入会之論所見分之事）

第十四条　出入扱願不取上品幷扱日限之事（公事取扱幷扱日限之事）

第二十六条　御仕置ニ成候もの闕所之事（御仕置ニ成候もの田畑闕所之事）
第四十九条　縁談極候娘と不儀いたし候もの之事（縁談極候娘不義いたし候を切殺候もの之事）
第六十五条　申懸いたし候もの御仕置之事（偽之訴人いたし候者御仕置之事）
第六十六条　毒薬并似セ薬種売御仕置之事（毒薬并似薬売御仕置之事）
第七十一条　人殺并疵付等御仕置之事（人殺御仕置之事）

右の条文名の修正は、前述の如く寛保三年八月のことで、御定書掛三奉行の届書によるものである(38)。第十四条に例をとり、「科条類典」に見える条文修正の記事を示そう(39)。

寛保三亥年八月大岡越前守石河土佐守水野対馬守届書之内、
一出入扱願不取上品并扱日限之事
　此題号之儀、去戌三月差上候帳面ニハ、公事取扱并扱日限之事と相認候得共、不為取扱品と扱日限之儀ニ候間、書面之通、此度之帳面題号書改申候、

「科条類典」は条文名のことを「題号」と称し、その修正を「題号書改」と表記する。「去戌三月差上候帳面」というのが寛保二年「御定書」のことであり、「此度之帳面」が寛保三年次増修の「御定書」を指している。前述したように、「題号書改」は条文内容をより明確に表記するための作業である。

3　条文の増補ならびに他条への編入

寛保三年「御定書」は、新規の条文二箇条を増補した。それは第二十三条村方出入ニ付江戸宿雑用等割合之事、および第二十五条賄賂指出候もの御仕置之事とである。いずれも条文名の前に「追加」という注記を施す。両条とも、

寛保二年十一月の御定書掛三奉行の伺により、翌三年五月三日、伺の通りに本文が決定された(40)。

寛保三年「御定書」は一方で、寛保二年「御定書」の第十八条二重御仕置申付候事を第九十条御仕置仕形之事に編入してその第三十二項となし、同じく第二十七条妻持参金田畑家屋敷闕所之事を第二十六条御仕置ニ成候もの闕所之事に編入してその第五項とした(41)。

以上、寛保三年「御定書」は新規条文を二箇条増補して、既存条文二箇条を他条へ編入させたから、その条文数は寛保二年「御定書」に同じく九〇箇条である(42)。

4　規定の増補

続いて寛保三年「御定書」が新たに規定を増補した事例を確認しておこう。「追加」という注記を施した増補の規定は、一六箇条にわたって見られ、それは以下に列記するように、三一項と一つの通則と二つの但書に及ぶ。参考までに、「科条類典」中の増補記事の箇所を括弧内に示す。

①第三条　御料一地頭地頭違出入幷跡式出入取捌之事の第四項（『徳川禁令考』後集第一、二六一〜二六二頁）
②第十条　論所見分幷地改遣候事の第三項（同後集第一、三五八頁）
③第十七条　旧悪御仕置之事の第五項（同後集第二、二〜三頁）
④第二十六条　御仕置ニ成候もの闕所之事の第一項(43)（同後集第二、八四頁）
⑤第四十二条　奉公人請人御仕置之事の第二十一項（同後集第二、四五一頁）
⑥第四十七条　隠売女御仕置之事の第十二・第十三・第十四・第十五の各項（同後集第三、四五頁）
⑦第四十八条　密通御仕置之事の第三・第四・第五・第六・第九・第十一・第十二・第二十・第二十一の各項（同

後集第三、五四〜五九頁）
⑧第四十九条　縁談極候娘と不儀いたし候もの之事の第二項（同後集第三、八六頁）
⑨第五十五条　三笠附博奕打取退無尽御仕置之事の第二十二項但書・第二十三項但書（同後集第三、一四二〜一四三頁）
⑩第六十四条　巧事かたり事重きねたり事いたし候もの御仕置之事の第三項（同後集第三、三二五頁）
⑪第七十条　火附御仕置之事の第五項（同後集第三、三九三〜三九四頁）
⑫第七十一条　人殺并疵付等御仕置之事の第四十三項（同後集第三、四三三〜四三四頁）
⑬第七十六条　あばれもの御仕置之事の第三・第四項（同後集第四、四一〜四二頁）
⑭第七十九条　拾五歳以下之者御仕置之事の第四項（同後集第四、七二頁）
⑮第八十五条　牢抜手鎖外シ御構之地ぇ立帰候もの御仕置之事の第十四・第十五・第十六・第十七の各項（同後集第四、一二八〜一三〇頁）(44)
⑯第九十条　御仕置仕形之事の第十三・第十七の各項と重・中・軽追放に対する通則（同後集第四、二四一〜二四四頁）

5　規定の修正

ここでは、寛保二年「御定書」の規定に修正を施した事例を紹介する。この修正には各項の既存の法文にさらに法文を付加増補する場合と、既存の法文そのものを書き変えることにより、規定内容を改正しあるいは用語を整える場合とが存する。なお、「科条類典」中、この修正に言及する箇所を括弧内に示す。

①第一条　目安裏書初判之事の三奉行の裁判管轄（第一・第二・第三項）に関する通則への付加増補（『徳川禁令考』に修正に関する記事見えず）
②第四条　無取上願再訴幷筋違願之事の第一項但書の修正（『徳川禁令考』後集第一、二八四頁）
③第十一条　論所見分伺書絵図等ニ書載候品之事の第二項の修正（同後集第一、三六三〜三六四頁）
④第十七条　旧悪御仕置之事の第四項の修正（同後集第二、二〜三頁）
⑤第二十六条　御仕置ニ成候もの闕所之事の第四項但書の修正（同後集第二、九一〜九二頁）
⑥第三十一条　質地小作取捌之事の第五・第六・第十六項の修正（同後集第二、一五二〜一五三頁）
⑦第三十二条　質地滞米金日限定の第五・第六項の修正（同後集第二、一九六頁）
⑧第三十六条　船床髪結床家蔵売渡証文取捌之事の第六項の修正（同後集第二、三五四頁）
⑨第四十二条　奉公人請人御仕置之事の第一項但書・第十一項但書への付加増補、ならびに第二項但書・第五項・同但書・第十項・第十一項の修正（同後集第二、四一九〜四二二頁）
⑩第四十三条　欠落奉公人御仕置之事の第二項の修正（同後集第二、四六二頁）
⑪第五十三条　新規之神事仏事幷奇怪異説御仕置之事の第二項但書の修正（同後集第三、一二一〜一二二頁）
⑫第五十四条　変死之ものを内証にて葬候寺院御仕置之事の第一項の修正（同後集第三、一三四頁）
⑬第六十四条　巧事かたり事重きねたり事いたし候もの御仕置之事の第二項但書・第四項・同但書の修正（同後集第三、三二三〜三二五頁）
⑭第六十六条　毒薬幷似セ薬種売御仕置之事の第二項の修正（同後集第三、三五九頁）
⑮第六十九条　出火ニ付て之咎之事の第一項但書・第三項の増補、ならびに第二項および同但書・第四項の修正

（同後集第三、三七六〜三七九頁）

⑯第七十一条　人殺并疵付等御仕置之事の第三十七項但書への付加増補、第三十八項但書の修正（同後集第三、四三三〜四三五頁）

⑰第八十一条　人相書を以御尋ニ可成者之事の第五項但書への付加増補（同後集第四、八九〜九〇頁）

⑱第九十条　御仕置仕形之事

(1)第一項鋸挽より第七項死罪まで、及び第九項遠島について、闕所に関する但書を増補（同後集第四、二四四〜二四五頁）

(2)第十項重追放、第十一項中追放、第十二項軽追放について、御構場所に関する修正（同後集第四、二四二〜二四五頁）

(3)右の重中軽追放について、住居の国と犯罪地の国を御構場所とするという通則規定の修正（同後集第四、二四一〜二四五頁）

(4)第十四項江戸十里四方追放、第十五項江戸払、第十六項所払の各但書の修正（『徳川禁令考』に修正に関する記事見えず）

(5)第三十三項過料の但書への付加増補（『徳川禁令考』後集第四、二四五頁）

(6)第三十六項非人手下の修正（同後集第四、二四五頁）

以上十八箇条にわたる修正が存する。

6　規定の配置替ならびに削除

寛保三年増修「御定書」は、寛保二年「御定書」の規定を別の条文に編入したり、あるいは同じ条文内の別の箇所に配置替をする場合が見られる。また少数ながら、寛保二年「御定書」の規定を削除する場合も存する。以下にこれらの事例を列挙するが、例によって配置替や削除に言及する「科条類典」の箇所を括弧内に示す。

配置替の事例は以下の通り五例が存する。

①第四十八条　密通御仕置之事の第二項但書を同条第七項に移動（『徳川禁令考』後集第三、五八〜五九頁）

②第七十一条　人殺并疵付等御仕置之事の第四十三項を第六十五条申懸いたし候もの御仕置之事の第三項に移動（同後集第三、三四七・四三五頁）

③第九十条　御仕置仕形之事の条文内において、死罪と下手人の配置交換、および斬罪の配置を改易の前から死罪の前へ移動したこと（『徳川禁令考』にこれらに関する記事見えず）

④第九十条　御仕置仕形之事の重追放の但書のうち、「勿論妻子之諸道具ハ無構、寺院寺附之品ハ、不及闕所、御扶持人も家屋敷、家財右同断」を第二十六条御仕置ニ成候もの闕所之事に移動して、同条の第二項「一妻子之諸道具其外寺院寺附之品は、構無之事」、第三項「一御扶持人ニても、都て闕所仕形右同断」に改めたこと（『徳川禁令考』後集第四、二四五頁）

⑤第九十条　御仕置仕形之事の重追放の項に存する「右、御構場所ニ住居之国を加、書付相渡」の趣旨を軽追放の項に移動し、重中軽追放に対する通則としたこと（同後集第四、二四五頁）

次に規定を削除した事例を掲げよう。

①第四十二条　奉公人請人御仕置之事の第二項「一請人死失歟、於致欠落者　人主ぇ右同断、但、右同断」の削除（『徳川禁令考』後集第二、四二一頁）

②第五十六条　盗人御仕置之事の第二十、第二十一、第二十二項に対する通則「右三ケ条、其品重キハ、御仕置臨時ニ可致評議事」の削除（同後集第三、一九八頁）
③第七十九条　拾五歳以下之者御仕置之事の第一、第二項に対する通則「右二ケ条、格別深キ巧有之ハ、評議之上可相伺事」の削除（同後集第四、七二〜七三頁）

以上、寛保三年「御定書」に見られる増補、修正、あるいは削除等は全部で三三箇条に達する。すなわち、寛保二年三月以降、翌三年八月までの一箇年半の間に全体の三分の一以上の条文に何らかの改訂を施した訳である。

むすび

以上の考察は、幕府「公事方御定書」につき、寛保三年八月に完了した第一次増補修正の経過を明らかとし、どの法文が増補、修正あるいは削除等を被ったのかを一瞥したにすぎない。第一次増修によって寛保二年「御定書」の規定内容がどのように変貌し、その変貌がどのような意味を持つのかといった分析はまだなされていない。この点は「公裁秘録」の録文を後掲して分析のよすがとし、今後の課題とする。

ただ最後に、寛保三年次増修の「公事方御定書」が、その成立過程の中でどのような位置を占めるかという点について少し考えてみよう。かつて平松義郎氏は、「公事方御定書」の成立につき、法の効力に着目して三段階説を唱えられた[45]。それは次のような考え方である。第一段階は「寛保二年三月二七日の奥付日付で形式的完成」、第二段階は「実質的完成で、寛保三年八月本文の文章が一応決定した、「追加」以前の最終段階」、第三段階は「御定書の裁判準拠法としての優先的効力確定のときで宝暦一〇（一七六〇）年一二月」というものである。

寛保二年三月を形式的完成とする平松説は、寛保二年「御定書」が「法典・法規集としては適用されたこともなく、ただちに大改訂にさらされることとなっていく」という認識に基づくのであるが、この認識は藪利和氏の実証によって覆された。すなわち藪氏は、寛保二年「御定書」は同年十月よりその規定の適用が確認できるので、「公事方御定書」は寛保二年三月二十七日をもって実質的に完成したとされるのである(46)。「完成」の意味をどのように理解するかについては議論の余地を残すとしても、「公事方御定書」が寛保二年三月二十七日の段階で成立したと捉えることに異論はない。

寛保二年三月に成立したとはいうものの、この時点の「公事方御定書」の法文には不充分な点が多々存した(47)から、寺社奉行大岡忠相の御定書掛就任を機にこれの改訂事業が開始されたのであって、寛保三年八月に至る作業の経過は本章第三節に述べた通りである。三段階説を唱えた平松氏の寛保三年「御定書」についての見解は、

（寛保二年―引用者注）六月寺社奉行牧野貞通は京都所司代に昇任、大岡忠相がこれに代り、第二次編集委員が揃った。第二次委員は引続き編集を進め、とくに「寛保三亥年八月届書」で条文の題号、文言の「書加」、「書改」、「相除」等、広汎な再改訂が施されており、私はこのときをむしろ実質的には御定書の一応の完成とみたいのである。

というものであって(48)、増補修正に関する認識についても本章と大きな隔りが見られる。「公事方御定書」の法的効力は、寛保二年「御定書」にも又寛保三年増修「御定書」にも付与されていたのであって、寛保三年八月段階をもってあえて実質的完成と解する必要は見当らない。寛保三年「御定書」は、宝暦四年四月に至って最終の法文が確定する間の、第一回目の増補修正が施されたものと考えるべきであろう。寛保二年「御定書」と比較するならば、「従前ゝ之例」「享保七年極」等の年号肩書が付与されるなど形式的にも、また内容的にも大幅な増補、修正ならびに削除等

が加えられたから、「棠蔭秘鑑」を通じて見る宝暦四年の「公事方御定書」の姿に餘程近づいたことは言うまでもない。

ところで、「公裁秘録」の出現は、寛保二年「御定書」の復原に少しばかり寄与する。第一は、第五十六条盗人御仕置之事の通則規定の、

一都て盗物之品は、被盗候者ぇ相返し可申候、金子遣捨候ハヽ、可為損失、勿論盗もの取戻候とも、無差別右之通
　御仕置可申付事、

の配置についてである。藪氏はこの規定を、——宝暦四年「御定書」と同じく——同条の第一項として復原し、傍点部分を「左之通」とする[49]。しかし、「公裁秘録」はこの規定を同条末尾の第二十六項に配しており、「秘宝政用集」も同じく同条末尾にこの規定を置く[50]。従って、右の通則は寛保二年、寛保三年の各「御定書」では、第五十六条の末尾の規定であったと言えよう。

第二に、第三十四条借金銀取捌定日之事において、一年両度の裁許日につき、藪氏の復原は四月、十一月の月のみを復原するが[51]、「秘宝政用集」「公裁秘録」共、四月十六日、十一月十六日と月日を記すので[52]、寛保二年「御定書」においても「十六日」という日付の存した可能性がある[53]。

前述したように、「公事方御定書」の第二次増修が延享元年（一七四四）八月に終了したとは、茎田氏の指摘である。この指摘が正しいとするならば[54]、寛保三年「御定書」はわずか一年で延享元年「御定書」にとって替わられることになる。そのような短い寿命であった「公事方御定書」が、どのような経路をたどって庄内藩の肝煎役にまで到達したのか興味深い問題である[55]。しかし、この問題を考察する暇はもはや残されていない。後日を期すことにしよう。

〔補記〕　寛保三年増修「公事方御定書」の伝本について

寛保三年増修次の法文を伝える「公事方御定書」は、「公裁秘録」上下が唯一の伝本であった。ところが最近、寛保三年増修の姿を伝えるもう一つの伝本に巡り合うことができた。それは名古屋市蓬左文庫所蔵の「享寛律」と題する写本である。平成二十七年師走、帯広畜産大学専任講師岡崎まゆみ氏が、寛保三年増修本であることを突き止めた上で、筆者に知らせてくださったのである。その後、筆者も蓬左文庫を訪問して、岡崎氏の考察の的確であることを確認したので、その調査結果を報告しておく。

「享寛律」（一冊、架号三二―五二）は、縦二三・六糎、横一六・七糎の半紙本にして、表紙を除く墨附は九一丁である。表題は題簽に「享寛律　全」とあり、内題は存しない。裏表紙に旧蔵者とおぼしき「牧氏」という記名が存する。蔵書印は墨附第一丁の右上に「蓬左文庫」と捺される。筆写者、筆写年など書写経緯を示す識語の類は存しない。

冒頭に「目録」が存し、九十箇条の条文名が記され、本書が寛保三年増補修正の「公事方御定書」の転写本であることを示している。本文の題号（条文名）のところには、朱筆によって条文番号を与えている（但し、第六十七条まで）。巻末には寛保二年三月成立の旨を記した奥書が存し、そこに名を連ねる御定書御用掛の三奉行は、牧野越中守、大岡越前守（以上、寺社奉行）、石河土佐守（町奉行）、水野対馬守（勘定奉行）の四名である。このことも、寛保三年増修本である「公裁秘録」に同じである。三奉行連署に続いて、松平左近将監の秘密文言もまた存する。「享寛律」という書名は、箇条肩書の年号が享保に始まって元文・寛保に至っているところから、享と寛の二文字をとったと考えられる。

本文には朱書による文字の校合が存する。「享寛律」はまた、法文の行間に細字墨書による書き込みが多数施されている。この点が本書の一番の特徴である。書き込みの余白が足りない場合には別紙に書いてその紙片を貼付する。さらには、法文を四角の枠で囲って見せ消とし、その傍らに修正法文を細字で書き込むこともなされている。しかしながら、この書き込みは最終条まで為されている訳ではなく、第六十九条出火ニ付て之咎之事で終了している。

この書き込みが何によって為されたかと言えば、それは宝暦四年増修の「公事方御定書」である。宝暦四年増修本の法文を書き込んでいるのである。宝暦四年増修の際、第五十六条盗人御仕置之事の第二十六項の「一盗物とハ不存候得共、出所不相紀、質に置遣候もの　過料」という規定に対し、「但、武家之家来ニ候ハヽ、江戸払」という但書を増補した。「享寛律」はこの但書を同条第二十六項の行間に書き込んでいる。つまり、「享寛律」は第一条から第六十九条について、宝暦四年増修本に依拠して書き込みを施したのである。もっとも、宝暦四年増修に基づく法文の増補修正は右の一箇所のみである（宝暦四年増修による追加法文である第九条重キ御役人之家来御仕置ニ成候節其主人差扣之事がみられないが、これは書き込みを中途で放棄したためと推察される）。

「享寛律」の主たる価値は、次の二点に求められよう。第一は「公裁秘録」との校合が可能となったこと、第二は延享元年、同二年、同三年の三次にわたる増補修正が条文ごとにどの程度であったのかが書き込みによって一目でわかることである。ともかくも、「公事方御定書」の増補修正の過程を考察するために貴重な伝本が出現したのである。岡崎まゆみ氏に謝意を表する次第である。

なお、「享寛律」と題する伝本はもう一部存する。それは、三重大学教授であった武藤和夫氏が収集した「公事方御定書」伝本のなかの一本である（武藤和夫「公事方御定書について」『三重史学』五号、三四頁、昭和三十七年）。本書の現在の所蔵先が確認できていないので、蓬左文庫本と内容を同じくするか否か不明である。

注

（1）今日、「公事方御定書」上下巻の最も信頼のおける法文を有するのは、「棠蔭秘鑑」所収のそれであるが、下巻は一〇三箇条から成る。

『徳川禁令考』（司法省蔵版・法制史学会編、石井良助校訂、昭和三十六年、創文社）の別巻に収載の「棠蔭秘鑑」（元亨利貞の四冊）は、校訂者の故石井良助氏の旧蔵本であるが、元の冊に「辰口官庫　温故知新」の印文が見られるように、「公事方御定書」が現行法であった時期には幕府評定所が用いていた伝本である（平松義郎「徳川禁令考別巻 解題」七～八頁）。

（2）平松義郎「近世法」（同『江戸の罪と罰』一一七頁、昭和六十三年、平凡社、初発表昭和五十一年）、藪利和「「公事方御定書下巻」の改廃について」（一）（『法学』四三巻二号一九二頁、昭和五十四年）等。

（3）『角川地名大辞典』6山形県　二九八頁（昭和五十六年、角川書店）。

（4）酒田市立光丘文庫編『諸家文書目録』Ⅱ田中家文書（平成九年、同文庫刊）。

同目録によると、酒田市立光丘文庫は現在、旧飽海郡中平田村大字熊野田の田中久氏旧蔵の文書一八四六点を所蔵し、その内容は庄内藩川北農村の土地、租税、農業用水、災害救恤、土木建築、金融貸借等、幅広い分野にわたるという。しかしここには御用留類や典籍などの簿冊の形態をなす史料が皆無に近い。それらは田中家を離れて古書肆の手に渡ったらしい。

事実、平成十六年十一月開催の古典籍展観大入札会（東京古典会主催、於東京古書会館）には、「羽後国飽海郡熊野田文書」と題して、田中家旧蔵の検地帳、名寄帳等五五冊（寛文八年〈一六六八〉より明治期に至る）が出品された（『同入札会目録』五二・三三三頁参照）。

（5）「科条類典」の記事も万全という訳ではなく、「右本文極候節之伺書、扣不相見」とあるように（『徳川禁令考』後集第二、八九・二〇四頁など）、わずかではあるが不備も存する。この点につき、後掲の藪利和氏論文（「「公事方御定書下巻」の原テキストについて」九六～九八頁）参照。

（6）藪利和氏は、「公事方御定書」下巻の各条文の規定が宝暦四年（一七四四）四月までの間にどのように改廃されたのか、

『徳川禁令考』収載の「科条類典」に依拠して詳細に跡付けておられる（「「公事方御定書下巻」の改廃について」（一）『法学』四三巻二号、昭和五十四年）。

（7）大岡家文書刊行会編『大岡越前守忠相日記』上中下巻（昭和四十七～五十年、三一書房）。以下、本書を「大岡忠相日記」と言う。

（8）茎田佳寿子『江戸幕府法の研究』一二〇頁（昭和五十五年、巖南堂書店）。

（9）茎田佳寿子『江戸幕府法の研究』五七一～六〇八頁（初発表は『明治大学刑事博物館年報』Ⅳ、昭和四十九年）。なお、「秘宝政用集」巻下には、巻頭の目録ならびに巻末の御定書掛三奉行の連署する奥書、松平左近将監乗邑の秘密文言の末書が存しない。

（10）藪利和「「公事方御定書下巻」の原テキストについて」（大竹秀男・服藤弘司編『高柳真三先生頌寿記念　幕藩国家の法と支配』所収一〇〇～一三八頁、昭和五十九年、有斐閣）。

（11）「大岡忠相日記」寛保二年六月七日条（上巻五九一頁）。

（12）「柳営補任」巻之六（東京大学史料編纂所編『大日本近世史料』柳営補任二、三七頁）、「棠蔭秘鑑」亨（『徳川禁令考』別巻一三八頁）。

（13）「柳営補任」巻之六（同右四三頁）、「棠蔭秘鑑」亨（同右一三九頁）

（14）『徳川禁令考』後集第二、一五三・一九六頁。同書後集第三、四五・五九頁等。

（15）茎田佳寿子『江戸幕府法の研究』四三～四七頁。

（16）「大岡忠相日記」上巻五九三頁。以下、本書を引用するにあたっては、しばしば読点・中黒を増やした。

（17）寛保二年四月六日、「公事方御定書」編纂に携った三奉行が賞賜に与った。大岡忠相はそのことを日記に、

一　越中守（牧野貞通―引用者注）義、御定書御用相勤候ニ付て、御前ヱ被召出上意有之、時服七ツ拝領之由、相御用懸り石河土佐守、水野対馬守も右同前時服四ツ宛拝領之由、越中守九半時寄合ニ被参被申聞悦申達候、

と記している（上巻五五七頁）。二日後の四月八日、編纂事務方の評定所留役浅井半左衛門、鵜飼左十郎に各金一枚、支配勘

定岩佐郷蔵、倉橋武右衛門に各銀五枚が賞賜された（「公事訴訟取捌」奥書）。

(18)「大岡忠相日記」上巻五九四頁。

(19)『徳川禁令考』後集第三、八六頁。

(20)『徳川禁令考』後集第一、二八四頁。

(21)『徳川禁令考』後集第二、二頁。

(22)『徳川禁令考』後集第三、三頁。

(23)『徳川禁令考』後集第三、四頁。

(24)「大岡忠相日記」中巻七九頁。

(25)大岡忠相の名の記入箇所に関する伺については、「大岡忠相日記」寛保三年六月二十九日条に、

一　左近殿ゑ自分土佐守対馬守三人ニて、昨日寄合ニて評議仕候御定書奥書自分名前認所之義、両様ニ調伺書相添上候処、末ニ自分名認メ候方之書付斗請取、外之書付伺書ハ御返し、是ニ不及候由、追て可被仰聞旨御申候、

と記されている（中巻九一頁）。

(26)「科条類典」下七奥書（国立公文書館内閣文庫蔵）。

(27)「大岡忠相日記」の寛保三年七月十三日条における「公事方御定書」に関する記事は、左のようである（中巻一〇一頁）。

一　左近殿ゑ自分土佐守対馬守懸御目、先日被仰候評定所ニ差置候御定書弐冊上之候所、京大坂ゑも被遣候間支度可仕之由、只今上候御定書奥書被成、御渡可被成之由被仰聞、即刻奥書被成、右之弐冊三人ゑ御渡候付、封印致し先御勘定所ニさし置、近日評定所ゑ納置可申旨申合候、

(28)「大岡忠相日記」の寛保三年八月十日条における「公事方御定書」に関する記事は、左のようである（中巻一一四頁）。

一　左近殿ゑ此間被仰候京大坂ゑ被遣候御定書ニ箱、御差図ニ付、蜷川八右衛門ゑ相渡し上之、左近殿御奥書ハ此方ニてハ不認候旨八右衛門ゑ申達候、尤土佐守対馬守三人ニて上之、

(29)「大岡忠相日記」中巻一一七頁。

（30）江戸時代の法典に見出しを貼った実例が存する。天保十年（一八三九）成立の熊本藩「御刑法草書附例」がそれである。本書は刑法典「刑法草書」（八編九六条目一五三条）に追加法である「例」および判例要旨を摘記した先例等を附加した法典であり、乾坤の二冊から成る。本書は、本の左袖に紙片を貼ってこれを見出しとしている。この見出しは乾冊に一四、坤冊に九を数えるが、たとえば前者のそれは、名例、扶持人犯、老幼犯、自訴、首従、二罪以上などというものであり、二字から四字で編名や条文名を表現している（小林宏・高塩博編『熊本藩法制史料集』一〇〇〜一〇一頁、平成八年、創文社参照）。なお、茎田佳寿子氏は見出しに関し、「評定所記録中に公事方御定書二冊あり、大本にて厚紙に書し、毎条厚紙を細く截りて条数を記入せるを其下方に挟み」という三浦周行氏の記述（「失はれたる近世法制史料」『続法制史の研究』一三九三頁、大正十四年、岩波書店）を引き合いに出し、「寛保三年八月の本帳はこれに近いものであったろう」とされる（『江戸幕府法の研究』四五頁）。

（31）『徳川禁令考』後集第三、四五頁。

（32）『徳川禁令考』後集第三、一三四頁。

（33）『徳川禁令考』後集第三、三二五頁、「大岡忠相日記」寛保三年四月三日・十二日・十三日・十九日の各条（中巻四七・四九・五〇・五二頁）。

（34）『徳川禁令考』後集第四、二四一〜二四四頁。

（35）藪利和「「公事方御定書下巻」の原テキストについて」前掲書一〇〇〜一三八頁。

（36）肩書の年号は、原則として吉宗の将軍就任後のものが付されているが、将軍就任前の年号が例外的に見られる。貞享四年（一六八七）と宝永元年（一七〇四）とである。前者は第三十条田畑永代売買幷隠地致候もの御仕置之事の第五項に存し、後者は第九十条御仕置仕形之事の閉門、逼塞、遠慮のそれぞれの但書に付されている。

（37）「大岡忠相日記」上巻六〇四〜六一二頁。なお、茎田佳寿子『江戸幕府法の研究』四四頁参照。

（38）「科条類典」を検するに、条文名の修正は、「寛保三亥年八月大岡越前守石河土佐守水野対馬守御届書」によってなされたが（『徳川禁令考』後集第一、二六二頁等）、第六十六条のみは「寛保三亥年八月大岡越前守石河土佐守水野対馬守伺」によると記されている（同上後集第三、三五九頁）。

(39)『徳川禁令考』後集第一、四二一頁。

(40)『徳川禁令考』後集第二、六五～六六頁・七三頁。

(41)「科条類典」は、二重御仕置之事の編入の件を明記するが（『徳川禁令考』後集第四、二四五頁）、片や妻持参金田畑家屋敷闕所之事に関しては編入の旨の記事を欠く。

(42)なお、茎田佳寿子氏は条文の増補と他条への編入につき、「本文は二四条・二六条の追加と（中略）三箇条が移動吸収されて、八九箇条の「公事方御定書」下巻となった」と記す（『江戸幕府法の研究』四六頁）。

(43)第二十六条の第二・第三項は、寛保二年「御定書」に見えず、寛保三年増修「御定書」に存するのであるが、「追加」の注記が施されておらない。同時に、「科条類典」にも増補を語る記事を見出すことができない。第二・第三項が寛保二年「御定書」に最初から存したものなのか、寛保三年増修による追加の規定なのかについては後考に俟ちたい。

(44)第八十五条第十四項「一入墨ニ成候以後、又候悪事いたし候もの　死罪」については、『徳川禁令考』に増補の記事が見えない。

(45)平松義郎「「徳川禁令考」・「公事方御定書」小考」（二）（三）（『創文』一八七・一八八号、昭和五十四年）。

(46)藪利和「「公事方御定書下巻」の原テキストについて」（前掲書八二頁）。なお、幕府関係の諸記録が「公事方御定書」の成立を寛保二年としていることにつき、小林宏「前近代法典編纂試論」（『國學院法學』四〇巻四号五一頁、平成十五年〔後に『日本における立法と法解釈の史的研究』第三巻収録二八三頁、平成二十一年、汲古書院〕）参照。

(47)たとえば、寛保二年「御定書」の不充分な事例として、第九十条御仕置仕形之事の鋸挽以下死罪までの死刑および遠島について、闕所の規定が欠落しているということが挙げられよう。御定書掛三奉行は、寛保三年八月の御届書によってこの不備を是正した。「科条類典」に「去戌三月差上候帳面ニハ、闕所之儀洩候ニ付、此度差上候帳面ニ右之分ぇも銘々書載申候」と見えている如くである（『徳川禁令考』後集第四、二四五頁）。

(48)平松義郎「「徳川禁令考」・「公事方御定書」小考」（二）（『創文』一八七号二四頁）。

(49)　藪利和「「公事方御定書下巻」の原テキストについて」(前掲書一一八頁)。

(50)　「公裁秘録」の法文は本書史料篇八、四五八頁、「秘宝政用集」の法文は茎田佳寿子『江戸幕府法の研究』五九三頁参照。第五十六条盗人御仕置之事の通則規定は、寛保元年の原案段階においてもその配置は末尾であった。すなわち、御定書掛三奉行は同年六月伺によって同条に関し全二十一項の法文案を提示し、その際この通則を最末尾に配しているのである(『徳川禁令考』後集第三、一九六頁)。なお、通則規定が本条冒頭に配置替となるのは、延享元年の増修によるのだが、「科条類典」は配置替についての記事を載せていない。

(51)　藪前掲論文八八・一〇九頁。

(52)　茎田前掲書五八三頁、「公裁秘録」本書史料篇八、四四二頁。

(53)　藪氏の提示された寛保二年「御定書」の復原は確度が高く信頼のおけるものであるが、一箇所のみ、復原の誤りに気付いたので訂しておく。藪氏は第三十一条質地小作取捌之事の第十六項を「家守小作滞、請状之通無相違においてハ」と復原するが(前掲論文八八・一〇八頁)、傍点部分は「請状通之証文ニ候ハ、」が正しい(『徳川禁令考』後集第一、一五三頁)。

(54)　「公事方御定書」の増補修正についての茎田氏の整理によると、延享元年八月、寺社奉行大岡忠相、町奉行石河政朝、勘定奉行水野忠伸によって増補修正がなされ、一〇箇条を追加して計一〇〇箇条の「御定書」が成立したという(前掲書一二〇頁)。しかし、右の整理には若干の疑念が存する。すなわち、延享元年八月当時、石河政朝は御定書掛をすでに退任しているのである。石河は六月一日に大目付に昇任し、代って御定書掛に就任した島長門守祥正が六月十四日開催の御定書御用寄合からこれに出席している(「大岡忠相日記」中巻二七四頁)。加えて、「大岡忠相日記」が延享元年八月の一箇月分を欠いており、この月に二回開かれた筈の御定書寄合の記事を見ることが出来ない。こうした事情から察するに、延享元年八月の第二次増修については再検討の必要があろう。

(55)　上野国前橋藩主酒井雅楽頭忠恭は、大坂城代在任中(元文五年〈一七四〇〉四月～延享元年〈一七四四〉三月)に寛保三年増修の「公事方御定書」上下巻の交付を受けると、これを筆写して所持したらしい。彼は家臣に対し、「此二冊は寛保三年御仕置相定り、二冊出来候、然共、写之事無用之旨ニ候」と述べて転写を禁じると共に、さらに言葉を接いで、御仕置窺之度、誦覚、書留候極候得は、末々自分心得之見合は格別、此二冊之内に如此義もこれあるにより、自分之仕置ヲモ申付候などト申義、公辺之申出候事ハ、決て無用之事ニ候。心得之為、見合置可申者ハ、当主之外一切可為無用候。但シ、上之御仕置筋見合わせ致すべきにおいては、家老共・年寄共又は其用向ニ掛り候番頭・小姓頭・本〆大目付、承知無之候て不叶義ニ候ハ、当主之前ニて披之、見合可有候。済候ハ、早々当主可有封印候。自分覚斗ニ候得は、御役勤不申後は、火中同前之筋ニ候也。

と指令し、「公事方御定書」の取扱いには厳重を期した（辻達也『徳川吉宗とその時代』一八一〜一八二頁、平成七年、日本放送出版協会）。右の指令によると、当主立合という厳格な条件つきながら、家老以下本〆大目付に至る藩首脳の面々には「公事方御定書」の披見を認めている。寛保三年増修の「公事方御定書」が譜代大名の家中に流出する一端はこの辺にも求められるように思う。

第四章　「公事方御定書」の延享元年増修とその伝本

はじめに

周知のように、「公事方御定書」上下巻は寛保二年（一七四二）三月に法文が定まり、幕府は翌四月よりこれを施行に移した。(1)ところが、早くも同年六月より増補修正の作業を開始し、下巻についての増補修正を四年連続で実施した。すなわち寛保三年の第一次増修本が同年八月に、延享元年の第二次増修本が同年八月に、延享二年の第三次増修本が同年九月に、延享三年の第四次増修本が同年四月にそれぞれ成立した。それから八年後の宝暦四年（一七五四）四月、第五次増修本が成立する。この時は下巻についての増修のみならず、上巻についても三箇条の条文を追加した。これ以降は「公事方御定書」の法文に直接手を加えることはなかった。[2]

「公事方御定書」の伝本は、いうまでもなく宝暦四年増修本がきわめて多数伝わっている。同様に、延享三年増修本もまた数多く伝存する。延享三年増修本が数多く伝わるのは、現行法として八年間の効力を持ったから、筆写される機会が多かったのである。それに引き換え、寛保二年成立時および寛保三年の第一次増修本から延享二年の第三次増修本までは、現行法としての効力が一年内外であったから、筆写される機会は前二者に比べて格段に少なかった。それ故、今日までに確認できた伝本は、寛保二年成立時と寛保三年増修時との姿を示す写本のみである。前者は「秘宝政用集」巻下（一冊）と称する写本であり、[3]後者は「公裁秘録」上下（二冊）と「享寛律」全（一冊）との二種類である。[4]三本とも下巻のみの写本である。したがって、延享元年の第二次増修本と延享二年の第三次増修本とは、その伝本がいまだ知られていないのである。[5]

ところで、国立公文書館内閣文庫が所蔵する「公事方御定書」下巻の伝本中、「御当家律」と題する写本（一冊）が存する。条文数は一〇一箇条であり、「延享二年極」に該当する法文をことごとく欠く一方、「延享元年極」に該当する法文はこれを確認することが出来る。本書はどうやら延享元年の第二次増修の姿を持つ伝本であるらしい。本書を翻刻紹介し、同時に延享元年の第二次増修がどのような作業内容であったのかを明らかにしようと思う。

『徳川禁令考』所収の「科条類典」[6]を精査することにより、成立時および増補修正の各段階の法文を条文ごとに確認することは出来る。しかしながら、「科条類典」をもってしては、法典としての各段階の全体像を把握するのは困難である。伝本はこの点を解決する。伝本の発見が期待される所以である。その他、「科条類典」を通じては確認できない事柄も存する。その第一は条文や規定の配列についてである。第二は増補修正の過程で削除した条文についてである。そもそも「科条類典」は、宝暦四年に確定のした法文について、その立法過程をたどれるように編纂したものである。それ故、宝暦四年までに削除となった条文に関しては黙して語らない。第三は、「科条類典」に編纂上の不備が存する場合や、編纂資料欠損のために「科条類典」が「本文極候節之伺書、扣不相見」と注記する場合である[7]。「科条類典」では埒のあかないこれらの事柄が、伝本の出現によって解決されることがある。本章は延享元年増修本の出現を契機として、「公事方御定書」成立の一過程を解明しようとするものである。

一 「御当家律」について

前述したように、「御当家律」（一冊）は、国立公文書館内閣文庫所蔵である（架号一八〇―六）。表題は題簽に記されたもので（本書史料篇九口絵参照）、内題は存しない。書型は縦二〇・〇、横一三・〇糎の中本である。表紙を除く墨附は九二丁、半丁に一〇行で書写する。終始同一人の筆になる。書写に関する識語が存しないので書写者を特定できないが、書写の時期は、後述の〔忌日一覧〕中に蓮光院の忌日を「寛政三辛亥年三月八日」と記すので、本書全体の書写はそれ以降である。「御当家律」という表題から推察するに、本書を筆写した人物は幕府支配下に属する者であると思われる。

本書には「日本政府図書」印が第一丁の上部中央に捺され、「齋藤文庫」という楕円形の蔵書印が第一丁右下に捺されている（本書史料篇九口絵参照）。蔵書印譜によると、「齋藤文庫」印を俳人斎藤雀志の蔵書印として採録する[8]。斎藤雀志（旧姓飯田、本名齋藤銀蔵、嘉永四年〈一八五一〉～明治四十一年〈一九〇八〉）は、江戸の日本橋駿河町の生まれである。三井銀行に勤め、横浜支店長を退職後、明治二十一年に雪中庵九世となり、俳諧の宗匠として活動した。古俳書の収集家としても著名であり、その俳書三千冊は大野洒竹（明治五年〈一八七二〉～大正二年〈一九一三〉）に譲られ、その後散佚したという。[9]　東京大学、早稲田大学等の図書館は、この蔵書印を捺す俳書を所蔵する。一方、内閣文庫は「齋藤蔵書」印を捺す書物を五〇点ほど所蔵するのだが、ここには俳諧に関する書物は見当たらない。明治二十三年（一八九〇）刊行の内閣記録局編『内閣文庫図書目録』がこれらの書物を著録するから、雀志が四十歳に達する前、内閣文庫の有に帰していたのである。[10]

「御当家律」は「公事方御定書」下巻を書写したのち、附録というべき左の記事を書写する（筆者が与えた表題には〔　〕を附した）。

1　〔入墨図〕江戸以下長崎までの八図（一丁）
2　「御条目」一〇箇条　享保二年三月十一日（二丁）
3　「年中行事」宝暦七丑年八月二十日　土屋越前守承之（五丁半）
4　「死罪除日」（半丁）
5　「切金」（半丁）
6　〔忌日一覧〕家康～蓮光院　（二丁半）
7　「御定式御成日」（半丁）
8　「家老乗物」元禄六酉年六月（一丁）
9　「女手形出所覚」（一丁）
10　「所々御関所　延宝三寅年閏十二月　道中方ヨリ書之写」（三丁半）
11　「御席書」老中以下連歌師等に至る幕臣の江戸城中の控えの間一覧（三丁）
12　〔幕府各役職退職時の慰労金銀時服等一覧〕（二丁）

後段二四丁に収載された一二の記事は、すべて幕府に関わる内容である。「公事方御定書」の末尾に置いて備忘としたものであろう（一二の記事については翻刻を省略した）。

「御当家律」の本体である「公事方御定書」下巻は、巻頭に目録を置き、末尾に左記の奥書を記す（括弧内の注記は引用者）。

右御定書之条々、元文五庚申年五月、松平左近将監を以被仰出之、前々被仰出之趣幷先例、其外評議之上追々窮之、今般相定者也、

寛保二壬戌年三月廿七日

右之趣達　上聞相極候、奉行中之外堅ク不可有候也、

寛保壬戌二年四月

松平左近将監（老中）

牧野越中守（寺社奉行）

石河土佐守（町奉行）

水野対馬守（勘定奉行）

この奥書は寛保二年成立時のものである。三奉行連署は本来、「寛保二壬戌年三月廿七日」の次に置かれるべきものであり、延享元年増修本においては大岡越前守（寺社奉行）および島長門守（町奉行）が加わっていなければならない。目録、本文にはいずれも朱書にて条文番号が振られており、最終条を「百」とする。しかし実際は、一〇一条を存する。それは、御仕置ニ成候者之闕所田畑を押隠候者咎之事という第九十六条の題号（条文名）を第九十五条の但書と誤って書写したため、これを条文に数えていないのである。「従前々之例」「享保八年極」「寛保三年極」といった箇条肩書、および増補を意味する「追加」の文字が注記されていない。

「御当家律」の本文を、「棠蔭秘鑑」に収載する宝暦増修の「公事方御定書」下巻と比較することにより、本書が延享元年の第二次増修本であることが判明する。両者の間には次のような差異が見いだされる。「御当家律」は、第九条（重キ御役人之家来御仕置ニ成候節其主人差扣伺之事）、第百一条（吟味事之内外之悪事相聞候共旧悪御定之外ハ不及相糺事）、第百二条（僉議事有之時同類又ハ加判人之内より早速及白状候もの之事）の三箇条を欠いている。第九条は宝暦四年の第五次増修、第百一条、第百二条は延享二年の第三次増修による追加条文である。一方、「御当家律」は第二十九条として過料申付方之事という条文を置いている。この条文は寛保二年成立時に存し、寛保三年の第一次増修本にも存する。しかしながら、延享三年の第四次、宝暦四年の第五次増修本には存しない。つまり、過料申付方之事という条文は、第三次もしくは第四次の増修作業の際に削除されたと思われるのである。もちろん「科条類典」はこの条文について何も語らない。

次に、条文中の規定に目を転じてみよう。たとえば、「御当家律」には、第十七条旧悪御仕置之事の第六項として左の規定が存する。[12]

一都て　公儀御法度ヲ相背、死罪以上ノ科ニ可行者、
　但、役儀ニ付テ私欲致押領候ハヽ、軽ク候共、相応之咎可有之候、

「棠蔭秘鑑」に収載する宝暦増修の「公事方御定書」下巻をみると、この規定には「追加」の注記とともに「延享元年極」という年号肩書が付いている。[13]このように、「御当家律」には「延享元年極」の規定が存するのである。一方、延享二年およびそれ以降の年号肩書をもつ規定は、これを「御当家律」のなかに見出すことができない。以上の徴証に照らすと、「御当家律」は延享元年増修の姿を示す伝本ということになる。

しかしながら、本書は良質の伝本とは言いがたい。誤字脱字の散見されるのは写本の常であり、本書も例外ではな

い。のみならず、本書には延享元年増修を反映させない法文がしばしば残されている。たとえば、「御当家律」の第七十五条婚礼之節石打候者御仕置之事は、

一婚礼之節石ヲ打、致狼藉候者、頭取、江戸払十里四方追放、同類ハ、江戸払、（傍線引用者、以下同じ）

というものである。(14) 延享元年増修は、傍線部の刑罰を減軽して「頭取、百日手鎖、同類、五十日手鎖」と改正したのだが、「御当家律」はこの改正を反映させていない（「江戸払十里四方追放」の「払」は衍字）。(15) 同様の事例をもう一つ紹介しておこう。本書の第八十四条遠島者再犯御仕置之事は、

一遠島者、島ニて重キ悪事致候ハヽ、於（其）遠島死罪、

但、同類并軽悪事致候者、島替、

という条文である。(16) 延享元年増修は、但書（傍線部）の法文を「但、同類又ハ於其島ねたり事いたし、或ハあはれ候類之もの、島替」と改正している。(17) しかし、但書（傍線部）は改正前の法文である。このように、本書の法文には延享元年増修を反映していない場合がいくつも存するのである。翻刻にあたっては、括弧を附して正しい法文を傍書した。このように、延享元年増修よりも前の法文――すなわち寛保二年増修本の法文――が存在する理由は不明である。

また「御当家律」は、法文の脱落も少なからず存する。第十九条関所を除山越致候者并関所忍通候者御仕置之事の第四項、第五十一条女犯之僧御仕置之事の第三項、第六十二条謀書謀判いたし候もの御仕置之事の第一項などはその例である。(18) 語句の脱落や法文の脱落も括弧をもって補った。

「御当家律」はこのように杜撰な写本ではあるが、全体としては延享元年増修の姿を示しているのであり、後述するように本書を通じてはじめて知り得る事柄も存するのである。

二　増補修正の経過

寛保三年八月二十九日、御定書御用掛の大岡忠相は、その日の日記[19]に左のように記している[20]。

一　今日詰番之所、御定書寄合ニ付、因幡守詰番被勤候、
一　四時ゟ対馬守留役御勘定参り御定書寄合致し候、土佐守不快付断夕方ゟ被参候、寄合暮六時相済候、
一　申合之通今日ゟ料理香物ともニ一汁三菜、肴一ツ酒三献菓子蒸くハしニても干くハしニても二色出之、濃茶ハ出ス、床棚かさり物無之、右ハ内寄合之通ニ今日ゟ致し候、

この記事は、寛保三年増修が済み、あらためて御定書御用寄合が持たれるようになったことを示している。すなわち、「公事方御定書」の第二次増補修正である延享元年増修をこの日より開始したのである。寛保三年増修は、同月十九日の御定書寄合において、題号と法文の語句についての修正を行って終了したから[21]、早くも十日後には第二次増修の作業を始めたのである。この日の会合は、大岡忠相が御定書掛就任以来、第十六回目の御用寄合である。第二次増修の開始にあたり、御用掛に供する食事やおやつ等の取り決めについても記している。

御定書御用掛は、寛保三年次増修に引き続いて寺社奉行大岡越前守（忠相）、町奉行石河土佐守（政朝）、水野対馬守（忠伸）である。このうち石河土佐守は延享元年六月一日に大目付に転出、その後任に島長門守（祥正）が就任した。島長門守の御用寄合への出席は同月十四日の第三十一回目からである[22]。

延享元年の第二次増修は、右に掲げた寛保三年八月二十九日の第十六回目の御用寄合に始まり、延享元年八月中の第三十三回もしくは三十四回の御用寄合で終了している[23]。つまり、一年間に一八回ないし一九回の御用寄合を開催し

たのである。この間、「御触書集成」（本文五〇冊目録一冊）の編纂も並行して進められ、その冊子の調製が成るにしたがい、御用寄合の場において読み合わせを行っている。第二十回（寛保四年二月十二日）より第二十四回（延享元年三月九日）までの五回にわたる御用寄合は、もっぱら「御触書」の読み合わせに充てられた。その後、第二十五回（三月十九日）、第二十六回（四月二日）、第二十七回（四月二十二日）、および第三十一回（六月十四日）、第三十二回（七月十六日）の五回は、増補修正の作業とともに「御触書」の読み合わせが行われている。このような経過をたどって、「御触書」の編纂は延享元年十一月二十二日をもって完了し、四日後の二十六日に提出された。(24) したがって、第二次増補修正のための御用寄合は、十三回ないしは十四回開かれたことになる。

『徳川禁令考』所収の「科条類典」をみると、御定書掛三奉行が吉宗に提出したおもな伺は、この間に四回存する。下知の日付をふくめて列挙すると左の通りである。

(1)寛保三年九月（二十四日）伺　→　寛保四年二月十七日下知
(2)延享元年三月（二十四日）伺　→　延享元年四月八日下知
(3)延享元年六月（十二日）伺　→　延享元年八月二日下知
(4)延享元年八月（？日）伺　→　延享元年八月十七日下知

(1)の伺は、「科条類典」が「寛保三年九月大岡越前守石河土佐守水野対馬守伺之内」と表記して引用する伺である。一七箇条中に一八箇所の伺を見出せる(25)（この数字には見落としがあるかもしれない。以下も同様である）。「大岡忠相日記」によると、寛保三年九月二十四日、御定書掛三奉行は「四品之帳面書付」を一袋に入れて提出した。その四品とは、

①御定書先達て差上候御定書帳面之内奉伺候書付帳面一冊
②御定書之儀ニ付奉伺候書付帳面一冊

③質地御触之義ニ付中上候書付一通
④質地之儀ニ付御触書案一通

である[26]。これらの提出物は、第十六回寄合（寛保三年八月二十九日）、第十七回寄合（九月七日）における協議によって作成された帳面と書付などである。右の内、②御定書之儀ニ付奉伺候書付帳面一冊こそが(1)の伺を記した帳面であろう。

この帳面に接した吉宗は、翌月晦日、七箇条について修正意見をつけて帳面を御定書掛三奉行に返却した。「科条類典」に「寛保三亥年十月御書付之内」あるいは「寛保三亥年十月御好御書付之内」と見えるのがそれである[27]。大岡はこのことにつき、同日条の日記に、

一　左近殿自分対馬守ぇ被仰聞候ハ、先月さし出候御定書伺之義御書付一通朱点有之、去月廿四日上候伺帳面一冊、質地之義ニ付御触書案一通御返シ、此包紙ニ被仰聞候趣御書付有之候、右之帳面御書付等対馬守ぇ相渡候、

と記している[28]。傍線部の「此包紙ニ被仰聞候趣御書付」とあるのが、(1)の伺に対する吉宗の修正意見であろう。

御定書掛は続く(2)の伺を延享元年三月二十四日に提出した。前回からちょうど半年後のことである。「科条類典」をながめると、この伺を一二箇条中に見出せる[29]。大岡忠相はこの件につき、同日条の日記に、

一　左近殿ぇ自分土佐守対馬守懸御目、此間之寄合ニて評儀相極候新規御定書ぇ加入候御仕置品ミ書付帳一冊上之、

と記している[30]。この記事によるに、(2)の伺は、御用寄合で評議して決めた「新規御定書ぇ加入候御仕置品ミ」を書き付けた帳面を仕立てて提出したのである。この五日前の同月十九日、第二十五回目の御用寄合がもたれた。その席上、個別事案の評議、「御触書」の読み合わせとともに、「御定書新規ニ書入候事共評儀之上認メ」るという作業がなされ

た。[31] すなわち⑵の伺は、「新規…加入候御仕置品〻」「新規ニ書入候事」に関する伺である。したがって、「科条類典」中に見える一二箇所の伺は、そのすべてが条文および規定の増補に関する事柄である。この時の伺は、「科条類典」に「延享元子年四月八日、伺之通御下知、本文極ル」と見えるように、さほど日時をおくことなく決裁がなされた。

御定書掛三奉行は、⑶の伺を延享元年六月十二日に提出した。この伺は、吉宗の発した質疑や修正意見などに応答したものである。吉宗は五月十三日、質疑や意見を御定書掛の勘定奉行水野対馬守に示した。大岡忠相はそのことを同日の日記に、

一　対馬守ゟ手紙、今日左近殿先達て上候御前之御定書箱共ニ并御定書内御尋御好有之御竪紙御書付一通御渡シ
　被成候、

と記す。[32] 傍線部の書付が吉宗の質疑、修正意見である。大岡は翌日、この書付の写しを水野対馬守より受け取った。その際、この書付のことを「御尋御好有之候御竪紙二十一品之御書付」と表記するから、[33] 吉宗の提示した質疑等はかなり多岐にわたっているのである。「科条類典」は、吉宗の質疑等を「延享元子年五月御書付之内」「延享元子年五月御尋等御書付之内」として引く。第百三条御仕置仕形之事においては、「延享元子年五月十三日、公事方御定書ニ付御尋等之御書付之内」として引用し、[34] ここでは日付も明記している。このようにして引用される吉宗の質疑等の記事は、「科条類典」中、一五箇条の一六箇所に存する。[35]

吉宗の質疑等に接した御定書掛は、五月二十日（第二十八回）、五月二十八日（第二十九回）、六月七日（第三十回）と立て続けに三回の御用寄合を開催し、吉宗の質疑等に検討を加えた。吉宗の質疑とそれに対する御定書掛の応答の一例を示そう。寛保三年増修の第二十六条御仕置ニ成候もの闕所之事においては、左のような但書を置いている。[36]

但、下手人其外江戸拾里四方追放、所払（等）以上（下）之御仕置ニ成候ものハ、不及闕所、然共、科之品ニより闕所申

付候儀も可有之事

この但書は、下手人以下所払に至る刑罰に関しては闕所を科さないと定める。これが原則であるが、場合によっては闕所を科すこともあると記している（傍線部）。吉宗は傍線部について、

科之品ニよりと計ニてハ、其程相知かたく候、何様之科ハ闕所可申付と、其大概を書加申度事、

という意見を表明した。すなわち、闕所を科す例外の場合の概略を明記すべきだというのである。この指摘に呼応して御定書掛は、「右御尋之趣奉承知、評議仕、左之掛紙之通改可然哉ニ奉存候」と朱筆にて注記し、但書を次のように修正した(37)。

但、下手人ハ不及闕所、此外専利欲ニ拘り候類ハ江戸拾里四方追放幷所払ニても、田畑家屋敷闕所申付へし、貪たる儀無之におゐてハ、不及闕所、

修正された法文は、修正前にくらべてその法意が歴然としている。下手人という死刑であっても闕所を科さないという原則規定を冒頭に置き、つづいて次のような例外を定める。その罪がたとえ下手人より軽い江戸十里四方追放や所払であったとしても、「専利欲ニ拘り候」犯罪は、田畑・家屋敷を闕所とするというのである。御定書掛は、闕所を科すべき「大概を書加」えよという吉宗の注文にみごとに応えたのである。一五箇条におよぶ(3)の伺はこのようにして出来上がり、八月二日下知によって法文が定まった。

(4)の伺は延享元年八月（日不明）のことであり、下知は同八月十七日である。「科条類典」中には、(4)の伺を二〇箇条に見いだせる(38)。御定書掛は、延享元年八月中に第三十三回、第三十四回の御用寄合を開催するのだが、「大岡忠相日記」はこの月が欠落している。そのために、この二回の御用寄合の様子を知り得ない。二回の御用寄合は八月二日下知と同月十七下知の間に開催され、その席上において(4)の伺が作成されたと推察される。

以上に見たように、延享元年の第二次増補修正の作業において、御定書掛は四回にわたって包括的な伺を提出した。そのうち、⑵の伺は、条文および規定の増補をもっぱらとする提案である。また⑶の伺は、吉宗の提起した質疑等に応えたものである。吉宗は⑴の伺に対しては七箇条について修正意見を述べた。この四回の伺と下知のほかに、特定の条文についてのやりとりが、吉宗と御定書掛との間でなされている。たとえば第四十二条奉公人請人御仕置之事の第四項に関しては、御用掛は寛保三年十二月に伺を提出し、これに接した吉宗はしばらく時間をおいて延享元年五月になって意見を表明した。御用掛はこれに応じた伺を翌六月中に提出し、八月二日、吉宗はこれに決裁を与えた(39)。同様に、第四十七条隠売女御仕置之事については、延享元年二月に御用掛伺がなされ、三月十八日に下知となった(40)。

そのほか、吉宗は寛保三年十月二十八日、御定書掛に、

　奉公人欠落致し候之処之主人方ぇは不相帰、又候請ニ立、外ぇ奉公ニ出し候請人重追放、奉公人同罪と有之候、
　是ハ過料にて可然思召候、然とも又訳も有之哉、

と質問している(41)。第四十二条奉公人請人御仕置之事の第二十一項に関する質問である。大岡忠相はこの条文に関する記事を、日記の十一月二十八日、同二十九日、十二月二十日、同二十三日、翌年一月二十七日、二月七日に記している(42)。又このやりとりの具体的内容は「科条類典」に見えている。それによると、①「寛保三亥年十月御書付」に始まって、②「同年十一月大岡越前守石河土佐守水野対馬守伺」、③「同年十一月御書付」、④「同月廿九日大岡越前守石河土佐守水野対馬守差上候御定書伺帳之内、昨日御渡被成候御別紙之儀ニ付申上候書付」、⑤「同年十二月大岡越前守石河土佐守水野対馬守伺之内」を経て、延享元年二月十七日の下知によって決着をみた(43)。

以上に見たような経過をたどって、延享元年の第二次増補修正がなされたのである。吉宗は、この度の増補修正についてもその作業を御定書掛に任せるのではなく、自らが法文を検討し作業を主導した。吉宗のこの姿勢は、元文二

年（一七三七）閏十一月の「公事方御定書」の編纂下命以来、一貫しているのである。

三　増補修正の内容

「科条類典」および「御当家律」を通じて、延享元年次の増補修正がどのような内容であったのかを眺めてみよう。

1　条文名の修正

延享元年増修における題号（条文名）の修正は、左の二箇条についてである（括弧内は寛保三年増修の条文名）。

①第五条　評定所前箱ぇ度々訴状入候もの之事（評定所前箱ぇ度々訴状入候もの手錠赦免之事）

②第二十三条　村方出入ニ付江戸宿雑用幷村方割合之事（村方出入ニ付江戸宿雑用幷村方等割合之事）

2　条文の増補

延享元年増修においては、一一箇条の条文を増補した。左の通りである。

①第九十条　不縁之妻を理不尽に奪取候もの御仕置之事

②第九十一条　書状切解金子遣ひ捨候飛脚御仕置之事

③第九十二条　質物出入取捌之事

④第九十三条　煩候旅人を宿送ニ致候咎之事

⑤第九十四条　帯刀致候百姓町人御仕置之事

⑥第九十五条　新田地ぇ無断家作いたし候もの咎之事
⑦第九十六条　御仕置ニ成候者之闕所田畑を押隠候もの咎之事
⑧第九十七条　御仕置ニ成候もの悴親類ぇ預ヶ置候内出家願いたし候もの之事
⑨第九十八条　年貢諸役村入用帳面印形不取置村役人咎之事
⑩第九十九条　軽キ悪事有之もの出牢之上咎ニ不及事
⑪第百条　名目重ク相聞候共事実において強て人之害ニ不成ハ罪科軽重格別之事

一一箇条のうち、①⑤⑥⑦⑧は⑴の伺・下知、②③④は⑵の伺・下知、⑩⑪は⑶の伺・下知、⑨は⑷の伺・下知によるものである。

3　規定の増補および修正

規定の増補、削除および修正のほどこされた条文を眺めてみよう。増補と修正は多くの条文にわたっている。左記の通りである（削除の場合の項目番号は寛保三年次のそれで示した）。

①第五条　評定所前箱ぇ度々訴状入候もの之事の第二項の増補
②第十七条　旧悪御仕置之事の第一・六項の増補および第七項の修正
③第十八条　裁許幷裏判不請者御仕置之事の第三項の増補
④第二十一条　御留場ニて鳥殺生致候者御仕置之事の第三項の増補
⑤第二十三条　村方出入ニ付江戸宿雑用幷村方割合之事の第四〜八項の増補
⑥第二十六条　御仕置ニ成候者闕所之事の第六項の増補および第一・二・三項の修正

⑦第二十七条　対地頭強訴其上致徒党逃散之百姓御仕置之事の第二項の増補
⑧第二十八条　身躰限申付方之事の第一項但書に法文を増補
⑨第三十条　田畑永代売買幷隠地致候者御仕置之事の第一・二・四項の修正
⑩第三十一条　質地小作取捌之事の第十八・十九項の増補および第六・十五項の修正
⑪第三十六条　家質幷船床髪結床家蔵売渡証文取捌之事の第九項の増補および第五項の修正
⑫第三十七条　二重質入二重書入二重売御仕置之事の第一・二項の修正
⑬第三十八条　廻船荷物出売出買幷船荷物致横領候者御仕置之事の第三〜七項の増補
⑭第四十二条　奉公人請人御仕置之事の第二十二項の増補および第四項の本文修正と但書増補
⑮第四十三条　欠落奉公人御仕置之事の第二項本文の修正と同但書の増補
⑯第四十四条　欠落者之儀ニ付御仕置之事の第三項の増補および第二項の修正
⑰第四十七条　隠売女御仕置之事の第十六項の増補および第四・七〜十項の修正
⑱第四十八条　密通御仕置之事の第二十四〜二十七項の増補(44)
⑲第五十二条　三鳥派不受不施御仕置之事の第一〜六項の修正
⑳第五十三条　新規之神事仏事幷奇怪異説御仕置之事の第二項但書の修正
㉑第五十五条　三笠附博奕打取退無尽御仕置之事の第十六・十七項の増補および第十一・十二項の修正
㉒第五十六条　盗人御仕置之事の第三項但書・第二十七〜三十項の増補および第六項但書の修正
㉓第五十八条　悪党者訴人之事の第一項の修正
㉔第五十九条　倒死幷捨物手負病人等有之ヲ不訴出者御仕置之事の第一・二項の修正

㉕第六十四条　巧事衒事重キネタリ事致候者御仕置之事の第六項の修正
㉖第六十五条　申掛致し候者御仕置之事の第二・三項の増補
㉗第七十条　火附御仕置之事の第三・四項の修正
㉘第七十一条　人殺幷疵付等御仕置之事の第二十九項但書・第三十一項但書・第四十一項・第四十四～五十項の増補
㉙第七十五条　婚礼之節石打候者御仕置之事の第一項の修正
㉚第七十七条　酒狂人御仕置之事の第三項但書の修正
㉛第八十四条　遠島者再犯御仕置之事の第一項の修正
㉜第八十五条　牢抜手鎖外シ御構之地ぇ立帰候者御仕置之事の第十八・十九項の増補および第四項・五項但書・八項但書の修正
㉝第八十六条　辻番人御仕置之事の第一項の修正
㉞第百一条　御仕置仕形之事の第三十五～四十項の増補および第十四～十七項・第三十一・三十三項の修正、さらに第三十六項の増補後の修正

右のうち、規定を増補したのは二二箇条にのぼる。

4　規定の配置替えおよび削除

規定を配置替えした事例は、左記の通りである。

①第十七条　旧悪御仕置之事の「邪曲ニて人を殺候もの」が第四項から第二項に配置替え

②第五十二条　三鳥派不受不施御仕置之事においては、第一〜六項を修正するとともに、寛保三年「御定書」の第六項を第四項に配置替え
③第五十六条　盗人御仕置之事において、寛保三年「御定書」の最終項目を冒頭に配置替え
規定を削除した事例は、左記の通りである。
①第三十条　田畑永代売買幷隠地致候者御仕置之事の寛保三年「御定書」の第三項の削除
②第三十一条　質地小作取捌之事の第十一・十二項の削除
③第三十三条　借金銀取捌之事の第一項の修正（「為替金」の削除）
④第六十五条　申掛致し候者御仕置之事の第一項但書の削除
また、規定を合併することがある。
①第三十七条　二重質入二重書入二重売御仕置之事において、寛保三年「御定書」の第二項を第一項に合併して修正
②第七十一条　人殺幷疵付等御仕置之事において、寛保三年「御定書」の第十七・十八項を合併

むすび

前述したように、寺社奉行大岡忠相を責任者とする御定書御用掛は、寛保三年八月二十九日より翌延享元年八月にかけての一年間に一八回もしくは一九回の御用寄合を開催した。この御用寄合を通じて、寛保の「御触書集成」を編纂するとともに、「公事方御定書」下巻の第二次増修を行った。増補修正の経過と内容については右にみた通りであ

り、一一箇条の条文を増補し、規定については三五箇条にわたって増補、修正、削除、配列の変更などを施した。この改訂は増補と修正とが主であり、規定の削除や配列の変更などはごく少数にとどまっている。延享元年増修本は、九〇箇条の寛保三年増修本に一一箇条を追加したから、その条文数は一〇一箇条となった[45]。第二次増修は、第一次増修が三三箇条に及んだの[46]と同様に規模の大きな改訂であったと言える。

延享元年増修の姿を示す「御当家律」という伝本が出現したことにより、「科条類典」を通じては明らかにすることが出来なかった次の事柄が判明する。第一は、延享元年増修本においても、過料申付方之事という条文が存在したということである。この条文は寛保二年成立時から存し、寛保三年増修本も継承し、延享元年増修本においても継承したのである[47]。この条文は、寛保二年成立のとき以来、第二十八条身躰限申付方之事の次に配列されている。延享三年増修本にこの条文は存在しない。おそらくは延享二年増修の際に削除されたのであろう。

第二は、規定の配置についてである。第五十六条盗人御仕置之事には、左のような通則規定が存する。

一都て盗物之品は、被盗候ものぇ相返可申候、金子遣捨候ハヽ、可為損失、勿論盗物相戻候共、無差別、左之通
　仕置可申付事、

この通則は、寛保三年増修本までは、傍線部が「右之通」となっていて、第五十六条の末尾に置かれていた[48]。延享元年増修の際に、これを条文の冒頭に配置替えし、傍線部を「左之通」と改めた。このことが「御当家律」によって判明するのである。以後、この配置で宝暦増修本に至る[49]。

第三は、「科条類典」が「本文極候節之伺書、扣不相見」とする事例である。その事例は第三十三条借金銀取捌之事に存する[50]。同条は訴訟を受理する金銭問題として、借金銀、祠堂金、官金、書入金、立替金、先納金、職人手間賃、手附金などを列挙する。同条の寛保二年成立時の法文を見ると、先納金に続いて為替金が挙げられている[51]。寛保三年

増修本にもやはり同様の配列で為替金が記されている。[52]ところが、宝暦増修本には為替金が見られない。[53]したがって、為替金の三文字は延享元年増修以降に削除されたと考えられるのだが、それがいつのことかは右の不備により確かめることができない。そこで「御当家律」を見ると、ここには為替金の語が見られない。[54]「御当家律」がかなり杜撰な写本であることは前述したとおりである。それ故、書き落としの可能性が皆無ともいえないが、為替金の語は延享元年増修の際に削除された、とすなおに解釈しておく（なお、同条の「科条類典」は延享元年増修に関する記事を掲載しない）。

以上のように、「御当家律」という伝本により新たに判明することは僅かである。とは言うものの、延享元年増修を経た「公事方御定書」下巻の全体像が本書によって確認できるのであり、「御当家律」が「公事方御定書」の成立過程を考察する上で貴重な伝本であることに違いはない。

延享二年の第三次増修の姿を示す伝本が唯一未発見なのは残念である。しかし、「科条類典」を通覧することにより、延享二年増修の様相がおおよそ判明する。見落としを恐れずに述べるならば、第三次増修の作業は二箇条の条文を追加し、二六箇条に関して規定を増補し、[55]修正し、[56]削除などを[57]施した。追加条文は、第百一条吟味事之内外之悪事相聞候共旧悪御定之外ハ不及相糺事および第百二条僉議事有之時同類又ハ加判人之内より早速及白状候もの之事である。過料申付方之事という条文の削除もこの時であろうと推察する。第三次増修は、手を加えた条文数が前二回よりもやや少ないが、法典全体を見渡して実施した本格的な増補修正であった。延享二年増修においては、引退を間近に控えた吉宗がその直前まで指示を飛ばしており、「公事方御定書」の完成を目指した吉宗の執念が感じられる。[58]

延享二年増修本の提出は、同年十月十五日のことである。吉宗はこれに先立つ九月二十五日、将軍職を家重に譲って西の丸に引退した。したがって、これ以降の増補修正について、吉宗は関与していない。延享三年の第四次増修は、わずか四箇条に関するものである。[59]宝暦四年の第五次増修もまた小規模なものであり、一箇条の条文追加と五箇条に

六箇所の増補修正（削除も含む）を加えたに過ぎない。(60)

註

（1）「公事方御定書」は、寛保二年中に運用が開始されている（藪利和「「公事方御定書下巻」の原テキストについて」大竹秀男・服藤弘司編『高柳真三頌寿記念 幕藩国家の法と支配』八二～八三頁、昭和五十九年、有斐閣）。
（2）茎田佳寿子『江戸幕府法の研究』四六～五六・一一〇頁、昭和五十五年、巖南堂書店。
（3）「秘宝政用集」巻下は、茎田佳寿子氏の翻刻紹介された伝本である（『江戸幕府法の研究』五七一～六〇八頁）。
（4）「公裁秘録」上下は筆者の紹介した伝本である（本書論考篇第三部第三章および史料篇八）。また、「享寛律」全は岡崎まゆみ氏の発見になる（本書論考篇第三部第三章の〔補記〕参照）。
（5）高塩博「「公事方御定書」下巻の伝本と呼称について」本書論考篇第四部第二章。
（6）司法省蔵版・法制史学会編、石井良助校訂『徳川禁令考』後集第一～第四、平成二年第五刷、創文社。
（7）「科条類典」にもとづいて各年次の法文を復元するにあたっての問題点については、藪利和「「公事方御定書下巻」の原テキストについて」前掲書九六～九八頁参照。
（8）中野三敏編『近代蔵書印譜』（昭和五十九年、青裳堂書店）、渡辺守邦・後藤憲二編『増訂 新編蔵書印譜』上四一九頁（平成二十五年、青裳堂書店）など。
（9）『詩歌人名事典』二七六頁、平成五年、日外アソシエーツ株式会社編刊、国会図書館編『人と蔵書と蔵書印』四七頁、平成十四年、雄松堂出版。
（10）楕円形の「齋藤文庫」印を捺した内閣文庫所蔵本の中に、「江府政随録」と題する写本が存する（一冊、架号一八二―二一一）。本書は、延宝五年（一六七七）から天和四年（一六八四）にかけての江戸の町に関わる記事を集めた書である。第一丁左下の餘白に「莞齋蔵」という蔵書印が捺され、巻末には「文化紀元甲子年十月廿一日得之、藤原縣麻呂誌」という朱書の手跋が存し、その傍らに「江戸／齋藤氏」の印章が捺されている。莞齋、縣麻呂は、江戸の町名主齋藤幸孝の号である。幸孝は、「江戸名所図会」の刊行や「東都歳時記」「武江年表」の著者として名高い齋藤幸成（号、月岑）の父である（文化十五年〔一八一八〕、四十七歳にて没）。「齋藤文庫」印は、「江府政随録」の表紙裏側に捺されている。「齋藤文庫」印が斎藤雀志の蔵書印であるならば、雀志は町名主齋藤氏の書物を入手したのち、「齋藤文庫」印を捺し、四十歳を前にしてこれを手放したということになる。後考のために記しておく。

(11)『徳川禁令考』別巻所収、平成二年第五刷、創文社刊。

(12)本書史料篇九、四九二頁。

(13)「棠蔭秘鑑」亨（『徳川禁令考』別巻六五頁）。

(14)本書史料篇九、五二一頁。

(15)『徳川禁令考』後集第四、三〇頁。

(16)本書史料篇九、五二四頁。

(17)『徳川禁令考』後集第四、一一七頁。

(18)本書史料篇九、四九三、五〇九、五一五頁。

(19)大岡家文書刊行会編『大岡越前守忠相日記』上中下巻、昭和四十七～五十年、三一書房（以下、本書を「大岡忠相日記」と言う）。

(20)「大岡忠相日記」中巻一二三頁。

(21)高塩博「「公事方御定書」の寛保三年増修とその伝本」本書論考篇第三部第三章三二〇～三二二頁。

(22)「大岡忠相日記」中巻二七四頁。

評定所留役二人、支配勘定二人が御定書御用の実務を担った。留役は寛保三年の第一次増修に同じく鵜飼左十郎、岩佐郷蔵である。しかし第二次増修も大詰めを迎えた延享元年七月十一日、鵜飼は大坂御金奉行に転じ、倉橋武右衛門がこれに代わった（「大岡忠相日記」中巻二八八、二九〇頁）。倉橋は寛保三年次には御用掛の支配勘定であり、引き続いてその任にあったが、途中留役に昇格し、御定書御用掛から離れた。そのため、その後を各務伝五郎が引き継いだ。寛保三年十月二十二日のことである（『大岡忠相日記』中巻一五一頁）。もう一人の御用掛支配勘定は第一次増修に引き続いて柴田善兵衛が勤めたと思われる。それは、『御触書集成』編纂の功により、柴田が各務とともに銀七枚の褒賞に与っているからである（『大岡忠相日記』中巻三四六頁）。

(23) 『大岡忠相日記』は延享元年八月の冊が欠損している。そのため御用寄合の第三十三回、第三十四回の模様は不詳である。

(24) 『大岡忠相日記』中巻三三四・三三六頁。なお、『御触書寛保集成』の編纂過程については茎田佳寿子『江戸幕府法の研究』四七～五二・一五九～一六四頁参照。

(25) 『科条類典』に見える(1)の伺すなわち「寛保三亥年九月大岡越前守石河土佐守水野対馬守伺」は、左の一七箇条中の一八箇所である。

①第十八条　裁許并裏判不請もの御仕置之事の第三項の増補（『徳川禁令考』後集第二、二四頁）
②第二十三条　村方出入ニ付江戸宿雑用并村方割合之事の第四～八項の増補および題号の修正（『徳川禁令考』後集第二、六七頁）
③第二十七条　地頭え対し強訴其上致徒党逃散之百姓御仕置之事の第二項の増補（『徳川禁令考』後集第二、一一九頁）
④第二十八条　身躰限申付方之事の第一項但書に法文を増補（『徳川禁令考』後集第二、一二一頁）
⑤第三十一条　質地小作取捌之事の第六項の修正（『徳川禁令考』後集第二、一五三頁）
⑥第三十一条　質地小作取捌之事の第十八・十九項の増補（『徳川禁令考』後集第二、一九四頁）
⑦第三十七条　二重質二重書入二重売御仕置之事の第二項の修正（『徳川禁令考』後集第二、三七三頁）
⑧第四十二条　奉公人請人御仕置之事の第二十一項の増補（『徳川禁令考』後集第二、四五一頁）
⑨第四十四条　欠落者之儀ニ付御仕置之事の第三項の増補（『徳川禁令考』後集第二、四八七頁）
＊（『科条類典』には「寛保四子年六月十七日、伺之通御下知、本文極」とあるが、「六月」は「二月」の誤植であろう。）
⑩第四十八条　密通御仕置之事の第二十四項の増補（『徳川禁令考』後集第三、五九頁）
⑪第五十六条　盗人御仕置之事の第二十七・二十八・二十九・三十項の増補（『徳川禁令考』後集第三、一九八頁）

⑫第七十一条　人殺并疵付等御仕置之事の第四十四～五十項の増補（『徳川禁令考』後集第三、四三五頁）
⑬第九十条　不縁之妻を理不尽に奪取候もの御仕置之事の条文増補（『徳川禁令考』後集第四、一七四頁）
⑭第九十四条　帯刀致候百姓町人御仕置之事の条文増補（『徳川禁令考』後集第四、一九三頁）
⑮第九十五条　新田地ぇ無断家作いたし候もの咎之事の条文増補（『徳川禁令考』後集第四、一九八頁）
⑯第九十六条　御仕置ニ成候者之闕所田畑を押隠候もの咎之事の条文増補（『徳川禁令考』後集第四、二〇〇頁）
＊〔「科条類典」には「延享元子年二月十七日、伺之通御下知、本文極」の文言が見えない。〕
⑰第九十七条　御仕置ニ成候もの悴親類ぇ預ヶ置候内出家願いたし候もの之事の条文増補（『徳川禁令考』後集第四、二〇四頁）
⑱第百一条　御仕置仕形之事における左記の項目の増補（『徳川禁令考』後集第四、二四五頁）
第三十五項　勢州山田於御神領ハ、磔、火罪、獄門等之死骸を晒し候御仕置無之事、
第三十七項　遠島もの船中ニて遭難風、破船之後、助命候ハヽ、又流罪たるへし、若助命候て行衛不相知候ハヽ、人相書を以浦触いたし、身寄之ものぇも尋可申付事、（但書略）
第三十八項　遠島もの船中ニて致病死候時、御関所前ニ候ハヽ、死骸番人ぇ為致見分、其所ぇ死骸片付候事、（但書略）
第三十九項　御目見以上之流人并女流人ハ、船中別囲ニて差遣候事、
第四十項　八丈島御蔵島両島ぇ之流人ハ、三宅島迄差遣、島守ぇ相渡、夫より順風次第、右両島ぇ遣候事、
＊〔「科条類典」には「延享元子年二月十七日、伺之通御下知、本文極」の文言が見えない。〕
このうち⑧は、寛保三年九月伺ののち、吉宗と御用掛との間に二度の応酬があり、あらためて延享元年十二月の伺がなされ、同年二月十七日の下知となった。
(26)「大岡忠相日記」中巻一三三頁。
(27)「科条類典」に見える「寛保三亥年十月（御好）御書付」は、左の七箇条である。
①第三十七条　二重質二重書入二重売御仕置之事の第二項（『徳川禁令考』後集第二、三七四頁）

②第四十二条　奉公人請人御仕置之事の第二十一項（『徳川禁令考』後集第二、四五二頁）
③第五十六条　盗人御仕置之事の第二十九項（『徳川禁令考』後集第三、二〇一頁）
④第七十一条　人殺并疵付等御仕置之事の第四十八・四十九項（『徳川禁令考』後集第三、四三八頁）
⑤第九十条　不縁之妻を理不尽に奪取候もの御仕置之事（『徳川禁令考』後集第四、一七五頁）
⑥第九十四条　帯刀致候百姓町人御仕置之事（『徳川禁令考』後集第四、一九四頁）
⑦第百三条　御仕置仕形之事の第四十一項遠島もの船中ニて遭難風（『徳川禁令考』後集第四、二四七頁）

(28)「大岡忠相日記」中巻一五五頁。

(29)「科条類典」に見える(2)の伺すなわち「延享元子年三月大岡越前守石河土佐守水野対馬守伺」は、左の一二箇条である。

①第二十一条　御留場ニて鳥殺生いたし候もの御仕置之事の第三項の増補（『徳川禁令考』後集第二、五九頁）
②第三十六条　家質并船床髪結床書入証文取捌之事の第九項（最終項）の増補（『徳川禁令考』後集第二、三五五頁）
③第三十八条　廻船荷物出売出買并船荷物押領いたし候もの御仕置之事の第三〜七項の増補（『徳川禁令考』後集第二、三八五頁）
④第四十七条　隠売女御仕置之事の第十六項（最終項）の増補（『徳川禁令考』後集第三、四五頁）
⑤第四十八条　密通御仕置之事の第二十五項の増補（『徳川禁令考』後集第三、六〇頁）
＊〔「科条類典」には「延享元子年四月八日、伺之通御下知、本文極」の文言が無い。〕
⑥第五十五条　三笠附博奕取退無尽御仕置之事の第十六・十七項の増補（『徳川禁令考』後集第三、一四三頁）
⑦第七十一条　人殺并疵附等御仕置之事の第二十九項但書の増補（『徳川禁令考』後集第三、四三九頁）
⑧第八十五条　牢抜手鎖外シ御構之地ぇ立帰候もの御仕置之事の第十八・十九項の増補（『徳川禁令考』後集第四、一三〇頁）
⑨第九十一条　書状切解金子遣ひ捨候飛脚御仕置之事の条文増補（『徳川禁令考』後集第四、一七八頁）
⑩第九十二条　質物出入取捌之事の条文増補（第一項・二項）（『徳川禁令考』後集第四、一八二頁）

⑪第九十三条　煩候旅人を宿送りニ致候咎之事の条文増補（『徳川禁令考』後集第四、一八七頁）
⑫第百一条　御仕置仕形之事の第三十九項（科有之女）と第四十五項（盲人御仕置）の増補（『徳川禁令考』後集第四、二四七頁）

(30)「大岡忠相日記」中巻二三二頁。

(31)「大岡忠相日記」中巻二三〇頁。

(32)「大岡忠相日記」中巻二五九頁。

(33)「大岡忠相日記」中巻二五九頁。

(34)『徳川禁令考』後集第四、二四八頁。

(35)「科条類典」に見える「延享元子年五月（御尋等）御書付」およびそれに応えた(3)の伺は、左の一五箇条中の一六箇所である。

①第十七条　旧悪御仕置之事の第一項・六項および第七項但書の増補、第三・五項の修正（『徳川禁令考』後集第一、三頁）
②第二十六条　御仕置ニ成候者闕所之事の第一項の修正（『徳川禁令考』後集第一、八四頁）
③第二十六条　御仕置ニ成候者闕所之事の第二・三項の修正（『徳川禁令考』後集第一、八八頁）
④第三十条　田畑永代売買并隠地いたし候もの御仕置之事の第一・二・四項の修正（『徳川禁令考』後集第二、一二四頁）
⑤第三十一条　質地小作取捌之事の第十五項の修正、寛保三年増修の第十一・十二項の削除（『徳川禁令考』後集第二、一五四頁）
⑥第三十七条　二重質二重書入二重売御仕置之事の第二項を第一項に合併し修正（『徳川禁令考』後集第二、三七四頁）
⑦第四十二条　奉公人請人御仕置之事の第四項の本文修正と但書の増補（『徳川禁令考』後集第二、四二二頁）
⑧第五十二条　三鳥派不受不施御仕置之事の第一項～六項の修正および配列の変更（『徳川禁令考』後集第三、一〇七頁）
⑨第五十三条　新規之神事仏事并奇怪異説御仕置之事の第二項但書の修正（『徳川禁令考』後集第三、一一二頁）
⑩第五十六条　盗人御仕置之事の第六項但書の修正（『徳川禁令考』後集第三、一二〇一頁）
⑪第六十五条　申掛いたし候者御仕置之事の第二・三項の増補および第一項但書の削除（『徳川禁令考』後集第三、三四七

頁）

⑫第七十条　火附御仕置之事の第三・四項の修正（『徳川禁令考』後集第三、三九四頁）

⑬第七十一条　人殺并疵附等御仕置之事の第十七・十八項を合併して修正（『徳川禁令考』後集第三、四三九頁）

⑭第九十九条　軽き悪事有之もの出牢之上咎ニ不及事の条文増補（『徳川禁令考』後集第四、二一三頁）

⑮第百条　名目重相聞候共事実において強て…格別之事の条文増補（第一項〜五項）（『徳川禁令考』後集第四、二一七頁）

⑯第百三条　御仕置仕形之事の江戸十里四方追放・江戸払・所払の但書の修正、田畑高に応じた欠所に代替する過料に関する修正（『徳川禁令考』後集第四、二四八頁）

なお、①は「延享元子年五月（御尋等）御書付之内」の欄を欠く。しかし、御定書掛伺が吉宗の質疑を引用するので、本来吉宗の質疑は存した。⑬もまた「延享元子年五月（御尋等）御書付之内」の欄を欠く。その理由は、御尋等御書付に先立つこと三日前の五月十日、吉宗より「評議之上可申上」として下付された「軽キ悪事有之者ハ手鎖過料戸〆等申付候事と御初筆之御書付」（「大岡忠相日記」中巻二五七頁）に応えたものだからと思われる。

(36) 本書史料篇八、四三七頁。

(37) 『徳川禁令考』後集第二、八四頁。

(38) 「科条類典」に見える(4)の伺すなわち「延享元子年八月大岡越前守島長門守水野対馬守伺」は、左の二〇箇条である。

①第五条　評定所前箱ゑ度々訴状入候もの之事の第二項の増補（『徳川禁令考』後集第一、二九一頁）

②第二十六条　御仕置ニ成候者闕所之事の第六項の増補（『徳川禁令考』後集第二、九四頁）

③第三十六条　家質并船床髪結床書入証文取捌之事の第五項の修正（『徳川禁令考』後集第二、三五五頁）

④第四十三条　欠落奉公人御仕置之事の第二項本文の修正および同但書の増補（『徳川禁令考』後集第二、四六二頁）

⑤第四十四条　欠落者之儀ニ付御仕置之事の第二項の修正（『徳川禁令考』後集第二、四八三頁）

⑥第四十八条　密通御仕置之事の第二十六項の増補（『徳川禁令考』後集第三、六〇頁）

⑦第五十五条　三笠附博奕打取退無尽御仕置之事の第十一・十二項の修正、第十七項但書の増補（『徳川禁令考』後集第三、

一四三頁）
⑧第五十六条　盗人御仕置之事の第三項但書の増補（『徳川禁令考』後集第三、二〇二頁）
⑨第五十八条　悪党者訴人之事の第一項の修正（『徳川禁令考』後集第三、二八三頁）
⑩第五十九条　倒死并捨物手負病人等有之を不訴出もの御仕置之事の第一・二項の修正（『徳川禁令考』後集第三、二八六頁）
＊〔「科条類典」に「右、同月廿七日伺之通御下知、本文極」とあるのは、「十七日」の誤植か。〕
⑪第六十四条　巧事かたり事重キねたり事いたし候もの御仕置之事の第六項の修正（『徳川禁令考』後集第三、三三五頁）
⑫第七十一条　人殺并疵附等御仕置之事の第二十九項但書・第四十一項の増補（『徳川禁令考』後集第三、四四〇頁）
⑬第七十五条　婚礼之節石を打候もの御仕置之事の第一項の修正（『徳川禁令考』後集第四、三〇頁）
⑭第七十七条　酒狂人御仕置之事の第三項但書の修正（『徳川禁令考』後集第四、四九頁）
⑮第八十四条　遠島者再犯御仕置之事の第一項但書の修正（『徳川禁令考』後集第四、一一六頁）
⑯第八十五条　牢抜手鎖外シ御構之地ぇ立帰候もの御仕置之事の第四項・第五項但書・第八項但書の修正（『徳川禁令考』後集第四、一三〇頁）
⑰第八十六条　辻番人御仕置之事の第一項の修正（『徳川禁令考』後集第四、一五八頁）
⑱第九十二条　質物出入取捌之事の第三項の増補（『徳川禁令考』後集第四、一八三頁）
⑲第九十八条　年貢諸役村入用帳面印形不取置村役人咎之事の条文増補（『徳川禁令考』後集第四、二一〇頁）
⑳第百一条　御仕置仕形之事の第三十四項（手鎖）・三十六項（過料）・三十九項（科有之女）の修正、および第三十七項（二重御仕置）の削除（『徳川禁令考』後集第四、二五二頁）
なお、⑪は、「延享元子年大岡越前守島長門守水野対馬守伺之内」とあって、年次のみを記す。御定書掛に嶋長門守が見えるので、延享元年六月または八月の伺であり、伺の内容から見て八月の伺である。

(39)　『徳川禁令考』後集第二、四二一〜四二三頁。

(40)『徳川禁令考』後集第三、四五頁。

(41)「大岡忠相日記」中巻一五四頁。

(42)「大岡忠相日記」中巻一六六・一六七・一七六・一七八・一九六・二〇一頁。

(43)『徳川禁令考』後集第二、四五二〜四五四頁。

(44)「科条類典」には第二十七項「一旦離縁致、離縁状は不取返、又候妻ニ致シ候歟、又ハ致密通候男ハ、所払、女ハ年季無限、新吉原町ヘトラセ遣ス」に関する記事が見られない(『徳川禁令考』後集第三、五九〜六一頁)。

(45)茎田佳寿子氏は、延享元年増修本の条文数を一〇〇箇条とする(『江戸幕府法の研究』四七、一一一頁)。これは、寛保三年増修本に引き続き存する過料申付方之事という条文を数えていないからである。

(46)高塩博「「公事方御定書」の寛保三年増修とその伝本」本書論考篇第四部第三章三三〇頁。

(47)もっとも、「御当家律」は杜撰な写本であるから、削除したはずの条文を不注意に書写したという可能性も皆無ではない。この点を確認するには、さらなる伝本の出現が望まれる。

(48)「公裁秘録」下(本書史料篇八、四五八頁)。なお、本書論考篇第三部第三章三三二頁参照。

(49)「科条類典」は、この通則規定の配置変更についてなんら言及しない。あたかも寛保二年の成立時より条文冒頭に置かれた規定であるかのように、傍線部を「左之通」としている(『徳川禁令考』後集第三、一九六頁)。

(50)『徳川禁令考』後集第二、一九八〜二〇四頁。この箇所の「科条類典」は、記事の配列にも順不同が見られる。すなわち、「寛保二戌年三月牧野越中守石河土佐守水野対馬守伺之内」「寛保二戌年三月廿二日伺之通御下知、本文極」(二〇一〜二〇三頁)と「寛保元酉年十一月牧野越中守石河土佐守水野対馬守伺之内」「寛保二戌年二月廿九日伺之通御下知、本文極」(二〇三〜二〇四頁)とは、配列が転倒している。なお、藪和利「「公事方御定書」の原テキストについて」(前掲書九六頁、昭和五十九年、有斐閣)参照。

(51)「秘宝政用集」巻下(茎田佳寿子『江戸幕府法の研究』五八二頁)。

(52)「公裁秘録」上(本書史料篇八、四四一頁)。

(53)「棠蔭秘鑑」亨（『徳川禁令考』別巻七六頁）。
(54)「御当家律」（本書史料篇九、四九九頁）。
(55)延享二年の第三次増修においては、左の一三箇条について規定を増補している（条文、項目の番号は宝暦四年増修のそれを用いた。以下の註（56）、（57）も同じ）。
①第二十七条　御仕置ニ成候者闕所之事の第七項（『徳川禁令考』後集第二、九五頁）
②第三十一条　質地小作取捌之事の第一項但書、第十一項但書、第二十項（『徳川禁令考』後集第二、一五六・一九四頁）
③第三十三条　借金銀取捌之事の第十項（『徳川禁令考』後集第二、三四三頁）
④第四十二条　奉公人請人御仕置之事の第十八項の但書を独立させて第十九項とする（『徳川禁令考』後集第二、四二四頁）
⑤第四十三条　欠落奉公人御仕置之事の第一項但書（『徳川禁令考』後集第二、四六三頁）
⑥第四十八条　密通御仕置之事の第二十六項（『徳川禁令考』後集第三、六一頁）
⑦第五十五条　三笠附博奕打取退無尽御仕置之事の第十八・十九項（『徳川禁令考』後集第三、一四四頁）
⑧第五十六条　盗人御仕置之事の第三十一項（『徳川禁令考』後集第三、二〇三頁）
⑨第七十条　火附御仕置之事の第六項（『徳川禁令考』後集第三、三九五頁）
⑩第八十三条　拷問可申付品之事の第一項但書（『徳川禁令考』後集第四、一一一頁）
⑪第八十五条　牢抜手鎖外シ御構之地ゑ立帰候もの御仕置之事の第十二項但書、第十四項但書（『徳川禁令考』後集第四、一三四頁）
⑫第九十九条　軽キ悪事有之もの出牢之上咎ニ不及事の第二項（『徳川禁令考』後集第四、二一四頁）
⑬第百三条　御仕置仕形之事の第十七・十八・十九項（『徳川禁令考』後集第四、二五五頁）
(56)延享二年の第三次増修においては、左の一六箇条について規定を修正している。
①第二十三条　村方戸〆無之事の第一項（『徳川禁令考』後集第二、六一頁）
②第二十八条　地頭ゑ対し強訴其上致徒党逃散之百姓御仕置之事の第一項（『徳川禁令考』後集第二、一一九頁）

③第三十七条　二重質二重書入二重売御仕置之事の第一項（『徳川禁令考』後集第二、三七六頁）
④第四十二条　奉公人請人御仕置之事の第十八項（『徳川禁令考』後集第二、四二四頁）
⑤第四十四条　欠落者之儀ニ付御仕置之事の第二項（『徳川禁令考』後集第二、四八四頁）
⑥第四十七条　隠売女御仕置之事の第一・三・四・十一項（『徳川禁令考』後集第三、七頁）
⑦第五十五条　三笠附博奕打取退無尽御仕置之事の第八・十項（『徳川禁令考』後集第三、一四五頁）
⑧第六十四条　巧事かたり事重キねたり事いたし候もの御仕置之事の第一・四・六項（『徳川禁令考』後集第三、三二六頁）
⑨第六十五条　申掛いたし候者御仕置之事の第一・二・三項（『徳川禁令考』後集第三、三四八頁）
⑩第七十二条　相手理不尽之仕形にて下手人ニ不成御仕置之事の第一項但書（『徳川禁令考』後集第四、二頁）
⑪第七十四条　怪我にて相果候もの相手御仕置之事の第二項（『徳川禁令考』後集第四、一四頁）
⑫第七十七条　酒狂人御仕置之事の第五・六項（『徳川禁令考』後集第四、五〇頁）
⑬第八十一条　人相書を以御尋に可成もの之事の第一項但書（『徳川禁令考』後集第四、九一頁）
⑭第八十四条　遠島者再犯御仕置之事の第一項（『徳川禁令考』後集第四、一一七頁）
⑮第八十五条　牢抜手鎖外シ御構之地ぇ立帰候もの御仕置之事の第七項、第八項但書、第九・十・十二・十四項（『徳川禁令考』後集第四、一三二頁）
⑯第九十六条　御仕置ニ成候者之闕所田畑を押隠候もの咎之事の第一項（『徳川禁令考』後集第四、二〇〇頁）

(57) 延享二年の第三次増修においては、左の四箇条に関し、規定の削除が見られる。
①第四十二条　奉公人請人御仕置之事において、左記の規定を削除（『徳川禁令考』後集第二、四二四頁）
一請ニ立、奉公ニ出し置候もの誘引出し、又ハ外ぇ売候もの　死罪、
②第四十八条　密通御仕置之事において、左記の二つの規定を削除（『徳川禁令考』後集第三、六二頁）
一隠売女を誘引出し、夫婦に成候女と密通いたし候もの、男ハ敲之上所払、女ハ新吉原町ぇ年季無限為取遣ス、
一一旦離縁いたし、離縁状は不取返、又候妻ニいたし候女と密通いたし候もの、男ハ所払、女ハ新吉原町ぇ年季無限為

取遣ス、

③第六十四条　巧事かたり事重キねたり事いたし候もの御仕置之事において、左記の規定を削除（『徳川禁令考』後集第三、三二七頁）

一かたりを申、人之物を取り候もの、但、軽キかたり事ニ候ハヽ、敲　金高贓物壱両以上　死罪、

④第八十五条　牢抜手鎖外シ御構之地ぇ立帰候もの御仕置之事において、左記の規定を削除（『徳川禁令考』後集第四、一三四頁）

一追放以後、御構場之外にても刃物を以人を可害といたし候ハヽ、死罪、

また、第四十二条奉公人請人御仕置之事の「一奉公人出入ニ付、断幷給金取立、或預ニ来候ものを疵付、又ハ打擲いたし候もの　中追放、但、刃物にて疵付候ハヽ、死罪」という規定を、第六十四条巧事かたり事重キねたり事いたし候もの御仕置之事に編入して、その法文を左のように改正している（『徳川禁令考』後集第二、四二四頁、同第三、三二七頁）。

一惣て催促ニ逢、或ハ預ヶもの等届来候人を疵付、又ハ打擲いたし候もの、中追放

但、刃物にて疵付候ハヽ、死罪、

(58)「科条類典」を見ると、吉宗は延享二年八月二十日、十八箇条にわたる修正意見を御定書掛三奉行に提示している。「科条類典」に「延享二丑年八月廿日御下ヶ被成候御定書帳面之内、御附札有之箇条書抜帳之内」として引用するのがそれである（『徳川禁令考』後集第二の六一・三七六・四二三・四六三・四八四頁・同第三の七・六二・一二三・一四五・三二六・三四八頁、同第四の二・一四・五〇・一一七・一三二・二〇〇・二五三頁）。

吉宗はまた、同年八月の三奉行伺に対して、九月四日下知、同月八日下知、同月十六日下知の三度の決裁を出した（『徳川禁令考』後集第二の九五・一五七・一九四・三四三・四二五頁、同第三の九・六一・一二五・一四六頁、同後集第四の一三五・二五六頁）。しかし、下知文言の見られない場合がある（『徳川禁令考』後集第三の三九五頁、同後集第四の一一二・二一四、二二四頁）。吉宗は決裁を与える間もなく引退したのかもしれない。

(59)延享三年の第四次増修においては、左記の四箇条について変更が見られる。

①第一条　目安裏書初判之事の第一項、第二項

第一項においては、「寺社幷寺社門前」を「寺社幷寺社領」と修正

第二項においては、「江戸町中より御府内ぇ」を「江戸町中、寺社領之町、寺社門前幷境内借地之者共、御府内ぇ」と修正

「科条類典」には「追て之伺年月不知」とあって、伺と下知の日付を記さない。しかしながら、この改正は、寺社方に付いている町家を町奉行支配に変更する延享二年閏十二月の書付に基づくと考えられるから、延享三年増修によるとみるべきであろう（『徳川禁令考』後集第一、二五二～二五四頁）。

②第十四条　寺社方訴訟人取捌之事の第三項

「町人」の語を削除、削除理由は第一条に同じである（『徳川禁令考』後集第一、四一二頁）。

③第三十三条　借金銀取捌之事

第一項の通則規定の改正ならびに訴訟を受理する金銭問題を二つ追加

第十項の増補

第九項の修正

④第三十四条　借金銀取捌定日之事、取捌定日を年二日から月二日に変更。

（60）小出義雄「御定書百箇条編纂の事情について」『史潮』第四年三号、一三一頁（昭和九年）、高塩博「公事方御定書」下巻の伝本と呼称について」本書論考篇第四部第二章四二〇～四二二頁。

第四部　「公事方御定書」の法体系と伝本

第一章　「公事方御定書」の法体系と律令法

――徳川吉宗に焦点を当てつつ――

はじめに

「公事方御定書」は江戸幕府の基本法であって、中学や高校の教科書にも載っている周知の法典である。したがって、「公事方御定書」を対象とした研究は、数多くなされてきた。奥野彦六氏の『定本御定書の研究』（昭和四十三年、酒井書店）、茎田佳寿子氏の『江戸幕府法の研究』（昭和五十五年、巖南堂書店）、服藤弘司氏の『「公事方御定書」研究序説――『寛政刑典』と『棠蔭秘鑑』収録『公事方御定書』――』（平成二十二年、創文社）はその代表的な研究である。これらの大著は法典そのものを議論した研究である。その他、「公事方御定書」の法典としての性格、法典の構造、編纂過程、施行の問題等に関しては、三浦周行、小出義雄、中田薫、石井良助、平松義郎、藪利和、笠谷和比古、林紀昭、小林宏氏等に優れた研究が存する。法の規定内容に関する個々の研究にいたっては、数々の論考が公表されている。

しかしながらそれでもなお、――「公事方御定書」の法典としての性格を理解するのに避けて通れない問題であるにもかかわらず――ほとんど議論されていない事柄が残されているように思う。それは、「公事方御定書」を上下巻に分けたのはなぜか、また「公事方御定書」とその追加改正法である「例書」や「御書付留」がどのような考え方によって編成された法体系であるのかといった問題である。本章は編纂事業を主導した将軍徳川吉宗に焦点を当てつつ、そのような基礎的な問題を追究しようというものである。

一　「公事方御定書」の成立過程と徳川吉宗

1　編纂過程と吉宗の指示

元文二年（一七三七）閏十一月九日、吉宗は御定書御用掛の三奉行を任命するとともに、彼等に「公事方御定書」の編纂を命じた(1)。

前〻ゟ被仰出又は伺之上相極候御仕置申付候御定書共帳面仕立上候様ニ被仰出、依之今日寄合申候、右御用懸り
牧野越中守、松波筑後守、杉岡佐渡守ぇ左近殿ゟ被仰渡候、
（傍線は引用者、以下同じ）

その際、「前〻ゟ被仰出」、または「伺之上相極候御仕置申付候御定書共」を帳面に仕立て上げるようにと命じている。その結果できたのが、「元文三午年御帳」と呼ばれるものである。すなわち「公事方御定書」の第一次草案である。この草案は、一四四の法令で成り立っている。その一四四の法令を、「評定所法式幷公事訴訟等之取捌之部」に始まって「巧事かたり事御仕置之部」にいたる二六部に分類して収録する。「前〻ゟ被仰出」に該当する法令としては、書付を中心とし、これに加えて触書・町触、高札などが存する。また、「伺之上相極候御仕置申付候御定書」に該当する法令としては、伺書がおもなものである。それ故、第一次草案である「元文三午年御帳」は、法令集の様相を呈している。[2]

吉宗は、この第一次草案を一覧した後、「弥此通定置、追て被仰出等、此帳ニ可記儀ハ書記可申候」と指示して三奉行に返却し、その後この草案に修正意見を述べる。「科条類典」の「元文三午年三月十四日弥此通定置云々」の欄を丹念に眺めると、一三箇所に吉宗の意見を見出すことができる。周知のように、「科条類典」は「公事方御定書」の条文や規定のそれぞれの立法過程がたどれるように編纂した書である。評定所留役などが中心となって作業を進めるが、宝暦四年（一七五四）に始まって、一三年を経過した明和四年（一七六七）に完成した。[3] 今日、『徳川禁令考』後集に収録されている。「科条類典」は、吉宗の指示や意見を「御好御書付」「御附札」「御附紙」という注記をもって記す。吉宗がどのような意見を述べ、指示を出したのか、一三眺めてみよう。第一次草案の第五十四条取逃引負欠落之者請人咎之事において吉宗は、

此書付ハ、町奉行之取捌之覚書ニて候、自是前ニ諸奉公人之儀ニ付、町触と有之書付十三ヶ条にて定法相立候条、

　　可除歟、

と述べている。(4) 第五十四条の内容は、第五十三条諸奉公人出入之儀ニ付町触のなかで既に定めているから、この法令は削除すべきだというのである。第一次草案の第百十五条被疵付候者外之病ニて相果疵付候者御仕置之事においては、「本文之文言悪敷候、此通りニ可改」と指示して、みずからその法文を作文して提示している。(5) 同じく第一次草案の田畑永代売買禁止に関する第三十八条においては、違犯した買主と保証人とに過怠牢を科すと定めている。これに対して吉宗は、次のような指示を出した。(6)

　過怠牢之事、只今は相止候、此通計ニて差置候てハ過怠牢只今迄も申付候様ニ相聞候間、近年は過怠牢ハ相止候
　との事、脇付ニ可仕事、

過怠牢という刑罰はすでに廃しているのだから、その旨を注記すべきだというのである。実に細かい点にまで注意を払って指示を出し、意見を表明している。この姿勢は、後に述べる増補修正の過程においても一貫している。

編纂開始以来、その実質的担当者は勘定奉行杉岡佐渡守（能連）であったが、彼は元文三年七月二日、現職のままにて逝去してしまう。そこで吉宗は同年九月九日、編纂作業の停滞を打破すべく、編纂の方針について新陣容の御定書掛三奉行に次のように指令した。(7)

　公事方定書之事、畢竟大意計之儀候間、附札之趣ニ所々直之、其外ニも右附札ニ准シ、可改分ハ改之、

ここで重要なことは、「大意計之儀」ということである。前述したように、第一次草案の「元文三午年御帳」は法令集の様相を呈しており、ここには個々の具体的事案を裁いた判決文、および具体的事案を処理した書付、触書、伺なども少なからず含まれている。吉宗は、こうした法令についてその趣旨を手短な法文に書き改めよと命じているのである。したがって、第二次草案である「元文四未年御帳」は、この方針に添って編纂されることになった。

たとえば、「元文三午年御帳」は「享保十七子年御書付」として、次のような判決例を第百十八条に載せる。(8)

享保十七子年御書付

鉄炮あた落ニて人殺之事

後藤庄左衛門御代官所
武州秩父郡上吉田村
百姓　万右衛門

右猪狩ニ罷出、畑ゑ猪追掛ヶ候処、万右衛門持候鉄炮あた落いたし、近所之岩ニ中り、玉それ候て、三之丞と申者ゑ中り、其疵ニて三之丞相果候由、右之通ニ候得は、万右衛門下手人たるへく候得共、三之丞存命之内、万右衛門親類、其上常々意趣等無之、不慮之怪我ニ候間、相果候共、下手人之御仕置御免被下候様ニと相願、三之丞親兄弟迄も同様ニ願候、三之丞親兄弟右之通相願候条、御構有之間敷候得共、鉄炮を打ニ出候上ハ、筒先等心を付ヶ、入念可取扱儀、極りたる事ニ候処、畢竟麁末よりあた落もいたし候、依之追放申付之候、
右之通、可被申渡候、以上、

六月

この書付は判決文そのものなので、「後藤庄左衛門御代官所」とか「秩父郡上吉田村」の「百姓　万右衛門」とか、固有名詞が数多く出てくる。これでは、一般的規定としての法文にはなり得ない。そこで第二次草案の「元文四未年御帳」は、この判決の「大意」を汲み取り、下巻第四十二条として次のような法文としている。(9) 第二項はもう一つの別な判決文を法文に仕立てたものである。(10)

鉄炮あた落并怪我ニて相果候者相手御仕置之事

一鉄炮あた落いたし、玉それ人に当、相果候もの、存命之内親兄弟一同ニ下手人御免相願、吟味之上相違於無之ハ、不及下手人、相当之御仕置可伺事、

一意趣無之怪我ニて疵被付候者、其疵ニて相果、疵付候者、吟味之上、怪我ニ無紛ニおゐてハ不及下手人、相当之御仕置相伺可申付事、

このように「元文四未年御帳」は、個別具体的な事案を記した「元文三午年御帳」の法令を一般化・抽象化して法律の文章に直す作業が大きな比重をしめた。併せて、判決例の体裁をもつ法令五つを吉宗の指示によって削除した。[11]「元文四未年御帳」において重要なことは、部による類集方式をやめ、編成を上下巻としたことである。史料的裏付けはとれないが、この点も吉宗の指示によると推定される。しかしながらこの時点では、「公事方御定書」上巻の法文が下巻に配列されていたり、下巻の法文が上巻に存したりするので、大いに未完成といったところである。

御定書掛は、「元文三午年御帳」の法文を上下巻に配列仕直し、その帳面に懸紙を貼付して修正法文を示した。その懸紙は四〇以上に達する。この帳面が「元文四未年御帳」である。御定書掛は懸紙に朱筆による多数の注記を施した。吉宗は、元文四年（一七三八）三月にこの帳面を受け取ると、御定書掛の朱筆と紛れないように緑色の墨を用いて新たな指示や修正意見を出した。「科条類典」はこの帳面を「緑色御書入御好有之帳面」と呼んでいる。吉宗は一〇箇所に「緑色御書入」を施し、[12]元文五年五月これを御定書掛に下付した。ここまでを編纂過程の前段と捉えることができる。[13]

編纂過程の後段は、元文五年閏七月より寛保二年三月に法文が成立するまでの一年九箇月ほどの期間である。この間は、もっぱら犯罪と刑罰に関する刑法規定を決定する過程である。つまり、下巻の法文を決定したのである。これは、「公事方御定書」奥書に「前々被仰出之趣幷先例其外評議之上追々伺之」と記す期間を指す。刑法規定の多くは、

判決例をもとに、これの法意を汲み取って条文体の法文としたものである。判例体を条文体に直す作業は、「元文四未年御帳」を編纂したことによってすでに経験済みであるが、骨の折れる作業であることに変わりはない。この間、御定書掛は十数回にわたって法文案を吉宗に提出している。吉宗はこれにいちいち目を通し、あるいは承認し、あるいは修正意見や指示を出した。このようにして、法文が次々と定まっていったのである。(14)

寛保二年（一七四二）三月に編纂を終えた「公事方御定書」は、上巻に七八通の法令を採録し、下巻に刑法規定を中心とする九〇箇条の法文を収載する。翌四月になり、「奉行中之外不可有他見」という例の秘密の旨の奥書が老中松平左近将監の名で記され、(15)施行に移された。(16)

2　増補修正の過程と吉宗の指示

「公事方御定書」は施行されると、下巻に関し、すぐさま増補修正の作業が始められた。第一次から第四次の増補修正が、寛保三年から延享三年（一七四六）まで連年でなされ、その後八年の間をおいて宝暦四年（一七五四）に第五次の増補修正が施された。五次に渉る増補修正はもっぱら下巻の法文に対するものであって、上巻については宝暦四年に三箇条を増補したのが唯一である。これ以降、「公事方御定書」は本文自体が修正されることはなかった。それは、必要にせまられた改正や補充が追加法によってなされたからである。後述するように、増補修正の追加法は「例書（御定書ニ添候例書）」「御書付留（御定書ニ添候御書付留）」に採録されることになる。

第一次の増補修正の作業は、寛保二年六月七日、寺社奉行大岡忠相を御定書御用掛に任命することによって始まった。一年二箇月ほどの時間をかけて、翌三年八月に終了した。法文の肩に「従前々之例」「享保八年極」などという箇条肩書を与えたのはこの時である。条文の増補ならびに他条への編入、規定の増補と修正、および削除など、かなり大規模な増補修正がなされた。全体の三分の一強にあたる三三箇条について、手が入れられている。条文数は九〇箇条で変化はない。

ついで、第二次増補修正が、延享元年八月に終了する。条文数が一〇一箇条に増加する。この時がもっとも規模の大きな増補修正であり、一一箇条の条文を増補し、規定については三五箇条にわたって手が加えられた。続いて、第三次の増補修正の功がなって提出されるのは、延享二年十月十五日のことである。この時の増補修正は二六箇条に手が加えられ、二箇条が増補されて全体が一〇二箇条となった(17)。

吉宗は第三次増修本の提出を受けるのを待たず、九月二十五日、西の丸に引退した。したがって、吉宗は第四次、第五次の増補修正には関与していない。この二回の増修は、それ以前と比べるならばいたって小規模である。第四次はわずか四箇条についての修正、第五次は一箇条の増補と五箇条に六箇所の増補修正（削除を含む）を施したにすぎない。第一次から第三次までの増補修正の過程において、御定書掛と吉宗との間には、またしても実に多数回のやりとりが交わされている。その応酬は「科条類典」を見れば一目瞭然である。吉宗の数々の指示のなかから一例だけを掲げておこう。それは、「平日之定メハ中分を以認置可然事」というものである。規定としてはあくまでも標準を定めておくべきものであるという立法姿勢である。「中分」からはみ出す事態が生じた場合には、「夫ハ其時之仕方次第之儀ニ候」ということで、中分を基準として臨時の取計をおこなうのである(18)。これは、いわば立法の極意といってもよい。法律家吉宗ならではの指令といえよう(19)。

以上に見たように、吉宗は編纂の下命からはじまって、第三次の増補修正が事実上終了して引退するまで、およそ八年間の長きにわたって御定書掛を督励し、編纂を指揮し続けたのであった。

二「公事方御定書」と律令法

1　「公事方御定書」上下巻を「律令」と称すること

「公事方御定書」は上巻と下巻に分かれている。なぜ上下巻に分かれているのか、その意味を考えてみようと思う。分量が多いから分けたのではなく、内容によって分けているのは明らかである。上巻には高札、触書、書付など八一通の法令を収載する（寛保二年成立時は七八通）。下巻の方は犯罪とそれに適用する刑罰すなわち刑法規定を中心とする。

上下巻の題号（条文名）を一覧すると、似通ったものが数多く存することに気づく。この事実は何を意味するのだろうか。その事例[20]のうち、A上巻第五十八条譲屋敷之儀ニ付町触と下巻第四十一条譲屋敷取捌之事、B上巻第七十七条婚礼之砌礫を打候儀ニ付町触と下巻第七十五条婚礼之節石を打候もの御仕置之事について、それぞれの法文を示して説明しよう。

A(1)　享保五子年　譲屋敷之儀ニ付町触　（上巻第五十八条）

家屋敷、他人ハ勿論、たとひ親類ぇ譲渡候共、早速町内ハ不及申、一類ぇも弘メいたし、帳面名も改可申候、譲渡候儘にて致不念、打捨置、重て及出入、詮議之上証拠も於無之は、向後奉行所ぇ取上ヶニ成候間、右之段町中ぇ可相触者也、

正月

A(2)　譲屋敷取捌之事

享保五年極
一譲請候町屋敷、町内ぇ弘メ無之、　屋敷取上
　町名前不改類、及出入候ハヽ、

（下巻第四十一条）

B(1)　享保九辰年
　婚礼之砌礫を打候儀ニ付町触

覚

町方ニて婚礼之砌石を打、戸障子等迄打破り、理不尽之仕形有之由相聞、不届候、自今右之類有之ハ、早速捕へ、月番之番所ぇ召連可来候、若其通ニ打捨置候ハヽ、後日ニ相知候共、名主五人組迄越度可申付候、此旨町中可触知者也、

　九月

（上巻七十七条）

B(2)　婚礼之節石を打候もの御仕置之事
延享元年極
一婚礼之砌、石を打、狼藉いたし候もの　頭取　百日手鎖
　　　　　　　　　　　　　　　　　　　同類　五十日手鎖

（下巻七十五条）

上巻の町触は、命令と禁止の法令である。すなわちA(1)の第五十八条の場合は、家屋敷を譲渡したならば、町内や一類へも告知し、「帳面」の名義を書き換えなさいと命令しており、B(1)の第七十七条の場合は、婚礼の節に礫を投げつけて戸障子などを破損させる「理不尽」な風習が見られるので、その行為を禁止している。一方、下巻の法文はいずれもこの命令あるいは禁止を破った場合の刑罰を定めている。これらの内容からして、上巻の町触と下巻の法文とが関連していることは明瞭である。

御定書掛三奉行は、下巻の各規定を起草して吉宗に提出する際、その起草理由を「是ハ、此度評議之上相認申候」

「是ハ、只今迄之取計を以相認候」などと朱書にて注記する。A⑵の譲屋敷取捌之事には、「是ハ、享保五子年町触之趣を以相認申候」という朱書注記が存する。[21] また、御定書掛三奉行は寛保元年六月、下巻の第七十一条人殺并疵付等御仕置之事の第三十五項および第三十八項として、

一渡船乗沈、人を殺候渡守　遠島　（第三十五項）

一馬を索掛、人を殺候もの　死罪　（第三十八項）

という法文を起草した。そしてその起草理由を「是ハ、享保元申年御触書之趣を以相認申候」と記している。[22] ここに「享保元申年御触書」というのは、上巻の第六十四条として収載する左記の町触である。

享保元申年
馬車を引掛并渡船乗沈人を殺候もの之儀ニ付町触

車を引き、馬を追ひ、重キ物を持ち候もの共、馬車を引かけ、持ち候物を取落し、又ハ渡し船に人を乗せ、其船かへりて人を殺し候類ハ、あやまちより出来候事ニて、故ありて殺し候とハ同しからす候につきて、只今迄ハ罪科にも行はれす候、然に近来此等の類度々に及ひ候事ハ、下賤之輩其つゝしみなき故と相見ぇ候、然らはすへて其罪なしともいふへからす、自今以後ハ、此等の類、たとひあやまちより出来候て人を殺し候とも、一切に流罪に行はれ、事之躰によりて、猶亦重科ニも行はるへき者也、

四月　　（傍線引用者、以下同じ）

右之趣、支配之町々ぇ急度可被相触候、

この町触は、荷馬や荷車あるいは渡船など、運輸業務に関わる過失致死罪を新設したことを知らせた法令である。この町触に対応する刑罰規定として、下巻の前掲法文が案文されたのである。遠島、死罪という量刑は、右の町触の傍線部に従ったものである。御定書掛三奉行の注記する起草理由としては、「只今迄之取計」「此度之評議」が多くを

占めるのだが、「享保元中年御触書之趣」というように、上巻に収載した法令を具体的に指し示す場合も存するのである。ともかくも「公事方御定書」下巻は、上巻の法令に違犯した場合を処罰する規定を多数含んでいるのである。

こうした上下巻の対応関係は、律令法典における令と律との関係に似ている。律と令の法典としての性格について、しばしば次のように説明される。すなわち、令は命令禁止をする教令法であり、律はそれに違反したものを罰する制裁法（懲罰法）であると。それ故、古代の律令法典においても、令と律との対応関係が見られる。養老律令の令三〇編と律一二編の編目について対応関係を見るならば、戸令と戸婚律、宮衛令・関市令と衛禁律、倉庫令・厩牧令と厩庫律、捕亡令と捕亡律、獄令と断獄律といった類である。

和歌山藩の儒者高瀬喜朴（号は学山）の著した「大明律例譯義」という明律注釈書は、律令のなんたるかを説明して「律令者《リツレイハ》天下を治る法なり。其内《ソノウチ》令ハ前方に教へて善に至らしめ、律ハ後に懲して善にす丶む」と記している(23)。令は前もって教え、律はその違犯を後に罰するのである。「公事方御定書」の上巻と下巻との関係は、まさに高瀬喜朴の説明する令と律との関係に当てはまる。すなわち、上巻に収載の触書・町触、高札などは、「前方に教へて善に至らしめ」るための法令であり、これに対して下巻はその命令禁止を破った者を「後に懲して善にす丶む」ために処罰する法文をもって編成されている。下巻は上巻のおよそ三三箇条以上の法令について、その違犯を処罰する法文を備えている。

「大明律例譯義」（本文一二巻、首末各一巻の一四巻一四冊）は、吉宗の命によって著述された明律の逐条注釈書である。享保五年（一七二〇）の成立である。律令を説明した前掲部分は、首巻の冒頭におかれた「律大意」第二条の文言である。「律大意」は刑政の要諦を中国の諸書から書き抜いて三九箇条にまとめたものである。第二条は、明代の人丘濬が著した「大学衍義補」からの引用である（巻一〇三慎刑憲・定律令之制下）。吉宗が「律大意」を熟読したであろうことは云うまでもあるまい。なお、「大明律例譯義」は評定所に備え付けられていた。[24]「公事方御定書」編纂期にはすでに備え付けられていた形跡があるから、「公事方御定書」編纂の参考に供されたと思われる。[25]

ところで、「科条類典」の奥書に、「寛保二年仰三奉行、被定置律令之節、被取用旧例幷享保年中之令条云々」という一節が存する。[26] これは明らかに「公事方御定書」上下巻を指して、「律令」と言っている。しかもこれは、御定書掛三奉行の名で記した文言である。明和四年（一七六七）五月に「科条類典」を編纂し終え、これを提出する際の捧呈文の一節である。当時の幕府首脳は「公事方御定書」上下巻を「律令」という概念で捉えていたことになる。以上に述べたことから、次の結論を導いてもよいと思われる。すなわち、「公事方御定書」上下巻は、律令法の論理に則って編纂された法典であると。

周知のように、「公事方御定書」は下巻だけが独立して書写され、おびただしい数の写本が今日に伝わっている。その伝本中、寛保、寛政という年号に律を加えて「寛保律」「寛政律」と題する写本を時折見かける。そのほか、「国朝律」「御当家律」（共に国立公文書館内閣文庫蔵）という表題も存する。下巻に対して「律」という表題をあたえる理由があったからである。後述するように、「公事方御定書」下巻を追加改正する法典として、「例書（御定書ニ添候例書）」七九箇条が編纂された。この「例書」を筆写して「刑名副律」いう書名をつけた伝本が存する（国立国会図書館・慶應義塾図書館蔵）。この書名は、「公事方御定書」下巻を「律」の本体と捉え、「例書」はこれに「副える律」であると認識していたことを示している。また文政初年、江戸の北町奉行所では享保（寛保）、宝暦、天明の「御触書集成」を書写して役所に備えたが、これに「令典永鑑」という表題を与えた。[27] この書名もやはり、「公事方御定書」上下巻が律令法の考え方で編成されたことに起因して名付けられたものであろう。[28]

2 「公事方御定書」の法体系――「例書」と「御書付留」――

延享二年（一七四五）九月、西の丸への引退を間近にした吉宗は、「公事方御定書」の追加法に関して、御定書掛に指令を発した。左の通りである。[29]

一御定書之事、追々加入候てハ限りも無之事候間、御定書ハ、只今迄之通ニ差置可申候、
一此以後之御仕置付ハ、向々より伺出候黄紙之文言を相認、其内にもあまり短くハ、書入も仕、訳相聞え候様可仕候、短長も相改書入可申候、依之、右之帳面ハ例書と認可申候、勿論段々加入候様ニ仕、御定書ニ添置可申候、

この指示は二項目に渉る。第一は、「公事方御定書」本体は現在のままとすること。第二は、追加法は別途の帳面を仕立ててこれに順次加え入れること。この帳面を「例書」と称し、「公事方御定書」に添え置くこと、というものである。

この「例書」は「御定書ニ添候例書」あるいは「添候例書」とも称され、[30] それは全七九条の追加法で構成される。冒頭の第五条までは条文体の法文が載せてあるが、第六条以下はすべて判決例である。追加法とすべき判決例に表題を与え、それを編年順に載せたのである。「公事方御定書」を運用する際の判断基準として、これらの判決例を採用した訳である。七九条から編成される「例書」は、四次にわたる編纂を経た最終の姿を示している。第一次の「例書」は、先ほど述べた吉宗の指令に応えたもので、同年十一月に提出され、一三条を収載している。第二次の「例書」は、翌延享三年四月の提出で、三九条から成る。二六の判決例を増補したのである。第三次は宝暦三・四年（一七五三・四）頃の成立で、さらに二八の判決例を増補して六七条となった。それよりさらに三〇年後の天明四・五年（一七八四・五）頃、最終の増補がなされた。一二の判決例を追加し、ここに全七九条の「例書」となるのである。[31]

追加法となすべき判決例を時間的段階を追って順次編集する方式は、中国明代の「問刑条例」の編纂に類似している。明朝は洪武二十二年（一三八九）、三〇編四六〇条の「明律」を編纂する。「問刑条例」は「明律」に対する追加改正法である。単行の条例は、その多くが具体的事案を契機として生まれる。累積した個々の条例の中から、後々まで効力を持たせるものを選ぶ作業が、「問刑条例」の編纂である。明における「問刑条例」の編纂は、大きく弘治十三年（一五〇〇）、嘉靖二十九年（一五五〇）、万暦十三年（一五八五）の三回にわたって行われ、万暦十三年制定の「問刑条例」は、三八二条に達した。[32]個々の条例は、実務上の必要によってその時々に生じた法規範であり、ある事案について、適用すべき規定を律の本体に見つけることができない場合などに発生する。[33]そうした個々の条例のなかから、判断基準として今後も用いる条例を抽出したものが弘治・嘉靖・万暦の「問刑条例」なのである。

幕府における「例書」の編纂は、「明律」と「問刑条例」との関係を知る吉宗であるからこその発想であると言えよう。もっとも、「例書」と「問刑条例」とでは次の点で相違が見られる。それは、「問刑条例」の法文は条文体であるのに対し、「例書」はその大部分が判決文そのものであるということである。[34][35]

『徳川禁令考』別巻に収載する「棠蔭秘鑑」という実務家の用いる法律書[36]には、「公事方御定書」上下巻および「例書」「寺社方御仕置例書」に加えて、「御書付類」という仮の表題の与えられた書が収載されている。ここには、九八通の老中書付が編年に配列されている。この書は当時の実務家が「御書付留」あるいは「御定書ニ添候御書付留」と称したもので[37]、その内容は、(1)「公事方御定書」下巻の規定を改正しあるいは補充する書付、(2)下巻の規定の解釈を統一する書付、(3)訴訟審理の迅速を要求する書付、(4)判決案の書式についての変更や統一を指示する書付などである。[38]つまり、評定所一座および評定所一座を構成する三奉行が「公事方御定書」を運用するにあたり遵守すべき事項で占められている。その書付の日付は、元文五年（一七四〇）四月に始まり、文化四年（一八〇七）二月に至る。この間七

○年弱である。成立過程については、いまだ解明されていないが、九〇項として成立した後、書付の追補が複数回なされたと考えられる。[39]「御書付留」の場合もやはり、「明律」と「問刑条例」との関係に示唆を得た編纂であろうと思う。

上下巻を基本法とし、これを改正補充する追加法である「例書」「御書付留」、これに寺社に関する特別法である「寺社方御仕置例書」[40]を加えたものが、「公事方御定書」の法体系であった。『徳川禁令考』別巻に収める「棠蔭秘鑑」（元亨利貞の四巻四冊）が、これを端的に示している。そしてこの法体系は、律令法の法体系に示唆をうけたものであり、吉宗の編纂方針に基づいて出来上がったといえよう。

3　「公事方御定書」の法文と改正法との関係

「公事方御定書」は、隠売女を抱えて商売する者を処罰するため、下巻第四十七条隠売女御仕置之事の第一項に左記の規定を置いている。

一隠売女いたし候もの　　身上に応し過料之上、百日手鎖にて所ぇ預、隔日封印改、

ところが、隠売女商売がその後も横行したので、寛政五年（一七九三）、この規定を改正して刑罰を重くした。すなわち「身上に応し過料之上」とあるのを厳罰化し、「身上不残、建家共取上」と改め、且つ再犯規定をも設けたのである。左記の通りである。[41]

一隠売女抱主
　身上不残、建家共取上、百日手鎖ニて所ぇ預、隔日封印改、再犯之節は、身上不残、建家共取上、江戸払、

この改正法は、寛政五年二月二十八日に出された三奉行宛の老中書付であり、「御書付留」に収載されることによ

り、「公事方御定書」の改正法として長い効力を付与された。

ところで、次に示す評定所一座の評議は、「公事方御定書」のもとの法文と「御書付留」の改正法との関係を考える上で実に興味深い。享和二年（一八〇二）、日光奉行は管内に発生した隠売女商売の犯罪を裁き、これを老中に伺った。それは、「野州今市宿家持作兵衛初筆隠売女渡世いたし候一件」と名付けられた事件である。日光奉行の判決案は、

日光御領　野州都賀郡今市宿
家持　作兵衛

右之もの儀、困窮ニ候迚、御法度之場所ニて、同州楡木宿金右衛門抱之下女きよを月雇ニいたし、金右衛門ぇハ売女ニいたし候段は押隠し、隠売女渡世いたし候段、不届ニ付、身上ニ応し過料之上、百日手鎖にてところぇ預、隔日封印改、

というものである。この判決案の刑罰（傍線部）は、「公事方御定書」第四十七条のそれである。この判決案に対する評定所一座の評議は、

此儀、去ル丑年御書付ニは、隠売女抱主、身上不残建家とも取上、百日手鎖ニて所ぇ預、隔日封印改と有之候処、同年曲淵甲斐守御勘定奉行之節、手限伺之上御咎申付候上州・野州・武州村々隠売女いたし候もの共儀、右御書付之通可奉伺儀ニ御座候処、江戸町々と違、在方之ものニ付、無身上ニ相成候ては、御咎中当地飯料迄も差支、殊多人数之儀ニ付、建家等取上候ては、旅人休泊ニも差障、其上木崎宿之儀は、例幣使道ニ付、旁差支可相成儀も難計奉存候間、御定之通奉伺候段申上、其通相済候例ニ見合、多人数ニも無御座候得共、在方之儀ニ付、伺之通、身上ニ応し過料之上、百日手鎖ニて所ぇ預、隔日封印改、

というものであり、評議の通りに決着をみた。[42] この評議を見ると、在方における隠売女の犯罪に対しては、改正法が

定められたのちも改正前の法がしばしば適用されている。在方において「身上不残、建家共取上」たのでは、「無身上ニ相成候ては、御咎中当地飯料迄も差支」かつ「旅人休泊ニも差障」が生じる、という理由による。この評議において着目すべきは、改正法が出された後も「公事方御定書」のもとの法文が依然として効力を持っている、ということである。(43)つまり、改正法によって「公事方御定書」のもとの法文が否定されて死法となる訳ではないのである。効力の優先順位を改正法に譲るに過ぎない。個々の具体的案件を前にして、改正法と改正前の法とを比較考量して、具体的妥当性をより充足する法を適用するのである。(44)

律令格式の法体系は、格式によって改正法が出されたといっても、それによって律令本体の法文に手を加えることはない。それは律令が彝倫を定めた恒典だからである。右に示した事例は、「公事方御定書」の法体系がこの考え方に立脚していることを物語っているのである。(45)

むすび

「公事方御定書」上下巻とりわけ下巻の諸条文は、判決例をはじめとして書付などに記された個別具体的事案をもととして、その法意を抽出して条文体の法文に仕立て上げている。制定の根拠となった判決や書付などの年次を、法文の右肩に「享保六年極」「寛保元年極」などと書き付けている。また、吉宗の将軍就任以前の書付や判例法などに根拠をもつ法文には、「従前々之例」という肩書を与えている。このように、制定の由来を書き付けるのは、法典として特異である。このことをもって、「公事方御定書」は先例集的性格の強い法典であると評する向きがある。(46)このことは「公事方御定書」の特徴の一側面を捉えているが、先例集的性格を強調しすぎると、「公事方御定書」の創造的性格を過小評価することにつながりかねない。そもそも、基づくべき判決例や書付などを選択すること自体がすでに創造的な営為である。さらに、当時の御定書御用をつとめる三奉行やその下で実務をになう評定所留役などにとっては、選択した判決例や書付などから法意をくみ取って条文体の法文に練り上げることは、かなりの難事業であったと思われる。

編纂事業は終始、将軍吉宗の陣頭指揮になるものである。第一次草案を法令集とし、第二次草案にいたって上下巻に分け、個別具体的な書付や判決例から、法の趣旨を抽出して条文体の法文を作る訓練をさせている。下巻の編纂は、おもに享保年間の判決例をもととして、これを条文体に書き替えて刑法規定を起草する仕事である。第二次草案編纂時の訓練に基づいているのである。吉宗の用意周到さを窺わせる段取りである。

吉宗は、編纂の大局を指令したのみならず、立法技術に関わる事柄や個々の法文の文章・語句にいたる細かい点にまで指示を飛ばし、あるいは意見を述べて御定書掛の注意を喚起し、編纂を督励した。この事業を推進するにあたり、吉宗の法律学が寄与しているのはいうまでもない。その法律学とは、日中の律令法の何たるかを学び、明律条文の具体的な内容についてまでを咀嚼した律令学であったということが出来る。小林宏氏は、次のように指摘しておられる。吉宗がその「卓越した立法上の技術・技法」をもって「公事方御定書」編纂を主導できたのは、「若い頃から伝統中国法や古代律令法の文章に馴れ親しんで、その学習に努めた成果」であると[47]。

「公事方御定書」上下巻を一目見ただけでは、そこに律令法の色合いを見出すことは困難である。しかしながら、よく目を凝らすならば、明律の法理に従った立法や、明律の規定を範とした法文を下巻の刑事規定の中に数多く見出すことができる。たとえば⑴敲、入墨、過料など、享保時代にはじめた刑罰は、「明律」の笞杖刑、刺字、贖銅に示唆を得ている[48]。その他、次の事柄は「明律」に淵源を求めることができる。⑵幼年者の刑事責任、⑶強盗傷害罪の構成要件を刃物による傷害と他物による傷害とに分けて定め、前者を重く処罰すること、(4)乱心による殺人と酒狂による殺人との責任の区別、(5)軽犯罪者による重犯罪者申告の際の免責、(6)刑罰の加重減軽の仕方、(7)盗んだ財物の多少ないに応じて刑罰の軽重が決まるという盗犯処罰の体系、(8)盗犯が三度におよぶと死刑になるという累犯処罰の原則、(9)被害者救済のために加害者に医療費を拠出させる規定、(10)共同の加害行為による犯罪において最も決定的な役割を果たした者を主犯とする原則などなど枚挙に遑ない[49]。

これらの中から、「明律」の規定を根拠としたことのわかりやすい法文を、一例だけ示そう。下巻第五十六条盗人御仕置之事の第一項に、盗みの犯罪全体に適用する次のような原則規定が置かれている。

御仕置可申付事、

一都て盗物之品は、被盗候ものぇ相返可申候、金子遣捨候ハヽ、可為損失、勿論盗物相戻候共、無差別、左之通

この規定（傍線部）は、盗んだ品物はもとの持主に返還させるが、遣い捨ててしまった現金は、被害者の損害となるという原則を定めている。この原則規定を立法するにあたっては、「明律」の名例律第二十三条の給没贓物条に「贓を以て罪に入るは、正贓見在すれば官主に還せ、已に費用し、若しくは犯人の身死すれば、徴する勿れ」とある規定に示唆を得ている。「贓を以て罪に入る」とは、不正の手段をもって財物を手に入れることで、盗みはその代表的犯罪である。「正贓見在」とは、不正に入手した財物の現物が転売や消費されずに存在することをいう。その現物は所有者に返還せよというものである。この原則は、「明律」の名例律第二十三条給没贓物条の法文中に埋もれるようにして定めてある。左の通りであり、傍線部分が該当の規定である[50]。

凡彼此倶罪之贓（註略）及犯禁之物（註略）、則入官、若取与不和用強生事逼取求索之贓竝還主（註略）、○其犯罪応合籍没財産、赦書到後罪雖決訖、未曾抄劄入官者、竝従赦免、其已抄劄入官守掌及犯謀反逆叛者、竝不放免、

若罪未処決雖送官、未経分配者、猶為未入、其縁坐人家口雖已入官、罪人得免者、亦従免放、○若以贓入罪、正贓見在者還官主（註略）、已費用者、若犯人身死、勿徴、（註略）餘皆徴之、若計雇工賃銭為贓者、亦勿徴、○其估贓者、皆拠犯処当時中等物価、估計定罪、若計雇工銭者、一人一日為銅銭六十文、……○其贓罰金銀竝照犯人元供成色、従実追徴入官給主、若已費用不存者追徴足色、（註略）

（「明律」名例律第二十三条給没贓物条、読点は引用者）

この規定を見つけ出し、それを盗犯の原則規定として立法するのは、「明律」に精通する吉宗ならではの芸当であろう。

荻生観（号北渓）は『官准刊行明律』の跋文（「題明律後」）において、明律における立法方法について、「夫其上刑下服、下刑上服、世軽世重者、迺制中正于刑書今律也」と記している[51]。小出義雄氏はこの文を解説して、「明律に規定する所は中正であり、裁判官の刑法適用の指針として通常の場合に於て、最も中正を得たりとする制裁を掲げ、以つて裁判官の常識外に逸する事を防いだものと解する事が出来る」と述べておられる。前述したように、吉宗は御定書掛に「平日之定メハ中分を以認置可然事」という指示を出した。小出氏はこの指示に言及して、吉宗の言う「中分とは明律適用の根本精神たる中正」であり、「吉宗が明律の立法精神を以つて御定書百箇条を編纂せることは明であり、従つて同法典は其編纂の趣旨に於て重大なる明律の影響を受けて居るといふ事が出来る」と指摘しておられる[52]。まことに慧眼というべきであろう。

以上に眺めたように、「例書」「御書付留」に「寺社方御仕置例書」を含めた「公事方御定書」の法体系は、律令的な法体系として説明すると納得がいく。これらは、法律将軍とのあだ名をもつ吉宗の学殖のなせる技である。吉宗が法律好きであったこと、明律を熱心に学んだことは、「徳川実紀」をはじめ、諸書に伝えるところである[53]。

本章では省略したが、享保時代にはさまざまな律令研究がなされた(54)。そしてその事業のほとんどが吉宗の主導によってなされたのである。享保時代は、来るべき法典編纂の準備期間であったと位置付けることができるようである(55)。すでにながめたように、「公事方御定書」編纂は、元文二年（一七三七）閏十一月に始まって四年半近くの歳月を費やして、寛保二年（一七四二）三月に成立を見る。翌寛保三年から四年連続の増補修正を実施し、宝暦四年（一七五四）に最後の増補修正がなされる。幕府の一大事業といってよい。吉宗は第三次の増補修正の作業を終えるとともに、延享二年（一七四五）九月二十五日、西の丸に引退する。引退を迎えるまで、実に八年に及ぶ長期にわたって「公事方御定書」の編纂に心血を注いだのである。「御定書之儀ハ、誠有徳院様委御心力を御用遊ばされ候御事」と伝えるの(56)は、まさにその通りであったのだと思われる。

註

（1）大岡家文書刊行会編『大岡越前守忠相日記』上巻一六七頁、昭和四十七年、三一書房。
（2）「元文三午年御帳」については、高塩博「「公事方御定書」の元文三年草案について――「元文三午年御帳」の伝本紹介――」（『國學院法學』五一巻二号、平成二十五年〔本書論考篇第三部第一章および史料篇六〕）参照。
（3）平松義郎「徳川禁令考後集　解題」四頁（司法省蔵版・法制史学会編、石井良助校訂『徳川禁令考』後集第一、昭和三十四年、創文社）。
（4）『徳川禁令考』後集第二、四二七頁。
（5）『徳川禁令考』後集第四、五頁。
（6）『徳川禁令考』後集第二、一三〇頁。
（7）石井良助編『享保撰要類集』被仰出御書附之部、御定書直シ可申御書付之事、三三頁、昭和十九年、弘文堂書房。

（８）高塩博「「公事方御定書」の元文三年草案について」前掲誌一五五頁〔本書史料篇六、三〇六頁〕、『徳川禁令考』後集第四、一五頁。

（９）高塩博「「公事方御定書」の編纂過程と「元文五年草案」について」（『國學院法學』四八巻四号一一九頁、平成二十三年〔本書史料篇七、三九三頁〕）、『徳川禁令考』後集第四、一七頁。

（10）「元文四未年御帳」下巻の第四十二条第二項のもととなった判例は、左の「元文三午年御帳」の第百十九条である（高塩博「「公事方御定書」の元文三年草案について」前掲誌一五五頁〔本書史料篇六、三〇六頁〕、『徳川禁令考』後集第四、一六頁）。

子共怪我ニて相果下手人ニ不及事

伊奈半左衛門御代官所
武州東葛西領下鎌田村
百姓市郎右衛門子
半　助
巳十三歳

右半助儀、同村百姓藤右衛門子十二歳ニ成候与助と申者と狂ひ遊ひ候上、いさかいなとニても無之、半助持候小刀ニて与助ニ当り、怪我ニて疵負相果候、親藤右衛門も下手人御免之儀願出候、依之下手人ニ不及、親市郎右衛門方ニて、百日押込置候様、伺之上申渡候事、

享保十巳五月

（11）高塩博「「公事方御定書」の編纂過程と「元文五年草案」について」（前掲誌四二頁、本書論考篇第三部第二章二八一〜二八二頁）。

（12）「緑色御書入」の緑色とは、藍色の書入れを指すと思われる。『日本国語大辞典』（小学館）の「みどり」の項をひくと、「海や空などのような色。深い藍色」という意味も存する。門脇朋裕氏のご教示による。

（13）「元文四未年御帳」の伝本は未発見である。しかしながら、「緑色御書入御好有之帳面」を整理したと覚しき伝本が残されている。この帳面を元文五年草案と位置付けて翻刻紹介した（高塩博「「公事方御定書」の編纂過程と「元文五年草案」につ

いて」前掲誌（本書史料篇七））。

(14)「公事方御定書」の編纂過程については、前掲の拙文二編に先立って左の論考が考察を加えている。

・茎田佳寿子『江戸幕府法の研究』昭和五十五年、巖南堂書店

・平松義郎「「徳川禁令考」・「公事方御定書」小考」（一）～（四）『創文』一八六～一九〇号、昭和五十四年

・関西学院大学日本法史研究会「「元文三午年之御帳」の一史料（一）（二）――『公事方御定書幷伺之上被仰渡書付』――」関西学院大学『法と政治』三六巻二・三号、昭和六十年（執筆者は林紀昭氏）

(15) 老中松平乗邑は同年四月十二日、奉行以外は他見を禁ずる旨の指令を発した。左の通りである（石井良助編『享保撰要類集』被仰出御書付之部、御定書猥ニ他見有之間敷旨御書付之事、三七頁）。

寛保二戌年四月十二日松平左近将監殿御渡候御書付

此度御定書相極メ、御仕置之御定ニて大切成事ニ候間、奉行中心得ニいたし、猥ニ他見無之様ニ可被相心得候、

戌四月

(16)「公事方御定書」上下巻が寛保二年四月をもって施行となったことは、藪利和「「公事方御定書下巻」の原テキストについて」（大竹秀男・服藤弘司編『高柳真三先生頌寿記念　幕藩国家の法と支配』所収、昭和五十九年、有斐閣）が実証されている。

(17)「公事方御定書」の五次にわたる増補修正については、茎田佳寿子『江戸幕府法の研究』、高塩博「寛保三年増修の「公事方御定書」下巻について」（『國學院大學日本文化研究所紀要』九五輯、平成十七年（本書論考篇第三部第三章））および「「公事方御定書」の延享元年増修とその伝本」（本書論考篇第三部第四章）等参照。

(18)『徳川禁令考』後集第三、五七頁。

(19) 三浦周行氏は、この史料を掲げて「中分とは中庸の謂なり。されば御定書は（中略）姑らく其中庸と認むる刑罰を挙げたるものと謂ふべく、仮令某の行為は某の刑たる事を規定せりとも、犯罪の状情如何に依りて、奉行たるもの酌量減刑《ママ》をなすべきのみならず、又酌量加重をも行ひ得たりしなり。然れども某の行為に加重し、某の行為に減軽すべしといふが如きは、必ずしも一々これを正条に明記せしにあらず。何となれば、これ実に御定書全部の主義たり精神たりしを以てなり」と解説さ

れた（「歴代法制の公布と其公布式」『法制史の研究』一二八～一二九頁、大正八年、岩波書店、初発表明治三十四～三十五年）。

小出義雄氏もまた「中分」に言及するが（「御定書百箇条編纂の事情について」『史潮』第四年三号、昭和九年）、その議論は本章の「むすび」において紹介する。

石井良助氏は、次のように述べておられる。すなわち、「吉宗の考えでは、御定書に規定するのは、「中分」の規定であり、それより情状の重いのはより重く罰し、軽いのはより軽く罰すればよいというのです。そして、それは同じ種類の犯罪の間に限らないのであり、種類の違う犯罪についても、御定書に規定のない犯罪については、近い種類の犯罪に関する規定を類推適用することもできたのです。さらに進んでは、特定の犯罪にだけ認めた制度を、一般的に拡張適用することもありました」と記述する（「公事方御定書と例のこと――公事方御定書その三――」『第五江戸時代漫筆　将軍の生活その他』一八三頁、昭和四十二年、自治日報社出版局）。

小林宏氏は、吉宗の立法手法を考察した中で、

吉宗は「御定書」編纂の当初から、その下巻の諸規定は通常起こり得る事犯に対する量刑の判断基準であって、いわば原則的な規定であり、特殊、例外的な事犯、或は事情の複雑な事犯にあっては、「御定書」に規定されている量刑に拘束されることなく、評定所一座で臨時の評議を行ない、御仕置を伺うべきであると考えていた。

と指摘される（「徳川吉宗の立法技術――律令的レトリックの導入に寄せて――」『日本における立法と法解釈の史的研究』第二巻近世一一五頁、平成二十一年、汲古書院、初発表は平成十七年）。

（20）

（上巻）		（下巻）
・第八条評定所前訴状箱ニ有之文言之事	…	第五条評定所前箱ぇ度々訴状入候もの之事
・第十三条六箇所高札	…	第六十六条毒薬幷似せ薬種売御仕置之事
		第六十七条似せ金銀拵候もの御仕置之事
・第十六条博奕之儀ニ付高札	…	第五十五条三笠附博奕打取退無尽御仕置之事
・第二十条出売出買之儀ニ付町触	…	第三十八条廻船荷物出売出買幷船荷物押領いたし候もの御仕置

之事
・第二十五条用水論其外無筋出入之儀ニ付御触書 …… 第十条用水悪水并新田新堤川除等出入之事
・第二十八条鉄炮御改之儀ニ付御触書 …… 第二十一条隠鉄炮在之村方咎之事
第二十九条鉄炮打并隠鉄炮所持之儀ニ付御触書 …… 第二十一条隠鉄炮在之村方咎之事
第三十条御拳場并江戸十里四方之外関八州在々四季
打鉄炮御免之儀ニ付御触書 …… 第二十二条御留場にて鳥殺生いたし候もの御仕置之事
・第三十四条似せ朱墨之儀ニ付御触書 …… 第六十八条似せ秤似せ桝似せ朱墨拵候もの御仕置之事
・第三十五条帯刀仕候者御制禁之儀ニ付御書付 …… 第九十四条帯刀いたし候百姓町人御仕置之事
・第三十七条新規之神事仏事等之儀ニ付御触書 …… 第五十三条新規之神事仏事并奇怪異説御仕置之事
・第三十八条奇怪異説等之儀ニ付御触書 …… 第五十三条新規之神事仏事并奇怪異説御仕置之事
・第三十九条寺附之品書入之儀ニ付御触書 …… 第三十六条家質并船床髪結床書入証文取捌之事の第五項
・第五十八条譲屋敷之儀ニ付町触 …… 第四十一条譲屋敷取捌之事
・第六十条火札并張札等取計之儀ニ付御書付 …… 第六十三条火札張札捨文いたし候もの御仕置之事
・第六十一条捨文之儀ニ付御触書 …… 第六十三条火札張札捨文いたし候もの御仕置之事
・第六十三条捨子貰候者之儀ニ付御書付 …… 第四十五条捨子之儀ニ付御仕置之事
・第六十四条馬車を引掛并渡船乗沈人を殺候もの
之儀ニ付町触 …… 第七十一条人殺并疵附等御仕置之事の第三十五・三十八項
・第六十五条車荷附馬等之儀ニ付御触書 …… 第七十一条人殺并疵附等御仕置之事の第三十六項
・第七十七条婚礼之砌礫を打候儀ニ付町触 …… 第七十五条婚礼之節石を打候もの御仕置之事

(21) 『徳川禁令考』後集第一、四〇八頁。
(22) 同右第三、四二七・四二八頁。

(23) 小林宏・高塩博編『高瀬喜朴著大明律例譯義』六頁、平成元年、創文社。

(24) 同右七二九、七三四頁。

(25) 「公事方御定書」の編纂終了直前の頃に成立した私撰の幕府法律書に「律令要略」が存する。「律令要略」は、その本文中に編纂途上にある「公事方御定書」の法文を多数取り込むと同時に、「大明律例譯義」の「律大意」の文章を抄出してこれを序文としている。この点からも、「大明律例譯義」が「公事方御定書」編纂の参考に供されたことを連想させる（高塩博「「律令要略」について——「公事方御定書」編纂期における私撰の幕府法律書——」『國學院法學』五二巻三号、平成二十六年〔本書論考篇第二部第三章〕参照）。

(26) 『徳川禁令考』後集第四、二七四頁。

(27) 石井良助「御触書集成に就て」『国家学会雑誌』四九巻五号一二一頁以下、昭和十年。石井良助氏は、「令典永鑑」という書名の由来について、「何年度御触書と云ふ原本の書名を襲用せずして、特に令典永鑑と云ふが如き六ヶ敷漢名を附したのであろうかは解し難き謎」と述べ、その謎解きとして「曾て或る奉行が一個人の需要の為に評定所の三集成を謄写し、然も公義を憚つて特に令典永鑑と云ふ私撰の名を附して所持して居た本を町奉行で借用謄写して以て三集成に代用したのであると想像せざるを得ない」と言葉を継いでおられる（同右論文一二四頁）。この想像の当否はさて措くとして、「令典永鑑」という書名は「御触書集成」の本質をよく言い表している。

なお、「御触書集成」を「令典永鑑」称することに関し、中田薫氏の左の見解に注目すべきである（「古法雑観」『法制史論集』第四巻五六頁、昭和三十九年、岩波書店、初発表は昭和二十六年）。

寛保以来相次で編纂された「御触書集成」は御定書上巻「令」の追加であり、「例書」及び数次の「御仕置例類集」は下巻「律」の追加に外ならない。

この見解が当を得ているならば、「御触書集成」を「令典永鑑」と称することも肯ける。

(28) 「公事方御定書」上下巻を律令と捉える考え方は、明治時代以降も残っている。明治二十七年四月、司法大臣官房庶務課の名で記した『徳川禁令考』後聚の緒言に、「徳川氏ノ律令ヲ公事方御定書ト曰フ」、「公事方御定書ハ令ト律トヲ分チテ上下二巻ト為シ、寛保二年四月ニ成ル、実ニ八世将軍吉宗公在職ノ時ナリ」という記述が見られ、明治四十五年刊の池辺義象著『日本法制史』（博文館）は、「公事方御定書」を解説して、「上下二巻ありて、上は令八十一条、下は律百三条なり、これを徳川氏の完全なる律令と云ふ」と述べる（一〇五頁）。

その後昭和時代に入り、瀧川政次郎氏は、

公事方御定書の上巻は、すなわち令八十一個条であって、評定所の執務規定および同法警察、訴訟手続に関する御書付、御触書の類を集めている。その下巻は、すなわち律一百三条であって、二、三の訴訟法に関する条項を除いては、全部刑罰規定である。

と解説し（『日本法制史』昭和三年、有斐閣、昭和三十四年、角川書店版三二九頁）、高柳真三氏は、

この法典（「公事方御定書」のこと、引用者註）は上下二巻よりなるが、その上巻は八一条を収め、評定所の執務規定、重要な司法警察上の高札・町触・書付・触書、訴訟規定等を含んでいる。（中略）世にこれを令と称するのは、いうまでもなく律令の令に擬えたものである。下巻は一〇三条を収め、……上巻を令というのに対して律とも呼ばれた。少数の民刑事訴訟法および民事法規定のほかは刑事法規定によって占められているから、律と称されるのも当然といわねばならない。

と解説する（「江戸幕府刑法略説」『江戸時代の罪と刑罰抄説』三六〇頁、昭和五十三年、有斐閣、初発表は昭和十七年）。

次いで中田薫氏は、「元禄乃至寛保間の法源を通じて」「「律令」概念の復活」が見られることを指摘し、次のように述べられた。すなわち、「律令の分類は……公事方御定書の別称として（科条類典跋文参照）仮用」され、「その下巻「律」は爾後の裁判基準たるべき従前の判例及びこれを補正した新例を採録し、上巻「令」は従前公布された御書付御触書中、爾後も猶お裁判の基準として保存さるべき重要なものを、雑然収集した一の法令撰集である」とし、「公事方御定書の内容は……判例要旨と禁止的法令とを雑載したものに過ぎないが、とにかくこれを律と令との二部門に分集した」と記している（「古法雑観」前掲書五四～五六頁）。

「公事方御定書」が上下巻に分かれていることについて、平松義郎氏は左のような示唆的な記述を遺しておられる。すなわ

ち、「上・下巻の分離は、上記のような経緯、いわば技術的理由によるところも多いと思われるが、法令と罰条、組織法と行為法、法と執行という機能分担の考えが常識的ながらあったであろうし、理念的には、令と律という中国法体系の分類に比定する意図がこめられていたのかも知れない」と述べている（「徳川禁令考」・「公事方御定書」小考」（二）、『創文』一八七号二三頁、昭和五十四年）。

近年、小林宏氏は吉宗の立法構想のなかに古代律令法や伝統中国法があったことを指摘すると共に、御定書掛三奉行が「公事方御定書」を称して律令と呼ぶのは、「単なる美称以上のもの」が存したからであろうと述べておられる（「徳川吉宗の立法技術——律令的レトリックの導入に寄せて——」前掲書一一五頁）。

(29)「延享二丑年九月大岡越前守島長門守木下伊賀守ぇ加納遠江守口上之趣覚書」（「科条類典」附録、『徳川禁令考』後集第四、三一五頁）。

(30)「御定書ニ添候例書」という呼称は、明和四年（一七六七）、御定書掛三奉行がすでに用いている（小林宏「「定書」と「例書」——徳川吉宗の立法構想——」『日本における立法と法解釈の史的研究』第二巻近世一七二頁、初発表は平成二十年）。

(31)「例書」成立の経緯および数次にわたる編纂過程については、林紀昭「「御定書ニ添候例書」成書試論」（関西学院大学『法と政治』五一巻一号、平成十二年）、高塩博「「公事方御定書」管見——流布の端緒および「例書」の成立をめぐって——」（『國學院大學日本文化研究所紀要』九一輯、平成十五年〔本書論考篇第四部第三章〕）、小林宏「「定書」と「例書」——徳川吉宗の立法構想——」（前掲書所収）など参照。

(32)瀧川政次郎「明代刑法典概説」（一）（二）（『法学協会雑誌』六〇巻六・七号、昭和十七年）、佐藤邦憲「明律・明令と大誥および問刑条例」（滋賀秀三編『中国法制史——基本資料の研究』所収四五八〜四六四頁、平成五年、東京大学出版会）。滋賀秀三「法典編纂の歴史」『中国法制史論集——法典と刑罰——』二三九〜二四一頁、平成十五年、創文社）。

(33)滋賀秀三「大清律例をめぐって」『中国法制史論集』二九三頁、初発表は昭和四十九年。滋賀氏は「清律」の条例について説明されたのであるが、この説明は「明律」の条例にもあてはまる。

(34)「例書」が判決体となっていることにつき、小林宏氏は、「「例書」に関する吉宗の構想は、「御定書」下巻の条文としては技術的に立法することの難しい幕府の重要な判例の採録を先ず第一とし、それを基本とするものであった」と述べておられる（「「定書」と「例書」――徳川吉宗の立法構想――」前掲書一五九頁）。

(35) 吉宗は「例書」を別帳仕立てにせよと指示した。これは、「公事方御定書」の関係各条に追加法を条文体の法文として次々に書き加えることが、技術的にも困難であるという現実を踏まえてのことであろう。「例書」を別冊とすることは、享保八年（一七二三）刊行の『官准刊行明律』（九冊）を念頭に置いていたと考えられる。本書は、吉宗の意向によって幕府儒官荻生北渓が兄徂來などの協力を得て、「明律」と「問刑条例」の法文を校訂し訓点を施した書であり、「明律」（六冊）と「問刑条例」（三冊）とが別冊となっているのである（高塩博「「公事方御定書」管見」前掲誌二一～二二頁〔本書論考篇第四部第三章四六三頁〕参照）。

(36) 平松義郎氏の解説によると、「棠蔭秘鑑」は次のような法律書である。「棠蔭秘鑑」と題する法律書ははじめ、評定所留役や寺社奉行支配吟味物調役など裁判吏員の間に私写本として伝えられていた。しかしながら、ひそかに私写するものであるために誤写脱漏も避けがたく、実務上弊害もあり、新任の者にも不便である。そこで、「吏員より公事方勘定奉行に上申して、「公となく私となく」、いわば准公式に棠蔭秘鑑の定本を作成すること」になり、「天保十二年（一八四一）、恐らくは評定所の官本と比校して十三部の棠蔭秘鑑が作られ、これは評定所の書庫に保管、評定所留役、吟味物調役に在職中貸与することとし」た（『徳川禁令考別巻解題』八頁）。

(37) 「御書付留」という書名は、「律令彙纂」二冊、「刑茲抄」二冊（ともに慶應義塾図書館蔵）、「公裁私記」六冊（著者蔵）などに見えている。いずれも「御書付留」という内題を持つ。また、「御定書ニ添候御書付留」という書名は、「棠蔭秘鑑」貞の冊所収の本書に存する朱書に見えている（『徳川禁令考』別巻二〇一頁）。

(38) 高塩博「原胤昭旧蔵の「公裁私記」について――町方与力と「公事方御定書」――」（『原胤昭旧蔵資料調査報告書』（3）、二〇五頁、平成二十二年、千代田区立四番町歴史民俗資料館編刊〔本書論考篇第四部第四章四七八頁〕）。

(39) 同右、二〇八頁〔本書論考篇第四部第四章四八四頁〕。

(40) 「寺社方御仕置例書」と「公事方御定書」との関係、および「寺社方御仕置例書」の成立については、小林宏「「寺社方御仕置例書」の成立――『大岡忠相日記』を素材として――」（『日本における立法と法解釈の史的研究』第二巻近世、初発表は平成十九年）参照。

(41)「御書付留」六十七、寛政五年二月二十八日書付（『徳川禁令考』別巻二一七頁）。

(42)『御仕置例類集』新類集一三〇（『司法資料』別冊一八号二五一頁、昭和十九年、司法省秘書課）。なお、『徳川禁令考』もこの判例を採録する（後集第三、三八頁）。

(43)改正法が成立した後も、「公事方御定書」の改正前の規定の法的効力が持続しているもう一つの事例を示そう。「公事方御定書」下巻の第五十五条三笠附博奕打取退無尽御仕置之事第四項は、

博奕打候もの　家財家蔵取上候程之過料、家蔵無之ものハ、五貫文或ハ三貫文過料、

という規定である。この規定は、寛政六年三月十五日の書付により、「博奕打候もの　重敲」と改正された（「御書付留」七十一、『徳川禁令考』別巻二一九頁）。つまり、過料刑から「重敲」に刑が重くなったのである。ところが、京都における博奕犯罪については、改正法以降も、改正前の過料刑を適用したのであった。このことは、寛政八年四月二十三日の書付において、

一博奕いたし候もの敲之事

禁裏御座所之儀故、敲・入墨敲之ものは、前々より洛中洛外払申付候仕来候処、其儘差置候てハ仕来ニふれ候付、仕来之通、洛中洛外払たるへく候得共、左候ては、博奕之御仕置殊之外重く成候間、一同不及敲、定例之通、過料申付候事、

と定めている（「御書付留」八十一、『徳川禁令考』別巻二二五頁）。「禁裏御座所」の所在地である京都においては、「公事方御定書」に定める敲、入墨之上敲という刑罰を、「洛中洛外払」と読み替えて刑を執行する慣行であった。しかし、この慣行に従って改正法の「重敲」を適用して「洛中洛外払」に読み替えるのは、博奕犯罪の刑罰として重きに失するというのである。それ故、改正前の過料刑を適用することとしたのである。この場合も、改正前の法と改正法とではどちらが具体的妥当性を持つか、という考えが働いたのである。右の書付が「公事方御定書」の規定を、「定例之通」と記すことに注意すべきで

ある。なおこの書付は、「御仕置例類集」古類集一五二・一五三の事案がもととなって生じたものである（『司法資料』別冊九号二一一～二一六頁、昭和十六年、司法省調査課）。

(44) 小林宏氏は、「公事方御定書」下巻と「例書」との関係について、

「定書」と「例書」の……関係は、一方が他方の存在を排斥し、否定するという絶対的なもの同士の対立ではなく、相互に流動的、且つ補完的な一面を有し、両者相俟って一個の法体系を構成するという頗る微妙な関係にある

と言われる。また、

「例書」は、あくまで「定書」あっての「例書」であって、その逆ではなく、たといその法的効力が「定書」に優先することがあっても、「定書」の存在を否定して、「定書」から自由に分離、独立することは許されないのである。

とも言われる（「「定書」と「例書」――徳川吉宗の立法構想――」前掲書一六四頁。

(45) 明治初年の「新律綱領」とその改正法である「改定律例」もまた、律令法の考え方をもつ法体系である。したがって、「新律綱領」の規定が「改定律例」による改正を被ったとしても、その効力を失ったわけではない。適用の優先順位を改正法に譲ったに過ぎず、依然として効力を持続しているのである。したがって、「改定律例」が明治六年六月に頒布された後、実務家は「新律綱領」「改定律例」の両者を同時に参照する必要があったのである。実務家の使用のために刊行されたと覚しき『新律綱領改定律例対比合刻』（明治六年十二月、売弘所　畏三堂須原鉄二）が「新律綱領」を上段に「改定律例」を下段に配列し、改正前の法と追加改正法とを一目瞭然ならしめているのはそのためである。諸注釈書もこのように上下二段方式をとるか、あるいは追加改正法を改正前の法の直後に配置するかして、両者を比較参照できる体裁となっている。

石井紫郎氏は、「新律綱領」と「改定律例」との両者を、同時に「参照しなければ「現行法」がわからないような形になったのか、これ自体学問的に非常に興味ある問題である」と述べておられる（「編者のことば」『法と秩序』日本近代思想大系7、四五〇頁、平成四年、岩波書店）。この問題については、右に述べたところが解答になっているように思う。

(46) 石井良助「公事方御定書の制定のこと」『第五江戸時代漫筆』一六八～一七〇頁、同「刑罰の歴史（日本）」『日本刑事法史』七二頁、昭和六十一年、創文社、初発表は昭和二十七年。

(47) 小林宏「徳川吉宗の立法技術――律令的レトリックの導入に寄せて――」前掲書一〇八頁。
(48) 高塩博「江戸幕府法における敲と入墨の刑罰」小林宏編『律令論纂』所収、平成十五年、汲古書院、小林宏「徳川吉宗と過料刑の成立――立法における経書の意義に寄せて――」前掲書所収、初発表は平成十六年。
(49) このうち、(2)(4)(5)(8)は小林宏氏の指摘するところである(「徳川幕府法に及ぼせる中国法の影響――吉宗の明律受容をめぐって――」前掲書所収、初発表は平成元年)。(6)は、高塩博「江戸時代享保期の明律研究とその影響」(池田温・劉俊文編『日中文化交流史叢書』第二巻法律制度所収二〇四頁、平成九年、大修館書店〔本書論考篇第一部第二章七三頁〕)による。
　なお、徳川吉宗がどのような姿勢をもって中国法を導入したかについては、小林宏「徳川吉宗と法の創造」(前掲書所収、初発表は平成十四年)参照。
(50) 内田智雄・日原利國校訂『律例対照 定本明律国字解』八一頁、昭和四十一年、創文社。
(51) 同右、八六一頁。荻生観は跋文において、「於是乎制中正于刑書、而使天下之佞者折其獄、不亦宜哉」とも記している。
(52) 小出義雄「御定書百箇条編纂の事情について」『史潮』第四年三号一三一～一三三頁、昭和九年。
(53) 吉宗に対する世評に、つぎのようなものが存する。
・「御弱年より常に大明律御数寄被成、朝暮御覧被成候」(青地礼幹宛て室鳩巣書簡「兼山秘策」第六冊)
・「その潜邸の時(将軍に就く前の和歌山藩主の時)よりはなはだ法律の学を好みしこと、海内の諸侯の共に知る所なり」(「徂徠集拾遺」下)
・「法律の書は紀伊家にまし〳〵けるほどより好ませ給ひ。御位につき給ひて後も。ますます御覧あり」(有徳院御実紀附録巻十)
・「明律などをも。常に好みてよませ給へり。和歌。詩賦のごときはあへて好ませ給はず」(有徳院御実紀附録巻十)
(54) 享保時代における日中の律令研究については、大庭脩『江戸時代における中国文化受容の研究』(昭和五十九年、同朋舎出版)、高塩博「荷田春満の律令研究」(『新編 荷田春満全集』第九巻律令所収、平成十九年、おうふう〔本書論考篇第一部第一章〕）等参照。

（55）小出義雄氏もまたつとに、「明律研究の盛なりし事は要するに将軍吉宗の直接間接の研究奨励に負ふ所大であり、従つて是等研究の成果が彼の編纂せる御定書百箇条に影響せる事は疑ふべくもない」述べておられる（「御定書百箇条編纂の事情について」前掲誌一一七頁）。

（56）石井良助「公事方御定書の制定のこと」『第五江戸時代漫筆』一六四頁。

第二章　「公事方御定書」下巻の伝本と呼称について

はじめに

本章は、幕府の「公事方御定書」に関する従来の基礎的理解につき、二つの疑義を投げかけるものである。第一は伝本の理解についてであり、第二は「御定書百箇条」という呼称についてである。

「公事方御定書」は八一通の法令を収載する上巻と、一〇三箇条の法文を収める下巻とで構成されるが、寛保二年（一七四二）の成立時には上巻に七八通の法令を収め、下巻の条文数は九〇箇条にすぎなかった。その後間もなく増補修正の作業が開始され、宝暦四年（一七五四）に最後の増修がなされて、同年四月、上巻八一箇条、下巻一〇三箇条の法文が定まったのである。

周知のように、「公事方御定書」は下巻のみが単独に書写される場合が多く、夥しい数の写本が作成されて今日に多数の写本を伝えている。その伝本についての代表的見解は、「現存するものは、延享以後宝暦迄の追加を含み、合計百三条あり、俗にこれを御定書百箇条等と云ふ[1]」、「現存するものはいずれも宝暦四年迄の追加を含んでおり、上巻は書付八十一通、下巻は百三条になっている[2]」というものである。しかしながら、伝本の数々を実際に調査してみると、一〇三箇条に満たない写本をしばしば見かけるのであり、従来の見解は必ずしも的確でないように思われる。

次に、「御定書百箇条」という呼称についてであるが、「公事方御定書」下巻を説明するとき、「俗に御定書百箇条と呼び」、「世に御定書百箇条として名高い」、「別名御定書百箇条とも呼ばれ」などと、「御定書百箇条」を常套語のように用いる。たとえば平松義郎氏は、写本の流布に言及して次のように述べられた[3]。

寛政期（一七八九―一八〇一）には早くも藩や民間にも写本が流布していたと推定される。流布本には一〇三条本のほかに一〇〇条本があり、下巻について「御定書百ヶ条」の俗称を生んだ。天保一二年（一八四一）六月、「青《あお》標《びょう》帋《し》」「殿居囊《とのいぶくろ》」と題する折本に「御定書凡百箇条」等を入れて版行した旗本大野権之丞が評定所において処罰されるという事件があった。

これらの言説は、「御定書百箇条」という呼称が俗称としてあたかも江戸時代において広く行き渡っていたかの印象を与える。筆者自身もそのように理解し、「御定書百箇条」の語を用いてきた。しかしながら伝本調査を通じ、この呼称を表題とする写本を見出すことが困難であることに気付かされた。少なくとも、江戸時代において「御定書百箇条」の呼称が一般的であったと考えるのは無理なようである。

以下、これら二点にかかわる事実を検証して、この事実のもつ意味について若干の考察をめぐらせようと思う。大

方の御示教に接することができれば幸いである。(4)

一　「公事方御定書」の成立と増補修正

「公事方御定書」上下巻は、寛保二年（一七四二）三月をもって法文が定まり、編纂を担当した御定書御用掛の三奉行すなわち寺社奉行牧野貞通、町奉行石河政朝、勘定奉行水野忠伸が連名で左の奥書を下巻の末尾に附した。(5)

右御定書之条々、元文五庚申年五月、松平左近将監を以被　仰出之、前々被仰出之趣
并先例其外評議之上、追々伺之、今般相定之者也、
寛保二壬戌年三月廿七日　牧野越中守
石河土佐守
水野対馬守

同年四月、編纂の責任者というべき老中松平乗邑が左の奥書を書き加えて「公事方御定書」が施行となった。(6)

右之趣、達
上聞、相極候、奉行中之外不可有他見者也、
寛保二壬戌年四月　松平左近将監

この奥書に見るように、「公事方御定書」は建前としては秘密法なのであって、特定の幕府首脳のみにしか与えら

れなかった。すなわち写本は、将軍座右用の「御前帳」一部、老中執務室の御用部屋用の「御次帳」一部、評定所備え付用の一部の計三部が存し、その他には評定所一座を構成する三奉行に在職中交付され、御定書掛三奉行の各人には別に一部が託された。地方では京都所司代、大坂城代にその在職中に下付されるのみである。しかしながら、実務に従事するのは奉行の下僚たちであるから、寺社・町・勘定の三奉行は配下の評定所留役、吟味物調役、与力などに、また所司代は京都町奉行、大坂城代は大坂町奉行にそれぞれ借覧させることが許されていた。(7)

寛保二年四月成立の「公事方御定書」の原本と称すべき伝本は今日知られていない。しかし、この時の内容を伝える写本は、かつて茎田佳寿子氏によって翻刻紹介された。(8)現に、明治大学博物館に所蔵される「秘宝政用集　巻下」がそれである（目録未登載）。巻頭の目録、巻末の御定書掛三奉行ならびに松平左近将監の奥書を共に欠き、法文にも脱落や衍文などが若干存するものの、法文の内容はおよそ寛保二年四月成立時そのままを伝えていると言ってよい。(9)また、藪利和氏は「秘宝政用集」をも参考としながら、「科条類典」を精査して寛保二年四月の「公事方御定書」下巻の法文を復原された。(10)両氏の研究の結果、「公事方御定書」下巻は成立当初、全九〇箇条の法文で構成されていたことが判明したのである。

「科条類典」とは、「公事方御定書」編纂に関する諸記録文書類を一書にまとめたものであって、三奉行主宰のもと、一三年の歳月をかけて明和四年（一七六七）五月に完成した。上下二巻付録一冊から成り、「公事方御定書」上下巻の各条ごとに当該規定の来源を徴すべき史料を排列してある。(11)それ故、「公事方御定書」の各規定について、成文化の経緯と宝暦四年四月に至る間の法文の増補修正や削除などの変遷をたどるには、「科条類典」を繙読する必要があるのである。ただし、「科条類典」をよりどころとして、「公事方御定書」のある時点の全体の姿を明瞭ならしめることはきわめて困難である。

さて、「公事方御定書」下巻の増補修正に関しては、寺社奉行大岡忠相が大きな役割を演じる。寛保二年六月七日、大岡は牧野貞通の後任として御定書御用掛に就任すると、御定書掛寺社奉行大岡の主催する「御定書御用寄合」による「公事方御定書」下巻の増補修正作業が早速に開始された。大岡忠相は、宝暦二年（一七五二）正月まで御定書掛を務めるので、後述する延享三年（一七四六）次の増補修正は、大岡が指導力を発揮したと思われる。増補修正の作業は宝暦四年（一七五四）四月をもって終了するが、後述の研究によれば、この間宝暦増修を含めて五回の増補修正がなされたという。なお、「公事方御定書」上巻七八箇条に三箇条を増補したのは宝暦四年四月のことである。したがって、寛保二年四月より宝暦四年四月に至る一二年間は、下巻についての増補修正にもっぱら精力が注がれたのである。

茎田佳寿子氏は、「科条類典」と大岡忠相の日記(12)を併用することにより、「公事方御定書」の成立から増補修正の終了するまでの過程を左のように整理された(13)。

1　寛保二年三月御定書御用掛寺社奉行牧野越中守貞通、町奉行石河土佐守政朝、勘定奉行水野対馬守忠伸の手による、上巻七八箇条、下巻九〇箇条および、四月奥書末書案成立。

2　延享元年八月寺社奉行大岡越前守忠相、町奉行石河政朝、勘定奉行水野忠伸による修正および一〇箇条追加、計一〇〇箇条の成立。

3　延享二年九月寺社奉行大岡忠相、町奉行島長門守正祥《（ママ祥正）》、勘定奉行木下伊賀守信名による修正と追加二箇条。いわゆる一〇二箇条の成立。

4　延享三年四月寺社奉行大岡忠相、町奉行島正祥《（ママ祥正）》、勘定奉行神谷志摩守久敬による四箇条修正。

5　宝暦四年四月寺社奉行青山因幡守忠朝、町奉行依田和泉守政次、勘定奉行曲淵越前守英允の手による五箇条の修正と追加一箇条、計一〇三箇条と跋書成立。さらに上巻に三箇条追加成立。

右は茎田氏の『江戸幕府法の研究』第一章「公事方御定書の編纂過程」における考証を基礎とした整理である。しかし茎田氏は第一章中に「第二期　寛保二年六月―寛保三年八月」という項を設け、

寛保三年八月、寺社奉行大岡忠相、町奉行石河政朝、勘定奉行水野忠伸の手により、三〇箇条餘の修正と二箇条追加、ならびに三箇条の移動吸収による八九箇条の「公事方御定書」下巻の成立。

という趣旨を記しておられるのであり[14]、増補修正の過程にこの年次も加えるべきであろう。この整理が正鵠を射ているならば、寛保二年四月以降、「公事方御定書」下巻については五回の改訂版ができたことになる。寛保三年八月の第一次増修から延享三年（一七四六）四月の第四次増修までは各年で改訂版が作成され、その後八年を経て宝暦四年四月に最終の改訂版が成立したのである。

二　「公事方御定書」下巻の伝本

今日もっとも信頼のおける法文をもつ「公事方御定書」は、「棠蔭秘鑑」に所収のものと言われる。「棠蔭秘鑑」は元亨利貞の四冊から成り、そのうちの元冊が「公事方御定書」上巻であり、亨冊が同下巻である。その序文によれば成立は天保十二年（一八四一）八月のことで、自分たちの所持する写本には法文の脱落が多く存するので吏員が公事方勘定奉行に上申して「公となく私となく」、新に十三部を書写したのだという。『徳川禁令考』別巻（創文社、昭和三十六年）に収録の「棠蔭秘鑑」は、故石井良助氏の旧蔵で、幕府評定所に備え付けられていた伝本である[15]。それ故、本書は「公事方御定書」の幕府正文を伝える善本であると称しても過言ではない。言うまでもなく、「棠蔭秘鑑」所

収の「公事方御定書」は、上巻八一箇条、下巻一〇三箇条であって、宝暦四年増修後の内容をもつ伝本である。

なお、「科条類典」の本文もまた、宝暦四年増修を経た「公事方御定書」の本文である。明治十四年（一八八一）に東京大学から出版された『科条類典本文』上下巻は、「科条類典」から「公事方御定書」上下巻の本文のみを抽出した書であるから、その意味で信頼に足る法文を収載していると言えよう。

さて、前節に見た五次にわたる増補修正のうち、このたびの伝本調査を通じて確認することができたのは、

(1)寛保三年八月の第一次増修の内容を有する伝本

(2)延享三年四月の第四次増修本そのもの、およびその内容を有する伝本

(3)宝暦四年四月の第五次増修の内容を有する伝本

である。第二次、第三次増修の内容を有する伝本は、残念ながら確認できなかった。[16]

寛保三年増修の伝本

(1)の伝本は唯一、「公裁秘録」上下の二冊本（著者蔵）が確認できたにすぎない。この伝本は出羽国庄内藩領平田郷熊野田村の肝煎役の家に伝わったもので、その内容はすでに翻刻紹介した。[17]本文は九〇箇条から成る。宝暦四年増修の一〇三箇条と比較すると、第九条「重キ御役人之家来御仕置ニ成候節其主人差扣伺之事」、および第九十条「不縁之妻を理不尽に奪取候もの御仕置之事」から第百二条「僉議事有之時同類又ハ加判人之内より早速及白状候もの之事」までの一三箇条、都合一四箇条が見られず、逆に一〇三箇条中に見られない「過料申付方之事」という一箇条が、第二十九番目の条文として配されている。むろん、条文ごとにも様々な差異が存する。

奥書の御定書掛三奉行は、牧野越中守の次に大岡越前守が加わって四人となり、大岡の肩には「越中守御役替ニ付、

寛保二戌年六月代り被　仰付」という注記がつけられている。この伝本の出現により、寛保三年八月の増補修正は多岐にわたって大規模なものであったことが判明した。すなわち、各法文の冒頭に「従前ゝ之例」「享保五年極」「寛保二年極」などという箇条肩書がこの時点から付されるようになったこと、「追加」という注記をもってその条文、規定が増補であることを明示したこと、「題号改」と称して条文名を修正したこと、その他に条文の増補ならびに他条への編入、規定の増補と修正、規定の配置替ならびに削除など法文内容にかかわる本格的な増補修正が存し、これらの改訂は全部で三三箇条に達している。（なお、寛保三年増修の伝本につき、本書第三部第三章の補記参照）

宝暦四年増修の内容

⑵については数多くの伝本を見出すことができた。多数の伝本の中から延享三年増修本を見分けるには、宝暦四年増修本との差異を認識していればよい。幸いにも、宝暦四年四月の増修に関しては、延享三年増修本のどの箇所にどのような増補修正を施したかを、「科条類典」によって逐一確かめることができる。茎田氏の前掲の整理によれば、それは五箇条の修正と追加一箇条であるという。また小出義雄氏は、「宝暦四年に至り青山因幡守、依田和泉守、田淵（曲カ）豊後守の掛りの節、上裁を経て上巻に三通、下巻に七ヶ条の組入を完了した」と記す[18]。これは、評定所留役・勘定吟味役などを歴任し、「科条類典」編纂にも参画した江坂孫三郎の私記に依拠しての見解である。

両説ともに正しいのであるが、今少し精確に言えば、一箇条の追加と五箇条に六箇所の増修（削除を含む）が行なわれたのである。それは左記のようなものである。第一は「重キ御役人之家来御仕置ニ成候節其主人差扣伺之事」を第九条として増補したこと（『徳川禁令考』後集第一、三一四頁）、第二は第五十六条「盗人御仕置之事」の第二十六項に但書「但、武家之家来ニ候ハヽ、江戸払」を増補したことである（同後集第三、二〇三頁）。

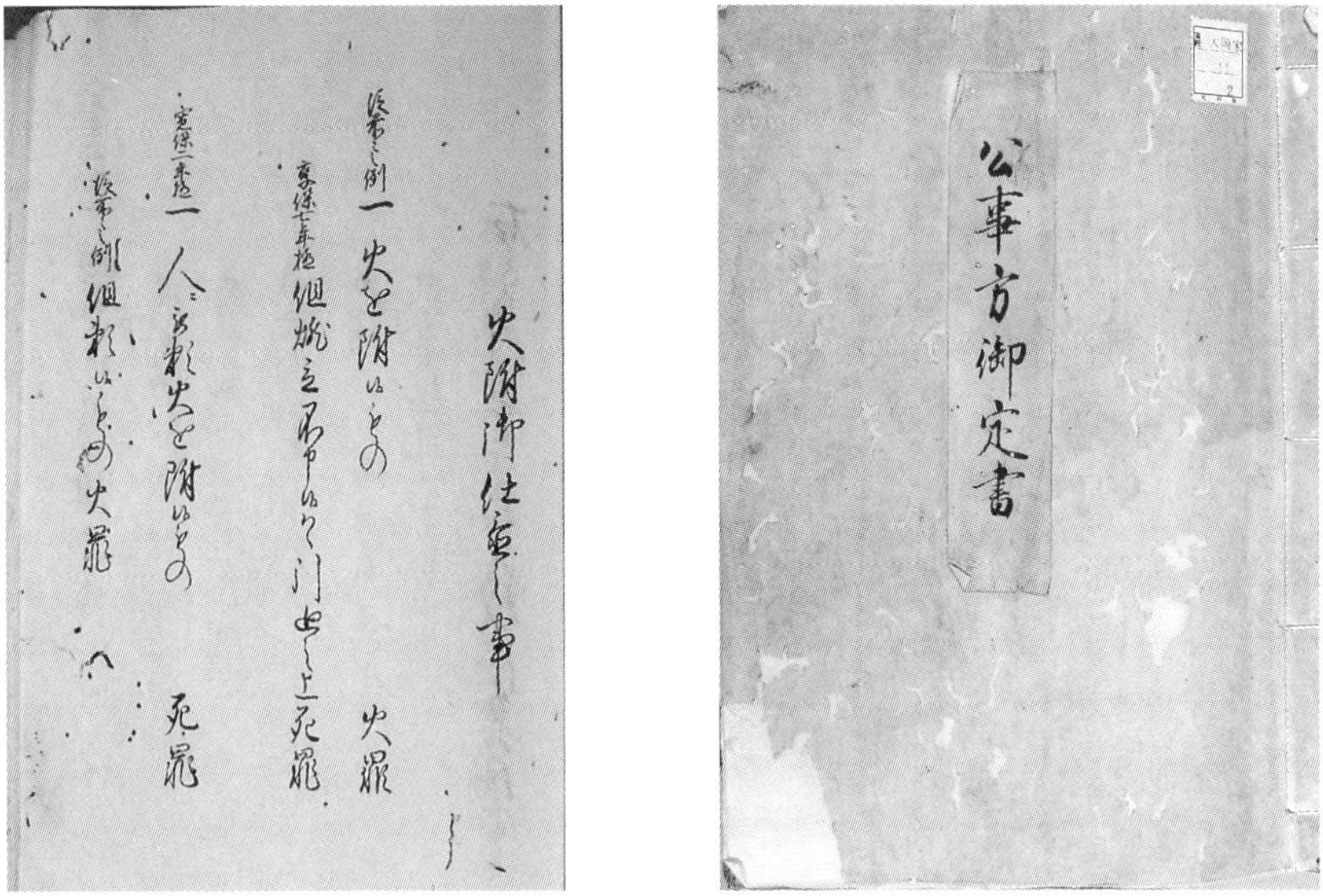

図１　「公事方御定書」（大岡家文書。国文学研究資料館寄託）　表紙（右）と火附御仕置之事条の冒頭（但書によって未遂罪を定める）。

第三は、第七十条「火附御仕置之事」の第一項但書「但、燃立不申候ハヽ、引廻之上死罪」を削除したことである。放火犯罪に対しては既遂未遂の区別を設けて科刑していたのを、宝暦増修によってその区別をなくし、いずれの場合も火罪を科すことに改めたのである（同後集第三、三九五～三九六頁）。第四は第七十七条「酒狂人御仕置之事」の第三項本文の修正である。武家の家来が酒狂によって傷害を負わせた場合、被害者の治療代として加害者はその身分に応じた金額（中小姓躰の者銀二枚、徒士金一両、足軽銀一枚）が徴収される定めであったが、これを改め、刑罰として一律に江戸払を科すことにしたのである（同後集第四、五〇～五一頁）。

第五は、第八十二条「科人欠落尋之事」に第四項として、次のような規定を増補したことである。すなわち、喧嘩口論による殺人罪において、捜索が三〇日ほどに及んでも逃走の共犯者を逮捕できない場合、逮捕済みの共犯者については本人の供述があれば刑を科してもよいというものである（同後集第四、一〇四頁）。第六・第七は、

第百三条「御仕置仕形之事」における修正と増補である。まず、江戸払の立入禁止区域を拡大する修正を加えた。すなわち、「品川・板橋・千住・両国橋・四ッ谷大木戸より内」に加えて、本所と深川のうち町奉行所の支配区域も立入禁止としたのである。また、女性には重追放を適用しないという規定の次に、その例外として「一町人百姓之女ハ、重追放にも可申付事」という規定を増補した（同後集第四、二五六〜二五七頁）。

「公事方御定書」下巻に対する宝暦四年の増補修正は右の七箇所である。したがって、この七箇所を増修前の姿に戻せば、それが延享三年増修本なのである。つまり、延享三年次の「公事方御定書」下巻は一〇二箇条なのである。

延享三年増修の伝本

延享三年増修本のうちの最善本は、何といっても大岡家伝来の「公事方御定書」（二冊、国文学研究資料館寄託の三河国額田郡西大平大岡家文書、架号一一）であろう。西大平大岡家は大岡忠相の家柄であり、本書はその子孫の寄託文書五五三点の中に存するものである。(19) 二冊とも表紙中央に題簽にて「公事方御定書」とのみ記され、そこには上下の文字が見られない（図1参照）。縦三一・七、横二三・〇糎の西内判の大きさで、上巻にあたる第一冊が一六五丁、下巻にあたる第二冊が二〇三丁である。条文ごとに改丁して筆写し、その筆捌きは丁寧かつ能書である。巻頭の目録には条文番号が振ってあり、本文の袖に条文番号を記した紙片を貼って検索に便ならしめている。蔵書印ならびに書写に関する奥書などは見られない。巻末に御定書掛三奉行ならびに松平左近将監の奥書が存し、三奉行は左に示すように牧野越中守以下神谷志摩守までの七人である。

右御定書之条々、元文五庚申年五月、松平左近将監を以被　仰出之、前々被　仰出之趣幷先例、其外評議之上、追々伺之、今般相定之者也、

寛保二壬戌年三月二十七日

牧野越中守

越中守御役替ニ付、寛保二戌年六月代り被　仰付、
大岡越前守

石河土佐守

土佐守御役替ニ付、延享元子年六月代り被　仰付、
島　長門守

水野対馬守

対馬守御役替ニ付、延享元子年十二月代り被　仰付、
木下伊賀守

伊賀守御役替ニ付、延享三寅年三月代り被　仰付、
神谷志摩守

御定書掛寺社奉行は延享年間も大岡忠相が引き続いて在任中であり、延享三年次の増修作業もまた大岡が指導的立場にあった。本書はその装訂の立派さ、書写の様子などから推察するに、御定書掛寺社奉行としての大岡忠相が所持した延享三年増修本そのものと考えられる。この推察にして誤りなければ、本書は今日知られている伝本中、最古の写本と言ってよく、かつ幕府正本の一つと見做すべき善本であろう(20)。

次に、延享三年増修の内容を有する伝本のうち、伝来と書写年との両方が判明する伝本を紹介しよう。第一は、山形県鶴岡市秋保良氏所蔵「公事方御定書」四冊である。書型は半紙判で、その第一冊には仁「寺社方御仕置例書」および勇之上「公事方御定書」上巻第二十条までを、第二冊には勇之下「公事方御定書」上巻第二十一条より第七十八

条までを、第三冊には智之上「公事方御定書」下巻四十九条までを、第四冊には智之下「公事方御定書」下巻第五十条より第百二条までを収載する。御定書掛三奉行の奥書は、島長門守（町奉行）の名が欠落して六人となっている。また、江戸払の立入禁止区域を示す地名に本所深川が見え、この箇所のみ宝暦増修後の姿となっている。とは言うものの、上巻七八箇条、下巻一〇二箇条の延享三年増修本であることに違いはない。

書写に関する奥書が、第二冊末尾に「文化二年乙丑四月写　秋保親身蔵書」と記されている。秋保親身は、譜代大名酒井氏の支配する庄内藩（一四万石）の郡代（天保六年十一月～弘化二年十二月）を務めた秋保与右衛門のことであり[21]、良氏はその御子孫である。秋保親身が本書を書写した経緯を明らかにすることはできないが、本書の存在は文化二年（一八〇五）四月、「公事方御定書」上下巻の延享三年増修本が庄内藩に伝わったことを語っている[22]。

伝来と書写年の判明する第二は、「御慎書」乾坤（二冊、著者蔵）である。書型は美濃判で、乾冊に「公事方御定書」上巻の全七八箇条、坤冊に同下巻の全一〇二箇条を収載する。各冊とも巻頭に目録を備え、坤冊の御定書掛三奉行は牧野越中守以下神谷志摩守までの七人が名を連ねる。書写に関する奥書が各冊の末尾に、

此両巻条々天保十一庚子三月、従鳥羽城正本を求得て野郁率章写之者也、みたりに他見をゆるさす、

野郁軒（「率章」墨丸印）

と記されている。すなわち本書は、天保十一年（一八四〇）三月、野郁軒（率章）なる人物が志摩国鳥羽藩（稲垣氏、譜代、三万石）の所有する「正本」より転写した写本なのである。なお、野郁軒の伝は未詳である。

以上に紹介したのは、武家に伝来した延享三年増修本で、しかも上下巻の揃っている伝本であるが[23]、次に紹介するのは農村部に伝来したもので、下巻のみの延享三年増修本である。その第一は、「公事訴訟取捌」上中下（三冊、著者蔵）である。書型は半紙判で、上冊に目録以下第三十五条「家質金滞日限定」までを、中冊に第七十五条「あはれも

の御仕置之事」までを、下冊に第百二条「御仕置仕形之事」までを各々収載する。奥書の御定書掛三奉行の名は、牧野越中守と大岡越前守との二名のみで以下を欠落する。下冊末尾に「文化四卯八月写之」と書写年を記す。また各冊の裏表紙に「太田長吉久之（上冊）」「太田長吉（中冊）」「信成（下冊）」の名が見え、上冊・中冊には別筆にて「太田義守」の名も記されている。下冊の裏表紙の裏には明治期の筆で「第五十五区水内郡五十平村太田氏」と記される。したがって、本書は文化四年（一八〇七）八月の書写本で、信濃国水内郡五十平《いかだいら》村（現、長野市）の太田氏に伝来したものである。五十平村は譜代大名戸田氏（六万石）の支配する松本藩領である。なお、本書は本所深川の町奉行支配区域が当時立入禁止であることにつき、「江戸払御仕置之儀、只今迄ハ本所深川と罷在候義ハ相構不申候得共、向後江戸払御仕置相当之者は、江戸幷本所深川町奉行支配限」という文言を江戸払の箇所に載せている。

次に紹介する伝本は、元表紙を欠いて後補の表紙であって、内題も存しないので書名は不明である（一冊、著者蔵）。目録の最後に「以上百弐ヶ条」とあって、その通り一〇二箇条の本文をもつ「公事方御定書」下巻であって、延享三年増修の内容を備える。奥書の御定書掛三奉行は、牧野越中守より神谷志摩守までの七人が名を揃えている。書写に関する奥書が「于時文化十四丁丑年孟春写之、膝子邑　蛭間幸吉写之者也」とあり、蛭間幸吉の名の上に、「山田常右衛門代官所／大原四郎右衛門御支配所」と二行に記されている。奥書はもう一つ存し、そこには「于時文化丁丑年孟春吉日、武州足立郡南部領膝子村　飛留麿氏幸吉求之」と記されている。武蔵国足立郡南部領の膝子村は、埼玉県旧大宮市に属し、江戸時代は全期を通じ幕府領である。蛭間幸吉が本書を書写した文化十四年（一八一七）当時、膝子村は代官山田常右衛門の支配下にあり、大原四郎右衛門は山田の下僚（手代か）として同村を担当する人物であったと推測される。「公事訴訟取捌」上中下三冊ならびに「書名不明」一冊は、誤字や脱文も見られ、決して良質な写本とは言えない。ともあれ、延享三年増修の内容をもつ伝本を農村部の有力者が所持していたことが知られるのである。

以上、僅少な事例を紹介したにすぎないが、延享三年増修の内容を備えた伝本が譜代藩の武家ならびに農村部、および代官の支配する幕府直轄領に伝来していたことが判明した。

「公事方御定書」は建前上はあくまでも秘密なのだから、右に見たように、書写年や書写者名を書きつけるのは比較的珍しい事例であって、伝本の多くは書写者の名前はもちろん、書写年や親本などについても書き残さない場合の方が多い。以下にそのような伝本を中心として、延享三年増修の内容をもつ伝本の若干を紹介しよう。

①「密事録」上下（二冊、明治大学図書館蔵、架号三二一・一五―八二）

上冊が「公事方御定書」上巻七九箇条（「当時看板之御文言」を一箇条と数える）、下冊が「公事方御定書」下巻一〇二箇条を収載する。

②「公裁要鑑」上下（二冊、明治大学博物館蔵、架号D―一四二）

黒川真頼旧蔵本。上冊が「公事方御定書」下巻一〇二箇条、下冊は幕府法の「公事訴訟取捌」を収載する。なお、「公事方御定書」下巻の奥書中、松平左近将監のそれを欠く。

③「掟秘録」（一冊、鶴岡市郷土資料館蔵、架号播磨斉藤四）

秋保親身筆写の伝本に同じく、御定書掛三奉行の連名に島長門守を欠き、江戸払の立入禁止区域に本所深川を記す。本書は、庄内藩領播磨京田村（現、鶴岡市）の総代名主斉藤家に伝来した資料である。

④「公儀御仕置条目」全（一冊、早稲田大学図書館蔵、架号特ワ三―六六〇二）

鶴田皓旧蔵本。第三十三条「借金銀取捌之事」は延享三年増修より前の法文が残り、江戸払については本所深川の町奉行所支配場限りがその後立入禁止となった旨の注記が見られる。

⑤「科条」全（一冊、早稲田大学図書館蔵、架号ワ三―六三五〇）
御定書掛三奉行ならびに松平左近将監の奥書を共に欠く。
⑥「町御奉行所例書」（一冊、明治大学博物館蔵、架号F―六六）
嘉永三年（一八五〇）九月写、森内蔵本。宝暦増修が部分的に存す。すなわち、第九条「重キ御役人之家来御仕置ニ成候節其主人差扣伺之事」が存することである。ただし、目録にはこの条文が見えない。
⑦「公政載録」一二三（三冊、宮内庁書陵部蔵、架号二〇八―一八五）
宝暦増修が部分的に見られる。すなわち、第九条、第八十二条「科人欠落尋之事」の第四項、第百二条「御仕置仕形之事」のうち、「一町人百姓之女は、重追放にも可申付事」がそれである。
⑧「秘書」（一冊、著者蔵）
文化十三年（一八一六）、柏原氏書写。宝暦増修が部分的に見られる。すなわち、第五十五条「盗人御仕置之事」の第二十六項但書、第百二条「御仕置仕形之事」の町人百姓の女の重追放の規定がそれである。
⑨「寛保律」（一冊、明治大学図書館蔵、架号三二一・一五―九七）
宝暦増修の第九条を第八条の追加として補筆する。
⑩「御定法式目」（一冊、明治大学図書館蔵、架号三二一・一五―一二四九）
「公事方御定書」下巻にあらざる本文七箇条を挿入して一〇九箇条とする。
⑪「書名不明」（一冊、早稲田大学図書館蔵、架号文庫五―一四八三）
明らかに近年の筆で「御定書百ヶ条」と書いた紙片が、題簽の意味で表紙に貼られている。
⑨⑩⑪は、奥書の御定書掛三奉行の名が就任の順番に記され、八人目の御定書掛として町奉行能勢肥後守が加わっ

ている。能勢肥後守頼一は、前任者島長門守祥正の後任として、延享三年七月より宝暦三年（一七五三）六月までの七年間在職した。

なお、天保十二年（一八四一）版行の『武家秘冊青標紙』後編は、「武家諸法度」「軍令」などと共に、「公事方御定書」下巻を「御定書　凡百箇条」と題して収載する。江戸時代に梓に上せた唯一の「公事方御定書」下巻であり、その法文は延享三年増修の一〇二箇条である。編者の幕臣大野広城は本書の出版によって処罰され、丹波国綾部藩の九鬼家に預となった(24)。

以上、寛保三年の第一次増修の内容を有する伝本を一本、および延享三年の第四次増修の内容を有する伝本若干を紹介した。これによって類推するに、後者の延享三年増修本は全国的に見ればかなりの数の伝本が現存していると考えられる。したがって、〝現存する「公事方御定書」下巻の伝本は宝暦四年までの追加を含んで一〇三箇条となっている〟とする従来の見解は、訂正の必要があろう。

宝暦四年増修の伝本

このたびの伝本調査においては、宝暦四年四月の増補修正を経た一〇三箇条の伝本にも多数出会った。しかし、ここでは最善本の一本を紹介するにとどめる。それは宮内庁書陵部蔵の「公事方御定書」（二冊、架号五〇六―一八）である。第二冊すなわち下巻の御定書掛三奉行の奥書には寺社奉行が牧野越中守より脇坂淡路守まで三四人、町奉行が石河土佐守より遠山左衛門尉まで一九人、勘定奉行が水野対馬守より久須美佐渡守まで三二人、都合八五人が名を連ねている。このうち就任時期のもっとも遅いのは寺社奉行脇坂淡路守（安宅、播磨国龍野藩主）で、嘉永元年（一八四八）十月の就任である。したがって、本書はこれ以降に書写された伝本ということになる。

『図書寮典籍解題』によって書誌を紹介すると、「西内判袋綴、素表紙、中央に『公事方御定書』と題簽あり。本文用紙は楮紙」とあり、『同解題』は続いて「当本はその装釘の立派さから見て、恐らく禁中か又は将軍かへ呈上されたものと思はれる」と記す。(25) 本書は、書物としての姿が大岡忠相所持本と目される「公事方御定書」によく似ている。それは、(1)いずれも西内判と称する大判の書型であること（本書は縦三一・七、横二三・〇糎）、(2)上下の各巻とも題簽に「公事方御定書」と記し、それを素表紙の中央に貼付すること、(3)両本とも右筆の手になる丁寧かつ流麗な書写であり、条文ごとに改丁を施していること（本書は上巻一六九丁、下巻二一二丁）、(4)丁数もしくは条文数を記した紙片を袖に貼りつけて検索に便ならしめていることなどである。つまり、書陵部本は大岡家伝来の「公事方御定書」と基本的にその装訂を同じくするのである。換言すれば、造本の方式が一〇〇年以上後の嘉永元年以降も踏襲されているということである。これによって考えるに、書陵部本は――将軍座右用の「御前帳」はともかくとしても――御用部屋をはじめ大坂城代までの主要部署に交付された「公事方御定書」のうちの一本である可能性が強いように思う。

三　「公事方御定書」下巻の呼称

「公事方御定書」上下巻は、単に「公事方御定書」と称するのが本来の名称であろう。それは、幕府が公式に作成して交付したとおぼしき大岡家伝来本ならびに書陵部本に、題簽の書名として「公事方御定書」とのみ記されるからである。

さて、「御定書百箇条」という俗称についてであるが、このたび調査した伝本中にこの呼称をもつ写本には遂に一冊も巡り会わなかった。つまり、江戸時代において「御定書百箇条」という呼称は少しも一般的ではないのである。

旧幕臣勝海舟は「公事方御定書」下巻を「刑法百箇条」と表現し、[26]また幕末に江戸の南町奉行所与力であって、吟味方、詮議役として勤務した佐久間長敬は「百ヶ条定書」と記している。[27]「公事方御定書」は、公然とは特定の幕府首脳のみが見ることを許された秘密のものであるから、それは内密裡に筆写され続けたのであり、その折には書写者各人が適宜に表題をつけた。それ故、一つの表題が一般的となることはなく、実に多様な呼称が残されたのである。また時には表題のない伝本に出会うこともある。これは書き漏らしたのではなく、後難を恐れてあえて書きつけなかったと思われるのである。たとえば前掲の延享三年増修本⑪がそれであり、「御定書」（一冊、明治大学博物館蔵、架号D—一六二）もまたそうである。後者は黒川真頼旧蔵本であり、表紙に打付け書きされた「御定書」という表題は、本文とは別筆の後補のものである。

様々な表題ではあるが、少しは類型化が可能であるので以下に紹介しよう。その際、明治期書写の伝本は除外し、表題については内題を優先して採録した。また冊数表示のないものは一冊本である。

1、表題中に「秘」や「密」の語を用いて秘密の旨を示した伝本。

①「秘書」（著者蔵・明治大学図書館）、②「秘宝政用集　巻下」（明治大学博物館）、③「公事秘録」（国立国会図書館）、④「公刑秘録」（神宮文庫、内藤耻叟旧蔵本）、⑤「公裁秘録」二冊（著者蔵）、⑥「公裁秘録評定集」（著者蔵）、⑦「掟秘録」（鶴岡市郷土資料館）、⑧「刑策堅秘録」（香川大学附属図書館神原文庫）、⑨「密事録」二冊（明治大学図書館）

2、表題中に「公」「公裁」「公儀」などの語を用いて幕府法であることを示した伝本。

①「公刑録」二冊（「公事方御定書」上下巻、大岡家文書）、②「公刑録」（明治大学図書館、二部を存す、いずれも公爵毛利家文庫旧蔵本）、③「公裁記」（書陵部、古賀精里・侗庵・茶渓三代の旧蔵本）、④「公裁秘録」二冊（著者蔵）、⑤「公裁要鑑」二冊（明治大学博物館）、⑥「公裁秘書」（法務図書館）、⑦「公裁伝聞録」（内閣文庫）、⑧「公裁秘録評

定集」（著者蔵）、⑨「公政載録」三冊（書陵部）、⑩「公儀御仕置条目」（早稲田大学図書館）

3、表題中に「律」の語を用いて刑法であることを示した伝本。

①「寛保律」（明治大学図書館）、②「国朝律」二冊（「公事方御定書」上下巻、内閣文庫）、③「御当家律」（内閣文庫）、④「律目録」（早稲田大学図書館）

右のうち②「国朝律」上下の二冊は、「公事方御定書」下巻を上冊に、同上巻を下冊に収録する。この配列は、おそらく中国律令を意識して「公事方御定書」の下巻を律に、上巻を令に見立てたものであろう。

以上はかろうじて類型化し得た表題であるが、次のような表題も存する。

①「御仕置帳」（著者蔵）、②「御仕置事書抜」二冊（内閣文庫）、③「御成敗御定書」（著者蔵）、④「御定法式目」（明治大学図書館）、⑤「公事訴訟取捌」三冊（著者蔵）、⑥「御慎書」二冊（「公事方御定書」上下巻、著者蔵）、⑦「町御奉行所例書」（明治大学博物館）、⑧「覚書」三冊（「公事方御定書」上下巻および「御定書ニ添候例書」、大岡家文書）、⑨「評定所大帳」（熊本大学附属図書館永青文庫）

右の表題を見ると、「御仕置」「御成敗」「式目」「訴訟取捌」などの語句が用いられており、刑罰や裁判に関する書という意味合いをもつ表題が多い。この傾向は当然のこととしても、「公事方御定書」下巻に対しては実に様々な表題が与えられているのであり、江戸時代において一つの表題が一般化することはなかったと言ってよいであろう。(28)

ところで、江戸時代に「御定書百箇条」という呼称がまったく存在しなかったかと言えば、決してそうではない。今までに一度だけこの呼称に遭遇した。「公制秘鑑」（一冊、松本市立博物館蔵）の奥書に左のように見えるのがそれである。

右公制秘鑑終、一ニ公裁秘録評会轅録と云ゝ、又御定書百ヶ条と唱ふ、公制秘鑑ハ御代官稲垣藤四郎殿ゟ出書也、誤有之故、江戸宿屋所持いたし候公制秘鑑、御代官飯塚伊兵衛殿ゟ出、又ハ蓑笠之助殿手代和田仁左衛門所持いたし候百ヶ条、或ハ轅秘等之数本ヲ合て誤ヲ改写しぬ、

右之通改候、本日読合畢、

右の「公制秘鑑」は、天保十年（一八三九）八月、百瀬元なる人物（おそらく松本藩士）が松本藩の口留番所の千国番所において書写した写本である。百瀬はおそらく右の奥書をもつ伝本を書写したものと思われる。本書は、基本的に延享三年増修の法文をもつ「公事方御定書」下巻であるが、通常の伝本と次の点で大きく異なる。第一に、本書は全一一三箇条から成り、「公事方御定書」下巻にあらざる条文を少なくとも五箇条含むこと、第二に、延享三年増修の時点ではすでに削除済みの「過料申付方之事」という一箇条が依然として存在すること[29]、第三に、これはもっとも奇異に感じることであるが、条文配列が大きく異なっていることである。このような奇妙な写本が生じたのは、おそらく奥書に記す校合に起因するであろう。前掲奥書は、幕府代官およびその手代、江戸の公事宿が「公事方御定書」下巻の写本を所持していたこと、さらに「公事方御定書」下巻の流布に一役買っているのが彼らであったことを語っていて貴重である[30]。

それによれば、「公制秘鑑」という書は幕府代官稲垣藤四郎を出どころとするが、誤りが存するので、江戸の公事宿の所持する「公制秘鑑」、幕府代官飯塚伊兵衛を出どころとする「百ヶ条」、幕府代官蓑笠之助の手代和田仁左衛門所持の「百ヶ条」、あるいは「轅秘」などの数本をもって校合して「改写」したのである[31]。「公制秘鑑」の別称として「公裁秘典評会轅録」と呼び、「御定書百ヶ条」と唱うという。ともかく、右の奥書は「御定書百ヶ条」という呼称が江戸時代に存したことを語っており、それが多様な呼称の一つであることをも示している。

続いて、「御定書百箇条」という用語が、「公事方御定書」下巻を意味する呼称として普及し定着したのはいつのこ

とか、また、その要因は何に求められるのかについて考えてみたい。まず、明治・大正・昭和戦前期の法制史家の著作が、「公事方御定書」下巻をどのように説明しているかをながめてみよう。三浦周行氏（一八七一～一九三一）は、「世に百箇条と称す[32]」「御定書下巻は百三条より或《（ママ成）》り、俗に百箇条といふ[33]」「民間で専ら百箇条と呼んで居たのは此下巻の事で、条文の数、百三条から成り、又公事方御定書とも御仕置御定書ともいはれた[34]」などと記し、「百箇条」を俗称とする。

三浦氏は一方で「御定書百箇条」の語を次のように用いる。すなわち、「此時代の刑法たる御定書百箇条を初め[35]」「世には吉宗が其御定書百箇条に於て明律より得るところ多きをいふ[36]」と。これらの用例を見るに、三浦氏は「公事方御定書」下巻を意味する語として「御定書百箇条」を用い、片や「百箇条」は民間の俗称として両者を区別して用いている。

池辺義象氏（一八六一～一九二三）は京都大学で初めて日本法制史を講じた人物であるが[37]、その著『日本法制史』に「「公事方御定書」と云ふ、上下二巻ありて、上は令八十一条、下は律百三条なり……「百箇条」と云ふはこの下巻百三条の律文にして、寛保以後の裁断は、総てこれに依れり」と記し[38]、「公事方御定書」下巻を意味する語として「百箇条」を用いている。

東京帝国大学法学部において大正十年（一九二一）より「法制史」を講じた中田薫氏（一八七七～一九六七）は、「徳川百箇条第七十八条によれば[39]」「公事方御定書下巻俗称徳川百箇条の末尾に[40]」と記し、「徳川百箇条」を「公事方御定書」下巻の俗称と捉えておられる。

三浦氏退職後、大正十五年（一九二六）より京都帝国大学法学部の日本法制史講座を担当した牧健二氏（一八九二～一九八九）は、『日本法制史概論』の中で「寛保二年に公事方御定書が出来上つた。……有名なる御定書百箇条は実に此の科条類典の下巻の本文である[41]」と説明する。

昭和初年、中央・法政・日本・東京商科・慶應義塾の各大学に出講して法制史講座を開設し、同五年（一九三〇）より中央大学教授として日本法制史を担当した瀧川政次郎氏（一八九七〜一九九二）は、その著『日本法制史』に「民間で御定書百箇条、御仕置百箇条、御仕置御定書等と呼んでゐたのは、即ち下巻一百三箇条の事であつて[42]」と記す。

また、東北帝国大学において日本法制史講座を担当した高柳真三氏（一九〇二〜一九九〇）は、「この下巻は世上御定書百箇条あるいは御仕置百箇条などと称され[43]」と記す。

右の諸著作を見渡すと、「公事方御定書」上下巻のうち下巻のみを指し示す呼称としては「御定書百箇条」をはじめ、「百箇条」「徳川百箇条」「御仕置百箇条」「御仕置御定書」の語が見られ、説明の仕方も様々である。しかし、「御定書百箇条」という呼称は三浦氏がこれを「百箇条」と区別して用い、牧氏が「有名なる」という形容詞を冠しているように、なかでも優位な地位を占めているようである。この傾向に拍車がかかって、「公事方御定書」下巻を指す呼称が「御定書百箇条」一辺倒となるのは戦後のことである。

そこで法制史家の戦後の説明をながめてみるに、中田薫氏の後任として日本法制史を講じた石井良助氏は『日本法制史概説』に、「下巻は……合計百三条あり、俗にこれを御定書百箇条等と云ふ[44]」と説き、また名古屋大学で日本法制史を講じた平松義郎氏は、「世に御定書百箇条として名高いのは、この下巻のことである[45]」、また前掲したように「下巻について「御定書百ヶ条」の俗称を生んだ」とも記しておられる。その後もたとえば、早稲田大学で日本法制史を講じた杉山晴康氏は、その著『日本法史概論』に「下巻が通常「御定書百ヶ条」と称されている[46]」と記し、熊本大学・専修大学で日本法制史を担当した鎌田浩氏は『日本法制史』の分担執筆において、「下巻一〇三箇条は、別名「御定書百箇条」ともよばれ[47]」と記しておられる。その他、『図書寮典籍解題』もまた、「下巻は……現存のものは後の追加を合せて百三条であるが、俗に御定書百箇条と云はれてゐる[48]」と記している。

「御定書百箇条」の用例をごく大雑把にながめたにすぎないが、次のことが諒解できよう。すなわち、「御定書百箇条」の呼称は、法制史家の間には明治時代後期以降の三浦周行氏の著作あたりから用いられ始め（もっとも三浦氏はこれを江戸時代以来の俗称とは捉えていない）、大正・昭和戦前期にも継続して用いられ、戦後になるとこの呼称がもっぱらに用いられるようになって、しかも「公事方御定書」下巻の俗称・別名の意味で用いられ、それは揺ぎないものとなっている。つまり、「御定書百箇条」は江戸時代においては「公事方御定書」下巻を指す様々な呼称の一つにすぎなかったが、今日では「公事方御定書」下巻の代名詞のような役割を果しており、のみならず、代名詞のように用いられるのは江戸時代以来であるかのような印象すら与えているのである。

このような現象の生じた原因はどこに存するのだろうか。原因のおおもとはおそらく、内藤耻叟校訂の『御定書百箇条』に存するであろう。本書は明治二十二年（一八八九）刊行の単行本で（本文一七〇頁、緒言二頁、正誤三頁）、発行者は皇典講究所幹事の松野勇雄である。表紙・扉とも「文科大学教授内藤耻叟校訂／御定書百ヶ条」と二行に記す。明治二十八年に再版が刊行されている（本文一六六頁、緒言二頁）。

内藤耻叟校訂本は、まもなく『日本古代法典』（小中村清矩校閲、萩野由之・小中村義象・増田于信編）に収録され、明治二十五年（一八九二）、博文館より刊行された。もちろん、「御定書百ヶ条」と題してである（八三一〜九八六頁）。内藤校訂本は昭和三年（一九二八）、瀧本誠一編『日本経済大典』第一巻にも収載された（予約出版、史誌出版社、七九五〜八五一頁）。目次では「御定書百箇条」、本文の内題では「御定書百ヶ条」と表記している[49]。

次に昭和二十年（一九四五）、司法省秘書課は司法資料別冊第一七号として『日本近代刑事法令集』上中下の三冊を刊行し、その上冊に「科条類典」本文に基づいた「公事方御定書」下巻を「御定書百ヶ条」と題して収録した（二一五

〜一四二頁）。

「御定書百箇条」という呼称は、これらの諸事によって研究者の間に普及し[50]、やがては一般の人々の間にまでも広く知れ渡ったものであろう。その一方、呼称の生成過程を忘れ去ったがために、前述のような誤った印象を与えることになったのである。

むすび

寛保二年に成立した「公事方御定書」は、上巻が七八通の法令を収め、下巻は九〇箇条の法文で構成されていた。下巻についてはその後寛保三年、延享元年、同二年、同三年と四年連続で増補修正が繰り返され、それから八年後の宝暦四年、上巻に三通の法令を増補し、下巻に一箇条の増補と五箇条に六箇所の修正を加えて五次にわたる増補修正が終了した。本章では寛保二年成立時の内容をもつ伝本と、寛保三年の第一次増修の内容をもつ伝本との各一部をあらためて確認し、延享三年の第四次増修の内容をもつ伝本については少なからぬ数を紹介することができた。のみならず、御定書掛寺社奉行大岡忠相の所持本と目される伝本にも巡り会うことができた。

寛保二年成立の「公事方御定書」が現行法であった期間は寛保三年増修本の成立するまでの約一年五箇月である。また、寛保三年増修の「公事方御定書」が現行法であったのはわずか一箇年である。このように短い期間しか効力をもたなかった「公事方御定書」ですら、幕閣外に流出したのである。一方、延享三年増修の「公事方御定書」は八年もの間、現行法として運用されたのだから、作成された写本の数も多かったであろうし、これが幕閣外に流出する機会は前二者に比べて格段に多かったに違いない[51]。伝本の残存状況はこの差を示しているように思う。今回未確認の延享元年の第二次増修本、延享二年の第三次増修本もやはり幕閣外に漏洩したであろうから、いずこかの書庫にひっそり眠っているやも知れない。今後の発見に期待するものである。

「公事方御定書」下巻の五次にわたる増補修正について、当然のことながら江戸時代に下巻を書写した人々はこの事実を承知していない。さきに紹介した延享三年増修本の中に、宝暦増修の内容を部分的に書き入れた伝本がいくつか存したが、これは右の事実を知らぬが故の校合なのである。また、延享三年までには削除されたはずの「過料申付方之事」という一箇条を書き加えた伝本の存するのも、同じ理由による。伝本を調査する際には、この点に留意すべきである。(52)

本章に紹介した伝本は比較的良質な写本を選んで取り上げたが、周知のように巷間に存する伝本には誤字・脱字・衍字のみならず、脱文・衍文の甚だしい写本も少なくない。このような状況が生じたのは、「公事方御定書」が秘密法であったことに起因する。この点は多くの方の認めるところであろう。きわめて夥しい数の写本が今日に残されていることからすると、筆写すること自体は黙認されていたのかも知れない。それにしても表向きは秘密であるから、草々の間の書写となりがちであり、それにはどうしても誤写がつきまとう。それが転写を重ねて誤写が増幅されていったと考えられるのである。このような事態が生じることは、「公事方御定書」の生みの親、徳川吉宗も想定しなかったのではなかろうか。

ともかくも、「公事方御定書」下巻は今日に多数の写本を伝えているが、純粋に正規の法文のみで構成される伝本はむしろ珍しい。五次にわたる増補修正を認識していなかったがために不自然な校合を残す伝本に頻繁に出会うのである。また、秘密法としたが故に様々な呼称を生み、同時に誤脱の目立つ伝本も数多く生じたのである。こうした状況は、裁判実務を担当する幕府吏員たちですら困惑を感じていたのであり、天保十二年（一八四一）の「棠蔭秘鑑」

一二部の作成[53]は、まさにこのことを如実に物語っている。

註

（1）石井良助『日本法制史概説』三七五頁、平成十四年、創文社、初版は昭和二十三年、弘文堂。石井氏はこの見解をその後も堅持して『法制史』体系日本史叢書4、一六四頁（昭和三十九年、山川出版社）『国史大辞典』第四巻、七五五頁（昭和五十九年、吉川弘文館）にも記しておられる。

（2）平松義郎「「徳川禁令考」・「公事方御定書」小考」（二）二四頁、『創文』一八七号、昭和五十四年。平松氏のこの記述は、同氏「公事方御定書」石井良助編『日本法制史』法律学演習講座七二頁（青林書院、昭和二十九年）を踏襲したものである。平松氏はまた「現存する公事方御定書の諸本は、宝暦四年までの追加を含むのが普通である」とも述べられる（「徳川禁令考別巻　解題」昭和三十六年、創文社）。

（3）平松義郎「近世法」『岩波講座　日本歴史〈新版〉11』（昭和五十一年）。後に『江戸の罪と罰』平凡社選書所収二七頁、昭和六十三年。

（4）司法省蔵版・法制史学会編『徳川禁令考』別巻（昭和三十六年、創文社）は、「寛政刑典」と題する法書を収載する（三二五〜三六六頁）。「公事方御定書」下巻と内容をほぼ同じくするが、別書である。松平定信が「公事方御定書」下巻を改訂して編纂したと伝えられるが定かでない。しかしながら、本書は「公事方御定書」下巻に匹敵する数、あるいはそれを上回る数の写本が作られているかも知れない。それは本書が幕府「公事方御定書」と認識されたからであるが、目下、本書の成立事情を審らかにすることができない。それ故、「寛政刑典」をめぐる諸問題については後考に譲ることにして、本章では採り上げないこととする。

（5）『徳川禁令考』後集第四、二七一〜二七二頁（昭和三十五年、創文社）。

（6）平松義郎氏は、寛保二年四月成立の「公事方御定書」は適用されることなく直ちに大改訂にさらされたと主張されたが（「「徳川禁令考」・「公事方御定書」小考」（二）（三））、藪利和氏が適用の実例を指摘してこの説の成り立たないことを実証された（「「公事方御定書下巻」の原テキストについて」大竹秀男・服藤弘司編『高柳真三先生頌寿記念 幕藩国家の法と支配』所収、昭和五十九年、有斐閣）。

なお、「公事方御定書」の編纂方式と制定につき、小林宏「前近代法典編纂試論」（『國學院法學』四〇巻四号、平成十三年〔後に　同氏著『日本における立法と法解釈の史的研究』第三巻、平成二十一年、汲古書院に収載〕）参照。

（7）平松義郎『近世刑事訴訟法の研究』五四六～五四九頁、昭和三十五年、創文社。

（8）『明治大学刑事博物館年報』Ⅳ、昭和四十九年（後に茎田佳寿子『江戸幕府法の研究』所収、昭和五十五年、巖南堂書店、五七一～六〇八頁）。

（9）藪利和「「公事方御定書下巻」の原テキストについて」八四～九八頁参照。

（10）同右一〇〇～一三三頁。

（11）平松義郎「徳川禁令考後集　解題」『徳川禁令考』後集第一、三～四頁（昭和三十四年、創文社）。

（12）大岡家文書刊行会編『大岡越前守忠相日記』上中下巻（昭和四十七～五十年、三一書房）。

（13）茎田佳寿子『江戸幕府法の研究』一二〇頁。

（14）同右四三～四七頁。

（15）平松義郎「徳川禁令考別巻　解題」七～九頁。なお、国立公文書館内閣文庫蔵の「栄蔭秘鑑」（四冊、架号一八一―八九）もまた幕府評定所備え付けの伝本であり、本書にも石井氏旧蔵本に同じく、「辰口官庫　温故知新」の藍印が捺してある。

（16）本章執筆にあたり、とくに調査した所蔵機関は、国立国会図書館古典籍資料室、国立公文書館内閣文庫、国文学研究資料館、宮内庁書陵部、早稲田大学図書館、明治大学図書館、明治大学博物館である。今回調査しえた伝本は、全国各所に伝存する数からすれば九牛の一毛にすぎない。しかも、右機関に所蔵する伝本を漏れなく調査できたとも思えない。とは言うものの、この調査を通じて伝本についての大まかな傾向は把握できたように思う。閲覧を快諾された各機関ならびに関係各位に対し、この場を借りて謝意を表するものである。

（17）高塩博「寛保三年増修の「公事方御定書」下巻について」『國學院大學日本文化研究所紀要』九五輯、平成十七年〔本書論考篇第三部第三章、同史料篇八〕。
（18）小出義雄「御定書百箇条編纂の事情について」『史潮』第四年第三号、一三一頁、昭和九年。
（19）国文学研究資料館史料館編『史料館収蔵史料総覧』一七三～一七四頁、平成八年、名著出版参照。
（20）大岡家文書の中には「例書」と題する書冊が存する（一冊、架号一五一—一）。これは、「公事方御定書」下巻の増補あるいは修正に関する改正法を追加法として別冊に仕立てたものであって、三九項から成り、延享三年四月、「公事方御定書」下巻の第三次増修と共に編纂されたものである（林紀昭「「御定書ニ添候例書」成書試論」『法と政治』五一巻一号、平成十二年、高塩博「「公事方御定書」管見——流布の端緒および「例書」の成立をめぐって——」『國學院大學日本文化研究所紀要』九一輯、平成十五年〔本書論考篇第四部第三章〕参照。つまり、大岡家文書の「公事方御定書」二冊と「例書」一冊とは、本来は一組のものとして存在した筈である〔「例書」にも項目数を記した紙片を本文の袖に貼付するが、この紙片は料紙、筆跡ともに「公事方御定書」のそれに同じである〕。
なお、大岡家文書には「公刑録」（二冊、架号一二）と題する「公事方御定書」上下巻が存するが、本書は大岡忠相所持本を転写した延享三年増修本である。
（21）鶴岡市史編纂会編『荘内史要覧』荘内史料集一五、一四三頁、昭和六十三年、鶴岡市。
（22）酒田市立光丘文庫は、秋保親身本を転写した「公事方御定書」（天地二冊、架号松平五四）を所蔵している。本書は庄内藩家老松平武右衛門の旧蔵本で、天保六年（一八三五）十月に秋保与右衛門より借写した旨の奥書を有する。
（23）なお、上巻のみの「公事方御定書」が存するので紹介しておく。それは黒川真頼旧蔵の「公事方御定書」（一冊、明治大学博物館蔵、架号D—二七三）であり、ここには七八通の法令を収載する。したがって、本書は延享三年もしくはそれ以前の「公事方御定書」のうちの上巻ということになる。
（24）牧野善兵衛『徳川幕府時代書籍考』五六～五七丁、大正元年、東京書籍商組合。〔なお、『青標紙』後編に収載の「公事方御定書」については、本書論考篇第四部第五章参照。〕
（25）宮内庁書陵部編『図書寮典籍解題』続歴史篇二一五頁、昭和二十六年、養徳社。

(26) 福田敬業編『追讃一話』二丁、明治二十三年、博文館。

(27) 佐久間長敬『刑罪詳説』徳川政刑史料前編第三冊、一九、二一頁など、明治二十六年、南北出版協会。
なお、水戸藩の町方役所は、文政六年（一八二三）五月の文書において「公事方御定書」下巻の第七十九条「拾五歳以下之者御仕置之事」を引用するにつき、「公義百ヶ条之内書抜、十五才以下之御仕置」と表記している（傍点引用者、神崎直美「水戸藩『刑典摘要』について――解題と翻刻――」『城西人文研究』二七巻、五〇頁、平成十五年参照）。

(28) 当時、三重大学教授であった武藤和夫氏は、「公事方御定書」の写本を多数所持しておられ、それらの表題が様々であったことを左のように述べておられる（「公事方御定書について」『三重史学』五号、三四頁、昭和三十七年。

私も御定書の写本は大分蒐集したが、これらの中には「御定書」「御定法書」「御定法式目」「御定法書記」「御定書百箇条」「御大法御条書百箇条」「公事御定法式目」「御掟書御定書」「御定書取計帳書抜」「寛保御定書」「寛保律」「関東式目録」「御当代御成敗式目」「享寛律」「幕律」「徳川公律」「御仕置秘書」「公裁御儀定書」などと題名は多少異っているが、その内容は大同小異で、みな公事方御定書の写本である。

(29) 寛保三年増修「公事方御定書」下巻の第二十九条「過料申付方之事」は、その内容が「御仕置仕形之事」に定める過料の規定と重複するので、延享元年以降同三年までの間に削除された（「過料申付方之事」は延享元年増修本に存するから、おそらく延享二年の増補修正の際に削除された）。

(30) 江戸の公事宿が「公事方御定書」下巻を所持したことは職掌柄当然のことであるが、「公制秘鑑」の奥書はこれを史料的に裏付けるものである。高橋敏氏もまた江戸の公事宿山城屋弥市が「秘密録　全」と称する「公事方御定書」下巻を所持していたこと、山城屋に訴訟の世話を頼む湯山吟右衛門（駿河国御宿村名主）が嘉永三年（一八五〇）五月にこれを書写させてもらったことを紹介しておられる（高橋敏『江戸の訴訟――御宿村一件顛末――』七二～八九頁、平成八年、岩波新書）。
〔補記〕「秘密録　全」は、現在、静岡県裾野市教育委員会が保管する下湯山家文書のうちの一冊である。本書を調査したところ、その内容は「公事方御定書」下巻にあらずして、「寛政刑典」である。しかも、これに大幅な手が加えられており、「寛政刑典」としても良質な伝本とは言いがたい。しかしながら、江戸の公事宿が所持した幕府法の一事例として貴重である。

(31)『寛政重修諸家譜』（続群書類従完成会）によると、奥書に登場する三人の幕府代官は天明年間に代官に就任している。稲垣藤四郎とは豊強《とよかつ》のことで、天明二年（一七八二）八月、納戸番より代官に転じ（前掲書第六、四〇二頁）、文化九年（一八一二）七月、老免して小普請入りとなった（『続徳川実紀』一篇、新訂増補国史大系四八巻、平成十一年新装版六九〇頁、吉川弘文館）。

飯塚伊兵衛とは政長のことで、天明四年八月に小姓組より代官に転じ、寛政元年（一七八九）八月、飛騨郡代に進んだ（前掲書第一九、九三頁）。飯塚はその後、納戸頭を経て、佐渡奉行、先手鉄炮頭を歴任し、文化八年二月に卒した（東京大学史料編纂所編『柳営補任』三、大日本近世史料、三六頁など、東京大学出版会、昭和三十九年）。

蓑笠之助とは豊昌のことで、稲垣藤四郎の養女を妻とし、天明四年八月、勘定より代官に転じた。天保九年（一八三八）に没する際も代官であった（『柳営補任』五、一八三頁）。寛政十二年（一八〇〇）、蓑は一六〇俵高で屋敷が本所石原に存し、岳父稲垣は二五〇俵高で元飯田町黐木坂下に屋敷を有した（『幕下士鑑』村上直『江戸幕府の代官』付録、昭和四十五年、新人物往来社）。

天明年間に代官に就任した稲垣、飯塚、および蓑の手代はそれぞれに「公事方御定書」下巻を所持し、その「公事方御定書」下巻の法文には少なからぬ異同が存したのであり、呼称もまた一定していなかったということが知られる。

(32) 三浦周行「歴代法制の公布と其公布式」『法制史の研究』一二四頁、大正八年、岩波書店、初発表明治三十四～三十五年。

(33) 三浦周行「法制史概論」『続法制史の研究』一二五頁、大正十四年、岩波書店、初発表大正十年。

(34) 三浦周行「法制史講義」同右三一七頁、初発表大正十二年。

(35) 三浦周行「喧嘩両成敗法」『法制史の研究』九七九頁、初発表明治三十三～三十四年。

(36) 三浦周行「法制史総論」『法制史の研究』二一頁、初発表明治四十一年。

(37) 池辺義象は明治三十六年四月に京都帝国大学法科大学講師を嘱託され、大正四年九月に職を解かれるまで「法制史」を講じた。池辺の解職に伴って三浦周行が「法制史」講座を担当した（岩野英夫「わが国における法史学の歩み――法制史関連科目担任者の変遷──」『同志社法学』三九巻一・二合併号、昭和六十二年、以下に述べる中田薫・牧健二の履歴も岩野論文による)。
(38)池辺義象『日本法制史』一〇五頁、明治四十五年、博文館。
(39)中田薫「徳川刑法の論評」『法制史論集』三巻上、七三五頁、昭和十八年、岩波書店、初発表大正五年。
(40)中田薫「法制史漫筆」同右三巻下一一五八頁、初発表昭和十八年。
(41)牧健二『日本法制史概論』二六九～二七〇頁、昭和十一年訂正三版、弘文堂書房。
(42)瀧川政次郎『日本法制史』三九九頁、昭和三年、有斐閣。
(43)高柳真三「江戸幕府刑法略説」『江戸時代の罪と刑罰抄説』三五七頁、昭和六十三年、有斐閣、初発表昭和十七年。
(44)石井良助『日本法制史概説』三七五頁。
(45)平松義郎「徳川禁令考別巻 解題」六頁。
(46)杉山晴康『日本法史概論』二七〇頁、昭和五十五年、成文堂。
(47)牧英正・藤原明久編『青林法学双書 日本法制史』二二四頁、平成五年、青林書院。
(48)『図書寮典籍解題』続歴史篇二五頁。
(49)『日本経済大典』第一巻収載の「御定書百ヶ条」は、瀧本誠一『日本封建経済史』(昭和五年、丸善)にもやはり「御定書百ヶ条」と題して再録されている(附録三五～八九頁)。
(50)『古事類苑』法律部(明治三十五年、神宮司庁)もまた、「御定書百箇条」の名をもって「公事方御定書」下巻を引載しており、「御定書百箇条」の呼称を研究者の間に定着させるのに一役買ったであろう。
(51)「公事方御定書」が幕閣の外に流出する契機は種々様々であろうが、寺社奉行経験者から流出した事例を紹介したことがある。それは若年寄酒井石見守忠休《ただよし》(出羽国松山藩主)が寺社奉行在勤中(寛延元年〈一七四八〉閏十月～同二年七月)の控である「公事方御定書」を庄内藩の中老水野重孝に借覧させた事例である。それは明和六年(一七六九)のことで、書写した「公事方御定書」は延享三年増修本である。ついで安永五年(一七七六)、庄内藩の酒田町奉行堀季雄《ときかつ》は水野重孝に懇望してこれを書写して「公裁実録」と命名した（前註（20）高塩論文〔本書論考篇第四部第三章〕）。

なお、水野重孝本の転写本が酒田市立光丘文庫に伝えられている。それは庄内藩家老松平武右衛門の旧蔵本で、題簽に「公義例書全 公事方御定書上下」と記される伝本である（一冊、架号松平六）。

また、江戸の町奉行が下僚に披見を許す場合について、幕末の吟味方与力佐久間長敬は明治二十年代に左のように語り遺している（佐久間長敬『江戸町奉行事蹟問答』南和男校注、一八二頁、昭和四十二年、人物往来社）。

　吟味方与力も御定書を一覧せんとする時は、奉行へ誓紙を出し借用して一覧すべき御定めなれども、いつ写したるか代々吟味方を勤るものは家に持伝へ、これに添たる刑法書も多く所持して差支なき故に、誓紙を出し追々借々するにもおよばずして事済たり。

(52)「過料申付方之事」を有する伝本は、「軽重倫要」乾坤（二冊、国立公文書館内閣文庫蔵、架号一八一—一四八）、「徳川公律」（一冊、早稲田大学図書館蔵、架号ワ三—六六七一）、「御定書」（一冊、明治大学博物館蔵、架号F—11）などである。

寛保二年成立時に第十八条として存した「二重御仕置申付候事」は、寛保三年増修時に「御仕置仕形之事」の第三十二項として編入され、独立条文としては消滅した（前註（17）高塩論文三〇頁〔本書論考篇第三部第三章三二五頁〕）。しかしながら、この規定を独立条として書写する伝本も見られる（「維新前日本法律書」一冊、著者蔵）。

補註　本章脱稿の後（平成十七年）、延享元年の第二次増修の内容をもつ伝本を見出したので紹介しておく。「御当家律」一冊（国立公文書館内閣文庫蔵、架号一八〇—六）がそれである。一〇一箇条の本文を有する。宝暦四年増修の一〇三箇条に比べると、第九条「重キ御役人之家来御仕置ニ成候節其主人差扣伺之事」、第百一条「吟味事之内外之悪事相聞候共旧悪御定之外ハ不及相糺事」、第百二条「簽議事有之時同類又ハ加判人之内より早速及白状候もの之事」の三箇条が見えず、「過料申付方之事」が第二十九番目の条文として引き続いて存在する。第百一条、第百二条は、延享二年八月および同年九月の御定書掛三奉行の伺に基づき、条文が増補となった（『徳川禁令考』後集第四、二二一、二二三頁）。本書はまた、「延享二年極」の箇条肩書の法文を悉く欠く一方、「延享元年極」の法文を有する。これらは、本書が延享元年増修の内容をもつ伝本であることを示している。

書写年は寛政三年（一七九一）三月以降である。それは、巻末に附載する歴代将軍とその親族の忌日一覧の末尾が、「蓮光院様　寛政三年辛亥年三月八日」となっているからである。

本書は良質の伝本とは言いがたい。複数の項をひとまとめにして書き記したり、但書を本文として扱う場合が見られたりなどの体裁上の改変が見られるのみならず、脱字・脱文も少なからず存するのである。また、箇条肩書と「追加」の注記を欠き、奥書の御定書掛三奉行の連名も寛保二年時のそれである。このような不備が存するものの、法文の意味内容を変更するような改変は加えられておらず、延享元年の第二次増修の内容を有している。詳細は追って報告するつもりである（「御当家律」については、本書論考篇第三部第四章において考察を加え、本書史料篇九において翻刻文を掲載したので参照いただきたい）。

第三章　「公事方御定書」管見

――流布の端緒および「例書」の成立をめぐって――

はじめに

今、手元に「公裁実録」と題する一冊の写本が存する。この写本は近年古書肆より入手したものである。筆写時期は明治時代の中頃であって写本としては至って新しいのであるが、中味は江戸時代の「御定書ニ添候例書」であり、興味深い内容を備えている。「御定書ニ添候例書」（以下「添候例書」と略称する）は、「公事方御定書」下巻に対する追加法を輯録した書であって、今日は「棠蔭秘鑑」に収載されているものをもってこれを容易に見ることができる(1)。し

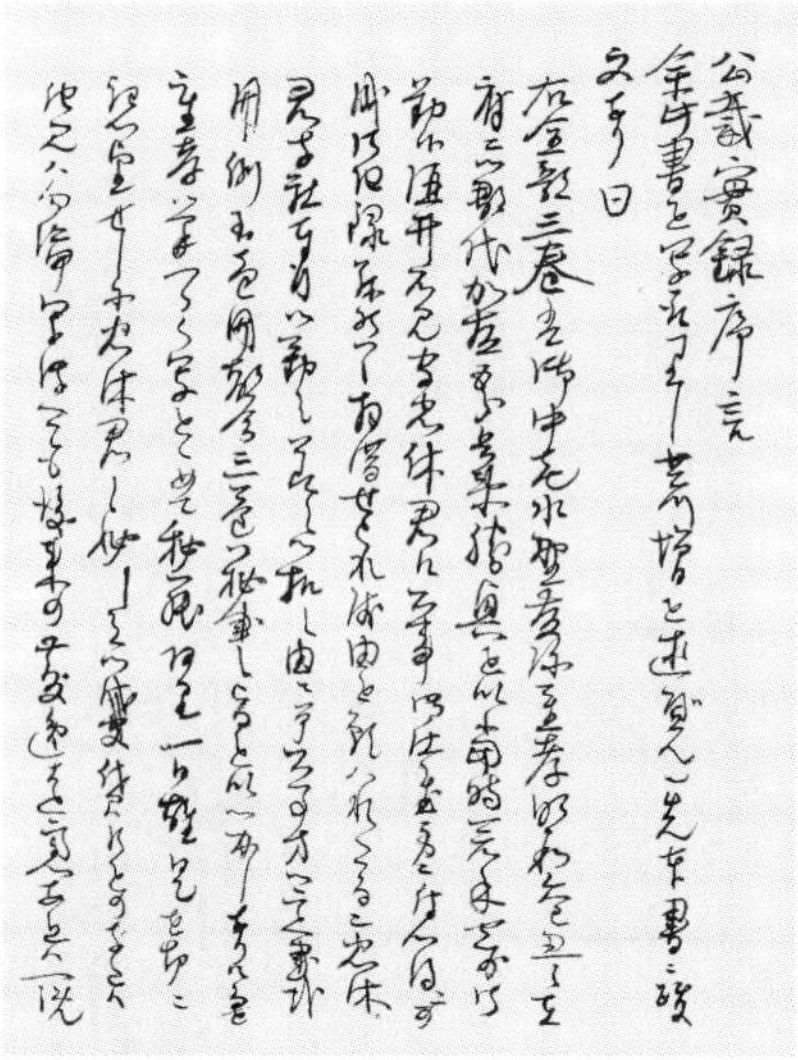
「公裁実録」序言の冒頭

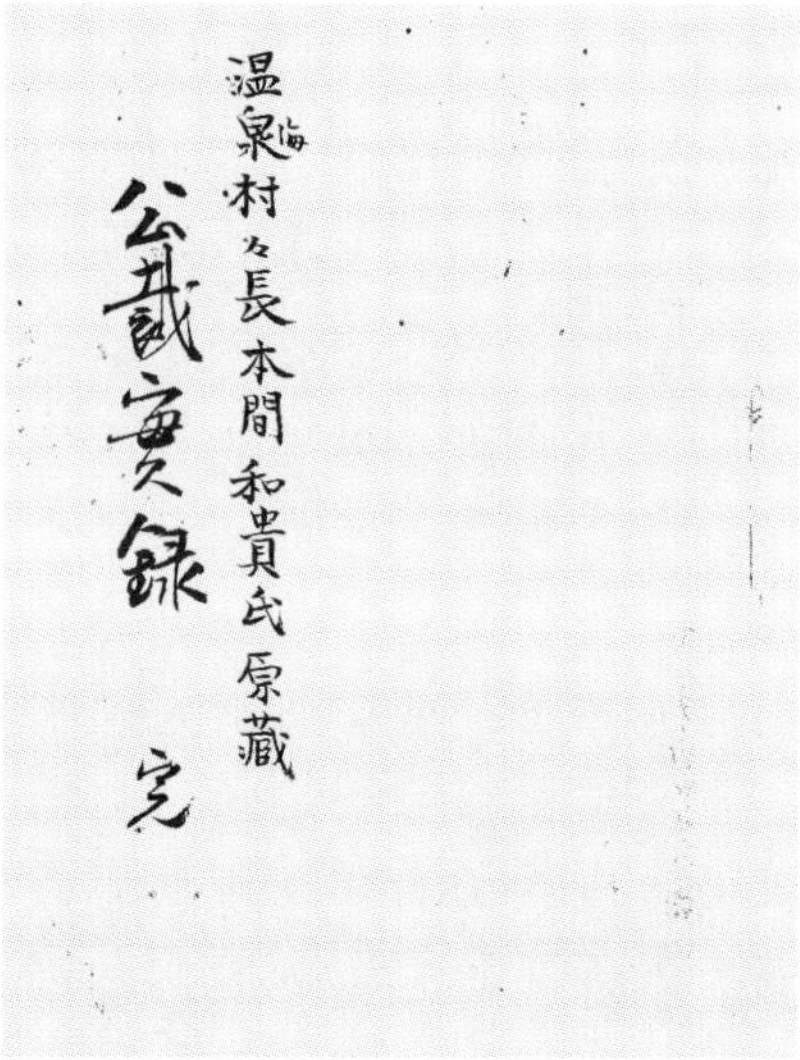

「公裁実録」表紙

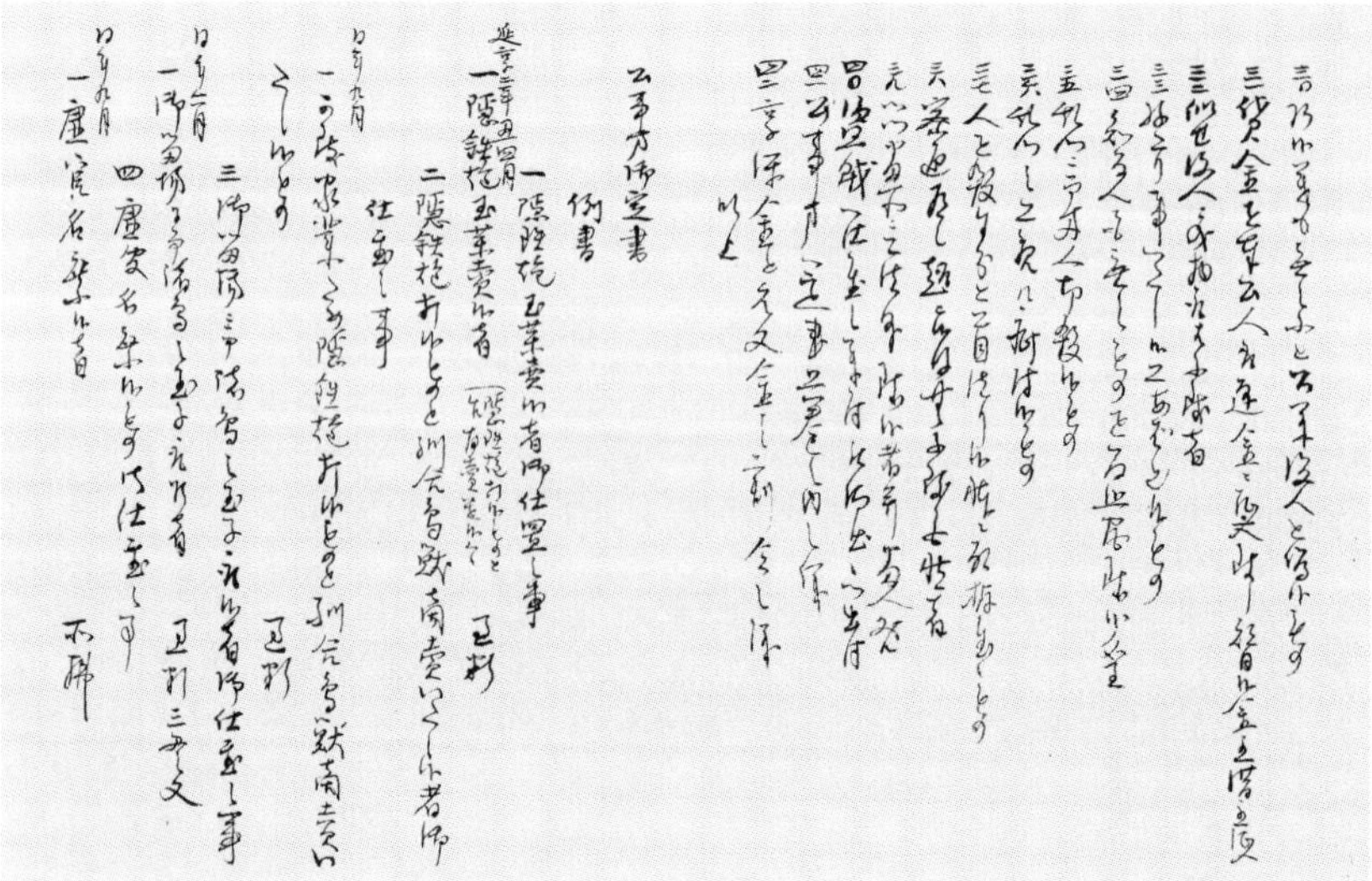
「公裁実録」目録末尾ならびに本文冒頭

かしながら、その伝本は少ないとされている。[2] その意味で「公裁実録」は珍しいのであるが、この写本をあえて紹介するのは、次の理由からである。

その第一は、「添候例書」は数次の編纂過程を経て今日の姿に到達したと考えられているが、「公裁実録」がその一過程を示す写本であると思料されることである。

その第二は、「公事方御定書」は周知の通り、老中や評定所一座など幕府首脳部の内規であって、[3] それら幕閣のみの秘密の規範であったが、「公裁実録」はその秘密である筈の「公事方御定書」上下巻ならびに「添候例書」が幕閣の間から漏れ出た経緯についても語っていることである。これらの点を明らかにして、大方の御示教を乞うものである。

一　「公裁実録」の来歴

本書は墨附三四丁（表紙共）、本文は半丁に一二行、一行に二五字から三〇字程で筆写されている。本書の内容は、巻頭に「公裁実録序言」が二丁、ついで目録が二丁、本文が二九丁である。表紙は本文と共紙であり、その左側に「公裁実録　完」と書名が記され、その肩書として原所蔵者名が「温海村々長本間和貴氏原蔵」と楷書で記されている（前掲写真参照）。また、巻末には書写者の奥書が、

明治二十九年八月廿二日、於湯温海村客屋萬国屋楼上、就本間和貴氏蔵本写畢、

と記されている。さらに、「公裁実録序言」の末尾に、書写者が「庄内之人　藤小史稿」と自著している。

以上のことから、本書は(1)庄内の人で「藤小史」と名乗る人物が、(2)明治二十九年（一八九六）八月二十二日、(3)

温海村（現、山形県鶴岡市湯温海）の旅館萬国屋において、(4)温海村村長本間和貴氏[4]の所蔵本を筆写したものであることが判明するのである。

本書の本体は目録と本文とから成る。目録は「序言」の次に存し、その冒頭に「公裁実録／目録」と二行に記され、第一項の「隠鉄炮玉薬売候者御仕置之事」から第四十二項の「享保金と元文金之割合之儀」までの項目が存し、各項に通し番号が附されている。その次に本文が続くのだが、その冒頭に内題が「公事方御定書／例書」とやはり二行で書きつけられている（前掲写真参照）。

本文の検討は次節で行なうとして、「公裁実録」の伝来経緯についてながめてみよう。その詳細が本書巻頭の「公裁実録序言」に見えている（前掲写真参照）。書写者の藤某氏は、「余、此書を写取りし荒増を述べん、一先本書ニ跋文あり、曰」として、本間和貴氏所蔵本に存する左記の識語を転写している。

右全部三巻は、御中老水野藤弥重孝明和六己丑之在府ニ、御郡代加藤五郎兵衛勝興を以、当時若年寄御勤候酒井石見守忠休君ぇ公事御仕置方ニ付心得ニ可成御記録罷候ハ、拝借せられ度由を願ハれたるニ、忠休君寺社奉行御勤之節之御扣之由ニて、公事方御定書弐冊・例書壱冊、都合三巻御秘書之旨を以、御かしありけるを、重孝筆つから写とゝめて秘蔵あり、一日、雄是を切ニ懇望せしに、忠休君之秘して御貸候ものなれハ、他見ハ勿論、写伝へても後来の散逸遠慮あれハ一覧之のち速ニ返すへしと授らる、然るニ、今是を写留るハ約ニ反くニ似たれ共、凡江戸御仕置之荒増を記せるとの公裁大意、令条記、朝事秘録を初、若干世ニ行るゝといへ共、多くハ好事の人之手ニ成て毎事疑なきニ非、此書ニ於てハ紛るゝ所なき三奉行中、官府之鑑帖ニて殊ニ近例のミを載せられたれバ、聴訟の職ニ在ものゝ金科玉条、徒ニ渉猟一遍して止むへきニあらされハ、迚も雄か目ニ触る所、記憶ニ備る迄之設ニして、其罪は後日面会之日ニ謝すへしと、借り得し日より五日之間ニこれを模写して六日ニあたる日ニ返し遣す、

草卒ニ事を了して再校を歴るの暇なけれバ衍落錯誤亦多かるべし、

又

後に附する三篇ハ別巻になり、是も同時ニ重孝より借り得て、其類ひとしきを以てこれを補綴す、

一此書之名目ハ巻首ニ記す所之公事御定書、同しく例書也、いま幷せて公裁実録と題して上中下三巻とす、

安永丙申二月　　堀季雄

本間氏の所蔵本には右の識語に続いて、「于時明治三年午冬、本間和貴写之」という奥書が存する。故に、藤某氏の書写した本書は、本間和貴氏が明治三年（一八七〇）冬に書写した「公裁実録」を転写した写本なのである。従って、本間和貴本は、安永五年（一七七六）二月に堀季雄が書写した旨の識語の存する「公裁実録」を書写した写本である。もっとも、本間氏が堀季雄自筆本そのものから直接に書写したものなのか、その転写本から更に転写したのかは不詳であるが。

ともかくも、堀季雄の識語が重要な内容を含んでいるのである。この点については後に詳述するとして、藤某氏は続いて、本間氏所蔵の「公裁実録」を書写することになった事情を次のように語っている（□は判読できなかった文字）。

以上ニよれバ原本之出処又三巻ありしこと明也、然るニ上中二巻ハ我帝国大学之出版せる科条類典ニ等しけれバ略して、下巻委しく有バ例書のみを写取ることゝせり、

又此書所蔵者ハ濱温海村ミ長本間和貴氏にして、余残暑をさけ病を当温泉ニ養へる一日、氏ニ謁して其古文書幷蔵書を拝覧するの機を得たり、此書ハ氏之態ミ使ニて無聊なく（さ脱カ）めとて送越しもの也、折りしも残暑熾□如く筆を採るを好まざるも、奮て之を書き畢り後日の参考ニ供す、

明治廿九年八月廿二日、萬国屋楼上ニて時恰旧暦盆ニて、十四日の月ハ明く前なる山ニ出て、楼前の川ハ光ニ

てらされて布をさらせるごとく、山間之明月、江上之清風とやいふべき夜、洋灯の下ニ瀉ゝたる水声、蟋蟀のすだくを聞きて記す、

庄内之人　藤小史稿

鶴岡市湯温海には温海温泉があり、同市の湯野浜、湯田川の両温泉とともに庄内三楽郷として知られている。藤小史なる人物は、明治二十九年の夏、温海温泉の宿萬国屋に避暑と病気療養とを兼ねて滞在し、その一夜、温海川の水声とコオロギの群声を耳にしながら、ランプの灯りで本書を書写したのである（萬国屋は現在も温海温泉で営業している）。その際、「公裁実録」上中下三巻のうち下巻の一冊のみを写しとった。その理由は、「上中二巻ハ我帝国大学之出版せる科条類典ニ等し」いということにある。帝国大学の出版になる「科条類典」とは、明治十四年（一八八一）八月、東京大学の出版した『科条類典本文』上下巻（禁売買、上巻一三二頁、下巻一九〇頁）のことであろう。この書物は、「科条類典」の中から「公事方御定書」上下巻の法文を抜き出したものである。[5] 従って、「公裁実録」上中巻の二冊は、その内容が「公事方御定書」上下巻に同じであったということである（厳密に言えば、後述するような若干の差異が存した筈である）。

なお、「藤小史」なる人物は、庄内出身であり、帝国大学（当時、東京大学を帝国大学と称した）に所属していたらしい。

さてそこで、「公裁実録」の来歴を堀季雄の識語に立ち戻って尋ねてみよう。堀が「公裁実録」を書写したのは、安永五年（一七七六）二月のことである。中老水野藤弥重孝の所蔵本を借覧して書写した訳だが、借覧の書冊は「公事方御定書弐冊、例書壱冊」の都合三冊であって、「公裁実録」上中下巻という書名は堀が名付けたものである。借りた日より五日の間に「模写」して再校の余裕もなかったので、衍字や脱字、錯誤も多いことであろうと堀は述べて

いる。

次に、水野重孝がどのようにして「公事方御定書弐冊、例書壱冊」を入手し得たかと言えば、郡代加藤五郎兵衛勝興を介して若年寄酒井石見守忠休よりこの三冊を借出したのである。明和六年（一七六九）中のことである。水野は、「公事御仕置方ニ付心得ニ可成御記録」の拝借を酒井石見守に願い出たところ、石見守は寺社奉行在勤中の「扣」として所持していた「公事方御定書弐冊、例書壱冊」を、「秘書」である旨の断りをもって借してくれたのである。それ故、水野はこの三冊を自ら書写して「秘蔵」していたのであって、堀の懇望に対しては、他見は勿論、転写もしてくれるなという注文をつけた上で閲覧を許したのであった。

右に登場した酒井石見守忠休、加藤五郎兵衛勝興、水野藤弥重孝、堀季雄という四人は、いずれも出羽国庄内藩に関係する人々でそれぞれ次のような人物である。

酒井石見守忠休《ただよし》（正徳四年〈一七一四〉～天明七年〈一七八七〉）は、出羽国松山藩の第三代藩主である。松山藩は、正保四年（一六四七）に庄内藩から分知されて成立した譜代小藩で、忠休治下の安永八年（一七七九）に五千石の加増があって二万五千石となった。忠休は享保十七年（一七三二）十一月より没年の天明七年七月までの長い間藩主の地位にあり、その間、延享四年（一七四七）三月に奏者番に就任したのを皮切りに、寺社奉行、西丸若年寄、二丸若年寄、若年寄と幕府の要職を歴任した。そのうち、寺社奉行の在職期間は、寛延元年（一七四八）閏十月一日から翌年七月六日までの十箇月足らずであった。一方、若年寄の在勤は宝暦十一年（一七六一）八月十五日より没年の天明七年四月十日まで四半世紀に及んだ(6)。

次に加藤五郎兵衛勝興（生年未詳～安永五年〈一七七六〉）は、宝暦十年（一七六〇）四月から明和四年（一七六七）四月にかけて鶴岡郡代を勤めた庄内藩士である。これより先、加藤は宝暦四年（一七五四）十月より鶴岡郡代に転ずるまでの五年半、支藩松山藩に付家老として派遣された。また鶴岡郡代の後に再び松山藩に戻り、その政務ならびに財政用掛として尽力した(7)。このような経歴を有する加藤であればこそ、水野重孝の要請を松山藩主酒井忠休にとりつぐことが出来たのである。

水野藤弥重孝（享保十四年〈一七二九〉～天明五年〈一七八五〉）は、庄内藩家老水野重誠の長男で、宝暦十二年（一七六二）七月、中老に進み、明和七年（一七七〇）に家督を嗣いで同年九月に家老に任ぜられた(8)。彼が「公事方御定書弐冊、例書壱冊」を書写したのは、家老就任の前の年のことである。

堀季雄《ときかつ》（享保十九年〈一七三四〉～天明六年〈一七八六〉）もまた庄内藩士である。平太夫を称し、対鷗と号した。堀は同藩中老堀彦太夫の三男であったが、独立して家をたて、藩政上においては郡奉行、鶴岡町奉行、酒田町奉行を歴任し、民政に意を用いた能吏としての誉れが高い。三十三歳の明和三年（一七六六）三月より同八年まで川北区域の郡奉行を担当し、鶴岡町奉行には四十一歳の安永三年（一七七四）十二月に就任した。その後一年足らずの翌四年十月には酒田町奉行に転じ、それ以降足掛け十二年の長きにわたって酒田町奉行の任にあり、天明六年二月にその職から離れるのである。そしてその年の十月、彼は江戸神田橋の庄内藩邸に没した(9)。従って、堀が「公事方御定書弐冊、例書壱冊」を書写した安永五年二月は、酒田町奉行に就任して程ない頃のことである。

以上に見たことから、「公事方御定書弐冊、例書壱冊」というのは「公事方御定書」上下巻といわゆる「御定書ニ添候例書」のことであり、その幕府の秘書三冊は寺社奉行経験者の手から庄内藩の要路者に漏れ出たのである。「公事方御定書」が譜代藩に漏洩した経路の一つの典型が、堀季雄の識語に示されているように思う(10)。

二　「御定書ニ添候例書」の成立過程

「御定書ニ添候例書」は、「公事方御定書」下巻の追加法とでも言うべき性質の法規集である。前述したように、我々が容易に披見できる「添候例書」は、「棠蔭秘鑑」利（第三冊）所収のそれである。(11)「棠蔭秘鑑」所収本は、全部で七九項目を存し、部分的には条文体の項目も見られるが、大部分が御仕置伺とその差図という判例集の外観を呈している。(12)

「添候例書」の編纂開始は、延享二年（一七四五）九月八日のことである。この日、御用取次加納久通から御定書掛の三奉行（寺社奉行大岡忠相、町奉行島祥正、勘定奉行木下信名）に宛てて左のような編纂の命が伝えられた。(13)

壹　延享二丑年九月、大岡越前守、嶋長門守、木下伊賀守ぇ加納遠江守口上之趣覚書

一御定書之事、追々加入候てハ限りも無之事候間、御定書ハ只今迄之通ニ差置可申候、

一此以後之御仕置付ハ、向々より伺出候黄紙之文言を相認、其内にもあまり短くハ、書入も仕、訳相聞ぇ候様可仕候、短長も相改書入可申候、依之、右之帳面ハ例書と認可申候、勿論段々加入候様ニ仕、御定書ニ添置可申候、

右文によれば、「添候例書」の書名は単に「例書」と称すべきこと、その「例書」は「公事方御定書」に「添置」くべきことが指示されている。「棠蔭秘鑑」収載の本書に採用された「御定書ニ添候例書」という書名はここに由来する。また右文は、追加法は「段々加入候様ニ仕」れとも指示する。この指示は、追加法（改正法も含む）は「御定書」運用の過程においてその都度生じるのだから、「例書」の編纂は時間を置いて何回も実施すべしという意味に解され

る。事実、「棠蔭秘鑑」所収の「添候例書」は、数次の編纂を経て成立したものである。

「添候例書」の成立過程については、これまで藪利和氏と林紀昭氏とが言及しておられる。藪氏は全七九項の配列を手がかりに、編纂は少なくとも三回にわたったとされる。すなわち、第一回は第一項から第十四項まで、第二回は第十五項から第三十九項まで、第三回は第四十項から第七十九項までを編纂したとされるのである(14)。

この考え方の根拠は、全七九項が次のように編成されているということにある。第一項から第十四項までは年代順の整理がなされておらず、この部分には延享元年から同二年を中心とする条文体と判例体との両方の項目が含まれている。第十五項から第三十九項までは、判例体の項目が寛保元年（一七四一）から延享二年まで年代順に整然と配列されている。第四十項から第七十九項までは、元文四年（一七三九）から天明三年（一七八三）までの判例体の項目が年代順に並べられているのである。

藪氏の右の言及は、「公事方御定書」下巻の各規定の改廃を議論する上で、「添候例書」のことに触れたにすぎない。一方、林氏は「御定書ニ添候例書」成書試論」と題する専論を公表され、「添候例書」の成立過程を検討して四次の編纂が存したとの結論を導き出された(15)。

この結論は、『大岡越前守忠相日記』中巻（昭和四十七年、三一書房）、「科条類典附録」（『徳川禁令考』後集第四）、小出義雄論文（「御定書百箇条編纂の事情について」『史潮』第四年三号、昭和九年）所引の「江坂孫三郎の私記」による記述、ならびに林氏が入手された写本「公事方七十四ヶ条」なる諸史料に検討を加えた上で導き出された。それは次のようなものである。

延享二年九月八日、例書の編纂開始の指令によって成立したものが第一次の例書であった。その内容は現在の「添候例書」の第一項から第四項、第六項から第十四項までを含むもので、それは同年十一月二十日に提出された。第一次例書が必ずしも年代順でないのは、「御定書」の条文配列に従って追加法を検討していたためである。また、第一項から第四項までが条文体の形式をもつのは、「御定書」本体へ組入れることを想定していたからであるという。

第二次の例書は、第一項から第三十九項までを含むもので、それは延享三年四月七日に提出された。すなわち、第一次例書に第五項を条文体の体裁で挿入し、第十五項から第三十九項までを増補したのである。「公事方七十四ヶ条」は、第二次例書の編纂に際しての一史料であるという。

第三次の例書は、第一項から第六十七項までを含むもので、その成立は宝暦三年（一七五三）十月から翌年六月までの間に存するという。全六七項から成る「添候例書」は現に写本が存在しており（関西学院大学図書館所蔵「旧捌集」）、「地方落穂集追加」巻三（『日本経済大典』第二十四）所収の「添候例書」も全六七項で構成されている。

第四次の例書に至って全七九項から成る「添候例書」となったのであり、その成立は天明四年（一七八四）から同五年の頃であるという。なお、現在の「添候例書」には寛政八年（一七九六）四月の差図によって採択された「寛政二戌年四月五日三奉行ぇ之御書付」が存し、それが第十三項の末尾に挿入されている。したがって、寛政八年になって「添候例書」への最終追記がなされているというのである。

「添候例書」の成立過程に関する右の結論につき、――第一次例書成立の月日に関して若干の説明を必要とする他は――とりたてて異をさしはさむ余地は無い。この度の「公裁実録」という写本の出現は、林論文の所説を補強するものである。すなわち、「公裁実録」は、全三九項から成る「添候例書」の存在を証明するのである。[16]

「公裁実録」の「添候例書」は、巻頭の目録によれば全四二項で構成される。ところが、本文を見ると第四十項の前に「附録」という語句が存する。すなわち、第四十、第四十一、第四十二の三項は「附録」なのである。堀季雄は識語の中でこの附録のことを、「後に附する三篇ハ別巻になり、是も同時ニ重孝より借り得て、其類ひとしきを以てこれを補綴す」と記している。つまり、第一項から第三九項までが「添候例書」なのである。「公裁実録」と「栄蔭秘鑑」との「添候例書」を比較すると、全三九項に関し、両者は配列、内容ともまったく同一である（ただし、第十三項に追記された「寛政二戌年四月五日ニ奉行ぇ之御書付」が「公裁実録」に存しないことは言うまでもない）。ただ、「公裁実録」には若干の脱文が存し、(17) 文字の異同も見られる。この点については堀季雄自らが「草卒ニ事を了して再校を歴るの暇なけれバ衍落錯誤亦多かるべし」と述べている通りであり、その後の転写の際の誤まりも少なくあるまい。ともかくも、「公裁実録」は全三九項で構成される「添候例書」の存在することを実証するのである。

ところで堀の識語によるに、「公裁実録」上中下巻は、出羽国松山藩主酒井忠休が幕府の寺社奉行在勤中に所持していた「公事方御定書弐冊・例書壱冊」を筆写したものである。前述したように、酒井忠休の寺社奉行在勤は、寛延元年（一七四八）閏十月一日から翌年七月六日までの一年に満たない期間である。それ故、「公裁実録」所収の「添候例書」は、延享三年（一七四六）四月七日に成立した第二次例書と見做してよい。第二次例書は延享三年四月七日に提出され、それは三九項から成るという林氏の所説が、これで裏付けられたと言うべきであろう。

なお、「公裁実録」には「公事方御定書／例書」という内題が二行書きされている。「御定書ニ添候例書」という呼称は、延享・寛延の頃、いまだ定着していなかったと見るべきであろう。(18)

三　「公裁実録」附録の内容

巻末の附録三項のうち、「公事方御定書」上下巻に関連が深いのは、第四十項と第四十一項である。最末尾の第四十二項は、享保大判と元文小判との関係についての問合せに対する回答文が掲載されているのである。安永元年（一七七二）五月の記事である。問合せ主は庄内藩の郡代を勤めたことのある加賀山甚大夫、回答を与えたのは「御勘定方御役人」の横地源大夫である。この「御勘定方」とは、おそらく幕府勘定奉行所のことであろう。それ故、第四十二項は「公事方御定書」とはとりたてての関連が認められない[19]。

第四十項は、「盗賊御仕置之儀ニ付、被仰出候御書付」という表題をもち、その内容は「公事方御定書」下巻に対する追加法と改正法を指令する七通の「書付」である。これらの書付は、「棠蔭秘鑑」貞（第四冊）所収の「御書付類〔補記〕」第四項から第九項に該当する。これらの書付は、延享四年（一七四七）二月七日の追加法にはじまって、時間の順に配列されて最後は延享五年二月二十二日の改正法に至る。たとえば、延享四年二月の書付の内容は、死罪を適用すべき罪状四箇条、入墨を適用すべき罪状二箇条を「公事方御定書」の追加法とするという法令であるが、この書付には「御定書ニ有之趣、相改候事ニは無之」という注記が存し、この注記の通り、「棠蔭秘鑑」所収の「公事方御定書」には右の追加法の組入が認められない。

本項最後の書付は、江戸払という追放刑の立入禁止区域として本所、深川のうち町奉行支配地を加えるという改正法であり、この書付には「右之趣、御定書ニ可被書入候」という文言が見られる。「棠蔭秘鑑」所収の「公事方御定書」を見ると、江戸払の箇所にはこの文言に従って、「寛延元年極」として「本所深川／但、町奉行所支配場限」という規定が書き加えられている。

ところで、堀季雄の筆写した「公事方御定書」上下巻が寺社奉行経験者の酒井忠休の所持本であったことは前述した通りである。前掲した小出義雄論文は、「江坂孫三郎の私記」に依拠して、「第九代将軍家重時代に至り、右組入並に例書の一部完成し、延享三年四月七日、之を差上げた」と記す（一三一頁）。この記事を信頼するならば、酒井忠休所持の「公事方御定書」は延享三年四月成立のものの転写本であったと考えるべきであろう。そのため、第四十項の「盗賊御仕置之儀ニ付、被仰出候書付」の内容は、酒井忠休所持本に含まれていないことになる。堀季雄が第四十項を「別巻」より採録して附載した理由は、ここに存するのである。

附録の第四十一項は、「公事方御定書上巻之内之儀」という表題をもち、その内容はその表題通り「御定書」上巻の中から、第八条、第九条、第十条、第十二条を抜き書きしたものである。この四箇条はいずれも目安箱に関する法令であり、享保六年、七年、十一年の年記をもつ。堀季雄が、これらの法令を「別巻」より転記して「公裁実録」に附載した理由は不明である。

なお、第四十項の「盗賊御仕置之儀ニ付、被仰出候御書付」（以下、「盗賊御仕置書付」と略称す）について若干述べておく。前述したように、「盗賊御仕置書付」は延享四年二月七日から同五年二月二十日までの七通の書付を輯録したもので、その内容は「御定書」下巻の追加改正法である。この追加改正法のうち、第一番目の書付の内容などは「御定書」下巻の中に書き加えられず、「添候例書」にも採用されていない。それ故、「御定書」を運用するには、「添候例書」のみならず、「盗賊御仕置書付」をも参照する必要が生じる。「御定書」下巻の巻末に「盗賊御仕置書付」を附載する写本の存するのは、このことに由来するであろう。拙蔵の「秘書」と題する「御定書」下巻の写本（文化十三年、柏原氏筆写）は、「従是番外」として巻末に「盗賊御仕置書付」を附載する。

同様に、「添候例書」の巻末に「盗賊御仕置書付」を附載する場合がある。國學院大學図書館所蔵の梧陰文庫のなかに「決獄」と題する筆写本（上下二冊）が存し、その上冊は「添候例書」の六七項から成る写本である。その巻末に「盗賊御仕置書付」が存するのである。しかしながら、これは本来「決獄」上冊に存したものではなく、「寛保延享裁書」なる書から補写したものである。「決獄」上冊の表紙裏に本書の旧蔵者井上毅が「一本寛保延享裁書ト標題セルヲ得テ校合セシム　明治十七年　毅」と記すように、「寛保延享裁書」もまた六七項から成る「添候例書」であったらしい。

以上のことから推察するに、「盗賊御仕置書付」は、延享三年四月七日に功成った「公事方御定書」上下巻ならび三九項から成る第二次の「例書」に対する追加法として、延享五年二月二十日からさほど時を経ずして輯録されたと考えられる[20]。かくて幕府の「御定書」は、「御定書」本体と「添候例書」、及び「盗賊御仕置書付」に端を発する「御書付留」の三者が相俟って運用されることとなったのである[21]。

むすび

ここに紹介した「公裁実録」は、本来は上中下の三冊であり、その上中の冊は「公事方御定書」上下巻であった。すでに指摘したように、「公裁実録」三冊は、延享三年四月七日に功成った「御定書」上下巻ならびに「例書」の内容を伝えるものである。

藤小史なる人物は、「公裁実録」上中冊が『科条類典本文』の「公事方御定書」上下巻と等しいとの理由でこれを筆写しなかったのであった。両者は大筋において内容を同じくするが、若干ながら差異が存する。周知のように、「御定書」は寛保二年三月に成立して以来、すぐさま増補修正が施され、「御定書」の本体に対する増補改訂（「組入」「組直」）が、今日知られている限りでは五回にわたってなされ[22]、最後の「組入」は宝暦四年（一七五四）に施されている。「江坂孫三郎の私記」によると、この年、上巻に三通、下巻に七箇所の「組入」を完了したという[23]。それ故、「公裁実録」上中冊は、延享三年四月八日以降の追記の存在しない「御定書」上下巻なのであり、「御定書」の修正増補の過程を考察する上の重要史料と言うべきであろう。その「公裁実録」上中冊は、明治二十九年（一八九六）までは確かに伝存していたのである。現在も、庄内地方のいずこかにひっそり眠っていることを期待するものである。

ところで、「例書」の編纂は将軍徳川吉宗の発意によって開始された。『大岡越前守忠相日記』の延享二年九月八日条を見ると、「例書」編纂のことが加納遠江守（久通）から御定書掛三奉行に伝達されたのだが、その指令は「御意之由」なのだと記されている。「例書」は一部分の条文体の項目を除き、判例法の体裁を採用している。すなわち、各項ごとに事書を置き、ついで年号を記した「延享三寅年御仕置之例」などという文言のもと、具体的な判例を掲記するという形式をとる。これを指示したのが吉宗である。吉宗はまた「例書」編纂の方法として、「段々書入候様可致候」とも指示している。前述したようにこの指示は、追加法となすべき判例の編集は時間を置いて何度でも行なえという意味である。[24]

追加法となすべき判例を時間的段階を追って順次編集する方式は、中国明代の「条例」の編纂に類似する。明では洪武二十二年（一三八九）、名例と六部わけの編成をとる三〇編・四六〇条の「明律」が編纂された。「条例」は「明律」に対する追加法であり、具体的事案が契機となって生まれることが多い。明における「条例」編纂は、大きく弘治十三年（一五〇〇）、嘉靖二十九年（一五五〇）、万暦十三年（一五八五）の三回にわたって行なわれ、万暦十三年制定の条例は総数三八二条に達した。[25]「条例」の発生とその機能に関し、滋賀秀三氏は次のように述べられる。[26]

条例は司法実務上の必要によって随時に生ずるものである。しかもきわめてしばしば何らかの具体的な事案が機縁となって条例が生れる。すなわち、ある事案について、正確にあてはまる律・例の条文が存在せず、また一応該当する条文があっても、事案の具体的特性を考慮せずに現行の一般的な条文どおりに裁いては、軽重の均衡を失すると思われるとき……が条例発生の一つの典型的な過程である。

この記述は「清律」の「条例」についての説明であるが、「明律」の「条例」についてもあてはまるし、同時に「御定書」の「例書」の説明としても通用する。つまり、吉宗が「例書」の編纂に思い至ったのは、「明律」と「条例」との関係に示唆を得てのことと推察されるのである。もっとも、「条例」は条文化された法文となっているのに対し、「例書」の方は判例そのものの形を中心とする点で差異が存する。

江戸時代にわが国に将来された「明律」は、「明律」そのものではなく、大部分がその註釈書であった。これらの註釈書は「明律」本条とともに「条例」の法文を含むものであり、「条例」の法文はそれぞれ関連する本条の箇所に分散して配置されている。したがって、「明律」の逐条和訳の書『大明律例譯義』もそのように「条例」の法文が配置されている。この書は、吉宗の命によって和歌山藩の儒医高瀬喜朴が著したものであり、享保五年（一七二〇）の成立である。ところが、同じく吉宗の意向に沿って刊行された訓点本明律の『官准刊行明律』（九冊本）は、「明律」の本条と「条例」の法文とが別々の冊に分かれている。前半の六冊が「明律」、後半の三冊が「条例」なのである。本書は、幕府儒官荻生観が兄徂來などの協力も得て、「明律」の本条および「条例」の法文に訓点を施した書で、享保八年に京と江戸の書肆を通じて刊行された[27]。吉宗が「例書」を別帳に仕立てよという指示を出したのは、「条例」が別冊となっている『官准刊行明律』を念頭に置いてのことではなかろうか。別帳仕立てとすることは、「御定書」の本条に、条文体の形で追加法を次々に書き加えることが技術的にも相当に困難であるという現実を踏まえてのことであることは言うまでもない[28]。

「例書」の内容は、法の欠缺を補う追加法が中心であるが、「御定書」下巻の規定を修正する追加法も見られ、それらの修正は刑罰の緩和を主としている[29]。従って、「例書」は「御定書」に対する特別法の位置にあり、その効力は原則的には「御定書」に優先すべきである。それ故、「御定書」と「例書」とは一体のものとして運用されるべき性格

の法であり、その意味で「例書」はまさに「御定書ニ添候例書」なのである。(30)

〔補記〕「御書付類」という表題は、『徳川禁令考』別巻の編者が与えた仮りの呼称である。江戸時代の実務家の間では、これを「御書付留」あるいは「御定書ニ添候御書付留」と称していた（本書第四部第四章四七八頁参照）。従って、本章においても「御書付留」と表記した。

註

（1）「棠蔭秘鑑」は、幕府の准官撰の法律書ともいうべきもので、天保十二年（一八四一）に成立した。四冊から成り、第一冊の元に「公事方御定書」上巻、第二冊の亨に同下巻、第三冊の利に「御定書ニ添候例書」ならびに「寺社方御仕置例書」、第四冊の貞に「御書付類（留）」を収載する。この「棠蔭秘鑑」四冊は、幕府評定所の旧蔵本が『徳川禁令考』別巻に翻刻されている（昭和三十六年初版、創文社）。「棠蔭秘鑑」については、『徳川禁令考』別巻における平松義郎氏の解題ならびに同氏の註（2）論文参照。

（2）平松義郎「『徳川禁令考』・『公事方御定書』小考」㈢（『創文』一八八号二六頁、昭和五十四年）。

（3）平松義郎氏は「公事方御定書」上下巻を、「法規、先例、通達・訓令等渾然一体となった法曹界であり、いわば行政内規集と見るほかはない」と捉えておられる（註（2）論文㈠、『創文』一八六号一九頁、昭和五十四年）。

（4）本間和貴氏は明治二十二年六月に温海村の村長に選出され、その後同三十四年十一月まで在職した（『温海町史』中巻六五八〜六五九頁、佐藤誠朗氏執筆、昭和六十一年、温海町発行）。

（5）「科条類典」は、「公事方御定書」編纂に関する諸記録文書類を編集したものであって、各条文制定の由来、立法の過程、立法者の苦心などを知ることができる。幕府の三奉行主宰のもと、宝暦四年（一七五四）に編纂を開始し、十三年後の明和四年（一七六七）に完成した（『徳川禁令考』後集第一の石井良助氏序ならびに平松義郎氏解題）。

(6)『三百藩藩主人名事典』第一巻二〇九頁（伊豆田忠悦氏執筆、昭和六十一年、新人物往来社）。

(7)『新編庄内人名辞典』二三一頁（昭和六十一年、庄内人名辞典刊行会編刊）。

(8)『新編庄内人名辞典』六〇六・七一一・七一三頁、『荘内史要覧』（鶴岡市史資料編　荘内史料集一五）一三七・一三九頁（昭和六十三年、鶴岡市史編纂会編）。

(9)『新編庄内人名辞典』五六六頁、『荘内史要覧』一四六・一五七・一五九頁、『三百藩家臣人名辞典』第一巻三八四頁（斉藤正一氏執筆、昭和六十二年、新人物往来社）。
　堀季雄の経歴については国分剛二氏に「松宮観山と堀季雄」㈠〜㈣完（『伝記』二巻七・九・十・十二号、昭和十年）なる論文があってここに詳しい。国分氏はこの論文執筆の当時、「公裁実録」上中下三冊のうち堀季雄自筆の下の冊を所持しておられ、それを以て堀の識語を引用している（同論文㈡一一頁）。

(10)平松義郎氏によれば、「公事方御定書」は、特定の幕府高級役人にしか与えられなかったのであって、将軍座右用の「御前帳」一部、老中執務室の御用部屋備え付けの「御次帳」一部、評定所用の一部が存し、その他には評定所一座を構成する三奉行に在職中交付され、御定書掛の三奉行各一人には別に一部が託された。地方では京都所司代、大坂城代にその在職中に御定書が下付された。寺社・町・勘定の三奉行は配下の評定所留役、吟味物調役、与力などに、また所司代は京都町奉行、大坂城代は大坂町奉行にそれぞれ御定書を借覧させることができたから、「公事方御定書」の秘密性の破られる端緒がこのような処にあったと指摘される（「徳川禁令考別巻　解題」『徳川禁令考』別巻七〜八頁、昭和三十六年、創文社）。平松氏はまた、「公事方御定書」は「寛政期（一七八九―一八〇一）には早くも藩や民間にも写本が流布していたと推定される」とも述べられる（「近世法」『江戸の罪と罰』一七頁、昭和六十三年、初発表は昭和五十一年）。

(11)司法省蔵版・法制史学会編『徳川禁令考』別巻、昭和五十六年第三刷、創文社。

(12)平松義郎「徳川禁令考別巻　解題」前掲書六頁。

(13)『徳川禁令考』後集第四、三一五頁。

(14)藪利和「「公事方御定書下巻」の改廃について」㈠（東北大学『法学』四三巻二号四一〜四三頁、昭和五十四年）。

なお、藪論文は「添候例書」の編纂開始を延享三年四月のこととするが、後述の林紀昭論文が指摘したように、延享二年九月八日に編纂の命が下されたと解すべきであろう。

(15) 林紀昭「「御定書ニ添候例書」成書試論」（関西学院大学『法と政治』五一巻一号、平成十二年）。

(16) 第一次例書の成立に関し、今少し詳細にながめるならば次のようになる。『大岡越前守忠相日記』の延享二年十一月二十日条には、左の記事が存する（中巻五七一頁）。

雅楽頭殿ぇ自分長門守伊賀守懸御目、先月廿四日御渡候御定書加入出来仕候由申上、上下二冊新規ニ箱致し上ケ申候、是は御前帳ニ成候、例書帳も新規仕立壱冊同箱ぇ入上候、

右の記事は、「例書帳壱冊」を「新規」にあらためて作成し、将軍家重に提出したことを伝えている。同時に、十月二十四日に渡された「御定書」に「加入」を施して「新規」の箱に入れて提出し、これを御前帳としたことを記す。つまり、「御定書」の改訂と「例書」の編纂はこれ以前に終了していたのである。これらの仕事の実質的な完了は延享二年十月十五日と見做すべきであろう。同日の『大岡越前守忠相日記』には次のような記事が存する（中巻五五〇頁）。

藪主計頭殿ぇ自分長門守伊賀守三人ニて、先頃御好有之御付札之通御定書ぇ書入、帳面相改其所ゝぇ番付仕、外ニ御付札之分致別帳、右之通書付一通相添、先頃左近殿御渡し候御別帳二冊、先頃被仰付候例書壱冊、右箱ニ入、外ニ御好御付札被遊候御付札其儘相付御定書帳之内帳面壱冊、袋ニ入進達、口上ニて先格之通水野対馬守御役替ニ付、跡懸り木下伊賀守被仰付候ニ付、前ゝ之通御帳ニ伊賀守名認入候由申上候、扨又京大坂ぇも御定書之帳面先達被遣候、此度相改候ニ付、両所之帳面取寄御改被遣可然旨申上候、（下略）

すなわち、引退直前の吉宗が精力的に進めてきた「公事方御定書」の増補改訂作業がここに完了したのである。吉宗が大御所となって二十日目のことである。この時、「御定書」下巻の奥には、御定書掛の勘定奉行として木下伊賀守（信名）の名が書き加えられた。加えて、京都所司代、大坂城代に以前に下付した「御定書」についても「加入」を施すべきことを、御定書掛三奉行は進言したのであった。

ただ、この時家重に提出した「御定書帳・例書帳」は御用部屋備付けとなすべきこと、また将軍座右の御前帳としては、

家重のもとに有るもう一組の「御定書」に「加入」を施すべきことという指示が同月十八日に伝えられ（同上日記五五四頁）、そのもう一組の「御定書帳面」が二十四日に御定書掛三奉行の所に届けられた（同上日記五五六頁）。この「御定書帳面」に対する「加入」の仕事に二十四日間ほどの日時を費し、翌月二十日にようやく将軍家重に提出したという訳である。

（17）「公裁実録」に存する主な脱文は、左の通りである。頁数と行数は「棠蔭秘鑑」の該当箇所を示す。

1　第六項「得は、金子ニて候旨申之、取綺申出候段、不埒之至、誤入候」（一四三頁上段一二～一三行）

2　第十四項「理不尽ニ米積移候より及口論、摑合候節」（一四七頁上段一四～一五行）

3　第二十六項「内古川浚横川〆切、水除普請之儀、右両村幷水」（一五二頁上段九～一〇行）

4　第三十六項「両親幷親類其外所之者共も、又右衛門乱心無相違」（一五八頁上段八～九行）

5　第三十九項「番頭ぇ届可申由ニて、御番所を不憚、下座台ぇ上り」（一五九頁下段二一～二三行）

（18）『徳川禁令考』後集第四に収載の「添候例書」もその表題は「例書」である。ただ、「地方落穂集追加」巻三（『日本経済大典』第二四巻）、および後述する「決獄」上（國學院大學図書館梧陰文庫蔵）に収載の「添候例書」には、「例書」もしくは「御定書ニ添候例書」などの表題が見えない。

「御定書ニ添候例書」という書名は、「餘りに長いから当局の間には単に「添候例書」と呼ばれた」という（三浦周行「法制史概論」『続法制史の研究』一二一五頁、大正十四年、岩波書店）。

（19）第四十二項は、「公裁実録」巻頭の目録に「享保金と元文金之割合之儀」という表題がついており（前掲写真参照）、また本文冒頭の表題は、「安永元辰年五月、加賀山甚大夫江戸ぇ罷登候節、左之趣承合候様申達遣候処、御勘定方御役人横地源大夫と申仁ニ承合候由ニて書面之通申越候」というものである。

加賀山甚大夫なる人物は、庄内藩において宝暦十二年（一七六二）四月より明和九年（一七七二）七月の間、郡代の地位にあった（前掲『荘内史要覧』一四三頁）。横地源大夫については未祥である。

（20）「盗賊御仕置書付」がまとめられたのは、恐らく寛延二年十月二十六日以前のことと思われる。この日、中断していた敲の刑罰を再び適用することになったが、「盗賊御仕置書付」は敲刑停止の書付のみを収載して、再開の書付を収載しないのである。

「盗賊御仕置書付」と「棠蔭秘鑑」所収の「御書付留」との間には、少しばかり異同が見られる。その第一は「御書付留」第四項のうちに見られる。すなわち、「盗賊御仕置書付」には入墨を科すべき犯罪として、「給物を調、価を不出逃候もの」という項目が、「巾着切」と「腰銭袂銭を抜取候者」との間に存する。ところが、「御書付留」には無銭飲食のこの項目が欠けているのである。

異同の第二は、「御書付留」の第七項のうちに見られる。すなわち、第七項の「重き御役人之家来御仕置ニ成候節」の具体的事案が、「盗賊御仕置書付」には、

此度高井但馬守家来、盗物出所も不糺、質物ニ差置候付、過料ハ相止、江戸払申付候、惣て武家之家来、右体之科有之候節ハ右之通ニ候間、向後其趣ニ可被心得候、

と、この項の冒頭に記されている。しかし、「御書付留」にはこの記事が存しないのである。この二つの異同の生じた理由をいまだ突止めかねているが、「盗賊御仕置書付」の方が本来の姿なのではなかろうか。記して後考を俟つ。

〔補記〕　二つの異同のうち、後者についてはその事由が判明した。それは、「盗賊御仕置書付」の趣旨を「公事方御定書」の本体にその後増補したからである。「公事方御定書」第五十六条盗人御仕置之事の第二十六項は、「一盗物とハ不存候得共、出所不相糺、質に置遣候もの　過料」という規定である。宝暦四年増修の際、この規定に「但、武家之家来ニ候ハヽ、江戸払」という但書をつけ加えたのである。そのため、「御書付留」は「盗賊御仕置書付」のこの項を省いたのである（『徳川禁令考』後集第三、二〇三頁参照）。

（21）　「棠蔭秘鑑」所収の「御書付類（留）」は、元文五年（一七四〇）四月から文化四年（一八〇七）二月までの約七十年近くの長年月にわたる九七通の法令が収載されている。従って、「御書付留」は文化四年以降のある時に一度にまとめて法令を輯録したという性質のものではなく、書付の輯録は何回かにわたって行なわれたと考えられ、「盗賊御仕置書付」はその第一回目の輯録であったと推察される。

「棠蔭秘鑑」に「御書付留」が収載されたのは、「御定書」の運用にはその追加改正法である「御書付留」がまず第一に参

照されるべきであったからであろう。

(22)「公事方御定書」下巻は、寛保二年三月に成立した後、少なくとも五回の増補改訂のなされたことが確認できる。第一回目は寛保三年八月、二回目は延享元年（一七四四）八月、第三回目は延享二年九月、四回目は延享三年四月、最後が宝暦四年（一七五四）四月である。

(23)小出義雄「御定書百箇条編纂の事情について」（『史潮』四年三号一三一頁、昭和九年、大塚史学会）。七箇所の「組入」の具体的な箇所は、第九条全体の追加、第七十条における但書の削除、その他は第五十六条、第七十七条、第八十二条、第百三条（二箇所）である（茎田佳寿子『江戸幕府法の研究』五四頁〈昭和五十五年、巌南堂書店〉参照）。

(24)「例書」は「追加たると同時に将来における新判例の登録台帳であつた」とする中田薫氏の所説（「古法雑観」『法制史論集』四巻五七頁、昭和三十九年、岩波書店）は、「例書」の性格の一面を指摘している。

(25)瀧川政次郎「明代刑法典概説」（『法学協会雑誌』六〇巻六・七号、昭和十七年）、佐藤邦憲「明律・明令と大誥および問刑条例」（滋賀秀三編『中国法制史——基本資料の研究』四五八〜四六四頁、平成五年、東京大学出版会）。

(26)滋賀秀三「清朝の法制」（坂野正高・田中正俊・衛藤瀋吉編『近代中国研究入門』二九二頁、昭和四十九年、東京大学出版会）。〔「清朝の法制」の中核部分は、その後同氏著『中国法制史論集—法典と刑罰—』（平成十五年、創文社）に収載された。引用箇所は二九三頁〕。

(27)『大明律例譯義』『官准刊行明律』の概略については、高塩博「江戸時代享保期の明律研究とその影響」（池田温・劉俊文編『日中文化交流史叢書』第二巻法律制度所収、平成九年、大修館書店〈本書論考篇第一部第二章〉）参照。

(28)熊本藩は宝暦五年（一七五五）、「明律」から多くを学んで「御刑法草書」という刑法典を編纂施行し、これに大幅な増補改訂を加えた「刑法草書」を同十一年より施行に移した。熊本藩はこの刑法典に対する追加法の「例」を、「明律」とその追加法の「条例」の方式に倣って編纂した。「例」は天保十年（一八三九）に第一次の編纂が行なわれ、以後、明治三年（一八七〇）十一月までの間に少なくとも都合三回の「例」編纂が行なわれた。熊本藩の場合、「例」の法文は「刑法草書」の関連条文の箇所に配置する方式を採用しており、その法文は一応は条文体の体裁で、事書の形式となっている。以上の点については、小林宏・高塩博編『熊本藩法制史料集』（平成八年、創文社）ならびに同書所収の高塩博「熊本藩「刑法草書」の成立過程」「史料解題」参照。

なお、「御定書」と「例書」との関係について、三浦周行氏は「例書」は「御成敗式目」の追加に相当すると説かれる（「法制史総論」『法制史の研究』六一頁、大正八年、岩波書店）。

(29)「例書」が「御定書」下巻の規定を修正する事例については、藪利和「「公事方御定書下巻」の改廃について」(二)（東北大学『法学』四三巻三号一一一～一一五頁、昭和五十四年）参照。

(30)「例書」の各項が実際に効力を発揮して判例上にあらわれる事例を博捜した研究に、藪利和「「御定書ニ添候例書」の機能について」（『法学』四八巻六号、昭和六十年）がある。

なお、石井良助氏は「例書」の効力を「御定書」に準じたものと解されるが（「刑罰の歴史（日本）」『日本刑事法史』七二頁、昭和六十一年、創文社、初発表昭和二十七年）、諒解しかねる見解である。一方、細川亀市氏は「御定書と例書とは一体となつて行はれたのである」とされる（『史的研究　日本法の制度と精神』三一四頁、昭和十九年、青葉書房）。妥当な見解であろう。

補註　本章発表時（平成十五年）の校正中、酒田市立光丘文庫を調査する機会を得た。その結果、同文庫の松平叢書の中に、水野重孝筆写の「公事方御定書弐冊、例書壱冊」を転写した写本を見出したので、報告しておく。

この写本は、庄内藩の組頭松平武右衛門の旧蔵本で一冊本である（架号、松平六）。題簽に「公義 例書 全 公事方御定書 上下」とあり、「例書」「公事方御定書　上」「公事方御定書　下」の順に収載されている。墨附一二四丁である（例書一八丁、御定書上五九丁、御定書下四七丁）。巻末に「此御定書、酒井石見守様ヨリ御貸被成下、重孝明和六丑在勤写之」という奥書が存するので、本書が寺社奉行経験者の酒井忠休所持本を庄内藩中老水野重孝が明和六年（一七六九）に書写したものを、更に転写したものであることが知られる。その転写時期は、松平武右衛門が嘉永二年（一八四九）八月に庄内藩御旧記取調掛を命じられたので（『大泉紀年』上巻解題・解説二六頁、鶴岡市史資料編　荘内史料集4、昭和五十三年）、それ以降のことと考えられる。

「例書」は、「公裁実録」と同じく三九項で構成され、その排列、内容とも差異はない。また、「公事方御定書」上下巻を検するに、その法文は宝暦四年（一七五四）の増補修正（「組入」「組直」）が施されていない。すなわち本書は、延享三年（一七四六）四月七日に提出した第四次の増補修正後の法文を伝える写本であると推定されるのである。

なお、本書の「公事方御定書　上」を見ると、その第八、第九、第十、第十二条の箇所にそれぞれ附箋が貼られており、そこには朱筆をもって「此ヶ条本書ニ無之」と記されている。これは、右の四箇条が水野重孝本に欠落していたことを示す。本章は、堀季雄が「公裁実録」下巻の附録に、「公事方御定書上巻之内之儀」として右の四箇条を採録したことについて、「附載した理由は不明である」と記したが（四六〇頁）、その謎はこの附箋によって氷解した。

第四章　町方与力と「公事方御定書」
——原胤昭旧蔵の「公裁私記」について——

はじめに

平成十八年春、ある古書店を通じて「公裁私記」と題する写本を入手した。本書は、「公事方御定書」をはじめとする幕府法を筆録した江戸時代の写本で、全六冊から成る。古書店主の話によると、本書は江戸の町奉行所与力であった原胤昭の旧蔵書であるという。(1) 原胤昭の旧蔵資料は、前年の十月開催の古典籍展観入札会（東京古典会主催、於東京

「公裁私記」第5冊表紙

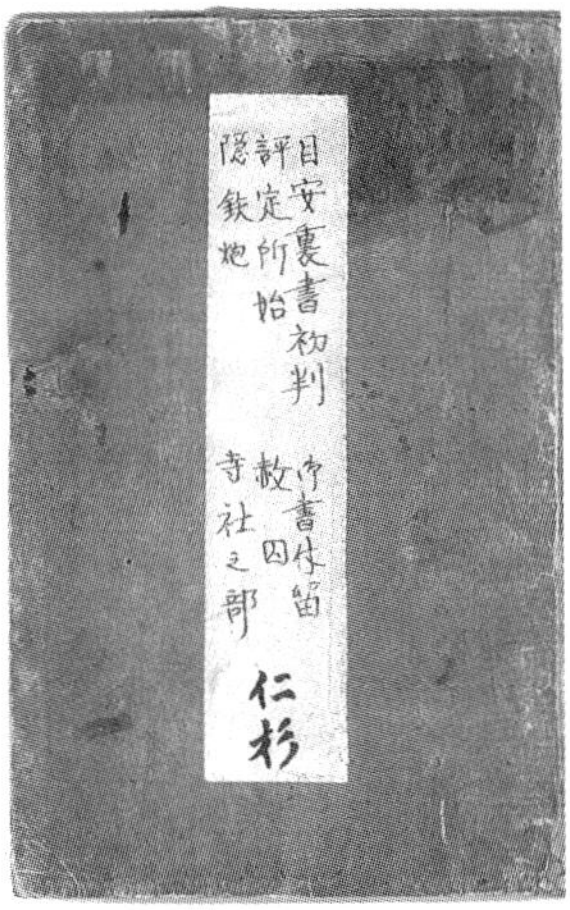

「公裁私記」の帙

古書会館）においても出品された。「原胤昭旧蔵文書 一括」「町方与力居宅絵図他 三舗」「御定書百ケ条他 二十七冊」「検法秘鑑他 四冊」「黒船関係文書 一括」「小田原衆所領役帳他 二冊」「一筋鎗 一冊」「水納記 二冊」の八点である。[2] その後も複数の古書目録に「原胤昭旧蔵」と注記する古書資料の掲載されたのを目にした。本書は、このように古書市場に流出した原胤昭旧蔵資料のなかの一点なのである。[3]

「公裁私記」が原胤昭旧蔵本であるという徴証は、本書自体にそれを確認することが出来る。それは原胤昭の筆跡である。本書は厚紙で作成した簡易な帙で保護されている。後述するように、帙の表紙の題簽には六冊の内容を記したペン字が存し、帙の筆跡がまさしく原胤昭本人のものなのである。[4]

原胤昭旧蔵本であることに間違いはないが、「公裁私記」は本来、南町奉行所与力の仁杉家に伝来した写本である。帙の題簽に「仁杉」という墨書が存し、各冊の小口に「公裁私記」という書名と共に「仁」の文字が記されていることが、そのことを物語っている。[5]

本章の目的は、「公事方御定書」運用の実務を担う町奉行所与力が「公事方御定書」とそれに関連する幕府法とをどのような形で所持していたのか、その一つの事例を紹介することにある。大方の御批正を賜るならば倖いである。

一　「公裁私記」の内容

前述したように、本書は六冊本である。書型は縦一二・六糎、横一九・六糎の横中本である。表紙は本文と共紙である。全六冊は表題、本文ともに同一人の筆跡できわめて精筆であり、手擦れの少ない美しい写本である。すなわち、本書は日常的には使用されず、造本ののち大切に保管されたもののようである。帙の背に「公裁私記　杉浦裕纂」、帙の表紙の題簽に「仁杉」の墨書が存する。これらの墨書は、本文とは別筆である。前述したように、この題簽には原胤昭自筆のペン字による次のような内容注記が存する。すなわち、「目安裏書初判／評定所始／隠鉄炮／御書付留／赦囚／寺社之部」というものである（前掲写真参照）。

各冊の表題は、表紙の左側に打付書にて記されている。小口には「公裁私記」という表題と「仁」という注記が存する。各冊の表題、内題、内容、丁数は次の通りである。なお、第六冊を除く各冊の冒頭にはそれぞれ目録が存する。

〔第一冊〕公裁私記　智　内題無し、内容は「公事方御定書」上巻七八条（墨附五一丁）
〔第二冊〕公裁私記　仁　内題無し、内容は「公事方御定書」下巻一〇二条（墨附七四丁）
〔第三冊〕公裁私記　勇　内題無し、内容は「御定書ニ添候例書」七九項目（墨附三五丁）
〔第四冊〕公裁私記　杉浦謹録　内題は「御書付留」、九〇項目（墨附三五丁）
〔第五冊〕公裁私記　寺社之部　杉浦裕謹纂　内題は「寺社方御仕置例書」一二五条（墨附六丁）
〔第六冊〕公裁私記　赦囚之部　杉浦裕謹纂　内題無し、内容は恩赦に関する評定所一座の見解と恩赦適用の罪名三四

箇条とその具体例（墨附二〇丁）

右の構成をみるに、本書は「智」「仁」「勇」の前半三冊と、杉浦裕謹録・謹纂の後半三冊とが各々一組をなしていることがわかる。前半三冊は「公事方御定書」上下巻と、その補充法である「御定書ニ添候例書」の組み合わせである。「公事方御定書」上下巻は、宝暦四年（一七五四）四月の第五次の増補修正によって上巻八一条、下巻一〇三条の法文が定まった。しかし、「公裁私記」に収載するのは、上巻が七八条、下巻が一〇二条であって、その法文は延享三年（一七四六）四月の第四次増補修正を経た時点の「公事方御定書」である。下巻の奥書に連署する御定書掛三奉行は、寺社奉行牧野越中守（貞通）以下、勘定奉行遠藤六郎右衛門（易続）までの九名である。遠藤六郎右衛門が御定書掛に就くのは、寛延二年（一七四九）八月のことであり、六郎右衛門はそれより四箇月後の同年十二月十八日、従五位下伊勢守に叙任する。(6) 下巻奥書には「遠藤六郎右衛門」とあるから、「公裁私記」収載の「公事方御定書」上下巻は、伊勢守叙任前すなわち寛延二年八月から同年十二月までの四箇月間に筆写された伝本に基づいているのである。

一方、「御定書ニ添候例書」は七九項目から成り、第十三項に存する筈の寛政年間の追記を含まないから、天明四年（一七八四）から同五年のころ成立した「添候例書」である。(7)

後半三冊の内、第四冊の「御書付留」は評定所一座あるいは三奉行などを宛名として発給した老中書付を編年に配列した書である。目録の最後の番号は九十であるが、一つの番号を上下にわけて二通の書付を収録する場合などがあるので、「御書付留」に収録する書付の総数は一〇〇である。「御書付留」に見える年号は、第九十項の文化四年（一八〇七）が下限である。第五冊の「寺社方御仕置例書」は、その巻末に「天明四辰四月、安藤対馬守殿御役替之節、月番堀田相模守殿ゟ被差越之跡御役被　仰付候後、尚又相模殿ヨリ右一冊一通一袋ニテ引送、　写」という奥書を有する。この奥書は次のような意味である。安藤対馬守（信成）は寺社奉行を退任するにあたり、所持する「寺社方御仕置例書」一冊と書面一通を一袋に入れて月番の寺社奉行堀田相模守（正順）に託し、相模守は後任者にこれを伝達したのである。因みに、後任者は同月二十六日付で就任した松平右京亮（輝和）である。

後半三冊については、右の如き順番が本来のものか否か定かではない。あるいは、第三冊と第四冊とが逆転していたかも知れない。ともあれ、本書が私の手元に届いたときの順序が右の順だったのである。(8)「公裁私記」に見える年号中、第六冊に存する文政九年（一八二六）六月十七日の日付がもっとも新しい。つまり、「公裁私記」六冊の全体は、文政九年六月以降に成立したということである。

二　「公裁私記」の構成

前半三冊を一組のものとして所持するのは至極もっともなことである。第三冊の「御定書ニ添候例書」の法文は「公事方御定書」下巻の補充法であり、その名が示すように「公事方御定書」とともに存する法典だからである。(9)

後半三冊は、杉浦裕がこれを「謹録」「謹纂」したというが、杉浦裕という人物の経歴はまったく不明である。南北町奉行所の与力同心のなかに杉浦姓を見つけることはできない。あるいは寺社奉行の下僚の一員でもあっただろうか。それ故、「謹録」「謹纂」をどのように解釈すべきか悩むところである。しかし少なくとも、杉浦裕が後半三冊を編纂したという意味ではなかろう。第五冊の「寺社方御仕置例書」は、延享元年（一七四四）中の成立であり、(10)第六冊の「赦囚之部」は文政九年（一八二六）以降の成立であるから、両者を同一人が編纂することは不可能である。

又、「寺社方御仕置例書」という法典は、将軍徳川吉宗の主導のもとに寺社奉行大岡忠相をはじめとする御定書掛三奉行が編纂したものであり、[11]杉浦裕の個人的な編纂物ではありえない。「御書付留」も同様に、私的編纂物とは考えがたい。それ故、「謹録」と「謹纂」とはさほどの意味の違いは無く、幕府法に対しこれを「謹んで筆録」したというような意味なのではなかろうか。

このような後半三冊が、「公事方御定書」上下巻および「御定書ニ添候例書」と共に「公裁私記」という書名で一括りとなっている意味を考えてみよう。第五冊の「寺社方御仕置例書」二五条は、「公事方御定書」下巻の施行にとって必要な寺社関係の事項を規定し、「公事方御定書」下巻を補充する副弐法典、ないしは附属法典であり、「公事方御定書」と「寺社方御仕置例書」との両者が一体となって幕府の法体系の基礎をなすというものである。[12]「寺社方御仕置例書」という法典のこのような性格から見るならば、「公裁私記」の名のもと、「公事方御定書」上下巻ならびに「御定書ニ添候例書」と一緒に存することはきわめて自然なことである。

第四冊の「御書付留」は、一〇〇通の老中書付を編年に配列したものであり、元文五年（一七四〇）四月の「村方名主以下之者戸〆相止并公事扱日数之事」に始まり、文化四年（一八〇七）二月の「武家之家来主人ゟ願ニよつて引渡方之義ニ付御書付」にいたる。その内容を具体的に述べると、たとえば訴訟審理の迅速を要求する書付、「公事方御定書」下巻に対する改正規定や補充規定を定める書付、「公事方御定書」下巻の規定の解釈を統一する書付、判決案の書式についての変更や統一を指示する書付などである。つまり一〇〇通の書付は、評定所一座および評定所一座を構成する三奉行が「公事方御定書」を運用するにあたり遵守すべき事項、あるいは承知しておくべき事項で占められている。要するに、「御書付留」は「公事方御定書」運用に必備の書冊なのである。本書が「御定書ニ添候御書付留」と呼ばれる[13]理由もここにある。本書が、「御定書ニ添候例書」「寺社方御仕置例書」とあわせて「公事方御定書」上下巻とともに存するのは、必然的なことである。

第六冊の「赦囚之部」は、恩赦に関する評定所一座の寛政十一年（一七九九）二月と翌十二年閏四月の見解を冒頭に採録し、次に実際に恩赦を適用した事例を掲げている。「先例をも見合、年数等も評議之上、御免之儀相伺候凡例」として実例を列挙するが、それは明和二年（一七六五）の神忌の赦から安永五年（一七七六）の日光社参の赦にいたる七回の恩赦の適用を受けた者について、刑罰とその判決を掲げ、恩赦にあうまでの年数を注記し、これを三四の罪名に分類して列挙している。このような内容をもつ本書は、恩赦を審査する際の指針となる資料の一つであったと思われる。故に、本書が「公事方御定書」をはじめとする「公裁私記」の一冊として存するのは、少しも不思議ではない。「公事方御定書」を運用するための成文法としては、上下巻の本文と「御定書ニ添候例書」とだけでは不充分である。「公事方御定書」を修正増補しあるいは解釈を統一する旨の書付を多数含む「御定書ニ添候御書付留」、ならびに寺社関係の規定について「公事方御定書」を補充する「寺社方御仕置例書」との両者を欠かすことは出来ない。「公裁私記」の前半三冊に後半三冊が加わったのは、そうした理由によるのだろう。

三　南町奉行所与力仁杉氏と「公裁私記」

仁杉氏は原、佐久間の両氏とともに南町奉行所の草分与力の家柄である[14]。初代仁杉幸通より第十代幸生（幸信・五郎左衛門）まで続いて本家が断絶、分家八右衛門家が跡を継いだ。分家は初代幸根（八右衛門）、幸雄、幸昌と続いて四代目英（はじめ幸英）のときに明治を迎えた[15]。

町奉行所における裁判の実質的担当者は吟味方与力であり、与力分掌のうち、吟味方は年番方についで重んじられた。幕末のころになると、南北の町奉行所ともに吟味方与力を代々勤める家柄がしだいに固定化する傾向が生じ、仁杉氏は佐久間、吉田、島の各氏とともに吟味方を勤めたという。[16] 分家初代の仁杉八右衛門幸根、第二代八右衛門幸雄（家督前は五郎八郎）、第三代八右衛門幸昌（家督前は五郎八郎）の三人はいずれも「詮議役」を勤めている（詮議役は呼び方が変わっただけでその職掌は吟味方と同じ）。とりわけ初代八右衛門は長いあいだ詮議役を勤めている。『江戸町鑑集成』[17] によって、初代八右衛門が詮議役に就いている年次を拾い出すと、文化四年（一八〇七）、同十年、同十五年、文政五年（一八二二）、同九年（一八二六）となる。おそらく初代八右衛門は二十年以上の長きにわたって詮議役を勤めたのであろう。同じく『江戸町鑑集成』によると、第二代八右衛門は天保九年（一八三八）に詮議役と見え、第三代八右衛門は五郎八郎時代の安政二年（一八五五）および家督後の文久元年（一八六一）に詮議役と見えている。なお、本家第十代の仁杉五郎左衛門幸生は、文化十年（一八一三）より天保十二年（一八四一）にかけて与力であったことが確認できる。本家と分家とが同時に与力を勤めた期間が長いが、本家の五郎左衛門が詮議役に就いた形跡はない。

町方与力仁杉家のこのような履歴をみると、「公裁私記」を所持した最初は、分家初代の八右衛門幸根であったと思われる。八右衛門幸根は、文政九年には詮議役にして年番を兼ねる与力である。その後、天保二年（一八三一）までには息子幸雄に家督を譲っており、同四年十一月三日をもって没した。[18] 推測をたくましくするに、初代八右衛門は文政九年以降、与力を引退するまでの最晩年に「公裁私記」六冊を手に入れ、やがてこれを二代目に伝えたのではなかろうか。

ところで、「公事方御定書」は建前としては秘密法なのであって、将軍座右用の「御前帳」、老中の御用部屋用の「御次帳」、評定所備え付け用の一部のほかは、特定の幕府首脳にのみ交付された。その首脳とは評定所一座を構成する三奉行、御定書掛三奉行、京都所司代、大坂城代である。しかし、裁判の実務に従事するのは奉行の下僚であるから、三奉行は配下の評定所留役、吟味物調役、与力などに奉行用のものを借覧させることは許されていたという。[19]

原胤昭の実兄で、幕末に南町奉行所の吟味方与力であった佐久間長敬（天保十一年〈一八四〇〉～大正五年〈一九一六〉）は、秘密法の「公事方御定書」を町方与力がどのようにして入手したのかについて、次のように語り伝えている。[20]

吟味方与力も御定書を一覧せんとする時は、奉行へ誓紙を出し借用して一覧すべき御定めなれども、いつ写したるか代々吟味方を勤るものは家に持伝へ、これに添たる刑法書も多く所持して差支なき故に、誓紙を出し追々借々するにもおよばずして事済たり。

仁杉氏もまた、このようにして「公裁私記」六冊を持ち伝えたものであろう。六冊中、前半三冊を初めに入手し、[21]ついで杉浦裕が関与する後半三冊を入手し、両者を一組のものとして「公裁私記」という表題を与えたのではなかろうか。詮議役を勤める町方与力仁杉氏が、「公事方御定書」とその関連法文を所持するのは仕事柄当然のことである。しかし、「私記」という名のもとに所持したことが、いかにも江戸時代の特徴をあらわしている。つまり、裁判実務の責任者ともいうべき吟味方与力ですら、「公事方御定書」とその関連法文を公式に所持できなかったということである。「奉行中之外不可有他見者也」という「公事方御定書」下巻の奥書が、おおきな影を落としているのである。

前述したように、「公裁私記」中の「公事方御定書」上下巻は、第四次増補修正の延享三年次の法文をもつ。延享三年の「公事方御定書」は、宝暦四年になって小規模ながらも増補修正を被るから、[22]現行法としては八年間の寿命である。延享三年次と宝暦四年次とで大差はないとはいうものの、仁杉氏は依然として延享三年の「公事方御定書」を持ち続けたのである。吟味方を担当する町方与力ですらも、「公事方御定書」の増補修正を承知していなかったということである。

四　「棠蔭秘鑑」と「公裁私記」

「公裁私記」六冊と似た構成をもつものに「棠蔭秘鑑」四冊が存する。第一冊（元の巻）に「公事方御定書」上巻、第二冊（亨の巻）に「公事方御定書」下巻、第三冊（利の巻）に「添候例書」「寺社方御仕置例書」、第四冊（貞の巻）に「御書付留」を収載する。(23) つまり、「棠蔭秘鑑」四冊は「公裁私記」六冊のうち、第六冊の「赦囚之部」を欠くだけであり、ほぼ同じ内容を具備している。

「棠蔭秘鑑」は天保十二年（一八四二）の成立である。「棠蔭秘鑑」には序文があって、実務家と幕府法との関係について、

寺社奉行に属せる調役、評定所留役ハ、評定一座中の意をうけて、先規を考、理非を断する事を役なるか、四巻の書を書写して篋笥に蔵むることハ許し給はす、されはとてこれを熟慮せされは、先規を考、理非を断するに由なし、故にひそかに書写してもたる族も多かりきといへとも、私事なれは詳に比校することもあたはすして、脱落もまた多かりき、

と述べている。(24)「四巻の書」は、「公事方御定書」上下巻、「御定書ニ添候例書」「寺社方御仕置例書」「御書付留」の四者を指す。評定所留役、吟味物調役、吟味方与力などの実務家はこの四者が揃ってはじめて用が足りるのであるが、所持することが許されず、そのために「ひそかに書写」するのだが、校合することもできなかったから「脱落もまた多か」った。こうした状況では「実務上弊害もあり、また、新任の者にも不便なので、吏員より公事方勘定奉行に上申して、「公となく私となく」、いわば准公式に棠蔭秘鑑の定本を作成」したというのである。それ故、本書は「公事

方御定書の准公的な法文を含む点において、とくに価値の高い法律書」と評される。[25]「棠蔭秘鑑」はこのような成立事情をもつから、そこに収載する「公事方御定書」は今日もっとも信頼の置ける法文を有するとみられている。したがって今日、われわれが「公事方御定書」を利用する際は、本書からその法文を引用するのが通例である。

「公裁私記」六冊は、天保十二年に「棠蔭秘鑑」が成立する以前、町方与力が所持した幕府法の一例であり、「四巻の書」が揃っているのが注目される。「公裁私記」と「棠蔭秘鑑」とを見比べることにより、幕府法について若干の新知見を得ることができる。第一は「寺社方御仕置例書」についてである。「公裁私記」収載の「寺社方御仕置例書」には、各条文に「従前々之例」「享保十六年極」「元文三年極」「寛保二年極」といった、いわゆる箇条肩書がもれなく注記されている。一方、「棠蔭秘鑑」の方には箇条肩書が見られない。「水野家文書」（天保改革をおこなった老中水野忠邦家伝来の文書）の「寺社方御仕置例書」においても箇条肩書が存する。[26]「公事方御定書」上下巻と同じく箇条肩書の存するのが「公裁私記」の「寺社方御仕置例書」の本来の姿であろう。[27]

また、「公裁私記」収載の「寺社方御仕置例書」には、巻末に前掲奥書に続いて次の記事が存するので紹介しておこう。

寺社方御仕置例書之儀、是迄株付又は師範より受取、区ニ有之如何之様ニ付、右は御定書ニ准し候書ニ候間、今度右申談相改、伊賀守方ニて相認、一冊宛銘ミ所持いたし、已来御役替被　仰付候節ハ封て直印を以相渡可申段、明和七庚寅閏六月廿七日越中守宅内寄合ニおゐて申合之、

この記事は、「寺社方御仕置例書」を寺社奉行がどのように引き継いだかが記されていて興味深い。伊賀守は寺社奉行松平忠順（在任は宝暦十四年〈一七六四〉二月～安永四年〈一七七五〉八月）、越中守は寺社奉行牧野貞長（在任は明和

元年〈一七六四〉八月～安永六年九月〉である。「寺社方御仕置例書」は従来、「株付又は師範」から新任の寺社奉行に交付されたが、法文に異同が生じていて不都合であった。そこで明和七年（一七七〇）閏六月廿七日、牧野越中守貞長宅における内寄合で次の申し合わせをした。すなわち、「寺社方御仕置例書」は松平伊賀守忠順の役宅において一括書写し、これを寺社奉行各人が所持することとし、役替えの際はこれを封印して後任者に引き継ぐことにしたのである。「公裁私記」はこうして引き継がれた「寺社方御仕置例書」の写しである。(28)

第二は、「御書付留」についてである。「棠蔭秘鑑」のうちで表題があるのは「寺社方御仕置例書」のみである。それ故、『徳川禁令考』別巻の編者は第四冊（貞の巻）に「御書付類」という表題をあたえた。しかし、「御書付留」が本来の表題であろう。「公裁私記」の内題が「御書付留」となっており、また「御定書ニ添候御書付留」とも称されることがあったように、実務家の間では本書を「御書付留」と呼び慣わしてきたと思われる。

つぎは「御書付留」の成立過程についてである。「棠蔭秘鑑」の「御書付留」は、目録は九〇であるが収録する書付等は一〇〇を数える。一項を上下に分けて二通の書付を収載するのが七項目存し、そのほか第四項が「四ノ内」として、第二十七項が「廿七ノ内」として、第八十五項が「八十五ノ内」としておのおの第二通目の書付を収載するからである。このような形態が見られるのは、次の理由によるであろう。すなわち、「御書付留」は全九〇項として成立したのだが、その後になって収録すべくして漏れた書付を発見し、これを該当する年次の項に組み入れたのである。項目の番号に「三十四ノ下」「四十一ノ下」とある場合は「下」、「六十六ノ上」となっている場合は「上」がそれぞれ追補の書付であろう。「棠蔭秘鑑」にくらべ、「公裁私記」は追補の書付が三通少ない。第六十六項上、第八十四項下および第八十五項が未収録なのである。これは転写の際の脱落とは考えがたい。書付の追補は複数回にわたってなされたのであり、書付の三通少ない「公裁私記」は最終の追補にいたらぬ前の姿を示しているのではなかろうか。

むすび

周知のように、「公事方御定書」とりわけその下巻は多数筆写され、夥しい数の伝本が今日に残されている。名主の階層ですら「公事方御定書」下巻を所持することが珍しくはない。一方、「御定書ニ添候例書」はその伝本がきわめて稀である。また、「添候例書」は天明三年（一七八三）の例を最後としており、その後は例が書き継がれなくなった。このような状況をふまえ、平松義郎氏は、「御定書の比較的抽象化され、一般化された刑罰法規は、「添候例書」の判例よりは適用しやすく、そのカバーできる範囲は広い。御定書の法典化、「添候例書」の消滅は、いわば当然の推移であった」と述べられる。(29)

この説に対し藪利和氏は、「添候例書」が判例と評定所評議とに引用される事例を博捜して、「添候例書」が宝暦十二年（一七六二）以降安政元年（一八五四）にいたるまで引用されることを突き止め、「添候例書」の消滅という説の成立しないことを実証された。(30) たとえ、「添候例書」が一般に筆写されることが少なかったとしても、「公事方御定書」の運用に必要欠くべからざる「添候」法典に変りはなく、幕府の実務家は「公事方御定書」上下巻とともにこれを所持したのである。「寺社方御仕置例書」「御書付留」についても同様のことが言える。つまり、「四巻の書」のどれ一つが欠けても、「公事方御定書」の十全な運用はできないのである。「公裁私記」六冊ならびに「棠蔭秘鑑」四冊の存在がこれを証明している。

註

（1）原胤昭は、江戸の南町奉行所の与力佐久間健三郎の三男として、嘉永六年（一八五三）二月、八丁堀に生まれた。十二歳のとき同じ南町奉行所与力の原家の養子に入り、十四歳の慶応二年（一八六六）に与力として石川島の人足寄場見廻役に就いた。明治七年（一八七四）にキリスト教の洗礼を受ける。三十歳の明治十五年（一八八二）、江戸錦絵を改良して外国に販売する天福堂を神田錦町に開店するが、翌年、自由民権運動の福島事件に関連する錦絵「天福六家撰」が罪に問われ、皮肉なことにかつての人足寄場である東京監獄署石川島分署に投獄された。入獄中に九死に一生を得た経験から、その後、監獄教誨や出獄人保護に力を注ぎ、「更生保護の父」とも呼ばれ、社会事業家としての令名が高い。昭和十七年（一九四二）、九十歳をもって没した。原胤昭に言及した文献については、安形静男氏の「原胤昭に関する文献目録」（『標茶町郷土館報告』一二号三七～五七頁、平成十二年、（北海道）標茶町郷土館編刊）が委曲を尽くしている。

（2）『古典籍展観大入札会目録』（平成十七年、東京古典会）一二・一三・一八・一九・四六・六一頁など。

（3）古書市場に流出した原胤昭旧蔵資料のうち、千代田区立四番町歴史民俗資料館は九八三点を入手し（『原胤昭旧蔵資料調査報告書（1）――江戸町奉行所与力・同心関係史料――』一一～三五頁、平成二十年、千代田区教育委員会・千代田区立四番町歴史民俗資料館編刊）、同資料の調査と整理を担当された加藤貴氏が九八点、同調査書の企画と編集を担当された滝口正哉氏が三四点を入手されている。両氏の所有する資料はともに同資料館に寄託されている。そのほか明治大学博物館が八点、筆者もまた数点を入手した（『原胤昭旧蔵資料調査報告書（2）』二〇九～二一三頁、平成二十一年）。林紀昭氏（関西学院大学名誉教授）もまた「御定書百ヶ条」をはじめとする七点二十七冊を入手し、その書名と内容を紹介しておられる（「原胤昭旧蔵「御定書百ヶ条他　二十七冊」について」『原胤昭旧蔵資料調査報告（4）』三三三～三三七頁、平成二十三年）。

なお、四番町歴史民俗資料館は、平成十九年度の特別展として「江戸町与力の世界――原胤昭が語る幕末――」を開催した（同年十月二十九日～十二月九日）。これによって原胤昭その人とその旧蔵資料が多くの人々に知られることとなった。

（4）原胤昭の筆跡は、四番町歴史民俗資料館所蔵資料にみえる原胤昭自筆と照合して確認した。

（5）原胤昭旧蔵資料には原家に伝存したものあるいは胤昭自身が蒐集したもののみならず、同僚であった都筑、仁杉、由比、佐久間などの旧町奉行所与力・同心の各家から寄せられた資料が数多く含まれている。その理由は、旧町奉行所の与力・同心が互いに交流し親睦を図る目的で結成した南北会が、旧町奉行所の事業を記録するために、各家に伝存する諸資料を原胤昭のもとに集めたことにある（加藤貴「原胤昭旧蔵資料について」『原胤昭旧蔵資料調査報告書（1）』三頁）。

原胤昭は、みずから購入したりあるいは寄贈を受けたりして自分の所有に帰した資料については、「原氏蔵書」という蔵書印をしばしば捺している。しかし「公裁私録」にこの蔵書印は捺されていない。本書が仁杉家より託されたものだからであろう。

(6) 『新訂 寛政重修諸家譜』第十五、二四九頁、昭和四十年、続群書類従完成会。

(7) 林紀昭「「御定書ニ添候例書」成立試論」関西学院大学『法と政治』五一巻一号七五頁、平成十二年。

(8) 原胤昭が帙の題簽に記した内容注記の配列は、第二冊、第一冊、第三冊、第四冊、第六冊、第五冊の順である。

(9) 「公事方御定書」と「御定書ニ添候例書」との関係については、小林宏「「定書」と「例書」——徳川吉宗の立法構想——」（『日本における立法と法解釈の史的研究』第二巻所収、平成二十一年、汲古書院、初発表は平成二十年）参照。小林氏は、両者の関係について「一方が他方の存在を排斥し、否定するという絶対的なもの同士の対立ではなく、相互に流動的、且つ補完的な一面を有し、両者相俟って一個の法体系を構成する」と述べておられる（同書一六四頁）。

(10) 小林宏「「寺社方御仕置例書」の成立——『大岡忠相日記』を素材として——」前掲書一三〇頁、初発表は平成十九年。

(11) 小林宏「「寺社方御仕置例書」の成立——『大岡忠相日記』を素材として——」前掲書。

(12) 小林宏「「寺社方御仕置例書」の成立——『大岡忠相日記』を素材として——」前掲書一二八・一三七頁。

(13) 「御書付類」第三十八項の朱書に「此頭書紛敷候ニ付、天保十一子年取調之上、御定書ニ添候御書付留ニは、本文計ニて頭書無之」と見える（傍点引用者、「棠蔭秘鑑」貞の巻所収「御書付類」、法制史学会編『徳川禁令考』別巻二〇一頁、昭和三十六年、創文社）。

(14) 南和男「町奉行所の研究〈享保以降〉」『幕末都市社会の研究』一二二頁、平成十一年、塙書房、初発表は昭和五十年。

(15) 「南町与力仁杉氏略系図」『原胤昭旧蔵資料調査報告書（1）——江戸町奉行所与力・同心関係史料——』一八五頁。

(16) 南和男「町奉行所の研究〈享保以降〉」前掲書六二一～六三三頁。

(17)　加藤貴編『江戸町鑑集成』全五巻、平成元年〜同二年、東京堂出版。
(18)　仁杉氏の「過去帳」。滝口正哉氏のご教示による。
(19)　平松義郎「徳川禁令考別巻　解題」七〜八頁（法制史学会編『徳川禁令考』別巻）。
(20)　佐久間長敬『江戸町奉行事蹟問答』一八二頁、南和男校注、昭和四十二年、人物往来社。なお、奉行所の下僚が「公事方御定書」を披見することに関し、平松義郎『近世刑事訴訟法の研究』五四六〜五四九頁（昭和三十五年、創文社）参照。
(21)　「公裁私記」収載の「公事方御定書」下巻は、その奥書に九名の御定書掛三奉行の名が正確に記されているから、その原本は町奉行等に交付された幕府正本の一つであったと思われる。
(22)　宝暦四年次の増補修正は、上巻に三箇条の書付を追加し、下巻に一箇条の追加と五箇条に六箇所の増修（削除を含む）を施したにすぎない。なお、「公事方御定書」上下巻の増補修正の概略については、茎田佳寿子『江戸幕府法の研究』四三〜四七頁（昭和五十五年、巌南堂書店）参照。
(23)　「棠蔭秘鑑」四冊は、石井良助氏旧蔵の評定所備え付本が『徳川禁令考』別巻に収録されているので、これを容易に披見することができる。
(24)　『徳川禁令考』別巻一一頁。
(25)　平松義郎「徳川禁令考別巻　解題」七〜八頁。
(26)　大岡家文書刊行会編『大岡越前守忠相日記』下巻六七七頁以下、昭和五十年、三一書房。
(27)　小林宏「「寺社方御仕置例書」の成立――『大岡忠相日記』を素材として――」前掲書一三七頁参照。
(28)　寺社奉行役替の際の「寺社方御仕置例書」の引き継ぎについて、三浦周行氏は「寺社方例書の如きも……明和七年以降は御定書に准じて、奉行の転任に当たりては、自ら其書に封印を加へて月番に托し、月番より更に後任者に交付せしむべき事となれり」と記しておられる（「歴代法制の公布と其公布式」『法制史の研究』一三八頁、大正八年、岩波書店）。
(29)　平松義郎「「徳川禁令考」・「公事方御定書」小考」（三）『創文』一八八号二五頁、昭和五十四年。
(30)　藪利和「「御定書ニ添候例書」の機能について」東北大学『法学』四八巻六号、昭和六十年。

第五章　「公事方御定書」下巻の奇妙な伝本

はじめに

「公事方御定書」は上下巻からなるが、上下巻が揃って書写されることはむしろ稀であって、下巻のみが単独で書写されることが多い。その下巻の夥しい数の伝本が遺されていることは周知のことである。各地の図書館や資料館等に所蔵されているばかりでなく、いまもって古書目録や古書展会場において目にすることが少なくない。こうした伝本をながめていると、じつに様々な表題が与えられていることを実感するとともに[1]、しばしば不可思議な伝本に出会うのである。本章では奇妙な伝本の最たる事例を紹介し、そのよってきたる原因と理由とを考察し、「公事方御定書」を理解する一助にしようとするものである。

一　「公事方御定書」の成立と増補修正

本題に入る前に、「公事方御定書」の成立と増補修正の過程について一瞥しておこう。「公事方御定書」下巻には次の二つの奥書が存する。

①右御定書之条々、元文五庚申年五月、松平左近将監を以被仰出之、前々被仰出之趣、
幷先例其外評議之上追々伺之、今般相定之者也、
寛保二壬戌年三月廿七日
牧野越中守
石河土佐守
水野対馬守

②右之趣、達
上聞、相極候、奉行中之外不可有他見者也、
寛保二壬戌年四月
松平左近将監

すなわち、「公事方御定書」上下巻の法文は、寛保二年（一七四二）三月二十七日をもって定まった。これを将軍徳

川吉宗に報告して諒承を得、同年四月、老中松平乗邑が秘密の旨の奥書を加えて施行に移したのである。この時、上巻は七八通の法令、下巻は九〇箇条の法文から成っていた。しかし、この後寛保三年、延享元年、同二年、同三年と四年連続で増補修正の手が加わり、さらに八年後の宝暦四年（一七五四）にも増補修正がなされ、ここにおいて最終の法文が定まった。その最終の法文は、上巻八一箇条、下巻一〇三箇条である。

伝存する「公事方御定書」下巻の写本は、その大部分が延享三年増修本もしくは宝暦増修本のどちらかである。(2)宝暦増修本は、延享三年増修本に対し、一箇条を追加し、五箇条に六箇所の増修（削除を含む）を加えている。(3)この増補修正の有無を確かめることにより、延享三年増修本であるか宝暦増修本であるかの判別がつく。(4)

二　条文配列の奇妙な伝本

明治大学博物館蔵の「御刑法書」と題する伝本（一冊、美濃判本七〇丁、架号はF三二）は、法文は確かに「公事方御定書」下巻なのであるが、その条文配列がじつに奇妙なのである。(5)「棠蔭秘鑑」収載の「公事方御定書」下巻の条文番号をもって「御刑法書」の条文配列を示すと、次のようになる。第一条に始まって第四条、第七条、第十条というように条文を飛ばして進むのである。(6)以下は数字のみ記すと、十二↓十四↓十八↓二十三↓二十四↓二十八↓二十九↓三十↓三十一↓三十二↓三十八↓四十↓四十三↓四十四↓四十五↓四十六↓四十七↓四十九↓五十↓五十一↓五十二↓五十三↓五十四↓五十六↓五十七↓六十四↓七十↓七十一↓七十二↓七十三↓七十四↓八十三↓八十四↓八十五↓九十二↓九十六↓九十七↓百と配列され、第百三条の敲の規定までを筆写したのち、再び若い番号に戻って第二条、第三条、第五条、第八条、第十一条、第十三条（以下省略）と配列される。つまり、今まで抜けていた条文が順次筆写されてゆくのであり、最後は第百三条の入墨の規定以下が記されている。また、「御刑法書」のこのような順不同の法文を、「棠蔭秘鑑」所収の法文と比較すると、宝暦四年の増補修正が施されていないことが判明する。つまり、「御刑法書」は、本文一〇二箇条から成る延享三年増修の「公事方御定書」下巻なのである。

条文配列が奇妙であるということの他に、「御刑法書」には次の三つの特徴がみられる。

第一は、箇条肩書の位置である。「従前々之例」「享保五年極」というような箇条肩書は、その名が示すように法文冒頭の右肩に置かれるのが通例であるが、「御刑法書」においては法文の末尾に細字双行をもって記されている。

第二は、奥書についてである。「公事方御定書」下巻の末尾に書き付ける奥書としては、前掲したような二つを存するのが本来である。すなわち第一は、寛保二年三月二十七日の日付で御定書掛三奉行の連名による同書成立を示す奥書であり、これに続く第二の奥書は、寛保二年四月の日付で、老中の松平左近将監（乗邑）の名による、奉行以外は他見を許さぬ旨のいわゆる秘密文言である。しかしながら、「御刑法書」には第一の奥書のみを存し（ただし、日付と御定書掛三奉行の連名を欠く）、第二の奥書は存しない。第二の奥書にかわって、「公事方御定書」の編纂を担当した御定書掛三奉行とその許で実務に従った四人を褒賞した次のような記事を載せている。岩佐郷蔵と倉橋武右衛門の二人は、支配御勘定評定所書物方である。

寛保二年四月、御定書を被為裁御役人賞賜、
　時服七　寺社奉行牧野越中守、　時服四　町奉行石河土佐守、　時服四　御勘定奉行水野対馬守
右於　御座之間　御目見拝領物、此外同断賞賜、同年四月六日、於躑躅之間左近将監殿被申渡面々、
　金壱枚ツ、　御勘定評定所留役浅野（ママ）伴左衛門
　　　　　　　鵜飼左十郎
　銀拾枚ツ、　岩佐郷蔵
　　　　　　　倉橋武右衛門

第三の特徴は、第百三条中に「公事方御定書」下巻の法文にあらざる記事を挿入させていることである。その挿入記事は、入墨の規定に続いて入墨図を載せ、続けてさらに弾左衛門が配下に施す入墨の規定二箇条を載せることである。入墨図は一八を存する。江戸から伊奈半左衛門に至る一三図は、各地の幕府奉行所等の入墨図である。続いて弾左衛門の入墨図があり、残りの四図は紀伊、安芸広島、会津、丹波の各藩の入墨図である。

三　「青標紙」収載の「御定書　九百箇条」

そこで、この三つの特徴を兼ね備えた「公事方御定書」下巻を探したところ、はたして見つけ出すことができた。「青標紙」後編に収載する「御定書　九百箇条」がそれであり、その法文も「御刑法書」に同じ延享三年増修のものである。

「青標紙」は、旗本大野広城《ひろき》（一七八八〜一八四一、通称は権之丞、忍軒・忍屋隠士などと号した）が編纂し、自ら上梓したものである。前編は「武家必冊青標紙　完」と題して天保十一年（一八四〇）に、後編は「武家秘冊青標紙　後編」と題して翌十二年に刊行されている。「青標紙」後編は、幕臣として遵守すべき規則や承知しておくべき法令などを収録する。それらは、「武家諸法度」「御番衆勤方掟書」「二条・大坂在番掟書并年割」「御軍令御軍役之次第」「大的　上覧并御射初百手的之事」「御鷹之鳥来歴之事」「非常心得掟書」「御定書」の八点である。最後の「御定書」が「公事方御定書」下巻であり、内題では「御定書　九百箇条」と称している。

「青標紙」は折本仕立の版本である。表裏の両面刷りであり、界線をもって紙面を上下二段に分けている。「武家諸法度」から「非常心得掟書」までは、上下二段の紙面を次のように用いている。すなわち、記事の前半を上段に記した後に、後半部分を下段に記すのである。ところが「御定書　九百箇条」のみは、これらとは紙面の使い方が異なる。まず第一条を上段に記し、ついで第二条を下段に配すのである。第二条は短い条文なので上段の第一条よりも右側の行で終了する。そのため、下段に第三条を続けて記し、その最終行が上段の第一条の最終行とほぼ同じ行で終了すると、今度は第四条を上段に配するのである。続く第五条を下段に記すが、その最終行が上段よりも右側の行で終了するので、第六条を第五条に続けて下段に記すのである。その結果、第六条の最終行が上段の第四条の最終行よりも左側に出たので、次の第七条は上段に記すのである。したがって、第八条は下段に記されることになる。「青標紙」は、このように「公事方御定書」下巻の各条文を千鳥足のごとく、上下の紙面を行ったり来たりさせて表記するのである。

要するに、上述した「御刑法書」に見る奇妙な条文配列は、「青標紙」所載の「御定書　九百箇条」の上段部分をまず書写し、ついで下段部分を書写したために生じたのである。また「御刑法書」に見られる三つの特徴――(1)箇条肩書の位置、(2)秘密文言を欠落させた奥書と御定書掛を褒賞する記事、(3)入墨図一八と入墨規定二箇条――についても、まったく同じものを「青標紙」に見いだすことができる。「御刑法書」が版本「青標紙」からの直接の筆写本なのか、あるいは転写本なのかは定かでない。しかし、「御刑法書」は「青標紙」の書式に忠実に書写しているのであり、(7)奇妙な条文配列が「青標紙」後編の「御定書　九百箇条」に端を発するのは疑いのないところである。

四　幕臣大野広城の処罰

「青標紙」の編者大野広城は、天保十二年（一八四一）六月十日、評定所において大目付岡村丹後守直恒から左の判決を申し渡された。(8)

其方儀、御政務筋ニ拘り候不容易事共彫刻いたし、絵本屋伊助ぇ相渡候段不届之至ニ候、依之九鬼式部少輔ぇ御
預ヶ被　仰付候もの也、

小十人
本多左京組
大野権之進（ママ）
五十四才

十六歳の嫡子鏃之助は、これに縁坐して改易に処されている。「九鬼式部少輔」は、丹後国綾部藩（一万九千五百石）の藩主九鬼隆都のことであり、大野広城は判決後に綾部に移送され、同年九月十一日、同地に没した。奇しくも広城の没したその日、江戸においてはこの事件に関与した人々に判決が出て一件落着となった。販売担当の絵本屋伊助は、北町奉行遠山左衛門尉（景元）から左の判決を申し渡された（傍点引用者）。

右之もの儀、去ゝ亥年以来大野権之丞著述之殿居嚢・青標紙・泰平年表と唱候表題之書物類は、御政務筋ニ拘り候不容易儀品ゝ彫刻いたし候品ニ有之処、兼て町触之趣相背、前書之書物取交度ゝニ四百三十部、代金五十五両弐分弐朱ニ買取、名住所不存武家方等ぇ六十六両余ニ売払、拾壱両余売徳取、剰右板木絶版後、其以前摺立置候由ニて権之丞持参致候青標紙前編買受、売捌、猶売徳取候段、旁不届ニ付、江戸払、

遠山左衛門尉掛
下谷車坂町
栄蔵店
伊助

堀田備中守殿御差図

絵本屋伊助の判決からわかるように、大野広城の罪状である「御政務筋ニ拘り候不容易事共彫刻」とは、「殿居嚢」「青標紙」「泰平年表」の三書を上梓したことを指す。上梓の年次は、「殿居嚢」前編が天保八年（一八三七）、後編が

同九年、「青標紙」前後編は前述したように天保十一・十二年、「泰平年表」は天保十二年である。絵本屋伊助はこれらの書を売り捌いて利益を得たことが咎められ、江戸払に処されたのである(9)。この時、同様にこれらの書を売り捌いた神田旅籠町弐丁目の喜兵衛が敲の上江戸払、本銀町弐丁目の喜助は江戸払の判決を受けた。また、広城の注文によって「青標紙」と「泰平年表」を板木に彫刻した中之郷竹町の喜兵衛もまた江戸払の判決を申し渡された。書物師の出雲寺金吾も取調をうけたが、こちらは「不念之筋も無之」ということで「無構」との判決を受けた(10)。

「殿居嚢」「青標紙」は、ともに縦一九・七糎、横一一・二糎の折本で両面刷りである。一方、「泰平年表」の方は縦一七・二糎、横一一・八糎の小本である。この三書に共通する第一は、著者の本名を名乗っていないことである。「殿居嚢」前編では序文に「藤原朝臣」、同後編では刊記に「訂書堂蔵版」と見える。「青標紙」前編では「東都　忍廼屋蔵版」、同後編では「東都　訂書堂蔵梓」と刊記に記す。また「泰平年表」では内題に「東武　忍屋隠士謹輯」とある。共通する第二は、書型がいずれも小さい上、極小の文字をぎっしりと詰め込んでいることである。したがって、視力の弱い者にとってははなはだ読みづらい。

また、最初に刊行した「殿居嚢」前編は、その冒頭に「此書はおほやけのかしこき事共をかきしるしたれハ、すり巻の数を三百部にとゝめ板を絶しぬ」と注記し、三百部限定の出版物であることを謳っている。同様に、「殿居嚢」後編および「青標紙」前後編のそれぞれの見返しに「禁商頒限三百部」、「泰平年表」においてもやはり見返しに「頒限三百部禁市鬻」という文言を刷り込んでいる。この三書は幕府の機密事項を数多く掲載するので、著者の本名を伏せたり、極小の文字を用いたり、限定出版を謳ったりして幕府の追及をかわそうとしたのであろう。「青標紙」の記事中、大野広城が幕府からの嫌疑をもっとも怖れたのは「御定書　九百箇条」であった。それ故、「御定書　九百箇条」を収録するにあたり、版面の上段と下段とを行ったり来たりする不自然な表記法を採ったのである。奥書の秘密文言を省いたのもその現れであろう。しかしながら、こうした細工も功を奏せず、大野広城は処罰されたのである[11]。幕府は、「公事方御定書」をひそかに写し取って所持することまでは咎め立てしなかったのであるが、板木に彫って不特定多数の人々に公開することは、さすがにこれを黙認できなかったのである[12]。

むすび

「御刑法書」は、このような事情をもつ「青標紙」から「御定書　九百箇条」の部分のみを忠実に書写したのである。しかしその際、書写者は「公事方御定書」下巻の本来の姿を知らないため、上段を書写し終えてから下段を書写したのである。これが奇妙な条文配列の伝本の誕生した経緯である。

伊勢の神宮文庫は、「御定書　九百箇条」と題する「公事方御定書」下巻（一冊、半紙本五八丁、内藤耻叟旧蔵本、架号は七門四八六号）を蔵する。その表題が示すように、本書もまた「青標紙」所載の「御定書　九百箇条」を忠実に書写した写本であって、条文配列は「御刑法書」に同じである。また、福井県立図書館の松平文庫に「公辺御定書」と題する「公事方御定書」下巻が存する（一冊、架号は四一―一）。本書もまた「御刑法書」と同様の条文配列を持つ伝本である[13]。目下、「青標紙」に端を発する奇妙な条文配列の伝本は、右の三本を確認したにすぎないが、おそらくは未見の伝本が各地に伝存していることであろう。

『国書総目録』によると、「青標紙」の写本が各地の図書館や資料館等に所蔵されている。そのうち、國學院大學図書館蔵の「青標紙」を調査したところ、同書は版本の「青標紙」前後編を書写したものであった[14]。ここに筆録された「御定書　九百箇条」の条文配列はなおいっそう奇妙である。それは、両面刷りの表面上段、同下段の順に書写し、続いて裏面に移ってその上段、下段の順に書写しているからである。こうして書写した条文配列を具体的に言うと次のようである。すなわち、第一条に始まってとびとびに第三十一条第九項までを書写し、次に表面下段に移って第二条からとびとびに三十四条の題号までを書写し、今度は裏面上段に移り、第三十一条第十項に始まってとびとびに第百三条の敲の規定までを書写し、続いて裏面下段に移って第三十四条本文に始まってとびとびに第百三条の入墨の規定以下を書写し、最後に奥書と褒賞記事を書写して終わるのである。

「青標紙」前後編は、「殿居嚢」前後編とともに『江戸叢書』に採録されたので活字として読むことができる[15]。ここに収録する「御定書　九百箇条」も、表面上段、同下段、裏面上段、同下段の順に条文を並べている。國學院大學本のように、条文の中途で新しい条文に移ることは無いが、その条文配列は國學院大學本と大同小異である。このような奇妙な「公事方御定書」下巻をいくら読んでも、その正しい理解は不可能である。

そもそも、このような奇妙な条文配列の伝本が出現した根源は、「奉行中之外不可有他見者也」という奥書をもって「公事方御定書」を秘密にしたことに存する。そのために人々は、「公事方御定書」について何が正しい法文なのかを認識していなかったのである。

註

（1）「公事方御定書」下巻に与えられた様々な表題の一端については、高塩博「「公事方御定書」下巻の伝本と呼称について」（藤田覚編『近世法の再検討――歴史学と法史学の対話――』平成十七年、山川出版社〔本書論考篇第四部第二章〕）を参照されたい。

（2）高塩博「「公事方御定書」下巻の伝本と呼称について」前掲書。

（3）小出義雄「御定書百箇条編纂の事情について」『史潮』第四年三号一三一頁、昭和九年。茎田佳寿子『江戸幕府法の研究』一二〇頁、昭和五十五年、巖南堂書店。
宝暦四年次における一箇条の追加と六箇所の増補修正（削除を含む）を、具体的に述べるならば次のようである。すなわち一箇条の追加は、「重キ御役人之家来御仕置ニ成候節其主人差扣伺之事」を第九条として増補したことである。第五十六条盗人御仕置之事においては、第二十六項に但書「但、武家之家来ニ候ハヽ、江戸払」を増補し、第七十条火附御仕置之事においては、第一項但書「但、燃立不申候ハヽ、引廻之上死罪」を削除している。つぎに第七十七条酒狂人御仕置之事においては、第三項本文を修正している。それは、武家の家来が酒狂によって傷害を負わせた場合、加害者が中小姓躰の者のときは銀二枚、徒士のときは金一両、足軽のときは銀一枚を被害者の治療代として徴収する規定であったが、加害者の身分を問わず、刑罰として一律に江戸払とすることに修正した。五番目の増修は、第八十二条科人欠落尋之事の第四項に見られる。すなわち、喧嘩口論による殺人罪において、捜索が三十日ほどに及んでも逃走の共犯者を逮捕できない場合、逮捕済みの共犯者については本人の供述が有れば刑を科してもよい、という規定を増補したことである。六番目、七番目の増修は第百三条御仕置仕形之事に見られる。六番目は江戸払の立入禁止区域に本所・深川の町奉行所支配地を加えたことである。七番目は「町人百姓之女は、重追放にも可申付事」という規定を増補したことである。
（4）「公事方御定書」下巻の伝本を調査していると、延享三年本に宝暦本をもって校合し、あるいは逆に宝暦本に延享三年本をもって校合したものに出会うことがある。その校合はしばしば中途半端であり、その場合、伝本の年次を判断するのは必ずしも容易でない。
（5）「御刑法書」という表題は、表紙左上への打付書であり、内題は存しない。筆写者の奥書、識語の類も存しないが、書写年代は――後述することからおのずと判明するように――天保十二年（一八四一）以降のことである。なお、表紙左下に「古川氏蔵」という楕円形の蔵書印が存する。
（6）法制史学会編・石井良助校訂『徳川禁令考』別巻所収五七～一四一頁（平成二年第五刷、創文社）。「公事方御定書」の諸刊本中、「棠蔭秘鑑」所収のものが「最も系統の明瞭な、良質の法文である」とされている（平松義郎「徳川禁令考別巻　解題」同書解題八頁）。

（7）「御刑法書」は、条文配列を除き、「青標紙」の書式を極めて忠実に踏襲している。このことを示す事例を二つだけあげておこう。「青標紙」は題号（条文名）の上に黒丸を付けてその部分が条文名であることを明瞭にさせている。しかし、第七十二条についてはその黒丸をたまたま付け忘れている。「御刑法書」においては白抜き丸をもって条文名を表示し、第七十二条については白抜き丸が存しない。

また、「青標紙」は第六十四条の第一項に「下ヶ札」と注記して、寛保三年（一七四三）の次の記事を載せている。それはすなわち「向後かたりを申、人之物を取候ハ、家内ぇ忍入或ハ土蔵抔破り候類之御仕置同様ニ相心得可然之旨、評義致可被相伺候、亥三月、／三月廿六日、丹後守殿評定所一座ぇ御渡し」というものである。この部分は「公事方御定書」下巻の法文ではないが、「御刑法書」はこの記事を「青標紙」の書式そっくりに書写している。

（8）藤川貞（号整斎）「天保雑記」第三十九冊。「天保雑記」は、天保二年（一八三一）より同十五年（一八四四）までの諸記録や見聞録をほぼ年代順に記録した書である。著者の自筆稿本と推定される写本が国立公文書館内閣文庫に所蔵されており、その影印が『内閣文庫所蔵史籍叢刊』（汲古書院）の第三十二〜三十四巻に収載されている（解題は南和男氏）。引用は同書による（五一〜五三頁）。

（9）『国史大辞典』の「青標紙」の項をひくと、「版元の下谷新寺町広徳寺門前絵草紙屋菱屋伊助も「手鎖預け」となり、彫師らも処罰を受けた」とある（村井益男氏執筆。第一巻四五頁、昭和五十四年、吉川弘文館）。しかし、「天保雑記」所載の判決文に拠るに、絵草紙屋伊助の「手鎖預け」はおそらく判決が出るまでの措置であろう。また、伊助は版元にあらずして販売を担当したにすぎない。

（10）大野広城の筆禍事件については、森銑三「大野広城とその筆禍」（『森銑三著作集』第七巻二三二頁以下、昭和四十六年、中央公論社、初発表は昭和四年）、竹内秀雄「解題」（『泰平年表』昭和五十四年、続群書類従完成会）等参照。後者には、大野広城や関与した人々に対する判決文を『藤岡屋日記』により掲げてある。

（11）「天保雑記」第三十九冊は読み人しらずとして、「取次の御役人中そゝうなり、殿居袋の口がやぶれて」という狂歌と、「座右重宝折本新、何時書店売何人、可懼一冊青標紙、終為生涯御預身」という狂詩とを載せている（前掲書五三頁）。

（12）　三浦周行氏もまた筆者と同様の見解をとっており、「大野権之允が……所謂政務筋の記録を公にせし為めにて、就中後者（青標紙のこと―引用者注）の御定書下巻の全文を併収せしは、此時代にありて、実に空前絶後の事に属し、最も幕府の忌避に触れしところならん」と記しておられる（「歴代法制の公布と其公布式」『法制史の研究』一四六頁、大正九年、岩波書店）。

（13）　「公辺御定書」一冊（福井県立図書館松平文庫蔵）については、門脇朋裕氏のご教示による。なお、本書は、題簽に「御定書」とあり、これが本来の表題である。目録（『松平文庫目録』昭和四十三年、福井県立図書館）に登載するにあたり、幕府の「御定書」であることを明確にするため、「公辺」の二文字を加えたのであろう。

（14）　「青標紙」一冊、写本（國學院大學図書館蔵、佐佐木文庫一六三七）。同書には、「文久紀元秋九月日神田祠祭一日釈筆於二丸城下」の奥書があるので、書写年次は文久元年（一八六一）であり、書写者はおそらく幕臣であろう。

（15）　『江戸叢書』巻の壱・巻の弐、大正五年、江戸叢書刊行会編刊。

第六章　丹後国田辺藩の「御仕置仕形之事」について

――譜代藩における「公事方御定書」参酌の一事例――

はじめに

丹後国田辺藩は、譜代大名牧野氏が加佐郡に三万五千石を領有した小藩である。現在の京都府舞鶴市に築城された田辺城は、伊佐津川と高野川に挟まれた河口近くに位置し、舞鶴城の別称を持つ。第七代藩主牧野以成《もちしげ》の治世下の文化年間、田辺藩は刑罰制度の改革を断行する。(1) 文化十三年（一八一六）の「御仕置仕形之事」という刑罰法規集の制定もその一環である。同年閏八月十八日の成立である。成文をもって刑罰の種類とその執行法とを定めたのである。この事を語る史料が、「御仕置仕形之儀ニ付奉伺候書付／申上候書付」と題する一冊の写本である（香川大学附属図書館神原文庫蔵）(2)。本章は、この写本に基づいて田辺藩の刑罰体系を明らかとし、譜代藩における幕府法参酌の一事例を紹介するものである。

「御仕置仕形之儀ニ付奉伺候書付／申上候書付」は、表紙中央にこの書名が記され、その右肩に「他言禁制」とある。表紙の右側に「文化十三子七月以来」、左下に「三奉行控」と記される（史料篇十口絵写真参照）。本書の書型は、縦二二・七糎、横一五・七糎の半紙本である。「神原家図書記」（墨印）、「香川大学附属図書館」という蔵書印のほかに、裏表紙に「岡野重慎」という記名が存する。半丁に九行で書写されており、墨附二五丁である。筆跡は岡野重慎の自筆にて、その書写ぶりはきわめて丁寧であり、原本の体裁についても朱書によって「奉書半切、巻上」「上袋」「美濃紙帳面カスガヒトヂ」と注記する。本書は、岡野が三奉行控の原本から直接に筆写したものと思われる。それ故、岡野は三奉行控を手に取ることのできる立場にあった田辺藩士であると推察するのであるが、その伝は未詳である。彼の旧蔵本を通じてわずかに知られるのは、幕末頃の人物であって「清英堂」「嚶鶴」と号したことくらいである(3)。

　この写本は表題が示すように、「御仕置仕形之儀ニ付奉伺候書付」（前半の七丁）と「御仕置仕形之儀申上候書付」（後半の一八丁）との二つの内容から成る。前者は刑罰法規集を編纂するにあたり、法文の一部分を具体的に示して起草方針を確認した書面である。後者はその了承に基づいて刑罰法規集の全体を起草して提出した書面である。以下、本書からの引用は註を省略する。

一　刑罰法規集の試案

文化十三年七月十八日、三奉行（吉田藤九郎・庄門竪蔵・高田織衛）は連名で「御仕置仕形之儀ニ付奉伺候書付」という文書を御用番家老の半大夫（田中半大夫好昌と思われる）(4)に直々に提出した。この文書は、刑罰法規集のうち、まずは追放刑の体系と入墨、非人手下、穢多御仕置の項目についてのみの試案を提出し、この仕方で全体を起草してよいものかを伺った書面である。ここでは、刑罰法規集を「御仕置仕形之ヶ条」と呼んでいる(5)。文書の冒頭に「御仕置仕形之儀、此度評議仕候趣左之通ニ御座候」という文言を置き、末尾に、この試案が承認されたならば、「御仕置仕形之ヶ条」の全体を上呈する旨を記す。左の通りである（傍線は引用者、以下同じ）。

右評議仕候趣、書面之通ニ御座候、都て御仕置之儀、江戸之御定ニ准取計候様、兼て被　仰渡候ニ付、右之外は省略仕候、前書之趣御下知相済候ハヽ、御仕置仕形之ヶ条悉帳面ニ仕立差上可申哉、奉伺候、以上、

子七月

傍線部に明記するように、田辺藩はその刑罰を「江戸之御定」に準じて策定し、新たな体系をつくることが既定の方針であった。この方針に沿って、追放刑の案を次のように作成した。重追放、中追放、軽追放および御領分追放の四種類の追放刑について、それぞれに田辺藩に見合う御構場所（立入禁止区域）を設定したのである。重追放、中追放、軽追放の三者は、士分に適用するのと町人百姓に適用するのとで、御構場所ならびに附加刑としての欠所（財産没収）に差異を設けた。士分に適用する重追放は隣接する丹後、丹波、但馬、若狭の各国と江戸、京、大坂を御構場所とし、田畑、家屋敷、家財の三者をすべて欠所とする。中追放は丹後一国および江戸、京、大坂を御構場所とし、田畑、家屋敷のみを欠所とする。軽追放は田辺領内および江戸、京、大坂を御構場所とし、欠所は中追放に同じである。

これに対し、百姓町人に適用する重・中・軽追放は、いずれの御構場所についても後述の御領分追放に同じとした。

没収財産に差を設けることで、重・中・軽追放を区別するのである。すなわち没収財産は、重追放が田畑、家屋敷、家財の三者、中追放が田畑、家屋敷の二者、軽追放が田畑のみである。

御領分追放は士庶の区別無く適用する追放刑で、「公事方御定書」の江戸十里四方追放に相当する。御構場所を真倉、吉坂、由良、金屋の各境より内側とし、(6) 欠所を併科しない。

以上に見た刑罰の体系と適用を士庶によって区別する仕方など、追放刑の法構造は、「公事方御定書」下巻の第百三条御仕置仕形之事に定める幕府法に依拠したものである。非人手下以下の刑罰についても、幕府法に基づいて法文を立てている。非人手下は「番人小屋頭へ相渡ス」という刑罰であり、穢多御仕置は「軽キ義は穢多頭ニて相当之咎可申付旨申渡ス」という刑罰だと提案する。入墨については、「入墨之跡癒候て出牢」という但書が存するのみで、入墨の形状や施す部位についての定めが見られない。

この提案を受理した半大夫は、翌月の八月二日付けで了承し、「書面伺之通相心得、御仕置仕形之ヶ条悉帳面ニ相認差出可被申候」と指令した。その際、入墨についてはあらためて評議して、その執行法を提示するようにとの注文をつけた。

なお、三奉行の提案には理解に苦しむ記事が存するので指摘しておく。それは、追放刑を起草するにあたって参考とした幕府法についてである。三奉行提案は、重追放、中追放、軽追放について、幕府の御構場所を朱筆によって注記する。その注記は、「寛保之御定」と「寛政之御改」とによる二種類の御構場所を掲げる。前者は寛保二年十一月の「追放御構場所改候儀ニ付書付」(7) によって定まった「公事方御定書」の御構場所に一致する。しかしながら、後者はいささか不可解である。そもそも、御構場所を変更する寛政年間の幕府法令を見出すことができない。しかも「寛政之御改」として掲げる御構場所には齟齬が見られる。重追放において関八州を御構場所としながら、日光海道(街)をも御構場所に加えることである。つまり、御構場所が重複するのである。「寛政之御改」が幕府法の何に該当するのか、目下これを突き止めることができない。

二　「入墨」の評議

入墨については別途評議するようにとの指示が出されたので、三奉行は八月中に早速評議を持った。その評議の結果は、「公事出入刑罪筋伺書写」という史料（香川大学附属図書館神原文庫蔵）がこれを掲載する。(8) 同書冒頭の「入墨仕方之儀ニ付評議伺書」がそれである。

文化十三丙子年

入墨仕形之儀ニ付奉伺候書付

吉田藤九郎
庄門堅蔵
高田織衛

御仕置仕形之儀ニ付評議仕相伺候処、伺之処（通）相心得、入墨仕形之儀追て評議仕可申上旨被　仰聞候、

此儀評議仕候処、江戸之御定之趣は、於牢屋鋪腕ニ廻シ幅三分宛弐筋と有之、去ル安永九子年市郎兵衛殿御尋ニ付、申上写置候書付、幷ニ先達て御預ニ被成候御書物之内ニも同様、江戸・京・大坂・駿府・長崎・境（堺）・関東御郡代・穢多弾左衛門入墨共、何れも腕ニ入候趣ニ相見へ、此度相伺候入墨も御領分限之御仕置ニ付、何レニ

も
公儀御定と不紛様可然ニ付、別紙之通被　仰付可然哉ニ奉存候、
右評儀仕候趣書面之通ニ御座候、依之別紙弐通相添奉伺候、
子八月

入墨形

右の図によると、長さ一寸（約三糎）、幅二分（約六粍）の横棒の入墨を右腕の肩に近い場所に施すことを提案している。提案に際して参考としたのは、安永九年（一七八〇）の書付と江戸をはじめとする幕府各奉行所等の入墨図を載せる書物である。「公儀御定と不紛様」に、形状と施す部位に留意したという。しかしながら、この伺は裁可とならなかった。後述するように、田辺藩が入墨を採用するのは、天保四年（一八三三）四月のことである。したがって、この伺の翌月の閏八月に提出する刑罰法規集には、入墨の刑名は載せるものの執行方法についての記載は存しない。

三　「御仕置仕形之事」の成立とその内容

「御仕置仕形之儀ニ付奉伺候書付／申上候書付」の後段である「御仕置仕形之儀申上候書付」は冒頭、奉書半切にしたためた三奉行連名の文書を載せる。左の通りである。

「子閏八月十六日

半太夫殿へ直達

吉田藤九郎
庄門竪蔵
高田織衛

御仕置仕形之儀ニ付評議仕相伺候処、伺之通相心得、御仕置仕形之ヶ条悉帳面ニ相認、差上可申旨被仰聞候ニ付、別帳之通差上申候、然処、入墨仕形之儀、追て評議仕可申上旨被仰聞候ニ付、尚又与得相考、評義之上追て相伺、御下知相済次第右帳面御下之儀申上、其節組入差上可申積ニ御坐候、依之申上置候、

（閏）八月

この文書は、文化十七年閏八月十六日、家老田中半太夫へ直達したものである（右の日付は「八月」であるが、「閏」を書き落としたものであろう）。吉田藤九郎ら三奉行は、先頃提出した案の了承を得て早速に評議をもち、その結果、「御仕置仕形之ヶ条」の全体を別帳に仕立てて上呈したのである。閏八月十六日は案の了承から約一箇月半後のことである。入墨の執行法については、前月の評議が不裁可となったため「尚又与得相考、評義之上追て相伺」とする。すなわち、入墨を除くすべての刑罰について起草を終えたわけである。

別帳の表題は「御仕置仕形之事」である。これは「公事方御定書」下巻第百三条の題号（条文名）に同じである。表題が如実に示すように、田辺藩の「御仕置仕形之事」は「公事方御定書」下巻の第百三条御仕置仕形之事に基づき、ここから必要な規定を採用し、これを適宜に改変して編纂した刑罰法規集なのである。全三五箇条で構成される。ここに定める刑罰の多くには朱筆による注記が存する。この注記は主としてその刑罰を適用する身分、幕府法のどの刑罰に相当するのかを説明したものである。

「御仕置仕形之儀申上候書付」には「御仕置仕形之事」の施行に関する記事が存しない。しかし、後述するように、この刑罰法規集はすぐさま施行に移された。その後、天保年間にいたるまで現行法としての効力を持ち続けたことは疑いない。この「御仕置仕形之事」自体がそのことを裏付ける。後述するように、「御仕置仕形之事」は天保五年（一八三四）の改正事項を書き入れており（五箇所）、改正を上申した文書も末尾に附載している。また、天保十年（一七三九）の御仕置除日の一覧もあわせて載せている。これらの記事は、その時点において「御仕置仕形之事」が現行法であるからこそ採録されたのである。この写本を書写した岡野重慎は幕末に生きた人物である。岡野が書写した年次は不明であるが、その時もまた「御仕置仕形之事」は現行法であったとみなしてよいであろう。

「御仕置仕形之事」は、刑罰の名称と種類のみならず、配列についても幕府法に大方倣っている。幕府法のうち採用しなかった刑罰は、門前払、奴、一宗構、一派構、改易、盲人御仕置、座頭御仕置、遠国非人手下の八種類である。逆に田辺藩が独自に置いた刑罰は、急度叱り、叱である。刑名に変更を加えた場合もある。幕府法の遠島を永牢に、江戸十里四方追放を御領分追放に、江戸払を田辺払に、非人御仕置を穢多御仕置にそれぞれ変更したのがそれである。幕府法は刑罰を重い方から軽い方へ、一般的なのから特殊なのへと並べている。「御仕置仕形之事」もこの配列を踏襲し、若干の変更を加えているにすぎない。

「御仕置仕形之事」の内容を順次ながめてみよう。死刑は鋸挽、磔、獄門、火罪、斬罪、死罪、下手人の七種類で、刑名、配列とも幕府法にまったく同じである。鋸挽から死罪までは、附加刑として田畑、家屋敷、家財を没収する。これを欠所というが、欠所を科すこともまた幕府法に同じである。しかしながら、「御仕置仕形之事」は死刑のすべてについて執行法を記さない。これは幕府法と大きく異なる点であり、その理由は不明である。

「御仕置仕形之事」は続いて、死刑の次に重い刑罰として「永牢或は親類縁者等ぇ急度預ヶ」を置く。朱筆注記に

「公儀ニて遠島ニ相当候ものを永牢ニ可申付候」と述べるように、永牢は幕府法の遠島に該当する刑罰である。ただ、場合によっては親類縁者等へ急度預ヶとすることもあるという。元禄十年（一六九七）、幕府はいわゆる自分仕置令なる触書を発し、諸大名の刑罰権を原則として認めた。(9) この触書は遠島の適用について、「遠島可申付科ハ、領内ニ島於無之ハ、永牢或親類縁者等ぇ急度可預置候」と指示した。すなわち、「永牢或は親類縁者等ぇ急度預ヶ」は、領内に島を持たない場合の代替措置なのである。田辺藩は舞鶴湾に面しており、その北側に若狭湾が広がる。しかしながら、そこには遠島を適用するにふさわしい島は見当たらない。代替措置が採られた所以である。自分仕置令は、「公事方御定書」がこれを「私領仕置之儀ニ付壱万石以上計ぇ御触書」という題号（条文名）で収載する（上巻第五十五条）。後述するように、田辺藩郡奉行役所は、「公事方御定書」上下巻を所持していたから、それに依拠して法文を策定したと考えてよかろう。

「御仕置仕形之事」は、右につづいて六種類の追放刑を定める。重追放、中追放、軽追放、御領分追放、田辺払、所払がそれである。御領分追放までは、試案の内容と変わりはない。わずかに異なるのは、「然共利欲ニ拘り候類は、田畑家屋敷欠所、尤年貢未進有之候ハヽ、家財共欠所」という文言が、御領分追放の但書に加わったことだけである。この文言もまた、幕府法における江戸十里四方追放の但書に存するものである。田辺払、所払は、幕府法の江戸払、所払に相当する。田辺払は、京橋（高野川に架かる橋）、大野辺口（西町の西端か?）、高橋の内側を立入禁止とし、これに加えて大内町（伊佐津川に架かる二ツ橋の西側）、吉原町（田辺城の北方、伊佐津川右岸の川尻）、築地、および出生の村と居住の村とを御構場所とした。但書は御領分追放に同じである。所払は居町または居村を御構場所とする刑罰で、幕府法の所払と内容を同じくする。

「御仕置仕形之事」は、所払の次に左の規定を置いて追放刑の執行手続を定めた。

右重中軽御領分追放田辺払共、御構場所書付相渡、御領分追放以上は其もの最寄之御国境ニて放遣、田辺払は町出口ニて放遣候事、

但、他所もの宿無追払ニ相当り候ものは、罪科相当申渡、御領分相構、御境ェ送遣可申事、

幕府法における追放の執行手続は、

右重中軽共、何方ニても住居之国を書加、相構、住居之国を離、他国におゐて悪事仕出候者ハ、住居之国、悪事仕出候国共弐ヶ国を書加、御構場所書付相渡候事、

右追放者、御郭外ニて放遣、侍ハ於其場所大小渡遣候事、

というもので、この規定は軽追放の次に配置されている。「御仕置仕形之事」は、この幕府法を参考として、自らの規定を設けたものである。

追放に関する規定はここまでである。次に刑を加重および減軽する仕方について定める。この規定のうち重要な原則は、刑をどれほど加重しても永牢にとどまり、死刑に至らないこと、および死刑より一等を減軽するときは獄門、死罪のいずれからでも永牢もしくは重追放にすることである。前者の法文は、「自本罪一等重キ御仕置ハ、可為永牢以下事」というものである。これは幕府法の「遠島」を「永牢」に修正したにすぎない。後者の法文は、「（獄門死罪ハ永牢歟重追放）」というものである。幕府法の法文は「死罪ハ（遠嶋重追放）」というものであるから、田辺藩は遠島を永牢に替えただけではなく、獄門からも刑を減軽することを認めて死刑を免れるようにしたのである。この点は、田辺藩の独創というべきであろう。もう一つ重要なのは、刑の減軽法である。加重する場合は、軽追放から中追放へというように刑を一段階ずつ重くするのだが、減軽する場合には重追放から軽追放へ、あるいは中追放から御領分追放へというように、一度に二段階ずつ軽くするのである。このような加重減軽の仕方も、幕府法のそれを採用したものであること

はいうまでもない[10]。なお、幕府法は刑罰のいくつかを示して例示的に定めるのに対し、「御仕置仕形之事」は刑罰を羅列して詳細に定めている。

「御仕置仕形之事」は次に、村過料を科す場合の算定法を定める。すなわち、持高三分の二取り上げの場合は、その過料は一反歩につき五貫文、半分取り上げの場合は三貫文、三分の一取り上げの場合は二貫文である。この算定法は幕府法にまったく同じである。

幕府法は続いて門前払、奴の刑を置くが、「御仕置仕形之事」はこれを継承せず、寺院御仕置として追院、退院の刑罰を定める。その内容は幕府法を踏襲したものであるが、幕府法の一宗構、一派構を継承しない。

幕府法は続いて士分に適用する改易という刑罰を定めるが、「御仕置仕形之事」はこれを継承しない。「御仕置仕形之事」が次に定めるのは、閉門、逼塞、遠慮、押込の四者である。いずれも「武士・出家・社人等之御咎」に適用する自宅謹慎を内容とする刑罰である。それらの刑名は幕府法に同じである。ただし、押込のみは「軽キ武士・出家・社人之御咎」に科す刑罰で、幕府法に見られない。

「御仕置仕形之事」は続いて庶民に科す刑罰として、入墨、敲、戸〆、手鎖、押込、過料、急度叱り、叱りを定める。この八種類のうち急度叱り、叱りについて、幕府法は第百三条御仕置仕形之事の中にこれらの刑名を定めていない。ところが、「公事方御定書」の法人をみると急度叱り、叱りを法定刑とする規定が存する[11]。田辺藩は「公事方御定書」の本文を参照した上で、これらの刑名を「御仕置仕形之事」に置いたと考えられる。その他の六種類については、その刑名ならびに刑罰の内容が幕府法に同じである。しかし、若干ながら異なる点が存する。その第一は、入墨と敲の配列を逆転させていることである。第二は、入墨の形状、施す部位などの執行方法を記さないことである。それは前節に述べたように、執行方法についての評議が裁可されなかったからである。

第三は、戸〆、手鎖、押込について、各々その日数を三十日、五十日と明記することである。幕府法は第百三条御仕置仕形之事に刑名と執行方法とを定めるにすぎない。田辺藩が「御仕置仕形之事」に日数を明記したのは、手鎖と押込を法定刑とする規定が「公事方御定書」下巻の各条に存するのを参照してのことであろう。手鎖についていえば「公事方御定書」下巻はその第五十五条三笠附博奕打取退無尽御仕置之事の第二十二項に「一軽キ懸ヶ之宝引・よみかるた打候もの　三十日手鎖」という規定を置き、第七十五条婚礼之節石を打候もの御仕置之事に「一婚礼之砌石を打、狼藉いたし候もの　頭取　百日手鎖、同類　五十日手鎖」という規定を置く。また、押込についていえば、三十日、二十日、十日という三種類の法定刑を「公事方御定書」下巻の第六十九条出火ニ付て之咎之事に見出すことができる。同条によると、平日に出火させた火元は、類焼面積の多少によって三十日、二十日、十日のいずれかの押込を科した。また、類焼面積が三町以上に及ぶ場合には、火元の地主、家主、月行事などに三十日押込、火元の五人組に二十日押込を科した。田辺藩の「御仕置仕形之事」は押込について朱書をもって、

　但、出火ニ付て之咎は、類焼之多少ニより、廿日・十日之押込申付、尤寺社ゟ出火之節、其寺社七日・十日之遠慮、此外閉門は勿論、逼塞・戸〆・手鎖等、日数少キ御咎は無之、

と注記する。右の傍線部は、「公事方御定書」の前記条文の第一項に基づく文言である。

戸〆については、幕府法は刑期の規定を欠く。そればかりでなく、「公事方御定書」下巻のなかに戸〆を法定刑とする規定を見出すことができない。下巻第二十三条に村方戸〆無之事という条文を置くばかりである。田辺藩は「御仕置仕形之事」を制定するより以前から、戸〆を用いていた。[12] これが戸〆を置いた理由であろう。刑期を三十日と五十日の二等級とするのは、手鎖、押込の日数にあわせたからと思われる。また、朱書による但書が「町人之御咎ニ可申付候」と注記するのは、幕府法の村方戸〆無之事という条文の趣旨を明記したものであろう。

「御仕置仕形之事」は次に、二重仕置の規定を置く。二重仕置はひとつの犯罪について二種類の刑罰を併科することで、役義取上、過料、敲、入墨にもう一種類の刑罰を組み合わせる。組み合わせ方は、役義取上過料から入墨之上敲までの八種類が存する。この二重仕置も幕府法との相違は見られない。ただ、「其餘右ニ准、二重之御咎は申付間敷候」という但書を置いて三重仕置の不適用を念押ししている点は、田辺藩の独自なところである。

「御仕置仕形之事」は最後に、非人手下、穢多御仕置の規定を定める。このふたつの刑罰は、試案に示したところに同じである。非人手下は幕府法に「穢多弾左衛門立合、非人頭ヱ相渡ス」とあるのを「番人小屋頭ヱ相渡ス」と法文を改めている。また、穢多御仕置は幕府法の非人御仕置に「穢多弾左衛門ヱ渡、仕置ニ可致旨申付」とあるのを、刑名を変更するとともに、法文を「軽キ義は穢多頭ニて相当之咎可申付旨申渡」と修正している。しかしながら、二つの刑罰とも幕府法の趣旨に変更を加えた訳ではない(13)。

以上に見たように、田辺藩の「御仕置仕形之事」は、幕府の「公事方御定書」下巻の第百三条御仕置仕形之事を下敷きとして、これを自藩の刑罰法規集に書き改めたものである。当然のことながら、編纂の際には必要に応じて「公事方御定書」上下巻の本文も参照した。

四　「御仕置仕形之事」の補正

「御仕置仕形之事」制定の際は、三奉行が提案した入墨を採用しなかった。しかしながら十七年後の天保四年（一八三三）に至り、田辺藩は入墨を採用することとした。この時の伺書もまた、前掲した「公事出入刑罪筋伺書写」の「入墨仕方之儀ニ付評儀伺書」にこれを掲載する。この伺書は、冒頭に左のように記す。

天保四巳年二月三日、九馬殿ぇ退蔵立会、三右衛門上候書付三通左之通、同四月三日伺済、

この記事によると、同年二月三日、退蔵（寺田退蔵、郡奉行か）を立会人として、三右衛門（寺井三右衛門、郡奉行か）が九馬殿（御用番家老か）に三通の書面を提出し、二箇月後の四月三日に了承となった。第一の書面は、

盗悪事等いたし候もの、科之品ニゟ入墨も可被　仰付哉之旨、先達て申上候処、江戸御留守居ぇ申遣、御問合之上申付候方可然旨被　仰聞候付、其段及掛合候処、別紙之通申越候間、評議之上入墨形別紙之通相定置可申哉、此段奉伺候、以上、

巳二月

というものである。盗犯の罪状によっては入墨を適用すべきであることを先頃提案した処、江戸留守居を通じて幕府に照会した上で採用すべしとの了承を得られた。そこで留守居に掛け合い、幕府からの回答を得たので、評議の結果、別紙（第二、第三の書面）の通りに入墨を定めてはどうかと伺ったのである。第二の書面は、入墨の形状と施す部位とを提案する。左の通りである。

入墨形

ヒヂヨリ手クビ迄ノ間中程ニ、長一寸幅二分、

右之通相定置可申哉、奉伺候、

二月

今回提案の入墨は、長さ一寸（約三糎）、幅二分（約六粍）の縦線を、左腕の手首と肘との間でその腕廻りの外側に施す。寸法は前回に同じであるが、施す部位がより目立つ位置に変更されている。第三の書面は、入墨の執行方法を記したもので、左の通りである。

入墨仕形

入墨申渡候得は、牢屋鋪ニおゐて左之腕を台ニ載セ置、形ヲアテ、番人共針四五本も一所ニシテ形之中を突、血をスクヒトリ其上印肉墨を入レル、若墨際立不申候得は突直し墨を入レル、

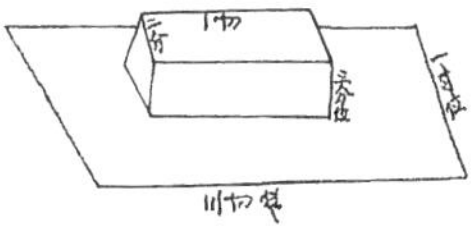

但、番人は兼て呼出し置、同心見届、番人手下ノモノニ為致可申事、

右相済跡カワキ候迄入牢為致、敲ツキ候ものハ敲候上引渡遣ス、無宿は御領分境ぇ連行キ追ひ放シ候事、

巳二月

右の記事は入墨の入れ方を具体的に記していて興味深い。執行場所は牢屋敷内で、非人身分の番人がその役を勤め

る。この点は幕府法に同じである。(14) 田辺藩の場合、受刑者の左腕を台に乗せ、「形ヲアテ、……針四五本も一所ニシテ形之中を突」くのである。すなわち、右図の器具を左腕に押し当てて入墨の形状をつけ、その形状の中を束ねた針で突き、傷口の血をぬぐい取ってその上に「印肉墨」を塗り込むのである。その後、傷口が乾くまで牢に収容する。二重仕置として敲を併科する場合は、入牢後に敲を執行して身元引受人に身柄を引き渡すのである。また、無宿については領分境に連行して追放する。

「御仕置仕形之事」は、翌天保五年（一八三四）にも補正の手が加えられた。それは御構場所に関することである。所払、退院、入墨、敲、非人手下の五つの刑罰について、「御城内を構」という措置を追加したのである。これを提案した伺書は、天保五年十月、寺田退蔵、寺井三右衛門の連名によって提出された。その文面は「御仕置仕形之事」がその末尾にこれを掲載する（「公事出入刑罪筋伺書写」もまた「所払申付候者御城内相構候儀評儀伺書」と題して採録する）。この伺書は、補正の経緯を次のように述べている。すなわち、所払は居町もしくは居村のみが立入禁止であるから、城下町を往来するのは差し支えない。そのため、罪を犯した者が「御城内徘徊いたし候も如何」という疑念が首脳部から提示された。この疑念はもっともな事なので、判決申渡のときに「居所幷御城内徘徊致間鋪旨」を言い渡すことにしたのである。あわせて退院、入墨、敲、非人手下の罪を犯した者ついても「御城内を構」うこととしたのである。この補正は、「御仕置仕形之ヶ条帳面ぇ組入」れられている。すなわち、「御仕置仕形之事」には「天保五年追加　御城内を構」という文言が所払以下の刑罰に追記されているのである。

「御仕置仕形之事」はその最末尾に、「御仕置除日」と題して死刑執行を避ける日の一覧表を掲載する。除日の制定は、「御仕置仕形之事」の改正には当たらないが、運用に関する重要事項である。「御仕置仕形之事」に附載されているのは、その故である。

この一覧表は、天保十年（一七三九）五月三日、与左衛門（姓未詳、郡奉行か）と丹下（林丹下、郡奉行か）が連名にて主馬殿（古河正義、御用番家老）に提出し、同六月二十一日に裁可となったものである。毎月の十日間を除日するが、このほかに各月の特定の日を除日とする。節句、盆および祭礼が除日である。九月六日から九日にかけての祭礼は、田辺城下町方の産土神として崇敬された朝代神社の祭礼である。一覧表は田辺藩主と幕府将軍の忌日を除日として列挙する。一覧表に見える田辺藩主とその先祖は以下のとおりである。

峯樹院、初代田辺藩主の曾祖父牧野定成《さだしげ》、天正元年（一五七三）八月十三日没
見樹院、祖父康成《やすしげ》、慶長四年（一五九九）三月八日没
知見院、父信成《のぶしげ》、慶安三年（一六五〇）四月十一日没
良蘭（園）院、初代藩主親成《ちかしげ》、延宝五年（一六七七）九月二十三日没
光樹院、二代藩主富成《とみしげ》、元禄六年（一六九三）八月六日没
殿様、第八代の現藩主と節成《ときしげ》

三代藩主英成《ひでしげ》から七代藩主以成《もちしげ》までの名が見えないのは、毎月の除日と重複しているからである[15]。また、幕府将軍としては大猷院（三代家光）、厳有院（四代家綱）、文昭院（六代家宣）、有章院（七代家継）、有徳院（八代吉宗）、俊明院（九代家治）の名が見られる。すなわち、三代以降の将軍の命日を除日としているのである[16]。歴代藩主の忌日を除日とするのは普通のこととして、歴代将軍の忌日をも除日とするのが田辺藩の御仕置除日の特徴である。

五　田辺藩郡奉行役所備え付けの「公事方御定書」

田辺藩が所持する「公事方御定書」は、上下巻とこれに「添候例書」三九箇条が加わって一組となっていた。裁判を担当する部署は郡奉行役所である。田辺藩の郡奉行役所がこの「公事方御定書」を書写したのは、文化元年（一八〇四）のことである。「厳秘録」乾坤（二冊）というのがこの時書写した写本である。この写本は、京都府立総合資料館寄託谷口家資料として現存し、二冊はひもで合綴されている（架号、寄古〇〇二―三七）。乾冊が「公事方御定書」下巻、坤冊が同上巻ならびに「添候例書」である。もっとも、「添候例書」は目録および本文第二条の一行目で終了している。きわめて小さな文字の注記が存し、二行目以下を「御定書集五ノ巻」に綴じ込むとある。(17) 管見では、「御定書集五ノ巻」の伝存を確認できていない。乾冊の第一丁右下には「郡奉行役所」の墨の丸印が捺されており、田辺藩郡奉行所の蔵本であることを示している。(18) 乾坤両冊の表紙には、「厳秘録　乾（坤）」という表題とともに「文化元古河氏ゟ借写」、その下に「郡奉行役所」という墨書が存する。郡奉行役所は文化元年（一八〇四）に本書を入手後、これを長く利用した。乾冊の第五十五条盗人御仕置之事には左記の下ヶ札が貼付されており、このことを裏付ける。

一陰物と乍存又買致候者　　入墨之上敲

一盗物と不存候得共、出所不相糺、質ニ置遣候もの　　過料

但、右弐ヶ条書損と相見候付、下ヶ札ニ認記置、

嘉永五子九月記置く

嘉永五年（一八五二）九月、盗人御仕置之事に二箇条の脱落を発見したために、下ヶ札をもって補ったのである。

郡奉行役所の役人が不断に「公事方御定書」を披見していたことを窺わせる下ヶ札である。

「厳秘録」乾すなわち「公事方御定書」下巻の奥書には、牧野越中守（貞通、寺社奉行）以下、神谷志摩守（久敬・勘定奉行）までの御定書掛三奉行七人の名が連記され、御定書掛の交替についての注記も見られる。この「公事方御定書」は、上巻七八条、下巻一〇二条から成り、下巻の本文についても第五十五条盗人御仕置之事の第二十六項の増補をはじめとする宝暦四年の改訂が見られない。すなわち、「厳秘録」は延享三年増修本なのである。[19] 上下巻と「添候例書」とで一組となっており、かつ下巻末尾における御定書掛三奉行の交替注記も存するので、素性のしっかりした良質の伝本であると見てよいであろう。[20] とは言うものの、古河氏が「厳秘録」を入手した経路についてはまったく不明である。[21]

右に述べたように、「厳秘録」は「公事方御定書」の良質な伝本と見られるのだが、これに反するかのように次の不備が見られる。その第一は、松平左近将監の奥書を欠くことである。周知の通り、「公事方御定書」下巻には本来、御定書掛三奉行の連名に続いて、左の奥書が存する。

右之趣、達

上聞、相極候、奉行中之外不可有他見者也、

寛保二壬戌年四月　　松平左近将監

しかしながら、「厳秘録」乾冊は、奉行中以外は他見を許さない旨の奥書、いわゆる秘密文言を欠くのである。不備の第二は、乾冊、坤冊ともに欠条一箇条を存することである。乾冊には「公事方御定書」下巻第七十五条あはれもの御仕置之事、坤冊には同上巻第三十条御拳場并江戸十里四方之外関八州在々四季打鉄炮御免之儀ニ付御触書を欠いている。何よりも不可解に思うのは、「厳秘録」が「公事方御定書」の上下巻を逆にしていることである。すなわち、

「厳秘録」の乾冊を「公事方御定書」下巻とし、坤冊を「公事方御定書」上巻に宛てているのである。

秘密文言の欠如、上下巻における欠条および上下巻の順序の逆転は、いずれも意図的な改変によって生じたのではなかろうか。つまり、この改変は秘密法の「公事方御定書」を所持することを幕府から咎め立てされないための工作であろうと推察するのである。(22) 古河氏所蔵本にすでにこの改変が施されていたのか、あるいは郡奉行役所による工作によるものか、いずれと明確にすることはできないが後者の可能性が高いように思う。ともかくも、田辺藩は判決を導くにあたって「公事方御定書」の法文を「御定」あるいは「御定書」と明記して引用するのであり、(23)「厳秘録」の内容が幕府の「公事方御定書」そのものであることを明白に認識しているのは紛れもない。

むすび

田辺藩の刑事判例集である「刑罪筋日記抜書」博奕の冊(24)に左のような判決が掲載されている（第三十八「所々ニて博奕打其後致欠落立帰忍罷在候者」）。

文化十三丙子年八月四日

行永村弥左衛門悴
欠落いたし候
入牢　弥三郎

其方儀、先達て博奕宿いたし候依科、田畑取上徒罪ニ相成候後、御法事之御赦ニ御免有之処、又候御法度を相背、銀札弐三分賭ゟ壱匁賭位迄、廻り筒ニて都合三度簺博奕致、又は他国へ罷越、名前も不存所ニて簺博奕打、其後欠落いたし立帰忍ひ罷在候段、旁不届ニ付、中追放申付候、

御構場所書付公事方之者読之、

中追放御構場所

真倉　吉坂
由良　金屋　境ヶ内

右御構場所徘徊致間鋪候、

文化十三年八月四日、弥三郎は博奕と立帰の罪により、「中追放」という判決が申し渡された。つい二日前に、「御仕置仕形之事」の試案について了承が得られたばかりである。つまり、試案に示した追放刑を早くも適用したのである(25)。その後、文化十四年三月二十五日の判決には「敲之上重キ追放」、同年七月十一日の判決には「非人手下」という刑名が見られる(26)。田辺藩は「御仕置仕形之事」を試案の段階で一部を施行したのに続き、文化十三年閏八月十六日捧呈の後、すぐさまその全体を施行に移したと考えられる。

ところで、諸藩のなかには幕府の「公事方御定書」を主たる資料として刑法典を編纂した藩が存する。今日までに知られているのは、(1)安永七年（一七七八）に「公事方御定書」を制定した福井藩(27)、(2)寛政元年（一七八九）に「議定書」を制定した丹波国亀山藩(28)、(3)寛政二年（一七九〇）に「御仕置定式」を制定した福山藩(29)、(4)文化六年（一八〇九）に「文化律」を制定した盛岡藩(30)、(5)文化十四年（一八一七）に「会所向并罪科之部（「規定雑類」上巻の内）」「刑獄裁断」を制定した黒羽藩(31)、(6)文政三年（一八二〇）に「律」を制定した鳥取藩(32)、(7)文政八年（一八二五）に「御仕置御規定」を制定した松代藩(33)などである。

これらの藩は「公事方御定書」のなかから自藩に必要な条文を選択し、且つ規定を自藩に適合するように修正することによって自前の刑法典を編纂した（もちろん、各藩に特有の規定を盛り込むこともあった）。しかしながら、田辺藩の場合は刑罰法規集のみを編纂したのである。なぜであろうか。その理由は、「公事方御定書」そのものを田辺藩の準拠法として利用しようと意図したからと考えられる。判決を導くにあたって「公事方御定書」を引用することは、先学の指摘するところであり、筆者もその事例を紹介したことがある。[34] 刑事事件の場合、「公事方御定書」の諸規定のなかに犯罪の構成要件を見いだすことが出来たとしても、その法定刑を田辺藩において適用できるとは限らない。遠島、江戸十里四方追放、江戸払がその典型である。そこで田辺藩は自前の刑罰法規集を編むことにしたのである。田辺藩はこれらの刑名をそれぞれ永牢或は親類縁者等ェ急度預ヶ、御領分追放、田辺払に変更し、さらに朱筆をもって「公儀ニて遠島ニ相当候もの」「公儀ニて江戸十里四方追放ニ相当候もの」「公儀ニて江戸払ニ相当候もの」と注記する。この注記は、擬律にあたって「公事方御定書」の法文を引用する際、刑罰を読み替えるのに便ならしめるためであろう。すでに述べたように、「御仕置仕形之事」は「公事方御定書」下巻第百三条御仕置仕形之事に載せる刑罰のうち、門前払、奴、一宗構、一派構、改易、盲人御仕置、座頭御仕置、遠国非人手下の八種類を採用していない。奴は関所破りを犯した女性に適用する刑罰で、労役に従事させる刑である。[35] 奴の不採用は、おそらく田辺藩の判断によるものであろう。他の七つの刑罰は、「公事方御定書」下巻の各条のなかに法定刑としては一度も登場しない。それ故、「御仕置仕形之事」もこれらの刑名を載せなかったのである。これもすでに指摘したことであるが、「御仕置仕形之事」は「公事方御定書」下巻第百三条御仕置仕形之事に見えない急度叱り、叱りという刑罰を載せる。それは、これらの刑罰を法定刑とする規定が「公事方御定書」下巻の各条のなかに存するからである。こうしたことから考えるに、田辺藩が「御仕置仕形之事」を編纂したのは、自藩の司法処理に幕府の「公事方御定書」を用いるためであったと解して差し支えなかろう。[36]

「御仕置仕形之事」は、その刑罰体系のなかに文化七年（一八一〇）採用の徒罪を位置付けていない。右に見たような幕府法参酌の仕方がそうさせたのである。田辺藩は、文化八年九月制定の「徒罪之事、重中軽三段ニ定、各五等アリ」と同十二年閏八月制定の「御仕置仕形之事」との二本立てにて刑罰法規を運用したのである。

註

（1）田辺藩は文化四年（一八〇七）、窃盗犯罪に適用する刑罰として敲を採用し、同七年（一八一〇）、主として博奕犯罪に適用する徒罪という刑罰制度を創設した。これらの刑罰の詳細については、高塩博「丹後国田辺藩の「敲」について」『國學院法學』五一巻三号、平成二十五年）および同『近世刑罰制度論考――社会復帰をめざす自由刑――』（平成二十五年、成文堂）所収の「丹後国田辺藩の「徒罪」について」「丹後国田辺藩の博奕規定と「徒罪」」を参照されたい。

（2）神原文庫は、香川大学初代学長神原甚造《かんばらじんぞう》氏（明治十七年〈一八八四〉～昭和二十九年〈一九五四〉）が収集した、和漢洋の典籍やさまざまな資史料約一万一五〇〇点からなる文庫である。神原文庫とその旧蔵者については、高野真澄「香川大学附属図書館『神原文庫』と神原甚造先生」（『香川法学』一〇巻三・四号、平成三年）参照。

（3）香川大学附属図書館所蔵神原文庫には、岡野重慎旧蔵の写本が「御仕置仕形之儀ニ付奉伺候書付 申上候書付」のほかに、八点を数える。これらの写本は、岡野が自ら筆写して所持したもので、書写年次を嘉永四年（一八五一）五月とする写本が存する（「博奕はた商其外徒罪入牢一件」「公私被仰出抜書」）。また、これらの写本中に「清英堂」「嚶鶴」「岡野重印」という印影を見出すことができる（印影の解読にあたっては、國學院大學文学部教授佐野光一氏のご教示を得た）。なお、岡野重慎とその旧蔵本については、高塩博「丹後国田辺藩の博奕規定と「徒罪」」（『近世刑罰制度論考』九八・一四〇頁）も参照されたい。

（4）半大夫は家老田中好昌である。人名の特定は、（田辺藩）牧野家文書「諸家系譜」全六巻（舞鶴市郷土資料館蔵）による。「諸家系譜」は、文化十一年（一八一四）の編成である（『舞鶴市史』通史編（上）、七二七頁、平成五年、舞鶴市史編さん委員会編）。田辺藩の家臣については、舞鶴市郷土資料館の小室智子氏から多くのご教示を得た。

（5）後述する天保五年改正の折の文書においても「御仕置仕形ヶ条帳面」という表現が見られる。田辺藩は、「御仕置仕形ヶ条」という用語を引き続き使用したようである。

（6）これらの地は、田辺城下から他国に通じる道筋に位置する。真倉は京街道筋の南端（現、舞鶴市字真倉）、吉坂は若狭街道筋の東端（現、舞鶴市字吉坂）、由良は宮津街道筋の西端（現、宮津市字由良）、金屋は福知山に通じる河守《こうもり》街道筋にある（現、福知山市大江町金屋）。真倉、吉坂、由良の三箇所に領内番所を設置し、旅人の往来、物資の移出入を監視していた。

（7）司法省蔵版・法制史学会編、石井良助校訂『徳川禁令考』後集第四、二四三〜二四四頁、昭和三十五年、創文社。

（8）「公事出入刑罪筋伺書写」もまた、岡野重慎の筆写本である。次の六項目の記事を掲載する。⑴入墨仕形之儀ニ付評儀伺書、⑵所払申付候者、御城内相構候儀評儀伺書、⑶村勘定之儀ニ付願出候節取計方伺書、⑷田畑永代売之儀ニ付伺書、⑸永代売買御仕置ゆるみ候例、借金銀取扱相改り候御書付写、⑹隠地幷御年貢地永代売咎軽事

（9）自分仕置令については、平松義郎『近世刑事訴訟法の研究』三頁以下（昭和三十五年、創文社）、服藤弘司『刑事法と民事法』一二八〜一八四頁（昭和五十八年、創文社）等参照。

（10）「公事方御定書」下巻第百三条御仕置仕形之事に定める幕府法の加重減軽法については、平松義郎『近世刑事訴訟法の研究』九一五〜九一八頁参照。幕府の加重減軽法が中国法の「明律」の条文（名例・加減罪例）に示唆を得て立法した規定であることは、拙文において指摘したことがある（高塩博「江戸時代享保期の明律研究とその影響」池田温・劉俊文編『日中文化交流史叢書』第二巻法律制度、二〇四頁、昭和六十二年、大修館書店〈本書論考篇第一部第二章七三頁〉）。この加重減軽法は、延享二年（一七四五）八月、徳川吉宗が御定書掛三奉行に指示して設けた規定である（『徳川禁令考』後集第四、二五四〜二五六頁）。

なお、「公事方御定書」と「明律」との関係については右の拙文のほかに、小林宏「徳川幕府法に及ぼせる中国法の影響——吉宗の明律受容をめぐって——」（『日本における立法と法解釈の史的研究』第二巻近世、平成二十一年、汲古書院、初発表は平成元年）、高塩博「江戸幕府法における敲と入墨の刑罰」（小林宏編『律令論纂』所収、平成十五年、汲古書院）参照。

（11）たとえば、急度叱は「公事方御定書」下巻第二十一条隠鉄炮在之村方咎之事の第三項に、

一隠鉄炮所持之村方、他所より参打候村方、名主組頭　江戸十里四方幷御留場内　重キ過料、
右之外関八州　急度叱、

とあり、同第八十条科人為立退幷住所を隠候者之事の第五項にも、

一喧嘩口論当座之儀ニて人を殺し候者
右科人同類ニハ無之、義理を以被頼、住所を隠、或ハ為立退候分ハ、急度叱可申事、
と見える。叱については、同下巻第二十二条御留場にて鳥殺生いたし候もの御仕置之事の第二項に、
一鳥殺生いたし候村方幷居村　名主　過料
組頭　叱
と見え、同第三十条田畑永代売買幷隠地いたし候もの御仕置之事の第一項にも、
一田畑永代に売候もの　当人　過料
加判之名主　役義取上
証人　叱
と見えるほか、同第三十一条質地小作取捌之事の第十五・十六項、同第四十二条奉公人請人御仕置之事の第十五項但書などにも存する。

（12）田辺藩の刑事判例集である「刑罪筋日記抜書」（京都府立総合資料館寄託谷口家資料）によると、たとえば寛政元年（一七八九）七月九日判決に「役義被召放戸〆」（偽カタリの冊第五「堂上方名目金不実之証文を以借受候者」）、寛政十年（一七九八）七月八日判決に「戸〆」（不行跡の冊第十二「平生行跡不宜趣相聞候者」）がある。
（13）田辺藩においては、非人身分を番人と称し、一般には与次郎という通称をもって呼ばれた。
（14）江戸の小伝馬町牢屋敷内で執行する入墨の実施法は、高塩博「江戸幕府法における敲と入墨の刑罰」（『律令論纂』一四二〜一四三頁）を参照されたい。
（15）田辺藩主家の忌日の調査に関しては、舞鶴工業高等専門学校の児玉圭司氏の協力を得た。
（16）常憲院（五代綱吉）、文恭院（十一代家斉）の名が見えないのは、毎月の除日と重複するからであろう。しかし、惇信院（九代家重）の名が見られない理由は未詳である。
（17）この注記は、「此次、役所御定書集五ノ巻へハヅシトヂ込アリ」というものである。
（18）「郡奉行役所」印は、『舞鶴市史』通史編上七四二頁（平成五年、舞鶴市史編さん委員会編）に印影が掲載されている。

（19）「公事方御定書」は寛保二年（一七四二）に成立した後、下巻について寛保三年、延享元年、同二年、同三年の四次にわたる連年の増補修正が施され、それより八年後の宝暦四年（一七五四）に上下巻に増補修正が加えられて、法文が固定した。「公事方御定書」の増補修正については、茎田佳寿子『江戸幕府法の研究』（昭和五十五年、巖南堂書店）、高塩博「寛保三年増修の「公事方御定書」下巻について」（『國學院大學日本文化研究所紀要』九五輯、平成十七年〔本書論考篇第三部第三章〕）など参照。

（20）井ヶ田良治氏は、「牧野家領郡奉行役所で参照されたもの（「公事方御定書」のこと―引用者注）は、棠蔭秘鑑以前の私写本であったと思われる」と指摘される（「近世譜代大名領の裁許記録と進達書類の作成――丹後田辺牧野家領の公事出入を例として――」『同志社法学』五八巻一号二七頁、平成十八年）。

（21）「諸家系譜」（舞鶴市郷土資料館蔵）によるに、古河姓の田辺藩士にはこの時期、家老古河主馬がある。また、良園院様（初代藩主牧野親成）御代之家としての古河氏があり、その第四代に古河甚五左衛門（勝俊・録百五拾石）という人物がいる。甚五左衛門は定府の経歴があり、その後に御用人御番頭、御側御用人を勤めている。「厳秘録」の所持者は家老古河主馬ではなくして、古河甚五左衛門であったのではなかろうか。すなわち、彼が江戸在勤の間に入手したと考えるのである。このことは憶測にすぎないが、後考に備えるために記しておく。

（22）坤冊に「添候例書」本文第二条の第一行目までを合綴することにより、乾冊、坤冊の丁数を同数とした（ともに九七丁）。この不自然な合綴も、目的を同じくするのかも知れない。

（23）井ヶ田良治「近世譜代大名領の裁許記録と進達書類の作成――丹後田辺牧野家領の公事出入を例として――」（前掲誌二一～二七頁）、同「丹後田辺牧野家領の刑事吟味」（藩法研究会編『大名権力の法と裁判』二二四～二二六頁、平成十九年、創文社）、高塩博「丹後国田辺藩の「徒罪」について」（『近世刑罰制度論考』八三～八四頁、平成二十五年、成文堂）参照。

（24）京都府立総合資料館寄託谷口家資料（架号、寄古〇〇二一―二四八）。

（25）「刑罪筋日記抜書」に追放刑の判決を探すと、「御仕置仕形之事」制定以前においては隣国三ヶ津御構追放、近国御構ニて追払、丹後国御構追放、御領分追払、町払、居村追払などが存し、「中追放」という刑名は存しない。

(26)「刑罪筋日記抜書」盗賊の冊の第六十三「御船小屋ニて大工道具盗取、其外ニても米盗取候者、并引合之者とも」、および同火附・人殺・強訴・不孝・喧嘩・密通の冊の第十三「養妹と度ミ致密会非人手下ニ申付候者」。

(27) 福井藩「公事方御定書」については、左記参照。
藪利和「福井藩「公事方御定書」雑考」(一)(二)『札幌学院法学』四巻一・二号、昭和六十二・六十三年
同「福井藩『公事方御定書』――「御定書系統藩法典の考察」参考史料(一)――」『札幌学院法学』三巻一号、昭和六十一年

(28)神崎直美「「福井藩御仕置留」について」『近世日本の法と刑罰』平成十年、巖南堂書店丹波国亀山藩「議定書」については、左記参照。
『近世藩法史料集成』第一巻、昭和十七年、京都帝国大学法学部日本法制史研究室編刊
京都大学日本法史研究会編『藩法史料集成』昭和五十五年、創文社

(29) 福山藩「御仕置定式」については、左記参照。
林紀昭「御定書系藩刑法典の一考察――福山藩『御仕置定式』の分析を中心に――」関西学院大学『法と政治』三二巻四号、昭和五十六年
同「福山藩『御仕置定式』――「御定書系藩刑法典の一考察」参考史料(I)――」『法と政治』三三巻一号、昭和五十七年
『広島県史』近世資料編V、藩法集三、昭和五十四年、広島県編刊

(30) 盛岡藩「文化律」については、左記参照。
熊林實「南部藩『文化律』考」『奥羽史談』七〇・七一合併号、昭和五十五年
『近世藩法史料集成』第一巻、昭和十七年、京都帝国大学法学部日本法制史研究室編刊
京都大学日本法史研究会編『藩法史料集成』昭和五十五年、創文社
『文化律』（森ノブ校訂・藤巖龢字）昭和五十九年、岩手県文化財愛護協会編刊

(31) 黒羽藩「会所向并罪科之部（「規定雑類」上巻の内）」「刑獄裁断」については、左記参照。
古城正佳「黒羽藩における刑罰」『東海法学』三四号、平成十七年
同 「近世刑事裁判への寺社の関与──黒羽藩を事例として──」『東海法学』四二号、平成二十一年
栃木県那須郡黒羽町教育委員会編『黒羽藩政史料創垂可継』昭和四十三年、柏書房

(32) 鳥取藩「律」については、左記参照。
前田正治「鳥取藩「律」考」『法と政治』一二巻三・四合併号、昭和四十八年
藩法研究会編『藩法集』2鳥取藩、昭和三十六年、創文社
鳥取県編『鳥取藩史』第四巻財政志・刑法志・寺社志、昭和四十六年、鳥取県立鳥取図書館刊

(33) 松代藩「御仕置御規定」については、左記参照。
平松義郎「藩法雑考──壱 信濃・松代藩「御仕置御規定──」」㈠㈡名古屋大学『法政論集』二〇・二一号、昭和三十七年
小椋喜一郎「松代藩「御仕置御規定」の分析──「御定書」と藩法──」瀧澤武雄編『論集 中近世の史料と方法』平成三年、東京堂出版
藩法研究会編『藩法集』5諸藩、昭和三十九年、創文社

(34) 註（23）参照。

(35) 「公事方御定書」上巻第五十四条奴女片附之儀ニ付御書付、同下巻第二十条関所を除山越いたし候もの并関所を忍通候御仕置之事（『徳川禁令考』別巻四一・六六頁、昭和三十六年、創文社）。

(36) 浜松藩もまた田辺藩と同じように、「公事方御定書」下巻の第百三条御仕置仕形之事に基づいて「御仕置仕形」という刑罰法規集を編纂した。文政二年（一八一九）の制定である。時の藩主は、幕府寺社奉行の職に在った水野忠邦である。その法文は、浜松藩の藩法集「監憲録・浜松告稟録」に収載されている（神崎直美編著『監憲録・浜松告稟録』八二～八八頁、平成二十五年、創文社）。その編纂意図が田辺藩に同じであったかどうかについては、後考に俟ちたい。

あとがき

後掲の成稿一覧に見るように、「公事方御定書」に関連する初めての拙文は、第四部第三章「「公事方御定書」管見――流布の端緒および「例書」の成立をめぐって――」である。今から十四年前の平成十五年のことである。この拙文は、神田の古書展で見つけたといって畏友柴田紳一氏が届けてくれた史料を解説したものである。その頃から「公事方御定書」の写本を古書展や古書目録を通じて入手するように心掛けたが、「公裁秘録」上下（二冊）は平成十三年にすでに入手していた。それが寛保三年増修本であるとは知らずに書架に並んでいたのである。それと気がついて、これを解説したのが第三部第三章である。最初の拙文に遅れること二年の平成十七年である。このようにして「公事方御定書」下巻の写本に接していても、「御定書百箇条」という呼称を持つ伝本に出会わない。のみならず、同じ表題の伝本とてもほとんど見当たらなかった。冷静に考えるに、秘密法をひそかに筆写するのであるから、「公事方御定書」と明記して所持したならば咎めを受けかねない。筆写者本人が内容を承知していればよいのであるから、適宜の表題を与えているのである。延享三年増修の姿を伝える伝本もあつまってきた。このことを論考にまとめたのが、第四部第二章である。

また、「公事方御定書」下巻の伝本中、「寛保律」「寛政律」などというように、表題に「律」を用いるものの存することが、長い間気がかりだった。この気がかりを考察したのが、第四部第一章である。

平成二十五年度は「公事方御定書」の調査研究のため、待望の一年間の国内派遣研究の時間をいただくことができた。目的は、各地の図書館や資料館などに出向いて、「公事方御定書」の編纂過程を伝える写本や、増補修正の過程を伝える写本を探し求めることにあった。ところが、研究期間に入ったばかりの四月上旬、ある古書肆から「公規矩之書」と題する写本が届いた。これこそ、一年間をかけて探そうともくろんでいた「公事方御定書」の第一次草案、すなわち「元文三午年御帳」の転写本であったのである。これを、分析して解説したのが、第三部第一章である。たぐい稀な幸運に恵まれたのである。

古書目録を一覧し、「公事方御定書」と目星をつけて写本を購入していると、そのうちの半数近くが「公事訴訟取捌」とそれの類本であった。その都度落胆していたのであるが、あまりに数が多いので、その正体を突き止めるべく考察してみた。それが第二部第一章である。「公事方御定書」とともに施行した幕府制定法であるという事実を突き止めたとき、身震いがしたのを覚えている。

本書におさめた諸論考はこのようにして出来上がっていった。「公事方御定書」について体系的な研究を成し遂げようという計画など微塵もなかったわけで、その場その場で気づいた事柄を文章化した結果として本書が編まれることとなったのである。本書の諸論考が成るについては、自分で収集した史料がおおいに役立っている。とはいうものの、収集史料だけで研究を充足させることは出来るはずもなく、国立国会図書館古典籍資料室、国立公文書館内閣文庫、明治大学博物館をはじめとして、明治、早稲田、慶應義塾、名古屋、香川などの大学図書館でも史料調査を行なわせていただいた。その他、各地の所蔵機関にもお世話になった。この場を借りて御礼を申し上げる次第である。

本書各章の公表誌と公表年は左記の通りである。それぞれ独立の論文として作成したため、記述の重複が見られる。とりわけ「公事方御定書」の編纂過程についての重複が目立つ。読者諸賢のご海容を乞う次第である。本書に収載するについては、気づいた限りで補訂した。〔　〕で括ってある文言、および〔補記〕〔補註〕はこのたび補った部分である。また、〔　〕を施すことなく本文を補訂した場合も存するが、論旨に変更を加えていない。

成稿一覧

《論考篇》

序　言（新稿）
第一部　享保年間の律令研究――「公事方御定書」編纂前史――
　第一章　荷田春満の律令研究
　　（『新編荷田春満全集』第九巻律令、平成十九年、おうふう）
　第二章　江戸時代享保期の明律研究とその影響
　　（池田温・劉俊文編『日中文化交流史叢書』第二巻　法律制度　所収、平成九年、大修館書店）
第二部　「公事訴訟取捌」と「律令要略」――「公事方御定書」編纂期の幕府法律書――
　第一章　「公事訴訟取捌」の成立――「公事方御定書」に並ぶもう一つの幕府制定法――
　　〔原題〕「評定所御定書」と「公事訴訟取捌」――「公事方御定書」に並ぶもう一つの幕府法――
　　（『國學院法學』五三巻四号、平成二十八年）
　補論　「地方大意抄」所載記事の解釈をめぐって――著者と著作年代を手がかりに――
　　（『國學院法學』五四巻一号、平成二十八年）

第二章　「公事方御定書」の編纂途上の法文を載せる法律書　（『國學院法學』五二巻一号、平成二十六年）
第三章　「律令要略」について――「公事方御定書」編纂期における私撰の幕府法律書――　（『國學院法學』五二巻三号、平成二十六年）

第三部　「公事方御定書」の成立――編纂と増補修正の過程――
第一章　「公事方御定書」の元文三年草案について――「元文三午年御帳」の伝本紹介――　（『國學院法學』五一巻二号、平成二十五年）
第二章　「公事方御定書」の編纂過程と元文五年草案について
〔原題〕「公事方御定書」の編纂過程と「元文五年草案」について　（『國學院法學』四八巻四号、平成二十三年）
第三章　「公事方御定書」の寛保三年増修とその伝本
〔原題〕寛保三年増修の「公事方御定書」下巻について　（『國學院大學日本文化研究所紀要』九五輯、平成十七年）
第四章　「公事方御定書」の延享元年増修とその伝本（新稿）

第四部　「公事方御定書」の法体系と伝本
第一章　「公事方御定書」の法体系と律令法――徳川吉宗に焦点を当てつつ――　（『国史学』二一六号、平成二十七年）

第二章　「公事方御定書」下巻の伝本と呼称について
（藤田覚編『近世法の再検討――歴史学と法史学の対話――』所収、平成十七年、山川出版社）
第三章　「公事方御定書」管見――流布の端緒および「例書」の成立をめぐって――
（『國學院大學日本文化研究所紀要』九一輯、平成十五年）
第四章　町方与力と「公事方御定書」――原胤昭旧蔵の「公裁私記」について――
〔原題〕原胤昭旧蔵の「公裁私記」について――町方与力と「公事方御定書」――
（『原胤昭旧蔵資料調査報告書（3）――江戸町奉行所与力・同心関係史料――』千代田区教育委員会編刊、平成二十二年）
第五章　「公事方御定書」下巻の奇妙な伝本
（杉山林継先生古稀記念論集刊行会編『日本基層文化論叢』所収、平成二十二年、雄山閣）
第六章　丹後国田辺藩の「御仕置仕形之事」について――譜代藩における「公事方御定書」参酌の一事例――
（『國學院法學』五一巻四号、平成二十六年）

《史料篇》

一　「評定所法規集（仮称）」
「御評定所御定書」（著者蔵）……論考篇第二部第一章の史料（その一）
（『國學院法學』五三巻一号、平成二十七年）
二　「評定所御定書」

「御評定所御定書」（名古屋大学法学図書室蔵）……論考篇第二部第一章の史料（その二）
（『國學院法學』五三巻一号、平成二十七年）

三　「評定所御定書」から「公事訴訟取捌」へ移行途上の法律書
「評定所裁許之写」（著者蔵）……論考篇第二部第一章の史料（その三）
（『國學院法學』五三巻三号、平成二十七年）

四　「公事訴訟取捌」
「公事取捌記」（国立公文書館内閣文庫蔵）……論考篇第二部第一章の史料（その四）
（『國學院法學』五三巻二号、平成二十七年）

五　「公事方御定書」の編纂途上の法文を載せる法律書
「台政評定訣」（香川大学附属図書館神原文庫蔵）……論考篇第二部第二章の史料
（『國學院法學』五二巻一号、平成二十六年）

六　「公事方御定書」の元文三年草案
「公規矩之書」（著者蔵）……論考篇第三部第一章の史料
（『國學院法學』五一巻二号、平成二十五年）

七　「公事方御定書」の元文五年草案
「公事方御定書幷伺之上被　仰渡候書付」上下（千代田区教育委員会蔵「寛保律」収載）……論考篇第三部第二章の史料
（『國學院法學』四八巻四号、平成二十三年）

八　「公事方御定書」下巻の寛保三年増修本
「公裁秘録」上下（著者蔵）……論考篇第三部第三章の史料

九　「公事方御定書」下巻の延享元年増修本
（『國學院大學日本文化研究所紀要』九五輯、平成十七年）

「御当家律」（国立公文書館内閣文庫蔵）……論考篇第三部第四章の史料
（『國學院大學日本文化研究所紀要』九七輯、平成十八年）

十　「公事方御定書」を参酌した丹後国田辺藩の刑罰法規集

「御仕置仕形之儀ニ付奉伺候書付 申上候書付」（香川大学附属図書館神原文庫蔵）……論考篇第四部第六章の史料
（『國學院法學』五一巻四号、平成二十六年）

本書の刊行は、この度も汲古書院にお引き受けいただいた。社長三井久人氏、様々に助言をいただいた編集担当の小林詔子氏に御礼申し上げる次第である。

なお、本書は独立行政法人日本学術振興会平成二十八年度科学研究費助成事業（研究成果公開促進費）の交付を受けた刊行物である。

平成二十九年春分

高塩　博

著者紹介

高塩　博（たかしお　ひろし）

昭和23年　栃木県生まれ
昭和47年　國學院大學文学部史学科卒業
昭和55年　國學院大學大学院法学研究科博士課程単位取得退学
國學院大學日本文化研究所助教授・教授を経て
現在、國學院大學法学部教授　法学博士　日本法制史専攻

主要著書

『日本律復原の研究』（共編，昭和59年，国書刊行会）
『日本律の基礎的研究』（昭和62年，汲古書院）
『高瀬喜朴著 大明律例譯義』（共編，平成元年，創文社）
『熊本藩法制史料集』（共編，平成８年，創文社）
『北海道集治監論考』（共編，平成９年，弘文堂）
『唐令拾遺補』（共編，平成９年，東京大学出版会）
『江戸時代の法とその周縁――吉宗と重賢と定信と――』（平成16年，汲古書院）
『法文化のなかの創造性――江戸時代に探る――』（編書，平成17年，創文社）
『新編 荷田春満全集』第９巻律令（平成19年，おうふう）
『「徳川裁判事例」「徳川禁令考」編纂資料目録』（共編，平成20年，法務省法務図書館）
『北海道集治監勤務日記』（共編，平成24年，北海道新聞社）
『近世刑罰制度論考――社会復帰をめざす自由刑――』（平成25年，成文堂）
『井上毅宛 明治顕官書翰集』（責任編集，平成27年，朝倉書店）

江戸幕府法の基礎的研究《論考篇》

平成二十九年二月二十七日　発行

著者　高塩　博
発行者　三井久人
整版印刷　富士リプロ㈱

発行所　汲古書院
〒102-0072 東京都千代田区飯田橋二-五-四
電話　〇三（三二六五）九七六四
ＦＡＸ　〇三（三二二二）一八四五

ISBN978 - 4 - 7629 - 4215 - 0　C3021（全２冊　分売不可）

索　引

【凡例】
人名、事項のうち、頻出する下記の項目は採録しなかった。
【人名】徳川吉宗，松平乗邑（老中），御定書掛三奉行の牧野貞道，大岡忠相（以上，寺社奉行），石河政朝（町奉行），水野忠伸（勘定奉行），および石井良助，茎田佳寿子，平松義郎，藪利和（以上，研究者）
【事項】御定書掛，御定書掛三奉行，科条類典，元文三午年御帳，元文四未年御帳，棠蔭秘鑑，内閣文庫，幕府法，評定所一座，評定所留役，触書，明律，令義解

人名索引

ハ行

マ行

事項索引

タ行

高塩　博著

江戸幕府法の基礎的研究

《史料篇》

汲古書院

江戸幕府法の基礎的研究　目　次

《史料篇》

目　次

《論考篇》

《史料篇》　全体凡例

一　翻刻にあたっては、原本の体裁に忠実を旨としたが、印刷の都合上、体裁に若干の変更が生じた場合も存する。判読に便ならしめるために原文に読点、並列点を施した。また、項目ごとに一行を空けた場合も存する。

一　原則として、漢字は常用漢字を用い、変体仮名については現行の字体に改めた。

一　「无」「叓」「𠦄」「迯」「迹」「帋」「欤」「昏」などの異体字は概ね今日通行の文字に改め、「ヿ」「〆」「𪜈」の合字は、「コト」「シテ」「トモ」と表記した。「ゝ」「〳〵」「ゟ」は、原文のままに表記した。

一　朱書は「　」で括り、その旨を注記した。

一　校合の文字は（　）をもって示し、虫損の文字は□、判読できなかった文字は■をもって示した。

一　算用数字とゴシックの漢数字は、編者の与えた法文番号あるいは項目番号である。

江戸幕府法の基礎的研究《史料篇》

一　「評定所法規集（仮称）」

「御評定所御定書」（著者蔵）——論考篇第二部第一章の史料（その一）

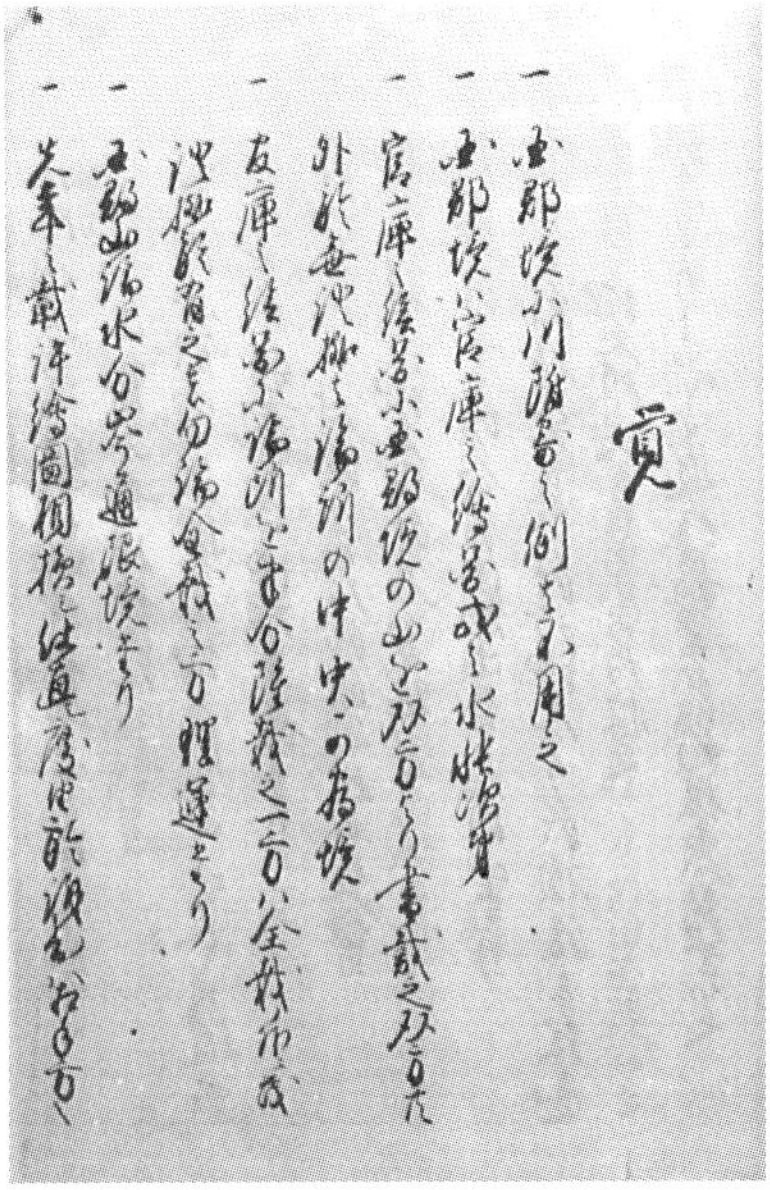

「御評定所御定書」本文冒頭（本書 7 頁）

「御評定所御定書」表紙

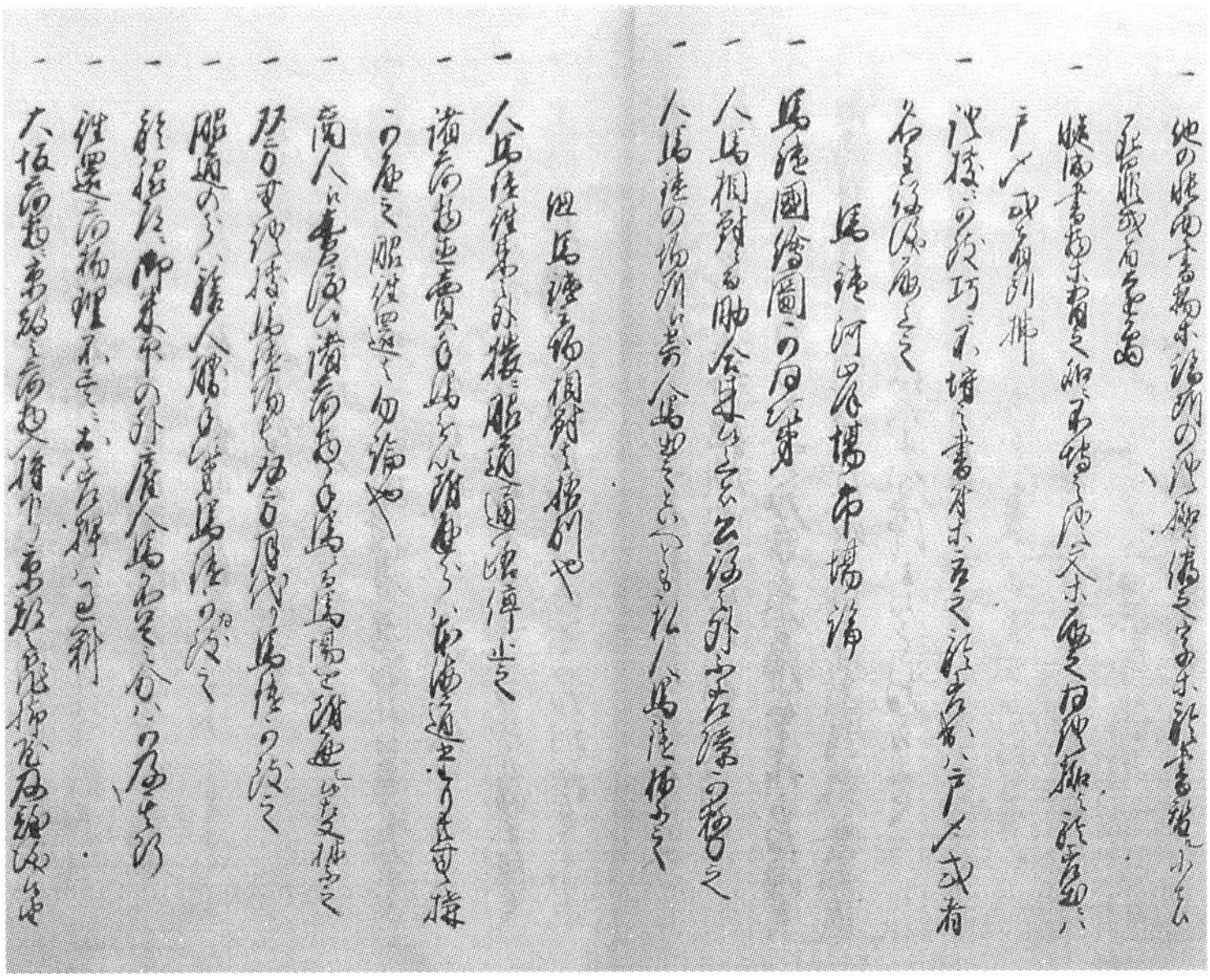

「御評定所御定書」前段、七　馬継河岸場市場論（本書10～11頁）

《史料翻刻》 凡例

一 本章は、論考篇第二部第一章「「公事訴訟取捌」の成立――「公事方御定書」に並ぶもう一つの幕府制定法――」の史料として、左記を翻刻するものである。

「御評定所御定書」一冊（著者蔵）

一 「御評定所御定書」一冊は、縦二八・五糎、横一九・七糎の美濃本にして、墨附六二丁である。その表題は題簽による（口絵参照）。本書は前段（二〇丁）と後段（四一丁）とから成り、前段を「評定所法規集（仮称）」と呼ぶこととする。本文中に「寛永」を「寛政」と誤記する箇所が存するので、本書は寛政年間（一七八九〜一八〇〇）以降の書写である。

一 翻刻にあたっては校合を施し、（ ）をもって示した。前段の「評定所法規集（仮称）」の校合には、「公裁之御条目」（明治大学図書館蔵「公裁録」第三冊所載）、「公裁書并御定法」（著者蔵）ならびに「当時御法式」（茎田佳寿子『江戸幕府法の研究』昭和五十五年、巖南堂書店、四八六〜五〇三頁所載）を用い、後段部分の校合には、『徳川禁令考』後集および『御触書集成』（寛保）などを用いた。

一 〔 〕の項目名は、編者が補ったものである。波線を施した部分は、二の「評定所御定書」が継承しなかった法文である。

一　「御評定所御定書」（著者蔵）

（表紙）

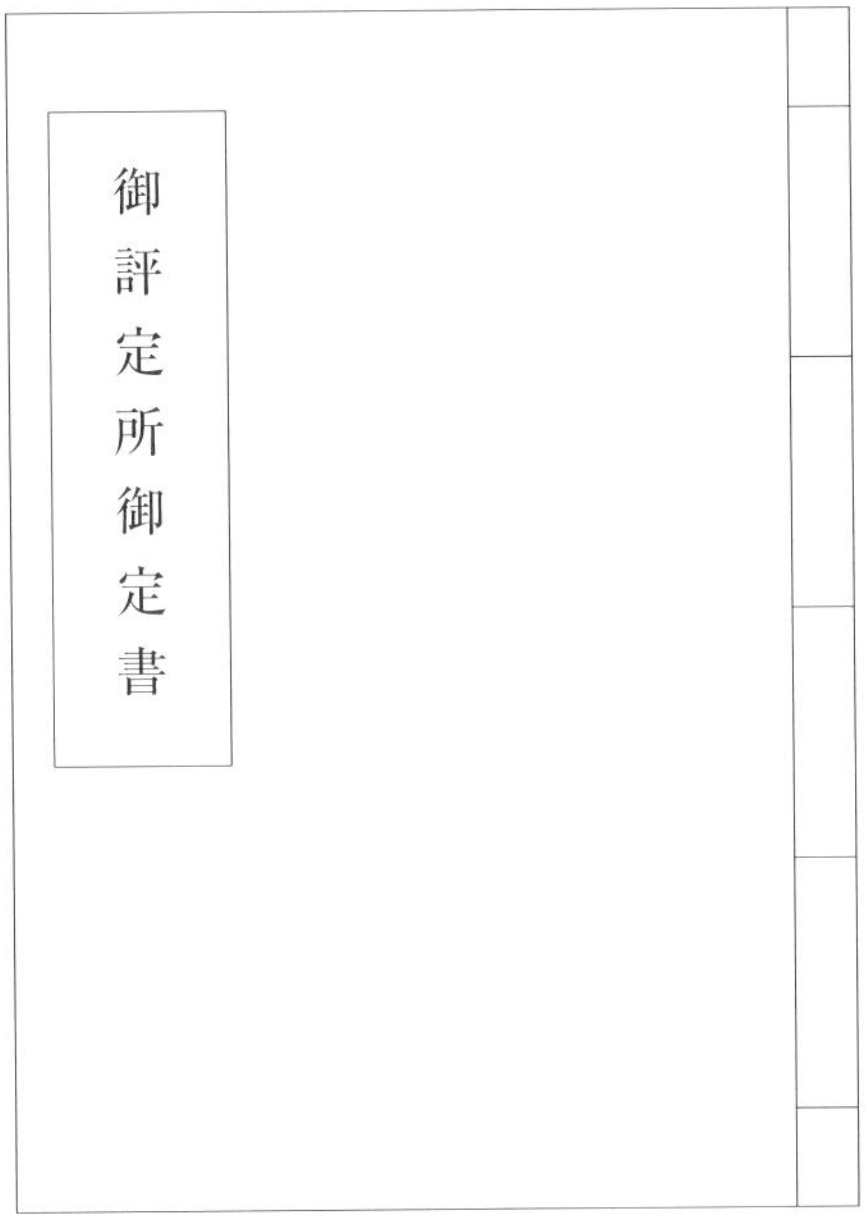

〔扉〕

御評定所
載許之一件
検分書之定
同決談之事

覚

一〔国郡境論〕

1 一国郡境に、川附寄之例は不用之、
2 一国郡境ハ、官庫之絵図或は水帳次第、
3 一官庫之絵図に、国郡境の山を双方より書載之、双方
共外於無証拠は、論所の中央可為境、
4 （一国郡境、峰通ゟ谷合見通可為境、）
5 一官庫之絵図に、論所を半分雖載之、一方ハ全載、
外ニも証拠於有之は、勿論全載之方理運たり、
6 一国郡山論、水分岑通限境たり、
7 一先年之載許絵図相損（朽）シ、仕直シ度由於訴出ハ、相手
方之絵図相渡可為写、訴状も裏書一座之印形遣之、

二　山野入会村境論

1一双方証拠於無之は、大道筋或は川の中央、又は峯通谷合見通シ、水帳通り古キ田畑等境たり、
2一死馬捨場等ハ、村境の不及沙汰、近村可為入会、
3一内山居林等ハ、地元の外入会禁之、
4一内山境雖無之、地元の古田畑等有之ハ内山たり、
5一入会より数拾年開発雖致、地元より於願(訴)後ニは、不及荒之、年貢は地元村ゑ入会より可為収之、
6一地元たりといへとも、近年新開発(ママ)新林等ハ可為荒之、
7一入会場ゑ之道雖多と、入会の証拠に不用之、
8一名田同意の茅野等、(地主)不得心之上は、外より新田等願候共、無謂外ゑは不免之、
9一入会ニて無之草札等之場は、田高ニ応じて苅之、
10一入会野新開発等は、高に応して割合之、
11一新開立出たり共、理不尽に於伐荒は、過料、
12一他の入会場ゑ紛入、苅取ニおゐてハ、過料、
13一秣場ゑの仮橋、他の往来禁之、
14一別村ニ分ヶ候共、官庫之絵図ゑ帳(鄕)次第、

三　漁(魚)猟海川境論

1一川ハ附寄次第、流にしたかい境たり、
2一川向ニ有来ル地面は、任先規ニ飛地可進退之、
3一魚猟藻草、中央限取之、
4一藻草ニ役銭無之、揚場ニ無差別、地元次第取之、カルモクサ等於滞(障)ハ、新規に漁猟禁之、
5一御菜鮎并運上於納ハ、川通他村前ゝ無差別、入会鮎猟致之、無役之村ハ村前可限之、
6一鮎猟入会、国郡境無差別取之、
7一藻草、漁猟場に(障ニ)おいて(ハ)禁之、
8一磯猟は地附(根附)次第、沖は入会、
9一小猟ハ近浦の任例に、沖猟於願は(新規ニ)免之、
10一浦役永於有之ハ、他村前ゝ浦といへとも、漁猟入会(之)例多シ、
11一浦役永於無之ハ、居村前の浦たりと云ふ共、漁(魚)猟禁之、
12一船役永ハ、沖猟或ハ荷船可為繋(繫)役事、
13一海境の分に木弍本建ル例多シ、壱本ハ可為浜境・

細(網干)キ場境、
14一運上船の役(改)は、磯より沖ぇ凡壱里程限之、
15一関東筋鰒《アワビ》縄、諸猟之妨ニ成候ニ付停止之、
16一壱本針ニて鰒釣り候事ハ、禁外たり、
17一入海は、両頬の中央限之、林並(村)ハ、村境見通シ可為
境、
18一鮫猟は、拾四五町(之内)可限之、

四　田畑禁(埜)論川附寄

1一御朱印境目に数年百姓開来田畑并家居等ハ、可為致(有)
来通《ライツウ》、年貢ハ任古例、越石等ハ其寺社領ぇ収納、夫
ゟ越石地頭ぇ納之、
2一川附寄之事、大水ニて自然ニ川瀬違、高下(外)の新田
(地)、又ハ見取場・小物成場・秣場・河原・埜原地
等之無高之地所ハ、附寄次第也、然共、川除等の仕
形ニ依之(て)分(ヶ)、手段を以川筋為違候類ハ、附寄之例
を(ママ)以不用儀も有之事ニ候、因茲新堤築出シ等、其村
之勝手ニ任セ、川中ぇ仕出シ候事ハ制禁たり、勿論
高内之分ハ附寄之不及沙汰、川向之附寄地を飛地ニ
進退申付ル定法也、
3一本田高の川欠ハ、附寄之不及沙汰、地境の限り川向
の附寄之地を欠地反別ニ応し、飛地之積り渡之、
4一御朱印地畝歩不足の類ハ、数多依有之、訴訟不及
(取上)之、
5一検地の地先見取場等、地頭より寄附たりといふ共、
於無証拠ハ地頭ぇ取上之、年貢は可為御蔵入、
6一他の地先を於囲込ニハ為返之、仕方於不埒ニハ、不
納之年貢可為納之、
7一居村之内地内(ママ)村前等(ニ)、他所(村)より竿請の新開有之、
其新開之地先たりといへとも、居村の地内ニおゐて
ハ不足(立)之、新開之外綺《イロワ》事禁之、
8一先地頭の除地は、当地頭の可為心次第、
9一双方為持地証拠於無之は、公儀ぇ取上、村中又ハ
名主ぇ預ル、
10一木陰は双方立合伐之、
11一永小作并数拾年預り来地面ハ、無謂取上候儀禁之、

12 一竿請の田畑、切崩ニおゐてハ、手鎖或は過料、

五　堤堰用水論

1 一御領（料）私領組合普請、私領分計自普請於願ハ（免之）、
2 （一）当時用水不引といへ共、古来よりの組合離候儀
禁之、
3 一往来橋普請、組合新規ニ申付ル例有之、
4 一用水人足諸色組合惣高に割合之、
5 一用水は田反別多少ニ応シて可為（刻）割、但、水門之
寸尺を定、
6 一（一）領之時、水代不出之といへ共、他領に分ルに於
ハ新規ニ出之、
7 一用水論は容易ニ不取上之、双方（之役人）立合滞無之
様ニ可為済之、
但、十二ヶ月を過、於訴出ハ不及沙汰、
8 一新堤新田、双方役人立会、（無）滞（障）ニおゐてハ為取上
之、
9 一堤上置（重）、障ニ於有之は禁之、
10 （一畑成ル田、用水ニ障ニおゐてハ禁之、）

六　証拠（証）跡用不用

1 一先地頭領主之帳面書物、其外古来之書付無印形とい
へ共、於慥成ハ用之、
2 一名所字無之証拠は、不用之、
3 一他の帳面（水帳）書物等論所の証拠と偽之、字等於書替ルに
は、死罪或は遠島、
4 一慥成書物等有之処ニ、不埒之証文等取之、為証拠と
於差出ニハ、戸〆或は所払、
5 一証拠ニ可致巧ニ不埒之書付等取之、於差出ハ戸〆、
或は名主（庄屋之）役儀取上（放）之、

七　馬継河岸場市場論

1 一馬継（場）、国絵図可為次第、
2 一人馬相対ニて助合来候上は、公役之外不差障（滞）可努（勤）之、
3 一人馬継の場所ぇ寄、人馬出之といへとも、私（ニ）人
馬継禁之、

但、馬継之場、相対は格別也、

4一人馬継、往来之外猥ニ脇道通路停止之、

5一諸荷物直売、手馬を以附通分ハ、本海道たり共無構可通之、脇往還は勿論也、

6一商人ぇ売渡候諸荷物、手馬ニて馬（継）場を附通シ候事禁之、

7一双方無証拠馬継場は、双方月代り馬継可致之、

8一脇道の分ハ、旅人勝手次第馬継可為致之、

9一於脇道ニ、御朱印の外雇人馬不足之分ハ、可及其断、

10一往還荷物、理不尽ニ於差押ハ、過料、

11一大坂荷物ニ京都之荷物入持下り、京都之飛脚屋及難儀候由ニて、道中ニて理不尽ニ荷物押ぇ切ほどき候へは、古例獄門、

12一中絶の市、障り有之ニおゐてハ禁之、

13一私ニ新市建候事禁之《（停止）》、但、於無障ハ免之、

14一市場近所ぇ無届して新町屋停止之、

15一川岸場は、川岸長《（帳）》次第なり、

16一市場之者《（は）》、村鑑次第なり、

17一川岸帖ニ不載分者《（ママ）》ハ、地頭并村用之荷物（之）外ハ、運送禁之、

八　跡式養子離別後住論并引取人

1一父養子致、跡式於極置ハ、実子たりといふ共、跡不綺《（継）》之、

2一父跡式極於不置ハ、血筋近きものを可為相続之、

3一夫死後、後家之儀外ぇ於嫁入は、先夫之名跡可取綺様無之、筋目のもの可相続之、

4一遺言状之通家屋鋪譲分候ては、跡式断絶、或は母ハ妾（ニて）外ぇ嫁入候由親類雖申出、悴無之相果候者は《（之）》家財ハ母之可為心次第上は、遺状之通母ぇも（跡式）分之、

5一重病之節、一判之遺状は不用取《（取用）》之、

6一跡式相続之総領於差《（を）》置ハ《（ママ）》、外の悴ぇ跡式可譲之と（の）遺状は不法也、雖然、遺状於慥成は、有金家督之悴七分、外之悴三分、家財田畑等（ハ）家督之悴可為相続之、

7 一致出家(家出)、養父死後立帰り候養子ニて(は)、跡式相続難成事、

8 一当人相果、借金有之跡式、親類の内（ニも）届(望)無之ニおゐては、借金方ぇ家財可為分散事古例、

9 一先住後住之遺言有之所、外之出家於(を)後住ニ可居之旨雖申、法式は(之儀)旦方可差綺之謂無之、不及沙汰、

10 一当人相果、跡式之儀遺状も無之、親類等不埒之儀於致訴論は、　公儀ぇ跡式取上之、

11 一婿養子離縁之上は、出生之男子は、夫の方ぇ可引取之、引出物は相互ニ可為返之事、

12 一夫死後、後家ぇ養子当り悪敷といへ共、於不慥ハ、後家心儘ニ可致離縁之筋無之、

13 一夫の極置跡式を、夫死後、（後家）心儘ニ（外ぇ）可譲分ヶ筋無之、

14 一婿養子父子不和ニて、実父方ぇ立帰罷在、去状不遣差置、妻を引取度旨申といへ共、無謂ニ付不及載(裁)許、

15 一婿遺跡、妻養子之気ニ不入離縁之上は、持参金ハ不及載(裁)断、養子之諸道具ハ、去状遣候上ニて可為返之、

16 一実子出生以後不和ニて、養子出家(家出)致といへとも、父不埒ニ付、養子ぇ可（為）引(取)渡之、

17 一養父仕形悪敷事(由)ニて、養子穏便ニ（無之）、実父方ぇ於(ママ)立帰ニは、持参金（相対）は格別、不及載(裁)断、

18 一自分之悴於(を)養子ニ可（遣）巧、離縁之於致腰押ハ追放、

19 一聟養子不縁たりといへとも、絶縁之証文も不取替、聟養子より離別状も不取替、剰双方外ぇ片付之上、及訴論類ハ不埒之仕形ニ付、持参金　公儀ぇ取上之、

20 一養子を妨候ものハ、品ニより牢舎古例、

21 一妻之諸道具・持参金相返上ハ、離別之儀夫之可為心次第、

22 一外の女を後妻ニ可致巧ミ、於離別、右女を妻ニ為致候儀ハ勿論、出入ともに差留ル、

23 一懐胎候共、離別之儀は夫之心次第也、出産之上、男子ハ夫之方ぇ可引取、女子は妻之方ニ可差置之、

24 一妻儀、親(元)方ぇ帰居候儀、三四年過、夫於訴出ハ、願後レ（難立）、乍然去状不取置（も）不埒ニ付、一応夫の方ぇ呼戻させ候上、離別状可為渡之、

25一離別状不遣といへとも、夫方より三年以来通路於致ずニは、外ゑ縁付候共、先夫の申訳(分)難相定(立)事、

26一離別之証拠無之、女房親元ゑ参り居相果といへとも、諸道具・持参金(ママ)田畑(ママ)等不及返之、夫之可為心次第、

27一悴相果候故ニ、娘《ヨメ》(娵)を差戻シ候類ハ、持参金之不及沙汰、尤諸道具は可差戻事、

28一先夫離別之事、慥(ニ)不届承(承届)、去状も無之、親ニも得心不為致、女と申合、理不尽ニ外ゑ引取ニおゐてハ、重過料、(士ハ)品ニゟ追放、

29一右女被離別候共、為自分と立退、親ゑも不為致同心、致家出去状も(不)差越内、外之男を於持ニは、髪を剃、親ゑ渡、以後外ゑ片付候事ハ親の心次第、不儀(義)之男方ゑ通路差留之、

30一(右)不埒之取持人は、過料、

31一女房得心も不致、衣類等質ニ遣ニおゐてハ、不縁之事、妻の(親)心次第也、

32一女房難添子細相立、於致出家(家出)ハ、女之親元ゑ(諸)道具等可為返之、

33一去状不取返上ハ、又添之儀不及載(裁)断事、

34一養子合の女房、夫を嫌イ致出家(家出)、比丘尼寺ゑ組合(駈入)、比丘尼三年勤之、暇出候旨訴出ハ、実父方ゑ可為引取之古例、

35一夫を嫌、髪を切候て成共暇を取度由女房申、又は夫ゑ申掛致類ハ、比丘尼ニなり縁為切古例、

36一久離帳ニ付置といへとも、被致久離候者の子、引取人於無之は、久離之無差別、共(其)親類ゑ預ヶ候事、

37(一欠落之届致といへ共、勘当之者ニても無之、外ニ可引渡もの無之におゐてハ、引渡之、)

38一離別の事断を請、(女之)親欠落、引取人於無之ハ、溜り預ヶ、

39一離縁之上、町ニて同商売於致ハ、養父ゑ対シ不遠慮ニ付、養子所を(為)立退ル、

40一及出入、沽券証文於無之ハ、家屋敷　公儀ゑ取上之、

41一譲証文計り致所持、沽券不致所持、元地主願たりといふ共、元金為差出、譲証文と引替之上、家屋敷元地主ゑ可為渡之、

九　離旦之(ママ)事

1 一無謂離旦不為致事、
2 一旦那寺ニ不似合無慈悲(成)致方ニ付、於(致)離旦ハ、帰旦之不及沙汰事、
3 一心願有之、其身一代於致宗旨改は免之、
4 一父の遺言於有之ハ、改宗心次第たるべき事、
5 一祈願所は、帰依次第なり、
6 一離旦の上石塔迄引取候処、年数過於申出ハ、帰旦之不及沙汰事、
7 一離旦の証文、押て(印形)取之ニおゐてハ、所払、品ニより(軽キは)戸〆、
8 一女子は、母之宗門ニ成ル(候)例無之、
9 一住職出入雖有之、宗旨証文印形可指延謂無之、寺附之印形を以、証文可為差出事、
10 一前菩提所ぇ無断、宗旨証文於致印形ハ、戸〆、
11 一開基《カイキ》旦那ハ、過去《クハコ》状(帳)次第、
12 一後住之儀、開基旦那ハ格別、旦方ゟ不為取(差)綺事、
13 一旦方を疑ひ、宗旨印形於滞ハ、逼塞、
14 一新寺院於(致)寄附は、地面　公儀ぇ取上之、其所名主与頭、戸〆、
15 一寺法を差綺、本寺よりの触書、名主印形を以、門下ぇ相触ニおゐてハ、役儀取放戸〆申付ル、
16 一我儘ニ寺号を於引替ハ、戸〆、
17 一前菩提所ゟ挨拶も不届承(承届)、於(為致)髪剃ハ、其寺院逼塞、
18 一墓所も無之一村之助合ニて相続之堂地ハ、寺号停止之、

十　質田畑論借金之(ママ)事

1 一名主加判(印)無之証文は、取上無之、質置主名主之時は、組頭加判(印)無之ハ、取上無之、且酉年以来借(金)ニ准シ、
2 一水帳と相違之質地証文ハ、不取用、借金ニ准シ、
3 一年久敷証文ニても、享保年中之年延(添)証文於有之ハ、定式之質地済方申付之、
4 一及出入、肩書出書(於)入ハ、手鎖申付之、

5一質(入)地或ハ他之小作他之《地》稲、理不尽ニ苅取、又は
作附手入於致ニハ、戸〆(或ハ)過料、
6一名主証人等乍存、於不差留ハ咎之、
7一無証拠不埒之証文を以、及出入ハ、地面　公儀ぇ取
上之、永代売頼納(と)同断、
8一宛所無之証文(ハ)不取用、年号無之も同断、
9一年貢未進等於有之ハ、田畑質入致といへ共取上之、
売払代金を以地頭方ぇ年貢未進皆済、残金於有之ハ
金(主)ぇ割賦之、
11一武士方借金、日切申付(置)候処、跡式断絶ニ付、一
類之内別領地ぇ下《被》候方より切金為皆《相》済度由、金主雖
申出ハ《ママ》、不及沙汰古例、
10一質地年季(之内)、不請返候は、致流地ニ候段証文有
之質地ハ、証文之通り申付ル、
(※編者注、前条と本条は、配列が転倒か)
12一養子之借金、養父之家来手形雖致置、養子之実《ママ》父方
ぇ相返《帰》候上は、不及沙汰古例、
13一先住借金有之段当住不存、本寺触頭ゟも其段不為申
聞候ニ付、於致入院ハ、後住不及沙汰《返済》、先住(之)弟
子幷証人方ゟ可為済之古例、
14一先住之借金、当住不存(旨申)といへ共、先住借金も
有之ハ入院致間敷旨於不(相)断ハ、当住(又)ハ証人
ゟ可為済之(古例)、
15一車借銭・日なし銭取上無之、品ニゟ双方咎之古例、
16一無尽金幷惣て仲間出入、取上無之、
17一両人連判ニて金子借請候処、壱人於相果ハ、半金為
済之、返金致といへとも請取書も不取置、当人欠落
致証拠なけれハ、(残り)壱人より(半金)可為済之、
18(一証文附有之貸金ニ候哉、代金ニ有之哉、於不相決
ハ半金為済之、)
19一通例之借金を奉公人請状ニ認、給金と申立といへと
も、実ハ奉公人ニも有之《無》、不埒ニ付訴訟不取上、不
埒之証文為致候ニ付不届《不届ニ付》、為過料借金取上之、
20一御朱印地田畑、質地ニ取候事停止之、
21一取上田畑御払之時、双方無証拠ニ付取上之類ハ、
(其年之)作附之分は作附候者方ぇ収納之、尤年貢諸

役勤ル、

十一　載《(裁)》許破掟背

1 一載《(裁)》許難渋之者は、入牢《(牢舎)》或ハ手鎖申付、載《(裁)》許請可申旨於申出ハ(赦)免之、

2 一難立訴訟《(強訴)》於致ハ、閉門・戸〆、田畑取上所払、或ハ追放・遠島、

4 一先載《(裁)》許を疎ニ致ニ付、於及曲《(再)》訴ハ、名主ハ役儀取上ヶ、戸〆所《(或ハ)》払過料申付ル、

5 一地頭又ハ支配頭之有裁許、及難立儀、於及強ク訴ハ、戸〆・所払・過料、

3 一先載《(裁)》許を於申紛ハ、戸〆・手鎖或ハ過料、又《(或)》ハ追放、

(※編者注、本条は本来、第2条の次に配列されるべきか)

6 一立会絵図久敷於滞ハ、牢舎、於致訴訟ハ赦免之、

7 一追放所払之御仕置、於不請ハ、遠島又《(或)》ハ追放、

8 一掟を背脇差帯候者は、脇差取上、手鎖申付ル、

9 一町人百姓刀を於帯ハ、江戸在所追放、

10 一名主役被取放《(上)》、浪人の由偽り於致帯刀ハ、追放、

11 一掟飼場ニもち縄於張ニハ、過料、其所之名主ハ、戸〆或は呵り、

12 一掟飼場ニ殺生人有之所、於不相改ハ、村中ぇ過怠ニ鳥番申付ル、尤春ゟ秋迄、(或ハ)壱ヶ年勤させる、其所の野廻り於不念ハ、(野廻り)役取放之、

13 一飼附之鳥於追立ハ、戸〆、或は追立シ者を為過怠(名主ニ)預り《(ケ)》、見出シ候者は御褒美(金)被下之、

14 一隠鉄炮於致売買ハ、田畑取上ヶ所払、口入(人)ハ過料、名主与頭、(不相改)依《(於)》不念過料、村中ハ過怠ニ鳥番人申附之、

15 一御鷹場ニて隠鉄炮於打ハ、遠島、名主ハ田畑幷役儀取上、組頭《(ハ)》も《(ママ)》不念ニ付過料、村中(ハ)過怠ニ鳥番人申付之、鉄炮打召捕候者は、御褒美銀被下之、

16 一遊者留置候名主ハ、役儀取上ヶ戸〆、与頭ハ過料、

17 一欠落者を於囲置ハ、過料或は戸〆申付ル、

18 一願立候義《(事)》を於致願捨、ニハ《(在所ぇ於)》罷帰ニは、過料、

19 一奉行所(之)申付之由偽り於申ニハ、其品軽キハ過料、

20 一度ゝ指紙を請、不参之者、其品軽キハ過料、或ハ為

過怠ト宿預ヶ或は入牢（牢舎）、
21 一相手相果候処押隠シ、相手取裏判於取之ハ、過料、
22 （一難立義共、致強訴におゐてハ、其品軽キハ過料、）
23 一御代官・地頭ニて吟味之内、於致直訴訟（ママ）ニハ、過料、
24 一二重質取遣候者は、過料、
25 一不埒(を)申出、相手を大勢於呼出ニハ、過料、
26 一神木たりといふ共、入念（会）地ニて理不尽ニ於伐払（採）ハ、
神主逼塞、
27 一他村之者、其村之者ニ成、(出入ニ)推（携）て於訴出ハ、
戸〆、
28 一重制禁之儀雖致、前方ニ於相止ハ、過料、
29 一其科雖無之、詮議之節、於影隠者ハ、戸〆、
30 一目安裏判似せもの丶由申之、奪取ハ、田畑家財取上、
所払、
31 一証文ニ人主・請人之無差別ハ（ママ）、奉公人召抱候者、戸
〆、
32 一押て縁組之事於申募ハ、本人・取扱（持）人共ニ、手鎖、
33 一子方之内悪党ものたりといふ共、殺害之仕方於不埒
ハ、戸〆、右之詫言も可致（仕）筈之者、其場ぇ出合候所、
於無其儀ハ、所払、
34 一追放之儀を乍存、御構之地ニ於差置ハ、所払、
35 一御法度之宗門（旨）をたもち勧候出家頭取ハ、遠島或ハ追
放・取（所）払、改宗の者ハ、誓詞の上赦免、右ニ付仕方
不埒(之)者ハ、戸〆・過料、
36 一役人ぇ賄賂指出、其品軽キハ手鎖或ハ役儀取上之、
37 一於御成先ニ無筋之直訴訟（ママ）於差上ルハ、所払、
38 一出家・願人・座頭・穢多・非人、従　公儀御仕置ニ
不及類は、其頭・触頭等ぇ夫ミ引渡、法之通ニ可致
旨申渡ス、
39 一人殺之儀、内証ニて済候迚不訴出者ハ、所払、名主
ハ役儀取放シ戸〆、組頭も同断、内証ニて葬候寺院
ハ、戸〆（閉門）、
40 一手負人を於不訴出ハ、五人組ハ過料、名主ハ戸〆、
41 一閉門赦免可申付(と)呼出候処、月代剃於罷出ハ、又
閉門、
42 一質置主ニも不為知、証人より質物於請返ハ、過料、

43一割判も不致持参候処、質物於為受(返)ハ、利分公(銀)
儀ぇ取上之、
44一当分之事ニ証文致ス処、金主借金之代ニ建家等無断
卒爾ニ於取壊《クツス》ハ、(元のごとく)致造作可為返之、
45一商(売)買仲間之法を於背ニは、過料、
46一口論の場ぇ出合、於致打擲ニハ、身代限り取上ヶ、
所払、
47一過料申付(候)者相果、悴於有(無)之ハ、五人組ニ為出之、
相果候届ヶ延引之名主ハ、押込、
48一新規ニ発(祭)ヲ仕出、村〻ぇ於送遣ハ、頭取并其村之名
主・与頭、追放古例、
49一無下知村〻ゟ人足為出遣といへとも、於賃銭相渡ハ、
出牢(古例)、
50一先触を書違、村〻ニて無用之用意(為)致ニおゐてハ、
追放古例、
51一可割返分を其通ニ致置故、於及出入ハ、名主役儀取
上ヶ戸〆、与頭も同断、
52一弟子不埒ニ付、師匠ゟ家業構候儀可為心次第事、

十二　御仕置者

1一過怠又ハ吟味之内手鎖放シ候者ハ、品ニゟ死罪或ハ
遠島・追放、被頼はづし遣候ものも同罪(断)、
2一死罪ニ可成者、致欠落、其身方ゟ奉行所ぇ於出ハ、
一等を免、遠島、
3一入牢の者、吟味之上科無之ニ相決候処、於牢抜出ニ
ハ、遠島、
4(一地頭ゟ追放成候処、及強訴おゐてハ、遠島、)
5一重き事ニ付、跡形も無之儀を於中懸ニハ、家財取上ヶ
諸(所)払或ハ重キ追放・遠島、軽キ儀ハ過料、若(并)過料滞
ニおゐてハ手鎖、
6一出家ぇ密通之由不成慥儀を於懸(申掛)中ハ、追放古例、
7一押て致密通(会)候出家ハ、死罪、女ハ得心之儀無之とい
へとも、不埒ニ付髪(を)剃、親類ぇ相渡ス、
8一御代官地頭ぇ於背ハ、其品軽キハ過料、中(ママ)合候所を
於立退ハ、過料之上戸〆、其品重キハ追放、
9一御代官所を背、(所を)立退、私領城下ぇ相詰、於致
訴訟ハ、頭取之者、獄門或は死罪・遠島、

10一出家ニ不似合無謂儀携、品ゝ於申出ハ、袈裟取上ル、

11一養父同前之者ヱ不慥成儀を於申掛ニは、手鎖、

12(一親殺害ニ逢候時、外ニ隠居候悴ハ、遠島、)

13一下女為自分と首縊相果候を、女の親類共、主人を盗人と申なし、下手人の儀於及強訴ニは、獄門古例、

14一水帳を押隠シ、過米於取立ルハ、名主、死罪或は遠島、

15一百姓之下女密通致ニ付、両人共ニ主人殺害《（切殺）》といへとも、百姓ニ不似合仕形ニ付、戸〆古例、

16一主人の女房臥居(候)処ヱ忍入、又ハ艶《ツヤ》書於遣ニは、死罪古例、

20一主人《（下人ゑ）》より不法之儀申付候主人ハ、品ニより遠島、

(※編者注、本条は本来、第19条の次に配列されるべきか)

17一主人の後家と下人、於致密通ハ、(後家)下人(共ニ追放古例、)

18(一妻下人と於致密通ハ、下人)ハ引廻シの上獄門、後家《（妻）》ハ引廻シの上死罪、

19(一妾と不作法致ニ付、男女共ニ切殺といへ共、妻不極ニおゐてハ、妻敵討候とハ難申ニ付、追放古例、)

21一致方も無《（有）》之儀を楚忽之仕形ニて於致殺害ハ、遠島或ハ追放申付ル、

22一預りの御林を兄致盗、剰御林守(ゑ)打懸ニ付、(弟)不得心《（止）》之事打殺といへ共、兄ヱ対シ楚忽ニ付、追放、

23一女房致欠落、又外之者と夫婦ニ於成ニハ、新吉原ヱ永く下置、

24(一主人之娘を申合ニて誘出ニおいてハ、所払、)

25一夫有之女、奉公之内傍輩と於致密通ハ、男女共ニ死罪(古例)、

26一夫有之処、外之者と於夫婦ニ成ニハ、(死罪)、夫有之儀を男は不存といへとも、追放古例、

27一煩《ワツライ》流行《ハヤリ》候(由)虚説(を)申出、札幷無実之薬法を於致流布ハ、引廻シ之上死罪古例、

28一伯父ヱ対シ、無筋之儀を於申出ニハ、死罪、

29一盗物(と)乍存売払、又ハ質物ニ置(遣)候者は、死罪、

30一橋其外金物等盗取候者ハ、入墨之上重キ追放、

31一謀書謀判似金銀致候者ハ、引廻シの上獄門、或は磔、

32 一武家の供ニ附（突）当り、或ハ雑言申候者は、追放、
33 一重キ科の者も、悪党（者）の指口於致ハ、遠島、
34 一横取金償、不埒之者ハ、死罪、
35 一武家方家来、町人を切殺シ立退候者、同家中ぇ尋申
付、疵平癒候得は（共）、親類ぇ療治代申付ル事、
36 一盗可仕と忍入候（侍）ものハ、死罪、
37 一牢屋焼失の時、致欠落候者、御尋召捕死罪、或は牢（死罪）
舎、
38 一辻番人、博奕の宿致シ并捨物を不訴出、私欲仕候者
ハ、引廻の上遠島（或ハ）死罪、
39 一金子拾ひ取、捨主出候得共、半分拾（金）ひ候者ぇ被下、
主不知候へハ、不残被下、
40 一町人大小を帯（指）、奉行所ぇ巧於仕ハ、引廻シの上獄門、
41 一軽キ事ニ付、似手紙認メ候者ハ、家財取上の上所払、
42 一主人の女房ぇ密通の上、右女を可切殺と元主人（方）
ぇ踏込候者は、引廻シの上獄門、女房は死罪、
43 一抜身を持居候者を、踏込召（ママ）捕候者ハ、御褒美被下之、
44 一主人の妻と致密通候処、下人弁（助）命之儀、夫願出ニ付、
非人手下ニ申付ル、（女ハ新吉原ぇ年季不限渡ス、）
45 一下請状致謀（判）候ものハ、死罪、
46 一御構（之）地ぇ立帰り候者は、死罪（或ハ）遠島、人を
切殺候者、獄門、
47 一謀判を致見遁シ、礼金等取候者ハ、獄門、
48 一軽キ御扶持人、獄門等ニ逢（ママ）（成）候時、悴追放、
49 一盗可致ため、古主の屋鋪ぇ忍入候者は、入墨之上重
キ追放、
50 一奴ニ可成女、悪事有之者の（儀を）於致差口ハ、赦免、
51 一麁忽の仕形ニて、元召仕之女を切殺候者ハ、江戸払、
52 一主人の妻の母切殺、密通の上之由雖申、無証拠ニ付、
引廻シ上死罪、
53 一酒狂之上伯父ニ疵付、平癒候共、甥ハ死罪、
54 一女房ニ疵付、平癒候共、理不尽ニ付テハ、門前払、
55 一似薬種拵候者、引廻しの上、死罪或は獄門、
56 一御家人死罪ニ候得は、子は遠島、
57 一浪人村〻ぇ廻り、無謂合力を請、旅籠銭等も不払、
村継人足を乞、召連於通は、重追放、

58一養父の対母ぇ《（養父母ぇ対し）》不敵不幸《（孝）》之於仕形は、重キ追放、
59一密通《（ママ）》夫と申合セ、本夫を於致殺害は、女(房)ハ引廻シ之上磔、密夫ハ獄門、
60(一重罪之者牢死おゐてハ、死骸磔、)
61一被殺害候者を頓死分ニ致、於不訴出ニは、兄弟・名主等ハ、重キ追放、其外所払、
62一組下の者、博奕之宿為仕、(宿)銭(之内)取(之)、剰御代官(所ゟ)呼使ニ参り候家来大勢罷出、致打擲処を(不)差押え、殊ニ乍存不訴出、其上頭取之者を致指図、欠落為仕候名主ハ、其所(ニおゐて)引廻シの上獄門、
63一博奕宿仕、剰自分留主《（守）》之節、右呼使を(及)打擲候処、不訴出者ハ、死罪、
64一右呼使を頭取打擲候者ハ、死罪、其外打擲候者ハ追放、携《タツサハリ》候者ハ、田畑取上所払、
65一前方科有之、追放ニ成候已後、御構之場所(致)徘徊、其上怪《（ゆすり）》事於致は、一等重可申付者ニ候得共、博奕之儀を依致訴人、如元追放、

右之通常々役人は心掛可申事也、

一　田畑永代売之事

一売主、牢之上追放、本人死候時ハ、悴同罪、
一買主過怠、本人死候時は、悴同罪、
　但、買候田畑ハ、売主之御代官又ハ地頭ぇ可取上之、
一証人過怠牢、本人死候時は、子ニ構無之、
一質ニ取候者は、為作取ニ、質置候者より年貢諸役努候得は、永代同前之御仕置也、此事頼納売と云、
右之通、田畑永代之売買御停止之旨、寛政《（永）》弐(十)年未三月十一日被　仰出之、

二　質田地載《（裁）》許年数之事

一質田地屋敷幷山林等、拾ヶ年ゟ五ヶ年迄年季ニ候ハヽ、年季五ヶ年迄之内訴出分ハ可致載《（裁）》許、弐ヶ年三ヶ年之年季ニ候ハヽ、年季明三ヶ年之内訴出候ハヽ、可致裁許候、右年数過候得は取上ヶ間鋪事、

一質地年季ハ、弥拾ヶ年を限り、其余之永キ年季ハ取上
間敷事、
　但、質地証文ニ名主加判無之分ハ、取上ヶ間鋪候、
　置主名主ニ候ハヽ、相名主歟又は与頭年寄加判無之
　　候ハヽ、取上申間敷事、
一証文ニ年季之限り無之、金子有合次第可請返旨有之質
地ハ、其証文之年号より拾ヶ年之内ニ訴出候ハヽ、可致
裁許、拾ヶ年過候ハヽ、取上申間敷事、
右は質田地年季明候て請返度旨、并年季之限り無之、
金子有合次第可請返之由、証文を以訴出候ハヽ、只今
迄ハ、年数を不極候故、載(裁)許まち〳〵ニ付、享保三戌
年八月十一日
評定所一座評議之上、書面之通相極候、
　　出　座
　酒井修理太夫　　坪内能登守
　牧野因幡守　　中山出雲守
　松平但(対)馬守　　大岡越前守
　土井伊予守　　水野讃岐守
　水野伊勢守　　伊勢伊勢守
　杉岡弥太郎　　辻六郎左衛門

三　質田地載(裁)許之事

一惣て百姓質地、年季明候以後、金子済方相滞候儀訴出
候得ハ、唯今迄は金子(高)ゟ五六十日或は七八十日限申付
候て、壱度之日限ニ不相済候得は流地ニ申付、日延ニ
ハ不申付候、是ゟ江戸町方ニて質入屋敷之取扱之格ニ
准シ、日延ニハ不為致候、然共、地主之儀如斯申付候
得ハ、分限宜者は質流之田地大分取集メ、又ハ田地連
ンヽ町人等之手ニ入候様ニ成候、田地永代売御制禁ニ
て候処、自ラ百姓田地離レ候事ハ、永代売同前ニ候条、
自今は質地一切流地ニ致不成様、只今迄質入ニ致置候
分、又ハ当然訴出候て出入ニ成候分共ニ、質年季明候
ハ手形為仕直、小作年貢ニても前方極置候分ハ壱割半
之利積り之外ハ、金子致損耗、只今迄質地之小作年貢
滞有之ハ、壱割半之利金積りを以元金之内ぇ加ぇ、其
後ハ無利金(之済崩)之積、金高壱割半歟(宛)年ゝ返済之定ニ手

形申付、元金切次第幾年過申候ても、地主ぇ相返候様可致候、未夕年季掛り有之候分共ニ訴出候得ハ、是亦向後右之通、利金壱割半之積りニ改て、手形為仕直可申事、

一質地載（裁）許之格法、前条之通此度相改候ニ付、五ヶ年以前酉年以来限の質地訴出候分ハ、只今迄之裁許を以流地に成来り候分ニても、当然元金不残差出、田畑請返度と願出候者ニハ為請戻可申候、但、流地持候ものゝ方ニて、田畑配分致置候歟、又ハ年季質地等（ニ）も致置候分ハ、致其儘ニ、為請戻申間敷候、流地取候者ぇ手前ニ田地有之分計り、右之通為請戻候様ニ可申付事、

一自今ハ質田地手形、庄屋与頭等其所の田地ニ直段弐割之積りを以、手形庄屋与頭等加印可為致候、質（地）地主（ニ）直小作為致候といへとも、向後は小作年貢壱割半の積を以、（小作人上ヶ可相極候、是より高利ニ不可致候、壱割半より利安ニ）貸（借シ借り）出しいたし候儀は、可為相対次第事、

享保六年丑十二月

右は丑十二月九日、河内守殿御渡、私領方ぇも御触有之筈に候得共、此外ニも触知セ可申事有之間、其席ニても御触可被成筈ニ候、先御代官ぇハ相触候様被　仰付、御代官中ぇハ早速相触候、

四　右質田地之出入取上可申年数之事

一質田地出入訴出候儀、取上之候儀五ヶ年已前戌年、評定所一座（評議）之上、相極候年数之通りを以、可致載（裁）許之事、

右は、寅正月廿一日、評定所一座評議ニて定、

五

一去ミ冬中相触候質地類、流地ニ不成様載（裁）許有之候処、右之通りニても、質地請返候事も成兼、至て迷惑致候者有之、金銀の借貸シも手支候由、当卯九月ゟ丑年以前之通、取捌有之筈ニ候事、

一金銀不残返弁、質地をも不相渡、及出入候時ハ可訴出儀勿論ニ候得共、年久敷儀ハ取上ヶ無之候間、享保元

年以前之出入は訴出間敷事、
一丑年以来卯八月中迄、奉行所又ハ私領ニても質地年賦ニ請戻シ候載（裁）判申付、証文改直シ候分、弥其通可得相心候、然レ共、相対を以質地（流）ニ致候共勝手次第之事、
右之趣可相守、
享保八卯八月

伺書其外留書之写
三御奉行内寄合取計評議
附、留役吟味之仕様

六　覚

一近年金銀之出入多有之、御用之支ニも罷成候間、拾八ヶ年以前丑年之通、去巳年迄之金銀出入は、取上ヶ無之、相対ヲ以埒明候様申渡、当午正月よりの分可致載（裁）許候、尤借金買掛り売物の前金、諸職人作料手間賃等、惣て相対之筋ニて、金銀出入は同前之事、
一方ミ負方有之者、身上潰シ分散願之儀、向後借主同心不仕有之候もの、借金又ハ訴出候様可被申付候事、
一只今迄ハ借金又ハ利米之分ハ無取上、預金も有之候得ハ、被致載（裁）許候得共、畢竟内証ハ同前事ニ候間、向後ハ一様ニ可被申付候、
一奉公人又ハ引負取逃仕候もの、請人方より給金ハ急度返済為致、其外引負取逃之弁金分限有次第為弁、不足分ハ主人損金ニ為致、欠落仕候ハヽ、請人尋出シ候様可被申付候、右不届者死罪又ハ流罪ニも可被申付候事、
一欠落取逃引負仕候もの、唯今迄ハ其品ニより、当分牢舎又ハ手鎖被申付、金銀の滞相済候得は指免候、向後ハ品ニより遠島可申付候、大分取逃引負仕候ハヽ、死罪ニも可被申付候事、
一跡式出入訴出候節、悪心を以偽之筋ニ候ハヽ、品ニより跡式相続不申付、家屋敷家財等ハ取上ヶ可被申付候事、
一神社仏閣修造金之事、
一出家出世金、座頭官金等之事、
右弐ヶ条、向後ハ年月の無構可有載（裁）許事、
一在ミの者、公事訴訟其外江戸ぇ罷出候節、百姓宿仕候

もの、永〻為致逗留、金銀費候様仕候、向後百姓宿仕
候者、久〻逗留為致候ハヽ、大屋又ハ名主方より吟味
仕候様可被申付候事、
一公事訴訟をすゝめ、目安を認メ巧成儀を致、諸事出入
之儀を取持、礼金を取いとなみに仕候者、常〻吟味を
とげ、町ニ不指置候様可被申付候事、
一難立訴訟公事ニ、遠国のものを目安裏判幷指紙を以呼
集メ候ハヽ、訴出候者過怠牢舎又ハ過料為出候様可被
申付候事、
一軽奉公人町人百姓等口論又ハ酒狂候者、只今迄ハ当分
牢舎之上追払ニ申付候、無宿盗人ニも可成候間、向後
ハ品ニゟ遠島ニも可申付事、

以上

元禄十五午閏八月

七

一公事引負金銀之事
一拝借金之事
一為替金之事
一当座雇日傭、職人(同)日手間賃之事
一家質金銀之事
一田畑質金銀之事
右之分は、前〻之通年月無構載(裁)許可有之事、
如斯評定所御一座ニて御書付出候間、写之遣候、在〻
迄被相触候ニてハ無之候、各為心得申遣候間、可被得
其意候、以上、

閏八月十八日　　荻原近江守
戸川備前守
久貝因幡守
井上対馬守

八　覚

一田畑屋敷質物ニ入、年季を限り年季明請返候筈相定、
不請返候ハヽ、先ニて致手作候共又ハ外ゑ質入ニ候共、
構無之由証文、
御附紙

此田地屋敷、年季限り質物ニ入置、年季明候節不請返候ハヽ、先ニて手作致候共又ハ外ぇ質物ニ入候共(旨)書載候手形之事、質地流候証文障り無之、年季明不請返候ハヽ無構、双方相対を以相定置候上ハ、只今ニ至り可請返旨申段難立候条、手形文言之通、質ニ取候者心次第可申付事、

一年季明ニ不請返候上は田地渡候間、脇ぇ何程之質物ニ入候とも構無之由之証文、且又年季明請返候儀不罷成田地渡候間、永ク構無之由之証文ニて、別紙之証文入候儀有之候、

御附紙

田地質物ニ入置、年季明候節不請返候ハヽ、田地流候旨書載候手形、幷年季明請返候事不成田畑流候条、永ク構無之旨文言ニて別紙証文有之分、両様共ニ相対之上ハ、只今可請返いわれ無之条、右両様共ニ不及其沙汰事、

一先証文本金高ゟ多ク外ぇ質入候共、其金子を以先ゟ可請返由証文、御附紙

田畑質ニ入、先ニて可取前之金高ゟ多ク再質ニ入候ハヽ、其金高を以先ゟ可請取由書加ぇ候手形之事、相対を以相定申候上ハ、手形文言之通再質金高を以可請返旨可被申付事、

一年季明不請返候ハヽ、流候間、重て検地入候ハヽ、名ニ付候由之証文、

御附紙

質田畑年季明不請返候ハヽ、流候間、検地之節、先の名を水帳ニ付可申旨書入手形之事、前条年季明不請返候ハヽ、流候旨書載候手形と同然之条、可被得其意候事、

一年季明ニ本金ニて可請返、其節請返不申、年季明キ候以後受返候ハヽ、本金ニ利足を加可請返由之証文、幷年季明キ候已後不請返候ハヽ、田地流候間、先ニて如何様ニ致候共構無之由、流置重て貰候ハヽ、本金利足加ぇ可請返由之証文、

御附紙

此質物手形三品共、相対を以相定候上ハ、手形之通

ニて田地相返候様ニ可申付候事、
一田地屋敷年季無之質物ニ相渡、金子有合次第可請返之
証文、
御附紙
田畑屋敷年季定無之質物ニ入、金子有合次第可請返
由之文言手形之事、何年過候共可請返旨訴出候ハヽ、
手形之通年数無之請返候様可被申付候、若時代久敷
候歟、又は不分明之事候ハヽ、其節可被相伺候事、
一田畑屋敷質物ニ入候を、此度本金相済シ可請返由申之、
相手ハ田畑質ニ取候ニ紛無之候得共、本証文致紛失候
由申之、右質物ニ入候年季并金高共不分明成儀も有之
候、
御附紙
田畑屋敷質ニ入置手形、先ニて令分（紛）失及争論候ハヽ、
詮義之趣、書付を以可被相伺候事、
一質物田地証文ニ其所之田地高相応之金高金直成証文有
之、質ニ入候者ハ位金之由申シ、相手ハ金高紛無之之
由申之、所之ものえ相尋候得ハ、所直段より高直之由
申之、外ニ位金証拠無之候、
御附紙
位金ニて田畑質物ニ入置候由申之、外え被遂吟味候
処、其所之田地ニ不応之金高多相見え候得共、証拠
無之候、位金証拠無之候ハヽ、手形金之通可申付候
事、
一縦ハ田地拾両之質ニ取、年季明本地主え不請返候ニ付、
又外え或は弐拾両三拾両之質物ニ相渡、年久敷相過候
を、此度本地主、先証文之金子ニて可請返由申之、最
前質ニ取者、金子相違ニて致難儀候者も有之候、
御附紙
田畑質ニ取置、年季明ニ不請返候ニ付、最前之金高
より多ク他え再質ニ入置候処、此度先地主最前之金
高ニて可請返旨訴候事、最前之証文他え質ニ入候共
無構旨於不書載ニハ、再質ニ入候者不念ニ候間、証
文過分ニ候共、定之通請取之、先他え最初之手形金
高ニて可請取、最初之証文ニ不請返候ハヽ、他え質
入ニ候共構無之旨書入、但、年季明年数久敷候ハヽ、

可為前条之通、難申付事も有之候ハヽ、此類其時ニ至り可被相伺事、
一田畑屋敷質物ニ入、年季明本金ニて可請返由之証文相定候迄ニて、何之訳も無之証文、
田畑屋敷質ニ入置、年季明可請返旨之文言ニて、何之定も無之、願出次第可請返事、然共、年季明年久敷候ハヽ、其時ニ至可被相伺候事、
一田地譲渡証文ニて年季も無之、田地譲渡或ハ礼金為祝金ト金子取之、子ゝ孫ゝ迄構無之之文言ニて、由緒有之者又ハ由緒無之者ゑも、右之通譲証文致遣候も有之候、
御附紙
田地譲渡之証文ニて礼金等為祝金ト金子取之、子ゝ孫ゝ迄構無之旨之証文手形之事、譲渡シ之由ニ候得ハ、金子取之上ハ永代売ト相決候条、田地取上、双方永代売作法之通可申付候事、勿論由緒有之も可為同前之事、
一質物田地請返候儀、子孫之外近キ親類願出候も有之候、
御附紙
質田地請返候事、子孫之外遠親類願出候分ハ、不及沙汰事、
右之通奉伺候、以上、
元禄八亥六月　　伊奈半重郎　印
御勘定所

元禄七戌年御極

九　田畑永代売之者之事

一田畑永代売之百姓ハ、牢舎之上御追放、若売候もの相果、其子牢舎之上追放、惣て男子は不残追放、女子家財之分ハ御構無之、買主も代金致損、田畑ハ被召上、三十日牢舎、日数過、所ゑ返ス、
右証人ハ牢舎之日数三十日経候て出牢、已後御構無之、当人相果候ても子ニ御構無之、
是ハ元禄七戌年四月六日、下総国高郡村同国沢賀山村出入之節相極、
一寺社境内、新地古跡之訳、寛永十八巳年迄は古跡也、

寛永十九午年ゟ以来ハ新地也、是御太法ニ候、

十　評定所面〻え被　仰出候御書附

一寛永以後、御代〻被　仰出候評定所法式、評定衆卯ノ半刻より会合候て申ノ刻退出シ、其日難決事候得ハ翌日会合候て、猶又難及決断事は老中え言上可申由ニ候、近年以来ハ公事訴訟も数多ク成来り候処、評定之面〻事ニ馴、巧を構、載（裁）断之次第無滞処も候歟、会合の間なくも退出候様ニ相聞え候、若毎年任其大法ニ、其道理を及是ニため載（裁）断ニ至り候ハヽ、尤以不可然事ニ被　思召候事、

一評定所幷於諸奉行所ニ沙汰之次第、専其証拠として道理之有前（所）をハ推尋す、其外之旨を捨テ、枝葉之事をハ穿鑿シ候由ニ風聞ニ候、如証状之もの、其拠と可致事勿論ニ候といへ共、　公儀之証ニも可引用物ニ大法ニ背候事ハしるさしむべからづ、又事の末成所ニ付て、其本意を可知事勿論ニ候といへ共、枝葉の事を論じて多事にはたらハ、其本旨を失ふ事可有、然は必其証をも拠としがたき（く）、其末を逐ひ難シ、就中論地等之事、古来多クは評定所ニて詮議之上を以事を決シ候処、近年之例、御代官ニ申付、検使を以載（裁）断して故（候）ニ、不可仕（然）事とも有之由相聞え候、都て是等之類、諸事ニ付て其心得可有事ニ被　思召候事、

附り、近年罪悪極重之輩助置、目明ニ口問拆と名所（付）候て、若罪のうたかわしき者出来候時ハ、奉行中彼輩ニ申付、或はさぐり求メ、或は糺明せしめ、事の実否罪の有無を決断有之由ニ候、縦彼輩の申処、其事を不誤候共、奉行面〻此等の輩の力をかり用候て（天下の御政事を）取沙汰候半之事、甚以不可然候、況又彼輩の申処、或は遺恨ニより（或は賄賂ニよつて）事の躰引違、理を非と成ル類、種〻風聞ニ候、宜早ク彼輩の本罪を糺シ、自今以後是等の類不可然事共停廃可有之事ニ被　思召候事、

一評定所之法、（公事）訴訟之事、其筋之役人難問有之候て、一座之面〻存寄も候得は、存寄之処を不残可申出ス由ニ候所、近年以来詮議ニも不及、最初申出候輩之

任沙汰、事を決候様ニ相聞候、若其事実ニ有之候ハヽ、評定の面〻其人数多クといへ共、壱人之沙汰ニ事決候時は、古へゟ僉儀と申、評定と申事ハ其本儀を相失候、自今以後ハ各心力を尽シ、僉議之上ニ評定致候様被思召候事、

一評定所之法、遠国より訴来り候輩、其逗留之日久シからず候様可有由ニ候、然ニ近年以来ハ、評定所幷諸奉行所ニおゐて公事訴訟難相決、年月を経て逗留之輩有之由相聞え候、軽賤之者ハ、其家業を抛《ナケウツ》て其在所を離レ、逗留之日久敷候てハ、たとい其本意のことく事済申候ても、其費用之失不可少かる、況其申処難叶於者ニハ尚〻可及迷惑ニ、尤以費(不便)の事ニ候、自今以後は奉行之面〻、此等之処をおもひめくらし、沙汰之次第可有由ニ被　思召候事、

附、老中え申達言上之事ニハ、再三思慮をも用候故歟、毎年遅滞の事も有之、御尋之旨有之時は、若申処不相替事も有之候、都て事の無滞申処明分(ら)かなり(る)心得可有之事ニ被　思召候事、

一凡公事訴訟之事、或ハ権勢之処縁有之輩、或ハ賄賂を用え(ひ)(行ひ)候輩の類ハ、其志を得候て其旨(望)を達候者共有之由、世上申沙汰候処、既ニ年久敷候を以、御代始之御条目ニ印シ被下候といへとも、其旧弊今に不相改候由、尚〻其聞え候、若風聞の如クニ候ニおゐてハ、御改の事ニよりてやぶれ候処ニ候得ハ、此上ハ其御沙汰ニ不被及事ニ候、奉行の面〻、其家中の輩ハ云ニ不及、支配の者共ニ至ル迄よろしく其いましめ可有之事ニ被　思召候事、

附り、牢屋の役人といへ共、種〻の私法を立、牢舎の輩より賄賂貪ニ候次第等相聞え候、此等之事共、奉行中ハ未タ承り伝(す)候故、(制)禁ニハ不及候歟、尤以不可然事ニ候、都て如斯の事等、急度厳禁可有之事、

一右之条〻、宜承知可令候、奉行所の事共におひかへ(ては)ば、天下の御政事之出る所〻(ママ)に候上は、(万事の)理非は此処ニ相定ル事共ニ(候)て、如只今有之候ては、其奉行の越度と申計ニてハ無之、則御政事の明らか不成して、人

民の安からざる処ニて候間、各心得を以沙汰の次第可
有之由被　仰出者也、
　正徳二辰九月
　　評定所一座　　　奉行中
遠国諸奉行所ニおゐて、都て此分ニ可准由被　仰出者
也、
　右は御黒書院溜り間ぇ評定所一座并御勘定吟味役
　被　召呼、御老中御烈(列)座ニて被　仰出候、
　　辰九月五日　　　井出源左衛門読之

十一　追放之者軽重国ゝ所ゝ書付

　重キ追放
関東八カ国　武蔵　相模　上野　下野
　　　　　　安房　上総　下総　常陸
山城　摂津　境(堺)　奈良　長崎　東海道筋　木曽路筋
駿河　尾張　伊勢
　中追放
江戸拾里四方　京　大坂　境(堺)　奈良　伏見　長崎　東
海道筋　木曽路筋　日光　日光海道(街)筋　名古屋　和歌
山　水戸
　軽キ追放
江戸拾里四方　京　大坂　東海道筋　日光　日光海道(街)
　江戸追放　江戸拾里四方
右は正徳三巳年八月廿四日出候　御書付、

十二　評定一座可被相心得条ゝ

一公事訴訟人、遠国より罷越候者は不及申、当所者も裁
断及遅滞候ては、本人ともの外其所の輩迄ぇも内外の
物入も日を逐テ多ク、是ニ付ては内縁秘計を廻シ、其
事を取持候物(ママ)抔も出来、種ゝ不宜沙汰も有之候、又候
此等の物入をいとひ候者共ハ、自ラ公事訴訟も難成道
理有之者も非道の事ニ押からめられ、迷惑致候者も可
有之候、都て如斯之事ハ、為御仕置に甚だ不可然候、
然れとも其事ニよりて理非うたかわしく、又は一座の
評議もまち〳〵ニて事難決、載(裁)断延引シ候事も有之べ
く候、自今以後ハ公事訴訟等百日ニ過候ハヽ、難決儀

は其事の始末明ニ書記、何れも存慮の処をば二筋ニも三筋ニも付札ニ書印シ可指出候事、

一評定所ぇ召出候借金ハ、公事人年〻ニ其数多ク候故、此外の公事訴訟詮議せられ候為(に、事の)妨ニ成来、自今以後ハ或ハ(弐日三)日之内ニて一日、立会三日之内ニて一日、凡一月ニ二日充、借金公事人計り日を相定、其餘ハ此外之公事訴訟人等召出、理非分明ニ詮議之上、裁断ニ可被及候事、

一諸奉行所ゟ牢ニ入置候者之事、只今迄ハ指て事不六ヶ敷、五年も拾年も事を不決候故、牢内ニて死候者も年〻多ク、又ハ火事等之時逃候ものも有之、其本罪ハ軽候共、大犯之罪ニ入候ものも出来、又ハ相手も有之、同類も有之候事ニ、其相手同類等死失候て、或は詮議の手掛りなくして事難決、或は存生之者計り相当之刑罪ニ行れ候てハ片落成事ニ似より候事も出来、都て此等之類ハ御仕置ニ甚だ不可然事ニ候、自今以後ハ牢ニ入置百日過候ても決(難く)候事をば、是又其事終(始)末分明ニ書記、何も存寄之処、弐筋ニも三筋ニも附札ニ記可被差出候、

附、古来ゟ牢舎又ハ過怠牢抔と申、其罪科を決断シ牢ぇ入候事ハ、御仕置の一通りニ成候処、近年(来)ハ、其罪科未タ不決候ニ、詮議之間先牢ぇ入置候者は(共)多く成来候歟、是又不可然事に候、人をも殺害盗賊等の罪犯有之ハ、又ハ其身を可預ヶ置所も無之者、又本主人ニ預ヶ置候ても不可然子細の有之者の類ハ、詮議之間牢ぇも入置候事も有之候、此外ニ可預置所も有之者を、其罪科いまだ不決候内ニ先牢ぇ入置候事、宜可有思慮候事、

右之条〻、評定所奉行所之事ハ天下の理非相定候所ニて、其上又世の人の安堵し候も迷惑し候も、公事訴訟之裁断ニ相掛り候、縦一旦ハ其時之奉行の沙汰ニ候故、理を以非とせられ、非を以も理とせられ候共、違背ニは不及といへとも、年月を経候後ニ至り其事破レ候ては、最初裁断之節、一座の衆中の為ニ不可然事ニ候、都て此等之理非は中に不及(候を)といへとも、御仕置之為ニ太(大)切の(御)事ニおゐて以相違候間、能〻其旨可被相心

得候事、

正徳六年申四月

右之通、御書付出候間写置之候、御代官所ぇは被触候ニ不及候、在府無之面々ぇ留守居は披見従留、下野守方ぇ可被相返候、以上、

四月十日

大久保下野守
伊勢伊勢守
水野伯耆守
水野因幡守

鈴木弥惣右衛門
吉田左兵衛
小出嘉兵衛
正木藤右衛門

是ハ上方御代官衆ぇ御触如斯、
関東御代官衆ぇは御触無之、

十三　覚

一追放百姓之家屋敷・諸道具共、向後ハ闕所ニ成候筈、酉ノ五月十日、松平対馬守殿・中山出雲守殿・水野因幡守殿御相談之上、因幡守殿ぇ被　仰付候事、

一追放相成候百姓之家財道具ハ、御構無之事、

享保弐年酉五月十日

右之通相極候間、向後其心得可有之候事、

六月廿九日　木村四郎兵衛

十四

一質田畑屋敷幷山林等、拾ヶ年ゟ五ヶ年迄の年季ニ候ハヽ、年（季）明キ五ヶ年之内ニ候ハヽ、訴出候分ハ可致載（裁）許、弐年三年之年季ニ候ハヽ、年季明三年之内訴出候分可致載（裁）許、向後右年数過候ハヽ、取上ヶ申間敷事、

一証文年季之限無之、金子有合次第可請返旨有之質地ハ、其証文之年号より拾ヶ年之内訴出候ハヽ、可致載（裁）許候、拾ヶ年過候ハヽ、取上間敷事、

一質地年季弥拾ヶ年を限、其餘の長年季ハ、取上ヶ申間敷事、

附り、質地証文ニ名主加判無之分ハ、取上申間敷候、

置主名主ニて候ハヽ、相名主与頭年寄加判無之ハ、
　是又取上ヶ申間敷事、
一右質田地年季明候て請返度旨、并年季限り無之、金子
有次第可請返由之証文を以訴出候者、唯今迄年数を不
極候故、載(裁)許まち〱ニ付、享保三戊八月十一日、評
定所一座評議之上、書面之通相定候、以上、
　　　戌八月
酒井修理大夫
牧野因幡守
松平対馬守
土井伊予守
坪内能登守
中山出雲守
大岡越前守
水野讃岐守
伊勢伊勢守
大久保下野守
杉岡弥太郎
辻六郎左衛門

十五

惣て百姓質田地、年季明以後、金子済方相滞候儀訴出候得共、只今迄ハ金高ニより六十日八十日の日切申付候て、一度之日切ニ不相済候得は、質地ニ申付、日延ニハ不申付候、是ハ江戸町方ニて質入屋敷の(取扱之)格ニ相准シ、日延に不為致候、然共、地方之儀如斯申付候得ハ、分限宜物(者)ハ質流の田地大分取集メ、又ハ(田地)連ゝ町人の手ニ入候様ニ成候、田地永代売御制禁ニて候処、自ラ百姓田地ニ離レ候事、永代売同前之儀ニ候条、自今ハ質田地一切流地ニ不成様、唯シ今迄質入ニ致置候分、又ハ当然訴出候て出入ニ成候分ともに、質年季明ヶ候得は手形仕置(直)、小作年貢ニも前方極置候分ハ、壱割半之利ニ積り、其外ハ金主之損金ニ致、只今迄質地之小作年貢滞有之ハ、壱割半之利金積りを以元金之内ぇ加入、其後ハ無利之済崩シ之積り、金子壱割半充年ゝ返済定ニ手形申付、元金切次第幾年過候ても地主ぇ相返候様可致候、未タ年季掛り有之分共訴出候ハヽ、是又向

後右之通利分壱割半の積り改之、手形為仕直可申事、
一質地裁断、格法前条之通、此度相改候ニ付、五ヶ年以前酉年已来限り訴出候分、只今迄ハ載(裁)許を以流地ニ成来り候分ニても、当然元金不残差出シ田地請戻シ度旨願出候者にハ、請戻させ可申候、但流地持主方ニて(田地)配分致置、又ハ年季売質地等ニも致置候分ハ、其儘ニ致為請戻申間敷候、流地取候者の(手前に)田地有之分計り、右之通為請戻候様可申付候、
一自今ハ質地を以金子借候事、其所之田地直段ニ弐割引之積りを以、手形ニ名主(庄屋)与頭等加判為仕候、質地地主ニ直小作為致といふとも、向後ハ小作之年貢壱割(半)之(利)積りを以、小作入上ヶ可相極之、是より高利ニ不可致候、壱割半より利安ニ貸借り致候儀は可為相対次第事、
右之通堅可相守候、若相違之輩あらば可為曲事者也、
　享保六丑年十二月
右質地之儀、書面之通相極候間、向後此趣ニ可被申付候、井上河内守殿ぇ相伺如斯候、以上、
　十二月
辻六郎左衛門
杉岡弥太郎
萩原源左衛門
駒木根肥後守
筧因幡(播磨)守
大久保下野守
水野伯耆守

十六　享保七寅年正月　質田地之儀ニ付覚

一質地年季ハ前ゝ拾ヶ年限之候御太法ニ候、拾ヶ年質地年季明可訴出処、段ゝ申渡候て五ヶ年過候て質入致候年より拾五ヶ年目ニ訴出候共、取上ヶ裁許有之筈ニ候、五ヶ年の年季明候て五ヶ年過候ても、右拾ヶ年の年季明ヶニ相准シ候、弐年三年の年季ニ候ハヽ、明候て三年之内訴出候ハヽ可及載許候、是ハ年季明ヶ候得は、質流地ニ不相極、流証文も無之年季明候て延ゝニ成来り候質地之事ニ候、
一質地年季、右之通ニ候処、弐拾ヶ年も三拾ヶ年も過候

質地を請戻度旨願出ルも有之由ニ候得共、如此年久敷質地ハ、一切取上ヶなき事ニ候、

一質地年季之定無之、金子有次第又は儲次第可請返抔と有之質地ハ、証文之年号ゟ訴出候年迄拾ヶ年之内ニて候ハヽ、可及裁断候、拾ヶ年過候得は不及沙汰候、如斯之質地ハ、地主方に小作不致候故、金主方ぇ田地請取置、手形不致之、外之者に弐割三割ニも小作為致置候ニ付、地主方より訴出、右質入之時之元金ハ、壱ヶ年壱割充之積り済崩ニ可仕候間、此度礼金と名付金子取候て、譲請候分ハ質地ニひとし、譲請ニハ不相立候、其年数拾ヶ年季質地之積りニ取捌、譲りニ不成候、右金子為相済可請戻候事、

一惣て質地証文、請人之外ニ名主与頭加判無之ハ取上ヶ不及裁断候、名主加判も無之候得ハ、名主肩書ニ請人名主と有之候て、請人ニ立候判ニて外ニ加判人無之候得ハ、名主役目之判ニて無之証人判ニて候故、無御取上候、若名主田地ニ候ハヽ、相名主組頭之加判無之候得ハ無取上候、相名主無之村ハ、与頭加判無之ハ無取上ヶ候事、

一六ヶ年以前享保弐酉年以来、質流ニ成、縦於評定所ニ裁許済候流地たりといふ共、訴出候ハ、取上之、元金当分不残差出候ハヽ、為請戻可申候、元金不残出候儀難成旨申候得は、返済願出候ハ、取上ヶ無之事、

一質年季之内滞候小作年貢、又ハ利金之儀訴出候得共、滞之小作米金ニても、壱割半之利分之積り改置、其米金高ニ応シ済方申付候て、年季明次第元金済之質地請返候様証文直之、但米方と訴出候時ハ、御張紙直段を以、金ニ積り候て壱割半当テ候様申付候事、

一年季明候て後ニ、年季之内ニ小作金利金等滞之儀訴出候ハヽ、滞候分ハ前方米割之利ニ仕置候証文ニても壱割半充ニ改、勘定元金之内ぇ加入、金高ニ結候て、金高を壱ヶ年ニ壱割半充之積を以済崩、証文改直シ候、壱ヶ年ニ付壱割半充済崩致勘定候得ハ、何れも七年賦ニ当り候、但シ七年目ニハ壱割半ノ金積りゟハ少ク当り候得共、壱割半充六年ニ済、七年目ニハ金高残り程之員数を済シ元金済切候て、其上質地を請戻シ候筈ニ

証文認直シ可申事、
一質地於地主ニ直ニ為作候小作証文、若小作利金之極様一割極置候て、壱割半ニて無之候共、前方約束之通可致置と申候ハヽ、相対次第之事ニ候、壱割半ニ改直度と願候ハヽ、御定之通壱割半ニ証文改直シ可申候、是を心得違ニて壱割ニ極候を壱割半ニ直シ候得ハ、質地不足ニて候間、質地を増候て可取旨申、又ハ年季を延シ可申抔と申事有之由、無筋之事ニ候、最初質入相対次第之儀ニて、質地於増ニ年季を延候様成儀、可有筋ニ無之事、
一質入ニ致候て田地主ニ直ニ小作為請置候分ハ、質地証文之外格別ニ小作証文致、証人判無之証文請取置候得共、別人ゑ小作為請候同意ニて候間、田地主之無構別人同前之載（裁）許ニ候、若田地主小作申付候ても、小作証文別極ニ不取置、質地証文計取置候て、質地ハ其儘地主作り罷在候ハヽ、質地之法ニ無之、借金書入之田地之筋ニ候ニ付、自由借金之格ニ准シ相対次第可仕旨申渡候て、質地之取捌ニ不及候、右之類を実ミ質田地と同事ニ相心得違候輩有之候、質地証文ニ小作証文両様無之候得ハ、直ニ地主為作置、質地証文計り有之分ハ、書入田地と申筈ニて取上ヶ無之事、
一質地証文年季明候ハヽ、直ニ流地ニ可致候間、苗田ニ可被致候と書入候といふ共、是又是ハ流地之筋ニは不成候、流地之別ニ流地ニ致ス証文、人前名主与頭之加判ニて可有之候、左なくては流地ニは無之候、質地之最初之証文ハ、右流地之仕直シ証文引替之分ハ流地ニ極候、無左候てハ流地之極無之事、
一小作米金不残ハ、不済候て内済致置、残分未タ不済分ハヽ、一割半之勘定を以、済候分ハ引次候て壱割半之内ゑ入候て差引可申付候事、
一質ニ入候田地之儀、其所ニて田地売買之直段之代金積りより弐割引之積りニて質入候筈相極候、是ハ享保六丑冬、質田地御制法改候以後之質地之格式ニて、丑年已前質入置分ハ、其時之相対之儀ニ候故、其通ニて差置筈ニ候事、
一質地ニ入置候元金不済内ハ、金主より田地不相返法ニ

て候故、地主直ニ小作請有之候ても、元金済切候迄ハ、年季之内は年ゝ小作金壱割半充、金主方ぇ急度済候様申付、証文為致可申候、如斯之儀候処、悪敷心得、此度質地之格法改候已後ハ、元金不済候共、質地ハ請戻置候て、元金共ニ致都合、壱ヶ年壱割半充年賦ニ済候筈と心得候も有之、又は質地を直ニ地主方ニ小作ニ請候ものハ、小作ハ不出筈と心得も有之由、是ハ甚だ心得違ニて候、元金ハいふニ不及、小作滞候分も不済候てハ、質地金共不相返法ニ候、但、年季明ヶ候得ハ、小作金ニても利金ニても不出之、元金計壱割半充年賦致済崩ニ、元金不残切次第、不残地主ぇ相戻候様申付候事、

一質地之小作年貢、又ハ利金前方弐割三割ニ格候て、数年相済候分、此度の御触ニよつて、壱割半より多分ハ元金ニ引次、田地請戻シ候筈之様ニ心得違候て、相願候輩も有之由、是ハ無筋心得違ニて候、前方事済候分ハ、如何程之利分之格ニても相対之事ニて候間、済候て遺去候分ハ其通り之儀ニ候、享保丑冬ゟ以後之質地ハ、小作米金ニても壱割之積りニ相極申候事、

一質地金主方ぇ受取置、地主直ニ小作ニ不為仕、他之者ニ小作為致、年季之内ハ御年貢も金主より納之年季明候て、金子返済田地請戻シ候定ニて、作徳米金弐割当候も有之、又ハ未タ年季二三ヶ年も五六ヶ年も懸り候て、此度御定之趣ニ証文仕直シ候ハヽ、最前格候作徳弐割ニ当り候ハヽ、証文仕直シ候上ハ壱割半の利積りを以、元金ニ加入候ニおゐてハ、縦ハ田地を三反歩質入ニ置候田地を、弐反歩ニへらして無利之済崩壱割半ニ合候勘定ニ証文直シ度旨申類も有之由、是ハ心得違ニて候、右地主小作不為致、米金弐割ニも三割ニも当り候共、如此の類ハ、前方之相対ニて質流ニ渡置候故、年季明ヶ候分、元金壱割半充済崩次第、質地請戻シ候筈之前条に段ゝ有之通、年季明ヶ候質地、前方年季之内滞候小作金利金分ハ、此度壱割半ニ改之、元金ぇ加入、金高ニ■壱ヶ年壱割半充致済崩ニ、済切次第田地請返シ候筈也、未タ年季掛り有之小作利金滞有之分、滞候小作金利金計、壱割半之積り改メ証文申付、金高

ニ応シ弐三ヶ月又ハ五七月、其餘も其金高ニ又ハ其地主之身躰之分限吟味之上、相応ニ急度済候様申付候筈、年季之内之小作金利金ハ元金ぇ不加入、金高ニ■候事ニてハ無之、別段ニ為相済候様、右之通也、扨又元金は定之年季明不残返済之上、田地は地主方ぇ請為戻候事、

一質地入置候者、たとへハ田地壱町歩之質地ニて年季を定、金弐拾両も借り候て、右之内五反分(歩)金主方ぇ渡置、五反歩手前ニ残置候、五反歩ハ田地を以、右質地壱町歩之年貢諸役共ニ地主ニて相勤候て、無年貢無役之積りニ手形取置候類も有之候、是ハ質地之手形ニて致置候得共、畢竟此手形ハ御法度之頼納売ニて、ヶ様之出入訴出候ハヽ、頼納売買之御仕置ニ可成事ニ候、如斯質地証文、必名主与頭等之加判無之事ニて、若名主等之加印候ハヽ、名主も御仕置可有之儀ニ候事、

一質地直ニ地主ニ為作候て、別人ニ小作為致候同前小作証文別段に証人加判ニて為仕置候て、年季明已後ニハ質地後一切小作利金不出之ニ付、金主訴出候時は、右滞之小作利金、前方何割の利ニ相極置候共、無拠今以定之壱割半ニ勘定致シ、元金之内ぇ加入、金高ニ■候て壱ヶ年一割半充年賦無利ニ済崩ニ申付、尤質地ハ金主方ぇ為渡之、金子進退たるへき旨証文改直之法ニて候処、心得違ニて質地ぇ金主方ぇ相返申間敷旨申之、壱割半充ノ済崩ニ可仕旨申出候も有之を、御代官地頭抔も不存了簡ニ候て、地主申処尤之儀と存、最寄之御触書之趣如何様心得違致シ決断、是を兎や角と評議仕候て、載(裁)許不埒も有之由、甚以心得違の儀候、右地主之申通、質地を金主方ぇ不相渡、小作金も不出、質入田地を手前ニ置候得ハ、是ハ書入田地之相対借金之格ニ成、自不取上筋ニ成候儀、於載(裁)判人ゟ品を新規ニ改直シ、小作証文を不用、不法之取捌ニ成候、其上第一ハ、御触書之趣ニ違背之儀、心得違ニ候条、急度名主与頭等立会、金主方より、地主ゟ右之質地為引渡候て、金主之進退可為仕候、如斯明白之載(裁)許を悪敷心得、年季明候質地ハ無利済崩之御触書有之を以、質地を金主ぇ相渡候得ハ、金主右之質地を他ぇ小作ニ為仕候、故

に小作利金取候間、無利と申旨ニ違候抔と申談《ヤカラ》も有之候得共、おろか成了簡ニ候、元来質地主ハ地主ニ小作為仕間敷事ニ候得共、金主ゑ質地請取候ても、兎角外ゑ小作ニ為仕候事ニ候間、作り来り候田地之儀ニ候故、地主直ニ小作ニ請取候ハヽ、別人ニ為作候心得ニて、小作証文を以為作候様、以相対を直作ハ為仕候事故、小作も別人小作と同事ニ心得候載（裁）許之法ニて候処、直小作ニたつて兎や角の評議ハ不埒之事ニ候、因茲金主ゑ受取、外之者ニ小作為致利金取候共、手形致シ候共、勝手次第之事ニ候、一度質ニ入置候質地ハ、金主不済内ハ金主の心得次第可仕事ニて、地主ゟ何之貪着ニ及間敷事ニ候を、裁判之面ミ心得違ニて、右之趣書入田地之筋に致候様成儀、不及沙汰ニ儀候事、

右之条ミ之趣を以、証文ニ為仕置可申候、若金子相滞候ハヽ、証人立会、急度可相済之旨、証人ニ為書入申儀ニ候、則証文之案文別ニ有之候、以上、

十七　右質地評定所載（裁）許之趣問合候覚

一名主ニても組頭ニても一判ニ候得は、無取上事、
　但、名主与頭ニもおとらざる長百姓外ニ加印有之候得は、名主与頭一判ニても取上候事も有之候、

一添歩之事、御書付有之通り、半頼納て無取上壱割半合候添歩ニても同前、
　附、頼納様之証文ニても、奉行衆ゑ不申上、申含メ相返シ候、

一拾ヶ年以来午ノ年ゟ中三年ニ相定、酉ノ暮年季明候処、請不戻、只今申出候儀有之ハ無取上、
　附、此筋書入之通り弐ヶ年三ヶ年ハ、年季明三年五年拾年は、明年之翌年より五ヶ年之内ニ訴出候ハヽ、壱割半ニ証文申付、此外年過候ハヽ、無取上事、

一年季之内訴出候ハヽ、地主直小作ニ致置候得は、小作計壱割半ニ証文仕直シ、本証文ハ致其通ニ置候、田地金主ゑ請取置申分は無構、証文直シ候儀無之事、

一酉年以来流地ニ成候分、只今取戻度旨申出候得ハ、元金不残為相済候様被　仰渡候事、

一直小作ニ致候処、元利相滞訴出候ハヽ、御書付之通、元金壱割半之済崩シ申付候、但、田地も金主ぇ相渡シ、地主ハ不構申付候事、

一滞添金之事、其地所を書入候て、金子ぇ加入候慥成儀も無之ハ、元金ハ不入候事、

一小作米之事は、訴出時は御張紙直段引合、壱割半ゟ下直ニ当り候ハヽ、其通りニ致金高之当り候分計り金子ニ直シ候事、

　一切歩添歩半頼納ニも無之、評定所ニてハ、証文不宜候、無取上ヶ無（ママ）と申渡シ、頼納売と申ニてハ無之候、

一酉年以来之流地ハ、質地証文外ニ流地証文有之、御書付之趣を以請戻度旨、地主訴出候分ハ、無取上旨申渡、尤酉年以来流地ニ限り申候事ニて候、小作の事ハ、本証文不相立候ハ、相対次第ニ候、

一壱割ニ極候処、双方ゟ壱割半ニ願出候ハヽ、質地ハ前方極置候通ニて抱置、利金計り相増、元金ぇ加入証文為致置可申哉、

　右之通りニ候、

一弐割之処、直段評定所御吟味次第如何様之訳ニ御座候や、質入候者ハ高直ニ申、質ニ取候者ハ下直ニ申候事、まち〱ニ罷成、外見合之直段無之候、

　質ニ入候者之名主ゟ上中下田畑売買直段口書取之、弐割ニ致シ候事、

一質地、金本ぇ不相渡、地主小作扣候時之御定ニ候哉、

　右之通り候、

一御触書以前、小作高利ニ成候も今以不相済、此度願出候分ハ、前方極之通可申付や、

　御触書以前ニても、壱割半ニ仕置直シ申候、

一丑年以前致質入ニ、年季ハ今以懸高利ニ、質地丑冬まで利金済、地主小作ニ扣候、丑冬以後幷今年より、壱割半之利金減シを手形致直度由願出候、如何被　仰付候哉、

　壱割半ニ仕直し候、

一質地、金主ぇ請取、金主方ニて年季之内扣置候時之御定書ニ候哉、

右之通りニ候、
一質ニ取、年季之内質田畑金子請取置申分、弐三割四五割ニも当り候処ニ、直段等吟味之上壱割半ニ合候積り、今年より田畑を減シ致証文替申度と願出候、此類金借候者の高利之由申之、金主ハ高利之由無之旨申争候、縦何利ニ当り候共、質地を金主ぇ渡置候分ハ、願出候共無構差置申候筋ニ候哉、

金主方ニて地所有之分、無構差置申候、

一前方年季之内、弐三割之利金滞有之、此度申出候得は、壱割半ニ改之、日限申付為相済候哉、

金高ニ応シ日数ニ申付候、

一利金小作金、別段ニ為相済申候仕方之事、
一質地証文ニ、名主たりといふ共名主と申肩書無之ハ、無取上事、
一右証文ニ名主証人と計ニて、外ニ連印無之ハ無取上事、
右書面之通りニ候、
一地主名主ニて、組頭歟年寄加判有之ハ、取上御載（裁）許之事、

附、相名主又ハ与頭年寄之証文と有之、連印無之分ハ、無取上、地主名主ニて、与頭か年寄壱人計り加印有之、役判ニても外ニ証人無之候壱判の証文ヲ以無取上ヶ、年寄ニても与頭ニても壱人致役判、外ニ又証人相定メ之者有之候得ハ、裁断有之候、然共、与頭弐人も役判致し候証文ハ、たとい証人の判外ニ無之共、裁断有之候、此類ハ、新証文ニ証人立替の文言の処を、加判の者立替と認メ遣し申候事、

一惣て内済有之質地田畑出入ハ、訴出候元利高之内ニて、内済を引、残ル分ぇ壱割半の利足を懸証文、
書面之通りニ候、
一六年以前流置候質地、訴出候節、当分元金不残差出候ハ、請返候様、自餘並《ナミ》之壱割半之済崩ニ不申付候、
此壱ヶ条、当時如斯御載（裁）許有之候、左之通、
酉年已前之流地ニ候得ハ、当然訴出候ても為受戻不申定、質地年季明或ハ其後ニても流証文無之ハ、裁許可申付候、年季明候年数之構無之事、
拾ヶ年季之質地ハ、年季五ヶ年目ニ裁許有之、六年目ゟ無取上、五年季之質地ハ、年季明候て五年目迄ハ裁許有之、

弐年三年之年季ハ明候て、年弐三年之内訴出候得ハ裁許有之、四年目より無取上、右之分ハ流証文無之、年季明延ミニ成候質地受返度旨願出候分ハ、裁許の事ニて候、然は年季明候年数之無構之と申事ハ無之義ニ御座候、附り、有合金之有之証文ハ、質入ニ致候年ゟ拾年迄ノ内、訴出候得ハ裁許有之、十一ヶ年目ニハ取上ヶ無之事、

一年季明訴出候質地、年季之内計りの小作金滞は可申付候、小作滞無之候ハヽ、尤元金を以為取戻候定ニ候、年季明候以後ハ、小作金ハ不及沙汰事、

書面之通りニ候、

一酉年以前ニても、流地証文不致置、年季分明ハ自餘并之一割半済崩ニ可申付候、年季懸り候小作計り滞候由訴出候ハヽ、小作計壱割半之積りニて年賦無構ハ、小作滞計済候文言書入、無滞金ハ元金之内ぇ不加入、別段書付候事、

右之附紙御引合御覧可被成、年季掛り小作之事ハ、如斯之御書付ニて相済申候、

一持田地、小作預ヶ、小作米滞候由訴出候、此載(裁)許ハ右済候小作米何割ニ当り候や、元金無之間難知候ニ付、右田地致質入候ても何程金子借候積り候や、双方の名主与頭ぇ申渡シ、所並之田地代金吟味致、地代金元を弐割引、元金ぇ壱割半を掛、其分を壱年之小作滞候ハヽ、暮を限り可済旨、小作人ぇ証文可申付候、小作滞米ニても、右之趣を以、小作金壱割半之積りを以、金子済候筈ニ可申付事、

一質地金主方ぇ請取、小作別人ニ為作、縦丑寅両年小作滞有之処、丑年ハ質年季之内に有之ニ付、壱割半積り元金ぇ加入、七ヶ年済崩之積り手形仕置候、尤別人ニても小作人も加判為致候哉、

書面之通りニ候、

右寅の小作滞は、年季明候巳後之小作金ニて候得は不及沙汰、金主可為損失旨ニ御座候、右小作人より御年貢相納候積り、小作証文相極候分、金主之損失ニ申付候ては、右質地ニ曾て由緒無之、別人の作り取ニ罷成、御年貢は金主弁納仕候、ヶ様之類ハ如何被　仰付候哉、

地主直ニ致小作候ハヽ、勿論、縦別人ぇ小作致来り候ても、

年季明以後之小作滞ハ、金主損ニ罷成候、流証文有之分
ハ、小作ハ名主之小作と同事ニ候、名田小作ハ壱割ニ無
構、相対次第たるへき事、

十八　相渡申質物手形之事

一酉御年貢相詰申ニ付、前野ニて下畑四反三畝拾五歩、
舘野ニて下畑壱反七畝歩、明神様ニて下畑三反歩、合
テ九反拾五歩質地ニ相渡、金子九両御座候ハヽ、加判
之者罷出、急度埒明可申事、
一御公儀様御年貢諸役入用等ハ、其元ニて御勤可被成候、
何時成共、右之金子不残致返進候ハヽ、右畑無相違御
返可被成候、返進不致内ハ何年も其元ニて御支配可被
成候、依て質物手形如件、

年号月日　何村借主
名主　誰　印
受人　誰　印
請人与頭　誰　印

誰　殿

借主名主ニて与頭有之候得は、請人判ニ役目判ニて無
之ニ付、取上ヶ不申筋ニ存候、
書面之通りに候、
右小作地主請合加判人同断、

十九　小作手形之事

一下畑九反拾五歩之内、神明様ニて三反歩之処、地主方
ニて小作預り置、右九反拾五歩御年貢諸役入用等、畑
主方ニて年ミ相勤可申候、若滞候ハヽ、右之畑其方ニ
て御支配可被成候、御年貢諸役手形仍如件、

年号月日　何村預り主
名主　誰　印
請人　誰　印
与頭　誰　印

誰　殿

右之通、地主直ニ小作致候故、別人之小作之心ニて御
年貢諸役之事、地主ゟ可勤旨認メ候と相見ぇ候、然ニ
依て本証文は、其筋小作証文ニは如斯認候も有之候、

頼納分ハ不相見候、別人小作と御覧可被成候、其上小作証文ニは拘り無之事と本証文第一と存候、

一去ミ丑年冬中相触候質地之類、流地ニ不成裁許有之候処ニ、右之通りニても質地請返シ候事も成兼、却て迷惑致候ものも有之、金銀の貸借も手支候由相聞候ニ付、当卯九月より丑年以前之通取捌有之筈ニ候事、

一金銀弁納不致、質地をも不相渡、及出入候時ハ、不訴出儀勿論ニ候得共、年久敷儀は取上ヶ無之候間、享保元申年以前ハ、訴出申間敷候、

一丑年以来当卯八月中迄、奉行所又ハ私領ニても、質地年賦等請戻シ候裁許申付、証文改置候分は、弥其通ニ可得相心候、然ハ此上相対を以質流ニ致候共、勝手次第事、

右、此旨を可相守もの也、

享保八年卯八月

二十

評定所留役衆伺候趣

覚

一質地出入、丑年以前之通御取捌御座候ニ付、左之通奉伺候、

一申年以来之質地元金幷小作金相滞訴出候節ハ、尤金高ニ応シ日限証文被　仰付、其日限ニ不相済候時ハ、直ニ流地ニ被　仰付候と奉存候、

附り、質地ハ年季限り有之、小作滞無之訴出候時ハ、小作何割ニ当り候とも、前ミ双方定置候通り、証文通り之日限可被　仰付と奉存候、

御附紙

一質地、書面之通可相心得候事、

一直小作滞候ハヽ、金高ニ応シ日限長短申付、不相済候ハヽ、年季之内ニても質地は取上ヶ、金主ぇ可相渡候事、

一別小作滞、是ハ金高ニ応シ日限長短申付、不相済候ハヽ、地面金主方ぇ為相返、小作滞ハ身代限り可申付事、

一質地ニて無之名田、小作滞ハ右ニ准シ日限申付、不相済候ハヽ、地所ハ地主方ぇ相返し、小作人は身代かぎり可申付事、

一享保元申年以前之出入は、訴出間敷旨御書付御座候、此儀ハ縦質地之証文ハ申年以前極置候ても、年季申年ぇ懸り候此等之分、本金小作共御裁許御座候や、但、申年以来致質入候分計り之儀御座候哉、御附紙

未年迄ニて年季明候分、取上ケ無之候、申年ゟ未年迄年季掛り候分ハ、取上無之事、但、証文之年季ニ不構候事、

一証文ニて名主加判無之ハ、前ゝゟ御取上ヶ無之候、此儀も自今共ニ御取上無之筋奉存候、但、丑年以前之通り御取捌有之筋之由、御書付御座候、然は享保三戌八月十一日、御一座御評議相極申候御書付御用ぇ被成候儀ニ御座候哉、若又右御書付之内ニも、御作略御座候哉、

御附紙

書面之通り、名主加判無之ハ、無取上候、名主請人印ニても加印さえ有之候得ハ、取上可申候、尤名主借主ニて、相名主与頭加印無之ハ、取上なき事、永代頼納と准シ候、勿論文言悪しく、本証文取上無之分ハ、小作滞も不取上候事、

此方伺之附紙

名主加印之儀、丑年已来は名主証文判ニて役判ニ無之候得ハ、御載（裁）許無之、丑年已前は此差別無之、名主加印さい有之候得ハ、御裁許成候よし覚申候、此品以来之被　仰出奉伺之候、

一譲田地之儀は、丑年以前ハ新跡之無差別、譲証文持候者ぇ地所譲候様被　仰付候と覚申候、是又右之通ニ御座候哉、戌年御評議ノ内、譲証文之儀無御座候故、為念申上候、

丑年以前之通り、年季明キ候質地、日限を以申付、不相済候ハヽ、譲り地流地之文言有無ニ不構、譲候共流候共勝手次第申付ル、

享保八卯八月

矢部源助
山本伝九郎
篠田五郎左衛門
佐山長十郎
斉藤又五郎

二十一　質地之事

証文之向キ
何年より何之年迄中、何年質地ニ相渡候間、御年貢諸役
其方相勤可申旨認候事、定法也、
右証文ニ
年季明候ハ、其方名高ニ入可被申候旨認メ候ても、流地
といふ年季ニても受戻シ不申候ハヽ、此手形を以、何年
も其方支配可被成候、と認たる質地出入ニ成候てハ、心
持六ヶ敷候、
又儲次第可請返旨、認メたるも有之候、

二十二　証文次第遂吟味可載（裁）許

一頼納と申事、惣て年貢、田畑を作候者納る定法ニて候、
然ル処、貸金抔之差引ニ田地作り候者ハ、年貢不納、
外之者納候類有之、頼納ニて無失之類ハ、子細不聞届、
何れニも頼納之出入を無取上、載（裁）許致候得は、重キ御
科ニ被　行候、
但、質地、其質ニ取候者の方より、本の地主ヘ年貢
を納メ、地主より上納いたし候例、
一永代売ニ准シ証文は、年季不限質地由緒無之、譲地取
上ヶ不申事、譲地由緒有之ハ不苦、わづかなる筋目之
者、祝金を出譲請候類、間ゝ有之候、是ハ証文ニ当年
迄年貢金立替給ふ処、身上難相立ニ付、田畑相譲候、
右為祝金何程、唯今請取候抔と有之ハ、不苦筋ニも候、
一流質地ハ、永代売ニは無之、
一田畑之証文ニ、名主印形無之ハ不取上事、
一田畑書入候ハ、貸金ニ准シて不取上事、
一享保元申年以前埒明可申儀、出入ニ成候て訴出申候は、
不取上事、
一質田地年季明候ても、其年季之年数程之内ハ、相返候
様可申付筋ニ候、
一小作金之儀、縦質地ハ本地主致小作候共、他人同前也、
小作証文年ゝ仕置筈也、若年ゝ不仕直初発計り之証文
ニて候ハヽ、永小作ニ可准、相対小作之地主之心次第、
地所を取放シ候得共、永小作ハ無取上候、但、小作金
之滞ハ、年貢不納ニ准シ候、金高ニ寄、日限申渡、凡

拾両迄は廿日或は三十日限り、拾両以上ハ五六十日を限り可取立、右一切二切過候ハヽ、小作人之所帯有切、地主ゑ可請取事、

一田畑を譲候歟、質地ニ入候歟、親類分地之儀は、其子細を具ニ書付、御代官之手代迄断届事、地主従往古之御定法ニ候、然れ共、近来我儘ニ成候ニ付、申届候儀無之、因茲及訴論候ハヽ、名主印形有無之儀、入念を吟味すべき事、右之外本金さぐりと申事、国ゝより有之間、是ハ貸金之代り田畑質ニ請取、壱ヶ年歟弐ヶ年作り候て、無本金ニ其田地を本地主ゑ相返シ候定之証文有之、是ハ無尽掛返の書入有之故ニ、証文之宛所大勢有之ハ、無尽と心得候て取上ヶ申間敷候、此本金さぐりニてハ、年貢の沙汰無之、本地主ゟ済候事ニ候、頼納ニて無之候得共、本金さぐりの仕方、怪敷事ニて候間、能ゝ了簡可有之也、

一出入ハ惣て証を拠とし、又拠を証とする事、法也、

　但、証ハたらす、拠ハ手懸り也、

証拠無之出入ハ、無証拠とて不取上事なれ共、出入ニ依て理非を載（裁）断する事也、

一火札を被張候者、只今迄所預ヶ置候得共、向後ハ其者怪敷事も無之候ハヽ、預ヶ置候儀無用ニ可仕候、尤難儀懸ヶ不申様ニ可被致候、以上、

　　戌七月

二十三　元文二巳年二月御触

一名主加判無之質地証文之事

一名主置候質地ハ、相名主又ハ与頭等之役人加印（判）無之証文之事、

一拾ヶ年季を越候質地証文之事、

右三ヶ条之儀、并田畑永代売買、又ハ地主ゟ年貢諸役勤、金主ハ年貢諸役不勤質地之類ハ、前ゝゟ御停止ニて、村方五人組帳ニ書記有之処、右之通不埒之証文を以、訴出候も有之候、自今五人組帖名主庄屋等より大小之百姓等ゑ為読聞不致亡（忘）脚候様可仕事、

一享保元申年已来、年季明候質地ハ、自今年季拾ヶ年過訴出候ハヽ、取上無之事、

一金子有合次第可請返旨、証文ニ有之質地ハ、質入之年ゟ（拾ヶ年）過訴出候ハヽ、取上ヶ無之事、

右弐品（条）、自今拾ヶ年之内訴出候ハヽ、載（裁）許有之候、

右年数過候ハヽ、取上ヶ無之事、

以上

【参考】対校本の奥書

1「公裁之御条目」（明治大学図書館蔵「公裁録」第三冊所載）

右ハ元文五庚申年七月、於　公儀寺社御奉行牧野越中守殿、御町奉行石川土佐守殿、御勘定奉行水野対馬守殿被　仰付評定所式目之分、御改被　仰付出来之御書付之由、崎国屋喜右衛門取出、同閏七月下旬写持参、本紙校合畢、

2「公裁書并御定法」（著者蔵）

右は公裁懐鏡、他え開書可禁之、

宝暦六年子十一月

墨付三拾五枚

宝暦十三未年八月日、甲府ニて写之、小淵沢村之内

高野組

久保田又右衛門㊞

六十七歳書之

二　「評定所御定書」

「御評定所御定書」（名古屋大学法学図書室蔵）——論考篇第二部第一章の史料（その二）

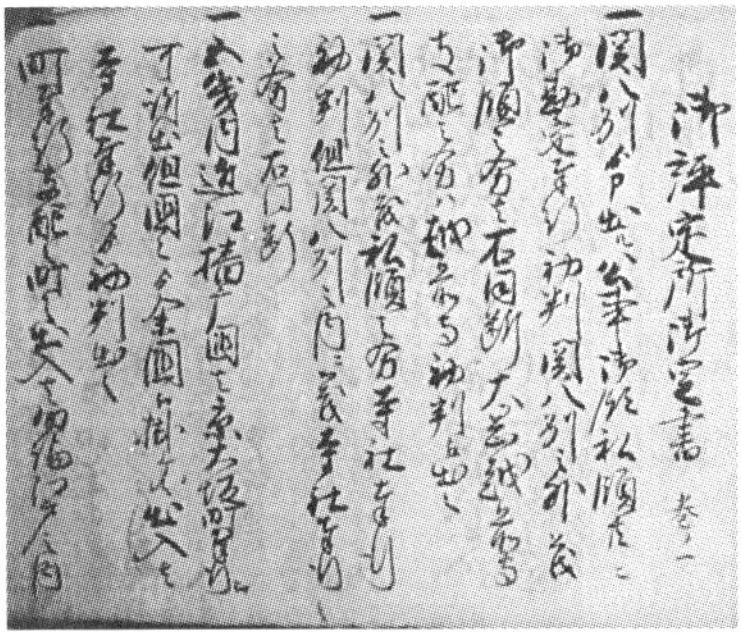

「御評定所御定書」本文冒頭（本書55頁）

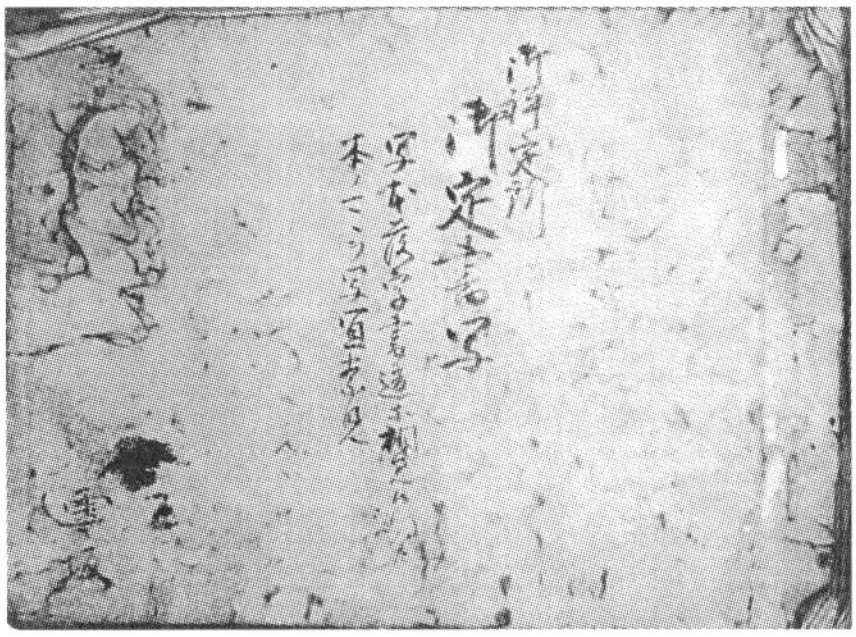

「御評定所御定書」表紙

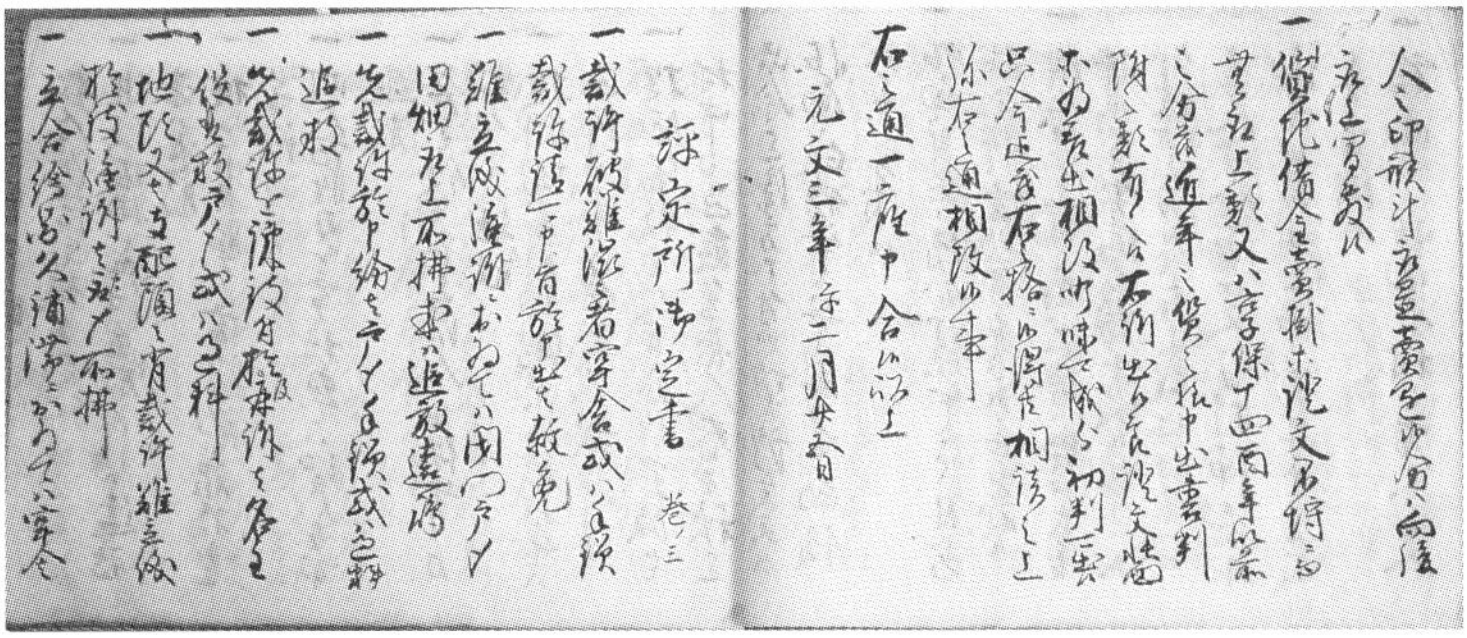

「御評定所御定書」巻ノ三冒頭（本書68～69頁）

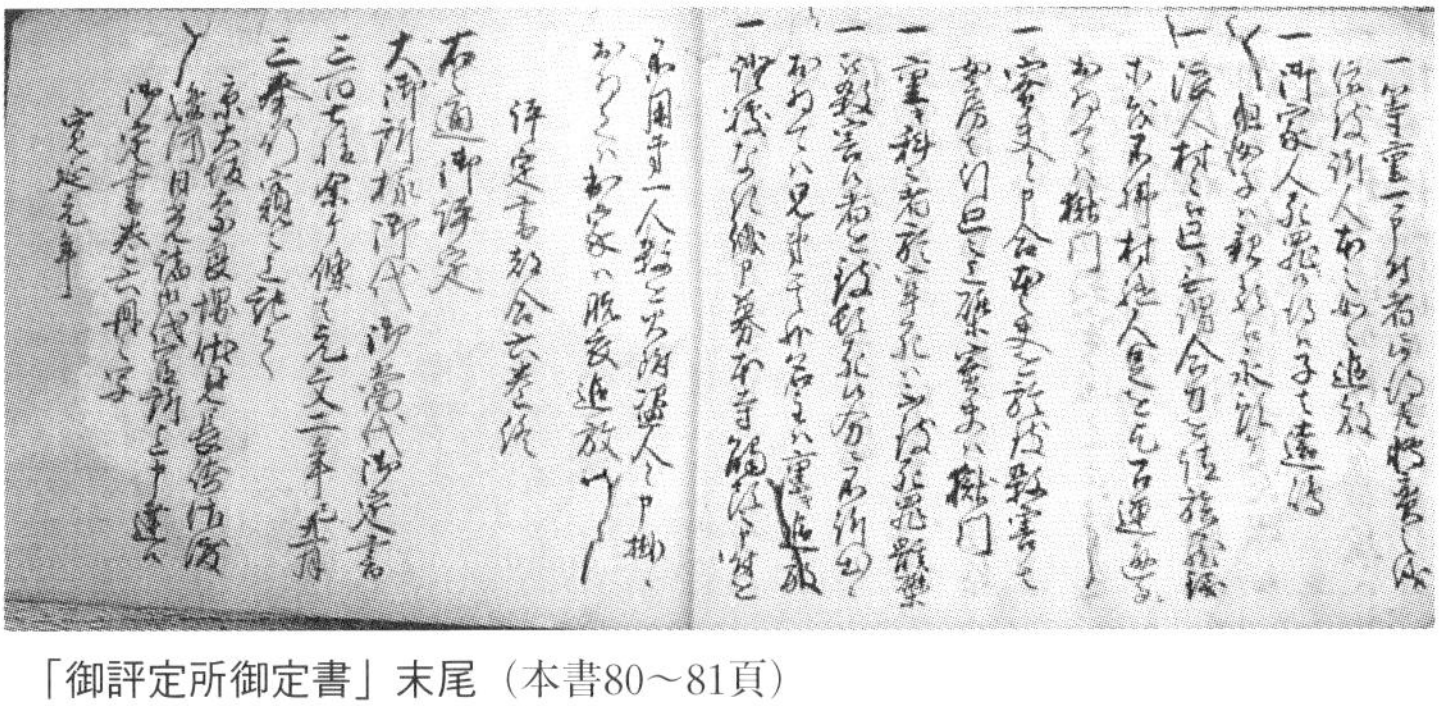

「御評定所御定書」末尾（本書80～81頁）

《史料翻刻》　凡　例

一　本章は、論考篇第二部第一章「「公事訴訟取捌」の成立――「公事方御定書」に並ぶもう一つの幕府制定法――」の史料として、左記を翻刻するものである。

「御評定所御定書」六巻一冊（名古屋大学法学図書室蔵、奥野彦六氏旧蔵本、架号三二二・九―G五五九）

一　「御評定所御定書」六巻一冊は、縦一三・八糎、横一八・九糎の横帳にして、本文四六丁である。表題は、表紙の打付書に「御評定所御定書写」とある（口絵参照）。各巻の表記としては「御評定所御定書」（巻一・六）、「御評定所定書」（巻二・四）、「評定所御定書」（巻三・五）と記される。本書は、表紙に「写本落字書違等相見候得共、本ノマ、ヲ写宜索見　雪坂」とあり、巻末に「京・大坂・奈良・堺・伏見・長崎・佐渡・駿河・日光、諸御代官所迄申達候御定書巻六冊之写　寛延元年」と記されている。寛延元年（一七四八）の書写本そのものか、もしくはその転写本である。以下、本書の内容を「評定所御定書」と表記する。

一　翻刻にあたっては校合を施し、（　）をもって示した。対校本としては、おもに「評定所御定書」（国立公文書館内閣文庫蔵「雑留」第十四冊所載）、および「御評定所御定書」（実践女子大学図書館奥村藤嗣文庫蔵）を用い、さらに「評定所御定書」（著者蔵）、「庁政談」（『近世法制史料叢書』第三、昭和三十四年、創文社、二五七～二七六頁所載）、「元文秘録」（神宮文庫蔵内藤耻叟旧蔵本）なども参考とした。

一　二の「評定所御定書」は、一の「御評定所御定書」前段である「評定所法規集（仮称）」をもととして、これを増補した幕府法である。両者の法文を比較対照しやすくするため、〔　〕をもって項目名を補った。また傍線を施した部分は、増補の法文および増補の規定である。

二　「御評定所御定書」（名古屋大学法学図書室蔵）

（表紙）

御評定所
御定書写
写本落字書違等相見候得共
本ノマヽヲ写宜索見

雪坂

御評定所御定書　巻ノ一

一〔公事訴訟取捌〕

1 一関八州ゟ申出ル公事、御領（料）私領共ニ御勘定奉行初判、関八州之外も、御領（料）之分は右同断、大岡越前守支配之分ハ、越前守初判ぇ出之、

2 一関八州之外も私領之分、寺社奉行初判、但、関八州之内ニても、寺社奉行之分は右同断、

3 一五畿内・近江・（丹波）・播磨国は、京・大坂町奉行ぇ可訴出、但、国ゝゟ余国へ掛ケ候出入ハ、寺社奉行ゟ初判出之、

4 一町奉行支配之町之出入は勿論、江戸之内寺社奉行支配之者ゟ町奉行之支配之者ぇ掛候出入、（又ハ）右御勘定奉行初判出ル、江戸町端ニ有之江戸之者へ（掛り候）出入共、一座裏判不及出、双方之家主・名主・組頭・五人組立合、来ル幾日迄可済、不相済ニおゐてハ、

幾日可出旨、其筋之役所押切裏書出ス、其上ニて評
定所ゑ出ス、
5一地頭違又は一地頭之内百姓出入、両様共地頭ゟ断有
之上ニて取上ル、且一地頭之取捌ニて可事済儀ハ、
地頭ゑ申談、其上ニも不相済候得は取上ル、
6（一御料所之百姓出入、其所支配人添状無之ハ、不取
上之、）
7一御領(料)之百姓、其所ゝ之支配人何之訳もなく押へ置候
歟、或ハ裁許之次第難受、再往願候ても無取上、奉
行(所)へ訴出、支配人心得違之趣相聞ゑ候得は、支
配人奉行申合(談)宜取計、其上ニも訴訟(人)得心不致候
は、奉行所にて裁許申付ル、
8一私領之百姓、地頭ゑ願候時、久敷不取上、或は裁許
之次第難受、再往願候ても取上無之、奉行所へ於訴
出は、右同断、
9一奉行所諸役所幷於私領、前ゝ裁許有之候て事済候儀、
経年月、於右裁許非分之由ニて再応吟味願候共、無
取上、然共、訴訟方慥成請人(証文)等有之、相手方ニハ証
拠無之、先裁許必過失と相見へ候は、伺之上詮儀可
有(取)掛、若双方証文有之ハ、再吟味之願無取上、但、
相手不尋して不叶儀も候は、其所之支配人或は地頭
ゑ一通り相尋、猥に相手不召呼、
10一再吟味之願理分ニ聞候共、双方対決之上ならてハ理
分難相決、又は検使不遣候てハ不被明之義は、慥成
証拠無之ニは、再吟味無取上、右は惣て訴訟人願ニ
て再吟味之事ニて、奉行所ニおゐて評議、前ゝ裁許
改候義は格別也、
11一重御役人幷評定一座、知行(所)之出入は、伺之上裁
許申付ル、但、大目付以上也、
　質地借金公事は、定法有之故、伺ニ不及、論所見
分裁許、伺帖ニ証文之内父(文)言又は古キ帖面を以証
拠ニ引ハ、其事之員数、或古絵図ニて(極候儀ハ、
右絵図入用之所計絵図ニ記之、見分絵図ニ)も白紙
付(紙)之肩ニ、訴訟方相手方抔夫ゝ之趣号(題)を書記、
12一忌中(之)時、立合内寄合出座之儀、父母之外之忌中
ハ、假廿日之ものハ七日立候得は出座之事、

二〔国郡境論〕

1一国郡之境、川附寄之例は不用之、

2一国郡境は、官庫之絵図或ハ水帖次第、

3一官庫之絵図ニ、国郡境ノ山を双方より書載之、双方共外証拠無之ニおゐては、向《（論）》所之中央可為境、

4一国郡境、峯通ゟ谷合見通し可為境、

5一官庫之絵図ニ論所を半分程載之、一方全ク載之、外ニも証拠於有之は、勿論全ク載候方可為利運《（理）》、

6一国郡境、山論、水分は峯通り限境たり、

7一先年之裁許絵図折様《（朽損）》、仕直度由訴におゐてハ、相手之方之絵図相渡、可為写旨、訴状裏書ニ一座令印形、遣之、

三〔山野入会村境論〕

1一双方証拠有之、大道筋或は川中央、又は峯通谷合見通し、水帖次第古田畑等境たり、

2一死馬捨馬《（場）》等ハ、村境之不及沙汰、近村入会たるへし、

3一内山居林等ゑ、元地《（地元）》之外ゑは入会禁之、

4一内山境無之と云共、地元之古畑等於有之は内山たり、

5一入会ゟ数十年新開致といへ共、地元ゟ訴後におゐてハ、不及荒之、年貢地元之村ゑ入会より納之さすへし、

6一地元たりといふ共、近年之新開新林等可為荒之、

7一入会場之雖道多と、放《（敢て）》之入会之証拠等不用、

8一名田同意之茅野等、地主不得心之上は、外より新田等願候共、無謂外ゑ不免之、

9一入会ニて無之[redacted]《（草）》札等之場ハ、田高（ニ）応し苅之、

10一入会之（野）新開発等は、高ニ応して割合之、

11一新開立出たり共、理不尽に於《（伐）》代荒は、過料、

12一他之入会場ゑ紛入、苅取は、過料、

13一秣場ゑ之仮橋、他之往来禁之、

14一別村ニわかるといふ共、官庫之絵図郷帖次第たるへし、

15一畑廻之秣場ハ、畑囲久根中央之内外壱尺五寸宛、都合三尺除之、秣刈取之、

四〔魚猟海川境論〕

1一川(ハ)附寄次第、流に随ひ中央境たり、
2一川向ニ有来ル地面ハ、先規に任せ、飛地可進退之、
3一魚猟藻草、中(央)限取之、
4一藻草に役銭無之、猟場之無差別(ハ)地元次第取之、
藻草に於障ハ、新規ニ魚猟禁之、
5一御菜鮎幷運上於納は、川通地(他)村前之無差別、入会鮎
猟致之、無役之村ハ村前ニ可限之、
6一魚猟入会場、国境之無差別取之、
7一藻草、魚猟場障におゐてハ禁之、
8一磯猟は地付根付次第、沖は入会、
9一小猟は近浦之任例、沖猟願におゐてハ新規ニ免之、
10一浦役永於有之は、他村前之(浦)魚猟たりとも、入会
之例多シ、
11一浦役(永)於無之ハ、居村前之浦多ク(たり)とも、愚(魚)猟禁之、
12一船役永は、沖猟或ハ荷船可為繋役、
13一海境分木は弐本立ル例多し、一本ハ可為浜境、壱本
は網干場境、
14一運上船之役(改)ハ、磯ゟ湊(沖)へ壱里程限之、
15一関東筋鰒縄、諸猟之防(妨)ニ成故停止之、
16一壱本針ニて鰒釣候事、為禁外、
17一鮫猟は、拾四丁之内可限之、
18一入海《ウミ》ハ両頬之中央限之、村前村境見通し可為境、

五〔田畑埜論〕

1一御朱印境内ニ、数年百姓開来ル(田畑幷)家(居)等可
為有来通、年貢ハ伺(任)旧例、越石等は其寺社領ぇ収納、
夫ゟ越石之地頭ぇ納之、
2一川付寄之事、大水ニて自然ニ川瀬違、高外之新田地
又は見取場・小物成場・秣場・河原・林(埜)原地等之無
高(之)有地所は、附寄次第也、然共、川除等之仕形ニ依
て、手段を以川瀬違候類は、付寄之例不用も有之事
ニ候、依之新堤築出し等、其村ゝ次第に任せ、川中
ぇ仕出し候儀、制禁也、勿論高内之分は附寄之不
(及)沙汰、川向之附寄地と(を)飛地(ニ)、進退申付ル定
法也、

3 一本田高之川欠附寄は不及沙汰、地先を限、川向之附寄地を欠地反別ニ応し、飛地之積り渡之、

4 一御朱印地畝歩不足之類は、数多有之、依て訴訟不取取（上）之、

5 一検地之地先見取場等、地頭より附寄たりといふ共、証拠於無之は、地頭ぇ取上候年貢は、御蔵入たるへき事、

6 一他之地先を開（囲）込においてハ、為返之、仕形不埒は、不納之年貢為取之、

7 一居村之地内村前は、（等ニ）他村ゟ竿請之新開発有之、其新発之先たりといふ共、於居村之地内は（不立之）、新発之外綺事禁之、

8 一先地頭之除地ハ、当地頭之可為心次第、

9 一双方為持地証拠無之においてハ、　公儀ぇ取上之、

10 一木薪（陰）は双方立合伐之、村中又ハ名主預ル、

11 一永小作幷数十年預来ル地面ハ、無謂取上禁之、但し廿年を永小作と云、

12 一竿請之田地（畑）、於切崩ニは、手錠（鎖）或ハ過料、

13 一出作之百姓年貢高役等、内証相対ハ格別、村並（本）百姓同様之高割勤之通例也、

14 一水帖ニも不書載新開場、行水之障に成においてハ囲取払、可為流作、

六〔堤堰用水論〕

1 一私領ニて新田新堤取立ル事、双方地頭相対之上之儀ニ付、障無之様可申合と申談、願不取上子細有之、難済儀は格別、

2 一用水掛引井路之儀、川中ニ井堰ヲ立、水を引合（分）候所、堰之仕形《カタ》に、川下之井水不足ニも不構、手前勝手宜様ニのミ仕候故、及争論、或は両頬ニ井口有之場所、片頬之井口付かへ候時、双方不申合、一方之伺自由（任）に仕かへ候故、及訴候類有之候、右躰之儀は、双方致対決、普請仕候節ハ立合、無障様可致、若滞儀有之又ハ不法之事有之は、其節ゟ十二月を限り、於訴出ルは裁断有之、右期月過、令出訴ハ無取上之、

3 一御領(料)私領組合普請、私領分計り自普請願ニおゐてハ
免之、
4 一当時用水不引といへとも、古来ゟ之組合離候事禁之、
5 一往還橋普請、組合新規ニ申付ル例有之、
6 一用水人足諸色組合惣て高割合、
7 一用水ハ、田反別多少ニ応し可為刻割、水水(ママ)門之寸尺
定ル、

御評定所定書　巻ノ二

8 一御(一)領之時、水代雖不出之、他領に分ルにおゐてハ、
新規ニ(出)直之、
9 一用水論、容易(ニ)不取上、双方之役人立合、無滞様
為済之、
但、十二月を過、於訴出は不及沙汰、
10 一畑成、用水に障におゐてハ禁之、
11 一新田新堤、双方役人立合、於障無にハ、為取立之、
12 一堤重置、於障有之ハ削之、

七〔証拠証跡用不用〕

1 一寺社領争論、縁起ニ譲状を以申出ル時、御朱印之
表(面)、寺社領縁起之通と有之歟、或ハ縁起譲状御国絵
図に名所致符合、書面も疑敷無之ハ取用、
2 一山論境目秣場出合(入)田畑論、先奉行之裁許之書付・古
水帖、且古来御代官所之時裁許案(状)、或は地頭捌置候
書付差出シ、御国絵図ニ符合候歟、又は地所無相違
候得は取用ル、
3 一寺院後住争論、先住遺状、譲状慥成書物は取用、又
は百姓町人、家督出入にハ(譲状)正敷書付(物)は用之、
4 一惣て古キ書物、印形無之ニも慥成書付ニて、水帖又
は地面符合候書面、且扱証文・(山手証文)・名寄帖
印形有之、年貢等納方無相違は取用、
5 一先領主地頭之帖面書物、其外古来之書付、無印形と
いへとも、慥成ニおゐてハ用之、
6 一名所字無之証跡は、不用、
7 一他(之)水帖書物等、論所之証跡(拠)と偽之、字等於書替
は、死罪或ハ遠島、

8一擡成書物等有之処、不埒之証文等取之、為証拠於差出ハ、戸〆或は所払、
9一証拠ニ可致工ニ、不埒之書付等取、於差出ハ戸〆、或は名主庄屋之役義取放、

八　〔馬継河岸場市場論〕

1一馬継場、国絵図次第たるへし、
2一人馬相対ニて助合来(ル)上ハ、公役之外ニも不指滞可勤之、
3一人馬継之場所ぇ寄、合(人)馬出之といへ共、私之人馬継禁之、但、馬継場と相対ハ格別、
4一人馬継、往還之外猥ニ脇道通路停止之事、
5一諸荷物直売、手馬(を以附通候分は、本海道たりといふとも無構可通之、脇往還ハ勿論なり、)
6(一商人ぇ売渡候諸荷物、手馬)ニて馬継場を附通候事禁之、
7一双方無証拠馬継場ハ、双方月代りニ馬継可致之、
8一脇道之(分ハ)、旅人勝手次第可為致馬継也、
9一脇往還ニおゐてハ、御朱印之外、雇人馬不足之分ハ(可)不及其断、
10一往還荷物(理不尽ニ於差押ハ、過料、)
11(一大坂荷物)ニ京都之荷物を入為下、京都之飛脚屋及難儀候由ニて、道中ニて理不尽ニ押切ほとき候者、古例獄門、
12一中絶之市、障り有之ニおゐてハ禁之、
13一私ニ新市建事、停止之、但、障り無之ハ免之、
14一市場近所ぇ無届して新町屋停止之、
15一河岸場ハ河岸帖次第也、
16一市場は村鑑次第也、
17一河岸帖ニ不載分ハ、地頭等カ幷村入(ママ)用之荷物外は運送禁之、

九　跡式(家)督養子等之事幷夫妻離縁先住遺跡之事

1一父致養子、跡式於極置は、雖為実子、跡不継之、

2 一父跡式於不極は、血筋近ハ、可為相続也、
3 一父《(夫)》死後、後家儀外ぇ於縁付は、先夫之名請可差綺様
無之、筋目之者可相続也、
4 一遺状之通家屋鋪譲分ヶ候ては、跡致断絶、或は母は
妾(ニ)て外ぇ嫁候由、親類雖申出、悴無之相果候者
之家財ハ、母之心次第たる上ハ、譲《(遺)》状之通母ぇも跡
式分之、
5 一重病之節、一判之譲状は不取用、
6 一跡式相続之惣領を差置、外之悴ぇ跡式可譲(との遺)
状は、不法也、然といへとも於譲《(遺)》状慥成は、有金家
督之悴七分、外之悴三分、家財田畑等ハ、家督之悴
可為相続也、
7 一致家出、養父死後立帰り候は、養子は跡式相続不成、
8 一当人相果、借金有之跡式、親類之内ニも望(無之)ニ
おゐてハ、借金之方ぇ家財(可)為分散古例也、
9 一先住後住之遺言有之所、外之出家ヲ後住ニ可住《(居)》旨申
といへとも、法式之儀旦方可差綺謂無之、不及沙汰、
10 一当人相果、跡式之儀遺状も無之、親類等不埒之儀を
於致訴論ハ、
公儀跡式取上之、
11 一聟養子離縁之上ハ、出生之男子ハ夫之方ぇ可引取、
引出物は相互ニ返之させ候事、
12 一夫死後、後家ぇ養子あたり悪敷といへとも、於不慥
は後家心儘ニ外ぇ可譲分筋無之、
13 一聟養子父子不和ニて、実(父)方ぇ立帰罷在、去状不
遺差置、妻(を)引取り度旨申といへとも、無謂ニ付
不及裁許、
14 一聟遺跡、妻養子之気ニ不入、離縁之上は、持参金ハ
不及裁断、養子ハ《(之)》諸道具、去状遺候上ニて可為返之、
15 一実子出生以後不和ニて、養子家出致度《(す)》といへとも、
父不埒ニ付、養子可為引取、
16 一養父仕方悪敷由ニて、養子仕方穏便(ニ)無之、実父
方ぇ帰ルニおゐてハ、持参金相対ハ格別、不及裁断、
17 一自分之悴を(養子ニ可遣巧ニ、離縁之於致腰押ハ、
追放、)
18 (一聟養子)不縁たりといへとも、縁組之証(文)も不

取替、聟養子ゟ離別状(も)不取替、剰双方(外)ぇ片付候上、及訴論類は、不埒之仕方ニ付、持参金公儀ぇ(取)上ル、

19一養子を妨候者、品ニより牢舎之古例、

20一妻之諸道具・持参金相返上ハ、離別之儀は夫之心次第、

21一外之女を後妻ニ可致巧ニ、離別致ニおゐてハ、右之(女を)妻ニ為致候儀ハ勿論、出入共ニ差留ル、

22一懐躰(胎)候共、離縁之儀は夫之心次第也、出産之上、男子ハ夫方ぇ可引取、女子ハ妻方ぇ可差置、

23一妻も(儀)親元ぇ帰り居候儀、三四年過、於夫訴出ハ願後ニ(れ)難立、乍然去状不取置も不埒ニ付、一応夫之方ぇ呼戻シ候上、離別状可為渡、

24一離別状雖不遣、夫之方ゟ三年以来於不致通路ハ、外ぇ嫁候共、先之夫ノ申分難立、

25一離別之証拠無之、女房親元ぇ参居雖相果候、(諸道具)・持参田畑不及返、夫之心次第たるへし、

26一悴相果候付、娵ヲ取差(ママ)戻類ハ、持参金之不及沙汰、諸道具ハ可差戻之、

27一先夫之離別之事、慥ニ不承届、去状も無之、親ニも得心不為致、女と申合由(せ)、理不尽ニ外ぇ於引取ハ、重キ過料、士ハ品ニゟ追放、

28一右女と(被)離別候共、自分として立去、親ぇも不為致得心致家出、去状も不差越内、外ぇ男を持ニおゐてハ、髪を剃、親ニ渡シ、以後外ぇ片付候事ハ、親之心次第、不義之男之方通路留之、

29一右不埒(之)取持人ハ、過料、

30一女房得心も不致に、衣類等質物ニ遣ニおゐてハ、不縁之事、妻之親之心次第、女房難添子細相立、於致家出は、女之親元ぇ諸道具為返之、

31一去状被(不)取替上ハ、(又)為添之儀不及裁断、

32一養子合之女房、夫を嫌致家出、比丘尼寺ぇ欠入、比丘尼三年勤之、暇出候旨訴出は、実方ぇ為引取之古例、

33一夫を嫌、髪を切候て成共、暇取度由女房申、又は夫ぇ申懸致類ハ、比丘尼(に)成、縁切せる古例、

34 一久離帳ニ付置といへとも、被致離別候者之子引取人
於無之ハ、久離之無差別、其親類預ル、
35 一欠落之届致置といへ共、勘当之届ニも無之、外ぇ可
引渡者無之ニおゐてハ引渡之、
36 一離別之事、断を請、女之親欠落、引取人於無之ハ、
溜か村か預ヶ、
37 一離縁之上同町ニて同商売致ニおゐてハ、養父ぇ対、
不遠慮ニ付、養子所を立退せる也、
38 一及出入、沽券証文於無之ハ、家屋敷
公儀ぇ取上之、
39 一譲証文計致所持、沽券不致所持ハ、(元)地主預り(願)た
りといへ共、元金差出させ、譲証文と引替之上、家
屋鋪元地主ぇ為渡之、

十　離旦寺社

1 一無謂離旦不致之、
2 一旦那寺(ニ)不似合無慈悲成致方に付、致離旦ニおゐ
てハ、帰旦之不及沙汰、
3 一心願有之、其身一代改宗致ニおゐてハ免之、
4 一父之遺言於有之ハ、改宗心次第たるへし、
5 一祈願所は、帰依次第也、
6 一離旦之上石塔迄(引)取候処、年数過、申出おゐてハ、
帰旦之不及沙汰、
7 一離旦之証文、押て印形取候におゐてハ、所払、其品
軽クハ、戸〆、
8 (一)女子ハ母之宗門ニ成候例有(無)之、男(女)之子父(夫)之宗門
ニ成候定例、
9 一住職出入雖有之、宗旨証文印形(可)差延謂無之、寺
附之印形を以、証文差出させへし、
10 一前菩提所ぇ不断、宗旨証文印形致ニおゐてハ、戸〆、
11 一開基旦那ハ、過去帳次第なり、
12 一後住之儀、開基旦那ハ格別、旦那ゟ不為差綺、
13 一旦那を疑、宗旨印形於滞ハ、逼塞、
14 一新寺地致寄附ハ、地面
公儀ぇ取上之、其所之名主組頭、戸〆、
15 一寺法を差綺、本寺ゟ之触書、名主印形(を)以、門下

ニ於相触ハ、役儀取上、戸〆、
16 一我儘ニ寺号於取替ハ、戸〆、
17 一墓所も無之一村之助合ニて相続之堂地ハ、寺号停止之、
18 一吉田家之許状於無之ハ、神主不立、然共、品ニゟ社役免之、為勤之、
19 一忌中ニ祈願所ゟ不致諸祓法も無之、

十一　質田地（畑）

1 一知行所田畑質地ニ入させ、地頭用金借（出）させ候事、停止之、
2 一質地倍金手形之義（分）ハ、無取上、
3 一小作（滞）、日切ニも不相済候得は、小作人身代限、諸道具不残相渡させ、田畑は小作金之多少ニ応し、年数（を）限金主方ぇ為渡、年数過、小作人ぇ為返之、但シ小作人所持之田畑質地ニ入候ハヽ、田畑不持者同前、諸道具不残為渡、家屋鋪為渡さる也、
4 一質地滞米金

五両 五石 以下	卅日切
五両以上（拾両迄） 五石以上（拾石迄）	六十日切
拾両ゟ五拾両迄	百日切
拾石ゟ五拾石迄	百日切
五十両ゟ百両迄 五十石ゟ百石迄	弐百五十日切
百両 百石 以上	（十）七ヶ月切
弐百両 弐百石 以上	十三ヶ月切

5 一流地ニ直シ（之）（ママ）小作滞ハ、棄捐ニ可申付、但、前（別）小作滞は、右（如）通例日切可申付、
6 一酉年以来之質地証文不宜、借金ニ准し候分、前（別）小作滞も借金ニ准し、小作人ニ済方申付也、
7 一名田小作（は）、証文（又ハ）帳面ニ印形無之は、地主不念（ニ）付不取上、
8 一名主加印又は名所無之証文は、取上無之、質置主名主之時、組頭加印無之ハ、取上無之、但シ酉年以来ハ借金ニ准シ、本証文無取上分は、小作滞も無取上、
9 一水帳と相違之質地証文ハ無（不）（取）用、借金ニ准ス、
10 一年久敷証文ニても、享保年中之年延（添）証文於有之

ハ、定法(式)之質地済方申付之、
11（一及出入、肩書於書入ハ、手鎖、）
12一質入地或ハ他之小作他(地)之稲、理不尽ニ苅取、又作付
手入致之ニおゐてハ、戸〆（或ハ）過料、
13一名主証人等乍存、於不差留ハ咎ル、
14一（無）証拠不埒之証文を以、及出入おゐてハ、地面
公儀ぇ取上之、
15一宛所無之証文は、不（取）用之、年号無之も同断、
16一年貢未進於有之ハ、田畑質入致スといへ共取上之、
売払代金を以、地頭方年貢未（進）皆済、残金於有之
（ハ）、金主（ぇ）割賦、
17一質地年貢(季)之内不請返候は流地ニ致候段、証文ニ有之
質地ハ、証文(ママ)証文之通申付、但シ、期月ニ至り、前
広ニ訴出候ハヽ、為請返申へし、
18一御朱印地田畑、質物(地)ニ取候事、停止之、
19一質地年季之内ハ、年貢諸役双方相対之上、極置候通
為勤之、流地ニ成候義(節)ハ、本百姓並勤之通例、
20（一質地年季之内請戻之儀、地主訴出候共、相対ハ格
別、年季之内ハ無取上、）

十二　借金家質

1一享保十四酉以前之借金出入は、取上なし、
2一武士方借金、日限申付置候処、跡式断絶ニ付、一類
之内ニ別ニ領地被下（候）方ゟ切金為相済度旨、金主
申出といへとも、不及沙汰古例、
3一養子之借金、養父（之）家来手形致置といへとも、養
子実父方ぇ相帰シ候上ハ、不及沙汰古例、
4一先住借金有之候段当住不存、（本寺）触頭ゟも不申聞
ニ付、致入院ニおゐてハ、後住不及返済、先住之弟
子幷請人(証)ゟ済之古例、
5一借金幷書入金高利ニ当り候分、壱割半之利足ニ直し
済方可申付、奥書ニ記雖有之、印形無之ハ無取上、
6一町人百姓滞金申付方、借金高(ママ)ニ多少ニ不構、三十日
切之度ゝ切金為差出、出金之仕方不埒ニおゐてハ、
手鎖懸、猶又滞ハ身代限申付ル、（武士方ハ）日切之
度ゝ切金申付ル、

7 一借金証文ニ加判人於有之ハ、当人加判(人)両方共之済方申付ル、畢竟相対之事故、済方申付節之証文ニ、家主不及加判、

8 一家質(ママ)地済方日限、四五拾両六十日切、六七拾両七八十日切、百両百日切、

9 一家質利金、三(二)ヶ月滞候分ハ訴訟不取上、三ヶ月余(ママ)も於滞ハ済方申付ル、

10 一白紙手形ニて於致借金ハ、証文破捨、二三拾両過料申付ル、

11 一諸寺院ゟ什物・仏具・建具等、書入又は売渡証文ニて、金銀借り候当人証人共、咎申付、尤金銀(ママ)子済方も不申付、

12 一帳面ニ記置候借金、印形無之、附込帖書入有之共、無取上、

13 一日寄附込帖、其一日ニ大勢ゑ幾口も売懸候分、売場之順ニ附込候事故、印形無之候共、取(上)取済方申付ル、一日ニ壱両(人)之売口又は日数隔記候ハ、附込帖と申ニて無之付、無取上、

14 一先住之借金、当住不存旨雖申之、先住借金も有之ハ致入院間敷旨、不相断ニおゐてハ、当住又ハ証人ゟ為済之、

15 一車借銭・日なし銭、取上無之、品ニゟ双方咎申付ル古例、

16 (一無尽金、惣て仲間出入、無取上、)

17 一両人連判ニて金子借り請候処、壱人於相果は半金為済之、返金致といへとも請取書せ不取置、当人欠落致、無証拠たるに依て、残り壱人ゑ半金為済之、

18 一証文雖有之、貸金ニ候哉、代金ニ候哉、於不相決ハ、半金為(済)渡之、

19 (一) 通例之借金を奉公人請状ニ認、給金と申立といへとも、実は奉公人も無之、不埒ニ付、訴訟不取上、不埒証文致させ不届(ニ)付、為過料借金取上之、

20 一名主五人組印形無之ハ、家質ニ難立、借金ニ准ス、

21 一借金筋ニ付ては、店之宿(者)を家主ニ不預、

覚

一質地証文ニ、年季明不請戻候は可致流(地)由之文言有之分、年季明早速訴出候共、流地之旨申聞、請戻シ之儀申間敷候、

　但、期月ニ(至)、前広ニ訴出候ハヽ、取上可申候、

(一)右流地証文之直小作滞、訴出候節ハ、地面金主ヱ流地に為相渡、小作滞を捨(捐)ニ可申付、

　但、別小作滞ハ、通例之ことく日限可申付、

一質地証文ニ名所又ハ(名主)加判等無之候ても、享保十四酉ノ年以前之分ハ借金ニ准、元金小作共ニ三十日切申付候間、別小作滞も是又借金(ニ)准シ、小作(人ヱ)済方可申付候、

　但、高利ニ当り候ハヽ、直小作(別小作)共ニ、壱割半之利足ニ直し済方可申付、

一名田小作ハ、無判之帳面(ニ)記有之候ても、只今迄済方申付候得共、証文又ハ帖面ニ印形無之ハ、(地主)無(不)念候間、向後取上申間鋪候、

一帖面ニ付置候借金、印形無之候ハヽ、日寄附込帖ニ書入有之候共、取上(申)間敷候、

一附込帳は一日之内ニ大勢ニ幾口も売払(掛)候分、売場之順ニ書入候事故、印形無之候ても、取上裁許仕来、一日ニ壱人弐人之売口、又ハ日数隔記候様成は、日寄附込帖と申ニて無之間、取上申間鋪候、

一旅商等之帖面、其村之宿又ハ口入人之印形計取置、売懸候分ハ、向後取上間敷候、

一質地借金売掛等証文、不埒ニて無取上類、又ハ享保十四酉年以前之分も、近年之質(貸)(金)之様申出、裏判附之類有之候、右訴出候節、証文帳面等為差出相改、吟味可成分、初判可出候、只今迄も右之格ニ候得共、相談之上、弥右之通相改(極)候事、

右之通一座申合候、以上、

　元文三年午二月廿五日

評定所御定書　巻ノ三

十三（裁許破掟背）

1一裁許破（ママ）難渋之者、牢舎或ハ手鎖、裁許請可申旨於申
出は、赦免、
2一難立儀、強訴ニおゐてハ、閉門・戸〆、田畑取上所
払、或ハ追放・遠島、
3一先裁許於申紛ハ、戸〆・手鎖、或ハ過料・追放、
4一先裁許を疎致（ニ）付、於及再訴は、名主役取放、戸
〆或ハ過料、
5一地頭又は支配頭之背裁許、難立儀於致強訴は、戸〆・
所払・（過料）、
6一立合絵図、久鋪滞ニおゐてハ、牢舎、於致訴訟は赦
免、
7一追放・所払之御仕置於不請ハ、遠島或ハ追放、
8一掟を背、脇差帯候ものハ、脇差取上、手鎖、
9一町人百姓、刀を帯ニおゐてハ、江戸在所追放、
10一名主役被召上、浪人之由偽、帯刀（ニ）おゐてハ、追
放、
11一捉飼場ニてもち縄張候ニおゐてハ、過料、其所之名
主、戸〆或ハ呵ル、

12一捉飼場殺生人有之処、於不相改は、村中ヘ過怠鳥番
人、春ゟ秋迄、或ハ一ヶ年為勤之、其所之野廻り不
念ニおゐてハ、野廻役取放、捕候ものハ、御褒美金
五両被下之、
13一飼付之鳥追立ニおゐてハ、戸〆、或ハ追立候ものハ、
為過怠名主ぇ預ケ、見出シ候者ハ御褒美金被下之、
14一（隠）鉄炮於致売買は、田畑取上所払、口入人、過料、
名主組頭、不相改不念ニおゐてハ、過料、村中過怠
鳥番人申付ル、
15一御鷹場ニて隠鉄炮打ニおゐてハ、遠島、名主（ハ）田
畑并役儀取上、組頭ハ過料、村中は過怠鳥番人申付
之、鉄炮打捕候者は、御褒美銀弐拾枚、訴人之者は、
銀五枚被下之、
16一遊ひもの留置候は、名主役取上之、戸〆、組頭過料、
17一欠落者囲《カコイ》置候ニおゐてハ、過料或（ハ）戸〆、
18一願立候事を致願捨、在所ぇ於帰ハ、過料、
19一奉行所之申付（之）由、偽申ニおゐてハ、其品軽クハ、
過料、

20一度々差紙を請、不参候者は、其品軽ハ過料、或ハ過
怠として宿預ヶ、或ハ牢舎、
21一相手相果候を推隠、相手取裏判取之ニおゐてハ、過
料、
22一難立儀を於致強訴は、其品軽ハ、過料、
23一御代官・地頭ニて吟味之内、致直訴ニおゐてハ、過
料、
24一二重質取(遣り)候者ハ、過料、
25一神木たりといへ共、入念《(会)》之地ニて理不尽ニ伐採ニお
ゐてハ、神主逼塞、
26一他村之者、其村之者ニ成、出入ニ携、訴出ニおゐて
ハ、戸〆、
27一重禁制《(制禁)》之儀致といへ共、前方相延《(止)》ニおゐてハ、過料、
但、人殺盗賊等雖相咎《(止)》、境も無之事故、別段《(格)》、
28一戸〆《(其科)》雖無之、詮儀之節影を隠ニおゐてハ、戸〆、
29一目安裏判似セもの、由(申)、奪取ハ、田畑家財取上、
所払、
30一証人ニ人主請人之無差別、召抱候者ハ、戸〆、

31一押て縁組之儀申募ニおゐてハ、本人取持人共、手鎖、
所払、
32一追放之義を改《(存)》なから、御構(之)地ぇ差置ニおゐてハ、
所払、
33一御法度之宗旨をたもち、勤《(勧)》候出家頭取、遠島或は追
放・所払、改宗之者ハ、誓詞之上赦免、右(ニ)付、
仕方不埒之ものハ、戸〆・過料、
34一役人ぇ賄賂差出、其品軽ハ、手鎖或(は)役儀取放、
35一御成先ニおゐて、無筋訴状差上ニおゐてハ、所払、
36一出家・願人・座頭・穢多・非人、従
公儀、不及御仕置類ハ、其頭・触頭等ぇ夫々ニ引渡、
法之通可致之旨申渡之、
37一人殺之儀を内証ニて済候とて不訴出ものハ、所払、
名主ハ、役儀取上戸〆、組頭(同断)、内証ニて葬候
寺院ハ、閉門、
38一手負人を不訴出おゐてハ、五人組は過料、名主ハ戸
〆、
39一閉門赦免可申付之呼出候処、月代剃、(出)ニおゐて
ハ、又閉門、

40 一質不知セ置主ニも（置主ニモ不知セ）、証人ゟ質物於請返は、過料、

41 一割判も持参不致所、質物為請返おゐてハ、利金　公儀ぇ取上之、

42 一当分之事ニ証文致所、金主借金（之）代り、建家等無断卒爾ニ取壊ニおゐてハ、如元造作致為返へし、

43 一商売仲ヶ間之法を背ニおゐてハ、過料、

44 （一）口論之場ぇ出合、致（打）擲ニおゐてハ、身代限り取揚、所払、

45 一過料申付（候）者相果、悴於無之は、五人組ニ為出之、相果候届延引候は、名主押込、

46 一新規ニ祭を仕立、村々ぇ送り遣におゐてハ、頭取幷其村ハ（之）名主・組頭、追放之古例、

47 一無下知村々ゟ人足為差出雖遣、賃銭相渡におゐてハ、牢舎之古例、

48 一先触を書（違）、村々ニて無用之用意（等）為致ニおゐてハ、追放之古例、

49 一口（可）割（返）通分を其通致置故、及出入ハ、名主役儀を取上戸〆、組頭同断、

50 一師匠ゟ、弟子不埒ニ付、家業（構）候義心次第たるへし、

51 （一重キ事ニ付偽申触候類ハ、家財取上、江戸払或ハ重追放、）

52 一遺言（恨）を以かたわニ成候程疵付候者ハ、入墨之上遠島（国）非人手下ニ申付へし、

53 一偽もの（と）之儀を存なから、証人ニ立候者、追放、

54 一証文（之）宛所切、書替候者、借金過料（怠）として取上、

55 一証文（ニ）知人之名を記し、外之印形を押候之者ハ、重追放、

56 一出入（不）相済内は、論所ぇ立入間鋪候旨申渡候処、相背於立入は、過料或（ハ）所払、

57 一無証拠之義及強訴、剰差紙を以呼出候者（を）致相対不差出、奉行所を蔑にいたすにおゐてハ、追放、訴訟人と相対之上、不罷出相手は、過料、

58 一無取上願、書付を以委細申渡、重て願出候ハヽ、過料可申付旨申渡シ、其上ニて（も）於訴訟出ハ、（過料）、奉行所ニて不取上願、筋違（願）ぇ罷出、吟味之上弥不取上

願ニおゐてハ、再過料、
59一親子兄弟其外(之)親類ニ(て)も、御科御免之願、且
裁許之儀ニ付てハ(之)願は、別段之願ニ付、先は不及咎、
60一当人難願障も無之処、親類縁者之由ニて訴訟(状)差出候
共、当人願可申旨にて、無取上、
61一惣てもの、なましへ、異説虚説申触(候)申者は召捕、急
度御仕置、
62一廻船(ニ)植木庭石其外遊(ひ)山道具之類、積廻候事停止、
63一破船之節、取上荷物之内、浮荷物は弐拾分一、沈荷
物十分一、
但シ、川船は、浮荷物は三十分一、沈荷物は二十
分一、取上候者(へ)為取之、
64一品川湊之内廻船舟懸之内、小船乗、出シ買出シ売停
止、
65一人殺其外重科有之欠落者は、(其者之)親・伯父・女
房・悴等ニても、可懸者を牢舎申付置、其外之親類、
其所ヽ之名主五人組等ニ尋申付也、日限大概三十日
(限)或ハ五六十日(切)、百日切とか尋申付候、但、
廻国等ニ出可尋と申者無取上、
定法也、
66一科有之、逐電欠落致候者(処)、尋申付之義、主人ヲ家来、
親を子に、兄を弟に、伯父を甥(に)尋候様ニ不申付
67一尋之者不出候は落着難成とて、其一件差延置候ては、
構無之者之難儀(ニ)付、六ヶ月を限、不尋出ニおゐ
てハ、尋之者は過料、其品ニゟ相当(之)科申付、欠
落人は見当次第召捕可来、見逃シに致、外ゟ見出シ
訴出候は、猶又可咎旨(証文)申付、一件御仕置落着
申付、
68一火付盗賊惣て重科人之内(ママ)同類ニは無之、其者ニ衣類(被頼)、
住所ヲ隠し或ハ立退セ候ものハ、死(戸メ)罪、
69一欠落人之給金は、済方請人ゑ申付、若シ於滞は身代
限り申付、
70一取逃引負等之欠落者、請人ゑ三十日限尋申付、不尋
出ニおゐてハ、請人身代之様子ニ寄、過料軽(重)クも申
付、欠落は六七度ニ及、尋出さす請人は、為過料身
代四五分或ハ二三分、相応ニ取上ル、若奉公人と馴

合、不尋出におゐてハ、其請人御仕置申付、落着(欠落人)ハ
尋出シ、取逃物売払候は、買主ゟ為戻、金子持セ(抔を)
(遣)捨候事分明ニ候ハ、はすたり、尤請人ぇ給金計
済方申付、但、請人ゟ下請人ぇ懸り願出ニおゐてハ、
下請人ぇ二十日限申付、惣て請人ゟ済方(候)金子、請人・
人主ぇ両人ニ申付之、済方不埒ニおゐてハ、両人共
(に)身代限り申付、但シ、武士奉公人、人主ニ取置
候共、済方申付ル、

71 一取逃引負之儀、請人兼〻存知候様子ニて候は、急度
遂吟味落着次第、請人御仕置申付ル、

72 一右之類、請人欠落致候ても、請人欠落以前ニ家主ニ
預ヶ置、其品訴(断)於有之ハ、請人之可済金、過料共ニ、
家主ニ申付ル、尤主人ゟ請人を家主方ぇ召連参預ル、
但、家主欠落者之店請人ぇ懸り度旨願出候共、不
取上、

73 一請人欠落以後、主人ゟ断有之候とも、無取上、

74 一取逃引負(之)欠落者、主人見合ニ本人を召連来ニお
ゐてハ、取逃者ハ前ニ有之通申付、右欠落者、当宿有
之店請人取置候者、(ハ、)不慥(成)者之店請ニ立候品前(を)以、
過料、当宿店(請)も於不取上(置)は、尤当宿過料、(右)
取逃引負致候者、御仕置申付ル、

75 一奉公人之請ニ立候者出入は、(其)家主引請取替(立)相済、
当人は致店立、又は門前払ニ成ル、其以後当人重て
之住(所)宿見届、元家主(右)立替於相済ハ、当人身代限
申付、当家主ぇは、尤済方不申付、店賃滞候者を店
立いたし、追て相懸り候共、前条之立かへ金子ハ
(訳)違候付、相対次第申付之、

御評定所定書　巻ノ四

76 一引負金百両(以上)以下共ニ、当人并親類又(ハ)可弁
筋之者ぇ(弁金)申付、少(〻)も相済候上(ハ、)、引負人其
分ニ差置、其者身上取立候節、主人願出候様ニ申付、
身上取立候段、主人於願出は、当人身代限り弁させ、
身上持候度(〻)幾度も弁させ候事、

77 一引負(人)之親類其外ニも、弁金致候者無之、当人も
可済手立も無之者は、五十敷百之たゝき追放申付也、

78 一引負人を請人ぇ預置、欠落致させ候ニおゐてハ、其
請人分限（ニより）幷ゟ多過料、

79 一軽キ者養娘致、遊女奉公等ニ出し候儀、実方ゟ願出
候共、無取上、実子養子之無差別、親（之）仕方法外
成義も無（有）之、子格別之難儀之筋於取計は、吟味有之
也、

80 一寺社之訴訟人、可届所ぇ不断して願候類ハ、無取上、
但、本寺触頭之悪事又は非儀之申付等ニて、再応願
候ても不叶時、奉行所ぇ願出候へハ、品ニより吟味
有之、

81 一遠国之者、御当地ぇ参、無宿（ニ）成、科無（之）類は
勘当・領主構之無差別、領主ぇ渡ス、家来之召仕、
道中荷物（持）ニ成候共、又ハ御当地ニて召仕、之（其）内
欠落致候共、其通之旨申渡引渡ス也、

82 一酒狂ニて人ニ疵付候者ハ、其主人ぇ預置、疵平癒次
第、疵之多少ニよらす、療治代中小姓（躰）は銀弐枚、
徒士は金壱両、足軽中間は銀壱両（枚）指出させ、疵（被）
附候者ぇ為取之、但、療治代難出者は、刀脇差取上、
被附疵候者ぇ為取之也、

83 一酒狂（ニて）人と（を）致打擲候者ハ、身上限り諸道具取上、
打擲ニ逢候者ぇ為取之、但シ酒狂之儀、主人ぇ断申
候節、欠落と申立候共、主人方を罷出三日之内ニ候
へハ、欠落ニ不相立也、

84 一酒狂ニて諸道具を損さし候者ハ、過料出させ、損失
之者ぇ為取可申、軽キ身上之者ハ、身代限申付也、

85 一酒狂ニて自分と疵付、外ニ科無之者は、疵不及養生、
早速主人ぇ引渡ス也、

86 一酒狂乱気ニて人を殺候共、下手人、但シ至て軽キ者
を殺候ハヽ、品ニより御構無之、但シ主殺・親殺た
り共、乱気ニ無紛候ハヽ、死罪（一通り）、自滅致候
者、死骸不及塩積（詰）取捨之、火（を）付、乱気ニ紛無之（之証拠不分
候ハヽ明ニ候は）、死罪、乱気証拠分明（マヽ）ニ於無紛は、常之乱心
之通申付也、

87 一百姓町人口論之上、相手理不尽之仕方ニて、不得止
事相手を殺候時、相手（方）之親類幷其所之名主年寄
等、右被殺候者、平日不法者ニて申分無之（ニ）付、

下手人御免之儀願出申所、於無紛ハ、下手人ニ不及、追放、但シ武士奉公人ハ、其主人願無之候得共(は)、(不)差免、

88 一重キ追放、御扶持人ハ御扶持上り、家屋敷・家財共ニ闕所、在方町方(ハ)田畑・家屋鋪・家財共闕所也、

89 一改易・中軽キ追放、御扶持人ハ御扶持・(家屋敷)上り、家財無構、在方町方ハ田畑・家屋鋪(上り)、家財(無構)共闕所、

90 一田畑取上候者、科重キハ田畑・居屋敷共取上、科軽キハ田畑計り取上、家財(屋敷)ハ不取上、(家)屋鋪計持、田畑無之者は、重キ過料、

91 一夫科有之、田畑取上ニ成候得は、妻之持参田畑も一所ニ取上ニ成、金銀(子)抔持参候得ハ、当座ニ遣捨り候故、妻方ぇ不戻、但シ妻之名所ニて有之分ハ、可為格別也、

92 一身代限、居宅并蔵・屋鋪(家財)共不残取(上)之、他所ニ家蔵有之分、諸財物は取上、家蔵は無構之、

93 一科重候て、科(過料)之上戸〆、入墨之上擲(敲)、或は追放ニも二重(ニ)御仕置可申付也、

94 一過料、身代も(と)科之軽重ニ応し、過料員数増減可申付也、

但、至て軽キ者、過料を難出は、手鎖申付也、

95 一牢舎申付(候)者を最初ゟ溜へ不遣、病人・行倒(者)は格別、

96 一平日之出火之咎、火元、類焼之多少ニ寄三十日歟二十日歟十日押込、

97 一大火之咎、火元五十日手鎖、火元之地主、屋鋪沽券(金)十分一之過料、火元(之)家主、三十日押込、風上弐町、風脇弐町(ママ)左右弐町、合六町、過料、

98 一御成之節出火之咎、火元五十日手鎖、火元(之)家主三十日手鎖、月行事三十日押込、火元之家主地主(ママ)屋敷沽券金十分一(之過料)、但シ所之者早速消留メ候得共(は)、火之元之当人計、五十日手鎖、寺社門前町屋、其所買請又ハ借地致、町屋敷建置候者ぇ、右之通過怠申付也、

99 一火を付候者捕来、訴(人)ニ出候者ハ、御褒美銀三拾

枚、幷捕候同前之者ハ、銀弐(拾)枚被下之、

100 一男女申合於相果は、死骸ハ不及弔取捨、一方存命ニ候ハヽ、下手人、双方存命ニ候ハヽ、三日さらし非人之手下ニ申付、主人と下人申合相果、下(主)人存命ニ候ハヽ、下手人に不及、非人之手下ニ申付ル也、

101 一隠し遊女商売候者を、店ニ(差)置候ハヽ、其屋鋪幷(家財)・家蔵共ニ取上之、遊女商売致候当人・家主共ニ、家財取上、百日手鎖、地主(ハ)外ニ罷在、(家主計差置)候共、右同断、寺社門前も如斯也、

102 一百姓町人一分ニ懸り候事ニて、何卒仕方も可有之儀を訴出、御家人知行御切米被召上候程之事ニ候ハヽ、其百姓町人科無之候共、其通ニは難成かるへし、相当(之)咎有へし、

103 一旧悪之儀、御仕置ニ可成候得共、重キ盗或ハ人殺等之品抔、たとへ相止候得とも、さかいも無之候事也、浮(渡)世之為に悪事致シ一旦、其後不宜事と存、相止候段分明ニ付てハ、其品(を)立、過料又ハ相当之咎を申付也、

104 一主殺・親殺之科人之子共ハ、伺之上申付ル、親類は構無之候得共、所え預置、本(此外)人落着之上、右之悪事企不存旨相決ニは差免、但シ火罪・磔等ニ成候者共之子共、無構、右は町人百姓其(外)軽キ者共(之)事也、

105 一拷問之事、致悪事候証拠慥ニ候得共、当人白状不致者、又ハ科は未相極(決)候得共、外ニ悪事有之、分明ニ相知、其科計ニても可被行罪科者、右之外ニも詮議之上其品少シニても手筋相決(聞)候て、其品ニ寄拷問申付、但、差口計ニて証拠慥ニ無之、又は怪鋪存候一通ニては、不及拷問也、

106 一盗ニ入、刃物ニて家内之者え疵付候者ハ、(疵之)多少ニよらす、此類獄門也、

107 一盗ニ入、刃物ニてハ無之、何品ニて成共、家内之者え疵付候類ハ、死罪、右両様(共)、盗物ハ持主え相返候共、右之通申付、但し忍入候者(共)、巧之儀ニも無之、其品軽くハ、入墨之上重キ追放(敲)、

108 一手元ニ有之品を不斗盗候類ハ、直段ニ積り金子拾両

位、都合（て）此類は百擲（敲）或は五十擲（敲）、其品ニ寄、入墨之
上追放、

109 一盗物と不存買取反物、其外之類ニても、其色品ニて
所持候ハ、、勿論取返、被盗候者ぇ可相返也、

110 一盗（人）取り候物買取代金、盗取遣捨候ハ、、買取候者可
為損金、盗人之雑物を以、右之代金可為償、尤代金
所持候者（ハ、）、買取候者ぇ可相返也、

111 一盗ニ逢、其盗人を捕来候ハ、、被盗候品〻、何方之
者買取候共、勿論取戻シ可相渡、若其品手前ニ無之
候ハ、、買取候者より右代金償セ、盗人捕来候者ぇ
可渡也、

112 一金子拾ひ候者訴出候ハ、、三日さらし、主出候ハ、、
金主ぇ半分(相渡し)、残ル半分ハ拾ひ候者ぇ為取之、
反物類ニて候は、其品不残主ぇ相渡シ、拾ひ候者ぇ
ハ、落シ候者ゟ相応之礼申付（可致候）也、

113 一落し候物之主不相知候ハ、、半年程見合、弥主不出
候は、拾ひ候者ぇ不残為取之、

114 一悪事有之者を捕候歟訴出候時、(右)悪党之者方ゟ召
捕訴出候者も悪事有之由申掛候得共、猥ニ不相糺、
若本人ゟ重キ悪事を証拠ニ於申ハ、(双方詮議有之、
惣て罪科之ものを訴出におゐては)、同類たり共其
罪を(被)免候事ニ付、可有作略也、

115 一町方火札張紙等之事、右は畢竟先ぇ難儀を懸可申為
之事（を）ニ偽之品（候）ニ候間、其所ニて名主火中可仕、然共、
致張紙候者を見届ヶ候は、召捕可差出、右風聞之義
ニ付、言立られ候者を店立(致)ニおゐては、店立（店借）られ
候、（可申出）可訴出事相触きかすへきなり、

116 (一重科人死骸塩詰之事、主殺・親殺ハ死骸塩詰磔、
此外之科ハ、死骸塩詰ニ不及、関所破り・重キ謀事
之致し方ニ依て、塩詰磔ともなるへし、)

御評定所御定書　巻ノ五

117 一追放構国〻所〻、重キ追放、関東八ヶ国・山城・摂
津・駿河・甲斐・尾張・紀州・堺・奈良・長崎・東
海道・木曽路筋

118 一中追放、江戸拾里四方・京・大坂・(堺)・奈良・伏

見・長崎・東海道（筋）・木曽海道（路筋）・日光道中・（甲
府）・名古屋・和歌山・水戸

119 一軽キ追放、江戸拾里四方
但、御構之（国ミ）書付渡之、

120 一評定所ニて追放申渡時ハ、御小人目付、町同心立合（会）、
常盤橋御門迄連行（追放）、屋鋪ニて追放ハ、徒士足
軽召連、

121 一死罪仕置除日之儀、急度御定無之、御精進日其外御
祝儀事等有之日ハ、心を附相除、定日御精進日幷朔
日・十五日・廿八日・節句之外、相除分左之通、

正月廿一日　廿二日
五月六日　廿八日
御誕生日　六月四日
閏七月十五日夜
十月廿一日
十一月三日　六日　廿七日
十二月廿一日　廿八日

122 一過怠又ハ吟味之内手鎖逃（外）シ候者ハ、品ニ寄、死罪或
は遠島・追放、被頼逃（外）シ候者、右同断、

123 一死罪（ニ）可成者、致欠落、其身ゟ奉行所ぇ出候ハヽ、
一等（を宥）、遠島、

124 一入牢之者、吟味之上科無之付（ニ）相決候所、牢抜出にお
ゐてハ、遠島也、

125 一地頭ゟ追放ニ相成候処、放（於及）強訴は、遠島、

126 一重キ事（ニ）付、跡方も無之儀を於申懸ハ、家財取上
所払、或ハ重キ追放・遠島、軽（キ）義は過料、幷過
料滞ニおゐてハ手鎖也、

127 一出家ニ密通候（之）由、不憶成義申掛ニおゐてハ、追放古
例、

128 一押て密会致し候出家、死罪、女ハ得心之儀無言（之）とい
へとも、不埒ニ付髪を剃、親類ニ渡之、

129 一御代官・地頭ぇ背ニおゐてハ、其品軽クハ過料、申
合所を於立退は、過料之上戸〆、其品重クハ追放、

130 一御代官を背、（所を立退）、私領城下ぇ相詰、於致強
訴は、頭取は獄門或は死罪・遠島、

131 一出家ニ不似合不調儀ニ携ぇ（り）、品ミ於申出は袈裟取上、

132 一養父同前之者ゑ不慥成(儀)を(於)申掛ハ、手鎖、
133 一親殺害ニ逢候時、外ニ隠レ居候悴は、遠島、
134 一下女自分として首縊相果候を、女之親類共、主人を
盗人に申成、下手人之儀於致強訴は、獄門、
135 一水帳を押隠し、過米於取立ハ、名主ハ死罪或は遠島、
136 一百姓之下女致密通ニ付、両人共(ニ)主人相殺(切)といへ
とも、百姓ニ不似合仕方ニ付、戸〆之古例、
137 一主人之女房伏(臥)居候所ゑ忍ひ入、(又ハ)艶書を遣ニお
ゐてハ、死罪之古例、
138 一主人之後家と下人、致密通ニおゐてハ、追放之古例、
後家・下人共
139 一妻下人と致密通おゐてハ、下人引廻シ之上獄門、妻
ハ引廻シ(之上)死罪、
140 一妻(妾)不作法致ニ付、男女共切殺といへとも、妻ニ不
作(極)法ニおゐてハ、妻之敵打とは難申ニ付、追放之古
例、
141 一下人ニ不作法之儀申付候主人、品ニ寄遠島、
142 一致方も可有儀を、卒忽之仕方ニて及殺害は、遠島又(或)
は追放、
143 一預り候林を兄盗伐いたし、剰御林守ゑ打懸候付、弟
不得止事打殺といへとも、兄ゑ対し卒忽ニ付、追放、
144 一女房欠落致し、又外之者と夫婦ニ成ニおゐてハ、新
吉原ゑ永ク被下之、
145 一主人之娘を、申合ニて誘出ニおゐてハ、所払、
146 一夫有之女、奉公之内傍輩と致密通おゐてハ、(男)女
共ニ死罪、
147 一夫有之処、外之者と夫婦ニ成ニおゐてハ、死罪、夫
有之を男ハ不知(存)といへとも、追放之古例、
148 一煩はやり候由虚説を申出、札并無実之薬法を致流布
におゐてハ、引廻之上死罪之古例、
149 一主人之女房と密通之上、右女を可切殺と元主人方ゑ
踏込候者は、引廻し之上獄門、女は死罪、
150 一抜身を持居候者を、踏込捕候ハヽ、御褒美被下、
151 一主人之妻と致密通候処、下人助命之儀、夫願出(ニ)
付、非人手下ニ申付ル、女は新吉原ゑ年季無限渡、
152 一下請状致謀判候者は、死罪、

153 一御構之地ぇ立帰候ハヽ、死罪・遠島、人を切殺候者
は、獄門、
154 一謀判を見逃ニ致、礼金等を取候者ハ、獄門、
155 一軽キ御扶持人、獄門ニ成候時、悴追放、
156 一盗可致ため、古主(の)屋鋪ぇ忍ひ入候者ハ、死罪也(入墨之上重キ追放)、

御評定所御定書　巻ノ六

157 一組下之者、博奕之宿為仕、宿銭之内取立、剰御代官
ゟ呼使之家来を、大勢罷出打擲致所、不差留、誠(殊ニ)乍
存不訴出、其上頭取候者を指図致、欠落為仕候名主
は、於其所引廻之上、獄門、
158 一博奕宿仕、剰自分儀留守之節、右呼使を打擲及騒動
候処、不訴出もの、獄門(死罪)、
159 一対伯父無筋儀申出ニおゐてハ、死罪、
160 一辻番人、博奕之宿いたし、捨物を不訴、私(曲)ニ仕
者ハ、引廻シ遠島或は死罪、
161 一町人大小を指、奉行所ぇ巧仕ニおゐてハ、引廻シ獄
門、
162 一盗物と不(乍)存、売払又は質物ニ(置)遣候者ハ、死罪、
163 一橋其外金物等を盗取候者、入墨之上重キ追放、
164 一謀書謀判、似せ金銀致候者、引廻し獄門或は磔、
165 一武家之供ぇ突当り、或は雑言等申者は、追放、
166 一重キ科之者も、悪党(もの)を指口致ニおゐてハ、遠
島、
167 一横取金償、不埒之者、死罪、
168 一武家方家来、町人を切害立退候者、同家中ぇ尋申付、
疵平癒候共、親類ぇ療治代申付也、
169 一主人之妻(之)母切殺、密通之上之由雖申込(之)、無証拠
ニ付、引廻シ死罪、
170 一女房ニ疵付、平癒候は(共)、理不尽ニ付、門前払、
171 一軽キ事(ニ)付、似セ手紙認候者ハ、家財取上所払、
172 一前方ニ科有之、追放ニ成候以後、御構之場所ぇ致徘
徊、(其上)ゆすり事致ニおゐてハ、一等重可申付者
ニ候得共、博奕之儀依致訴人、本之如く追放、
173 一御家人死罪ニ候得ハ、子は遠島、
但、女子ハ親類ぇ永預ヶ、

174 一浪人村〻え廻り、無謂合力を請、旅籠銭等も不払、
村継人足を乞、召連通るニおゐてハ、獄門（重追放）、
175 一密夫と申合、本之夫を於致殺害は、女房は引廻之上
磔、密夫ハ獄門、
176 一重キ科之者、於牢死ハ、不（ママ）致死（ママ）罪骸磔、
177 一被殺害候者を致頓死候分ニ、不訴出ニおゐてハ、兄
弟其外名主（等）ハ、重キ追放、（其外ハ所払、）
178 一証拠なき儀申募、本寺触頭之申付を不用、第一人殺
を火附盗人（賊）と申掛ニおゐてハ、出家ハ脱衣追放、

評定所都合六巻終

右之通御評定
大御所様御代御当代御定書三百七拾余ヶ条は、元文二
年巳十一月、三奉行窺之上記之、
京・大坂・奈良・堺・伏見・長崎・佐渡・駿河・日
光、諸御代官所迄申達候御定書巻六冊之写、
寛延元年

【参考】対校本などの奥書

1「評定所御定書」（国立公文書館内閣文庫蔵「雑留」第十四冊所載）
右三百七拾余箇条は、元文二年巳十一月、従三奉行
窺之上、評定所之御定書也、

2「御評定所御定書」（実践女子大学図書館奥村藤嗣文庫蔵）
右之通御評定　上様自代御当代御定書三百七十余ヶ
条ハ、元文二巳十一月、三奉行窺之上記之、
宝暦四年酉五月廿五日
右此本ハ相州大島村、中里平十郎殿ヨリ借用写之
ト有、

3「評定所御定書」（著者蔵）
右三百七拾余ヶ条は、元文二年巳十一月従
三奉行窺之上、評定所之御定書也、
寛保三年亥五月

4「庁政談」（『近世法制史料叢書』第三、昭和三十四年、創文社所載）
右三百七拾ヶ条は、元文弐年巳十一月三奉行伺之上、

評定所之御定書也、此書物他見不成者也、

5 「元文秘録」（神宮文庫蔵内藤耻叟旧蔵本）

右三百七拾弐ヶ条、元文弐巳年十一月従
御奉行所窺之上、所定之御定書也、

三　「評定所御定書」から「公事訴訟取捌」へ移行途上の法律書

「評定所裁許之写」（著者蔵）――論考篇第二部第一章の史料（その三）

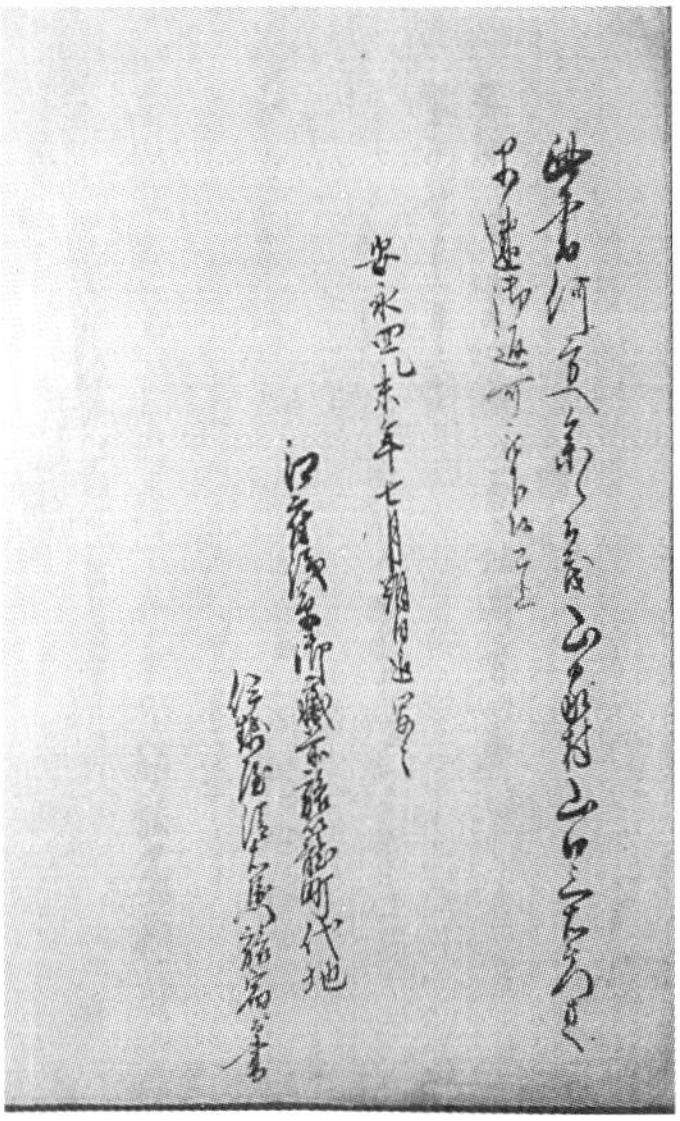

「評定所裁許之写」奥書（本書119頁）

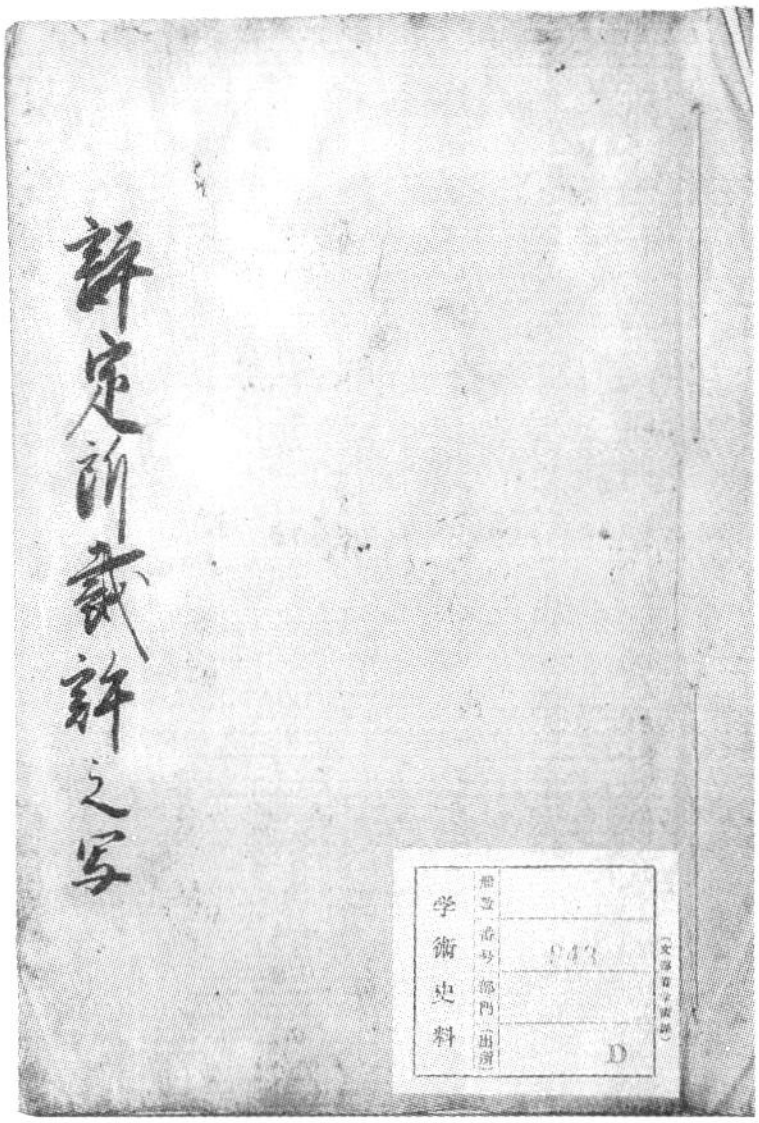

「評定所裁許之写」表紙

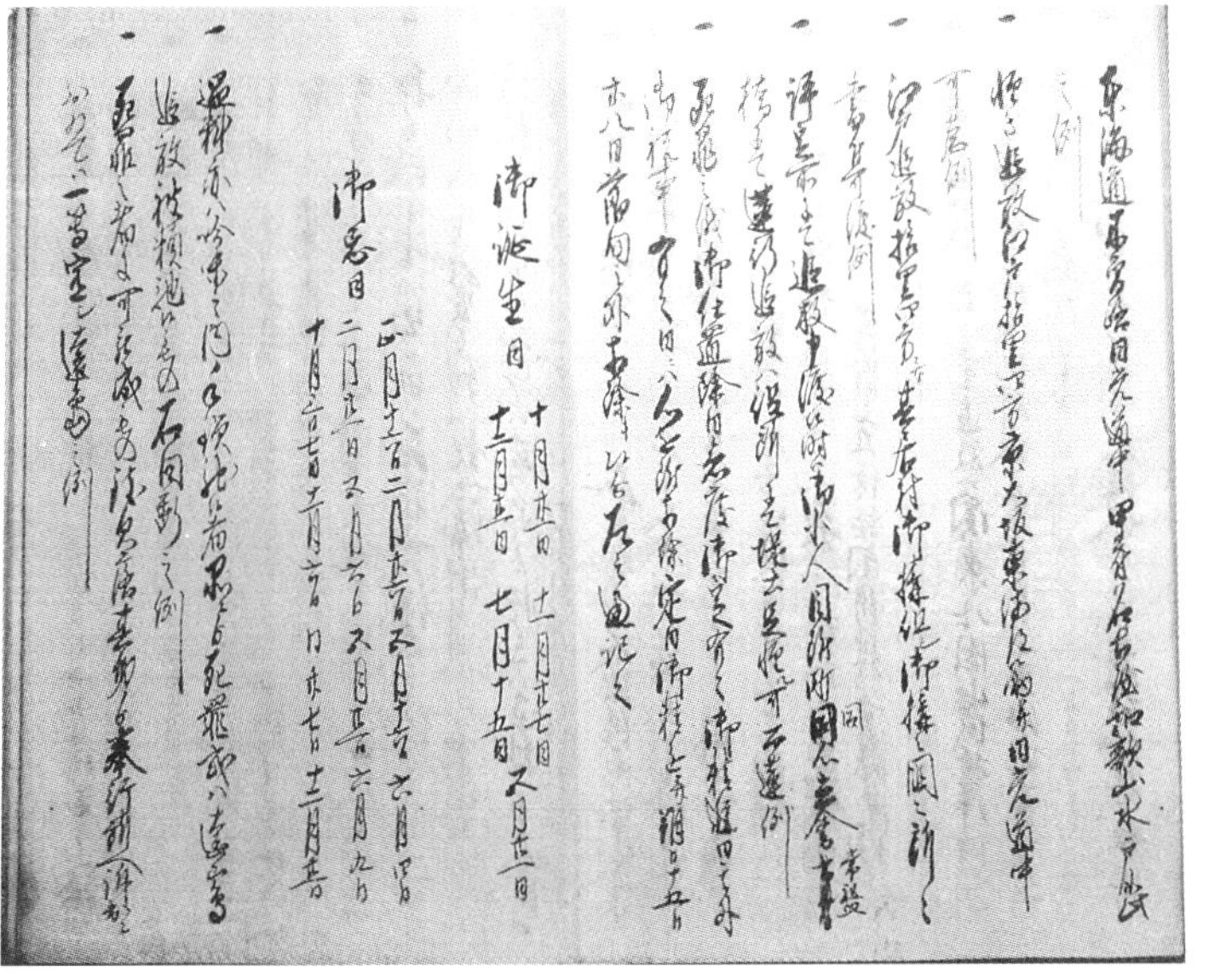

「評定所裁許之写」十三　裁許破り掟背其外御仕置者大概（本書111～112頁）

《史料翻刻》　凡　例

一　本章は、論考篇第二部第一章「「公事訴訟取捌」の成立――「公事方御定書」に並ぶもう一つの幕府制定法――」の史料として、左記を翻刻するものである。

「評定所裁許之写」一冊（著者蔵）

一　「評定所裁許之写」一冊は、縦二四・四糎、横一七・三糎の半紙本にして、墨附四五丁であり（表紙を含む）、半丁に一一行で書写する。その表題は、共表紙の打付書による（口絵参照）。本書は、出羽国村山郡山家《やんべ》村（幕府領、現山形県天童市）の名主山口三右衛門（友昌）の旧蔵書である。三右衛門が江戸滞在中の安永四年（一七七五）七月、浅草御蔵前旅籠町代地の伊勢屋清右衛門宅において書写したものである。

一　本書にはその表紙に文部省学術課の蔵書票が貼付され、八四三の番号が与えられている。しかも『出羽国村山郡山家村山口家文書目録』（昭和三十三年、史料館編刊）に登載されているので（一頁、法令の項）、本来は国文学研究資料館の所蔵本である。しかし、いつしか館外に流失したらしく、近年、古書肆を通じて入手した。

一　翻刻にあたっては、一「御評定所御定書」および四「公事取捌記」を用いて校合を施し、（　）をもって示した。

一　「評定所裁許之写」は、二の「評定所御定書」と四の「公事訴訟取捌」との中間に位置する伝本である。すなわち、増補が中途の段階にある写本なのである。傍線を施した部分は、「評定所御定書」を増補した法文および規定である。また本書は、一の「評定所法規集（仮称）」を参照しており、二の「評定所御定書」が継承しなかった十四箇条中、九箇条を復活させている。その法文には二重傍線を施した。

三　「評定所裁許之写」（著者蔵）

（表紙）

評定所裁許之写

一　公事訴訟取捌

1 一従関八州申出公事、御料私領共、御勘定奉行初判、関八州之外も御料之分ハ右同断、但、大岡越前守御支配之分ハ、越前守初判出之、

2 一関八州之外私領之分ハ、寺社奉行（初判）、但、関八州之内にても寺社奉行之分ハ、初判右同断、

3 一五畿内・近江・丹波・播磨国ハ、京・大坂町奉行ゑ訴出ル、但シ右国〻ゟ餘国ゑ掛ヶ候出入ハ、寺社奉行ゟ初判出之、

4 一町奉行支配町〻之出入ハ勿論、江戸之内寺社（奉行）支配之者ゟ町奉行支配之者へ掛ヶ候出入、亦ハ勘定奉行初判出候（江戸）町はつれ近在（〻ゟ、江戸）之者へ掛ヶ候出入共ニ、一座之裏判不（及）出之、双方（之）家主・名主・組頭・（五人組）立会、来ル幾日迄（ニ）可済、於不相済ハ幾日迄に可罷出旨（ママ）、其筋役所

之押切裏判《（書）》出ル、其上にて評定所へ出ル、

5 一地頭違亦ハ同《（一）》地頭之内百姓出入、両方共ニ地頭ゟ断有之、其上ニて取上ル、但《（且）》（一）地頭之取捌ニて可済事之儀は、地頭へ申談、其上ニても不相済候得は御取上ヶ、

6 一御料所之百姓出入、其所之支配人添状無之分ハ、不取上ヶ、

7 一御料所之百姓出入ハ《（マヽ）》、其所之支配（人）何れ之訳ヶも（なく）押置候歟、或は訴訟《（裁許）》次第難請、再応願候ても無御取上、御奉行所へ訴出、支配人心得違之趣相聞候上ハ、支配人御奉行ぇ申談宜取計、其上ニても訴訟人不致得心候ハヽ、奉行所ニて裁許申付候、

8 一私領之百姓、地頭ぇ願出時、久敷不取上、或は裁許之次第難請、再応願候得ても取上無之、奉行所へ於訴出は右同断、

9 一奉行所諸役所幷於私領、（前ミ）裁許有之候て公事済《（マヽ）》候儀、歴年月、右裁許非分之由ニて再（応）吟味願（出）候共無取上、然れとも、訴訟方ニ慥成証文等有之、相手方ニハ証拠無之、（先）裁許必定過失と相見ぇ候ハヽ、窺之上ニて詮議可被掛、若又証拠於《（双方）》有之は、再吟味之願無取上ヶ、但、（相手方不尋して不叶儀も候ハヽ、其所支配人或は地頭ぇ）一通（り）相尋、猥ニ相手不召呼出候事、

10 一再吟味之願理分（ニ）聞候共、双方対決（之）上ならてハ理分難相決、亦は検使不遣候迄《（て）》ハ（不）分明之儀（は）、慥成証拠無之故ニ候条、再吟味無取上、右は惣て訴訟人（之）願ニゟ再吟味之事ニて、於奉行所ニ評議之上、前ミ裁許相改候儀は格別也、

11 一重キ御役人幷評定所一座、知行所之出入ハ、窺之上裁許申付ル、（但）、大目附以上也、質地借金之公事ハ、定法有之故不及窺ニ、

12 （一）論所見分裁許、伺帳（ニ証文）之内（文言）、又は文言等入念ヲ《（マヽ）》、《（古キ）》右帳面を以証拠ニ取《（引）》候事之員数或は古絵図（ニて）極候儀は、右絵図入用之所計り小絵図ニ記、見分之絵図にて白《（も）》紙を以附紙之内訴訟方相手《（肩ニ）》方へとくと《（ゟ抔）》夫（ミ之）趣号《（題）》書記、

13（一忌中之時、立合内寄合出座之儀は、父母之外忌中
は、たとへハ廿日之忌中は）七日立候得は出座之事、
右拾三ヶ条、国郡境論弐拾弐ヶ条也、

二〔国郡境論〕

1一国郡（之境）、川附寄之例不用、
2一国（郡）境ハ、官庫之外《（ママ）》絵図或は水帳次第、
3一官庫之絵図（ニ）国郡之境之山を双方ゟ書載、双方共
（外ニ）証拠於無之ハ、論所之中聞《（央）》可為境事、
4一国郡之境、峯通り（ゟ）谷合見通可為境なり、
5一官庫之絵図、論所を半分雖載、一方ハ全載之、外ニ
も証拠於有之は、勿論全載ル方理運可為事、
6一国郡境山論、水分（之）峯通り限り境たり、
7（一）先年之裁許絵図掺損《（朽）》、仕置《（直）》度ゝ《（ママ）》之於由訴出ハ、
相手（之）絵図相渡し可為写旨、訴状裏書一座之印形
をして遣、何之裁許書ニても右同断、

三　山野入会村境論

（※編者注、この項目名は前項の第6条に続いて書写されるが、ここに移動した）

1一双方証拠於無之ハ、大道筋或ハ川之中央、（又は）峯
通谷見合《（合見）》通り《（し）》、水帳次第右《（古）》田畑等之境なり、
2一死馬捨場等ハ、村境ハ《（之）》不及沙汰、近村入会たるへき
事、
3一内山居林等へ、地元之外ハ（入会）禁之事、
5一入会ゟ数拾年新開雖致之、地頭《（元）》ゟ於訴出ハ《（ママ）》後ニハ不
及荒之、年貢ニ《（ハ）》地元《（之）》ゟ村ゑ入会（より）可納事、
6（一地元たりといふとも、近来之新開新林等可為荒之、）
7一入念《（会）》之場所へ之道たり《（多し）》といふ共、敢て入会之証拠不
用之候事、
8一名田同意之茅野等、地主不得心之上（ハ）、外ゟ新田
等願出候共、無謂《イハレ》外へハ不免之事、
12一他之入会之場ゑ何成共《（紛入）》、於苅取は、過料、
（※編者注、本条は本来、第11条の次に配列されるべきか）
9一入会ニて無之草札等之場ハ、村高《（田）》（ニ）応し苅取之、
10一入会之野、新（開）発等ハ、高ニ応し割合之、

4一内山之境雖無之と、地頭《(元)》之古田等於有之ハ、可為山《(内)》
内《(山)》事、
11一新開立出シたりといへとも、理不尽(ニ)於苅《(ママ)》取《(伐)》荒
ニハ、過料、
(※編者注、本条は本来、第3条の次に配列されるべきか)
13一秣場へ(之)仮橋、他之往来禁之、
14(一)雖別村(ニ)分、官庫(之)絵図郷帳次第可為候事、
16一地元ゟ土手築之由雖新古(争)と、入会之場之障於有《(無)》
之ハ、有来之通差置、尤重新規之儀可禁之事、
15一畑廻り之秋《(秣)》場ハ、畑囲久根中間《(央)》より内外へ壱尺五寸
宛、都合三尺餘《(除)》之所《(ママ)》秋《(秣)》苅取之、
(※編者注、前条と本条は、配列が転倒か)

四　魚猟海川

1一川ハ附寄次第、流等随ひ《(に)》中夫《(央)》境たり、
2一川向に有来ル地面ハ、任先規、飛地(ニ)可進退之、
3一魚猟藻草、中央限り可為取之事、
4一藻草(に)役銭之儀(無之)、猟場(之)無差別、地元次
第ニ取之、藻草に障おゐてハ、新規ニ魚猟禁之、
5一御菜鮎幷運上納ニおゐてハ、河通他村前ミ《(之)》無差別、
入念《(会)》鮎猟致之、無役之村は村前ニ可限之事、
6一魚猟入会之場亦《(ママ)》ハ、国境之無差別取之、
7一藻草、漁《(魚)》猟(場)ニ於障ルハ禁之事、
8一磯猟ハ地付(根付)次第、沖ハ皆入会之事、
9一小猟ハ任近浦之例、沖猟於願ハ新規免之、
11一浦役(永)於無之は、態《(ママ)》居村雖為前之浦、魚猟禁之、
10一浦役永於有之は、他村別《(前)》之浦魚猟たりといへとも、
入会の古《(ママ)》例《(多)》なし、
(※編者注、前条と本条は、配列が転倒か)
12一船役永ハ、沖猟或ハ荷船繋《ツナキ》役候事、
13一海境之分木ハ、弐本立る例多し、壱本ハ可為浜境、
之《(ママ)》(壱本ハ)網干場境なり、
14一運上船之役《(改)》ハ、磯ゟ沖より《(へ)》凡壱里程限之、
15一関東筋之鰒縄、(諸)猟之妨ニ付停止之、
16一壱本針ニて鰒釣候事ハ、禁外たり、
17一鰒《(鮫)》猟は、拾四(五)町之内ニ可限之、

18一入海ハ両頬中央に限之、村前と《(は)》村境ハ《(之)》見通可為境候、

五　〔田畑埜論〕

1一御朱印地境之内、数年百姓開来之田畠幷家居等、可為有来通、年貢ハ任先例、越石等ハ其寺社領ぇ収納、夫ゟ越石之地頭へ可為納之事、

一鰒《(鮫)》猟、拾四(五)町之内可限之、

(※編者注、この法文は前項第17条と重複)

2一川附寄之事、大水ニて自然と川瀬違、高外之新田(地)亦ハ見取場・小物成之場・(秣場)・川原・野原地等之無高之地等《(所)》ハ、附寄次第也、然れ共、川附《(除)》等之仕形ニ依て分ケ、手段を以川瀬《(筋)》違候類ハ、附寄之例を不用義も有之事ニ候、依て新堤ニ築出候《(等)》、其村之勝手ニまかせ、川中ぇ仕出シ候事制禁たり、勿論高内之分ハ、附寄(之)不及沙汰ニ、川向ひ之附寄之地を飛地《(に)》等進退申付候定法なり、

3一本田高之川欠ハ、不及附寄(之)沙汰ニ、地を先《(先を)》限り川向ひの附寄之地を欠地ニ応し反別、飛地之積りニ渡之例、

4一御朱印地反《(ママ)》畝歩不足之類、数多し《(く)》依有之、訴訟不取上之例、

5一御検地之地先見取場等、地頭ゟ雖為附寄、証拠於有《(無)》之は、地頭へ取上之年貢ハ、可為御蔵(入)候事、

6一他之地先を於切開《(囲込)》ハ、為返之、仕方不埒ニおゐてハ、不納之年貢可為納候例、

7一居村之地之内村前等(ニ)、他村より竿請之新開発有之、其新開発之雖為先、於居村地内は(不立之)、新開発之外停止《(綺事)》可禁之例、

8一先地頭ゟ《(之)》除地ハ、当地頭(之)乞《(心)》次第たるへし、

9一双方為持地之証拠於無之ハ、　公儀へ取上之、村中ヵ亦は名主《(ママ)》五人組ぇ預之例、

10一木影ハ双方立会ニて伐之へし、

11一永小作幷数(十)年預り来為地面共《(は)》、無謂ハ取上ル事禁之、但シ弐拾年来を永小作といふ、

12(一竿請之田畑ヲ於切崩は、手鎖或は過料、)

13一出(作)百姓年貢高役等、内証相対ハ格別、村並本百

姓同様之高割可働(勤)之通例なり、
14一水帳ニも不書載新開発場、水行の障りニ成ルニおゐてハ、囲ひ取払可為流作、

六　堤井堰用水論

(※編者注、この項目名は改行せず、前条に追い込まれている)

1一私領ニて新田新堤取立候事、双方之地頭へ相対之上之義ニ付、障り無之様可申合旨申談と申、願不取上子細有之、難済義は格別、

2一用水掛引井論(路)之儀、川中ニ井堰を建之、水を引分ヶ候処、堰之仕方ニより川下之井水不足ニも不構、手前勝手よろしきやふに呑(のミ)仕候故、不及(ママ)申論(争)、或ハ両頬井口有之場所、片頬井口附替候時ハ、双方不申合、一方之自由にまかせ仕替候ゆへ、及訴出候類有之、右躰之儀は、双方(致)相対(対決)、普請仕候節は立合、無障様(可致)、若滞儀有之歟、亦ハ不法事有之ハ、其節ゟ十二ヶ月限於訴出ハ、裁許有之、期月過於訴出ハ、御取上ヶ無之事、

4一其(当時)村用水不自由たり(引)といへとも、古来ゟ之組合相離候事、可禁之事、

5一往還之橋普請、組合新規ニ申付ル例有之、

3一御料私領組合(普請、私領)分計り境目(自)普請預ル(願ニ)おゐてハ(免之)、

(※編者注、本条は本来、第2条の次に配列されるべきか)

6(一)用水人足諸色組頭(合)惣高割合、

7一用水ハ、田反別多少ニ応し可為引割(割合)、水門之寸尺定者也、

8一同(一)領之時、水代不出之といへとも、他領ニくわへ(分)るにおゐてハ、新規ニ不出(ママ)之例、

9一用水之論ハ容易不取上之、双方之役人立会、無滞様可済、(但)、十二ヶ月過、於訴出ニハ不及沙汰例、

10一畑成、用水於障ニハ、可禁之候例、

11一新田新堤、双方之役人立会、於(無)滞(障)ニハ不取上(ママ)例、

12一用水引来ル雖(無)証拠と、(無障之)、溜井廻りに其村之田地取廻し有之、地内之水(元)たるうへハ、田高ニ応し新規ニも用水可為引之例、

13 一堤重置、障り有之ニおゐてハ禁制之、

七 〔証拠証跡用不用〕

1 一寺社領争論、縁起ニ譲状を以申出時、御朱印之面テ絵図(ママ)ニ、寺社領ハ(縁)起之通と有之歟、或ハ縁起譲状御国之絵図に(名所)致符合、書面も疑敷無之を取用ひ、

2 一山論境論(目)秣場出入并田畑論、先奉行裁許之書付・古水帳、且古来御代官(所)之時裁許書或ハ地頭之捌置候書付差出シ、御国絵図ニ被(符)合候歟、亦ハ地並(所)之無相替(違)候ハ、、可被取用之例、

3 一寺院後住争論、先住ゟ之僧(遺)状カ譲状慥成ル書物ヲ取用、又ハ百姓(町人)家督之出入ハ、譲状正鋪書物可用之例、

4 一惣て(古キ)書物ニ印形無之共、慥成ル書物(付)ニて水帳亦ハ地面ニ符合候カ、(書面)且扱証文・山手証(文)・名寄帳印形有之、年貢等納方(無)相替(違は)り可取用例、

5 一(先)領主地頭之書物帳面、其外古来之書付、印形なきといへとも慥成ルニおゐてハ取用之例、

6 一名所之文字無之証拠ハ、不取用之例、

7 一他之水帳書物等、論所之証拠(と)偽り、(ママ)之文字等書替るにおゐてハ、死罪カ或は遠島なり、

8 一慥成ル書物等有之所、不埒之証文等取之、証拠として差出におゐてハ、戸〆カ或ハ所払、

9 一証拠可致之巧シ、不埒之書付取、於差出ハ、戸〆カ所払(ママ)、名主庄屋ハ(役儀)取放、

八 〔馬継河岸場市場論〕

1 一馬継河岸市場(ママ)ハ、国絵図(次第)たるへし、

2 (一人馬相対ニて助合来上ハ、公役之外ニも不指滞可勤之、)

3 一人馬継之場所へ寄、人馬雖出之と、私ニ人馬(継)禁之へし、(但)馬継場等(と)相対ハ格別、

4 (一人馬継、往還之外猥ニ脇道通路は停止之、)

5 一諸荷物直売、手馬を以附通分ハ、雖為本海道不(無構)可通之、脇往還ハ勿論なり、

6一商人ぇ売渡候(諸)荷物、伝(手)馬ニて馬継之場を通す(る)事禁之、

7一双方無証拠馬継之場を(は)、双方ニて月代(馬継)可為致例、

8(一脇道之分は、旅人勝手次第可為致馬継、)

9一脇道ニおゐてハ、御朱印之外雇人馬不足之分、不(可)及其断、

10一往還之荷物、理不尽ニ於指越(押)は、過料、

11一大坂荷物(ニ)京都之荷物を入持下、京都之飛脚屋及難儀之由ニて、道中ニて理不尽ニ荷物きりほとくにおゐてハ、古例ゟ獄門、

12一中絶之市、障り有之ニおゐてハ可禁之例、

13一新市私ニ障(建)り於有之ハ禁之、但シ障り無之時ハ免之、

14(一市場近所ぇ無届ヶ新町屋停止之、)

18一三伝馬町ゟ鞍判不請之、江戸ニて駄賃稼禁之、

(※編者注、本条は本来、第17条の次に配列されるべきか)

15一河岸場ハ川岸(帳)次第なり、

16一市場ハ、村鑑次第なり、

17一河岸帳ニ不載分ハ、地頭幷村入用(ママ)(荷物)之外ハ、運送禁之、

九　跡式家督養子等之事

夫妻(離)縁先住遺跡之事

1一父養子をいたし、跡式於極置ハ、実子といへとも跡不継之、

2一父跡式(不)極置におゐてハ、血筋(近キ)之者跡相続難(之)成古例、

3一夫死後、後家外へ縁付ニおゐてハ、先夫之名跡可差(請)停(綺)様ニ無之、筋目之もの可相続之候例、

4一遺状之通家屋敷譲り分候得共(は)、跡断絶いたし、或ハ母(ハ)妻(妾)(ニて)外(へ)縁附候由、親類申出といへとも、躮無之相果候(は)、家財ハ母之心次第たるうへハ、遺状之通、母へも跡(式)分ル古例、

5一長(重)病之節、一判之譲状ハ、不取用之古例、

6一跡式相続之総領を差置、外之悴へ跡式可譲との贈(譲)状ハ、不法也、雖然と、遺状慥成事有之におゐてハ、

有合之金等幷家督共ニ（マヽ）、七分ハ物領ゑ、外悴人ハ三分、尤家財田畠等家督之悴人可為(相)続之古例、
7一出家（家出）ニ致、養父死後立帰り養躮ハ、跡式相続不相成例、
8一当人相果、借金有之跡式、親類之内ニても無届（望）ニおゐてハ、家財ハ借金之方へ可致分散古例なり、
9一先住後住之遺言有之所、外之出家ゑ後住可為居といへとも、法式之儀擅方可指綺謂無之ハ、不及沙汰ニ古例、
10一当人相果、跡式之義遺状も無之、親類等不埒之儀於致訴論ニ、　公儀へ跡式御取上ヶ之例、
11一聟養子離縁之上ハ、出生之男子ハ夫之方へ可引取、引出物等ハ相互ニ可返之古例、
12一夫死後、後家へ養子之当り悪しきといへとも、於不慥成ニハ、後家心之儘ニ外へ可譲分筋無之例、
13一聟養子ハ、父子不和ニて実父方ゑ立帰り罷有、去状不遣ニ差置、妻を引取度といへとも、無謂ニ付不裁許之例、
14一聟遺跡、妻養子之気ニ不入、離縁之上ハ、持参金ハ不(及)載（裁）断、養子之諸道具ハ去状遣上ニて可為返之例、
15一実躮（子）出生之後、不和ニて養子家出いたすといへとも、父不埒ニ付、養子ニ可(為)引取例、
16一養父仕方悪敷由ニて、養子仕方穏便ニ無之、実父方へ帰るにおゐてハ、持参(金)相対ハ格別、不及裁許（断）之例、
17一自分之悴を養子ニ可遺跡（巧ニ）ハ、離縁之腰押致ニおゐてハ、追放之例、
18一聟養躮（子）雖為不縁、縁色（組）之証文も不取替、聟養子ゟ離別状も不取替、剰双方外へ片付候上ニて、及訴論候類ハ、不埒之仕方ニ付、持参金ハ　公儀へ取上之例、
19一養子を妨ヶ候もの、品ニより牢舎之古例、
20一妻之諸道具・持参金被（マヽ）相返上ハ、離別之儀ハ夫之心次第、
21一外之女を後妻ニ可致迚、離縁致ニおゐてハ、右之女妻ニいたさせ候儀ハ勿論、其女之親類共迄、出入共

ニ差留ル之例、
22一懐胎候共、離縁之事は夫之心次第なり、出産之上ニて男子なれは、夫之方へ可引取、女子なれは女之方へ可差置之例、
23一妻を《(儀)》親元へ帰居候儀三四年過、夫於訴出ルニハ、頗後難立、併去状不取置も不埒ニ付、一応ハ夫方へ為呼戻候上ニて、去状可為渡之例、
24一離別状不遣といへとも、夫之方ゟ三年以前来、於不致通路は、外へ嫁《(ママ)》取候共、先夫之申分ヶ難立例、
25一離別之証拠無之、女房親元へ参居相果候といへとも、諸道具・持参もの《(田畑)》ハ、不取返《(及)》ニ、夫之心次第可為之例、
26一悴相果ニ付、娵を指戻候類ハ、持参金等《(ママ)》ハ不及申《(沙汰)》ニ、諸道具共ニ可差戻之古例、
27一先夫離別之事、慥ニ不承届、去状も無之、親ニも不(為)致得心候へて、女と申合理不尽ニ外へ引取ニおゐてハ、重キ過料、(士は)品ニゟ追放なるへし、
28一右女も被致離別候共、自分として立退、親元へも不儀《(ママ)》為(致)心得《(得心)》、致家出を、去状も不差越内ニ外之男を持ニおゐてハ、髪を剃、親ニ渡、(以後)外へ片付候事ハ親之心次第、不儀之男(之方)通路とむるの例、
29一右躰之不埒身持《(取)》人ハ、重《(ママ)》キ過料、
30一女房ニも不為致得心、衣類等質入遣候ニおゐてハ不縁之事、女房方之親の心次第たるの例、
31一是ゟ又一ヶ条なり、女房ニ難添子細相立、於致家出ハ、(女之)親元へ諸道具ハ不《(ママ)》為相返之例、
32一去状取替(不)致上ハ、亦添之儀ハ、不及裁許《(断)》之例、
33一養子(合)之女房、夫を嫌ひ致家出、比丘尼寺へ欠込ニ、比丘尼三年勤、暇出候旨於訴出ハ、実父之方へ為引取可申古例、
34一夫を嫌ひ髪をきり類《(候て)》成共、暇出呉候様申(女房)、又ハ夫へ申掛ヶいたし(候)類ハ、比丘尼ニなし、縁きらせへし之古例、
35一久離帳ニ雖附置と、被致久離候もの(之)子、引取人有《(無)》之おゐてハ、久離之無差別、其親類ニ預ル之古例、
36一欠落人届《(之)》雖不致《(致置)》と、当《(勘当)》番之届ヶニも無之、外へ可引

渡もの於《（無）》有之ハ、村役人《（引渡之）》へ預る例、

37一離別之事、其断を請、女之親致欠落、引取人(於)無
之ニ留《（溜）》ヵ村預ヶ之古例、

38一離縁之上、同町ニて致同商売ニおゐてハ、養父ぇ対
し不遠慮ニ付、養子之所を為立退之例、

39一及出入、沽券証文無之におゐてハ、家屋敷　公儀ぇ
取(上)之例、

40一譲り証文計り致所持、沽券不致(所持)、元地主雖為
願、元金為指出、其後譲り証文引替之上、家屋敷元
地主へ可為渡之例、

十　離壇幷寺社之出入

1一神事仏事其外ニ不依何事、新規は停止之、無証拠候
義ハ、奉行所地頭へ相《（任）》達《（図）》し可差出之例、

2一無謂離壇不致之例、

3一旦那寺ニ不似合無慈悲成る致方ニ付、離壇ニおゐて
ハ帰壇之不及沙汰ニ例、

4一心願有之、其身一代於致改宗ハ免之例、

5一父之遺言於有之ハ、改宗心次第たるへきの例、

6一祈願所ハ、帰依次第なり、

7一離壇之上石塔まて引取候処、年数過、申出るニおゐ
てハ、帰檀ハ不及沙汰之例、

8一離壇之証文ぇ押て印形於取ハ、所払ヵ品軽て戸〆の
例、

9一女之子共、母之宗門ニ成るへぎ例無之、女子ハ夫之
宗旨ニ可成定例、

10一住職出入有之といへとも、宗旨証文へ印形可差出《（延）》謂
無之、寺附之印形を以、証文可為指出之例、

11一前ゝ之菩提所へ無断、宗旨証文ニ(印形)於致ニハ、
戸〆の例、

12一開基旦那ハ、過去帳次第之例、

13一後住之儀、開基旦那ハ格別、旦那より不為差綺之例、

14一旦那を疑ひ、宗旨印形於滞ニハ、逼《ヒツ》塞之例、

15一新寺地寄附いたすにおゐてハ、地面ハ　公儀へ取上
之、其所之名主組頭は、戸〆の例、

16一寺社法《（ママ）》を差綺、本寺より触書、名主印形を以、門下

へ於相触ハ、役儀取上戸〆之例、
18一前ミ菩提所の挨拶も不承届、為致剃髪におひてハ、寺院ハ逼塞之古例、
17一我儘に寺号を取替におひてハ、戸〆之例、
（※編者注、前条と本条は、配列が転倒か）
19一墓所も無之一村之助合ニて相続之堂地ハ、寺号停止之例、
20一吉田家之許状無之ハ、神主不立、しかれとも品ニより社役ハ(免之)、為勤之例、
21一忌中に祈願所ゟ不致諸祓法も無之、

十一　質田(畑)地之論

1一知行所之田畑、質地に入させ、地頭へ用金借出させ候事停止之例、
2一質地位(倍)金手形之分は、無取(上)之例、
3一小作滞も日切ニも不相嫌(済)候得共(は)、小作人身代限に申付、諸道具不残為相渡、田畑ハ小作金之多少に応し、年数(を)限り金主方へ為渡、年数過、小作人ぇ為返之、但、小作人所持之田畑、質地に入、田畑不(不)持ものハ(同前)、諸道具不残為渡、家財(マヽ)家屋敷可渡之例、
4　質地滞り米金

五両以下	五石以下	三拾日限り
五両以上	拾両迄	六拾日限り
五石以上	拾石迄	右同断
(拾両ゟ	五十両迄	百日限り)
拾石ゟ	五拾両(石)迄	右同断
五十両ゟ	百両迄	弐百五十日限り
五拾石ゟ	百石迄	右同断
百両以上	(弐百両迄)	十月限り
百石以上	(弐百石迄	右同断)
弐百両以上	弐(百)石まで(以上)	十三ヶ月限り

5一流地之直小作滞ハ、弁損(棄捐)ニ可申付、但シ別小作滞ハ、通例之如ク日限りに可申付之例、
6一酉年以来之質地証文不宜、借金准候分ハ、別小作滞ニも借金(ニ)准、小作人ニ済方可申付之例、
7一名田小作は、証文亦ハ帳面ニ印形無之ハ、地主不念

ニ依て取上なぎ例、
8一名主加判無之又ハ名所等もなぎ証文ハ、取上無之、
質置主名主ニ候時ハ、組頭之加判無之ハ取上無之、
但、酉年以来(之)借金ニ准、本証文無取上分ハ、小
作滞りも無取上之例、
9一水帳ニ相違之質地証文ハ、不取用、(借金ニ准ス)之
例、
10一年久敷証文にも、享保年中之年延(添)証文於有之ハ、
定式之質地ニハ済方可申付之例、
11一及出入、肩書(書)入は、手鎖之例、
12一質入地或ハ他之小作地之稲、理不尽に苅取、亦は作
附に於致手入ハ、戸〆ヵ或ハ重(ママ)く過料、
13一名主証文等乍存、於不差置(留)ハ、御咎之例、
14一証拠なき不埒之証文を以、及出入におひてハ、地面
ハ 公儀へ取上之例、
16一年貢未進有之におゐてハ、田畑質ニ入るといへとも
不取上之、売払代金を以、地頭方へハ年貢之未進を
為済、残金於有之ハ、金主へ割賦之例、

15一宛名所無之証文不取用、年号無之、同断、
(※編者注、前条と本条は、配列が転倒か)
17一質地年季之内不請返候ハ、致流地ニ候段、証文ニ有
之質地ハ、証文之通り申付、(但)、期月ニ至、前廉(広)
訴出候ハヽ、可請返例、
18一御朱印地之田畑、質に取候事停止之、
19一質地年季之内ハ、年貢等(諸役)ハ双方相対之上、極置候通
り為勤之、流地等成候節(に)ハ、本百姓並ニ可為勤之例、
20一質地年季之内請戻度儀、地主訴出候共、相対等(ママ)ハ格
別、年季之内ハ無取上例、

十二 借金家質(ママ)入出入

1一享保拾四(ママ)年酉年以前之借金(出入)ハ、取上なし、
2一武士方借金、日切り申付置候所、跡式断絶ニ付、親(一)
類之内別に領地被下候方より切金為相渡(済)(度)旨、金
主申出(と)いへとも、不及沙汰に古例、
(※編者注、第3条は、裁許破掟背其外御仕置者大概の第185条の次
に存す)

4 一先住之借金之段(ママ)有之段当住不存、本地(寺)触頭よりも不申聞候ニ付、於致入院ハ、後住之不及返済ニ、先住之弟子并請人(証)ゟ可為済之古例、

5 一借金并書入金、高利ニ当り候分ハ、壱割半之利足ニ直し済方申付る、奥書記ニ有之といへとも、名印(印形)無之ハ取上なぎ例、

6 一町人百姓之借(滞)金申付方、借金高多少に不構、三十日切ニ度ゝ切金ニ為差出、(出)金之仕方不埒成るにおひてハ、手鎖を掛ヶ、猶亦滞候ハヽ、身代限り申付る、武士(方)は日切度ゝに切金に申付る古例、

7 一借金証文ニ加判(人)有之におへてハ、当人加判人両方より済方申付る、畢竟相対之事故、済方申付る節は、証文ニ家主之不(及)加判之例、

8 一家質済方日限、但し金四五拾両ハ六拾日限り、又六七拾両ハ七八十日限り、百両ハ百日限り例、

9 一家質利足(金)、壱弐ヶ月滞候分ハ、(訴訟)無取上、三ヶ月ゟ滞る(ニ)おへてハ、済方申付る例、

11 一諸寺院より本尊・什物・仏具(等)、書入又ハ売渡証文にて金銀を借り候ハヽ、当人証人ともに咎に申付る、尤金子之済方も不申付る例、

10 一白紙手形ニて於致借金ハ、証文破り捨、二三(拾)両之過料、

(※編者注、前条と本条は、配列が転倒か)

12 一帳面ニ計り記置候借金、印形無之、附込帳ニ書入有之候共、不取上之例、

13 一日寄附込帳ハ、一日に大勢幾口も売掛ヶ候分ハ、売場之順に附込候事故、印形無之候共取上済方申付る、一日に一両人之売口、亦ハ日数隔(り)記候ハ、附(込)帳と申にてハ無之につき、無取上之例、

14 一先住之借金、当住不存旨申之といへとも、先住借金も有之ハ、入院致間敷旨不相断においてハ、当人(住)と又ハ証人方より可為済之例、

16 一無尽金、惣して仲ヶ間出入、不取上之例、

15 一車借し金(ママ)銭・日なし銭ハ、取上無之、品ニより双方共ニ咎之古例、

(※編者注、前条と本条は、配列が転倒か)

17一両人連判ニて金子借請候処、壱人相果におゐてハ、
早速(半金)為済之例、亦は致返金といへとも、請取書も不
取置、当人致欠落無証拠たる依て、残り壱人ゟ半分(金)
可為済之例、

18一証文雖有之、貸金に候哉、(代金に候哉)、不相決ハ
半金可為済之例、

19一通例之借金を奉公人請状に認、給金(と)申立るとい
へとも、(実は)奉公人も無之、不埒ニ付訴状(訟)不取上、
不埒之証文為致不届ニ付、為過料と右借金取上る例、

20一名主組頭(ママ)五人組印形無之(ハ)、家質にハ難立、借金
ニ准ス例、

21一借金之筋ニ付てハ、店之ものを家主(え)不可預之例、

(覚)

一質地之証文ニ、年季明不請戻候ハ、可致流地に之由
文言有之分ハ、年季明(早速)訴出候共、流地之旨申
聞、請戻之儀申間敷候、但シ期月に至り、前広ニ訴
出候ハヽ、其節取上可申(ママ)付之例、

一流地証文(之)直小作滞、訴出候節ハ、地面ハ金主へ
流地に為致(相渡)、小作滞ハ弁損(棄捐)に可申付、但し別小作
(滞)ハ、如通例(日限)可申付之例、

一質地証文之名所(ニ)又ハ名主之加印(判)無之候共、享保十四
年酉之年以前之分ハ、借金(ニ)准ス、元金小作とも
に三十日きり申付候間、(別)小作滞も是又借金に准
ス、小作人に済方可申付也、但し高利ニ当り候て、
(直小作)・別に(ママ)小作共ニ一割半之利足に直シ、済方
可申付例、

一名田小作ハ、無判之帳面に記有之共、唯今まて済方
申付候得共、証拠(文)又は帳面に印形無之ハ、地主不念
ニ付、向後取上申間敷候事、

一帳面ニ附置借金、印形無之候間、自然(日寄)附込帳書入有
之候とも、取上申間敷候事、

一附込帳ハ一日之内大勢幾口も売掛候分ハ、売場之順
に附込候事ゆへ、印形無之候共、取上裁許仕来申候、
一日ニ壱人弐人之売口、又は日数隔り記候様成ハ、
日寄附込帳とハ申にてハ無之、取上申間敷候事、

一旅商等之帳面、其村之宿又ハ口入人之印形計取(置)、
売懸候分ハ、已後取上ヶ申間敷候事、
一質地借金売掛ヶ証文等不埒にてハ、無取上(類)、又
ハ享保拾四年酉歳已前之分を、近年之借《(貸)》金之様申出、
裏判附候類有之候、右訴出候節、証文帳面等為差出
相改、吟味可被成ハ、初判可出候、只今迄も右之趣《(格)》
候得共、相談之上(弥右之通)相極候事例、
右之通、御一座之申合候、以上、元文三年午二月廿五
日

十三　裁許破り掟背其外を《(ママ)》御仕置(者)大概

1一裁許難渋之もの、牢舎あるひハ手鎖、裁許請可申旨
申出るにおひてハ、赦免之例、
2一難立儀、及強訴におひてハ、閉門・戸〆、又ハ田畑
取上所払ヵ追放・遠島之例、
3一先裁許申紛すハ、戸〆・手鎖、或ハ過料・追放之例、
6一立会之絵図、久敷於滞にハ牢舎、致訴訟におゐてハ
赦免之例、
(※編者注、本条は本来、第5条の次に配列されるべきか)
4一先裁許と《(を)》疎致ニ付、及再訴におひてハ、名主(役)取
放、戸しめ或は過料之例、
5一地頭又は支配人《(頭)》之裁許を背、難立儀致強訴おひてハ、
戸しめ・所払・過料之例、
7一追放・所払之御仕置於不請は、遠島(或ハ追放)之例、
8一背掟を脇差ニ《(を)》て帯仕候も(の)ハ、脇差取上、手鎖之
例、
9一無免《(ママ)》に、町人百姓刀を帯におひてハ、江戸在所追放、
10(一)名主ハ《(ママ)》役《(被)》を取上ヶ、牢人之節偽《(由)》に《(り)》、帯刀致にお
ひてハ、遠島《(追放)》之例、
11一掟飼場へ持《(もち)》縄張り候におゐてハ、過料、(其所)名主
ハ、戸しめ或は呵之例、
12一掟飼場に殺生人有之所、不相改におひてハ、村中過
怠に鳥番人春ゟ秋迄、或は壱ヶ年切に為働之、其所
之野廻り於不念ニハ、野廻り役取放、捕候ものへ御
褒美に金子五両被下之例、
13一飼付之鳥追立におゐてハ、戸しめ、或は追立候もの、

過怠として名主へ預ヶ、見出候者へ御褒美金被下之例、

14一隠鉄炮於致売買ハ、田畠取上ヶ所払、口入人ハ過料、（名主組頭、不相改不念ニおゐてハ、過料、村中過怠）鳥之番人、重く可申付之例、

15一御鷹場にて隠鉄炮打におひてハ、其者遠島、名主ハ田畑并役儀御取上ヶ、組頭は過料、村中は過怠として鳥之番人厳敷《(ママ)》申付る、鉄炮打捕候ものニは、御褒美として銀弐拾枚、訴人之者へ銀五枚被下之例、

16一旅《(遊)》之もの留置候名主ハ、役儀御取上ヶ戸しめ、組頭は過料之例、

17一欠落之者囲置におひてハ、過料ヵ或ハ戸〆之例、

18一願出《(立)》候事、致願捨に、在所へ於立帰りにハ、重く《(ママ)》過料、

19（一）奉行（所）申付る由を偽申におへてハ、其品軽きハ過料重きハ《(ママ)》追放之例、

20一度ゝ御差紙を請、不参之ものハ、其品軽るふニ過料、或は為過怠と宿預ヶ、重くて《(ママ)》牢舎之例、

21一相手相果候を押隠し、相手取裏判取るにおゐては、重く《(ママ)》過料之例、

22一難相立儀とも致強訴におゐてハ、其品ニ方軽るふて過料重くハ《(ママ)》追放之例、

23一御代官・地頭にて吟味之上《(内)》、於致直訴は、過料之例、

24一弐重質取候もの并置《(遣)》候ものも過料之例、

25一神木たりといへとも、入会之地にて、理不尽に伐《(採)》取におひてハ、神主ハ逼塞、

26一他村之もの、其村之者になり出入携、訴出におへてハ、戸しめ或は《(ママ)》追放之例、

27一重く制禁之儀いたすといへとも、前方不相止《(ママ)》におひてば過料、但シ人殺し盗賊等ハ、相止といへとも相替《(さかい)》儀も無之事《(故)》ハ格別之例あり、

28一重《(其)》科無之といへとも、詮議之節、影を隠置《(ママ)》ハ、戸しめ、

29一目安之裏判、似せもの之由申之奪取ハ、田畑并家財たふまて取上ヶ、所払之例、

30一証文に人主請人之無差別、召抱候者ハ、戸しめヵ

31 一押て縁組之儀於申募に、本人・取持人共に手鎖之例、
或は所払（ママ）之例、
32 一追放之儀不存（乍）、御構之地に於差置ハ、所払の例、
33 一御法度之宗旨を保、すゝめる出家頭取ハ、遠島或は
追放・所払、改宗之ものハ、誓詞之上赦免、右に付
て仕方不埒之者は、戸〆・過料之例、
34 一役人ゑ賄賂差出、候（其）品軽きハ手鎖、或は役儀取上之
例、
35 一御成先にて無筋儀直訴於差出ハ、所払之例、
36 一出家・願人・座頭・穢多・非人、従　公儀御仕置に
不及類ハ、其(頭)・触頭へ夫ゝに引渡、法之通可致
旨可申渡例、
37 一人殺之儀、内証にて済候迚（不訴出は）も、所払、名主ハ役
儀を取上ヶ戸しめ、組頭も同断、内証にて葬ひ候寺
院ハ、閉門之例、
38 一手負人(を)不訴出候におゐてハ、五人組ハ過料、名
主ハ戸〆例、
39 一閉門赦免可申付と呼出し候所、月代剃、出るにおゐ
てハ、亦候閉門可申之例、
40 一質主（ママ）置主ニも不相知、請人ゟ質物を請返ハ、過料、
41 一割半も不致持参候処、質物請取（ママ）請返させるにおゐて
ハ、利銀ハ　公儀へ取上ル例、
42 一当分(之)事に致証文処、金主借金之代りに建家を無（等）
断卒（爾）等取壊におゐてハ、如元之致造作為返之例、
43 一商売仲ヶ間之法を背におゐてハ、過料之例、
44 一口論之場へ出合、於致相撒（打擲）ハ、身代り（ママ）限り取上ヶ所
払之例、
45 一過料申付る者相果候節ハ、(悴於無之は)五人組に為
出之、相果候届ヶ致延引候ハヽ、名主ハ押込之例、
46 一新規に祭りを仕立、村ゝへ送遣候ニおゐてハ、頭取
幷其村之名主組頭共ニ、追放之古例、
47 一無下知村ゝゟ人足為出之遣といへとも、賃銭不相渡
におへてハ、入牢之古例、
48 (一先触を書違、村ゝニて無用之用意等為致ニおゐて
ハ、追放之古例、)
49 一可割返分を其通りに致置候故、於(及)出入ハ、名主

ハ役儀取上ヶ戸しめ、組頭も同断之例、
50 一師匠ゟ、弟子不埒ニ付、家業かまへのきハ、師匠之
心次第たるの例、
51 一重き事ニ付、偽り(申触)候類ハ、家財ハ御取上ヶ、
所(江戸)払、或は(重)追放之例、
52 一遺恨を以啇人(片輪)に成候程、疵をつき候ものハ、入墨之
上遠国之非人之手下に申付る例、
53 一偽り多きものを乍存、証人ニ立候者ハ、追放之例、
55 一証文に知人之名を記、外之印形押候ものハ、重キ追
放例、
54 一証文之名前(宛所)切、(書)替候もの、借金之(ママ)為過怠と取上
ル例、
(※編者注、前条と本条は、配列が転倒か)
56 一出入不相済内ハ論所へ立入申間敷と申渡通(処)、相背立
入におゐてハ、過料ヵ所払之例、
57 一証拠無之儀及強訴、剰差紙を以(呼出候者を致相対
不差出、奉行所を)蔑致におゐてハ、追放之古例、証(訴訟)
人と相対之上、罷出さる相手ハ、過料之例、
58 一無取上願、書(付)を以委細申渡、重て願出候ハ、過
料可申付旨申渡し、其上ニても訴訟に於出るハ、過
料、尤奉行所ニて不取上願之筋を替、願出、吟味之
上(弥)不取上願におへてハ、重ク(ママ)再過料之例、
59 一親子兄弟其外親類ニ(て)も、御科御免之願ひ、且裁
許之義につきても、願ハ別段之願につき、先不及咎
に之例、
60 一当人難願出障りも無之処、親類縁者之由ニて訴状差
上(出)ヶ候共、当人ニ為願可申旨ニて、無取上例、
61 一惣して物(ニ)な(そ)らひ、実(異)説虚説申触者、召捕、
急度御仕置之例、
62 一廻船へ植木庭石其外遊ひ道具之類、積廻候事停止之
例、
63 一破舟之節、其(取)上候荷物之内、浮荷物ハ弐十分一、沈
荷物ハ十分一、但し河舟は浮荷物ハ三十分一、沈荷
物ハ弐拾(分一)まて取上さふろふものへ可被下例、
64 一品川湊内、(廻船舟懸之内)、小舟ニて乗出し出買出
売停止之例、

65一人殺其外重科有之欠落者ハ、其者之親類《(ママ)》・叔父・女房・躮(等)にても、可懸ものを牢舎申附置、其外之親類、其所之名主五人組等ニ尋申付之、日限り(大概)三拾日切或は五(六)十日切り百日切と尋可申付、但し廻国等に出、可尋と申とも取上なき例、

66一科有之、逐電致欠落候所、尋申付儀ハ、主人を家来に、親を躮に、兄を弟に、伯父を甥に尋候様ニは不申付定法なり、

67一尋之者不出候得は落着難成迚も、其一件差延置候へては、構無之者之難儀ニ付、六ヶ月(を)限り於不尋出ハ、尋之ものハ過料、其所《(品ニ)》ゟ相当り之科ハ申付、欠落人ハ見当り次第召捕可来、致見逃ニ、外ゟ(見出)訴出候ハヽ、猶又咎させへくむね証文申付、一件御仕置之落着可申付例、

68一火附盗賊惣して重科人之同類にてハ無之迚も、(其者ニ)不《(被)》頼、住所隠し或ハ(為)立退候よし申候ものハ、戸しめ、家財ハ取上ヶ所払之例、

69一奉公人出入、欠落人之給金、済方請人ぇ申付、若請人《(ママ)》滞におゐてハ身代限り申付る例、

70一取逃引負之欠落ハ、請人ぇ三拾(日)切に尋申付る、尋於不出ニ、請人身代之様子により過料(軽重)申付る、欠落のもの及六七度に、不尋出受人ハ、過料として身代四五分或は弐三分、相応に取上ル、若奉公人と馴合に於不尋出ハ、其請人御仕置申付、欠落之者尋出し取逃し之物売払候ハヽ、買人《(主)》ゟ為戻、金子抔遣捨候事分明ニ候ハヽ、すたり、尤請人ぇ給金之済方申付、但し請人ゟ下請人ぇ懸り、於願出は、下請人ぇ三拾日切りニ申付る、惣して受人より金子済、請人・人主両人ぇ申付る、済方不埒におゐてハ、両人共に身代限り申付る、但し武士奉公人も人主取置候とも、済方可申付之例、

71一取逃之引負之義、請人兼ゝ存候様子にて候ハヽ、急度遂吟味を、落着次第に(請人)御仕置可申付る之例、

72一右之類、請人致欠落候ても、受(人)欠落以前家主へ預ヶ置、其品を断有之におゐてハ、請人の可済ス金子・過料共ニ家主へ申付る、尤主人ゟ請人を家主

(方)へ召連レ参預る、但シ家主も欠落之者之店請人
ぇ掛り可渡《度》旨、願出候とも不取上ヶ例、
73一請人欠落已後、主人ゟ断有之候共、不取上之例、
74一取逃引負之儀《ママ》欠落之者、主人見合、本人と《を》召連来ニ
おへてハ、取逃之物《者》前条有之通ニ申付、右欠落之も
の、当宿に有之店請人取置候共《は》、不慥成もの之店請
人《ママ》に立候品を以、過料、若当宿(店)請も於取(置)さ
るにハ、尤当宿も過料申付る、右取逃引負致候もの
御仕置可申付之例、
75一奉公人(之)請に立候もの之出入、其家主引請立替
(為相済、当人は致店立、門前払ニ成ル)、其已後当
人重て住所見届ヶ、元之家主人《ママ》右之《立》替相懸《済》ルにおへ
てハ、(当人身代限申付、当家主ぇは済方不申付)、
店賃滞ものを致店立、追て相懸候共、前条之立替金
とハ訴違《訳》ひ故、相対次第に申付る例、
76一引負金百両以上以下共ニ、当人幷親類又ハ可弁筋之
もの、弁金申付る、少ミも相済候得は、引負人其分
に差置、其者之身上取上ヶ候節、主人願出候様ニ申
付る、身代《上》取立候段主人願出におゐてハ、当人之身
上《代》限り為弁之、身上もつたび〳〵に幾度も為弁之例、
77一引負人之親類其外にも、弁金致候もの無之、当人可
済手立無之ものハ、五拾日歟《敲》或ハ百日《敲》之追放之例、
78一引負人を請人に預ヶ置、於為致欠落ハ、其請人分限
ニゟ、並方ゟ重《多》く過料之例、
79一軽きもの養娘を致、遊女に奉公等に出し候由、実父
方より願出候共取上なし、尤実子養子之無差別、親
の仕方法外成儀有之、躮《子》格別之難義之筋於取計ニ、
吟味有之例、
80一寺社之訴訟(人)、可届所へ不断して願出候類ハ、取
上ヶなし、但し本地《寺》触頭之悪事亦は非成《儀》之申付等に
て、再応願出候共不叶時、奉行所へ願出候時《得》ハ、品
ニゟ吟味有之例、
81一遠国之者、御当地へ参、無宿(ニ)成、科無之類は、
勘当・領主構之無差別、領主(ぇ)渡之、家来之召仕、
道中荷物持に成り候共差添《ママ》、又は御当地ニて召仕、
其内致欠落候共、其通り之旨申渡(引渡)之例、

82 一酒狂ニて人に疵附候もの、其主人ゑ預置、疵平癒次第、疵之多少により(らす)、療治代中小姓躰ハ(銀弐枚、徒士ハ金壱両、足軽中間ハ)銀壱枚為差出、疵被附候者へ為取之、(但)、療治代難出しものハ、刀腰(脇)差取上ヶ、疵被附候ものへ可為取之例、

83 一酒狂にて人を打擲致候ものハ、身代限り諸道具取上、打擲に逢候ものへ為取之、但し酒狂之義ハ、其主人ゑ断候節、欠落と申立候共、主人方罷出三日之内ハ、欠落に不相立例、

84 一酒酔(狂)にて諸道具を損さし候ものハ、過料為出、損失之ものへ可為取之、軽き身上のもの、身上(代)限りに可申付之例、

85 一酒狂にて自分と疵を附、(外ニ)科無之ものへ(は)、不及養生ハ(ニ)、早速主人ゑ可相(引)渡之例、

86 一酒狂ヵ乱気にて人殺候共、下手人、但し至て軽きもの(を)殺候は、品により御構無之、但、主殺・親殺たりとも乱気に無紛ハ、死罪壱通り、自滅致候死骸不(及)塩詰(取捨之)、火を付ヶ乱気之証拠不分明候ハ、、死罪、乱気紛なきにおへてハ、常之乱心之通ニ可申付例、

87 一百姓町人、口論之上にて、相手理不尽之仕方にて、不得(止)心之事相手を殺候時、相手(方)之親類并其所之名主・年寄等迄、右被殺候もの平日不法之由(者)にて、申分無之につき、下手人ハ御免之儀、願申所紛無におゐてハ、下手人不及、追放に(ママ)、但シ武士之奉公人ハ、其主人願無之且(候)ハ不差免之例、

88 一重き追放、御扶持人ハ御扶持上り、家屋敷・家財ともに闕所、町方在方ハ、田畑を(ママ)家屋敷・家財共ニ闕所例、

89 一改易・足軽(中)追放、御扶持人ハ御扶持・家屋敷上り、家財ハ無構、在方町方、田畠・(家)屋敷(上り)、家財ニは無構例、

90 一田畑取上候もの之科重ぎハ、田畑・家屋敷取上ヶ、科軽きハ、田畑はかり取上ヶ、家屋敷ハ不取上ヶ、屋敷計りニて持田畑無之ものハ、(重き)過料之例、

91 一夫之科有之、田畠取上ヶに成候得は、妻持参之田畑

も一所に取上に成ル、金銀抔持参候得は、当座に遣捨候故、妻之方へハ不戻、但し妻之名所にて有之分ハ、可為格別例、

92一身代限り、居宅幷蔵・屋敷《(家財)》不残取上之、地所《(他)》(ニ)家蔵有之分ハ、諸財物共に取上ル、家蔵は無構例、

93一科重く候もの、過料之上戸しめ、入墨之上敲、或ハ追放にて弐重に仕置申付る之例、

94一過料、身代之《(と)》科之軽重に応し、過料之員数増減を可申付候、但シ至て軽きものハ、過料難出《(ママ)》るもの、手鎖に可申付る之例、

95一牢舎申付るものをハ最初ゟ溜へハ不遣、病人・行倒は格別之例、

96一平日之出火之咎、火元之《(ママ)》、類ハ焼之《(ママ)》多少により、三拾日切り《(ママ)》或は二十日十日可押込例、

97一大火之咎、火元は五十日手鎖、火元地主ハ屋敷沽券金拾分一之過料、火元之家主ハ三拾日押込ム、風上弐丁・風脇(左右之)弐丁宛(六丁)、過料之例、

98一御成之節出火之咎、火元ハ五拾日之手鎖、火元之家主ハ三拾日之手鎖、月行事三拾日押込、五人組ハ廿日押込、名主ハ十日、火元地主、屋敷沽券之金拾分一之過料、但シ其所之もの(早速)消留候ハヽ、火元之当人(計)、五拾日之手鎖、寺社之門前之町屋は、其所を買請又ハ借地に致、町家立置候ものへ右之通り之過怠申付る之例、

99一火を附るものを浦《(捕)》、訴人に出候ものハ、御褒美銀三拾枚、幷捕候同前之ものハ、銀弐(拾)枚被下例、

100一男女申合相果におゐてハ、死骸不及申取捨《(弔)》、一方存命ニ候ハ、下手人、双方存命に候ハ、三日曝、非人之手下に申付る、主人と下人と申合相果候ハヽ、主人存命に候ハ、不及下手人に、非人之手下に申付る例、

101一隠遊女商売候もの(を)店に差置候ハヽ、其屋敷幷家財・家蔵共ニ取上之、遊女商売(致)候当人・家主共ニ家財取上ケ、百日之手鎖、地主名外《(ママ)》(ニ)罷在、家主計り差置候とも右同断、寺社門前も右同断、

102一百姓町人一分に掛り候事にて、何卒仕方も可有之儀

を訴出、御家人知行御切米被取《(召)》上ヶ候程之事に候ハゝ、「その百姓町人掛り候事ニて、何卒仕方も可有之儀を訴出、御家人知行御切米被取上ヶ候程之事に候ハゝ、」(※編者注、「　」の部分は衍文)、其百姓町人料《(科)》無之候共、其通りに名《(成)》難かるへし、相当り之咎可有之例、

103一旧悪之儀、御仕置可被成候得共、重盗或ハ人殺シ候品《(抔)》存は、縦相止候共、相違《(さかいも)》無之事なり、為渡世之一旦悪事、其後致《(ママ)》不宜事と存、相止候段分明ニ付てハ、其所《(品)》を立て、過料又ハ相当ル咎申付る例、

104一主殺し親殺し之科人之子共ハ、窺之上申付る、親類ハ構無之候得共、其所に預ヶ置、本人落着之上ゑ、右悪事を止《(企)》、不存ニ相聞《(決)》へ候ハゝ、差免、(此外)火罪・磔等ニ成り候もの之子共も、無構、右町人百姓其外軽きもの之例、

105一拷問之事、致悪事候証拠慥ニ候得共、為《(不)》致白状、或ハ同類致白状候得共、当人不致白状、亦ハ科ハ未相決候得共、外之悪事有之歟、分明ニ相知レ、其罪計りにても可被行罪科に、右之外ニも詮議之上、其品少ゝも手筋相聞候(ハ)、殊《(ママ)》ニ其品ニより拷問申付る、但し差口計り(ニて)証拠慥ニ無之、又ハ怪敷存候一通りにてハ、不及拷問例、

106一盗に入、刃物にて家内之者に疵を附候ものハ、(疵之)不依多少ニ、此類獄門、

107一盗ニ入、刃物にてハ無之、何(品)にて成り共、家内之ものへ疵付候類ハ、死罪、右両様共ニ盗物ハ持主に取《(相)》返候共、右之通申付る例、(但、忍入候共、巧ニ候儀も無之、其品軽きハ、入墨之上重き敲、)

108一手先《(元)》きに有之品を不図盗取候類ハ、其品之直段金拾両位、都《(ママ)》して此類、百枚《(敲)》或は五拾枚《(敲)》、其品ニゟ入墨之(上)追放例、

109一盗物(と)不存買取候反物、其外(之類)ニても其色品ニて所持候ハ勿論取返し、被盗候者へ可為返之例、

111一盗に逢、其盗人を捕来候ハゝ、被盗候品は勿論《(ママ)》、何方之もの買取候共、(勿論)取戻し可相渡候、若其品手前に有《(無)》之候ハゝ、買取候ものより右代金為償《ツクノイ》、

盗人捕候者へ相渡之例、

110 一盗物買取候代金、（盗人）遣捨候ハヽ、買取候もの損金可為、（盗）人之雑物を以、（右之代金）可為償、尤代金盗人持候ハヽ、かへとり候ものへ相返させへくの例、

（※編者注、前条と本条は、配列が転倒か）

112 一金子拾ひ候もの、訴出候ハヽ、三日曝、主し出候ハヽ、半分ハ金主へ相渡し、半分ハ拾ひ候ものぇ為返之、反物之類ハ、其品不残其主人（ぇ）為相返、拾ひ候者へ（落し候者ゟ）相応に礼可為致之例、

113 （一落シ候物之主不相知候ハヽ、半年程見合、弥主於不出は、拾候ものニ不残為取之、）

114 一悪事有之ものを召捕候歟、右訴出候時ハ、右悪党もの方ゟ召捕（訴出）候ものにも悪事有之由申懸候共、猥に（不）相糺、若本人本人（ママ）ゟ重悪事之（を）証拠慥ニ申出においてハ、双方詮議有之、（惣て）罪科之ものを訴出候においてハ、同類たりとも其科をゆるされ候事に付、作略有るへきの例、

115 一町方火札張紙等之事、右畢竟先へ難儀懸ヶ可申之、事（を）偽り候品候間、其所にて名主火中可仕、然れとも致張札候もの見届ヶ候ハヽ、召捕可差出、是ゟ実本なをし、（右）風聞之儀にて被言立候ものを於致店立ニは、店賃（借）可申出之例、

116 一重科人死骸塩詰之事、主殺し・親殺しハ死骸塩詰磔、其外之科ハ死骸不及塩詰、関所破り・重謀計（之）致方に依て塩詰（磔）すべきの例、

117 一追放構国ゝ所ゝ、重追放ハ、関東八ヶ国、山城・摂津・河内（駿河）・播磨・甲斐・尾張・紀州・堺・奈良・長崎・東海道・木曽路、其もの之居（候）国所ともに之例、

118 一中追放、江戸拾里四方・大坂・堺・奈良・京都・伏見・長崎・東海道（筋）・木曽路（筋）・日光道中・甲府・名古屋・和歌山・水戸、如此之例、

119 一軽き追放、江戸拾里四方・京・大坂・東海道筋幷日光道中可為例、

120 一江戸追放、（江戸）拾里四方幷其居村御構、但シ御構

之国〻所〻書付可渡例、

121 一評定所にて追放申渡候時ハ、御小人目附・町同心立
会、常盤橋(御門)に（ま）て連行追放、ハ（ママ）役所にて(ハ)、
堤（徒）士足軽ル可召連例、

122 一死罪之儀、御仕置除日、急度御定有（無）之、御精進日其
外御祝事（儀）有之日ニハ、心を附相除、定日御精進(日)
丼朔日・十五日・廿八日・節句之外相除ヶ候旨、左
之通記之、

御誕生日
十月廿一日　十一月廿七日
十二月廿一日　七月十五日　五月廿一
日
正月十六日　二月廿六日　五月十六日
六月四日

御忌日
二月廿一日　五月六日　五月廿一日
六月九日
十月三日・七日　十一月六日　同廿七
日　十二月廿一日

123 一過料（怠）亦ハ吟味之内手鎖弛（外シ）候者、品ニ寄死罪或ハ遠島・
追放、被頼弛（外シ）候もの、右同断之例、

124 一死罪之者に可被成もの、致欠落、其身ゟ奉行所へ訴
出ニおゐてハ、一等宥シ遠島之例、

125 一入牢之者、吟味之上科無之相決候所、牢抜成（出）るに於
ハ、遠島之例、

126 一地頭ゟ追放に成り候所、於及強訴ハ遠島之例、

127 一重き事ニ付、跡方も無之儀を於申懸ハ、家財取上ヶ
所払、或は重追放・遠島、軽きハ過料、丼過料滞
ニおへてハ、（ママ）重手鎖之例、

128 一出家(え)密通之由、不慥(成)儀を申懸るにおへてハ、
追放之例、

129 一押て致密会候出家ハ、死罪、女ハ得心之儀無之とい
へとも、不埒ニつき髪を剃、親(類)へ渡例、

130 一御代官・地頭へ背ニおひてハ、其品ニ寄軽きハ過料、
申合所を立退候は、過料之上戸しめ、(其品重クは
追放)の例、

131 一御代官を背、所を立退、私領城下へ相詰、致強訴ニ
おへてハ、頭取ハ獄門或は(死罪)・遠島之例、

132 一出家ニ不似合不謂（無）儀ニ携、品ニ申（出）におへてハ、
袈裟衣を取上ル之例、
133 （一養父同前之者ゑ不慥成儀を於申掛ハ、手鎖、）
134 （一親殺害ニ逢候時、外ニ隠居候悴は、遠島、）
135 一下女自分として首縊相果候を、女之親類共、主人
（を）盗（人に）申掛（成）、下手人之儀於致強訴は、獄門之
例、
136 一水帳を押隠シ廻米於取立ハ、名主ハ死罪又組頭ハ（或は遠島）
所払之例、
137 一百姓之下女、密通いたすニ付、両人共ニ（主人）切殺
といへとも、（百姓ニ）不似合致方ハ、戸しめ之例、
138 （一主人之女房臥居候所ゑ忍入、又ハ艶書等を遣ニお
ゐてハ、死罪之古例、）
139 一主人（之）後家、下人と密通致におへてハ、後家・下
人ともに追放の（古）例、
140 一女房（妻）下人と密通致スおへてハ、下人ハ引廻獄門、
女房（妻）ハ引廻し死罪之例、
141 一女房（妾）致不作法ニ付、男女共ニ切殺といへとも、於不
極（妻ニ）ハ、女房（妻）之敵打とハ難申候つき、追放之古
例、
142 一下人ニ不法之儀申付る主人ハ、品により遠島之例、
143 一致方も可有之儀を、卒忽之仕方にて於及殺害ハ、追
放或は遠島之例、
144 一預り御林を兄盗取伐出し、剰御林守へ打掛候ニ付、
弟（不得）止事を、打殺といへ共、兄に対シ卒忽ニ付、
追放之例、
145 一女房欠落致、亦外の男（者）と夫婦に成るおへてハ、遊女（ママ）
に新吉原へ永ク被下之例、
146 一主人之娘を申合候得て、誘出におへてハ、所払之例、
147 一夫有之女、奉公之内傍輩と致密通におへてハ、男女
ともに死罪之例、
148 一夫有之所、外之ものと夫婦に成るにおへ（て）ハ、死
罪之例、（ママ）一夫有之を（男ハ）不存といへとも、追放之
事、
149 一煩ひ（流）天行候由虚説申出、札幷無実之薬法流布致にお
へてハ、引廻シ死罪之例、

150 一主人之女房と密通之上、女を切ころし《(す)》(へしと)、元の主人(方)ぇふミ込候ものハ、引廻獄門、亦女房ハ死罪之例、

151 一抜身を持居候ものを、踏込取《(捕)》候者にハ、御褒美被下ル、

152 一主人之女房《(妻)》(と)致欠落《(密通)》候所、下人助命之儀、夫願出候につき、非人手下に申付る、女ハ新吉原ぇ年季を不限可渡之事、

153 一下請状致謀判ものハ、死罪、

154 (一)御構之地へ立帰候ものハ、死罪・遠島、人をころし候ものハ、獄門の例、

155 一謀判を見逢《(遁)》に致し、礼金等取候ものハ、獄門之例、

156 一軽き御扶持人、獄門に成る時ハ、悴ハ追放、

157 一盗可為《(為可)》致、古主之屋敷へ忍入候ものハ、入墨之上ニて重ク追放例、

158 一組下之者に博奕之(宿)為致者を《(ママ)》、宿《(銭之内)》を取(之)、剰御代官より呼使ニ参候家来を、大勢罷出致打擲候所、不指留、殊ニ乍存不訴出、之《(其)》上頭取《(之者を)》ハ、差図をいたし、欠落為致候名主ハ、於其所ニ(引廻之上)獄門之例、

159 一博奕之宿仕、剰自分留守之節、右呼使打擲及相動《(騒)》に候処、不訴出候ものハ、死罪之例、

160 一伯父に対し無筋之儀を於申出ハ、死罪、

161 一辻番人、博奕之致宿を、幷拾《(捨)》物を不訴して私曲に仕候者ハ、引廻し(遠島或は)死罪之例、

162 一町人大小をさし、奉行所へ片《(巧)》仕におひてハ、(引廻し)獄門之例、

163 一盗物と乍存、売払又ハ質物等に置遣候ものハ、死罪之例、

164 一橋其外金物等を盗取候ものハ、入墨之上へ重く追放之例、

165 一謀書謀判、似金銀致候ものハ、引廻し獄門或ハ磔、似金銀似寄候仕方(ハ)、引廻し死罪之例、

166 一武家の供へ突当り、或は雑言等申者ハ、追放の例、

167 一重科の者、悪党之者へ致差口におへてハ、遠島之例、

168 一横取金(償)、不埒之ものハ、死罪之例、

169 一武家方之家来、町人を切(害)立退候ハヽ、同家中へ(尋)申付る、疵平癒に候得は(共)、親類に療治代申付る例、

170 一主人之妻(之)母を切り殺ス、密通之上之由申之といへとも、無証拠ニ付、引まわし死罪之例、

171 一女房に疵(付)、平癒(候)とも、理不尽につき、門前払例、

172 一軽き事たりとも、似(せ)寄手紙を認候ものハ、家財取上ヶ所払之例、

173 一前方科有之、追放ニ成候もの已(マヽ)後、御構之場所へ徘徊いたし、其上ニてゆすり事致すにおへてハ、一等重く可申付ものに候得共、博奕之儀ニ(を)依(致)てハ訴人、如元之追放之例、

174 一御家人死罪に成り候得は、其紛は遠島之例、

175 一浪人村ゝへ相廻り、無謂合力を請、旅籠銭も不払、村継人足(を)乞、召連通におひてハ、重く追放之例、

176 一密夫と申合、本夫を於致殺害ハ、女房ハ引廻し其上磔、密夫ハ獄門之例、

178 一被為殺害候ものを頓死致候分にて、於不訴出ハ、兄弟名主等迄(重)追放、其外所払之例、

177 一重科之者、於牢死ハ、死骸は磔之例、

(※編者注、前条と本条は、配列が転倒か)

179 一無証拠之儀申募、寺(本寺)地触頭之申付を不用、第一殺人を火附盗賊と申掛るにおへてハ、(出家ハ)脱衣追放、

180 一拾ヶ年季ニ(ヲ)越へ候永年季質物(地)幷名主加判無之(ハ)勿論、名主置候質地ハ、相名主歟組頭等加判無之ハ、不取上ヶ、或は名主加判無之共、百姓相対ニて倍金或は永代売(頼)納(売)等ニ候准(准候)不法之質地引取(取引)候につき、前ゝゟ停止之例、

181 一享保元年申迄年季懸之(質地)出入ハ、(取上)有之候得共、享保元申年ゟ元文弐ノ巳年迄年数弐(拾)ヶ年(餘)相立、手入等致候得は、年数軽(経)候得ても、質物(地)取候者及迷惑ニ、其上前ゝゟ右之類、拾ヶ年已前之分無取上候ニつき、元文二巳二月ゟ年季明拾ヶ年過、訴出候ハ(マヽ)質地、之(マヽ)金子有合次第可請返旨、証文計り(ニ書)入候質物(地)ハ、質入之年より拾ヶ年過訴出ルハ、無取

上ヶ、右両様拾年之内ハ、裁許有之、拾ヶ年過候分ハ、無取上ヶ之例、

182 一質物(地)証文に小作之儀書加へ有之ハ、書入借金に准候へ共、一紙に認候まて之義ニ付、不埒(無)有之間、元文三午年より質物(地)に相立、裁許可有之例、

183 一証文に、年季明不請戻候ハヽ、永〻金主可支配させと、文言に有之候ハヽ、流地に可致と申文言同意ニ候間、可為流地例、

184 一質物(地)証文、定法之文言に候ハヽ、小作証文ハ残地等(之不宜証文ニても、元金計裁許、小作無取上候得共、本証文残地等)之儀ニ有(無)之候共、小作証文(に)反歩之内何程直小作にいたし、右作徳を以惣反歩之年貢并諸役銭等可勤と有之候ハヽ、金主手作之分ハ金主之(全ク)作徳(取)に成るにつき、元文三午ノ年ゟ此類元金も無取上、尤品により過料(咎)可有之例、

185 一証文ニ年貢諸役之分(何程と)員数極、金子(主)可差出由有之、縦ひ年貢(地主)諸役之分ハ不足ニても、年貢返納有之由申出候共、相対之儀ニ付、右証文を用ひ裁許、尤流地已後は百姓並年貢諸役等、金主に可為納之例、

(※編者注、右六箇条は、「公事訴訟取捌」では質田畑論の項の冒頭と末尾に配列)

3 一養子之借金、養父之家来に手形致置といへとも、養子を実父方へ相返す上ハ、不及沙汰ニ之例、

(※編者注、本条は本来、借金家質出入の第3条として配列されるべきか)

186 一寺附之品〻質に入レ、亦ハ売渡証文にて、金子借候分は、相対次第也、但し当人欠落死失等ニ付、後住寺(宿守)　証文(人)等へ　被(ママ)　懸、訴出候ても無取上ヶ之例、

187 一古(右)証文ニ寺附之品〻と無之、所持之品可渡と申文言之証文ハ、吟味之上唯今取上ヶ可為返之例、

(※編者注、右二箇条は、「公事訴訟取捌」では借金家質出入の項の末尾に配列。以下の傍線を施した二〇箇条の法文は、「公事訴訟取捌」では裁許破掟背其外御仕置者大概の項に配列)

188 一喧嘩口論当座之儀ニて、人を殺候同類にハ無之、其もの之住所隠し、(或は為)立退候ものハ、戸しめの例、

189 一博奕之頭取并三笠附点者之（ママ）・金元・同宿之ものハ、流罪、但シ町方屋敷方之無差別、句拾ひハ身代取上ヶ、非人之手下に可申付之例、

190 一博奕打ハ身代限り、家蔵迄取上ヶ、家蔵なきものハ、右に准過料之例、

191 一博奕打之頭取・（三笠附）点者之（ママ）・金元・致宿候者を訴出候ハヽ、御褒美に銀弐（拾）枚、句拾ひを訴出、其手筋ニて博奕之頭取・三笠附之点者・金元・致宿候ものを捕候ハヽ、御褒美として金五両或は三両可被下之例、

192 一博奕之頭取・点者之（ママ）・金元之（ママ）・致宿候者、外ゟ訴人有之、捕候ハヽ、地主ハ其屋敷取上ヶ、但シ五ヶ年過候ハヽ、御返被下、屋（家）守有之ハ其屋（家）守之家財取上ヶ、百日之手鎖、両隣り之もの并五人組、家財取上ヶ、町内へハ急度過料、名主も越度ニ申付る、但シ右は町方之定法也、在方ハ名主・家主・組頭・五人組・両隣り共ニ過料、其村中ハ、家居之隔は無構之咎移へし、家居両隣ハへだゞり候得ハ、呵（咎）におよはさるの例、

193 一右之通ニ候得共、至て軽きものハ稼（ニ）出、自然と先持（抔）にて当座之博奕筒取いたし候類ハ、訳ヶ違ひ候につき、地主ハ呵（咎）におよはさる例、

194 一博奕打・三笠附之点者（三笠附・博奕頭取等）、遠島之分、五ヶ年過候得とも（は）、赦免之時分書可出之例、

195 一所払（追放）軽重之者、共に住国計り御構之例、

196 一所払、其居村ハ勿論、江戸計り御構ひ、私領にてハ其居村并城下計り構ひ、但し一領一支配に候共、他村ニ住居無構ひ、

197 （一）追院、科（重きハ其村并江戸御構ひ、軽きハ其村中計、其ゟ）軽きハ其寺内計り御ヶまひの例、

一重科之（者）、悪党ものに差口いたし候ハヽ、遠島之例、

一武家之家来、町人を切殺し立退候ハヽ、同家中へ尋申付る、疵平癒に候ハ（とも）ヽ、親類に療治代可申付之例、

（※編者注、右二箇条は、本項の第167条、第169条に重複）

198 一盗可仕ため、忍入ル侍ハ、死罪之例、

199 一牢屋焼失之節、致欠落候ものハ、死罪の例、
200 一咎（奴）に可被成女（ママ）、悪事有之者之於差口ニハ、赦免、
201 一卒忽之仕方にて古夫（元召仕）之女を殺害候ものハ、江戸払例、
202 一酒狂之上、伯父に疵を附ヶ、疵平癒に（候）とも、甥ハ死
罪之例、
203 一似薬種拵候もの、引廻し死罪ヵ或ハ磔之例、
一軽き事ニ付、贋手紙を認候者、家財取上ヶ所払、
（※編者注、本条は、本項の第172条に重複）
204 一呼使（を致頭取）打擲致候ものハ、死罪、其外打擲候
ものハ、追放、携候ものハ、田畠取上ヶ所払之例、
205 一養父母に対シ不孝之仕方におへてハ、重く追放之例、
206 一御仕置（者）有之四五日前に、御様御用ニ付、町奉行
ゑ為知、前日に首切り同心之事申達ル、
207 一公事裁許（又は）御仕置之者、窺相済已後、西之丸ゑ
窺書、右御下知書写上る、
寛保二戌之年四月六日
時服七ツ 寺社奉行 牧野越中守
右同断 大岡越前守
時服四ツ 町奉行 石川（河）土佐守
右同断 御勘定奉行 水野対馬守
右は御定書御用相勤候ニ付、於御座間御目見ぇ且亦種
ゝ之御拝領物有之、
評定留役御勘定方 金壱両宛 浅井半左衛門
右同断 同 鵜飼左重（十）郎
評定所支配方書物勘定 （銀五枚）同 岩佐郷蔵
右同断 同 倉橋武右衛門
右は御定書御用相勤候ニ付、於躑躅間被下旨、松（平）
左近将監殿被仰渡候、
戌ノ四月八日ヵ
一借金売掛等之出入ハ、人ゝの相対之事故、近来壱ヶ

年に両度之裁許申付候得共、已後三年已前子正月ゟ金銀出入ハ、前書の通取上ヶ裁許可申付、四年已前亥十二月迄之金銀出入ハ、唯今迄奉行所にて壱ヶ年に両度之裁許ニ日切等申付候分共ニ、已後奉行所ニて不申付候間、相対を以無滞可相済候、

一只今までの金銀出入ニ付、奉行所ゟ呼出候節、令不参亦ハ済方申付候得共、金子不差出背有之由、相聞不埒ニ候、

右之通、此度相改候上、奉行所ゟ呼出之節不参歟、亦は済方申付候ても不埒之輩有之、武士方ハ奉行所ゟ老中ぇ申達候筈ニ候、寺社町方ハ奉行所にて急度咎め可申付之例、

　右之趣可被相触候、延享三丙寅年三月

右之御触書之儀は、御定書之内借金銀売掛等、前に
　有之文言を引合分別可有之事、
右御触書は御奉行所之外無之、訴訟取捌秘伝之書たる
あへた他見不可有者也、

（奥書）

此書何方へ参候ても、山家村山口三右衛門方へ早
速御返可被下候、已上

　安永四乙未年七月朔日迄写之

　　江府浅草御蔵前旅籠町代地

　　　伊勢屋清右衛門旅宿ニて書

四　「公事訴訟取捌」

「公事取捌記」（国立公文書館内閣文庫蔵）——論考篇第二部第一章の史料（その四）

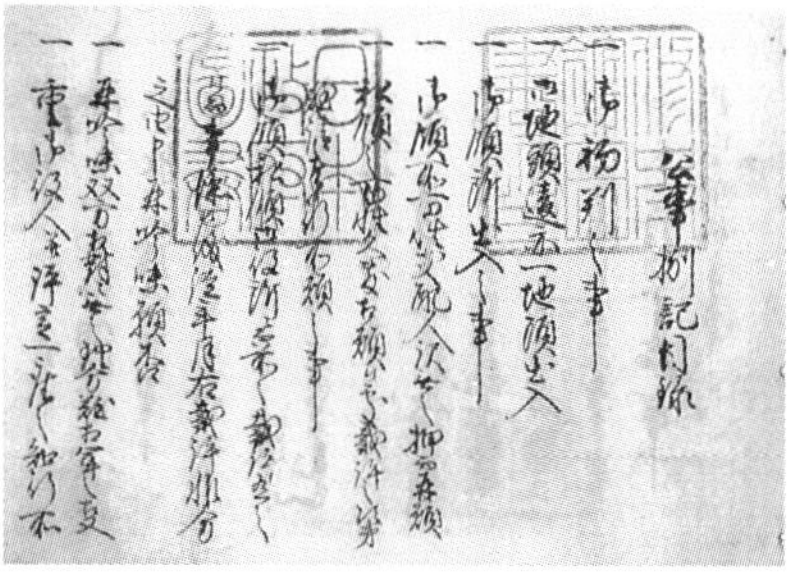

「公事取捌記」目録冒頭（本書127頁）

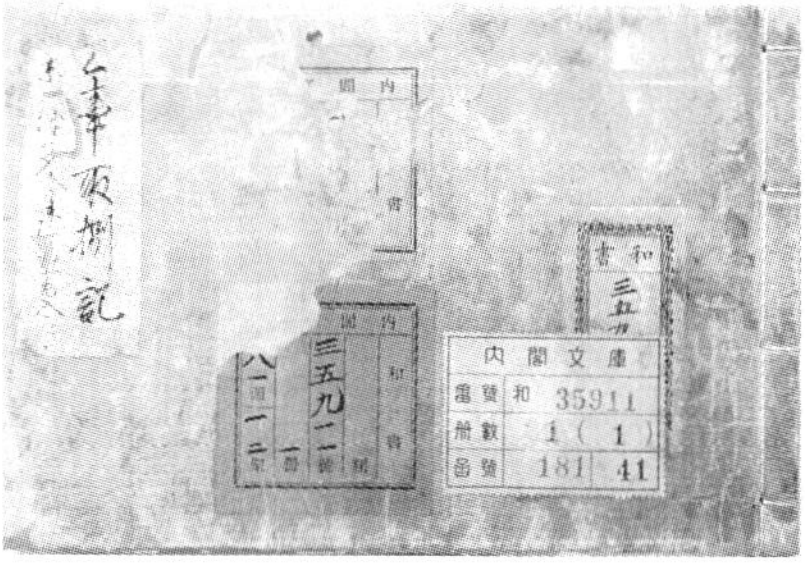

「公事取捌記」表紙

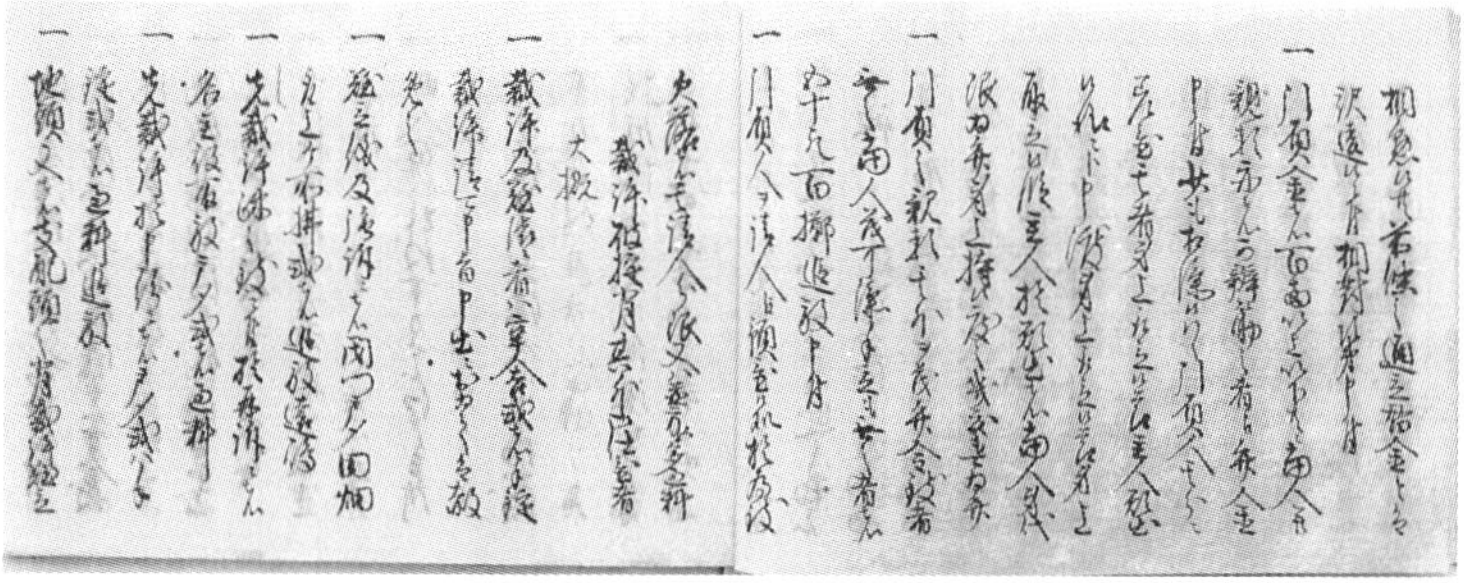

「公事取捌記」十四　裁許破掟背其外御仕置者大概（本書148頁）

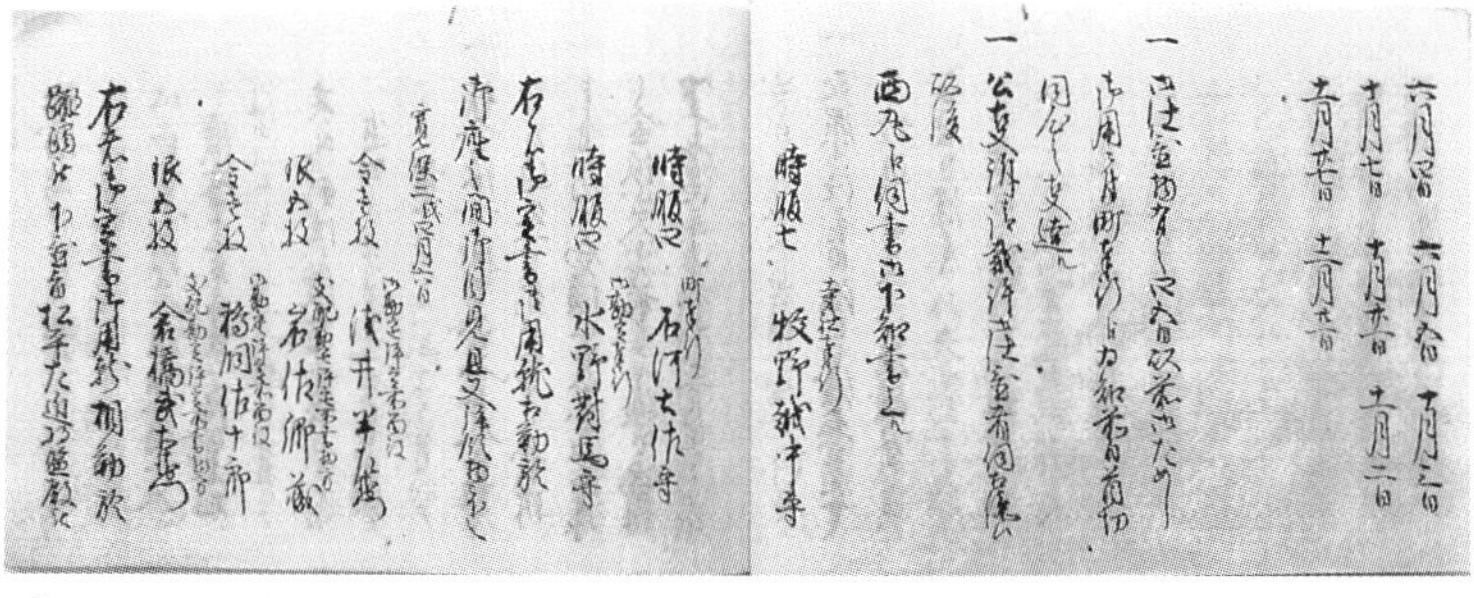

「公事取捌記」前段の末尾（本書160〜161頁）

《史料翻刻》　凡　例

一　本章は、論考篇第二部第一章「「公事訴訟取捌」の成立――「公事方御定書」に並ぶもう一つの幕府制定法――」の史料として、左記を翻刻するものである。

「公事取捌記」一冊（国立公文書館内閣文庫蔵、山城国淀藩主稲葉正諶旧蔵本、架号一八一―四一）

一　「公事取捌記」一冊は、縦一二・三糎、横一八・〇糎の横帳にして、本文の墨附八五丁であり、半丁に一三行で書写する。その表題は題簽による（口絵参照）。巻首に「大淀文庫蔵書記」の蔵書印（陰刻）が捺されていて、本書が山城国淀藩（譜代、一〇万二〇〇〇石）の第七代藩主稲葉丹後守正諶《まさのぶ》の所持本であったことが判明する。稲葉正諶は、寺社奉行（天明元年～同七年）、大坂城代（享和二年～同四年）、京都守護職（享和四年～文化三年）など、幕府の要職を歴任した。

本書の前段部分（六一丁）が、「公事訴訟取捌」である。「追加」以下が後段部分（二四丁）である。後段には、触書および触書を指示する老中書付など（一・四・五・七・八・十二～十八）、評定所留役への照会（二・九）、前段の「公事訴訟取捌」に漏れた法文（十・二十一）、「公事方御定書」の編纂途上の法文（十一）など、二十二項目にわたる記事が収載される。後段記事中、十八の「安永未年」が最下限の年紀である。したがって、本書の成立は安永四年（一七七五）以降である。

一　翻刻にあたっては校合を施し、（　）をもって示した。前段の翻刻に当たっては、「公事訴訟取捌」一冊（明治大学図書館蔵公爵毛利家文庫本、架号三二・一―一四）、および「公事訴訟取捌」（明治大学博物館蔵、架号〇〇―一四九）をもって校合を施し、左記をも参考とした。

・林紀昭「鏡櫓文書館蔵『御定書写』――「御定書系藩刑法典の一考察」参考史料（Ⅱ）――」関西学院大学『法と政治』三三巻二号、昭和五十七年

・橋本久「弘前藩の刑法典(7)――寛政律――」大阪経済法科大学『法学論集』一五号、昭和六十二年

・橋本久「『公事訴訟取捌』（京都大学法学部所蔵）」大阪経済法科大学『法学研究科紀要』八号、昭和六十二年

・藪利和「〈資料〉公事訴訟取捌」『札幌学院法学』一二巻二号、平成八年

後段の翻刻にあたっては『御触書集成』（寛保・宝暦・明和）、『徳川禁令考』後集をもって校合した。

一　四の「公事訴訟取捌」は、二の「評定所御定書」を増補整備した幕府法である。傍線を施した部分は、増補の法文と規定とである。また本書は、一の「評定所法規集（仮称）」を参照しており、二の「評定所御定書」が継承しなかった十四箇条中、十箇条を復活させている。その法文には二重傍線を施した。

四　公事取捌記（国立公文書館内閣文庫蔵）

（表紙）

公事捌記目録

一御初判之事
一御地頭違亦一地頭出入
一御領（料）所出入之事
一御領（料）所百姓支配人訳無之押て再願
一私領之百姓久敷相願候処裁許之次第難請奉行所願之事
一御領（料）私領御役所ニて前ゝ裁許有之候て事済候儀従年月右裁許非分之由申再吟味願否
一再吟味双方相対ニ無之理分難相聞之事
一重御役人并評定一座之知行所出入之事
一論所見分裁許伺帳証文之内ニ入置又古帳を以証拠ニ引事
一忌中之触之事

一国境之事
一官庫絵図幷国境之事
一国郡境谷峰之事
一先年之裁許絵図朽損仕直願
一官庫絵図一方我方依て理運
一双方証拠無之川峯谷境
一死馬捨場之事
一山之入会村境之論之事
一内山居林之事
一内山境無之事
一入会ゟ新開致事
一地元ゟ近来新開新林立事
一入会之道証拠ニ不用事
一入会同意之場新田願之事
一草札之場田高応苅之事
一入会新開割之事
一新開立出等猥ニ伐荒事
一秣場仮橋之事

一別村ニ分候共官庫絵図郷帳次第
一廻り之秣場久根通除苅之事
一地元ゟ土手築事
一魚猟海川堺之事
一浦役舟役幷運上関東筋鰒縄之事
一海堺幷鮫猟之事
一御朱印堺百姓囲来ル事幷河附寄之事
一本田高川欠幷御朱印地不足
一給地之地先或は見取場等之事
一他之地先囲込事幷居村前地従他村箪（竿）請新発之事
一地頭古新之検地之事、木影代（伐）
一永小作幷竿請田畑之訳出百姓年貢
一水帳無之新開幷私領新開新堤用水懸引幷御領（料）私領組
合普請私領自分普請願之事
一用水不引村幷人足割合水代等之事
一往来橋普請幷用水論之事
一新堤新田畑成用水堤重置事幷用水引来証拠之事
一寺社領争論録（縁起）記譲状山論境秣出入

一寺院後住論幷古キ書物無印形事
一先領主地主帳面之書物幷名所字之事
一地水帳書物幷慥成物有之不埒証文出事
一可致証拠巧ヲ以不埒書付取之事
一馬継場之事
一人馬継助合或は脇道停止直売荷之事
一商荷馬継幷無証拠馬継場之事
一脇道御朱印外雇人馬往還荷物押ル事
一大坂荷物ニ京都荷物入持下飛脚屋切ほとく事
一中絶之市幷新市立儀停止之事
一新町屋建ル事河岸場之事
一三伝馬町之事
一父養子シテ跡式極置又不極置事
一夫死後後家外え嫁入先夫之名請不成
一譲状通譲り分ル事幷重煩之砌一判譲状
一家出之養子事幷当人果タル借金之事
一先住遺言事幷相果タル当人遺状之事
一聟養子離縁幷夫死後後家え養子当り
一聟養子不和幷聟遺跡妻離縁之事
一実子出生後父子不和家出幷養仕形悪
一巧ヲ以離縁之腰押○縁組証文不取置事
一養子妨咎○妻離縁之事
一外女後妻致ス巧○懐胎女離縁之事
一妻親元え帰り三四年居ル去状不遣夫申憤（ママ）
一離別状親元え参居妻否幷悴死後持参金
一先夫去状を不知女ト申合スル○自分ト立退女
一女房夫難添事幷妻物質遣事
一去状モ不取再添○養子合女房夫嫌
一夫嫌暇取度事○久離者子引取人
一欠落有届勘当無届離別断後親欠落
一離別上同職○及出入沽券証文無事
一譲状計所持沽券無之元地主え返否
一寺社離檀出入之事
一就心願其身一代改宗就親遺言改宗
一祈願所心次第之事
一離旦諸訳

一女子は母之宗門不成○住職出入ニ付宗旨証文之事
一菩提所ぇ不断宗旨印形幷開基旦那之事
一旦那印形滞○新寺ト寄附地
一寺法ぇ名主印形○我儘寺号引替
一百姓助成堂地○吉田家無許神主
一質田地之事○忌中跡祓之事
一享保申年迄質地幷元文二巳迄之事
一知行所質ニ為入用金為借幷質地倍金事
一小作滞日限○質地滞金日限之事
一流地直小作滞○酉年以来質地証文
一名田小作証文帳面ニ無印形名主加判無名所
一水帳違候質地○年久証文ニも享保年延有証文
一及出入肩書アル証文○質入地他小作人之稲苅
一名主乍知不留咎無証拠之出入地は御取上
一年貢未進○質入致候地不請戻否
一御朱印地質入○質地流本百姓同前年貢
一質地年季内不返○幷質小作書添
一年季明不請返証文流地之事

一質地証文定法直ニ小作是証文次第
一証文ニ年貢役高銀アル証文家質
一養子借金○先住借金
一借金幷書入金○町人百姓滞金
一家質利金○白紙手形
一従寺院諸什物書入○帳ニ記アル借金
一車銭日済銭○無尽金惣て仲間出入
一連判ニて借金○証文アリ借金歟代金歟不知
一通例借金奉公人請状認名主加判無之家質
一借金依仕方○両附之借金質入売状
一奉公人出入○引負欠落者店請
一奉公人請ニ立者○裁許及難渋者
一難立儀強訴先裁許紛ス族
一先裁許疎致○再訴咎
一地頭又支配人裁許背強訴
一立会絵図久滞追放所払御仕置
一餌附之鳥追○隠鉄炮商売
一御鷹場隠鉄炮

一遊者留置名主○欠落者囲置
一奉行所之申付ト偽○毎度差紙不参
一相果処押隠願出ル難立儀強訴
一代官地頭吟味之内直訴○入会之地神木伐ル
一其村之者ニなり携出訴
一重禁製（制）を致後日ニ止メ○詮議之時隠身候
一目安裏判似ト申奪取○請人人主無差別
一押縁組之儀申券（募）○御構之地ニ置追放人
一御法度宗旨出家○手負不訴五人組
一閉門之節被召出月代剃○置主不知質請人方ゑ請ル
一割半不致質物為請○当時証文ヲ以借金方ニ立家破
一役人ゑ賄賂差出ス○御成先直訴
一公儀御仕置ニ不及類其頭ゑ引渡○人殺内済
一商人仲間背法○口論場出会
一過料申付相果○新規祭仕出シ
一無下知村ゝ人足為出○依割返サル及出入名主
一師匠弟子家業構○就重事偽申触
一以遺恨人疵付ル○偽ト乍知証人ニ立

一証文ニ不知人之名印○不済内論所ニ立入
一無証拠之儀強訴○無取上願重て願出ル
一御咎御免願は不及咎ニ○親類縁者願出ル
一惣て虚説申触○廻船ニ依積物禁之
一破船浮沈荷物○品川廻船ゟ小舟乗出
一人殺付重科幷科有物（者）逐電
一欠落物（者）不出○火附盗賊幷重科
一喧嘩口論軽者致養娘候事
一寺社訴訟人○遠国者無宿
一酒狂ニて人ニ疵付、付り人打擲
一牢舎申付者最初ゟ溜ゑ不遣
一酒狂自身疵付ル○乱気ニ人殺咎
一重追放○改易中軽追放
一田畑取上候者○依夫之咎田地取上
一身代限取上家蔵は残ル○重科擲之
一過料身代応咎○平日之出火之咎
一火附ヲ捕来ル幷訴出○男女申合相果
一隠遊女商売○何仕形可有ヲ訴出咎

一旧悪相止メ候後御仕置、付主殺親殺
一拷問○盗賊刃物ニて疵何品ニて疵付ルトモ
一盗物買取○并盗人捕来ル
一金子拾候者、付落主不知否
一博奕頭取三笠附并金元
一悪事有之者捕○町方火札張
一重科人死骸○追放者構国ゝ
一所払之訳○吟味之内手錠(鎖)外候者
一牢舎出抜咎○死罪者欠落奉行ヱ出ル者
一地頭ゟ追放強訴○重キコトニ付跡も無之儀申出者
一出家ヱ密通之由申懸ル○押て密会之出家
一御代官と地頭背キ○并御代官背立退
一出家不似合無調儀携申出
一親を殺たるを隠居候子○水帳隠過米取名主
一下女首縊○百姓下女密通ニ付主人両人切殺
一主人女房ヱ忍入○主人後家ト密通
一妻不沙汰故男女共ニ切殺○下人ヱ無法申付ル
一預り之御林兄盗伐取○女房密夫故欠落

一主人娘誘出ス○夫有之女奉公人傍輩と密通
一煩時死セ申札薬売弘ル○辻番博奕宿
一町人帯刀奉行所ヱ巧ム事○盗人ト知質物或売物世話
スル
一橋抔之金物盗取○謀書謀判似せ金銭(銀)致
一武家供ヱ突当り○重科人悪党之差口
一横取金為償○武家家来町人殺
一盗可致忍入侍○牢屋焼失之節欠落
一好(奴)ニ可成女悪事差口○元召仕女切殺
一主人之妻母切殺○酒狂ニて伯父疵付ル
一女房疵付○似薬種拵へ
一軽儀ニても似手紙○主人女ト密通
一真鍮持居ル者捕ル○御構之地ヱ立帰者
一謀判見遁○盗人古主之屋鋪ヱ忍入
一組下之者博奕宿致させ宿銭分取否
一博奕之宿其上打擲○追放者擐(振)致
一御家人死罪子共○浪人村ヱ廻合力受
一養父ニ不孝○密夫ト申合本夫殺女房

一重科者牢死〇人殺タル者頓死
一無証拠之儀申募ル寺
一死罪御仕置除日御誕生日
一御仕置以前御ためし御用之事
一公事訴訟御窺之事

公事取捌記略目録　終

一　公事訴訟取捌

1一関八州より申出公事、御領（料）私領共ニ勘定奉行初判、関八州之外御領（料）分は右同断、但、大岡越前守支配之分は、越前守初判出之、

2一関八州之外私領分、寺社奉行初判、尤関八州之内并（にても）寺社奉行之分は右同断、

3一五畿内・近江・丹波・播磨は、京・大坂町奉行ぇ訴出、但、右之国ミゟ餘国ぇ懸候出入は、寺社奉行ゟ初判、

4一町奉行支配之町ミ出入は勿論、江戸之内寺社奉行支配之者ゟ町奉行支配之者ぇ懸り候出入、亦は御勘定奉行初判出候江戸町端近在ミゟ、江戸之ものぇ懸り候出入ともニ、一座裏判不及出、双方之家主・名主・組頭・五人組立会、来（ル）幾日迄ニ可済出、於不相済は幾日可出旨、其筋之役所押切裏書出之、其上ニて評定所ぇ出ス、

5一地頭違亦は一地（頭）之百姓出入、両様共ニ地頭ゟ断有之上ニて取上ル、且一地頭之取捌ニて可相済儀ニ

候ハヽ、其趣地頭ぇ申談、其上ニて不相済候は取上
之、

6一御領(料)所之百姓出入、其所之支配(人)添状出無之は、
不取上之、
一御領所之百姓、其所之支配添状出無之は不取上之、
(※編者注、前条と重複)

7一御領(料)之百姓、其所之支配人ぇ何之訳も無之押置候歟、
或は裁許之次第難請、再応願候ても取上無之、奉行
所ぇ訴出、支配人存違候趣相聞候ハヽ、支配人ぇ奉
行申談宜取計、其上ニても訴訟人得心不致候ハヽ、
奉行所ニて裁許申付、

8一私領之百姓、地頭ぇ願出候時、久鋪不取上、或は裁
許之次第難請、再応願候ても取上無之、奉行所ぇ於
訴出、右同断、

9一奉行所諸役所并於私領、前ゝ裁許有之候て事済候儀、
経年月、右裁許非分之由ニて再応吟味願出候共取上
無之、然共、訴訟方慥成証拠有之、相手方ニは証拠
無之、先裁許必定過失ト相見へ候ハヽ、伺之上詮議
ニ可取掛、若双方証拠有之は、再吟味之願(無)取上、
但、相手方不尋シテ不叶儀も候ハヽ、其所之支配人
或は地頭ぇ一通り相尋、猥(ニ)相手不可召呼、

10一再吟味(之)願理分ニ聞候共、双方対決之上ならて利(理)
分難相決、亦検使不遣候ては不分明之儀は、慥成証
拠無之故ニ候条、再吟味無取上、(右は)惣て訴訟人
之依願再吟味之事ニて、於奉行(所)評議之上、前ゝ
裁許改候儀は格別也、

11一重御役人并評定一座、知行(所)之出入は、窺之上裁
許申付、但、大目付以上成り(也)、質地借金公事は、定
法依有之不及窺、

12一論所見分裁許、伺帳(ニ)証文之内ニ文言、又は古帳
面を以証拠ニ引候其(之)事書員数或は古絵図面ニて極候
儀は、右絵図入用之取計(所)小絵図ニ注之、見分絵図ニ
も白紙附紙之肩に訴訟方相手方ゟ抔と夫ゝ之題号書
注ス、

13一忌中之時、立会内寄合出座之儀は、父母之外忌中は、
譬廿日忌中は七日立候得は出座之事、

二　国境郡境論

1 一国郡境ニ河附寄之例不用之、

2 一国郡境は、官庫之絵図或は水帳次第、

3 一官庫之絵図ニ、国郡境之山ヲ以双方より書載之、双方共ニ外に証拠無之ニおゐては、論所之中央可為境、

4 一国郡境、峰通りゟ谷合見通可為(境)、

5 一官庫之絵図ニ論所半分雖載之、一方全載之、外ニ証拠於有之ハ、勿論全載方可為理運、

6 一国郡境山論水分之儀、峰通限さかいたり、

7 一先年之裁許絵図朽損し、仕直度由於訴ニは、相手之絵図相渡可為写、訴状裏書一座令印形遣之、何之裁許書ニても右同断、

三　山《(野)》之入会村境論

1 一双方証拠於無之は、大道筋或は川之中央、又は峯通谷《(合)》間見通、水帳次第古田畑等ヲ為境ト、

2 一死馬捨場等、村境之不及沙汰、近村可為入会、

3 一内山居林等之儀は、地元之外入会禁之、

4 一内山境雖無之、地元之古畑等於有之は、為内山ト、

5 一入会より数十年新開致といへとも、地元ゟ後訴ニおいては不及承《(荒)》之、年貢は地元之村ゑ入会ゟ可為納之、

6 一地元たりといふとも、近来之新開新林等は、可為荒之、

7 一入会場之道雖多ト、敢て入会之証拠に不用之、

8 一入《(名田)》会同意之茅野等、地主不得心之上は、外ゟ新田等ニ願候共、無謂外(え)ハ不免之、

12 一他之入会場ゑ紛入、苅取ニおゐては、過料、

(※編者注、本条は本来、第11条の次に配列されるべきか)

9 一入会ニて無之草札等之場は、田高ニ応苅之、

10 一入会之野、新開発等は、高に応割之、

11 一新開為立出共、理不尽ニ於伐荒は、過料、

13 一秣場ゑ之仮橋、他之往還《(来)》禁之、

14 一別村に分たるといふとも、官庫之絵図郷帳次第、

15 一畑廻り之秣場は、畑囲久根中央ゟ内外壱尺五寸宛、都合三尺除之秣苅之、

16 一地元ゟ土手築之由雖新古争と、入会之場之障於有《(無)》之

は、有来通差置、尤重て新規之儀禁之、

四　魚猟海川境論

1 一川は附寄次第、随流中央境たり、

2 一川向に有来ル地面は、任先規、飛地ニ可進退之、

3 一魚猟并藻草、中央限取之、

4 一藻草に役銭無之、猟場之差別無之は、地先次第取之、藻ニ於障は、新規之魚猟禁之、

5 一御菜鮎并運上於納之は、川通他邑前之無指(差)別、入会鮎猟致之、無役之村は村前可限之、

6 一魚猟入会場、国境之無差別取之、

7 一藻草、浜(魚)猟(場)ニ於障(は)禁之、

8 一磯猟は地付根付次第、沖は入会、

9 一小猟は近浦之任例、沖猟於願ニは新規ニ免之、

10 一浦役永於有之は、他村前之浦魚猟主(ママ)な(た)りといふとも、入会例多、

11 一浦役(永)於無之は、居村前之浦たりとも魚猟禁之、

12 一船役永は、沖猟或は荷船可為繋役、

13 一海境之分木は、二本建ル例多シ、一本は可為浜境、壱本ハ網干場之境、

14 一運上船之改は、磯ゟ沖ぇ凡壱里程限之、

15 一関東筋鰒縄、諸猟妨ニ付停止之、

16 一壱本釣之針ニて鰒釣候事ハ禁之外たり、

17 一鮫猟は、十四五町之内限へし、

18 一入海は両頬之中央限之、村並(は)村境可為見通、

五　田畑禁(埜)論

1 一御朱印境之内、数年百姓囲(開)来候田畑并家居等、有来通たるへし、年貢は任旧例、越石等は其寺社領ぇ収納、夫ゟ越石之地頭ぇ納之、

2 一河附寄之事、大水ニて自然ト川瀬違、高外新田地亦は見取場・小物成(場)・秣場・河原・埜原等之無高之地所は、附寄次第也、然共、川除等之仕方ニ依て分ケ、手段を以川筋為違候類は、附寄之例ヲ不用儀も有之事ニ候、因茲新堤築出シ、其村之次第に任セ、川中ぇ仕出シ候事禁製(制)たり、勿論高之内三(之)分、附寄

之不及沙汰、川向之附寄地ヲ飛地ニ進退申付定法也、
3一本田高之川欠は、附寄不及沙汰汰(マヽ)、地先(を)限り河向之附寄地ヲ欠地反別ニ応、飛地之積渡之、
4一御朱印地畝歩不足之類は、数多依有之、訴訟取上之ざる事、
5一検地之地先見取場等、地頭ゟ附寄たるといふとも、証拠無ニおゐては、公儀(地頭)へ取上之年貢は、御蔵ぇ入たるへし、
6一他之地先ヲ囲込ニおゐては、為返之、仕方不埒においては不納之年貢為収之、
7一居村之地内村前等ニ、他村より竿請之新発有之、共(其)雖為(新発之)地先、於為居村之地内は不立之、新発之外綺事禁之、
8一先之地頭之除地は、当地頭之可為心次第、
9一双方為持地、於証拠無之は、公儀ぇ取上之、村中又は名主ぇ預ル、
10一木薪(陰)は、双方ゟ立会伐之、
11一永小作并数拾年預来ル地面は、無謂取上之事禁之、
但、弐拾年来ヲ(永)小作ト云、
12一竿請之田畑ヲ於切崩は、手錠(鎖)或は過料、
13一出作百姓年貢高役等、内証相対は格別、村並本百姓同様、高割可勤之事通例、
14一水帳ニも不載書新田(開)場、永(マヽ)水行之障ニ於成ニは、囲取払可為流作場(マヽ)、

六　堤井堰用水論

1一私領ニて新田新堤取立事、双方地頭対談(相対)之儀ニ付、障無之様に可申合旨申談、願不取上子細有之、難済儀格別、
2一用水懸引井路之儀、川中ぇ井堰を立、水引分候処、堰之依仕方、河下之井水不足ニも不相構、手前任勝手(宜様ニのミ)仕候故、及浄論(争)、或は両頬井口有之場所、片頬之井口附替ル時、双方不申合、一方之任自由仕替候故、及出訴候類有之、右躰之儀は双方致対談、致普請候節立会、無障様ニ可致、若滞儀有之歟、不法之事有之は、其節ゟ十二ヶ月ヲ限於訴之は、

裁訴（許）有之、期右月ヲ（過）於出訴は取上之事なし、
3 一御領（料）私領組合普請、私領分計自普請ニ於願は御免、
4 一当時用水雖不引と、古来ゟ之組合離候儀禁之、
5 一往還之橋普請、組合新規ニ申付例有之、
6 一用水人足諸色組合惣高ト割合之、
7 一用水は、田反別多少ニ応、可為割合、水門之寸尺を定、
8 一一領之時、水代雖不出之、於他領（ニ）分は、新規出之、
9 一用水論は容易不取上之、双方之役人立会、無障（滞）様為済之、但、十二ヶ月ヲ過、於訴出は不及沙汰、
10 一新堤新田、双方役人立会、於無障は取上之、
11 一畑成、用水於有障は禁之、
12 一堤重置、障有之ニおゐてハ禁之、
13 一用水引来証拠無之（といへ共）、障無之、溜井廻りには其村之田畑（地）取廻有之、地内水有之上（元たる）は、田高ニ応シ新規ニも用水引之、

七　証拠証跡用不用

1 一寺社領浄（争）論、縁記（起）（ニ）以譲状申出ル時、御朱印之面、寺社領縁記（起）之通ト有之歟、或は縁記（起）譲状御国絵図ニ名所致府（符）合、書面疑敷無之は取用ル、
2 一山論境目秣場出入幷田畑論、先奉行裁断之書付・古水帳、且古来御代官所之時裁許書付、或は地頭捌置候書付差出シ、御国絵図府（符）合候歟、亦は地所無相違候得は取用之、
3 一寺院後住浄（争）論、先住遺状（幷譲状）慥成書物は取用、又百姓町人家督出入は、譲状正敷書物は用之、
4 一惣て古キ書物、印形無之候ても慥成書付ニて水帳又は地面府（符）合候書面、且扱証文・山手証文・名寄帳印形有之、年貢等納方相違無之ハ用之、
5 一先領主地主（頭）（之）帳面書物、其外古来之書付、印形雖無之、於慥成ニは取用之、
6 一名所之字名無之（ママ）証拠は、不用之、
7 一地之（他）水帳書物等、論所之証拠と偽、字等書替におゐては、死罪或は遠島、

8一惣成書物等有之所ニ、不埒成証文取之、証拠ニ於差
出ニは、戸〆或は所払、
9一証拠ニ可致巧を以、不埒之書付等取之、於指出は戸
〆、或は名主庄屋之役儀取放、

八　馬継河岸場市場論

1一馬継場、国絵図可為次第、
2一人馬相対ニて助合来候ハヽ、
公役之外ニも不差滞可勤之、
3一人馬継之場所は（へ）寄、人馬雖出之、私之人馬継禁之、
但、馬継場之（と）相対ハ格別なり、
4一人馬継、往還之外猥(ニ)脇道通路は停止之、
5一諸荷物直売、以手馬附通ル分ハ、雖本海道タリト無
構可通之、脇道往還は勿論之、
6一商人ぇ売渡候(諸)荷物、手馬ニて馬継(場を)附通事
禁之、
7一双方無証拠之馬継場は、双方月代り馬継可致候、
8一脇道之分は、旅人勝手次第可為致馬継、

9一脇道において御朱印之外、継（雇）人馬不足之分は可及其
断、
10一往還之荷物、理不尽ニ於差置（押）は、過料、
11一大坂之荷物ニ京都之荷物入持下り、京都飛脚屋及難
儀ニ由ニて、於道中理無（不）尽ニ右荷物切ほとき候ハヽ、
右（古）例（マヽ）之獄門、
12一中絶之市、障有之ニおゐてハ禁之、
13一私(ニ)新市立候事、停止之、但シ障無之におゐては
免之、
14一市場近所ぇ無届ヶ新町屋停止之、
15一河岸場は川岸帳次第、
16一市場は村境（鑑）次第、
17一河岸帳ニ不裁（載）分は、地頭并村用之荷物之外運送停止
之、
18一三伝馬町ゟ鞍判不受之、江戸ニて駄賃之稼禁之、

九　跡式養子離別後住并引取人

1一父致養子、跡式於極置ニは、為実子共跡式不継之、

2一父跡式於不究置は、血筋近キ者相続之、
3一夫死後、後家儀外ニ於縁付は、先夫之名請差綺可申様無之、筋目之者可相続之、
4一遺状之通家屋敷譲分候ても(は)、跡式致断絶、或は母(ハ)妻(妾)ニて外ぇ嫁入セ(由)、親類申出といふとも、悴無之相果候ものは、家財ハ母之心為次第之上は、遺状之通母ぇも跡式分之、
5一重煩(病)之砌、一判之譲状不(取)用之、
6(一跡式相続之惣領を差置、外之)悴ぇ跡式可続(譲)との遺状は、不法なり、雖然遺状慥成ニおゐてハ、有金家督悴七分、外之悴三分、家財田畑(等)は家督悴可致相続之、
7一致家出、養父死後立帰候養子は、跡式相続難成、
8一当人相果、借金有之跡式は、親類之内におゐて望無之は、借金方ぇ家財分散たるへき古例、
9一先住後住遺言有之所、外出家後住(ニ)可居旨雖申之、旦方可差綺謂無之法式、不及沙汰ニ、
10一当人相果、跡式之儀遺状も無之、親類等不埒之儀於訴論ニは、公儀ぇ跡式取上之、
11一聟養子離縁之上は、出生之男子ハ夫之方ぇ可引取、引出物ハ相互ニ為返之、
12一夫死後、後家ぇ養子之当雖悪敷、於不慥は、後家心之儘ニ外ぇ(可)譲分筋無之、
13一聟養子父子不和ニて、実父方ぇ立帰罷在、去状不遣指置、妻ヲ可引取旨雖申之、無謂ニ付不及裁許、
14一聟遺跡、妻養子之気ニ不入、離縁之上は、持参金不及裁断、養子之諸道具、去状遣候上ニて可為返之、
15一実子出生以後、父子(ママ)不和ニて、養子之儀(致)家出といふとも、(父)不埒ニ付、養子可為引取之、
16一養子(父)仕形悪敷儀(由ニて)(養子仕方)穏便無之、実父方ぇ於帰は、持参金相対は格別、不裁断及、
17一自分之悴養子ニ可致巧ヲ以、離縁之於腰押致は、追放、
18一聟養子雖為不縁、縁組証文も不取置、聟養子ゟ離別状も不取替、剰双方外ぇ片付候上及訴論類は、不埒

之仕形ニ付、持参金公儀ぇ取上之、

19一養子(を)妨候もの、品ニゟ牢舎古例、

20一妻之諸道具・持参金相返候上は、離別之儀、夫之可為心次第、

21一外之女ヲ後妻ニ可致巧ヲ以離別は、右之女妻ニ為致候儀(は)勿論、出入共ニ差留ル、

22一懐胎候共、離縁之儀は夫之心次第也、出産之上男子は、夫方ぇ引取、女子は妻方ぇ可差置、

23一妻之儀親元ぇ帰り居、三四年過、夫於訴出は、願後難立、併去状不取置、不埒ニ付、一応夫方ぇ為呼戻候之上、離別状可為渡、

24一離別状雖不遣、夫方ゟ三ヶ年以来於不致通路は、外ぇ嫁入候共、先夫之申分難立、

25一離別之証拠無之、女房親元ぇ参居、雖相果、諸道具・持参金《(ママ)》田畑不及返ニ、夫之心次第、

26一悴相果候故、娘《(娵)》ヲ指戻類は、持参金不及沙汰、諸道具差戻之、

27一先夫之離別之事、慥ニ不承届、去状も無之、親之不及《(為)》(致)得心、女ト申合、理無《(不)》尽ニ(外ぇ)於引取は、重き過料、亦士は品ニより追放、

28一右之女離別候共、為自分立退、親ぇも不為致得心致家出、離別状も(不)指越《(ママ)》ヲ内、外(ニ)男ヲ持におゐては、髪剃、親ニ渡、以後は(外へ)片付候事は親之心次第、不儀之男之方ぇは通路も留之、

29(一)右不埒之取持人は、過料、

30一女戻《(房)》も不致得心、衣類(等)於質物ニ遣は、不縁之儀は、妻之親之心次第、

31一女房夫ニ難添子細相立、於家出致、女之親元ぇ諸道具為返之、

32一去状不取遣《(替)》上は、又添之儀不裁断及、

33一養子合(之)女房、夫ヲ嫌、致家出、比丘尼寺ぇ欠入、比丘尼三年相勤、暇出候旨於訴出、実父方ぇ為引取古例、

34一夫ヲ嫌、髪切候て成共、暇取度と申女房、又は夫ぇ申懸致候類ハ、比丘尼ニ成し縁為切古例、

35一久離帳(ニ)雖附置と、久離被致候者之子共、引取人
於(無)有之ニは、久離之無差別、親(類)え預ル、
36一欠落之届雖致置、勘当之届無之、外え可引渡者於無
之は引渡、
37一離別之事断請、女之親致欠落、引取人無之ニおゐて
は溜え預ル、
38一離別(縁)之上ニて同(町ニて)商売於致は、養父え対、不
遠慮ニ付、養子所ヲ為立退、
39一及出入、沽券証文於無之は、家屋敷
公儀え取上之、
40一譲り証文計致所持、沽券不(致)所持、元地主(雖)為
願と、元金為指出、(譲)証文と引替之上、家屋敷元
地主え返(為渡)之、

十 寺社并離旦出入

1一神事仏事其外不依何事、新規之儀停止、無拠儀は奉
行所亦は地頭え相達、任差図、
2一無謂離旦は、不為致之、
3一旦那寺ニ不似合無慈悲成仕形ニ付、離旦致は、不及
帰旦之沙汰、
4一心願有之、其身一代於(致)改宗ハ免之、
5一父之遺言有之、於改宗致ハ、心次第、
6一祈願所は、帰依次第也、
8一離旦之証文、押て於印形取ニは、所払、其品ニより、
軽キは戸〆、
9一女子は母之宗門ニ成候例無之、女子ハ夫之宗旨ニ成
候定例、
10一住職出入雖有之、宗旨証文(印形)可指延謂無之、寺
附之以印形、証文可為差出古例、
7一離旦之上石塔迄引取候様(所)、(年数)難過於申出ニは、帰旦之
不及沙汰、
(※編者注、右の法文は本来、第6条の次に配置されるべきか)
11一前菩提所え不断、宗旨証文於印形致ニは、戸〆、
12一開基檀那は、過去帳次第、
13一後住之儀、開基檀(那)は格別、旦那ゟ不可(為)差綺、
14一旦那ヲ疑、宗旨印形於指滞は、逼塞、

15一新寺地致寄附は、地面
公儀ぇ取上之、其所之名主組頭、戸〆、
16一寺法ぇ（を）差綺、本寺之触書、名主印形ヲ以、門下ぇ於
相触は、役儀取放、戸〆、
17一我儘ニ寺号於引替ルは、戸〆、
18一前菩提所ゟ之挨拶も不承届、於為致剃髪は、其地院（寺）
逼塞、
19一墓所ニ（ママ）も無之一村之助成ニて相続之号（堂地ハ寺号）堂停止之、
20一吉田家之許状も於無之ハ、神主ニ不立、然共、其品
ニより社役は免之、可為相勤、
21一忌中ニ従祈願所跡祓不致法も無之、

十一　質田畑論

1一拾年季ヲ越候は（ママ）永年季之質地幷名主加判無之（ハ）勿
論、名主置候質地は、相名主組頭等之加判（無之ハ、
無取上、是ハ名）主（加判無）之、百姓相対ニて倍金
或は永代売頼納売等に准候不法之質地致取引候ニ付、
従前（ゝ）停止之、
2一享保元申年迄拾年過ヶ（季を掛候）ハ質地（出入）は、取上有之候
得共、享保元申年ゟ元文二巳年迄年数弐拾ヶ年餘相
立、手入（等）致候得は、年数経候ては、質地取候も
の及迷惑、其上前ゝゟ右之類、拾ヶ年以前之分取上
無之ニ付、元文二巳二月ゟ年季明拾ヶ（年）過訴出候
質地、（ママ）幷金子有合次第可請返旨、証文ニ書入候質地
は、質入之年ゟ拾ヶ年過於訴出は、無取上、右両様
拾ヶ年之内は、裁許有之、拾ヶ年過候分は、無取上、
金主進退たり、
3一知行之田畑、質地ニ為入、地頭用金為借出候事停止
之、
4一質地倍金手形之分は、取上無之、
5一小作滞、日限ニても不相済候は、小作人身代限り、
諸道具不残為相渡、田畑は小作金之多少ニ応、年数
（を）限り金主方ぇ為渡、年数過、小作人ぇ為返之、
但、小作人所持之田畑質地に入置候ハヽ、田畑不埒（持）
ニ候者之（は）同（前）列、諸道具不残為相渡、家屋敷は不相渡、
6　質地滞（米）金日限

一米五石 金五両 以下は　三十日限

一金五両ゟ拾両迄 米五石ゟ拾石迄　六十日限

一米拾石ゟ五拾石迄 金拾両ゟ五拾両迄　百日限

一米五拾石ゟ百石迄 金五拾両ゟ百両迄　二百五十日限

一米百石ゟ弐百石迄 金百両ゟ弐百両迄　十ヶ月限

一米弐百石 金弐百両 以上　十三ヶ月限

7 一流地直小作滞、棄捐可申付、但、別小作滞は、如通例日限可申付、

8 一酉年以来質地証文不宜、借金ニ准候之分は、別小作滞りも准借金、小作人済方申付也、

9 一名田小作は、証文亦は帳面ニ印形無之は、地主不念ニ付不取上之、

10 一名主加判亦は名所無之証文は、不取上、質地ノ（置）主名主(之)時は、組頭加判無之は無取上、但、酉年以来之借金(ニ)准、本証文無取上分ハ、小作滞も無取上、

11 一水帳ニ相違之質地証文、不取用、借金に准、

12 一年久敷証文ニても、享保年中之年延添証文於有之は、定式之質地済方申付なり、

13 一及出入、肩書書入ニおいては、手錠（鎖）、

14 一質入地或は他之小作地之稲、理無尽（不）ニ苅取、亦は作付ヲ於致手入ハ、戸〆或は過料、

15 一名主証文等乍存、於不差留ハ咎之、

16 一無証拠不埒之以証文、於及出入は、地面公儀ぇ取上、

17 一宛所無之証文は、不取用、年号無之も同断、

18 一年貢未進於有之は、田畑質入雖致取上之、売払以代金、地頭（方）ぇ年貢未進皆済、残金有之におゐては、金主ぇ割賦之、

19 一質地年季之内不請返候ハヽ、致流地候段、証文ニ有之質地(ハヽ、証文)之通申付、但、期月ニ至、前廉（広）ニ訴出候ハヽ、可為請返之、

21 一質地年季之内は、年貢諸役双方相対之上、極置候通為勤、流地ニ相成候節、本百姓之並(ニ)可勤之通例、

(※編者注、前条と本条は、配列が転倒か)

20 一御朱印地之田畑、質ニ取候事、停止之、

22 一質地年季之内請戻之儀は、地主訴出候共、相対は格

別、年季之内は無取上、
23一質地証文ニ小作之儀書加有之は、書入借金ニ准候得共、一紙(ニ)認候迄之儀ニて、不埒無之候間、元文三午年ゟ質地ニ相立、裁許有之、
24一証文は(ニ)、年季明不受戻候ハヽ、永(ク)金主可致支配と文言ニ有之は、流地ニ可致と申文言と同意ニ付、可為流地、
25一質地証文、定法之文言ニ候ハヽ、小作証文は残地等之不宜証文ニても、元金計裁許、小作無取上候得共、本証文残地等之儀無之候共、小作証文に反歩之内何程致直(小)作、(此)作徳を以惣反歩(之)年貢諸役可相勤メ(と)有之に(候ハヽ)、金主手作之分ハ(全ク)作取(ニ)成り候ニ付、元文三午年ゟ右之類元金も無取上之、尤品ニゟ咎有之、
26一証文ニ、年貢諸役之分何程と員数極メ、金主可差出由有之は、譬年貢諸役之分不足ニて、地主弁(返)納有之由申出候共、相対之儀ニ付、右証文(を)用裁許、尤流地以後、本(ママ)百姓並年貢諸役、金主ニ為相勤之、

十二　借金家質出入

1一享保十四酉年以前之借金出入は、無取上、
2一武士方借金、日限申付置候処、跡式断絶ニ付、一類之内別ニ領地被下候方、切金為相済度旨、金主雖申出と不沙汰及古例、
3一養子借金、養父之家来手形雖致置ト、養子実父方え相返上は、不及沙汰古例、
4一先住借金有之段当住不存、本寺触頭ゟ不及申(為)(聞候ニ)付、於致入院は、後住不及返済、先住弟子并従証人為済古例、
5一借金并書入金ニて高利ニ当候分は、壱割半之利足ニ直済方申付、奥書ニ(記雖有之)、印形無之ハ取上無之、
6一町人百姓滞金申付方、借金高不依多少、三十日限度ゝ之切金ニ為差出、出金之仕形不埒ニおゐては、手錠(鎖)ヲ懸、尚又滞候ハヽ、身上(代)限申付、武士(方)は日限之度ゝ切金ニ申付、
7一借金証文ニ加判人於有之は、当人加判人両方ゟ済方

申付、畢竟相対之事故、済方(申)付候節、証文ニ家
主不及加判、

8
家質済方日限
一金四五拾両は　六十日限
一同六七拾両は　七八十日限
一同百両は　但、以上見合　百日限
一同千両以上　但シ日限之内店賃も同断　十二ヶ月限

9一家質利金三《(一二)》ヶ月滞候分は、訴訟不取上、三ヶ月も滞
ニおゐては、済方申付、

10一白紙手形にて於致借金は、証文を破(捨、二)三拾両
過料申付ル、

11一諸寺院ゟ本尊・什物・仏具等、書入亦は売渡証文ニ
て金銀借候ハヽ、当人証人共咎申付、尤金子済方も
不申付、

12一帳面ニ記置候借金、印形無之、附込帳書入有之候共、
無取上、

13一日寄附込帳は、終日《(一日ニ)》大勢幾口も売払懸《(マヽ)》候分、売場之
順(ニ)附込候事故、印形無之候ても取上済方申付、
一日ニ壱両(人)之売口、又日数隔り記候分は、附込
帳ト申ニても無之ニ付、取上無之、

14一旅商等之儀、帳面ニ其村之宿又は口入(人)之印形計
取置、売掛候分は無取上、

15一先住之借金、当住不存旨雖申ト、先住借金も有之ハ、
入院致間敷候旨於(不)相断、当住又は証人ゟ為済古
例、

16一車(借)銭・日済銭取上無之、品ニゟ双方咎之古例、

17一無尽金并惣て仲間出入、取上無之、

18一両人連判ニて金子借受候処、壱人相果候ハヽ、半金
為済之、亦返金雖致、請取書も不取置、当人致欠落
依(無)証拠は、(残り)壱人より半金為済、

19一証文雖有之、借《(貸)》金ニ候哉、代金ニ候哉、於(不)相決
ニは、為済半切《(金)》、

20一通例之借金ヲ奉公人請状ニ認、給金と雖申立、実は
奉公人も無之、不埒ニ付訴訟無取上、不埒証文為致
候ニ付、(為)過料借金は
公儀《(マヽ)》ぇ取上、

21 一名主五人組之印形無之(ハ)、家質(ニ)難立、貸《(借)》金
(ニ)准ス、
22 一借金之筋ニ付ては、店之者ヲ家主ヱ不預、
23 一寺附之品ヽ質ニ入、亦ハ売渡証文ニて、金子借り候
分ハ、相対次第也、但、当人欠落死失等ニ付、後住
宿守証文《(人)》等ニ掛、訴出候ても無取上、
24 一右証文寺付之品ヽト無之、所持之品可渡と申文言
(之)証文は、吟味之上唯今迄之通、

十三　奉公人出入

1 一欠落人給金、済方請人ヱ申付、若於滞は身代限申付、
2 一取逃引負等之欠落人、請人ヱ三十日限ニ尋申付、於
不尋出は、請人身代之様子ニゟ過料軽重申付、欠落
人ハ及六七度ニ於不尋出ニは、請人は為過料身上《(代)》四
五分或は二三分、相応ニ取上ル、若奉公人馴合於不
尋ニは、其請人御仕置申付、欠落人も《(ハ)》尋出、取逃候
物売払候ハヽ、買主より為戻、金子抔遣捨候事不埒《(分明)》
候ハヽ、捨、尤、給金計請人方ヱ申付為済、但、受人
より下請人ヱ懸り出《(於)》願出ニは、(下請人ヱ)三十日限
申付ル、惣て請人ゟ済候金子ハ、請人・人主両人ヱ
申付、済方於不埒は、両人ともニ身代限ニ申付、但、
武士奉公人、人主ニ取(置)候共、済方申付、
3 一取逃引負之儀は、請人兼ヽ存罷在躰《(候様子)》ニ候ハヽ、急度
遂吟味、落着次第請人御仕置申付、
4 一右之類は、請人致欠落候ても、(請人)欠落已前家主
ニ預置、其品《(於有之)》断出ハ、請人可済金子・過料(共)
家主ヱ申付、尤、主人ゟ請人ヲ家主(方)ヱ召連参預、
(但)、家主欠落之もの(之)店請人ヱ懸度旨願出候共、
不取上之、
5 一請人欠落以後、主人ゟ断有之とも、無取上、
6 一取逃引負之欠落ものは、主人見逢、本人(を)召連来
ニおいては、取逃之物《(者)》は、前条ニ有之通(申付)、右
欠落之者、当宿有之店請人取置候ハヽ、不慥成ものヽ
店受立候品を以、過料、若当宿店請も於(不)取置は、
(尤)当宿ヱ過料可申付、右取逃(引負)致候者は、御
仕置申付、

7一奉公人之請ニ立候もの、出入、其家主引請立替為相済、当人は店立致、門前払(ニ)成、共(其)以後当人重て住居所見届、元家主右立替(ママ)於不相済ハ、当人身代限ニ申付、尚(当)家主ぇは済方不申付、店賃滞候ものを致店立、追て相懸候共、前条之通(ママ)立替金とは訳違候ニ付、相対次第申付、

8一引負金は、百両以上以下共ニ、当人幷親類亦は可弁筋之者ぇ弁金申付、少(こ)も相済候ハヽ、引負人其分ニ差置、其者身上取立候節、主人願出候様ニト申渡、身上取立候節(ママ)、身上取立候段主人於願出は、当人身代限為弁、身上持候度ゝ幾度も可為弁、

9一引負(人)之親類其外ヲ(ニ)も、弁金致者無之、当人も可済手立も無之者は、五十敷(敲)百擲追放申付、

10一引負人ヲ請人ぇ預置候処、於為致欠落は、其請人分限又ハ(ニより)並方ゟ多過料、

十四　裁許破掟背其外御仕置者大概

1一裁許及難渋ニ者ハ、牢舎或は手錠(鎖)、裁許請可申旨申出ニおゐては、赦免之、

2一難立儀及強訴ニは、閉門・戸〆・田畑取上ヶ所払、或は追放・遠島、

4一先裁許疎ニ致ニ付、於再訴ニは、名主役取放、戸〆或は過料、

3一先裁許於申紛ニは、戸〆、或ハ手錠(鎖)或は過料・追放、

(※編者注、前条と本条は、配列が転倒か)

5一地頭又は支配頭之背裁許、難立儀於及強訴ニは、戸〆・所払・過料、

6一立会絵図、久敷於滞ニは牢舎、致訴訟ニおゐては赦免之、

7一追放・所払之御仕置、於請さるには、遠島或は追放、

8一背掟、脇差ヲ帯候者、脇差取上、手錠(鎖)、

9一町人百姓於致帯刀ニは、江戸在所追放、

10一名主役被召上、浪人之由ヲ偽、於致帯刀(ハ)、追放、

11一捉飼場にて、もち縄張ニおゐては、過料、其所名主は戸〆或は呵、

12一捉飼場に殺生人有之所ニ、於不相改ニは、春ゟ秋迄

或は一ヶ年、村中ゑ為過怠鳥番人為勤之、其所ゝ之野廻り依為無《（不）》念、野廻り役取放、捕候者は、御褒美として金五両被下之、

13 一飼付鳥於追立は、戸〆、或は追立候もの捕ゑ《（ママ）》、為過怠名主ゑ預ヶ、見出候ものゑ御褒美金被下之、

14 一隠鉄炮於致売買は、田畑取上、所払、口入人は過料、名主組頭は、不相改無《（不）》念ニより、過料、村中は為過怠鳥番申付、

15 一御鷹場ニて隠鉄炮打候もの、遠島也、名主は田畑幷役儀取放、組頭は過料、村中ゑ為過怠鳥番申付ル、鉄炮打捕候者ゑ御褒美銀弐拾枚、訴人ゑ銀五枚被下之、

16 一遊女《（ひ者）》を留置候名主は、過料《（ママ）》役儀取上、戸〆、組頭は過料、

17 一欠落者を於囲置は、過料或は戸〆、

18 一願立候儀ヲ願捨ニ致、於在所帰ニは、過料、

19 （一奉行所之申付也と偽申ニおゐてハ、其品軽きは、過料、）

（※編者注、本条は後段の追加二十一に追記されている）

20 一度ゝ請差紙《（ママ）》ヲ請、不参候者、其品軽は過料、或は為過怠宿預ヶ、或ハ牢舎、

21 一相手相果候所押隠、相手取裏判於取之ニは、過料、

22 一難立儀共於致強訴ニは、其品軽キは、過料、

23 一御代官或地頭ニて吟味之内、於直訴は、過料、

24 （一二重質取置候者は、過料、）

（※編者注、本条は後段の追加十に追記されている）

25 一為神木といふとも、入会地ニて理不尽ニ伐《（ママ）》神主（伐）採ニおゐては、逼塞、

26 一他村之者、其村之ものニなり（出入）携、於致出訴ハ、戸〆、

27 一重禁制《（制禁）》之儀、前方ニ致といふとも、於相止は過料、但シ人殺盗賊等雖相止と、さかいも無之儀故、格段也、

28 一重《（其）》科ニ雖無之、詮議（之）節、影（を）隠おゐては、戸〆、

29 一目安裏判似物之由申、於奪取には、田畑家財取上、

所払、
30一証文(ニ)人主請人之無差別、奉公人召抱候者は、戸〆、
31一押て縁組之事於申募は、本人取持人共ニ、手錠(鎖)、
32一追放之由乍存、御構之地ニ於差置には、所払、
33一御法度之宗旨ヲたもち、勧メ候出家は、頭取は遠島或は追放・所払、
34一右宗(改宗)旨之もの、誓詞之上赦免之、併(右ニ付)仕形不埒之者は、戸〆・過料、
39一手負人ヲ於不訴出は、五人組ハ過料、名主は戸〆、
40一閉門赦免可申付と呼出候処、月代剃、(出ル)におゐては、亦閉門、
41一質置主ニも不(為)知、請人(ゟ質物)於請戻ニは、過料、
42一割判も不致持参、諸質物請戻させるには、利銀公儀ぇ取上、
43一当分之事ニ致証文処、金主借金之替りに、建家等無断卒爾ニ取こハすにおゐてハ、如元造作為致返之、

35一役人ぇ賄賂差出、其品軽キは、手錠(鎖)或は役儀取放、
36一於御成先、無筋之直訴(於)出(差)上ニは、所払、
37一願人・出家・座頭・穢多・非人、従公儀御仕置不及類は、其頭・触頭等ぇ夫ゝニ引渡、法之通可致旨申渡ス、
38一人殺之事(儀)、内証ニて相済候迚不訴出は、所払、名主、役取放戸〆、組頭同断、内々(内証ニて)葬り候寺院は、閉門、
(※編者注、第35~38条は本来、第34条の次に配列されるべきか)
44一商売仲間之法、相背は過料、
45一口論之場ぇ出会、於致打擲ニは、身代限取上、所払、
46一過料申付候者相果、於悴無之は、五人組(ニ)為出之、相果候届及延引は、名主押籠(込)、
47一新規ニ祭ヲ仕立、村ゝ(ぇ)送遣ニおゐてハ、頭取并其村名主組頭、追放之古例、
48一無下知て村ゝ(ママ)ゟ人足為出之雖遣、賃銭不相渡ニおゐては、入牢之古例、
49(一先触を書違、村ゝニて無用之用意等於為致ハ、追放古例、)

50一可割返分ヲ其通致置故、於及出入ニは、名主役取上
戸〆、組頭同断、
51一自師匠、弟子不埒ニ付、家業構候儀、可為心次第、
52一重キ事ニ付偽申触候類は、家財取上、江戸払或は重
追放、
53一以遺恨、片輪ニ成候程ニ疵付候者、入墨之上遠島(国)或は(ママ)
非人之手下ニ(申)付ル、
54一偽之儀乍存、証人ニ立候者ハ、追放、
55一証文(之)宛所切、書替候者、借金為過怠取上之、
56一証文ニ知人之名(を)記、外之印形押候者は、重キ追
放、
57一出入不相済内、論所え立入間敷旨申渡候所、(相背)
於立入ニは、過料或は所払、
58一無証拠之儀及強訴、剰以差紙呼出者(を)致相対不差
出、奉行所え(を)蔑ニ於致は、追放、訴訟人(と)相対之
上、不罷出相手は、過料、
59一無取上願、以書付委細申渡、重て願出候ハヽ、過料可
申付旨申渡、其上にても訴訟に出におゐては、過料、
奉行所ニて不取上願、筋違え願書(出)、吟味之上弥不取
上願ニおゐては、(再)過料、
60一親子兄弟其外之親類ニても、御料(科)御免之願、且裁許
之儀ニ付ても、願は別段之事ニ付、先は不及咎メニ、
61一当人難願出障りも無之所ニ、親類又ハ縁者之由(ニ
て)訴状差出候共、当人ニ為願可申由(旨)ニて、無取上
之、
62一惣て物になそらへ、異説虚説ヲ申触候其者捕へ候ハ
ヽ、急度御仕置可申付、
63一廻船(ニ)植木庭石其外遊道具之類、積廻候事停止之、
64一破舟之節、取上荷物之内、浮荷物二十分一、沈荷物
十分一、但、川舟は浮荷物三十分一、沈荷物二十分
一、取上候者は(え)為取之、
65一品川湊内、廻(船)舟懸り之内、小舟ニて乗出、出買
出売停止之、
66一人殺其外重科有之欠落者は、其者之父(親)・叔父・女房・
躮等ニても、可懸者ヲ牢舎申付置、其外之親類、其
所之名主五人組(等)ニ尋申付之、日限大概三十日限

或は五（六）十日百日限り尋申付、但、廻国等ニ出可尋ト申候ても、不取上之、

67一科有之、逐電致欠落候所、尋申付候儀、主人ヲ家来、親ヲ子、兄ヲ弟、伯父ヲ甥ニ為尋候様は、不申付定法也、

68一尋者不出候得は落着難成迚、（其）一件相延（差）置候ては、構無之者之難儀ニ付、六ヶ月（を）限不尋出ニおゐては、尋候者ハ過料、其品ニゟ相当之咎申付、欠落人は見当ニ（次第）召捕可来候、見逃シに致、外ゟ見出於訴出は、尚又可咎旨証文申付、一件御仕置落着申付、

69一火付盗賊惣て重科人之内（同）類ニは無之、其者ニ被頼、住所ニ（を）隠或は為立退候類は、家財闕所、所払、

70一喧嘩口論当座之儀ニて、人ヲ殺候同類ニは無之、（其）者之住居（所）隠シ、或は為立退候者、戸〆、

71一軽きもの致養娘ニ、遊女奉公等に出候由、実父方ゟ願出候共、無取上、実子養子之無差別、親之仕方法外成儀有之、子格別難儀之筋可取計ニおゐてハ、吟味有之也、

72一寺社之訴訟人、可届所ぇ不断て願出類は、取上無之、但、本寺触頭之悪事亦は非儀（之）申付等ニても、再応願出候ても不叶時、奉行所ぇ願出候得は、品ニより吟味有之、

73一遠国之者、御当地ぇ参、無宿ニ成り、科無之類は、勘当・領主構之無差別、領主（ぇ）渡シ、家来之召仕・道中荷持ニ成共、亦は御当地ニて召仕之、其内致欠落候共、其通之旨申聞セ引ハたす、

74一酒狂ニて人ニ疵付候もの、其主人ぇ預置、疵平癒次第、（疵之）不依多少、療治代中小姓躰は銀弐枚、徒は金壱両、足軽中間は銀壱枚為差出、疵被付候者へ為取之、但、療治代難出者は、刀脇指取上、（被）疵付ものへ為取之、

75一酒狂にて人を打擲致候者、身代限諸道具取上、打擲ニ成（逢候）ものぇ為取之、但、酒狂者之儀、主人方ぇ断候節、欠落と申立候共、主人方ヲ罷出三日之内ニ候得は、欠落ニ不相立、

76一酒狂ニて諸道具損シ候者ハ、過料為出、損失（之）者

ぇ為取之、軽(キ)身上(代)限中付、

87一牢舎中付者ヲ、最初ゟ溜ぇ不遣、病人か行倒は格別、

(※編者注、本条は本来、第86条の次に配列されるべきか)

77一酒狂にて自分と疵付、(外ニ)科無之者は、疵養生ニ不及、早速主人ぇ引渡、

78一酒(狂)乱気ニて人ヲ殺候共、下手人、但シ至て軽き者ヲ殺候ハヽ、品ニゟ御構無之、但、主殺・親殺たりとも乱気紛無之候ハヽ、死罪一通り、自害(滅)致候ハヽ、死骸塩詰ニ不及取捨ル、火付乱気之証拠不分明ニ候ハヽ、死罪、乱気ニ於無紛は、常之乱心之通申付ル、

79(一)百姓町人口論之上、相手理不尽之仕形ニて、不得止事相手(を)殺候時、相手方之親類幷其所之名主年寄等、右は殺(被)シ(ママ)候者、平日不法之ものニ(て)と申憤(分)無之(ニ付)旨、下手人御免之儀願出候処、於紛無之は、不及下手人ニ、追放、武士方亦(之)は奉公人は、其主人無願候得は、無差免儀之、

80一重キ追放、御扶持人は御扶持上り、家屋敷・家財共ニ欠所、在方町方は、田畑・家屋敷・家財共欠所、

81一改易・中(軽キ)追放、御扶持人は御扶持・家屋敷上り、家財無構、町方在方は、田畑・家屋敷上り、家財無構、

82一田畑取上候者、科重きハ田畑・家屋敷共ニ取上、科軽は田畑計取上、家屋敷は不取上、家屋敷計持、田畑無之は重き過料、

83一夫科有之、田畑取上ニ成候得は、妻之(持参)田畑も一所ニ取上ニ成、金子抔持参候得は、当座遣捨候故、(妻之方へハ)不戻、但、妻之名前(所)ニ有之分ハ、可為格別、

84一身代限り、居宅幷(蔵)・家財共不残取上之、他所ニ家(蔵)有之分、諸財物ハ取上、家蔵は構無之、

85一科重候ハヽ、過料之上戸〆、入墨之上擲(敲)、或は追放ニも二重ニ御仕置可申付、

86一過料は、身代と科之軽重ニ応、(過料)員数増減可申付、但、至て軽き者、過料難出ニおゐては、手錠(鎖)申付ル、

（※編者注、第87条は第76条の次にあり）

88一平日之出火咎、火元、類焼之多少ニゟ卅日或は廿日押込、

89一大火之咎、火元五十日手錠(鎖)、火元之地主、屋敷沽券金拾分一之過料、火元之家主、三十日押込、風上弐町・風脇左右ヱ弐町宛六町、過料、

90一御成之節出火之咎、火元五十日手錠(鎖)、家主三十日手錠(鎖)、月行事三十日押込、火元之五人組廿日押込、名主十日押込、(火元之)地主、屋敷沽券金拾分一之過料、但、所之もの早速消留候得は、火元之当人計、五十日之手錠(鎖)、寺社門前町屋は、其所買受亦ハ借地イタシ町屋建置候ものヱ、右之通過怠申付、

91一火附之者捕へ来、訴(人)ニ出者ヱ、御褒美銀三拾枚、幷捕候同前之者ヱは、(銀)弐拾枚被下之候、

92一男女申合於相果ニは、死骸不及弔ニ取捨ル、一方存命ニ候ハヽ、下手人、双方存命ニ候ハヽ、三日晒、非人之手下ニ申付、(主人と)下人と申合相果、主人存命ニ候ハヽ、不及下手人、非人之手下ニ申付、

93一隠遊女商売候者(を)店ニ差置候ハヽ、其屋敷・家財・家蔵共ニ取上之、遊女商売致候当人・家主共、家財不残取上、百日手錠(鎖)、地主外ニ罷出(在)、家主計り差置候共、右同断、寺社門前も(右)同断、

94一町人(百姓)一分ヱ可懸事ニて、何卒仕形可有儀訴出、御家人知行御切米被召上候程之儀候ハヽ、其町人百姓咎無之候とも、其通りにては難成、相当之咎申付、

95一旧悪之儀、御仕置可成候得共、重キ盗或は人殺候品抔は、縦相止候共さかいも無之也、為渡世之悪事致一旦、其後不宜ト存相止候段分明ニ候ハヽ、其品ヲ立、過料亦(は)相当之咎申付ル、

96一主殺・親殺之咎(科)人之子共は、伺之上へ申付ル、親類は構無之候得共、所(ヱ)預置、本人落着之上、右悪敷(事)企不存ニ決候得は、差免之、此外火罪・磔ニ成候者ハ、子共ニ構無、右は町人百姓其外軽き者とも之事也、

97一拷問之事、致悪事候証拠慥ニ候得共、不致白状、(或ハ)同類致白状候共、当人白状不致、又(ハ)科未

相決候得共、外ニ悪事有之、分明ニ相知、其科(計)
ニても可行死罪《(罪科)》者、右之外ニも詮議之上、其品少ニ
も(手)筋聞候歟《(ハ)》、其品ニて《(ゟ)》拷問申付、但、差口計ニ
て証拠慥ニ無之、又は怪敷存候一通ニても、不及拷
問、
98 一盗ニ入、刃物ニて家内之者ぇ疵付候者、疵之不依多
少、此類獄門、
99 一盗ニ入、刃物ニて無之、何品ニても家内之者ぇ疵付
候類は、死罪、右両様共ニ盗物は持主ぇ相返候ても、
右之通申付、但、忍入候共、巧ニ候儀も無之、其品
軽きハ、入墨之上(重キ)たゝき、
100 一手元ニ有之品ヲ不斗盗取類ハ、直段積、金子拾両位、
都て此類は百たゝき、或は五十たゝき、或は《(其品ニより)》入墨
之上追放、
101 一盗物と不存買取反物、其外之類ニても、其色品ニよ
り、所持候ハヽ、勿論取返シ、被盗候者へ可相返候、
102 一盗物買取代金、盗人遣捨候ハヽ、買取候者可為損金、
盗人之以雑物ヲ、右之代金可為償、尤盗人代金所持
候ハヽ、買取候者ぇ可為相返、
103 一盗ニ逢、其盗人ヲ捕へ来候ハヽ、被取《(盗)》候品ゝ、何方
之者買取候とも、勿論取戻可為相渡、其品手近《(前)》ニ無
之候ハヽ、買取候ものゟ右代金可為償、盗人捕ぇ候
者(へ)可相渡之、
104 一金子捨《(拾)》候もの、訴出候ハヽ、三日晒、主出候ハヽ、
(半分)金主ぇ為相返、半分は拾候者ぇ可為取之、反
物類ニ候ハヽ、其品不残拾《(落)》主ぇ為相返、拾候もの(ぇ
は落候者)方ゟ相応之礼為致之、
105 一落シ候者《(物)》(之)主不相知候ハヽ、半年程見合、弥主於
不出は、拾候ものニ不残為取之、
106 一博奕頭取幷三笠附点者、致金元・同宿之者、流罪、
但、町方屋敷方之無差別、同類《(句拾ひ)》は身代取上、非人手
下ニ申付、
107 一博奕打は身代限り、家蔵迄取上、無蔵者は、前条ニ
准過料、
108 一博奕打頭取・三笠附点者・金元・致宿候者、訴出候
ハヽ、御褒美銀弐拾枚、同類《(句拾ひ)》を訴出、其手筋ニて博

奕頭取・三笠附点者・金元・致宿者(を)捕候ハヽ、御褒美金五両或は三両為取之、

109 一博奕頭取・点者・金元・致(宿)候者、外ゟ訴人有之、捕候ハヽ、地主は(其)屋敷取上、(但)、五ヶ年過候ハヽ返被下、家守りニ有之は其屋敷守家財取上、百日之手錠(鎖)、両隣之者并五人組、家財取上、町内えは急度過料、名主は越度申付、組合(但右)は町方之(定)法也、在方は名主・組頭・五人組・家主不及申、両隣ともに過料、村中(は)、家居隔り候は無構、両隣家居隔り候得は、不及咎、

110 一右之通ニて候得共、至て軽キ者ハ稼ニ出候者、自然先抔ニて当座之博奕筒取致候類は、訳違ニ付、地主不及咎メニ、

111 一三笠付・博奕頭取等、遠島之分、五ヶ年も過候得は、赦免有之時分書出ス、

112 一悪事有之ものヲ召捕候歟、訴出候時、右悪党者之方ゟ、召捕訴出候者之方ニも悪事有之由申懸候共、猥りニ不相糺、若本人ゟ重キ悪事有之由証拠慥ニ申ニおゐてハ、双方詮議可有之、惣て罪科者(を)於訴出ニは、為同類といふ共、(其科を)不(被)免事ニ付、作略可有、

113 一町方火札張紙等之儀、右は畢竟先え難儀掛ヶ可申(ため)、事ヲ偽聞(る)品ニ候間、其所ニて名主火中可仕、然共、張紙致候者見届候ハヽ、召捕可差出、右風聞之儀ニ付、被言立候者、於致店立は店貸(借)可申出、

114 一重罪之人之死骸塩詰之事、主殺・親殺は死骸(塩詰)磔、其外之科ハ、死骸塩詰不及事ニ候、関所破・重(キ)謀計之致方ニより、塩詰磔ニも可申付也、

115 一追放構之国ゝ所ゝ、重キ追放、関東八ヶ国・山城・摂津・駿河・播磨・甲斐・尾張・紀伊・堺・奈良・長崎・東海道筋・木曽路筋、尤其者居候国所ともニ、

116 一中之追放、江戸十里四方・京・大坂・堺・奈良・伏見・長崎・東海道筋・木曽路筋・日光道中・甲斐(府)・名護屋・若山・水戸、

117 一軽追放、江戸十里四方・京・大坂・東海道筋・日光道中・甲府、

118 一江戸追放、江戸十里四方、但、御構国〻所〻書付渡
之、
119 一評定所之(ニて)追放申渡時は、御小人目付・町同心立会、
常盤橋御門之外迄連行追放、役所ニて(は)徒士・足
軽召連行、
120 一追放は、軽キ重キ共ニ、其者住国一国ハ御構、
121 一江戸追放(ハ)、江戸十里四方并其居村御構、
122 一所払、其居村は勿論、江戸計御構、私領ニては居村
并其城下(計構)、但、一領一支配ニ候共、他村居住
ハ無構、
123 一(一)追院、科重きハ其村并江戸御構、軽きは其村中
計り、夫ゟ軽キハ其地中(寺)計御構、
124 一過怠亦は吟味之内手錠(鎖)外シ候者は、品ニゟ死罪或は
遠島・追放、被頼候て外シ候者も同断、
126 一牢入之者、吟味之上科無之ニ相決候所、牢出抜ルニ
おゐてハ、遠島、
125 一死罪ニ可成者、致欠落、其身ゟ奉行所ぇ於出ルニは、
一等(を)宥遠島、

(※編者注、前条と本条は、配列が転倒か)
127 一従地頭追放ニ成候処、於及強訴は、遠島、
128 一重(キ)事ニ付、跡方も無之儀、於申懸ニは、家財取
上、所払、或は重キハ(ママ)追放・遠島、軽(キ)儀は過料、
於滞は手錠(鎖)、
129 一出家ぇ密通之由、不慥(成)義申掛におゐては、追放
之古例、
130 一押て密会致候出家は、死罪、女は得心之儀は雖無之
と、不埒ニ付髪剃、親類ぇ渡ス、
131 一御代官・地頭ぇ於背ニは、其品軽キは過料、申付(合)所
ヲ於立退ニは、過料之上戸〆、其品重きハ追放、
132 一御代官をそむき所ヲ立退、私領城下ぇ相詰、於強訴
は、頭取(ハ)獄門或は死罪・遠島、
133 一出家不似(合)無謂儀(ニ)携、品〻於申出ルには、袈
裟衣取上之、
134 一養父同前之者は(え)、不慥成儀於申懸ニは、手錠(鎖)、
135 一親殺(害ニ)逢候時、外ぇ隠居候悴は、遠島、
136 一下女自分として首縊相果候を、右女之親類共、主人

ヲ盗（人）ニ申成、下手人之（儀）於（致）強訴ニは、獄
門之古例、
137 一水帳ヲ押隠、過米於取上《（立）》ニは、名主（八）死罪・遠島、
138 一百姓之下女致密通（候ニ付）、両人共ニ主人雖切殺と、
百姓（ニ）不似合之《（ママ）》儀仕方ニ付、戸〆之古例、
139 （一主人之女房臥居候所ヱ忍入、又ハ艶書等を遣ニお
ゐてハ、死罪古例、）
（※編者注、本条は後段の追加二十一に追記されている）
140 一主人之後家と（下人）、於致密通は、後家下人共ニ追
放之古例、
141 （一）妻下人と於密通致ハ、下人ハ引廻之上獄門、妻
ハ引廻之上死罪、
142 一妾（致）不作法ニ付、男女共ニ雖殺害《（切殺）》致と、於不極妻
ニは、妻之敵打候と難申ニ付、追放之古例、
143 一下人ヱ不法之儀申付候主人は、品ニより遠島、
144 一致方も可有之儀ヲ、麁忽之仕形ニて於及殺害ハ、遠
島或は追放、
145 一預り之林ヲ、兄盗伐出シ、剰御林守ヲ《（え）》打擲《（掛）》ニ付、弟
不得止事雖相《（打）》殺、兄ニ対、そこつニ付、追放、
146 一女房致欠落、又外之者と夫婦ニ於成ニは、右女新吉
原ヱ永ク被下置、
147 一主人（之）娘ヲ申合ニて誘出スニおゐては、所払、
148 一夫有之ヲ《（ママ）》女、奉公之内傍輩と於致密通ニは、男女と
も死罪之古例、
149 （一夫有之処、外之者と夫婦ニ於成ハ、死罪、夫有之
儀を、男不存といへとも、追放之古例、）
（※編者注、本条は後段の追加二十一に追記されている）
150 一煩流行候由虚説申出シ、札幷無実之薬法於致流布
ニは、引廻之上死罪之古例、
180 一対伯父、無筋之儀於申出は、死罪之古例、
（※編者注、本条は本来、第179条の次に配列されるべきか）
151 一辻番人、博奕之宿致幷（捨物を）《（ママ）》於不訴には《（ママ）》私曲仕候
者ハ、引廻遠島或は死罪、
152 一金子拾取訴出、主出候得は、半金拾候者ヱ被下、主
不知候得は、不残被下之、
153 一町人大小ヲ指、奉行所ヱ於巧仕ニは、引廻之上獄門、

154 一盗物(と)乍存、売払又質物ニ置遣候者は、死罪、
155 一橋其外之金物等盗取者ハ、入墨之上重追放、
156 一謀書謀判并似金銀致候者ハ、引廻獄門或は磔、似金
銀ニ似寄候仕方ハ、引廻且死罪、
157 一武家之供ゑ突当候(り)、或は雑言申者は、追放、
158 一重科之者、悪党ものゑ於致差口は、遠島、
159 一横取金為償(ママ)、不埒之者は、死罪、
160 一武家(方)之家来、町人ヲ殺害立退候ハヽ、同家中ゑ
尋申付、疵平癒候得は(共)、親類ゑ療治代申付、
161 一盗可仕と忍入候侍は、死罪、
162 一牢屋焼(失)之節、致欠落候者は、死罪、
163 一好(奴)ニ可成女、悪事有之者之(儀を)於(致)指口ニ赦免、
164 一卒忽之仕形ニて、元召仕候女殺害致候者は、江戸払、
165 一主人之妻下人母(之)切殺、密通之上之由雖申之、無証拠
ニ付、引廻死罪、
166 一酒狂ニて伯父ニ疵付、疵平癒候共、甥死罪、
167 一女房に疵付、平癒候共、理不尽ニ付、門前払、
168 一似薬種拵候ものは、引廻死罪或は磔、

169 一軽事ニ付ても似手紙認候者、家財取上所払、
170 一主人之女房ヲ(と)密通之上、右女ヲ可切殺と元主人之方
ゑ踏込候者ハ、引廻獄門、女房は死罪、
171 一抜身を持居候者(を)踏込捕候者ハ、御褒美被下之、
172 一主人之妻と致密通候所、下人(助)命之儀、夫願出ニ
付非人之手下ニ申付、女は新吉原ゑ永(年季無限)相渡、
173 一下請状致謀判者は、死罪、
174 一御構之地ゑ立帰候者、死罪・遠島、人ヲ殺害候者は、
獄門、
175 一謀判(を)見遁ニ致、礼金等取候者、獄門、
177 一盗ニ為可致、古主之屋敷ゑ忍入候者、入墨之上重敲
キ、但、仲間躰之者也、
176 一軽御扶持人、獄門ニ成候時、悴ハ追放也、
(※編者注、前条と本条は、配列が転倒か)
178 一組下之者(ニ)博奕宿為致、宿銭等ヲ(之内)取立(之)、剰御代官
ゟ呼使(ニ)参候節(ママ)家来(を)、大勢罷出致打擲候処、
不差留、尤(殊ニ)事ヲ乍存不訴出、其上頭取之者を致差図、
欠落為致候名主は、(於)其所引廻之上獄門、

179 一博奕宿仕、剰自分留守之節、右呼使打擲致(及)騒動候処、
於不訴出は死罪、
(※編者注、第180条は第150条の次にあり)

181 一右呼使(を)致頭取打擲候者は、死罪、其外ニ打擲致
候者、追放、右携候者ハ、田畑取上、所払、

182 一前方科有之、追放ニ成候以後、御構之場所ぇ致徘徊、
(其上)振《ユスリ》事致ニおゐてハ、一等重ク可申付者ニ候得
共、博奕之儀(を)依(致)訴人、如元追放、

183 一御家人死罪ニ成候得は、子供遠島、

184 一浪人村〻ぇ廻り、無謂合力請、(旅籠)路銭等も不払、村継
人足ヲ乞、召連於通は、重キ追放、

185 一対養父母、不孝之仕形ニおゐては、重追放、

186 一密夫ぇ(と)申合、本夫ヲ於致殺害ニは、女房引廻之上磔、
密夫は獄門、

187 一重罪之者、於牢死ニは、死骸磔、

188 一殺害され候者ヲ頓死分ニいたし、於不訴出ハ、兄弟
名主(等ハ)、重キ追放、其外ハ所払、

189 一証拠無之儀申募、本寺触頭と(之)申付(を)不用、(第一)
殺人ヲ火附盗賊と申掛ル出家は、脱衣追放、

190 一死罪御仕置日除(ママ)日之儀、急度定無之、御精進日其外
御祝儀等有之日ハ、心付相除之、
定日御精進日幷朔日・十五日・廿八日・節句、
其外相除日、左之通、
御誕生日
五月廿七日　七月廿七日　十月廿一日
十一月廿五日　十二月廿一日
御忌日
正月十六日　二月廿一日　二月廿六日
五月六日　五月廿七日　五月十六日
六月四日　五月廿七日(ママ)　五月十六日(ママ)
六月四日(ママ)　六月五日　十月三日
十月七日　十月廿一日　十一月二日
十一月廿七日　十二月廿一日

191 一御仕置物(者)有之四五日以前、御ためし御用ニ付、町奉
行ぇ為知、前日(ニ)首切同心之事達ル、

192 一公事訴訟（ママ）裁許（又は）御仕置者伺相済候以後、
西丸え伺書御下知書（写）上ル、
（寛保二戌年四月）

時服七　寺社奉行　牧野越中守
時服四　町奉行　石河土佐守
時服四　御勘定奉行　水野対馬守

右は御定書御用就相勤、於
御座之間御目見、且又拝領物被下之、
寛保二戌四月六日

金壱枚　御勘定評定所留役　浅井半左衛門
銀五枚　支配勘定評定所書物方　岩佐郷蔵
金壱枚　御勘定評定所留役　鵜飼左十郎
銀五枚　支配勘定評定所書物方　倉橋武右衛門

右は御定書御用就相勤、於
躑躅（之間）被　下置之旨、松平左近将監殿被仰渡候、
戌四月八日

此御定書改候以後、借金銀出入之儀、延享三寅年被
仰出候て相改候、

追加
其外新法之儀、無御座候、

一

覚

一借金銀売掛等ゝ（之）出入は人ゝ相対之事故、近来一ヶ年
ニ両度之裁訴（許）申付候得共、向後三年以前子ノ正月ゟ
之金銀出入は、前ゝ之通取上裁訴（許）可申付、四年以前
亥十二月迄之金銀出入、只今迄奉行所ニて壱ヶ年両
度之裁許ニ日切等申付候分共ニ、向後奉行所ニては
不申付候間、相対ヲ以無滞急度可相渡（済）候、
一唯今迄金銀出入ニ付、奉行所ゟ呼出候節之（令）不参、又

は済方申付候得共、金子不差出輩有之由相聞候、不埒ニ候、右之通、此度相改候上、奉行所ゟ呼出候節致不参候歟、又は済方申付候ても不埒之輩有之は、武士方は、奉行所ゟ老中ぇ申達候筈ニ候、寺社在町方は、奉行(所)ニて急度咎メ可申付候、

右之趣、可被相触候、

延享三丙寅年三月、右御触有之、

右御触書之儀は、御定書之内、借金銀売掛等前ニ有之文言引合分別可有之事、

二

右之外、御留役衆ぇ承合候分、左ニ記置、

妻敵之事

一妻を殺、密夫立退申候ヲ尋出、討候を妻敵と可申哉、

御附札

是は妻敵可為事、

一人之妻を密夫召連立退候ヲ、夫尋ニ出候を、妻敵を尋候と表立唱可申哉、

御附札

此ヶ条、可為密夫事

一人之妻ヲ密夫召連立退候ヲ尋出、密夫妻共、夫討候ヲ妻敵討と可申哉、

御附札

此ヶ条、可為密夫事

右之通大原彦四郎様御附札也、

(宝暦二年)酉　三月六日、承合候事、

三

五畿内五箇国

山城　大和　河内　和泉　摂津

東海道十五箇国

伊賀　伊勢　志摩　尾張　三河　遠江　駿河　甲斐

伊豆　相模　武蔵　安房　上総　下総　常陸

東山道八箇国

近江　美濃　飛騨　信濃　上野　下野　陸奥　出羽

北陸道七箇国

若狭　越前　加賀　能登　越中　越後　佐渡

山陰道八箇国

丹波　丹後　但馬　因幡　伯耆　出雲　石見　隠岐

山陽道八箇国

播磨　美作　備前　備中　備後　安藝　周防　長門

南海道六箇国

紀伊　淡路　阿波　讃岐　伊予　土佐

西海道九箇国

筑前　筑後　豊前　豊後　肥前　肥後　日向　大隅

薩摩　壱岐　対馬

四

寛延三庚午年正月廿四日被　仰出、堀田相模守様御渡被成候御書付写

一国〻私領之百姓、年貢取箇或は夫食種貸等之願筋ニ付、領主地頭城下陣屋又は門前ぇ大勢相集、訴訟致候儀、近来間〻有之由相聞候、都て強訴徒党又ハ逃散候儀は、堅停止候処、不届至極ニ候、自今以後、右躰之儀於有之ニは、急度遂吟味、頭取幷差続事ヲ工候者、夫〻急度曲事ニ可被申付候、

右之通向〻ぇ可(被)相触候、

午正月

五

宝暦九己卯年四月十三日、堀田相模守様被成御渡候御書付写、左ニ記、

大目付ぇ

借金銀返金相滞、金子(主)及公訴ニ、奉行所ぇ(方)裁許中渡候上は、右裁許之通可相守筈之処、近来切金員数甚不足(ニ)指出、又は武士方懸り合之家来幷寺社在町借金方之ものへ、奉行方差紙遣候ても、其節ニ評定所ぇ家来不指出儀も有之由、不埒之趣相聞候、唯今迄切金員数等之儀も、甚寛成申付方ニ候処、裁許之通不相用、猶不埒之取計有之間敷事ニ候処、旁不埒之事候得共、先只今迄之儀は御沙汰ニ不被及候、向後は奉行所ニて厳鋪取扱之上ニても不埒之輩有之候ハ、、武士方は奉行方老中ぇ申達ス筈ニ候間、其節遂吟味候条、以来急度可相心得候、尤寺社在町方は、奉行所にて急度咎(可)申付候、右之通可被相触候、

卯四月

六

宝暦十庚辰年二月、左ニ写評定所切金壱ヶ月分員数

一金弐両ゟ金拾両迄　金壱分
一金拾五両　金壱分弐朱
一金弐拾両　金弐分
一金三拾五両　金三分
一金五拾両　金壱両
一金六拾両　金壱両壱分
一金七拾五両　金壱両弐分
一金九拾両　金壱両三分
一金百両　金弐両
一金百五拾両　金三両
一金弐百両　金四両
一金三百両　金五両
一金四百両　金六両
一金五百両　金七両
一金七八百両　金九両
一金九百千両　金拾両
一金弐千両　金弐拾両
一金三千両　金三拾両
一金五千両　金四拾両
一金壱万両　金八拾両

右之通割合候由、

一享保十四酉年以前之借金出入は、御取上無之由、

七

元文二巳年二月、質地之儀ニ付御触書

覚

一名主加判無之質地証文之事

一名主置候質地、相名主又は組頭等之役人加判無之証文之事

一拾ヶ年季ヲ越候質地証文之事

右三ヶ条之儀并田畑永代売買、亦は地主ゟ年貢(諸)役ヲ勤、金主ハ年貢諸役不勤質地類は、前々ゟ御停止ニて、村方五人組帳ニ書記有之処、右之通不埒之証文ヲ以訴出候も有之候、自今以後、五人組帳名主庄屋等ゟ大小之百姓等え度々為読聞、不致亡(忘)却候様

可仕候、
一享保元申年已来、年季明ヶ候質地は、自今年季明拾ヶ年過訴出候ハヽ、取上無之事、
一金子有合次第可請返旨証文(ニ)有之質地は、質入之年ゟ拾年過訴出候ハヽ、取上無之事、
右二ヶ条、自今拾ヶ年之内訴出候ハヽ、取上裁断有之候、右年数過候分は取上無之事、
右之通、村ミニて可相心得者也、
二月
右之通、関八州伊豆国村ミえ可(被)相触候、私領之村方えは、其最寄之御代官ゟ不洩様ニ相達可被申候、且又私領方ニは、百姓五人組帳も無之村方も有之由ニ候間、是又最寄之御代官ゟ其段領主地頭え相達、此度改帳面渡候様ニ、是又可被申付候、以上、
巳(ママ)十二月
(※編者注、本条は一の覚に同じ)

八
延享三丙寅年三月御触書、左ニ記ス、
覚
一借金銀売掛等之出入は、人ミ相対之事故、近来壱ヶ年ニ両度之裁許申付候得共、向後三年以前子ノ正月ゟ之金銀出入、前(ミ)之通取上裁許可申付候、四年以前亥十二月迄之金銀出入、只今迄奉行所ニて一ヶ年両度之裁許ニ日切等申付候分共に、向後奉行所ニては不申付候間、相対を以無滞急度可相済候、
一只今迄金銀出入ニ付、奉行所ゟ呼出候節金(令)不参、又は済方申付候得共、金子不差出輩有之由相聞候、不埒ニ候、右之通、此度相改候上、奉行所ゟ呼出候節致不参候歟、又は済方申付候ても不埒之輩有之候ハヽ、武士方は、奉行所ゟ老中え申達候筈ニ候、寺社在町方は、奉行所ニて急度咎可申付候、
右之通可被相触候、
寅三月
右御触書之儀は、御定書之内、借金銀売懸前ミ有之文言引合分別可有之事、

九
明和元申八月廿三日記

一御代官池田喜八郎様御支配所上野国新田郡村方ニ、往古ゟ相用来候質地請引之儀、元文二巳年従御代官所御触之趣を以、拾ヶ年季之質地は、出入弐拾壱ヶ年目迄ハ村中連判申合ニて請戻来候処、名主置候質地、去暮右年数ニ付、請返度旨預主方ぇ申談候処、不致得心、当春より池田喜八郎様ぇ双方罷出、御吟味之処、質地証文之文言不宜候由、未御裁許相延候ニ付、密ゝ御留役衆ぇ承合趣、左之通、

売渡申畑手形之事

何畑何反何畝何ト坪何所

此代金何両何分也

一当何之御年貢指詰、右之畑売渡申処実正也、年季之儀は何之暮ゟ何之極月迄中、年拾年季ニ相定申候、然上は、御年貢は不及申、御役等諸懸物迄、貴殿方ゟ御勤可被成候、縦年季之内御代官様替り何様之替目御座候共、少も構無御座候、年季明何之暮罷成、本金何両何分相済申候ハヽ、右之畑無相違御返シ可被下候、若其節ニ罷成、受兼申候ハヽ、此手形を以、貴殿名伝可被成候、少も違乱申間敷候、為後日仍手形如件、

年号月日

何村
畑売人誰印

同村
請人　誰印

同村
誰殿

右之通相違無御座候、以上、

名主
誰印

右文言申八月廿日、御留役野村彦右衛門様ぇ罷越、下書懸御目承合候処、書出質物ニ無之候得共、文言之処相立可申哉、急度御請合も難被成候得共、悪文言ニても無之由被仰聞候、

譲渡申畑手形之事

何畑何反何畝歩　　坪何所

此樽代金何両何分也

右之畑当何暮ゟ貴殿方ぇ譲渡、樽代金何両何分請取申処実正也、然ル上御年貢并諸役等、其元ゟ御勤、

末〻御訴訟可被成候、此畑ニ付子孫永〻何ニても申
合無御座候、若外ゟ六ヶ敷儀申者候ハヽ、拙者共罷
出申訳仕、御セ話懸申間敷候、為後日仍如件、

年号月日

何村 畑主　誰　印

同村 請人　誰　印

同村 誰殿

右之通相違無御座候、以上、

名主　誰　印

右文言御聞合申上候処、以之外悪文言、樽代ニても
何ニても代金書載有之上は、奉行所ぇ出候得は、双
方不埒ニ付田地御取上ニ相成、咎被　仰付候由、
但、樽代も無之、親類之縁を以譲渡ゟ申文言ニて無
之候ては、難相立候由、
右之通、野村彦右衛門様具ニ被　仰聞候事、

十

明和五年戊子九月相改追加写之、

覚

一二重質取遣候者は、過料、
一地頭ゟ追放ニ相成候処、於及強訴は、遠島、

十一

御仕置之部

（ママ）
一地頭ぇ対し強訴、其上徒党いたし逃散之百姓御仕置、
一頭取　死罪、
一名主　重キ追放、
一組頭　田畑取上所払、
一惣百姓　村方ニ応過料、
但、地頭申付非分有之は、其品ニ応一等も二等
（も）軽く可相伺、未進無之は、重き咎ニ不及、
一密通致候男女　死罪、
但、実之夫ヲ殺候様ニ勧メ候か、又は手伝致於殺
は、獄門、
一密通致、実之夫を殺候者、引廻之上磔、
一密通致、実之夫疵付候者、同獄門、
一主人之女房ニ密通之手伝いたし候者、死罪、

一去状不取、他所ぇ嫁入候女、髪を切、親元ぇ相返、
但、取持者は、過料、
一離別状無之女、他ぇ縁付親元、過料、但、取持候男
も、過料、
一主人之娘と密通致候者、中ノ追放、但、娘は手錠(鎖)ニ
て親元ぇ返ス、
一主人之娘ぇ密通手引致候もの、所払、
一夫無之女ト密通致、誘引出候もの、女は為相返、男
は手鎖、
一下男下女之密通は、主人ぇ引渡、
一隠鉄炮所持致候者、遠島、但、江戸拾里四方幷御留
場之内、右之外関八州、中之追放、関八州之外は、
所払、
一隠鉄炮打候もの、右同断、
一隠鉄炮所持之村方、江戸十里四方幷御留場之内、重
キ過料、
一他所ゟ参、打候村方名主組頭、(重キ過料)、幷右之
外関八州、急度呵、

一隠鉄炮所持候者は、五人組過料、
一隠鉄炮打候村方、同所持致候村方、惣百姓、御留場
之内、壱ヶ年為過怠鳥番、
一隠鉄炮打捕候者、御褒美銀弐拾枚、
一同訴人、同断拾五枚、(ママ)
一人ヲ殺、盗致候者、引廻之上獄門、
一盗人、刃物ニて人ニ疵付候ハヽ、盗物返候とも右同
断、
一盗ニ入、刃物にて無之、何ニても疵付候者は、死罪、
一盗可致と徒党致候て、人之家ぇ押入候者、獄門、
一同類死罪、
一家内ぇ忍入幷土蔵抔破候類、金高雑物不依多少、同
断、
但、忍入候共、巧ニ無之、其品軽く候ハヽ、入墨
之上敲、
一盗人之手引致候者は、死罪、
一片輪もの之所持之品ヲ盗候者、右同断、
一追剥　　獄門、

一追落　死罪、
一手元に有之品、不斗盗取類
　但、金拾両以上、雑物代金積拾両以上、死罪
　　　金拾両以下、雑物代金積拾両以下は、入墨敲
一軽き盗致候者、同断（敲）、
一途中ニて小盗いたし候もの、敲、
一湯屋ぇ参、衣類着替候者、同断、
一軽盗人之宿、同断、
一橋鉄物亦は武士屋鋪鉄ものほくし候者、重き敲、
　此三ヶ条は、品ニゟ臨時可致詮議事、
一隠（陰）物乍存又売并買候者、入墨敲、但、年来此事致候
ハヽ、死罪、
一盗物と不存、出訴（所）も不紛質ニ置（遣）候者、過料、
都て盗物之品は、被盗候ものへ相返シ、金子遣捨候
ハヽ、質（ママ）屋為損失へし、
右は盗物取戻候共、無差別、
　　人殺之事
一主殺　二日肆シ引廻シ磔、
一主人ニ為手負候者、肆シ同断、
　但、切懸打懸候者、
　　　古主ニても無差別　死罪同断、
一古主殺　肆シ引廻シ磔、
一主人之親類殺　獄門、
　同為手負候者　死罪、
　但、当座之儀ニ候ハヽ、遠島、
　　　其品ニより（重キ）追放、
一親殺　（引廻之上）磔
一同為手負候者并打擲、同断、
一切懸打懸候者、死罪、
一伯父伯母兄殺候者は、獄門、
　但、為手負候者、死罪、
一師匠を殺　磔、
　但、為手負候者、死罪、
一人殺　下手人、
　但、差図致為殺候者、同断、
　　　指図請、人ヲ殺候者、遠島、

一大勢ニて殺候ハヽ、初発ニ打候者、下手人、手伝候
者、遠島、手伝不致候共、荷担致候者、中追放、
一相手不法之儀致懸候て、無拠人殺、遠島、
一辻切　引廻死罪、
一渡舟乗沈、溺死有之、其舟之水主、遠島、
一車を引懸ヶ、人ヲ殺候時、死罪、
但、殺候方を引候者、同断、
主人《ママ》ニ不当候方ヲ引候者ハ、遠島、
一同怪我為致候者、同断、
但、不当方ヲ引候者、中追放、
一牛馬引懸、人ヲ殺候者、死罪、
但、怪我為致候ハヽ、中追放、
一口論之上、人ニ疵付、離《片輪》ニ致候ハヽ、同断、
但、渡世難成程之支離《片輪》ニ候ハヽ、遠島、
一離別之妻疵付、入墨之上遠国非人之手下ニ申付、
一人を殺候とて申掛候者、重キ追放、
但、深き巧事有之候ハヽ、遠島、重きハ死罪、
一弓鉄炮ヲ放、あやまちニて人を殺候ハヽ、吟味之上
あやまちに無紛、怪我人親類相尋候上、遠島、
但、相果候者存命之内、相手御仕置御免之儀、願
申置候ハヽ、一等軽可申付、
一定矢場鉄炮場ぇ不意ニ参掛り、矢玉ニ当候義、不及
咎候事、
一子供、不弁人ヲ殺候ハヽ、拾五歳迄親類ぇ預、遠島、
一子供心ニて(不弁)火附候も、同断、
但、盗致候義、大人ゟ一等軽可申付、
元文二年巳二月御触之由、

十二

一明和四亥十一月
松平右京大夫様ゟ大御目付中様ぇ、被成御渡候御触
有之、
御家老中ゟ被相渡候御書付写、左ニ記ス、
御領分村ミぇも相触候、
百姓共大勢子供有之候得共《は》、出生之子を産所ニて直
ニ殺候国柄(も)有之由相聞、不仁之至ニ候、以来右
躰之儀無之様、村役人は勿論、百姓共も相互ニ心ヲ

附可申候、常陸・下総辺ニては、別て右之取沙汰有之趣、若外ゟ於相顕ニは、可為曲事者也、

十月

右之通可被相触候、

十三

明和六丑二月被　仰出之、

丑正月九日、御廻状ニて相廻候松平右近将監様ゟ相渡候御書付写

上方筋百姓共、強訴等致相集候趣に相聞候間、可成たけニ取鎮、其上ニも難取鎮様子ニ候ハヽ、召捕可申候、御領分限ニて難行届義も可有之候間、御領（料）私領共ニ申合、御領（料）他領之者ニても、最寄次第人数差出シ召捕、其上御代官又ハ領主地頭ぇ引渡候様可致候、乍然、飛道具等用候儀は、可為無用候、

右之通可被相達候、

正月

十四

於大坂松平和泉守様被成御渡候御書付写

上方筋百姓共致強訴等、相集候趣相聞候間、可成たけ取鎮、其上ニても難取鎮様子ニ候ハヽ、召捕可申候、領分限りニては難行届義も可有之候間、御領（料）私領共ニ申合、御領（料）他領之者ニても、最寄次第人数差出、召捕、其上ニて御代官亦は領主地頭ぇ致引渡、乍然、飛道具等用候儀は可為無用旨、先達て於江戸御触有之候処、今以致騒動候場所も有之趣ニ候間、難取鎮様子ニも候ハヽ、飛道具等用ひ候ても不苦候、右之趣可相触旨、■衆ゟ申来候、早ゝ在所ぇ可申越候、右之段当二月五日、大坂於大手御番所ぇ被　仰渡候、

十五

明和六丑年三月被　仰出之、松平右近将監様御渡

諸国百姓共、願之筋有之候ハヽ、名主村役人等ヲ以、定法之通可相願儀候処、大勢致徒党候段不届候、自今弥右之通相心得可申候、若心得違致徒党候ハヽ、可取上願たりとも、不及理非之沙汰無取上、其上急度仕置申付候、

右之趣兼て御領(料)私領百姓ともゑ御代官領主地頭より可相触候、
二月
右之通可被相触候、

十六

同年
遠国百姓共、願ヲ企、所〻ニて寄合、手段を企、廻状抔出し、外村之者共も趣意は不弁候て、不得止事罷出大勢集、村役人之居宅亦は遺恨ニ存候者共之家作并諸道具ヲ打損し、吟味ニ相成候上ニて、数ヶ条之願申立候之類も有之候得共、
公儀ヲ憚、領主〻　ニて申宥、穏便ニ取鎮候儀を専要ニ致候故、百姓共かさつニ相成、及狼藉不法之儀共有之候、百姓を憐ミ候儀は勿論之事候得共、右躰徒党を結ひ強訴を企、及狼藉もの共を手弱ニ扱候ては、外場所ニても見習候様可成行哉、以来御領(料)所之百姓共騒立候ハヽ、最寄之領主よりも人数を出し、私領ニて騒立候ハヽ、其領主亦は最寄之領主ゟも人数を出し、手強打ちらし、手ニ当候者共は搦捕、願之趣は理非之不及沙汰取上不申、他所之引合有之ハ指出、一領限ニ候ハヽ、其領主ニて遂吟味、仕置之儀可被相伺候、万石已下之知行所、騒立候節も同様可被相心得候、以上、
二月
右之通万石以上之面〻ゑ可被相触候、万石以下ニても、知行所百姓騒立候ハヽ、右ニ准最寄之領主ゑ早〻掛合可取計旨、可被相触候、

十七

松平右近将監様被成御渡候御書付写
大御番頭衆
大目付ゑ
定
何事にようす、よろしからさる事に、百姓大勢申合セしをととうと唱へ、徒党して強てねかひ事くハたつるお(を)こうそといひ、或は申合、村方立退候をちやうさんと申、前〻より御法度に候条、右之類之儀こ

れあらは、居村他村ニかきらす、品ミ其筋之役所ヱ
申出へし、御褒美として、
　徒党之訴人　　銀百枚
　強訴之訴人　　同　断
　てうさん之訴人　同　断
右之通被下、其品ニより帯刀苗字も　御免あるへき
間、たとへ一旦同類ニなるとも、発言致候もの名前
申出るニおゐては、其科をゆるされ、御褒美被下へ
し、
一右類訴人致者もなく、村ミ騒立候節、村内之者を差
おさへ、徒党ニ加ハら(せ)す、一人も指出さるる村
方有之ハ、村役人ニても百姓ニても、重モに取しつ
め候者は、御褒美銀被下、帯刀苗字御免、差つゝき
しつめ候ものとももこれあらハ、それ〳〵御ほうひ
を被下者也、
　明和七年四月　　　奉行
右之通、御料は御代官、私領は領主地頭ゟ村ミヱ相
触、高札認、相建可申候、以上、
　四月

十八

安永未年、左之通被　仰出候、
年貢米(売)払候約諾ニて前金ヲ請取、右米(穀)江戸
廻ニ致、金主ヱは不相渡、外ミヱ売払、金主致難儀
候由之風聞有之、取沙汰而已ニは可有之候得共、万
一主人之為ニ心得違、右躰之取計致、及露顕候得は、
掛り之家来御仕置相成、家老其外重立候家来(は)勿
論、主人迄も不念難遁候条、其家ミニおゐて懸り之
家来ヱ堅申付置、右躰不束之儀無之様可致候、
　二月廿七日
右之通相触候間、可被得其意候、

十九

寛文七年未閏三(二)月町離弾左衛門と座頭出入ニ付、
一頼朝公之時、於鎌倉御定法之御朱印以裁仕候処之一
巻指出、
　髪結　牢番　配当　陰陽師　猿楽　塗師

瓦師　辻盲　猿引　鋳物師　石切　放下師
笠縫　辻商人　鉢叩　青屋壺立　弓張師
土器師　渡守　山守　筆師　墨師　関守
金堀　獅子師　簑作　傾城　傀儡師

二十八番

右之外之者数多雖有之、此等皆町離之可為下、猶又船大工・棒削盗賊、町離之下として可用之也、湯屋・風呂屋・傾城屋・人形廻之旅傀儡師可為下、沓作・鼓細工膠ヲ類之者は、二十八品之可為下、

一鎌倉住人藤原朝臣矢野氏弾左衛門頼兼

一右之通頼朝公之御時、弾之上字を被下置之、御朱印此度出候ニ付、任旧例、右之通相定之候、

二十

又式書ニ有之を写

覚

一質地証文ニ、年季明不請戻候ハヽ、可致流地之由文言有之分、年季明早速訴出候も、流地之旨申聞、受戻シ之儀申間敷候、但、至期月前広ニ訴出候ハヽ、取立(上)可申候、

一右流地証文之直小作滞、訴出候節ハ、地面金主ぇ流地ニ為相渡、小作滞於(を)棄捐ニ可申付、但、別小作滞は、通例之ことく日限可申付、

一質地証文ニ名所又は名主加判等無之候ても、享保十四酉年以前之分ハ、借金ニ准シ元金小作共ニ平日(三十)切ニ申付候間、別小作滞も是又借金ニ准シ候旨、小作人ぇ可申付候、但、高利ニ当り候ハヽ、直小作別小作共ニ、壱割半之利足ニ直シ済方可申付候、

一名田小作は、無判之帳面ニ記有之候ても、唯今迄済方申付候得共、証文亦は帳面ニ印形無之は、地主不念ニ候間、向後取上申間敷(候)、

一帳面ぇ附置候借金、印形無之候ハヽ、日寄附込帳ニ書入有之候共、取上申間敷候、

一質地借金売掛等、証文不埒ニて無取上類又は享保十四酉年以前之分も、近年之貸金之様ニ申出、裏判附候類有之、右訴出候節、証文帳面等指出させ相改、

吟味可被成尤（分）、御初判可出候、唯今迄も右之格ニ候得共、相談之上、弥右之通（相極候事、）
（右之通）一座申合候、以上、

元文三年午二月廿五日

二十一

一奉行所之申付也と偽申ニおゐてハ、其品軽きは、過料、

一手負人を不訴出五人組は、過料、名主は戸〆、

一主人之女房臥居候処ニ忍ひ入、又ハ艶書を遣すにおゐてハ、死罪之古例、

一夫有之所、外之者と夫婦ニ成ニおゐてハ、死罪、夫有之を、男ハ不存といへとも、追放之古例、

二十二

御問合申覚

一御役所ニて穢多御吟味筋有之候節、御尋等は、場所平人同様ニ御取計御座候哉、若穢多は御吟味場所等違候哉、且又手錠（鎖）等被　仰付候節ヲも取計候、悲田院手下之者抔取計候哉、又は穢多右様之節は、別段ニ取計候者御座候哉、且御仕置等被　仰付候節も、別段之御取計方御座候哉、彼是乍御面倒、委細に被仰示可被下候、奉頼候、以上、

四月晦日

右附札

穢多吟味筋之儀は、平人同様ニ御座候、公事出入等双方穢多ニ候得は、奉行立合之場へは不罷出、役人遂吟味申候、片方平人片方穢多之公事出入は、やはり奉行直ニ承申候、其外手鎖咎ハ通例之通申付、穢多年寄ともぇ預ケ置候事ニ御座候、勿論重キ御仕置等、平人ニ違候儀無御座候、併品ニ寄、穢多之身分ニて不都合之儀於有之ハ、平人ゟ科重ク取扱候事も御座候、

五　「公事方御定書」の編纂途上の法文を載せる法律書

「台政評定訣」（香川大学附属図書館神原文庫蔵）——論考篇第二部第二章の史料

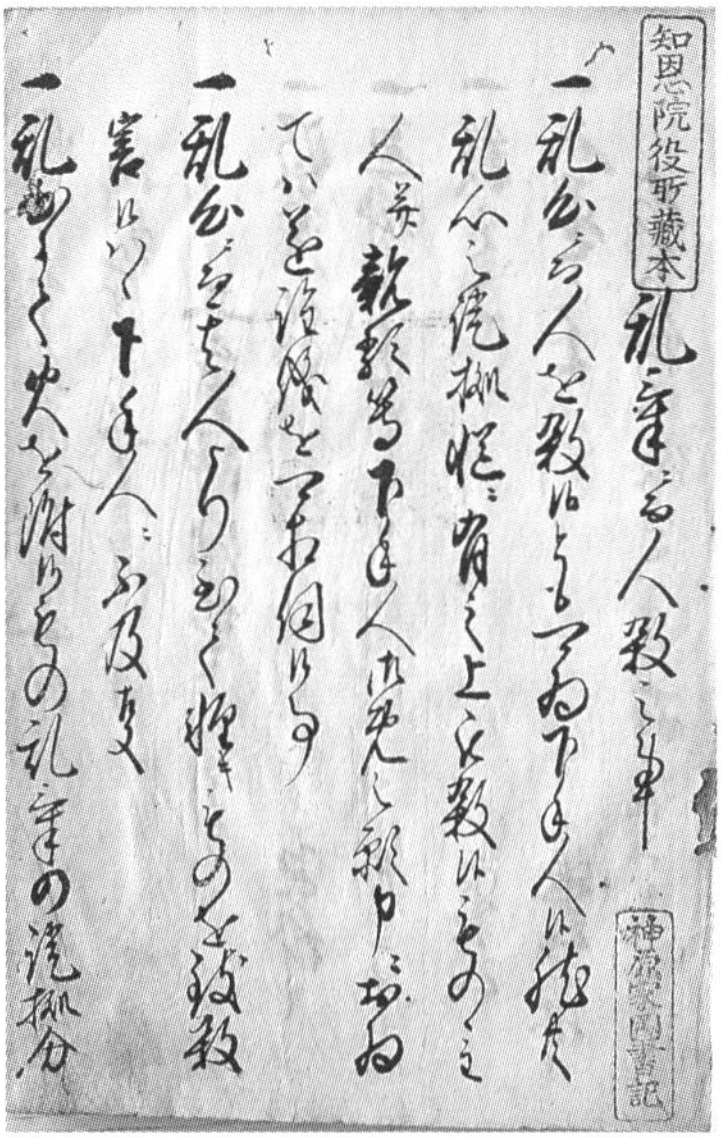

「台政評定訣」本文冒頭（本書181頁）

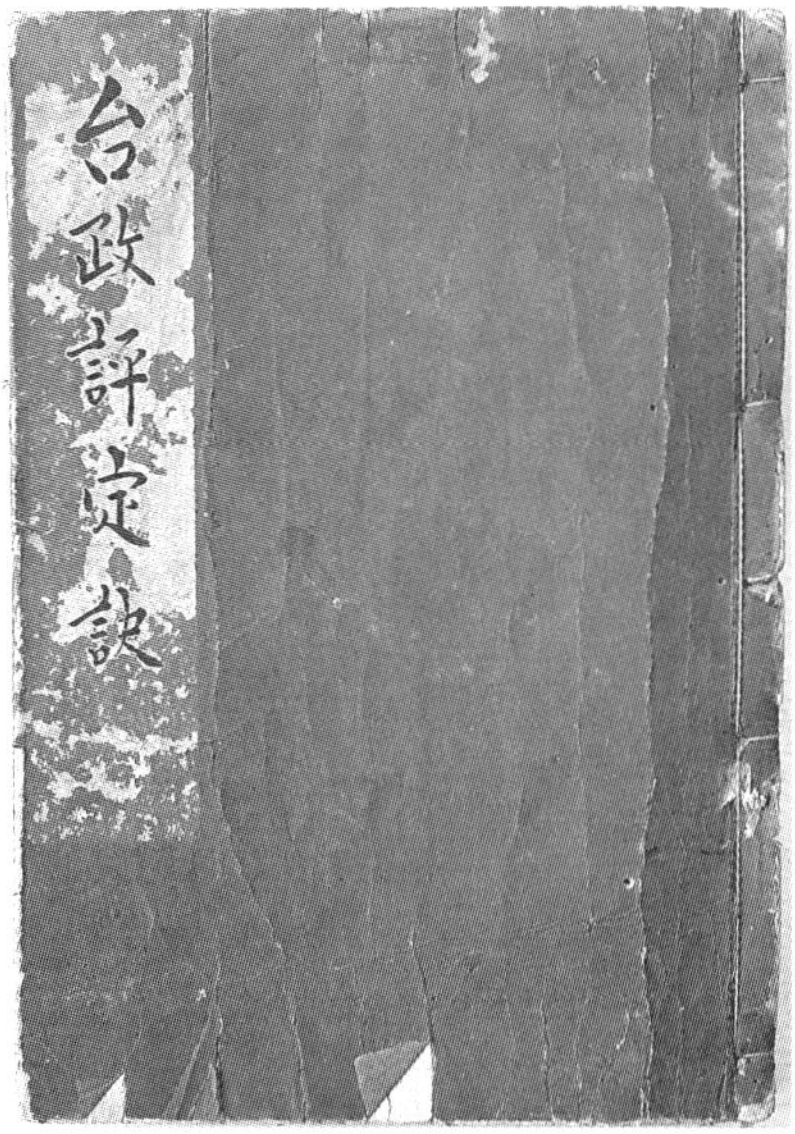

「台政評定訣」表紙

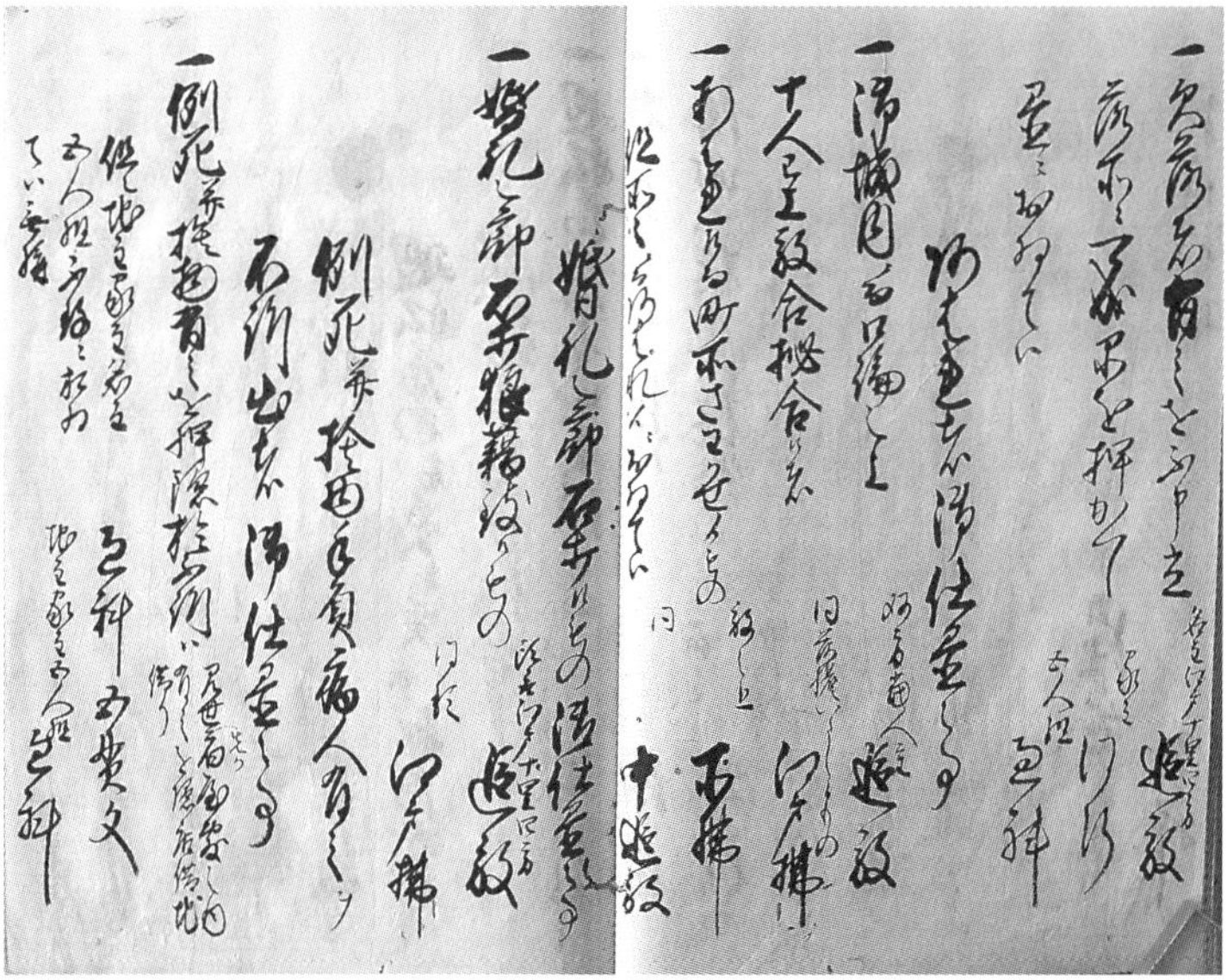

「台政評定訣」本文（本書198頁）

《史料翻刻》　凡例

一　本章は、論考篇第二部第二章「「公事方御定書」の編纂途上の法文を載せる法律書」の史料として、左記を翻刻するものである。

「台政評定訣」一冊（香川大学附属図書館神原文庫蔵、架号三二二・一五）

一　「台政評定訣」という書名は題簽に記された外題であり、本文とは別筆である。内題は「公儀御仕置定之写」である。内容を的確に現すため、装丁の際にこの外題が与えられたと推測される。

一　「台政評定訣」の書型は、縦二三・七糎、横一六・八糎の半紙本である。墨附は内表紙を含めて九八丁である。

一　「台政評定訣」は、内容上二つの部分で成り立つ。前段部分は「公事方御定書」の草案段階の法文をもって構成される。後段部分は「公事訴訟取捌」の類本とみるべき法律書である。前段三六丁は半丁に八行、後段六一丁は半丁に九行でそれぞれ書写される。丁寧でかつ達意の筆使いである。

一　本文第一丁右上に「知恩院役所蔵本」、同じく右下には「神原家図書記」という蔵書印が捺されている（ともに墨印、口絵写真参照）。

一　前段部分については、『徳川禁令考』後集（司法省蔵版、法制史学会編、石井良助校訂、平成二年第五刷、創文社）所収の「科条類典」をもって校合を施し、（　）を以て示した。

五　「台政評定訣」（香川大学附属図書館神原文庫蔵）

（表紙）

台政評定訣

（内表紙）

公儀御仕置定之写

一　乱気ニて人殺之事

一乱心ニて人を殺候とも可為下手人候、然共、乱心之証拠慥ニ有之上、被殺候もの、主人并親類等、下手人御免之願申ニおゐてハ、遂詮議を可相伺候事、

（但、主殺親殺たりといふとも、乱気無紛におゐてハ、死罪、自滅いたし候ハヽ、死骸取捨ニ可申付事、）

一乱心ニて其人より至て軽キものを致殺害候ハヽ、下手人ニ不及事、

（但、慮外ものを切殺候時、切捨ニ成候程之高下と可心得事、）

一乱心にて火を附候もの、乱気の証拠分明ならす（ハ）死罪、乱心ニ無紛おゐてハ押込置候様、親類共ぇ可申付事、

二　二重御仕置申付(候)事

一役儀取上　過料
一過料之上　戸シメ
一敲之上　追放
一入墨之上　追放・所払・(敲)
　右は科之軽重ニより、右ニ准可申付事、

三　拷問可申付品〻之事

一人殺　一火附　一盗賊　一関所破　一謀書謀判
右之分、悪事致シ候証拠慥ニ候得共、白状不致もの(幷)同類之内(致)白状候共、当人白状不致もの〻事、
一詮議之内不決、外ニ悪事分明ニ相知、其科にて死罪可被行もの〻事、
右之外ニも拷問申付可然品も有之候ハヽ、評議之上可申付事、

四　悪党者訴人之事

一悪事有之ものを召捕差出候歟、又ハ訴出候時、右悪党之方ゟ召捕(訴)出候者ニも悪事有之由申掛候とも、猥ニ相紀間敷候、若本人より重き(悪)事を証(拠)慥ニ申候ニおゐてハ、双方詮議可致事、
　但シ惣て罪科之ものを訴出候ハヽ、同類たりと云とも其科を被免候事の(二)候条、其趣を以て可致作略事、

五　火罪之もの御仕置之事

一火罪のもの引廻シ之儀、物取にて火を附候ものハ不及晒、日本橋・両国橋・四ッ谷御門外・赤坂御門外・昌平橋之外、
右之分引廻シ通候節、人数不依多少、科書之捨札建置申候、尤火を附候所・(居所)・町中引廻シ之上ニて、火罪可申付事、但シ捨札ハ三十日建置可申事、
一物取ニ無之火を附候ハヽ、晒幷不及捨札、火を附候(所・居所)・町中引廻シ之上、火罪ニ可申付事、
(一火を附候もの、　火罪)
　但シ燃立不申候ハヽ、引廻シ之上死罪、
一人ニ被頼火を附(候)者　死罪

但シ頼候もの、火罪

六　御領《(料)》私領入交《(会)》之論所見分之事

一論処之事、国境郡境にても、双方立合絵図(と)御国絵図大概相違無之ニおゐてハ、不及検使、載《(裁)》許可有之候、入組不申儀ニ、猥ニ検使指遣申間敷事、

一検使(不)遣候て難決儀は、国境郡境ハ御番衆・御代官、村境ハ御代官計可差遣候、但、入組不申候論処ハ、郡境ニても其辺之御代官為致見分可有載《(裁)》許事、

七　載《(裁)》許可取用証拠書物之事

一御朱印ハ不及申、譲状・古証文・古水帳、或ハ地頭ぇ出置候書附等、其紙面うたかわ敷儀無之ニおゐてハ、証拠ニ取用可申候、私ニ書記置候者、或ハ寺社縁起之類、猥ニ不可取用事、

八　享保廿卯年

知行所ぇ用金申付(候)義ニ付御触書

知行処百姓(ニ)申付、田畑質物《(地)》ニ入、金子借出させ候類有之候、(箇)様之義有之間敷事ニ候条、向後無用ニ可致候、

卯五月

九　死罪遠島重キ追放之外不及伺事

死罪・遠島・重キ追放可申付ものゝ義ハ、前〻之通可被相伺候、右之外之御仕置之分は、伺ニ不及候、然共死罪・遠島・重キ追放(もの)、一件之内ニ有之候ハ、軽き御仕置ニても相伺可申事、

但シ軽き御仕置之者ニても、奉行中ニて難決儀は可被相伺候、

十　偽之証文を以金銀貸借いたし候もの御仕(置)之事

金銀借用之証文、及露顕候てハ難立筋、之《(又)》(支配頭、或ハ顕候て申分難相立)ものゝ名を偽、文言之内ぇ書入、金銀借候もの死罪、

但、右之趣乍存質(貸)ニおゐてハ、貸候ものも同罪、

十一　御仕置ニ成候者田畑闕所之事

一私領之百姓、　公儀之御仕置(ニ)成、田畑家財共闕所之筋(節)ハ、地頭え取上可申旨可申渡事、
　但、年貢滞有之ハ取上候上にて、質入之分(ハ)証文吟味之上、(於無紛ハ、払代金之内を以、質取主え元金相渡候歟)、金高不足ニ候ハヽ、地面ニて相渡候様可申合(含)事、

十二　用水悪水幷新田新堀堤(ママ)川除(等)出入之事

一諸国村ミ用水悪水幷新田新堀堤(ママ)(或)川除等、他領ニ懸合候出入訴出候時ハ、御領(料)ハ御代官、私領は地頭家来呼出シ、双方障り無之様ニ熟談致し可相済旨申聞、訴状相渡、(其上)不相済段、双方役人申出候ハヽ、其子細承糺、取上吟味いたし可申事、

十三　隠鉄炮有之村方咎之事

一隠鉄炮致所持候もの　遠島
一隠鉄炮打候者　同断
一隠鉄炮所持之村方　名主・地頭(組頭)　重キ過料
一他所ゟ参、打候村方　同断
一隠鉄炮致所持候もの　五人組　過料
一同致所持 同打候 村方惣百姓　壱ヶ年為過怠鳥番
一同有之亦ハ打候村方之野廻り　野廻り相止メ
　但シ代りミ(之野廻り)、近村ゟ可申付、
一隠鉄炮相捕(打)候もの　御褒美　銀廿枚
一同訴人仕候もの　同　銀拾(五)枚

十四　科人為立退幷住所(を)隠候者之事

一火附
一盗賊之上ニて人を殺候もの
一致徒党、人家え押込候もの(類)
一追剥之者(類)
　右之者の類、科人之同類ニて無之候共、其ものニ被頼、住所(を)隠シ或ハ為立退候者、死罪、

一喧嘩口論、当座之儀ニて人を殺候もの
右科人之同類ニて無之、義理を以被頼、住所を隠
シ或ハ為立退候分ハ急度叱り可申事、

十五　盗物質ニ取又ハ買取候者御仕置之事

一盗物と不存、証文取(之)、如通例質ニ取、吟味之上
盗物之義不存(訳ニ)決候ハヽ、証文ニ元金為償、質
物は取返し、被盗候ものぇ可相渡候事、
但シ証人(も)御仕置ニ成、金子可差出懸り無之候
ハヽ、質物屋(ママ衍)可為(致)指(損)金候、(尤)証人無之、
(或ハ)無(不)念之質取之(方)(ニ候ハヽ、質屋)為致指(損)金、其
上咎可申付事、
一盗物と不存、(反物其外)買取候もの、其色品取返シ
盗まれ候ものへ相返し、代金(ハ)買主無(不)念ニ候間、
可(為)致損金候、証人取候て買取候ハヽ、証人ニ代
金買主方へ為相渡可申候事、
但、(被)盗候色品、有所不(相)知、代金盗人致所
持候ハヽ、取上、(被盗候ものぇ相渡可申候、盗物
買主より取返候上、代金盗人致所持候ハヽ)公儀
ぇ(取)上ヶ可申事、
一盗物を(と)(不存)買取、売払候節は、売者(先)段ゝ相糺、代
金を以買戻させ、被盗候ものぇ為相済(返)、盗人ゟ最初(初発買)
取候ものぇ損金可申付事、
但、被盗候物売(先)相知レ不申候ハヽ、初発買取
候もの(より)ぇ被盗候者ぇ代金為償可申事、

十六　質物(ママ)地小作取捌之事

一年季明十ヶ年過候質地　　流地
一年季之内質地　　年季明請戻候様可申付事
一年季限無之、金子有合　　質物入之年ゟ十ヶ年
次第可請戻証文　　過候ハヽ、流地
一十ヶ年已上年季質地　　無取上ヶ
一質地名所并位反《イタン》別ツ無之、或ハ　　年限之無差別、
名主加印無之不埒之証文　　無取上、名主過料
但シ右金子地(主)主承届、相対之上地主を定メ、水帳
(可)相改メ、(旨)名主(ぇ可申渡、尤名主質地、相名

主）無之村方ハ、組頭加印於有之、定法之通済方
可申付事、
一 年季明不受戻候ハ、　年季明候（期）初月ゟ二ヶ
可致流地由之証文　月過候へは無取上、
但、年季明不請戻候得は、永ミ（ク）支配、又ハ子ミ孫
ミ迄構無之旨、且又此証文を以支配いたすへく候、
或ハ可致自由（名田）なとの文言、流地之証文（ニ）准し可
申付事、
一 質地元金済方申付候上、
返金滞り候ハ、、　地面金主へ渡、流地
但、（直）小作滞候ハ、、可為妻指子（棄捐）事、
一 質地証文之文（言）宜、　質物（マヽ）地定法之通載（裁）許、
小作証文不埒ニ候ハ、、　小作滞分不申付、
一 又質元地金（主）加判　元地主へ済方
有之証文　定法之通申付
但シ又質之節増金借受ヶ候ハ、、其分ハ又質置候
ものニ済方可申付事、
一 御朱印地寺社領屋敷共　江戸十里四方 追放
譲渡、質ニ入候寺社

但シ譲請質ニ取候者、地面為相返、重き過料可申
付候（事）、
一 証文端書ニ質地と認候共、　永代売同前之
請戻候文言於無之ハ、　御仕置也、
一 譲証文と端書ニ有之候共、祝義金　右同断
礼金抔相渡候文言有之候得は、
一 小作滞　質地日限之通申付、其上相
滞候ハ、、身躰限可申付事、
小作証文無之候共、　質地元金計載（裁）許申付、小作
一 別小作無相違、本証　滞ハ不申付、尤其地面（ハ）
文定法之通候ハ、、　小作人ゟ（地主え）可為引渡
候事、
但、（直）小作ニて証文無之分は、書入（ニ）准シ本
証文宜候ハ、（共）、質地（之）法ニて載（ハ裁）許不申付候、
一 小作証文無之候共、質地証文　質物（地）金・小作金
小作之儀書加へ有之候ハ、、　共ニ可申付候、
一 家（守）主小作滞候請状、　当人受人共ニ済方可申付、
通例之証文ニ候ハ、、　滞候ハ、当人（両）共ニ身躰限
可申付、

一質地之年貢計金主ゟ差　年季之内ニ候ハヽ、
書(出)、諸役は地主ゟ　定法之通証文仕直させ、
相勤可申証文　双方并加印(判)ノ者名主過料、
但、年季明候ハヽ、地面可為請戻、年季明二ヶ月
過候ハヽ、定法之通流地申付、両様共ニ過料、双
方へ可申付事、
一質入之地面を半分(直)小作ニ致、質地之
高不残年貢諸役共、地主ゟ相納候証文　右同断
但シ右同断、
一廿年以上之名田小作は、永小作可申付事、

十七　借金銀取捌之事

一借金銀　一地代　一店貸(賃)り　一祠堂銀(金)
一書入金　一立替金　一先納金　一職人手間賃金
一手附金　一持参金　一売掛金　一官金
一売渡証文并諸道具預ヶ証文ニて金子借り候類
右之分、享保(十)四酉年已来之滞は、三十日限済
方可申付、但、右日限之度〻少〻も相済候ハヽ、
幾度も切金ニ為差出、其上ニて済方不埒ニ候ハヽ、
身躰限り可申付事、
連判証文有之諸道具(請負)
一徳用有之割合受取(候)定　仲ヶ間事ニ付、無取上、
芝居木戸銭・無尽(金)分
但、証文慥ニ有之(候)共、仲間事ニ相決候ニ付(て
ハ)、一向取上申間敷事、
一質地　家質　諸借金　利足　壱割半已上之分ハ、
壱割半ニ可極(直)、
寄進(日寄附込)回帳ニ記候借金印形無之分
一宛所無之　年号無之分(証文)、
証文之末ニ利足定メ書載有之処ニ、　無取上
印形無之利足、
一家質金・質地金并諸借金、宛所違之
之証文を以訴出ニおゐてハ、　右同断
但シ証文譲請候由申候共、証拠無之おゐてハ取上
申間敷事、
一仕入金　是は只今迄三十日切ニ済方申付候、
(※編者注、「科条類典」にはこの法文についての記事が見えない)

十八　借金銀分散申付方之事

一金銀借方之者、身躰分散之節、貸方之内若不(少こ)得心之
者有之由願出候ハヽ、分散受候様(ニ)申付(聞)、若不得
心ニ候ハヽ、得心之者計へ分散割付(合)為相渡可申候、
尤借方之者身ノ上持次第、割合受(取)候者(も)、不
請者も、一同(ニ)追て相懸候様(ニ)可申渡候事、

十九　奉公人請人御仕置之事

一奉公人給銀滞　　十日限受人(え)済方可申付
但、日限之節半金も指出候ハヽ、十日限日延、其
上ニて滞候ハヽ、身躰限り可申付事、
一請人死失候歟、於(致)欠落者　　人主(え)右同断
但、右同断、
一武士方奉公人(を)人主ニ取候分　　右同断
但、日限申付方右同断、日延申付之上滞候ハヽ、
其者衣類道具等、滞候金之高ニ積り可為相渡候事、
一給(金)銀出入主人ゟ請人(之)家主ぇ　　家主ぇ給金済方
一相届、預り証文取置候已後、　　并尋可申付候、

請人欠落致ニおゐてハ、
但、右立替金、請人(之)店受ぇ、家主懸候共申付
間敷事、
取逃引負いたし候者、受人ぇ　　取逃引負金共ニ、
一引渡、請人ゟ可済旨証文取置　　受人ぇ済方可申付、
候上、奉公人於致欠落ハ、
但、引受之証文於無之ハ、欠落尋計可申付、
一給銀受取、主人方ぇ不引越もの　　敲
(※編者注、この法文は「科条類典」においては第四十三条第六項)
一欠落奉公人　　請人ぇ三十日限(尋)申付、三日限り
日延候上、不得尋出候ハヽ、過料、
但、致取逃候ハヽ、六日限日延尋可申付事、
一取逃之品、於売払は、　　買主(より)為戻可申候、
但、金子抔ハ、遣捨候事分明ニ候ハヽ、すたりニ
可致候、
一取逃之儀乍存、奉公人計　　江戸十里四方追放
隠置候受人人主
一奉公人給金、請人立替相済候　　三十日限済方
已後、下受人ぇ懸候節は、　　可申付事、

一欠落奉公人を請人見当(出)、　立替金(給)銀(金)共ニ当宿え
当宿へ於預置候は、　三十日済方可申付、尤雑
用共ニ、
(但、右欠落者を引返度旨、請人相願候ハヽ、引
返させ可申事、)
一武士方町方共ニ欠落　受人へ相渡、(心)次第申
一通り之者(を)尋出、　付、主人受取度願候ハヽ、
召捕候おゐてハ、　其主人え可申相渡事、
但、(致)欠落、三日之内他所ニて致悪事候ハヽ、
主人方へ為引取、欠落ニハ立申間敷事、
　親類并同国之好身ニ候ハヽ、
一人宿之外素人宿之分　十人迄ニ可致受判事、
但、十人之餘ニ候ハヽ、過料可申付事、
奉公人受人店請人ハ(ママ)無之　当人ハ門前払申付、追て
一出入は、家主引請相済、　住所見届次第家主願出候
当人店立於願(出)は、　節、身躰限りニ可申付、
一自分名を替、奉公人(之)受ニ　江戸十里四方
立候もの　追放
但、奉公人(と)馴合、判賃之外ニも給金之内をも
配分取、為致欠落候ハヽ、死罪、

一人之仕業と相見へ候寄子之　所払
変死を、不存分ニいたし候もの
但、人之仕業と不相見、致変死候を不訴出分ハ、
叱、
(一取逃之雑物預り置、配分いたし、又　死罪)
ハ礼金等取、当人を隠置候請人人主
一奉公人と馴合、再応欠落為致候受人　死罪
但、寄子之内欠落不尋(出)受人、及七度候ハヽ、
江戸払、

二十　欠落奉公人御仕置之事

一手元ニ有之品を、与　金子ハ十両ゟ已上、雑物
風取逃いたし候者　は代ニ積り十両ゟ已上は、死罪
但、金子十両ゟ已下、雑物も代銀　入墨敲
(ニ積り)十両ゟ已下は、
一使ニ為持遣候品取逃候時は、雑物
代金ニ積り壱両已上は、　死罪
一たくミ候儀無之、軽き致取逃候もの　敲
一主人之金子持出シ、博奕打候もの　重キ敲

一度〻欠落いたし候もの　同断

一致引負候者、一向弁金於無之ハ、　金高ニ応し五十か百　敲

但、当人并親類身之上ニ応シ、引負之金高ニ応シ、無（参）分一、或五分一、又ハ十分一相済候ハヽ、当人出牢之上、追て身之上持次第、幾度も主人（方）ゟ相懸り候様可申付、

申十二月

二十一　（奉公人請人御仕置之事）

一奉公人出入ニ付、断并給金取立、或ハ預ヶ来候ものを疵付（又ハ）打擲いたし候もの　重キ敲之上　江戸払

但、敲ニ難申付ものハ、中追放、

一奉公人、病気ニ付宿へ下ヶ候処ニ、致快気候得共、不相帰、外ぇ奉公（ニ）出候ニおゐてハ、　請人　中追放　奉公人　軽追放

一寄子致欠落（参候）儀ハ存候得共、盗人と不存宿致シ、質（雑）物雑（質置）物主ニ（成）、致世話遣、配分ハ不取もの

一請ニ立奉公ニ出置候もの（を）誘引出、　（江戸十里四方追放）死罪

又候外ぇ売候もの　死罪

二十二　対地頭強訴其上致徒党逃散候（之）百姓御仕置之事

一頭取　死罪

一名主　重き　追放

一組頭　田畑取上　所払

一惣百姓　村高応し　過料

但、地頭申付非分有之は、其品ニ応シ、一等〱（も二等）と（も）軽（く）き可相伺、未進於無之（ハ）、重キ咎ニ不及事、

二十三　位（倍）金并白紙手形（ニて）金銀貸シ借いたし候もの御仕置之事

一位（倍）金并白紙手形ニて質地借金等取やり仕候者、不埒ニ付、済方之不及沙汰ニ、双方并証人共ニ、過料可申付事、

但、金高(主)借り主過料員数之儀ハ、例(に)不構(拘)、身
上ニ応し重可申付事、

二十四　密通御仕置之事

一密通いたし候妻　死罪
一同　男　同断
但シ実夫を殺候よふニ勧メ候歟、
又ハ手伝殺候ニおゐてハ、獄門、
一致密通(ママ)夫、実夫を殺候もの　引廻シ　磔
一致密夫、実夫ぇ疵付候もの　同　獄門
一主人之女房(妻)へ密通之手引致し候者　死罪
一去状(離別)を不取、他ぇ嫁候女　髪を剃、親之元へ返し
但シ右之致取持候もの　過料
一去状(離別)無之女、他へ縁付ヶ候親元　過料
但シ呼取候男も同断、
一主人之娘と致密通候もの　同断(中追放)
但、娘ハ手錠(鎖)かけ、親元ぇ相渡、
一主人之娘ぇ密通之致手引候もの　所払
一夫無之女と致密通、誘出候もの　女ハ為返　男ハ手錠(鎖)　主人ぇ引渡
一養母養女幷娵ト致密通候もの　男女共ニ　死罪(獄門)
一姉妹伯母姪ト致密通候もの　男女共ニ遠国　非人手下
一離別状不遣、後妻呼候もの　所払
但、於利欲之筋(を以之)儀(に)候ハヽ、家財取上、
江戸払、

二十五　盗人御仕置之事

一人を殺致盗候もの　引廻シ　獄門
一盗ニ入、刃物ニて人ニ疵付候もの　盗物持主へかへし候共　同断
一同刃物ニ無之、外之品ニて(人ニ)疵付候もの　同断　死罪
一盗可致ト徒党(いたし)、人家へ押込候もの　頭取　獄門　同類　死罪

一家内へ忍入、或ハ土蔵抔破候もの（類）金高雑物（之）不依多少　死罪
　但、忍入候共、たくみ候儀も無之、其品軽キハ、
　入墨之上、重敲、
一盗人之手引いたし候者　死罪
一片輪者所持之品（を）盗取候もの　同断
一追剥いたし候もの　同断（獄門）
一追落致し候もの　同断（死罪）
一手元ニ有之品、与風（盗候類）、金十両已上、雑物代金ニ積（十）両ゟ已上　同断
　但、金十両已下、雑物も（代）金（ニ）積り十両已下、
　入墨之上敲、
一軽盗致し候もの　敲
一一ッたん敲ニ成候上、軽致盗候もの　入墨
一途中ニて小盗いたし候もの　敲
一橋ノ高欄又ハ武士屋敷之鉄物（はつし）取候者　入墨（重敲）
一湯屋ゑ参、衣類着替候もの　敲
一軽盗人之宿いたし候者　所払
一盗物と乍存、致世話、配分ハ不取者　敲
一盗物と存、預り候もの　同断
一（ママ）右三ヶ条、其品（重キハ）御仕置臨時可致評議事、
一陰物買　入墨之上敲
　但シ年来此事（ニ）掛合候者　死罪
一陰物ト乍存、又買致し候者　入墨之上敲
一盗物ト不存候へ共、出所不相糺、質ニ置遣候者　過料
都て盗物之品ハ、被盗候者へ相返し可申候、金子は、
遣捨候ハヽ、損失たるへく、勿論（盗物）取戻共、無差
別、右之通御仕置可申付事、
一御林之竹木申合盗伐致候もの　追放（ママ）
　頭取　重き　中追放（ママ）
　頭取ニ准し候もの　同（中追放）
　同類　過料
一家蔵へ忍入候盗人ニ被頼、
　盗物持運、配分取候もの　敲之上軽追放
　（但、配分不取候ハヽ、敲之上所払）
一悪党者と乍存、宿いたし、又は五（七）日ッヽ、
　逗留為仕候もの　重き追放

但、悪党者磔ニ可行候ハヽ、致宿候者、死罪、
一悪党者と乍存致宿、盗物売払遣、又は質ニ置遣、配
分取候もの、　死罪

二十六　人殺御仕置之事

一主殺　二日晒、一日引廻し、鋸挽之上　磔
一主人ニ為手負候もの　晒之上　磔
一同切懸ヶ打懸候もの　死罪
一古主を殺候もの　晒之上　磔
一同為手負候もの　引廻之上　同
一同切懸り打懸り候もの　死罪
一主人之親類を殺候もの　引廻し　獄門
一同為手負候もの　同　死罪
一同切懸り打かゝり候もの　兼て巧ミ候事ニ候ハヽ、同断
但シ当座之事ニて候ハヽ、遠島、品ニより重キ追放
一親殺　引廻し　磔
一(同)手為負候もの幷打擲致候もの　同
一同切かゝり打懸候もの　死罪
一伯父　伯母　兄　殺候もの　獄門
一同為手負候もの　死罪
一師匠を殺候もの　磔
一同為手負候もの　死罪
一人を殺し候もの　下手人
一致差図、人を殺させ候もの　下手人
一大勢ニて人を打殺候時、初発(ニ)打懸候者　同断
一人殺ニ手伝いたし候もの　遠島
一同致手伝不申候得共、荷担いたし候者　中追放
一相手ゟ不法之儀仕懸、無是非故(及)刃傷、人(を)殺候もの　遠島
一差図(を)請、人を殺候もの　同
一辻切いたし候もの　引廻し　死罪
一渡舟乗沈、溺死有之候ハヽ、其舟(之)水主　遠島
一車(を)引懸、人を殺候ハヽ、殺候方を引候者　死罪
但、人ニ不当方を引候もの　遠島
一同怪我為致候もの　同
但、人ニ不当方を引候もの中追払(放)、車(引)之主人
重過料、車(牽)ノ家主過料、

一牛馬（を）牽かけ、人（を）殺候もの　死罪

一口論之上人ニ疵付、片輪ニ致候もの　中追放

但、渡世ニ成かたき程の片輪ニ致候ハヽ、遠島、

一牛馬（を）牽かけ、怪我為致候もの　同断（中追放）

一離別の妻ニ疵付候もの　入墨之上、遠国非人手下

一人を殺候旨申懸致候者　一通之申懸ニ候ハヽ、重キ追放

但シ深キ巧（事）有之ハ遠島、於品重、死罪、

一非分も無之実子養子を殺候もの（親）、短慮ニて

与風殺候ハヽ、　遠島

但、（親方之者）、分別（利得）を以殺候ハヽ、　死罪

一弟妹甥姪（を）殺候もの　右同断　遠島

但し、右同断、

一舅を殺候もの　引廻し　獄門

一毒飼致シ人を殺候もの　同断

但、毒飼致シ候得共、於不死ハ、　遠島

一地主を殺候もの（家守）　（引廻之上）　獄門

一同可殺所存ニて手（疵）為負（候）家守　死罪

一元地主を殺候家守　引廻し　同断

一同可殺所存ニて手疵為負候家守　遠島

一支配（を）請候名主を殺候もの　獄門

但、可殺所存ニて手疵為負候もの　死罪

一人殺之手引致し候もの　遠島

但、殺候当人、致欠落於不出ハ、　下手人

一自分之悪事可顕（を）厭ひ、（其）人を可致殺害

候（として）ハヽ、疵付、或（ハ）詮議したる人ニ遺恨を含、

手疵為負候もの　死罪

二十七　怪我ニて相果候者相手御仕置之事

一弓鉄炮ニ（ヲ放）てあやまり（ニて）人を殺候者、吟味之上あ

やまり無紛、并怪我人之親類存念相尋候上、　遠島

但、相果候者存命之内、相手御仕置御免之願於申

置ハ、一等軽可申付事、

一定たる矢場鉄炮場ニて外ゟ（不慮ニ）人参懸り、候者（若）

矢玉（ニ）当り、仮令其人死候共、不及咎事、

一怪我ニて与風疵付、其疵ニて相（手）果（死）候者

（右同断）　中追放

但、吟味之上不念之儀候ハヽ、一等重可申付事、

二十八　拾五才已下之者御仕置之事

一子心ニて無弁、人を殺し候ハヽ、　十五歳迄親類預ヶ置　遠島

一同　無弁、火を附候者　（右同断）　同断

右二ヶ条、格別深巧有之ハ、評議之上可相伺事、

一盗いたし候者　大人之御仕置ニ一等軽可申付事、

二十九　科人欠落尋之儀(事)

一主人ヲ家来ニ　親ヲ子ニ　兄ヲ弟ニ
伯父ヲ甥ニ　師匠ヲ弟子ニ

右之類、尋申付間敷事、

一(事を巧)人を殺候者、又ハ闇打、或ハ人家へ忍入、人を殺、致欠落候ハヽ、先近キ親類之内壱人入牢可申付、尋之儀、三ヶ月不尋出候ハ、猶又百日切尋申付、不尋出ニおゐてハ、尋申付候者之内ニて近キ続之もの中追放、残ハ過料之上永尋可申付候、

一喧嘩口論ニて人を殺候もの、致欠落候ハヽ、尋之儀、六ヶ月之内尋申付、不尋出候ハヽ、過料之上永尋可申付候、尤御仕置之(者)一件之内、欠落者六ヶ月を限(り)不尋出候ハヽ、残ル者ハ御仕置可申付事、

但、親類入牢預ヶ等之不及沙汰事、

三十　載(裁)許絵図裏書加印之事

一国境郡境載(裁)許絵図　御老中(加印)
三奉行(連印)

但シ右之外絵図裏書を以載(裁)許(之分ハ、三奉行連印)、同断(ママ)

三十一　人想(相)書を以御尋ニ可被成(ママ)者之事

一公儀え対候重謀(計)　一主殺

一関所破　一(親殺)

一人想(相)書を以御尋之者を乍存、囲置又は召仕等(ニ)致シ不訴出もの　獄門

但、乍存請ニ立候もの　同罪

三十二　人別帳ニも不加他之者差置候御仕置之事

一人別帳ニも不加他之者(を)差置候ハヽ、
　当人并差置候もの(共)　所払
名主　重き過料
組頭　同断

三十三　譲屋敷取捌之事

一譲請之町屋敷、町内へ弘メ無之、町名主前(ママ)(不)改メ類、及出訴(入)候者　屋敷取上ヶ

三十四　縁談極候娘と致不儀(義)候者(を)切殺候者之事

一縁談極(置)候娘と致不儀(義)男并(娘共ニ)切殺候者親(ママ)、見届候段無紛おゐてハ、　無構

三十五　三鳥派不受不施御仕置之事

一三鳥派不受不施類之法を勧候者
　可致改宗由申候共　遠島
但、勧候者俗人ニ候ハヽ、家可致相続子可致改宗由申候共、所払、其外妻子可致改宗旨申におゐてハ、無構、

一同伝法ヲ請、其上勧候者(之)住所等致世話候もの
　右同断　田畑取上所払

一伝法請、其上勧候者(之)宿いたし候もの
　右同断　重追放

一同勧候者を村方(ニ)差置候名主・組頭　役(儀)取上
但、帰依いたし候ニおゐてハ、可致改宗由申候共、名主ハ田畑取上軽追放、組頭ハ田畑取上之上所払、

一同勧候者、不致住居候とも、大勢村方之者於致帰依(不存)は、
　名主　重過料
　組頭　軽過料
(但)、右同断、

一(同)伝法を請候もの　遠島
但、致改宗、自今右宗旨(旨)持間敷由於致証文、無構、

三十六　新規之神事仏事并奇怪異説之御仕置之事

一新規之神事仏事致候者

出家社人ニおゐてハ其品軽(重)ハ　所払
其品重(軽)ハ　逼塞
俗(人)ニ候ハ、　過料

一奇怪異説申触致、人集(いたし候)ニおゐてハ、
人集〆いたし候宿　江戸払
発起致、中触候頭取　右同断
同致世話候者　所払
但、致人集宿ノ名主押込、五人組過料、在方(ハ)
名主役儀取上、組頭過料、

三十七　人勾引御仕置之事

一人を勾引候もの　死罪
一勾引候者ト馴合売遣ニ、分ヶ名前(衍)取候者　重追放

三十八　謀書謀判致候者御仕置之事

一謀書(又ハ)謀判致候者　引廻し　獄門
但、加判人　死罪
一謀書(と)乍存、任頼認(遣)候もの　重追放

三十九　火札張札捨文(いたし)候者御仕置之事

一以遺恨可火附と(旨)、張札又ハ致捨文候者　死罪
一遺恨ニて人之悪事ニ(等)、偽候儀を認、
張札又ハ致捨文候もの
死罪ニ不及程の義を認(可)候ハ、　中追放

四十　二重質二重書入二重(売)御仕置之事

一田畑屋敷二重(に)致質入候もの　質入主　中追放
名主田畑取上　軽追放
加印(判)人　所払
但、田畑屋敷ハ初之金主ぇ相渡、(後之金主ぇハ
家財取上可相渡)、尤名主・加判人馴合礼金(等)
取候ハ、、　家財取上(ママ)　中追放
一田畑(家)屋敷(并)建家等、二重(ニ)書入候者　書入主　軽追放
証人　過料
但シ書入之品ハ初之金主ぇ相渡、後之金主ぇは家
財取上可相渡、尤証人馴合、礼金(等)取候ハ、、

江戸払、勿論後之金主書入之訳乍存、（書入）証文
取（候）ニおゐてハ、　江戸十里四方　追放
一諸商物代金請取、其品不渡、外ぇ二重売致候ハヽ、
　手錠之上十日限済方申付、三十日限之内
　済方無之候ハヽ、身躰限り可申付事、

四十一　捨子之儀ニ付御仕置之事

一金子ヲ添へ捨子ヲ貰、其子ヲ捨候者　引廻し　獄門
但、於切殺（〆殺候）は、　引廻し　磔
一捨子有之を内証ニて　当人　所払
隣町（等）へ（又候）捨候儀、於顕、　家主　過料
　五人組　同断
　名主　江戸払
但、吟味之上、名主・五人組・（家主等）不存（儀）、
於無紛は、無構、

四十二　欠落者之儀ニ付御仕置之事

一請合人も無之、欠落もの（を）囲置候者　過料
一欠落者有之を不申立、　名主、江戸十里四方　追放
（闕）落所ニ可成品を押かくし　家主　同断
置ニおゐてハ、　五人組　過料

四十三　あはれ者御仕置之事

一御城内ニて口論之上、
十人已上敲合摑合候者　双方当人　重追放
　同荷担いたし候もの（敲之上）　江戸払
一あはれ候て町所さわかせ候もの　敲之上　所払
但、所々ニてあはれ候ニおゐてハ、　同　中追放

四十四　婚礼之節石（を）打候もの御仕置之事

一婚礼之節、石（を）打、狼藉致候もの　頭取、江戸十里四方　追放
　同類　江戸払

四十五　倒死幷捨物手負病人（等）有之ヲ不訴出者
御仕置之事

一倒死并捨物(等)有之を押隠、於不訴(出)ハ、　見世先屋敷之内(ニ)有之を隠候店借地借り　過料五貫文
地主・家主・五人組　過料
名主　戸シメ

但シ地主・家主・名主・五人組不存ニおゐてハ、
無構、

一変死并手負候者を隠置、不訴出、　右同断　江戸払
其外病人等隣町へ於送遣ハ、　地主・家主・五人組　所払
名主、江戸十里四方　追放

(但、右同断、)

四十六　廻船荷物出売出買并船荷物押領致候者御仕置之事

一廻船荷物出売出買致候もの　売主買主共　重キ過料
(但、荷物代金共ニ取上、荷物ハ問屋え相渡可申事、)

一打荷物破船と偽、荷物致押領候者　水主(ママ)舟頭　獄門
上乗　同罪
(水主)入墨之上　重敲

但、吟味之上、浦証文ハ有之候共、類船無之、指て舟いたみ不申処、打荷いたし候ニおゐてハ、舟頭過料拾貫文、上乗(同)三貫文、水主無構、

四十七　辻番人御仕置之事

一廻り場之内ニて金銀又は雑物等(を)ひろひ、隠居候番人　引廻し　死罪
但、品軽ク候ハ、　入墨之上敲

一廻り場之内ニて人(を)切殺、或ハ為手負候を見逃ニ致シ、相手を不留置番人　中追放

一廻り場之内ニて捨子(又ハ)重き病人有之を、外へ捨候番人　死罪
但、倒死有之を押隠、取捨候ニおゐてハ、江戸放(払)、

一於辻番所、博奕致候番人　遠島

四十八　変死之者内証ニて葬候寺院御仕置之事

一通例之死と不相見変死之者(を)内証ニて葬候寺院　五十日　逼塞

四十九　毒薬幷似薬売候者御仕置之事

一毒薬売候もの　引廻し之上　獄門

一似薬売候もの　同　死罪

五十　似金銀枡(ママ)拵候者御仕置之事

一似金銀拵候者　引廻し之上　磔

五十一　（似せ秤似せ枡拵候者御仕置之事）

一似秤拵候もの　引廻し　獄門

但、掛目違於無之は、　中追放

一似枡拵候もの　同　獄門

但、入目違無之ニおゐてハ、　中追放

五十二　載(裁)許幷裏判不請取(ママ)者御仕置之事

一載(裁)許不請者　中追放

一裏判幷差図(紙)不請もの　所払

五十三　御留場ニて鳥殺生致候者御仕置之事

一網或ハ黐縄ニて鳥致殺生候もの　過料

一鳥致殺生候村方幷居村　名主　過料
組頭　叱

五十四　遠島之者幷犯(再)御仕置之事

一遠島之者、(島)ニて重致悪事候もの　於(其)島　死罪

但、同類幷軽致悪事候もの、島かへ、

一島を逃候もの　於其島　死罪

五十五　（盗物質ニ取又ハ買取候者御仕置之事）

一組合之定式(ママ)有之売物(商)、組合ニ不入商売いたし候もの　商(物)売取上　過料

一紛失物、町触之節隠置候者　家財取上　江戸払

一壱人両判、或証文(人)等無之質物(を)取候者　其品取上　過料

但、町触之節於訴出ハ、其品取上、不及咎、
（朱書）「右三ヶ条、先達て窺相済候盗物質ニ取、又
　ハ買取候もの御仕置之内ぇ書加可申候、」

壱　寺社一件
弐　公事訴訟取捌
三　国郡境論
四　山野入会村境論
五　魚猟海川境論
六　田畑禁（埜）論
七　堤井堰用水論
八　証拠証跡用不用
九　馬次川岸場市場論
十　跡式養子離別後幷引取人
十一　質田畑論
十二　借金家質出入
十三　奉公人出入
拾四　裁許破掟背其外御仕置物（者）大概
　附、此部ニは万事御裁許

一　寺社一件
一御朱印地境内ニ、数年百姓開来田畑幷家居等可為有

来通、年貢ハ任畑(旧)例、越石等ハ其寺社領ェ収納、夫より越石之地頭へ収之、

一御朱印地畝歩不足之類数多有之、依て訴訟不取上也、

一寺社領争論、縁起ニ譲状を以申出候付、　御朱印之面寺社領縁起之通と有之歟、或は縁起譲状御国絵図名所致府(符)合、書面も疑敷無之ハ取用、

一寺院後住争論、先住遺状譲状慥成書物は取用、又は百性(姓)町人家督出入ニ付、譲状正敷書付は用之、

一先住後住之遺言有之処、外之出家を後住ニ可居旨申といへとも、法式之儀、旦那差綺へき謂無之、不及沙汰、

一無謂離旦不致、

一旦那寺不似合無慈悲成致方ニ付、致離旦におゐてハ、帰旦之不及沙汰、

一心願有之、其身一代致改宗ニおゐてハ免之、

一父之遺言於有之、改宗心次第たるへし、

一祈願所は帰依次第也、

一離旦之上石塔迄引取候処、年数過於申出ハ、帰旦之不及沙汰、

一離旦之証文、押て印形取候ニおゐてハ、所払、其品軽キハ、戸〆、

一女子ハ母之宗門ニ成候例無之、女子ハ夫之宗旨ニ成候定例、

一住職出入雖有之、宗旨証文印形可差延謂無之、寺附之印形を以証文可為差出、

一前菩提所ェ不断、宗門証文於致印形ハ、戸〆、

一開基旦那は、過去帳次第也、

一後住之儀、開基旦那ハ格別、旦那ゟ不為指綺、

一旦那を疑、宗旨印形於滞は、逼塞、

一新寺院地致寄附ハ、地面　公儀ェ取上之、其所之名主組頭、戸〆、

一寺法を差綺、本寺ゟ之触書、名主印形を以、門下ェ於相触ハ、役義取上、戸〆、

一我儘ニ寺号を取替ニおゐてハ、戸〆、

一墓所も無之一村助合ニて相続之寺地ハ、寺号停止之、

一吉田家之許状於無之は、神主不立、然共、所により

社役免之、為勤之、

一御朱印地、質地ニ取候事停止之、

一先住借金有之候を、当住不存、触頭ゟも不申聞候ニ付、致入院ニおゐてハ、後住不及返済、先住之弟子并証人より済之古例、

一諸寺院ゟ什物仏具建具等、書入又は売渡証文ニて、金借り候当人証人共ニ咎申付、尤金銀共済方も申付、

一先住借金、当住不存旨雖申之、先住借金も有之ハ致入院間敷旨、於不相断は、当住又ハ証人ゟ為渡之、

一寺附之品々、質入又ハ売渡シ証文ニて金子借候分ハ、相対次第也、但、当人欠落死失等ニ付、後住宿寺証人、所ぇ懸候て、訴出候ても無取上、

一右証文ニ寺附之品々と無之、所持之品可相渡と申文言之証文ハ、吟味之上今迄之通也、

一御法度之宗門をたもち勤メ候出家頭取、遠島或は追放所払、

一改宗之者ハ、誓詞之上赦免、右ニ付仕形不埒之者ハ、戸メ・過料、

一出家願人座頭穢多非人、従　公儀御仕置ニ不及類ハ、其頭触頭等ぇ夫々ニ引渡、法之通可致旨申渡、

一寺社之訴訟人、可届所ぇ不断して願候類は、無取上、但、本寺触頭之悪事又は非義之申付等ニて、再応願候ても不叶時、奉行所ぇ願出候得は、品ニより吟味有之、

一出家ニ密通之儀、不慥成義申懸ニおゐては、追放之古例、

一押て密会いたし候出家、死罪、女ハ得心之儀雖無之、不埒ニ付、髪を剃、親類ぇ渡、

一出家ニ不似合不謂義ニ携り、品々於申出は、袈裟取上、

一証拠義申募、本寺触書、触頭之申付を不用、第一人殺を火付盗賊於申懸ハ、脱衣追放、

一追院科重キハ其村并江戸御構、軽キハ其村中計、夫ゟ軽キハ其地中計御構、

二　公事訴訟取捌

一関八州より申出ル公事、御領(料)私領共ニ御勘定奉行初判、関八州之外も御領(料)之分ハ右同断、大岡越前守支配之分ハ、越前守初判出之、

一関八州之外も私領之分、寺社奉行初判、但、関八州之内ニても、寺社奉行分ハ右同断、

一五畿内・近江・丹波・播磨之国は、京・大坂町奉行所ぇ訴出ル、但、国々ゟ余国ニ懸り候出入は、寺社奉行ゟ初判出之、

一町奉行支配之町之出入は勿論、江戸之内寺社奉行支配之者ゟ、町奉行支配之者ぇ懸出入、又は御勘定奉行初判、一座裏判出不及、双方之家主・名主・組頭・五人組立会、来ル幾日迄可済、不相済おゐてハ幾日ニ可出旨、其筋之役所之押切裏書出ス、其上ニて評定所へ出ス、

一地頭違又は一地頭之内、百姓出入両様共ニ地頭ゟ断有之上ニて取上ル、且一地頭取捌ニて可事済義は、地頭ぇ申談、其上ニても不相済候得は取上、

一御料所之百姓出入、其所之支配人添状無之は、不取上之、御料所百姓、其所之支配人、何之訳も無、押置候か、或は裁許之次第難請、再往相願候ても取上なく、奉行所ぇ訴出、支配人心得違之趣相聞ぇ候ハヽ、支配人(ぇ)奉行(申談)宜取計、其上ニても訴訟人不致得心候ハヽ、奉行所ニて裁許申付ル、

一私領之百姓、地頭ぇ願出候時久敷不取上、或ハ裁許之次第難請、再往願候ても取上無之、奉行所ぇ訴出ニおゐてハ、右同断、

一奉行所諸役所幷於私料(領)、前々裁許有之候て事済候儀、経年月、右裁許非分之由ニて、再吟味願候共無取上、然共、訴訟方慥成証人等有之、相手方ニは証拠無之、先裁許必定過失と相見ぇ候ハヽ、伺之上詮議可取懸、若双方証拠於有之は再吟味之願無取上、但、相手不尋して不叶義も有之候ハヽ、其所之支配人或ハ地頭ぇ可(一)通相尋、猥ニ相手不召呼、

一再吟味願理分ニ聞候共、双方対決之上ならて理分難相決、又は検使不遣候ては不分明之儀は、慥成証拠無之候ては再吟味無取上、右は惣て訴訟人願ニて再

吟味之事ニて、奉行所ニおゐて評議之上、前〻裁許改候義格別也、

一重キ御役人并評定一座知行所之出入は、伺之上裁許申付ル、大目附已上之質地借金公事は、定法有之故不及伺、

一論所見分裁許伺帳ニ証文之内文言、又は古キ帳面を以証拠ニ引は、其事之員数、或は古キ絵図面極候義は、右絵図入用之所計小絵図ニ記之、見分絵図ニも白紙附紙之肩に訴訟方相手方なと、夫〻之頭（題）号を書記ス、

一忌中之時、立会内寄合出座之義、父母之外之忌中は、たとへ廿日之忌中ものハ七日立候得は出座之事、

三　国郡境論

一国郡境ハ、官庫之絵図或は水帳次第、

一国郡境、川附寄之例は不用之、

一官庫之絵図、国界之山を双方ゟ書載之、双方共ニ外証拠於無之は、論所之中央可為境、

一国郡境山論水分之峯通限境たり、

一先年之裁許、絵図朽損仕、直度之由訴出ニおゐてハ、相手方之絵図相渡可為写旨、訴状裏書ニ一座令印形遣之、何之裁許方ニても同断、

一国郡境峯通りゟ谷合見通し境たるへし、

一官庫之絵図ニ論所を半分載之といへとも、一方ハ全載之外ニ証拠於有之ハ、勿論全ク載方之理運たり、

四　山野入会村境論

一死馬捨馬（場）等ハ、村境は不及沙汰、近村入念（会）たるへし、

一内山居林等ぇ地元之外は入会禁之、

一内山境無之といへ共、地元之古畑等於有之ハ内山たり、

一入会より数十年新開致といへ共、地元より訴後におゐてハ不及荒之、年貢地元之村ぇ入会より納之為致へし、

一双方証拠不有之は、大道筋或は川之中央、又は峯通谷合見通、水帳次第古田畑等境タリ、

一地元たりといへ共、近来之新開キ新林等は可為荒之、
一入会場ぇ之道たりといへ共、敢テ入会之証拠ニ不用、
一名田同意之茅野等、地主不得心之上ハ、外ゟ新田等
願候共、無謂外ぇは不免、
一入会ニて無之草刈(札)等之場は、田高ニ応刈之、
一入会野新開発等は、高ニ応シ割合之、
一他之入会場ぇ紛入、刈取ニおゐてハ過料、
一秣場ぇ之仮橋、他之往来禁之、
一別村ニ分といへとも、官庫之絵図郷帳次第たるへし、
一畑廻り之秣場ハ、畑囲久根中央より内外壱尺五寸宛、
都合三尺除之秣刈之、
一新開立出たりといへとも、理不尽ニ伐荒におゐてハ、
過料、
一地元より土手築之由、雖新古事、入会場之障無之ニ
おゐては、有来り之通築置、尤重て新規之義禁之、

五　魚猟海河境論

一川は付より次第、流に随ひ中央境たり、
一川向ニ有来ル地面ハ、任先規、飛地可進退之、
一魚猟藻草、中央限取之、
一藻草役銭無之、猟場之無差別ハ、地元次第取之、藻
ニ障ニおゐてハ、新規に魚猟禁之、
一御菜鮎幷運上納におゐてハ、川通他村前ゝ無差別、
入会鮎猟致之、無役之村ハ村前ニ可限之、
一魚猟入会場国境之無差別取之、
一藻草、漁(魚)猟場ニ障ニおゐてハ禁之、
一磯猟ハ地付根付次第、沖ハ入会、
一小猟ハ近浦ゝ(之)任例、沖猟におゐてハ新規ニ免之、
一浦役永於有之は、他村前ゝ浦魚猟たりといへ共、入
会之例多し、
一船役永ハ沖猟或ハ荷船可為繫役、
一海境分木ハ弐本立ル例多し、壱本ハ可為浜境、(売
本ハ)網干場境、
一運上船之役は、磯ゟ沖ぇ壱里程限之、
一鮫猟ハ拾四町之内可限之、
一入海ハ両頬之中央限之、村並村境見通可為境、

一関東筋之鰒縄、諸猟之妨ニ付停止之、
一一本針にて鰒釣候事は、禁外たり、
一（本文を欠く）

六　田畑禁(埜)論

一川付寄之事、大水ニて自然ニ川瀬違、高外之新田地、又は見取場・小物成場・秣場・河原・埜原地等之無高之地所ハ、付寄次第也、然共、川除等之仕形ニより分ル、手段を以、川筋違せ(候)類ハ、付寄之例を不用義も有之事ニ候、依之新堤築出等、其村之勝手次第ニまかせ、川中ゑ仕出候事、制禁通り勿論高内之分ハ、附寄之不及沙汰、川向之附寄地を飛地ニ進退申付ル定法也、
一検地之地、先見取場等地頭より寄附たりといへ共、於証拠無之は、地頭ゑ取上之、年貢ハ可為御蔵入、
一他之地先を開込ニおゐてハ為返之、仕形不埒ニおゐてハ、不納之年貢為納之、
一居村之地内村前等ニ他村ゟ竿請之新発有之、其新発之先たりといへとも、於為居村於為地内は不立之、新発之外綺事を禁之、
一先地頭之除地ハ、当地頭之心次第たるへし、
一双方為持地証拠於無之ハ、公儀ゑ取上之、村中又は名主ニ預ケ、
一木新(陰)キハ双方立合伐之、
一永小作幷数十年預来地面ハ、無謂取上之事禁之、但、弐十年来を永小作ト云、
一竿請之田畑於切崩ハ、手鎖或ハ過料、
一出作百姓年貢高役等、内証相対は格別、村並本百姓同様之高割勤之通例也、
一水帳ニも不書載新開発場、水行之障成におゐてハ、囲取払可為流作、
一本田高の河欠ハ、附寄之不及沙汰、先ヲ限リ川向之附寄地を、欠地ニ反別ニ応し、飛地之積り渡之、
一水帳を押かくし、過米於取上之ハ、名主ハ死罪或ハ遠島、

七　堤井堰用水論

一私領ニて新田新堤取立候事、双方地頭相対之上之儀ニ付、障り無之様ニ可申合旨申談、願不取上、子細有之難済義は格別、
一用水掛引井論(路)之儀、川中ニ井堰を立、水を引分ヶ候処、堰之仕方ニより川下之井水不足にも不構、手前勝手宜様のミ仕候故及争論、或ハ両頬ニ井口有之場所、片頬之井口付替候時双方不申合、一方之自由ニ任せ仕替候故、及出訴候類有之候、右躰之儀は双方致相対、普請仕候節は立会、無障様ニ可致、若滞儀有之歟又は不法(之)事有之ハ、其節ゟ十二月を限り於訴出は裁断有之、右期月過令出訴は不取上之、
一御料私領組合普請、私領分計自普請願ニおゐてハ御免之、
一当時用水不引といへとも、古来ゟ之組合離ル事禁之、
一往還橋普請、組合新規ニ申付例有、
一用水人足諸色組合惣て高割合、
一一領之時水代雖不出之、於他領分ル、は、新規出之、
一用水論は容易ニ不取上、双方之役人立会無滞様ニ為済之、但、十二月を過於訴出は不及沙汰、
一畑成、用水ニ障ニおゐてハ禁之、
一新田新堤、双方役人立合、於無障は為取立之、
一堤重置、於障有之削之、
一用水は田反別多少応シ、可為割合、水門之寸尺を定、
一用水引来証拠無之、溜井廻りニ其村之田畑取廻有之、地内水元たる上ハ、田高に応し新規ニも用水引之、

八　証拠証跡用不用

一山論境目・秣場出入・田畑論、先奉行裁許之書付、古水帳、且古来御代官所之節裁許書或ハ地頭捌置候書付差出、御国絵図ニ府(符)合候歟、又ハ地所無相違候ハヽ、取用、
一惣て古キ書物印形無之ニも慥成書付ニても、水帳又は地面府(符)合候書面、且扱証文・山手証文・名寄帳印形有之、年貢等納方無相違ハ取用、
一先地頭領主之帳面書物、其外古来之書付無印形とい

へ共、慥成ニおゐてハ取用、
一名所字無之証跡ハ、不用之、
一他之水帳書物等論所之証跡と偽之、字等書替ルニおゐてハ、死罪或ハ遠島、
一慥成書物等有之所、不埒之証文等取之、為証拠於差出は、戸〆或ハ所払、
一証拠ニ可致工ミ、不埒之書付等於取差出は、戸〆、或ハ名主庄屋之役取放、

九　馬次河岸場市場論

一馬継、国絵図次第たるへし、
一人足(馬)相対ニて助合来ル上ハ、　公儀役之外ニても不相滞可勤之、但、馬継場と相対ハ格別、
一人馬継往還之外、猥(に)候脇道通路停止之、
一諸荷物直売手馬を以附通ル分ハ、雖為本海道無構可通之、脇往還ハ勿論也、
一商人ぇ売渡候諸荷物、手馬ニて馬継場を附通候事禁之、
一双方無証拠之馬継場は、双方月替リニ馬継致可之、
一脇道之分、旅人勝手次第可為致馬継候也、
一脇往還におゐてハ、　御朱印之外雇人馬不足之分ハ、不及其断、
一往還荷物理不尽於差押ハ、過料、
一大坂荷物ニ京都之荷物入、持下リ、京都之飛脚及難儀由ニて、於道中理不尽ニ切ほとき候もの、古例獄門、
一中絶之市、場(障)於有之ハ禁之、
一私ニ新市場建候事禁之、　但、於構無之ハ免之、
一市場近所ぇ無届して新町家停止、
一川岸場ハ河岸帳次第也、
一市場ハ村鑑次第也、
一川岸帳ニ不載分ハ、地頭幷村用之荷物之外ハ運送禁之、
一人馬継之場所ぇ寄、人馬出之といへ共、私ニ人馬継禁之、但、馬継場之相対は格別也、
一三伝馬町ゟ鞍判不請、江戸ニ駄賃稼禁之、

十　跡式家督養子幷離別引取人

一父致養子、跡式於極置は、雖為実子、跡不継之、
一父跡式於不極は、血筋近キ者、可為相続之、
一夫死後、(後)家義外ぇ於縁付は、先夫之名請可差綺様無之、筋目之者可相続也、
一遺状之通家屋敷譲分ヶ候ては跡致断絶、或は母ハ妾ニて外ぇ縁付候由、親類雖申出、悴無之相果候者之家財ハ、母之心次第たる上ハ、遺状之通母ぇも跡式分之、
一重病之節、一判之譲状は不取用、
一跡式相続之総領を差置、外之悴ぇ跡式可譲との遺状ハ、不法也、然共、遺状猶慥成は、有金家督之悴七分、外之悴三分、家財田畑等は家督之悴可為相続也、
一致家出、養父死後立帰候養子ハ、跡式相続不成、
一当人相果、借金有之跡式、親類之内にて届出於（望）無之は、借金方ぇ家財可為分散之古例、
一当人相果、跡式之儀遺状も無之、親類等不埒之儀を於致訴論ハ、　公儀ぇ跡式取上之、

一聟養子離縁之上ハ、生出之男子ハ夫之方へ可引取、引出物は相互に返之させる、
一夫死後、後家へ養子あたり悪敷といへとも、於不慥は、後家心儘ニ外ぇ可譲分筋無之、
一聟養子父子不和ニて、実父方ぇ立帰罷有、去状不遣差置、妻引取度旨申といへとも、無謂ニ付不及裁許、
一聟遺跡、妻養子之気ニ不入、離縁之上ハ、持参金ハ不及裁断、諸道具去状遺候上ニて可為返之、
一実子出生以後、不和ニて養子家出いたすといへ共、父不埒ニ付、養子可為引取、
一養父仕方悪敷由ニて、養子仕方穏便無之、実父方へ帰るにおゐてハ、持参金相対は格別、不及裁断、
一自分之悴を養子ニ可遣巧、離縁之腰折いたすにおゐてハ、追放、
一聟養子不縁たりといへとも、縁絶（組）之証文も不取替（置）、聟養子より離別状も不取替、剰双方ぇ片付候上ハ、及訴論類ハ、不埒之仕方ニより持参金　公儀ぇ取上之、

一養子を妨候もの、品ニより牢舎之古例、

一妻之諸道具持参金相返上ハ、離別之儀ハ夫之心次第、

一外之女を後妻ニ可致巧ニ、於致離別は、右之女妻ニ為致候義ハ勿論、出入共ニ差留ル、

一懐胎候共、離縁之儀は、夫之心次第也、出産之上、男子ハ夫之方へ可引取、女子ハ妻之方へ可差置、

一妻儀、親元へ帰り居候義、三四年過、於夫訴出は、願後レ難立、乍然去状不取置も不埒ニ付、一応夫之方ぇ呼戻し候上、離別状可為渡、

一離別状雖不遣、夫之方ゟ三年以来於不致通路ハ、外ぇ嫁候とも、先夫之申分難立、

一夫を嫌、髪を切候て成共、暇取度由女房申、又は夫ぇ申懸いたす類は、比丘尼ニ成、縁切せる古例、

一離別之証拠無之、女房親元ぇ参居、雖相果、諸道具・持参田畑不及返、夫之心次第可為、

一悴相果候ニ付、娘を取戻し候類ハ、持参金ハ不及沙汰、諸道具ハ可差戻候、

一先夫離別之事、慥不承届、去状も無之、親ニも得心不為致、女と申合、理不尽ニ外ぇ於引取ハ、重キ過料、士ハ品(ニ)より追放、

一右女ぇ離別(候)共、自分として立去、親ニも不為致得心、致家出、去状も不差越内、外ぇ男を持ニおゐてハ、髪を剃、親ニ渡、以後外ぇ片付候事ハ親の心次第、不義之男之方通路止之、

一右不埒之取持人は、過料、

一女房得心も不致ニ、衣類等質ニ遣においては、不縁之事、妻之親之心次第、

一女房難渋(添)子細相定(立)、致家出ハ、女之親元ぇ諸道具為返之、

一去状取被替上ハ、為添候義、裁断不及、

一養子合之女房、夫を嫌、致家出、比丘尼寺ぇ欠入、比丘尼三年勤之、暇出候旨訴出ハ、実方ぇ為引取之古例、

一久離帳ニ付置といへ共、致離別候者之子、引取人無之ニおゐてハ、久離之無差別、其親類ニ預ル、

一欠落之届致置といへとも、勘当之届ニても無之、外

ゑ可引渡者於無之は引渡之、

一離別之事、断を請、女之親欠落、引渡人無之ニおゐてハ、溜か村か預ケ、

一離縁之上、同町ニて同商売致ニおゐてハ、養父ゑ対し不遠慮ニ付、養子所を立退せる也、

一及出入、沽券証文於無之は、家屋敷　公儀ゑ取上之、

一譲証文計致所持、沽券不致所持候元地主願たりといへとも、元金為差出、譲証文と引替之上、家屋敷元地主へ為渡之、

一押て縁組之義申募におゐてハ、本人取持人共ニ手鎖、

一主人之女房臥居候所を忍ひ入、又ハ艶書を遣ニおゐてハ死罪古例、

一百姓之下女、致密通ニ付、両人共ニ主人打殺といへとも、百姓ニ不似合仕方ニ付、戸〆之古例、

一主人之後家、下人と致密通ニおゐてハ、後家下人共ニ、追放之古例、

一妻下人と於致密通ハ、下人ハ引廻之上獄門、妻ハ引廻シ之上死罪、

一妻（ゑ）不作法ニ付、男女共ニ切殺といへとも、妻不作法於不究ハ、妻之敵打と難申ニ付、追放之古例、

一女房欠落いたし、又外之者と夫婦ニ成ニおゐてハ、新吉原ゑ永く被下之、

一主人之娘を申合ニて誘出すにおいてハ、所払、

一夫有之所、外之者と夫婦ニ成ニおゐてハ、死罪、夫有之を、男不存といへとも、追放之古例、

一夫有之女、奉公之内、侍輩と致密通ニおゐては、男女ともニ死罪、

十一　質田畑論

一知行所田畑、質地ニ入させ、地頭用金借出させ候事停止之、

一質地倍金手形之分ハ、無取上、

一小作滞、日切ニも不相済候得は、小作人身代限、諸道具不残相渡させ、田畑は小作人之多少ニ応し、年数を限り金主方ゑ為渡、年数過、小作人ゑ為取之、

但、小作人所持之田畑、質地ニ入候ハヽ、田畑不持

ものハ、日切前ニ諸道具ハ不残為渡、家屋敷為渡さる也、

一質地滞金米

五両　五石以下　三十日切

五両已上拾両迄　五石已上拾石迄　六十日切

拾両ゟ五十両迄　十石ゟ五十石迄　百日切

五十両ゟ百両迄　五十石ゟ百石迄　弐百五十日切

百両　百石已上　十ヶ月切

弐百両　弐百石　十三ヶ月切

一流地と直小作滞ハ、棄捐ニ申付へし、但、別小作滞ハ、如通例日切可申付、

一酉ノ年已来之質地証文不宜、借金ニ准し候分ハ、別小作滞も借金ニ准シ、小作人ニ済方申付也、

一名田小作入候（ママ）は、証文又は帳面ニ印形無之は、地主無念ニ付、不取上、

一名主加印又は名前等無之証文ハ、取上無之、質置主名主之時、組頭加印無之ハ取上無之、但、酉年已来は借金ニ准し、本証文無取上分ハ、小作滞も無取上、

一水帳と相違之質地証文ハ、無用（不取）、借金ニ准ス、

一年久敷証文ニても、享保年中之年延添証文於有之は、定式之通、質地済方申付之、

一質入地或ハ小作地之稲、理不尽ニ苅取、又ハ作附手入致之ニおゐてハ、戸〆或ハ過料、

一名主証人等乍存、於差留ハ咎、

一無証拠不埒之証文を以、於及出入ハ、地面　公儀ぇ取上之、

一宛所無之証文ハ、不取用、年号無之も同断、

一年貢未進於有之は、田畑質入致といへとも取上て、売払代金を以、地頭方年貢未進皆済、残金於有之は、金主ぇ割賦、

一質地年季之内不請返候ハヽ、流地ニ致候段証文ニ有之、質地は証文之通申付、但、期月ニ至り、前広ニ訴出候ハヽ、為請返申へし、

一質地年季之内、年貢諸役双方相対之上極置候通勤させ、流地ニ成候節は、本百姓幷（並ヲ）勤之通例、

一質地年季之内請戻シ之儀、地主訴出とも、相対は格

別、年季之内は無取上、
一拾年季を越候長年季之質地幷名主加判無之勿論、名主置候質地ハ、相名主組頭等之役人加判無之は、無取上、是ハ名主加判無之、百姓相対にて倍金或永代売頼納売等(ニ)准候不法之質地取引候付、前〻ゟ御停止之、
一享保元年申迄年季懸り候質地出入は、取上有之候得共、享保元申年ゟ元文二巳年迄は、年数弐十ヶ年余相立、手入等致候得共、年数軽(経)候ては、質地取候もの及迷惑、其上前〻ゟ右之類、十ヶ年以前之分取上無之ニ付、元文二巳二月ゟ年季明十ヶ年過、訴出候質地、金子有合次第可請返旨、証文ニ書入候質地ハ、質入之年ゟ十ヶ年過於訴出は、無(ママ)取上無之、右両様十ヶ年之内ハ、裁許有之、十ヶ年過候分ハ、無取上、金主進退たり、
一及出入、肩書於書入は、手鎖、
一質地証文ニ小作之儀書加へ有之ハ、書入借金ニ准し候得共、一紙ニ認候迄ニて不埒無之間、元文三午年ゟ質地ニ相たて裁許有之、
一証文ニ、年季明ヶ不請戻候ハ、永金主可致支配と、文言有之ハ、可致流地と申文言同様ニ付、不請戻故申付、流地たるへし、
一質地証文、定法之文言ニ候は、小作証文ハ残り地等之不宜証文ニても、元金計裁許、小作取立無之候得ハ、本証文ニ残り等之儀無之共、小作証文ニ、反別之内何程直キ小作致、此(作)徳ヲ以惣反別之年貢諸役可勤と有之候ハヽ、金主手作之分、全(ク)作取ニ成候ニ付、元文三午年ゟ右之類元金も無取上、品ニより咎有之、
一証文ニ年貢諸役之分、何程と員数を究、金主ニ可差出由有之ハ、縦ひ年貢諸役分ニ不足ニより、地主返納在之由申出候共、相対之儀ニ付、右証文を用裁許、尤流地以後、百姓幷年貢諸役、金主ニ為勤之、
一二重質取遣り候もの、過料、
一質置主ニも不為知、証人ゟ質物於請込は、過料、
一割判も持参不致所、質物為請返ニおゐてハ、利銀

公儀ぇ取上、
一当分之事ニ証文致所、金主借金之代り建家等無断卒爾ニ取壊ニおゐてハ、如元致造作為返之、

十二　借金家質出入

一享保十四酉已前之借金ハ、取上なし、
一武士方借金、日切申付置候処、跡式断絶ニ付、一類之内別ニ領地被下置候方ゟ切金為相済度旨、金主申出といへとも、不及沙汰古例、
一養子之借金、養父之家来手形致置といへとも、養子実父方ぇ相返上は、不及沙汰古例、
一借金幷書入金、高利ニ当り候分ハ、壱割半之利足ニ直シ、済方申付、奥書雖有之、印形無之は不取上、
一町人百姓滞金申付方、借金高多少ニ不構、三十日切之度ゝ切金為差出、出金之仕形不埒ニおゐてハ手鎖懸、猶又滞候ハヽ、身代限り申付、武士方は日切之度ゝ切金申付ル、
一借金証文ニ加判人有之ニおゐてハ、当人加判人両方ゟ之済方申付ル、畢竟相対之事故、済方申付ル節之証文ニ、家主不及加判、
一家質済方日限、四五十両六十日切、六七十両七八十日切、百両百日切、千両已上見計ニ日限申付へし、
一家質利金、一二月滞候分ハ、訴訟不取上、三ヶ月も滞ニおゐてハ済方申付ル、
一白紙手形ニて於借金致ハ、証文破捨、弐三十両過料申付ル、
一帳面ニ記置候借金、印形無之、附込帳書入有之共、無取上、
一日寄附込状（帳）は、一日ニ大勢ぇ幾口も売懸候分ハ、売場之順ニ附込候事故、印形無之候共取上、済方申付ル、一日ニ一両人之売口、又は日数隔り記候は、附込状（帳）と申ニは無之ニ付、無取上、
一車借銭日なし銭、取上無之、品ニより双方咎之、
一両人連判ニて金子借請候所、壱人於相果は、半金為済之、返金致といへとも請取書せ不取置、両（当）人欠落いたし、無証拠たるによりて残壱人も半分為済之、

一証文雖有之、貸金へ(に)候哉、代金ニて候哉、於不相決は、半金為渡之、

一通例之借金を奉公人請状ニ認、給金と申立といへとも、実ハ奉公人も無之不埒ニ付、訴訟不取上、不埒之証文致させ不届ニ付、為過料借金取上之、

一名主五人組印形無之ハ、家質ニ立かたし、借金ニ准ス、

一借金筋ニ付てハ、店之者を不預家主(え)、

一旅商等ハ、帳面其村之宿又は口入之印形ヲ取置、売懸ヶ候分は取上無之、

一質地借金売懸等証文、不埒ニて無取上類、又は享保(十)四酉年以前之分も、近年之貸金之様ニ申出、裏判附候類有之候、右訴出候節、証文帳面等為差出、相改吟味可成分、御初判可出候、只今迄も右之様ニ候得共、相談之上弥右之通相改候事、

一証文之宛所書替候もの、借金過料として取上、

十三　奉公人出入

一欠落人之給金済方、請人ぇ申付、若於滞は身代限申付ル、

一取逃引負等之欠落者、請人ぇ三十日切尋申付、不尋出におゐてハ、請人身代之様子ニて過料軽重申付、欠落者六七度ニおよひ不尋出請人ハ、為過料身代四五分或ハ二三分相応ニ取上ル、若奉公人と馴合、不尋出におゐてハ、其請人御仕置申付、欠落ものハ尋出、取逃物売払候ハ、買主ゟ為戻、金子なと遣捨候事分明ニ候ハ、すたり、尤請人ぇ給金計済方申付、請人より下請人ぇ懸り願出事ニおゐてハ、下請人ぇ三十日切申付、惣て受人ゟ済候金子、請人(人主)金子両人ぇ申付、済方不埒ニおゐてハ両人共ニ身代限り申付、但、武士奉公人、人主ニ取置候共、済方申付、

一取逃引負之儀、請人兼ゝ存候様子ニて候ハヽ、急度遂吟味、落着次第受人御仕置申付ル、

一右之類、請人欠落致候ても、欠落以前ニ家主預ヶ置、其品断於有之は、請人不可済金過料共ニ家主ぇ申付、尤主人ゟ請人を家主方ぇ召連参り預り、但、家主欠

落もの丶店請人ぇ懸り度旨願出候共、不取上之、
一請人欠落以後、主人ゟ断有之候共、無取上、
一取逃引負之欠落ものハ、主人見合ニ本人召連来ルニおゐてハ、取逃物ハ前条之通申付、右欠落者当宿有之、店請人取置候ハヽ、不慥成もの丶、店請ニ立候品を以、過料、当宿店請請(ママ)も於不取上ハ、尤当宿過料、右取逃引負致候もの御仕置申付ル、
一奉公人請ニ立候もの之出入、其家主引請立替為相済、当人致店立又ハ門前払ニ成ル、其以後当人重て之住所見届、元家主右立替相済ニおゐてハ、当人身代限申付、当家主ぇは尤済方不申付、店賃滞候者を店立いたし、追て相懸候共、前条之立替金子ハ訳違ニ付、相対次第ニ申付、
一引負金百両以上以下共、当人幷親類又ハ可弁筋之者ぇ、弁金申付、少(ゝ)も相済候ハヽ、引負人は分(其)ニ差置、其者身上取立候節、主人願出候様ニ申付、身上相立候段、主人於願出は、当人身代限り弁させ、身上持候度ゝ幾度も弁させ候、
一引負人を請人ぇ預置、欠落為致ニおゐてハ、其請人分限幷より多く過料、
一軽キもの養娘いたし、遊女奉公ニ出候義、実父方ゟ願出候共、無取上、実子養子之無差別、親仕方法外成義有之、子格別之難義之筋於有之は、吟味有之也、
一引負人之親類其外ニも致弁金候者無之、当人も可済手立無之ものハ、五十日か百日か手鎖牢舎、又は追放、
一証文ニ人主請人之無差別、召抱候ものハ戸〆、
一下女自分として首縊相果候を、女之親類共、主人を盗人ニ申成、下手人之儀於致強訴は、獄門、
一下人ニ不作法之儀申付(候)主人、品ニより遠島、

十四　裁許破掟背其外御仕置者大概

一裁許難渋之者ハ、牢舎或ハ手鎖、裁許請可申旨申出ハ、赦免、
一難立義及強訴ニおゐてハ、閉門・戸〆、田畑取上所払、或は追放・遠島、

一先裁許を疎に致に付、於及再訴は、名主役取放、戸〆或ハ過料、
一先裁許於申紛ハ、戸〆・手鎖、或ハ過料・追放、
一地頭又は支配組頭之背裁許、難立義於致強訴は、戸〆・所払・過料、
一立会絵図久敷於滞は、牢舎、於致訴訟ハ、赦免、
一追放・所払之御仕置於不請は、遠島或ハ追放、
一掟を背、脇差帯候ものハ、脇差取上、手鎖、
一町人百姓、刀を帯ニおゐてハ、江戸在所追放、
一名主役被取上、浪人之由偽、於致帯刀ハ、追放、
一捉飼場ニてもち縄張候ニおゐてハ、過料、其所之名主、戸〆或ハ呵、
一捉飼場殺生人在之所、於不相改は、村中へ過怠鳥番人春より秋迄、或ハ壱ヶ年為勤之、其所野廻り不念ニおゐてハ、野廻り役取放、捕候者は、御褒美金五両被下之、
一飼付之鳥追立候ニおゐてハ、戸〆、或ハ追立候もの、為過怠名主ゑ預、見出し候者ハ、御褒美被下之、
一御代官地頭ゑ背ニおゐてハ、其品軽キハ過料、申合所を立退ニおゐてハ、過料之上戸〆、其品重キハ追放、
一御代官を背、所を立退、私料(領)城下ゑ相詰、於強訴致は、頭取ハ獄門、或ハ死罪・遠島、
一御構之地ゑ立帰り候ものハ、死罪・遠島、人を殺候ものハ、獄門、
一前方科有之、追放ニ成候以後、御構之場所ゑ致徘徊、其上ゆすり事於致は、一等重ク可申付ものニ候得共、或博奕之儀致訴人ニよつて本のことく追放、
一隠鉄炮於致売買は、田畑取上所払、口入人過料、名主組頭、不相改於不念ハ、過料、村中過怠鳥番申付ル、
一御鷹場ニて隠鉄炮打ニおゐてハ、遠島、名主は田畑并役義取上、組頭は過料、村中ハ過怠鳥番申付、鉄炮打捕候ものハ、御褒美銀弐十枚、訴人之者ハ、銀弐(五)枚被下之、
一遊ひ者留置候名主ハ、役義取上戸〆、組頭ハ過料、
一奉行所之申付之由偽申ニおゐてハ、其品軽キハ過料、

一願立候事を致願捨、在所ゑ於帰は、過料、
一度ミ差紙を請、不参之者、其品軽ハ過料、或ハ過怠
として宿預ヶ或ハ牢舎、
一相手相果候を押隠し、相手取裏判取之ニおゐてハ、
過料、
一難立義を於致強訴は、其品軽キハ過料、
一御代官地頭ニて吟味之内、於致直訴は過料、
一他村之者、其村之者ニ成、出入ニ訴出ニおゐてハ、
戸〆、
一重制禁義致といへ(と)も、前方相止ニおゐてハ、過
料、
　但、人数盗賊等雖相止、様(境)も無之事や(故)別段、
一戸〆無之といへとも、詮議之節影を於隠は、戸〆、
一目安裏判似セもの、由、奪取ハ、田畑家財取上所払、
一追放之義を乍存、御構之地ゑ差置ニおゐては、所払、
一役人(え)賄賂差出、其品軽キハ、手鎖或ハ役義取上、
一御成先ニて無筋訴状差上ニおゐてハ、所払、
一商売仲間の法を背ニおゐてハ、過料、

一過料申付候者相果、悴無之ニおゐてハ、五人組ニ為
出之、相果候届延引候ハヽ、名主押込、
一無下知村ミゟ人足為差出雖遣、賃銭不相渡おゐてハ、
牢舎ノ古例、
一先触を書違、村ミニて無用之用意等為致ニおゐてハ、
追放之古例、
一可割返分を其通ニ致置故、及出入ハ、名主ハ役義取
上戸〆、組頭同断、
一師匠より弟子不埒ニ付、家業障(構)候義、可為心次第、
一重キ事ニ付、偽申触候類ハ、家財取上、江戸払或ハ
追放、
一遺恨を以かたわニ成候程疵付候もの、入墨之上遠国
非人之手下ニ申付ル、
一偽との義を存なから、証人ニ立候者ハ、追放、
一証人(文)、知る人の名をしるし、外之印形を押候ものハ、
重キ追放、
一出入不相済内ハ、論所ゑ立会(入)間敷旨申渡所相背、於
立会(入)ハ、過料或ハ所払、

一無証拠之義及強訴、剰差紙を以呼出候者を相対いたし不差出、奉行所を蔑ニ致スニおゐてハ、追放、訴訟人と相対之上、不罷出相手ハ、過料、

一無取上願、書付を以委細申渡、重て願出候ハヽ、過料可申付旨申渡、其上ニても於訴訟出ハ、奉行所ニて不取上願筋違願出、吟味之上弥不取上願ニおゐてハ、再過料、

一親子兄弟其外之親類ニても、御料御免之願且裁許之儀ニ付て之願ハ、別段之願ニ付、先ハ咎ニ不及、

一当人雖願出、障も無之所、親類縁者のよしにて訴状差出候共、当人願可申上候(由)ニて無取上、

一惣て物のましない(になそらへ)、実(異)説虚説申触候ものは、召捕急度御仕置、

一回船(ニ)植木庭石其外遊ひ道具之類、積廻し申事停止、

一破舟之節取上荷物、浮物ハ二十分一、沈物ハ十分一、但、川舟ハ、浮物ハ三十分一、沈物ハ二十分一、取上候ものえ為取也、

一品川湊内廻船掛之内、小船乗出買出売停止、

一尋之もの不出候ハ、落着難成とて、其一件差延置候ては、構無之ものヽ難義ニ付、六ヶ月を限、尋不出ニおゐてハ、尋之者は品ニより相当科申付、欠落人見当り次第召捕可来、見逃ニ致、外ゟ見出訴出候ハヽ、猶又可咎旨申付、一件御仕置落着申付、

一遠国もの御当地え参、無宿ニ成、科無之類ハ、勘当・領主構之無差別、領主え渡ス、家中之召遣、道中荷物持ニ成共、又ハ御当地ニて召仕、其内致欠落候共、其通之旨申渡引渡ス、

一重キ追放、御扶持人ハ、御扶持之上り、家屋敷家財共ニ闕所、在方町方ハ、田畑家屋敷共欠所、

一改易・中軽追放、御扶持人ハ御扶持家屋敷上、家財無構、在方町方ハ田畑家屋敷上、家財構なし、

一田畑取上候もの、科重キハ田畑居屋敷共ニ取上、軽キハ田畑計取上、家屋敷ハ被下、取上屋敷計持、田畑無之者ハ、重キ過料、

一夫科有之、田畑取上ニ成候得は、妻之持参田畑も一

所ニ取上（ニ）成、金銀（子）なと持参候得は、当座ニ遣捨候故、妻方へハ不戻、但、妻之名前ニ有之分ハ可為格別、
一身代限り、居宅并蔵家財共ニ不残取上、他所ニ家蔵有之分ハ、諸財物ハ取上、家蔵ハ構なし、
一科重ハ過料之上戸〆、入墨之上敲、或ハ追放ニも二重ニ御仕置可申付、
一過料、身代も（と）科之軽重ニ応、過料員数増減可申付候、
但、至て軽キもの、過料難出ものハ手鎖申付、
一牢舎申付ものを最初ゟ溜ぇ不遣、病（人）行倒は格別、
一隠遊女商売候者、店ニ差置候は、其屋敷并家財屋（家）蔵共ニ取上之、遊女商売候当人・家主共ニ、家財取上百日手鎖、地主ハ外（ニ）罷有、家主計差置候共、右同断、寺社門前も同断、
一百姓町人一分ぇ懸り候事ニて、何卒仕形も可有之義を訴出、御家人知行切米被召上候程之事候は、其百姓科無之候共、其通ニハ成かたかるへし、相当咎あるへし、
一悪事有之者を召捕候か、訴出候時、右悪党之者方ゟ召捕、訴出候ものニも悪事有之由申懸候得共、猥ニ不相糺、若本人ゟ重キ悪事を証拠ニ於申は、双方詮義有之、惣て罪科之者を於訴出は、同類たり共、其罪を被免候事ニ候ニ付可差（作）略、
一追放構国ミ所ミ、重キ追放、関東八カ国・山城・摂津・駿河・甲斐・尾張・紀州・堺・奈良・長崎・東海道・木曾路筋、尤其者居候処共、
一中追放、江戸十里四方・京・大坂・奈良・伏見・長崎・東海道・木曾路筋・日光道中・名古屋・和歌山・水戸、
　但、御構之書付渡ス、
一評定所ニて追放申付時は、御小人目附・町同心立合、常盤橋御門迄連行追放、（ママ）ハ屋敷ニて徒士足軽召連、
一死罪仕置除日之儀、急度御定無之、御精進日其外御祝事等有之候は、心付相除、定日御精進日并朔日・十五日・廿八日・節句之外相除分、左之通、
　御誕生日
十月廿一日　十一月廿五日　五月廿七日

七月廿七日　十二月廿一日
　御忌日
正月十六日　二月廿一日　二月廿六日
五月十六日　五月廿七日　六月五日
六月四日　七月七日　十月三日
十一月二日　十月廿一日　十二月廿一日
十一月廿七日　十二月廿一日（ママ）

一過怠又ハ吟味之内手鎖逃(外)し候者ハ、品ニより死罪或ハ遠島・追放、被頼逃(外)し候者、右同断、
一死罪ニ可成者、致欠落、其身ゟ御奉行所ぇ訴出候ニハ、一等を免し遠島、
一入牢之もの、吟味之上科無之ニ相決候所、牢抜るにおゐてハ、遠島、
一地頭ゟ追放ニ成候処、於及強訴は、遠島、
一重キ事ニ付、跡方も無之義を申懸るにおゐてハ、家財召上所払、或ハ重キ追放・遠島、軽義ハ過料、幷過料於滞ハ手鎖、
一養父同前之者ぇ、不慥成義を申懸ルハ、手鎖、
一煩はやり候由虚説を申出、札幷無実之薬法を流布致におゐてハ、引廻し之上死罪之古例、
一謀判を見逃ニいたし、礼金等を取候者ハ、獄門、
一軽キ御扶持人、獄門ニ成候時、悴ハ追放、
一対伯父、無筋義申出ニおゐてハ、死罪、
一町人大小を指、奉行所巧仕ニおゐてハ、引廻獄門、
一謀書謀判似セ金銀いたし候もの、引廻獄門或ハ磔、
一武家(之)供ぇ突当り、或ハ雑言等申者ハ、追放、
一重科之者、悪党者之差口於致ハ、遠島、
一横取金償、不埒者ハ、死罪、
一軽キ事ニ付、似セ手紙認候者、家財取上所払、
一御家人死罪候得は、子共遠島、
一浪人村々ぇ廻り、無謂合力を請、旅籠銭等も不払、村次人足を乞、召連通るにおゐては、重キ追放、
一重科之者、於牢死ハ、死骸磔、
一閉門赦免可申付と呼出候処、月代剃出候ニおゐてハ、又閉門、
一住所を隠シ或ハ立退セ候類ハ、家財取上所払、

一軽追放、四十里（江戸）四方・京・大坂・東海道・日光道中・
甲府、
（一）江戸追放、十里四方、の（但）御構之国〻所〻書付渡之、
一追放、軽重共、其者之住国ハ一国御構、
一江戸追放ハ、十里四方幷其居村御構、
一所払、其居村ハ勿論、江戸計御構、私領ニては居村
幷其城下計構、但、一領一支配候共、他村ニ居住ハ
構なし、
一奴ニ可成女、悪事有之者之儀、於致差口赦免、
一似セ薬種拵候ものハ、引廻シ死罪或磔、
一養父母ニ対し、不敬不孝之於仕方ハ、重追放、
一御仕置もの在之四五日前ニ、御様シ御用に付て、町
奉行知セ、前日ニ首切同心之事達ル、
一公事裁許又は御仕置は、伺相済候以後、西ノ御丸ヱ
伺書御下知書写上ル、
一下請状致謀判候ものハ、死罪、

（※編者注、以下の法文は改丁して書写されている）
一人殺之義、内証ニて済候とて不訴出ものハ、所払、
名主、役義（ママ）取上戸〆、組頭同断、内証ニて葬り候寺
院、閉門、
一手負人を不訴出五人組は、過料、名主ハ戸〆、
一口論之場へ出合、於致打擲ハ、身代限り取上、所払、
一酒狂ニて人ニ疵付候ものハ、其主人ヱ預置、疵平癒
次第、疵之多少ニよらす、療治代、中小姓躰ハ銀弐
枚、徒士ハ金壱両、足軽中間ハ銀壱枚差出させ、疵
被附候ものヱ為取之、
一酒狂ニて人を打擲いたすものハ、身上限り諸道具取
上、打擲ニ逢候ものヱ為取之、但、酒（狂者）之儀、
主人へ断申候節、欠落と申候共、主人方を罷出、三
日之内ニて候ハヽ、欠落ニ不相立、
一酒酔ニて諸道具損しさせ候ものハ、過料為出、損失
之ものへ為取可申、軽キ身上之ものハ、身代限り申
付、

一酒狂ニて自分と疵付、外ニ科無之ものハ、疵不及養生、早速主人ぇ引渡ス、

一酒狂乱気ニて人を殺候もの、下手人、但、至て軽キものを殺候ハヽ、品ニより御構無之、但、主殺・親殺たりとも乱気ニ紛なく候ハヽ、死罪一通、自滅いたし候ハヽ、死骸不及塩漬取捨、火を付、乱気之証拠不分明ニ候ハヽ、死罪、乱気ニ紛なきにおゐてハ、常之乱心之通申付、

一酒狂ニて伯父ニ疵付もの、疵平癒候共、甥死罪、

一百姓町人口論之上、相手理不尽之仕方ニて、不得止事相手を殺候時、相手之親類并其所之名主年寄等、右被殺候もの、平日不法者にて申分無之ニ付、下手人御免之儀願出、申所無紛ニおゐてハ、下手人ニ不及、追放、但シ武士奉公人ハ、其主人願無之候得ハ不差免、

一主殺・親殺之科人之子共ハ、伺之上申付ル、親類は構無之候得共、所ぇ預ヶ置、本人落着之上、右悪事企不存ニ相決候は差免し、此外火罪磔ニ成候もの、子共、無構、右は町人百姓其外軽キ者共之事也、

一致方も可有之義を、卒忽之仕方ニて及殺害おゐてハ、遠島或ハ追放、

一預り候林を兄致盗賊(伐)、剰御林守ぇ打懸候ニ付、弟不得止事打殺といへとも、兄ぇ対し卒忽ニ付、追放、

一主人之女房と密通之上、右女を可切殺と元主人方へ踏込候もの、引廻獄門、女房死罪、

一主人之妻と致密通候所、下人助命之義、夫願出ニ付、非人之手下ニ申付、女ハ新吉原ぇ年季無限渡、

一武家方家来、町人を切害立退候もの、同家中ぇ尋申付、疵平癒候共、親類へ療治代を申付、

一主人之妻(之)母切殺、密通之上之由と申候(と)いへ共、無証拠ニ付、引廻死罪、

一女房ニ疵付、平癒候共理不尽ニ付、門前払、

一密夫と申合、本夫を致切害ニおゐてハ、女房ハ引廻シ之上磔、密夫ハ獄門、

一被殺候ものを致頓死候分ニて於不訴出は、兄弟名主等ハ、重キ追放、其外ハ所払、

一喧嘩口論当座之儀ニて、人を殺候同類ニ無之、其もの住所を隠し或ハ退セ(候)ものハ、戸〆、

一人殺其外之重キ科有之欠落もの、其者の親類(ママ)伯父女房悴ニも可懸者を牢舎申付置、其外之親類、其所之名主五人組等ニ尋申付候也、日限大概三十日切或五六十日切と尋申付候、但、廻国等ニ出可尋と申とも無取上、

一科有之、逐電致欠落候処、尋申付候義、主人を家来、親を子ニ、兄を弟ニ、伯父(を)甥ニ尋候様ニは不申付定法也、

一火付盗賊惣て重科人之同類ニハ無之、其者ニ被頼、住所を隠或立退セ候ものハ、戸〆、

一火事(大火)之咎、火元五十日手鎖、火元之地主屋敷沽券金十分一之過料、火元之家主三十日押込、風上弐町、風脇左右弐町宛六町、過料、

一御成之節火出之科、火元五十日手鎖、火元之家主三十日手鎖、月行事三十日押込、火元之地主屋敷沽券金十分一、五人組廿日押込、名主十日、但、所之者早速消留候得は、火元之当人計五十日手鎖、寺社門前町屋ハ、其所買請又ハ借地いたし町屋建置候ものハ(え)、右之通過怠申付、

一火を附候もの捕来り、訴人ニ出し(候)ものハ、御褒美銀三拾枚、并捕候同前之者ハ、銀弐(拾)枚被下之、

一町方火札張紙等之事、右は畢竟先ぇ難儀を懸可申ため之偽之品ニ候間、其所ニて名主火中可仕、然共、張紙致候ものを見届候ハヽ、召捕可差出、右風聞之義ニ付、云立られ候者、店立いたすニおゐてハ店借可申出、

一平日出火咎、火元、類焼之多少ニ寄、三十日廿日押込、大火之節は前条之通申付、

一牢屋焼失之時、致欠落候ものハ、死罪、

一盗ニ入、刃物ニて家内之者ぇ疵付候ものハ、疵之多少ニよらす、獄門、

一盗ニ入、刃物ニては無之、何之品ニて成共、家内之者ぇ疵付候類ハ、死罪、右両様共ニ盗物ハ持主へ相返候共、右之通申付、但、忍ヒ入候もの、巧候義ニ

ても無之、其品軽キハ、入墨之上重キ追放、

一手元ニ有之品を不斗盗候類ハ、直段積金拾両、但、都て此類ハ百敲或ハ五十敲、其品ニ寄、入墨之上追放、

一盗物と不存買取反物、其外之類ニても、其色品ニて所持候は、勿論取返シ、被盗候ものへ可返候、

一盗物買取、代金盗取候もの遣捨候ハ、、買取候もの可為損金、盗人之雑物を以、右代金可為償、尤代金（盗人）所持候ハ、、買取候ものへ可相返、

一盗ニ逢、其盗人を捕来候ハ、、盗之品ゝ何方之もの買取候とも、勿論取戻可相渡候、若其品手前ニ無之候ハ、、買取候ものゟ右代金為償、盗人捕ぇ来候ものぇ可相渡、

一盗可致ため、古主之屋敷ぇ忍ひ入候ものは、入墨之上重キ追放、

一盗物と乍存売払、又ハ質物ニ置遣候者、死罪、

一橋其外金物等を盗取候者ハ、入墨之上重追放、

一盗可仕と忍ひ入候侍は、死罪、

一金子拾ひ候者、訴出候は三日さらし、主出候ハ、、半分金主ぇ相渡、半分拾ひ候ものぇ為取之、反物類にて候ハ、、其品不残主ぇ相渡、拾ひ候ものぇハ落候もの相応ニ礼為致候、

一落候もの之主不相知候ハ、、半年程見合、弥不出候ハ、、拾ひ候ものへ為取之、

一博奕頭取幷三笠附点者・金元・同宿候者共、流罪、但、町方屋敷方之無差別、句拾ひは身代取上、非人之手下ニ申付、

一博奕打頭取・点者・金元・宿いたし候者、訴出候ハ、、御褒美銀弐十枚、句拾ひを訴出ハ、、手筋にて博奕頭取・三笠附点者・金元・宿いたし候ものを捕候ハ、、御褒美金五両或ハ三両為取之、

一博奕頭取・点者・金元・致宿候もの、外ゟ訴人在之、捕ぇ候ハ、、地主ハ其屋敷取上、但、五ヶ年過候ハ、返し被下、家主在之ハ、其家主家財取上百日手鎖、両隣之もの共幷五人組、家財取上、町内ハ急度過料、名主も越度ニ申付、但シ右ハ町方之定法也、在方家主名主組頭五人組両隣共ニ、過料、村中は家居の隔

ハ、無構咎ニ不及、
一右之通ニ候得共、至て軽キハ、稼ニ出候先抔ニて当
座之博奕筒取致候類は、訳違ニ付、地主不咎、
一三笠附博奕頭取等、遠島之分、五ヶ年も過候得は、
赦在之時分書出ス、
一博奕宿仕、剰自分留主(守)之節、右呼使を打擲及騒動候
所、不訴出者、死罪、
一右使を頭取打擲候もの、死罪、其外打擲候ものハ、
追放、携候ものハ、田畑取上所払、
一組下之者(ニ)博奕之宿為可仕、宿銭之内取立、剰御
代官ゟ呼使を致打擲類、前条之通申付、但、頭取之
者を致差図、欠落為仕候名主は、其所ニおゐて引廻
獄門、
一辻番人、博奕宿いたし、捨(拾)物を不訴、私ニ仕者ハ、
引廻遠島或ハ死罪、
一男女申合於相果は、死骸不及弔取捨、一方存命ニ候
は、下手人、双方存命ニ候ハヽ、三日さらし非人之
手下ニ申付ル、主人と下人申合相果、主人存命ニ候
ハヽ、不及下手人、非人之手下ニ申付ル、
一拷問之事、致悪事候証拠慥ニ候得は、当人白状不致、
又ハ科之末相極候得共、外ニ悪事有之分明ニ相知、
其科計ニても可被行罪科を以、右之外ニも詮議之上、
其品少ヽも手筋相決候か、其品ニゟ拷問申付、但、
差口計にて証拠無之、又ハ怪敷存候一通りニては、
拷問ニ不及、
一親殺害ニ逢候時、隠居候悴ハ、遠島、
一御代官地頭ニて吟味之内、直訴いたすニおゐてハ、
過料、
一麁忽之仕方ニて、元召仕之女を殺害候者、江戸払、
一神木たりといへとも、入会之地ニて理不尽ニ伐採ニ
おゐてハ、神主逼塞、
一新規ニ祭りを仕立候村さえ送り遣におゐてハ、頭取
幷其村之名主組頭、追放之古例、

寛保二戌年四月六日

時服七　　　　　　　　牧野越中守
同　四　　　　　　　　石川土佐守（河）
同　四　　　　　　　　水野対馬守

右は御定書御用相勤候ニ付、於御座之間　御目見、
且又拝領物有之候、

金壱枚　　御勘定評定留役　浅井半左衛門
同　断　　　　　　　　鵜飼左十郎
銀拾枚　　　　　　　　湯浅（岩佐）　郷蔵
同　断　　　　　　　　倉橋武右衛門

右御定書御用相務候ニ付、躑躅之間ニて被下之旨、
松平左近将監殿被仰渡候、以上、

戌四月六日

（奥書）
宝暦十四申年
三月写之畢

役所

「台政評定訣」に収載する「公事方御定書」の編纂途上の法文一覧

・盗物質ニ取又ハ買取候者御仕置之事が十五と五十五、奉公人請人御仕置之事が十九と二十一にそれぞれ収載されるから、法文数は全五三箇条である。
・（　）を施した題号は、原本に存しないため、筆者が補ったものである。
・題号の次に掲げた条文番号は、「公事方御定書」下巻（『徳川禁令考』別巻収載の「棠蔭秘鑑」）のそれである。
・伺・下知の所在を『徳川禁令考』後集（司法省蔵版・法制史学会編、石井良助校訂、創文社刊）をもって示した。
・＊印をもって参考事項を記した。

一　乱気ニて人殺之事（第七十八条）
・第一項　元文五年（閏）七月伺　↓　下知文言無し（『徳川禁令考』後集第四―五九頁〈以下、第四―五九頁のように略記する〉）
・第三項　元文五年十月伺　↓　下知文言無し（第四―六〇頁）
・第一～三項　寛保元年十一月伺　↓　寛保二年二月二十九日下知（第四―六〇頁）

二　二重御仕置申付（候）事（第十八条の次）
元文五年閏七月十六日伺　↓　下知文言無し（第四―一三九頁）

三　拷問可申付品ゝ之事（第八十三条）

元文五年閏七月伺 ↓ 同月下知（第四―一一〇頁）

四 悪党者訴人之事（第五十八条）

元文五年閏七月伺 ↓ 下知文言無し（第三―二八三頁）

五 火罪之もの御仕置之事（第七十条）

・第一・二項 元文五年閏七月伺 ↓ 下知文言無し（第三―三九二頁）

・第三・四項 寛保元年十一月伺 ↓ 寛保二年二月二十九日下知（第三―三九三頁）

六 御領（料）私領入交（会）之論所見分之事（第十一条）

元文五年八月伺 ↓ 同月廿八日下知（第一―三四九頁）

七 載（裁）許可取用証拠書物之事（第十三条）

元文五年八月伺 ↓ 同月廿八日下知（第一―三六九頁）

八 享保廿卯年 知行所ぇ用金申付（候）義ニ付御触書（上巻第五十六条）

元文五年九月伺 ↓ 同年十月五日下知（第一―一九六頁）

九 死罪遠島重キ追放之外不及伺事（上巻第四十九条）

＊「科条類典」には、老中伺の事案を「追放」から「重キ追放」に修正した際の伺・下知の記事が見えない（第一―一九一頁）。

十 偽之証文を以金銀貸借いたし候もの御仕（置）之事（第四十条）

元文五年九月伺 ↓ 同年十月五日下知（第二―四〇四頁）

十一 御仕置ニ成候者田畑闕所之事（二十七条）

元文五年十月伺 ↓ 下知文言無し（第二―九〇頁）

十二　用水悪水幷新田新堀《ママ》堤川除(等)出入之事（第十条）
元文五年十月伺　↓　同年十一月七日下知（第一—三一八頁）
十三　隠鉄炮有之村方咎之事（第二十一条）
元文五年十月伺　↓　下知文言無し（第二—四一頁）
＊寛保元年六月伺、同九月廿二日下知の法文を採用せず。
十四　科人為立退幷住所(を)隠候者之事（第八十条）
元文五年十月伺　↓　同年十一月七日下知（第四—八一頁）
十五　盗物質ニ取又ハ買取候者御仕置之事（第五十七条）
元文五年十月伺　↓　同年十一月七日下知（第三—一六五頁）
十六　質物《ママ》地小作取捌之事（第三十一条）
・第一～十九項　元文五年十二月伺　↓　寛保元年四月十四日下知（第二—一四七頁）
・第五項　寛保元年三月二十三日伺　↓　同年四月二日下知（第二—一五一頁）
・第五項　寛保元年四月伺　↓　寛保元年四月九日下知（第二—一五二頁）
十七　借金銀取捌之事（第三十三条）
・第一～四項　元文五年十二月伺　↓　寛保元年四月十四日下知（第二—一九九頁）
・第五項　寛保元年十一月伺　↓　寛保二年二月廿九日下知（第二—二〇三頁）
・第六項　＊「科条類典」には第六項についての記事が見えない。第六項の法文は、「裁許破掟背」「御定書(仮称)」「元文秘録」にも存するので「科条類典」における脱落であろう。

十八　借金銀分散申付方之事（第三十五条）

元文五年十二月伺　↓　寛保元年四月十四日下知（第二―三四七頁）

十九　奉公人請人御仕置之事（第四十二条）

・第一～十四項・第十七・十八項　元文五年十二月伺　↓　寛保元年四月十四日下知（第二―四一一頁）

・第十五・十六項　寛保元年三月（二十三日）伺　↓　寛保元年四月二日下知（第二―四一六頁）

＊第六項は、「科条類典」においては第四十三条第六項。第十七項は、「台政評定訣」における脱落。

二十　欠落奉公人御仕置之事（第四十三条）

・第一項　寛保元年三月（二十三日）伺　↓　同年四月下知（第二―四六二頁）

・第二～六項　元文五年十一月伺　↓　寛保元年四月十四日下知（第二―四五九頁）

二十一　（奉公人請人御仕置之事）（第四十二条）

・第一～四項　寛保元年十一月伺　↓　寛保二年二月二十九日下知（第二―四一七頁）

二十二　対地頭強訴其上致徒党逃散候（之）百姓御仕置之事（第二十八条）

寛保元年六月伺　↓　寛保元年九月二十二日下知（第二―九七頁）

二十三　位（倍）金幷白紙手形（ニて）金銀貸シ借いたし候もの御仕置之事（三十九条）

寛保元年六月伺　↓　寛保元年九月二十二日下知（第二―三九七頁）

二十四　密通御仕置之事（第四十八条）

・第一～十一項　寛保元年六月伺　↓　寛保元年九月二十二日下知（第三―五一頁）

・第十二～十四項　寛保元年十一月伺　↓　寛保二年二月二十九日下知（第三―五四頁）

二十五　盗人御仕置之事（第五十六条）
・第一〜二十二項　寛保元年六月伺　↓　寛保元年九月二十二日下知（第三―一八九頁）
・第二十三〜二十六項　寛保元年十一月伺　↓　寛保二年二月二十九日下知（第三―一九六頁）

二十六　人殺御仕置之事（第七十一条）
・第一〜三十二項　寛保元年六月伺　↓　寛保元年九月二十二日下知（第三―四二二頁）
・第三十三〜四十三項　寛保元年十一月伺　↓　寛保二年二月二十九日下知（第三―四三一頁）

二十七　怪我ニて相果候者相手御仕置之事（第七十四条）
寛保元年六月伺　↓　寛保元年九月二十二日下知（第四―一一頁）

二十八　拾五才已下之者御仕置之事（第七十九条）
寛保元年六月伺　↓　寛保元年九月二十二日下知（第四―七一頁）

二十九　科人欠落尋之儀（事）（第八十二条）
寛保元年十一月伺　↓　寛保二年二月二十九日下知（第四―一〇一頁）

三十　載（裁）許絵図裏書加印之事（第二条）
寛保元年十一月伺　↓　寛保二年二月二十九日下知（第一―二五八頁）

三十一　人想（相）書を以御尋ニ可被（ママ）成者之事（第八十一条）
寛保元年十一月伺　↓　寛保二年二月二十九日下知（第四―八八頁）

三十二　人別帳ニも不加他之者差置候御仕置之事（第二十五条）
寛保元年十一月伺　↓　寛保二年二月二十九日下知（第二―六八頁）

三十三　譲屋敷取捌之事（第四十一条）
寛保元年十一月伺　↓　寛保二年二月二十九日下知（第二―四〇八頁）
三十四　縁談極候娘と致不儀（義）候者（を）切殺候者之事（第四十九条）
寛保元年十一月伺　↓　寛保二年二月二十九日下知（第三―八四頁）
三十五　三鳥派不受不施御仕置之事（第五十二条）
寛保元年十一月伺　↓　下知文言無し（第三―一〇五頁）
三十六　新規之神事仏事幷奇怪異説之御仕置之事（第五十三条）
寛保元年十一月伺　↓　下知文言無し（第三―一一九頁）
三十七　人勾引御仕置之事（第六十一条）
寛保元年十一月伺　↓　寛保二年二月二十九日下知（第三―二九八頁）
三十八　謀書謀判致候者御仕置之事（第六十二条）
寛保元年十一月伺　↓　下知文言無し（第三―三〇六頁）
三十九　火札張札捨文（いたし）候者御仕置之事（第六十三条）
寛保元年十一月伺　↓　寛保二年二月二十九日下知（第三―三一六頁）
四十　二重質二重書入二重（売）御仕置之事（第三十七条）
寛保元年十一月伺　↓　下知文言無し（第二―三七一頁）
四十一　捨子之儀ニ付御仕置之事（第四十五条）
寛保元年十一月伺　↓　寛保二年二月二十九日下知（第二―四八八頁）

四十二　欠落者之儀ニ付御仕置之事（第四十四条）
寛保元年十一月伺　↓　寛保二年二月二十九日下知（第二―四八二頁）
四十三　あはれ者御仕置之事（第七十六条）
寛保元年十一月伺　↓　寛保二年二月二十九日下知（第四―三四頁）
四十四　婚礼之節石（を）打候もの御仕置之事（第七十五条）
寛保元年十一月伺　↓　下知文言無し（第四―三〇頁）
四十五　倒死幷捨物手負病人（等）有之ヲ不訴出者御仕置之事（第五十九条）
寛保元年十一月伺　↓　下知文言無し（第三―二八五頁）
四十六　廻船荷物出売出買幷船荷物押領致候者御仕置之事（第三十八条）
寛保元年十一月伺　↓　寛保二年二月二十九日下知（第二―三八〇頁）
四十七　辻番人御仕置之事（第八十六条）
寛保元年十一月伺　↓　寛保二年二月二十九日下知（第四―一五七頁）
四十八　変死之者内証ニて葬候寺院御仕置之事（第五十四条）
寛保元年十一月伺　↓　下知文言無し（第三―一三三頁）
四十九　毒薬幷似薬売候者御仕置之事（第六十六条）
寛保元年十一月伺　↓　寛保二年二月二十九日下知（第三―三五九頁）
五十　似金銀枡（ママ）拵候者御仕置之事（第六十七条）
寛保元年十一月伺　↓　寛保二年二月二十九日下知（第三―三六三頁）

五十一　（似せ秤似せ枡拵候者御仕置之事）（第六十八条）

寛保元年十一月伺　↓　寛保二年二月二十九日下知（第三―三六八頁）

五十二　載（裁）許幷裏判不請（ママ）取者御仕置之事（第十九条）

寛保元年十一月伺　↓　寛保二年二月二十九日下知（第二―一三頁）

五十三　御留場ニて鳥殺生致候者御仕置之事（第二十二条）

寛保元年十一月伺　↓　寛保二年二月二十九日下知（第二―五〇頁）

五十四　遠島之者幷（再）犯御仕置之事（第八十四条）

寛保元年十一月伺　↓　寛保二年二月二十九日下知（第四―一一六頁）

五十五　（盗物質ニ取又ハ買取候者御仕置之事）（第五十七条）

寛保元年十一月伺　↓　寛保二年二月二十九日下知（第三―二六六頁）

六　「公事方御定書」の元文三年草案

「公規矩之書」（著者蔵）——論考篇第三部第一章の史料

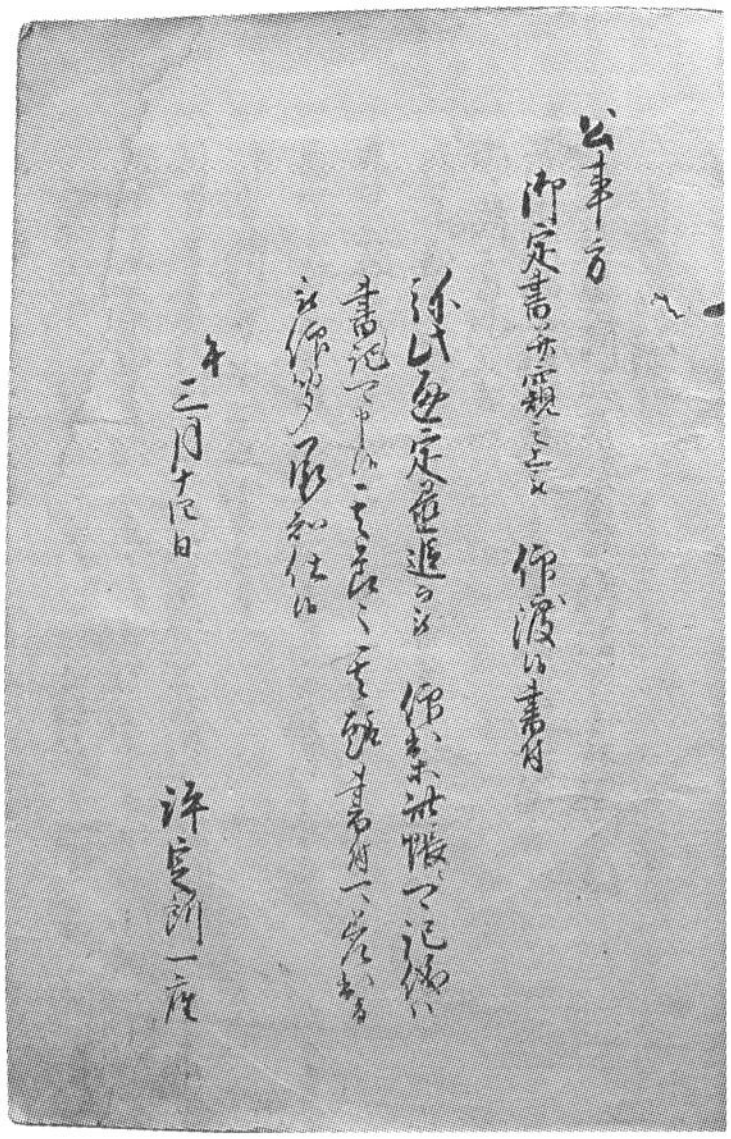

「公規矩之書」墨附第一丁

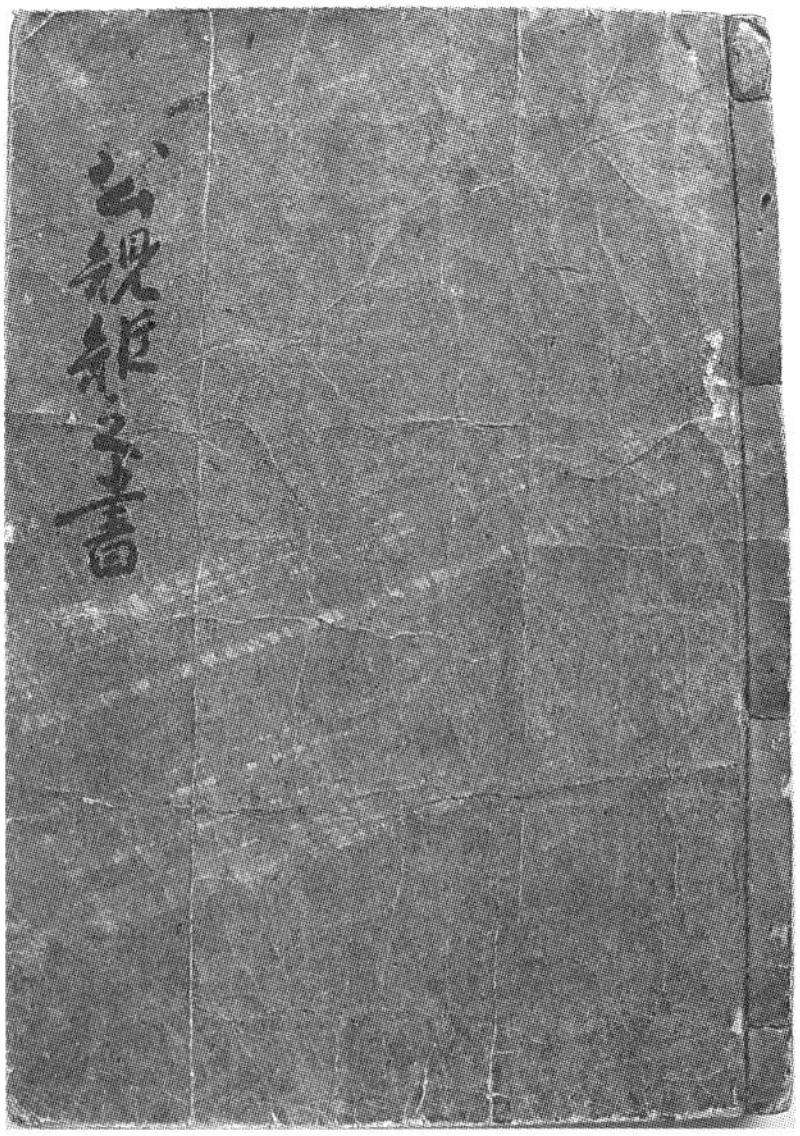

「公規矩之書」表紙

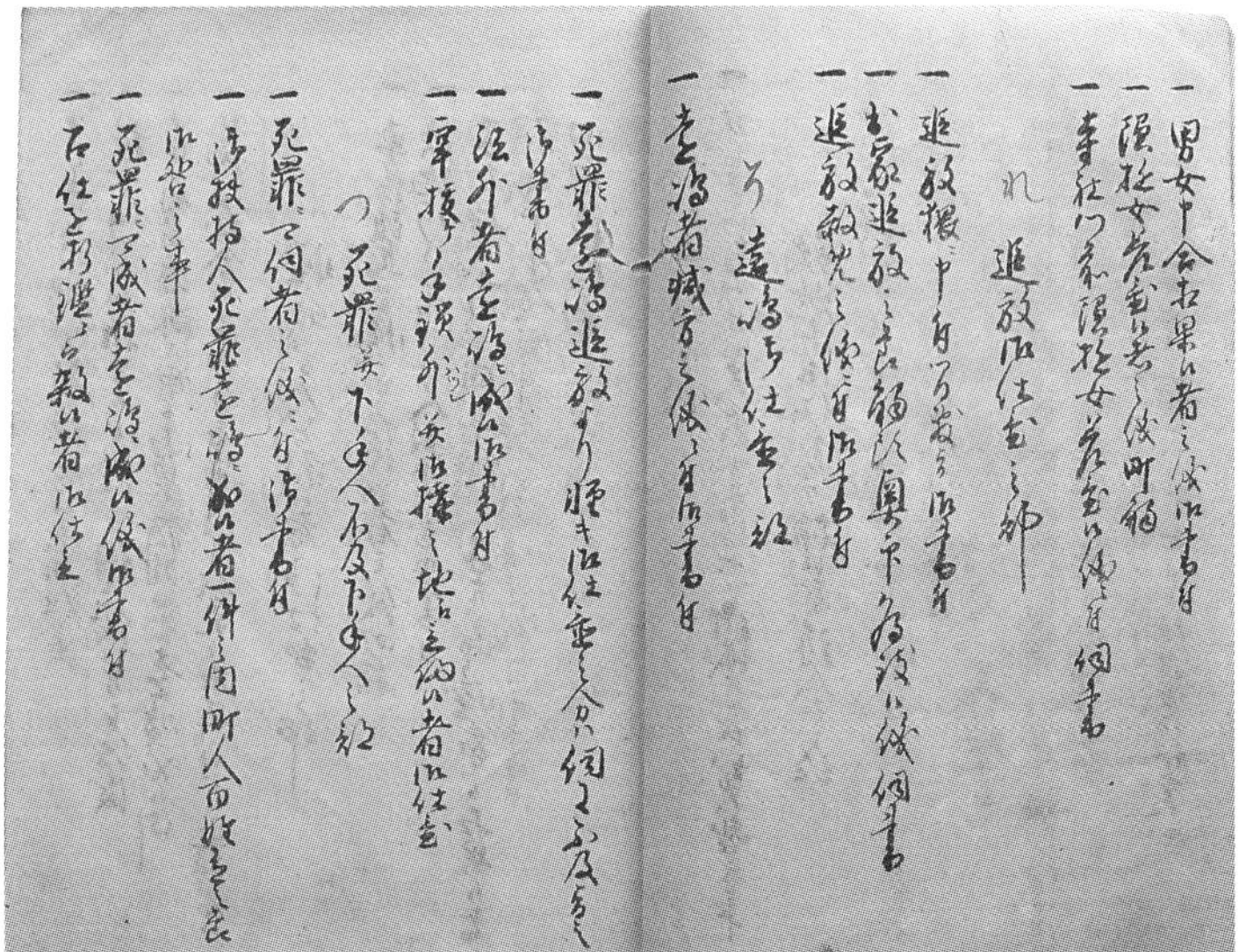

「公規矩之書」目録（本書247頁）

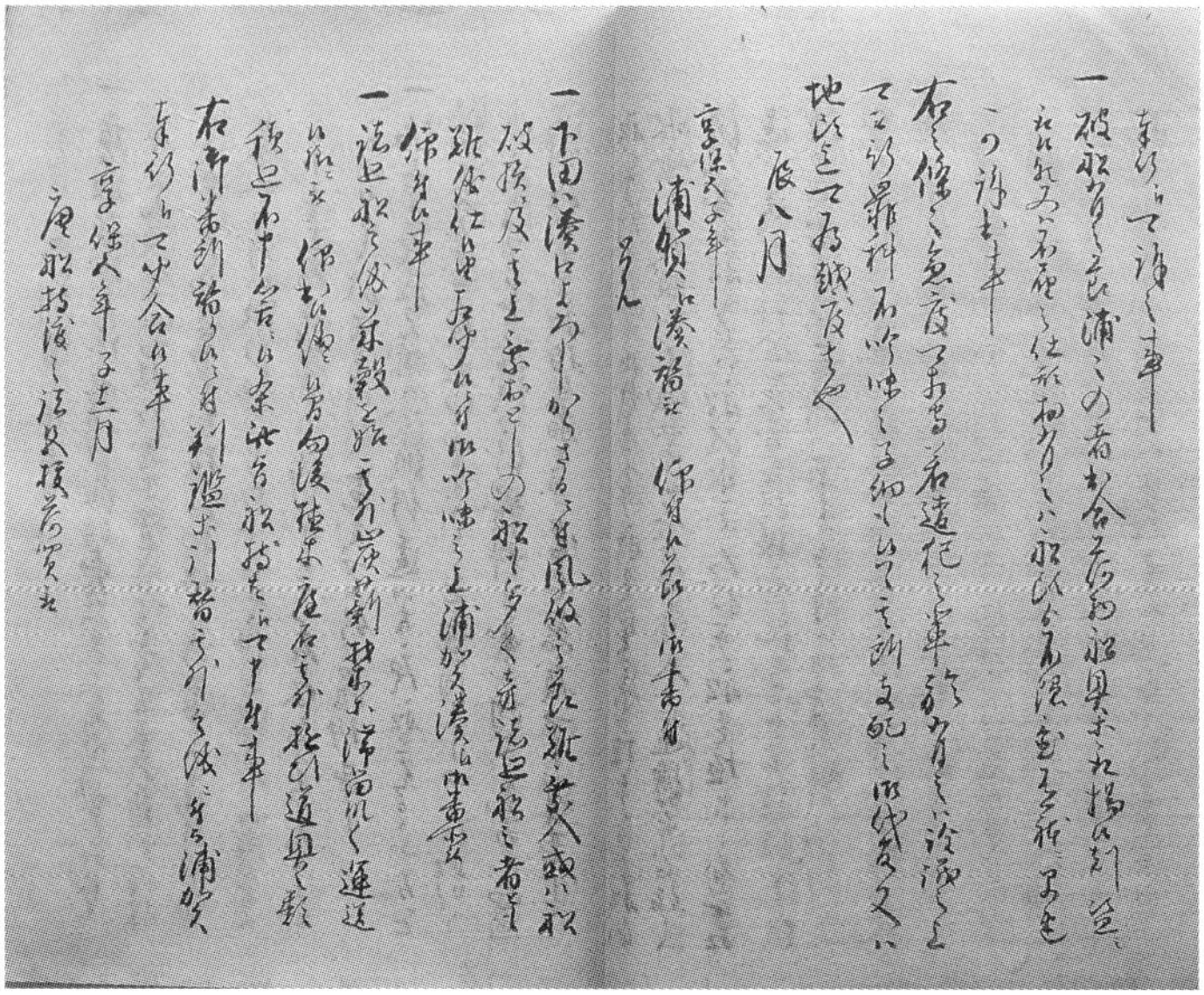

「公規矩之書」第19条浦賀ぇ湊替被　仰付候節之御書付（本書266頁）

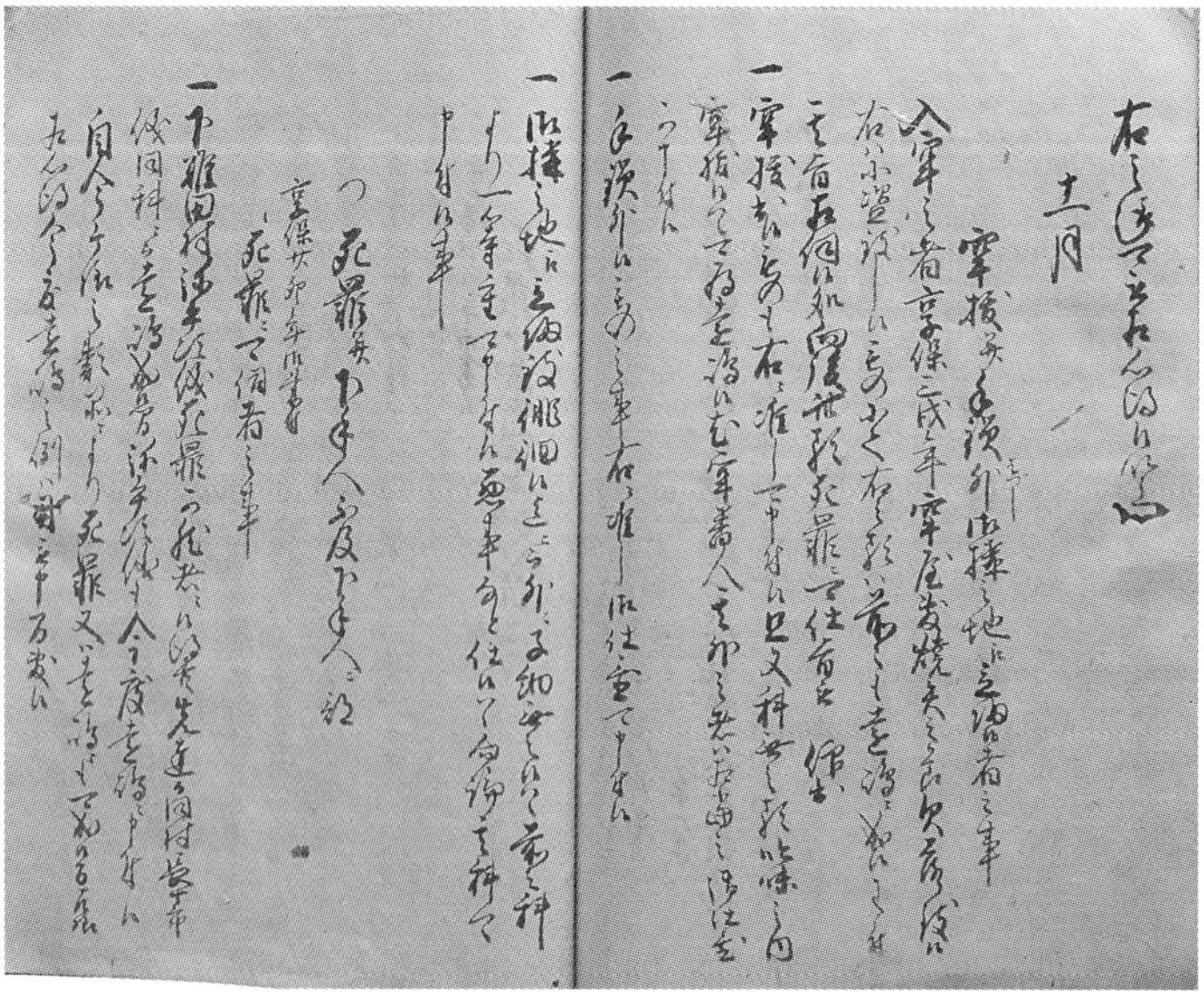

「公規矩之書」第108条牢抜幷手鎖外御構之地ぇ立帰候者之事・第109条死罪ニ可伺者之事（本書302頁）

《史料翻刻》　凡　例

一　本章は、論考篇第三部第一章「「公事方御定書」の元文三年草案について――「元文三午年御帳」の伝本の紹介――」の史料として、左記を翻刻するものである。

「公規矩之書」一冊（著者蔵）

一　「公規矩之書」は、縦二三・八糎、横一七・〇糎の袋綴の筆写本である。表題は、表紙への打付書である（口絵参照）。墨附は一一〇丁（内題一丁、目録九丁、本文一〇〇丁）であり、半丁に一一行を基本とする。

一　『徳川禁令考』後集（司法省蔵版・法制史学会編、平成二年第五刷、創文社）所収の「科条類典」ならびに「公事方御定書幷伺之上被仰渡書付」上下二冊（関西学院大学日本法史研究会「「元文三午年之御帳」の一史料（一）（二）――『公事方御定書幷伺之上被仰渡書付――』」関西学院大学『法と政治』三六巻二・三号、昭和六十年）をもって校合を施し、（　）を以て示した。

一　順番を示す「いろは」は朱書である。「いろは」文字をゴシックとし、「　」をもって示した。

六　「公規矩之書」（表紙打付書）（著者蔵）

（第一丁表）

公事方
御定書并窺之上被　仰渡候書付
弥此通定置、追て被　仰出等此帳ニ可記儀ハ
書記可申候、其節〻其趣書付可差出旨
被仰聞承知仕候、
午三月十四日　評定所一座

目録

「い」評定所法式并公事訴訟等之取捌之部

一浦賀え湊替被　仰付候節之御書付
一唐船抜荷物御制禁之御書付
一出売出買之儀触書
一正徳五未年、公事訴訟人ゟ音物贈候儀ニ付御書付
一御料幷一地頭地頭違之出入取計之儀御書付
一訴状箱ニ有之文言建札文言
一同書付入候儀ニ付触書幷訴状宿附有無之儀ニ付御書
付
一公事訴訟下役所等ニて尋滞候事御書付
一公事吟味銘々宅ニて仕候儀伺書

「ろ」論所取捌之部

一諸役人非分私曲有之旨訴
重キ御役人領知出入取計等之儀ニ付御書付
裁許仕置
一論所吟味評議等入念可申旨幷例書等之儀ニ付御書付
一双方相対之上新田堤取立之事御書付
一用水論其外無筋出入訴出候儀御触書
一御料私領入会之論所郡境等ニても不入組儀ハ最初よ
り御番衆御代官見分不遣事
一論所見分伺書ニ反歩証跡注候事幷絵図ニ書載候品御
書付
一縁紀（起）譲状古証文等以裁許之儀ニ付伺書

「は」田畑永代売質地取捌之部

一寛永二十未年、田畑永代売買御仕置覚書幷貞享四卯
年御書付
一延宝三卯年、御朱印地質地ニ取間敷旨申渡覚書
一倍金手形ニて質地取候儀ニ付触書
一質地裁判之儀御書付幷裁許之儀触書
一質地出入一座申合幷質地日限申付方覚書
一知行百姓之田畑質地為致金子借候儀触書

「に」借金銀家質地代滞等之部

一借金銀出入裁許之儀申合書付
一借金銀利分之儀御触書
一家質済方日限之事覚書

一譲り屋敷之儀町触
一白紙手形ニて金子借御書付

「ほ」 諸奉公人出入取捌之部

一元禄十一寅年、奉公人年季之事御書付
一諸奉公人出入之儀町触
一取逃引負欠落者之儀伺書
一奉公人給金人主ゑ済方申付候儀ニ付伺書
一主人ゟ暇出候処屋敷之内不立去もの咎之事伺書
一使ニ遣候者ニ為持遣候品を致取逃候もの御仕置御書付
一奉公人之請ニ立候者出入家主引請候事

「へ」 諸願訴訟無取上部

一無取上願再訴幷筋違之願咎之事御書付
一奉行所ゑ不出直ニ評定所ゑ訴出候者幷当人之外よりの訴訟無取上申合書付
一御代官ゑ不届訴訟ニ出候者之儀御書付
一寺社訴訟人本寺触頭ゑ不届願ニ出候類伺書
一養子娘を遊女奉公ニ出実方より訴出ル共品により取上間敷旨御書付

「と」 入墨幷所払戸〆等之部

一軽キ科之者入墨可申付旨御書付
一科人之住所を隠或ハ立退セ候者之事

「ち」 無宿奴女片付之部

一軽キ科之無宿領主ゑ引渡之儀御書付
一無宿行倒之類片(付)方之儀幷入墨敲門前払ニ成り候上悪事有之節ハ死罪之儀伺書
一捨子を貰ひ又外之者ゑ遣候儀停止之事幷捨子御制禁之御書付
一奴女武士町方望之者ゑ引渡之儀御書付
一奴女牢内ニ差置候儀伺書

「り」 酒狂人御仕置之部

一酒狂いたし候者御仕置申付方之儀伺書
一酒狂ニて人を殺し候者下手人之事御書付
一酒狂人主人ぇ引渡之儀御書付

「ぬ」乱気ニて人殺理不尽者御仕置之部
一乱気ニて人を殺し候共下手人ニ成候儀御書付
一相手理不尽之仕形ニて下手人ニ不成事

「る」科有之者欠落者尋之部
一親類主人等ぇ尋申付方之儀御書付
一尋之者之儀ニ付御書付

「を」欠所幷過料等之部
一闕所申付方申合留
一田畑取上之儀ニ付伺書
一私領百姓　公儀御仕置ニ成候節田畑欠所之事伺書
一妻持参之田畑欠所ニ成候事
一身代限り申付様之事一座申合覚書
一二重御仕置申付候儀書付被仰渡留
一過料申付方之儀御書付

「わ」変死病人片付幷溜預ヶ等之部
一科無之者無宿非人之外は病人養生所ぇ遣候儀御書付
一変死病人等芝口建札之文言
一溜預ヶ者之儀ニ付被仰渡覚書
一一ヶ年切御仕置者向後可書出旨一座ぇ被仰聞候覚書

「か」出火之部
一平日之出火又ハ大火之節幷　御成之節出火咎之事

「よ」鉄炮打御仕置幷捕候者訴人等之部
一鉄炮御改之儀ニ付御書付
一猪鹿おとし鉄炮願ニ付御書付
一鉄炮打候者幷隠鉄炮所持之儀ニ付御触書
一隠鉄炮有之村方過怠鷹番幷野廻引替之儀ニ付御書付
一鉄炮打捕候者訴人等御褒美之儀御書付

「た」男女申合相果候者并隠遊女御仕置部

一男女申合相果候者之儀御書付

一隠遊女差置候者之儀町触

一寺社門前隠遊女差置候儀ニ付伺書

「れ」追放御仕置之部

一追放猥ニ申付間敷旨御書付

一出家追放之節触頭奥印為致候儀伺書

一追放赦免之儀ニ付御書付

「そ」遠島御仕置之部

一遠島者減方之儀ニ付御書付

一死罪遠島追放より軽キ御仕置之分ハ伺に不及旨之御
書付

一法外者遠島ニ成候御書付

一牢抜ヶ手鎖外《ハツシ》并御構之地ぇ立帰候者御仕置

「つ」死罪并下手人不及下手人之部

一死罪ニ可伺者之儀ニ付御書付

一御扶持人死罪遠島ニ成候者一件之内町人百姓有之節
御咎之事

一死罪ニ可成者遠島ニ成候儀御書付

一召仕を折鑑(檻)ニて殺候者御仕置

一弟子を折檻ニて殺隠置候者御仕置

一科無(之)趣ニ候処推量ニて御仕置伺候儀ニ付被仰渡

一手負候者外病ニて相果疵附候者遠島ニ成候例

一口論ニて摑合候上相手相果候得共頓死と相見ぇ候ニ
付追放ニ成候例

「ね」怪我ニて人を殺候者御仕置之部

一車荷附馬ニて怪我為致候者之儀町触

一鉄炮あた落ニて人殺御仕置御書付

一子共持候小刀ニて同年齢之子共ニ当り怪我ニて相果
候者不及下手人例

一旧悪御仕置之事

「な」科人之悴親類等御仕置之部

一類族之者之儀ニ付御書付

一重科人之悴親類等御仕置之儀ニ付御書付

「ら」詮議者拷問之部

一不及伺拷問可申付旨御書付

一拷問可申付品ゝ御書付

一筋違之者拷問申付候儀ニ付御書付

「む」博奕御仕置幷訴人等之部

一諸博奕頭取金元宿句拾ひ等之儀幷遠島ニ成り候者赦ニ可書出旨取上家屋敷返被下儀御書付幷伺書

一博奕三笠附有之候村方名主組頭御咎之儀伺書

一武士屋敷ニて家来致博奕候者御仕置御書付

「う」盗人御仕置之部

一盗ニ入家内之者ぇ疵附候者御仕置御書付

一盗人御仕置軽重之儀御書付

一盗物と不存買取候者幷盗人召捕来候節之儀ニ付伺書

一紛失物吟味仕形定書

一金子其外反物類拾ひ取候節之定書

「ゐ」火附御仕置之部

一火附之事訴出候ハヽ、其筋之奉行所ニて詮議之事被仰渡覚書

一火附盗賊之訴人ニ出候者之事御書付

一町方火札張札等有之候共不及申出名主共焼捨可申旨御書付

一火罪之者さらし候儀伺書

「の」巧事かたり事御仕置之部

一巧事かたり事御仕置軽重之儀御書付

一巧を以金子等かたり取候ハ盗人より却て品重ク候儀御書付

一重キ巧事之類御仕置之儀御書付

一偽との事乍存金銀貸借いたし候もの御仕置同罪之儀

御書付
一重科人死骸塩詰之儀御書付
　以上
「い」評定所法式幷公事訴訟取捌之部
一　評定所始り幷看板之面
一寛永十二年乙亥十一月十日、評定衆被相定、同年十二月十二日ゟ寄合始ル
一看板之面、寛永十二年亥十二月二日、讃岐守 大炊頭
　右看板当時之御文言
　定
一寄合之式日毎月二日・十一日・廿一日、諸奉行之立会四日・十三日・廿五日、但、公儀之御用於有之ハ可為延引事、
一寄合所ゑ評定衆卯刻半時致出座、御用隙次第可有退散事、
　但、此出座刻限之儀、式日ハ前〻之通御座候、立合刻限は享保七寅年伺之上、辰刻半時揃ニ寄合候筈相極り候、
一評定所ゑ役人之外一切不可参、勿論音信停止事、
一公事人にかへそへハ老人若輩幷病者之外停止事、
一公事訴訟に罷出候もの、たとへ御直参之輩たりといふ共、刀脇差を帯へからさる事、
一公事人雖為親類縁者智音之好身、寄合場等(に)おゐて評定衆取持へからさる事、
一遠国より来ル公事人ハ、在江戸久しき次第ニ可承之、当地之公事人ハ其日之帳面之先次第可承之、但、不承して不叶儀か、又ハ急用は格別之事、
一公事人ゑ不審申かくる儀、其筋之役人可勤之、勿論惣座中ゟも遠慮なく存寄之通可申事、
一公事之裁許以後、其筋之役人裁断之始末、可被致留書事、
一公事其日に落着無之儀ハ、重て被致寄合、其上ニて不相済儀は、相談之上可致言上事、
一役人宅ニて承之公事訴訟、評定所ゑ可出儀於有之ハ、

証文証跡相揃、寄合所ぇ出之無滞様ニ可被致之事、
一預もの長ゝ不差置之、急度遂穿鑿可済事、
一裏判幷召状を請、遅参之者ハ、其所之遠近を考へ日
数を積り、軽重ニ応、可為過料事、
右之条ゝ可被相守之者也、
年号月　　老中

二　日本橋　浅草橋　常盤橋
　　芝車町　筋違橋　麴町　　高札

定
一親子兄弟夫婦を始、親類にしたしく、下人等に至る
までこれをあはれむへし、主人ある輩ハ各其奉公に
精を出すへき事、
一家業を専にし、懈る事なく、万事其分限にすくへか
らさる事、
一いつわりをなし、又は無理をいひ、総して人の害に
なるへき事をすへからさる事、
一博奕の類、一切に禁制之事、
一喧嘩口論をつゝしみ、若其事ある時みたりに出合へ
からす、手負たるもの隠し置へからさる事、
一鉄炮猥に打へからす、若違犯の者あらハ申出へし、
隠置、他所よりあらハるゝにおゐてハ、其罪おもか
るへき事、
一盗賊悪党の類あらハ申出へし、急度御ほうひ下さる
へき事、
一死罪に行はるゝ者ある時、馳集るへからさる事、
一人売買かたく停止す、但、男女の下人、或ハ永年季、
或ハ譜代に召置事ハ、相対に任すへき事、
附、譜代之下人、又ハ其所に住来輩、他所ぇ罷越、妻子
をもち有付候もの、呼返へからす、但、罪科ある
者ハ、制外之事、
右之条ゝ可相守之、若於相背ハ可被行罪科者也、
正徳元年五月日　　奉行

定
一毒薬幷似せ薬種売買の事禁制す、若違犯の者あらハ、

其罪重かるへし、たとひ同類といふとも、申出にお
ゐてハ其罪をゆるされ、急度御褒美下さるへき事、
一似せ金銀売買一切に停止す、若似せ金銀あらハ、金
座銀座ぇ遣し相改むへし、はづしの金銀も是又金座
銀座ぇつかわし、相改むへき事、
　附、惣て似せ物すへからさる事、
一寛永の新銭、金子壱両に四貫文、壱歩にハ壱貫文た
るへし、御料私領共に年貢収納等ニも、御定のこと
くたるへき事、
一新銭の事、銭座の外一切鋳出すへからさる事、
一新作の慥ならさる書物、商売すへからさる事、
一諸職人いひ合、作料手間賃等高直にすへからす、諸
商売物、或ハ一所に買置しめうりし、或ハいひ合て
高直にすへからさる事、
一何事によらす、誓約をなし、徒党をむすふへからさ
る事、
右条々可相守之、若於相背は可被行罪科者也、
　正徳元年五月日　　　奉行

定

一駄賃并人足荷物の次第
　御伝馬并駄賃の荷物壱駄　　重サ四拾貫目
　歩持の荷物壱人　　重サ五貫目
　長持壱丁　　重サ三拾貫目
　但、人足壱人物(持)重サ五貫目の積り、三拾貫目の
　荷物ハ六人して持へし、それより軽き荷物ハ貫
　目にしたかひて人数減へし、此外いつれの荷物
　も是に准すへし、
　乗物壱丁　　次人足六人
　山乗物壱丁　　次人足四人
一御朱印伝馬人足之数、御書付之外ニ多出すへからさ
る事、
一道中次人足次馬之数、たとひ国持大名たりといふと
も、其家中共ニ、東海道は一日に五拾人五拾疋に過
へからす、此外之伝馬道ハ弐拾五人弐拾五疋ニ限へ
し、但、江戸・京・大坂之外、道中におゐて人馬共
に追通すへからさる事、

一御伝馬駄賃の荷物ハ、其町之馬残らす出すへし、若駄賃馬多く入時ハ、在〻所〻ゟやとひ、たとひ風雨之節といふ共、荷物遅〻なき様ニ相はからふへき事、
一人馬の賃、御定の外増銭を取におゐてハ牢舎せしめ、其町の問屋年寄ハ過料として鳥目五貫文ッゝ、人馬役の者ハ、家壱軒より百文ッゝ、出すへき事、
　附、往還之輩、理不尽の儀申かけ、又は往還之者ニ対し、非分の事あるへからさる事、
右条〻可相守之、若於相背ハ可為曲事者也、
　正徳元年五月日　奉行

一江戸よりの駄賃幷人足賃銭
　品川迄
　荷物壱駄　九拾四文
　乗掛荷人共　同断
　から尻馬壱疋　六拾壱文
　附　あふつけハから尻に同し、それより重キ荷物ハ、本駄賃銭に同しかるへし、
　人足壱人　四拾七文

　千住迄
　荷物壱駄　九拾壱文
　から尻(馬)壱疋　六拾文
　乗掛荷人共　九拾壱文
　人足壱人　四拾六文

　川口迄
　荷物壱駄　百四拾文
　乗掛荷人共　同断
　から尻馬壱疋　九拾文
　人足壱人　六拾七文

　板橋迄
　荷物壱駄　九拾四文
　乗掛荷人共　同断
　から尻馬壱疋　六拾壱文
　人足壱人　四拾七文

　上高井戸迄
　荷物壱駄　百六拾壱文
　乗掛荷人共　同断

から尻馬壱疋　百八文
人足壱人　七拾九文
下高井戸迄
荷物壱駄　百四拾九文
乗掛荷人共　同断
から尻馬壱疋　百文
人足壱人　七拾三文
泊りゝニて木銭賃（賃銭）
主人壱人　三拾五文
召仕壱人　十七文
馬壱匹　三拾五文
右之通可取之、若於相背は可為曲事者也、
享保三年十月日　奉行

定

一きりしたん宗門ハ累年御制禁たり、自然不審成者これあらハ申出へし、御褒美として
はてれんの訴人　銀　五百枚
いるまんの訴人　銀　三百枚
立かへり者の訴人　同断
同宿幷宗門の訴人　銀　百枚
右之通下さるへく、たとひ同宿宗門之内たりといふ共、申出る品により銀五百枚下さるへし、隠し置、他所よりあらハるゝにおゐてハ、其所の名主幷五人組迄一類共に可被行罪科者也、
正徳元年五月日　奉行

定

在ゝにて若鉄炮打候もの有之候ハゝ、申出へし、幷御留場之内にて鳥を取申もの捕候か、見出し候ハゝ、早ゝ申出へし、急度御褒美可被下置者也、
享保六年二月

定

一火を付る者をしらハ早ゝ申出へし、若かくし置におゐてハ、其罪おもかるへし、たとひ同類たりといふ

共、申出におゐてハ、其罪をゆるされ、急度御褒美下さるへき事、
一火を付る者を見付は、これを捕、早ゝ申出へし、みのかしにすへか(ら)さる事、
　附、怪敷ものあらハ、せんさくをとけて、早ゝ奉行所ゑ召連来るへき事、
一火事出来の時、みたりニ馳集るへからす、但、役人差図之ものハ、格別たるへき事、
一火事場ゑ早(下)ゝ相越、理不尽に通るにおゐてハ、御法度之旨申きかセ通すへからす、承引なきものハ、搦捕へし、万一異儀に及ハゝ、討捨てたるへき事、
一火事場其外いつれの所ニても、金銀諸色拾ひとらハ、奉行所迄持参すへし、若隠し置、他所よりあらハるゝにおゐてハ、其罪重かるへし、たとひ同類たりといふとも、申出る輩ハ、其罪をゆるされ、御褒美下さるへき事、
一火事之節、地車大八車にて荷物をつみ、のくへからす、鑓・長刀・刀・脇差等ぬき身にすへからさる事、
一車長持停止す、たとひあつらへ候もの有とも、造るへからす、一切に商売すへからさる事、
右条ゝ可相守之、若於相背ハ可被行罪科者也、
　正徳元年五月日　　奉行

三　火附訴人之事高札

此高札ハ十月ゟ三月迄日本橋ゑ相建候

覚

一火を付るもの召捕、奉行所ゑ可来事、
一火を付る者の在り所をしらハ、早速可訴出事、
右之品ゝ有之ハ、御褒美として此銀子三拾枚下さるへし、たとひ同類たりといふ共、其科をゆるし、此御褒美下さるへし、怪敷ものハ、不慥候とも召連来るへし、若火を付る者を見のかし聞のかしに仕り、追て相知候ハゝ、其科おもかるへき者也、
　寅十月日　　奉行

此御高札ハ日本橋計ゑ相建候

四　諸国新田取立高札之事

覚

一諸国御料所又ハ私領と入組候場所ニても、新田ニ可成場所於有之ハ、其所之御代官地頭并百姓申談、何も得心之上、新田取立候仕形、委細絵図書付ニしるし、五畿内ハ京都町奉行(所)、西国中国筋ハ大坂町奉行所、北国筋関八州ハ江戸町奉行所ぇ可願出候、願人或ハ百姓をたまし、或ハ金元のものぇ巧を以勧、金銀(等)をむさほり取候儀を専一ニ存、偽を以申出るものあらハ、吟味之上とかむるにて可有之事、

一惣て御代官申付候筋之儀ニ付、納方之益ニも不相成、下ゝ却て致難儀候事有之ハ可申出之、併中立へき謂も無之、自分勝手によろしき儀計願出るにおゐてハ取上無之候事、

寅七月廿六日　奉行

此高札ハ日本橋計ニ相建候

五　博奕之儀ニ付高札

覚

一三笠附点者金元并致宿候者句拾ひ等

一博奕打頭取并博奕宿致候者

右之族、当正月ゟ相止候ものハ可差免候間、弥此已後急度相慎可申候、若不相止者ハ当人ハ流罪、或ハ其品ニより死罪可申付候、句拾ひ等ハ身躰取上、非人の手下ぇ可差遣候事、

一右之通候間、当正月以前之旧悪ハ可差免候、正月以後迄も不相止族於有之は、何者にても町奉行所ぇ密ニ可訴出候、急度御褒美金可被下候事、

但、同類之内たりといふとも、訴出、勿論自分之旧悪をも、自今於相改ハ、其科を免シ、是又御褒美下さるへき事、

一如此申付候上ハ、都て家主并名主五人組之者共申合セ、常ゝ心懸ヶ致吟味、疑敷もの於有之ハ、早ゝ可訴出、外ゟ訴人有之、博奕頭取三笠附点者金元并右宿致候者召捕候ハヽ、其屋敷取上、家主有之ハ、家主家財取上百日之手鎖かけ、両隣并五人組家財取上、名主町内ぇ急度過料可申付事、

右之趣可相心得、万一科なきもの意趣を以申出におゐてハ、吟味之上急度可申付者也、
享保十一年午正月

六　式日老中出座之事
享保五子年御書付
覚
一評定所式日寄合之節、老中出座之儀、向後一月に一度宛出座之筈ニ候、刻限も五時罷出、奉行中公事取捌見分之為ニ候(条)、当日之公事不相済内にも登城可申候、時により従　御城相越候儀も可有之候、左様之節ハ前日可申達候事、
一公事訴訟、何によらす立合公事を可差出候、式日公事とて撰出し候儀、堅無用ニ候事、
一式日(ハ)十一日ニ出座可有(之)候、若差合候節ハ、廿一日ニ可有出座事、
(一公事出入等難決類、入組候品ハ、向後式日老中出座之節、差出候様ニ可仕事、)
以上
子八月

七　式日立会ぇ御目付出座之事
享保四亥年御書付
覚
一評定所式日ニ御目付一人、立合日両人代ルミ只今迄罷出候得共、向後一人宛一ヶ月切ニ人を相定罷出、奉行役人之公事訴訟(裁許)、其外諸事取捌之次第委細見聞置、御尋之節、具ニ申上候様可心得候、若公事訴訟之訳見聞候迄ニて、奉行役人之取捌委細難相知儀は、目安訴訟等奉行中ぇ申達、とくと遂一覧、出入之訳奉行中ぇも、其子細具ニ承届可申候、
一非番之御目付之内、隙ニ有之者、立合日ニハ一人宛相加り可罷出候、然共、病人差合等有之、難出節ハ不及其儀候、
一御徒目付向後式日立合共ニ、一人宛罷出候様可致候、尤御小人目付も、右ニ准シ相減可申候、
以上
亥十二月

正徳六申年

八　忌有之者立合内寄合ぇ出座之事

一忌中之時立合内寄合ぇ出座之儀、父母之外之忌中ハ日柄立候ハヽ、可致出座候、たとへハ廿日之忌中ハ七日立候ハヽ、致出座候様ニ可相心得旨、伺之上相極候事、

正徳六申二月

享保四亥年書付

九　評定所古来之事

覚

一明暦三年之頃迄ハ、評定所立合ぇ老中出座有之候処、稲葉美濃守老中之節、向後立合ぇ奉行中計出座有之、寺社奉行をおもにいたし詮議有之様ニ申渡候由、

一立合ぇ老中出座有之時分、登　城抔は無之、此時分ハ評定所ぇ上使等有之候由、

一公事之内入組候て伺ニも可成儀は、式日毎ニ老中銘ゝ一通聞届、其上ニて落着無之儀ハ、伺ニ成候も有之候由、

一元和年中之節ハ、公事訴訟酒井雅楽頭宅ニて裁断有之由、明暦三年大火ニて雅楽頭宅類焼之節、龍之口伝奏屋敷之内仕切、公事訴訟老中・寺社奉行・大目付・町奉行・御勘定奉行出座ニて裁断、毎月六日宛有之候、寛文之頃より式日立合と分、式日ぇ老中一人宛出座有之、内寄合毎月三日宛奉行宅ニて公事訴訟承之候、其頃ゟ評定所と申ならハし候由、

右は評定所一座ぇ相尋候処、聢と書留等は無之、書面之通承伝候由之事、

享保十八丑年

十　目安裏書初判之儀書付

覚

一関八州ゟ申出候公事、御料私領共、御勘定奉行月番ぇ願出、初判仕、評定所ぇ罷出候、

但、関八州之外も御料之分、御勘定奉行ぇ願出、初判仕候、

下ケ札

此内大岡越前守支配之分ハ、越前守方ぇ願出、
評定所ぇ差出候儀、同前ニ御座候、

一関八州之外私領之分、寺社奉行月番ぇ願出初判仕、
評定所ぇ罷出候、
但、関八州之内ニても寺社領分ハ、寺社奉行ぇ願
出申候、此外五畿内・近江・丹波・播磨、此分京
大坂町奉行ぇ訴出申候、

右之通、初判之者掛りニて、於評定所一座相談之上、
裁許相極申候、

丑九月

享保六丑年

十一　町方出入差紙等之事

覚

自今訴訟人罷出候ハヽ、其訴訟人之家主名主五人組、
右相手并家主名主五人組立合、来ル幾日迄之内可相
済候、若不埒明候ハヽ、幾日双方召連可罷出由、差
紙遣可申候、

一惣躰之願之事ハ、願人罷出候ハヽ、其支配名主ぇ差
紙願人ニ為持遣可申候、右文言ニ如此願出候、町中
ニて障之有無遂吟味、大勢之者難儀不仕儀ニ候ハヽ、
来ル幾日願人召連可罷出旨、差紙遣可申候、
但、町中障り無之旨ニて、名主附添罷出候共、願
之品ニより、猶又町年寄ぇも申付、吟味為仕可申候、

右之通、伺之上相極候、以上、

丑六月

享保六丑年

一右之通伺相済候、夫ニ付、江戸之内寺社奉行支配之
者ゟ、町奉行支配之者ぇ掛り候出入ハ勿論、江戸町
はつれ御勘定奉行ゟ初判出候近在ゝゟ江戸者ぇ掛り
候出入共、自今ハ裏判出ニ不及、双方家主名主組頭
五人組立合、（来ル）幾日迄之内可相済、若不埒明候
ハヽ、幾日双方召連、誰方ぇ可罷出旨、月番ゟ裏書
遣、内証ニて不相済、差日ニ罷出候ハヽ、遂吟味、
其上ニて評定所ぇ差出可致裁許之事、
但、此日数之儀、伺済候通、六日之内ニ不済候ハ
ヽ、七日めニ訴出候様可仕候、

右之通、三奉行相談相極、

丑五月

正徳二辰年御書付

十二　評定所之面〻え被仰渡之事

一寛永之以後、　御代〻被　仰出候評定所法式、評定衆、卯之半刻ゟ会合候て申之刻退出し、其日決難き事候ハヽ、翌日再会候て、猶決断及難き事ハ、老中ニ申、　言上すへき由ニ候、近年公事訴訟其数多成り来り候処、評定所之面〻、事ニ馴れ功を積ミ、裁断之次第滞所もなく候歟、会合之間もなく退出候様ニ相聞候、若毎年(事)其大法ニ任セて、其道理を尽に及はすして裁断ニ至り候ハヽ、尤以不可然事に被　思召候事、

一評定所并諸奉行ニおゐて、沙汰之次第専其証状を拠として、道理のある所をは推尋す、其本旨をすてゝ、枝葉の事をは穿鑿し候由風聞候、証状のごときハ、其拠とすへき事勿論ニ候といへとも、すへて　公儀之証にも引用ゆへき物に大法に背き候事ハ、しるさしむへからす、又事の末なる所に付て其本旨を知るへき事勿論に候(と)いへ共、枝葉の事を論して多事(に)わたらハ、本旨を失ふ事あるへし、然ハ必らす其証を拠とし難く、末を逐ひ難し、就中論地等之事、古来多くハ評定所ニて詮議之上を以、事決候処ニ、近年之例、御代官(所)ニ申付、検使ヲ以裁断し候故に、不可然事共有之由相聞候、すへて此等之類、諸事に付て其心得可有之事ニ被　思召候事、

附、近年以来罪悪極重之ともからをたすけ置、目明し口問なと、名付候て、罪の疑きもの出来候時ハ、奉行中彼輩に申付、或ハ捜求め糺明セしめ、事の実否、罪の有無を決断有之由、たとひ彼輩の申所、其事をあやまらすとも、力を借り用ひ候て、天下の御政事を取沙汰候ワん事、甚以不可然候、況又彼輩の申所、或ハ遺恨ニより或ハ賄賂によつて、事の躰引ちかへ理を非となるの類、種〻有之由風聞候、よろしく早く彼輩の本罪をたゝし、自今以後此等不可然事共、停廃あるへき事に被　思召候事、

一評定所之法、公事訴訟の事、其筋之役人問難有之候て一座之面〻存寄も候得は、其存寄候処を残さす申出すへき由に候処、近年以来大かたハ詮議にも及はす、最初申出し候輩の沙汰に任て事を決し候様ニ相聞候、もし其事実ニ有之候ハヽ、評定の面〻其人数多といへとも、壱人(之)沙汰に事決候上ハ、古より詮議と申、評定と申事ハ、其本儀を相失ひ候、自今以後ハ各其心力を尽し、詮議之上に評定し候様ニ可仕由被　思召候事、

一評定所之法、遠国より訴来候輩、其滞留之日久しからさす(ママ)候様ニと有之由ニ候、然るに近年以来ハ、評定所并諸奉行所におゐて公事訴訟決難く、年月を経候て滞留之輩有之由相聞候、軽賤の者共、其業を抛ちて在所を離れ、滞留の日久しく候てハ、たとひ其本意のことく事済候共、其費用之失脚すくなかるへからす、況又申所かなひ難きものにおゐてハ、猶〻迷惑に及ふへき事、尤以て不便之事ニ候、自今以後は、奉行之面〻此等之処をおもひめくらし、沙汰の次第可有之由被　思召候事、

附、老中に申達　言上(候)事には再三思慮をも用ひ候故か、毎年(事)遅滞之事も有之、御尋之旨有之時節、申所其儀わかれさる事も有之候、すへての事滞なく申所明らかなる心得可有之事に被　思召候事、

一凡公事訴訟之事ハ、或ハ権勢の所縁有之候輩、或ハ賄賂を用ひ行ひ候輩の類ハ、其志を得候て、其望を達し候もの共有之由、世上に沙汰し候処、すてに年久しく候を以、　御代始の時、御条目にしるし出されれ候といへ共、其旧弊今に相改さる由、猶〻其聞候、もし風聞のことくに候におゐてハ、御政事のよりてやふれ候処に候へハ、(此上ハ)其沙汰に及はるへき御事ニ候、奉行の面〻其家中の輩ハいふに及す、支配の者(共)に至るまて、よろしく其戒め可有事に被
思召候事、

附、牢屋之役人といへ共、種〻(の)私法をたて、牢舎の輩の賄賂をむさほり候次第等相聞候、此等之事共、奉行中ハいまた承りも伝へす候故、制禁にハ

及す候歟、尤以不可然事ニ候、すへて如此の事
等、急度厳禁あるへき事、
右条ゝ、よろしく承知せしむへく候、諸奉行所之事におゐてハ、天下御政事の出る所ニ候上ハ、万事の理非ハ此所に相定る事共ニ候、然るに只今のことくに有之候てハ、其奉行の越度と申計ニてハ無之、すなハち御政事の明らかならすして、民の安かさる所に候間、各其心得を以て沙汰の次第可有之由被　仰出者也、

正徳二年辰九月五日　　評定所一座
奉行中

正徳六申年御書付

十三　評定一座可相心得条ゝ

一公事訴訟人、遠国より罷越候ものハ申ニ不及、当地のものも、裁断遅滞に及候てハ、本人とものの外、其所の輩迄も、内外の物入も日を逐ひ候てハ多く、是に付てハ内縁秘計を廻し其事を取持者なとも出来、種ゝ不宜沙汰も有之候、又ハ此等之物入をいとひ候ものハ、おのづから公事訴訟もなり難く、道理有之ものも非道の事におしかすめられ、迷惑し候者も可有之候、すへて如此の事ハ、御仕置のために甚不可然候、然とも其事によりて理非疑敷、又ハ一座の評議もまち〳〵ニて、事決かたき(く)裁断延引(し)候事も可有之候、自今以後ハ、公事訴訟等、百日ニ過候て事決しかたく候をは、其事の始(末)分明に書記、何も存寄之処をハ二筋ニも三筋にも付札にしるし可差出候事、

一評定所ぇ召出借金公事人、年ゝに其数多く候故に、此外之公事訴訟を僉義(ママ)せられ候ために、事ノ妨ニ成来候、自今以後ハ式日三日之内ニて二日(一)、立合三日之内ニて一日、凡一ト月に二日宛、借金公事人計召出し候日を相定め、其余ハ此外之公事訴訟等召出し、其理非分明に僉議之上、裁断ニ及はるへく候事、
但、享保二年辰年伺之上、両日借金公事承候筈ニ相極り候、
毎月　四日　廿一日

一諸奉行所ゟ牢に入置候もの、事、只今迄ハさして事

むつかしからす候事に、五年も拾年も事を決せす候ゆへに、牢内にて死し候もの年〻に多く、又ハ火事等の節にけ失セ候者も有之、本罪ハ軽く候も、大犯の罪ニ入候ものも出来、又ハ相手も有之、同類も有之候事ニ、其相手同類等死し失候て、或は僉議の手懸りもなくして事決かたく、或ハ存生之もの計相当之刑罪に行はれ候て、片落なる事に似より候事も出来り、すへて此等之類ハ御仕置のために甚不可然事ニ候、自今以後ハ牢に入置キ、百日に過候ても決かたく候事は、是又其事の始末分明に書しるし、何も存寄之所を二筋にも三筋にも付札にしるし、可被差出候事、

附、古来より牢舎又ハ過怠なと、申、其罪科を決断し、牢ぇ入置候事ハ、御仕置之一筋になり候所に近来其罪科もいまた決せす候に、僉議の間、先牢ぇ入置候者共多くなり来候歟、是又不可然事ニ候、人をも殺害し盗賊等之罪犯有之者、又ハ其身を預くへき所も無之者、又ハ本主人に預置候てハ不可然子細も有之もの丶類ハ、僉議之間牢ぇ入置候事も可有之候、此等之外預置へき所も有之候者を、罪科いまた決せす候内に、先ッ牢ぇ入置候事ハよろしく思慮あるへき事、

右条〻、評定所奉行所之事ハ、天下の理非之相定所にて、其上又世之人の安堵し候も迷惑し候も、公事訴訟の裁断に相掛り候、たとへ一旦ハ其時の奉行の沙汰ニ候故、理を以て非とせられ、非を以て理とせられ候とも、違背に及はす候といへ共、年月を経候後に至て、其事破れ(候)てハ最初裁断之時、一座之衆中のために不可然事に候、すへて此等之理非ハ不及申候得とも、御仕置ため大切之御事に候を以て相達し候間、能〻可被存其旨候、以上、

正徳六年申四月日

十四　誤証文取間敷旨之御書付

享保七寅年

三年以前子七月、大御番稲垣長門守元与力隠居江町《コウマチ》源里儀、質之致取扱、中売なとの様成儀いたし候故、

侍ニ不似合仕形と申候て、源里追放之節、誤証文申付候処、追て吟味之品有之節、源里誤無之品ニ相成候、就夫畢竟吟味能詰り候得は、証文ニかゝわらさる儀ニ候との御事ニ候(て)、左之通三奉行ぇ申渡、向後誤証文取申間敷候、若御代官なとの類、其外支配方より出候誤証文にもたれ不申候様ニ出候ても見不申、理非次第に候、文言の末ニハ有之候共、(誤)証文ハ取申間敷候、其段御代官なとへも知らセ候様ニとの御事ニ候、

右之通、向後被相心得、誤証文取申間敷候、以上、

寅二月

十五　御仕置筋取計専要之由ニて御渡候御書付

覚

一米穀之類損耗無之、能出来候様常ゝ無油断可申付事、

一有来田畑損耗無之様ニ、常ゝ心かけ、普請申付之、又ハ川除等之悪敷成たる所ハ、能いたさせ候儀専要之事、

一新田出来候儀ハ、宜事ニ候得共、外之害にならさる所ハ申付可然候、大概古田畑或ハ秣場等之障りになり候事、度ゝ有之事ニ候条、左様成所ハ可為無用事、

一差当り入用等も無之に、山林を伐出し、交易いたし候儀、堅く可為無用事、

一食物ハ勿論、其外諸色潤沢ニ候共、猥ニつかい捨不申様、酒菓子類むさと多く作り出し候わぬ様ニ可相心得事、

一当時売買之諸色、別て不足なると申物も無之処、此上数多仕出し候とて、人ゝ分限を越て物を遣候へハ、事足不申、畢竟国の裏(衰)となり、無益の事ニ候、米穀幷薬種之外ハ、金銀衣類諸道具類に至迄、新規之品ハ勿論、有来物ニても相増し仕出し候儀、猥ニ申付間敷事、

一有来外遊所物見セ幷売買等ニて、人多集候様に致候儀、其所之にきわひを申立といふとも、猥ニ申付間敷事、

一故なくして商物俄に高直ニ売出し候ハ、過分之利得

をむさほり候ての儀ニ候条、遂吟味、致させ申間敷候、
但、商物一所に請込、下直ニ売出すへき抔と申といふとも、是又取上申間敷事、
一国〻所〻より出し候諸色、運送不自由ニ候歟、又ハ途中の煩にて、損失無之様ニ心を附可申事、
前条ニも有之通、諸人一同之御救ニハ、米穀能出来候儀を、人〻分限を守り、費不致様之御仕置を専要ニ可申付候、此外之儀は、其事を取扱候者之利得にハ可成候得共、諸人ぇ行わたり、命をつなき候事ニハ不相成、却て悪敷事ともハ出来可申候条、件之趣共能〻相考可申付旨被　仰渡候、以上、
享保六丑六月
右御書付ニ被　仰出候趣
奉行共ぇ御書付相渡候付、口上ニ可申聞趣、願事ニ付、役人取扱の心得のため、去年以御書付被仰聞候趣有之候、夫ニ付右品〻ハ惣躰御仕置の専要被　思召候間、役所なとにハ張置候程ニいたし、末〻の役人迄も能相心得候様ニ可致との御事ニ候、畢竟世上ニても、右之思召引移候様ニ可仕儀ニ候、依之、御書付末の御文言、去年被　仰聞候とハ替り、此度改メ被　仰出候間、其旨承知仕取計可被申事ニ候、

十六　新規之神事仏事執行異説等之事

享保十一午十一月御書付

於在〻所〻神事仏事其外不依何事、新規之儀堅不可取建、若無拠子細有之ハ、奉行所又ハ地頭ぇ相達、伺差図、たとへ有来儀ニても、例替りたる品ハ無油断心付、為相止可申候事、
一惣て異説等申触候事於有之ハ、急度遂吟味可申事、

十七　諸国浦高札

定

一公儀之御船ハいふ(に)不及、諸廻船共ニ遭難風時ハ、助船出し、船破損させさる様ニ成程精を出すへき事、

一船破損之時、其所近キ浦之者精を出、荷物船具等取揚へし、其取揚ル所之荷物之内、浮荷物ハ弐拾分一、沈荷物ハ十分一、但、川船ハ浮物ハ三十分一、沈物ハ弐拾分一、取揚ル者に可遣事、

一沖ニて荷物はぬる時ハ、若船の湊ニおゐて其所之御代官手代庄屋出合、遂穿鑿、船に相残ル荷物船具等之分、可出証文事、

附、船頭浦々之者と申合、荷物ぬすみ取、はねたると偽申におゐてハ、後日ニ聞といふ共、船頭ハいふニ及ばす、申合輩に至まて其罪《ツミ》重かるへき事、

一湊に長々船を懸け置輩あらハ、其子細を所之者相尋、日和次第早々出船いたすへし、其上ニても令難渋ハ、何方之船と承届之、近辺ハ其地頭御代官、遠方ハ御勘定奉行又ハ其辺の奉行所ぇ急度可申達事、

一御城米廻之刻、船具水主不足之悪船ニ不可積之、幷日和能節、船於破損ハ船主船頭可為曲事、惣て理不尽成義申懸之、又ハ私曲於有之ハ、可申出之、縦雖同類其科をゆるされ、御褒美可被下之事、

一自然寄船幷荷物於流来ハ、可揚置之、半年過迄荷主無之におゐてハ、揚置之輩可取之、若右之日数過、荷主雖為出来、不返之、雖然其所之地頭代官可請差図事、

一博奕惣て賭之勝負、堅停止たるへき事、

右条々可相守之、若於相背は可被行罪科者也、

正徳元年五月日

十八　浦々添高札

前々より浦々高札相建、

公儀之船ハ不及申、諸廻船共猥成儀無之様に被　仰付候処、遭難風候節も、所之者共船之助ニハ不相成、却て破船いたし候様ニ致かけ、荷物を刎させ、或ハ上乗船頭と申合、不法之儀共有之様ニ相聞、不届ニ候、御料ハ御代官、私領ハ地頭ゟ常々遂吟味、毛頭不埒不仕候様ニ、急度可被申付候、若此上不埒之儀於有之ハ、後日相聞候共、其者ハいふに不及、所之者迄可被行重科、其上其所之御代官地頭迄可為越度

事、

一御城米船、近年破船多候ニ付、今般諸事相改、別て大切可仕旨申渡、船足之儀も深く不入様ニ、大坂船ハ大坂奉行、其外国々之船ハ其所支配之御代官より、船足定之所ニ極印を打、船頭水主之人数を不減少様急度申付、令運漕筈《ハツ》ニ候、依之、湊ゑ寄候船之分ハ、船頭水主人数并船足極印之通無相違哉、送り状ニ引合急度相改、帳面ニ記置、上乗船頭印形致させ、右書物其所ニ留置、御料ハ御代官、私領ハ地頭ゑ差出之、御代官并地頭より御勘定奉行迄、可被差出候、且又極印より船足深く入候船有之候ハヽ、積候俵数委細に改之、御城米之外、船頭私之運賃を取、他之米穀或ハ商売之荷物等積入候歟、又ハ水主人数之内、令減少候ハヽ、私に積入候荷物ハ、其所ゑ取揚置、水主人数不足之分ハ、其所ニて慥成水主を雇せ、為致出船、其上ニて右之訳、早速御勘定奉行ゑ可訴之事、

一破船有之節、浦々の者出合、荷物船具等取揚候剋、盗ミ取候歟、又ハ不届之仕形於有之ハ、船頭ゟ不隠置、有躰ニ早速可訴出事、

右之条々急度可相守、若違犯之輩於有之ハ、詮議之上可被行罪科、不吟味之子細も候ハヽ、其所支配之御代官又ハ地頭迄可為越度者也、

辰八月

享保五子年
十九　浦賀ゑ湊替被　仰付候節之御書付

覚

一下田ハ湊口よろしからさるニ付、風破(波)之節難乗入、或ハ船破損ニ及、其上乗おとしの船も多く、旁諸廻船之者とも難儀仕候由相聞候ニ付、御吟味之上浦賀湊ゑ御番所被　仰付候事、

一諸廻船之儀、米穀を始、其外炭薪材木等、滞留なく運送候様ニ被　仰出候儀ニ候間、向後植木庭石其外遊ひ道具之類、積廻不申筈ニ候条、此旨船持共ゑ可申付事、

右御番所替り候ニ付、判鑑等引替、其外之儀ニ付て浦

賀奉行ぇ可聞合候事、

享保五年子十二月

二十　唐船持渡之諸色抜荷買取御制禁之御書付

一唐船持渡之諸色抜ヶ荷仕、売買之者、今以不相止不届ニ候、向後買元不慥疑敷品有之候ハヽ、不可相求、於訴出ハ、詮議之上其荷物可被下之、尤抜荷物仕候もの有之由沙汰承候共、是又可訴出、縦同類たりといふ共、其科をゆるし御褒美被下、其上あたをなさゝる様ニ可申付候、若存なから不申出もの有之、於令露顕ハ急度可被行罪科事、

一海上ニて唐船見掛候ハヽ、縦行違候共、唐船とはるかに間を隔て可相通、尤唐船かゝり有之、近辺同じやうに船かゝりいたし候ハヽ、遂詮議可行罪科旨、国ミ所ミにおゐて西国北国往来之船持候者共ぇハ、常ミ急度可申付候事、

右之趣、堅被申渡置、外より不相知以前、面ミ領地支配下タより相改出候様ニ、無油断可被申付候、若違犯之者有之時ハ、伺之上仕置可被申付候、已上、

享保三年戌六月

二十一　出売出買之儀触書

近年品川沖より湊内まて、諸廻船懸り居候所ぇ町中ゟ小船を数多乗出、中途ニて廻船乗組之水主と出買之者共馴合、不埒成商売物隠買仕候故、積荷物不足有之、船頭并問屋共難儀之由申出候、向後中途ニて万物堅買取申間敷候事、

一右出買船之外ニ、小船ニ乗出売之者有之、此もの共儀、不埒成儀有之由ニ候、向後荷物瀬取之茶船并湯船水船之外、一切諸廻船之辺ぇ乗参間敷候、若相背、出買出売之もの有之候ハヽ、召捕可訴出旨、廻船問屋共ぇ申付置候間、此旨可相心得候、

正徳五未年

二十二　公事訴訟人ゟ音物贈り候儀ニ付御書付

公事訴訟有之者共、奉行役人中并其家来之末ミといふとも、内縁を求め、音物を相贈候儀、制禁ニ有之

候、違犯之輩に至ては、たとひ理運之公事、其謂ある訴訟といふとも、一切に許容あるへからす、若又裁許之後、年月を過き相聞候といふ共、急度其沙汰に及はれ、罪科に可(被)行者也、

(右今度如此被　仰出旨、よろしく可相心得候、以上、)

未七月

享保六丑年御書付

二十三　御料幷(一)地頭地頭違之出入之事

一地頭違又ハ一地頭之百姓出入訴出候事、

是ハ両様共ニ地頭ゟ断有之上にて、取上可申候、若地頭ゟ断無之内、百姓訴出候ハ、取上申間敷候、且一地頭之出入ハ、地頭之取捌にて事済可申儀ハ、其趣地頭ぇ可申談候、其上ニても不相済候ハヽ、取上可申事、

但、地頭ゟハ届ヶ一通りニて出入之品を申立候儀にてハ無之事、

一御料所之百姓出入訴出候事、

但、是ハ其所之支配人之添状無之候ハヽ、取上申間敷事、

一御料所之百姓、其所之支配人ぇ願候時、何之訳も不申聞、久敷押置候歟、或ハ裁許之次第請かたく、再往願候ても取上無之節ハ、不得止奉行所ぇ訴出候事、

是ハ非分之品ニ候ハヽ、伺候て取計候筈、兼て被仰出候、左程ニハ無之、心得違之趣に相聞候ハヽ、支配人奉行申談、宜取計候様ニ可申付、其上ニても訴訟人不致得心候ハヽ、奉行所ニて裁許可申付事、

一私領之百姓、地頭ぇ願候時、久敷取上不申、或ハ裁許之次第請かたく、再往願候ても取上無之節ハ、不レ得レ已《やむことを》、奉行所ぇ訴出候事、

是ハ地頭奉行申談、宜敷取計ハせ可申候、其上ニて(も)訴訟人不致得心、地頭よりも断有之におゐてハ、奉行所ニて裁許可申付候、但、格別地頭非分之申付ニ相聞候ハヽ、其品言上可致事、

右之通、向後可被相心得候、以上、

丑六月

享保六丑年

二十四　評定所前訴状箱ニ有之文言

覚

一御仕置筋之儀ニ付、　御為になるへき品〻之事、
一諸役人をはしめ、私曲ひぶんこれある事、
一諸訟(訴)有之時、役人せんぎをとけす、永〻捨置におゐてハ直訴すへき旨相断候上、出へき事、
右之類、直訴すへき事、
一自分為によろしき儀、あるひハ私のいこんを以、人の悪事申間敷事、
一何事によらす、自分慥ニしらさる儀を、人にたのまれ直訴致間敷事、
一訴訟等之儀、其筋の役所ぇいまた不申出うち、あるひハさいきよいまた不済内、此両様申出間敷事、
一惣てありてい不申、少ニても事を取りつくろい、きよセつかきのセ申間敷事、
右之類ハ取上なし、かき物ハ則やきすつへし、尤たくミの事、品によりて罪科に行るへし、かきものはかたく封し持来へし、訴人の名幷宿書付無之ハ、是又取上さる也、

丑八月　　奉行

二十五　評定所(前)箱之際建札

毎月弐日訴状箱出し置、書付入候筈之処、去月廿一日箱出し不申前、此所ぇ書付はり置候もの有之、不届ニ付、向後右之通之儀有之候ハヽ、早速役人封之儘焼捨可申者也、

寅二月

二十六　訴状箱ぇ書付入候儀ニ付触書

訴状箱ぇ書付入候事、右ハ御仕置筋之儀ニ付、御為ニ可成品、幷諸役人を始、私曲非分有之事可致直訴候、且又訴訟有之時、役人不遂僉議永〻捨置候ハヽ、直訴可仕候由、其役所ぇ相断候上ニて、直訴致筈之段、去年日本橋ぇ建置候御高札御文言之内ニ有之候処、其筋〻之御役所ぇ可願儀共(をも)、御役所ぇは

不申出、毎度訴状箱ぇ書入候段、相違之事ニ候故、
為心得左ニ書付候、縦ハ
一町方其外ニても、御救ニ可罷成候間、何之品被　仰
付候様との類之事、
一公事合之事、
一自分願之事、
右此等之類は、其筋ゝ御役所ぇ訴出候得は、吟味有
之事ニ候処、一応も不申出、猥ニ箱ぇ書付入候、就
夫御吟味可有之品ニても、御取上無之間、右之趣相
心得、其筋ゝぇ可申出候、若滞儀も有之候ハ、相断
候上、直訴可仕候、依之猶又触知セ候者也、

享保七年寅四月

享保十七子年
二十七　評定所(前)箱訴状宿書(附)之儀御書付

一評定所前箱ぇ訴状入候者、江戸宿附無之候共、所附
有之候ハヽ、呼出申聞候儀、又ハ叱り可申事等有之
節、近郷ニて其日帰ニ罷(成)出候程之所ハ呼出可申候、
夫より遠国ニ候は、御料は御代官、私領は地頭ぇ申
達、於其所申聞、又ハ叱り候様ニ可仕候、
但、遠国ニ候共、品ニより其もの呼出し可取計儀
ハ、只今迄之通たるへき事、
(七月)

享保六丑年御書付
二十八　公事出入訴下役所等ニて滞セ候事

一惣て下より訴出候儀、奉行所ぇ早速可(不)相達、下役所
或ハ其所支配之方ニて滞セ候儀も有之候由ニ候条、
随分心を附可申候、若押置候故、越訴なと致候もの
有之節ハ、其筋之役人、急度相糺可申事、

丑六月

享保六丑年(伺書)
二十九　公事吟味銘ゝ宅ニて仕候儀伺之事

(覚)
一公事吟味之儀、式日立合ぇ差出、評定所ニて吟味仕
候ニ付、公事多時ハ銘ゝ掛り之公事差出、順ゝ致吟
味候故、公事数さしつとひ申候間、日数かゝり、百
姓長逗留致難儀ニ罷成候、

一右之通ニ付、入組候公事ハ、評定所ニて承候間ゝニも、致吟味可然分ハ、面ゝ宅ニて吟味并証文書物等をも相しらへ、其上を評定所一座におゐて猶又遂吟味候得は、吟味も一入詰り、日数もかゝり申間敷哉と奉存候、(且又)相伺可申筋之分ハ、最初被仰聞候趣を以、伺之上裁許可申付候、其外只今迄評定所一座ニて事済候分ハ、直ニ裁許申付候様ニ可仕候、勿論銘ゝ宅ニても、御代官手代をかけ申儀ニてハ無御座候、

右之通伺之上相極候事、

享保六丑十月

「ろ」論所取捌之部

享保廿一辰年御書付

三十　諸役人非分私曲有之裁許
　　　重キ御役人領地(知)出入取計等之事
　　　裁許仕置

一諸役人を始其所之支配人、非分私曲等之儀有之旨訴出候事、

右ハ訴出候節、先其旨相伺、御差図次第取計、(尤)裁許之儀ハ相伺可申候、

一重キ御役人其外評定一座之面ゝ、領知等之出入之事、

右ハ訴出候節、伺不及取計、裁許之儀相伺可申候、

一於奉行所諸役所并私領、前ゝ裁許有之て事済候儀を、経年月、右裁許非分之由申立、再応吟味相願候共、取上申間敷候、然共、訴訟方慥成証文等有之、相手方ニハ証拠無之、先裁許必定過失と相見候ハヽ、伺之上詮議取懸り可申候、若又双方証文有之ニおゐてハ、再吟味無用之事、

但、相手方不尋して不叶《カナハ》儀も候ハヽ、(各)相談之上、其所支配人或ハ地頭ぇ一通り相尋候ハ(ママ)、不苦候、猥ニ相手召寄申間敷事、

一再吟味之願、理分ニ相聞候共、双方対決之上ならてハ理非相決かたく、又ハ検使差遣不申候てハ不分明之儀ハ、慥成証拠無之故ニ候条、再吟味無用之事、

右ハ訴訟人之願に依て、再吟味之事ニ候、於奉行所ニ評議之上、（前ミ）裁許改候儀ハ格別之事、

以上

辰正月

是ハ下ヶ札如此有之候得共、此所ニ記

未八月十四日、中務大輔殿ぇ進達、

重キ御役人知行所之趣相伺候儀ニ付申上候書付、丸付候分ハ相除、書面之通可相心得旨被仰聞承知仕候、

未八月廿二日　　評定一座

重キ御役人知行所之出入ハ、吟味之上、裁許之趣相伺可申旨、先年被　仰出候儀ニ付伺候、

一御老中　　一所司代　　一大坂御城代　　一若年寄

一御側衆　　一御留守居　　一大目付　　一御目付

一評定所一座

右之分、知行所出入、伺之上裁許仕候様、只今迄相心得罷在候得とも、御役名無之候ニ付、弥右之通相心得可申哉、奉伺候、以上、

享保十八年丑九月御書付

三十一　論所吟味評議等入念可申旨之事

論所裁許之伺書付差出候節、不及其儀事ニても、品を付候趣ニ付、御不審之上、無用之儀ニ相極り被除候事、近来間ミ有之候、先頃西広村大坪村野論出入之儀ニ付、御尋ニ付て例書出候節、相応之近例有之処、初ニ書出候ハ、十七八年以前之例ニて候、惣て近例より遂吟味、相応之儀無之おゐてハ、遠例を可差出事ニ候処、吟味仕形未熟、其上評議之次第も厳密ニハ不被　思召候、向後急度入念可申旨被　仰出之候、

享保五子年御書付

三十二　双方相対之上新田（新）堤取立候事

私領ニて新田新堤取立候儀ハ、百姓之痛も無之様ニ、双方地頭相対之上、申合次第（ニて）済候儀ニ候間、願出候共取上不及、双方之地頭相対之上、障無之様ニ可申合旨可申談候、子細有之、相対之申合ニて難済儀ハ、奉行所ぇ可差出事、

享保十四酉年御触書

三十三　用水論其外無筋出入訴出候事

一在〻用水懸引井路之儀、川中ニ井堰を立、水を引わけ候処ニ、堰之仕方ニより川下之井水とら(令)不足ニも無構、手前勝手宜様にのミ仕候故、及争論、或ハ両頬ニ井口有之場所、片頬之井口附替候時、双方不申合、一方之自由に任せ仕替候故にて、出訴候類有之候、自今右躰之儀、双方致相談(対)、普請仕候節は立合、無障様ニ可致候、若滞儀有之か、又ハ不法之事仕候時ハ、其節ゟ十二月を限、於訴之ハ可有裁断、右期月過令(出)訴候ハ、、不取上候事、

一郡境村境山野之論、又ハ質田地等之儀、其外奉行所ぇ訴出候事ニ付、証拠無之非分之儀をも何角申紛かし、又証拠有之儀も年経候得は、その事を申掠及出訴、相手村方之難儀ニ及セ、其上双方村〻困窮之元ニ成、不届ニ候条、向後如此之筋不可訴出、若此類之事訴出、詮議之上巧のわけ相知におゐてハ、其咎可申付事、

辰閏四月

右之通、六年以前辰閏四月相触候得共、未行届所も有之様ニ相聞候ニ付、猶又此度相触候間、被存其旨、御料は御代官、私領は地頭ゟ村〻名主百姓共ぇ、右之趣相心得候様可被申付候、以上、

酉正月

元文二巳年御書付

三十四　御料私領入相(会)之論所郡境等ニても不入組儀ハ最初ゟ御番衆御代官見分ニ不遣事

私領論所事ハ只今之通たるへく候、御料計之内歟、又ハ御料私領入相(会)之所ハ、入組不申論所ハ、郡境等ニても、先其辺之御代官ニ見分いたさセ、相済可然候、夫ニても難決時ハ、見分之者差遣候て可然候間、先此趣ニ相心得、尤従最初入組候て難分時ハ、見分可遣候、

右之趣、可被得其意候、以上、

巳十一月

享保十一年午御書付

三十五　論所見分伺帳ニ反歩証跡注候事

向後国境郡境其外、論所見分罷越候者、見分之帳ニ町歩反別等之儀、書入可差出候、且又証拠ニ可成所於有之ハ、別絵図(ニ)注之、差出候様可被致候、以上、

午四月

享保十一午年御書付

三十六　論所見分伺書絵図等ニ書載候品(之)ゝ事

一論所吟味之儀ニ付、見分裁許伺帳証文、又ハ古キ帳面を以、証拠ニ致候儀を、右之大意計書出し、肝要に引候其事之員数等之儀ハ、書載不申候、且又古キ絵図面ニて境を極候も、右之絵図出し不申候、就夫、自今ハ証拠ニ引候帳面証文之文言之内、其事之員数等書出し可申候、絵図面ニて極候儀ハ、右絵図入用之所計を小絵図ニ仕可差出候、

一只今迄ハ、論所之絵図ニ色紙を以(附札)調候ニ付、数ゝニ成候てハ、色分ヶ紛敷候間、向後色紙ハ相止、白紙附札之肩、訴訟方相手方見分方なと、夫ゝの題号を書付ヶ可申事、

午五月

享保十六亥年

三十七　縁起譲状古証文等を以裁許之儀ニ付伺書

一寺社領争論、縁起譲状を以申出候時、御朱印之面ニ寺社領縁起之通と有之歟、或ハ縁起譲状、御国絵図ニ名所符合仕、書面(も)疑敷無之候得は、取用申候、

一山論境目秣場出入并田畑論、先奉行裁許仕候書付、古水帳、是又古来御代官所之時、裁許仕候書付、或ハ地頭捌置候書付差出候節、吟味之上、御国絵図等ニ符合仕候歟、又ハ地所無(相)違候得は、取用申候、

一寺院後住争論ニ、先住遺状(譲状)慥成書面ニ候得は、取用候、将又百姓町人家督出入ニハ、譲状正敷書面ニ候得は、取用之候、

一惣て古キ書物差出候節、印形無之候ても、慥成書付ニて、水帳又ハ地面ニ符合候書面、将又扱証文山手証文名寄帳、印形有之年貢等納方相違無之ハ、取用申候、

右、只今迄之通、向後共相心得可取計旨、伺之上被
仰渡候事、
亥七月

「は」田畑永代売質地取捌之部

三十八　田畑永代売買御仕置覚(書)

一売主牢舎之上所追放、家財欠所之不(及)沙汰、本人
死候時は子同罪、
一買主過怠牢、本人死候時ハ子同罪、
但、買候田畑ハ、売主之御代官又ハ地頭ぇ可取上
之、
一証人過怠牢、本人死候時ハ子ニ構無之、
一質ニ取候ものハ作取ニして、質ニ置候ものより年貢
役勤候得は、永代売同前御仕置、
但、頼納売と云、
右之通、田畑永代之売買御停止之旨、寛永弐拾年未三
月十一日被　仰出之、
但、百姓苗田畑山林等之外、開発新田又ハ浪人侍
なとの田地、売候儀無構、

貞享四卯年御書付

三十九　田畑頼納売幷永代売買御制禁之事

一質地取候者、年貢不出之、質地ニ遣置、無田地之者
方より年貢役等勤もの有之由相聞、不届之至ニ候、
堅停止之事、
一田畑永代売買、此以前被　仰出候通、弥以制禁之事、
卯四月

延宝三卯年

四十　御朱印地質地取間敷旨申渡候覚

一惣て　御朱印之寺社領、田畑屋敷、外ニ(之)者ぇ相渡儀、
難成事ニ候間、質地ニ不取様ニ兼て百姓ぇ申聞可置
旨、御代官ぇ書付を以申渡候、

享保五子年御触書

四十一　質田畑倍金手形停止之事

一田畑質ニ入候節、倍金手形ニて取やり仕候も有之由、
倍金手形為仕間敷旨、御代官ぇ相触候事、

子八月

享保八卯年御書付
四十二　質地裁判之事

覚

一去ゝ丑ノ冬中相触質地之類、流地ニ不成、裁判有之候処、右之通ニても質地請返し候事も成兼、却て致迷惑候もの有之、金銀之借シ(ママ)借りも手支候由、就相聞候、当卯九月(より)丑年以前之通取捌有之筈ニ候事、

一金銀不致返弁、質地をも不相渡、及出入候時ハ、可訴出儀勿論候得共、年久敷儀は取上無之候間、享保元申年以前之出入ハ訴出間敷事、

一丑年以来当卯八月中迄、奉行所又ハ私領ニても、質地年賦ニ請戻シ裁判申付、証文改置候分ハ、弥其通可相心得候、然共此上相対を以質流しにいたし候共、勝手次第之事、

右此旨を可相守者也、

享保八卯年八月

元文二巳年
四十三　質地之儀ニ付触書

覚

一名主加判無之質地証文之事、

一名主置候質地ハ、相名主又ハ組頭等之役人加判無之証文之事、

一拾ヶ年季を越候質地証文之事、

右三ヶ条之儀、并田畑永代(売買)又ハ地主より年貢諸役を勤、金主ハ年貢諸役を不勤、質地之類ハ前ゝゟ御停止ニて、村方五人組帳ニ書記有之処、右之通之不埒之証文を以訴出候も有之候、自今五人組帳、名主庄屋等より大小之百姓等(え)度ゝ為読聞、不致亡(忘)却様可仕候、

一享保元申年以来、年季明候質地ハ、自今年季明拾ヶ年過、訴出候ハヽ、取上無之事、

一金子有合次第可請返ス旨証文有之質地ハ、質入之年ゟ拾ヶ年過、訴出候ハヽ、取上無之事、

右二ヶ条、自今拾ヶ年内訴出候ハヽ、取上裁断有之候、

右年数過候分ハ、無取上之事、
右之通、村〻ニて可相心得者也、
二月
右之通、関八州并伊豆国村〻ぇ可被相触候、私領村〻ぇは、其最寄之御代官より不洩様相通し可被申候、且又私領方にハ百姓五人組帳も無之村方も有之哉ニて候間、是又最寄之御代官ゟ其領主地頭ぇ相通し、此度改帳面渡候様、是又可被申通候、
以上、
巳二月

四十四　質地出入一座申合覚

享保十年巳八月
一質地(之)本証文取上無之分ハ、小作滞も取上申間敷事、
享保十一年午六月
一別小作人小作滞有之由訴出候時、日切済方申付候得共、日切にも不相済候得は、小作人身代限ニ申付、其者所持之田畑迄為相渡候処、自今ハ諸道具之分ハ不残相渡、田畑(ハ)小作金之多少ニ応し、年数を限、金主方ぇ為相渡、年数過候ハヽ、小作人ぇ相返候様ニ可申付候、但、小作人所持之田畑質物(ニ)入置候分ハ、田畑持不申もの同前ニ、諸道具ハ不残相渡させ、家屋敷ハ渡させ申間敷候、尤田畑不致所持ものハ、勿論諸道具計相渡させ可申候事、
享保十一年午七月
(一評定所一座其外重キ御役人知行所等出入之儀ハ、伺之上裁許申付候得共、質地出入ハ裁許之筋兼て相極り有之事ニ候間、右之衆中知行百姓等ニても、不及伺可致裁許事、)
享保十八年丑八月
一質地年季之内不請返候ハヽ、流地ニ可致之旨(之)文言、証文ニ書入置、年季明程過請戻之儀、地主願出候共、取上申間敷候事、
元文元年辰九月
一享保十四酉年以来、質地証文、名主加印又ハ名所等無之、質地難立分ハ、書入ニ准し候筈ニ候、然は質地証文年季かゝり候共、借金准し候上ハ、年季ニ無

構、元利共三十日切ニ済方可申付候、但、小作滞之儀ハ高利ニ当り候ハヽ、是又壱割半之利足ニ直可申付事、

右之通、評定一座評議之上相極ル、

卯五月

四十五　質地滞金日限之定

五両以下 五石以下	三十日切
五両以上拾両迄 五石以上拾石迄	六十日切
拾両以上五拾両迄 拾石以上五拾石迄	百日切
五拾両以上百両迄 五拾石以上百石迄	弐百五十日切
百両以上 百石以上	十ヶ月切
弐百石 弐百両 以上	十三ヶ月切

卯十月二日

享保二十卯年

四十六　知行所ぇ用金申付候儀ニ付触書

一知行所百姓ニ申付、田畑質地ニ入、金子借出させ候類有之候、ヶ様之儀有之間敷事ニ候条、向後無用ニ可致候、右之外は只今迄之通たるへく候、

「に」借金銀家質地代滞等之部

四十七　借金銀裁許申合之事

享保十四酉十二月

借金銀買懸り等之出(入)、享保十四酉年正月ゟ如前ゝ取上裁許可仕旨被　仰出候、

一右訴出候ハヽ、訴状ニ取扱之裏書遣シ、差日双方罷出候ハヽ、三十日切申付、日限度ゝ切金ニ為差出、其上ニて出金之仕形不埒ニ候ハヽ、手鎖をかけ置、猶又滞候ハヽ、身代限り申付候、

右ハ町人百姓ぇ申付方ニて候、武士方之儀、是又三十日切(ニ)申付、日切之度ゝニ切金可申付候、右何も先年之仕形ニ候間、弥右之通可申付候事、

一家質金質地金其外質物出入ハ、只今迄も申付来候間、酉正月以前之分も、弥只《タヽ》今迄之通可申付事、

但、右二ヶ条、高利相見候ハヽ、可致吟味候、質地

之儀ハ、小作之事ニ付、利分不及沙汰候、
一借金証文之内、本文之内ニ利金有之、高ニ結候は取上申付、末ニ有之書入候様成ルハ、吟味可有之事、

元文元年辰九月
一借金幷書入金等利足之儀、弐割ゟ高利之分、五分之利ニ直し、済方申付候得共、自今ハ壱割半之利足ニ改、裁許可申付事、

右之通、一座相談之上相極候事、

享保十四酉年御書付
四十八　借金銀利分之事

一元禄年中金銀吹替以来、米穀高直候処、近年下直ニ相成候、然ル処、借金銀幷質物利足ハ前ゝ之通ニて、諸人致難儀候由相聞候、依之元禄十五午年以来之借金銀ハ、向後利金五分以下たるへし、今暮前ゝの借金銀を追越、手形を致直シ借用候も、是又利金同前之事、
一只今迄元利不相済分ハ、今度利分減少之不及沙汰候事、右之趣、双方相違無之様、急度可相守、此上返弁滞候ハヽ、借金主ゟ奉行所ぇ可相届候、若又右定ゟ利金下ざるにおゐてハ、借り主可訴出事、
一新規之備(借)金銀ハ、尤相対次第たるへし、猥ニ高利にすへからさる事、

酉十月廿六日

右之通急度可相守者也、

享保子年伺之上相定
四十九　家質済方日切之事

家質済方出入之儀、金高ニ応し左之通可申付候、
一四五十両　六十日切
一六七十両　七八十日切
一百両　百日切
但、百両有余ハ、見合日限り可申付候、
一千両以上　十二ヶ月切
右日限ニも不埒明候ハヽ、家屋敷相渡可申候、尤日限り之内、利金も為差出可申候、
一惣躰家質利金滞之儀、訴出候共、一二ヶ月滞候分ハ、訴訟取上申間敷候、三ヶ月も滞候ハヽ、吟味之上可

申付候、

子十月

享保五子正月

五十　譲屋敷名前之儀ニ付町触

家屋敷他人ハ勿論、たとへ親類ぇ譲渡候共、早速町内ハ不及申、一類ぇも弘メ致し、帳面名も改可申候、譲り渡候迄（儘）ニて致不念打捨置、重て及出入、僉議之上、証拠も無之におゐてハ、向後奉行所ぇ取上ニ成候間、右之段町中ぇ可相触者也、

享保三年戌閏十月

五十一　白紙手形ニて金子借候者之儀ニ付被　仰出之書付

白紙手形ニて借シ金等仕候者有之候節、証文ハ破り捨、過料三十両、又ハ弐拾両出させ可申候、尤右之員数ニ不限、其者之身上ニ応し、過料多少可有之事、

「ほ」諸奉公人出入取捌之部

五十二　奉公人年季之事

覚

奉公人年季、前ゝゟ拾年を限り候処、向後ハ年季之限り無之、譜代ニ召仕候共、相対次第候間、其旨可存候、以上、

元禄十一寅年十二月五日

（享保四亥年）

五十三　諸奉公人出入之儀ニ付町触

一諸奉公人欠落之儀、主人断次第給金済方之儀、請人ぇ急度可申付事、

但、給金済方請人ぇ申付（候）以後、若滞候ハヽ、

請人身代限り可申付事、

一取逃引負等之欠落者、主人断次第、請人三十日切之尋申付、不尋出ニおゐてハ、過料可申付、若及数度候ハヽ、曲事ニ可申付候、欠落者尋出候ハヽ、取逃物売払候共、買主ゟ為戻可申候、金子なと遣捨候事

分明ニ候ハヽ、すたりニ可致候、尤請人過料ハ差免、
給金計済方可申付事、
　但、請人奉公人之下請人取置候て、請人相弁候金
子、下請人ゑ懸り度旨願候共、相対ハ格別、御役
所ゟハ申付間敷候事、
　　是ハ享保十一年改り、当時ハ下請人ゑ懸り願出候
　　得は、下請人ゑ三十日切ニ申付候、
一惣て取逃引負之儀、若請人兼ゝ存候様子ニ候ハヽ、
急度遂詮議、其上之落着次第請人御仕置可申付事、
一町人之召仕、欠落取逃引負等之儀も、右之通可相心
得事、
一右之類若請人致欠落候ても、請人欠落以前ニ、家主
ゑ預ヶ置、其品御役所へも断有之ハ、請人之可済金
過料共ニ、家主ゑ可申付事、
　但、家主欠落もの、店請人ゑ懸り度旨願出候共、
　相対は格別、御役所ゟハ申付間敷候事、
一欠落者有之、主人ゟ請人を預ヶ候節ハ、家主(方)ゑ
召連参、預ヶ可申候、主人之方ゟ請人を呼寄候節、
及数度不罷越(儀も)候ハヽ、主人方ゟ奉行所ゑ断次
第、吟味之上可申付候事、
一奉公人出入ニ付、主人ゟ断有之候ハヽ、請人之家主
不及異儀、急度預ヶ置可申候、但、借金筋に付てハ、
店之者(を)預り申間敷候事、
一請人欠落以後、主人ゟ断有之候共、取上申間敷事、
一取逃引負之欠落者之請人、自然致欠落候ハヽ、主人
見合ニ本人召連可来候、本人を尋出差出候ハヽ、取
逃物ハ前条に有之通申付、右欠落者当宿在之店請人
取置候ハヽ、不慥成もの、請ニ立、差置候品を以、
其店請人ゑ過料可申付候、若又当宿之者、店請人も
取置不申差置候ハヽ、尤当宿ゑ過料可申付候、右取
逃引負致候ものハ勿論、御仕置可申付候事、
一諸借金買掛り出入之儀、訴出候ハヽ、日切又ハ其者
之身代限ニも可申付候、証文ニ加判人有之ニおゐて
ハ、当人加判人両方ゟ済方可申付候事、
　但、当人加判人共致欠落候ハヽ、右出入ハすたり
たるへし、右之出入、畢竟相対之儀ニ候間、御役

所ニて済方申付候節、当人と加判人計ヱ証文申付、
家主不及加判候事、
一門前払之儀、只今之通可申付候、右門前払ニ成候当人、重て之住居見届、元家主出入相懸り候ハ、、尤当人身代を限り可申付候、当家主ヱハ金子申付間敷候事、
一請人欠落又ハ不届有之、御仕置ニ成（候）共、自今家主継判致し候ニ不及、主人と奉公人相対ニ可仕候、此外奉公人給金借金等之儀ハ（ニ付）、請人又ハ家主五人組なとを屋敷ヱ留置、済方申付候事、堅く無之筈ニ候、請人於滞有之ハ、其主人ゟ御役所ヱ断次第、不埒有之候ハ、、吟味之上急度可申付候事、
一奉公人出入并諸借金買掛り等之儀ニ、本人滞り候得ハ、家主又ハ店請人ヱ、近来段ゝ申付候得共、右条ゝ之通、向後相極り候事、
右之趣、急度相心得可申旨、町中ヱ可触知者也、
亥八月

享保四亥年伺書

五十四　取逃引負欠落之者請人咎之事

一取逃引負之奉公人欠落者、請人ヱ三十日切尋申付、於（不）尋出ハ、其役人（請）身代之様子ニゟ、過料軽重相応ニ可申付候事、
　但、打続過料差出候ハ、、是又相応ニ可申付（候）、
一欠落者六七度に及ひ、不尋出候請人ハ、牢舎申付、其請人身代之様子次第見計、四五分又ハ二三分ニても、相応ニ為過料と、身躰取上可申候、若又奉公人馴合、不尋出候ハ、、訳吟味之上相決候ハ、、其請人ハ伺之上御仕置可申付候、
右之通、伺之上相極り候事、
亥八月

享保六丑年伺書

五十五　引負之者之事

引負金いたし候者之儀、引負金百両以上以下共、当人并親類又ハ可弁筋之者、弁金申付、少ゝも相済申候ハ、、引負之当人ハ其分ニ差置、当人身上取立候

節、主人願出候様ニ申付置、身上取立候段主人願出候ハヽ、其節当人身躰限り弁させ、身上持候度ヽ、幾度も弁させ可申候、兎角弁候儀と存候ハヽ、外(之)は見こりニも罷成、自然と引負筋無数《スクナク》可成儀と奉存候、遠島追放ニ罷成候得は、若引負之内除金等致シ置可申も難計候間、書面之通いつ迄も弁金為仕可申候、

一引負之親類ニも弁金いたし候者無之、其外可弁筋之もの無御座、当人も可済手立も無之ものハ、五十敲(敷)百敲追放可申付候、

一致引負候者を請人ぇ預ヶ置、欠落致させ候ハヽ、其請人之分限ニより、並より多過料為出可申候事、

右之通、伺相済候、以上、

丑五月

享保十一午年

五十六　奉公人給金出入人主ぇ済方申付候儀ニ付

伺書

(覚)

一奉公人給金出入之儀、前ヽ方請人計ぇ申付、人主ぇハ不申付候、若請人欠落等致、不罷在節ハ、人主ぇも申付候、自今請人人主両人ぇ申付、済方不埒ニ候ハヽ、両人共身躰限り可申付候、

一前ヽハ主人方ぇ請人方相済候出入金、人主ぇ相掛り度旨願出候得は、人主ぇ申付候処、去亥年御定書出候以後、下請掛り之儀、相対ハ格別、御役所ニおゐてハ不申付候、向後前書(条)之通罷(成)出候ハヽ、主人方ぇ請人済候給金ハ、人ト主ぇ懸り度旨願出候ハヽ、町方にて慥成人主を取置候分ハ可申付候、尤武(上)家方奉公人抔人主ニ取置候分ハ、相懸らセ申間敷候、

(ママ)一右伺之通、向後可申付候、但、武(上)家方奉公人抔人主ニ取置候分も、自今右之通可申付旨被　仰渡候事、

午三月

享保七寅年伺

五十七　主人方暇出候処屋敷之内不立去もの咎之事

覚

田安御用屋敷
長谷川吉右衛門元中間
鉄平 寅二十八歳

此者儀、主人より暇出候処、御屋敷之内不立去、紛罷在、不届ニ御座候間、牢内幷牢屋囲之内掃除役申付、四ヶ月之内毎日為致掃除、其上ニて出牢可申付候、

右之通、伺之上申付候、向後書面之趣可相心得事、

享保七寅二月

五十八　使ニ遣候者為持遣候品致取逃候御仕置之事

享保二十一辰年御書付

一取逃之仕置ハ、只今迄之通可相心得事、

一主人ゟ使申付、金銀等其外先ゝえ為持遣候道より取逃候ハ、宅ニ有之物を取逃候とハ違、其者を頼に致し為持遣候処、取逃候事重科ニ候間、金壱両以上之盗物ハ、向後死罪に可申付候事、

右之通相心得、御仕置可相伺候、

辰二月

享保六丑年伺書

五十九　奉公人之(請人)出入有之家主引請之事

覚

奉公人之請ニ立候者之出入ハ、其家主引請相済、当人店立致シ、店請人え引渡、追て右立替金相懸り度旨、当人住所見届、元家主願出候ハヽ、当人身躰限り可申付候、

一奉公人之請人、店請無之候得は、出入ハ其家主引請相済、当人ハ門前払ニ致シ、右立替金を追て当人相懸り願候節、相対にて請取候筋ニてハ、店請人と馴合、無店請ニ罷成、わざと門前払ニ成候様ニ相巧可申候間、是又身躰限可申付候、

一店賃相滞候者を家主店立致し、追て当人え店賃相掛り候儀、前条(之)立替金とハ訳違候間、弥御役所ニて取扱ニ不及候、

右之通、伺相済候、

五月

「へ」諸願訴訟無取上之部

享保五子年御書付

六十　無取上願再訴幷筋違願咎之事

一諸願申出候内、吟味之上難相済願ハ、如斯之品ニて不相調段、書付を以、訴訟人ぇ可申聞候、証文致させ候儀ハ無用ニ仕、重て罷出候ハ、過料可申付由申渡、其上ニて訴訟ニ罷出候ハヽ、過料可申付候、

一親子兄弟其外之親類ニても、御科御免之願、是(且)又裁許之儀ニ付て之願、是ハ別段之事ニ候間、只今迄之通り可相心得候、

一奉行所ニて不取上願、老中若年寄等ぇ訴訟ニ罷出候節、奉行所へ罷出候哉と相尋、いまた不出由申候ハヽ、其筋之奉行所へ可出旨可申聞候、若奉行所へ出候得共、取上無之由申候ハヽ、訴訟取上、奉行中ぇ可相渡条、其節相談之上、弥不取上願ニ候ハヽ、再過料可申付候、万一可相立品も候ハヽ、猶又吟味之上裁許可申付候、

一其所之奉行所、又ハ其筋〻ぇ可願出儀を、無其儀筋違ぇ願出候ハヽ、戸〆等之咎可申付候、

六十一　奉行所ぇ(不訴出)直ニ評定所へ訴出候者幷当人之外ゟ願出候ものヽ事

享保十七年子正月

一三奉行所ぇ不訴出、直ニ評定所へ訴訟ニ罷出候者ハ、跡〻ゟ取上無之候、向後(訴)出候者有之ハ、寺社町方地方、其筋〻之奉行所ぇ罷出候様ニ申渡、月番之奉行所ニて訴訟之趣委細致吟味、一座相談之上、其品ニ依て評定所へ差出候共、いつれニも落着可申付候事、

享保十一年午六月

一当人難願出障りも無之処、或ハ親類縁者之由ニて、訴状差出候へ共、当人ニ為願可申旨申渡し、取上申間敷事、

右之通、一座相談之上相極、

享保四亥年

六十二　御代官ぇ不相届訴訟ニ出候者之儀ニ付御書付

惣て御代官所之百姓、公事訴訟等何事によらす、江戸ぇ出候儀、御代官ぇ不相伺候て、猥ニ江戸ぇ出候百姓共之儀ハ、道中往来幷江戸逗留中之宿払等之諸入用、不残右罷出候者(共)之自分入用ニ申付候て、村中懸り之割合ニ一切為致申間敷候、若右之通(旨)違背之族於有之ハ、可為曲事者也、

亥十《(ママ)》月

右之通、御代官所村々ぇ相触候事、

六十三　寺社訴訟人本寺触頭ぇ不届願ニ出候類之事

享保六丑年伺書

覚

一寺社之訴訟人、可届所ぇ不断して願出候類ハ、取上不申候、強て相願候時ハ、否之儀本寺触頭ぇ相尋、本寺触頭方ニて致吟味度と申筋ハ、触頭ぇ吟味申付、又ハ其品ニより本寺触頭ぇ対し存寄有之、訴出候分ハ、直ニ奉行所ニて取上吟味致し候、

一本寺触頭ぇ相願候得共、押置候故、不得已奉行所ぇ願出候類、本寺触頭添翰無之共、取上吟味仕候、本寺触頭誤り有之候得も、其品軽重ニ随ひ咎申付候、

一本寺触頭之悪事訴出候歟、又ハ非分之申付等にて、再応願候ても不叶時、奉行所ぇ願出候時ハ、本寺触頭ぇ願之様子相尋、取上吟味之上、理非之裁許申付候、尤寺社領町人百姓共も、触頭ぇ申付候通、其支配人主人ぇ申付候、且又寺社領之《ノ》外《ホカ》、訴訟之儀申出候得は、取上吟味仕、裁許申付候、地頭幷御代官非分之申付有之段訴出候儀、只今迄無御座候、此上御座候ハ、可申上候、

丑六月

右之趣宜候間、向後此通可被相心得候、以上、

六十四　養娘遊女奉公ニ出実方ゟ訴出候共品ニより取上間敷旨御書付

享保十八丑年

軽キ者養ひ娘いたし、遊女奉公ニ出候儀、実方ゟ其段願(出)候共、娘貰候節証文無之分ハ勿論、証文有之候共、自今取上申間敷候、卑賤之者いわれも無之

者之子を養ひ可申様無之、畢竟遊女等ニも遣し、自分之勝手に成候可為覚悟儀、実方も其心得ならてハ、卑賤之者ゑ養子ニ遣シ可申様無之候、実方ゟ訴出候類ハ、金銀所得之筋ニ付て之訴ニ候、左候得は願取上可申儀無之候間、此度右之通相定候事、
但、養ひ娘何とそ格別難儀ニあい候事を養父取計候ハヽ、吟味可有之儀ニ候、実子ニても親之仕形法外成儀有之節ハ、其分ニハ差置かたく候条、養父実父之無差別、遂吟味、相応之御仕置可有之事、
右之通、向後相定候間、被存其趣、可被取計候、以上、
丑正月

「と」入墨并所払戸〆等之部

享保五子年御書付
六十五　入墨之事
耳鼻をそき候科之者ゟ一等軽き品之者、向後腕ニ廻し幅三分程宛二筋、入墨致可申候、
子二月

享保六丑年伺書
六十六　科人為立退住居(所)を隠候者之事
一火附
一盗賊之上ニて人を殺候もの
一重キ盗賊
右之類、科人同類ニハ無之候共、其者ニ頼まれ、住所を隠シ或ハ立退セ候ものハ、家財取上、所払可申付候、
一喧嘩口論当座之儀ニて、人を殺候もの
右之類、科人同類ニハ無之候共、其者ニ頼まれ、住所を隠シ或ハ立退セ候ものハ、戸〆可申付候、
右之通、伺之上相極候事、

「ち」無宿并奴女片付之部

享保六丑年
六十七　軽科之無宿領主ゑ引渡之儀御書付
土井甲斐守知行所
越後国織田村
無宿
長兵衛

此者儀、安部式部方ニて入墨可被申付候、其上ニて甲斐守方ぇ科之様子申聞相渡、態と領地ぇ差遣ニハ不及、家来之召仕ニ成共、道中往来之供ニ召連候共、又荷物等之持人ニ成共可仕候、当地ニても召仕候儀ハ勝手次第ニ候、其内欠落いたし候ても、其通之事ニ候、此旨可相違候、

右躰之者、地頭ぇ直ニ渡し遣候てハ、地頭之難儀ニも可罷成候間、最前被　仰出候趣ハ相止、向後右之通可被致候、

丑七月

一惣て御当地無宿之者、領主ぇ渡候節、在所追払か親類勘当、領主ゟ構有之者、又ハ致欠落候もの之由、断有之候共、領主ぇ相渡可申事、

但、御代官所并万石以下地頭ぇ難渡儀有之候分ハ、其在所之親類呼出し相渡可申候、若親類無之候ハヽ、払遣可申候、

六十八　無宿并入墨敲ニ成候者之事

御当地出所之者無宿ニ罷成、引取人無之、又ハ入墨か敲に成候以後、渡方も無之者ハ、門前払ニ可申付候、若以後又ヽ悪事仕候ハヽ、伺之上、死罪可申付候、

一遠国もの御当地ぇ参、無宿ニ成、行倒又ハ紛者ニて科無之類ハ、在所ニても科無之分ハ、其領主ぇ(相)渡、在所ぇ差越候共、江戸ぇ差置候共、其段ハ無御構旨申達、相渡可申候、

右之通、伺之上相極候事、

享保九辰六月

享保十九寅年

六十九　捨子貰候儀ニ付御書付

捨子を貰ひ、又外之者ぇ遣候儀、弥停止ニ候、(併)無拠子細も有之、外之者ぇ遣候ハヽ、拾歳迄之内ハ、先達て貰候奉行所、又ハ貰候其屋敷ぇ相届候上、差図次第ニ可遣候、

九月

元禄十五午年
七十　捨子御制禁之儀御書付
捨子致候事、弥御制禁ニ候、養育難成訳有之候ハヽ、奉公人ハ其主人、御料ハ御代官手代、私領ハ其村之名主五人組、町方は其所之名主五人組ぇ其品申出へし、はこくミ於難成ハ、其所ニて養育可仕候、此上捨子仕候ハヽ、急度曲事たるへき者也、
午十月

享保十三申年御書付
七十一　奴女片付之事
奴女有之（候）節、御目付ぇ申達、御殿詰合之面（こ）ぇ相達候様ニ可被致候、且又望之者有之候ハヽ、可被相渡候、
一町方ハ町年寄ぇ申付、致世話もらい候者有之候ハヽ、相渡候様可被致候、町中ぇ相触候ニハ不及候、
以上
三月

享保十三申年伺書
七十二　奴女牢内ニ差置候儀書付
奴女牢内ニ差置候儀了簡仕候処、昼之内ハ牢内築地之内ぇは勝手次第罷出、洗濯《センたく》等仕、用事相達候様ニ致シ、晩方ニは牢内ニ入置候様ニ可仕候、
右之通、伺之上相極候事、
享保十三申二月

「り」酒狂人御仕置之部

享保七寅年伺書
七十三　酒狂致シ刀脇差ニて人ニ疵附候者之事
一其主人ぇ預置、疵被附候者平癒次第療治代出させ可申、療治代難出ものハ、刀脇差取上、酒狂人ハ主人ぇ可相渡事、
但、取上候刀脇差ハ、疵被附候者ぇとらせ可申候（事）、
一右療治代、疵之多少によらす、中小姓躰ニ候ハヽ、銀弐枚、徒士ハ（金）壱両、足軽中間ハ銀壱枚差出させ可申事、

七十四　酒狂ニて人を打擲致候者之事

右同断、但、刀脇差取上ニ不及、身躰(上)限り諸道具取上、打擲に逢候ものぇとらセ可申事、

但、右酒狂者之儀、主人ぇ断候節、欠落と申立候共、主人方を罷出三日の内ニ候ハヽ、欠落ニ相立申間敷候事、

右二ヶ条、町人ハ則牢舎申付次第、同断、但、主人無之ものハ、宿所ぇ可帰遣事、

七十五　酒狂ニて諸道具損さし候者之事

一過料出させ、損失之ものぇとらセ可申候、軽キ身上之ものハ、身上限りニ可申付事、

享保十六亥年御書付

七十六　酒狂ニて人を殺候者之事

一酒狂ニて人を殺候共、可為下手人候、右殺候者之主人并親類等、下手人　御免之願申出候共、　御免有之間敷候、ヶ様之類、願ニ依て　御免有之候ハヽ、毎度願候様ニ相成り、其内ニハ賄賂等不宜筋ニて願候も出来可申候条、願ひ取上申間敷事、

右之通、可被相心得候、以上、

亥四月

享保五子年御書付

七十七　酒狂人主人ぇ引渡之事

一今度松平甲斐守家来牛窪清蔵と申者、千駄木御鷹部屋門前ニてあはれ候付、町奉行吟味之処、酒狂いたし、相手もなく自分ニ疵付候ニ紛無之候故、甲斐守方ぇ相返し、(勿論)向後酒狂一通にて、さしたる儀ニも無之候間、甲斐守方ニても、おもく申付候ニハ及間敷旨相達候、向後ハ(も)

公儀御仕置ニ可成筋之ものハ格別、左も無之ものハ、主人其外可相渡方有之候ハヽ、疵(付)候とも不及養生、早速相渡候様ニ可被心得候、以上、

子九月

「ぬ」乱気ニて人殺理不尽者御仕置之部

享保六丑年御書付

七十八　乱気ニて人殺之事

一乱心ニて人を殺候共、可為下手人候、然共、乱心之証拠慥ニ有之上、殺候者之主人幷親類等、下手人御免之願申ニおゐてハ、遂詮議可相伺事、

但、主殺親殺或ハ火附等たり(と)いふとも、乱気ニ候ハヽ、死罪一通りニ可被相心得候、

右之通ニ候間、致自滅候ハヽ、死骸不及塩詰、取捨ニ可仕候、乱心ニて火を附候時、もへ立不申、外ニ子細も無之、乱心ニ紛無之候ハヽ、遠島ニも可相伺候、

一右御定書ハ、大概其人之格合ニ似寄候程之者殺害候節之儀ニ候、其(以)後於三州岡崎宿ニ、尾張殿足軽致乱心、駕籠舁人足切殺候、是ハ至て軽キ者ニ候故、不及下手人、御構無之候、自今其心得可有之候事、

寅二月

享保二十卯年御書付

七十九　相手理無(不)尽之仕形ニて下手人ニ不成事

覚

一百姓町人、口論之上、相手理不尽之仕形(ニて)、不得止事相手を殺候時、縦令刃傷ニて死候共、相手方之親類幷其所之名主年寄等、右切(被)殺候もの、平日不法ものニて、殺され候ても申分無之候条、相手下手人御免之儀願出候ハヽ、弥詮議をとけ、申所紛無之ニおゐてハ、下手人ニ不及、追放可申付事、

一武士奉公人ハ、其主人願無之候ハヽ、差免候儀可為無用候、

卯十一月

「る」欠落者尋之部

享保十一午年御書付

八十　親類主人等ヱ尋申付方之事

(科有之、逐電、欠落等いたし候もの尋申付候儀、
主人を家来ニ、親を子ニ、且又兄を弟ニ、伯父を甥

に尋候様ニ申付候事ハ有之間敷儀ニ候間、向後其心得ニて可有作略候、以上、
午十一月）

（享保五子年）
（八十一　欠落もの尋之事）

欠落もの尋之儀、事を巧、人を殺候か、又ハ訳有之ての事ニ候へハ、公義ゟ御仕置有之候儀ニ候間、尋申付、不尋出候ハヽ、其品ニゟ、親類之内かゝるへきもの一両人（も）入牢申付、残（ル）之者共ヘ三十日五十日百日とか日限り申付、夫ニても不尋出候ハヽ、重（其）軽重ニより、かゝるへきもの追放、又ハ過料等申付、事済し可申候、尤欠落候者見出し次第召捕、可訴出候、若外ゟ見出候ハヽ、猶又急度可申付旨可被申渡候、

一御仕置者一件之内、欠落者なと有之、其者尋申付、不尋出候得は、落者（着）難成とて、其一件御仕置差延置候に付、構無之者之難儀ニ及候事ニ候間、欠落者尋之内、六ヶ月を限り不尋出におゐてハ、其旨被相伺、残り之もの、それハ相応ニ御仕置可被申付候、尋之者ハ追て出次第、其節相応ニ御仕置可（被）申付候、伺ニ不及御仕置申付候も、右同断ニ可被相心得候、惣て欠落者不尋出候とて、一件之者とも之儀、延ゝニいたし年月を経候儀不宜候、以上、
子八月

「を」闕所幷過料等之部

享保十八丑年申合書付
八十二　欠所田畑家屋敷家財之事

重キ追放　御扶持人ハ御扶持上り、家屋敷家財共欠所
　　　　　在方町方　田畑家屋敷家財共欠所

改易
中追放　御扶持人ハ御扶持家屋敷上り、家財無構
軽　　　在方町方　田畑家屋敷上り、家財無構

右は前ゝより右之格ニ申付候得共、猶又今日申合、弥相極候、

享保十八年丑六月十一日

享保七寅年伺書
八十三　取上田畑之事

一田畑取上候者之儀、科重く候ハヽ、田畑并居屋敷共取上可申候、科軽く候ハヽ、田畑計取上ヶ、屋敷取上ニ不及候事、

但、居所ハ無構候、

一屋敷計持、田畑無之候故、重キ過料申付候者共ニ(も)、右同断之事、

享保三年戌三月伺
八十四　私領百姓　公儀御仕置ニ成候筈(節)田畑欠所之事

覚

今度八王子千人組同心之内、追放ニ罷成候者共、田地不残欠所ニ上り候、右田地之内、私領方之地致所持候者御座候、只今迄は私領之百姓、　公義御仕置ニ罷成候得は、家財ハ公義欠所ニ成、田畑ハ地頭方ニて欠所ニ申付候、御仕置者之田地、地頭方欠所申付候儀、両様ニて如何ニ候、向後私領之百姓、公儀御仕置ニ成候ものハ、田畑も家財同前ニ欠所ニ仕、売払代金取上、田地買取候者方ゟ、有来通年貢相納候得は、地頭方相滞儀も無御座候、此度八王子同心欠所地之内、私領之分も御代官方ニて売払、代銀ハ欠所ニ取上、田畑買候ものより地頭ぇ年貢納候様ニ可仕候、

右之通、伺之上相極候事、

宝永三戌年
八十五　妻持参田地之事

覚

一御料私領共、娘并姉妹等縁付候節、田畑を(附)遣、夫悪事有之、仕置ニ成候上、家財田地、右妻之持参候田畑共欠所ニ成、妻之親并兄弟諸親類等、迷惑之由訴出候共、夫と妻無別儀罷在候得は、妻之持参候田畑ハ、夫之田畑ニて候、金子ニて持参致候得は、当座ニ遣捨候間、夫仕置ニ成候上ハ、可戻様無之候、是ニ准候得は、田畑も欠所ニ可成筋ニて、妻之方ぇ

は戻間敷儀故、向後此類願出候ハヽ、月番之奉行所ニて無取上之段申渡、初判不及出之、可相返、
右品〻之儀、御勘定奉行ぇ堀七郎右衛門知行、下野国朝倉村次左衛門と申者訴出、裏判相願候間、今日一座相談之上相極之、但、江戸寺社門前町方ニて、家屋敷差添縁付候も、右同様之儀に候ハヽ、可准之事、
但、妻之名附ニて有之分ハ可為格別事、
戌二月十二日

享保七寅年一座申合
八十六　身代限り申付方之事
一身代限り之事、自分居宅幷蔵家財共ニ可残(不)取上可申候、
但、他所ニ家蔵有之候共、諸財物之分ハ取上可申候、家財之儀は、構無之、
右之趣、一座相談相極候、
寅五月二日

享保八年卯九月被　仰渡候
八十七　二重ニ御仕置申付候事
一唯今迄ハ過料之上戸〆と二重ニハ咎メ不申由ニ候得共、重キ科之時ハ、過料之上戸〆申付候様ニ可仕事、
（一入墨之上敲、或ハ追放等ニも、其品ニより可申付事、）

元文元辰年御書付
八十八　過料申付方之事
一向後過料申付候員数増減之儀、例ニかゝわり不申、其者身躰と科之軽重ニ応し、過料可申付候、
但、至て軽キものニて、過料差出候儀難成者ハ、手鎖可申付候、
辰八月

「わ」変死病人片付幷溜預ヶ等之部

享保十巳年御書付
八十九　科無之無宿非人之外之病人養生所ぇ遣候事
今度聖堂前堀ぇ、八兵衛と申者、老女を突落し候之処ニ止り居、声立候ニ付、辻番人引上、養育致し置、

御目付ゑ相達候、右（尤）老女町奉行ゑ相渡候処、病気故、
溜ゑ遣置候内相果候、向後三奉行懸り共ニ、無宿非
人之外、右類之病人等ハ、小石川養生所ゑ遣、療養
為致筈ニ候間、可被得其意候、以上、
　　享保十巳十月

享保十巳年
九十　芝口町河岸建札之案
去ル幾日、何方ニ年頃何歳計、衣服ハ何着し
倒死
水死
異死　有之候、心あたり候ものハ誰方ゑ
迷子　早ゝ可申出候
首縊
自害

享保七寅年被　仰渡
九十一　溜預ヶ之事
牢（舎）者申付候ものを最初ゟ溜ゑ遣間敷候、乍然、行倒
ものなとの類ハ、格別ニ候事、
但、牢（舎）者申候者相煩、溜ゑ遣候儀ハ格別ニ候、
　　享保七寅五月

元文三午年五月十二日中務大輔殿被仰渡候
九十二　一ヶ年切御仕置もの等向後可書出旨一座
　　ゑ被　仰聞候覚書
惣て年中御仕置ニ成候者之人数高書付、幷牢舎之者
翌年ゑ越候儀、何故ニ年を越候訳、一ヶ年切ニ可書
上旨被仰渡候事、
　　午五月十二日

「か」出火之部

享保二十卯年書上
九十三　出火之節咎之事
　　覚
一平日出火之節之咎　　火元
　出火類焼之多少ニより、三十日廿日十日押込メ
　申付候、
一大火之節之咎

五十日手鎖　　火元
屋敷沽券《コケン》金十分之一之過料　火元之地主
三十日押込　　火元之家主
過料　　風上弐町、風脇左右弐町宛　六町
是ハ十五人宛之欠付人足遅参故、大火ニ罷成
ニ付、

一御成日之節出火之咎
五十日手鎖　　火元
三十日手鎖　　火元之家主
三十日押込　　月行事
二十日押込　　(火元之)五人組
十日押込　　名主
屋敷沽券金十分之一過料　火元之地主
但、所之者早速消留候得は、咎は無御座、火
元之当人計五十日手鎖を懸置申候、
右之通御座候、以上、
卯八月
右之通候得共、寺社門前町屋等、其寺領(社)えは過怠難申付に付、其所買請、又ハ致借地町家(屋)建置候ものえ過怠申付候事、

「よ」鉄炮打并捕候者訴人等之部

九十四　鉄炮御改之儀ニ付御書付

覚

一鉄炮改之儀、向後関八州ハ貞享四年ニ被　仰出候趣ニ相心得、鉄炮改役え相伺、可受差図事、
但、猪鹿多く出、田畑をあらし候節ハ、不及相伺、御料私領寺社領共ニ、月切を極、玉込鉄炮ニてうたせ、其段早速鉄炮改役え可相届候、打仕廻候ハヽ、鉄炮取上之、是又其趣改役え可相届候事、
一江戸より十里四方ハ猟師たりといふとも、一切鉄炮取上可申事、
但、猪鹿多く出、田畑をあらし、人馬え懸り、百姓及難儀候節ハ、鉄炮改役え相伺、可受差図事、
一関八州之外之国ゝハ、鉄炮改役え例年証文等差出候

事、以来不及其儀候、尤猥に無之様ニ、御料私領寺社領共ニ、急度可申付候事、
右之趣、可被得其意候、以上、
享保二酉年五月

享保七寅年
九十五　猪鹿おどし鉄炮願之儀ニ付御書付

関八州猪鹿多く候由、おどし鉄炮願候去年御拳場之外ハ、捉飼場を始、四月朔日ゟ七月晦日迄、玉込鉄炮御免ニ付、猪鹿狼等うちころし候筈ニ候、其段向〻え相触候処、心得違候処も有之、夏中鉄炮打セ不申趣ニ相聞候、且又冬にても捉飼場之外ハ、日数廿日之積り、是又鉄炮御免ニ候処ニ、今おどし鉄炮願候ハ、去年御触書不致承知ものと相聞候、向後ハいつれも玉込之筈ニ候、おどし鉄炮と申儀ハ無之候、此段弥無相違様ニ、夏中精入猪鹿狼可打殺旨、在〻え可(被)相触候、以上、
寅十二月

(享保十一午年)
九十六　鉄炮打并(隠)鉄炮所持之儀ニ付御触書

一今度武州多摩郡之内、御制禁之隠鉄炮致所持候者、又ハ打候もの有之、段〻御詮議之上、武州所沢村名主壱人、同国上川口村名主壱人、同国国分寺村之もの壱人、遠島被　仰付候、右悪事有之村〻の名主ハ田畑取上、組頭并村中其外懸り合候もの迄、夫〻ニ過料等申付候、若心得違ニて、只今迄不相届、鉄炮致所持候者有之候ハヽ、御料ハ御代官、私領は地頭ゟ相改、取上置候て、其段来未二月迄ニ鉄炮改え相届可申候、尤此度有躰ニ申出、鉄炮差出候ハヽ、御咎(ハ)も無之候、来(未)二月迄之内ニ不差出候て、追て相知候ハヽ、当人は勿論、名主組頭其村中迄御仕置可被　仰付候事、
右之趣、関八州之内、御料は御代官、私領ハ頭〻支配〻より急度可被申渡候、

享保十一午年御書付

九十七　過怠鷹番之事

一隠し鉄炮有之、打候村ぇ可申付候事、

一其村の隠鉄炮ニてハ無之、外ゟ参候て打候村ぇも可申付事、

一隠し鉄炮有之、打ハ不仕候得共、此度改出候村ぇも可申付事、

一隠鉄炮有之、打候ても又ハ打不申候ても、今度旧悪と書上候村〻ハ、無用可仕事、

野廻り引替之覚

一野廻り預り場之内、隠鉄炮并鉄炮打有之候ハヽ、引替可申事、

但、代り之野廻りハ、今度隠鉄炮有之近村辺より可申付候、

享保六丑年御書付

九十八　鉄炮打捕候者御褒美之事

覚

一鉄炮打捕候者、御褒美壱人ニても何人ニても、人数無差別、銀弐拾枚可被下候、

一同訴人致し候者、御褒美銀五枚可被下候、

以上

丑十二月

「た」男女申合相果候者 隠遊女差置候者 御仕置部

享保七寅年御書付

九十九　男女申合相果候者之事

一男女申合ニて相果候者之儀、双方共ニ自今ハ死骸取捨ニ可申付候、一方存命ニ候ハヽ、下手人ニ申付候、且又此類絵草紙又ハかふき狂言なとにも不為致、尤死骸吊（弔）候事停止可申付候、

一双方共ニ存命ニ候ハヽ、三日さらし、非人之手下ニ可申付候、

一此度大坂ニて主人と下女申合相果候（もの）之儀、主人存命ニ候得共、下人之身として、主人ぇ対し不届ニ候間、不及下手人ニ、非人之手下ニ可申付候、惣て此類ハ、向後右之通可申付候、

以上
卯二月
享保七寅年町触
百　隠遊女之事
町中におゐて隠遊女御停止之旨、前〻も相触候処、今以不相止、不届至極候、自今召捕候ハヽ、左之通申付ルにて可有之候、
一隠し遊女商売いたし候もの店ニ差置候ハヽ、其屋敷并家財家蔵共ニ　公儀ぇ取上可申候、
但、遊女商売いたし候当人ハ、家財不残取上、百日之手鎖ニて所ぇ預ヶ置、隔日之封印改、
一地主ハ外ニ罷在、家主計差置候共、右同断、
但、家守ハ家財不残取上、百日之手鎖ニて所ぇ預ヶ置、隔日之封印改、
右、今日ゟ三十日過候ハヽ、役人并新吉原町之者相廻し、遊女商売致候者相改、召捕候ハヽ、右之通可申付候、然共、其節之品ニより、吟味之上、遊女持候当人ハ、死罪流罪にも申付、家主五人組ハ、是又其節之品により、右ニ准し重く申付ルにて可有之候間、其旨相心得、町中ぇ可相触者也、
寅八月
享保十四酉年
百一　寺社門前ニ隠遊女差置候儀ニ付伺書
覚
寺社領門前町屋ニて、隠遊女捕候節之御定無御座候、御朱印地之寺社も有之、其外大小之寺社御座候、都て門前町屋之分ハ、町人面〻屋敷ニ買請候て、百姓同前ニ地頭之寺社ぇ(は)年貢寺役等相勤申候、(隠遊女差置候ハ、屋敷主之町人不届ニ御座候間)、通例之町方之通、家屋敷不残取上、屋敷ハ入札を以相払、代金　公儀ぇ相納可申候、跡屋敷落札買主ゟ地頭之寺社ぇは、年貢寺役等相勤候へは、地頭ハ拝領地ニ離候事無御座候、
一右地頭之寺社ハ、門前町屋ニ隠遊女差置候を不相改候段、不念ニ候、乍然、寺社之儀、武士方町人共違ひ候間、寺社奉行ニて叱置、自分と(方)致遠慮罷在候様

ニ可仕候、
右之通、伺之上相極候、以上、
五月

「れ」追放御仕置之部

享保七寅年御触書
百二　科人追放之事
右科之品ニ依て、扶持を召放候歟、或ハ家財欠所、
又ハ其品軽くハ過料等、それ〳〵に可被申付儀ハ勿
論ニ候、件之悪事有之候者、領内に差置候を嫌ひ、
他所ぇ放遣候儀ハ、有之間敷事ニ候、近年於　公義
ハ、追放者先ハ無之様ニと被　仰付候間、於国ゝ所
ゝ其旨(を)存、猥ニ追放有之間敷候、然共、喧嘩な
とにて双方疵附候ものか、又ハ侍なと品により追放
被申付、却て可然趣も可有之候間、其段は格別之事
ニ候、
右之通、可被相心得候、以上、
寅二月

百三　出家追放申付候節触頭奥印為致候伺書
一追放申付候出家、内寄(合)ニてハ、其科之趣申渡候
節、触頭等召出、一同承知仕候旨、証文ニ奥印為仕
候、然ル上ハ寺ゝ(本寺)共承知(ママ)事ニ御座候、
一評定所ニて追放申付候節ハ、前ゝより触頭等も不罷
出候、其人計証文ニ印形仕候迄ニて御座候、向後ハ
評定所ぇ触頭等召出、(内)寄合之通、証文奥印申付
可然奉存候、
四月

享保七寅年御書付
百四　追放赦免之事
追放赦免之願出候ハヽ、三奉行火附盗賊博奕改方ニ
て、老中ぇ伺候ニ不及、可差免候、併何とそ格別之
品も有之、難(差)免存候者も有之候ハヽ、老中ぇ可
申候、
一私領ニて追放申付候者、赦免之儀、奉行所ぇ願出候
ハヽ、頭有之面ゝハ其頭ゝぇ、障も無之候ハヽ、差
免候様ニ可仕旨可申通候、頭無之面ゝハ、其地頭ぇ

右之趣相通之可申候、

以上

享保七寅五月

「そ」遠島御仕置之部

享保十六亥年御書付

百五　遠島者減方之事

一大勢遠島者有之候てハ、如何ニ候間、向後死罪か遠島かと存候程之者ハ、吟味之上、重キ追放ニ可申付候、右之類、追放ニ成候とて、猥ニ追放申付候事ニては無之候、唯今まて江戸払(所払等)ニ申付候ものハ、只今迄之通ニ可相心得候、

右之通、被　仰出候間、自今此趣を以、御仕置可被伺候、以上、

亥二月

享保九辰年御書付

百六　遠島死罪者之伺之事

死罪、遠島、追放可申付者之儀ハ、前〻之通可被相伺候、右之外之御仕置之分ハ、伺ニハ不及候、然共、死罪、遠島ニ成候者之一件之内ニ候ハヽ、軽キ御仕置ニても相伺可申候、

但、軽キ御仕置之者ニても、奉行中ニて難決儀ハ、可相伺候、

以上

享保九辰閏四月

享保十七子年御書付

百七　奉行所ニて法外いたし候者之事

大岡越前守掛り
本所松坂町弐丁目
名主平内養母つや店
七左衛門方ニ居候
平右衛門

右之者御仕置之儀ニ付、評定所一座ぇ御尋之処、死罪可然旨、書付被差出候、尤右之者、於番所ニあはれ、法外成ル仕方ニ候得共、軽キものニて何之弁も無之躰ニ候得は、死罪ニは及間敷候、常躰之者慮外致候ハヽ、其様子ニより即座に切捨ニも可致義ニ候、番所ぇ不届者を呼出し吟味之節、致慮外候事ハ、却

て深く貪着(ニ)及間敷儀ニ候得は、弥死罪ニは成間敷候間、遠島ニ申付之候、

但、刀をも帯候ものなと、此度平右衛門通之法外致し候ハヽ、是ハ弁も有之筈之者ニ候条、吟味次第死罪たるへき事、

右之趣、可被相心得候、以上、

十一月

百八　牢抜并手鎖外《はづし》御構之地え立帰候者之事

入牢之者、享保三戌年牢屋敷焼失之節、欠落致候、右ハ小盗致し候ものにて、右之類ハ、前〻も遠島ニ成候に付、其旨相伺候処、向後此類死罪ニ可仕旨被仰出(候)、

一牢抜出候ものも、右ニ准し可申付候、且又科無之類、吟味之内、牢抜(出)候ハヽ、可為遠島候、尤牢番人其外之者ハ、相当之御仕置可申付候、

一手鎖外候もの之事、右ニ准し御仕置可申付候、

一御構之地え立帰、致徘徊候迄ニて、外ニ子細無之候ハヽ、前之科より一等重可申付候、悪事なと仕候ハヽ、勿論其(重)科可申付候事、

「つ」死罪并下手人不及下手人ニ部

享保廿卯年御書付

百九　死罪ニ可伺者之事

一下難田(畑)村弥平次儀、死罪可然者ニ候得共、先達て同村長十郎儀、同科ニて遠島(ニ)成候間、弥平次儀も今度遠島ニ申付候、自今ヶ様之類、品ニより死罪又ハ遠島ニも可成候間、左様相心得、今度遠島之例ハ用被申間敷候、

享保十三申年

百十　御扶持人死罪遠島ニ成候一件之内町人百姓有之節、科無之候共品ニより咎メ可有之旨被仰渡候事

御家人御科有之、知行御切米等被　召上候程之一件之内、町人百姓有之、吟味之上科無之ニ相決候共、御家人御科之品ニより、其者其通ニは難成可有之候

間、相当之咎有之可然候、向後其心得を以御仕置相
伺可申候、
享保十三申五月
享保廿卯年御書付

百十一　死罪可成者遠島ニ成候事

武州横見郡万光寺村
名主　六左衛門

一荒川通武州荒子村堤之儀ハ、郡中ぇ懸り候大切之場所に候処、普請不丈夫之由申募り、右普請入札之者より馴合金差出候旨申候、且常ミ六左衛門心に不応之百姓ぇは難題申懸ヶ、或ハ損失有之様ニいたし、或ハ打擲等仕、其一村難儀之段、惣百姓共申出ニ付、此度遂吟味候処、普請不丈夫ニ無之、馴合金入札之者ゟ差出候儀も無之、惣て一村之百姓共致難儀段無紛候、畢竟普請不丈夫、馴合金差出候之由申段、是以人ミ可及難儀を巧、剰私用之由ニて江戸ニ罷在、普請中一度も其場ぇ不罷出旨不届ニ候、先年も度ミ不法之儀申出し、及出入候得共、其事済候得共(は)、前ミ之御代官、其儘名主役申付置、御勘定奉行も其段承り(なから)、其通ニ差置候趣、不埒之至ニ候、六左衛門名主役ニ付て之御仕置ハ、死罪相当ニ候、然共、元来名主可仕(勤)者に無之処、其儘勤させ候ハ、其時之御勘定奉行(幷)御代官不調法ニ候之条、此度ハ、其品を以、平百姓相当之御仕置遠島(ニ)申付候、伊奈半左衛門支配下ニ候処、只今迄六左衛門不埒之行跡不存段、油断ニ候、向後右躰之者、名主勤させ(置)候ハヽ、御代官御咎可有之候、右之段半左衛門幷其外御代官(とも)ぇ可申聞候、
享保十三申二月

百十二　召仕を折檻ニて殺候者之事

増上寺領巣鴨村善左衛門地借
才兵衛店請酒屋市郎兵衛女房
なつ

右なつ儀、召仕権八と申拾四歳ニ成候もの、酒代幷見世ニ置売物盗候ニ付、折檻致し候処、中《あたり》所悪敷、其痛募り候哉、翌朝相果候、権八儀常ミ不届者と相聞候間、折檻仕間敷ものニも無之候得共、夫留守之

儀、其上若輩者之儀ニ候へは、仕形も可有之処、折檻甚敷候故相果、不埒之仕形ニ付、なつ儀手鎖を懸ケ、夫市郎兵衛ぇ百日預ケ、

右之通、伺之上相済候、以上、

百十三　弟子を致折鑑(檻)相果(候)を隠置候者御仕置之例

享保十七年子十月

小石川下餌差町
知恩院末
源覚寺
懐園
子六十

右懐園義、円岩・円達と申弟子旦那(方)ぇ相廻し候処、芝居見物いたし候由ニて、夜ニ入帰候故、両人共致折檻候上、裸ニ致し食をも不写(与)、土蔵ぇ入置候得共(は)、翌日円達相果候処、密ニ下人ニ申付、死骸為埋、欠落分に致候依科、遠島申付候、

(右之通、伺之上相済候、以上、)

享保十九寅年十二月

百十四　科無之趣ニ候処推量ニて御仕置伺之儀ニ付被仰渡

一稲子村源助相果候儀ニ付、御勘定奉行懸りニて吟味候得とも、難決ニ付、一座ぇ吟味被　仰付候処、殺候者無之、源左衛門と与四兵衛に(儀も)(科無之趣ニ候間、吟味一件之者共出牢申付、差免可申候、)

(一御勘定奉行吟味決不申候付、一座ぇも吟味被　仰付候処、源左衛門・与四兵衛儀も)科無之趣ニ候処、与四兵衛を推量ニて重キ追放にも可被　仰付哉と相伺候儀、相当不仕事之由、御沙汰ニ(て)候、

百十五　被疵付候者外之痛(病)ニて相果疵付候者御仕置之事

覚

手疵被為負候者、吟味之内、其疵段ゝ癒より、又ハ癒不申内ニても、其もの余病ニて相果、疵故相果候にてハ無之段分明ニ候ハゝ、(尤)疵為負(候)相手下手人ニ不及候得共、元来疵故余病発り、或ハ相手理不尽之仕方、其外訳有之て之事ニ候ハゝ、其者相当

之御仕置可申付事、

百十六　口論ニて摑合候上相手相果候得共頓死と
相見疵無之ニ付不及下手人ニ事

三田弐丁目十郎(ママ)兵衛店
勘七出居衆
五兵衛

右五兵衛、白銀臺町孫四郎と申ものと、当座之儀ニて口論仕出し、摑合候処、近所之もの支人ニ入、双方引分ヶ候以後、無間も孫四郎相果候ニ付、遂吟味候処、孫四郎惣身ニ疵も無之、病後にて頓死ニ無紛相聞、親類等も申分無之、下手人御免之儀相願候ニ付、伺之上追放申付候事、

享保十八丑五月

「ね」怪我ニて人を殺候者御仕置之部

享保七寅年町触

百十七　車荷附馬等ニて為致怪我候者之事

覚

牛車大八車地車并荷附馬等引通り候儀、往来之障ニ不罷成様、前ゝも(度ゝ)相触候処、就中去ル寅年、急度相触候処、近キ頃又候猥ニ相成、往来之人をよけ不申、我儘に引通候に付、頃日も神田佐久間町壱丁目久次郎店仁兵衛、神田相生町伝右衛門店清六と申者、両人から車を引、牛込払方町通候節、同町四兵衛悴新八と申者、十五歳ニ成候者ぇ車を(引)懸、新八相果候、畢竟先年より度ゝ触書之趣亡(忘)却いたし候故之儀、旁不届至極ニ付、仁兵衛死罪、清六ハ遠島被　仰付候、自今車引馬士等、此趣を急度相守可申候、此以後往来之者ぇ我儘致し、怪我人(等於)有之ハ、当人(共)ハ重キ御仕置被　仰付、人之召仕(ニて)候ハヽ、其主人并家主五人組名主迄、それ〳〵に御咎可被　仰付候、雇候もの方ニても念を入候様ニ、弥可申付候、麁末之儀も候ハヽ、可為越度候、此段町中地借店借召仕等迄、委細可触知者也、

右之趣、町中ぇ相触候様ニ、町奉行ぇ申渡候間、面ゝ家来下ゝ等ぇも、弥急度可被申付置候、以上、

九月

享保十七子年御書付

百十八　鉄炮あた落ニて人殺之事

後藤庄左衛門御代官所
武州秩父郡上吉田村
百姓　万右衛門

右猪狩ニ罷出、畑ヱ猪追掛ヶ候処、万右衛門持候鉄炮あた落いたし、近所之岩ニ中り、玉それ候て、三之丞と申者ぇ中り、（其疵ニて三之丞相果候由、右之通ニ候得は、万右衛門下手人）たるへく候得共、三之丞存命之内、万右衛門親類、其上常ミ意趣等無之、不慮之怪我ニ候間、相果候共、下手人之御仕置御免被下候様ニと相願、三之丞親兄弟迄（も同様ニ願候、三之丞親兄弟）右之通相願候条、御構有之間敷候得共、鉄炮（を）打（ニ）出候上ハ、筒先等心を付ヶ、入念可取扱（儀）、極りたる事ニ候処、畢竟麁末よりあた落もいたし候、依之追放申付之候、右之通、可被申渡候、以上、

六月

百十九　子共怪我ニて相果下手人ニ不及事

伊奈半左衛門御代官所
武州東葛西領下鎌田村
百姓市郎右衛門子
半　助
巳十三歳

右半助儀、同村百姓藤右衛門子十三歳ニ成候与助と申者と狂ひ遊ひ候上、いさかいなとニても無之、半助持候小刀ニて与助ニ当り、怪我ニて疵負相果候、親藤右衛門も下手人御免之儀願出候、依之下手人ニ不及、親市郎右衛門方ニて、百日押込置候様、伺之上申渡候事、

享保十巳五月

百二十　旧悪御仕置之事

旧悪之儀、御法度を背候事ニ候間、御仕置可成候得共、重キ盗致シ、或ハ人を殺候品なら（と）ハ、たとへ相止候と申候ても、さかいも無之事ニ候、渡世のために悪事一ッ旦ハ致候得共、其後不宜事と存相止候段、分明ニ付てハ、其品を被立、過料又ハ相当之咎可有

之候事、

享保四亥九月

「な」科人之悴親類等御仕置之部

（享保六丑年御書付）

百二十一　重科人之悴親類等御仕置之事

一主殺親殺之科人之子共ハ、伺之上可申付、親類ハ構無之候得共、所ぇ預ヶ置、本人落着之上、右悪事之企不存ニ相決候ハヽ、可差免之、此外火罪磔ニ成候者之子共、構無之事、

右は、町人百姓其外軽キ者共之事、

丑（四）七月

享保三戌年

百二十二　類族之者之儀ニ付御書付

一類族之者、只今迄追放ニ（ハ）不罷成候得共、追放申付候ても不苦候事、

一離別又ハ養子之儀（義）絶ニて類族をはなれ候者（ハ）、二季ニ両判之証文を以可相届候、変死病死死罪欠落遁世等ハ、二季ニ無判之書付を以可相届候事、

右之趣、向後可被相心得候、以上、

享保三年戌十一月

「ら」詮議もの拷問之部

享保五子年

百二十三　不及伺拷問可申付旨御書付

覚

一科人又ハ御仕置者伺書付被差出候節、右科人名書之上ニ、何月幾日ゟ揚り座敷／入牢と有之儀、書付可被差出候事、

一詮議者有之節ハ、最前も相達候通、不致拷問候て難決者ハ、伺に不及、可被申付候事、

右之通、向後可被相心得候、以上、

子二月

享保七寅年御書付

百二十四　拷問可申付品之事

（覚）

一惣て拷問申付候儀、人数(殺)、或ハ火附、或ハ盗賊、ケ様之類、畢竟死罪ニ被行候科、未相決節之儀ニ候、軽キ科人白状不致候とて、拷問ニ及間敷候、重キ科人ニても、証拠無之、猥ニ拷問申付間敷候、依之拷問申付へき品ゝ、左之通ニ候、

一悪事致候証拠慥ニ候得共、白状不致もの之事、

一同類之者、白状致候得共、当人ハ白状不致者之事、

　但、差口計ニて、証拠慥ニ無之ハ、拷問致間敷事、

一詮議有之科ハ、未相決候得共、外ニ悪事有之、分明ニ相知、其科(計)ニても可被行罪科者之事、

右之外ニても、事品ニより拷問申付可然趣も候ハヽ、奉行中ぇ相談之上、可被申付事、

　以上

　　寅四月

　　　享保七寅年

百二十五　筋違之者拷問申付候儀ニ付御書付

一房州大里村藤七下人太兵衛儀、同国滑谷村弥(源)太郎悴源内、丑六月四日之夜、藤七宅ぇ忍入候節、追懸ケ出、源内(ニ)手疵追セ、相果候儀ニ付、仕形怪敷候故を以て、太兵衛拷問申付候、右源内手疵負(セ)候節、忍入候様子、藤七下人共并泊合候者、又ハ藤七向隣其外近所之者共出合、大勢之証拠も有之、其上藤七下人庄三郎ハ源太郎従弟之由、此ものも右之通申候得は、旁証拠も有之候得は、拷問申付間敷処ニ、初発之存取、何も違候故に候、此上太兵衛出牢申付候時、拷問申付候事を可申聞品も有之間敷候、就夫、向後拷問申付候者之分、怪敷存候一通りにてハ、拷問申付間敷儀ニ候、詮議之上、其品糸口出候事、又ハ人殺等ニて其訳決候得共、右之詮議ニ付、外ニ盗なとのこと疑敷儀候歟、并　公儀ニ対し不届之儀在之品ハ、拷問申付へき事ニ候、

　　寅二月

「む」博奕御仕置并訴人等部

　　　享保十巳年伺書

百二十六　諸博奕頭取金元宿句拾ひ等并訴人之事

（覚）

一三笠附点者、金元、同宿致候者、句拾ひ

一はくち打頭取幷博奕(宿)致候者

右之族、正月迄之旧悪は被差免候間、自今心底を改、諸はくち可相止候、若不相止者ハ不届至極ニ候間、当人ハ流罪或ハ死罪、句拾ひ等ハ身代取上、非人之手下ニ可差遣候事、

附札

此流罪死罪之儀、是程ニ不被　仰付候ては、諸博奕十ノ物一ッ二ッも減シ申間敷候、且又句拾ひ非人手下ぇ相渡候ても、悪事ハ仕間敷候、若大勢ニ成り、其内無覚束儀も候ハヽ、弾左衛門方ゟ訴出候様ニ可仕候、其節ハ去春之通、遠島被　仰付可然奉存候、畢竟(故)句拾ひ御座候間、三笠(附)相止不申候、依之句拾ひの儀ハ、札之面ニ書出申候、此外博奕打と名付候は、軽重共ニ夥敷事ニ可有之候、非人手下ニ遣候儀も難仕、遠島申付候も如何ニ御座候間、はくち打之儀ハ、札之面ニ書出不申候、右博奕打之分ハ、只今迄之御定之通、身代限り家蔵迄取上可申候、家蔵無之者ハ、右ニ准し過料可申付候、

一只今迄ハ、博奕打三笠附共、牢舎ハ不申付、頭取等手鎖かけ置、可致吟味旨、先達て御定ニて御座候処、此已後牢舎不申付候てハ、有躰不申候間、自今ハ品ニより牢者申付、詮議仕度奉存候、

一右之通候間、当正月以前之旧悪は差免候条、当正月より以後、右躰之もの幷句拾ひ博奕打有之ハ、何方之者ニても、町奉行所ぇ可訴出候、密ニ御褒美金急度可被下候事、

但、其内同類之内たり共、訴出ニおゐてハ、即日迄諸はくち致候悪事差免し、御褒美右之通密ニ是又可被下候事、

附札

此ほうひ之儀、はくち打頭取三笠附点者金元、致宿候者を訴出捕候ハヽ、右訴人ぇ銀弐拾枚可被下候、

一句拾ひを訴出、其手筋ニて博奕頭取三笠附点者金元致宿候者を捕候ハヽ、右訴人ぇ金五両又ハ三両御ほ

うひ可被下候、

一如此申付候上ハ、都て家主五人組之者共申合、組合切ニ吟味いたし、右躰之疑敷者、町内ニ差置へからす候、若紛敷者有之ハ、早〻可訴出候、外ゟ訴人有之、博奕頭取三笠附点者金元幷右宿致候者召捕候ハ、、其屋敷取上、家守有之ハ、其家守家財取上ケ百日之手鎖かけ、両隣之者幷五人組家財取上ヶ、町内ゑは急度過料可申付候、尤名主も越度可申付候事、右之趣可相心得、万一科なきもの意趣を以申出におゐてハ、吟味之上、急度可申付候、

午正月十六日

右之通御定ニ候得共、至て軽キもの稼に出候先なとにて当分之博奕筒取仕候類ハ、大博奕筒取とハ訳違ひ、軽キ儀ニて、地主家主初メ、所〻之者も不存儀ニ候得は、地主家主御咎メ不及候、然共、家主儀は心を付可申付儀ニ候之処、不念ニ候間、御定之通、家財取上、百日手鎖可申付候、

但、博奕宿、三笠附宿、重キ博奕筒取仕候もの差置候類ハ、去ル午年御定之通可申付候、

右之通、伺之上相極候事、

享保二十年卯閏三月

（享保十六亥年御書付）

百二十七　三笠附博奕頭取遠島赦ニ可書出旨幷取上ニ成候家屋敷返可被下由之事

三笠附博奕頭取之もの、遠島之分、五ヶ年も過候ハ、、赦有之時分、赦ニ可（被）書出候、尤奉行心得迄之儀ニ候之間、可被得其意候事、

一外ゟ訴人有之、博奕頭取、三笠附点者、金元幷右宿致し候もの召捕候ハヽ、其屋敷取上、五ヶ年過候ハ、、返し可被下候事、

亥六月

百二十八　三笠博奕有之村名主組頭咎之事

元文元辰年伺

在方三笠博奕有之村名主組頭五人組御咎之儀、向後ともニ過料可申付事、

右之通、伺之上相極候、以上、

元文元年辰十二月

享保十一午年御書付
百二十九　武士屋敷ニて家来博奕いたし候者御仕置
向後武士屋敷ニて家来博奕いたし候ものも遠島之筈ニ候間、可被得其意候、以上、
午十二月

「う」盗人御仕置之部

享保七寅年御書付
百三十　盗ニ入家内之者ぇ疵附候者御仕置
一盗ニ入、刃物ニて家内之者ニ疵付候者之儀ハ、家内之者可切殺心底ニ候間、疵之多少ニよらす、此類ハ獄門、
一盗ニ入、刃物ニてハ無之、何品ニて成共、家内之ものぇ疵付候類ハ、死罪、
右両様共ニ、盗取候雑物ハ、持主ぇ取返し候共、右之通可申付候、

享保五子年御書付
百三十一　盗人御仕置軽重之事
覚
一盗人御仕置之儀、大概死罪ニ成候得共、向後ハ人之家ぇ忍入、或ハ土蔵なとを破、致盗候類ハ、巧候て之儀ニ付(候間)、盗取候金高雑物之軽重多少ニ不依、可為死罪、
但、忍入候共、巧候儀ニても無之、其品軽キハ、入墨之上重く敲《タヽキ》可申付候、
一手元ニ有之品を巧候事も無之、不斗少分之類(物)盗取候類、縦ハ金拾五両(ママ)位、雑物ならハ直段積り、右ニ准し、都て此類、自今ハ重く百敲、此御定書ゟ軽キ者ハ五拾敲可申付候、尤右之内ニも、入墨之上敲候程之者計を入墨敲ニ仕、其外右之通たゝき可申付、
但、巧候品ハ不相決候共、科重候ハヽ、入墨之上重キ追放可申付候、
右之通、可被相心得候、以上、
享保五年子五月(七)

享保六丑十一月伺

百三十二　盗物と不存買取候ニ相決候者之事

一盗物買取、反物其外之類ニても、其色品にて致所持罷在之候ハヽ、勿論取返し、被盗候ものへ相返させ可申候事、

一盗物買取、代金相払、盗人遣捨候ハヽ、買取候者損金ニ為仕可申候、盗人の雑物を以、右買取候代金償候儀、申付間敷候事、

但、盗物売払代金、盗人致所持罷在候ハヽ、買取候ものぇ相返させ可申候、

百三十三　盗ニ逢其盗人を捕召連来候者之事

一盗人を捕来候ハヽ、被盗候品ゝ、何方之者買取候共、勿論取戻シ可相渡候、若其(色)品手前ニ無之候ハヽ、買取候ものより右代金償セ、盗人召連候ものへ相渡し可申候事、

(右之通、伺之上相極候、以上、)

享保六丑十一月

享保八卯年

百三十四　紛失物吟味之儀自今ハ相改組合申付候間左之趣相心得吟味可仕候

一町中質屋古着屋拾人程宛組合、右之内月行事壱人宛、順番ニ定置、紛失物吟味之節、当番之月行事并其町之月行事立会、触書を以組合之内相廻り、帳面吟味可仕候、組合人数不足之所ハ隣町と組合、名主共之内当番を相建、不吟味無之様可申渡(候)、名主一支配之所は、支配切ニ可仕候、質屋古着屋とも、帳面吟味之上、其品於有之ハ、早速奉行所ぇ可申出候、無之候ハヽ、右両人之月行事、其帳面ニ印形仕置、其上名主共方ニて帳面吟味可仕候、組合相廻候儀、他町之無遠慮相改可申候、若及異儀候もの在之候ハヽ、奉行所へ召連可罷出候、勿論名主(も)其趣可相心得候、右改方不吟味之筋相聞候ハヽ、其当番之月行事名主共、急度可申付候事、

但、質屋古着屋共、帳面質物、又ハ買取候品模様付等迄、委細(留)置可申候、帳面之儀ハ紙数相改、

名主押切申付候間、此外紛敷帳面拵申間敷候、且又吟味之節名主方ニ帳面長く留置不申、改次第早速相返し、商売之障りニ不成様ニ可仕候、

一素人《シラウト》ニて刀脇差其外質物取候者、質屋名代(題)出し置候者(は)勿論、名題無之者も質取候類ハ、同前之筋ニ候間、此度組合ニ入可申候、若内ミニて質物等取、及出入候ても取上無之候、尤盗物等取置、後日(に)相知候共、急度可申付候事、

但、屋敷方ぇ出入仕候者、無拠訳ニて、当分之金銀之替りニ質物取置候類ハ、其品支配名主方ぇ相届置、紛失物有之節、吟味を(請)可申候、

一小道具其外道具類商売仕候者共も、向寄之組合を相立、帳面等念を入置、紛失物尋有之節、右帳面を吟味可仕候、外より買求め、又ハ売払候節も、売上証文取之可申事、

但、宿等(も)不存、振売ニ参候分ハ勿論、惣て紛敷物一切買申間敷候、尤組合之儀ハ、質屋古着屋之通り相心得、月行事を相定、吟味(之)仕方、帳面押切等も同前ニ可仕候、

一古かね商人共も拾人程宛組、日ミ売買之品帳面相記、紛失物在之節、右帳面を以吟味可仕候、店売之外振売之分ハ、此度札可相渡候間、無札之者商売堅く仕間敷候、若無札之者相見候ハヽ、仲間より召捕へ、奉行所ぇ可召連出候、古金問屋共之儀も、無札之者より一切買取申間敷候事、

但、組合之儀ハ、質屋古着屋之通相心得、月行事相定、吟味之儀并帳面押切等も、是又同前ニ可仕候、

一右組合相極候以後、新キニ商売取付候者ハ、其向寄之組合ぇ入可申候事、

右之通、今度相極候間、町中名主月行事、右之趣相心得、組合相定、自今紛失物尋有之節、一組切念を入、吟味可仕候、若組合吟味未熟ニ致し、仕方等不宜儀有之候ハヽ、急度可申付候間、此趣可相守者也、

卯四月

享保六丑年

百三十五　金子其外反物類拾ひ候節之事

向後金子拾ひ候もの訴出候ハヽ、三日晒之上、主出候ハヽ、半分金主ェ相返、半分ハ拾ひ候ものェ為取可申候、反物類ニ候ハヽ、其品不残主ェ相返、拾ひ候ものェハ落し候ものより相応ニ礼為仕可申候、畢竟落シ候ものハ不念之事ニ候間、右之通ニ候、

一落候物之主相知不申候ハヽ、只今迄之通其暮迄見合、弥主無之候ハヽ、拾ひ候ものェ不残為取可申候事、

但、半年程も見合可申事、

丑四月

「ゐ」火附御仕置之部

享保三戌年覚書

百三十六　火附之儀訴其筋之奉行ニて詮議之事

覚

一只今迄、町方ゟ訴出候附火詮議之儀、伺之上火附改ェ相渡、詮議有之候得共、向後町奉行所ェ訴出候ハヽ、火附改役ェ不相渡、其手筋ニて遂詮議可申候、火附改方ニてハ、組之者廻し候節、捕又ハ改出し候火附計吟味可仕候、惣躰詮議(之)筋、火附改方を申合候様可仕候、

一盗賊改火附改博奕改共、向後火附改方打込ニ仕、可相勤候、右之趣共、火附改方ェも被　仰渡候間、其旨可相心得候事、

戌十二月

百三十七　火附并盗賊等訴人之事

覚

一悪事有之者を召捕差出(候)歟、又ハ訴出候時、右悪党之者方ゟ召捕訴出候ものニも、悪事有之由申懸ヶ候共、猥に相糺間敷候、若本人より重キ悪事を証拠慥ニ申におゐてハ、双方詮議可有之候、惣て罪科之ものを訴出におゐてハ、同類たりといふとも、其科を被免候事ニ候条、其趣を以作略可有之事、

享保五子年御書付

百三十八　火札之事

一町方ニ火札之外張札等有之候得共(は)、其所より申出、吟味有之候得共、畢竟右は先ぇ難儀をかけ可申ため、事を偽り候品ニ候間、自今ハ張札等有之候共、何事ニよらす申出ルに不及候条、其所ニて名主共火中可仕候、然共、致張札候者を見届候ハヽ、召捕差出可申候、且又張札(仕)いたし候ニ付、右云たてられ候者を宿等替させ候事、一切致させ申間敷候、右風聞之儀ニ付、宿たてさせ可申由申者も候ハヽ、当人直に奉行所ぇ罷出、其段相違候様ニ致させ可申候、以上、

八月

享保八卯年伺

百三十九　物取ニて無之火附ハ五ヶ所札不立例

一火罪之もの引廻之儀、物取ニて火を附候ものハ、自今晒(候)に不及、日本橋・両国橋・四谷御門外・赤坂御門外・昌平橋外、其外ハ通例之通引廻し、右五ヶ所通り候節、人数多少ニよらす、科書之捨札五ヶ所ぇ建置可申候、物取ニても無之火附ハ、右五ヶ所ニ捨札不及、居所幷町中計引廻し可申候、

但、捨札之儀、三十日程立申候ハ、取捨可申候、

右之通、伺之上相極候事、

享保八年卯五月

「の」巧事かたり事御仕置之部

享保八卯年被仰渡

百四十　巧事語り事御仕置軽重之事

覚

一巧事語り事之類、死罪之御仕置ニ伺候儀有之候得共、自今ハ右両品軽キ事ニ候ハヽ、入墨幷敲、又ハ其品ニより入墨之上敲之御仕置ニも伺可申候、対
公儀候儀歟或ハ入組重キかたり事、巧事之筋に候ハヽ、死罪御仕置伺可申候、以上、

八月

享保二十(卯)年

百四十一　巧を以度〻金子語り取候(ハ)盗より品

重キ旨之御書付

今度下谷長者町藤兵衛店勘助儀、在ミえ罷越、巧成儀申懸ヶ、所ミニて金子(等)語り取候ニ付て、死罪之上於其所獄門ニ申付候、向後与風出来心にて軽キ語り事之儀ハ格別、巧を以度ミ金子等語り取候ハ、盗人より却て品重く候間、勘助通り之類ハ、語り取候雑物金高多少ニよらす、或ハ物を不得候とも、其節之様子次第、死罪獄門之内、(相)当之御仕置相考、伺候様ニ可相心得候、

卯二月

享保十七子年御書付

百四十二　重キ巧事

一此度武州幸手宿ニて、馬士左兵衛と申者、芝居役者佐世之助通り候節、酒手をねたり取候仕方、巧候て之儀、追剥同然之事ニ候ニ付、於其所獄門ニ被行候、自今巧候て物取可申と人を致打擲候もの、たとひもの取不申候ても、右之類ハ、品ニより向後死罪等ニ可被相伺候、以上、

子九月

(享保十七子年)

百四十三　偽と之事乍存金銀致貸借候(もの)御仕置幷同罪之儀御書付

一此度西丸火之番野口兵三郎儀、支配御目付高山安左衛門名を偽り、手形文言ニ認、二ノ宮官治と申浪人より借金致し、侍ニ不似合仕方ニ付、死罪被　仰付候、官治儀も偽との事存なから貸候儀ニ付、死罪ニ罷成候、自今も右之通(之儀)有之におゐてハ、貸候ものも可為同罪候条、此旨末ミに至迄、可相心得候、

十月

享保六丑年御書付

百四十四　重科人死骸塩詰之覚

一主殺

一親殺

右之分ハ死骸塩詰礫、此外之科は向後塩詰礫に不及、討首、

一関所破

一重キ謀計
　右之分も死骸塩詰磔に不及討首、併関所破り、重
キ謀計之致方ニ（ママ）、依其軽重ニ、塩詰磔にも可罷成
　候、其節軽重之吟味可有之候、
右之通可被相心得候、以上、
　丑閏七月

（裏表紙見返しの奥書）
下村

六　「公規矩之書」法文一覧

・はじめに「公規矩之書」の部名と法文名を掲げる。漢数字の法文番号は著者が与えたものである。見やすくするため部名をゴチックで表記した。関学本（「公事方御定書幷伺之上被仰渡書付」上下二冊）の該当法文を注記した。また、その法文が「元文五年草案」に継承されている場合は、↓印をもって該当箇所を示した。その法文が「元文四年草案」の修正を被っているならば★、修正を被らずに継承しているならば☆を付した。

・ついで、「科条類典」が「元文三午年三月十四日弥此通定置、追て被仰出等此帳ニ可記儀ハ書記可申候、其節ゝ其趣書付可差出旨、評定所一座ゑ被仰聞候帳面之内」としてその法文を引用する箇所を示した。

・＊印をもって参考事項を記した。

「い」評定所法式幷公事訴訟等之取捌之部…関学本になし

一　評定所始り幷看板之面…関学本になし　↓「元文五年草案」上一☆

・上巻第一条　評定所始之事（『徳川禁令考』後集第一―二頁〈以下、第一―二頁のように略記する〉）

・上巻第二条　評定所掛看板之事（第一―一三頁）

二　日本橋　浅草橋　常盤橋　芝車町　筋違橋　麴町　高札…関学本になし　↓「元文五年草案」上十☆

・上巻第十三条　同条（第一―八四頁）

三　此高札ハ十月ゟ三月迄日本橋ゑ相建候　火附訴人之事高札…関学本になし　↓「元文五年草案」上十一☆

・上巻第十四条　同条（第一―一一三頁）

四　此高札ハ日本橋計ェ相建候　諸国新田取立高札之事…関学本になし　↓「元文五年草案」上十二☆

・上巻第十五条　諸国新田取立高札（第一—一一六頁）

五　此高札ハ日本橋計ニ相建候　博奕之儀ニ付高札…関学本になし　↓「元文五年草案」上十三☆

・上巻第十六条　同条（第一—一二二頁）

六　享保五子年御書付　式日老中出座之事…関学本の上一　↓「元文五年草案」上七☆

・上巻第五条　享保五子年　式日ェ御老中出座之儀ニ付御書付（第一—四五頁）

＊本条に脱文あり（第四項）

七　享保四亥年御書付　式日立会ェ御目付出座之事…関学本の上二　↓「元文五年草案」上八☆

・上巻第六条　享保四亥年　式日立会ェ御目付出座之儀ニ付御書付（第一—五〇頁）

八　正徳六申年　忌有之者立合内寄合ェ出座之事…関学本の上三　↓「元文五年草案」上九☆

・上巻第七条　同条（第一—五一頁）

九　享保四亥年書付　評定所古来之事…関学本の上四　↓「元文五年草案」上二☆

・上巻第一条　評定所始之事

＊「科条類典」はこの法令を元文四年の欄（第一—二頁）に掲載（元文三年の記事を脱落させるか）

十　享保十八丑年　目安裏書初判之儀書付…関学本の上五　↓「元文五年草案」上二十九☆

・下巻第一条　目安裏書初判之事（第一—二五三頁）

十一　享保六丑年　町方出入差紙等之事…関学本の上六・七　↓「元文五年草案」上三十★

・下巻第一条　目安裏書初判之事（第一—二五四頁）

十二　正徳二辰年御書付　評定所之面ゝえ被仰渡之事…関学本の上三十四　↓「元文五年草案」上三☆
・上巻第三条　評定所之面ゝえ被仰渡候書付（第一―二三七頁）
十三　正徳六申年御書付　評定一座可相心得条ゝ…関学本の上八　↓「元文五年草案」上四☆
・上巻第四条　正徳六申年　評定一座可相心得旨之儀ニ付御書付（第一―四一頁）
十四　享保七寅年　誤証文取間敷旨之御書付…関学本の上三十五　↓「元文五年草案」上三十五★
・下巻第十六条　誤証文押て取間敷事（第一―四二五頁）
＊黄紙掛紙による修正指示および吉宗の修正指示をともに反映せず、「元文五年草案」は削除法文3として採録
十五　御仕置筋取計専要之由ニて御渡候御書付…関学本の上三十六　↓「元文五年草案」上五★
・上巻第二十一条　御仕置筋取計専要之儀ニ付御書付（第一―一三五頁）
＊吉宗の修正指示を反映せず
十六　享保十一午十一月御書付　新規之神事仏事執行異説等之事…関学本になし　↓「元文五年草案」上二十七☆
・上巻第三十七条　享保十二未年　新規之神事仏事等之儀ニ付御触書（第一―一七〇頁）
十七　諸国浦高札…関学本になし　↓「元文五年草案」上十四☆
・上巻第十七条　同条（第一―一二五頁）
十八　浦ゝ添高札…関学本になし　↓「元文五年草案」上十五☆
・上巻第十八条　正徳二辰年　浦ゝ添高札（第一―一二七頁）
十九　享保五子年　浦賀え湊替被仰付候節之御書付…関学本になし　↓「元文五年草案」上二十一☆
＊「科条類典」に見えず、「元文五年草案」上二十一の「浦賀え湊替之事」に同じ

二十　唐船持渡之諸色抜荷買取　御制禁之御書付…関学本になし　↓「元文五年草案」上二十☆

・上巻第十九条　享保三戌年　唐船抜荷物買取候儀御制禁之儀ニ付御書付（第一―一三〇頁）

二十一　出売出買之儀触書…関学本になし　↓「元文五年草案」上二十二☆

・上巻第二十条　享保六丑年　出売出買之儀ニ付町触（第一―一三四頁）

二十二　正徳五未年　公事訴訟人ゟ音物贈り候儀ニ付御書付…関学本になし　↓「元文五年草案」上六☆

・上巻第二十二条　正徳五未年　公事訴訟人ゟ音物贈り候儀御制禁之儀ニ付御書付（第一―一四八頁）

＊本条の末尾に脱文あり

二十三　享保六丑年御書付　御料幷（一）地頭地頭違之出入之事…関学本の上三十七　↓「元文五年草案」上二十八☆

・下巻第三条　御料一地頭地頭違出入幷跡式出入取捌之事（第一―二六二頁）

二十四　享保六丑年　評定所前訴状箱ニ有之文言…関学本になし　↓「元文五年草案」上十六☆

・上巻第八条　享保六丑年　評定所前訴状箱有之文言之事（第一―六八頁）

二十五　評定所（前）箱之際建札…関学本になし　↓「元文五年草案」上十七☆

・上巻第九条　享保七寅年　評定所前箱之際建札（第一―七三頁）

二十六　訴状箱ぇ書付入候儀ニ付触書…関学本の上三十八　↓「元文五年草案」上十八☆

・上巻第十条　享保七寅年　評定所前箱ぇ書付入候儀ニ付御触書（第一―七四頁）

二十七　享保十七子年　評定所（前）箱訴状宿書（附）之儀御書付…関学本の上九　↓「元文五年草案」上十九☆

・上巻第十二条　享保十七子年　評定所前箱訴状宿付之儀ニ付御書付（第一―七六頁）

二十八　享保六丑年御書付　公事出入訴下役所等ニて滞セ候事…関学本になし　↓「元文五年草案」になし

・上巻第二十四条　享保六丑年　公事出入訴下役所等ニて滞候儀ニ付御書付（第一―一五二頁）

＊「元文五年草案」は削除法文1として採録、「科条類典」によるに、この法文は「元文四年草案」に対する吉宗の指示によって一旦は削除されたが、「寛保二戌年三月上り帳」によって復活し、上巻二十四条となった。

二十九　享保六丑年（伺書）　公事吟味銘ゝ宅ニて仕候儀伺之事…関学本になし　↓「元文五年草案」上三十一★

・下巻第七条　公事吟味物銘ゝ宅ニて仕候事（第一―三〇五頁）

「ろ」論所取捌之部…関学本になし

三十　享保廿一辰年御書付　諸役人非分私曲有之裁許／重キ御役人領地出入取計／裁許仕置（知）等之事…関学本の上十　↓「元文五年草案」上三十七★

・下巻第六条　諸役人非分私曲有之旨訴幷裁許仕直等之事（第一―三〇〇頁）

・下巻第八条　重キ御役人評定所一座領知出入取計之事（第一―三〇八頁）

＊下ヶ札による追記の法令（元文四未年八月の評定所一座伺）あり、「壱之御案文」による吉宗の修正指示を反映

三十一　享保十八年丑九月御書付　論所吟味評議等入念可申旨之事…関学本の上十一　↓「元文五年草案」になし

・上巻第二十三条　享保十八丑年　論所吟味評議等入念可申旨之儀ニ付御書付（第一―一四九頁）

＊「科条類典」によるに、この法文は「元文四年草案」に対する吉宗の指示によって一旦は削除されたが、「寛保二年三月上り帳」において復活し、上巻第二十三条となった。

三十二　享保五子年御書付　双方相対之上新田（新）堤取立候事…関学本の上十二　↓「元文五年草案」上三十八★

・下巻第十条　用水悪水幷新田新堤川除等出入之事（第一―三一八頁）

三十三　享保十四酉年御触書　用水論其外無筋出入訴出候事…関学本の上十三　↓「元文五年草案」上四十★

・上巻第二十五条　用水論其外無筋出入之儀ニ付御触書（第一—一五三頁）

・下巻第十条　用水悪水幷新田新堤川除等出入之事（第一—三一八頁）

三十四　元文二巳年御書付　御料私領入相（会）之論所郡境等ニても不入組儀ハ最初ゟ御番衆御代官見分ニ不遣事…関学本の上十四　↓「元文五年草案」上四十一★

・下巻第十一条　論所見分幷地改遣候事（第一—三五〇頁）

三十五　享保十一年午御書付　論所見分伺帳ニ反歩証跡注候事…関学本の上十五　↓「元文五年草案」上四十二★

・下巻第十二条　論所見分伺書絵図等ニ書載候品之事（第一—三六四頁）

＊吉宗の修正指示を反映せず

三十六　享保十一午年御書付　論所見分伺書絵図等ニ書載候品ゝ（之）事…関学本の上十六　↓「元文五年草案」上四十二★

・下巻第十二条　論所見分伺書絵図等ニ書載候品之事（第一—三六四頁）

三十七　享保十六亥年　縁起譲状古証文等を以裁許之儀ニ付伺書…関学本の上十七　↓「元文五年草案」上四十三☆

・下巻第十三条　裁許可取用証拠書物之事（第一—三七〇頁）

「は」田畑永代売質地取捌之部

三十八　田畑永代売買御仕置覚（書）…関学本の上三十九　↓「元文五年草案」上四十四★

・下巻第三十条　田畑永代売買幷隠地いたし候もの御仕置之事（第二—一三〇頁）

＊吉宗の修正指示を反映せず

三十九　貞享四卯年御書付　田畑頼納売幷永代売買御制禁之事…関学本の上四十

・下巻第三十条　田畑永代売買幷隠地いたし候もの御仕置之事（第二—一三〇頁）

四十　延宝三卯年　御朱印地質地取間敷旨申渡候覚…関学本の上十八　↓「元文五年草案」上四十五☆
・下巻第三十一条　質地小作取捌之事（第二―一五七頁）
四十一　享保五子年御触書　質田畑倍金手形停止之事…関学本の上十九　↓「元文五年草案」上四十六★
・下巻第三十九条　倍金幷白紙手形ニて金銀貸借いたし候もの御仕置之事（第二―二九八頁）
四十二　享保八卯年御書付　質地裁判之事…関学本の上二十　↓「元文五年草案」になし
＊「科条類典」に見えず、「元文五年草案」にも存せず
四十三　元文二巳年　質地之儀ニ付触書…関学本の上二十一　↓「元文五年草案」上四十七☆
・下巻第三十一条　質地小作取捌之事（第二―一五七頁）
四十四　質地出入一座申合覚…関学本の上二十二〜二十六　↓「元文五年草案」上四十八★
・上巻第五十七条　質地之儀ニ付触書（第一―百九十八頁）
・下巻第三十一条　質地小作取捌之事
＊「科条類典」下巻第三十一条はこの法令を元文四年の欄（第二―一五九頁）に掲載（元文三年の記事を脱落させるか）、本条に脱文あり（第三項）
四十五　質地滞金日限之定…関学本の上二十六　↓「元文五年草案」上四十九★
・下巻第三十二条　質地滞米金日限定（第二―一九六頁）
＊「元文五年草案」は削除法文4として採録
四十六　享保二十卯年　知行所ぇ用金申付候儀ニ付触書…関学本の上二十七　↓「元文五年草案」上五十☆
・上巻第五十六条　同条（第一―一九六頁）

「に」借金銀家質地代滞等之部…関学本になし

四十七　借金銀裁許申合之事…関学本の上二十八　→「元文五年草案」上五十一★

・下巻第三十三条　借金銀取捌之事（第二―二〇五頁）

＊「元文五年草案」は削除法文5として採録

四十八　享保十四酉年御書付　借金銀利分之事…関学本の上二十九　→「元文五年草案」になし

＊「科条類典」に見えず、「元文五年草案」にも存せず

四十九　享保子年伺之上相定　家質済方日切之事…関学本の上三十　→「元文五年草案」上五十二★

・下巻第三十六条　家質幷船床髪結床書入証文取捌之事（第二―三五七頁）

五十　享保五子正月　譲屋敷名前之儀ニ付町触…関学本の上三十一　→「元文五年草案」下六☆

・上巻第五十八条　享保五子年　譲屋鋪之儀ニ付町触（第一―二〇一頁）

・下巻第四十一条　譲屋敷取捌之事（第二―四〇八頁）

五十一　享保三年戌閏十月　白紙手形ニて金子借候者之儀ニ付被　仰出之書付…関学本の上三十二　→「元文五年草案」上五十三★

・下巻第三十九条　倍金幷白紙手形ニて金銀貸借いたし候もの御仕置之事（第二―三九八頁）

＊吉宗の修正指示を反映せず

「ほ」諸奉公人出入取捌之部

五十二　奉公人年季之事…関学本の上四十一　→「元文五年草案」上五十五☆

・上巻第七十二条　元禄十一寅年　奉公人年季之儀ニ付御書付（第一―二二四頁）

五十三　（享保四亥年）　諸奉公人出入之儀ニ付町触…関学本の上四十二　→「元文五年草案」上五十六☆

・上巻第七十三条　同条（第一―二二六頁）

・下巻第四十二条　奉公人請人御仕置之事（第二―四二五頁）

五十四　享保四亥年伺書　取逃引負欠落之者請人咎之事…関学本の上四十三　→「元文五年草案」になし

・下巻第四十二条　奉公人請人御仕置之事（第二―四二七頁）

＊「科条類典」によるに、この法文は「元文三年草案」において吉宗の削除指示がなされ、その結果、「元文四年草案」において不採用となった。

五十五　享保六丑年伺書　引負之者之事…関学本の上四十四　→「元文五年草案」上五十七★

・下巻第四十三条　欠落奉公人御仕置之事（第二―四六八頁）

＊吉宗の修正指示を反映せず

五十六　享保十一午年　奉公人給金出入人主ェ済方申付候儀ニ付伺書…関学本の上三十三　→「元文五年草案」上五十八★

・上巻第七十四条　享保十一午年三月被仰渡　奉公人給金出入人主ェ済方申付候事（第一―二二八頁）

・下巻第四十二条　奉公人請人御仕置之事（第二―四二七頁）

五十七　享保七寅年伺　主人ゟ暇出候処屋敷之内不立去もの咎之事…関学本の上四十五　→「元文五年草案」になし

＊「科条類典」に見えず、「元文五年草案」にも存せず

五十八　享保二十一辰年御書付　使ニ遣候者為持遣候品致取逃候御仕置之事…関学本の上四十六　→「元文五年草案」上五十九☆

・下巻第四十三条　欠落奉公人御仕置之事（第二―四六四頁）

五十九　享保六丑年伺書　奉公人之（請人）出入有之家主引請之事…関学本の上四十七　↓「元文五年草案」上六十★

・下巻第四十二条　奉公人請人御仕置之事（第二―四二八頁）

「へ」諸願訴訟無取上之部

六十　享保五子年御書付　無取上願再訴并筋違願咎之事…関学本の下六十　↓「元文五年草案」下一☆

・下巻第四条　無取上願再訴并筋違願之事（第一―二八四頁）

六十一　奉行所ぇ（不訴出）直ニ評定所へ訴出候者并当人之外ゟ願出候もの丶こと…関学本の下六十一　↓「元文五年草案」下二☆

・下巻第四条　無取上願再訴并筋違願之事（第一―二八七頁）

六十二　享保四亥年　御代官ぇ不相届訴訟ニ出候者之儀ニ付御書付…関学本の下一　↓「元文五年草案」下三☆

・上巻第三十一条　享保四亥年　御代官ぇ不相届訴訟ニ出候者之儀ニ付御触書（第一―一六三頁）

六十三　享保六丑年伺書　寺社訴訟人本寺触頭ぇ不届願ニ出候類之事…関学本の下六十二　↓「元文五年草案」下四★

・下巻第十四条　寺社方訴訟人取捌之事（第一―四一二頁）

六十四　享保十八丑年　養娘遊女奉公ニ出実方ゟ訴出候共品ニより取上間敷旨御書付…関学本の下二　↓「元文五年草案」下五☆

・下巻第四十六条　養娘遊女奉公に出シ候もの之事（第二―四九四頁）

「と」入墨并所払戸〆等之部

六十五　享保五子年御書付　入墨之事…関学本の下六十三　↓「元文五年草案」下七☆

・下巻第百三条　御仕置仕形之事（第四―二六七頁）

六十六　享保六丑年伺書　科人為立退住居（所）を隠候者之事…関学本の下六十四　↓「元文五年草案」下八★

・下巻第八十条　科人為立退幷住所を隠候者之事（第四―八二頁）

「ち」無宿幷奴女片付之部

六十七　享保六丑年　軽科之無宿領主ぇ引渡之儀御書付…関学本の下六十五　↓「元文五年草案」下九★

・下巻第八十九条　無宿片付之事（第四―一六九頁）

＊「元文五年草案」は削除法文6として採録

六十八　無宿幷入墨敲ニ成候者之事…関学本の下六十五　↓「元文五年草案」下十★

・下巻第八十九条　無宿片付之事（第四―一七〇頁）

六十九　享保十九寅年　捨子貰候儀ニ付御書付…関学本の下三　↓「元文五年草案」下十一☆

・上巻第六十三条　享保十九寅年　捨子貰候者之儀ニ付御書付（第一―二〇八頁）

七十　元禄十五午年　捨子御制禁之儀御書付…関学本の下四　↓「元文五年草案」下十二☆

・上巻第六十二条　元禄三午年　捨子御制禁之儀ニ付御触書（第一―二〇七頁）

七十一　享保十三申年御書付　奴女片付之事…関学本の下五　↓「元文五年草案」下十三☆

・上巻第五十四条　享保十三申年　奴女片附之儀ニ付御書付（第一―一九四頁）

七十二　享保十三申年伺書　奴女牢内ニ差置候儀書付…関学本の下六　↓「元文五年草案」になし

＊「科条類典」に見えず、「元文五年草案」は削除法文7として採録

「り」酒狂人御仕置之部

七十三　享保七寅年伺書　酒狂致シ刀脇差ニて人ニ疵附候者之事…関学本の下六十六　→「元文五年草案」下十四★
・下巻第四十二条　奉公人請人御仕置之事（第二―四二八頁）
・下巻第七十七条　酒狂人御仕置之事（第四―五一頁）
七十四　酒狂ニて人を打擲致候者之事…関学本の下六十六　→「元文五年草案」下十四★
・下巻第四十二条　奉公人請人御仕置之事（第二―四二八頁）
・下巻第七十七条　酒狂人御仕置之事（第四―五一頁）
七十五　酒狂ニて諸道具損さし候者之事…関学本の下七　→「元文五年草案」下十四★
・下巻第四十二条　奉公人請人御仕置之事（第二―四二八頁）
・下巻第七十七条　酒狂人御仕置之事（第四―五一頁）
七十六　享保十六亥年御書付　酒狂ニて人を殺候者之事…関学本の下八　→「元文五年草案」下十五☆
・下巻第七十七条　酒狂人御仕置之事（第四―五二頁）
七十七　享保五子年御書付　酒狂人主人ぇ引渡之事…関学本の下六十六　→「元文五年草案」下十六★
・下巻第七十七条　酒狂人御仕置之事（第四―五二頁）
「ぬ」乱気ニて人殺 理不尽者 御仕置之部…関学本になし
七十八　享保六丑年御書付　乱気ニて人殺之事…関学本の下六十七　→「元文五年草案」下十七★
・下巻第七十八条　同条（第四―六一頁）
＊「二之御案文」による吉宗の修正指示を反映
七十九　享保二十卯年御書付　相手理無（不）尽之仕形ニて下手人ニ不成事…関学本の下九　→「元文五年草案」下十八☆

・下巻第七十二条　相手理不尽之仕形ニて下手人ニ不成御仕置之事（第四―一二頁）

「る」欠落者尋之部

八十　享保十一午年御書付　親類主人等ゑ尋申付方之事…関学本の下六十八　↓「元文五年草案」下十九☆

・下巻第八十二条　科人欠落尋之事（第四―一〇四頁）

＊本条の本文および次条の表題が脱落

八十一　（享保五子年　欠落もの尋之事）…関学本の下十　↓「元文五年草案」下二十☆

・下巻第八十二条　科人欠落尋之事（第四―一〇四頁）

「を」闕所幷過料等之部

八十二　享保十八丑年申合書付　欠所田畑家屋敷家財之事…関学本の下十一　↓「元文五年草案」下二十一☆

・下巻第二十七条　御仕置ニ成候者闕所之事

＊「科条類典」に見えず（「本文極候節之伺書扣、不相見」の注記あり）

八十三　享保七寅年伺書　取上田畑之事…関学本の下六十九　↓「元文五年草案」下二十二☆

＊「科条類典」に見えず

八十四　享保三年戌三月伺　私領百姓　公義御仕置ニ成候筈（節）田畑欠所之事…関学本の下七十　↓「元文五年草案」下二十三★

・下巻第二十七条　御仕置ニ成候者闕所之事（第二―九二頁）

八十五　宝永三戌年　妻持参田地之事…関学本の下十二　↓「元文五年草案」下二十四★

・下巻第二十七条　御仕置ニ成候者闕所之事

＊「科条類典」はこの法令を元文四年の欄（第二―九三頁）に掲載（元文三年の記事を脱落させるか）

八十六　享保七寅年一座申合　身代限り申付方之事…関学本になし　↓「元文五年草案」下二十五☆

・下巻第二十九条　身躰限申付方之事（第二―一二一頁）

八十七　享保八年卯九月被仰渡候　二重ニ御仕置申付候事…関学本下十三　↓「元文五年草案」下二十六★

・下巻第百三条　御仕置仕形之事（第四―二六四頁）

＊本条に脱文あり（第二項）

八十八　元文元辰年御書付　過料申付方之事…関学本の下十四　↓「元文五年草案」下二十七☆

＊「科条類典」に見えず

「わ」変死病人片付并溜預ヶ等之部

八十九　享保十巳年御書付　科無之無宿非人之外之病人養生所ェ遣候事…関学本の下十五　↓「元文五年草案」下二十八★

・上巻第七十八条　享保十巳年　科無之無宿非人之外病人養生所ェ遣候儀ニ付御書付（第一―二四〇頁）

九十　享保十巳年　芝口町河岸建札之案…関学本の下十六　↓「元文五年草案」下三十四☆

・上巻第八十条　芝口町河岸建札文言之事（第一―二四四頁）

九十一　享保七寅年被仰渡　溜預ヶ之事…関学本になし　↓「元文五年草案」下二十九☆

・下巻第八十八条　同条（第四―一六五頁）

九十二　元文三午年五月十二日中務大輔殿被仰渡候　一ヶ年切御仕置もの等向後可書出旨一座ェ被仰聞候覚書…関学本になし　↓「元文五年草案」下三十★

・上巻第四十三条　元文三午年五月被仰渡　年中御仕置幷在牢人数書付可差出事（第一―一八七頁）

＊追記の法令か

「か」出火之部

九十三　享保二十卯年書上　出火之節咎之事…関学本の下二十二　↓「元文五年草案」下三十一☆

・下巻第六十九条　出火ニ付て之咎之事（第三―三七九頁）

「よ」鉄炮打幷捕候者訴人等之部

九十四　鉄炮御改之儀ニ付御書付…関学本の下十七　↓「元文五年草案」上二十三☆

・上巻第二十八条　享保二酉年　鉄炮御改之儀ニ付御触書（第一―一五五頁）

九十五　享保七寅年　猪鹿おどし鉄炮願之儀ニ付御書付…関学本の下十八　↓「元文五年草案」上二十四☆

＊「科条類典」に見えず

九十六　（享保十一午年）鉄炮打幷（隠）鉄炮所持之儀ニ付御触書…関学本の下十九　↓「元文五年草案」上二十五☆

・上巻第二十九条　同条（第一―一五七頁）

・下巻第二十一条　隠鉄炮有之村方咎之事（第二―四四頁）

九十七　享保十一午年御書付　過怠鷹番之事・野廻り引替之覚…関学本の下二十　↓「元文五年草案」になし

・下巻第二十一条　隠鉄炮有之村方咎之事（第二―四四頁）

＊「元文五年草案」は削除法文2として採録

九十八　享保六丑年御書付　鉄炮打捕候者御褒美之事…関学本の下二十一　↓「元文五年草案」上二十六☆

・下巻第二十一条　隠鉄炮有之村方咎之事（第二―四五頁）

「た」男女申合相果候者 隠遊女差置候者御仕置部…関学本になし

九十九 享保七寅年御書付 男女申合相果候者之事…関学本になし ↓「元文五年草案」下三十二☆

・下巻第五十条 同条（第三―八八頁）

百 享保七寅年町触 隠遊女之事…関学本の下七十一 ↓「元文五年草案」下三十三★

・下巻第四十七条 隠売女御仕置之事（第三―九頁）

百一 享保十四酉年 寺社門前ニ隠遊女差置候儀ニ付伺書…関学本の下七十二 ↓「元文五年草案」下三十三★

・下巻第四十七条 隠売女御仕置之事

＊「科条類典」はこの法令を元文四年の欄（第三―一〇頁）に掲載（元文三年の記事を脱落させるか）、本条第一項中に文字の脱落あり

「れ」追放御仕置之部

百二 享保七寅年御触書 科人追放之事…関学本の下二十三・下七十三（重複条文） ↓「元文五年草案」下三十四☆

・上巻第五十二条 享保七寅年 追放之儀ニ付御触書（第一―一九三頁）

百三 出家追放申付候節触頭奥印為致候伺書…関学本の下二十四 ↓「元文五年草案」になし

・下巻第十四条 寺社方訴訟人取捌之事

＊「科条類典」はこの法令を元文四年の欄（第一―四一三頁）に掲載（元文三年の記事を脱落させるか）、「元文四年草案」に対する吉宗の指示により削除

百四 享保七寅年御書付 追放赦免之事…関学本の下二十五 ↓「元文五年草案」になし

＊「科条類典」に見えず、「元文五年草案」は削除法文13として採録

「そ」遠島御仕置之部

百五　享保十六亥年御書付　遠島者減方之事…関学本の下二十六　↓「元文五年草案」下三十七☆

・上巻第四十八条　享保十六亥年　遠島もの減方之儀ニ付御書付（第一—一九〇頁）

百六　享保九辰年御書付　遠島死罪者之伺之事…関学本の下二十七　↓「元文五年草案」下三十八☆

・上巻第四十九条　元文五申年　死罪遠島重キ追放之外不及伺旨之儀ニ付御書付（第一—一九〇頁）

百七　享保十七子年御書付　奉行所ニて法外いたし候者之事…関学本の下二十八　↓「元文五年草案」になし

＊「科条類典」に見えず、「元文五年草案」にも存せず

百八　牢抜幷手鎖外《はづし》御構之地ぇ立帰候者之事…関学本の下二十九　↓「元文五年草案」下三十九★

・下巻第八十五条　牢抜手鎖外シ御構之地ぇ立帰候もの御仕置之事（第四—一三五頁）

＊吉宗の修正指示を反映せず

「つ」死罪幷下手人不及下手人ニ（ママ）部

百九　享保廿卯年御書付　死罪ニ可伺者之事…関学本の下三十　↓「元文五年草案」になし

＊「科条類典」に見えず、「元文五年草案」にも存せず

百十　享保十三申年　御扶持人死罪遠島ニ成候一件之内町人百姓有之節、科無之候共品ニより咎メ可有之旨被仰渡候事…関学本の下三十一　↓「元文五年草案」になし

＊「科条類典」に見えず、「元文五年草案」は削除法文10として採録

百十一　享保廿卯年御書付　死罪可成者遠島ニ成候事…関学本の下三十二　↓「元文五年草案」になし

＊「科条類典」に見えず、「元文五年草案」の削除法文12と表題を同じくするが、法文に大きな差異を存する

百十二　享保十三申二月　召仕を折檻ニて殺候者之事…関学本の下三十四　↓「元文五年草案」になし

＊「科条類典」に見えず、「元文五年草案」は削除法文11として採録

百十三　享保十七年子十月　弟子を致折鑑（檻）相果を隠置候者御仕置之例…関学本の下三十五　↓「元文五年草案」になし

＊「科条類典」に見えず、「元文五年草案」は削除法文8として採録、本条末尾に脱文あり

百十四　享保十九寅年十二月　科無之趣ニ候処推量ニて御仕置伺之儀ニ付被仰渡…関学本の下三十六　↓「元文五年草案」になし

＊「科条類典」に見えず、「元文五年草案」にも存せず、本条第一項から第二項にかけて文字の脱落あり

百十五　被疵付候者外之痛（病）ニて相果疵付候者御仕置之事…関学本の下三十七　↓「元文五年草案」下四十★

・下巻第七十三条　疵被附候者外之病ニて相果疵附候もの之事（第四―五頁）

＊吉宗の修正指示を反映せず

百十六　口論ニて摑合候上相手相果候得共頓死と相見疵無之ニ付不及下手人ニ事…関学本の下三十八　↓「元文五年草案」になし

＊「科条類典」に見えず、「元文五年草案」は削除法文14として採録

「ね」怪我ニて人を殺候者御仕置之部

百十七　享保七寅年町触　車荷附馬等ニて為致怪我候者之事…関学本の下七十四　↓「元文五年草案」下四十一☆

・上巻第六十三条　享保十三申年　車荷附馬等之儀ニ付御触書（第一―一二〇頁）

百十八　享保十七子年御書付　鉄炮あた落ニて人殺之事…関学本の下三十九　↓「元文五年草案」下四十二★

・下巻第七十四条　怪我にて相果候もの相手御仕置之事（第四―一五頁）

＊本条に文字の脱落（二箇所）あり、「元文五年草案」は削除法文15として採録
百十九　子共怪我ニて相果下手人ニ不及事…関学本の下四十　↓「元文五年草案」になし
・下巻第七十四条　怪我にて相果候もの相手御仕置之事（第四―一六頁）
＊「元文五年草案」は削除法文9として採録
百二十　旧悪御仕置之事…関学本の下四十一　↓「元文五年草案」下四十三☆
・下巻第十八条　同条（第二―六頁）

「な」科人之悴親類等御仕置之部
百二十一　（享保六丑年御書付）重科人之悴親類等御仕置之事…関学本の下七十五　↓「元文五年草案」下四十四☆
・上巻第四十条　元文二巳年　重科人之悴親類等御仕置之儀ニ付御書付（第一―一八〇頁）
＊「四之御案文」による吉宗の修正指示を反映
百二十二　享保三戌年　類族之者之儀ニ付御書付…関学本の下四十二　↓「元文五年草案」下三十五★
・上巻第五十条　同条（第一―一九一頁）

「ら」詮議もの拷問之部
百二十三　享保五子年　不及伺拷問可申付旨御書付…関学本の下四十三　↓「元文五年草案」下四十五★
・上巻四二条　享保十七子年　御仕置伺書ニ入牢之月日可認旨之儀ニ付御書付（第一―一八六頁）
＊吉宗の修正指示を反映せず
百二十四　享保七寅年御書付　拷問可申付品之事…関学本の下四十四　↓「元文五年草案」下四十六☆
・下巻第八十三条　同条（第四―一一二頁）

百二十五　享保七寅年　筋違之者拷問申付候儀ニ付御書付…関学本の下四十五　→「元文五年草案」になし
・下巻第八十三条　拷問可申付品之事（第四―一一二頁）
＊黄紙張紙による修正指示を反映せず、「元文五年草案」は削除法文16として採録

「む」博奕御仕置幷訴人等部

百二十六　享保十巳年伺書　諸博奕頭取金元宿句拾ひ等幷訴人之事…関学本の下四十六　→「元文五年草案」下四十七★
・下巻第五十五条　三笠附博奕打取退無尽御仕置之事（第三―一四六頁）
百二十七（享保十六亥年御書付）三笠附博奕頭取遠島赦ニ可書出旨幷取上ニ成候家屋敷返可被下由之事…関学本の下四十七　→「元文五年草案」下四十八★
・上巻第六十八条　享保十六亥年　三笠附博奕頭取遠島赦ニ可書出旨幷取上ニ成候家屋敷返可被下旨之御書付（第一―二一五頁）
百二十八　元文元辰年伺　三笠博奕有之村名主組頭咎之事…関学本の下四十八　→「元文五年草案」下四十九★
・下巻第五十五条　三笠附博奕打取退無尽御仕置之事（第三―一四七頁）
百二十九　享保十一午年御書付　武士屋敷ニて家来博奕いたし候者御仕置…関学本の下四十九　→「元文五年草案」下五十★
・上巻第六十七条　享保十一午年　武士屋鋪ニて家来致博奕候者御仕置之儀ニ付御書付（第一―二一三頁）
・下巻第五十五条　三笠附博奕打取退無尽御仕置之事（第三―一四八頁）

「う」盗人御仕置之部

百三十　享保七寅年御書付　盗ニ入家内之者ぇ疵附候者御仕置…関学本の下五十　→「元文五年草案」下五十一☆
・下巻第五十六条　盗人御仕置之事（第三―二〇四頁）
百三十一　享保五子年御書付　盗人御仕置軽重之事…関学本の下七十六　→「元文五年草案」下五十二☆
・下巻第四十三条　欠落奉公人御仕置之事（第二―四六三頁）
・下巻第五十六条　盗人御仕置之事（第三―二〇四頁）
百三十二　享保六丑年十一月伺　盗物と不存買取候ニ相決候者之事…関学本の下七十七　→「元文五年草案」下五十三★
・下巻第五十六条　盗人御仕置之事（第三―二〇五頁）
・下巻第五十七条　盗物質ニ取又ハ買取候者御仕置之事（第三―二六七頁）
＊吉宗の修正指示を反映せず
百三十三　盗ニ逢其盗人を捕召連来候者之事…関学本の下七十八　→「元文五年草案」下五十四☆
・下巻第五十六条　盗人御仕置之事（第三―二〇五頁）
＊本条末尾に脱文あり
百三十四　享保八卯年　紛失物吟味之儀自今ハ相改組合申付候間左之趣相心得吟味可仕候…関学本の下五十一　→「元文五年草案」下五十五☆
・上巻第七十一条　享保八卯年　紛失物吟味仕形之儀ニ付町触（第一―二二二頁）
百三十五　享保六丑年　金子其外反物類拾ひ候節之事…関学本の下五十二　→「元文五年草案」下五十六★
・下巻第六十条　拾ひ物取計之事（第三―二九三頁）
＊吉宗の修正指示を反映せず

「ゐ」火附御仕置之部

百三十六　享保三戌年覚書　火附之儀訴其筋之奉行ニて詮議之事…関学本の下五十三　→「元文五年草案」上三十二☆

・下巻第十七条　盗賊火附詮議致方之事（第一―四二七頁）

百三十七　火附幷盗賊等訴人之事…関学本の下五十四　→「元文五年草案」下五十七☆

・下巻第五十八条　悪党者訴人之事（第三―二八四頁）

＊「三之御案文」による吉宗の修正指示を反映

百三十八　享保五子年御書付　火札之事…関学本の下七十九　→「元文五年草案」上三十三☆

・上巻第六十条　享保五子年　火札幷張札等取計之儀ニ付御書付（第一―二〇六頁）

百三十九　享保八卯年伺　物取ニて無之火附ハ五ヶ所札不立例…関学本の下五十五　→「元文五年草案」下五十八☆

・下巻第七十条　火附御仕置之事（第三―三九七頁）

「の」巧事かたり事御仕置之部

百四十　享保八卯年被仰渡　巧事語り事御仕置軽重之事…関学本の下五十六　→「元文五年草案」下五十九☆

・下巻第六十四条　巧事かたり事重キねたり事いたし候もの御仕置之事（第三―三二八頁）

百四十一　享保二十(卯)年　巧を以度々金子語り取候(ハ)盗より品重キ旨之御書付…関学本の下五十七　→「元文五年草案」下六十★

・下巻第六十四条　巧事かたり事重キねたり事いたし候もの御仕置之事（第三―三二九頁）

＊「元文五年草案」は削除法文17として採録

百四十二　享保十七子年御書付　重キ巧事…関学本の下五十八　→「元文五年草案」下六十一★

・下巻第六十四条　巧事かたり事重キねたり事いたし候もの御仕置之事（第三―三二九頁）

＊吉宗の修正指示を反映せず

百四十三　（享保十七子年）偽と之事乍存金銀致貸借候（もの）御仕置幷同罪之儀御書付…関学本の下五十九　→「元文五年草案」下六十三★

・下巻第四十条　偽之証文を以金銀貸借いたし候もの御仕置之事（第二―四〇五頁）

＊「元文五年草案」は削除法文18として採録

百四十四　享保六丑年御書付　重科人死骸塩詰之覚…関学本になし　→「元文五年草案」下六十四★

・下巻第八十七条　重科人死骸塩詰之事（第四―一六三頁）

七　「公事方御定書」の元文五年草案

「公事方御定書并窺之上被　仰渡候書付」上下

（千代田区教育委員会蔵「寛保律」収載）――論考篇第三部第二章の史料

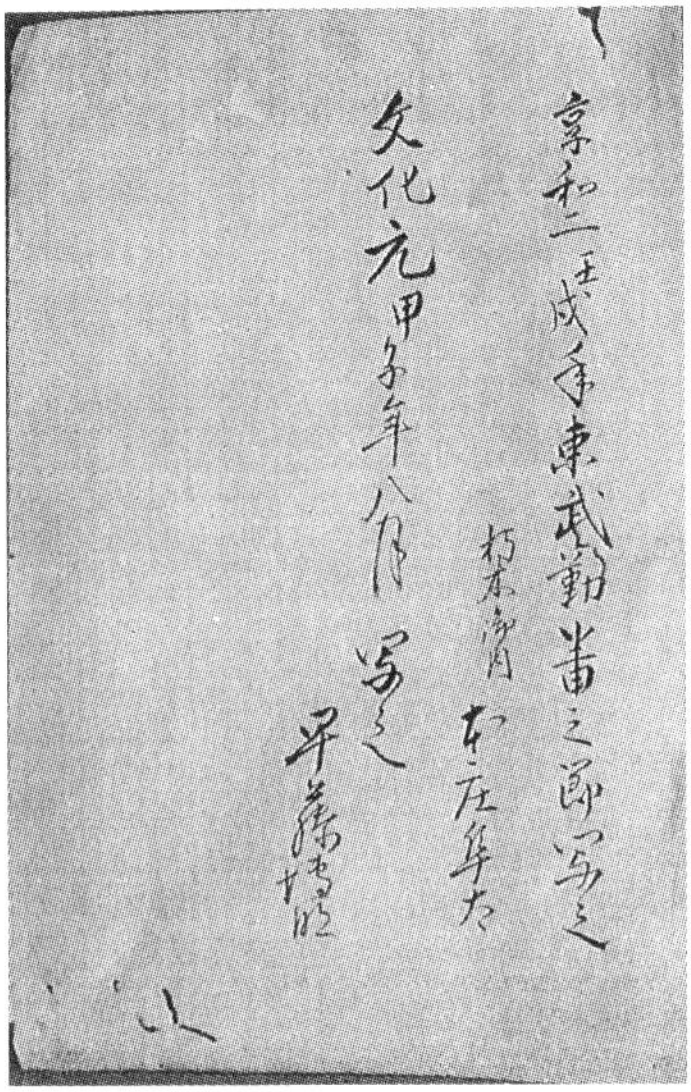
享和二壬戌年東武勤番之節写之

文化元甲子年八月写之

「公事方御定書并窺之上被仰渡候書付」奥書（本書401頁）

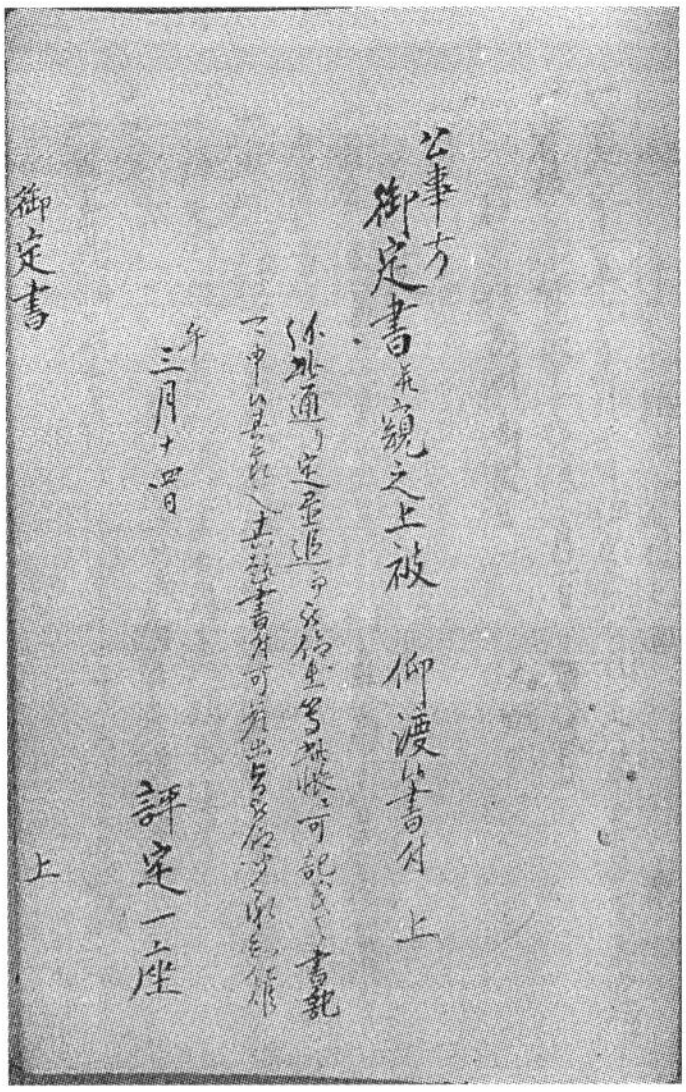
公事方
御定書并窺之上被　仰渡候書付　上

午
三月十四日

評定一座

御定書
上

「公事方御定書并窺之上被仰渡候書付」表題（本書345頁）

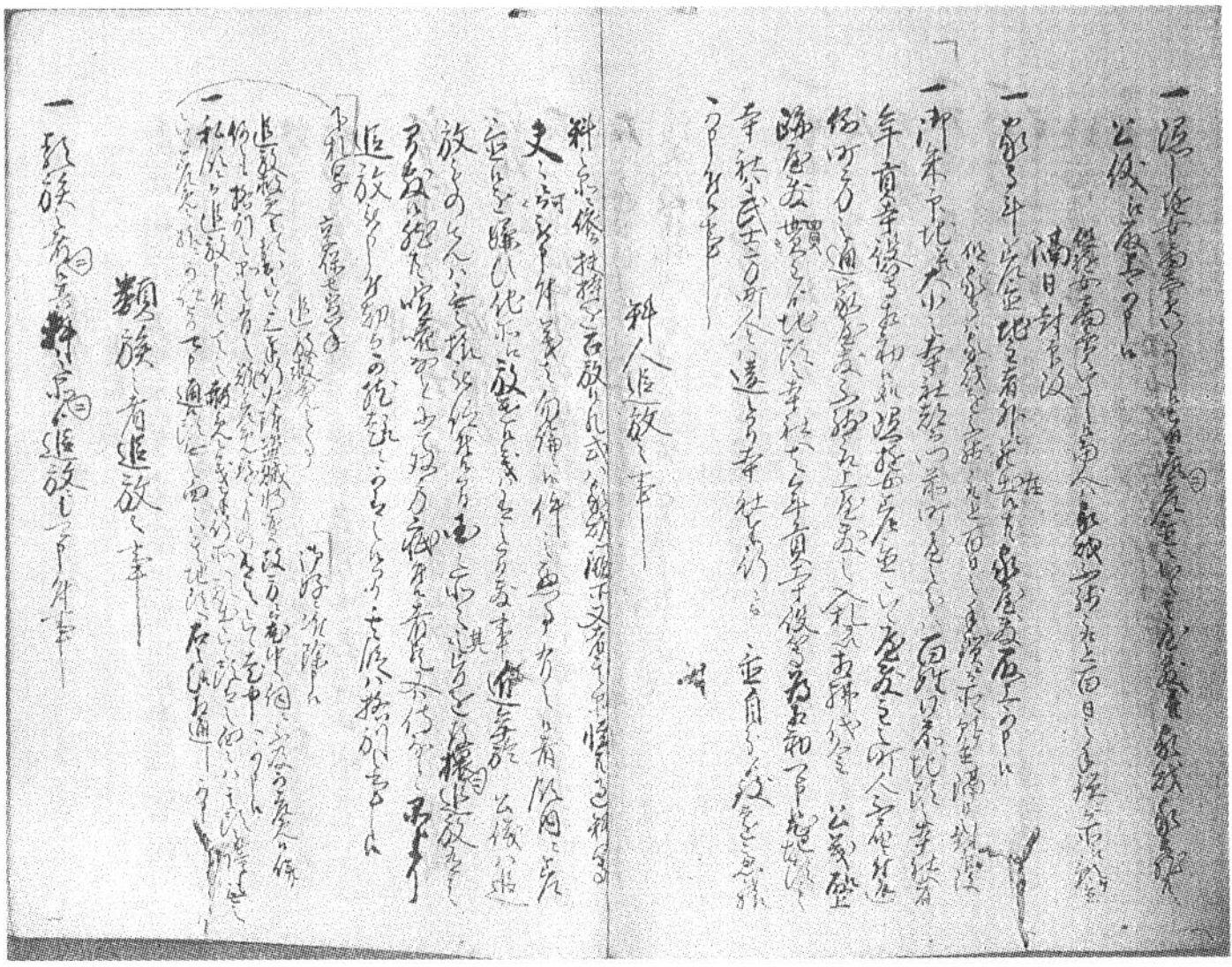

「公事方御定書并窺之上被仰渡候書付」下、
三十三 隠し遊女差置候者御仕置之事〜三十五 類族之者追放之事
（本書390〜391頁）

《史料翻刻》 凡例

一 本章は、論考篇第三部第二章「「公事方御定書」の編纂過程と元文五年草案について」の史料として、左記を翻刻するものである。

「公事方御定書并窺之上被 仰渡候書付」上下（原胤昭旧蔵「寛保律」収載、千代田区教育委員会所蔵）

一 「寛保律」一冊は、縦二三・六糎、横一六・五糎の袋綴の筆写本である。「寛保律」の表題は表紙に打付書してあるほか、小口にも見える。全体の墨附は一一三丁であるが、「公事方御定書并窺之上被 仰渡候書付」の墨附は上が三七丁、下が二二丁である。

一 『徳川禁令考』後集（司法省蔵版・法制史学会編、石井良助校訂、平成二年第五刷、創文社）所収の「科条類典」をもって校合を施し、（ ）を以て示した。

七　「公事方御定書幷窺之上被　仰渡候書付」上（千代田区教育委員会蔵「寛保律」収載）

（表紙）

公事方
御定書幷窺之上被　仰渡候書付　上
弥此通り定置、追て被仰出等、此帳ニ可記義ハ書記可申候、其節ゝ其趣書付可差出旨被仰聞承知仕候、
午三月十四日　評定一座

御定書　上

一　評定所始幷看板之面

一寛永十二年乙亥十一月十日、評定衆被相定、同年十二月十二日ゟ寄合始ル、

一看板之面寛永十二年亥十二月二日　讃岐守　大炊頭

右看板当時之御文言

定

一寄合之式日、毎月二日・十一日・廿一日、諸奉行之立合、四日・十三日・廿五日、但、公儀之御用於有之ハ、可為延引事、

一寄合所へ評定衆、卯之刻半時致出座、御用隙明次第可有退参事、

一評定所へ役人之外一切不可参、勿論音信停止之事、

一公事人ニかいそへハ、老人若輩幷病者之外停止之事、

一公事訴訟ニ罷出もの、たとひ御直参（之）輩たりと云共、刀脇差を帯べからざる事、

一公事人雖為親類縁者知音は(之)好身、寄合場於ハ評定衆
不被(ママ)可取持事、
一遠国ゟ来ル公事人は、在江戸久敷次第ニ可承之、当
地之公事人ハ、其日之帳面ニ先次第可承之、但、不
承して不叶義か又急用は格別之事、
一公事人(え)不審中かくる義は、筋ゝ役人可初(勤)之、勿
論惣座中ゟも遠慮なく存寄之通可申事、
一公事裁許以後、其節(筋)之役人裁断之始末可被致留書事、
一公事其日ニ落着無之儀ニ重て被致寄合、其上ニて不
相済義、相読(談)之上可致言上事、
一役人宅ニて承之公事訴訟、評定所ゑ可出儀於有之ハ、
証文証跡相揃、寄合所へ出之、無滞様ニ可被致事、
一預もの長ゝ不差置之、急度遂穿鑿可済事、
一裏判幷古(召)状を請遅参(之)者ハ、其所之遠近を考、日
数を積、軽重に応し可為過料事、
右条ゝ可被相守之者也、
年号月　　老中

二　評定所古来之事

覚

一明暦三年之頃迄ハ、評定所立合(え)老中出座有之候
処、稲葉美濃守老中(之)節、向後立合へ(は)奉行中
計出座有之、寺社奉行をおもにいたし詮義有之様ニ
申渡候由、
一立合へ老中出座有之時分ハ、登城抔無之、此時分ハ
評定所へ上使等有之候由、
一公事之内入組候て伺ニも可成義ハ、式日毎ニ老中銘
ゝ一通聞届、其上ニて落着無之義ハ、伺(ニ)成候も
有之候由、
一元和年中之頃ハ、公事訴訟酒井雅楽頭宅ニて裁断有
之候由、明暦三年大火ニて雅楽頭宅類焼(之)節、龍
之口伝奏屋敷之内仕切、公事訴訟老中寺社奉行大目
付町奉行御勘定奉行出座ニて裁断、毎月六日宛有之
候、寛文之頃ゟ(式日)立合之分ゑ、式日へ老中壱人
ツ、出座有之、内寄合毎月三日宛奉行衆(宅)ニて公事訴

訟承之候、其頃ゟ評定所ニて申ならハし候由、
右は評定所一座へ相尋候処、(聢と)書留等は無之、
書面之通承り伝候由之事、

三　評定所之面ミへ被仰渡之事

一寛永以後、御代ミ被仰(出)之評定所法式、評定衆、卯半刻ゟ会合候て申刻退出シ、其日決難き事候ハヽ、翌日再会候て、猶又決断及難き事ハ老中(ニ)申し言上すへき由ニ候、近年公事訴訟其数多成来候処、評定所之面ミ事馴、巧を積、裁断之次第滞所もなく候歟、会合之間もなく退出候様ニ相聞候、若毎事候は(其)大法ニ任せて其道理を尽に及ばすして裁断(ニ)至り候ハヽ、尤以不可懸(然)事被　思召候事、

一評定所幷諸奉行ニおゐて沙汰之次第、専へ(マヽ)其証状を拠として、道理のある所をハ推尋す、其本旨を捨て、枝葉の事をは穿鑿し候由風聞(候)、証状之ことき八其拠とすへき事勿論候と云へとも、すべて　公儀の証にも引用ゆへき物に大法ニ背き候事ハしるさしむへからす、又事の末なる所につきて其本旨を知るへき(事)勿論候と云へども、枝葉の事を論して多事にわたらハ、其本旨を失ふ事あるべし、然らハ必(す)其証を拠とし難く、末を逐ひ難し、就中論地等の事、古来多ハ評定所ニて詮議之上を以事決候処ニ、近年之例御代官所ニ申付、検使を以裁断し候故、承(不)可然事共有之由相聞候、すへて此等之類、諸事ニつきて其心得可有之事ニ被　思召候事、

附、近年以来罪悪極重之輩を助置、目明し口問など、名付て(も)し罪の疑ハしきもの出来明(候時)ハ、奉行中彼輩に申付、或ハ捜求め糾明せしめ、事ニ定(之実)否、罪(之)ニ有無を決断有之由候、たとひ彼輩之申所、其事をあやまらす候とも、力を借り用い候て、天下之御政事を取沙汰候ハん事甚以不可然候、況又彼輩之申所、或ハ遺恨ニより或ハ賄賂によりて事之躰引違へ、理を非となるの類、種ミ有之由風聞候、よろしく早(く)彼輩之本罪をたゝし、自今以後此等不可然事共儒(停)廃あるへき事ニ被思召候事、

一評定所之法、公事訴訟之事、者《(其)》筋之役人問難有之候
旨《(て)》、一座之面々存寄も候へは、其存寄候所を残さす
申出すへき由ニ候処、近年以来大方ハ詮議ニも及ハ
す、最初申出し候輩の沙汰に伺《(任)》て事を決し候様相聞
候、もし其事実に背《(有)》之候ハヽ、評定之面々、者《(其)》人数多
と云へども、壱人之沙汰決候上は古より詮義と申、
評定と申事ハ其本儀を相失ひ候、自今以後ハ各其心
力を尽し、詮議之上ニ評（定）し候様（ニ）可仕由被
思召候事、

一評定所之法、遠国ゟ訴来候輩、其滞留之日久しから
す候様ニと有之由ニ候、然ニ近年以来ハ、評定所幷
諸奉行所ニおゐて公事訴訟相決難く、年月を経候て
滞留之輩有之由相聞候、軽賤之者共、其業（を）抛て
在所を離れ、滞留之日久しく候てハ、たとひ其本意
之ことく事済候共、其費用之失脚すくなかるへから
す、況又申所かなひ難儀《(き)》もの（に）おゐて、猶々迷惑
に及ふへき事、尤以て不便之事候、自今以後は奉行
之面々此等の所をおもひ廻し、沙汰之次第可有之由
被　思召候事、

附、老中（ニ）申達言上候事ハ再三思慮をも用ひ候
故か、毎事遅滞候事も有之、御尋之旨有之時節、
申所其儀わかれさる事も有之候、すへての事滞な
く申所明らか成る心得可有之事被　思召候事、

一凡公事訴訟之事、或ハ権勢之所縁有之候輩、或ハ賄
賂を用ひ行ひ候輩之類ハ、其志を得候て、其望を達
シ候者共有之由、世上沙汰シ候所、すてに年久敷候
を以て、
御代初之時御条目しるし出され候と言へとも、其旧
弊今に相改さるよし、猶々其聞候、もし若風《(ママ)》聞候こ
とく候ニおゐてハ御政事のてより《(よりて)》破れ候所ニ候へハ、
此上は其沙汰ニ及（は）るへき《(御)》ハ事ニ候、奉行之面々
其家中之輩ハいふに及《(は)》候す、支配之者共に至迄、宜
敷其戒め可有事被　思召候事、

附、牢屋之役人と言へとも種々之私法をたて、牢
舎の輩の賄賂をむさほり候次第等相聞（候）、此等
之事共奉行中ハ未承りも伝す候故、制禁ニハ及ハ

す候か、尤以不可然事候、すへて如此之事等、急度厳禁あるへき事、

右条々よろしく承知せしむへく候、諸奉行所之事ニおゐてハ天下御政事之出る所に候上ハ、万事(之)理非ハ此所に相定る事共ニ候、然るに只今のことくに有之候ては、其奉行之越度と申計ニてハ無之、すなハち御政事之明らかならすして、人民之安からさる所に候間、各其心得を以、沙汰之次第可有之由被　仰出候者也、

正徳二年辰九月五日　評定所一座
奉行中

四　評定所一座可心得条々

一公事訴訟人、遠国より罷越候ものハ不及申、当地之ものも裁断及遅滞候てハ、本人其外其所之輩迄も内外之物入も日を逐ひ候てハ多(く)、是につきてハ内縁秘計を廻し、其事を取持候者抔も出来、種々不宜取沙汰も有之候、亦ハ是等之物入をいとひ候者共ハ、おのつに公事訴訟も難成、道利(理)有之者も非道之事(に)押かすめられ迷惑いたし候者も可有之候、すへて如此之事ハ御仕置之ためニ甚タ不可致(然)候、然れ共、其事ニよりて道理(理非)疑敷、又ハ一座之評議もまち〳〵にて事決しかたく、裁断延引し候事も可有之候、自今以後ハ公事訴訟ニ百日過候て事決シかたく候儀ハ、其事之始末分明(に)書記、何も存寄之所をは二筋も三筋ニも附札ニ記し可(被)差出候事、

一評定(所)ぇ召出借金公事人、年々其数多く候故、此外之公事訴訟を全儀出られて(詮議せられ候)ためニ事之妨ニ成来(候)、自今以後は式日三日之内ニて一日、立合三日之内ニて一日、凡一月二日ツヽ、借金公事人計召出候日を相定め、其餘は此外之公事訴訟等召出し、其理非ハ(分)明ニ全儀(詮議)之上裁断(に)及るへく候事、

一諸奉行所ゟ牢ニ入置候者之事、只今迄ハさして事むつかしからす候事ニ、五年も十年も事を決せす候故ニ、牢内ニて死候もの年々に多く、又ハ火事等之時ニにけうせ候者も有之、本罪は軽く候共、大犯之罪(ニ)入候者も出来、又ハ相手も有之、同類も有之候

事（ニ）、者（其）相手同類等死し失候て、或は僉議之手掛もなくして事決シ難く、或ハ存生之者計相手（当）之刑罪に行れ候てハ、片落なる事ニ似より候事（も）出来、すへて此等之類ハ御仕置之ために甚タ不可然事ニ候、自今以後牢ニ入置、百日ニ過候ても決しかたく候事ハ、是亦其事之始末分明（ニ）書記、何れも存寄之所をハ二筋にも三筋ニも付札にしるし可（被）差出候事、
附、古来より牢舎又ハ過怠なとゝ申し、其罪科を決断シ、牢へ入候事ハ、御仕置之一筋ニ成候処ニ、近来ハ其罪科もいまた決せす候ニ、僉議之間、先ッ牢へ入置候者甚多成来候歟、是又不可掛（然）事ニ候、人をも殺害盗賊等之罪犯有之者、又ハ其身を預置へき所も無之者、又ハ主本人（本主人ニ）預置候てハ不可然候子細も有之ものゝ類ハ、僉議之間、牢えも入置候事も可有之候、此等之外ニ預置へき所も有之候ものを、其罪科いまた決せす候内、先ッ牢へ入置候事ハよろしく思慮あるへき事、
右条々、評定所奉行所之事ハ、天下之理非相定候処ニ（て）、其上又世之人之安堵し候も迷惑し候も、公事訴訟之決断（裁断ニ相）可掛り候、たとへ一旦ハ其時之奉行之沙汰ニ候故ニ、理を以て非とせられ、非を以て理とせられ候共、違背ニハ不及候といへとも、年月を経候後に至て、其事破れ候てハ最初裁断（之）時、一座之衆中のためニ不可然事ニ候、すへて此等之道理ハ不及申候へ共、御仕置之ため大切之御事ニ候を以、相違し候間能々可被存其旨候、以上、

正徳六年申四月　日

五　御仕置筋取計専要之事之由ニて御渡御書付

覚

一米穀之類、積夫（損失）無之能出来候様、常々無油断可申付事、
一有来田畑、損毛無之様、常々心懸普請申付、又ハ川除等之悪敷成たる所ハ、能致させ候義専要之事、
一新田出来候義ハ、宜鋪事（ニ）候へ共、外之害ニならさる所（ハ申付）可然候、大概古田畑或ハ秣場等之障

(ニ)成候事、度々有之義ニ候条、左様成所ハ可為無用事、

一差当入用等も無之山林を伐出し、交易いたし候義、堅可為無用事、

一食物ハ勿論、其外諸色沢山(潤沢ニ)候共、猥ニ遣ひ捨不申様、酒菓子類むさと多(く)作り出し候ハぬ様ニ可心得事、

一当時売買(之)諸色、別て不宜なりと申者も無之処、此上数多仕出申候とても、人々寄(分)限を越て物を遣す候へハ、事是(足)不申、旨(畢)竟国之衰となり、無益之事に候、米穀并薬種之外ハ、金銀夜(衣)類心得(道具)見ニ至(迄)物、乃(新)規之品ハ勿論、有来物ニても相増仕出し候義、猥(ニ)申付間敷事、

一有来外遊所物見せ并売買等ニて、人多集(め)候様致候義、其所之にぎハひを申立といふ共、猥にも付(申)間敷事、

一故なくして商物俄ニ高直ニ売出し候ハ、過分の利得をむさほり候て之義候条、懸(遂)吟味、致させ(申)間敷事、

但、商物一所ニ請込、下直売出すへき抔と申と言共、是又取上申間敷事、

一国々所々ゟ出し候諸色運送不自由候て、又ハ途中之煩ニて損失無之様心付可申事、

前条も有之通、諸人一同之御故(救)ニハ、米穀能出来候義と、人々分限(を守)高売、費不致様之御仕置専要ニ可申付候、此外之義は、其事取扱候者之利得ニハ可成候へ共、諸人(へ)行渡り命ヲつなき候事ニハ不相成、却て悪(敷)事(共)ハ出来可申候条、許之趣(件)能々相考可申付旨被　仰渡候、以上、

享保六丑六月

六　公事訴訟人ゟ音物贈候義ニ付御書付

公事訴訟有之ハ(者共)、其奉行役人中并其家来之末々といふ共、内縁を求、音物を相贈候義制禁有之候、違犯之輩(に)至てハ、たとひ理運之公事、其謂ある訴訟といふも一切に許容有へからす、若又裁許之後、年月過き相聞候といふか(と)も、急度(其)沙汰ニ及はれ、

罪科に可被行者也、
右、此義（今度如此）候得被　仰出旨、よろしく可相心得候、以
上、

享保五子年
七　式日老中出座之事

覚

一評定所式日寄合之節、老中出座之儀、向後一月（ニ）
一度宛出座之筈ニ候、刻限も五ッ時罷出、奉行中公
事取捌見分（之）為候条、当日之公事ニ（不）相済内ニ
も登城可申候、時ニゟ従　御城相越候義も可有之候、
左様之節は前日可申申（マヽ）達事、
一公事訴訟、何によらす立合公事を可差出候、式日公
事とて撰出し候義、堅無用ニ候事、
一式日は十一日可有出座候、若差合之節ハ廿一日可有
出座候事、
一公事出入等難決類、入組候品ハ、向後式日老中出座
之節差出候様仕候事、

享保四亥年
八　式日立合え御目付出座之事

覚

一評定所式日（ニ）御目付壱人、立合日両人代ル〲只
今退（迄）罷出候へ共、向後壱人宛一ヶ月切（ニ）人を相定
罷出、奉行役人（之）公事訴訟裁許、其外諸事取捌之
次第委細見聞置、御尋之節具（ニ）申上候様相心得候、
若公事訴訟之儀（訳）見聞候迄ニて、奉行役人之取捌委細
難相知義ハ、目安訴状等奉行中へ申達、得（と）遂一
覧、出入之訳奉行中えも其子細具（ニ）承届可申候、
一非番之御目付之内障（隙）ニて有之旨（者）、立合日ハ壱人宛相
加り可罷出候、然共病人差合等有之、難出節ハ不及
其儀候、
一御徒目付、向後式日立合共一人ツヽ、罷出候様可致候、
尤御小人目付も右ニ准し相減可申候、

正徳六申年
九　忌有之者立合内寄合出座之事

一忌中之時立合内寄合（え）出座之義、父母之外（之）忌

中ハ日柄立候ハヽ、可致出座、たとへハ廿日之忌中ハ
七日立候ハヽ、致出座候様可相心得旨、伺之上相極
候事、

十　日本橋　浅草橋
常盤橋　芝車橋(町)
筋違橋　麹町　高札

定

一親子兄弟夫婦を始め、諸親類にしたしく、下人等に
至ル迄、是をあはれむへし、主人ある輩ハ各(其)は奉公
に精を出すへき事、
一家業を専ニし、懈(る)事なく万事其分限過へからさ
る事、
一いつわりをなし、又ハ無理と(を)いひ、惣して人の害な
るへき事をすへからさる事、
一博奕之類、一切に禁制之事、
一喧嘩口論をつゝしミ、若其事ある時ミたりに出合へ
からす、手負たる者隠し置へからさる事、
一鉄炮猥に打へからす、若違犯之者あらハ申出へし、
隠置、他所ゟあらハるゝにおゐてハ其難(罪)重かるべき
事、
一盗賊悪党之類なら(あ)ハ申出へし、急度御ほうひ下さる
へき事、
一死罪に行はるゝ者ある時、馳集るへからさる事、
一人売買かたく停止す、但、男女之下人、或ハ永年季、
或ハ譜代召済(置)事ハ、相対に任すへき事、
附、譜代之下人、(又)ハ其所ニ住来候輩、他所へ
罷越、妻子をもち、有付候もの呼返すへからす、
但、罪科ある者ハ制外之事、
右条ゝ可相守之、若於相背ハ可被行罪科者也、
正徳元年五月日　奉行

定

一毒薬幷似せ薬種売買之事禁制す、若違犯之者あらハ
是(其)罪重(か)るへく、たとひ同類といふとも申出候に
おゐてハ、其罪をゆるされ急度御褒美下さるへき事、
一似金銀売買一切停止す、若似せ金銀あらハ金座銀座

へ遣し、相改むへし、はつしの金銀も(是又)金座銀
座へ遣し、相改むへき事、
附、惣して似せ物すへからさる事、
一寛永之新銭、金壱両四貫文、壱歩ハ壱貫文たるへし、
御料私領共ニ、年貢収納等ニも御定之ことくたるへ
き事、
一新銭之事、銭座之外一切鋳出すへからさる事、
一新作之慥ならさる書物、商売すへからさる事、
一諸職人いひ合せ、作料手間賃(等)高直ニすへからす、
諸商売物或一所ニ買置しめうりし、或ハいひ合せて
高直(ニ)すへからさる事、
一何事によらす誓約をなし、徒党をむすふべからさる
事、
右条ゝ可相守之、若於相背は可被行罪科者也、
正徳九(元)年五月日　奉行

定

一駄賃并人足荷物之次第
御伝馬并駄賃之荷物壱駄　重サ四十貫目
歩持之荷物壱人　重サ　五貫目
長持壱丁　重サ三十貫目
但し人足壱人持重サ五貫目之積、三十貫目
之荷物ハ六人して持へし、夫ゟ軽き荷物ハ、
貫目ニ随ひて人数減へし、此外何れの荷物
も是ニ准ずべし、
乗物壱丁　次人足六人
山乗物壱丁　次人足四人
一御朱印伝馬人足之数御書付之外多出すへからさる事、
一道中次人足次馬之数、たとひ国持大名たりといふ共、
其家中共東海道ハ一日五拾人五十疋ニ過へからす、
此外之伝馬道ハ弐十五人弐十五疋ニ限へし、但し江
戸京大坂之外、道中おゐて人馬共迄(追)通へからさる事、
一御伝馬駄賃之荷物ハ、壱(其)町之馬残(ら)す出すへし、
若駄賃馬多入(時は)、在ゝ所ゝゟやとひ、たとひ風
雨の節といふとも、荷物遅ゝなき様に相はからふべ
き事、

一人馬之賃、御定之外増銭を取ニおゐてハ牢舎せしめ、
壱(其)町之問屋年寄は過料として鳥目五貫文ツヽ、人馬
役之者ハ家壱軒ゟ百文ツヽ出すへき事、
附、往還之輩、理不尽之義を申掛、又ハ往還之者
ニ対し非分(之)事あるへからさる事、
右条ヽ可相守之、若於相背は可為曲事者也、
正徳元年五月　　奉行

定

江戸よりの駄賃并人足賃銭
品川迄
荷物壱駄　九拾四文
乗掛荷人共　同断
から尻馬壱疋　(六拾壱文)
附、あふ所て(つけハ)から尻(ニ)同、夫ゟ重サ(き)
荷物之(ハ)本駄賃ニ同しかるへし、
人足壱人　四拾七文
千住迄
荷物壱駄　九拾壱文
乗(掛)物荷人共　同断
から尻馬壱疋　六拾文
人足壱人　四拾六文
川口迄
荷物壱駄　百四拾文
乗(掛)物荷人共　同断
から尻馬壱疋　九拾文
人足壱人　六拾壱(七)文
板橋迄
荷物壱駄　九拾四文
乗掛荷人共　同断
から尻馬壱疋　六拾壱文
人足壱人　四拾七文
上高井戸迄
荷物壱駄　百六拾壱文
乗掛荷人共　同断
から尻馬壱疋　百八文

人足壱人　七拾九文
下高井戸迄
荷物壱駄　百四拾九文
乗掛荷人共　同断
から尻馬壱疋　百文
人足壱人　七拾三文
泊〻ニて木賃銭
主人壱人　三拾五文
召仕壱人　拾七文
馬壱疋　三拾五文
右之通可取之、若於相背は可為曲事者也、
享保三年十月日　奉行

定
きりしたん宗門は累年御制禁たり、自然不審成者有之ハ申出すへし、御ほうひとして、
はてれんの訴人　銀五百枚
いるまんの訴人　銀三百枚
立かへり者の訴人　同断
同宿幷宗門の訴人　銀百枚
右之通下さるへし、たとひ同宿宗門(之内)たりといふとも申出ル品ニゟ銀五百枚下さるへし、隠し置、他所ゟあらハるゝにおゐてハ、其所之名主幷五人組迄、一類ともニ可被行罪科者也、
正徳元年五月日　奉行

定
在〻ニて若鉄炮打候もの有之候ハヽ、申出(へ)し、幷御留場之内にて鳥を取申もの捕候か、見出し候ハヽ、早〻申出へし、急度御褒美可被下置者也、
享保六年三(二)月

定
一火を付候者をしらハ早〻申出へし、若隠し置(に)おゐてハ其罪重かるへし、たとひ同類たりといふ共、申出たるニ於てハ其罪を免され、急度御褒美下さる

へき事、
一火を附候者を見付ハ、是を捕へ早〻可申出、見のか
　しニすへからさる事、
　附、あやしき物（者）あらハ、せんさくをとけて早〻奉
　行所ぇ召（連）来べき事、
一火事出来之時、ミたりに馳集るへからす、但、役人
差図之ものハ格別たるへき事、
一火事場へ下〻相越、理不尽ニ通ニおゐてハ、御法度
之旨申聞せ通すへからす、承引なきものハ搦捕へし、
万一異儀に及ハ、討捨てたるべき事、
一火事場之（其）外いつれの所にても金銀諸色拾ひとらハ、
奉行所迄持参すへし、若隠シ置、他所ゟあらわる、
ニおゐてハ其罪重かるへし、たとひ同類たりといふ
とも、申出候輩ハ其罪をゆるされ、御褒美可被下事、
一火事之節、地車大八車にて荷物をつミのくへからす、
鑓長刀刀脇差等ぬき身にすへからさる事、
一車長持停止す、たとひあつらへ候もの有とも造るへ
からす、一切商売すへからさる事、

右条〻可相守之、若（於）相背は可（被）行罪科者也、
　正徳元年九月日　　奉行
　此御高札ハ十月ゟ三月迄日本橋計ぇ相立候

十一　火附訴人之事高札

一火を附る者召捕、町奉行所へ可来事、
一火を附る者之有所をしらは、早速可訴出事、
右之品〻有之ハ、御褒美として此銀子三十両（枚）下さるへ
し、たとひ同類たりといふとも其科をゆるし、此御褒
美下さるへし、怪敷（もの）ハ不慥候共、召つれ来へし、
若火を付る者ヲ見のかし聞のかしに仕、追テ相知候ハ
、其科おもかるへき者也、
　寅十一月　　奉行
　此御高札ハ日本橋迄計へ相立候

十二　諸国新田取立高札之事

一諸国御料所又ハ私領ト入組候場所ニても、新田（ニ）
可成場所於有之ハ、其所ぇ（之）御代官地頭幷百姓申談、
何れ得心之上新田取立（候）仕形、委細絵図書付（ニ）
記、五機内ハ京都町奉行所、当国（西）中国筋ハ大坂町奉

行所、北国筋関八州ハ江戸町奉行所へ可願出候、願
人或ハ百姓をたまし、或金元之ものゑ巧を以勧メ、
金銀等むさほり取候義を専一(に)存、偽ヲ以申出る
者あらハ、吟味之上、相とかむるニも(て)可有之事、
一惣て御代官申付候筋之義ニ付、納方(之)益ニも不相
成、下〻却て致難儀候事有之ハ可申出候、併、申立
へき謂も無之、自分勝手ニよろしく(き)義計願出ニおゐ
てハ取上ヶ無之候事、
右之趣可相心得者也、

寅七月廿六日　　　　奉行

十三　博奕之儀ニ付高札

此御高札ハ日本橋ゑ計相建候

覚

一三笠附点者金元并致宿候もの、句拾ひ等
一博奕打頭取并博奕宿致候者
右之族、当正月ゟ相止候ものハ可差免候間、弥此以後
(急度)相慎可申候、若不相止者ハ当人ハ流罪、或ハ其
品ニゟ死罪可申付(候)、句拾ひ等ハ身躰取上、非人手
下ゑ可差遣候事、
一右之通候間、当正月以前之旧悪ハ可差免候間、正月
以後迄も不相止族於有之ハ、何者ニても町奉行所へ
密ニ可訴出候、急度御褒美金可被下候事、
但、同[redacted](類)之内たりといふとも訴出、勿論自分之旧
悪をは自(今)分於相改ハ、其科を免し、是又御ほうひ
被下候事、
一如斯申付候上ハ、却(都)て家主并名主五人組之者共申合、
常〻心懸致吟味、疑敷者於有之ハ、早〻可訴出候、
外ゟ訴人有之、博奕頭取三笠附点者金元并右宿致候
者召捕候ハヽ、其屋敷(取)上、家守有之ハ家主家さ
い取上、百日之手鎖かけ、両隣并五人組家賊(財)取上、
名主町内ゑ急度過料可申付事、
右之趣可相心得、万一科なきもの意趣を以於申出出(ママ)ハ、
吟味之上急度可申付者也、

享保十一年
午正月

十四　諸国浦高札

定

一公儀之御船ハ云に及はす、諸廻船共ニ遭難風時ハ助船出し、船破損せさる様ニ成程精を出すへき事、

一船破損之時、其所近キ浦之者精を出し、荷物船具等取揚へし、其取揚所之荷物之内、浮荷物ハ廿分一、沈荷物ハ十分一、但、川船浮荷物之内ハ三十分一、沈荷物ハ廿分一、取揚者ニ可遣事、

一沖ニて荷物はぬる時ハ、着船之湊ニおゐて其所之御代官手代庄屋出会、遂穿鑿、船に相残荷物船具等之分、可出証文事、

　附、船頭浦ミの者申合、荷物ぬすミ取、はねたると偽申ニおゐてハ、後日に聞といふ共、船頭ハいふニ及ハす、申合輩ニ至迄、其罪重かるへき事、

一湊ニ長く船を懸置輩あらハ、其子細を所之者相尋、日和次第早ミ出船いたすへし、其上ニても其(令)難渋ハ何方之船と承届之、近辺ハ其地頭御代官、遠方ハ御勘定奉行又ハ其辺之奉行所ゑ急度(可)申達事、

一御城米廻之刻、船具水主不足之悪船(ニ)不可積之、并日和能節、船頭(於)破損ハ、船主船頭可為曲事、惣て利(理)不尽成(儀)申懸之、又ハ私曲於有之ハ、可申出候段、雖同類其科をゆるされ、御褒美可被下候事、

一自然寄船并荷物於流来ハ可揚置之、半年過迄荷主無之於ハ、揚置之輩可取之、若右之内日数過、荷主雖為出来、不返之、雖然其所地頭代官可請差図事、

一博奕惣て賭之勝負、堅く停止たるへき事、

右条ミ可相守之、若於相背は可被行罪科者也、

　正徳元年五月日　　奉行

十五　浦ミ添高札

所(前)ミより浦ミ高札相建

公儀之船(は)不及申、諸廻船共猥成義無之様被　仰付候処、遭難風候節も、所之者共船之助ニハ不相成、却て破船候様ニいたし懸、荷物ヲ刎させ、或ハ上乗船頭と申合、不法之義有之様ニ相聞へ不届候、御料

ハ御代官、私領ハ地頭ゟ常ゝ遂吟味、毛頭不埒不仕様急度可被申付候、若此上不埒之儀於有之は、後日相聞候ハヽ、其宿ハいふ(者)ニ及す、所之者迄可被行重科、其上は(其)所之御代官地頭迄可為越度事、

一御城米船、近年破船多候付、今般諸事相改、別て大切ニ可仕旨申渡、船足之義も深く不入様ニ、大坂船之(は)大坂奉行、其外国ゝ之船ハ其処支配之御代官ゟ船足定之所ニ極印を打、船頭水主之人数を不減少様ニ急度申付、其(令)運漕筈候、依之湊ぇ寄候船之分ハ、船頭水主人数幷船足極印之通無相違哉、送状(に)引合、急度相改候、帳面(ニ)記置、上乗船頭印形致させ、右書物其所ニ留置、御料は御代官、私領は地頭へ差出シ、御代官幷地頭ゟ御勘定奉行迄可被差出候、且又極印之(より)船足深く入候船有之候ハヽ、積候俵数委細に改之、御城米之外、船頭私之運賃を取、他之米穀或ハ商売之荷物等積入哉、又ハ水主人数定之内、其(令)減少候ハヽ、私(ニ)積入候荷物ハ其所ニ取揚置、水主人数不足之分ハ、其所ぇ(にて)慥か成水主を雇せ、為致出船、其上ニて右之訳、早速御勘定奉行へ可訴之事、

一破船有之節、浦ゝ之者出会、荷物船具等取揚候刻、盗取候歟、又(は)不届之仕形有之於ては、船頭ゟ不隠置、有躰早速可訴之事、

右之条ゝ急度可相守、若違犯之輩於有之は、詮議之上可被行罪科、不吟味之子細候ハヽ、其所支配之御代官又ハ地頭迄可為越度者也、

辰八月

十六　享保六丑年　評定所前訴状箱ニ有之文言

一御仕置筋之儀ニ付　御為(ニ)可成品之事、

一諸役人をはしめ私曲ひふんこれある事、

一訴訟有之時、役人詮義(を)とけす、永ゝ捨置ニおゐてハ、直訴すへき旨相断候上出へき事、

(右之類、直訴すへき事、)

一自分為(に)よろしき儀、或ハ私之いこんを以、人之悪事申間敷事、

一何事ニよらす、自分慥ニ不知義を、人ニ頼まれ直訴

いたす間敷事、
一訴訟等之義、其筋〻の役所へいまた不申出うち、あるひハさいきよいまた不済内、此両様申出間敷事、
一惣てありていを不申、少〻も事を取つくろい、きよせつ書のせ申間敷事、
右之類取上なし、かき物は則やきすつへし、尤たくミ事の品〻(に)よりて、罪科に行るへし、かき物ハかたく封し持来へし、訴人之名幷宿書付無之者、是又不取上者也、

丑八月　　奉行

十七　評定所相之(前箱)際建札

毎月式日訴訟(状)箱出し置、書付入候筈之処、去月廿一日箱出シ不申前、此所へ書付はり置候者在之、不届候、向後右之通儀有之候ハヽ、早速役人封之儘焼捨可申者也、

寅二月

十八　訴状箱(え)書付入候儀ニ付触書

訴状箱へ書付入候事、右ハ御仕置筋之儀(ニ)付、御為ニ可成品、幷諸役人を始、私曲非分有之事可致直訴候、且又訴訟有之時、役人不遂僉議永〻捨置候ハヽ、直訴可仕由、其役所へ相断候上ニて直訴致筈之段、去年日本橋え建置候御高札御文言之内在之候処、其筋之御役所え可願出義共をは(も)、御役所へは不申出、毎度訴状箱へ書付入候段、相違之事(ニ)候故、為心得左ニ書付候、縦ハ
一町方其外ニても御救可相成之間(候)、何之品被仰付候様との願之事、
一公事合之事、
一自分願之事、
右此等之類は、其筋〻之御役所へ訴出候へは、吟味有之事(ニ)候処、一応も不申出、猥ニ箱え書付入、就夫御吟味可有之品ニても御取上無之間、右之趣相心得、其筋〻え可申出、若滞義も有之候ハヽ、相断候上、直訴可仕候、依之猶又触知らせ候者也、

享保七年寅四月

享保十七子年

十九　評定所箱訴状宿

一評定所前箱ぇ訴状入候者、江戸宿附無之候共、所附在之候ハ丶、呼出申聞候儀、又ハ叱可申事ニ有之節、近郷ニて其日帰ニ罷成(程)之処(は)、呼出可申候、夫ゟ遠国ニ候ハ丶、御領(料)(は)御代官、私領は地頭へ申達、於其処申聞、又ハ叱候様可仕候、但、遠国ニ候ハ丶品ニゟ其者呼出、可取計義ハ只今迄之通たるへき事、

本書ニ張紙ニて有之

此ヶ条、奉行心得違(迄)之義付ニ付、准　御好相除候、

享保六丑

1　公事出入訴下役所等ニて滞セ候事

一惣て下ゟ訴出候義、奉行所へ早速品相達(不)、下役所或ハ其所支配人之方(ニ)滞せ候義ニ有之由(ニ)候条、随分心を附可申候、若押置候故、越訴なと致候者有之節ハ、其筋之役人急度相糺可申事、

丑六月

二十　唐船持渡之諸色抜荷買取御制禁之事

一唐船持渡之諸色、抜荷仕売買て(之)者、今以不相止不届候、向後買元不慥疑敷(品)有之候ハ丶、不可相求、於訴出候(は)、詮議之上、其荷物可被下候、尤抜荷仕候もの有之候由沙汰なく(承)共、是又可訴出、縦同類たりと言とも其科を免し、御褒美被下之、其上あたをなさる丶様可申付、若存なから不申出者有之、於其露顕(令)ハ急度可被行罪科事、

一海上ニて唐船見懸候ハ丶、縦行違候とも唐船とはるかに間を隔若通(可相)、唐船懸り有之近辺、同しやうニ船かゝりいたし候ハ丶、遂詮議可行罪科旨、国ゝ所ゝおゐて西国北国往来之船持者共へハ常ゝ急度可申付事、

右之趣、堅被申渡置、外ゟ相知さる以前、面ゝ領地支配下ゟ相改出候様、無油断可被申付候、若違犯之者有之時ハ、伺之上仕置可被申付候、以上、

享保三年戌六月

二十一　浦賀え添替之事

覚

一下田ハ湊によろしからさるニ付、風波之節難乗入、或ハ船破損ニ及ひ、其上乗おとしの船も多く、旁諸廻船之者共、難義仕候由相聞候ニ付、御吟味之上浦賀湊え御番所被　仰付候事、

一諸廻船之儀、米穀を始、其外炭薪材木等滞留なく運送候様ニ被仰出候義候間、向後植木庭石、其外遊ひ道具類積廻し不申筈(ニ)候条、此旨船持共え可申付事、

右御番所替り候ニ付、判鑑等引替、其外之義付て浦賀奉行へ可聞合事、

享保五年子十二月

二十二　出売出買之儀触書

一近年品川沖ゟ湊内まて、諸廻船掛居処え町中ゟ小船を(数多)乗出シ、中途ニて廻船乗組之水主と出売(買)之者共馴合、不埒成商売物隠買仕候故、積荷物不定(足)有之、船頭幷問屋共難儀之由申出候、向後中途ニて万物堅買取申間敷事、

一右出買船之外(ニ)、小船(ニ)乗出売候者有之、此者共儀不埒成義有之由候、向後荷物瀬取候茶船幷湯船水船之外、一切諸廻船之辺え乗参間敷候、若相背、出買出売之者有之候ハヽ、召捕可訴出之(旨)、廻船問屋共へ申付置候間、此旨可得(相)心得候、

二十三　鉄炮御改之事

一鉄炮改之義、向後関八州ハ貞享四年被仰出候趣ニ相心得、鉄炮改役被相伺、可受差図事、

但、猪鹿多(く)出、田畑をあらし候節は、不及相伺、御料私領寺社領共ニ、月切日切ニ極、玉込鉄炮ニてうたせ、其段早速鉄炮役人(改役え)可相届候、打仕廻候ハヽ、鉄炮取上之、是又其趣改役え可相届候事、

一江戸ゟ十里四方、猟師たりといふ共、一切鉄炮取上
可申事、
但、猪鹿狼(多く)出、田畑をあらし、人馬ぇ懸り、
百姓及難義候節は、鉄炮改役ぇ相伺、可受差図事、
一関八州之外之国ゞハ、鉄炮改役ぇ例年証文書(等)差出候
事、以来不及其儀候、尤猥に無之様に、御料私領寺
社領共、急度可申付事、
右之趣可被得其意候、以上、
享保(二)酉年
五月

二十四　猪鹿おとし鉄炮願之事

享保七寅年

関八州猪鹿多(く)候由、おとし鉄炮願候去年御拳場外
捉飼場を始、四月朔日ゟ七月晦日、玉込鉄炮御免ニて
猪鹿狼に(等)打殺候筈ニ候、其段向ゞぇふれ候処、心得違
候所も有之、夏中鉄炮打せ不申趣相聞候、且又冬ニて
も捉飼場之外ハ日数廿日之積り、是又鉄炮御免候処、
今おとし鉄炮類(願候)とハ、去年御触書不致承知者と相聞候、
向後はいつれも玉込之筈候、おとし鉄炮と申儀ハ無之
候、此段弥無相違様ニ、夏中精入猪鹿狼可相殺旨在ゞ
可被相触候、以上、

二十五　鉄炮打并隠鉄炮所持之儀ニ付御触書

享保十一午年

一此度武州多摩郡之内、御制禁之隠鉄炮致所持候者、
又打候もの有之、段ゞ御詮議之上、武州所沢村名主
壱人、同国上川口村名主壱人、同国国分寺村之もの
壱人、遠島被仰付候、右悪事有之村ゞ之名主ハ田畑
取上、組頭并村中其外掛合候者迄、又ゞ(夫ミ)過料(等)未申付
候、若心得違ニて只今迄不相届、鉄炮致所持候もの
有之候ハ、、御料ハ御代官、私領ハ地頭ニて相改、
取上置(候)ニて、その段来未二月迄、鉄炮改へ相届可申
候、尤此度有躰ニ申出、鉄炮差出候ハ、、御咎は無之
候、来十(未)二月迄之内ニ不差出候て、追て相知候ハ、、
当人(は)勿論名主組頭、其村中迄御仕置可被仰付事、
右之趣、関八州之内御料ハ御代官、私領は頭(ミ)之支配
ゞゟ急度可被申渡候、

附紙之趣朱書ニ有之　　鉄炮打隠し鉄炮所持之条

　此ヶ条、准御好、奉行心得迄之義ニ付、相除之、

享保十一午年

2　過怠鷹番之事

一隠し鉄炮有之、打候村ぇ可申付事、

一其村隠鉄炮ニては無之、外ゟ参り候て打村ぇも可申付事、

一隠し鉄炮有之、打ハ不仕候得共、此儀改出し村ぇも可申付事、

一隠し鉄炮有之、打候ても、又ハ打不申候ても、今度旧悪を書上之村ミ(ハ)、無構可仕事、

　野廻り引替之覚

一野廻り預り場之内ニ隠し鉄炮并鉄炮打有之候ハヽ、引替可申事、

　但、代り之野廻りハ、今度隠し鉄炮有之近村ゟ可申付候、

享保六年丑

二十六　鉄炮打捕候者御褒美之事

覚

一鉄炮打捕候者(御褒美)、壱人ニても何人ニても人数無差別、銀廿枚被下候、

一同訴人いたし候者、御褒美銀五枚被下候、

享保十一年二月

二十七　新規之神事仏事執行異説等之事

於在ミ所ミ、神事何(仏)事其外不依(何)事、新規之義堅不可取建、若無拠子細有之ハ、奉行所又ハ地頭へ相達、可任差図、たとへ有来儀ニても、例ニ替たる品ハ無油断心付、為相止可申候事、

一惣て異説等申触候事有之おゐてハ、急度遂詮議可申事、

享保六丑年

二十八　御料并一地頭地頭違出入(之)事

一地頭違、又ハ一地頭之百姓出入出訴候事、

　是ハ両様共ニ地頭より断有之上ニて取上可申候、

　若地頭ゟ断無之内、百姓訴出候ハヽ、取上申間敷候、

　且一地頭之出入ハ、地頭之取捌ニて事済可申義ハ、其趣地頭(ぇ)可被訳(申談)候、其上ニても不相済候ハヽ、

取上可申事、
但シ、地頭ゟハ届一通ニて、出入之品を申立候義ニてハ無之事、
一御料所之百姓出入訴出候事、
是ハ其所之支配人之添状無之候ハヽ、取上申間敷候事、
一御料所之百姓、其所之支配人へ願候時、何之訳も不申聞、久敷押置(候歟)て、或ハ裁許之次第請かたく、再往願候ても取上無之節ハ、不得已、奉行所へ訴出候事、
是(ハ)非分之所(品)(ニ)候ハヽ、伺候て取計ハ(候)筈ニ兼て被仰出候、左程ニ無之、心得違之趣(ニ)相聞候ハヽ、支配人奉行申請(談)、宜取計候様可申付候、其上ニても訴訟人得心不致候ハヽ、奉行所ニて裁許可申付事、
(一)私領之百姓地頭へ願之(候)時、久敷取上不申、裁許之次第請かたく、再往願候ても取上無之節は、不得已、奉行所ぇ訴出候事、
是ハ地頭奉行申訳(談)、宜敷取計ハせ可申候、其上ニても訴訟人得心不致、地頭ゟ断有之おゐてハ、奉行所ニて裁許可申付(候)、但、格別地頭非分之申付相聞候ハヽ、其品言上可致事、

享保十八丑年

二十九　目安裏書初判之事

覚

一関八州より申出候公事、御料私領共、御勘定奉行月番(ぇ)願出、初判(仕)、評定所へ罷出候、但、関八州之外も、御料之義ハ御勘定奉行ぇ願出、初判仕候、
下ケ札
此内大岡越前守支配之分、越前守方へ願出、評定所へ差出候義、同前ニ御座候、
一関八州之外私領之分、寺社奉行月番へ願出初判仕、評定所へ罷出候、
但、関八州之内ニても、寺社領之分ハ寺社奉行へ願出申候、此外五畿内近江丹波播磨、此分京大坂町奉行へ願(訴)出申候、
右之通、初判之者掛りニて、評定所一座相談之上、裁許相極申候、

享保六丑年
三十　町方出入差紙等之事

自今訴訟人罷出候ハヽ、其訴訟人之家主名主五人組、右相手幷家主名主五人組立合、来ル幾日迄之内ニ可相済候、若不埒明候ハヽ、幾日双方召連可罷出由、差紙遣可申候、

一惣躰之願事ハ、願人罷出候ハヽ、其支配名主方ゑ差紙願人ニ為持遣可申候、右文言如斯願出候、町中ニて障之有無遂吟味、大勢之者難義不仕義候ハヽ、来ル幾日願人召連可罷出旨、差紙遣し可申候、

但、町中障無之旨之（ニて）、名主附添罷出候共、願之品（ニ）ゟ猶又町年寄ゑも申付、吟味為仕可申也、

右之通ニ付、江戸之内寺社奉行支配之者（より）、町奉行支配之者へ懸り候出入は勿論、江戸町はつれ御勘定奉行ゟ初判出候近在ゟ江戸之者ゑ懸り候出入共、自今ハ裏判出ス不及、双方之家主名主組（頭）五人組立合、来（ル）候幾日迄之内可相済候、若不埒明候ハヽ、幾日双方召連、誰方へ可出罷（罷出）旨、月番（より）裏書遣、内証ニて不相済、差日ニ罷出候ハヽ、遂吟味、其上ニて評定所ゑ差出、可致裁許候事、

享保六丑年
三十一　公事吟味銘〻宅ニて仕候事

公事吟味之義、式日立合（ゑ）差出、（即日）入組不相済義は、掛奉行宅ニて、日数不懸様吟味を詰、一座評義之上裁許可申付候、

但、御代官手代掛申間敷候、

享保三戌年
三十二　火附之儀訴出候節奉行ニて可致吟味事

覚

一只今迄町方ゟ訴出候附火詮議之義、伺之上火附改ニ相渡、詮議有之候得共、向後町奉行所ゑ訴出候ハヽ、火附役ゑ不相渡、其手筋ニて[redacted]（遂）詮議可申候、火附改方ニてハ、組之者廻し候節、捕へ又（は）候改出シ候火附計吟味可仕候、惣躰詮議之筋、火附改方を申合候様可仕候、

一盗賊改火附改博奕改共、向後火附改方打込（仕可）間相勤候、

右之趣共、火附改方ぇも被仰渡候間、其旨可相心得
事、

享保五子年
三十三　火札張札等取計之事

一町方(ニ)火札其外張札等有之有之（マヽ）候得ハ、其所ゟ申出吟味有之候得共、畢竟右は先ぇ難義を掛可申ため、事を偽り候処（品）(ニ)候間、自今張札等有之候共、何方（事）ニよらす申出ニ不及候条、其所ニて名主共火中可仕候、然共致張札候者(を)見届候ハヽ、召捕差出可申候、且又張札仕候付、右言たてられ候ものを宿等替させ候事、一切致させ申間敷候、右風聞之義ニ付、宿たてさせ候（可）(申由)申者も候ハヽ、当人直ニ奉行所ぇ罷出、其段相違候様致させ可申候、以上、

享保十巳年
三十四　芝口町河岸建札文言

去ル幾日、何方ニ歳頃何歳はかり、衣服何を着し、
倒死
病人
水死　有之候、心あたり候もの、誰方へ早ゝ可申
異死　出候、
迷子
首縊
自害

享保七寅年
三十五　誤証文取間敷旨之事

向後誤証文取申間敷候、たとへ誤証文差出候共、其証文ニてかゝ（マヽ）ハらす、理非次第裁許可仕事、

元文三午年
三十六　赦之者書出候節生死之不及吟味事

大赦之義被　仰出候節は、生死之不及吟味書出、赦免之上死失之者ハ、親類又ハ由緒有之者ぇ可被申渡候、

下ヶ札之由、朱書ニて有之、

享保七寅年
3　誤証文　取間敷旨之事

三年以前子七月、大御番稲垣長門守元寄力隠居郷町源

里儀、質之致取扱、申(中)売抔之様成義致候取(故)、持(侍)ニ不似合
仕形と申候て、源里追放之節誤証文申付処、追て吟味
之所(品)有之節、源里誤無之品ニ相成候、就夫畢竟吟味能詰
り候得共(は)、証文ニハかゝわらさる義候との御事ニて、左
之通三奉行へ申渡ス、
向後誤証文取申間敷候、若御代官抔之類、其外支配
方ゟ縦誤証文出候とも、証文ニかゝわらす、理非次第
ニ候、口書之末ニハ誤候段有之候とも別(其)段候間、其旨
御代官抔へも為知候様との御事ニ候、
右之通、向後被相心得、誤証文取申間敷候、以上、
寅二月　　此ヶ条　御好ニ付、文言作異仕候、

三十七　諸役人非分私曲有之者(旨)訴
　　重御役人領知出入取計　等之事
　　裁許仕置

一諸役人を始、其所之支配人非分私曲等之義有之旨、
訴出候事、
右は、訴出候節、先其旨相伺候処、差図次第取
計、尤裁許之儀ハ相伺可申候、
一重御役人其外評定一座之面ゝ、領知等之出入之事、
右は、訴出候節、伺ニ不及取計、裁許之儀相伺
可申候、
一於奉行所諸役所并私領、所之(前ゝ)裁許在之候(て)、事済候義
ヲ、往(経)年月、右裁許非分之由申立、再吟味願出候共、
取上申間敷候、然共、訴訟方慥成証文等有之、相手
方証拠無之者、裁許等(必)定過失と相見候ハヽ、伺
之上詮議取掛可申、若又双方証文有之ハ、再吟味無
用之事、
但、相手方不尋して不叶義も候ハヽ、各相談之
上、其所支配人或ハ地頭へ一通相尋候は不苦候、
猥相手召寄申間敷事、
一奉行所ニて評議之上、先裁許相違候義ハ、伺之上改
可申事、

三十八　双方相対之上新田新堤取立候事

私領ニて新田新堤取立候儀、双方地頭相対之義候間、

取上申間敷候、若子細有之、地頭ニて難済義は、奉行所ニて吟味可致事、

三十九　用水出入取捌之事

一御料私領共ニ、用水出入訴出候節、御料は御代官手代、私領ハ地頭家来ヲ呼出、用水不滞様ニ申談可相済旨申聞、訴状相渡、其上不相済段双方役人申出候ハヽ、其子細承糺、取上可致吟味候事、

四十　用水論其外無筋出入之義ニ付御触

享保十四丑(九辰)年

一在ミ用水掛引井路之義、川中ニ井堤を立、水を引分候処、堰之仕形ニより、川下之井水不足せしむるニも無構、手前勝手之宜様ニ(而已)仕候故、及争論、或両頬ニ井口有之場所、片川(頬)之井口附替候時、双方不申合、一方之自由へ任(せ)仕置(替)候故、令出訴候類有之候、自今右躰之義、双方致相対、普請仕候節は立合、無障様ニ可致候、若滞留有之歟、又ハ不法之事仕候時ハ、其節ゟ十二月を限り、出訴之者可有裁断、右期月過、令出訴候ハヽ、不取上候事、

一郡境村境山野之論、又ハ質田地等之儀、其外奉行所訴出候事ニ付、証拠無之非分之儀をも何角申紛ハし、又証拠有之儀も年経候得は、其事を申掠及出訴、相手村方之難義(に)及せ、(其上)双方村ミ困窮之元ニ成、不届候、向後如斯之節不可訴出、若此類之事訴出、詮議之上、巧ミ之分《わけ》相知候ニおゐてハ、其咎可申付事、

四十一　御料私領入会之論所見分之事

私領国境郡境之論所は御番衆御代官、村境は御代官計見分差遣、御料之内又ハ御料私領入会(候)処、入組不申論所(ハ)、郡境村境ニても、(先)其辺之御代官見分為致可申候、

四十二　論所見分伺書絵図等ニ書載候品之事

一論所吟味之義ニ付、見分裁許伺帳証文、又ハ古き帳

面を以、証拠ニ致候義を、右之大意計書出し、肝要ニ引候其事之員数等之義ハ書載不申候、且又古キ絵図面ニて境を極候も、右之絵図出し不申候、就夫、自今論所之町反別ハ勿論、証拠ニ引候諸帳面証文之文言之内ハ、事之員数等書出可申候、絵図面ニて極候義ハ、右絵図入用(之)所計を小絵図仕、差出可申候、

一唯今迄ハ論所之絵図色紙を以附札調之候付、存(数ヽ)ニ成候てハ色分紛敷候間、向後色紙は相止、白紙付札之肩(ニ)訴訟方相手方見分方遣(抔と)候、(夫ヽ之)又ヽ可題号を書付可申事、

四十三　縁起譲状古証文等(を)以裁許之事

一寺社領争論、縁起譲状を以申出候時、　御朱印之面(ニ)寺社領縁起之通(と)可有之歟、或ハ縁起譲状御国絵図名前(所)符号仕、書面(も)疑敷無之候ヘハ、取用申候、

一山論境目秣場出入并田畑論、先奉行裁許仕候書付、古水帳且又古来御代官所之時裁許仕候書付、或ハ地頭(捌)掛置候書付差出候節、吟味之上、御国絵図等ニ符号仕候歟、又ハ地所無相違候得は取用申候、

一寺院後住争論、先住送遣状譲状、慥成書面候ヘ(は)共取用候、将又百姓町人家督出入ニハ、譲状正敷書面ニ候得ハ用之候、

一惣て古キ書物差出候節、印形無之候間も、慥成書付ニて、水帳(又ハ)地面符合書面、将又扱証文山手証文名寄帳、印形有之、年貢等納方相違無之ハ取用申候、

四十四　田畑永代売買御仕置之事

一売主牢舎之上所追放、家財闕所ハ不及沙汰、本人死候時ハ子同罪、

一買主過怠牢、本人死候時子同罪、此過怠牢之儀、近年相止候付、過料申付候、

但、売(買)候田畑ハ、売主之御代官又ハ地頭可被取上之、

一証文(人)過怠牢、本人死候時ハ子之無構候、此過怠牢近

年相止候付、過料可申付候、
一質ニ取候者ハ作取ニして、質置候者ゟ年貢役勤候へ
は永代(売)同前御仕置、
但、頼納売ト言、
右之通、田畑永代之売買御停止之旨、寛永二十年未
三月十一日被仰出之、
但、百姓苗田畑山林等之外、開発新田又ハ浪人侍
抔之田地売候儀無構、

延宝三卯年

四十五　御朱印地質地入間敷事

一惣て　御朱印之寺社領田畑屋敷、外之者へ相渡義難
成事ニ候間、質地不取様ニ、兼て百姓共へ申聞可置
旨、御代官へ書付を以申渡候、

四十六　質地幷借金請(倍金)人手形ヲ(以)取やり候もの
咎(之)候事

一倍金手形之質地幷借金等取やり仕候者、双方不埒ニ
付、元金為相済候以上、双方幷加判人共ニ重キ過料
可申付候、

元文二巳年

四十七　質地之儀ニ付触書

一名主加判無之質地証文之事、
一名主置(候)質地ハ、右(相)名主又ハ組頭等之役人加判無
之証文之事、
一拾ヶ年季を越候質地証文之事、
右三ヶ条之儀幷田地(畑)永代売買、又ハ地主ゟ年貢諸役
を勤、金主ハ年貢諸役ヲ不勤質地之類ハ、前ゝゟ御
停止ニて、村方五人組帳ニ書記有之処、右之通之不
埒之証文ヲ以訴出候も有之候、自今五人組帳名主庄
屋等ゟ大小之百姓等ゑ度ゝ読為聞、不致亡(忘)却様可仕
候、
一享保元申年以来年季明候質地ハ、自今年季明十ヶ年
過訴出候ハヽ、取上由(無)之事、
一金子有合次第可請返旨証文有之質地ハ、質入之年ゟ
十ヶ年過訴出候ハヽ、取上無之事、
右二ヶ条、自今十ヶ年之内訴訟候ハヽ、取上裁断有

之候、右年数過候分ハ取上無之事、
右之通、村々ニて可相心得者也、
二月
右之通、関八州幷伊豆国村々へ可被相触候、私領之村
方へ其最寄候御代官ゟ不洩様相通可被申候、且又私領
方ハ百姓五人組帳も無之村方も有之由ニ候間、是又最
寄之御代官ゟ其領主地頭へ相通、此義(度)改帳面渡候様、
是又可被申通候、

四十八　質地出入取捌之事、

一質地本証文取上無之分、小作滞も取上不申事、
一別小作ハ、日限済方申付候上、不相済候ハヽ、身代
限申付候事、
一評定所一座重御役人、知行所出入も、質地之分ハ不
及伺、裁許申付候事、
一名主加印、又ハ名前(所)無之享保己丑(十四酉)年以来(之)質地証
文ハ、書入借金ニ准、日限済方可申付事、

四十九　質地滞金日限定

一百両 百石　十ヶ月切
右、准日限可申付候事、

附札、朱書ニ有之分
4　質切(地)借(滞)金日限定
一五両以下 五石以下　三十日切
一五両以上十両迄 五石以上十石迄　六十日切
一十両以上五十両迄 十石以上五十石迄　百日切
一五十両以上百両迄 五十石以上百石迄　弐百五十日切
一百両 百石　以上　十ヶ月切
一弐百両 弐百石　十二(三)ヶ月切
卯十二(十)月(二日)　此ヶ条、御好ニ付、大意認申候、
享保二十卯年

五十　知行所ぇ用金申付候儀ニ付触書

一知行所百姓(ニ)申付、田畑質地ニ入、金子借出させ
(候)類有之候、ヶ様之義有之間敷事候条、向後無用
可致候、右之面(外)ハ只今迄之通たるへく候、

五十一　借金銀裁許之事

一享保十四酉年以来之借金ハ取上、可致裁許旨被　仰
出事、
一右借金銀三十日限済方申付、日限之度ミ切金為差出
申候、済方不埒ニ候得ハ、百姓町人ハ手鎖を懸置、
猶又滞候得は、身代限申付候事、
一借金幷書入金利足之義、高利之分ハ、壱割半之利足
(ニ)改、済方申候事、

附札、朱ニて有之

5　借金銀裁許申合候(之)事

評定所一座申合之書付ニ付、准御好、文意改申候、

享保十四年酉十二月

借金銀買掛等之出入、享保十四酉年正月ゟ如前ミ取上、
裁許可仕旨被　仰出候事、
一名(右)訴出候ハヽ、訴状ニ取扱之裏書遣、差ス(日)双方罷出候ハ
ヽ三十日切申付、日切之度ミ切金為差出、其上ニて出金
之仕方(形)不埒ニ候ハヽ、手鎖を懸、猶又滞候ハヽ、身代限
ニ申付、右ハ町人百姓ニ申付方ニ候、武士方之義、是又
三十日切申付、日切之度ミ切金可申付候、右何も先年
之仕形ニ候間、弥右之通可申付候、
一家質金質地金其外質物出入ハ、只今迄も申付来候間、
酉正月以前之分も、弥只今迄之通可申付候事、
　但、右二ヶ条、高利ニ相見へ候ハヽ、可致吟味候、
　質地之義ハ小作之事ニ付、利分不及沙汰候、
一借金証文之内、本文之内(金)ニ利分有之、高(ニ)詰(結)候ハヽ、取
上申候、末ニ有之書入候様成ハ、吟味可有之事、

元文元年辰九月

一借金幷手入金等利足之儀ハ、弐割ゟ元利分ハ五分利ニ直
し、済方申付候得共、自今ハ壱割半之利足ニ致(改)、裁許可
申付事、

右之通一座相談之上相極候事、

五十二　家質済方之事

一家質金出入之義ハ、享保十四酉年以前之分も取上、
済方申付候事、

但、壱弐ヶ月済（滞）候分ハ、取上申間敷事、
一千両以上十二ヶ月切、右ニ准、日限済方可申付、尤
日限之内、利金も申付候事、
但、右之日限不相済候ハヽ、家屋敷金主へ為相渡
可申事、

五十三　白紙手形ニて金子借之（候）者（之）事

白紙手形ニて借シ金等仕候者有之候節、証文ハ破捨、
重キ過料可申付事、

元文三午年
五十四　寺附之品へ書入之義ニ付触書

近年諸寺院、猥（ニ）其寺之本尊什物仏具幷建具等書
入、又ハ売渡之証文ヲ以、金銀致借用候寺院数（多）
有之、不埒ニ候、向後右之品質ニ入、或売渡証文ヲ
以、金銀致借用候当人は勿論、証文（人）迄も吟味之上、
急度可申付候、尤金主之義も右之品質物（ニ）取、或
売渡証文ニて金子借（貸）候段、不埒ニ付、金子済方之義
訴出候共、向後済方申付間敷候、

五十五　奉公人年季之事

覚

奉公人年季、前ミゟ十年を限候処、向後は年季（之）
限無（之）、譜代（に）召仕候とも相対次第たるへく候
間、其旨可致（存）候、以上、

〔元禄十一（マ）寅年十二（マ）月五日〕
五十六　諸奉公人出入之義ニ付町触

一諸奉公人欠落之義、主人断次第ニ給金済方之義、請
人え急度申付候事、
但、給金済方請人へ申付候以後、若滞候ハヽ、請
人身代（限）可申（付）候事、
一取逃引負等之欠落者、主人断次第、請人三十日限ニ
尋申付、不尋出テニおゐてハ過料可申付、若数度ニ
及候ハヽ、曲事可申付候、欠落者為出（尋）候ハヽ、取逃物
売払候共、買主ゟ為戻可申候、金子抔遣ひ捨候事候（マヽ）
分明ニ候ハヽ、すたりニ可致候、尤請人過料ハ差免、
給金計済方可申付事、
但、請人奉公人下請人取置候て、請人相弁候金子、

下請人掛ヶ度旨願出候者(共)、相対は格別、御役所ゟ
は申付間敷事、
一惣て取逃引負之義、若請人兼ゝ存候様(子)ニ候ハヽ、
急度遂詮議、其上ニ(之)落着次第、請人御仕置可申付事、
一町人之召仕、欠落取逃引負等之義も、右之通可相心
得候事、
一右之類、若請人致欠落候ても、請人欠落以前ニ家主
へ預置、其品役所ゑも断出(於)有之ハ、請人之可済金、
過料共ニ家主へ可申付事、
但、家主欠落もの、店請人懸り度旨願出候共、相
対(ハ)格別、御役所ゟハ申付間敷候事、
一欠落者有之、主人ゑ請人を預候節、家主方へ召連参、
預可申、主人方ゟ請人を呼寄候節、及数度不罷越義
も候ハヽ、主人方ゟ奉行所ゑ断次第、吟味之上可申
付事、
一奉公人出入ニ付、主人ニて断有之候ハヽ、請人之家
主不及異議、急度預置可申候、但、借金筋ニ付ては、
店之者を預り申間敷事、

一請人欠落以後、主人に断有之候共、取上申間敷事、
一取逃引負之欠落者之請人、自然致欠落候ハヽ、主人
見合(に)本人召連可来(候)、本人を尋出差出候ハヽ、
取逃物ハ別(前)条有之通申付、右欠落者当宿有之店請人
取置候ハヽ、不慥成者之請ニ立、差置候品ヲ以、其
店請人(ゑ)過料可申付候、若又当宿之者店請人も取
置不申差置候ハヽ、尤当宿へ過料可申付候、右取逃
致引負候者ハ勿論、御仕置可申付事、
一請(諸)借金買掛出(入)金之儀訴出候ハヽ、日切又ハ其宿(者)之身
代限可申付候、証文ニ加判人於有之は、当人加判人
両方ゟ済方可申付事、
但、当人加判人共、致欠落候ハヽ、右出入はすた
りたるへし、右之出入、畢竟相対之義ニ候間、御
役所ニて済方申付候節、当人と加判人計証人(文)申付、
家主加判ニ不及候事、
一門前払之義、只今迄之通可申付、右門前払(に)成候
当人、重て住所見届、元家主出入相掛候ハヽ、尤当
人身代を限可申付候、当家主へハ金子申付間敷事、

一請人欠落又ハ不届有之、御仕置ニ成候共、自今家主致継判候ニ不及、主人と奉公人相対ニ可仕候、此外奉公人給金借金等之義ニ付、請人又ハ家主五人組抔を屋敷方え留置、済方申付(候)事、堅無之筈ニ候、請人滞於有之は、其主人ゟ御役所へ断次第、不埒有之候ハヽ、吟味之上急度可申付候事、

一奉公人出入并諸借金買掛り等之義、本人滞先(候得)は、家主又は店請人え近来段ヽ申付候得共、右条ヽ之通向後相極候事、

右之趣、急度相心得可申候て(旨)、町中へ可触知者也、

亥八月

五十七　引負之者之事

引負いたし候当人は入牢申付、可弁物無之候ハヽ、敲之上追放シ可申候、親類又ハ可弁筋之者有之節は、弁金申付、少シも相済、此上可弁手当無之候ハヽ、当人は出牢之上、追て身代持之節(候)、主人可訴出旨申渡、幾度も身代限ニ可申付候、

一引負いたし候者を、吟味之内請人え預置、欠落為致候ハヽ、重キ過料可申付候、

五十八　奉公人給金出入取捌之事

諸奉公人致欠落、又ハ不届有之暇出候節、給金済方之儀、組(合)金人宿入(え)給金ハ十日限申付候、若不埒之人宿ニて不相済候へは、身代限(可)申付候、人宿奉公人之下請取置、書替(立)金願出候へは、右立替金下請へ三十日限(可)申付候、

一取逃欠落者ハヽ、人宿へ日限ニ尋申付、不尋出候へハ過料申付候、但、給金ハ済方申付、取逃之品は済方不申付候、

一人宿之外、素人宿親類(同国好身之もの)二三人(十人程)迄(ハ)可致請判、奉公人致欠落、又(ハ)不届有之、暇出候者、請人え給金之済方(可)申付候、請人済兼候得ハ、人主えも前条之通済方申付候、

五十九　使之者致取逃候御仕置之事

一取逃之仕置ハ、只今迄之通可相心得事、

一主人ゟ使（ニ）申付、金銀等其外先ゝ（え）為持遣候を、道より取逃候者、宅ニ有之物を取逃候とハ違、其者を頼ニいたし為持遣候処、取逃候事、重キ科（ニ）候間、金壱両以上（之）盗物ハ、向後死罪可申付候事、

六十　奉公人之請人出入有之家主引請并店立候事

一奉公人之請人、出入之上家主預ヶ置請人致欠落候ハゝ、其出入家主へ済方申付候、右立替金、請人之店請人家主掛り出候共不申付候、

一奉公人請人、店請無之出入ハ、家主引請相済、当人店立願出候者、右請人ハ門前払いたし、追て住所見届、家主於願出候ニ付、身代限可申付候、

一店賃相滞候者、店請人ぇ引渡店立、追て店賃相懸（候）義、家主願出候節、当人店請人共、三十日限済方申付候、

七　「公事方御定書并窺之上被　仰渡候書付」下（千代田区教育委員会蔵「寛保律」収載）

（表紙）

公事方
御定書并窺之上被　仰渡候書付　下
弥此通定置、追て被仰出等、此帳ニ可記義ハ書記
可申候、其節ゝ其趣書付可差出旨被仰聞承知仕候、
午三月十四日　評定一座

御定書　下

一　無取上願再訴并筋違願咎之事

一諸願申出候内、吟味之上難相済願ハ、如此之品ニて不相相（調）段、以書付訴人ぇ可申聞候、証文為致候儀ハ無用仕、重て罷出候ハヽ、御（過）料可申付由申渡、其上ニても訴訟ニ罷出候ハヽ、過料可申付候、

一親子兄弟其外親類ニても、御科御免之願、且又裁許之義付て之願、是は別段之事ニ候間、只今迄之通可相心得候、

一奉行所ニて不取上願、老中若年寄（等ぇ）訴訟罷出候節、奉行所（ぇ）出候哉と相尋、未不出由申候ハヽ、其筋之奉行所ぇ可出旨可申聞、若奉行所へ出候得共取上無之由申候ハヽ、訴訟取上、奉行中へ可相渡条、其節相談之上弥不取上願候ハヽ、再過料可申付候、万一可相立品も候ハヽ、尚又吟味之上裁許可申付候、

一其所之奉行所又ハ其筋へ可願出儀も（を）、無其儀筋違

(ゑ)願出候ハヽ、戸〆等之咎可申付候、

二　奉行所ゑ不(訴)出直ニ評定所ゑ訴出候者并当人之外ゟ願出候者之事

一三奉行(所)ゑ不訴出、直ニ評定所へ訴訟罷出候者ハ、跡ゝゟ取上無之候、向後訴出候者有之候ハヽ、寺社方(町方)地方、其筋之奉行所へ罷出候様ニ申渡、月番之奉行所ニて訴訟之趣委細致吟味、一座相談之上、其品ニ依て評定所へ差出候共、何れニも落着可申付候事、

一当人難願出障も無之処、或ハ親類縁者之由ニて、訴訟(状)ニ差出候共、当人間(為)願可申旨申渡、取上申間敷事、

享保四亥年

三　御代官ゑ不相届訴訟ニ出候者之儀触書

惣て御代官所之百姓、公事訴訟等何事ニよらす、江戸へ出候義、御代官へ不相伺候て、猥ニ江戸へ出候百姓共之義ハ、道中往来并江戸逗留中之宿払等之諸入用、不残右罷出候者共之内、自分入用ニ申付候間、村中掛之割合(ニ)一切致させ申間敷候、若右之旨違背之族於有之ハ、可為曲事者也、

四　寺社方訴訟人取捌之事

一寺社訴訟人可届処ゑ不断して願出、添簡無之類ハ取上申間敷、強て相願候ハヽ、本寺触頭へ相尋、本寺触頭ニて可致吟味ト申筋ハ、本寺触頭ゑ吟味可申付事、

一本寺触頭ヲ相手取候歟、又ハ本寺触頭へ願出候ても、押置(候)付、不得已願出候類ハ、添簡無之候共、取上可致吟味事、

一寺社領之町人百姓、地頭非分之儀ヲ申出候類ハ、地頭寺院或ハ神主等呼出、様子相尋、品ニゟ取上可致吟味事、

一寺院かゝり候出入、裁許申付候節ハ、触頭又(ハ)本寺呼出、裁許之趣為承可申事、

五　養娘遊女奉公ニ出実方ゟ訴出候共品ニゟ取上
　　間敷事
軽キ者養ひ娘いたし、遊女奉公等ニ出候義、実方ゟ
其段願出候共、娘貰候節、証文無(之)分ハ勿論、証
文有之候共、自今取上間敷候、卑賤之者いわれも無
之者之子ヲ養ひ可申様無之、畢竟遊女等ニも遣ハし、
自分之勝手ニ成(候)可為覚語義、実方も其心得なら
てハ、卑賤之者ぇ養女ニ遣し可申様無之候、実方ゟ
訴出候願(類)ハ、金銀不得(所)之筋ニ付て之訴(ニ)候、左候
へは願取上可申義ニ無之候間、此度右之通相定候事、
但、養ひ娘、何とそ格別難義(ニ)逢候事を、養父
取計候ハ、、吟味可有之儀ハ付(ニ候)、実子ニても、親
之仕形法外成(儀)有之節ハ、其分ニハ難差置候条、
養父実父之無差別、遂吟味、相応(之)御仕置可有
之事、

六　譲屋敷名前之儀ニ付町触
家屋敷、他人は勿論、縦ひ親類へ譲渡候共、早速町
内は不及申、一類(ぇ)も弘メいたし、帳面名(も)改
可申候、譲渡候儘ニて致不念、打捨置、重て及出入、
僉議之上、(証)拠無之於ハ(勿論)、向後奉行所へ取
上ニ成候間、右之段町中へ可相触者也、

七　入墨之事
耳鼻をそき候科之者ゟ一等軽キ品之者ハ、向後腕ニ
廻シ幅三分程宛(二)ニ筋入墨致可申候、

八　科人為立退幷住所を隠候者之事
一火附
一盗賊之上ニて人を殺候もの
一重盗賊
右之類、科人同類(ニ)ハ無之候共、其者ニ被頼、住
所を隠し或ハ立退(せ)候者ハ、重追放可申付候、
一喧嘩口論、当座之儀ニて人を殺候者
右之類、科人同類ニハ無之候共、其者ニ被頼、住所
を隠し或ハ立退(せ)候者(ハ)、追放可申付候、

九　入墨敲ニ成候者再科御仕置之事
入墨ハ(歟)敲ニ成候者、渡方も無之類ハ門前払(ニ)可申付候、其以後悪事仕候ハヽ、伺之上死罪可申付候、

十　無宿片付之事
一御当地出生之無宿、引取人於無之ハ、門前払可申付候、病人ニ候ハヽ、快気迄溜預ニ可申付候、
一遠国者、御当地へ参り無宿ニ成、行倒又(ハ)紛者ニて科無之類、在所(ニ)ても科無之分ハ、其領主へ相渡、在所へ差越候共、江戸ニ差置候共、其段(ハ)無構旨申達、相渡可申候、

附紙有之

6　無宿并奴女片付候事

享保六丑年
軽科之無宿領主ゟ(え)引渡之儀御書付

土井甲斐守知行所
越前之国織田村　無宿
長兵衛

此者義、安部式部方ニて入墨可被申付之上ニて、甲斐守(方え)科之様子を申聞相渡、態ト領知へ差遣シ不及、家来之召仕ニ成とも、道中往来之供ニ召連候とも、又荷物等之持人成とも可仕候、当地ニても召仕候義ハ勝手次第(ニ)候、其内致欠落候ても其通之事ニ候、此旨可相達候、
右躰(之)者、地頭へ直ニ渡し遣候てハ、地頭之難儀ニも可(罷)相成候間、最前被仰出候趣被仰出候趣(マヽ)相止、向後右之通可被致候、

丑七月

十一　捨子貰候者之事
捨子を貰ひ、又外之者へ遣候義、弥停止ニ候、併無拠子細有之、外之者へ遣候ハヽ、拾歳迄之内、先達て貰(候)奉行所、又ハ貰候其屋鋪へ相届候上、差図次第ニ可遣候、

十二　捨子御制禁之事
捨子いたし候事、弥御制禁候、養育難成訳有之候ハ

、、奉公人は其主人、御料ハ御代官手代、私領ハ其
村之名主五人組、町方ハ其所之名主五人組(え)其所(品)
申出へし、はこくミ於難成ニハ、其所ニて養育可仕
候、此上捨子仕候ハヽ、急度可為曲事者也、

十三　奴女片付之事

奴女有之候節、御目付へ申達、御殿詰合面ヽ(え)相
達候様可致候、且又望之者有之候ハヽ、可被相渡候、
一町方ハ町年寄へ申付、致世話、貰ひ候者有之候ハヽ、
相渡候様可致候、町中へ相触ニハ不及候、

附紙有之
作異之義付、准　御好除申候、

享保十三申年二月
7　奴女牢内ニ差置候義書付

奴女牢内ニ差置候儀、可(了)簡仕候処、昼之内ハ牢内築
地之内へハ勝手次第罷出、洗濯等仕、用事相達候様い
たし、晩方ハ牢内ニ入置候様可仕候、
右之通伺之上、相極候事、

十四　酒狂人御仕置之事

一酒料(狂)ニて人ニ疵付候者、其主人え預ケ、疵被附候者
平癒次第、療治代為出可申候、
但シ療治代難出者ハ、刀脇差被疵付候者へ可相渡
候、
一右療治代、疵之多少ニよらす、中小姓躰ニ候ハヽ、銀
二枚、徒士ハ金壱両、足軽中間は銀壱枚為差出可申
事、
一酒狂ニて人を打擲いたし候者ハ、前条之通療治代申
付、難差出候ハヽ、刀脇指取上(ニ)不及、諸道具取
上、打擲逢候者へ為取可申事、
但、右酒狂者之義、主人え断候節、欠落と申立候
共、主人方を罷出、三日之内ニて候ハヽ、欠落ニ
相立申間敷事、
右二ヶ条、町方浪人町人ハ、則牢舎申付候上、次第
同様可申付候、
一酒狂ニて諸道具損(さ)し候者ハ、損失之道具償可申
付候事、

十五　酒狂ニて人を殺候もの之事

一酒狂ニて人を殺候共、可為下手人候、右殺候者之主人幷親類等、下手入(人)御免之願出候共、御免有之間敷、ヶ様之類、願ニ依て　御免有之候ハヽ、毎度相願候様ニ相成、其内ニハ賄賂等不宜敷筋ニて願候も出来可申候条、願取上申間敷候事、

十六　酒狂人主人え引渡之事

一酒狂ニてあはれ、相手も無之、自分ニ疵付候(ニ)相聞え(決)、公儀御仕置(ニ)可成筋之者ハ格別、左も無之者ハ、主人其外可相渡方有之候ハヽ、其身計疵付候分ハ、不及養生、早速引渡、尤主人方ニても重を(く)申付候(ニ)ハ不及旨可相達事、

十七　乱気ニて人殺之事

一乱心ニて人を殺候共、可為下手人候、然共、乱心之証拠(慥に)有之上、被殺候者之主人幷親類等、下手人御免之願申ニをゐてハ、遂詮議可相伺事、

但、主殺親殺たりと云者(共)、乱気ニ無紛候ハヽ、死罪一通り可被相心得候、右之通ニ候間、致自滅候ハヽ、死骸不及塩詰、取捨ニ可仕候、火を附候時、乱気之証拠不分明ニ候ハヽ、死罪たるへし、乱気ニ無紛ニおゐてハ常ゝ(之)乱心之通可申付事、

下札之旨　此ヶ条、例ニ難成義ニ付、准　御好除申候、

8　弟子を致折鑑(檻)相果候を隠置候者御仕置之例

享保十七年子十月

小石川下餌差町
知恩院末　源覚寺懐園　六十才

右懐園義、円岩・円達と申弟子旦方へ相廻候所、芝居見物いたし候由ニて夜ニ入帰り候故、両人ともニ致折鑑(檻)候上、裸ニ致シ食をも不与、土蔵へ入置候へハ、翌日円達相果候処、密下人へ申付、死骸為埋、欠落分ニ致依科、遠島申付候、

右之通、伺之上相済候、以上、

一乱心ニて其人ゟ至て軽キ者を致殺害候ハバ、下手人ニ不及候事、

十八　相手理不尽之仕形ニて下手人(ニ)不成事

一百姓町人、口論之上、相手理不尽之仕形ニて、不得止事相手を殺候時、縦令刃傷ニて死候共、相手方之親類并其処之名主年寄等、右殺され候もの平日不法ものニて、殺され候ても申分無之候条、相手(方)下手人御免之儀願出候ハヽ、弥遂詮議、申所紛無之におゐてハ、下手人ニ不及、追放可申付事、

一武士奉公人ハ、其主人願(無)之候ハヽ、指免候儀可為無用候、

十九　親類主人等へ尋申付方之事

科有之、逐電、欠落等致候者尋申付候義、主人を家来、親(を)子、且又兄ヲ弟ニ、伯父を甥に尋候様ニ申付候事ハ有之間敷義ニ候間、向後其心得(ニて)可有差略候、

下札三枚写

9　子供怪我ニて相果下手人ニ不及事

伊奈半左衛門御代官所
武州東葛西領下鎌田村百姓
市郎左衛門子半助
巳十三才

右半助義、同村百姓藤左衛門子十三才ニ相成候与助と申者と、狂い遊ひ候所(上)、いさかい抔ニも無之、半助持候小刀ニ与助当り、怪我ニて疵負相果候、親藤左衛門も下手人御免之義願出候、依之下手人ニ不及、親一(市)郎右(左)衛門方ニて百日押込置候様、伺之上申渡候事、

享保十年巳五月

此ヶ条、前ゝヶ条へ書加へ候ニ付、相除申候、

御好ニ付除申候、

10　享保十三年申五月
御扶持人死罪遠島被成(ニ)候一件之内、町人百姓有之節、科無之候ニて品ニより咎可有之旨、被仰出候事、

惣て町人百姓一分掛り候事ニて、何卒仕形も可有之義を訴出、御詮議之上、御家人知行御切米等被　召上候程ニ成およひ候は、其町人百姓科無之相決候とも、其旨其通ニハ難成可有之候間、其心得を以、向後御仕置相伺可申事、

此ヶ条、例ニ難成ニ付、准御好除申候、

11　享保十三申年二月
召仕ヲ折鑑（檻）ニて敲（殺）候もの事

増上寺領巣鴨村善左衛門地借
才兵衛店請酒屋市郎兵衛女房
なつ

右なつ義、召仕権八と申十四歳ニ成候者、酒代并見せニ置候売物盗ニ付、致折檻候処、当所急処之痛券（痛募）候哉翌朝相果候、権八義常〻不届者と相聞候間、折檻仕間敷儀ニも無之候得共、夫留守之義、其若輩者ニ候へとも、仕形も可有之処、折檻甚敷候故相果候、不埒之仕方ニ付、なつ儀手鎖を懸ヶ、夫市郎兵衛え百日預候、
右之通り、伺之上相済候、

二十　欠落者尋之事

欠落者尋之義、事を巧、人を殺候て（か）、又ハ訳有之て之事ニ候へは、公儀ゟ御仕置有之儀（ニ）候間、尋申付、不尋出候ハヽ、其品ニゟ親類之内かゝるへきもの一両人も入牢申付、残（ル）もの共三十日五十日百日とか日限申付、夫ニても不尋出候ハヽ、其軽重（ニ）ゟかゝ（る）へき者追放、又ハ過料等申付、事済し可申候、尤欠落者見出し次第召捕為（可）訴出候、外ゟ見出候ハヽ、猶又急度可申付旨可被申渡候、

一御仕置者一件之内、欠落者抔有之、（其）ニてハ者尋申付、不尋出候へハ落着難成とて、其一件御仕置差延置候ニ付、構無之者之及難儀候事（ニ）候間、欠落者尋之内、六ヶ月を限、不尋出におゐてハ、其旨被相伺、残り候者、又ハ相応（ニ）御仕置可申付候、尋之者之追て出次第、其節相応（ニ）御仕置可被申付候、伺（ニ）不及御仕置申付候も、右同断ニ可被相心得候、惣て欠落者不尋出候とて、一件之者共之儀、延〻いたし、年月を経候義不宜候、

二十一　欠所田畑家屋敷家賊（財）之事

重追放　御扶持人は御扶持上り、家屋敷家賊共欠所、
在方町方　田畑家屋敷家賊（財）共欠所、

改易　御扶持人は御扶持家屋敷上り、
家賊（財）無構、

中軽追放　在方町方 田畑家屋敷上り、家賊（財）無構、

二十二　取上田畑之事

一田畑取上候者之儀、科重候者、田畑幷屋敷共ニ取上可申候、科軽候ハヽ、田畑取上、屋敷ハ取上不及候事、

但、居処は無構候、

二十三　私領百姓　公儀御仕置（ニ）成候節田畑闕所之事

一私領之百姓、公儀御仕置ニ成候者ハ、田畑も家賊（財と）も一所ニ闕所申付、売払代金取上、田畑買取候者ゟ、有来通年貢地頭ぇ為納可申事、

二十四　妻持参田地之事

一夫悪事有之、田畑欠所之節、妻持参田地之義、持参金ニ准、可為欠所、尤江戸町方寺社門前等ニて家屋敷差添縁付候も、右可為同前事、

但、妻之名付ニて有之分ハ、可為格別、

二十五　身代限申付方之事

一身代限之事、自分居宅幷蔵家賊（財）共、不残取上可申候、

但、他所ニ家蔵有之共、諸賊（財）物之分ハ取上可申候、家蔵之義構無之、

二十六　二重御仕置申付候事

一科之品ニゟ過料之上戸〆、又ハ入墨之上敲、或ハ入墨之上追放等ニも可申付之事、

下ヶ札写　心得之義、准　御好除、

12　享保二十年御書付
死罪可成もの遠島ニ成候事

武州横見郡万光寺村
名主　六左衛門

一荒川通武州荒子村堤之儀ハ、郡中ニ掛り候大切之場所ニ候所、普請不丈夫之由申募、右普請入札之者ゟ馴合、金差出候旨申候、且常ゝ六左衛門心不応之百姓へ難題申懸ヶ、或ハ損失有之様ニ致、或打擲等仕、其一村難義之段、惣百姓とも申出候ニ付、此度遂吟味候処、普請不

丈夫ニ無之、馴合金入札之者ゟ差出候義も無之、惣て一村之百姓共、数度難義候段無紛候、畢竟普請不丈夫馴合金差出候由申段、是以人〻可及難儀を巧、剰私用之由ニて江戸ニ罷在、普請中一度も其場へ不罷出旨不届候、先年も度〻不法之義申出、及出入候得共、其事済候得共、前〻御代官其儘名主役申付置、御勘定奉行も其段乍承、其通りニ差置候之趣、不埒之至ニ候、六左衛門名主役ニ付て之御仕置は死罪ニ相当候、然とも元来名主可勤者無之処、其儘勤させ候は、其時之御勘定奉行幷御代官不調法ニ候条、此度は品を以、平百姓相当り之御仕置遠島申付、伊奈半左衛門支配下之処、只今迄六左衛門不埒之行跡不存段油断ニ候、向後右躰之者名主勤させ置候ハヽ、御代官御咎可有之候、右之段半左衛門幷其外御代官共へ可申聞候、

二十七　過料申付方之事

一向後過料申付候員数増減之儀、例ニかゝわり不申、其者之身躰軽重とに応し、過料可申付候、

但シ、至て軽キ者ニて、過料差出候義難成者ハ、手鎖可申付候、

二十八　養生所ゑ遣候病人之事

無宿非人之外咎無之病人、養生難遂者ハ、小石川養生所へ差遣、可為致療養事、

二十九　溜預ヶ之事

牢舎申付候者を最初溜ゑ遣間鋪候、乍然、行倒ものなとの類は格別ニ候事、

但、牢舎申付もの相煩、溜(ゑ)(遣)出候義ハ格別(ニ)候、

三十　年中御仕置者幷在牢人数書付可差出さる事

一惣て年中御仕置ニ成候者之人数高書付幷牢舎之者、翌年越候分共、書上可申事、

三十一　出火之節咎之事

覚

一平日出火之節咎　出火類焼之多少ニ付、三十日・
　廿日・十日押込　火元
一大火之節之咎　五十日手鎖　火元
　屋敷沽券金十分一之過料　火元之地主
　三十日押込　同家主
　過料　風上弐丁 風脇左右二町宛
　是ハ十五人宛之欠付人足遅参
　之故、大火ニ成(候ニ)付、過
　料、
一御成之節出火之咎　五十日手鎖　火元
　三十日手鎖　火元之家主
　三十日手鎖押込　月行事
　二十日押込　火元之五人組
　十日押込　名主
　屋鋪沽券金十分一之過料　火元之地主
　但、所之者早速消候得ハ、咎(ニ)不及、火元之当人計五十
日手鎖、
右之通ニ候得共、寺社門前町寄(屋)等(ハ)、其寺社ぇ過怠難申付ニ付、其所買請、又ハ致借地、町家建置候者へ過怠申付候事、

三十二　男女申合相果候者之事

一男女申合候て相果候者之儀、双方共ニ自今ハ死骸取捨可申付候、一方存命ニ候ハヽ、下手人申付、且又此類絵草紙又ハかふき狂言なとニも不為致、尤死骸吊(弔)候事停止可申付候、
一双方共存命候ハヽ、三日さらし、非人は(ママ)手下ニ可申付候、
一此度大坂ニて主人と下女申合相果候者之儀、主人存命候得共、下人之身として主人(ぇ)対し不届候間、不及下手人、非人手下可申付、惣て此類ハ向後右之通可申付候、

三十三　隠し遊女差置候者御仕置之事

一隠し遊女商売いたし候者、店(ニ)差置候ハヽ、其屋敷幷家財家蔵共ニ公儀ぇ取上可申候、

但、遊女商売いたし候当人ハ、家財不残取上、百日之手鎖ニて所ぇ預ヶ置、隔日封印改、

一家守計差置、地主は外ニ罷出(在)候共、家屋敷取上可申候、

但、家守ハ家財を不残取上、百日之手鎖ニて所へ預ヶ置、隔日封印改、

一御朱印地幷大小之寺社、都て門前町屋之分ハ百姓同前、地頭之寺社へは年貢寺役等相勤候処、隠遊女差置候ハヽ、屋敷主之町人不届ニ付、通例町方之通家屋敷不残取上、屋敷之入札ヲ以相払、代金　公儀ぇ取上、跡屋敷貰(買)主ゟ地頭之寺社へは年貢寺役等為相勤可申候、尤地頭之寺社ハ武士方町人とハ違候間、寺社奉行ニて(叱)置、自分ゟ致遠慮候様可申付候事、

三十四　科人追放之事

科之品ニ依て扶持を召放候歟、或ハ家財闕所、又は其品軽共過料等、夫ミニて(可)被申付義は勿論ニ候、件之悪事有之候者、領内ニ差置候を嫌ひ、他所ぇ放遣候義ハ有之間敷事、近年於　公儀ハ追放もの先ハ無之様被仰付候間、国ミ所ミ之(其)旨を存、猥(ニ)追放有之間敷候、然共、喧嘩なとにて双方疵付候者歟、又ハ侍なと品(ニ)より追放被申付、却て可然趣ニ可有之候間、其段ハ格別之事(ニ)候、

御好ニ准、除申候、

下札写

享保七寅年

13　追放救(赦)免之事

追放救(赦)免之類出候ハヽ、三奉行火附盗賊博奕改方ニて、老中へ伺ニ不及可差免候、併何とも格別之品も有之、難差免存候もの有之候ハヽ、老中へ可申候、

一私領ニて追放申付候者之赦免之義、奉行所へ願出候ハヽ、頭有之面ミハ、其頭之障も無之候ハヽ、差免候様ニ可仕旨可申通候、頭無之面ミハ、其地頭へ右之趣相通し可

中候、

三十五　類族之者追放之事

一類族之者(ニ)候共、科之品(ニ)ゟ追放ニも可申付事、

三十六　追放御構之場所之事

重追放

武蔵　相模　上野　下野　安房　上総　下総　常陸　山城
摂津　堺　奈良　長崎　東海道筋　木曽路筋　甲斐　駿河
尾張　伊勢

中追放

江戸十里四方京　大坂　堺　奈良　伏見　長崎　東海道筋
木曽路筋　日光　日光道中　甲府　名護屋　和歌山　水戸

軽追放

江戸十里四方　京　大坂　東海道筋　日光　日光道中　甲
府

江戸追放

江戸十里四方

右重追放・中追放、御構場所之外、者(其者)共住居之国共
ニ相構、軽追放・江戸追放ハ、其居村構之旨書付当
人ぇ相渡候事、

三十七　遠島者減方之事

一大勢遠島之者有之候間、此何(如)ニ候間、向後死罪ハ(か)遠
島かと存候程之者、吟味之上重き追放可被申付候、
右之類、追放ニ成候とて猥に追放申付候事ニハ無之
候、只今迄江戸払、所抔(払)等(ニ)申付候者ハ、只今迄
之通可相心得候、

三十八　死罪遠島追放之外伺不及候事

死罪・遠島・追放可申付者之義ハ、前〻之通可被相
伺候、右之外御仕置之分ハ、伺(ニ)不及候、然とも
死罪遠島ニ成候(もの之)一件之内ニ候ハヽ、軽キ御
仕置ニても相伺可申候、

但、軽キ御仕置者ニても、奉行中ニて難決義ハ可
相伺候、

三十九　牢抜手鎖外し御構之地ぇ立帰候者之事

一牢抜出候者は、科之段重(軽)サ(二)一等重ク御仕置ニ(可)申付候、
尤牢番人其外之者共(ハ)、相当之御仕置可申付候、
一手鎖はつし候者之事、右(ニ)准し御仕置可申付候、
一御構之地ぇ立帰、致徘徊候迄ニて、外ニ子細聞(無之)へ候
ハヽ、前ゝ科(之)ゟ一等重可申付候、悪事なと仕候ハヽ、
勿論重科可申付事、

四十　疵被附候者外之病ニて相果疵付候者御仕置
之事

覚

一手疵負候者、元ゟ死(ニ)及候疵ニて無之処、平癒之
内餘病差発、死候ハヽ、弥吟味を遂、餘病ニて死候
ニ紛無之(に)おゐてハ相手不及下手人事、

享保七寅年町触

四十一　車荷付馬等ニて為致怪我候者之事

覚

牛車大八車地車并荷付馬等引通義、往来之障ニ不罷
成様ニ前ゝも度ゝ相触候処、就中去ル寅年急度相触
候処、近頃又(候)猥ニ相成、往来之人を除不申、我
儘に引通ニ付、頃日も神田佐久間町壱丁目久次郎店
仁兵衛、神田相生町伝右衛門店清六と申者両人、か
ら車を引、牛込払方町通り候節、同町四兵衛悴新八
と申十五歳ニ成候者へ車を引懸、新八相果候、畢竟
先年ゟ度ゝ触書之趣亡(忘)却いたし候故之儀、旁不届至
極ニ付、仁兵衛ハ死罪、清六ハ遠島被　仰付候、自
今車引馬士等、此趣を急度相守可申候、此以後往来
之者(ぇ)我儘いたし、軽(怪)我人等於有之ハ、当人共は
重き御仕置被　仰付、人之召仕ニて候ハヽ、其主人
并家主五人組名主迄夫ゝニ御咎可被　仰付候、雇ひ
候もの方ニても念ヲ入候様、弥可申付候、麁末之義
も候ハヽ、可為越度候、此段町中地借店借召仕等迄委
細可知触(触知)者也、
右之趣町中ぇ相触候様ニ町奉行へ申渡候間、面ゝ家
来下ゝ等ぇも、弥急度可被申付置候、以上、

下ヶ札写
14　口論ニて摑合候上相手相果候得共頓死と相見へ疵
無之付不及下手人事
三田二丁目十兵衛店勘七出店衆
五兵衛
右五兵衛、白銀臺町孫四郎と申ものと、当座之義ニて口
論仕出シ摑合候処、近所之者両人入、双方引分候以後、
無間も孫四郎相果候付、遂吟味候処、孫四郎惣身疵も
無之、病後ニて頓死ニ無紛相聞、親類等も申分無之、下
手人御免之義相願候ニ付、伺之上追放申付候事、
享保十八丑五月
此ヶ条も筋之作異付、准　御好相除

四十二　鉄炮あた落幷怪我ニて相果候者相手御仕
置之事

一鉄炮あた落いたし、玉それ人に当、相果候もの、存
命之内親兄弟一同(ニ)下手人御免相願、吟味之上相
違於無之ハ、不及下手人、相当之御仕置可伺事、

一意趣無之怪我ニて疵被付候者、其疵ニて相果、疵付
候者、吟味之上、怪我ニ無紛ニおゐてハ不及下手人、
相当之御仕置相伺可申付事、

下ヶ札写　　御好ニ付、本文之通大意計ニ成、
15　鉄炮あた落ニて人殺之事
後藤庄左衛門御代官所
武州秩父郡上吉田村　百姓
万右衛門
右猪狩ニ罷出、畑へ猪追懸候後、万右衛門持候鉄炮あた
落致、近所之岩ニ中り、玉それ候て三之允と申者へ中り、
其疵ニて三之允相果候由、右之通ニ候へハ、万右衛門下
手人可為候得共、三之允存命之内、万右衛門義、親類
其上ニ常ミ意趣等無之、不慮之怪我ニ候間、相果候共、
下手人之御仕置御免被成下候様ニと相願、三之丞親兄弟
迄も同様ニ願候、三之丞幷親兄弟、右(之)通相願候条、
御構有之間敷候得共、鉄炮を打ニ出候上ハ、筒先等心を
付、入念可取扱義、極りたる事ニ候処、畢竟麁末ゟあた
落もいたし候、依之追放申付候、

右之通可被申渡候、

六月

四十三　旧悪御仕置之事

旧悪之儀、御法度を背候事(ニ)候間、御仕置可成候得共、重盗いたし或は人を殺候品なとハ、たとへ相止候と申候ても、さかひも無之事(に)候、渡世ノ為悪事一旦いたし候へ共、其後不宜事と(存)相止候段、分明ニ付てハ其品ヲ(被)取立、過料又ハ相当之咎可有之事、

四十四　重科人之悴親類等御仕置之事

一主殺親殺、其科人之子共ハ伺之上可申付、親類ハ構無之候へ共、所ぇ預ヶ置、本人落着之上、右悪事ニて(之)企不存(ニ)相決候ハヽ、可差免候、此外火罪磔ニ成候者之子供構無之事、

右は、町人百姓其外軽者共之事(ニ)候、

四十五　御仕置伺書入牢之月日可認旨之事

覚

一科人夫者(又は)御仕置者伺書付被差出候節、右科人名書之上ニ何月幾日ゟ揚座敷入牢と有之義、書付可被差出候事、

四十六　拷問可申付品ゝ(之)事

覚

一惣て拷問申付候儀、人殺或ハ火附或ハ盗賊、ヶ様之類、畢竟死罪ニ被行候科、未相決節之儀ニ候、軽(キ)科人白状不致候とて、拷問ニ及間敷候、重キ科人ニても、証拠無之、猥ニ拷問申付門(間)敷候、依て拷問可申付候品ゝ、左之通ニ候、

一悪事いたし候証拠慥ニ候得共、白状不致者之事、

一同類之者白状いたし候得共、当人ハ白状不致者之事、

但、差口計ニて、証拠慥ニ無之(ハ)、拷問致間敷事、

一詮議有之科ハ、未相決候得共、外ニ悪事有之、分明ニ相知レ、其科計ニても可被行罪科者之事、

右之外ニても、事品(ニ)ゟ拷問申付可然趣も候ハヽ、
奉行中相談之上可被申付事、

此ヶ条、御好ニ付、相除申候、

下ヶ札写

16 享保七寅年
筋違之者拷問申付候義御書付

一房州大里村藤七下人太兵衛儀、同国滑谷村源太郎悴源内、丑六月四日之夜、藤七宅へ忍入候節、追掛出、源内ニ手疵負せ相果候儀ニ付、仕形怪敷候故を以、太兵衛拷問申付候、右源内手疵負せ候節、忍入様子、藤七下人共幷泊合候もの、又ハ藤七向隣其外近所之者共出会、大勢之証拠も有之、其上藤七下人庄三郎ハ源太郎従弟之由、此者も右之通申候得は、旁証拠も有之候へは、拷問申付間敷処、初発之存取何も違候故ニ候、此上太兵衛出牢申付候時、拷問申付候事を可申聞所(品)も有之間敷候、就夫向後拷問申付候右之分(者)、怪敷存候一通りニてハ、拷問申付間敷義ニ候、詮議之上其品少しも手筋聞候歟、又ハ人殺等ニて訳決候へ共、右詮議ニ付、外ニ盗抔之事疑敷義候歟、幷公儀へ対し不届之義有之品ハ拷問可申付事、

寅二月

四十七　博奕三笠附御仕置之事

一博奕三笠付御仕置之義、御高札之通可申付事、
但、至て軽者、稼出候先ニて当分之博奕筒取仕候類ハ、大博奕筒取分(と)は諸(訳)違、軽キ義ニて、地主家主始、所之者も不存義ニ候得は、地主家主御咎メニ不及候、然共、家主義ハ心附可申義ニ候処、不念ニ候間、御定之通家賊(財)取上、百日手鎖可申付候、

四十八　三笠附博奕頭取、遠島赦ニ可書出旨幷取上候屋敷之事

(一)三笠附博奕頭取之者遠島之分、五ヶ年も過候ハヽ、赦ニ可書出事、
一外ゟ訴人有之、博奕頭取、三笠付点者、金元幷右宿いたし候者、召捕候ハヽ、其屋鋪取上、五ヶ年過候ハ、返し可被下候事、

四十九　三笠附博奕有之村名主組頭咎之事

一在方三笠付博奕有之村名主組頭五人組、過料可申付事、

五十　武士屋敷ニて家来致博奕候者御仕置之事

一武士屋敷ニて家来博奕いたし候者、遠島可申付事、

五十一　盗ニ入家之内之者ニ疵付候者御仕置之事

一盗ニ入、刃物ニて家内之者へ疵付候者之儀ハ、家内之者可切殺心底(ニ)候間、疵之多少ニよらす此類は獄門、

一盗ニ入、刃物ニてハ無之、何品ニて成共、家内之者へ疵付候類ハ、死罪、

右両様共、盗取候雑物ハ持主へ取返し候共、右之通可申付候、

五十二　盗人御仕置軽重之事

一盗人御仕置之義、大概死罪ニ成候得共、向後ハ人之家へ忍入、或ハ土蔵なとを破致盗候類は、巧候て(之)義ニ候間、盗取金高雑物之軽重多少(ニ)不依、可為死罪候、

但、忍入候とも、巧候義ニても無之、其品軽キハ入墨之上重ク敲申候、

一手元ニ有之品ヲ巧候事無之、不斗少分之物盗取候類ハ、縦(ハ)金子十両位、雑物ならハ直段積り右(ニ)准シ、都て此類、自今ハ重ク百敲、此御定書ゟ軽者ハ五十たゝき可申候、尤右之内ニも入墨之上敲候程之者計を入墨敲ニ仕候、者(其)外ハ右之通りたゝき可申候、

但、巧候品ハ不相決候共、科重ク候ハヽ、入墨之上重キ追放可申付候、

五十三　盗物之(と)不存買取候ニ相決候者之事

一盗物買取、反物其外之類ニても、其立(色)品ニて彼(致)所持罷在候(ハヽ)勿論取返し、被盗候ものへ相返させ可申事、

但、盗物売払、其代金盗人致所持候ハヽ、(被)盗
候者ぇ渡可申事、
一盗物買取、反物其外之類ニても、其(色)品ニて買主
致所持候ハヽ、取戻、被盗候者へ相返し可申候、右之《(色)》
品有所不相知、代金盗人致所持候ハヽ、被盗候者へ
為返可申候事、
但、被盗候雑物、買主ゟ取返、被盗候者ぇ相返候
上、盗人右代金致所持候ハヽ、公儀へ取上可申事、
一盗物を買取候もの、其品買取方無之、代金も盗人遣
捨候ハヽ、買取之者不念ニ候間、被盗候もの方代金
為償可申事、

五十四　盗ニ達《(逢)》其盗人を捕召つれ来候者之事

一盗人を捕来候ハヽ、被盗候品ゝ何方之もの買取候者《(マヽ)》
共、勿論取戻可相渡候、若其色品手前(ニ)無之候ハ
ヽ、買取候者ゟ右代金償せ、盗人召つれ候者ぇ右《(相)》渡
可申事、

享保八卯年

五十五　紛失物吟味仕形町触

一町中質屋古着や十人程ツヽ組合、右之内月行事壱人
宛、順番ニ定置、紛失物吟味之節、当番之月行事并
其町月行事立合、触書ヲ以組合之内相廻、帳面吟味
可仕候、組合人数不宜《(足)》之所ハ、隣町と組合、名主共
之内、当番ヲ相建、不吟味無之様ニ可申渡候、名主
(一)支配之処ハ、支配切ニ可仕候、質屋古着屋共帳
面吟味之上、其品於有之ハ左達《(早速)》奉行所へ可申出候、
無之候ハヽ、右両人之月行事、其帳面ニ印形仕置、
其上名主(共)方ニて帳面吟味可仕候、組合相廻候義、
他町之無遠慮相改可申候、若及異儀候者有之候ハヽ、
奉行所へ召連可罷出候、勿論名主(も)其趣可相心得
候、右改方不吟味之筋相聞候ハヽ、其当番之月行事
名主共、急度可申付候、
但、質や古着屋共、帳面質地《(物)》又ハ買取之品模様付
等迄、委細留置可申候、帳面之義ハ紙数相改、名
主押切申付候間、此外紛敷帳面拵申間敷候、且又

吟味之節、名主共帳面長ク留置不申、改次第早速
御返、商売之障ニ不成様可仕候、
一素人ニて刀脇差其外質物取候者とも、質や名題出し
置候者ハ勿論、名題無之者も、質取候類は同前之筋
ニ候間、此度組合へ入可申候、若内ミニて質物等取、
及出入候ても取上無之候、尤盗物等取置、後日相知
レ候共、急度可申付事、
但シ屋敷方へ出入仕候無拠訳ニて、当分之金銀
(之)代(に)質物取置候類ハ、其品支配名主方へ相
届ヶ置、紛失物在之節、吟味ヲ請可申候、
一小道具其外道具類商売仕候者共も、向寄之組合を相
定(立)、帳面等念入置、紛失物尋有之節、右帳面を吟味
可仕候、外ゟ買求又ハ売払候節も、売上証文取之可
申事、
但、宿等も不存、振売参り候分ハ勿論、惣て紛敷
物一切買取申間敷候、尤組合之義ハ、質屋古着や
之通相心得、月行事を相建、吟味之仕方、帳面押
切等も同前可仕候、

一古かね商人共も、十人程ツヽ組合、日ミ之売買之品
帳面(ニ)相記、紛失物有之節、右帳面を以吟味可仕
候、店売之外振売之分ハ、此度札可相渡候間、無札
之者商売堅仕間敷候、若無札之者相見候ハヽ、仲ヶ
間ゟ召捕、奉行所へ可召連(候)、古かね問屋共義も、
無札之者ゟ一切買取申間敷候事、
但、組合之義ハ、質や古着や之通相心得、月行事
相定、吟味之義幷帳面押切等も是又同前ニ可仕候、
一右組合相極候以後、新規ニ商売取付候者ハ、其向寄
も組合へ入可申候事、
右之通、今度相極候間、町中名主月行事、右之趣相
心得、組合相定、自今紛失物尋有之節、一組切へ念
入吟味可仕候、若組合吟味未熟ニいたし、仕方等不
宜儀有之候ハヽ、急度可申付候間、此趣可相守者也、

五十六　捨(拾)物取計之事

向後金子拾ひ候もの訴出候ハヽ、三日さらし之上、
主出候ハヽ、半分金主へ相返、半分拾ひ候ものへ為取

可申候、反物之類に候ハヽ、其品不残主へ相返、拾ひ候ものへハ落候ものゟ相応礼為仕可申候、畢竟落候もの不念之事ニ候間、右之通ニ候、

一落し候もの、主相知不申候ハヽ、只今迄之通、六ヶ月見合、弥主無之候ハヽ、拾ひ候ものへ不残為取可申事、

五十七　火附并盗賊等訴人之事

一悪事有之宿(者)を召捕差出シ候歟、又訴出候時、右悪党之者方より、召捕訴出候者ニも悪事有之由申懸候とも、猥ニ相糺間敷候、若本人より重キ悪事を証拠慥ニ申ニおゐてハ、双方詮議可有之候、惣て罪科之者を訴出候(に)おゐてハ、同類たりといふとも、其科を被免候事ニ候条、其趣ヲ以差略可有之事、

五十八　火罪之者取計之事

一火罪之者引廻之義、物取ニて火を附候者ハ、自今晒候ニ不及、日本橋・両国橋・四谷御門外・赤坂御門外・昌平橋外、其外ハ通例之通引廻、右五ヶ所通候節、人数多少ニよらす、科書之捨札五ヶ所へ建置可申候、物取ニても無之火附ハ、右五ヶ所ニ捨札建ニハ不及、居町并町中計引廻可申候、

　但、捨札之義、三十日程立申候ハヽ、取捨可申候、

五十九　巧事かたり事御仕置軽重之事

一巧事かたり事之類、死罪之御仕置ニ伺候義有之候へ共、自今ハ右両様軽キ事(品)ニ候ハヽ、入墨并敲キ、又ハ其品ニゟ入墨之上敲之御仕置ニも伺可申候、対公儀候義歟、或ハ入組重キかたり事巧事之筋ニ候ハヽ、死罪御仕置伺可申候、

六十　巧ヲ以度々金子(等)語り取候ハ盗より品重キ事

一巧成義申懸、度々金子(等)語取候ハ、却て盗人ゟ品重候間、語取候金高雑物不限多少、或ハ不得物取候共、其節(之)は様子次第、死罪獄門之内、相当之御仕置

可相伺候事、

下ヶ札写

御好ニ付作異、本文之通ニ成候、

17　享保(二)十卯年
巧ヲ以度ゝ金子語り取候ハ盗ゟ品重キ旨之御書付

今度下谷長者町藤兵衛店勘助義、在ゝえ罷越、巧成儀申掛ヶ、所ゝニて金子等語取候ニ付て、死罪之上於在(其)処獄門と(ニ)申付候、向後風与出来心ニて、軽(キ)語之義ハ格別、巧を以度ゝ金子等語取ハ、盗人ゟ却て品重ク候間、勘助通之類ハ語取(候)雑物金高多少ニよらす、或ハ不得物取候とも、其節之様子次第、死罪獄門之内相当之御仕置相考、伺候様可相心得候、

卯二月

六十一　(重キねたり事御仕置之事)

一人を打擲いたし、酒手ねたり取、巧候て之義ハ、追剝同前(然)之事ニ候間、獄門ニ可申付候、右躰之仕方ニ候ハヽ、不得物取候共、品ニゟ可為死罪事、

六十二　破戒《カイ》之僧御仕置之事

破戒一通之僧寺抔候ハヽ、遠島、所化僧之類ハさらしの上、本寺触頭へ相渡、寺法之通申付候様可申渡候、密夫之僧ハ格別相伺可申事、

六十三　偽之証文を以金銀致貸借候者御仕置之事

一偽之証文を以金銀貸借いたし候義、貸候者も、偽ト申儀乍存、買(貸)候ニおゐてハ可為同罪事、

下ヶ札写

18　享保十七子年
偽との事乍存金銀致貸借候もの御仕置并同罪之儀御書付

一此度西丸火之番野口兵三郎義、支配御目付高山弥左衛門名を偽、手形文言ニ認、一宮友治と申浪人より致借金、侍ニ不似合仕形ニ付、死罪被　仰付候、友次(治)義も偽も(と)の事乍存貸候ニ付、死罪ニ罷成候、自今も右之通之義於有之ハ、貸申者も可為同罪候条、此旨末ゝニ至迄可相心得候、

十月

御好ニ付文意作異、本文之通ニ成候、

六十四　重キ科人死骸塩詰之事

一主殺

一親殺

一重謀計

右之分、死骸塩詰磔獄門、此外ハ不及塩詰、討首、

（奥書）

享和二壬戌年東武勤番之節写之

朽木御内
本庄隼太

文化元甲子年八月、写之

早藤博明

七　「公事方御定書幷窺之上被　仰渡候書付」（上下）法文一覧

・伺・下知の所在を『徳川禁令考』後集（司法省蔵版・法制史学会編、石井良助編、創文社刊）をもって示した。

☆印…「元文三年帳」の法文を継承した法文（七三箇条）
★印…「元文四年帳」における修正法文（四六箇条）
▲印…「元文四年帳」起案の法文（四箇条）
●印…元文五申年八月の御定書掛三奉行伺の法文（一箇条）
＊印…「科条類典」に見えない法文（九箇条）

「公事方御定書幷窺之上被　仰渡候書付」上

一　評定所始幷看板之面
★「元文四年帳」における修正法文…「公事方御定書」上巻第一・二条（『徳川禁令考』後集第一―二・一三頁〈以下、「上巻二条（第一―二・一三頁）」のように略記する〉）

二　評定所古来之事
☆「元文三年帳」の法文（第九条）を継承…上巻第一条（第一―二頁）

三　評定所之面々へ被仰渡之事
☆「元文三年帳」の法文（第十二条）を継承…上巻第三条（第一―三七頁）

四　評定所一座可心得条々

☆「元文三年帳」の法文（第十三条）を継承…上巻第四条（第一―四一頁）

五　御仕置筋取計専要之事之由ニて御渡御書付

★「元文四年帳」における修正法文（吉宗の修正意見に対する回答）…上巻第二十一条（第一―一三六頁）

六　公事訴訟人ゟ音物贈候義ニ付御書付

☆「元文三年帳」の法文（第二十二条）を継承…上巻第二十二条（第一―一四八頁）

七　享保五子年　式日老中出座之事

☆「元文三年帳」の法文（第六条）を継承…上巻第五条（第一―四五頁）

八　享保四亥年　式日立合え御目付出座之事

☆「元文三年帳」の法文（第七条）を継承…上巻第六条（第一―五〇頁）

九　正徳六申年　忌有之者立合内寄合出座之事

☆「元文三年帳」の法文（第八条）を継承…上巻第七条（第一―五一頁）

十　日本橋・浅草橋・常盤橋・芝車（町）橋・筋違橋・麹町　高札

☆「元文三年帳」の法文（第二条）を継承…上巻第十三条（第一―八四頁）

十一　此御高札ハ十月ゟ三月迄日本橋計え相立候　火附訴人之事高札

☆「元文三年帳」の法文（第三条）を継承…上巻第十四条（第一―一一三頁）

十二　此御高札ハ日本橋迄計へ相立候　諸国新田取立高札之事

☆「元文三年帳」の法文（第四条）を継承…上巻第十五条（第一―一一六頁）

十三　此御高札ハ日本橋計へ相建候　博奕之儀ニ付高札

☆「元文三年帳」の法文（第五条）を継承…上巻第十六条（第一―一二二頁）

十四　諸国浦高札

☆「元文三年帳」の法文（第十七条）を継承…上巻第十七条（第一―一二五頁）

十五　浦ゝ添高札

☆「元文三年帳」の法文（第十八条）を継承…上巻第十八条（第一―一二七頁）

十六　享保六丑年　評定所前訴状箱ニ有之文言

☆「元文三年帳」の法文（第二十四条）を継承…上巻第八条（第一―六八頁）

十七　評定所相（前箱）之際建札

☆「元文三年帳」の法文（第二十五条）を継承…上巻第九条（第一―七三頁）

十八　訴状箱（え）書付入候儀ニ付触書

☆「元文三年帳」の法文（第二十六条）を継承…上巻第十条（第一―七四頁）

十九　享保十七子年　評定所箱訴状宿

☆「元文三年帳」の法文（第二十七条）を継承（但し、題号を修正）…上巻第十一条（第一―七六頁）

1　享保六丑　公事出入訴下役所等ニて滞セ候事

・「本書ニ張紙ニて有之」「此ヶ条、奉行心得違（迄）之義ニ付、准　御好相除候」

「元文五年緑色書入帳面」において削除したが、「寛保二年三月上り帳」にて復活…上巻第二十四条（第一―一五二頁）

二十　唐船持渡之諸色抜荷買取御制禁之事

☆「元文三年帳」の法文（第二十条）を継承（但し、題号を修正）…上巻第十九条（第一―一三〇頁）

二十一　浦賀え湊替之事

☆「元文三年帳」の法文（第十九条）を継承（但し、題号を修正）

＊「科条類典」に見えず

二十二　出売出買之儀触書

☆「元文三年帳」の法文（第二十一条）を継承…上巻第二十条（第一―一三四頁）

二十三　鉄炮御改之事

☆「元文三年帳」の法文（第九十四条）を継承（但し、題号を修正）…上巻第二十八条（第一―一五五頁）、下巻第二十一条（第二―四六頁）

二十四　享保七寅年　猪鹿おとし鉄炮願之事

☆「元文三年帳」の法文（第九十五条）を継承（但し、題号を修正）

＊「科条類典」に見えず

二十五　享保十一午年　鉄炮打并隠鉄炮所持之儀ニ付御触書

☆「元文三年帳」の法文（第九十六条）を継承…上巻第二十九条（第一―一五七頁）、下巻第二十一条（第二―四四頁）

2　享保十一午年　過怠鷹番之事

・「附紙之趣朱書ニ有」「鉄炮打隠し鉄炮所持所持之条　此ヶ条、准御好、奉行心得迄之義ニ付相除之」

「元文三年帳」以来の法文（懸紙欄が空白）…下巻第二十一条（第二―四五頁）

二十六　享保六年丑　鉄炮打捕候者御褒美之事

☆「元文三年帳」の法文（第九十八条）を継承…下巻第二十一条（第二―四六頁）

二十七　享保十一年二月　新規之神事仏事執行異説等之事

☆「元文三年帳」の法文（第十六条）を継承…上巻第三十七条（第一―一七一頁）

二十八　享保六丑年　御料幷一地頭地頭違出入(之)事

☆「元文三年帳」の法文（第二十三条）を継承…下巻第三条（第一―二六三頁）

二十九　享保十八丑年　目安裏書初判之事

☆「元文三年帳」の法文（第十条）を継承（但し、題号を修正。「科条類典」には「元文四未年三月差上、翌申五月十日緑色御書入御好之趣有之帳面之内云々」の記事が存しない。脱落によるか）…下巻第一条（第一―二五四頁）

三十　享保六丑年　町方出入差紙等之事

★「元文四年帳」における修正法文（「科条類典」には「元文四未年三月差上、翌申五月十日緑色御書入御好之趣有之帳面之内云々」の記事が存しない。脱落によるか）…下巻第一条（第一―二五四頁）

三十一　享保六丑年　公事吟味銘ゝ宅ニて仕候事

★「元文四年帳」における修正法文…下巻第七条（第一―三〇七頁）

三十二　享保三戌年　火附之儀訴出候節奉行ニて可致吟味事

☆「元文三年帳」の法文（第百三十六条）を継承（但し、題号を修正）…下巻第十七条（第一―四二七頁）

三十三　享保五子年　火札張札等取計之事

☆「元文三年帳」の法文（第百三十八条）を継承（但し、題号を修正）…上巻第六十条（第一―二〇六頁）

三十四　享保十巳年　芝口町河岸建札文言

☆「元文三年帳」の法文（第九十条）を継承（但し、題号を修正）…上巻八十条（第一―二四四頁）

三十五　享保七寅年　誤証文取問敷旨之事

★「元文四年帳」における修正法文（吉宗の修正意見に対する回答）…下巻第十六条（第一―四二六頁）

三十六　元文三午年　赦之者書出候節生死之不及吟味事

▲「元文四年帳」起案の法文…上巻第五十一条（第一―一九二頁）

＊「科条類典」に見えず（「元文三年草案」にはこの法文が見えない。また「科条類典」には、「元文三未年三月十四日弥此通定置云々」および「元文四未年三月差上、翌申五月十日緑色御書入御好之趣有之帳面之内云々」の記事がともに存しない。脱落によるか）

3　享保七寅年　誤証文取問敷旨之事

・「下ヶ札之由、朱書ニて有之」「此ヶ条　御好ニ付、文言作異仕候」

「元文三年帳」以来の法文（この法文を修正したのが、上三十五「享保七寅年　誤証文取問敷旨之事」）…下巻第十六条（第一―四二六頁）

三十七　諸役人非分私曲有之者訴（旨）　重御役人領知出入取計　裁許仕直等之事

★「元文四年帳」における修正法文…下巻第六条（第一―三〇一頁）、下巻第八条（第一―三〇九頁）

三十八　双方相対之上新田新堤取立候事

★「元文四年帳」における修正法文…下巻第十条（第一―三一九頁）

三十九　用水出入取捌之事

●元文五申年八月の御定書掛三奉行伺の法文…下巻第十条（第一―三一七頁）

四十　享保十四（九辰）丑年　用水論其外無筋出入之義ニ付御触

☆「元文三年帳」の法文（第三十三条）を継承（但し、題号を修正し、末文を削除）…上巻第二十五条（第一―一五三頁）

四十一　御料私領入会之論所見分之事

★「元文四年帳」における修正法文（但し、末尾の一文「難決候ハ、御番衆御代官可差遣事」が存せず）…下巻第十一条（第一―三五〇頁）

四十二　論所見分伺書絵図等ニ書載候品之事

★「元文四年帳」における修正法文（吉宗の修正意見に対する回答。但し、第一項は「元文三年帳」の法文と「元文四年帳」の懸紙修正の法文との折衷の法文。第二項は「元文三年帳」の法文を踏襲）…下巻第十二条（第一―三六五頁）

四十三　縁起譲状古証文等(を)以裁許之事

☆「元文三年帳」の法文（第三十七条）を継承（但し、題号を修正。懸紙による修正法文があるが採らず、「元文三年帳」の法文を踏襲）…下巻第十三条（第一―三七〇頁）

四十四　田畑永代売買御仕置之事

★「元文四年帳」における修正法文（吉宗の修正意見に対する回答）…下巻第三十条（第二―一三〇頁）

四十五　延宝三卯年　御朱印地質地入間敷事

☆「元文三年帳」の法文（第四十条）を継承…下巻第三十一条（第二―一五八頁）

四十六　質地幷借金(倍金)請人手形ヲ(以)取やり申候もの咎之事

★「元文四年帳」における修正法文…下巻第三十九条（第二―三九八頁）

四十七　元文二巳年　質地之儀ニ付触書

☆「元文三年帳」の法文（第四十三条）を継承…下巻第三十一条（第二―一五八頁）

四十八　質地出入取捌之事

★「元文四年帳」における修正法文…上巻第五十七条（第一―一九九頁）…下巻第三十一条（第二―一六〇頁）

四十九　質地滞金日限定

★「元文四年帳」における修正法文（但し、懸紙欄が空白）…下巻第三十二条（第二―一九六頁）

4　貸（地）切借金日限定

・「附札、朱書ニ有之分」「此ヶ条、御好ニ付大意認申候」

「元文三年帳」以来の法文（なお、懸紙欄が空白。この法文を修正したのが、上四十九「質地滞金日限定」）…下巻第三十二条（第二―一九六頁）

五十　享保二十卯年　知行所ぇ用金申付候付触書

☆「元文三年帳」の法文（第四十六条）を継承…上巻第五十六条（第一―一九六頁）

五十一　借金銀裁許之事

★「元文四年帳」における修正法文…下巻第三十三条（第二―二〇六頁）

5　借金銀裁許申合（之）候事

・「附札朱ニて有之」「評定所一座申合之書付ニ付、准御好文意改申候」

「元文三年帳」以来の法文（この法文を修正したのが、上五十一「借金銀裁許之事」）…下巻第三十三条（第二―二〇六頁）

五十二　家質済方之事

★「元文四年帳」における修正法文…下巻第三十六条（第二―二五八頁）

五十三　白紙手形ニて金子借之者（之）事

★「元文四年帳」における修正法文（吉宗の修正意見に対する回答）…下巻第三十九条（第二―三九九頁）

五十四　元文三午年　寺附之品へ書入之義ニ付触書

▲「元文四年帳」起案の法文（「科条類典」に「元文三午年三月十四日弥此通定置云々」の記事が存せず、「元文三年草案」にもこの法文が見えない）…上巻三十九条（第一―一七九頁）

五十五　奉公人年季之事

☆「元文三年帳」の法文（第五十二条）を継承…上巻七十二条（第一―二二四頁）

五十六　元禄十一寅年十二月五日　諸奉公人出入之義ニ付町触

☆「元文三年帳」の法文（第五十三条）を継承…上巻七十三条（第一―二二六頁）、下巻第四十二条（第二―四二五頁）

五十七　引負之者之事

★「元文四年帳」における修正法文（吉宗の修正意見に対する回答）…下巻第四十三条（第二―四七〇頁）

五十八　奉公人給金出入取捌之事

★「元文四年帳」における修正法文…上巻第七十四条（第一―二二八頁）、下巻第四十二条（第二―四三一頁）

五十九　使之者致取逃候御仕置之事

☆「元文三年帳」の法文（第五十八条）を継承（但し、題号を修正し末文を削除）…下巻第四十三条（第二―四六五頁）

六十　奉公人之請人出入有之家主引請幷店立候事

★「元文四年帳」における修正法文（「元文三午年三月十四日弥此通定置云々」の箇所に元となる法文が存するが、「元文四未年三月差上、翌申五月十日緑色御書入御好之趣有之帳面之内云々」の箇所にこの法文に関する記事が見えない。脱落によるものか）…下巻第四十二条（第二―四三二頁）

「公事方御定書幷窺之上被　仰渡候書付」下

一　無取上願再訴幷筋違願咎之事
☆「元文三年帳」の法文（第六十条）を継承…下巻第四条（第一—二八五頁）
二　奉行所ぇ不（訴）出直ニ評定所ぇ訴出候者幷当人之外ゟ願出候之者
☆「元文三年帳」の法文（第六十一条）を継承…下巻第四条（第一—二八七頁）
三　享保四亥年　御代官ぇ不相届訴訟ニ出候者之儀触書
☆「元文三年帳」の法文（第六十二条）を継承…上巻第三十一条（第一—一六三頁）
四　寺社方訴訟人取捌之事
★「元文四年帳」における修正法文…下巻第十四条（第一—四一三頁）
五　養娘遊女奉公ニ出実方ゟ訴出候共品ニゟ取上間敷事
☆「元文三年帳」の法文（第六十四条）を継承（但し、法文の末文を削除）…下巻第四十六条（第二—四九五頁）
六　譲屋敷名前之儀ニ付町触
☆「元文三年帳」の法文（第五十条）を継承…上巻第五十八条（第一—二〇一頁）、下巻第四十一条（第二—四〇八頁）
七　入墨之事
☆「元文三年帳」の法文（第六十五条）を継承（但し、題号を修正。「元文三午年三月十四日弥此通定置云々」の箇所にこの法文に関する記事が見えない。脱落によるものか）…下巻第百三条（第四—二六七頁）
八　科人為立退幷住所を隠候者之事

★「元文四年帳」における修正法文…下巻第八十条（第四―八三頁）

九　入墨敲ニ成候者再科御仕置之事

★「元文四年帳」における修正法文…下巻第八十九条（第四―一七一頁）

十　無宿片付之事

★「元文四年帳」における修正法文…下巻第八十九条（第四―一七二頁）

6　無宿并奴女片付候事

・「附紙有之」

「元文三年帳」以来の法文（但し、題号を付加）…下巻第八十九条（第四―一七〇頁）

十一　捨子貰候者之事

☆「元文三年帳」の法文（第六十九条）を継承（但し、題号を修正）…上巻第六十三条（第一―二〇八頁）

十二　捨子御制禁之事

☆「元文三年帳」の法文（第七十条）を継承（但し、題号を修正）…上巻第六十二条（第一―二〇七頁）

十三　奴女片付之事

☆「元文三年帳」の法文（第七十一条）を継承…上巻第五十四条（第一―一九四頁）

7　享保十三申年二月　奴女牢内ニ差置候義書付

・「附紙有之」「作異之義付、准　御好除申候」…「科条類典」にこの記事見えず

十四　酒狂人御仕置之事

★「元文四年帳」における修正法文…下巻第四十二条（第二―四三二頁）、下巻第七十七条（第四―五二頁）

十五　酒狂ニて人を殺候もの之事
☆「元文三年帳」の法文（第七十六条）を継承（但し、「元文三年帳」の末文を削除）…下巻七十七条（第四―五三頁）
十六　酒狂人主人ぇ引渡之事
★「元文四年帳」における修正法文…下巻第七十七条（第四―五四頁）
十七　乱気ニて人殺之事
★「元文四年帳」における修正法文（但し、懸紙修正を一部採用せず）…下巻第七十八条（第四―六二頁）
8　享保十七年子十月　弟子を致折鑑（檻）相果候を隠置候者御仕置之例
・「下札之旨　此ヶ条、例ニ難成義ニ付、准　御好除申候」…「科条類典」にこの記事見えず
十八　相手理不尽之仕形ニて下手人（ニ）不成事
☆「元文三年帳」の法文（第七十九条）を継承…下巻第七十二条（第四―三一頁）
十九　親類主人等へ尋申付方之事
☆「元文三年帳」の法文（第八十条）を継承…下巻第八十二条（第四―一〇五頁）
9　子供怪我ニて相果下手人ニ不及事
・「此ヶ条、前ゝヶ条へ書加へ候ニ付、相除申候」
「元文三年帳」以来の法文（懸紙欄が空白）…下巻第七十四条（第四―一一七頁）
10　享保十三年申五月　御扶持人死罪遠島被成候一件之内、町人百姓有之節科無之候ニて品ニより咎可有之旨被仰出候事
・「御好ニ付、除申候」…「科条類典」にこの記事見えず
11　享保十三申年二月　召仕ヲ折鑑（檻）ニて敲候もの事
・「此ヶ条、例ニ難成義ニ付、准御好除申候」…「科条類典」にこの記事見えず

二十　欠落者尋之事

☆「元文三年帳」の法文（第八十一条）を継承…下巻第八十二条（第四―一〇五頁）

二十一　欠所田畑家屋敷家賊（財）之事

☆「元文三年帳」の法文（第八十二条）を継承…下巻第二十七条（第二―八五頁）

＊「科条類典」に見えず（「元文三午年三月十四日弥此通定置云々」および「元文四未年三月差上、翌申五月十日緑色御書入御好之趣有之帳面之内云々」の記事がともに存しない。脱落によるか）

二十二　取上田畑之事

☆「元文三年帳」の法文（第八十三条）を継承…下巻第二十七条（第二―八五頁）

＊「科条類典」に見えず（「元文三午年三月十四日弥此通定置云々」および「元文四未年三月差上、翌申五月十日緑色御書入御好之趣有之帳面之内云々」の記事がともに存しない。脱落によるか）

二十三　私領百姓　公儀御仕置(ニ)成候節田畑闕所之事

★「元文四年帳」における修正法文…下巻第二十七条（第二―九二頁）

二十四　妻持参田地之事

★「元文四年帳」における修正法文（「科条類典」に「元文三午年三月十四日弥此通定置云々」の記事が存しない）…下巻第二十七条（第二―九四頁）

二十五　身代限申付方之事

☆「元文三年帳」の法文（第八十六条）を継承（但し、末文を削除）…下巻第二十九条（第二―一二一頁）

二十六　二重御仕置申付候事

★「元文四年帳」における修正法文…下巻第百三条（第四―二六五頁）

12　享保二十年御書付　死罪可成もの遠島ニ被成候事

「下ヶ札写」「心得之義　准　御好除」…「科条類典」にこの記事見えず

二十七　過料申付方之事

☆「元文三年帳」の法文（第八十八条）を継承

＊「科条類典」に見えず（本条は延享二年もしくは延享三年の増補修正の際の削除条文であるから、「科条類典」は本条を採録しない）

二十八　養生所ェ遣候病人之事

☆「元文三年帳」の法文（第九十二条）を継承（但し、題号を修正）…上巻第七十八条（第一―二四〇頁）

＊「科条類典」に見えず（「科条類典」によると、「元文四年帳」の法文は「元文三年帳」に同じとする）

二十九　溜預ヶ之事

☆「元文三年帳」の法文（第九十一条）を継承…下巻第八十八条（第四―一六五頁）

三十　年中御仕置者并在牢人数書付可差出さる事

★「元文四年帳」における修正法文…上巻第四十三条（第一―一八七頁）

＊「科条類典」に見えず（「元文三午年三月十四日弥此通定置云々」および「元文四未年三月差上、翌申五月十日緑色御書入御好之趣有之帳面之内云々」の記事がともに存しない。脱落によるか）

三十一　出火之節咎之事

☆「元文三年帳」の法文（第九十三条）を継承…下巻第六十九条（第三―三八〇頁）

三十二　男女申合相果候者之事

☆「元文三年帳」の法文（第九十九条）を継承（「元文五年緑色書入帳面」の懸紙修正を採用せず）…下巻第五十条（第三―八八頁）

三十三　隠し遊女差置候者御仕置之事

★「元文四年帳」における修正法文（但し、第三項が本書に欠落。また、第四項として、寺社門前ニ隠遊女差置候儀ニ付伺書の懸紙修正の法文が記される。但し、「科条類典」はその懸紙欄空白）…下巻第四十七条（第三―一〇頁）

三十四　科人追放之事

☆「元文三年帳」の法文（第百二条）を継承…上巻第五十二条（第一―一九三頁）

13　享保七寅年　追放救(赦)免之事

・「下札写」「御好ニ准、除申候」…「科条類典」にこの記事見えず

三十五　類族之者追放之事

★「元文四年帳」における修正法文（但し、本書には本条第二項および末尾の文が見えず）…上巻第五十条（第一―一九二頁）

三十六　追放御構之場所之事

▲「元文四年帳」起案の法文（但し、「科条類典」には「江戸追放」の記事が存しない。脱落によるか）…下巻第百三条（第四―二六四頁）

三十七　遠島者減方之事

☆「元文三年帳」の法文（第百五条）を継承…上巻第四十八条（第一―一九〇頁）

三十八　死罪遠島追放之外伺不及候事
☆「元文三年帳」の法文（第百六条）を継承（但し、題号を修正）…上巻第四十九条（第一―一九一頁）
三十九　牢抜手鎖外し御構之地ぇ立帰候者之事
★「元文四年帳」における修正法文（吉宗の修正意見に対する回答）…下巻第八十五条（第四―一三六頁）
四十　疵被附候者外之病ニて相果疵付候者御仕置之事
★「元文四年帳」における修正法文（吉宗の修正意見に対する回答）…下巻第七十三条（第四―六頁）
四十一　享保七寅年　車荷付馬等ニて為致怪我候者之事
☆「元文三年帳」の法文（第百十七条）を継承…上巻第六十五条（第一―二一〇頁）
14　口論ニて摑合候上相手相果候得共頓死と相見へ疵無之付不及下手人事
・「下ヶ札写」「此ヶ条も筋之作異付、准　御好相除」…「科条類典」にこの記事見えず
四十二　鉄炮あた落并怪我ニて相果候者相手御仕置之事
★「元文四年帳」における修正法文（第二項の懸紙欄空白）…下巻第七十四条（第四―一七頁）
15　鉄炮あた落ニて人殺之事
・「下ヶ札写」「御好ニ付、本文之通大意計ニ成」
「元文三年帳」以来の法文（この法文を修正したのが、下四十二「鉄炮あた落并怪我ニて相果候者相手御仕置之事」）…下巻第七十四条（第四―一六頁）
四十三　旧悪御仕置之事
☆「元文三年帳」の法文（第百二十条）を継承…下巻第十八条（第二―七頁）

四十四　重科人之悴親類等御仕置之事

☆「元文三年帳」の法文（第百二十一条）を継承…上巻第四十条（第一―一八〇頁）

四十五　御仕置伺書入牢之月日可認旨之事

★「元文四年帳」における修正法文（吉宗の修正意見に対する回答）…上巻第四十二条（第一―一八六頁）

四十六　拷問可申付品ゝ《（之）》事

☆「元文三年帳」の法文（第百二十四条）を継承…下巻第八十三条（第四―一一三頁）

16　享保七寅年　筋違之者拷問申付候義御書付

・「下ヶ札写」「此ヶ条、御好ニ付相除申候」

「元文三年帳」以来の法文（懸紙欄が空白）…下巻第八十三条（第四―一一三頁）

四十七　博奕三笠附御仕置之事

★「元文四年帳」における修正法文（但し、第二項は本書第五十条の法文として独立させている）…下巻第五十五条（第三―一四九頁）

四十八　三笠附博奕頭取、遠島赦ニ可書出旨幷取上候屋敷之事

★「元文四年帳」における修正法文（但し、第二項は「元文三年帳」の法文のまま）…上巻第六十八条（第一―二一五頁）

四十九　三笠附博奕有之村名主組頭咎之事

★「元文四年帳」における修正法文…下巻第五十五条（第三―一五〇頁）

五十　武士屋敷ニて家来致博奕候者御仕置之事

★「元文四年帳」における修正法文…下巻第五十五条（第三―一五〇頁）

五十一　盗ニ入家之内之者ニ疵付候者御仕置之事

☆「元文三年帳」の法文（第百三十条）を継承…下巻第五十六条（第三―二〇五頁）

五十二　盗人御仕置軽重之事

☆「元文三年帳」の法文（第百三十一条）を継承…下巻第四十三条（第二―四六四頁）、下巻第五十六条（第三―二〇六頁）

五十三　盗物之（と）不存買取候ニ相決候者之事

★「元文四年帳」における修正法文（吉宗の修正意見に対する回答。但し、第三項は「科条類典」に見えず）…下巻第五十六条（第三―二〇六頁）、下巻第五十七条（第三―二六八頁）

五十四　盗ニ達（逢）其盗人を捕召つれ来候者之事

☆「元文三年帳」の法文（第百三十三条）を継承（懸紙欄空白。懸紙は末文削除を指示か）…下巻第五十六条（第三―二〇七頁）

五十五　享保八卯年　紛失物吟味仕形町触

☆「元文三年帳」の法文（第百三十四条）を継承（但し、題号を修正）…上巻第七十一条（第一―二二二頁）

五十六　捨（拾）物取計之事

★「元文四年帳」における修正法文（吉宗の修正意見に対する回答）…下巻第六十条（第三―二九四頁）

五十七　火附并盗賊等訴人之事

☆「元文三年帳」の法文（第百三十七条）を継承…下巻第五十八条（第三―二八四頁）

五十八　火罪之者取計之事

☆「元文三年帳」の（第百三十九条）法文を継承（但し、題号を修正。また「科条類典」所引の法文と相違あり）…下巻第七

十条（第三—三九七頁）

五十九　巧事かたり事御仕置軽重之事

☆「元文三年帳」の法文（第百四十条）を継承…下巻第六十四条（第三—三二九頁）

六十　巧ヲ以度ゝ金子(等)語り取候ハ盗より品重き事

★「元文四年帳」における修正法文…下巻第六十四条（第三—三三〇頁）

17　享保(二)十卯年　巧ヲ以度ゝ金子語り取候ハ盗ゟ品重キ旨之御書付

・「下ヶ札写」「御好ニ付作異、本文之通ニ成候」

「元文三年帳」以来の法文（この法文を修正したのが、下六十「巧ヲ以度ゝ金子(等)語り取候ハ盗より品重き事」）…下巻第六十四条（第三—三二九頁）

六十一　（重キねたり事御仕置之事）

★「元文四年帳」における修正法文（吉宗の修正意見に対する回答）…下巻第六十四条（第三—三三〇頁）

六十二　破戒之僧御仕置之事

▲「元文四年帳」起案の法文（「元文三年帳」にこの法文見えず）

＊「科条類典」に見えず（「元文四未年三月差上、翌申五月十日緑色御書入御好之趣有之帳面之内云々」の記事が存しない。脱落によるか）…下巻第五十一条女犯之僧御仕置之事（第三—九六頁）の法文案

六十三　偽之証文を以金銀致貸借候者御仕置之事

★「元文四年帳」における修正法文…下巻第四十条（第二—四〇六頁）

18　享保十七子年　偽との事乍存金銀致貸借候もの御仕置并同罪之儀御書付

・「下ヶ札写」「御好ニ付文意作異、本文之通ニ成ル」
「元文三年帳」以来の法文（この法文を修正したのが、下六十三「偽之証文を以金銀致貸借候者御仕置之事」）…下巻第四十条（第二―四〇五頁）

六十四　重キ科人死骸塩詰之事

★「元文四年帳」における修正法文（但し、「科条類典」所載の「元文四年帳」法文と差異あり）…下巻第八十七条（第四―一六四頁）

八　「公事方御定書」下巻の寛保三年増修本

「公裁秘録」上下（著者蔵）――論考篇第三部第三章の史料

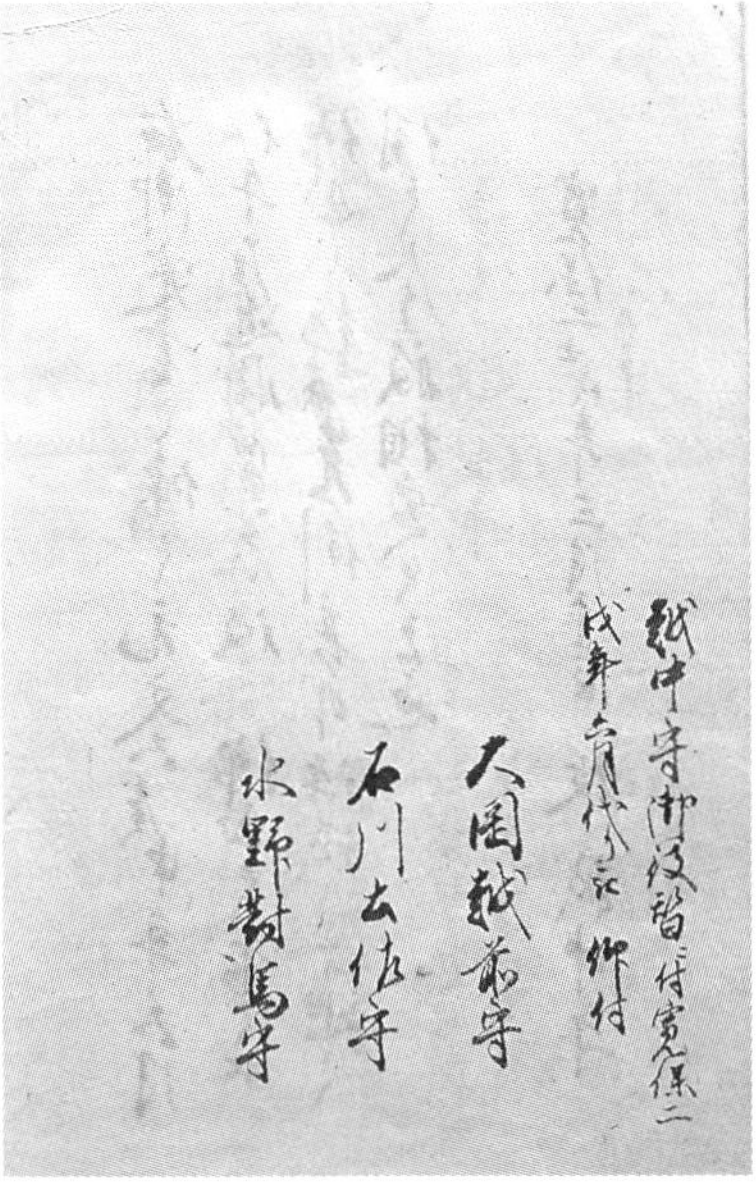
越中守御役勤ニ付寛保二戌年十月代り被仰付
大岡越前守
石川土佐守
水野対馬守

「公裁秘録」下　巻末（本書477頁）

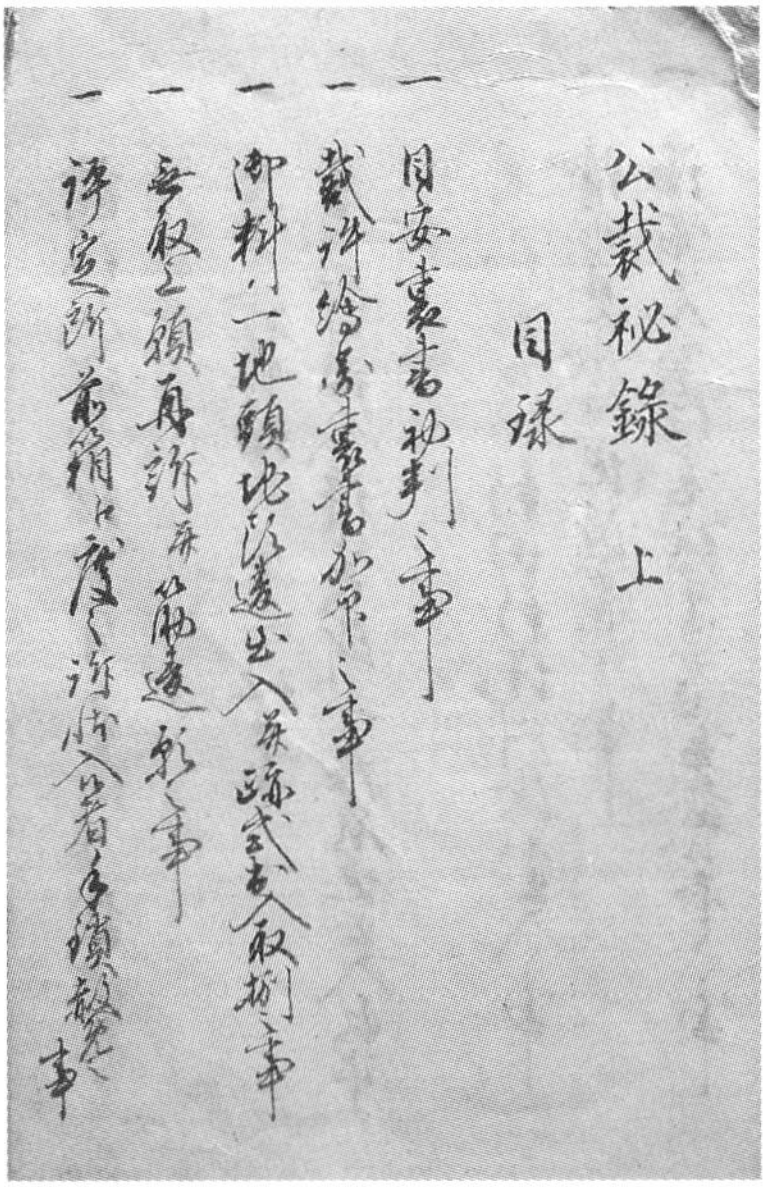
公裁秘録　上
目録
一　目安裏書秘判之事
一　裁許絵図裏書加判之事
一　御料一地頭地頭境出入并論所見分取捌事
一　無取上願再訴并前々裁許之事

「公裁秘録」上　冒頭（本書427頁）

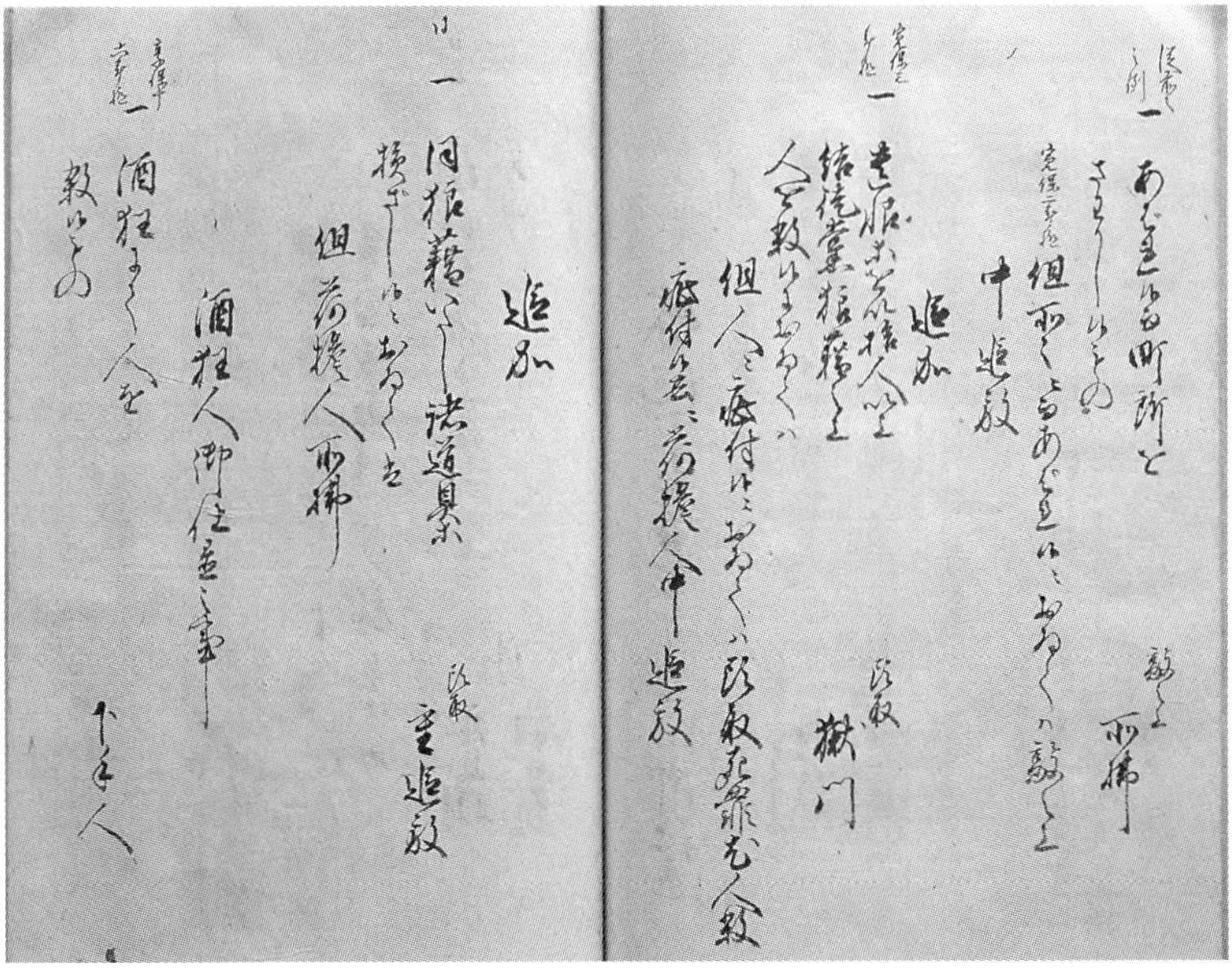

「公裁秘録」下　第76条あばれもの御仕置之事の第２項以下（本書466頁）

《史料翻刻》　凡　例

一　本章は、論考篇第三部第三章「「公事方御定書」の寛保三年増修とその伝本」の史料として、左記を翻刻するものである。
「公裁秘録」上下、二冊（著者蔵）

一　原本は題簽が欠落している。四ッ目綴の線装本にして、墨附は上が五八丁、下が五七丁であり、大きさは縦二四・七糎、横一六・三糎である。

一　「棠蔭秘鑑」所収の「公事方御定書」下巻（法制史学会編『徳川禁令考』別巻、石井良助校訂、平成二年第五刷、創文社）ならびに「科条類典」（『徳川禁令考』後集第一〜第四所収）をもって校合し、校合の文字は（　）をもって示した。その際、茎田佳寿子氏翻刻の「秘宝政用集」巻下（同『江戸幕府法の研究』五七一〜六〇八頁、昭和五十五年、巌南堂書店）、藪利和氏復原の「公事方御定書」下巻（同「「公事方御定書下巻」の原テキストについて」大竹秀男・服藤弘司編『幕藩国家の法と支配』一〇〇〜一三三頁、昭和五十九年、有斐閣）をも参照した。
「公裁秘録」の親本には、蠹蝕その他の理由で判読できない箇所が存したらしく、転写の際にはその文字数分を空画とし、その場所に朱色の不審紙を貼って注意を促している。今回の翻刻では、その空画を□□□をもって示し、右の諸書により文字を補った。

八　「公裁秘録」（著者蔵）

公裁秘録　上

目　録

仕置之事
二十八　一身躰限申付方之事
二十九　一過料申付方之事
三十　一田畑永代売(買)并隠地いたし候もの御仕置之事
三十一　一質地小作取捌之事
三十二　一質地滞米金日限定
三十三　一借金銀取捌之事
三十四　一借金銀取捌定日之事
三十五　一借金銀分散申付方之事
三十六　一家質并船床髪結床家蔵売渡証文取捌之事
三十七　一二重質二重書入二重売御仕置之事
三十八　一廻船荷物出売出買并船荷物押領いたし候もの御仕置之事
三十九　一倍金并白紙手形ニて金銀貸借いたし候者御仕置之事
四十　一偽之証文を以金銀貸借いたし候もの御仕置之事
四十一　一譲屋敷取捌之事
四十二　一奉公人請人御仕置之事
四十三　一欠落奉公人御仕置之事
四十四　一欠落者之儀ニ付御仕置之事
四十五　一捨子之儀ニ付御仕置之事
四十六　一養娘遊女奉公ニ出し候者之事
四十七　一隠売女御仕置之事
四十八　一密通御仕置之事
四十九　一縁談極候娘と不儀いたし候もの之事
五十　一男女申合相果候者之事
五十一　一女犯之僧御仕置之事

一　目安裏書初判之事

従前ゞ之例 一寺社并寺社門前、関八州之外私領、関八州之内ニても寺社領ゟ御府内ぇ懸候出入、　月番 寺社奉行裏書

（同） 一江戸町中ゟ御府内ぇ懸候出入、　月番 町奉行裏書

同 一関八州御料私領、関八州之外御料ゟ御府内ぇ懸候出入、　月番 御勘定奉行裏書

享保六年 寛保二年極 右双方名主家主五人組立会可相済、若不埒明候ハヽ、七日目双方罷出候様ニ裏書可遣候、尤借金銀出入ニ候ハヽ、右取捌壱ケ年両度之日限罷出候様裏書可遣事、

但、支配違ひニ掛候出入、評定所ぇ可差出、双方一同支配ニ候ハヽ、其奉行所ニて裁許可申付、在方国ゞぇ掛り候出入ハ、何月幾日評定所ぇ罷出可対決旨、裏書いたし三奉行懸り月番ニて初判（一座）可致加印、

享保七年極 一山城　大和　近江　丹波　京都町奉行

但、双方共右四ヶ国之ものニ候ハヽ、京都町奉行にて取捌、

同 一和泉　河内　摂津　播磨　大坂町奉行

但、右同断、大坂町奉行ニて取捌、

右八ケ国之内ニても、京都大坂町奉行支配違ひ、又は余国ぇ懸り候出入ハ、寺社奉行月番可致初判候、尤双方共ニ右同支配之出入、御当地ぇ訴出候ハヽ、支配之奉行所ぇ罷出候様申渡し、取上申間敷事、

二　裁許絵図裏書加印之事

従前ゞ之例 一国境　郡境　御老中加印

裁許　絵図　三奉行連判

但、右之外絵図裏書を以裁許之分は、三奉行連（印）判、

三　御料一地頭地頭違出入并跡式出入取捌之事

享保六年極 一遠国奉行支配、御代官所并私領百姓、他ぇ相懸候出入、其所之奉行御代官地頭より断有之候上ニて

取上可及沙汰(吟味)、断無之内、百姓訴出候ハヽ、取上申間敷事、

(同)一（一）地頭之出入は、地頭より断有之候共、地頭ニて取捌可相済由申聞、取上申間敷候、勿論地頭ゟ断無之百姓訴出候分は、地頭ぇ可相紏(願)旨申渡、是又取上申間敷候、猶又不相済由地頭ゟ申聞候ハヽ、頭支配ぇ申立候様ニ可相達候、但、地頭非分之申付ニ相聞候ハヽ、伺之上取上可申事、

寛保二年極 一 跡式又は養子等之出入は、他領懸合訴出候とも、先方之地頭ぇ可訴(願)旨申聞、取上申間敷候、もし地頭之裁許不審之事も候ハヽ、地頭方ぇ承届候上、猶不致落着候ハヽ、可相伺事、

追加

寛保三年極 一 加判人有之憶成譲状并加判人無之共、当人自筆ニて印形無相違書面、怪(敷)儀も於無之は、譲状之通跡式可申付、尤格別之筋違候ハヽ、吟味之上筋目之者ぇ可申付事、

享保六年極 一 御領所百姓出入は、其支配人より添状無之候ハヽ、取上申間敷候、品ニより支配人其趣申通、猶又相滞候ハヽ、対談之上取上可申事、

従前々之例 一 一地頭ニて寺社より百姓ぇ懸り候出入も、一通り地頭ぇ申達候上、不相済候得は、取上可致吟味事、

同 一 寺社より領主ぇ懸り候出入訴出候ハヽ、一通地頭ぇ申達し、不相済おゐてハ取上可致吟味事、

四　無取上願再訴并筋違願之事

享保五年極 一 諸願申出候ハ(もの)ヽ、一通吟味之上、難成訟(願)候ハヽ、難立趣申聞、重て訟(願)出候ハヽ、咎可申付旨書付相渡、猶又訟(願)出候ハヽ、過料可申付事、

(享保五年 寛保三年極)但、奉行所ぇ願出、無取上儀ニ付、過料申付候所、評(遮て)定所箱訴并御老中若年寄中ぇ訴訟ニ罷出候ハヽ、奉行所ぇ呼出、猶又遂吟味、弥於難立願は、再過料可申付事、

享保五年極 一 親子兄弟、其外之親類ニても、御咎御免之願は、再往訴(願)出候共不及咎事、

享保六年極 一 惣て願之儀、筋違ぇ申出候ハヽ、其筋之奉行所ぇ

願出候様申付候上、再応申出候ハヽ、其筋（え）遂
対談、難立訴（願）にて無取上旨候ハヽ、其筋之奉行所
ニて（相応之）咎可申付事、

従前ミ之例　但、難立訴（願）、奉行所ニて無取上旨申渡候所、同
役ぇ右之願申出候ニおゐてハ、寺院侍ハ押込、
町人百姓ハ手鎖可申付事、

従前ミ之例　一三奉行所ぇ不訴出、直ニ評定所ぇ訴訟ニ罷出候ものハ、其筋之奉行所ぇ罷出候様ニ申渡、其筋之奉行所にて吟味之上、落着之儀は一座相談之上可申付事、

同　一親類縁者之由ニて訴状差出候節、当人難訴（願）出訳も無之候ハヽ、当人ニ為願可申旨申渡、取上申間敷事、

五　評定所前箱ぇ度ミ訴状入候もの手鎖赦免之事

寛保元年極　一評定所前箱ぇ難立願訴状入候もの、手鎖を懸預置、宿仕候もの免許之願再応申出候ハヽ、宿幷当人ぇ重て訴状入候ハヽ、可相咎旨申聞、尤当人ニは右之趣証文申付、日数ニ無構手鎖可差免候、但、寺院は本寺触頭等、浪人ハ地主家主等ぇ預置、免許之願申出候節、是又前書之通申聞、証文取之可差免事、

六　諸役人非分私曲有之旨訴幷裁許（仕直等）之事

享保六年極　一諸役人を始其所之支配人、非分私曲（等）之儀有之旨訴出候節、其役人支配人ぇ一通申達し、猶又不相済之由訴（願）出候ハヽ、先其旨相伺、御差図次第取計、尤裁許之儀は相伺可申付候（ママ）、

元文三年極　一於奉行所諸役所幷私領、前ミ裁許有之、事済候儀を、経年月、右裁許非分之由申立、再吟味訴（願）出候ハ（とも）、取上申間敷候、然とも訴訟方慥成証文等有之、相手方ニハ証拠無之、先裁許必定過失と相見候ハヽ、伺之上詮議取懸申へし、若又双方証文有之ニおゐては、致再吟味間敷事、

但、相手方不尋ニして不叶儀も候ハヽ、評議之上、其所之支配人或ハ地頭ぇ一通相尋可申候、猥相手召寄申間敷事、

元文五年極 一不願出候共、奉行所ニて評議之上、先裁許改可然儀は、伺之上可申付事、

七　公事吟味銘ミ宅ニて仕候事

享保六年極 一公事吟味之儀、式日立会ぇ差出し、即日不相済儀ハ、懸之奉行宅ニて日数不相懸様に吟味を遂(詰)、一座評議之上裁許可申付候、

但、御代官手代懸ケ申間敷候、

八　重御役人評定所一座領知出入取計之事

一御老中
一所司代
一大坂御城代
一若年寄
一御側衆
一評定所一座

元文四年極 右之分、領知出入訴出候節、不及伺取計、裁許之趣相伺可申事、

従前ミ之例 但、質地幷借金銀出入之者(ハ)、定法有之儀ニ付、不及窺事、

九　用水悪水幷新田新堤川除等出入之事

享保五年 元文五年極 一諸国村ミ用水悪水幷新田新堤或ハ川除等、他領ニかゝり合候出入訴出候時ハ、御料ハ御代官、私領ハ地頭家来呼出し、双方障無之様致熟談可相済旨申聞、訴状相渡、其上不相済段、双方役人申出候ハヽ、其子細承糺、取上可致吟味事、

十　論所見分幷地改遣候事

元文五年極 一論所之事、国境郡境ニても、双方立会、絵図と御国絵図大概相違於無之は、不及検使、裁許可有之候、入組不申儀、猥ニ検使差遣申間敷事、

同 一検使不遣候て難決儀は、国境郡境ハ御番所(衆)御代官、

村境ハ御代官計可差遣、但、入組不申論所ハ、郡境ニても其辺之御代官為致見分可有裁許事、

追加

享保七年極 一田畑山林等出入、絵図書附等ニて難分り、地改不仕候てハ不相決候ハヽ、不及伺、最寄(之)御代官手代差遣、地改為仕可申事、

十一　論所見分伺書絵図等(ニ)書載候品之事

享保十一年極 一論所町歩反別は勿論、証拠(ニ)引候諸絵図(帳)面証文之文言之内、其事　責(之員)数等書出し可申候、絵図面ニて極メ候儀は、右絵図入用之取計(所)を小絵図ニ仕、可差出候、

寛保三年極 一絵図計ニて不相分儀ハ、其傍ヱ断書を加へ可申、但し□□□□(字数多く)候ハヽ、絵図ニハ番附之文字計記、別紙窺書ニ番附之合紋を附、可差出事、

元文五年 寛保二年極 一絵図面地論(論外)之外之分ハ、不致彩色、名附(所)を付、訴訟方相手方と肩書仕、差出可申事、

十二　裁許可取用証拠書物之事

一御朱印は不及申、譲状古証文古記(水)帳、或ハ地頭出置候書付等、其紙面疑敷儀於無之は、証拠(ニ)取用可申、私ニ書記し置候もの、或は寺社縁起之類、猥ニ不可取用(之)事、

十三　寺社方訴訟人取捌之事

享保六年極 一寺社方(ママ)訴訟人、可届所ヱ為不断願(出)書、添翰無之類ハ取上申間敷候、強て相願候ハヽ、本寺触頭ヱ相尋、本寺触頭ニて可致吟味と申筋ハ、本寺触頭ヱ吟味可申付事、

同 一本寺触頭を相手取候歟、又ハ本寺触頭ヱ訴(願)候ても、押置候ニ付、不得止事訴(願)出候類は、添翰無之候とも取上吟味可致事、

享保六年極 一寺社領ヱ(之)町人百姓、地頭非分之儀を申出候類ハ、地頭寺院或は神主等呼出し、様子相尋、品ニより取上可致吟味事、

同 一寺院加り候出入裁許申付候節ハ、触頭又ハ本寺呼

出し為念（承）、裁許状ニ奥印為致可申事、

寛保元年極　一一宗法儀ニ拘り候公事訴訟之儀は、取上申間敷候、
尤本寺触頭ニて咎申付其（候）上ニても及難渋候もの、
又ハ他宗俗人入交り候出入は、取上可致吟味事、

十四　出入扱願不取上品幷扱日限之事

一火附
一盗賊
一人殺
一人勾引
一逆罪之もの
一名主等私曲非分
一博奕三笠附取退無尽
一隠し売女
一巧事

元文五年極　右之外ニも　公儀ぇ懸候出入扱之儀、願出候とも
為扱申間敷事、

同　一公事扱願出候節、日数二十日ニ可限、但し、遠国
ぇ懸合候出入は、往来日数を考、其節ヽ日限相極
可申付事、

十五　誤証文押て取間敷事

（元文五年極）一相手不致得心ニ、押て誤証文取申間敷候、たと
へ誤証文差出候とも、其証文にかゝわらす、理非
次第ニ裁許可仕事、

十六　盗賊火附詮議致方之事

享保三年極　一盗賊火附詮議之儀、盗賊改火附改ぇ不相渡、其手
切ニて可致詮議事、

十七　旧悪御仕置之事

寛保二年極　一火附
同　一致徒党、人家ぇ押込候類
享保四年　寛保二年極　一追剝之類幷重盗人
寛保三年極　一邪曲にて人を殺候もの

追加

同　一悪事有之、永尋中付置候もの
享保四年 寛保二年極　右之類は、旧悪ニ候共、御仕置相伺可申候、此外
一旦渡世之ため悪事致し、其後不宜事と存付相止
候儀、証拠分明ニおゐてハ、咎メに不及事、

十八　裁許幷裏判不受もの御仕置之事

従前々之例　一裁許不請もの　中追放
同　一裏判幷差紙不受もの　所　払

十九　関所を除山越致し候もの幷
関所を忍ひ通候(ママ)もの御仕置之事

従前々之例　一関所難通類、山越等致候もの　於其所 磔
奴 奴婢ハ古ノ罪人也、今ノ僕ハ隷、通シテ謂二之ヲ奴ト一　但、男に(被)誘引、山越
致し候女は奴、
同　一同案内いたし候もの　於其所 磔
同　一同忍通候もの　重キ追放
但、女は奴、
同　一口留番所を女を連、忍ひ通候もの　中追放
但、女は領主え可相渡、

二十　隠鉄炮有之村方咎之事

寛保三(元)年極　一隠鉄炮致所持候もの　江戸十里四方幷御留場内 遠　島
右之外関八州 中追放
関八州之外 所　払
同　一隠鉄炮打候もの　右同断
(同)　一隠鉄炮所持之村方　江戸十里四方幷御留場内 重キ過料
他所ゟ参打候村方　名主組頭　右之外関八州 急度叱
(同)　一隠鉄炮致所持候者　五人組　江戸十里四方幷御留場内 過　料
(同)　一隠鉄炮打候村方　江戸十里四方 軽キ過料
同致所持候村方　惣百姓　御留場内壱ヶ年 為過怠鳥番
(同)　一廻り場之内鉄炮三度　御留場内 野廻り役儀可召(取)放
以上打候を不存候ハヽ、
但、野廻り之居村ニ隠鉄炮所持致候者於有之ハ、

役儀可取放、

享保六年極 一隠鉄炮打候者を捕候もの　御褒美 江戸十里四方御留場之内 銀弐拾枚

同 一同訴人仕候もの　同 右同断 同 五枚

二十一　御留場にて鳥殺生いたし候もの御仕置之事

従前々之例 一網或(黐縄にて)鳥殺生いたし候もの　過料

同 一鳥殺生いたし候村方幷居村　名主 過料　組頭 叱

二十二　村方戸〆無之事

(元文五年極) 一在方戸〆は不申付、軽儀は叱可申付、重キハ過料、又は名主組頭等ハ役儀取上、尚其上ニも咎可然ものは過料可申付事、(ママ)

但、江戸町続寺社門前幷町続村方町奉行支配之町之分ハ、戸〆をも可申付候、在中ニても侍躰之ものは右同断、

追加

二十三　村方出入ニ付江戸宿雑用等割合之事

寛保三年極 一都て公事或ハ訴之儀ニ付、江戸宿ぇ詰罷在候内之雑用は、双方共ニ一村ぇ懸り候儀は、銘々持高割ニ可申付、其身一分之出入は当人より可為出、若難差出身分ニ候ハヽ、親類割合可申付(候)、然共邪成不届之儀願候を、五人組之もの共乍存、異見をも不加、其分ニ捨置、為相訴候ハヽ、不埒之間、右之類ハ五人組ニも割合可申付事、(願)(居)(上)(願)(二候)

同 一公事争論又ハ願等之儀ニ付、吟味之内江戸宿預ケニ成候雑用、一村ぇ懸候儀は、村方ぇ割合可申、其身一分之儀は、当人より可為出候、其もの御仕置ニ成候ハヽ、身躰限りに可申付事、(相)(高)(償 之)

(同) 一都て村方ゟ狼藉又は不届之もの之類、百姓心付召捕出候節は、路用幷江戸逗留(之)入用公義より可被下之、若又他所より差口、或は外よ

り願出候て、奉行所幷御代官所ゟ捕(ニ)遣候類は、不心附捨置候儀、不念ニ候間、村中割合可申付事、

二十四　人別帳にも不加他之もの差置候御仕置之事

(寛保二年極)一人別帳にも不加他のものを差置(候)もの　当人幷差置候者共　所払　名主　重過料　組頭　過料

追加

二十五　賄賂指出候もの御仕置之事

寛保三年極一公事(諸願)、其外請負事等ニ付て賄賂指出候もの幷取持いたし候もの　軽キ追放

但、賄賂請候もの、其品相返し申出ニおゐてハ、賄賂差出候もの幷取持致し候もの、ともに村役人ニ候ハヽ、役儀取上、平百姓ニ候ハヽ、過料可申付事、

二十六　御仕置ニ成候もの闕所之事

一磔

一火罪　罪辠《スイ》《ツミ》也

一獄門

一死罪

一遠島

一重追放

追加

従前々之例右御仕置申付候者ハ、田畑家屋敷家財共闕所可申付、中追放軽追放ハ田畑家屋敷計闕所申付、家財は不及闕所、吟味之内致病死候共、吟味詰、御仕置可申付ものに決し置候上、致病死候ハヽ、伺ニ可成筋之御仕置之ものハ、伺之上闕所可申付事、

但、下手人其外江戸拾里四方追放、所払(等)以(下)上之御仕置ニ成候ものハ、不及闕所、然共、科之品ニより闕所申付候儀も可有之事、

同　一妻子之諸道具其外寺院寺附之品は、構無之事、

同　一御扶持人ニても、都て闕所仕形右同断、

元文五年極　一私領百姓　公義御仕置ニ成、田畑家財共闕所之節は、地頭ゑ取上可申旨可申渡事、

寛保三年極　但、田畑質地ニ入置候ハヽ、証文吟味之上、定法之質地無相違ニおゐてハ、質入之田畑払代金之内を以、質ニ取候ものゑ元金可相渡、金高不足ニも(ママ)候ハヽ、地面にて可相渡、若又年貢滞有之ハ、右質入之地面払代金を以、先年貢引取、質取主ゑも(ハ)、残金之内を以元金可相渡、尤金高不足之分ハ、金主可為損失事、

従前々之例　一夫御仕置ニ成、闕所之節、妻持参金并持参之田畑家屋敷も可致闕所事、

但、妻之名付ニて有之分ハ、不及闕所事、

二十七　地頭ゑ対し強訴其上致徒党逃散之百姓御仕置之事

寛保元年極　一頭取　死　罪

同　一名主　重キ追放

同　一組頭　田畑取上　所　払

同　一惣百姓　村高ニ応し　過　料

但、地頭申付非分有之ハ、其品ニ応し、一等も二等も軽く可相伺、未進於(無)有之は重キ咎に不及事、

二十八　身躰限申付方之事

従前々之例　一田畑屋敷家蔵家財　取　上

寛保二年極　但、他所ニ家蔵有之分も、取上、

享保六年極　一店借ニ候ハヽ、　家財取上

但、地借ニて家作自分ニ仕候ハヽ、家財家作ともに取上可申事、

二十九　過料申付方之事

元文元年極　一過料申付候員数増減之儀、例(ニ)かゝハり不申、其もの、身躰と科之軽き重きとによりて過料可申付事、

従前々之例　但、至て軽きものニて過料差出候儀難成ものハ、手鎖可申付候、

三十　田畑永代売買幷隠地致候もの
御仕置之事

従前ゝ之例　一田畑永代ニ売候もの　所払、家財不及闕所、
死候時は子同罪

元文三年極　一同買候もの　過料、死候時ハ子同罪
但、永代売之田畑ハ取上、

同　一同証人　過　料

従前ゝ之例　一高請無之開発新田畑等
其外浪人侍等所持之田畑　永代売無構

貞享四年極　一質に取候者作取ニして、
質置主年貢諸役勤候分　永代売同然
御仕置

寛保二年極　一隠地いたし候もの　中追放

三十一　質地小作取捌之事

元文二年極　一年季明拾ヶ年過候質地　流　地

従前ゝ之例　一年季之内(内之)質地　年季明請戻之様ニ可申付

元文二年極　一年季限無之、金子有合
次第可請戻証文　質入之年ゟ拾ヶ年
過候ハヽ、流地

同　一拾ヶ年以上年季質地　無取上

寛保三年極　一質地名所幷位反別無之、
或ハ名主加印無之不埒
証文　年限之無差別、無
取上、名主過料、
尤名主質入之儀不
存、証文ニ於不致
加印ハ、不及咎

但、右金主地主承届、相対之上、地主を定め、
水帳可相改旨、名主ゑ可申渡、尤名主質地相名
主無之村方は、組頭加印於有之は、定法之通
(済方)可申付、

寛保元年極　一年季明不請戻候ハヽ、
可致流地由之証文　年季明候期月ゟ二
ヶ月過、地主地面
請戻候儀訴出候ハ
ヽ、無取上

但、年季明不請戻候ハヽ、永ク支配、又は子ゝ
孫ゝ迄構無之旨、且又此証文を以可致支配、或
ハ可致名田抔之文言、流地(之証文)ニ準し可申
付事、

従前ゝ之例　一質地元金済方申付候上、
返金滞候ハヽ、　地面金主ゑ渡し流
地

但、直小作滞候ハヽ、可為棄捐《キエン》《ステスツル》事、

同　一質地証文之文言宜、小作証文不埒ニ候ハヽ、　質地定法之通裁許、小作滞分不申付

同　一又質元地主加判有之証文　元地主ぇ済方定法之通可申付

寛保元年極　但、又質之節、増金借請候ハヽ、其分ハ又質置候ものニ済方可申付事、

寛保元年極　一御朱印地寺社領屋敷共譲渡、質ニ入候寺社　江戸十里四方追放

但、譲請質ニ取候もの、地面為相返、重き過料可申付事、

従前ゝ之例　一証文端書(ニ)質地と認候共、請戻候文言於無之は　永代売同然之御仕置

同　一譲証文と端書有之候共、祝儀金礼金抔相渡候文言有之候得は　永代売同然之御仕置

寛保元年極　一小作料(滞)　質地日数(限)之通申付、其上不相済(相滞)候ハヽ、身躰限可申付

同　一小作証文無之候共、別小作無相違、本証文定法之通ニ候ハヽ、　質地元金計裁許申付、小作滞ハ不申付、尤地面ハ小作人より地主へ可為引渡

従前ゝ之例　但、直小作ニて証文無之分ハ、書入ニ準し、本証文宜候共、質地之法ニハ裁許不申付事、

従前ゝ之例　一小作証文無之候共、質地証文小作之儀書加ぇ有之候ハヽ、　質地金小作金共可申付

同　一家守小作滞、請状之通無相違ニおゐてハ　当人請人共済方申付、滞候へハ両人共ニ身躰限可申付

寛保元年極　一質地之年貢計金主より差出、諸役ハ地主相勤候証文　年季之内ニ候ハヽ、定法之通証文仕直させ、双方并加判之名主過料

但、年季明候ハヽ、地面可為請戻、年季明二ヶ月過候ハヽ、定法之通流地申付、両様共ニ双方過料可申付事、

同　一質入之地面を半分直小作いたし、質地之高不残年貢諸役共、地主ゟ　右同断

相納候証文
　但、右同断、
（従前ゝ之例）一弐拾年以上之名田小作共（は）　永小作可申付

三十二　質地滞米金日限定

一五両以下
　五石以下　三十日限
一五両以上拾両迄
　五石以上拾石迄　六十日限
一拾両以上五拾両迄
　拾石以上五拾石迄　百日限
一五拾両以上百両迄
　五拾石以上百石迄　弐百五十日限
一百両
　百石　以上　（閏月共）拾ヶ月限
一弐百両
　弐百石（以上）　（同断）拾三ヶ月限
（従前ゝ之例）右日限ニ準し済方申付、相滞候ハヽ、地所金主え為
相渡可申候、尤其人之身上ニ応し取計可申事、

三十三　借金銀取捌之事

一借金銀
一祠堂金
一官　金
一書入金
一立替金
一先納金
一為替金
一職人手間賃金
一手附金
一持参金
一売掛金
一仕入金
一諸道具預証文ニて金子借候類
（寛保二年極）右之分、享保十四酉年以来之滞は、四月十一月壱
ヶ年両度済方可申付、
　但、右日限之節、少ゝも相済候ハヽ、壱ヶ年両
度宛幾度も切金ニ為差出、其上ニて済方不埒ニ

候ハヽ、身躰限可申付、

一地代金　　三十日限済方申付へし

一店賃金　　右同断

同 従前ゝ之例 右二ヶ条、日限ニ不相済候ハヽ、切金ニ為差出、
其上済方不埒ニ候ハヽ、身躰限可申付候、

同 一連中(判)之証文有之諸請負　　仲間事ニ付、
□(徳)用割合請取候定　　無取上

同 一芝居木戸銭　　（右同断）

同 一無尽金　　（右同断）

寛保元年極 但、証文有之慥(慥ニ有之)ニ候共、仲間事ニ相聞(決)候ニ付て
は、一向取上申間敷事、

従前ゝ之例 一日寄附込帳ニ記候借金印形無之分　　無取上

同 一宛所無之
年号無之　証文　　無取上

同 一証文之末ニ利足定書載有之、
其所ニ印形無之利足　　無取上

同 一家質金質地金幷諸借金、宛所
違之証文を以於訴出候は　　無取上
但、証文譲請候由申候共、証拠無之におゐてハ、
取上申間敷事、

寛保元年極 一質地　　一割半以上之分ハ、
同 一家賃　　利足
同 一諸借金　　一割半ニ可極

三十四　借金銀取捌定日之事

一四月十六日
一十一月十六日
寛保二年極 右二ケ月一日宛、壱ケ年ニ両度、借金銀公事訴訟
承之、裁許可申付候、

三十五　借金銀分散申付方之事

（寛保元年極）一金銀借方之もの、身躰分散之節、貸方之内少ゝ
不得心之もの有之由願出候ハヽ、分散請候様ニ申
聞、若不得心ニ候ハヽ、得心之もの計ぇ分散割合
為相渡可申候、尤借方之もの身上持したい、割合
請取候ものも、不請者も、一同ニ追て相懸候様可
申渡事、

三十六　家質幷船床髪結床家蔵
売渡証文取捌之事

従前之例 一家質金　何ヶ年以前ニても金高ニ応し、日限済方申付へし

(享保五年極)但、日限之上滞ニおゐてハ、家質可為相渡、日限之内之宿賃も済方可申付候、尤年季之内ニても、宿賃滞三ヶ月過訴出候ハヽ、取上可申事、

家質金滞日限定

寛保二年極 一金弐(三)拾両以上(下)　四十日限

同 一金三拾両以上　六十日限

同 一金五拾両以上　八十日限

同 一金百両　百五十日限

但、百両有餘は、見合日限可申付、

享保五年極 一金千両以上　閏月共十二ヶ月限

右日限之内、宿賃も済方可申付事、

寛保二年極 一拝領屋敷家質ニ入、及出入ニ候におゐては　屋敷は取上、屋敷主ハ百日押込

但、書入ニいたし、金子借候ても、家質金同然之事、

(従前之例)一髪結床幷廻り場所或船床書入証文　家質ニ準し、金高ニ応し日限済方申付へし

但、日限之上相滞候ハヽ、証文之品相返(渡)させ可申事、

寛保二年極 一諸寺院寺附之品書入、又は売渡証文を以金子貸借致候ニおゐては　借主 追院
証人寺院ニ候ハヽ、逼塞
俗人ニ候ハヽ、手鎖

但、金子は不埒之貸方ニ候間、済方之沙汰ニ不及、

従前之例 一家蔵売渡証文ニて金子借候類　家質ニ準、金高ニ応し日限済方申付へし

但、日限之上相滞候ハヽ、証文之品相渡させ可申事、

同 一慥成質物を以借候金銀　家質ニ準、金高ニ応し日限済方申付へし

三十七　二重質ニ重書入ニ重売
御仕置之事

寛保二年極
一田畑屋敷二重ニ質入　　質入主　中追放
いたし候もの　　名主田畑取上　軽キ追放
　　加判人　所払
但、田畑屋敷は初之金主ぇ相渡、後之金主ぇは
家財取上可相渡、尤名主加判人馴合礼金等取候
ハヽ、中追放、

同
一田畑家屋敷并建家等　　書入主　軽キ追放
二重ニ書入候もの　　証人　過料
但、書入之品は初之金主ぇ相渡、後之金主ぇは
家財取上可相渡、尤証人馴合、礼金等取候ハヽ、
江戸払、勿論後之金主書入之訳乍存、書入証文
取候ニおゐては、江戸十里四方追放、

同
一諸商物代金請取、其品　　手鎖之上十日限済方
不渡、外ぇ二重売致し　　申付、三十日之内済
候もの　鎖　鎖鑰《サヤク》《ジヤウカキ》　　方無之候ハヽ、身躰限
　　申付へし

三十八　廻船荷物出売出買并船荷物押領
いたし候もの御仕置之事

寛保二年極
一廻船荷物出売出買いた　　買売主共　重キ過料
し候もの
但、荷物代金共取上、荷物は問屋ぇ相渡可申事、

同
一打荷或破船と偽、荷物　　船頭　獄門
を押領いたし候もの　　上乗　同罪
　　水主　入墨之上□□（重敲）
但、吟味之上、浦証文ハ有之候共、類船無之差
て船いたみ不申候所、打荷いたし候ニおゐてハ、
船頭過料拾貫文、上乗同三貫文、水主無構、

三十九　倍金并白紙手形ニて金銀貸借
致し候もの御仕置之事

寛保元年極
一倍金并白紙手形ニて質地借金(等)取遣り仕候もの、
不埒ニ付、済方之不及沙汰、(双方)并証人共、過
料可申付事、
但、金主借主過料員数之儀は、例に不拘、身上

ニ応し重ク可申付事、

四十　偽之証文を以金銀貸借いたし
　　候もの御仕置之事

享保十七年極 一金銀借用之証文、及露顕候ては難立筋、又は支配頭、或ハ顕候て申分難相立者之名を偽、文言之内え書入、金銀借候者、死罪、
　但、右之趣乍存貸候ニおゐては、貸候ものも同罪、

四十一　譲屋敷取捌之事

享保五年極 一譲請候町屋敷、町内え弘メ無之、町名前不改類及出入候ハ、　屋敷取上

四十二　奉公人請人御仕置之事

享保四年極 一奉公人給金滞　十日限請人え済方可申付、
従前々之例 寛保三年極 但、日限之節、半金も差出候ハヽ、十日之日延、其上にて滞候ハヽ、身躰限可申付候、尤主人より請人人主え相懸候ハヽ、両人(え)可申付事、
享保十一年極 一武士方奉公人を人主え(ニ)取候分　右同断
寛保三年極 但、右同断、
享保四年極 一給金出入主人ゟ請人之家主え相届、預証文取置候以後、請人欠落致候は　家主え給金済方并尋可申付
　但、右立替金請人之店請え、家主懸候とも申付問敷事、
寛保二年極 一奉公人病気ニ付、宿え下ケ候所、致快気候得共、不相帰、外え奉公ニ出候ニにおゐては　請人 中追放　奉公人 軽キ追放
寛保三年極 一奉公人出入ニ付、断并給金取立、或ハ預(ニ)り来候ものを疵付、又ハ打擲いたし候もの　中追放
　但、刃物にて疵付候ハヽ、死罪、
従前々之例 一取逃引負いたし候もの、請人え引渡、請人ゟ可済旨証文取置候上、奉公人欠落致におゐては　取逃引負金共、請人より済方申付へし

但、引受之証文於無之は、欠落尋計可申付事、

（享保四年極・寛保元年極）一欠落奉公人　請人ぇ三十日限尋申付、三日（ママ）切日延之上、於不尋出ハ過料

但、取逃致候もの、六日（ママ）切日延尋可申付事、

（享保四年極）一取逃之品於売払は　買主ゟ為戻可申

但、金子など□□□（ハ遣ひ）捨候事分明ニ候ハ、、すたりニ可致事、

（寛保元年極）一取逃之儀乍存、奉公人計隠置候請人人主　江戸十里四方追放

（寛保三年極）一奉公人給金、請人立替相済候以後、下請人ぇ掛候節は　二十日限済方申付へし

（同）一欠落奉公人を請人見出、当宿ぇ預置候もの　立替(候)給金、当宿ぇ二十日（ママ）限済方可申付候

但、奉公人請人方ぇ引取置候上、致欠落候ハ、、請人方ニ罷在候内之雑用共、当宿ぇ済方可申付候、先達て下請人ぇ立替懸候ニおゐてハ、当宿ぇハ過料可申付、尤慥成証文取之差置候ハ、、其下請之ものに可申付候、欠落ものにて引返し度旨、請人相願候ハ、為引返可申事、

（享保六年極）一武士方町方共欠落一通之者を尋出、於召捕は　請人ぇ相渡、心次第申付、主人請取度旨願候ハ、、主人ぇ可相渡

（従前々之例）但、致欠落、三日之内他所ニて致悪事候ハ、、主人方ぇ為引取、欠落ニハ立申間敷事、

（寛保元年極）一人宿之外、素人宿之分は　親類幷同国之好身ニ候ハ、、拾人迄ハ可為致請判

但、拾人余ニ候ハ、、過料可申付事、

（享保六年極）一奉公人請人店請無之出入は、家主引請相済、当人店立於願出候は　当人ハ門前払申付、追て住所見届、家主願出候節、身躰限可申付

（寛保元年極）一自身之名（分）を替、奉公人之請に立候もの　江戸十里四方追放

但、奉公人と馴合、判賃之外ニ給金之内をも配

分取、為致欠落候ハ、、死罪、

同　一人之仕業と相見候寄子と(之)変死を不存分ニいたし候もの　所払
但、人之仕業と不相見、致変死候を訴出す候分(不訴出分ハ)、叱、

従前〻之例　一寄子致欠落(参)候儀は存候得共、盗人と不存宿いたし、雑物質置主ニ成、世話致し遣し、配分ハ不取もの　江戸十里四方追放

同　一請に立、奉公ニ出し置候ものを誘引(出)致し、又ハ(候)外ぇ売候もの　死罪

寛保元年極　一取逃之雑物を預置、配分いたし、又は礼金等取、当人を隠置候請人人主　死罪

同　一奉公人と馴合、再応欠落致させ候請人　死罪
但、寄子之内欠落不尋出請人、及七度候ハ、、江戸払、

追加

従前〻之例　一組合人宿寄子之内を自分請ニ(ママ)自分立置候奉公人致欠落、主人ぉ断有之、奉行所ニて給金済方申付候所、其人宿も致欠落におゐては　給金滞ハ人宿組合償ひ可申付、致欠落候人宿之尋ハ家主ニ申付、不尋出ニおゐては、過料申付へし

四十三　欠落奉公人御仕置之事

享保五年極　寛保三(元)年極　一手元ニ有之品を与風取逃いたし候もの　金子ハ拾両ぉ以上、雑物ハ代金ニ積り拾両位ぉ以上ハ　死罪
金子ハ拾両以下、雑物ハ代金ニ積り拾両位ぉ以下ハ　入墨(敲)

享保廿一年極　一使ぇ為持遣候品、致取逃候もの　金子ハ壱両ぉ以上、雑物ハ代金ニ積り、壱両位ぉ以上ハ　死罪

従前〻之例　一巧候儀も無之、軽取逃致し候もの　(敲)

同　一給金請取、主人方ぇ不引越もの　(敲)

同　一度〻致欠落候もの　(重敲)

同　一主人之金子を持出、　(重敲)

博奕打候もの

享保六年極　一引負致し候もの、一向　金高ニ応し　五十（敲）
弁金於無之は　百（敲）
寛保元年極　但、当人幷親類之身上に応し、引負金高三分一、
或は五分一、又ハ十分一相済候ハヽ、当人ハ出
牢之上、追て身上持したひ、幾度も主人方より
相懸候様可申付事、

四十四　欠落者之儀ニ付御仕置之事

従前々之例　一請合人も無之、欠落　過料
ものを囲置候もの

寛保二年極　一欠落者有之を不申立、　名主　江戸十里四方追放
闕所可成品を押隠置　家主　右同断
候ニおゐてハ　五人組　過料

四十五　捨子之儀ニ付御仕置之事

従前々之例　一金子添、捨子を貰ひ、其子　引廻之上獄門
を捨候もの
但、切殺〆殺候におゐてハ、□□□□□（引廻之上磔）

（寛保二年極）一捨子有之を内証ニて隣町等え　当人　所払
又候捨候儀、顕におゐては　家主　過料
五人組　過料
但、吟味之上、名主五人組家主等不存儀無紛候　名主　江戸払
ハヽ、無構、

四十六　養女（娘）遊女奉公人（ママ）ニ出候者之事

享保十八年極　一軽キもの養娘遊女奉公ニ　実方ゟ訴出候共　無取上
出候もの
但、卑賤《ヒセン》《イヤシキ》之ものえ（ママ）養子ニ遣候は、実方ニも其心
得可有之事ニ候間、証文有之候とも、無取上、
然共、養娘格別及難儀候事を、養方（父）取計候ハヽ、
可遂吟味候、実子ニても親之仕方法外之儀有之
候ハヽ、吟味之上、相応之御仕置可申付事、

四十七　隠売女御仕置之事

享保七年極 元文五年極 一隠売女致し候もの（幷踊子を抱置、為致売女候もの）　家財取上、百日手鎖ニて所ぇ預、隔日封印改

享保八年極 一隠売女
元文五年極 一踊子とも　三ヶ年之内新吉原町ぇとらせ申遣ス

享保六年極 一請人
人主　家財三分二取上

享保七年極 同九年極 一家主　家財家蔵取上、百日手鎖ニて所ぇ預、隔日封印改

享保五年極 一五人組　過　料

同 一名主　重キ過料

享保七年極 一地主　外ぇ罷在候共、家蔵地面共ニ取上

元文五年極 但、五ケ年之内明地ニ致し置、六ケ年目ニ元地主願候ハヽ、為買取可申事、

従前々之例 一御扶持人又は御用達町人拝領屋敷　一件御仕置右同断

元文五年極 但、五ケ年過、屋敷訴（願）候ハヽ、可被下、外之場所相訴（願）候ハヽ、新規訟（願）候ものとつき合候共、被召上候ものぇ可被下、

享保十四年極 一寺社門前町屋　地主有之町屋ニ候ハヽ、地面家蔵共取上相払、買請候者ゟ年貢役其寺社ぇ可為相務候

但、寺院神主ハ寺社奉行ニて叱置、自分にて致遠慮候様可申付候、

（寛保二年極） 一同地借町屋之分ハ　家蔵取上、五ケ年之内明地為致置可申

但、寺院神主等咎、右同断、

従前々之例 一妻を隠し売女之類に致（出）し候もの　（重敲）家財取上

追　加

寛保三年極 一踊子呼寄、売女致させ候料理茶屋等　所　払

追　加

同 一家主　過　料

追　加

同 一地主　重キ過料

但、地主其所ニ不罷在、他ニ罷在候ハヽ、叱、

追加

同　一名主　　無構
五人組

四十八　密通御仕置之事

従前々之例　一密通いたし候女（妻）　死罪

同　一密通之男　死罪

追加

（寛保三年極）一密通之男女共、夫殺候ハヽ、　無紛ニおゐてハ　無構

追加

（同）一密夫を殺、妻存命候ハヽ、其妻　死罪
但、若密夫逃去候ハヽ、妻は夫之心次第申付へし、

追加

（同）一女同心無之ニ密通を申懸、或ハ家内ゑ忍入候男を夫殺候時、不儀を申懸候証拠於分明は　男女共　無構

追加

（同）一夫有之女ゑ密通之手引いたし候もの　中追放

従前々之例　一密夫いたし、実之夫を殺候女　引廻之上　磔
但、実之夫を殺候様勧候歟、又ハ致手伝殺候男、獄門、

（ママ）
追加

寛保元年極　一密夫いたし、実の夫に疵付候もの　引廻之上　獄門

（追加）

同三年極　一主人之妻と密通いたし候もの　男ハ引廻しの上　獄門　女ハ　死罪

従前々之例　一主人之妻ゑ密通手引いたし候もの　死罪

追加

寛保三年極　一夫有之女、得心無之ニ、押て不儀いたし候もの　死罪
但、大勢ニて不儀いたし候ハヽ、頭取獄門、同類重キ追放、

追加

同　一密通御仕置、妻妾都て無差別、

寛保二年極　一養母養娘并娵と密通いたし候もの　男女共 獄門

同　一姉妹伯母姪と密通いたし候もの　男女共遠国 非人手下

同　一離別状不遣、後妻を呼候もの　所払

但、利欲之筋を以之儀ニ候ハヽ、家財取上、江戸払、

従前々之例　一離別状を不取、他え嫁候女　髪を剃、親元え相返ス

但、右之取持いたし候もの、過料、

同　一離別状無之女、他え縁付候親元　過料

但、呼取候男同断、

寛保元年極　一主人之娘を（と）密通いたし候もの　中追放

但、娘は手鎖かけ、親元え相渡、

同　一主人之娘と（え）密通之手引いたし候もの　所払

追加

寛保三年極　一幼女え不儀いたし、怪我致させ候もの　遠島

追加

同　一女得心無之ニ、押て不儀いたし候もの　重追放

従前々之例　一夫無之女と密通致、誘引出候もの　女ハ為相返、男ハ手鎖

同　一下女下男之密通　主人え引渡遣ス

四十九　縁談極候娘と不儀いたし候もの之事

元文五年極　一縁談極置候娘と不儀致候男并娘共ニ切殺候親　不届（見）候段無紛ニおゐてハ 無構

追加

寛保三年極　一縁談極候娘と不儀いたし候男　軽キ追放

但、女は髪を剃、親元え相渡、

五十　男女申合相果候もの之事

享保七年極　一不儀にて相対死いたし候もの　　死骸取捨、為吊（弔）申間敷候

但、一方存命ニ候ハヽ、下手人、

同　一双方存命ニ候ハヽ、　　三日晒　非人手下

享保七年極　一主人と下女相対死いたし（損）、

主人存命ニ候ハヽ、　　非人手下

五十一　女犯之僧御仕置之事

元文四年極　一寺持之僧　　遠島

（享保六年極）一所化僧之類　　晒之上、本寺触頭ぇ相渡、寺法之通可為致

（寛保二年極）一密夫之僧　　寺（持）院所化僧之無差別　獄門

公裁秘録下　目録

五十二　一三鳥派不受不施御仕置之事
五十三　一新規之神事仏事幷奇怪異説御仕置之事
五十四　一変死之者を内証ニて葬候寺院御仕置之事
五十五　一三笠附博奕打取退無尽御仕置之事
五十六　一盗賊(人)御仕置之事
五十七　一盗物質ニ取又ハ買取候もの御仕置之事
五十八　一悪党もの訴人之事
五十九　一倒死幷捨物手負病人等有之を不訴出もの御仕置之事
六十　一拾物取計之事
六十一　一人勾引御仕置之事
六十二　一謀書謀判致し候もの御仕置之事
六十三　一火札張札捨文致候もの御仕置之事
六十四　一巧事かたり事重キねたり事いたし候もの御仕置之事
六十五　一申懸致し候もの御仕置之事
六十六　一毒薬幷似せ薬種売御仕置之事
六十七　一似せ金銀拵候もの御仕置之事
六十八　一似せ秤似せ升似せ朱墨拵候もの御仕置之事
六十九　一出火ニ付て(之)咎之事
七十　一火附御仕置之事
七十一　一人殺幷疵附等御仕置之事
七十二　一相手理不尽之仕形ニて下手人ニ不成御仕置之事
七十三　一疵被附候もの外之病ニて相果疵付候もの御仕置之事
七十四　一怪我ニて相果候者相手御仕置之事
七十五　一婚礼之節石を打候もの御仕置之事
七十六　一あばれもの御仕置之事
七十七　一酒狂人御仕置之事
七十八　一乱気ニて人殺之事
七十九　一拾五歳以下之もの御仕置之事
八十　一科人為立退幷住所を隠候もの丶事
八十一　一人相書を以御尋ニ可成者之事
八十二　一科人欠落尋之事

八十三　一拷問可申付品〻（ママ）之事

八十四　一遠島もの再犯御仕置之事

八十五　一牢抜手鎖外シ御構之地え立帰候者御仕置之事

八十六　一辻番人御仕置之事

八十七　一重科人死骸塩詰之事

八十八　一溜預ヶ之事

八十九　一無宿片附之事

九十　一御仕置仕形之事

五十二　三鳥派不受不施御仕置之事

従前〻之例　一三鳥派不受不施類之法を勧候もの　可致改宗由申候とも　遠島

但、勧メ候もの俗人ニ候ハ、、可致相続子は、可致改宗由申聞候共（ママ）、所払、其外妻子、可致改宗旨申ニおゐてハ、かまひなし、

従前〻之例　一同伝法を請、其上勧候者え（之）宿いたし候もの　可致改宗旨申とも　重キ追放

同　一同伝法を請候内、勧メ候ものえ（之）住所等世話いたし候もの　右同断　田畑取上、所払

同　一同勧メ候ものを村方ニ差置候名主組頭　役儀取上

但、帰依いたし候においては、可致改宗由申候とも、名主ハ、田畑取上軽追放、組頭ハ、田畑取上所払、

同　一同勧メ候ものハ不致住居候共、大勢村方之もの帰依いたし候を不存におゐては、　名主重キ過料　組頭軽キ過料

同
（但）、右同断、
一同伝法を請候もの　遠島
但、致改宗、自今右宗旨持間敷旨、致証文ニおゐてハ、無構、

五十三　新規之神事仏事幷奇怪異説御仕置之事

寛保二年極
一新規之神事仏事いたし候もの
出家社人ニ候ハ、其品重キハ　所払
其品軽キハ　逼塞
俗人ニ候ハ、　過料

同
一奇怪異説申触し、人集いたし候ニおゐては
人集いたし候宿　江戸払
発起いたし申触候頭取　右同断
同世話いたし候もの　所払
但、人集致し候宿之名主押込、五人組過料、在方ハ名主重キ過料、組頭過料、三十日以上捨置不訴出候ハヽ、町在ともに名主役儀取上、

五十四　変死之ものを内証にて葬候寺院御仕置之事

従前々之例
一変死之ものを内証にて葬候寺院　五十日　逼塞

五十五　三笠附博奕打取退無尽御仕置之事

享保十一年極
一三笠附点者、同金元幷宿
同
一博奕打筒取幷宿　遠島
寛保元年極
一取退無尽頭取幷宿

享保十一年極
一三笠附句拾
寛保元年極
一取退無尽之札売　家財取上　非人手下

同
一取退無尽鬮振世話やき　家財取上　江戸払

享保十一年極
一三笠附致候もの
同
一博奕打候もの
寛保元年極
一取退無尽致候もの
家財蔵家（家蔵）取上候程之過料、家蔵無之ものハ、（或）銭五貫文、弐貫文三貫文過料、

享保十一年極
一武士屋敷ニて召仕博奕いたし候もの　遠島

従前々之例
一悪篭（養）拵候もの　入墨之上　重敲

同
一手目博奕打候もの　遠島

享保十一年極　一三笠附点者金元并宿之家主
同　一博奕宿并筒取致候者之家主　家財取上　百日手鎖
寛保元年極　一取退無尽宿并頭取之家主
同　一同地主　屋敷取上
享保十五年同十六年極　但、五ヶ年過候て（元）地主ぇ返し被下之、外ニて致
候ものぇ（之）地主ハ、三ヶ年過候て（返し）可被下、
享保二十年極　附、其日秡（稼）之もの、商先ニて当分博奕筒取い
たし候類は、地主并所之もの共不及咎、
享保十一年極　一三笠附宿
同　一博奕打宿両隣并五人組　家財取上
寛保元年極　一取退無尽宿
元文元年極　但、在方ハ組頭五人組共、過料、
享保十一年　一同名主　五十日押込
寛保元年極　元文元年極　但、在方ハ過料、
享保十一年　一同町内　（並）家主　二十日戸〆
寛保元年極　向側　過　料
享保十六年極　一軽キ掛ヶ之宝引よみかるた　三十日手鎖
打候もの
追　加
寛保三年極　但、五拾文以上之掛ヶ銭ニ候ハヽ、博奕同然之
御仕置、
享保十六年極　一同宿いたし候もの　過料三貫文
追　加
寛保三年極　但、右同断、
享保十一年極　一三笠附点者同金元并宿　同類たりといふと
同　一博奕打筒取并宿　訴出候者　も其科（を被免）
寛保元年極　一取退無尽頭取并宿　御褒美　銀弐拾枚
但、句拾札売等を訴出、其手筋にて右之もの共を
補候ハヽ、金五両又は三両御褒美可被下事、

五十六　盗人御仕置之事

従前々之例　一人（を）殺、盗致し候もの　引廻之上　獄門
享保七年極　一盗ニ入、刃物にて人　盗物持主ニ取返し候とも　獄門
に疵付候もの
同　一盗ニ入、刃物ニて無之、外之　右同断　死罪
品にて人ニ疵付候もの
従前々之例　一盗可致と徒党いたし、　頭取　獄門

人家ゑ押込候もの　同類 死　罪

享保五年極 一家蔵(内)ゑ忍入、或は土蔵抔破り候類　金高雑物ハ(之)不依多少 死　罪

但、忍ひ入(候)とも、巧候儀ニても無之、其品軽きは、入墨重キ敲、

従前ゝ之例 一盗人之手引致し候もの　死　罪

元文五年極 一片輪もの所持之品を盗取候もの　死　罪

従前ゝ之例 一追剥致し候もの　獄　門

同 一追落いたし候もの　死　罪

享保五年 寛保元年極 一手元ニ有之品を与風盗取候類　金子ハ拾両ゟ以上、雑物ハ代金ニ積、拾両位ゟ以上は 死　罪　金子(ハ)拾両ゟ以下、雑物は代金ニ積、拾両位ゟ以下ハ 入墨敲

元文五年極 一悪党者と乍存宿致し、盗物売払遣シ、又ハ質ニ置遣シ、配分取候もの　死　罪

寛保二年極 一悪党者と乍存宿致し、又は五七日宛逗留為(仕)致候者　重追放

但、悪党者磔ニ被行候ハヽ、宿致候者、死罪、

同 一家蔵ゑ忍入候盗人ニ被頼、盗物持運、配分取候もの　敲之上 軽キ追放

但、配分不取候ハヽ、敲之上所払、　頭取 重追放

従前ゝ之例 一御林之竹木、申合盗伐致し候もの　頭取ニ准し候もの 中追放　同類 過　料

同 一(一)旦敲ニ成候上、軽盗いたし候もの　入　墨

享保五年極 一軽盗致候もの　敲

従前ゝ之例 一途中ニて小盗致候もの　敲

同 一橋之高欄又ハ武士屋敷之鉄物外シ候もの　重キ敲

同 一湯屋ゑ参、衣類着替候もの　敲

同 一軽キ盗人の宿いたし候もの　所　払

寛保元年極 一盗物と存なから世話致し、配分不取もの　敲

同 一盗物と存、預り候もの　敲

同
一陰物買　入墨之上 敲
但、年来此事ニかゝり居候者ハ、死罪、

従前ミ之例
一陰物と存なから又買　入墨之上 敲
いたし候もの

同
一盗物とハ不存候得共、出所　過　料
不相糺、質ニ置遣候もの

（享保六年）（享保七年極）
一都て盗物之品は、被盗候者ぇ相返し可申候、金子
遣捨候ハヽ、可為損失、勿論盗もの取戻候とも、無
差別右之通御仕置可申付事、

五十七　盗物質ニ取又は買取候者御仕置之事

享保六年 元文五年極
一盗物と乍（不）存、証人取之、如通例質ニ取、吟味之上、
盗物之儀不存訳ニ聞（決）候ハヽ、証人ニ元金為償、質
物は取返、被盗候者へ相渡可申事、
但、証人も御仕置ニ成、金子可差出掛り無之候
ハヽ、質屋可為致損金候、尤証人無之、或は不
応（念）之質取候訳（方）ニ候ハヽ、質屋為致損金、其上咎
可申付事、

享保六年 元文五年極
一盗物と不存、反物其外買取候もの、其色品取返、
被盗候者ぇ相返し、代金は買主（不念）候間、可為
致損金候、証人取候て買取候ハヽ、証人ニ代金買
主方ぇ為相渡可申事、
但、被盗候色品、有所不相知、代金盗人致所持
候ハヽ、取上、被盗候ものぇ相渡可申候、盗物
買主より被返（取）候上、代金盗人致所持候ハヽ、
公義ぇ取上可申事、

（同）
一盗物買（と不存、買取）主売払候節は、売先段ミ相糺、代金を
以買戻させ、被盗候ものへ為相返、盗人より初発
買取候ものぇ損（之）金可申付事、
但、売先不相知候ハヽ、初発買取候ものより被
盗候ものぇ代金ニて為償可申事、

寛保二年極
一紛失もの、町触之節隠置候もの　家財取上 江戸払

従前ミ之例
一組合之定在之商物、組合　商物取上 過　料
ニ不入商売いたし候もの

同
一壱人□□（両判）、或ハ証人無之　其品取上 過　料
質物を取候もの

但、町触之節訴出におゐては、其品取上、不及咎、

五十八　悪党之者（ママ）訴人之事

（元文三年極）一悪事有之者を召捕差出候歟、又ハ訴出候時は、右悪党(之)もの方より、召捕訴出候者にも悪事有之由申懸候共、猥ニ相糺間敷候、若本人より重(き)悪事を証拠慥□□□（ニ中に）おゐてハ、双方可致詮議事、

但、惣て罪科之ものを訴出ルにおゐてハ、同類たりといふとも、其科（品也）を被免候事之条（ニ候）、其趣を以可致兆（作）略事、

五十九　倒死幷捨物手負病人等有之を不訴出もの御仕置之事

寛保二年極 一倒死幷捨物等有之を隠置（押隠）、不訴出におゐては　見せ先屋敷内ニ有之を隠候店借地借　過料五貫文
地主家主五人組　過料
名主　戸〆

但、地主家主名主五人組不存ニおゐてハ、無構、

寛保二年極 一変死幷手負候ものを隠置、不訴出、其外病人等隣町に送遣候ニおゐては　見せ先屋敷内ニ有之を隠候店借地借　江戸払
地主家主五人組　所払
名主　江戸十里四方追放

但、右同断、

六十　拾ひ物取計之事

享保六年極 一拾ひ物之儀、訴出候ハヽ、三日晒、主出候ハヽ、金子(ハ)落主と拾ひ候ものゑ半分宛為取可申候、反物之類ニ候ハヽ、不残主ゑ相返し、拾ひ候ものゑ落し候者より相応ニ礼為仕可申事、

元文三年極 一落し候者（物）之主相知不申候ハヽ、六ヶ月見合、いよ〳〵主無之候ハヽ、拾ひ候ものゑ不残為取可申事、

従前々之例 一拾物いたし、不訴出候儀、顕におゐては　過料

六十一　人勾引《カトヒ》御仕置之事

同 一人を勾引候もの　死罪

寛保二年極　一勾引候ものと馴合売遣、分ヶ前取候もの　重キ追放

六十二　謀書謀判いたし候もの
　御仕置之事

同　一謀書又は謀判いたし候もの　引廻之上　獄門
　但、加判人、死罪、

同　一謀書と乍存、頼にまかせ、認遣候もの　重追放

六十三　火札張札捨文いたし候もの
　御仕置之事

寛保二年極　一遺恨を以火を可付旨、張札又は捨文致候もの　死罪

同　一遺恨を以人之悪事等偽之儀を認、張札又ハ捨文いたし候もの　死罪不(可)及程之儀を認候ニおゐてハ　中追放

六十四　巧事かたり事重きねたり事いたし候
　もの御仕置之事

享保八年極　一かたり事之品、対公義え候事歟、又ハ重キ巧ねたり(かたり巧)事致候もの　死罪
　但、軽キかたり事、巧事ニ候ハヽ、入墨又ハ敲、

享保二十年極　一巧成儀申懸、度ミ金子等かたり取候もの　金高雑物之不依多少　獄門
(寛保三年極)但、不得物取候共、前ミ(度ミ)物をかたり取、或は巧之品重キハ、死罪、

追加

寛保三年極　一かたりを申、人の物を取候もの　金高□(雑)物壱両以上　死罪
　(但、軽キかたり事ニ候ハヽ、敲、)

享保十七年極　一巧を以人を打擲いたし候(ママ)同類之内ゟ取扱、物ねたり取候もの　其品重キハ　獄門
(寛保三年極)但、同類は中追放、　不得物取候共、(其)品重キハ　死罪

寛保三年極(二) 一重キ御役人之家来と偽、 死罪
かたり致し候もの

同 一願不請儀(を)叶候躰に申成し、 家財取上 江戸払
会所建、懸札等出し候もの
但、当人居町におゐて会所を建、懸札いたすに
おゐては、名主ハ押込、家主五人組過料、

従前々之例 一家主幷五人組を拵、訴訟に 敲
出候もの
寛保二年極 但、似セ家主五人組ニ成候もの同罪、

同 一売人買人を拵、似セもの商 入墨之上 中追放
候もの

六十五 申懸いたし候もの御仕置之事

従前々之例 一主人重(キ)悪事有之由、偽之儀 磔
訴人ニ出候もの
但、主人悪事有之候ハヽ、相応之御仕置申付へ
し、訴出候下人ハ、死罪、

同 一御褒美可取巧ニて、偽之訴 敲之上 中追放
人致し候もの

寛保元年極 一人を殺候旨申掛ヶいたし候 一通之申かけニ候ハヽ、 重追放
もの
但、深キ巧事有之ハ、遠島、猶品重キは死罪、

六十六 毒薬幷似セ薬種売御仕置之事

寛保二年極 一毒薬売候もの 引廻之上 獄門

従前々之例 一似セ薬種売候もの 引廻之上 死罪

六十七 似セ金銀拵候もの御仕置之事

従前々之例 一似セ金銀拵候もの 引廻之上 磔

六十八 似セ秤似せ枡似セ朱墨拵候もの御仕置之事

寛保二年極 一似せ秤拵候もの 引廻之上 獄門
但、懸目違無之におゐてハ、中追放、

同 一似セ枡拵候もの 引廻之上 獄門
但、入目違無之ニおゐては、中追放、

同
一似セ朱墨拵候もの　家財取上 所払

六十九　出火ニ付て(之)咎之事

一平日出火之節　類焼之多少ニより
小間拾間ゟ以上　三十日二十日十日
焼失ニ候ハヽ、
享保三(六)年極 火元　押込
(寛保三年極) 但、小間拾間以下之焼失ニ候ハヽ、不及咎、
尤寺社より出火ニて類焼有之候ハヽ、其寺社七
日遠慮、
一御成日朝ゟ　還御迄之間、并小菅御殿　御成還御
之日、并御逗留中、小間拾間以上焼失、且平日三
町ゟ以上焼失之節、
享保四年極 火元　五十日手鎖
寛保三年極 火元之 但、寺社より出火ニ候ハヽ、其寺社十日遠慮、
寛保二年極 地主　三十日押込
同 火元之 家主　三十日押込
同 火元之 月行事　三十日押込
同 火元之 五人組　二十日押込
風上弐町、風脇左右ハ弐町宛、
同 六町之月行事　三十日押込
但、風上風脇之もの共、不精之様子次第相応之
咎可申付候、格別之出精ニ候ハヽ、誉可申候、
寛保三年極 一御成　還御之節、且小菅　御殿御逗留中、類焼有
之候共、小間拾間より以下之焼失ニ候ハヽ、不及
咎、
寛保二年極 一寺社門前より出火之節、平日小間拾間以上之焼失
ニ候ハヽ、其寺社は不及咎、　御成日朝より　還
御迄之間、且小菅　御殿　御成還御之日并御逗留
中、小間拾間以上焼失、平日三町ゟ以上之焼失ニ
候ハヽ、其寺社十日遠慮、門前之者共、咎は町方
同断、

七十　火附御仕置之事

従前々之例 一火を附候もの　火罪
但、燃立不申候共(ハヽ)、引廻之上、火(死)罪、

寛保二年極　一人ニ被頼、火を附候もの　　死罪

従前々之例　但、頼候もの、火罪、

一火罪之者引廻之儀、物取ニて火を付候ものは、

晒ニ不及、

日本橋

両国橋

四ッ谷御門外

赤坂御門外

昌平橋外

右之分、引廻通候節、人数不依多少、科書之捨札建置可申候、尤火を附候処、居所町中引廻之上、火罪可申付事

但、捨札は三十日建置可申候、

享保九年極　一物取ニ無之火付は、晒幷不及捨札、火を付候所居所町中引廻之上、火罪可申付事、

追加

享保七年極　一火附を召捕、又ハ訴人ニ出候もの　　御褒美、人数之不依多少　銀三十枚

七十一　人殺幷疵付等御仕置之事

従前々之例　一主殺　　（ママ）二十日晒一日引廻し　鋸挽之上磔

同　一主人ニ為手負候もの　　晒之上　磔

寛保元年極　一同　切かゝり、打かゝり候もの　　死罪

同　一古主を殺候もの　　晒之上　磔

同　一同　為手負候もの　　引廻之上　磔

同　一同　切かゝり、打かゝり候もの　　死罪

寛保二年極　一地主を殺候家守　　引廻之上　獄門

同　一同　可殺所存にて、手疵為負候家守　　死罪

同　一元地主を殺候家守　　引廻之上　死罪

寛保二年極　一同　可殺所存にて、手疵為負候家守　　遠島

寛保元年極　一主人の親類を殺候もの　　引廻之上　獄門

従前々之例　一同　為手負候もの　　引廻之上　死罪

寛保元年極　一同　切かゝり、打かゝり候もの　　兼て巧事ニ候ハヽ、死罪

但、当座之儀ニ候ハヽ、遠島、品ニより重キ追

放、

従前ゝ之例　一親殺　引廻之上 磔

同　一同　為手負候もの、打擲いたし　磔
候もの

寛保元年極　一同　切かゝり、打ちかゝり候もの　死罪

寛保二年極　一舅を殺候者　引廻之上 獄門

従前ゝ之例　一伯父、伯母、兄殺候もの　獄門

同　一同　為手負候もの　死罪

寛保二年極　一非分も無之実子、養子を　短慮ニて与風殺候ハヽ、遠島
殺候親
　但、親方之もの、利得を以殺候ハヽ、死罪、

寛保二年極　一弟妹甥姪を殺候もの　右同断 遠島
　但、右同断、

同　一師匠を殺候もの　磔

同　一同　為手負候もの　死罪

同　一支配を請候名主を殺候もの　引廻之上 獄門
　但、可殺所存ニて、手疵為負候もの、死罪、

同　一毒飼いたし、人を殺候もの　獄門
　但、毒飼いたし候得共、不死におゐてハ、遠島、

同(従前ゝ之例)　一人を殺候もの　下手人

寛保二年極　一人殺之手引いたし候もの　遠島
　但、殺候当人致欠落、不出ニおゐてハ、下手人、

元文五年極　一差図いたし、人を為殺候もの　下手人

同　一差図を請、人を殺し候もの　遠島

寛文(保)二年極　一自分の悪事可顕を厭ひ、其人を
殺害いたすへしとして疵付、
或ハ詮議したる人に遺恨を含ミ、
為手(疵)負候もの　死罪

従前ゝ之例　一大勢にて人を打殺候時、初発　下手人
　に打掛候もの

同　一人殺に手伝いたし候もの　遠島

同　一同　手伝ハ不致候得とも、荷担　中追放
　いたし候もの

従前ゝ之例　一相手より不法之儀を仕懸、無　遠島
是非及刃傷、人を殺し候もの

寛保元年極　一辻切いたし候もの　引廻之上 死罪

享保元年極　一渡船乗沈、溺死有之ハ、其船之水主　遠島

享保十三年極　一車を引懸、人を殺候時、殺候方を引候もの　死罪

享保十三年極 寛保三年極　但、人ニ不当方を引候ものハ遠島、車之荷主重キ過料、車引之家主ハ過料、

享保七年極　一同　怪我致させ候もの　遠島

寛保元年極　但、人ニ不当方を引候もの、中追放、車之荷主重過料、車引之家主ハ過料、

寛保元年極　一牛馬を牽掛、人を殺候もの　死罪

同　一同　怪我致させ候もの　中追放

同　一口論之上、人に疵付、片輪ニいたし候もの　中追放

但、渡世も難成程之片輪ニいたし候ハヽ、遠島、

従前々之例　一離別之妻に疵付候もの　入墨之上 遠国非人手下

追加

寛保三年極　一同　宿躰之僧、人を殺、或は疵付候科、俗人に替り無之、

但、寺持は一等重(ク)可相伺、

七十二　相手理不尽之仕形にて下手人(二)不成御仕置之事

享保二十年極　一相手理不尽之仕形ニて、不得止事於切殺候ニは　相手方親類名主等、被殺候もの平日不法之ものニて申分無之、下手人御免申出、紛なく候ハヽ、 中追放

但、武士方奉公人ハ、主人より訟(願)無之候ハヽ、指免申間敷事、

七十三　疵被附候者外之病ニて相果疵付候もの之事

元文三年極　一手疵負候もの、元より及死候疵ニ無之処、未愈(平)之内余病差発り、死候ハヽ、弥遂吟味を、余病にて死候ニ於無紛は、相手不及下手人事、

七十四　怪我にて相果候もの相手御仕置之事

寛保元年極　一弓鉄炮を放、あやまちにて人を殺候もの　吟味之上、あやまちに無紛、并怪我人之親類存念相尋候上　遠島

但、相果候もの存命之内、相手御仕置御免之訟（願）申置におゐては、一等軽ク可申付候、

同　一定りたる矢場鉄砲場にて外より不慮ニ人参懸り、若矢玉ニ当り、たとへ其人死候とも不及咎事、

同　一怪我にて与風疵付、其疵にて相手死候もの　吟味之上、あやまちに無紛、并怪我人之親類存念相尋候上　遠島（中追放）

但、吟味之上、理不尽之儀於有之ハ、一等重く可申付事

七十五　婚礼之節石を打候もの御仕置之事

寛保二年極　一婚礼之砌石を打、狼藉いたし候もの　頭取江戸十里四方追放　同類江戸払

七十六　あばれもの御仕置之事

元文五年極　一御城内ニて口論之上、拾人以上の敲合、つかみ合候もの　双方当人重キ追放　同荷担いたし候もの敲之上江戸払

従前ゝ之例　一あばれ候て町所をさわかし候もの　敲之上所払

寛保二年極　但、所ゝニてあばれ候ニおゐてハ、敲之上中追放

追　加

寛保三年極　一遺恨等を以、拾人以上結徒党、狼藉之上人を殺候におゐてハ　頭取獄門

但、人ニ疵付候ニおゐてハ頭取死罪、尤、人殺疵付候共ニ、荷担人中追放、

追　加

同　一同狼藉いたし、諸道具等損ざし候ニおゐては　頭取重追放

但、荷担人、所払、

七十七　酒狂人御仕置之事

享保十六年極 一酒狂にて人を殺候もの　　下手人
但、被殺候ものゑ(之)主人幷親類等、下手人御免願申出候共、取上間敷事、

享保七年極 一酒狂にて人に為手負候もの　　疵被附候者、平愈次第療治代為出可申候、
(寛保二年極)但、疵付候もの、奉公人ハ主人ゑ預ケ、其外ハ牢舎、手疵軽ク候ハ、、預ケ置申へく候、

同 一療治代、疵之不依多少　　中小姓躰ニ候ハ、銀弐枚　徒士ハ金壱両　足軽中間ハ銀壱枚
従前ミ之例 但、町人ハ銀壱枚、軽キ町人ハ右に準し、療治代為相渡可申事、

享保七年極 一療治代難出者　　刀脇差為相渡申へし

同 一酒狂にて人を打擲いたし候もの　　療治代難差出者ハ諸道具取上、打擲に逢候者ゑ可相渡

同 一酒狂にて諸道具を損さし候もの　　損失之道具償申付へし

享保五年極 一酒狂にて相手無之あはれ、自分と疵付候もの　　主人其外可相渡方ゑ可引渡
但、公儀御仕置に可成筋之者ハ格別、左も無之ものハ御構無之旨申聞、早速引渡可申事、

元文五年極 一同あはれ候までにて、疵付候儀幷諸道具等損さし候事も無之者　　立帰度由申候ハ、、為留置申間敷候
但、奉行所ゑ訴出候以後にても、右之通可為致事、

七十八　乱気ニて人殺之事

享保七(六)年 元文三年極 一乱気(心)ニて人を殺候共、可為下手人候、然共、乱心之証拠慥ニ有之上、被殺候ものゑ(之)主人幷親類等、下手人御免之願申におゐては、遂詮議可相伺事、
(享保六年極)但、主殺、親殺たりといふとも、乱気無紛におゐてハ死罪、□□(自滅)致候ハ、死骸取捨に可申付事、

享保十九年極 一乱心にて其人より至て軽キものを殺害いたし候ハ、、下手人(ニ)不及事、

寛保二年極　但、慮外ものを切殺候時、切捨ニ成候程之高下
と可得心事、

享保六年元文五年極　一乱心にて火を附候もの、乱気之証拠於不分明ハ、
死罪、乱心に無紛におゐては、押込置候様ニ親類
共え可申付事、

七十九　拾五歳以下之者御仕置之事

寛保元年極　一子心にて無弁、人を殺候もの　拾五歳迄親類え預置　遠島

同　一子心にて無弁、火を附候もの　右同断　遠島

同　一盗致候もの　大人之御仕置ゟ一等軽可申付

追加

寛保二年極　一拾五歳以下之者無宿者（ママ）、途中其外　非人手下
にて小盗いたし候もの（におゐてハ）

八十　科人為立退幷住所を隠候もの之事

一火附

一盗賊之上ニて人を殺候もの

一致徒党人家え押込候類

一追剥之類

元文五年極　右之類、科人同類ニハ無之候とも、其者に頼
まれ、住所を隠し或は立退せ候もの、死罪、

元文五年極　一喧嘩口論当座之儀ニて人を殺候もの
右科人之同類ニハ無之、儀（義）理を以被頼、住所を隠
し或は為立退候分ハ、急度しかり可申事、

八十一　人相書を以御尋ニ可成者之事

寛保二年極　一公義え対し候重キ謀計　獄門

同　一主殺

同　一親殺

同　一関所破

同　一人相書を以御尋之者を乍存囲置、
又ハ召仕等に致し、不訴出もの
但、乍存請ニ立候もの同罪、吟味之上、不存
(ニ)聞（決）候共、囲置候もの、主人請人共過料、

八十二　科人欠落尋之事

一享保十一年極主人を　家来ニ
同　親を　子ニ
同　兄を　弟ニ
同　伯父を　甥ニ
寛保二年極師匠を　弟子ニ

右之類ぇ尋申付間敷事、

（同）一事を巧人を殺候もの、又は闇打或は人家ぇ忍入、人を殺、欠落致候ハヽ、先近キ親類之内壱人入牢可申付、尋之儀三ヶ月不尋出候ハヽ、猶又百日限尋申付、不尋出ニおゐては、尋申付候者之内ニて近キ続之(もの)中追放、残ルもの過料之上永尋可申付候、

但、欠落もの親類有之候得共、子方之者ニ候ハヽ、右之内先壱人入牢申付、欠落之者（者之）店請人幷家主五人組、在方ニては名主年寄（組頭）等ニ尋申付、不尋(出)ニ候ハヽ、親類ハ出牢、尋申付置候ものともハ、過料之上永尋可申付候、且又親類壱人有之、親方之者ニ候ハヽ、右之者共一同に尋申付、於不尋出は親類ハ中追放、其余之者共、

過料之上永尋可申付候、

一享保五年寛保二年極喧嘩口論ニて人を殺、致欠落候もの尋之儀、六ヶ月之内尋申付、不尋(出)ニ候ハヽ、過料之上永尋可申付候、尤御仕置之もの一件之内、欠落もの六ヶ月を限不尋出候ハヽ、残ルもの御仕置可申付候、

寛保二年極但、親類入牢預ヶ等之不及沙汰事、

八十三　拷問可申付品之事

享保七年極一人殺
同　一火附
同　一盗賊
元文五年極一関所破
同　一謀書謀判

右之分悪事いたし候証拠慥ニ候得とも、不致白状もの、幷同類之内白状いたし候へ共、当人不致白状もの之事、

享保七年極　一詮議之内不決、前(外)ニ悪事分明ニ相知れ、其科ニて死罪可被行もの之事、
右之外ニも拷問申付可然品も有之候ハヽ、評議之上可申付事、

八十四　遠島者再犯御仕置之事

従前々之例　一遠島之者、島ニて重キ悪事いたし候ニおゐてハ　於其島　死罪
但、同類并軽キ悪事致候もの、島替、

寛保二年極　一島を逃候もの　其島におゐて　死罪

八十五　牢抜手鎖外シ御構之地え立帰候もの御仕置之事

寛保二年極　一牢抜出候もの　本罪相当より一等重ク申付へし
但、牢番人、中追放、

同　一牢屋焼失之節放チ遣、不立帰もの　不立帰不及咎、本罪相当之御仕置可申付

同　一右焼失之節放チ遣、立帰候ハヽ、　本罪相当ゟ一等軽ク可申付

同　一手鎖外シ(候もの)　定之日数より一倍之日数手鎖
但、手鎖外シ致欠落候ハヽ、本罪之相当より一等重ク申付へし、

同　一同　外シ遣候もの　過料
但、手鎖外シ候もの欠落いたし候ハヽ、江戸十里四方追放、

同　一同　預り候家主　過料
但、手鎖外し候もの欠落致致候ハヽ、尋申付、不尋出ニおゐてハ、重キ過料、

寛保二年極　一宿預之もの、欠落致候ハヽ、　其品(科)之科(品)ニより一等重ク御仕置申付へし

従前々之例　一御構之地ニ徘徊いたし候もの　前之御仕置ゟ一等重く(可申付)

寛保元年極　但、追放或は所払等申付候所、直ニ御構之地え

立帰罷在候ハヽ、御仕置不相用もの之事ニ候間、
死罪、

寛保元年極　一御構有之ものを隠し差置候もの　御仕置、当人同然

同二年極　一御構之地ニ致徘徊候上、悪事いたし候もの　死　罪

従前々之例　一預置候ものを取逃し候もの　尋申付、不尋出候ハヽ、過　料

寛保二年極　一入墨を抜、御構之地え立帰候もの　死　罪

同　一入墨を抜遣候もの　敲

追　加

享保六年極　一入墨ニ成候以後、又候悪事いたし候もの　死　罪

追　加

(寛)享保三年極　一端追放ニ成、其後御構場え立帰あはれ候もの　死　罪

(追　加)

同　一追放已後御構場之外ニても、刃物を以、人を可害といたし候もの　死　罪

追　加

寛保三年極　一宿預ケに成候上、難立儀、箱訴又ハ越訴直訴(等)可致ため立帰(退)り、外ニ宿を替候もの　元宿え引返し、手鎖申付へし

八十六　辻番人御仕置之事

従前々之例　一廻番(場)之内ニて金銀又ハ(雑)品物等を拾ひ、隠し置(居)候番人　引廻之上死　罪

(寛保二年極)従前々之例　一廻場之内ニて人を(切)殺、或ハ為手負候を見遁し致、相手を不留置番人　中追放
但、軽キ品ニ候ハヽ、入墨之上敲、

同　一辻番(所)ニおゐて博奕いたし候番人　遠　島

享保八年極　一廻り場之内捨子又ハ重病人有之節、外え捨候番人　死　罪

（寛保二年極）但、倒死在之を押隠し、取捨候においては、江戸払、

八十七　重科人死骸塩詰之事

享保六年極 一主殺
同 一親殺
寛保二年極 一関所破
同 一重謀計
享保六年極 右之分、死骸塩詰之上御仕置、此外は不及塩詰事、

八十八　溜預ケ之事

享保七年 寛保二年極 一牢舎申付候もの、最初より溜ぇ遣間敷候、乍然、入牢之上重病之ものハ、御仕置伺置候ものにても溜ぇ遣し可申事、
（寛保二年極）但、逆罪之ものハ、病気にても溜ぇ遣すましき事、

八十九　無宿片付之事

従前々之例 一可相渡筋有之もの　引取人呼出、相渡へし
享保九年極 一引取人無之もの　門前払
従前々之例 但、病人ハ快気迄溜預ケ、
同 一遠国之もの　溜預ケ、病気快気之上 万石以上ハ領主ぇ可相渡、御料并万石以下ハ、其所之親類呼出可相渡
行倒之類
従前々之例 但、在所ニて科有之、又ハ欠落并村方親類久離いたし、好身之もの無之においてハ、門前払、
享保六年 元文三年極 一入墨、敲に致候無宿、遠国ものに候ハ、　領主え科之様子申聞、態と領地え遣候ニハ不及旨申達 領主え可相渡
従前々之例 但、右同断、

九十　御仕置仕形之事

従前々之例 一鋸挽　一日引廻、両之肩に刀目を入、竹鋸に血を付、側に立置、二日晒し、挽可申と申もの有之時は為挽候事、

従前之ミ例　但、田畑、家屋敷、家財共ニ闕所、

（同）一磔

浅草品川におゐて磔に申付、在方は悪事いたし候所え差遣候儀も有之、尤、科書之捨札建之、三日之内非人番ニ付置、

但、引廻、又ハ科により不及引廻、欠所右同断、

同　一獄門

浅草品川におゐて獄門に懸ル、在方は悪事いたし候所え差遣候儀も有之、引廻し、捨札、番人右同断、

但、於牢内首を刎、闕所右同断、

従前ミ之例　一火罪

引廻之上、浅草品川におゐて火罪申付候、在方ハ火を附候所え指遣候儀も有之、捨札、番人右同断、

但、物取ニて無之分ハ、不及捨札、欠所右同断、

同　一斬罪　斬断レ首也殺也

浅草品川於両所之内ニ、町奉行（組）同心斬之、検使御徒目附、町与力、

但、闕所右同断、

同　一死罪

首を刎、死骸取捨、（様物ニ）□□□申付候、

但、闕所右同断、

同　一下手人

首を刎、死骸取捨、

但、（様）□ものニハ不申付、

同　一晒　（日本橋におゐて三日晒）

元文五年極　但、新吉原之もの、所之儀ニ付、晒ニ可成悪事いたし候ハヽ、新吉原大門口ニて晒、

（同）一遠島

江戸より流罪之ものハ、大島八丈島三宅島（新島）神津島御蔵島利島、右七島之内え遣、京大坂西国中国より流罪之分ハ、薩摩五島之島ミ、隠岐国、壱岐国、天草郡え遣ス、

但、田畑、家屋敷、家財共ニ欠所、

同
一重追放　御構場所
寛保二年極
武蔵　相模　上野　下野　安房　上総
下総　常陸　山城　摂津　和泉　大和
肥前　東海道筋　木曽路筋　甲斐　駿河

但、闕所右同断、

従前ゝ之例
一中追放　御構場所
寛保二年極
武蔵　山城　摂津　和泉　大和　肥前
東海道筋　木曽路筋　下野　日光道中
甲斐　駿河

従前ゝ之例
但、田畑、家屋敷闕所、其外無構、

従前ゝ之例
一軽追放　御構場所
寛保二年極
江戸十里四方　京　大坂　東海道筋
日光　日光道中

(従前ゝ之例)
但、闕所右同断、

追加

寛保二年極
右重中軽共、何方ニても住所(居)之国を書加へ相構、住所(居)之国を離、他国におゐて悪事仕出候者之(ハ)、住居之国、悪事仕出候国とも、弐ヶ国を書加へ、御構場所書付相渡候事、

従前ゝ之例
右追放者、御廓外ニて放遣、侍は於其場所大小渡遣候事、

追加

寛保二年極
一於京都重追放申付候ものハ、右御構場所之外ニ、河内、近江、丹波三ヶ国を加へ相構、中軽追放ハ別儀無之事、

(従前ゝ之例)
一江戸十里四方追放　日本橋より四方え五里(宛)

但、在方之者ハ居村共構、欠所無之、然とも、科之品ニより田畑、家屋敷、家財も欠所、

(同)
一江戸払　品川 板橋 千住 両国橋 四谷大木戸 ゟ内御構

但、右同断、

従前ゝ之例
一所払　在方ハ居村 江戸町人ハ居町 払

但、闕所無之、然共、科之品ニより田畑、家屋敷、家財も闕所、

追加

享保二年極
一田畑(持)高之内、半分或ハ三分二、三分一取上、　私領ニて(も)、払代金ハ公義ぇ取上、年貢諸役ハ地面買請候者より領主地頭え相勤、

但、所役人は、科之品ニ依て役儀取上候上、田畑取上、

従前々之例
一門前払　奉行所門前ゟ払遣ス

同
一奴　望之者有之候得は、遣ス

但、望候もの無之内ハ、牢内ニさし置、

同
一追院　住居之寺ぇ不相帰、申渡候所ゟ直ニ払遣ス

同
一退院　住居之寺を可退旨、申渡ス

同
一一宗構　其宗旨を構

同
一一派構　其一派を構、同宗にても外之派ニ成候得は、無構

従前々之例
一改易　大小(渡)、宿え相返し、夫より立退申候

但、家屋敷取上、家財無構、

同
一閉門　門を閉、(窓)塞、釘〆ニ不及

(宝永元年極)但、病気之節、夜中医師招候儀、幷自火ハ不及申、近所より火出之節、屋敷内火防候儀不苦、惣て火事之節、(屋敷)あやうき躰ニ候ハヽ、立退、其段頭支配ぇ可申達、

同
一逼塞　門を立、夜中くゝりゟ不目立様ニ通路ハ不苦

宝永元年極
但、右同断、

同
一遠慮　門を立、くゝりハ引寄置、夜中不目立様ニ通路ハ不苦

宝永元年極
但、右同断、

享保五年極
一敲　数五十敲　重キハ百敲

牢屋門前ニて科人之肩背尻をかけ、背骨を除、絶入不仕様検使役人遣、御徒目附遂見分、牢屋同心ニ為敲候事、

但、町人ニ候得は、其家主名主、在方ハ名主
組頭呼寄、敲候を見せ候て引渡遣、無宿もの
ハ牢屋門前ニて払遣ス、

享保五年極　一入墨　於牢屋敷、腕に廻し、
幅三分ツ、二筋

但、入墨之跡愈候て出牢、

従前〻之例　一戸〆　門戸を貫を以釘〆

同　一手鎖

其懸ニて手鎖懸、封印付、隔日又は科之軽キ重
キにより日限を定、封印改、

同　一押込　他出不為仕、
戸を建寄置

享保三年極　一過料　三貫文
五貫文

但、重キハ八《(ママ)》拾貫文、又ハ弐拾両三拾両、其
者之身上ニ順ひ、科之軽重或は村高ニ応し、
員数相定、三日之内為納候、尤、至て軽キ身
上にて過料難差出者は、手鎖、

享保八年極　一二重御仕置

役儀取上　過料
過料之上　戸〆
　手鎖
敲之上　追放
　所払
入墨之上　追放
　所払
　敲

但、科之軽重ニ依て、右ニ準し申付、

従前〻之例　一座頭(御仕置)　惣録え科之次第申聞、
座法可申付旨申渡

同　一非人手下　穢多弾左衛門立会、
非人頭え相渡

享保十七年極　一遠国之《(ママ)》非人手下　遠国え可遣旨、穢多
弾左衛門え申聞、相
渡

従前〻之例　一非人御仕置　穢多弾左衛門え渡《(旨)》、
仕置可致と申付

但、遠国非人は、其所穢多頭え仕置可申付候

様申渡、

右御定書之条〻、元文五庚申年五月、松平左近将監を
以被　仰出之、前〻被　仰出之趣幷先例、其外評議之
上追〻伺之、今般相定之者也、

寛保二壬戌年三月廿七日

牧（野）越中守
越中守御役替ニ付、寛保
二戌年六月代り被　仰付
大岡越前守
石（河）川土佐守
水野対馬守

右之趣、達
上聞、相極候、奉行中之外不可有他見者也、
寛保二壬戌年四月
松平左近将監

九　「公事方御定書」下巻の延享元年増修本

「御当家律」（国立公文書館内閣文庫蔵）——論考篇第三部第四章の史料

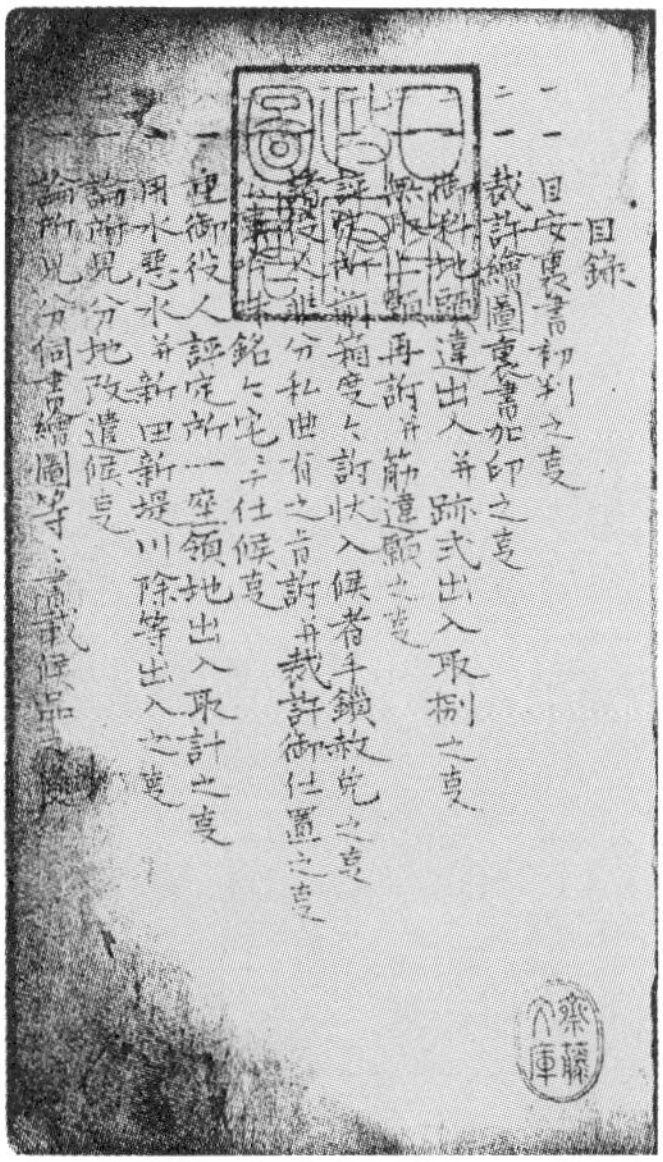
目録
一 目安裏書初判之事
一 裁許繪圖裏書加印之事

「御当家律」目録の冒頭（本書483頁）

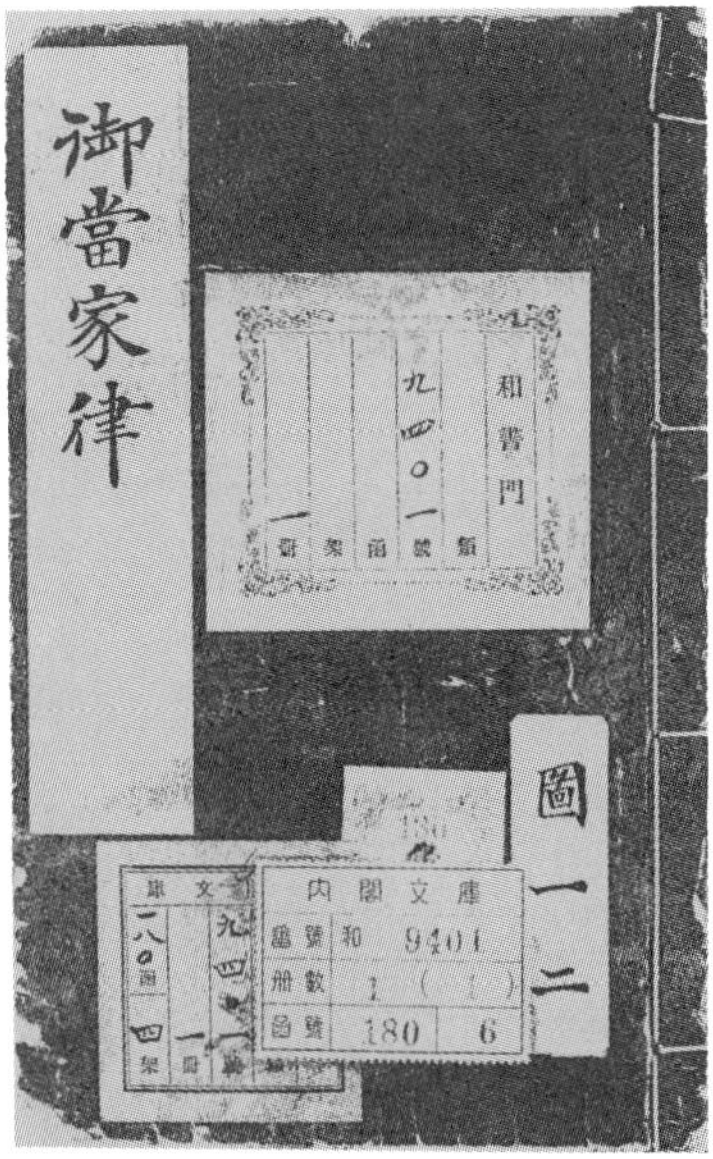

「御当家律」表紙

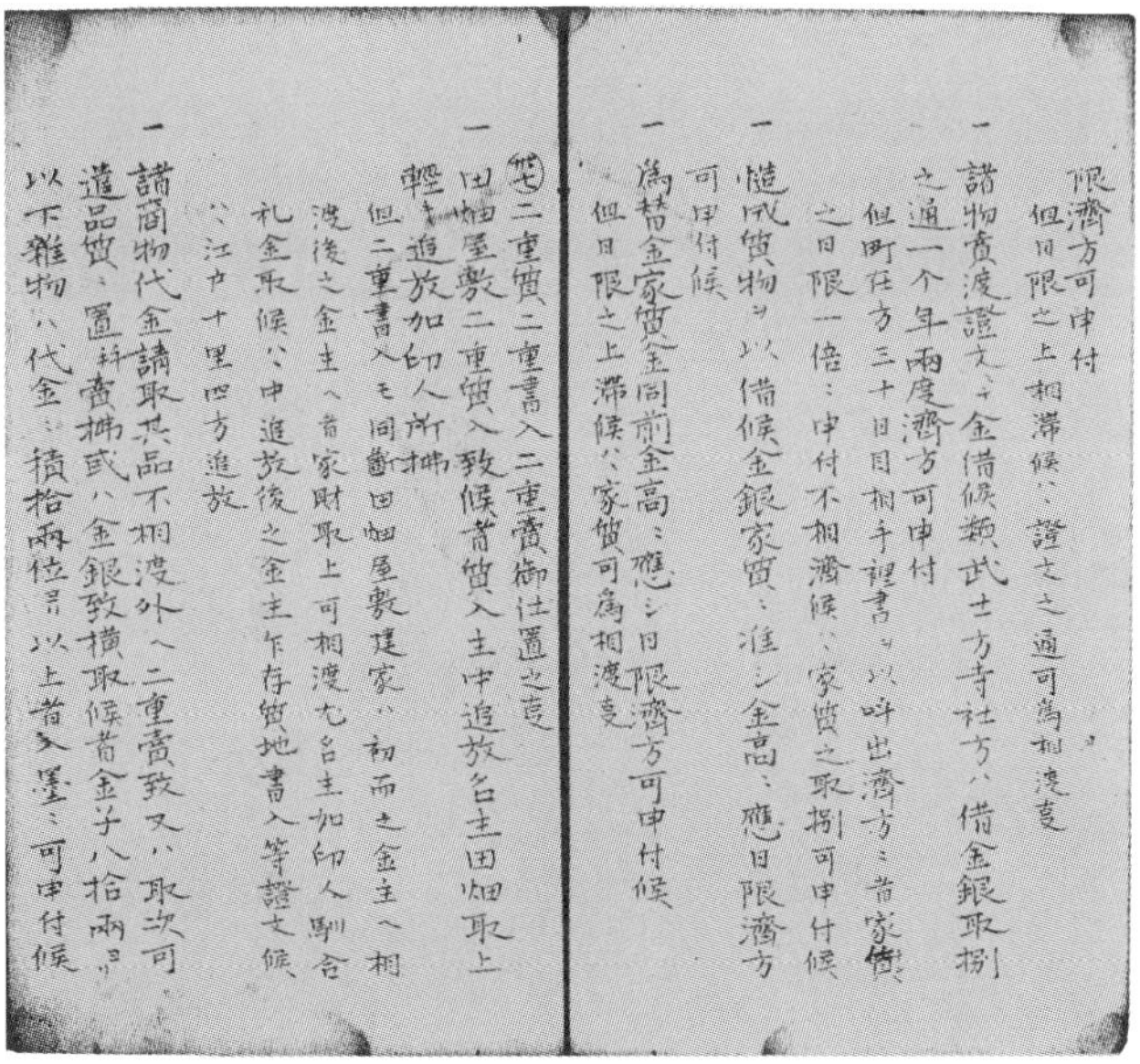
限濟方可申付
但日限之上相滞候ハヽ證文之通可爲相渡事
一 諸物賣渡證文ニ金借候類武士方寺社方ハ借金銀取捌之通一ケ年兩度濟方可申付
但町在方三十日目相手證書ヲ以呼出濟方ニ背家質之日限一倍ニ申付不相濟候ハヽ家質之取捌可申付候
一 憧成質物ヲ以借候金銀家質ニ准シ金高ニ應シ日限濟方可申付候
一 爲替金家質金同前金高ニ應シ日限濟方可申付候
但日限之上滞候ハヽ家質可爲相渡事
一 (三七)二重質二重書入二重賣御仕置之事
一 田畑屋敷二重質入致候者質入主中追放名主田畑取上輕キ追放加印人所拂
但二重書入モ同断田畑屋敷建家ハ初而之金主ヘ相渡後之金主ヘ者家財取上可相渡也名主加印人馴合札金取候ハヽ中追放後之金主乍存質地書入等證文候ハヽ江戸十里四方追放
一 諸商物代金請取其品不相渡外ヘ二重賣致又ハ取次可遣品質ニ置并賣拂或ハ金銀致横取候者金子八拾兩ヨリ以下雜物ハ代金ニ積拾兩位ヨリ以上者入墨ニ可申付候

「御当家律」第36条末尾および第37条冒頭（本書501頁）

《史料翻刻》凡例

一　本章は、論考篇第三部第四章「「公事方御定書」の延享元年増修とその伝本」の史料として、左記を翻刻するものである。

「御当家律」一冊（国立公文書館内閣文庫蔵、架号一八〇―六）

一　原本は四ッ目綴の線装本にして、書型は縦二〇・〇糎、横一三・〇糎の中本である。墨附は九二丁。全九二丁のうち、延享元年増修の「公事方御定書」下巻は第六十八丁までであり、第六十九丁以下には入墨図、享保二年三月十一日の「御条目」、「宝暦七年八月二十日、土屋越前守承之」とする「年中行事」、「死罪除日」、徳川家康より蓮光院までの忌日一覧等、附録と見るべき十二種の記事が存する。このたびの翻刻では入墨図以下を割愛した。

一　原本は目録の条文番号を朱筆で記すが、翻刻にあたってはゴチックで表記した。また本文中の条文番号を㊀㊁㊂…㊨のように〇で囲ってあり、番号はやはり朱筆である（口絵参照）。翻刻に際しては〇を省略し、番号をゴチックで表記した。

一　「科条類典」ならびに「棠蔭秘鑑」（法制史学会編『徳川禁令考』後集第一～第四ならびに別巻所収、平成二年第五刷、創文社）、および「公裁秘録」上下（本書史料篇八）をもって校合し、校合の文字は（　）をもって示した。

九　「御当家律」（国立公文書館内閣文庫蔵）

（表紙）

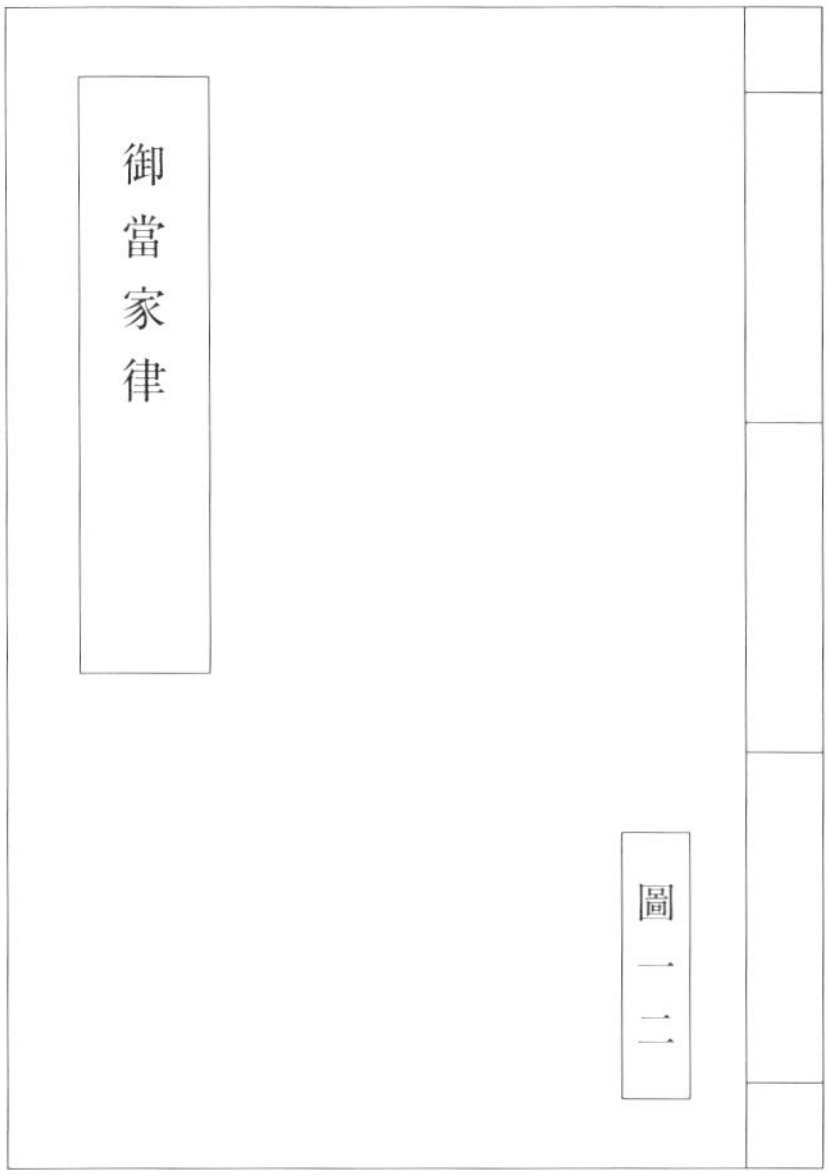

目録

一　一目安裏書初判之事
二　一裁許絵図裏書加印之事
三　一御料（一地頭）地頭違出入并跡式出入取捌之事
四　一無取上願再訴并筋違願之事
五　一評定所前箱度々訴状入候者手鎖赦免之事
六　一諸役人非分私曲有之旨訴并裁許御仕置（仕直等）之事
七　一公事吟味銘々宅ニテ仕候事
八　一重御役人評定所一座領（知）地出入取計之事
九　一用水悪水并新田新堤川除等出入之事
十　一論所見分（并）地改遣候事
十一　一論所見分伺書絵図等ニ書載候品之事
十二　一裁許可被（取）用証拠書物之事
十三　一寺社方訴詔（訟）人取捌之事
十四　一出入扱願不取上品并扱日限之事

十五　一誤証文押テ取問敷事
十六　一盗賊火付詮議仕(致)方之事
十七　一旧悪(ママ)之者御仕置之事
十八　一裁許幷裏判不請者御仕置之事
十九　一関所(を)除山越致候者幷関所ヲ忍通候者(ママ)御仕
置之事
二十　一隠鉄炮有之村方咎之事
廿一　一御留場ニテ鳥殺生致候者御仕置之事
廿二　一村方戸閉《シメ》之事
廿三　一村方出入ニ付江戸宿雑用幷村方割合之事
廿四　一人別帳ニ(も)不加他之者差置候御仕置之事
廿五　一賄賂差出候者御仕置之事
廿六　一御仕置(ニ)成候者闕所之事
廿七　一地頭ニ(え)対シ強訴其上徒党致シ逃去(散之)候百姓御仕
置之事
廿八　一身代限リ申付方之事
廿九　一過科(料)申付方之事
三十　一田畑永代売買幷隠地致候者御仕置之事

卅一　一質地小作取捌之事
卅二　一質地滞米日限(定)之事
卅三　一借金銀取捌之事
卅四　一借金銀取捌定日之事
卅五　一借金銀分散申付方之事
卅六　一家質幷舟床髪結床家蔵売渡証文取捌之事
卅七　一二重質二重書入二重売御仕置之事
卅八　一回(廻船)舟荷物出売出買幷舟荷物等(ママ)致押領候者御仕
置之事
卅九　一倍金(ママ)銀幷白紙手形ニテ金銀致貸借候者御仕置
之事
四十　一偽之証文ヲ以金銀貸借致シ候者御仕置之事
四十一　一譲屋敷取捌之事
四十二　一奉公人請人御仕置之事
四十三　一欠落奉公人御仕置之事
四十四　一欠落者之儀ニ付御仕置之事
四十五　一捨子之儀ニ付御仕置之事
四十六　一養娘ヲ遊女奉公ニ出候者之事

四十七　一隠売女御仕置之事
四十八　一密通之男（ママ）女御仕置之事
四十九　一縁談極リ候娘ト不義致候者之事
五十　一男女申合相果候者之事
五十一　一女犯之僧御仕置之事
五十二　一三鳥（派）流不受不施御仕置之事
五十三　一新規(之)神事幷奇怪異説（ママ）等御仕置之事
五十四　一変死(之)者(を)内証ニテ葬候寺院御仕置之事
五十五　一三笠附博奕打取退無尽御仕置之事
五十六　一盗人幷（「幷」以下「致候者」まで、衍か）片輪者所持之品盗取又ハ追剥追落致候者御仕置(之)事
五十七　一盗物質ニ取又ハ買取候者御仕置之事
五十八　一悪党者訴人之事
五十九　一倒死幷捨物手負病人等有之ヲ不訴出者御仕置之事
六十　一棄（拾）物取計之事
六十一　一人ヲ匂（勾）引候者御仕置之事
六十二　一謀書謀判致候者御仕置之事
六十三　一火札張札捨文致候者御仕置之事
六十四　一巧事衒事重キネタリ事致候者御仕置之事
六十五　一申掛致候者御仕置之事
六十六　一毒薬幷似薬種売御仕置之事
六十七　一似金銀拵候者御仕置之事
六十八　一似秤似枡似朱墨拵候者御仕置之事
六十九　一出火ニ付咎之事
七十　一火付御仕置之事
七十一　一人殺幷疵付等御仕置之事
七十二　一相手理不尽之仕方（形）ニテ下手人ニ不成御仕置之事
七十三　一疵被附候者外(之)病ニテ相果疵付候者之事
七十四　一怪我ニテ相果候者相手御仕置之事
七十五　一婚礼之節石打候相（者）手御仕置之事
七十六　一アバレ者御仕置之事
七十七　一酒狂人御仕置之事
七十八　一乱気ニテ人殺之事
七十九　一十五歳以下之者御仕置之事

八十　一科人為立退幷住所(を)隠候者之事
八十一　一人相書ヲ以御尋ニ可成者之事
八十二　一科人欠落尋之事
八十三　一拷問可申付品之事
八十四　一遠島者再犯御仕置之事
八十五　一牢抜手鎖ハヅシ御構(之)地へ立帰候者御仕置
之事
八十六　一辻番人御仕置之事
八十七　一重キ科人死骸塩詰之事
八十八　一溜預ケ之事
八十九　一無宿片付之事
九十　一不縁之妻ヲ理不尽ニ奪取候者御仕置之事
九十一　一書状切解金子ヲ遣ヒ捨候飛脚(ママ)之者御仕置之事
九十二　一質物出入取捌之事
九十三　一煩候旅人ヲ宿送リ(ニ)致候(ママ)者咎之事
九十四　一帯刀致候百姓町人御仕置之事
九十五　一新田地へ無断家作致候者咎之事
(九十六)(一御仕置ニ成候者之闕所田畑を押隠候もの咎
之事)
九十六(九十七)　一御仕置(ニ)成候者忰親類へ預置候内出家願
(いたし)候者之事
九十七(九十八)　一年貢諸役村入用帳面印形不取置村役人咎之事
九十八(九十九)　一軽キ悪事有之者出牢之上不及咎事
九十九(百)　一名目重ク(相)聞へ候共事実ニ(オイ)テ(強て)
人之害ニモ不成ハ(罪)科軽重格別之事
百(百一)　一御仕置仕方(形)之事

一　目安裏書初判之事
一寺社并寺院(社)門前、関八州之外私領、関八州之外(内)ニテ
モ寺社領ヨリ御府内へ掛候出入、月番寺社奉行裏書、
一江戸町中ヨリ御府内へ掛候出入、月番町奉行裏書、
一関八州御料私領、関八州之外御料ヨリ御府内へ掛候
出入、月番御勘定奉行裏書、右双方名主五人組立合
可相済、若不埒明候は、七日目双方罷出候様裏書可
遣候、尤借金銀出入候ハヽ、右取計(捌)候壱ヶ年両度之
日限罷出候様裏書可遣候、
但、支配違へ懸候出入は、評定所へ可差出、双方
一支配ニ有之候ハヽ、其奉行所ニテ裁許可申付候、
在方国(々)へ掛候出入は、何月幾日評定所へ罷出
可致対決旨、致裏書、三奉行掛月番ニテ初判一座
加印、
一山城・大和・近江・丹波、右四ヶ国之者ニ候ハヽ、
双方共京都町奉行取捌、
一和泉・河内・摂津・播摩(磨)、右四ヶ国之者ニ候ハヽ、
双方共大坂町奉行取捌、右八ヶ国之内ニテモ、京都
大坂町奉行支配(違)、又ハ餘国へ掛候出入は、寺社
奉行月番可致初判候、尤双方共右同支配之出入、御
当地へ訴出候は、支配奉行所へ罷出候様申渡、取上
申間敷候事、

二　裁許絵図裏書加印之事
一国境郡境裁許絵図、御老中加印、三奉行之加印(連印)、右
之外絵図裏書ヲ以裁許之分は、三奉行連印之事、

三　御料(一地頭)地頭違出入并跡式出入取捌之事
一遠国奉行支配、御代官所并私領百姓、他へ相掛候出
入、其所之奉行御代官地頭ヨリ断有之候上(ニて)取
上可致吟味候、断無之内百姓訴出候共(ハヽ)、取上申間敷
候事、
一(一)地頭之出入(は)、地頭ヨリ断無之(有)候共、地頭ニ
テ取捌可相済由申聞候共(ママ)、取上申間敷候、勿論地頭
ヨリ断無之百姓訴出候分は、地頭へ可相願旨申渡、
是又取上申間敷候、猶又不相済由地頭ヨリ申聞候ハ

、、頭支配へ申立候様可相達候、
但、地頭非分之申付(ニ)相聞へ候ハ、、伺之上取
上可申候、
一跡式又は養子等之出入は、他領へ掛リ合訴出候共、
先方地頭へ可願旨申聞、取上申間敷候、若地頭之裁
許不審之事有之(も)候は、地頭方へ承合(届)候上、(猶)不致
落著候ハ、、可相伺事、
一加判人有之慥成譲状并加判(人)無之候トモ、当人自
筆ニテ印形無相違書面、怪敷儀モ於無之は、譲状之
通跡式可申付、尤格別筋違候ハ、、吟味之上筋目之
者へ可申付事、
一御料(所)百姓出入は、其支配人ヨリ添状無之候ハ、、
取上申間敷候、品ニヨリ支配(人)へ其趣可申(申通し)、猶又
相滞候ハ、、対決(談)之上取上可申事、
一地頭ニテ寺社ヨリ百姓へ掛候出入モ、一通リ地頭へ
申達候上、不相済候(得)は、取上吟味可致事、
一寺社ヨリ領主へ相掛候出入訴出候ハ、、一通リ地頭
へ申達、於不相済は取上可致吟味事、

四　無取上願再訴并筋違願之事

一諸願申出候者、一通リ吟味之上、難成願ニ候ハ、、
難相(立)成趣申聞、重々(て)願出候ハ、、咎可申付候書(旨)付相
渡、猶又願候ハ、、過料可申付事、
但、奉行所へ願出、無取上儀ニ付、過料申付候処、
遮テ箱訴并御老中若年寄中へ訴詔(訟)(ニ)罷出候ハ、、
奉行所へ呼出、猶又遂吟味、(弥)於難立願候ハ(は)、、
(再)過料可申付候事、
一親子兄弟、其外之親類ニテモ、御咎御免願之儀(之願)ハ、
再応願出候トモ不及咎事、
一総て願之儀、筋違申出候は、其筋(之)奉行所へ願出
候様ニ申付候上、再往申出候ハ、、其筋へ遂対談、
難立願ニテ無取上旨ニ候ハ、、其筋之奉行所ニテ相
応之咎可申付事、
但、難立願、奉行所ニて無取上旨申渡候所、同役
へ右願申出候ニ於テハ、寺院侍ハ押込、町人百姓
ハ手鎖可申付事、
一三奉行(所)へ不訴出、(直ニ)評定所へ訴(訟ニ罷)出

候者ハ、其筋(之)奉行所へ罷出候様申渡、其筋之奉行所ニて吟味之上、落著之儀ハ一座相談之上可申付事、

一親類縁者之由ニテ訴状差出候節、当人難願出訳モ無之候は、当人(ニ為)願可申旨申渡、取上申間敷候、

五　評定所前箱(え)度々訴状入候者手鎖赦免（ママ）之事

一評定所前箱へ難立願訴状入候者、手鎖掛預ケ置、宿仕候者、免許願再往申出候は（ハ、、）、宿并当人へ重て訴状入候ハヽ、可相咎旨申聞セ、尤当人右之趣証文申付、日数無構手鎖差免可申候、

　但、寺院ハ本寺触頭等、浪人は地（ママ）頭地主家主等へ預置、免許之願申出候節、是又前書之通申聞セ、証文取之、差免可申事、

一度々箱訴致シ、手鎖ニ相成候処、差免候以後、又候訴状入候宿（者）、町在共(ニ)江戸払、

　但、宿預又は手鎖申付置候処、(願)不相止候者モ右（ママ）同断、

六　諸役人非分私曲有之旨訴并裁許仕置（直）等之事

一諸役人ヲ始其所之支配人、非分私曲等之儀（ママ）モ有之旨訴出候節、其役人支配人へ一通リ申達、猶又不相済由願出候ハヽ、先其旨相窺、(御)差図次第取計、尤裁許之儀は(相)伺可申付候、

一於奉行所諸役人（所）并私領、前々裁許有之候て事済候儀ヲ、年月ヲ経、右裁許非分之由申立、再吟味願出候共、取上申間敷候、然トモ訴詔（訟）方慥成証文等有之、相手方ニハ証拠無之、先裁許不（必）定過失之旨相見へ候ハヽ、伺之上詮議取懸可申、若又双方証文有之ニ於テハ、再吟味致間敷事、

　但、相手方不尋シテ不叶儀モ候ハヽ、評議之上、其所之支配人或ハ地頭へ一通リ相尋可申候、猥ニ相手召寄申間敷事、

一願不出候共、奉行所ニテ評議之上、先裁許改可然儀は、伺之上可申付事、

七　公事吟味銘々宅ニテ仕候事

一公事吟味之儀、式日立合へ差出、即日不相済儀ハ、懸リ之奉行宅ニテ日数不掛候様(ニ)吟味ヲ詰、一座評議之上、裁許可申付事、

但、御代官手代掛ケ申間敷候、

八　重御役人評定所一座領地(知)出入取計之事

一御老中・諸司(所)代・大坂御城代・若年寄・御側衆・評定所一座、右之分領地(知)出入訴出候節、伺ニ不及取計、裁許之趣相伺可申事、

但、質地幷借金銀出入は、定法有之儀ニ付、不及伺事、

九　用水悪水(幷)新田新堤川除等出入之事

一諸国村々用水悪水(幷)新田新堤或ハ川除等、領地(他領)へ懸合候出入訴出候(時)は、御料は御代官、私領は地頭家来呼出、双方障無之様致熟談可相済旨申聞、訴状相渡、其上不相済段、双方役人申出候ハヽ、其子細承糺取上吟味可致事、

十　論所見分幷地改遣候事

一論所之事、国境郡境ニテモ双方立合、絵図ト御国絵図大概相違於無之ハ、検使ニ不及、裁許可有之候、入組(不)申儀、猥ニ検使差遣申間敷事、

一検使不差遣候ハデハ難成(決)儀は、国境郡境ハ御番衆御代官、村境ハ御代官計差遣可申候、

但、入組不申論所は、郡境ニテモ其辺之御代官見分為致裁許可有之事、

一田畑山林等出入、絵図(書附)等ニテ難分、地改不仕候テハ不相決候ハヽ、不及伺、最寄之御代官手代差遣、地改為仕可申事、

十一　論所見分伺書絵図等ニ書載候品之事

一論所之町ヨリ段(歩)別は勿論、証拠(候)(ニ)引合諸帳面証文(之)は文言之内、其事之員数等書出可申候、絵図面ニテ極候儀ハ、右絵図入用之所計(を)小絵図ニ仕、可差

出候、
一絵図計ニテ不相分儀ハ、其側ニ断書ヲ書（加へ）可申候、
但、字数多候ハ丶、絵図ニハ番付之文字計記、別紙伺書ニ番付之合絞付、可差出事、
一絵図論外之分は、彩色不致、名所ヲ付、訴詔（訟）方相手方ト肩ニ書付仕、差出可申事、

十二　裁許可取用証拠書物之事

一御朱印は不及申、譲状古証文古水帳、或ハ地頭へ（ママ）出シ置候書付等、其紙面疑敷儀無之ニ於テハ、証拠ニ取用可申、私ニ書記置候物、或ハ寺社之縁記（起）之類、猥ニ不可取用事、

十三　寺社方訴詔（訟）人取捌之事

一寺社訴詔（訟）人、可届所へ不断候て願出、添簡無之類（は）取上申間敷候、強て相願候ハ丶、本寺触頭へ相尋、本寺触頭ニテ可致吟味ト其（申）筋之（ハ）、本寺触頭へ可申付事、
一本寺触頭ヲ相手取候類（歟）、又ハ本寺触頭へ願候てモ押へ被置候ニ付、不得止事願出候類は、添簡無之候共、取上ケ可致吟味事、
一寺社領之町人百姓、地頭非分之儀ヲ申出候類（ハ、地頭）寺院或は神主等呼出、様子相尋、品ニ寄取上可致吟味事、
一寺院ニ加リ候出入、裁許申付候節ハ、触頭又ハ本寺呼出為承、裁許状ニ奥印為致可申候事、
一（一）宗法之儀ニ拘リ候公事訴詔（訟）之儀は、取上申間敷候、尤本寺触頭ニテ（咎）申付候て及難渋候（もの）ハ丶、（又ハ）他宗俗人交リ候出入ハ取上可致吟味事、

十四　出入扱願不取上品并扱日限之事

一火付、盗賊、人殺、（人）勾引、逆罪（之もの）、名主等私曲非分、博奕三笠附取逃（退）（無尽）、隠売女、巧之事、
右之外ニテモ　公儀へ拘（掛）り候出入、扱之儀願出候トモ、為扱申間敷候事、

一公事扱願出候節、日数二十日ニ可限事、
但、遠国へ掛合候出入は、往来日数ヲ相考、（其節之）日積(限)相極可申付事、

十五　誤証文押て取申間敷事

一相手不致得心（ニ）、押て誤証文取間敷候、譬誤証文差出候共、其証文ニ拘ラズ、理非次第裁許可致事、

十六　盗賊火附詮議致方之事

一盗賊火附詮義(議)之儀、盗賊改火附改へ不相渡、其手切ニテ可致詮義(議)事、

十七　旧悪御仕置之事

（一逆罪之もの）
（一邪曲ニて人を殺候もの）
（一火附）
（一致徒党人家ぇ押込候もの）
（一追剥幷人家ぇ忍入盗人）

一都て　公儀御法度ヲ相背、死罪以上ノ科ニ可行者、
但、役儀ニ付テ私欲致押領候ハヽ、軽ク候共、相応之咎可有之候、
一悪事有之、永尋申付置候者、（右ハ）旧悪ニ候共、御仕置相伺可申候、此外之咎一旦悪事致シ候共、其後相止ル由是ヲ申、尤外沙汰於無之ハ、十二月以上之旧悪ハ不及咎候事、
但、十二月内ヨリ吟味ニ取掛リ、十二月以後吟味済候分(共)、旧悪ニハ不相立候事、

十八　裁許幷裏判不請者御仕置之事

一裁許不受者、中追放、
（一）裏判幷差紙不請者、所払、
一裁許相済候儀ヲ内証ニテ不用破候者、中追放、

十九　関所（を）除山越致候者幷関所忍通候者御仕置之事

一関所難通（類）、致山越候者、於其所ニ磔、

但、男ニ(被)誘引、山越致シ候女ハヤツゴ、
一右山越致案内候者、於其所、磔、
一関所忍通候者、重キ追放、但、女ハヤツゴ、
(一口留番所を女を連、忍ひ通候もの、中追放、
但、女ハ領主ェ可相渡、)

二十　隠鉄炮有之村方咎之事

一隠鉄炮致所持候者、江戸十里四方(幷)御留場内ニ候ハ、、遠島、右之外関八州ニ候ハ、、中追放、関八州之外、所払、
(一)隠鉄炮打候者、右同断、
(一)隠鉄炮所持之村方、他所ヨリ参打候者(ママ)村方、名主組頭、江戸十里四方(幷)御留場之内ハ、重キ過料、関八州之外(右之外関八州)、急度叱り、
(一)隠鉄炮所持致シ候者、五人組、江戸十里四方(幷)御留場之内ニ候ハ、、過料、
(一)隠鉄炮打候村方、同致所持候村共(方)、総百姓、江戸十里四方ハ軽キ過料、御留場之内ニ候ハ、、壱(ケ)年為過料(怠)鳥番可申付事、
(一廻り場之内鉄炮三度以上打候を不存候ハ、、御留場内、野廻り役儀可取放、
但、野廻り之居村ニ隠鉄炮所持いたし候もの於有之ハ、役儀可取放、)
一隠鉄炮打候者ヲ捕候者、(江戸十里四方幷)御留場之内ハ、御褒美白銀弐(ママ)十枚、
(一)同訴人仕候者、銀五枚、

廿一　御留場ニテ鳥殺生致候者御仕置之事

一網或ハモチ縄ニテ鳥殺生致候者、過料、
(一)鳥致殺生候村方幷居村、名主過料、(組頭叱、)
(一隠鳥を売買いたし候もの、双方共ニ過料、)
但、度々商売(売買)致シ候共、同断、

廿二　村方戸閉《シメ》之事

一在方村々(ママ)戸閉(〆)ハ不申付、軽儀ハ叱リ可申、重キハ過料、亦は名主組頭等ハ役儀取上、猶其上ニモ咎(可然もの)又ハ、

過料可申付事、

但、江戸町続寺社門前幷町続村方(町)奉行支配之町(之)分は、戸閉(〆)ヲモ可申付(候)、在中ニテモ侍体之者ハ、戸閉(右同断)可申付事、

廿三　村方出入ニ付江戸宿雑用幷村方割合之事

一都て公事或ハ願之儀ニ付、江戸宿へ詰居候内(之)雑用(ハ)、双方共ニ一村へ懸リ候儀は、銘々持高割ニ可申付、若其身一分之出入は、当人ヨリ可為出、若難差出身上ニ候ハヽ、親類割ニ可申付、然共邪成不届之儀願候ヲ、五人組之者共乍存、異見ヲモ不差加、其分ニ捨置、為(相)願候ハヽ、不埒ニ候間、右之類は五人組(へ)モ割合可申付事、

一公事相手又(ママ)は願等之儀ニ付、吟味之内江戸(宿)預ニ成候雑用、一村へ懸リ候儀ハ、村高へ割合可申付、其身一分之儀ハ当人ヨリ可為出候、其者御仕置ニ(成)候ハヽ、身代限ニ可償之、

一都て村方ヨリ狼藉(ママ)者又ハ不届之者之類、百姓心付召捕出候節、路用幷江戸逗留(之)入用、従　公儀可被下之、若又他所ヨリ差口、或ハ外ヨリ願(出)候て、奉行(所)幷御代官ヨリ捕ニ遣候類ハ、不心付捨置候儀、不念ニ候間、村中割合(ニ)可申付事、

一公儀幷地頭へ相納候役掛リ其外村入用、公事出入之入用等之儀、可為高割事、

但、入作百姓共ニ、一同割合可申候、

一山方野方浦方(或)為浜(塩)等、無高又ハ小高ニテ家数多場所ハ、家抱下人共人別割ニ可申付事、

但、妻子ハ人別割(ニ)可除之事、

一山林野原(之)類、(入)会地(を)割取候節は、入作百姓共一同高割タルベキ事、

一祭礼入用勧化奉加等之儀ハ、申合(心)次第可為《タル》事、

一前々割合極置、出入無之所は、唯今迄之通可為《タル》事、

廿四　人別帳ニモ不加他之者差置候御仕置之事

一人別帳ニモ不加他之者差置候者、当人幷差置候者共、所払、名主重キ過料、組頭過料、

廿五　賄賂差出候者御仕置之事

一公事諸願其外請負事等ニ付て、賄賂差出候者幷致取持候者、軽キ追放、

但、賄賂請候者、其品於相返(申出)は、賄賂差出候者幷取持致シ候者、共(ニ)村役人ニ候ハヽ、役儀取上、平百姓ニ候ハヽ、過料可申付事、

申付ものニ決置

廿六　御仕置ニ成候者闕所之事

一磔、火罪、獄門、死罪、遠島、

一重追放、

右御仕置申付候者ハ、田畑(家)屋敷家財トモ闕所可申付、中追放・軽追放ハ田畑家屋敷計闕所申付、家財(ハ)不及闕所、若又御仕置極候者ニ候ハヽ、(吟味之内致病死候とも、吟味詰御仕置可申付ものニ決置候上、病死いたし候ハヽ、伺可成筋之御仕置之ものハ)伺之上闕所可申付事、

但、下手人ハ不及闕所、此外専利欲ニ拘リ候類ハ、江戸十里四方追放幷所払ニテモ、田畑家屋敷闕所可申付、貧(貪)(たる)義(儀)無之ニ於テハ、不及闕所、

一妻子(之)諸道具、其外寺社付(附)之品は、構無之事、

一御扶持人ニテモ都テ闕所之仕方(形)、右同断、

一私領百姓　公儀御仕置ニ成、田畑家財共闕所之節(ハ)、地頭へ取上可申渡事、

但、田畑質地ニ入置候ハヽ、証文吟味之(上)、定法之質地於無相違は、(質入之)田畑払代金之内ヲ以、質ニ取候者へ元金可相渡、金高不足ニ候ハヽ、地面ニテ可相渡、若又年貢滞有之候ハヽ、右質入之地面(払)代金ヲ以、御(先)年貢引取、質ニ取候主へハ、残金之内ヲ以、元金(可相)渡之、(尤)金高不足之分は、金主可為損失事、

一夫御仕置ニ成、闕所之節、妻持参金幷持参之田畑家屋敷モ可致闕所事、

但、妻名付ニテ有之分ハ、不及闕所候事、

一御仕置ニ成候者亦は欠落者闕所之節(共)ハ、当人貸置候金子幷売掛金手形帳面等有之候ハヽ、借主ヨリ不及上納候事、

但、借主、右金子之儀ニ付、不埒之義(儀)モ有之候ハヽ、取上(立)可為致上納候事、

廿七　対地頭強訴、其上致徒党逃去《(散之)》候百姓御仕置
　之事
一頭取死罪、名主重キ追放、組頭田畑取上所払、総百
姓村高相応《(ニ応し)》之過料、
　但、地頭申付非分有之は、其品ニ応シ、一応《(等)》モ二
　応《(等)》モ軽ク可相伺、未進(於)有《(無)》之は重キ咎ニ不及事、
一村々百姓徒党結令騒動、強訴或ハ逃散之者有之節、
名主又ハ年寄等差押、不為加徒党村方於有之ハ、
(名主ニても年寄ニても、第一ニ差働取鎮候者、御褒
美銀被下之、其身一生帯刀いたし、名字ハ永ク可為
名乗候、)
　(但)、其品軽キは、御褒美銀計可被下候事、

廿八　身体限申付方之事
一田畑屋敷家土蔵《(ママ)》家財、取上、
　但、他所ニ家蔵有之分モ取上、尤金主立合吟味之
　上、金高不足候ハ、、追て身上取立次第可相懸旨
　申付、金高ヨリ余分於有之ハ、滞金ニ応シ為相渡
　可申候、小作滞身体限田畑屋敷之《(ハ)》金主(ヘ)渡置候
　上、年々作徳ヲ以滞金於相済は、地所元地主へ為
　相返候事、
一(店借ニ候ハ、、家財取上、)
　(但)、地借ニテ家作自分ニ仕候ハ、、家財家作
　共(ニ)取上可申候《(ママ)》之事、

廿九　過料申付方之事
一過料申付(候)員数増減之儀、例ニ不拘、其者之身上《(体)》
(と)科之軽重ニ応シ、過料可申付事、
　但、別テ軽《(至)》キ者(ニテ)過料(差)出候儀、難儀《(成)》之者
　(ハ)手鎖可申付事、

三十　田畑永代売買并隠地致候者御仕置之事
一田畑永代(ニ)売候者、当人過料、所払、《(「所払」以下、「同罪」まで、》家財不及闕
所ニ、《衍か)》死ニ候時分子同罪、加印《(判)》(之)名主役儀取上、
証人叱リ、

一同買候者、過料、死候時分子同罪（「過料」以下、「同罪」まで、衍か）、永代売之田畑取上、証人過料可申付（「証人」以下衍か）、
一高請無之開発《ホツ》新田畑等、其外浪人侍等所持之田畑、永代売無構、
一質ニ取候者作取ニテ、質置主年貢諸役相勤候分、質置主過料、質ニ取候者、地面取上（過料、加判之名主役儀取上）、証人叱リ、
一隠地致候者、中追放、

卅一　質地小作取捌之事

一年季明ケ拾ケ年過候質地、流地、
一年季内之質地、年季明ケ請戻候様可申付、
一年季限無之、金子有合次第可受戻証文、質入之年ヨリ拾ケ年過候ハヽ、流地、
一拾ケ年以上年季質地、無取上、
一質地名所幷位段別無之、或ハ名主加印無之不埒之証文、年限差別無之候ハヽ、（無取上）、名主過料、併（尤）名主質入之儀（不存）、証文（ニ於）不及（致）加印不存（ママ）候ハヽ、不及咎事、
但、右金主地主承届《トヽケ》、相対之上地主ヲ（定）、水帳ニ相除（改）候旨、名主へ可申渡、尤名主質地相名主無之村方は、組頭加印於有之ハ、定法之通済方可申付、
一年季明不請戻候ハヽ、可致流地由之証文、年季明候跡月（期）ヨリ二ケ月過、訴出候は流（地）、但、年季明不受戻候ハヽ、永支配、（又）は子々孫々迄構無之、且（又）此証文ヲ以可致支配、或は可致名田抔之文言、流地之証文ニ准シ可申付候事、
一質地元金済方申付、返金滞候ハヽ、地面金主へ渡、流地、
（但、直小作滞候ハヽ、可為棄捐事、）
一質地証文（之）文言は宜、小作証文不埒ニ候ハヽ、質地ハ定法之通裁許、小作滞分不申付、
（一）又質地元（ママ）地主加判有之証文、元地主定法之通可申付、
但、（又）質之節、増金借受候者、其分ハ（又）質置

候者ニ済方可申付、
一御朱印地寺社領屋敷(共)譲渡、質(ニ)入候者(寺社)、江戸十里四方追放、(但)、譲請質ニ取候者、地面為(相)返、重過料可申付事、
一証文端書ニ質地ト認候共、請戻候文言無之ニ於テハ、永代売同前之御仕置、
一譲証文之(と)端書ニ有之候共、祝儀金礼金ナゾ渡候文言有之候へハ、右同様之御仕置、
一小作滞、質地日限之通申付、其上相滞候は(ハヽ)、身体限可申付、
一小作証文無之候共、別小作ニ無相違、本証文定法之通候ハヽ、質地元金計裁許申付、小作滞(ハ)不申付、尤地面は小作人ヨリ地主へ可(為)引渡、
但、直小作ニテ証文無之分ハ、書入ニ准シ、本証文宜(候)トモ、質地之法ニハ裁許不申付事、
一小作証文無之候共、質地文言(証文)小作之儀書加有之候は、質地金小作金共ニ可申付事、
一家守小作滞候ハヽ、請状之通於無相違は、当人請人共済方申付、滞候は両人共ニ身体限リ可申付、
一質地之年貢計金主ヨリ差出、諸役ハ地主相勤候証文、年季之内ニ候ハヽ、定法之通証文為仕直、双方加印(衍文)名主(か)過料、質置主叱リ、質取主過料、加印(判)(之)名主過料、
但、年季明候ハヽ、地面可為受戻、年季明二ケ月過候ハヽ、定法之通流地申付、両様共本証文(文之通)咎可申付事、
一質入之地面(を)半分直小作致、質地高不残年貢諸役共、地主ヨリ相納(候)証文、右同断、
一弐拾ケ年以上之名田小作は、永小作ニ可申付、
一質地元金年季之内内済(いたし)、年季明残金有之旨及出入候ハヽ、内済之金子(ハ)地主へ相返、流地、
一質ニ取置候地面直小作滞之儀、金主訴出候ハヽ、小作滞計済方可申付、
但、日限之通不相済候ハヽ、地面取上(相)渡スへシ、

卅二　質地滞米金日限之事《(定)》
一金五両以下、米五石以下、三十日限、
一金五両ヨリ《(以上)》十両迄、米五石ヨリ《(以上)》十石迄、六十日限、
一金十両ヨリ《(以上)》五十両迄、米拾石ヨリ《(以上)》五十石迄、百日限、
一金五十両ヨリ《(以上)》百両迄、米五十石ヨリ《(以上)》百石迄、二百五
十日限、
一金百両、米百石以上、閏月共十ケ月限、
一金弐百両、米弐百石以上、閏月共十三(ケ)月限、
右日限ニ准シ済方申付、相滞候ハヽ、地所金主へ為
(相)渡(可申候)、尤其人(之)身上ニ応シ取計可申事、

卅三　借金銀取捌之事
一借金銀、祠堂金、官金、書入金、立替金、先納金、
職人手間賃銀、手附金、持参金、売掛金、仕入金、
諸道具預証文ニテ金子借候類、
右之分、享保十四酉年以来滞は、四月十一月一ケ年
両度済方可申付、
但、(右)日限之節、少々モ相滞候ハヽ、一ケ年ニ
両度宛幾度モ切金ニ為差出、其上ニテ済方不埒ニ
候ハヽ、身体限可申付、
一地代金、店賃金、三十日限済方可申付、右(二ヶ条)、
日限ニ不相済候ハヽ、《(切)》有金為差出、其上済方不埒ニ
候ハヽ、身体限可申付、
一連判証文有之諸請負徳用割合請取(候定)、芝居木戸
銭、無尽金、是等ハ仲間事ニ付、取上無之、
但、証文慥ニ有之候共、仲間事ニ相決候ニ付テハ、
一向取上無之《(中間敷事)》、
一同《(日)》寄附込帳ニ記候借金印形無之分、無取上、
(一)宛所・年号無之証文、取上無之、
(一)証文(之)末ニ利足定書載有之、其所ニ印形無之、
利《(マヽ)》足無取上、
一家質金・質地金(幷)諸借金、宛所違之証文ヲ以訴出
候ハヽ、無取上、
但、証文譲受候由申候共、証拠於無之ハ、取上申
間敷候、
(一質地・家賃・諸借金利息、一割半以上之分ハ、一

割半ニ可極、）
一御家人亦は御用達町人等拝領屋敷、地代店賃ヲ書入、
金子借用返金滞候ハヽ、一ケ年両度ニ済方可申付、

卅四　借金銀取捌定日之事

一四月十六日、十一月十六日、此二ケ月（一日宛、壱
ケ年ニ両度）、滞金銀（借金銀公事）出入訴詔（訟）計承之、裁許可申付
事、

卅五　借金銀分散申付方之事

一金銀借方之者、身体分散之節、貸方（之）内少々不得
心之者有之由願出候ハヽ、分散請候様申聞、若不得
心ニ候ハヽ、得心之者計（へ）分散割合為相渡可申候、
尤借方之者身上持次第、割合請取候者モ、不受（ママ）取者
モ、（一同ニ）追て相掛候様可申渡候（事）、

卅六　家質幷船床髪結床家蔵売渡証文取捌之事

一家質金、何ケ年以前ニテモ金高ニ応シ、日限済方可
申付、
但、日限之上滞候ハヽ、家質可（為）相渡、日限之
内（之）宿賃モ済方可申付、尤年季之内ニテモ、宿
賃滞者三ケ月（過）訴出候ハヽ、取上可申事、

家質金滞日限定

一金三拾両以下、四十日（限）、三拾両以上六十日限、
五拾両以上八十日限、百両　百五十日限、
但、百両有餘は、見合日限可申付候、
一金千両以上、閏月共十二ケ月限、右日限之内、宿賃
済方可申付事、
一拝領屋敷家質ニ入、於（及）出入は、屋敷取上、屋敷
主ハ百日押込、
但、書入（ニ）致シ、金子借候共、家賃（質）金同前（然）之事、
一髪結床幷回り場所或ハ舟床書入証文、家質ニ准シ、
金高ニ応シ、日限（済方）可申付候、
但、日限之上相滞候ハヽ、証文之品為相渡可申事、
一寺社附之所（品）書入、亦は売渡証文ヲ以、金（子）借貸（貸借）致
候ハヽ、借主追院、証人、寺院ニ候ハヽ、逼塞、俗人

ニ候ハヽ、手鎖可申付事、

但、金子ハ不埒之貸方ニ候間、済方之不及沙汰候、

一家蔵売渡証文ニテ金子借候類、家質ニ准シ、金高ニ応シ、日限済方可申付、

但、日限之上相滞候ハヽ、証文之通(品)可為相渡事、

一諸物売渡証文ニテ金(子)借候類、武士方寺社方ハ、借金銀取捌之通、一ケ年両度済方可申付、

但、町(方)在方(ハ)、三十日目相手裏書ヲ以(遣)呼出、済方ニは家賃(質)之日限一倍ニ申付、不相済候ハヽ、家質之取捌可申付候、

一憐成質物ヲ以借候金銀、家質ニ准シ、金高ニ応、日限済方可申付候、

一為替金、家質金同前(然)、金高ニ応シ、日限済方可申付候、

但、日限之上滞候ハヽ、家質可為相渡事、

卅七　二重質二重書入二重売御仕置之事

一田畑屋敷二重質入致候者、質入主、中追放、名主、田畑取上軽キ追放、加印(判)人、所払、

但、二重書入モ同断、田畑屋敷建家(等)ハ、初て之金主へ相渡、後之金主へは家財取上可相渡、尤名主加印(判)人馴合、礼金取候ハヽ、中追放、後之金主午存質地書入等証文(取)候ハヽ、江戸十里四方追放、

一諸商物代金請取、其品不相渡、外へ二重売致、又ハ取次可遣品質ニ置幷売払、或ハ金銀致横取候者、(金子ハ拾両より以上、雑物ハ代金ニ積、拾両位より以上ハ死罪、)金子八(ハ)拾両ヨリ以下、雑物ハ代金ニ積、拾両位ヨリ以上(下)は、入墨(敲)ニ可申付候、

但、先入牢申付、代金亦は商物ニテ成共(相)済候ハヽ、拾両ヨリ以上は江戸払、拾両ヨリ以下ハ所払、

右買(取)候者、若不念之訳(品)於有之は、其品取上可申事、

卅八　回船荷物出売出買(幷)舟荷物致押領候者御

仕置之事

一回船荷物出売出買致候者、買主売主(共)、重キ追放(過料)、
　但、荷物代金共ニ取上、荷物ハ問屋へ(相)渡可申事、

一打荷或ハ破船ト偽、荷物(を)致押領候者、舟頭獄門、上乗同罪、水主入墨之上重キ敲キ、
　但、吟味之上、浦証文は有之候共、類舟無之、候(差)て舟痛不申候所、致打荷候ハヽ、舟頭過料拾貫文、上乗三貫文、水主無構、

一遭(難)悪風、致打荷候残荷物(を)盗取候舟頭(と)馴合、浦証文差出、配分取候者名(ママ)主、於其所獄門、

一同盗荷物自分土蔵ニ入、預リ置配分取候者、死罪、

一同舟頭之宿致、馴合村中之者(え申勧メ)、配分取候者、遠島、

一(同)百姓之内重立持運、致世話、配分取候者、重キ追放、

一同盗荷物配分取候総百姓、配分之品取上、村高ニ応シ、重キ過料、

卅九　倍金銀(ママ)幷白紙手形ニテ、金銀貸借致候者御仕置之事

一倍金銀(ママ)幷白紙手形ニテ質地借金等取遣リ仕候者、不埒ニ付、済方之不及沙汰、双方幷証人共、過料可申付事、
　但、金主借主過料員数之儀ハ、例ニ不拘、身上相応ニ重ク可申付候、

四十　偽(之)証文ヲ以金銀致貸借候者御仕置之事

一金銀借用之証文、及露顕難相立筋、亦ハ支配頭へ(或ハ)顕レ候ては申分難相立者(之)名(を)偽、文言之内へ書入、金銀借候者、死罪、
　但、右之趣乍存貸候ハヽ、貸候者モ同罪、

四十一　譲屋敷取捌之事

一譲(請候町)屋敷、町内へ弘メ無之、町名前不改類、(及)出入候ハヽ、屋敷取上之事、

四十二　奉公人請人御仕置之事

一奉公人給金滞、十日限請人へ済方可申付、
　但、日限之節、半金モ差出候ハヽ、十日之日延、其上ニテ滞候ハヽ、身体限リ可申付(候)、尤主人ヨリ請人人主へ相掛候ハヽ、両人へ可申付候、

一武士方ヲ(ママ)奉公人之(を)人主ニ取候(分)テモ、取捌右同断、
　(但、右同断、)

一給金出入、主人ヨリ請人之家主へ(相)届、預証文取置候ハヽ、後ニ請人欠落致シ候共、家主へ給金済方(并)尋テモ(ママ)可申付、
　但、(右)立替金、受人之店請へ、家主へ(ママ)懸リ候ハ(とも)ヽ、申付問敷(事)候、

一奉公人病気ニ付、宿へ下リ(ケ)候処、快気致候へトモ不相帰、外へ奉公ニ出候ハヽ、(給金不相済候ハヽ、)請人闕所江戸払、奉公人同罪、給金不相済候ハヽ、猶又(「給金」以下「申付」まで、衍か)右之通可申付、
　但、給金(相)済候共、受人過料、奉公人手鎖、

一奉公人出入ニ付、断并給金取立、或は預リ(ニ)来候者(を)疵付、又ハ打擲致候ハ(もの)ヽ、中追放、
　但、刃物ニテ疵付候ハヽ、死罪、

一取逃引負致候者、請人へ引渡、請人ヨリ可相済旨証文取置候上、奉公人於(致)欠落は、取逃之品金(引負)トモ(ニ)、請人へ済方可申付、
　但、引請之証文於無之ハ、欠落尋計可申付事、

一欠落奉公人、請人へ三十日限尋申付、三日限日延之上、猶(於)不尋出は過料、
　但、取逃欠落致候者(ママ)(ハ)、六(切)日延尋可申付、

一取逃之品於売払は、買主ヨリ為戻可申事、
　但、金子抔ニテ遣ヒ捨候義(事)分明ニ候ハヽ、捨リニ相成(可致)候事、

一取逃(之儀)乍存、奉公人計隠置候請人人主、江戸十里四方追放、

一奉公人給金、請人立替相済候ハ(以)ヽ、後、下請人へ掛リ候之節ハ、廿日限済方可申付、

一欠落奉公人ヲ請人見出、当宿へ預出(ママ)置候ハヽ、立替候給金、当宿へ廿日限済方可申付、

但、奉公人受人方へ引取候上、致欠落候ハヽ、請人方ニ罷在候内之雑用トモ、当宿へ済方可申付、先達て下請(人え)立替ニ掛候ニ於テハ、当宿へハ過料可申付、尤慥成証人(文)取(之差)置候ハヽ、其下請之者ニ可申付、欠落者ハ引返シ度旨、請人相願候ハヽ、為引返可申事、

一武士方町方トモ、欠落一通リ之者ヲ尋出、召捕ニ於テハ、請人へ相渡、心次第申付、主人請取度(旨)願候ハヽ、(主人え)可為相渡事、

但、致欠落、三日之内他所ニテ致悪事候ハヽ、主人方へ為引取候(マ マ)ハヽ、欠落ニハ立申間敷事、

一人宿之外、素人宿之分ハ、親類并同国無拠(之好身ニ)懇意之訳候ハヽ、十人迄ハ可為致請印《ハン》、

但、十人餘ニ候ハヽ、過料可申付事、

一奉公人請人、店請無之出入は、家主引請相済、当人店立於願出は、当人(ハ)門前払申付、追て住所見届、家主願出候ハヽ(節)、身体限可申付、

一自分之名ヲ替、奉公人之請ニ立候者、江戸十里四方追放、

但、奉公人ト馴合、判賃ノ外ニ給金之内(をも)配分取、欠落致シ候ハヽ、死罪、

一人之仕業ト相見(候)寄子之(変死を)不致分(存)ハ、(ニいたし候もの)所払、

但、人之仕業ト不相見、致変死候ヲ不訴出者(分)、叱リニテ可済事、

一寄子致欠落(参)候儀ハ存候へトモ、盗人ト乍(不)存宿致シ、雑物質ニ置主ニ相成、世話(いたし)遣シ、配分ハ不取者、(江戸)十里四方追放、

一請ニ立、奉公人ニ出置候者ヲ誘引出、又外へ売候者、死罪、

一取逃之雑物(を)預リ主(置)、致配分、又ハ礼金(等)取、当人(を)隠置(候)請人人主トモ、死罪、

一奉公人ト馴合、再応為致欠落候受人、死罪、

但、寄子之内欠落不尋出請人、及七度候ハヽ、江戸払、

一組合人宿寄子之内ヲ自分請ニ立置(候)奉公人ニ(マ マ)為致

欠落、主人ヨリ断有之、奉行所ニテ給金済方申付候処、其人宿モ致欠落候ハヽ、（給金滞ハ、人宿組合償ニ可申付、致欠落候）人宿之尋ハ家主ニ申付、尋不出候ハヽ、過料可申付、

一組合人宿ニハ無之、好身之者ニ付、人主印形は有合之判ヲ用、自分請ニ立、奉公人ニ出シ致欠落候所、主人方へハ不相返、又候請ニ立、外へ奉公ニ出候ハヽ、（給金不相済候ハヽ）受人闕所江戸払、給金不相済候共同（「給金」以下「同断」まで、）断（衍か）、奉公人同罪、

但、給金相済候共、請人過料、奉公人手鎖、

四十三　欠落奉公人御仕置之事

一手元ニ有之品ヲ風与致取逃候者、金子ハ拾両ヨリ以上、（雑物ハ代金ニ積り拾両位より以上）ハ、死罪、（金子ハ拾両より以下）、雑物は代金（ニ）積、拾両位ヨリ以下は、敲之上入墨（「入墨敲」）、

一使ニ為持遣候品、致取逃候者、右同断之趣ヲ以仕置可申付候、

但、（先）入牢申付、取逃之品償候ハヽ、（壱両以上以下共）、主人願次第（之通）助命申付、江戸ニ不罷在様可申渡候、

一巧候事（儀）モ無之、軽キ取逃致候ハヽ（もの）、敲キ、

（一）給金受取、主人方へ不引越者、敲キ、

一度々致欠落候者、重キ敲キ、

一主人之金子（を）持出、博奕打候者、重敲、

一引負致候者、一向弁金於無之は、金高ニ応シ、五十敲、百敲キ、

但、当人幷親類之身上ニ応、引負金高三分一、或は五分一、（又ハ）十分一相済候ハヽ、当人出牢之上、追て身上持次第、幾度モ主人方へ（より）相懸リ候様可申付事、

四十四　欠落者之儀ニ付御仕置之事

一請合人（も）無之、欠落者（を）囲置候者、過料、

一欠落者有之ヲ不申立、闕所ニ可成筋（品）ヲ押隠置候ハヽ、名主江戸十里四方追放、家主同断、五人組過料、

一夫家出致シ、行へ不相知者(之)妻、外へ縁付度願出候ハ、、致家出候月ヨリ十ケ月過候ハ、、縁付可申段可申渡、

四十五　捨子之儀ニ付御仕置之事

一金子添、捨子(を)貰、其儘其捨子又候捨候者、引回シ之上、獄門、

但、切殺シメ殺候ハ、、引回之上、磔、

一捨子(有之を)内証ニテ隣町(等)へ(又候)捨(儀顕に)候ハ、(おゐてハ)、当人所払、家主過料、五人組過料、名主江戸払、

但、吟味之上、名主五人組家主等不存義(儀)紛無之候ハ、、無構、

四十六　養娘ヲ遊女奉公ニ出シ候者之事

一軽者養娘遊女奉公ニ出候者、実方ヨリ訴出候共、無取上、

但、貧賤(卑)之者へ養子ニ遣シ候コト(ハ)、実親(方)ニモ其心得可有之事ニ候間、証文等(ママ)有之候共、無取上、然トモ養娘格別非道之筋(ママ)ニテ及難儀候ハ、、(事を、養父取計候ハ、可遂吟味候、実子にても、親之仕形法外之儀有之候ハ、)養実之父共仕方、吟味之上、相応之御仕置可申付事、

四十七　隠売女御仕置之事

一隠売女致候者、踊子ヲ抱(置)、売女(為)致候者、家財取上、百日手鎖、所預、隔日封印改、

(一)隠売女踊子共、三ケ年之内新吉原へ被下(とらせ遣ス)、

(一)請人人主、家財三(二)分一取上、

(一)家主、家財取上、百日手鎖、隔日封印改、

但、家主建置候家蔵有之候ハ、、五ケ年(之内)店賃為償(相納させ)可申候、

(一)五人組、過料、

(一)名主、重過料、

(一)地主、五ケ年之内家蔵屋(ママ)敷取上、地代店賃為相納、五ケ年過候ハ、、元地主へ返シ可被下、但、外ニ罷在候共、右同断、又候売女置候ハ、、幾度モ同様ニ

中付、明地ニは申付間敷候事、
一御扶持人亦は御用達町人拝領屋敷、右同断、
（但、右同断、）
一寺社門前町屋、右同断、（但）、寺院神主ハ寺社奉行ニテ叱リ（置）、自分ニテ遠慮致シ候様可申付、
一（同）地借町屋之分、右同断、（但）、寺院神主モ（等）咎、（右）同断、
一妻ヲ隠、売女（之）類ニ出候者、家財取上、重敲、
一踊子呼寄、売女為致候料理茶屋（等）、所払、
一（一）家主、過料、
一（一）地主、重過料、若（但）、地主外（其所ニ不罷在）ニ罷在候ハ、、叱リ、
一（一）名主五人組、無構、
一隠売女（を）誘引出候ハ、、男女共無構、
但、女ハ誘引出候者之方成共、外へ参候共、心次第可申付候、

四十八　密通御仕置之事

一密通致候妻、同男、死罪、
一密通之男女共、夫切殺於紛無之ハ、無構、
一密夫ヲ殺、妻存命ニ候ハ、、（其妻）死罪、（但）、若密夫逃候ハ、、妻ハ夫之心次第可申付候、
一女同心無之（ニ）密通ヲ申掛、或ハ家内ニ忍入候男ヲ夫殺候節（時）、（不義を申懸候）証拠分明候ハ、、男女共無構、
一夫有之女へ密通之致手引候者、中追放、
一密夫致、実之夫ヲ殺候女、引回シ之上、磔、
但、実之夫（を）殺候様勧候カ、又ハ致手伝候男、獄門、
一致密夫、実之夫へ疵付候女（もの）、引回シ之上、獄門、
一主人（之）妻ト致密通候者、男ハ、引回シ之上、獄門、女ハ、死罪、
一主人（之）妻へ致密通ス手引致シ候者、死罪、
一夫有之女、得心無之ニ、押テ不義致候者、死罪、
但、大勢ニテ不義致候ハ、、頭取獄門、同類重追放、
一密通御仕置、妻妾（都て）無差別、

一養母養娘幷娵ト致密通候(もの)、男女共、獄門、
一姉妹伯母(姪)ト致密通候(もの)、男女共、遠国非人
手下、
(一)但(マヽ)、離別状不遣、後妻呼候者、所払、(但)、利欲
之筋ヲ以之事(儀)ニ候ハヽ、家財取上、江戸払、
一離別状(を)不取、他へ嫁候女、髪(を)剃、親元へ相
返ス、
　但、(右之)取持致シ候者、過料、
一離別(状)無之女、他へ縁付候親元、呼取候男、共ニ
過料、
一主人之娘ト致密通候者、中追放、(但)、娘は手鎖
(かけ)親共方(元え相)へ渡ス、
(一)但(マヽ)、主人(之)娘へ手引致シ候者、所払、
一幼女へ不義致シ、怪我為致候者、遠島、
一女得心無之ニ、押テ致不義候者、重キ敲、
一夫無之女へ密通致シ、誘引出シ候者、女ハ為相返(帰)、
男ハ手鎖、
一下女下男密通、主人へ引渡(遣)ス、

一他之家来亦は町人等、下女へ致密通忍入候者、男ハ
江戸払、女は主人心次第可為致、
一隠売女(を)誘引出シ、夫婦ニ成候女ト致密通候者、
男ハ過料(敲之上所払)、其上所払、女ハ新吉原(町)へ年季無銀(限)ト
ラセ遣ス、
一夫有之女ト密通致候男ニ被頼、其女ヲ貰ヒ掛候者、
所払、
一一旦離縁致、離縁状は不取返、又候妻ニ致シ候歟、
又ハ致密通候男ハ、所払、女ハ年季無銀(限)、新吉原
(町)へトラセ遣ス、

四十九　縁談極候娘ト不儀(義)致候者之事

一縁談極候娘ト不義致候男(幷)娘共ニ、親切殺候ハヽ、
(見届候段)於紛無之ハ、無構、
一縁談極候娘ト不義致候男、軽キ追放、(但)、女ハ髪
ヲ剃親元へ渡ス、

五十　男女申合相果候者之事

一不義ニテ相対死之者、死骸取捨、葬(為弔)セ申間敷候、
(但)、一方存命ニ候ハヽ、下手人、
一双方存命ニ候ハヽ、三日曝非人手下、
一主人ト下女ト相対死ニテ、主人存命ニ候ハヽ、非人
手下、

五十一　女犯之僧御仕置之事

一寺(マヽ)院寺持之僧、遠島、所化(僧)之類、晒之上、本寺
触頭へ相渡シ、寺法之通可為致、
(一密夫之僧、寺持所化僧之無差別、獄門、)

五十二　三鳥流(派)不受不施御仕置之事

一三鳥流(派)不受不施之類(類之)法(を)勤(勧)候者、可致改宗由申候
共、遠島、
但、勤(勧)候者俗人ニ候ハヽ、家相続(其)可致子(共)改宗
可致申候共、所払、其外妻子(マヽ)は(マヽ)、可致改宗申候へ
ハ、無構、

一右(同)伝法受、其上勤(勧)候者致宿候者、遠島、
但、致改宗ベク申候者、重キ追放、
一(同)伝法受候内、勤(勧)候者之住所(等)致世話候者、遠
島、
但、改宗可致(旨)申候へハ、田畑取上、所払、
一(同)伝法受候者、致改宗、自今右宗旨持間敷申(旨)、証
文致候ハヽ、無構、(但)、改宗罷成間敷(致間敷旨)申候ハヽ、
遠島、
一同勤(勧)候者(を)村方ニ差置候名主組頭、伝法(を)不請、
帰依不致候共、役儀取上ケ、
但、伝法(を)受、可致改宗(旨)申候共、名主、
田畑(マヽ)取上軽追放、組頭、田畑取上所払、
一同勤(勧)候者(ハ)不致住居候共、大勢村方之者致帰依候
ヲ不存候ハヽ、(右同断)、名主重過料之上(マヽ)追放、組
頭軽過料、
(但、右同断、)

五十三　新規(之)神事仏事(幷)奇怪異説御仕置之事

一新規(之)神事仏事致候者、出家社人ニ候ハヽ、(其品重キハ所払)、其品軽キハ逼塞、俗人ニ候ハヽ過料、

一奇怪異説申触、致人集候ハヽ、人集(いたし)候者(宿)、江戸払、致発起申触候頭取、右同断、(同)致世話候者、所払、

但、町方在方共、致人集候宿之名主、重過料、組頭五人組、過料、三十日以上捨置不訴出候ハヽ、町在共名主役儀取上可申候、

五十四　変死之者(を)内証ニテ葬候寺院御仕置之事

一変死之者(を)内証ニテ葬候寺院御仕置之事ハ、吟味之上、五十日逼塞、

五十五　三笠附博奕打取退無尽御仕置之事

一(三)笠附点者、(同)金元(幷)宿、遠島、

一博奕打筒取幷宿、遠島、

一取退無尽頭取幷宿、遠島、

一三笠附句拾、家財取上、非人手下、

一取退無尽札(売)、右同断、

一取退無尽鬮振世話役、家財取上、江戸払、

一三笠付(致)候者、博奕打候者、取退無尽致候者、家財家蔵取上、過料、家蔵無之者ハ、五貫文或ハ三貫文過料、

一武士屋敷ニテ召仕致博奕候者、遠島、

一手目博奕打候者、遠島、

一悪簔抜(拵)候者、入墨之上重キ敲、

一三笠付点者金元幷宿(之)家主、家財取上、百日手鎖、

一博奕宿、筒取之者(之)共家主、右同断、

一取退無尽宿、頭取之家主、右同断、

一(同)地主、屋敷取上ケ、(但)、五ケ年過、元地主へ(返し)被下、外ニテ致候者ノ地主ハ、三ケ年過候て(返し)被下候事、

但(附)、其日暮(稼)之者、商ヒ先ニテ(当分)博奕筒取致候

類、地主并所之者(共)、不及咎、
一三笠付宿、博奕打宿、取退無尽宿、両隣并五人組、
家財取上ケ、
但、在方ハ組頭五人組共ニ、過料、
一(同)名主、町方在方共、五十日押込(マヽ)、過料五貫文、
一(同)町内、家並、廿日(マヽ)戸閉、過料三貫文宛、向頬(側)小
間ニ応シ過料、
但、在方(ハ)村高ニ応シ過料、
一軽キ賭ノ宝引読歌留多打候者、三十日手鎖、
但、五十文以上之賭(銭)致候ハヽ、博奕同断(然)之御
仕置、
一(同)宿致シ候者、過料三貫文、
(但、右同断、)
一三笠附点者、(同)金元并宿、博奕打筒取并宿、取退
無尽頭取并宿、此類訴出候ハヽ、同類(たりといふ)
トモ其科差免、御褒美銀二十枚可被下事、
但、句拾ヒ札売等(を)訴出、其手筋ニテ右之類(もの共)(を)
捕候ハヽ、金五両又ハ三両御褒美可被下、
一仲間之者へ金子合力之為ト申、博奕催、合力金之内、
(内証にて)自分モ配分取候者、遠島、
但、博奕催候世話(ハ)不致候へトモ、合力金貰候
者、中追放、
一三笠附博奕打取退無尽之儀、町内名主五人組等訴出
候ハヽ、当人并家主(ハ)御仕置申付、地主(ハ)地面
不(及)取上、急度叱リ、宿(之)両隣五人組名主一町
之内(内之)(もの)、不及咎、(但)、在方モ右同断、
一都テ三笠附博奕打立(取)退無尽御仕置一件之内、遠島之
者、五ケ年過御改(赦)有之節、御免之儀可相伺事、

五十六　盗人并片輪者(「并片輪者」以下「追落致候者」まで、衍か)所持之品ヲ盗取候者并追剥
追落致候者御仕置之事

一総(都)て盗物之品ハ、被盗候者ニ相返シ可申候、金(子)
遣ヒ捨候ハヽ、損失可致、勿論盗物取戻シ候共、差
別ナク左之通御仕置可申付事、
一人ヲ殺、致盗候者、引回シ之上獄門、
一盗ニ入、刃物ニテ人ヲ疵付候者、盗取(盗物持主え取)候品相返シ候

共、獄門、
　但、忍入ニハ無之候共、可致盗ト存、人ニ疵付候
　者、死罪、
一盗ニ入、刃物ニテ無之、外之品ニテ人ニ疵付候者、
　獄門(右同断、死罪)、
一盗可致ト徒党(いたし)、人家へ押込候者、頭取獄門、
　同類死罪、
一家内へ忍入、或ハ土蔵ナト破候類、不依盗物(金高雑物之)多
　少ニ、死罪、
　但、昼夜(ニ不限)戸明有之所、亦ハ家内(ニ)人無
　之(故)、手元ニ有之軽(キ)品(を盗)取候類、忍入(「忍入」)
　候共、(以下「軽キハ皆」まで、衍か)巧之儀無之、其品軽キハ、皆入墨之上重キ
　敲、
一盗人(之)致手引候者、死罪、
一手元ニ有之品ヲ風ト盗取候類、金子(ハ)拾両以上、
　雑物ハ代金(ニ)積リ拾両以上は、死罪、右以下之盗
　ハ、入墨敲、
一悪党者ト乍存宿致、盗物売払遣、又ハ質ニ置遣、配
　分取候者、死罪、
一悪党者ト乍存致宿、(又は)五七日宛為致逗留候者、
　重追放、
　(但)一悪党者磔ニ被行候ハヽ、宿致候者、死罪、
一家蔵へ忍入候盗人ニ被頼、盗物持運配分取候者、敲
　之上軽追放、(但)、配分不取候ハヽ、敲之上所払、
一御林之竹木、申合盗伐(いたし)候者、頭取重追放、
　頭取ニ准シ候者、中追放、同類過料、
一軽キ盗致候者、敲、
(一)一旦敲ニ成候者(上)、又軽キ盗致候者、入墨可申付候、
一途中ニテ致小盗候者、敲、
一橋ノ金物(高欄)、又ハ武士屋敷之門戸(衍か)其外金物取候者、重
　敲、
一湯屋(え参)ニテ衣類服易(着替)へ候者、敲、
一軽キ盗人(之)宿致シ候者、所払、
一盗物ト乍存、世話致、配分取らず者、敲、
一盗物ト乍存、預り物致シ候者、敲、
(一)陰物買、入墨之上敲、

　但、年来此事ニかゝり居候ものハ、死罪、)
一隠(陰)物ト乍存、(又買いたし候もの、入墨之上敲、)
(一盗物とハ不存候得共)、出所不相糺、質ニ置遣候者、過料、
一片輪者ヲ殺候テ、所持之品盗取候者、引回シ之上獄門、
一家蔵へ忍入、旧悪ニ候共、五度以上(之度数)致レ盗候者、其品不得取候トモ、引回シ之上、死罪、
一盗人ヲ召捕、雑物取返、内証ニテ逃遣候者、当人名主共、叱、
一(但)死罪ニ可成盗人ヲ内証ニテ逃遣候ハヽ、名主当人共、軽キ過料、
一盗人(を)召捕、吟味之上、他所ニテ盗取(候)雑物金子等所持致シ候ハヽ、遠国ニ候共、其所之奉行御代官、或ハ領主へ申遣(達)、被盗候当人召呼、其品相渡可遣候、
　但、少分之品ニて、当人受取ニ参候様(儀)、遠国ニテ難儀ニ付、捨リニ可仕候ト申候者、其分ニ致シ、
若又其所(右雑物取上ケ置候土地)ニ親類又ハ由緒之者有之(間、彼者)名代差出(ニて)受取度由(旨)(相)願候ハヽ、相渡可申(願之通可申付)候(事)、
(一盗物と乍存、下直ニ買取候もの、所払、)
一片輪者所持之品(を)盗取候者、死罪、
一追剝致シ候者、獄門、
一追落致シ候者、獄門(死罪)

五十七　盗物質ニ取亦ハ買取候者御仕置之事

一盗物ト不存、証人ヲ取、如通例之質ニ取、吟味之上盗物之儀不存訳決候ハヽ、証人(ニ)元金為償、質物ハ取返シ、被盗候者へ可相渡事、
但、証人モ御仕置ニモ成、金子可差出所(掛り)無之候ハヽ、質屋可為(致)損金、尤証人無之、或は不念之質取(方ニ)候ハヽ、質屋損金可致、其上咎可申付事、
一盗物ト不存、段物其外買取候宿(もの)、其(色)品取返シ、被盗候者へ返シ、代金ハ売主不念ニ候間、可為致損

金候、証人取候て買取候ハヽ、証人(ニ)代金売(買)主方へ可為相渡候事、

但、被盗候色品、有所不相知、代金盗人致所持候ハヽ、取上、被盗候者へ相渡可申候、盗物買主ヨリ取返シ候上、代金盗人致所持候ハヽ、公儀へ取(上)可申事、

一盗物ト不存、買取売払候節、(売)先段々相糺、代金ヲ以為買戻、被盗候者へ為相返、盗人ヨリ初発買取候者之損金ニ可申付、

但、売先不知候ハヽ、初発買取候者ヨリ被盗候者へ、代金(ニテ)為償可申事、

一紛失物、町触之節隠置候者、家財取上、江戸払、

一組合之定有之売(商)物、組合ニ不入売(商)買致候物(もの)、売(商)物取上、過料、

(一壱人両判、或証人無之質物を取候もの、其品取上、過料、)

但、町触之節訴出候ハヽ、其品取上、咎メニ不及候事、

五十八　悪党者訴人之事

一悪党(ママ)悪事有之者ヲ召捕差出カ、又ハ訴出候内右訴候者ニモ悪事有之由、悪党(もの)方ヨリ申掛候共、猥ニ相糺間敷候、若本人(より)重キ悪事(を)証拠慥ニ申候ハヽ、双方詮義(議)可然事、

但、惣て罪科之者ヲ訴出候ハヽ、同類タリトモ、其罪(科)ヲ赦シ候コトニ候ヘハ、其趣ヲ以可致差略事、

五十九　倒死幷捨物手負病人等有之ヲ不訴出者御仕置之事

一倒死幷捨物等有之ヲ押隠、不訴出候ハヽ、店借地借(家主)共過料五貫文、店先屋敷内ニ有之候共同様、(「店先」以下「同様」まで、衍か)地主家主五人組過料、名主戸閉、(五人組過料三貫文、名主過料五貫文)

但、地主家主名主五人組、不存候訳分明ニ候ハヽ、無構、在方モ右同断、

一変死手負之者(を)隠置、(不訴出)、又ハ病人等(其外)隣町へ送遣候ハヽ、店借地借江戸払、地主家主五人組所(家主過料五貫文、五人組過料三貫文、名主役儀取上、過料五貫文)払、江戸十里四方追放、

六十　捨《（拾）》物取計之事

一捨《（拾）》物（之儀）訴出候は、三日晒、主出候ハヽ、金（子）ハ落主ト拾ヒ候者ト、半分宛可為取、段物類ニ候ハヽ、不残落主へ相返シ、拾ヒ候者へ相応之礼致サセ可申事、

一落候物（之）主不相知候ハヽ、六ケ月見合、弥主無之候ハヽ、拾ヒ候者へ不残為取可申事、

一捨《（拾）》物（いたし）不訴出（儀）、顕候ハヽ、過料、

六十一　人勾引御仕置之事

一人（を）勾引候者、死罪、

一勾引候者ヲ《（ト）》馴合、売遣、配《（分ケ前）》分取候者、重キ追放、

六十二　謀書謀判（いたし候もの）御仕置之事

（一謀書又ハ謀判いたし候もの、引廻之上、獄門、

但、加判人、死罪、）

一謀書ト乍存、頼ニ任セ、認遣候者、重キ追放、

六十三　火札張札致捨文候者御仕置之事

一意《（遺）》恨ヲ以火ヲ付へキ旨、張札捨文致候者、死罪、

一意《（遺）》恨ヲ以人之悪事（等）偽之儀（を）認、張札捨文致候者、（死罪ニ可及程之儀を認候においてハ）、中追放、

六十四　巧事衒事重キネダリ（事）致候者御仕置之事

一巧《（かたり）》事之品、対　公儀へ候事カ、又ハ重キネダリ《（カタリ）》巧事致候者、死罪、

但、軽キカタリ事、巧事ニ候ハヽ、入墨又ハ敲キ、

一巧事《（成儀）》ヲ（申）掛、度々金子等衒取候者、金高雑物（之）不依多少、獄門、

但、常《（不得）》之物取候共、前々度々（物をかたり取、或）巧之品ユスリ仕候者重キハ、死罪、

一衒ヲ申、人之物ヲ取候者、金高雑物壱両以上、死罪、

（但）、軽キ衒ハヽ、敲、

一巧ニ衒《（ヲ以）》、人ヲ打擲致候《（シ）》、同類之内ヨリ取扱、物ネタリ取候者、（其品重キハ）、獄門、

但、其品不得取候共、其訳(品)重キハ、死罪、同類中
追放、
一重(キ)御役人(之)家来ト偽、衒致候者、死罪、
一願(不請儀を)事叶候体ニ(申)ナシ、会所建、掛札等出候者、
家財取上、所払、
一(但)、当人店(居)町(居村)ニテ会所(を)建、掛札出(致)候ハ
、、名主、押込、家主五人組、過料、
一家主并五人組ヲ拵、訴訟ニ出候者、敲、(但)、似
(せ)家主并五人組ニ成候者、死罪(同)、
一売人買人ヲ拵、似セ物商候者、入墨之上中追放、

六十五　申掛致シ候者御仕置之事

一主人親重キ悪事有之由、偽申掛(之儀)訴(人ニ)出候
者、磔、
但(「但」以下「死罪」まで、衍か)、主人悪事有之候ハ、、相応之御仕置可申付、
訴出候下人ハ、死罪、
(一主人親之悪事訴出候時之捌、公儀ゑか、り候重キ
品ハ可遂僉議、若訴人之所申偽於無之ハ、本人之御
仕置相当より一等軽ク可相伺之、訴人ハ本人より猶
又軽ク御仕置可相伺事、
但、右之外、私事訴出候共、不可取上事、)
一主人親非道之品有之(て難儀之由申之、宥免之事)訴(願)
出候は、名主五人組并親類之者呼出、宜(取)計ヒ候
様ニ可申付事、
一御褒美可取巧ニテ、偽之訴人申出候者、敲之上中追
放、
一人殺候者ト(旨)申掛候者、(一通り之申掛ニ候ハ、)重キ
追放、(但)、軽(深)キ巧事有之ハ、遠島、其品(猶)重キハ、
死罪、

六十六　毒薬似薬種売候者御仕置之事

一毒薬売候者、引回シ之上、獄門、似薬種売候者、引
回シ之上、死罪、

六十七　似金銀拵候者御仕置之事

一似金銀拵候者、引回シ之上、磔、

六十八　似秤似枡似朱墨拵候者御仕置之事

一似秤拵候者、引回シ之上、獄門、
（但、掛目違無之ニおゐてハ、中追放、）
一似枡拵候者、同断、但、入目相違無之候ハヽ、中追放、
一似朱墨拵候者、家財取上、所払、

六十九　出火ニ付咎之事

一平日出火之節、小間十間ヨリ以上焼失ニ候ハヽ、火元押込、類焼（之）多少ニヨリ三十日廿日十日、（但）、小間十間以下（之）焼失ニ候ハヽ、不及咎、（尤）寺社ヨリ出火（ニて）類焼有之候は、其寺社七日遠慮、
一御成日朝ヨリ　還御（迄）之間幷小菅　御殿　御成還御之日幷　御逗留中、小間十間以上焼失、且平日三丁ヨリ以上焼失之節、火元五十日手鎖、（但）、寺社ヨリ出火候ハヽ、其寺社十日遠慮、火元之地主、三十日押込、同家主、三十日押込、同月行事、三十日押込、同五人組、廿日押込、
一風上二丁、風脇左右二丁宛、六丁之月行事、三十日押込、
但、風上風脇之者（共）、不情(精)之様子次第、相応之咎可申付候、格別之出情(精)ニ候ハヽ、誉可申候、
一御成　還御之節、且小菅御殿　御逗留中、（類焼有之候）ニテモ、小間十間ヨリ以下之焼失ハ、不及咎メ、
一寺社門前（より）出火之節、平生(日)小間十間以下(上)之焼失ニ候ハヽ、（其寺社ハ）不及咎、
一御成日朝（より）　還御（迄之間、且小菅　御殿、御成還御之）日幷　御逗留中、小間十間以上焼失、平日三丁ヨリ以上之焼失ニ候ハヽ、其寺社十日遠慮、門前之者（共咎ハ）、町方同様ニ可申付、

七十　火付御仕置之事

一火（を）附候者、火罪、併(但)燃立不申候ハヽ、引回シ之上、死罪、
一人ニ被頼、火（を）付候者、死罪、（但）、頼候当人(もの)、

火罪、
一物取ニテ火(を)附候者、引回シ之上(儀)、火罪、
　日本橋　両国橋　四ツ谷御門外
　赤坂御門外　昌平橋外
右之分、引回シ通候節、人数不依多少、科書之捨札
建置可申候、尤火(を)付候所(居所)町中引回シ之上、
火罪可申付事、
　但、捨札(ハ)三十日立置可申候、
(一物取ニて無之火附、不及捨札、火を附候所居所町
中引廻之上、火罪可申付事、
右火罪御仕置、都て晒に不及事、)
一火附ヲ召捕、又は訴人ニ出候者ハ、御褒美、人数多
少ニ不依、銀三十枚、

七十一　人殺幷疵付候者(等)御仕置之事

一主殺、二日晒、一日引回シ、鋸引之上、磔、
一主人ニ為手負候者、晒之上、磔、
一主人ニ切掛、打懸候者、死罪、
(一古主を殺候もの、晒之上、磔、)
一古主ニ為手負候者、引回シ之上、磔、
一古主ニ切掛リ、打懸リ候者、死罪、
一地主ヲ殺候家主(守)、引回之上、獄門、
一地主ヲ可殺所存ニテ、手疵ヲ為負候家主(守)、死罪、
(一元地主を殺候家守、引廻之上、死罪、)
(一同可殺所存にて手疵負せ候家守、遠島、)
一主人之親類ヲ殺候者、引回シ之上、獄門、
一主人之親類へ為手負候者、引回シ之上、死罪、
一主人(之)親類へ切懸リ、打懸リ候者、兼て巧候事ニ
候ハヽ、死罪、
　(但)、当座之義ニ候ハヽ、遠島、品ニヨリ重追放、
一親殺、引回シ之上、磔、
一親へ為手負候者、幷打(擲いたし)掛候者、磔、
(一同切かゝり打かゝり候もの、死罪、)
一舅伯父伯母兄姉ヲ殺候者、引回シ之上、獄門、
一右同断、為手負候者、死罪、
一非分モ無之実子養子ヲ殺候親、短慮ニテ風《フ》ト殺候ハ

、、遠島、
（但、親方之もの）、利徳之《（得を以）》事ニテ殺候ハ、、死罪、
一弟妹甥姪ヲ殺候者、短慮ニテ殺候ハ、、遠島、（但）、
利欲ニテ殺候ハ、、死罪、
一師匠ヲ殺候者、磔、
一師匠ニ為手負候者、死罪、
一支配ヲ請候名主ヲ殺候者、（引廻之上、獄門、）
（但、可殺所存ニて、手疵為負候もの、死罪、）
（一毒飼いたし人を殺候もの）、獄門、不死候ハ、、遠
島、
一人ヲ殺候者、下手人、
一人ヲ殺候手引致候者、遠島、
但、殺候当人致欠落、不罷出候ハ、、下手人、
一致差図、人ヲ為殺候者、下手人、
一差図受、人ヲ殺候者、遠島、
一自分（之）悪事可顕ヲ厭、（其）人ニ毒害可致又は《（として）》疵付、
或ハ詮義《（議したる）》ニ懸リ人ニ意《（遺）》恨ヲ含、手疵為負候者、死罪、
但、切殺候者、獄門、

一大勢ニテ人ヲ打殺候節、初発打掛候者、下手人、
一人殺手伝仕候者、遠島、
但、兼て人ヲ殺候申合ニは無之、傍《（同）》輩之事故《（者闘諍）》難見
捨、介太刀《（助力）》致候者、中追放、
一人ヲ殺候者ニ手伝ハ不致候ヘトモ、致荷担候者、中
追放、
一相手ヨリ不法之事《（儀を）》仕懸、無是非及刃傷、人ヲ殺候者、
遠島、
一辻切致候者、引回シ之上、死罪、
一舟《（渡船）》渡乗沈、溺死有之ハ、其舟（之）水主、遠島、
一車ヲ引懸、人（を）殺候節《（時）》、其人通リ候方ヲ引候者、
死罪、
但、其人ニ不当方ヲ引候者、遠島、車ノ荷主、重
過料、（車引之家主ハ、過料、）
一車ニテ怪我為致候者、遠島、
但、人ニ不当方引候者、中追放、車主荷《（之）》主（重キ）
過料、其人ニ怪我為致候《（「其人」以下「其外同」まで、衍か）》者、其外同車引候者ノ家
主過料、

一牛馬ヲ引懸ケ人ヲ殺候者、死罪、
一牛馬ニテ為致怪我候者、中追放、
一口論之上、人ニ疵付、片輪ニ致候者、中追放、
　但、渡世モ難成程之片輪ニ為致怪我候者、遠島、
一人ニ疵付候者療治代、疵之不依軽重(多少)、町人百姓ハ、銀壱枚、
一離別之妻ニ疵付候者、入墨之上、遠国非人手下、
一同宿体之僧、人ヲ殺、或は疵付候科ハ、俗人同前(二替無之)、
　但、寺持ハ、一等重ク可相伺、
一足軽体ニ候共、軽キ町人百姓之分(身)トシテ法外之雑言(等)不届之仕方、不得止事切殺候者、(吟味之上)紛於無之ハ、無構、
一悴人ニ被殺候ヲ、任扱、内証ニテ相済候親、所払、
一邪曲ヲ以親類(縁者)人ヲ殺候儀、内証ニテ取扱、事済候者、過料、但、被殺候方之親類モ、同断、
一邪曲ニテ人ヲ殺(取)扱之者有之、内証ニテ事済、殺候者ヲ為立退候儀乍存、不訴出候ハヽ、名主中追放、組頭所払、
一家焼失之節、親焼死ヲ捨(置)、遁出候者、死罪、
　但、兄(姉)弟伯父伯母ヲ焼殺候ハヽ、中追放、
一親被殺候死骸見届候へ共、物入等(を)厭、村役人等相談之上、不訴出押隠候儀顕候ハヽ、当人遠島、名主軽追放、年寄(ママ)組頭所払、
一当座口論之上、人殺之致荷担候者、重過料、

七十二　相手理不尽之仕方(形)ニテ下手人ニ不相成御仕置之事

一相手理不尽之仕方(形)ニテ、不得止事切殺候ハヽ、相手方親類名主等、被殺候者平日不法者ニテ申分無之、下手人御免申出、無紛候ハヽ、中追放、
　但、武士(方)奉公人ハ、主人ヨリ願無之候ハヽ、差免申間敷候、

七十三　疵被附候者外之病ニテ相果疵付候者之事

一手疵負候者、元ヨリ及死ニ候疵ニテ無之所、平愈之後(内)、餘病差発、死候ハヽ、弥吟味遂、外(餘)病ニテ死候

ニ紛無之候ハヽ、下手人ニ不及候事、

七十四　怪我ニテ相果候者相手御仕置之事

一弓鉄炮ヲ放シ、(あやまちにて)人ヲ殺候者、吟味之上、過ニ紛無之候ハヽ、怪我人之親類へ助命(存念)相尋候上、遠島、

但、相果候者存命之内、相手御仕置御免之願申出(置)候ハヽ、一等軽ク可申付候、

一定リタル弓(矢)場鉄炮場ニテ外ヨリ不慮ニ人参掛リ、若(矢)玉当リ、仮令其人死候共、不及咎事、

一怪我ニテ風《フ》ト疵付、其疵ニテ相手死候ハヽ、吟味之上、過ニ無紛、怪我人之親類へ存命(念)相尋之上、中追放、

但、吟味之上、不念之義於有之ハ、一等重ク可申付事、

七十五　婚礼之節石打候者御仕置之事

一婚礼之節石ヲ打、致狼藉候者、頭取、江戸払(百日手鎖)十里四方追放、同類ハ江戸払(五十日手鎖)、

七十六　アバレ者御仕置之事

一御城内ニテ口論之上、拾人以(上)敲合、抓(摑)合候者、双方当人、重追放、致荷担候者、敲之上江戸払、

一アバレ候て町所(を)騒シ候者、敲之上所払、

但、所々ニテアバレ候ハヽ、敲之上中追放、

一遺恨ヲ以、拾人以上徒党ヲ結、狼藉之上人ヲ殺候ハヽ、頭取、獄門、

但、人ニ疵付候ハヽ、頭取、死罪、(尤、人殺疵付共ニ)荷担人、中追放、

一遺恨ニテ狼藉■、諸道具等損(さし)候者、頭取、重キ追放、(但)、荷担人、所払、

七十七　酒狂人御仕置之事

一酒狂人(ママ)ニテ人ヲ殺候者、下手人、

但、被殺候者之主人或ハ親類等(并)、下手人御免願申出候トモ、取上申間敷候、

一酒狂人（ママ）ニテ人ニ為手負候者、（疵被附候者）、平癒次
第療治代為出可申候事、
但、疵付候者、奉公人ハ主人（え）預ケ、其外ハ牢
舎、手疵軽ク候ハヽ、預置可申候、
一療治代、疵（之）不依軽重（多少）、中小姓体ニ候ハヽ、銀二
枚、徒士ハ金壱両、足軽中間ハ銀壱枚、
但、町人百姓ハ、銀一枚、軽町人百姓ハ、右ニ准
シ、療治代為相渡可申候、
一療治代難出者、（刀）脇差為相渡可申候、
一酒狂ニテ人ヲ打擲致候テ、療治代難（差）出者、諸道
具取上ケ、打擲ニ逢候者ニ可為取事、
一酒狂ニテ諸道具ヲ損（さし）候者、損失之道具償可申
付、
一酒狂ニテ相手モ無之アバレ、自分ト疵付候者、主人
其外可相渡方へ可引渡候、
但、公儀御仕置可被成筋之者ハ格別、左モ無之
者ハ、御構無之旨申聞、（早速）引渡可申候、
一酒狂ニテアバレ候迄ニテ、疵付候事モナク、諸道具
等損候事モ無之、立帰度由詫（ママ）申候ハヽ、留為置申間
敷候事、
但、奉行所へ訴出候後ニテモ、右之通可為致候、

七十八　乱気ニテ人ヲ殺候者之事

一乱心ニテ人（を）殺候者（共）、可為下手人、然トモ乱心之
証拠慥ニ有之上、被殺候者之主人并親類等、下手人
御免願候ハヽ、遂吟味（詮義）、可相窺事、
但、主殺親殺タリトモ、乱心（気）ニ無紛候トモ（におゐてハ）、死罪、
致自滅候ハヽ、死骸取捨可申付事、
一乱心ニテ其人ヨリ至テ軽者ヲ致殺害候ハヽ、不及下
手人ニ事、
但、慮外者（を）切殺（候時）、打捨（切）ニ成候程之高下
可心得（事）、
一乱心ニテ火ヲ付候者、乱気証拠於不分明ハ、死罪、
乱心ニ無紛候ハヽ、押込（置）候様親類之者へ可申付
事、

七十九　十五歳以下之者御仕置之事

一子心ニテ無弁、人ヲ殺候者、十五歳迄親類へ預置、
遠島、

(一)火付候子供ニテモ、右同断、

(一)盗致候ハヽ、大人之御仕置(より)一等軽ク可申付、

一十五歳以下(之)無宿ハ、途中其外ニテ致小盗候ハヽ、
非人手下可申付候、

八十　科人為立退并住居(所)(を)隠候者之事

一火附候者、盗賊之上ニテ人(を)殺候者、致徒党、
(人)家ニ押込候者之類、追剥類之者、(科人同類ニ
ハ無之候共、其者)ニ被頼、住居(所)隠、又ハ為立退候
者、死罪、

一喧嘩口論当座之事ニテ人ヲ殺候者ニモ、(義)理ヲ以
被頼、住居(所)ヲ隠、又ハ為立退候分ハ、急度叱リ可申
事、

八十一　人相書を以御尋ニ可成者之事

一公儀へ対シ重キ謀事(計)、主殺、親殺、関所破リ、

一人相書ヲ以御尋之者(を)乍存囲置、又ハ召仕(等)ニ
抱(いたし)置候て不訴出候者、獄門、

但、存ナカラ請ニ立候者同罪、吟味之上、不存ニ
決候ハヽ(共)、囲置候(もの)、主人請人共過料、

八十二　科人欠落尋之事

一主人ハ家来ニ、親ハ子ニ、兄ハ弟ニ、伯父ハ甥ニ、
師匠ハ弟子ニ、此趣ヲ(類え)以尋可申(ママ)付(間敷)事、

一事ヲ巧、人ヲ殺候者、又ハ闇打、或ハ人家へ忍入、
人ヲ殺、欠落致候ハヽ、先近キ親類(之)内一人入牢
可申付、尋之儀三ケ月不尋出候ハヽ、猶又百日尋申
付、不尋出候ハヽ、(尋)申付候者之内ニテ近(キ)続
キ之者、中追放、残リ之者、過料之上永尋可申付候、
但、欠落者、親類有之(候得共)、子方之者ニ候ハ
ヽ、右之内先一人入牢申付、欠落者之店受人(并)
家主五人組、在方ニ候ハヽ、名主年寄(組頭)へ尋可申付、
不尋出候ハヽ、親類(ハ)出牢、尋申付置候者共、

過料之上永尋可申付、(且)又親類(壱人有之)、親方之者ニ候ハヽ、右之者共一同(に)尋申付、於不尋出ハ、親類ハ中追放、其餘之者共、過料之上永尋可申付事、

一喧嘩口論ニテ人ヲ殺候テ致欠落候者、六ケ月之内尋申付、不尋出候ハヽ、過料之上永尋可申付、尤御仕置之者一件之内、欠落者六ケ月ト限不尋出候ハヽ、残之者御仕置可申付、(但)、親類入牢預等之不及沙汰事、

八十三　拷問可申付品之事

一人殺、火附、盗賊、関所破リ、謀書謀判、右之分、悪事致候証拠慥ニ候ヘトモ、不致白状候者、又ハ同類之内白状致候ヘトモ、当人白状無之者、

一詮議之内事不決、外ニ悪事分明ニ相知、其科ニテ死罪可被行者、

右之外ニモ拷問申付可然品モ有之候ハヽ、評議之上可申付事、

八十四　遠島者再犯御仕置之事

一遠島者、(島)ニテ重キ悪事致候ハヽ、於遠《(其)》島死罪、

但、同類(又ハ於其島ねたり事いたし、或ハあはれ候類之もの)并軽悪事致候者、島替、

一島ヲ逃去候者、其島ニテ死罪、

八十五　牢抜手鎖ヲ解《ハヅシ》御構地へ立帰候者御仕置之事

一牢抜出候者、本罪悪党《(相当)》ヨリ一等重ク可申付、(但)、牢番人、中追放、

一牢屋敷焼失之節放シ遣、不立帰者、(不立帰不及咎、本)罪相当之御仕置可申付、

一牢焼失之節放シ遣、立帰候者、本罪相当ヨリ一等軽ク可申付候、

一手鎖解《ハヅシ》候者、過怠手鎖(ニ候ハヽ)、定之日数ヨリ一倍之日数手鎖可申付、吟味之内掛置候者ニ候ハヽ、百日手鎖、

但、手鎖解シ致欠落候ハヽ、本罪相当ヨリ一等重ク可申付候、

一手鎖解シ遣候者、過料、若又欠落仕候ハヽ、江戸十里四方(軽追放)追放、

一手鎖之者預リ候者(家主)、過料、

　但、手鎖解シ候者、致欠落候ハヽ、尋申付、不尋出候ハヽ、重キ過料、

一宿預ケ之者、致欠落候ハヽ、本罪ヨリ一等重ク御仕置可申付事、

一御構之地へ徘徊致候者、前々(之)御仕置ヨリ一等重ク可申付候、

　但、追放(或)所払等申付候所、直ニ居町居村へ立帰罷在候ハヽ、背御仕置(御仕置不相用のもの之事ニ)候間、死罪、

一御構有之候者(を)隠差置候者、当人同然之御仕置、

一御構之地へ徘徊之上、致悪事候者、死罪、

一預ケ置候者ヲ取逃候者、尋申付、不尋出候ハヽ、過料、

一入墨ヲ抜、御構之地へ立帰候者、死罪、

一入墨ヲ抜遣シ候者、敲キ、

一入墨ニ成候以後、又候悪事致シ候者、死罪、

一一旦追放ニ成候以後、御構場へ立帰アハレ候者、死罪、

一追放以後、御構場之外ニテモ刃物ヲ以人ヲ可害ト致候者、死罪、

一宿預ケニ成候上、難立儀、箱訴又ハ越訴(等)可致タメ立退、外へ宿ヲ替候者、本宿へ引返、手鎖、

(一追放等ニ成候儀は、曾て不存候得共、身元も不承糺、請人ニ立候もの、過料、)

一追放(等)ニ成候事(儀)は、曾て不存、請人有之候故、得ト吟味不致、店ニ差置候者、過料、

八十六　辻番人御仕置之事

一回リ場之内ニテ金銀又ハ雑物(を)拾ヒ、隠置候番人之者、金子は壱両ヨリ以上、雑物ハ代金ニ積壱両以上之品(マヽ)、引回シ之上、死罪、又ハ金子壱両以下、雑物壱両以下ハ、入墨敲キ、

一回リ場之内ニテ人ヲ切殺、(或)為手負候ヲ見遁ニ致シ、相手ヲ不留置候ハヽ、番人中追放、

一於辻番所博奕致シ候番人、遠島、
一回リ場之内捨子又(ハ)重キ病人有之候節、外へ捨候番人、死罪、
但、倒死有之ヲ押隠シ、取捨候ハ《(置候ものニても)》、、江戸払、

八十七　重キ科人死骸塩詰之事

一重キ謀事《(計)》、主殺、親殺、関所破、右之分死骸塩詰之上御仕置、此外ハ塩詰ニ不及事、

八十八　溜預ケ之事

一牢舎人《(ママ)》中付候者、最初ヨリ溜へ遣間敷候、(乍然)入牢之上重病之者(ハ)、御仕置伺相済、《(置候ものニても)》溜へ遣可申候事、
但、逆罪之者ハ、病気ニテモ溜へ遣間敷候、

八十九　無宿片附之事

一可相渡筋有之ハ、引取人呼出可相渡、
一引取人無之者ハ、門前払、(但)、病人ハ快気迄溜預ケ、
一遠国之者行倒之節《(類)》、溜へ預、病気快気候ハ、、万石以上之知行之者ニ候ハ、、領主へ可相渡、(御料并)万石以下之知行之者ニ候ハ、、(其所之)親類呼寄可相渡、
但、在所ニテ致咎候類、又ハ欠落致(并村方親類)久離候テ、好身之者無之候ハ、、門前払、
一入墨敲ニ成候者《(ママ)》無宿、遠国之者ニ候ハ、、領主へ科之次第《(様子)》申達、是非《(態と)》領地へ遣候ニモ不及旨申達、(領主え可)相渡、

九十　不縁之妻ヲ理不尽ニ奪取候者御仕置之事

一聟養子不孝不埒有之、差戻候以後、外之養子致シ、娘縁合《(に嫁)》候節、先夫ニ荷担之人ヲ先夫《(ママ)》相催参、娘ヲ奪取候ハ、、当人死罪、荷担之人之内頭取、田畑取上ケ、家財取上ケ、所払、其外は過料、若人《(但)》ニ疵付不申、(其上)養父方ヨリ詫候ハ、、当人は重キ追放、

九十一　書状切解金子遣捨候飛脚之者御仕置之事

一金子入(之)書状(請取)、道中ニテ切解、遣捨候飛脚、金子(高)不依多少、引回シ之上、死罪、

九十二　質物出入取捌之事

一八ケ月之内質物ハ請戻シ可申(付)、八ケ月過候ハヽ、流可申付、

但、置主質屋ニテ(差)置候ハヽ、格別之事、

一利息済シ置候質物可受戻旨申候ヘトモ、売払候由ニテ其品質屋不渡候ハヽ、質物為受戻、質屋過料可申付、

但、質物売元(先)不相知候ハヽ、元金一倍之(積り)代金為相済(渡)過料可申付候、

一一人両判之質物取置、吟味ニ可成由承、質物相返シ、預金証文ニ仕置、(其上)質帳不埒ニ致置候質屋、家財取上ケ、江戸払、

九十三　煩候旅人ヲ宿送ニ致候咎之事

一煩候旅人、療治(養)モ不加、(其上)宿次ニ送出候ハヽ、旅籠屋、所払、問屋、役儀取上ケ、年寄、重キ過料、

但、脇道ニテ問屋無之候ハヽ、名主役儀取上ケ、

九十四　帯刀致候百姓町人御仕置之事

一自分ニ帯刀致シ候百姓町人、腰之物(刀脇指共)取上ケ、軽キ追放、

九十五　新田地へ無断家作致候者咎之事

一新田地へ(無断)致家作候ハヽ、(家作)為取払、過料、

(九十六)　但(ママ)御仕置成候者之闕所田畑隠シ候者咎之事

一御仕置ニ成候者、雑用宿払(等)ニ可償タメ、闕所ニ可成地面押隠候テ、顕候ハヽ、名主、重キ追放、年寄、軽キ追放、組頭、所払、

九十六(九十七)　御仕置ニ成候者悴親類へ預置候内出家願

候者之事

一御仕置ニ成候者之悴、遠島追放等ニ可申付者、幼少故、十五歳迄親類へ預ケ（置候処、出家ニいたし度旨、寺院より相願候ハ、）、伺之上出家可申付、

但、出家ニ成候上、江戸徘徊不致(仕)、住居定メ置、地(他)所へ参候節、奉行所へ相届、勿論　御朱印地又ハ　御由緒有之、且　御目見仕候程之寺院（え八）、住職不仕、若住職不仕候て不叶訳有之候歟、　公儀向へ罷出候義有之候ハ、、奉行所へ其節可伺之旨申渡、右之段、師弟共ニ証文可申付事、

九十七(九十八)　年貢諸役村入用帳面印形不取置村役人咎之事

一年貢諸役村入用帳面等、印形不取置、総百姓へ不見セ、名主、役儀取上ケ過料、組頭、過料、

但、名主組頭私欲有之候ハ、、名主、家財取上所払、組頭、役儀取上過料、

九十八(九十九)　軽キ悪事有之者出牢之上咎不及事、

一手鎖、過料、戸閉(〆)等可申付軽悪事有之者、吟味之内六十日以上入牢申付置候者之分ハ、出牢之節、（右）咎可申付候へトモ、日数入牢ニ付、宥免致シ候旨申渡、別ニ不及咎、日例(同列)之内不致入牢候科人ハ、相当之咎可申付事、

但、所払、役儀取上候類ハ、何ケ月入牢候共、宥免之沙汰有之間敷事、

九十九(百)　名目重ク聞へ候共事実ニ（おゐて強）テ人之害ニモ不成罪科軽重格別之事、

一似薬種致商売候者、死罪、其外之似セ物、人之命ニモカ、ラサル儀ハ、咎軽キ事、

（一枡秤私ニ造り候共、軽重大小、本様ニ無相違は、他之損失無之故、其咎メ軽キ事、）

一極貧之者、其子（を）同輩之者之養子ニ遣候事(は)、売候モ同前ニ候故、養父又外へ売候共、人ヲ勾引売候トハ格別之事、

一人ヲ殺候者ヲ囲置候分(は)、本人同然(之)罪科ニ候ヘト
モ、当座之喧嘩ニテ人ヲ殺、其者ニ被頼、義理ヲ以
囲ヒ置候類は、各軽キ事、
一総テ制禁ヲ犯候者有之時、証拠ヲ以可訴タメノ謀書
認メ、或ハ人(之)作(り)名ニ判ヲ押候類、欲心ヲ以
人ヲ欺候共(とは)格別之事、
右之類、名目ニ不拘(泥)、其趣(主)意ヲ糺可致評儀(議)事、

百(百一)　御仕置仕方(形)之事

一鋸引(挽)、一日引回シ、両之肩ニ刀目ヲ入、竹鋸ニ血ヲ
附、側ニ立置、二日晒、(挽可申と申もの有之時は)諸人ニ勝手次第為挽可申定
之事、右科人之田畑、家屋敷、家財闕所、
一磔、浅草、品川ニテ可申付、在方ハ於(悪事いたし候)其　所可
申付候事モ有之、(尤)科書之捨札建之、三日晒之内
非人番ニ付置、(但)、引廻シハ可依其科、闕所は右
同断、
一獄門、右同断、(但)、於牢屋首(を)刎、闕所(右)同
断、

一火罪、右同断、(但)、物取(ニて)無之候ハヽ、捨札
無之、闕所(右)同断、
一斬罪、浅草品川之内ニテ町奉行組同心(斬之)、検使
御徒目付町与力、(但)、闕所(右)同断、
一死罪、首(を)刎、死骸取捨、様物ニ申付、(但)、闕
所(右)同断、
一下手人、首(を)刎、死骸取捨、(但)、様物ニ不申付
候、
一晒シ、(日本橋におゐて三日晒、但)、新吉原所之者ニ
候ハヽ、大門口ニ晒、
一遠島、江戸ヨリ流罪之者ハ　大島　八丈島　三宅島
新島　神津島　御蔵島　利島　右七島之内ヘ遣ス、
京大坂西国中国ヨリ流罪之分ハ　薩摩　五島之島々
隠岐国　壱岐国　大(天)草郡ヘ遣ス、
但、田畑、家屋敷、家財共闕所、
一重キ追放、御構場所、(但)、闕所右同断、
武蔵　相模　上野　下野　安房　上総　下総
常陸　山城　摂津　和泉　大和　肥前　東海道筋

木曽路筋　甲斐　駿河
一中追放、御構場所、
武蔵　山城　摂津　和泉　大和　肥前　東海道
(筋)　木曽路(筋)　下野　日光道中　甲斐　駿河
但、田畑、家屋敷闕所、家財無構、
一軽キ追放、御構場所
江戸十里四方　京　大坂　大和(ママ)　東海道筋
(日光)　日光道中　(但)、闕所ハ右同断、
右重キ中軽共、何方ニテモ住居之国ヲ書加相構、住
居之国ヲ離、他国ニテ悪事仕出候ハヽ、住居之国、
悪事致候国共二ヶ国書加、御構場所書付相渡候事、
(右)追放ハ　御郭外ニテ放遣ス、侍ハ放候節(於其場所大小)脇差刀
渡(遣)候事、
一京都ニテ重追放ハ御定(構)之場所之外ニ　河内　近江
丹波三ヶ国ヲ加ヘ、中(軽)追放ニ不及三ヶ国加、別
儀無之、(「在方」以下「申付ル」まで、衍か)在方ハ居村共、闕所無之、然共科之依軽重、
田畑家屋敷家財共闕所申付ル、
一江戸十里四方追放、日本橋ヨリ四方へ五里宛、(但)、
在方(之もの)ハ居村共構、闕所無之、然トモ利欲ニ
拘候類ハ、(田畑、家屋敷)闕所、(尤)年貢未進(等)
有之ハ、家財共ニ闕所、
一江戸払、品川板橋千住両国(橋)四ッ谷大木戸ヨリ内
御構、闕所之訳右同断、
一所払、(在方ハ居村、江戸町人ハ居町払、但、闕所無之、然共、利欲ニ拘り候類ハ、田畑、家屋敷闕所、尤年貢未進等有之候ハヽ、家財共闕所、)総テ居所ヲ払、不及闕所、併科之軽重ニ依、
一田畑持高之内半分、或ハ三分二、三分一取上、私領(「私領」)ニ
(以下「相勤候事」まで、衍か)テモ払代金　公儀へ取上ケ、年貢諸役ハ、地面売(買)受
候者ヨリ領主へ相勤候事、持高三分二可取上分、過
料壱段歩ニ付五貫文ツヽ、半分可取上分、壱段歩ニ
付三貫文ツヽ、三分一可取上分ハ、壱段歩ニ付弐貫
文ツヽ、
一門前払、奉行所門前ヨリ払遣ス、
一奴、望候者有之候ハヽ、可遣、(但)、相手無之(内)ハ、
牢内ニ差置、
一追院、住居之寺(え不相帰)、科申渡候所ヨリ払遣ス、
一退院、住居之寺ヲ可退由申渡ス、

一一宗構、其宗旨ヲ構、

一一流《（派）》構、其一流《（派）》ヲ構、同宗ニテモ外院《（之派）》ニ成候ハ、、無構、

一改易、腰之物《（大小）》ヲ渡、宿へ相帰、夫ヨリ立退申候、（但）、家屋敷取上、家財無構、

一閉門、門ヲ閉、窓ヲ塞候迄、不及釘〆、

但、病気之節、其夜中医師招候事、自火（ハ）不及申ニ、近火之節屋敷内火防（候）儀不苦候、総テ火事之節、屋敷危候ハ、、立退、其段支配へ可申達、

一逼塞、門ヲ立、夜中潜《クヽリ》ヨリ不目立候様通路は不苦、其外ハ右同断、

一遠慮ハ、、右同断、

一敲、数五十敲、重キハ百敲、牢屋敷《（門前）》ニテ科人之肩背尻ヲカケ、背骨ヲ除ケ不入絶候様、牢屋同心ニ為敲、検使役人遣、御徒目付遂《（ママ）》見分、（但）、町人ニ候ハ、、家主名主、在方ハ名主組頭呼寄、敲（候を）為見引渡遣ス、無宿之者ハ牢屋門前ニテ払遣ス、

一入墨ハ於牢屋敷、腕回リ幅三分宛二筋入、（但）、入墨之跡愈候テ出牢申付、

一戸閉《シメ》、門戸ヲ貫ヲ以釘閉《シメ》、

一手鎖、其懸リ之役人《（ママ）》ニテ手鎖ヲ掛、封印（付）、隔日《（五日目切ニ封印改、百日手鎖之分ハ隔日）》又は科之軽重ニヨリ日数ヲ定、封印改メ候之事、

一押込、不致他出、戸建寄置、

一過料、三貫文、五貫文、（但）、重キハ十貫文、又ハ金二十両三十両、（其者之）身上ニ准《（順ひ）》シ、科之軽《（或）》重村高ニ応シ、員数相定、三日之内可為納候、又《（尤至）》別テ軽キ身上ニテ過料難（差）出者ハ、手鎖ニ申付ル、

一二重御仕置、役儀取上ケ過料、（過料）之上手鎖・戸閉、敲之上追放・所払、入墨之上追放・所払・敲、科之次第《（軽重）》ニテ可申付事、

一勢州山田御神領ニテハ、磔、火罪、獄門等死骸晒候御仕置無之事、

一科有之女之儀、中追放（ニハ）御関所内相模国ハ御構外ニ付、中追放迄ハ可申付、重キ追放申付間敷候、

一遠島ハ舟中ニテ遭難風、破舟後助命候ハ、、又流罪可申付、若助命ニテ行末《（衛）》不相知候ハ、、人相書ヲ以

浦触申付、身寄之者へモ尋可申付事、
但、難風ニ遭、浦々へ吹被流候ハヽ、其浦ヨリ警
固之舟為出(置)、順風(次第)可致出舟候、若々(ママ)破
舟候ハヽ、流人ハ其島へ揚置、所之者共ニ為警固、
注進次第替リ舟仕立可遣事、
一遠島ハ(者)舟中ニテ致病死時、御関所前ニ候ハヽ、死骸
番人へ為致見分、其所へ死骸片付可申候、(但)、御
関所(を)越へ相果候ハヽ、其所へ片付、名主(并)寺
院ヨリ証文取、(御証文ニ引合)、島守へ可相渡、島
近所ニテ相果候ハヽ、島守へ死骸可相渡事、
一御目見以上(之)流人并女流人、舟中別囲ニテ可差遣
事、
一八丈島御蔵島此二島へ之流人ハ、三宅島迄可差遣事、
島守へ相渡、夫ヨリ順風次第、右二島へ可遣事、
一盲人御仕置、遠島追放等ニ可成科ハ、親類へ預ケ、
居所(村)之外猥(致徘徊)ニ出シ申間敷事、
一座頭御仕置、総録へ科之次第申聞、座法ニ可申付候(旨)
之様可申渡事、

一非人手下、穢多弾左衛門立合、非人頭へ可相渡、
一遠国非人手下、遠国へ可遣旨、(穢多)弾左衛門へ申
聞、相渡、
(一非人御仕置、穢多弾左衛門ぇ渡、仕置ニ可致旨申
付、但、遠国非人ハ)、其所之穢多頭仕置申付候様
申渡ス、

右御定書之条々、元文五庚申年五月、松平左近将監ヲ
以被仰出之、前々被
仰出之趣并先例、其外評議之上追々窺之、今般相定者
也、

寛保二壬戌年三月廿七日

右之趣達　上聞相極候、奉行中之外堅ク(ママ)不可有他見候(者)
也、

寛保二壬戌年四月

松平左近将監
牧野　越中守
石河　土佐守
水野　対馬守

〔編者注〕

以下に、入墨図、「御条目」「年中行事」「死罪除日」「切金」、忌日一覧、「女手形出所覚」「所々御関所」「御席書」等、二四丁分の記事が存するが、省略した。

十　「公事方御定書」を参酌した丹後国田辺藩の刑罰法規集

「御仕置仕形之儀ニ付奉伺候書付 申上候書付」（香川大学附属図書館神原文庫蔵）

――論考篇第四部第六章の史料

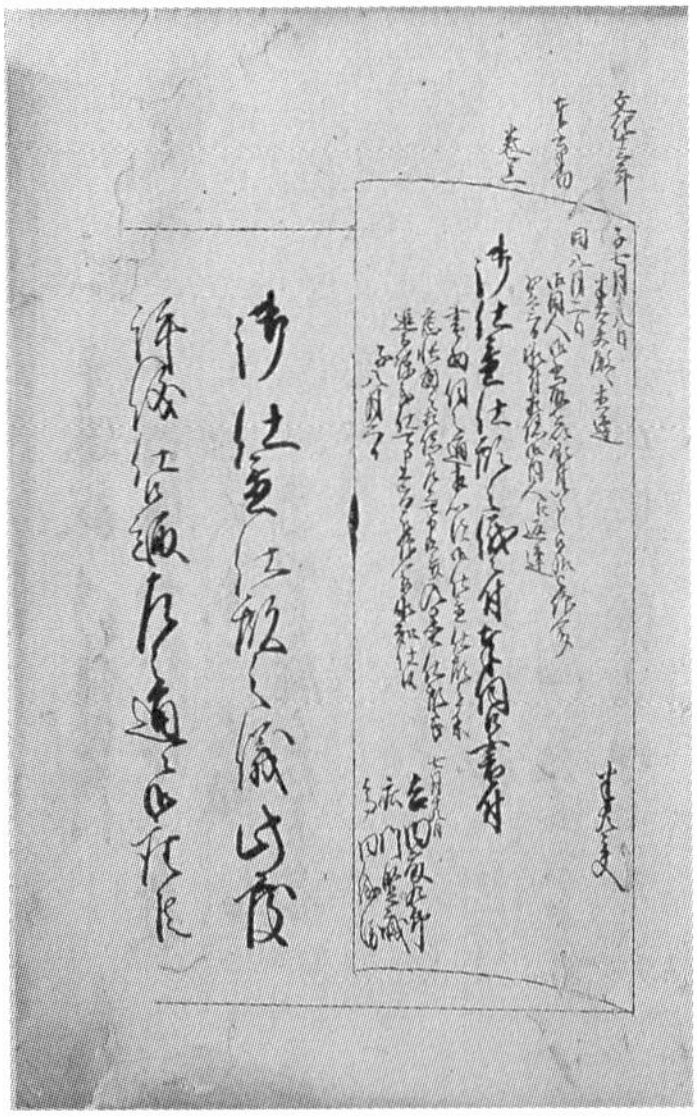

「御仕置仕形之儀ニ付奉伺候書付」
冒頭（本書539頁）

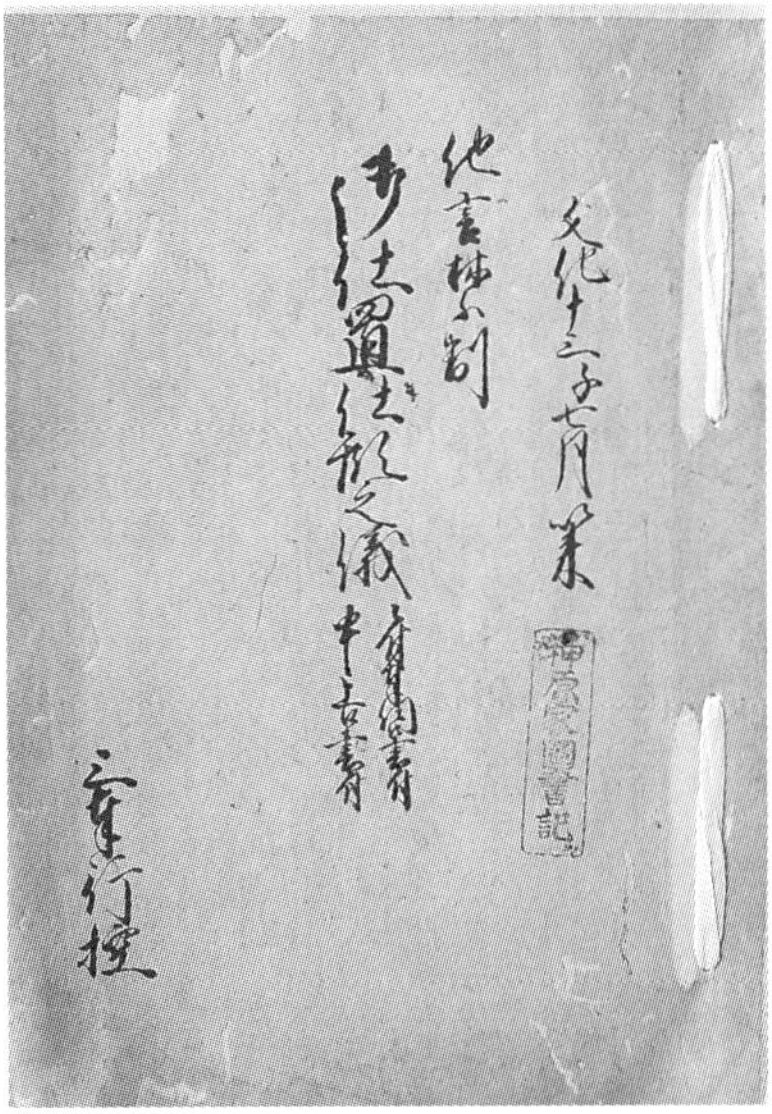

「御仕置仕形之儀ニ付奉伺候書付・申上候書付」表紙
（本書539頁）

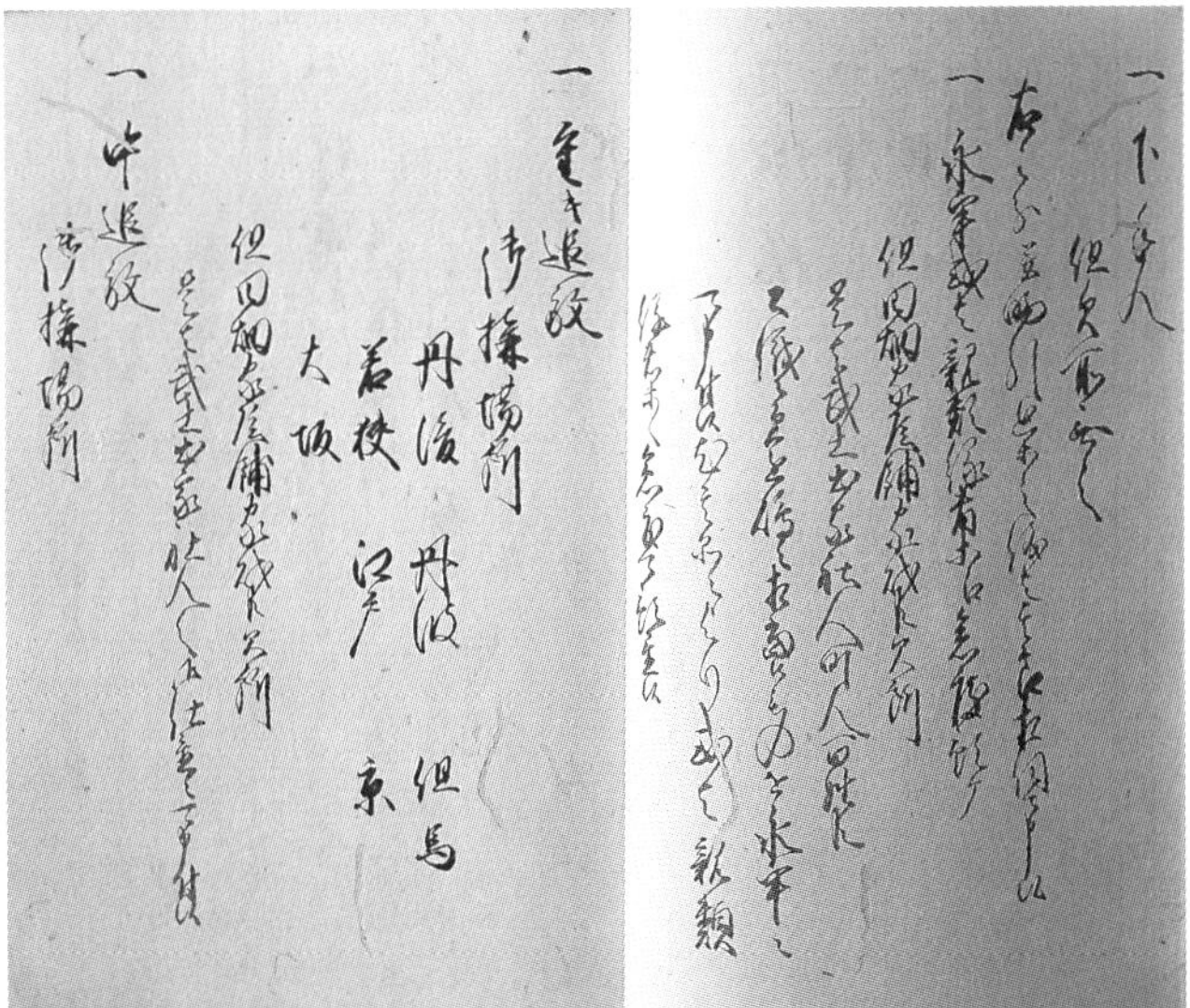

「御仕置仕形之事」の本文（本書543頁）

《史料翻刻》凡例

一　本章は、論考篇第四部第六章「丹後国田辺藩の「御仕置仕形之事」について——譜代藩における「公事方御定書」参酌の一事例——」の史料として、左記を翻刻するものである。

「御仕置仕形之儀ニ付奉伺候書付・申上候書付」一冊（香川大学附属図書館神原文庫蔵）、架号三二六・〇二一

一　「御仕置仕形之儀ニ付奉伺候書付・申上候書付」は、縦二二・七糎、横一五・七糎の袋綴の筆写本である。表題は、表紙中央への打付書である。墨附は二五丁であり、半丁に九行を基本とする。

一　朱書の文字は「　」をもって示し、その旨を注記した。

十　「御仕置仕形之儀ニ付奉伺候書付・申上候書付」（香川大学附属図書館神原文庫蔵）

（表紙）

文化十三子七月以来

他言禁制

御仕置仕形之儀ニ付奉伺候書付
申上候書付

三奉行控

（朱筆）
「文化十三年　子七月十八日

半太夫殿へ直達　半太夫

同八月二日

御同人御書取を以承付いたし候様被仰聞、

翌三日承付相認、御同人え返達、」

奉書半切
巻上

御仕置仕形之儀ニ付奉伺候書付

書面伺之通相心得、御仕置仕形之ヶ条

悉帳面ニ相認差上可申候、幷入墨仕形之義

追て評義仕可申上旨被仰聞承知仕候、

子八月二日

七月十八日

吉田藤九郎

庄門堅蔵

高田織衛

御仕置仕形之儀、此度評儀仕候趣

左之通ニ御座候、

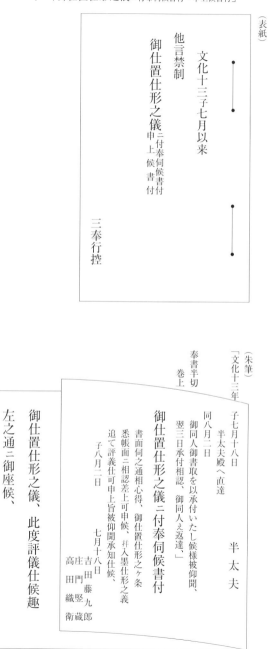

一重追放　御構場所
丹後　丹波　但馬　若狭　江戸　京　大坂
但、田畑家屋鋪家財共、欠所、
（朱筆）「是は
公儀ニて寛保之御定ニは、
武蔵　相模　上野　下野　安房　上総
下総　常陸　山城　摂津　和泉　大和
肥前　東海道筋　木曽路筋　甲斐　駿河
同寛政之御改ニては、
武蔵　相模　上野　下野　安房　上総
下総　常陸　山城　摂津　奈良　伏見
境（堺）　紀伊　長崎　尾張　駿河　甲斐
東海道　木曽海（街）道　日光海（街）道」
一中追放　御構場所
丹後　江戸　京　大坂
但、田畑家屋敷、欠所、
（朱筆）「是は
公儀ニて寛保之御定ニは、
武蔵　山城　摂津　和泉　大和　肥前
東海道筋　木曽路筋　下野　日光道中
甲斐　駿河
同寛政之御改ニては、
江戸十里四方　京　大坂　奈良　境（堺）
伏見　和歌山　長崎　名古屋　甲府
水戸　東海道　木曽海（街）道　日光道中」
一軽追放　御構場所
田辺領　江戸　京　大坂
但、右同断、
（朱筆）「是は
公儀ニて寛保之御定ニは、
江戸十里四方　京　大坂　東海道筋
日光　日光道中
同寛政之御改ニては、
江戸十里四方　京　大坂　甲府　東海道
日光道中
右之通ニ御座候、尤是迄三ヶ之津御隣国

構追放申付候例も御座候間、旁以差略仕
候得共、以来一通りニては、右三追放ハ
町人百姓ニは申付間鋪候、」

町人百姓
一重追放　御構場所
真倉　吉坂
由良　金屋　境ヨリ内、
但、田畑家屋鋪家財、欠所、
右同断
一中追放　御構場所
右同断、
但、田畑家屋敷、欠所、
右同断
一軽追放　御構場所
右同断、
但、田畑欠所、
（朱筆）「是は
公儀ニて延享之御定ニは、
江戸十里四方并住居之国、悪事仕出候国
共構之、
同寛政之御改ニては、
日本橋ゟ四方五里宛、但武蔵一ヶ国并生
国構之、」

一御領分追放　御構場所
真倉　吉坂
由良　金屋　境ヨリ内
但、欠所無之、
（朱筆）「是は
公儀ニて江戸十里四方追放ニ相当候もの可
申付候、」

一入墨
但、入墨之跡癒候て出牢、
一非人手下　番人小屋頭へ相渡ス、
一穢多御仕置　軽キ義は穢多頭ニて相当之咎可申付旨
申渡ス、
右、評議仕候趣書面之通ニ御座候、都て御仕置之儀、
江戸之御定ニ准取計候様、兼て被　仰渡候ニ付、右之
外は省略仕候、前書之趣御下知相済候ハヽ、御仕置仕

形之ヶ条悉帳面ニ仕立差上可申哉、奉伺候、以上、
子七月
（朱筆）「子八月二日、半太夫殿御渡之御書取」
書面伺之通相心得、御仕置仕形之ヶ条悉帳面ニ相認差出可被申候、并入墨仕形之義、追て致評儀可被申聞候事、
（朱筆）「子閏八月十六日、半太夫殿へ直達、」
（朱筆）「奉書半切巻上」
吉田藤九郎
庄門竪蔵
高田織衛
御仕置仕形之儀ニ付評儀仕相伺候処、伺之通相心得、御仕置仕形之ヶ条悉帳面ニ相認、差上可申旨被仰聞候ニ付、別帳之通差上申候、然処、入墨仕形之儀、追て評儀仕可申上旨被仰聞候ニ付、尚又与得相考評義之上追て相伺、御下知相済次第右帳面御下之儀申上、其節組入差上可申積ニ御坐候、依之申上置候、
八月

（朱筆）「上袋
子閏八月十六日
半太夫殿ぇ直達」
御仕置仕形之儀申上候書付
吉田藤九郎
庄門竪蔵
高田織衛

（朱筆）「美濃紙帳面カスガヒトヂ」
御仕置仕方之儀申上候書付
吉田藤九郎
庄門竪蔵
高田織衛

御仕置仕形之事

一鋸　挽
一磔
一獄　門
一火　罪
一斬　罪
一死　罪
　但、右之分、田畑家屋鋪家財共、欠所、
一下手人
　但、欠所無之、
右之分幷晒引廻等之儀は、其節相伺可申候、
一永牢或は親類縁者等え急度預ヶ
　但、田畑家屋鋪家財共、欠所、
（朱筆）「是は武士・出家・社人・町人・百姓共、公儀ニて遠島ニ相当候ものを永牢ニ可申付候、尤其品ニより或は親類縁者等へ急度可預置候、」
一重キ追放
　御構場所
　　丹後　丹波　但馬　若狭　江戸　京　大坂
　但、田畑家屋鋪家財共、欠所、
（朱筆）「是は武士・出家・社人之御仕置ニ可申付候、」
一中追放
　御構場所
　　丹後　江戸　京　大坂
　但、田畑家屋鋪、欠所、
（朱筆）「是は右同断、」
一軽キ追放
　御構場所
　　真倉　吉坂
　　由良　金屋　境ヨリ内
　　江戸　京　大坂
　但、右同断、
（朱筆）「是は右同断、
　但、右之内侍以上幷御扶持人ニても、其品ニより御親類様或は諸家様奉公

御構被成候儀も可有之候、且以来一通りニては、右三追放は町人百姓之御仕置ニハ申付間敷候、尤町人百姓右軽追放申付候節は、田畑計欠所可申付候、」

町人百姓　重 中 軽 追放

重追放　欠所　田畑家屋鋪家財取上

中追放　欠所　田畑家屋鋪取上

軽追放　欠所　田畑取上

一　真倉　吉坂
　　由良　金屋　境ゟ内

（朱筆）「是ハ町人百姓之御仕置ニ可申付候、
但、欠所之儀、当人ぇは不申渡、村町役人ぇ以書付可申渡事、」

一御領分追放
　御構場所

真倉　吉坂
由良　金屋　境ゟ内

但、欠所無之、然共利欲ニ拘り候類は、田畑家屋敷欠所、尤年貢未進有之候ハヽ、家財共欠所、

（朱筆）「是は武士・出家・社人・町人・百姓共之儀ニて、江戸十里四方追放ニ相当候ものを可申付候、」

一田辺払
　御構場所

京　橋
大野辺口　ゟ内
高　橋

大内町　吉原町　築地　出生之村　住居之村

但、右同断、

（朱筆）「是は右同断、
公儀ニて江戸払ニ相当候ものを可申付候、」

一所　払　天保五年追加　御城内を構　町方ハ居町　在方ハ居村　払

但、右同断、

（朱筆）「是は出家・社人・町人・百姓之御仕置ニ可
　申付候、」
右重中軽御領分追放田辺払共、御構場所書付相渡、
御領分追放以上は其もの最寄之御国境ニて放遣、田
辺払は町出口ニて放遣候事、
　但、他所もの宿無追払ニ相当り候ものは、罪科
　相当申渡、御領分相構、御境ぇ送遣可申事、
一自本罪一等重キ御仕置ハ、可為永牢以下事、
　重追放ハ　入墨又ハ敲之上　重追放
　中追放ハ　重追放
　軽追放ハ　中追放
　御領分追放ハ　軽追放
　田辺払ハ　御領分追放
　所払ハ　田辺払
　但、都て右之軽重ニ可心得事、
一自本罪一等軽御仕置之事、
　（獄門　死罪）ハ　（永牢歟　重追放）
　永牢ハ　中追放
　重追放ハ　軽追放
　中追放ハ　御領分追放
　軽追放ハ　田辺払
　御領分追放ハ　所払
　所払ハ　急度叱り
　但、右同断、
一田畑持高之内
　半分或ハ三分二、三分一
　取上候ものは、
　　持高三分二可取上分、過料壱反歩ニ付、五貫文宛
　　同半分可取上分、過料壱反歩ニ付、三貫文宛
　　同三分一可取上分、過料壱反歩ニ付、弐貫文宛
一追　院　住居之寺ぇ不相帰、申渡候所ゟ直ニ払遣、
　（朱筆）「是は寺院之御仕置ニ可申付候、」
一退　院　天保五年追加　城内を構　住居之寺を可退旨申渡ス、
　（朱筆）「是は右同断、
　但、隠居申付候も取計方同断、都て

御領内ニ本寺有之分は呼出為承、他
所ニ本寺有之分、身分勤共咎は本寺
へ懸合之上可申付候、」

一閉　門　百日　　門を閉、窓塞、釘〆ニ不及、
但、病気之節、夜中医師招候義、并出火之節火
防候義不苦、
(朱筆)「是は武士・出家・社人等之御咎ニ可申
付候、
但、閉門は甚重く候間、容易ニ不申
付、多分逼塞・遠慮・押込ニ可申付
候、」

一逼　塞　三十日 五十日　門を立、夜中潜ゟ不目立様ニ通路
不苦、
但、右同断、
(朱筆)「是は右同断、」

一遠　慮　三十日 五十日　門を立、潜は引寄置、夜分不目立
様ニ通路不苦、
但、右同断、
(朱筆)「是は右同断、」

一押　込　三十日 五十日　他出不為仕、戸を建寄置、
(朱筆)「是は軽キ武士・出家・社人之御咎ニ可
申付候、」
天保五年追加
御城内を構

一入　墨
但、入墨之跡癒候て出牢、
(朱筆)「是ハ男女ニよらす、多分盗人之御仕置
ニ可申付候、」
天保五年追加
御城内を構

一敲　軽ハ五十敲 重ハ百敲　牢屋門前ニて科人之肩・背・尻を懸、背骨を除、
絶入不仕様、検使役人遣し、同心ニ為敲候事、
但、町人ニ候得は年寄・組頭、在方は庄屋・年
寄呼寄、敲候を為見候て引渡遣、
(朱筆)「是は右同断、」

一戸　〆　三十日 五十日　門戸を貫を以釘〆、
(朱筆)「是は町人之御咎ニ可申付候、」

一手　鎖　三十日 五十日
其懸りニて手鎖懸、封印付、

（朱筆）「是は百姓町人之御咎ニ可申付候、」
一押　込　三十日／五十日　前記同断、
（朱筆）「是は右同断、
但、出火ニ付て之咎は、類焼之多少
ニより廿日・十日之押込申付、尤寺
社ゟ出火之節、其寺社七日・十日之
遠慮、此外閉門は勿論、逼塞・戸〆・
手鎖等、日数少キ御咎は無之、」
一過　料　三貫文／五貫文
但、重キハ拾貫文、又は弐拾両・三拾両、其
もの之身上ニ随ひ、或は村高ニ応し員数相定、
三日之内為納候、尤至て軽キ身上ニて、過料
難差出ものハ手鎖、
（朱筆）「是は右同断、」
一急度叱り
（朱筆）「是は武士・出家・社人・町人・百姓共
御咎ニ可申付候、」
一叱り
（朱筆）「是は右同断、」
一三重御仕置
役儀取上　過　料
過料之上　戸〆　手鎖
敲之上　追放　所払
入墨之上　追放　所払　敲
但、其餘右ニ准、三重之御咎は申付間敷候、
一非人手下　天保五年追加／御城内を構　番人小屋頭ゑ相渡ス、
一穢多御仕置　軽キ義は穢多頭ニて相当之
咎可申付旨申渡、
以上
文化十三丙子年閏八月十六日
天保五甲午年十月
所払申付候もの、
御城内相構候哉之段御尋ニ付、罪之様子次第
御城内相構候儀も可有御座候得共、一通りニて

は其もの居町・居村を払候迄ニ御座候段申上候処、科有之居所払候程之もの御城内徘徊いたし候も如何之旨被仰聞候ニ付評儀いたし候処、御尤ニ奉存候間、左候ハヽ以来所払ニ相当候者所払可申付哉と相伺、御下知相済申渡候節、居所幷

御城内徘徊致間鋪旨申渡、其外退院申付候もの、又は入墨、敲《タヽキ》、非人手下抔申付候も同様之趣意ニ付、是又同様相心得可申哉之段申上候処、其通可相心得旨先達て被　仰聞候ニ付、則御仕置仕形之ヶ条帳面ぇ組入差上候事、

但、御赦ニ所払　御免有之候得は、

御城内徘徊も相成候義勿論ニ候得共、敲、入墨は御仕置相済候上之儀、非人手下は御赦ニ難成ものニ付、右之類は、御赦有之節

御城内徘徊　御免之儀申上候ハヽ、御免有之候様仕度旨申上候処、是又其通相心得候様被

仰聞候事、

天保五甲午年十月　　寺田退蔵

寺井三右衛門

御仕置除日

毎月朔日・二日・五日・十日・十二日・十五日・十七日・十九日・廿四日・廿八日・正月十五日迄、

三月	三日	節句
	八日	見樹院様
	廿七日	殿様御誕生日
四月	十一日	知見院様
	廿日	大猷院様
	晦日	有章院様
五月	八日	厳有院様
六月	廿日	有徳院様
七月	七日	節句
	十三日	盆中
	十四日	同
	十六日	同
八月	六日	光樹院様
	十三日	峯樹院様

九月　六日　祭礼
　　　七日　同
　　　八日　同（俊明院様）
　　　九日　祭礼
　　　廿三日　良薗院様
十月　十四日　文昭院様
以上

与左衛門
丹　下

天保十寅五月三日主馬殿へ上置候処、同六月廿一日、
伺之通心得候様、御沙汰ニて御渡被成候事、

（裏表紙）
「　　岡　野　重　慎」

著者紹介

高塩　博（たかしお　ひろし）

昭和23年　栃木県生まれ
昭和47年　國學院大學文学部史学科卒業
昭和55年　國學院大學大学院法学研究科博士課程単位取得退学
　國學院大學日本文化研究所助教授・教授を経て
　現在、國學院大學法学部教授　法学博士　日本法制史専攻

主要著書

『日本律復原の研究』（共編，昭和59年，国書刊行会）
『日本律の基礎的研究』（昭和62年，汲古書院）
『高瀬喜朴著 大明律例譯義』（共編，平成元年，創文社）
『熊本藩法制史料集』（共編，平成８年，創文社）
『北海道集治監論考』（共編，平成９年，弘文堂）
『唐令拾遺補』（共編，平成９年，東京大学出版会）
『江戸時代の法とその周縁――吉宗と重賢と定信と――』（平成16年，汲古書院）
『法文化のなかの創造性――江戸時代に探る――』（編書，平成17年，創文社）
『新編 荷田春満全集』第９巻律令（平成19年，おうふう）
『「徳川裁判事例」「徳川禁令考」編纂資料目録』（共編，平成20年，法務省法務図書館）
『北海道集治監勤務日記』（共編，平成24年，北海道新聞社）
『近世刑罰制度論考――社会復帰をめざす自由刑――』（平成25年，成文堂）
『井上毅宛 明治顕官書翰集』（責任編集，平成27年，朝倉書店）

江戸幕府法の基礎的研究《史料篇》

平成二十九年二月二十七日　発行

著　者　高塩　博
発行者　三井久人
整版印刷　富士リプロ㈱

発行所　汲古書院
〒102-0072 東京都千代田区飯田橋二-五-四
電　話　〇三（三二六五）九七六四
ＦＡＸ　〇三（三二二二）一八四五

ISBN978 - 4 - 7629 - 4216 - 7　C3021（全２冊　分売不可）

KYUKO-SHOIN, CO., LTD. TOKYO.